汉译主编：王浦劬

THE OXFORD HANDBOOK OF
PUBLIC POLICY

牛津公共政策手册

（上）

[英]迈克尔·莫兰

[美]马丁·雷恩　[美]罗伯特·戈定　主编

臧雷振 等 译

臧雷振　陈鹏　滕白莹　校

人民出版社

目　录

（上）

第一部分

导　论

第二部分

制度背景和历史背景

第三部分

政策分析模式

第四部分

创制公共政策

第五部分

政策工具

（下）

第六部分

公共政策约束

第七部分

政策干预：模式和依据

第八部分

公共政策举荐和评估

第九部分

公共政策：旧与新

撰 稿 人

格雷厄姆·艾利森(Graham Allison):哈佛大学政府学院 Douglas Dillon 讲席教授,贝尔弗尔科学与国际事务中心主任,肯尼迪政府学院里海研究项目(Caspian Studies Program)主持人。

尤金·巴达赫(Eugene Bardach):加利福尼亚大学伯克利分校理查德和罗达·戈德曼公共政策学院公共政策学教授。

约翰娜·布雷克梅耶(Johanna Birckmayer):马里兰州卡尔弗顿太平洋研究和评估研究所(PIRE)高级研究科学家。

戴维斯·博布罗(Davis B.Bobrow):匹兹堡大学公共政策学、国际事务与政治学教授。

马克·波文斯(Mark Bovens):乌得勒支大学法律哲学和公共行政学教授,乌得勒支政府学院研究总监。

比亚·坎蒂隆(Bea Cantillon):安特卫普大学社会政策学教授,社会政策中心主任。

汤姆·柯庆生(Tom Christensen):奥斯陆大学政治学教授。

内塔·克劳福德(Neta C.Crawford):布朗大学沃森国际研究所副教授(研究员)。

彼得·德利翁(Peter Deleon):丹佛科罗拉多大学公共政策学教授。

约翰·唐纳胡(John D.Donahue):哈佛大学公共政策学 Raymond Vernon 讲师,肯尼迪政府学院威尔协作治理项目(Weil Program in Collaboratively Governance)负责人。

叶海卡·德罗尔(Yehezkel Dror):耶路撒冷希伯来大学政治学教授,犹太人政策规划研究所创始人。因其在战略规划理论和应用方面的贡献于 2005 年获得以色列行政管理学奖。

约翰·德雷泽克(John S.Dryzek):澳大利亚国立大学社会科学研究学院社会政治理论与政治学教授。

埃米泰·伊兹欧尼(Amitai Etzioni):乔治华盛顿大学讲席教授。

约翰·弗瑞斯特(John Forester):康奈尔大学城市和区域规划教授。

理查德·弗里曼(Richard Freeman):爱丁堡大学社会和政治研究学院高级讲师。

巴里·弗里德曼(Barry L.Friedman):布兰代斯大学海勒社会政策和管理学院经济

学教授。

冯雅康（Archon Fung）：哈佛大学肯尼迪政府学院公共政策学副教授。

威廉·高尔斯顿（William A.Galston）：马里兰大学公共政策学院公民参与 Saul I. Stern 讲席教授，曾在第一届克林顿政府时期担任美国国内政策部副部长。

罗伯特·戈定（Robert E.Goodin）：澳大利亚国立大学社会科学研究学院社会政治理论与哲学杰出教授。

马尔腾·海耶尔（Maarten Hajer）：阿姆斯特丹大学公共政策学与政治学教授。

德克·赫布里奇（Dirk Haubrich）：牛津大学政治学与国际关系专业哲学研究员。

科林·海伊（Colin Hay）：伯明翰大学政治分析学教授。

小马修·霍尔登（Matthew Holden, Jr.）：弗吉尼亚大学伍德罗·威尔逊政治学系 Henry L.和 Grace M.Doherty 荣休教授。

克里斯托弗·胡德（Christopher Hood）：牛津大学 Gladstone 讲席教授。

艾伦·伊默古特（Ellen M.Immergut）：柏林洪堡大学政治学教授。

海伦·英格拉姆（Helen Ingram）：加利福尼亚大学欧文分校规划学、政策学、设计学与政治学教授，和平与国际合作社会生态学 Drew，Chace 和 Erin Warmington 讲席教授。

马克·克莱曼（Mark A.R.Kleiman）：加利福尼亚大学洛杉矶分校公共事务学院公共政策学教授和主任，负责药物政策分析项目。

鲁道夫·克莱恩（Rudolf Klein）：巴斯大学社会政策学荣休教授。

塞尼克·库伊佩尔斯（Sanneke Kuipers）：莱顿大学公共行政系博士后。

大卫·劳斯（David Laws）：麻省理工学院城市研究与规划系首席研究科学家。

詹多梅尼科·马约内（Giandomenico Majone）：欧洲大学学院公共政策学荣休教授。

詹姆斯·马奇（James G.March）：斯坦福大学教育学教授，国际管理学、政治学和社会学 Jack Steele Parker 荣休教授。

西奥多·马莫尔（Theodore R.Marmor）：耶鲁大学公共政策学和管理学教授，政治学教授。

迈克尔·莫兰（Michael Moran）：曼彻斯特大学政府学 W.J.Mackenzie 讲席教授。

约翰·奥尔森（Johan P.Olsen）：欧洲研究中心（ARENA）研究主任，奥斯陆大学政治学教授。

爱德华·佩吉（Edward C.Page）：伦敦经济学院政府学系公共政策学 Sidney 和 Beatrice Webb 讲席教授。

弗朗西斯·福克斯·皮文（Frances Fox Piven）：纽约市立大学研究生院和大学中心政治学与社会学荣休教授。

约翰·奎金(John Quiggin):澳大利亚研究委员会经济学和政治学联合会成员,任教于昆士兰大学。

马丁·雷恩(Martin Rein):麻省理工学院城市研究与规划系社会学教授。

R.A.W.罗斯(R.A.W.Rhodes):澳大利亚国立大学社会科学研究学院政治学教授。

安妮·施奈德(Anne L.Schneider):亚利桑那州立大学司法研究学院教授。

科林·斯科特(Colin Scott):伦敦经济学院法律学高级讲师。

汤姆·塞夫顿(Tom Sefton):伦敦经济学院社会排斥分析中心(CASE)研究员。

亨利·舒尔(Henry Shue):牛津大学莫顿学院政治学高级研究员。

凯文·史密斯(Kevin B.Smith):内布拉斯加大学林肯分校政治学教授。

劳伦斯·萨斯坎德(Lawrence Susskind):麻省理工学院城市与环境规划学 Ford 讲席教授,哈佛大学法学院协商计划公共争议项目负责人。

史蒂文·特莱斯(Steven M.Teles):布兰迪斯大学政治学助理教授。

保罗·哈特(Paul Hart):澳大利亚国立大学社会科学研究学院政治学项目高级研究员,乌得勒支大学乌得勒支政府学院公共行政学教授。

卡里尔·博施(Karel Van den Bosch):安特卫普大学社会政策中心项目负责人。

卡罗尔·赫重·韦斯(Carol Hirschon Weiss):哈佛大学教育政策学 Beatrice B.Whiting 讲席教授。

理查德·威尔逊(Richard Wilson):丁顿的威尔逊勋爵,剑桥艾曼纽学院硕士,曾在 1998 年到 2002 年担任内阁部长和国内事务部部长。

克里斯托弗·温希普(Christopher Winship):哈佛大学社会学 Diker-Tishman 讲席教授,约翰·肯尼迪政府学院教师。

乔纳森·沃夫(Jonathan Wolff):伦敦大学学院哲学教授。

奥兰·杨(Oran R.Young):加利福尼亚大学(圣塔芭芭拉分校)布伦环境科学与管理学院教授,布伦学院可持续发展治理项目联合主任。

理查德·济科豪瑟(Richard J.Zeckhauser):哈佛大学肯尼迪政府学院政治经济学 Frank Plumpton Ramsey 讲席教授。

第一部分

导　论

第 1 章　公众和公共政策

罗伯特·戈定 (Robert E. Goodin)、马丁·雷恩 (Martin Rein)、
迈克尔·莫兰 (Michael Moran)

　　《牛津公共政策手册》旨在对公共政策提供全面的理解,涉及公共政策的制定与实　【3】
践、研究与批判,以及政府官员选用何种计划和政策来实现统治。统治是意志的主张,
试图行使控制权来塑造这个世界。公共政策是这一坚定抱负的实现手段。起初,二战
期间兴起的运筹学模式下的政策研究被设想为实现这一抱负的基础。① 那时,政策研
究团体有种明显的"极端现代主义(high modernist)"情怀:技术官僚的狂妄自大,同时
怀着创造更美好世界的使命感;对自己衡量和监管这个世界的能力极度自信;盲目相信
自己完成控制任务的现实能力(Scott,1997;Moran,2003)。

　　美国和其他地方的高度现代化被认为相当于由"最优秀和最聪明的人"进行统治　【4】
(Halberstam,1969)。无论私下里还是在公开场所,它都不容许花言巧语或劝诱的存
在。政策问题是技术问题,可以通过专业技术的系统性应用得到解决。首先是五角大
楼,接着是更大范围的政策共同体的各个角落,"评判的艺术"(Vickers,1983)总是屈服
于计算效率的指令(Hitch,1958;Hitch 和 McKean,1960;Haveman 和 Margolis,1983)。

　　技术官僚的狂妄自大体现在咨询公司和国际货币基金组织的使命中,也存在于政
策领域的一些其他重要方面。但是过去的半个世纪里,世界的大部分地区已逐渐开始

---

① 感谢罗德·罗兹(Rod Rhodes)对初稿提出的宝贵意见。

* 为了继续进行战时研究和战后发展工作,陆军空军总司令 H.H.("哈普")阿莫尔德(Arnold)
向战时部长汇报道:"战争期间,陆军、空军和海军都前所未有地利用科技和工业资源。该结果不可避
免。我们还没有建立必要的平衡,以确保军队、其他政府机构、工业和大学之间的团队持续合作。"1948
年兰德项目通过的大胆的使命声明中,仅能听到极端现代主义的声音,当它从道格拉斯飞机公司分离
出来时:"会进一步促进科学、教育和慈善事业,这一切都是为了公共福利和美国的安全"(Rand,2004)。

批判这些大胆的"极端现代主义者"的憧憬。① 即使在 20 世纪 70 年代,极端现代主义的原则仍然处于统治地位,但敏锐的社会科学家们已经开始强调执行、管理和控制的局限性。② 随后,纯粹分析力的权威及责任的局限性向我们步步紧逼。③ 在一些民主体系内,惨败接踵而至(Henderson,1977;Dunleavy,1981、1995;Bovens 和 Hart,1996)。我们已经知道"极端现代主义者"工具箱中的许多工具功能非常强大,但有局限性,受到严格的使用限制(Hood,1983)。我们已经学会如何用其他"温和"的方式来补充那些"极端现代主义"方法,以便分析并试图解决问题。

为了传递半个世纪以来公共政策研究所发生的变化,本手册的章节(包括导论部分)着眼于大局而非细节。读者若想逐一了解当前政策辩论议题,最好参阅其他书籍。④ 本手册提供了一系列介绍政策以及可替代方案的相关案例,讲述了以新的、更温和的制定模式和重塑公共政策的情况,以及可能的情况。

该导论只对背景进行描述,而非对整个研究领域进行系统概述,也不是对全文的简要总结。本书中各作者的观点也仅是一家之言。该导言也是如此。为此,我们尝试讲述一个特定的故事,这个故事关于在政策研究和政策制定中远大抱负的局限性、理解这些局限性的方法、制定更加温和的目标的方式,以及开展适度学习的困难。我们的故事就像所有的故事一样具有争议性。无论是在政策制定还是政策科学上,都不能给出一个令人压倒性信服的解释,但存在争议毋庸置疑,下面章节会对其进行叙述。

1. 政策说服

【5】 我们先从远大抱负的最重要局限性开始。我们所有关于"制定""选择"和"抉择"公共政策的讨论都忽略了理查德·诺伊斯塔特(Richard Neustadt,1960)给肯尼迪(Kennedy)总统的这一逆耳忠言:政治和政策制定主要是说服问题。尽管政策制定者会进行决策、选择和立法,但如果想使其政策产生足够效力,决策者必须考虑民众因素。这在实行自由民主的制度中最为常见;但许多证据表明,即使在最强制性的社会组织体系中,直接命令的权力也存在着较大的局限性(Etzioni,1965)。

---

① 想了解著名的早期版本,请参见麦肯齐(Mackenzie,1963)的《普洛登(Plowden)报告(译文)》。

② 普雷斯曼(Pressman,1973)和威尔达弗斯基(Wildavsky,1973);胡德(Hood,1976);范·盖斯特伦(van Gunsteren,1976)。

③ 马琼(Majone,1980)和奎德(Quade,1980);霍格伍德(Hogwood,1985)和彼得斯(Peters,1985);波文斯(Bovens,1998)。

④ 林恩(Lynn,1990)和威尔达弗斯基(Wildavsky,1990);彼得斯(Peters,2003)和皮埃尔(Pierre,2003)。

　　为了使制定的政策贯彻下去,政策制定者不能仅仅发布法令。如果想让这些法令成为普遍的公众实践,他们就需要说服人们必须遵守法令。在某种程度上,这会涉及广泛地说服公众:泰迪·罗斯福(Teddy Roosevelt)的"天字第一号讲坛"(bully pulpit)就是一个重要手段。从另一方面来看,需要说服的是下级,他们必须实施和执行名义上的上司交代给他们的政策任务。杜鲁门(Truman)荒谬地对"可怜的艾克(Ike)"表示同情,他认为政策执行就像他在军队中发出命令一样简单,不料竟没人主动服从。事实证明,艾克清楚地知道如何通过说服来理顺命令链,即使他在电视上看起来并没有说服力(Greenstein,1982)。艾森豪威尔(Eisenhower)的军事经历恰好能够证明:即使在名义上的等级制度中,说服也是有效命令的核心所在。

　　不仅制定公共政策是一项说服问题,而且研究政策制定的学科也被恰如其分地形容为"说服"(Reich 1988;Majone,1989)。它像是一种情绪,而非科学;一个由认知和立场构成的松散组织主体,而非由一个紧密知识体系结合的主体,它比真正的科学更具艺术感和工艺感(Wildavsky,1979;Goodsell,1992)。尽管该学科被冠以这样的标签,勒纳(Lerner)和拉斯韦尔(Lasswell)在开创性著作《政策科学》(The Policy Sciences,1951)中却从未提及这样的说法。与之完全相反的是,《政策科学》杂志的历任编辑却经常会在社论中提到这一点。

　　政策研究的最典型心态是对"实用性"的渴望。政策研究最重要的是学术工作,又试图完成真正的政治工作,为改善生活做出贡献,给政治行动者提供可以利用和采纳的内容。从贡纳尔·默达尔(Gunnar Myrdal)的《美国困境》(American Dilemma,1944)到查尔斯·默里(Charles Murray)的《失败之处》(Losing Ground,1984)以及威廉·朱利叶斯·威尔逊(William Julius Wilson)的《真正的弱势》(Truly Disadvantaged,1987),针对种族和贫困问题的政策导向研究,已经被极左或极右的历代美国政策制定者们当作重要案例。

　　其次,除了强调实用性之外,政策研究不同于其他类型的政治科学,它毫不掩饰地看重价值载荷(Lasswell,1951;Rein,1976;Goodin,1982)。政策研究十分规范化,认为价值前提在政策选择中所起的作用不可估量,并且通常直接表明和维护所制定的政策规定的价值前提。它们在现实中推崇的某些计划和政策的相关规定,通常都十分硬性。政策研究首先应提出有关政策的建议,但如果最初没有基于某些规范性("应该")提出这些建议,研究就不能以这样的方式开展("自然主义谬论"的痛苦)。【6】

　　第三,政策研究与其他类型政治科学的不同之处体现在它们的行为取向。政策研究围绕我们作为一个政治共同体应该做什么,而非它是什么这一问题进行展开。而其他类型的政治研究规划我们的政治制度。具体来说,作为集体价值的化身或手段,政策研究较少关注体制外壳。相反,它更关注的是我们在这些制度形式中和通过这些制度形式做什么。政策研究体现了对行为、产出和结果的偏向——这种对结果的关注与其他许多政治研究的正式制度取向形成对比。这些看似司空见惯的观察结果表明,政策研究是一种"说服",旨在对行动世界进行规范性的干预,这对政策分析师来说是一个巨大的挑战。

其中,最大的挑战是分析师如何巧妙地使用语言艺术。在过去的半个世纪里,随着政治学不断专业化,相应的专业术语也在不断发展。政治学家们知道当他们在汇报结果时,正在与谁交谈。他们相互交流,因此会很自然地使用其他政治学家熟悉的语言。他们之所以能够交谈,是因为政治科学界有一个递归特质,即其主要任务是使用业内人士通晓的语言与志同道合的专家沟通并说服他们。其实,一些更纯粹的学院式政治学的固有传统对学术研究中的"实用性"持怀疑态度(Van Evera,2003)。专业型政治学的研究结果和论据可能会渗透到行动领域中,但那并不是这一活动的要点所在。意外渗透不足以进行政策研究。它回到了一个致力于社会调查的旧世界,其确切目标是将系统性社会调查与规范性承诺统一,并以"非专业人士"可以接受的语言报告其结果和方法。其中,"非专业人士"包括参与性公民、非参与性公民,甚至政策制定精英。因此,选择沟通的语言是政策分析的一部分。这个问题很棘手,却至关重要。

使用"论证转向"和"批判性政策研究"运动中的政策话语分析是将政策制定方式与本质上是"说服"的政策研究相结合的方式之一(Fischer 和 Forrester,1993;Hajer,1995;Hajer 和 Wagenaar,2003)。因此,无论是制定政策还是探究制定政策的方式,试图运用含糊的机械式因果解释来决定要做什么或做过什么实证主义或"极端现代主义"【7】方法都注定会失败,或者无论如何是根本不完整的。政策分析人士从来都不只是"权力的婢女"。这只是他们工作的一部分,也是他们最重要的任务,即倡导他们认为正确的政策(Majone,1989)。政策分析师的工作是"向权力说真话"(Wildavsky,1979),其中涉及的真理不仅包括实证主义科学的确凿事实,还包括对大群体(政体)和小群体(政策群体、分析师群体)的充分自我理解。

也许这种反思是分析师及实践者最主要的天赋。在现代政府中,实践者常常被迫生活在一个没有反思的世界中:商业压力压缩时间范围,抹杀人们对过去的回忆以及对未来的预期(Neustadt 和 May,1986)。这种决策的压力前所未有,并要求继续解决下一个问题。关于决策的局限性,以及决策的社会和历史背景的自我反思,正是分析者能够带到政策谈判桌上的东西,即使它出现在谈判桌上常常看起来是不受欢迎的。

当然,理性一直是行政法强制规定的政策应用的核心要求。法院自动驳回没有任何理由的行政命令。同样,他们的"合理性审查"也会推翻那些不能证明在国家权力范围内被视为合法目的的法令(Fried,2004,208-212)。政策分析中,论争转向的伟大见解在于,说理的稳定过程要贯穿于公共政策的所有阶段。这不仅仅是立法和行政的表层问题。

当权者并不总是欢迎直率且无所畏惧的建议。所有组织都认为自我评估很难,对国家而言尤为艰难:在历史漫长且有记载的国家中,无论是民主国家还是非民主国家,它们都无视甚至惩罚那些给出逆耳忠言的人(Van Evera,2003)。随着科学和公共服务的政治化,那些已建立起的专门用来给出客观公正建议的行政结构逐渐遭到破坏(UCS,2004;Peters 和 Pierre,2004)。尽管如此,只要政策分析能够形成具有自身特质的行业,那么如同希波拉誓言那般,"向权力说真话"(甚至是不受欢迎的真话)就必须是它的首要指令(ASPA,1984)。

2. 辩论还是讨价还价

到目前为止,我们的论点涉及对政策研究"说服"的温和主张,但即使是这些适度的目标也有其自身的傲慢的风险。说服,鼓励反思、自觉的政策文化,关注与政策行动世界沟通所使用的语言,这都很重要。但所有这些都有可能忽视一个基本的事实——政策不仅是辩论,还是讨价还价。政策论坛不是学术研讨会。但危险在于,我们虽然拒绝讨价还价,却不断在重蹈覆辙。

政策分析师,特别是那些把自己视为独特的高度现代主义专业干部的人,往往采取【8】技术官僚的方式开展工作。他们认为自己拥有中立的专业素养,可以为任何政治领袖服务。他们认为自己扮演顾问的角色,只给出建议而不是做出选择;并且他们明白,建议并不总能得到采纳,这是建议的本质。他们也确实接受这一点。可倘若好的建议在不正当("纯粹政治")的原因下被推翻,这些更专业的技术官僚政策顾问难免会感到一丝遗憾。

如果政治纯粹是为了利益服务的权力问题,那么这种政治可能看起来并不体面。相比使用权力迫使人们接受政治集团偏好的某种结果,人们更能在对结果无可挑剔时认命地接受这种结果,并认为这在政治上不可避免,而不认为还有规范地讨价还价的余地。不过,如果没有大量地讨论为什么接受这些偏好是客观可取的,或者为什么这种权力分配是恰当的,也就没有太多可以规范说明的内容。

这种说法与某些民主决策理念相符。确实,一些民主理论家试图将政治竞争与经济市场进行类比,以提供所需的规范。福利经济学的两个基本定理证明了亚当·斯密(Adam Simth)的早期猜测,即至少在某些(相当不切实际的)条件下,商品市场上的自由竞争会最大限度地满足人们的偏好（Arrow 和 Hahn，1971）。民主理论家们紧跟熊彼特（Schumpeter，1950）思潮，对政治市场上思想和公共政策的自由竞争持有相似的观点（Coase，1974）。研究讨价还价的政治和公共行政理论家向我们证明，党派之间、官僚机构之间、社会伙伴之间的"党派相互调整"会产生最优的社会结果（Lindblom，1965）。

当然，这些证据需要无数的假设进行证明，而且在政治领域甚至比经济学更为罕见（只要想一想"新供应商无需成本进入"的情况就可以）。对经济市场中的生产者来说这是足够大胆的假设，但这只是一个适用于政治市场中新政党的空想假设，特别是在"卡特尔化"党派市场的世界中（Katz 和 Mair 1995）。但最重要的是，这些证据仅仅表明该偏好在帕累托意义上得到最大化满足：在别人没有变得更糟的情况下，没有人可以变得更好。有些人难免比另一些人更加满意，谁最满意取决于谁拥有最大的影响力（经济市场上的金钱或政策领域的政治权力）。因此，政治谈判规范合法性的典型"证据"仍然缺乏一个关键性支柱，该支柱必须是能够决定"谁受益"的权力分配的正当理由（Page，1983）。早期的政策科学家理解拉斯韦尔（1950）对"政治"的定义，该定义围绕"谁得到什么、何时得到以及如何得到"展开。

【9】 如果考虑政治与市场之间的相互作用，这项事业就更不太可能成功，这也是公共政策的观察者必须要考虑的情况（Lindblom，1977；Dahl，1985）。政治的重点是限制市场：如果市场完美地运行（根据内部经济标准，以及更广泛的社会标准），我们会让市场独立决定所有的社会关系。只有在市场以某种方式失灵，或者无法提供使其成功的先决条件时，我们才需要政治（Hirsch，1976；Offe，1984；Esping-Andersen，1985；World Bank，1997）。但是，如果政治要为市场提供这些必要条件，它就必须独立于市场——然而，"政治献金"与大多数民主国家财产规则的相互作用，在很大程度上意味着政治是市场的俘虏（Lindblom，1977）。

尽管代议制民主的进程可能受到政治献金的影响，但这些过程仍然是行使公共权力的主要公共问责机制。经济市场和非正式网络的问责制可以有效地补充选举官员对选民的政治问责制，但永远无法取代它（Day 和 Klein，1987；Goodin，2003）。

最近又出现另一派民主理论，它强烈反对将政治简单地视为各种政治力量的矢量与投票总和这一讨价还价的模式。它更认同政策研究的"说服"特征。协商民主邀请我们共同讨论我们的偏好以及哪些政策能最好地促进自愿认可某种偏好（Dryzek，2000）。这可能发生在很多领域，小到一些小型论坛（如"公民陪审团""共识会议"或20 至 200 名公民参与的"议后民意调查"），大到中等协会（Fung 和 Wright，2001）。阿克曼（Ackerman）和费希金（Fishkin，2004）甚至提议在每次全国大选前设立全国性的"协商日"。

国家立法机关的某些特点不仅使其成为更具"协商性"的议会,也更符合协商民主的要求(Steiner 等,2005)。政治文化的某些特征——言论自由和公民参与的传统,更有利于协商民主(Sunstein,1993、2001;Putnam,1993)。政策本身可以由那些负责制定和执行政策建议的人以更"协商性"的方式制定(Fischer,2003)。这就是提倡批判性政策研究的关键目标,提倡者给出多方面的建议,将"协商转向"引入各种政策的制定过程,如用水、城市改造、有毒废物的处理,等等(Hajer 和 Wagenaar,2003)。

有人可能会说,这种协商转向标志着政策话语从理性到修辞的转变。从某种角度来说,这一转变的倡导者可能会接受这种说法,因为协商转向认为理性与我们推理的方式密不可分:修辞不是装饰,而是始终根植于争论的学术内容。当然,他们想要剥夺技术官僚理性的教条主义式救赎的权力,并在政策制定领域为更温和且不那么犀利的交流和评估模式留出空间(Young,2000;Fischer,2003)。这样看来,重新构建问题是这一过程的合理方式:重要的是,要明白从不同的角度看问题会有不同的见解;不同的人也会合理地提出不同的观点(March,1972;Schön 和 Rein,1994;Alliion 和 Zelikow,1999)。【10】价值澄清以及利益再构想(个人和公众)被视为政治讨论合法化且有价值的结果,而不是一种阻碍技术官僚专家将手段用于既定目标的绊脚石。因此,协商转向与我们刚开始提到的政策研究的"说服"概念的一个关键特征相呼应:反思是(或者应该是)建议和决策的核心。

的确,这些概念在某些情况下比在其他情况下更容易实现。地点、制度背景和时间都很重要。显然,国家传统在协商和论证的接受度方面不尽相同。相比英美世界的多数主义政体,斯堪的纳维亚半岛和欧洲大陆更倾向于推崇政策制定的共识模式(Lijphart,1999)。虽然两种模式最后都采取票决,但是共识模式下,按照利益相关者和有关政党"试探口风"程序进行政策制定和实施的过程更多,而非像多数人过早地投票(Olsen,1972b)。当然,每一个名副其实的民主政体都有一些机制使公众投入到政策制定的过程,例如,美国的国会议员信访制度和国会听证会;英国的皇家委员会和绿皮书等。但那些只是斯堪的纳维亚政策制定"忽视"程序的冰山一角,邀请人们对重要政策举措发表评论,并且认真对待各种反馈,即使它们不一定来自能阻止立法或影响其实施的强大政治利益集团(Meijer,1969;Anton,1980)。

治理位置也很重要。高度现代主义构想就是一个典型的自上而下的政府:政策不仅仅沿着命令链从上级传到下级,还从治理中心扩展到治理外围。把治理视为自下而上的过程时,会出现全新的也可以说是更民主的可能性(Tilly,1999)。城市或社区,而非国家立法机构,也就突然成为令人感兴趣的决策中心。加强民主参与地方决策的尝试没有取得一致性成功,其中一个重要原因是来自权力中心的政客的阻力。例如,作为美国脱贫战争的一部分而发起的"社区行动计划",市长的抵制是这一计划的主要障碍(Marris 和 Rein,1982)。尽管如此,仍有许多振奋人心的关于新型协商过程的例子,它们在当地学校或警察局等地方层面运作,努力使现有的政治秩序民主化(Fung,2004)。

因此,在一些国家及政府层面将政策建议和政策决定与协商相结合比在其他国家和政府层面更容易,而且在某些历史时刻似乎比其他时刻更容易。这样看来,时间很重要。例如,英国的政策制定直到大约 25 年前才具有高度一致性,这基于对政策方案的广泛协商,尽管这些方案通常只考虑到相对狭隘的特权利益。诚然,必须达成和解被认【11】为是政策过程中的弱点之源(Dyson,1980;Dyson 和 Wilks,1983)。自那时起,该体系彻底从审慎且宽松的模式中抽离出去。许多与协商和辩论相关的特色机制(如皇家委员会)都遭到忽视;政策反而是由微小且非正式组织集团的核心领导制定。

20 世纪 70 年代末,英国政策制定者面临着巨大危机,这种转变在一定程度上可以从该危机中寻求解释,也可以从人们的这一信仰中寻求部分解释,即危机需要采取果断行动,不需要与特殊利益集团进行争论。在许多不同的时间和地点,危机需要决策而非争论的情况反复出现。事实上,当决策者想全权处理事务时,"从戏剧中制造危机"就是一种常见的手段。然而,这是危机的悖论:危急时刻恰恰是那些最需要学习如何做出更好决策的时刻;然而,将危机构建为决策速度至关重要的时刻,恰恰使那些主张说服和反思的人有可能被从政策牌桌上拒之门外。

然而,即使这样,也并非一切都是徒劳。对危机的分析(确切地说,是特定的危机事件)可以为制度学习提供强有力的帮助(March,Sproull 和 Tamuz,1991)。此外,针对政策开展争论和博弈的论坛多种多样。人们经常抱怨"管辖权选择",比如律师们希望有同情心的法庭处理官司,污染产业寻求宽松的监管制度来立足。但其实政策活动人士也面临着同样的选择。在许多不同的论坛上讨论并制定政策时,每个论坛都按照不同的规则、不同的议程、不同的时间表进行操作;每个论坛都对不同的压力和紧急情况做出不同的反应;每个论坛都有自己的规范、语言和职业道德。因此,当政策活动人士无法在一个地方得到满足时,最好的做法就是去敲另一扇门(Keck 和 Sikkink,1998;Risse,Ropp 和 Sikkink,1999)。

地点、背景和时机往往会阻碍政策研究行业的"说服"实践。然而,如我们在下一节所述,许多压倒性的证据表明,强大结构性和制度性力量正在把政策制定者推到协商方向。这些强大的力量包含在对网络治理的描述中。

3. 网络化治理

在现代国家中,政策制定通常会呈现出一个矛盾特征。在日常要求采取行动的压力下,决策制定者们深觉必须立即采取行动,这种压力通常来源于"危机"。然而,强大的力量不断使体系向更加分散且更具说服力的方向发展。

当然,即使是在理论上僵化的极端现代主义等级制度中,控制"命令理论"也从来 【12】都不完全有效。不论是在组织中还是在治理国家上,"依靠威胁的命令"都不会起好作用。复杂的组织永远不可能仅靠强制手段来运作(Etzioni,1965)。一种有效的权力结构,就像一个有效的法律体系一样,假定在这一权力结构内部运作的人们能够内化所制定的规则,并根据准则批判性地评估自己的行为(Hart,1961)。即使在名义上的官僚主义环境中也是如此:例如,赫克洛(Heclo)和威尔达弗斯基(Wildavsky,1974)将英国政府的税收和支出部门中政治家和政府官员之间的关系描述为"乡村社区",即以一种人类学角度上"私有"的方式管理公共资金,这充满非正式规范和谈判意味。

因此,命令总是有所限制的。但是,越来越多的人认为,政府正在转向"治理",这表明一些更有意思的东西,尤其是与我们的"说服"政策研究相关的东西:治理越来越不是权威等级结构中的统治问题,反而越来越是分散且不固定联合下的协商问题。"网络化治理"是主要象征(Heclo,1978;Rhodes,1997;Castels,2000)。在这些网络中,有些行为者/行动者处于更核心的地位,有些则处于边缘地位。但即使是那些处在网络中心节点上的行为者/行动者,也无法对别人发号施令。为了使其中一个行为者/行动者能够实现目标,许多独立行为者/行动者需要进行广泛的合作。

在某种程度上,这一直是宪法假象背后的深层现实,它揭示了另一方面的事实。形式上,英国女王在议会中权力至上,用戴雪的话来说就是"制定或废除任何法律"(Dicey,1960/1885,39-40)。然而,尽管非正式的宪法惯例很牢固但仍有无数的事情她可能根本不做,并保留着她对维护皇室特权的深切期望(Marshall,1984)。从形式上讲,英国一直以来是个单一制的国家,地方政府完全是中央政府的产物。但即使是在议会获胜时期,政治现实也是如此,中央不得不与地方政府讨价还价,而不是简单地对它们发号施令,甚至在纯粹的财政问题上也是如此(Rhodes,1988)。

但是,这种现实日渐逼近,这一假象也日渐破灭。政策越来越依赖于经济学家口中的"关系契约":制定一项为达成固定意图来"共同努力"的协议,日后再详细规定细节(Gibson 和 Goodin,1999)。有些人担心会落入"联合决策陷阱",即有很多参与者持反对意见(Scharpf,1988)。但是,贡纳尔·米达尔(Gunnar Myrdal,1955,8-20)对欧洲经济委员会早期工作情况的描述,不仅是政府间谈判,而且在政府内部谈判中也越来越真实。

总的来说,如果一个组织逐渐稳定下来,并已适应该工作传统,它通常就表示同级政府官员会定期聚集在一起。此外,如果在指定领域为了达成政府间协议而不断地应 【13】

用它,那么它可能会获得一定的制度力量和动力。然后逐步建立某些真正的政治制裁替代品。他们都是非正式的、脆弱的。他们普遍认同早先达成结果的普适性,对"俱乐部"的与会参与者的团结精神,以及公务员对本国政府在组织处理特定类型问题上的重大影响怀揣同样的自豪感……不遵守协议的行为就像违反俱乐部礼仪一样。

因此,它在欧洲共同体后期(即如今的欧盟),就已经消失了(Heritier,1999)。①

这些网络中,没有人在指挥。参与者的全部工作就是带动他人,维护关系。说服是政策制定的方式,当然也包括任何书面上的"制度空白"(Hajer,2003),但即使在真正的体制下,权威也比现实更虚无(Heclo 和 Wildavsky,1974)。

如果这对名义上的政策制定组织首脑来说是坏消息,那对被剥夺公民权的人来说就是好消息。最近人权保护在国际上取得的成功就是个典型例子。倡导联盟的建立,将被尼日利亚政府滥用的尼日利亚无权人士的权力与国外的维权人士联系在一起,这些维权人士给本国政府施加压力,这一压力反过来也施加在尼日利亚政府身上(Risse,Ropp 和 Sikkink,1999;Keck 和 Sikkink,1998)。网络跨越国界和社区,影响国家内部利益,可以成为"弱者的重要武器"(Scott,1985)。

这一变化迄今已经扩散到由统治集团、富人及有影响力的人做权威决策的中心地区。

官僚政治组织(韦伯等级制的典范)正屈服于"柔和官僚主义"(Courpasson,2000)。在全球商业组织中,布雷斯韦特(Braithwaite)和达沃豪斯(Drahos,2000)对偏离中心世界的景象进行描绘。在那里,令人困惑的复杂网络产生一些规则,通常不具有在精确时刻做决策的形式。

网络治理的兴起反过来又引起一个相关的转折,而它是"说服"实践的关键,即自觉转向政府主导。

【14】 ## 4. 参与还是主导

政策制定的高度现代主义模式首先是中央掌握控制权的模式。对这些模式而言,政策制定者们应该决定什么对公众有益,然后将其变为现实。

这个抱负变得越来越不太现实,因为政策针对的问题已变得(或被视为)愈发复

---

① 例如,"[欧洲]共同体的环境政策谈判很少失败……一个重要的因素是持久谈判的动态性:即最终发挥作用的谈判'纠缠'会对持不同政见者的代表施加压力(特别是在只有一个反对国的情况下),这样就可以达成妥协……整体而言,任何成员国都不愿意承担导致持续多年的谈判失败的责任,他们相信所有谈判者为达成协议作贡献的共同意愿"(Rehbinder 和 Stewart,1985,265)。

杂。尽管存在关于"组织社会复杂性"的大胆言论（Deutsch,1963;La Porte,1975），但大家已意识到政府已经"负荷过重"，社会处于政治上无法管理的状态（King,1975;Crozier,Huntington 和 Watanuki,1975）。尽管政府十分渴望不断改善社会条件,生成对公众来说大体上还算良好的结果,但还是有一种感触,即现如今,不论对个人还是集体来说,社会面临的危险都越来越普遍（Beck,1992）。

尽管政策制定者认为他们已经牢牢地握住中心权力的杠杆,但是,他们担心自己不能完全掌控负责将这些政策付诸实践的人士。"基层官员",如警察、社会服务机构的办案人员等此类人士,势必会将一些官方政策搁置一边,放在上级严查不到的地方（Lipsky,1980）。无论他们的行为在形式上受到多么严格的法律约束,都不可避免地会出现实质性的事实自由裁量权。但并非仅是基层官员享有这一权利。组织理论家用"失控"来形容最高领导使用权力控制下属的方式,该方式已经使命令下属的指挥链不断滑脱（Blau,1963;Deutsch,1963）。再也不能理所当然地认为一些政策会按预想的那样落实下去（通常来说是不会的）（Pressman 和 Wildavsky,1973;Bardach,1977、1980）。

针对公共管理体系内失控问题提出的早期解决方案是:舍弃用来响应公共政策的"指挥和控制"机制,支持"激励"机制（Kneese 和 Schultze,1975;Schultze,1977）。这一设想是,如果你能合理地设立激励机制,人们就会有理由去做你希望他们做的事情,而不需要政府官员对他们的日常管理进行进一步的干预。这种观念一直持续到 20 世纪80 年代和 90 年代,例如,它体现在欧洲许多政府出资的卫生保健体系对"内部市场"的推崇中（Le Grand,1991;Saltman 和 von Otter,1992）。当然,关键在于正确设置激励机制。在电力公司每天花三十万美元购买替代电能的情况下,核管理委员会对进行不安全操作的违规核电站每天仅罚款五千美元,这很难起到一种威慑作用（US Comptroller General,1979）。

中央政府无法在等级制度下运用命令和控制的手段来对已实行的政策加以有效控制,这已经导致公共服务、公私合作和政府合作日渐实行"合同外包制"（Smith 和 Lipsky,1993;Commission on Public-Private Partnerships,2001）。这是"主导而非参与"的典型情况（Kaufmann,Majone 和 Ostrom,1985;Bovens,1990）。

两种做法促进这一现象的发展。第一,通过淡化他们对提供一线服务的责任,政府【15】的政策单位将更好地聚焦战略政策选择（Osborne 和 Gaebler,1993;Gore,1993）。第二,通过在协议上规定"绩效标准"并监督这些标准的遵守情况,公务员能确保这些公共服务比由公共部门自身提供的服务更恰当地进行。

这种情况不是第一次发生。早期的现代国家,在被称之为"包税制"的协议下,统治者们经常将征税分包给当地贵族,这种做法一直都是成败参半。尽管统治者试图统一这些激励机制,但贵族们似乎一直都能找出对策来欺骗他(Levi,1988)。这些想要通过监督别人的参与来进行主导的人士,乐于认为他们已经掌握如何更好地制定合约并监督履行情况的方法。但每届统治者的新顾问也是如此。

"主导和参与"的历史将现代"治理"状态的矛盾特征具体化,也阐明"治理"和将政策学视为说服概念的复杂关系。一方面,强大且有详细记载的力量正将政策体系推向审议、协商及和解的方向。"高度现代主义"较为复杂,它需要大量的自主协调,并且高度现代主义还培养出不能随便被发号施令的聪明人,这是由于正规教育水平不断提高,尤其是受到高等教育的人士显著增加,从而孕育出大批的高素质社会群体和知识分子,他们要求在政策制定上有自己的话语权。这是松散的网络化倡导联盟浪潮带来的社会发展的一部分。

因此,现代主导可能需要一个更为民主的治国能力模式,在这种模式下,从事政策学的说服职业尤为重要。但正如我们刚刚谈论的那样,"主导"呈现出不那么民主的一面。它与统治者的理想以及边沁(Bentham,1787)的圆形监狱①设想如出一辙。柏拉图(Plato)的《理想国》最早提出主导国家这一设想,这当然是一个专制国家。

因此,正如"主导"一词所示,"网络化管理"的遗留问题也是好坏参半,很有争议性,带有专制和民主的烙印。这或多或少有助于解释新公共管理中的监督与控制。

新公共管理借鉴经济学,实行私有化和外包制。但它似乎坚定不移地忽略了经济学中的一点,那就是据推测与作为有组织企业的国家最相关的一点:企业经济学理论(Simon,2000)。

【16】　　两部重要作品对此进行论述。一个是罗纳德·科斯(Ronald Coase,1937)的著作,该作品对为什么要在同一个公司使产品内部化,而不是直接在公开市场中购买别的生产商制造的零件,即"生产或购买决策"的分析。该问题一经抛出就立刻得出答案。相比对外部产品(在公开市场购买的零件)质量的监督与控制,如果或只要你能更好地监督与控制投入生产过程的内部产品的质量,那么你就可以在公司里实行产品内部化。只有对自己监督外部生产商提供的产品质量的能力相对不那么自信的时候,你才会选择进行内部生产。

对将公共服务外包给私人组织进行分析,有一个很明显的结论,即出于同样的原因,建立私人组织是为了提供服务,公众在将服务外包给这些组织的时候,应对此有所考量。同样地,私人组织没有购买本应提供的产品,而是选择进行内部生产,公共组织也应该如此。因为,合约势必不完整,也没有对执行标准加以细化,对不惜以损害公共

---

①　一个集中审查和监督的世界。——译者注

利益为代价来使私人利益最大化留有的发挥空间较大。当然,这种问题可能被概括为"机会主义",它存在于使用新制度经济学解决公司问题的核心位置(Williamson,1985,29-32,281-285)。此外,还有另一个明显的结论:如果我们确定要将公共服务外包,最好把它们外包给非盈利供应商,众所周知,这些供应商在引进项目时,怀有与公众相同的目标,这样要好于把它外包给那些显然与公共目的相悖的盈利供应商(Smith 和 Lipsky,1993;Rose-Ackerman,1996;Goodin,2003)。

　　对公司应当引进公共服务外包与私有化项目的理论做出的第二个贡献,是赫伯特·西蒙(Herbert Simon,1951)对"雇佣关系"的分析。同样,这一分析的关键是"不完全外包"概念。我们之所以雇佣他人作为公司员工,是因为我们无法具体地提前制定到底要执行什么任务。如果可以的话,我们就能将这些服务外包出去,但是由于不知道我们究竟需要什么,我们就不能制定出相关的执行合同。相反,我们可以制定一个雇佣合同,大致这样规定:"老板要求什么,员工就要做什么"。直白地说,这是一项"奴隶合同"(适当地受劳动法限制);委婉地来说,它是一项"关系合同",是一段关系的协议,以后再制定其精确条款(Williamson,1985)。诚然,正如诺斯(North)指出,非正式的宪法惯例(1990,32)。再强调一次,这样做的基本前提是:我们不能提前规定出我们想要的东西,在我们做不到这一点的情况下,这为内部生产而不是外包提供了强有力的理由。对公共组织而言如此,对私人组织而言亦是如此,相当于公共组织与私人组织建立契约关系。私人承包商出于同样的原因雇佣员工,那么国家就不应把服务外包给那些私人供应商。

　　这些见解在政策制定者中更普遍地体现在"私有化需要监管"的口号中。如果只 【17】是肤浅地理解里根(Reagan)和撒切尔夫人(Thatcher)及其效仿者推崇的"精简政府"计划,会让人认为这会产生一个"弱化政府",特别是"减少监管"的政府(毕竟,"放宽管制"是其首要目标之一)。但事实是,私有化、外包制等诸如此类的项目其实需要加强监管,而不是放松监管(Majone,1994;Moran,2003)。在最低限度上,它要求对合同条款做出详细规定,并仔细监管合同实施。因此,私有化政策会产生相当多的监管条款,这点不足为奇(Levi-Faur,2003;Moran,2003)。

　　私有化和监管之间的悖论将我们的记忆带回到政府刚开始发展的 19 世纪。任何事物如果与当时的意识形态潮流相悖,它就是对实践情形的务实反应。尤其是政府的扩张没有受到政治力量的压迫,只不过是一个又一个灾难使人们明显地意识到各个领域需要更严格的公共规章和检察人员去实施监管(MacDonagh,1958、1961;Atiyah,1979)。在接下来的一个世纪里,其中一些部门被收归国有,直到后来才重新私有化。然而,不足为奇的是,一旦重新私有化,这些活动需要同样的规章来进行控制,在被国有化之前这也很有必要。麦克多纳夫(MacDonagh, 1958、1961)认为政府发展存在一种"模式",在实行私有化情况下,很有可能出现一种监管发展模式。

5. 政策、实践与说服

"政策问题"就是普遍规则问题。这就是"政策"和"管理"之间的区别(Wilson, 1887),政策"立法"和政策"执行"之间的区别(Locke, 1690, ch.12)。最有抱负的政策制定者们渴望运用普遍的规则制定方式来"制定政策",设想管理者以最低限度的自由裁量方式将这些一般规则应用于特定情况(Calvert, McCubbins 和 Weingast, 1989)。该抱负与中央严格控制的抱负共同组成政治极端现代主义的核心内容。

一方面,它渴望甚至幻想绝对的中央控制。想要实现中央控制,许多上世纪的管理方式都有借鉴意义,包括线性规划、运筹学、成本效益分析、目标管理法、随机案例实验;等等(Rivlin, 1971; Self, 1975; Stokey 和 Zeckhauser, 1978)。

【18】 中央控制模式的一个不容忽视的问题是:没有任何一个单独且稳定的中央权威能够实现完全控制。对于未来的极权主义者来说,这是一个可悲的事实;对于民主多元主义者来说,这是一个值得庆贺的事情。但不管人们对其看法如何,政治生活中存在一个不争的事实,那就是许多相互竞争的政府部门经常使用"中央"这一概念。国会预算办公室总是勇于挑战执行部门总会计师事务所牢不可破的权利,就像最严密的计划经济部门总会备份两套账目那样。

在任何情况下,中央完全控制都是个骗局或谎言。尽管已经远远超出生产商的目标,这个计划的幻想目标还是会被保留下来:事实上,计划一定会失败,就像在其他方面没有实现目标那样(Wildavsky, 1973)。不论是基层官员还是某个分局的高官,他们都很清楚"中央政府认为我们在做什么"和"这里实际发生了什么"之间的重要区别。如果新上任的官员不能明白这一区别,那么他们就不适合在官僚世界中生存,就像失地农民仅因为某项法律条文就认为他们会获得某种权利,不久就会大失所望一样(Galanter, 1974)。

当然,完全放弃中央计划,将一切市场化是一种解决方法(Self, 1993)。冷战末期,中欧的计划经济实行的"休克疗法",看起来就和市场化差不多(Sacks, 1995; World Bank, 1996)。但是,如上所述,即便设立更易实现的私有化目标和在已经建立起的资本主义民主环境下打造管理化市场,也只会出现一个更加分散的世界:他们创建强大的激励机制来进行监管和控制。

更谨慎地来看,存在着计划和控制更为松散的新模式,这些模式对现实更加敏感。

"指示性计划"会放松计划过程：它没有制定一成不变的目标，反而只是指向一些想要达成的方向；根据过去的实践表明的现实愿望重新调整未来的目标（Meade，1970）。

　　一般来说，政策制定者们可以充分依赖"宽松"的法律法规。法律和条款通常会制定笼统且模糊的目标条款，而不会严格地指定具体的效益要求（以能够灵活变通的方式）（Goodin，1982，59-72）。精明的政治现实主义者可能会认为后者纯粹是愚蠢的，它过于相信人们的好意（或者，可以说是赋予管理者太多的权利来解释和运用宽松的法律法规）。但是，这也表明，以宽松的方式管控的国家，往往比用具体的法律条款规定实行管控的国家的治理水平更高（Braithwaite 等，1993）。

　　这些议题存在一个有趣的变体：欧盟的开放协调方法。这基本上可被看作"标杆 【19】管理"。起初，这只是一个在系统和比较的基础上从各国收集政策绩效信息的过程。然而，一旦这样做，表现更好的国家的绩效基本上就被自动视为他国乐意效仿的"标杆"，但随着时间的推移，这些国家就会面临越来越多的正式和非正式压力（Atkinson 等，2002；Offe，2003）。

　　"政治高度现代主义"的另一方面就是工具理性完全支配政策过程的幻觉。这一幻想就是，政策制定者们从一套将会被推崇的准则（价值观，目标）出发，寻求这些目标所用方法的全部信息，以及寻求这些目标所遇到的制约因素（物质、社会和政治资源）的所有信息。

　　"完全信息"概念一直都是个幻想。就像所有的人类行为一样，政策在部分无知的状态下进行；很大程度上是一个"边做边学"的过程（Arrow，1962；Betts，1978）。在实践中，我们从来无法得到需要"优化"的所有信息。最多，我们"退而求其次"，即确立一些"足够好"的标准，通过达成这一目标实现自我满足（Simon，1995）。"最佳"的信息不完全，我们就无法判定"足够好"的标准是过于宽泛还是过于具体。如果我们将教育标准定得太高的话，就会有太多的孩子作为失败者被"甩在后面"；如果太低的话，即使通过考试，于他们的教育生涯也是无益。

　　"完全信息"主导的工具合理性会失败，这不足为奇。它在其他两个领域的失败也许更为常见。政策制定者们永远也不能清楚地确定，可以或将会用到什么资源以实现这些目标。全世界的政策制定者都是如此。按字面意义上的财政预算来看，他们通常不知道要花费多少或打算花费多少。起草一项"授权"项目书就是写一张空白支票，从而导致花销"难以控制"（Derthick，1975），不管怎样，如果不随后修改立法，这种情况是无法控制的，而考虑到由此产生的权利所涉及的政治利益，立法可能缺乏政治资源（Pierson，1994）。按广泛的社会支持意义来看，政策制定者们也还是不知道，政策制定者通常也不知道他们有多少或需要多少特定的政策。有时，他们设法为之前实施的项目寻求更多的支持;相反,最初获得大量公众支持的项目有时会出其不意或难以预测地失去这些支持。简言之,在"高度现代主义"模式中,完美的手段—目的适配,会在他们能使用的有限资源中,最大程度地实现目标。但是在实践中,公共政策制定者们通常不太清楚他们最终会用到什么资源。

【20】 政策制定者们通常也不太清楚可用工具的使用范围。政策是意图,是人类丰富想象力的产物。政策制定可以以一种或多或少具有创造性的方式进行:目标明确地参与头脑风暴或自由讨论,而不是漫无目的地寻找政策世界中存在于"垃圾箱"底部的"问题的解决方案"(Olsen,1972a;March,1976;March 和 Olsen,1976)。但是,尽管政策制定者们很有创造力,他们还是或多或少无法实现极端现代主义目标,因为在寻求政策制定的目标过程中可能会使用一些方法,而他们对这些知识的掌握有所欠缺。

可能最为惊讶的是,政策制定者无法实现完美工具理性的"高度现代主义"的雄心壮志,因为他们对所有的政策目的(价值观和目标)都没有清晰固定的看法。这难免会归咎于所有的目的性行为都被视为理所当然。我们可能从来没有想过要强调这一点,直到新政策的干预突然发生威胁荒原、生物多样性、气候、家庭稳定等之后,我们才会十分珍视之前已经取得的成果。我们在看到自己所得到的东西之前,通常并不知道自己想要什么。这不是因为我们的偏好会毫无理由地迎合(或者拒绝)某种事物,而是因为我们想象和记录所有美好事物的能力非常有限(March,1976)。

工具理性的局限性强调本章所提及的将政治学研究视为说服实践的观点,因为他们认为制定和发展政策,就像一场自我发现的旅程,在这场旅程中,我们根据以往经验来学习自己真正想要的东西。而且,学习想要什么是我们已有和已知产物的一部分,换句话说,就是迄今为止的政策产物的一部分。认识到工具理性的局限性,也有助于强化"政府工具"选择中折中主义的自我意识(Hood,1983;Salamon,2002)。这些"工具"是社会技术,因此它们的使用和效率都与它们所适用的环境高度相关。这种环境在一定程度上也是过去的产物。换句话说,政策遗产是影响政策选择的关键因素,我们现在要讨论的就是这些。

6. 政策自身原因

可能确实存在一种情况,即"政策是自身的原因"。不幸的是,这不仅仅体现在像威尔达弗斯基(1979,ch.3)这样的愤世嫉俗者最初所提出的观点中:每次试图解决一个问题就会制造出更多的问题;每个"目的性的社会行动"都会带有"意外效果"(Merton,1936)。这也不仅仅是一个循环流行和过时的问题,解决问题的成本也比收益更为明

显（Downs，1972；Hiischman，1982）。从某种积极意义上来说，这也是如此。当我们尝试 【21】
实行政策干预措施时，我们得到了新的想法，找到了更好的方法来追求旧的目标，并对
我们共同的新目标有更清晰的认识。

从组织的角度来看，解决问题有时和对其置之不理一样麻烦。美国优生优育基金
会（The March of Times）最初的目标是抗击小儿麻痹症，实现该目标后，基金会需要重新
确立其使命，或选择停止运作。拉斯韦尔（1941）将美国称为"驻防国家"，一旦冷战取
得胜利，就要寻找新的理由。不论成败，政策都受自身原因的影响，在这两种情况下，就
需要探索一些新的政策，而且，如果这个组织想要长久生存下去的话，需即刻探索出这
些政策。

政策上的成功可能会引发实质性的问题，而非仅组织层面的问题。长寿，以及不断
增加的生活自理年限是健康政策的主要目标，也是当代最伟大的成果之一。虽然这对
其他方面有益，但是，寿命的增加对"现收现付"养老体系的预期效果会产生消极影响，
也会引发"老年危机"，从而引起全球致力于养老体系改革的学者们的关注（World
Bank，1994）。

政策直接或间接地受其自身原因的影响。一项政策可能会以预想的方式成功改变
整个社会，这些变化要么阻碍，要么有助于某些政策沿着类似方向进一步发展。这就是
"路径依赖"，即后来采取的行动受之前采取的行动的影响。有时，路径依赖会对政策
制定者有所帮助，例如：在村镇里设立与英国皇家邮政类似的邮局，随后再建造其他基
础设施，用其收益来提供各种各样的社会福利（养老金、家庭补贴等）；这样的话，因为
前一个政策的铺垫，后一个政策更容易实施（Pierson，2000）。有时，"路径依赖"于政策
制定者无益，使随后的政策难以发展下去。其中一个例子就是：在其他发达国家已经采
用养老金制度后，美国也开始向内战时期的老兵支付养老金，这严重削弱了一代甚至两
代美国政治选民对现行的养老金制度的潜在支持力度（Skocpol，1992）。正因为"路径
依赖"的存在，政策才会受其自身因素的影响。

7. 约束性条件

政策制定总是在约束下进行选择。但并非所有的约束都是物质限制，还有一些社
会和政治限制，这些与人们对政策的遵守意愿度有关，或者和选民对政策制定者支持的
政策的认可度有关。

然而，约束政治制定的因素一大部分来自想法。就其最根本意义而言，技术是一套 【22】
关于如何使用资源来达到理想结果的想法。"政策技术"也是如此，因为它是更广为人

知的"生产技术"的形式。关于如何实现重要的社会目标的想法永远供不应求(Reich,1988)。

有时,新的政策观点来自于富有创造力的政策分析师。拿犯罪学领域的两个案例来看,一种观点认为,公共建筑场所过长且平淡无奇的走廊通常是个危险场所,因为这一公共场所属于所有人,同时也不属于任何人:任何人都没有责任去监视、保护和守卫这一场所。相反,如果以建立飞地式①的"防卫空间"来设计这些公共场所,那么犯罪率就会有所降低(Newman,1972)。另一种观点认为,"破窗"传递出"没人在乎"这个街区的信号,因此,放松警惕引发蓄意破坏和犯罪行为。打击轻微的犯罪行为可能会减少犯罪的发生,因为它传递出反向信号(Wilson和Kelling,1982)。

但是,更常见的情况是,政策制定由"现成的"想法来决定。有时,它们借鉴其他行政辖区的政策。随着时间的推移,回顾油印机立法提案落入立法漏斗的时代,一个行政辖区立法提案中的排版错误可能被复制到另一提案中去,通过追踪这些错误,可以发现政策借鉴(Walker,1969)。在其他情况下,政策借鉴来自公共政策学校的案例书和课堂,或者来自世界银行和国际货币基金组织的压力(Stiglitz,2002)。

马奇和奥尔森(March,1976;Olsen,1972a)在公共政策制定的"垃圾桶模型"②中发现这一命题,享誉世界。政策选择可被视为三个流派的汇合点:问题寻求方案;方案寻找问题;人们找事情做。第一个流派,也只有这一个流派,与政治高度现代主义的超理性主义相一致。最后一个流派,代表着美国优生优育基金会对抗骨髓灰质炎的成员和冷战后驻防国家的绝望,一旦他们的最初使命完成后,就要找其他事情做。中间这一流派,即方案寻找问题,非正式的宪法惯例,它是高度现代主义政策制定的主要制约因素。

高度现代主义政策制定应当工具理性地使用手段达到目的的问题,与目标实现的方法相符。但通常先有方法,然后才运用到(不完美是难免的)随之出现的可能不太适合的目标中去。就拿巡航导弹来说,这一技术最初被用作轰炸机发射没有杀伤力的诱饵,深入敌方领空,用来迷惑敌人的雷达。虽然,参议院坚持认为一些导弹应该进行军备武装,但是空军放弃了这项计划,没有默许发展无人机武装系统。后来空军和海军共同进行一些尝试:空军想要改良技术,使用"对峙轰炸机"(在领空以友好的方式发射导弹);海军想要使用潜水艇。但是,考虑到从飞机的"短程攻击导弹"发射器和潜水艇的鱼雷发射器发射导弹的差别,这一合作宣告失败。因此,最初的计划被搁置。但这一观点被保留下来。几年之后,第一回合战略武器限制谈判签署的协议打开战略机遇之窗,

【23】

---

① 隶属于某一行政区管辖,但不与本区毗连的土地。——译者注
② 垃圾桶模型认为,针对一项决策,相关人员会不断提出问题并给出相应的解决方案。这些方案实际上都被扔进了垃圾桶,只有极少数能够成为最终决策的组成部分。——译者注。

巡航导弹突然再现。

　　同样地,如果某种方法"很适合"某种目标,那么只有在某些情况下,它们才会发生改变。这些未言明的"背景条件"给政策制定带来又一限制。例如,澳大利亚特有的"工人福利国家"政策,20 世纪初,实行这一政策很有意义,但是在 20 世纪末,则没有任何意义。如果政府能像澳大利亚最初那样,拥有充分就业和工业仲裁系统,以确保每个人都能足以维持生计的话,那么就不需要非正式的宪法惯例如转移支付补偿人们市场收入的不足。但是,如果政府(就像撒切尔时代的工党和更多右翼联合型政府一样)废除了充分就业和工业仲裁系统,也不提供从市场资源中获得任何"最低生活工资"保障的话,缺乏传统的转移支付计划来补偿人们的市场收入不足,会造成寸步难行的局面(Castles,1985、2001)。

　　当然,公共政策运作的最大限制因素是维护既得利益的自私心理,这种心理有一种强大的力量,能够以最无懈可击的方式来提高利益。夏皮罗(Shapiro,1999)警示我们,政治最终都是"利益和权力"的权衡。不论在世界何处,任何目睹过农场游说工作的人都不会怀疑这一点(Self 和 Storing,1962;Smith,1990;Grant,1997)。没有人详细了解英国国家卫生服务局的早期历史以及肆意操控医生的行为,因为他们想要避免成为政府的雇员(Marmor 和 Thomas,1972;Klein,2001)。

　　道德家怀着更大的期待,有责任心的政策分析人士也是如此。但最终,就像很久以前第一代自封为政治科学家的人们告诉我们的那样,政治可能纯粹就成为关于"谁在何时得到了什么以及如何得到"的问题(Lasswell,1950)。

　　即使是那些最具政治性的限制条件,它们起到的作用也具有不确定性,例如,美国"替代医疗"的发展。专业医学,尤其是在美国,是个强大的利益组织(Marmor,1994)。通常情况下,我们期望其从业者能够轻松地击退任何挑战者。当然,当他们试图介入骨刺的治疗时,他们成功地将脊椎按摩师排除在外。尽管传统医学执业医生的政治力量仍然存在,但是无论如何,"替代医疗"已成功建立,而且已经成为美国健康维护组织的一种选择,并且有资格通过医疗保险计划进行报销。这可能只是保险行业的政治力量,它厌倦不断上涨的医疗费用,发起动员来反对医生的政治权力,非传统医学的执业医生从而成为附带的受益者。但是,事前,这将是替代医疗运动令人惊讶和意想不到的政治支持来源:并且,人们几乎不可能猜到,组织化的医学行业的力量像它在这方面所表现【24】出来的那样脆弱。

　　当然,这些"限制"并非不可动摇。事实上,一个人受到的限制可能是另一个人的机会。从金登(Kingdon,1984)的机遇之窗到霍尔(Hall,1989)的经济思想中的政治力量,我们了解到,限制不只是约束,更是改变的机遇。我们接下来将对这些进行研究。

8. 改变、限制和民主政治

政策部分与限制有关。但同时也与改变有关，这些都是我们现在要研究的内容。政策会出于各种原因发生改变：问题变化；环境变化；技术改善；联盟变动；骨干员工去留；强大利益的掺杂。对于那些知情者，这些都是政策世界的客观事实。

但对那些仍怀着民主理想的人来说，至少有时会出现另一种情况：政策有时会发生改变是因为受这些政策影响的人们希望它们发生改变。有大批群众动员起来要求进行改革——工人要求出台关于工时和薪资的法律；种族或宗教少数群体要求公民权利；女性要求性别平等。此外，强有力的对比证据表明，社会和文化的发展促进这些群体的发展（Cain，Dalton 和 Scarrow，2003）。

游说组织在政策制定过程中一直都是一支重要力量（Sabatier 和 Jenkins-Smith，1993），并且在网络化的跨国社会中变得愈发重要（Keck 和 Sikkink，1998；Risse，Rop 和 Sikkink，1999）。但是，人们通常认为游说组织"仅是另一个利益团体"——就像英国国家医疗服务体系的医生一样——不论声称自己为多少人谋利，他们都只代表少数部门的利益。一般来说，那些自封为"公共利益团体"的组织缺乏与权威谈论什么是"公共利益"的权利，比如：共同目标协会。就像国会议员经常提醒公共事业游说团体的那样，"自封"与"正式当选"有天壤之别（McFarland，1976；Berry，1977）。

显而易见，社会运动是一个倡导联盟。他们在政治上重要的地方施加压力，就民主理论而言：对民选官员施加压力。有时，施压成功了，《投票权法案》被立法。有时会失败，《平等权利修正案》在国会获得通过，但却被州议会的政治反动员阻挠。（Mansbridge，1986）有时没有非常精确的立法要求，就像 20 世纪 70 年代的"穷人运动"（Piven 和 Cloward，1979），其目的主要是为了改变全国辩论的基调。

【25】　　在任何社会运动中，都有这一因素的存在。一些社会运动甚至特地围绕具体的法律文本（《大宪章》或《平等权利修正案》）进行组织活动，这些社会运动一直都不只是为了将那些文本出台成法律。对想要影响政策的社会运动而言，它们必须要产生一些相对具体的政策影响。任何社会运动，只要它起到实质作用，就必须对"我们想要什么以及何时想要"有个明确的回答。

如果充分探讨社会运动，我们将深入到其他牛津系列手册所探讨的领域。但仅从政策角度来看，社会运动值得一提。思考一下为什么社会运动似乎最终会衰落这一问题。很多原因根植于政治社会学中：脱离民众；失去权力中心等（Tarrow，1994）。当然，有时"灵感枯竭"也是另一个原因。就政策而言，提倡者对自己究竟想要什么不再有清晰的认识。如果这些运动不能提出一些具体的提案提交立法机构的话,那么赢得立法人员的同情和选民的支持就变得毫无意义。

这至少是美国民权和女权运动衰落的一部分原因,他们要求立法或行政变革。从某种程度上来说,政策制定者和普通大众之间存在着一个共识,那就是针对存在的种族和性别不平等这一无法否认的问题,法律和公共管理能做的少之又少。政策制定的垃圾桶模型十分缺乏"想法"这一关键元素。

即使是目光狭隘的倡导联盟,因为缺少进一步的想法,也会面临相同的"灵感枯竭"现象。回想 20 世纪 60 年代,美国政策制定方面十分突出的"安全联盟"事件(Walker,1977),它首先是围绕煤矿安全问题进行动员。技术专业期刊和大众,一时之间对这个问题展开广泛讨论;每个人都清楚地了解这些问题的本质以及可能的解决方案。安全联盟,如任何一个政策制定垃圾桶模型中的好公民一样,在成功制定煤矿安全法律之后,要寻找下一步还做什么。紧接着,出现汽车安全问题。但是,这一问题尚未"成熟",技术专业期刊和报纸杂志对其鲜有讨论。不过还是制定了汽车安全法。接下来该做些什么?紧接着,安全联盟抓住职业健康和安全这一很少引起大众讨论和技术科学讨论的议题。虽然通过一项法律,但是大众的支持度并不高,生效之后,安全联盟受到质疑,并且在接下来的十几年里,影响它在公共政策讨论中所处的重要地位。在三里岛核反应堆发生事故后,它又以其他形式流行起来。 【26】

9. 困惑、问题与说服

制定政策是为了解决问题。但是,被认为是令人困惑或有问题的东西并不是预先确定或永远固定的。公共政策议程就像"个人问题"一样,能够转化为人们公认的"社会问题",也能从"社会问题"中转化出来(Mills,1959)。在某种程度上,这是一种格式塔转化,即"它是谁的问题"。在某种程度上,这也是一个将纯粹的"困惑"转化为"可操作问题"的问题:如果不能设想出解决方案,那么,出于实际目的而言,问题根本不存在。

"进步议程"让国家承担越来越多的解决个人问题的责任(Rose-Ackerman,1992;Crenson,1998)。与之相对的议程是"个人责任",国家从健康到收入保障等"个人问题"的责任中脱身(Wikler,1987;Schmidtz 和 Goodin,1998)。在美国,"去机构化"也许是最悲哀的事情,如把收容所的囚犯们驱赶到大街上(Dear 和 Wolch,1987;Mechanic 和 Rochefort,1990)。但是,20 世纪的道德剧只是 17 世纪早期为解决流浪罪的济贫法的再现。不过,在随后几个世纪,政府出台对济贫院的惩罚性政策,迫使不值得救济的穷人为自己的生活承担更多的责任（Blaug，1963）。

政策有时会被许多大事件所取代。随着技术的进步，大量依靠过时技术的政策变得多余。当一个对手的策略发生改变时，应对这个对手的军事策略就变得多余，甚至糟糕。

政策争论通常通过重新规划来解决。有人认为，林肯的伟大之处在于重新构建关于奴隶制的争论：这不是要把奴隶制废除，而是将奴隶制扩展到新的领土，应对自由白人在与廉价奴隶劳动力竞争中所面临的危险（Hofstadter，1948，ch.5）。

通过搭乘那些更符合社会价值观政策的便车，政策建议能获得政治上的支持。"免费的午餐"，即提议实行保障每人基本收入的政策，已经在政治方面石沉大海（Moynihan，1973）。"参与收入"，即给对社会有用的工作支付报酬，更甚者，推行"工作福利制"，这在政治方面，或许能得到落实（Atkinson，1996；Goodin，2001）。

政策争论通常是由一些人提出新观点，然后再解决。在过去二十多年里，关于核威慑政策的对错，不论是在道义上还是战略上，人们一直对其展开激烈讨论；但是，当卡尔·萨根（Carl Sagan）指出，任何大规模使用核武器的风险都可能引发"核冬天"①，即使是在发动袭击的国家，任何大规模使用核武器的风险都难以想象（Sagan，1983-4；参

【27】 见 Sagan 和 Turco，1990）。再如，大家对在公共场所禁止吸烟的对错与否已经激烈地争论了很多年，但是，一旦"被动吸烟"的危险为人所知之后，它就已经不再是道德性辩论的问题，而是防止公共受害的直接性问题（Goodin，1989）。

出于各种原因（有好有坏），问题不再是问题。"善意的忽视"可能是解决诸如种族和堕胎等各种问题的最佳方法（Luker，1984）。制定公共政策有时也是个错误。但是，提出虐待儿童和忽视儿童的议题，绝对不会是个错误（Nelson，1984）。这些情况的不同之处在于，前者存在着真正的风险，因为反动员会更为公开地抵消实际制定的政策的益处；就后者而言，虽然虐童者能带来反动员风险，或他们自身存在风险，但这一风险相对较小。

思考问题变成或没有变成政策"问题"的方式，会将我们带回争论的核心，即政策研究的说服性使命。我们认为，这种具有说服力概念的理由很充分，包括工具理性的局限性；在政策形成过程中审议的重要性；势不可挡的现代治理潮流需要一种使协商和自愿协调最大化的政策方式。

"极端现代主义"与时代不符。按照它的指令运行现代政府，就像试图在 20 世纪 20 年代福特的仿制装配线上组装汽车那样，当交互零件不能完全相配时，会生产出有

---

① 指核武器爆炸引起的全球性气温下降。——译者注。

缺陷的产品(Simon,1981)。

　　但是,寻求这种说服实践仍任重道远。它需要一个独特的技能组合:"标准的"社会科学技巧在最大程度上与"言论"误用技巧相结合。并且,说服实践必须在充满敌意的世界中进行。敌意来自充满压力的决策者,他们在紧急甚至危机情况下,被迫做出快速的决定;或者来自与极端现代主义有关的强大的行政学说;抑或来自于根深蒂固的权益,这些权益受到反思性和包容性决策模式的影响。出于一系列原因,智力上不合时宜的教条,继续在政策实践的世界里发展,并且都适用于极端现代主义。在官僚机构和那些在新公共管理领域成长起来的有价值的咨询行业中,在现代估测和分级控制政策中存在着一项巨大的投资,即智力和经济上的投资(Power,1997)。个人崇拜席卷政策领域,因为它们有可能逃避民主的控制:基于证据进行政策制定的实践就像卫生保健那样,是一个很好的例子(Harrison,Moran 和 Wood,2002)。而全球化是推进极端现代主义的一个关键变量,主要的全球性管理机构,如世界银行和国际货币基金组织等,它们促进标准化的改革方案(Rodrik,1997;Stiglitz,2002;Cammack,2002)。

　　总而言之,就像政策科学的创始人一开始告诉我们的那样,说服的魅力还是要回到权力和利益上,也就是政治。

　　政策分析人士使用他们业内不完善的工具,不仅是为了帮助当选官员实施他们的【28】民主指令,同时也赋予一些团体相应的权力。此外,政策并非一成不变,也不是一经制定就终身适用。疑惑会变成可操作性问题,并在此基础上制定政策。但这又进一步引发疑惑,然后再次想方设法解决这些新问题。政策制定和分析的说服性任务源于这些动态性,它们决定着政策要解决何种疑惑,制定何种解决方案并且为何种利益服务。

参考文献

Aaron,H.J.,and Reischauer,R.D.(eds.)1999.*Setting National Priorities*.Washington,DC:Brookings Institution Press.

Ackerman,B.A.,and Fishkin,J.S.2004.*Deliberation Day*.New Haven,Conn.:Yale University Press.

Allison,G.T.,and Zelikow,P.1999.*The Essence of Decision*,2nd edn.Reading Mass:Longman.

American Society for Public Administration(ASPA).1984.*Code of Ethics*.Washington,DC:ASPA.

Anton,T.J.1980.*Administered Politics:Elite Political Culture in Sweden*.Boston:Martinus Nijhoff.

Arrow,K.J.1962."The economic implications of learning by doing".*Review of Economic Studies*,29:155-73.

——and Hahn,F.1971.*General Competitive Analysis*.San Francisco:Holden-Day.

Atiyah,P.S.1979.*The Rise and Fall of Freedom of Contract*.Oxford:Clarendon Press.

Atkinson, A. B. 1996. The case for a participation income. *Political Quarterly*, 67:67-70.

——Cantillion, B., Marlier, E., and Nolan, B. 2002. *Social Indicators: The EU and Social Inclusion*. Oxford: Oxford University Press.

Bardach, E. 1977. *The Implementation Game: What Happens after a Bill Becomes a Law*. Cambridge, Mass.: MIT Press.

——1980. On desiging implementable programs. In Majone and Quade 1980, 138-58.

Beck, U. 1992. *The Risk Society*, trans. M. Ritter. London: Sage.

Bentham, J. 1843/1787. Panopticon: or, the Inspection-House: Containing the idea of a new principle of construction applicable to penitentiary-houses, prisons, houses of industry, work-houses, poor-houses, manufactories, mad-houses, hospitals, and schools; with a plan of management adapted to the principle. In *The Works of Jeremy Bentham*, ed. J. Bowring, vol. iv. Edinburgh: William Tait.

Berry, J. M. 1977. *Lobbying for the People*. Princeton, NJ: Princeton University Press.

Betts, R. K. 1978. Analysis, war & decision: why intelligence failures are inevitable. *World Politics*, 31: 61-89.

Blau, P. M. 1963. *The Dynamics of Bureaucracy*, 2nd edn. Chicago: University of Chicago Press.

Blaug, M. 1963. The myth of the old poor law and the making of the new. *Journal of Economic History*, 23: 151-84.

Bovens, M. A. P. 1990. The social steering of complex organizations. *British Journal of Political Science*, 20:91-117.

——1998. *The Quest for Responsibility: Accountability and Citizenship in Complex Organizations*. Cambridge: Cambridge University Press.

——and Hart, P. 1996. *Understanding Policy Fiascos*. New Brunswick, NJ: Transaction.

Braithwaite, J., and Drahos, P. 2000. *Global Business Regulation*. Cambridge: Cambridge University Press.

——Makkai, T., Braithwaite, V., and Gibson, D. 1993. *Raising the Standard*, Final Report of the Nursing Home Regulation in Action Project to the Department of Health, Housing and Community Services. Canberra: AGPS.

Cain, B., Dalton, R., and Scarrow, S. eds. 2003. *Democracy Transformed? Expanding Political Opportunities in Advanced Industrial Democracies*. Oxford: Oxford University Press.

Calvert, R., McCubbins, M. D., and Weingast, B. R. 1989. A theory of political control and agency discretion. *American Journal of Political Science*, 33:588-61.

Cammack, P. 2002. The mother of all governments: The World Bank's matrix for global governance. Pp. 36-53 in *Global Governance: Critical Perspectives*, ed. R. Wilkinson and S. Hughes. London: Routledge.

Castells, M. 2000. Materials for an exploratory theory of the network society. *British Journal of Sociology*, 51(1):5-24.

Castles, F. G. 1985. *The Working Class and the Welfare State: Reflections on the Political Development of the Welfare State in Australia and New Zealand, 1890-1980*. Sydney: Allen and Unwin.

——2001. A farewell to Australia's welfare state. *International Journal of Health Services*, 31（3）: 537-44.

Coase, R. H. 1937. The nature of the firm. *Economica*, 4: 386-405.

——1974. The market for goods and the market for ideas. *American Economic Review*（*Papers & Proceedings*）, 64（2）: 384-402.

Commission on Public-Private Partnerships 2001. *Building Better Partnerships*. London: Institute for Public Policy Research.

Courpasson, D. 2000. Managerial strategies of domination: power in soft bureaucracies. *Organization Studies*, 21: 141-61.

Crenson, M. A. 1998. *Building the Invisible Orphanage: A Prehistory of the American Welfare System*. Cambridge, Mass.: Harvard University Press.

Crozier, M., Huntington, S., and Watanuki, J. 1975. *The Crisis of Democracy*. New York: New York University Press.

Dahl, R. A. 1985. *A Preface to Economic Democracy*. Berkeley: University of California Press.

Day, P., and Klein, R. 1987. *Accountabilities: Five Public Services*. London: Tavistock.

Dear, M. J., and Wolch, J. R. 1987. *Landscapes of Despair: From Deinstitutionalization to Homelessness*. Princeton, NJ: Princeton University Press.

Derthick, M. 1975. *Uncontrollable Spending for Social Services Grants*. Washington, DC: Brookings Institution.

Deutsch, K. 1963. *The Nerves of Government*. Glencoe, Ill.: Free Press.

Dicey, A. V. 1960/1885. *Introduction to the Study of the Law of the Constitution*, 10th edn. London: Macmillan.

Downs, A. 1972. Up and down with ecology: the issue-attention cycle. *Public Interest*, 28: 38-50.

Dryzek, J. S. 2000. *Deliberative Democracy and Beyond*. Oxford: Oxford University Press.

Dunleavy, P. 1981. *The Politics of Mass Housing 1945-75*. Oxford: Clarendon Press.

——1995. Policy disasters: explaining the UK's record. *Public Policy and Administration*, 10: 52-70.

Dyson, K. 1980. *The State Tradition in Western Europe*. Oxford: Martin Robertson.

——and Wilks, S. eds. 1983. *Industrial Crisis: A Comparative Study of the State and Industry*. Oxford: Martin Robertson.

Esping-Andersen, G. 1985. *Politics against Markets*. Princeton, NJ: Princeton University Press.

Etzioni, A. 1965. *A Comparative Analysis of Complex Organizations*. New York: Free Press.

Fischer, F. 2003. *Reframing Public Policy: Discursive Politics and Deliberative Practices*. Oxford: Oxford University Press.

——and Forester, J. eds. 1993. *The Argumentative Turn in Policy Analysis and Planning*. Durham, NC: Duke University Press.

Fried, C. 2004. *Saying What the Law Is*. Cambridge, Mass.: Harvard University Press.

Fung, A. 2004. *Empowering Democracy*. Chicago: University of Chicago Press.

——and Wright,E.O.2001. Deepening democracy:innovations in empowered participatory governance. *Politics & Society*,29(1):5-41.

Galanter,M.1974. Why the"haves"come out ahead:speculations on the limits of legal change. *Law & Society Review*,9:95-160.

Gibson,D.M.,and Goodin,R.E.1999. The veil of vagueness.Pp.357-85 in *Organizing Political Institutions:Essays for Johan P.Olsen*,ed.M.Egeberg and P.Lægreid.Oslo:Scandinavian University Press.

Goodin,R.E.1982. *Political Theory & Public Policy*.Chicago:University of Chicago Press.

——1989. *No Smoking*.Chicago:University of Chicago Press.

——2001. Something for nothing? Pp.90-8 in P.Van Parijs et al. *What's Wrong With a Free Lunch?*, ed.J.Cohen and J.Rogers.Boston:Beacon.

——2003. Democratic accountability:the distinctiveness of the Third Sector.*Archives europeennes de sociologie*,44:359-96.

Goodsell,C.T.1992. The public administrator as artisan.*Public Administration Review*, 52:246-53.

Gore,A.1993. *From Red Tape to Results:Creating a Government that Works Better and Costs Less*, Report of the National Performance Review.Washington,DC:Government Printing Office.

Grant,W.1997. *The Common Agricultural Policy*.New York:St Martin's.

Greenstein,F.I.1982. *The Hidden-Hand Presidency:Eisenhower as Leader.* New York:Basic Books.

Hajer,M.A.1995. *The Politics of Environmental Discourse*.Oxford:Clarendon Press.

——2003. Policy without polity? Policy analysis and the institutional void.*Policy Sciences*,36:175-95.

——and Wagenaar,H.eds.2003. *Deliberative Policy Analysis*.Cambridge:Cambridge University Press.

Halberstam,D.1969. *The Best and the Brightest*.New York:Random House.

Hall,P.ed.1989. *The Political Power of Economic Ideas*.Princeton,NJ:Princeton University Press.

Harrison,S.,Moran,M.,and Wood,B.2002. Policy emergence and policy convergence:the case of'scientific-bureaucratic' medicine in the United States and the United Kingdom.*British Journal of Politics and International Relations*,4(1):1-24.

Hart,H.L.A.1961. *The Concept of Law*.Oxford:Clarendon Press.

Haveman,R.H.,and Margolis,J.eds.1983. *Public Expenditure & Policy Analysis*.Boston:Houghton Mifflin.

Heclo,H.1978. Issue networks and the executive establishment.Pp.87-124 in*The New American Political System*,ed.A.King.Washington,DC:American Enterprise Institute.

——and Wildavsky,A.1974. *The Private Government of Public Money*.London:Macmillan.

Henderson,P.D.1977. Two British errors:their probable size and some possible lessons.*Oxford Economic Papers*,29:159-205.

Heritier, A. 1999. *Public Policy-Making and Diversity in Europe: Escaping Deadlock.* Cambridge: Cambridge University Press.

Hirsch,F.1976. *Social Limits to Growth*.Cambridge,Mass.:Harvard University Press.

Hirschman,A.O.1982. *Shifting Involvements:Private Interest and Public Action*.Oxford:Martin Robertson.

Hitch, C. J. 1958. Economics and military operations research. *Review of Economics & Statistics*, 40: 119-209.

——and Mckean, R. N. 1960. *The Economics of Defense in the Nuclear Age*. Cambridge, Mass.: Harvard University Press.

Hofstadter, R. 1948. *The American Political Tradition and the Men Who Made It*. New York: Knopf.

Hogwood, B., and Peters., B. G. 1985. *The Pathology of Public Policy*. Oxford: Clarendon Press.

Hood, C. 1976. *The Limits of Administration*. London: Wiley.

——1983. *The Tools of Government*. London: Macmillan.

Katz, R., and Mair, P. 1995. Changing models of party organization and party democracy: the emergence of the cartel party. *Party Politics*, 1:5-28.

Kaufmann, F.-X., Majone, G., and Ostrom, V. eds. 1985. *Guidance, Control and Evaluation in the Public Sector*. Berlin: W. de Gruyter.

Keck, M., and Sikkink, K. 1998. *Activists beyond Borders: Advocacy Networks in International Politics*. Ithaca, NY: Cornell University Press.

King, A. 1975. Overload. *Political Studies*, 23:284-96.

Kingdon, J. 1984. *Agendas, Alternatives and Public Policies*. Boston: Little, Brown.

Klein, R. 2001. *The New Politics of the NHS*, 4th edn. Harlow: Prentice Hall.

Kneese, A. V., and Schultze, C. L. 1975. *Pollution, Prices and Public Policy*. Washington, DC: Brookings Institution.

Kornai, J., Maskin, E., and Roland, G. 2003. Understanding the soft budget constraint. *Journal of Economic Literature*, 41(4:Dec.):1095-136.

La Porte, T. R. ed. 1975. *Organized Social Complexity*. Princeton, NJ: Princeton University Press.

Lasswell, H. D. 1941. The garrison state. *American Journal of Sociology*, 46:455-68.

——1950. Politics: *Who Gets What, When, How*? New York: P. Smith.

——1951. The policy orientation. In Lerner and Lasswell 1951, 3-15.

Le Grand, J. 1991. Quasi-markets and social policy. *Economic Journal*, 101:1256-67.

Lerner, D., and Lasswell, H. D. eds. 1951. *The Policy Sciences*. Stanford, Calif.: Stanford University Press.

Levi, M. 1988. *Of Rule and Revenue*. Berkeley: University of California Press.

Levi-Faur, D. 2003. The politics of liberalization: privatization and regulation-for-competition in Europe's and Latin America's telecoms and electric industries. *European Journal of Political Research*, 42(5):705-40.

Levine, H. D. 1977. Some things to all men: the politics of cruise missile development. *Public Policy*, 25:117-68.

Lijphart, A. 1999. *Patterns of Democracy*. New Haven, Conn.: Yale University Press.

Lindblom, C. E. 1965. *The Intelligence of Democracy*. New York: Free Press.

——1977. *Politics and Markets*. New York: Basic Books.

——1979. Still muddling: not yet through. *Public Administration Review*, 39:517-26.

Lipsky,M.1980. *Street Level Bureaucracy*.New York：Russell Sage.

Locke, J. 1690. *Second Treatise of Government*, ed. P. Laslett. Cambridge：Cambridge University Press,1960.

Luker,K.1984. *Abortion and the Politics of Motherhood*.Berkeley：University of California Press.

Lynn,N.B.,and Wildavsky,A.eds.1990. *Public Administration：The State of the Discipline*.Chatham,NJ：Chatham House.

MacDonagh,O.1958. The nineteenth-century revolution in government：a reappraisal.*Historical Journal*, 1：52−67.

——1961. *A Pattern of Government Growth*,1800−1860. London：MacGibbon and Kee.

McFarland,A.S.1976. *Public Interest Lobbies*.Washington,DC：American Enterprise Institute.

Mackenzie,W.J.M.1963. The Plowden Report：a translation.*Guardian*,25 May.Reprinted pp.238−51 in Mackenzie,*Explorations in Government*.London：Macmillan,1975.

Majone,G.1989. *Evidence,Argument,and Persuasion in the Policy Process*.New Haven,Conn.：Yale University Press.

——1994. Paradoxes of privatization and deregulation. *Journal of European Public Policy*,1(1：June)：53−69.

——and Quade, E. S. eds. 1980. *Pitfalls of Analysis*. Chichester：Wiley, for International Institute for Applied Systems Analysis.

Mansbridge,J.J.1986. *Why We Lost the ERA*.Chicago：University of Chicago Press.

March,J.G.1972. Model bias in social action.*Review of Educational Research*,42：413−29.

——1976. The technology of foolishness.In March and Olsen 1976,69−81.

——and Olsen,J.P.1976. *Ambiguity and Choice in Organizations*.Bergen：Universitetsforlaget.

——Sproul,L.S.,and Tamuz,M.1991. Learning from samples of one or fewer.*Organization Science*,2：1−13.

Marmor,T.R.1994. *Understanding Health Care Reform*.New Haven,Conn.：Yale University Press.

——and Thomas,D.1972. Doctors,politics and pay disputes："Pressure Group Politics"revisited.*British Journal of Political Science*,2：421−42.

Marris,P.,and Rein,M.1982. *Dilemmas of Social Reform*,2nd edn.Chicago：University of Chicago Press. First pub.1967.

Marshall,G.1984. *Constitutional Conventions*.Oxford：Clarendon Press.

Meade,J.E.1970. *The Theory of Indicative Planning*.Manchester：Manchester University Press.

Mechanic,D.,and Rochefort,D.A.1990. Deinstitutionalization：an appraisal of reform.*Annual Review of Sociology*,16：301−27.

Meijer, H. 1969. Bureaucracy and policy formulation in Sweden. *Scandinavian Political Studies*, 4：102−16.

Merton, R. K. 1936. The unintended consequences of purposive social action. *American Sociological Review*,1：894−904.

Mills, C.W.1959. *The Sociological Imagination*.New York：Oxford University Press.

Moran, M.2003. *The British Regulatory State：High Modernism and Hyper-Innovation*.Oxford：Oxford University Press.

Moynihan, D.P.1973. *The Politics of a Guaranteed Income：The Nixon Administration and the Family Assistance Plan*.New York：Random House.

Murray, C.1984. *Losing Ground：American Social Policy*, 1950–80. New York：Basic.

Myrdal, G.1944. *An American Dilemma*.New York：Harper and Row.

——1955. *Realities and Illusions in Regard to Inter-Governmental Organizations*.L.T.Hobhouse Memorial Trust Lecture, No.24；delivered at Bedford College, London, 25 Feb.1954. London：Oxford University Press.

Nelson, B.J.1984. *Making an Issue of Child Abuse：Political Agenda Setting for Social Problems*.Chicago：University of Chicago Press.

Neustadt, R.E.1960. *Presidential Power*.New York：Wiley.

——and May, E.R.1986. *Thinking in Time*.New York：Free Press.

Newman, O.1972. *Defensible Space：Crime Prevention through Urban Design*.New York：Macmillan.

North, D.1990. *Institutions, Institutional Change and Economic Performance*.Cambridge：Cambridge University Press.

Offe, C.1984. *Contradictions of the Welfare State*.Cambridge, Mass.；MIT Press.

——2003. The European model of "social" capitalism：can it survive European integration? *Journal of Political Philosophy*, 12：437–69.

Olsen, J.P.1972a.Public policy-making and theories of organizational choice.*Scandinavian Political Studies*, 7：45–62.

——1972b.Voting, "sounding out" and the governance of modern organisations.*Acta Sociologica*, 15：267–84.

Osborne, D., and Gaebler, T.1993. *Reinventing Government*.New York：Plume/Penguin.

Page, B.I.1983. *Who Gets What from Government?* Berkeley：University of California Press.

Peters, B.G., and Pierre, J.eds.2003. *Handbook of Public Administration*.Thousand Oaks, Calif.；Sage.

——2004. *Politicization of the Civil Service in Comparative Perspective：The Quest for Control*.London：Routledge.

Pierson, P.1994. *Dismantling the Welfare State? Reagan, Thatcher, and the Politics of Retrenchment*.New York：Cambridge University Press.

——2000. Increasing returns, path dependence and the study of politics.*American Political Science Review*, 94(2：June)：251–68.

Piven, F.F., and Cloward, R.A.1979. *Poor People's Movements：Why They Succeed, How They Fail*.New York：Vintage Books.

Power, M.1997. *The Audit Society：Rituals of Verification*.Oxford：Oxford University Press.

Pressman, J.L., and Wildavsky, A.1973. *Implementation*.Berkeley：University of California Press.

Putnam, R.D.1993. *Making Democracy Work: Civic Traditions in Modern Italy*. Princeton, NJ: Princeton University Press.

Rand Corporation 2004. History and mission. Available at: www.rand.org/about/history (accessed 10 July 2004).

Rehbinder, E., and Stewart, R.1985. *Environmental Protection Policy*. Berlin: Walter de Gruyter.

Reich, R.B. ed.1988. *The Power of Public Ideas*. Cambridge, Mass.: Ballinger.

Rein, M.1976. *Social Science and Public Policy*. Harmondsworth: Penguin.

Rhodes, R.A.W.1988. *Beyond Westminster and Whitehall*. London: Unwin Hyman.

——1997. *Understanding Governance: Policy Networks, Governance and Accountability*. Buckingham: Open University Press.

Risse, T., Ropp, S.C., and Sikkink, K. eds.1999. *The Power of Human Rights: International Norms and Domestic Change*. Cambridge: Cambridge University Press.

Rivlin, A.M.1971. *Systematic Thinking for Social Action*. Washington, DC: Brookings Institution.

Rodrik, D.1997. *Has Globalization Gone Too Far?* Washington, DC: Institution of International Economics.

Rose-Ackerman, S.1992. *Rethinking the Progressive Agenda*. New York: Free Press.

——1996. Altruism, nonprofits and economic theory. *Journal of Economic Literature*, 34: 701-28.

Sabatier, P.A., and Jenkins-Smith, H.C. eds.1993. *Policy Change and Learning: An Advocacy Coalition Approach*. Boulder, Colo.: Westview.

Sacks, J.1995. Shock therapy in Poland: perspectives of 5 years. *Tanner Lectures on Human Values*, 16: 265-90.

Sagan, C.1983-4. Nuclear war and climate consequence: some policy implications. *Foreign Affairs*, 62: 257-92.

——and Turco, R.1990. *A Path Where No Man Thought: Nuclear Winter and the End of the Arms Race*. New York: Random House.

Salamon, L. ed.2002. *The Tools of Government: A Guide to the New Governance*. Oxford: Oxford University Press.

Saltman, R., and von Otter, C. 1992. *Planned Markets and Public Competition: Strategic Reform in Northern European Health Systems*. Buckingham: Open University Press.

Scharpf, F.W. 1988. The joint decision trap: lessons from German federalism and European integration. *Public Administration*, 66: 239-78.

Schmidtz, D., and Goodin, R.E. 1998. *Social Welfare & Individual Responsibility*. Cambridge: Cambridge University Press.

Schön, D.A., and Rein, M.1994. *Frame Reflection: Toward the Resolution of Intractable Policy Controversies*. New York: Basic.

Schultze, C.L.1977. *The Public Use of Private Interest*. Washington, DC: Brookings Institution.

Schumpeter, J.A.1950. *Capitalism, Socialism and Democracy*, 3rd edn. New York: Harper and Row.

Scott,J.C.1985. *Weapons of the Weak*.New Haven,Conn.:Yale University Press.

——1997. *Seeing Like a State*.New Haven,Conn.:Yale University Press.

Self,P.1975. *Econocrats and the Policy Process:The Politics and Philosophy of Cost-Benefit Analysis*.London:Macmillan.

——1993. *Government by the Market?* London:Macmillan.

——and Storing,H.1962. *The State and the Farmer*.London:Allen and Unwin.

Shapiro,I.1999. Enough of deliberation:politics is about interests and power. Pp.28–38 in*Deliberative Politics*,ed.S.Macedo.New York:Oxford University Press.

Simon,H.A.1951. A formal theory of the employment relationship.*Econometrica*,19:293–305.

——1955. A behavioral theory of rational choice.*Quarterly Journal of Economics*,69:99–118.

——1981. *The Sciences of the Artificial*,2nd edn.Cambridge,Mass.:MIT Press.

——2000. Public administration in today's world of organizations & markets.*PS:Political Science & Politics*,33(4:Dec.):749–56.

Skocpol,T.1992. *Protecting Soldiers and Mothers:The Political Origins of Social Policy in the United States*.Cambridge,Mass.:Harvard University Press.

Smith,M.1990. *The Politics of Agricultural Support in Britain:Development of the Agricultural Policy Community*.Aldershot:Dartmouth.

Smith,S.R.,and Lipsky,M.1993. *Non-Profits for Hire:The Welfare State in an Age of Contracting*.Cambridge,Mass.:Harvard University Press.

Steiner,J.,Bachtiger, A.B.,Sporndli,M.,and Steenbergen,M.R.2005. *Deliberative Politics in Action:Cross-national Study of Parliamentary Debates*.Cambridge:Cambridge University Press.

Stiglitz,J.E.2002. *Globalization and its Discontents*. London:Penguin

Stokey,E.,and Zeckhauser,R.1978. *A Primer for Policy Analysis*.New York:Norton.

Sunstein,C.R.1993. *Democracy and the Problem of Free Speech*.New York:Free Press.

——2001. *Republic.com*.Princeton,NJ:Princeton University Press.

Tarrow,S.G.1994. *Power in Movement:Social Movements,Collective Action and Politics*.New York:Cambridge University Press.

Tilly,C.1999. Power—top down and bottom up.*Journal of Political Philosophy*,7:330–52.

Union of Concerned Scientists(UCS)2004. *Scientific Integrity in Policymaking:An Investigation into the Bush Administration's Misuse of Science*. Available at:www.ucsusa.org/global_environment/ris/page.cfm? pageID=1322(accessed 10 July 2004)

US Comptroller General 1979. *Higher Penalties Could Deter Violations of Nuclear Regulations*.Report to the Congress EMD–79–9. Washington,DC:General Accounting Office.

Van Evera,S.2003. Why states believe foolish ideas:non-self-evaluation by states and societies.Ch.19 in *Perspectives on Structural Realism*,ed.A.K.Hanami.New York:Palgrave.

Van Gunsteren,H.1976. *The Quest for Control*.London:Wiley.

Vickers,G.1983. *The Art of Judgment:A Study of Policy Making*.London:Harper and Row.

Walker,J.L.1969. The diffusion of innovations among the American states.*American Political Science Review*,63:880-99.

——1977. Setting the agenda in the U.S.Senate:a theory of problem selection.*British Journal of Political Science*,7:423-46.

Wikler,D.1987. Personal responsibility for illness.Pp.326-58 in *Health Care Ethics*,ed.D.van de Veer and T.Regan.Philadelphia:Temple University Press.

Wildavsky,A.1973. If planning is everything,maybe it's nothing.*Policy Sciences*,4:127-53.

——1979. *Speaking Truth to Power:The Art and Craft of Policy Analysis*.Boston:Little,Brown.

Williamson,O.E.1985. *The Economic Institutions of Capitalism:Firms,Markets,Relational Contracting.* New York:Free Press.

Wilson,J.Q.,and Kelling,G.L.1982. Broken windows.*Atlantic Monthly*,249(3):29-38.

Wilson,W.1887. The study of administration.*Political Science Quarterly*,2(2:June):197-222.

Wilson,W.J.1987. *The Truly Disadvantaged:The Inner City,the Underclass and Public Policy.*Chicago: University of Chicago Press.

World Bank 1994. *Averting the Old Age Crisis:Policies to Protect the Old and Promote Growth.*New York: Oxford University Press

——1996. *World Development Report 1996:From Plan to Market.*Oxford:Oxford University Press for the World Bank.

——1997. *The State in a Changing World:World Development Report 1997.* Washington,DC:World Bank.

Young,I.M.2000. *Inclusion and Democracy.*Oxford:Oxford University Press.

Zolberg,A.1972. Moments of madness.*Politics & Society*,2:183-208.

第二部分

制度背景和历史背景

第 2 章　公共政策学科的历史根源

彼得·德利翁（Peter Deleon）

1. 引言

　　大多数人认为,通常被称为公共政策研究的学科从政策科学方法发展而来。① 政 【39】
策科学方法主要归功于哈罗德·D.拉斯韦尔（Harold D.Lasswell）20 世纪 40 年代末和
50 年代初的作品,他在《政策取向》一文中对其进行最为详细的阐释,这也是拉斯韦尔
（Lasswell）和丹尼尔·勒纳（Daniel Lerner）所著的《政策科学》（*The Policy Sciences*）的开
篇之作（1951a；也参见 Lasswell,1949/1971）。② 政策科学的研究方向明显侧重于科学
在涉及治理和政府问题的严谨应用（因此,“科学”常用复数）。正如费舍尔（Fischer,
2003:3）最近观察到的那样:

　　具体而言,拉斯韦尔希望创建一种应用社会科学,通过提供解决问题的客观方法,
来作为学者、政府决策者和普通公民之间的中介,以此来缩减或弱化他们对当下紧迫的
政治问题进行徒劳无益的政治争论的需要。

　　此外,拉斯韦尔和他的同事（如 Lasswell 和 Kaplan,1950）清晰地阐释了将这种方法与 【40】
民主精神和政策过程叠加的必要性,或者是他所指的“民主政策科学”,这是“针对改善民
主实践所需的知识”（Lasswell,1951a,15）。这种极具民主性的取向,直接受拉斯韦尔对世
界大战国际社会存在的极权主义政权的憎恶态度影响而发展（见 Lasswell,1951b）。

---

　　① 我们必须时刻注意,这篇文章以及这篇文章的大部分内容,都是“以美国为中心”的分析,因为
它主要是针对当代公共政策在美国背景下的研究。这种强调绝不是为了弱化欧洲和亚洲国家的公共
政策学者的贡献,他们为公共政策的研究做出了重要贡献。

　　② 虽然大家普遍接受这一看法,但对它的承认并不是普遍的,贝利·雷丁（Beryl Radin）在《超越
马基雅维利》（Beyond Machiavelli,2000）中追溯了政策分析的发展,而没有提及拉斯韦尔;相反,她把叶
海卡·德罗尔（Yehezkel Dror）（参见 Dror,1971）作为该领域的主要早期贡献者。

　　尽管学院派对公共政策进行严格的研究以便给政策制定者提供建议这一实践出现的时间相对较短,但是,该观念历史悠久。统治者一直接受政策建议,或者经常征求他人的意见。至少根据历史而言,这是一个名副其实的家庭手工业式的行业(详见 Goldhamer,1978)。掌权者很少缺乏顾问。有时提供政策意见会被仪式化,如在德尔斐希腊神谕的预言仪式中增加祭司职位。更常见的是,17 世纪和 18 世纪期间,无论对个人还是特殊群体,欧洲外交官的忠心都带有显著的世界主义色彩。但是,早期提供政策咨询和研究政策科学的人之间存在着明确的区别,提供给统治者的政策建议很少依赖于广泛的研究,一直没有在政策备忘录(或回忆录)中叙述,也没有受到"科学"质询协议约束。当然,著名的意大利文艺复兴时期的外交官尼克罗·马基雅维利(Niccolo Machiavelli)是个例外,但即使是《君主论》(The Prince)中描绘的情景(1950/1515),与其说是给特定统治者或背景的建议倒不如说是一套宽泛概括的观察而非提供政策建议,更现代化的先驱模式是由富兰克林·罗斯福(Franklin Roosevelt)总统召集的"智囊团"。"智囊团"帮助罗斯福政府应对 20 世纪 30 年代的大萧条,但这很容易受特定的条件及独特的个性所影响。

　　对政治学和公共行政学科内的公共突出问题进行学术研究始于 20 世纪之交,其中一些人(例如 Heineman 等,2002)认为这是公共政策研究的前身。后来,政治学和公共行政的观点自然而然地直接扩展到公共领域,并出现在其他学科的相关方面,如法律、历史、社会学、心理学、公共卫生学科(例如,流行病学领域)和人类学等。然而,政策科学方法的创始人通过提出三个明显特征的方式,有意与这些早期的学术贡献区分开来。这三个特征结合在一起使政策科学方法所做的贡献要超越单个学科所做的贡献:

　　1. 政策科学明确以问题为导向,旨在有意识地解决公共政策问题并提出解决方案,而公开反对对某种现象进行纯粹的研究;社会或政治"那又如何"式问题一直是政策科学方法的核心。同样,政策问题常在特定的情况下出现,必须仔细分析并提出后续建议。

　　2. 出于上述原因,政策科学的知识和实践方法具有明显的跨学科性。其理由很简【41】单:几乎所有的社会或政治问题都有多个与不同学科相关的组成部分,这些组成部分没有明显地归属于任何一个学科的专属领域。因此,要充分认识这一现象,必须利用和整合许多相关的方向。

　　3. 最后,政策科学方法的价值取向明确且清楚;在许多情况下,中心主题涉及民主精神和人类尊严①。这一价值取向,即"客观主义",首次在强调社会科学中的行为主义

————————————

　　① H.D.拉斯韦尔和亚伯拉罕·卡普兰(Abraham Kaplan,1950,pp.xii,xxiv)旨在用政策科学提供"与各种相融价值观相关的真知灼见,这些价值观由人际关系所实现,并且体现在其中"。这不是奖励社会机制效率的非人格化状态的成就,而是奖励人类尊严和人类能力的实现。

时论述,承认所有的社会问题或研究方法都有价值意义。因此,要理解问题,必须承认其价值成分。同样,正如艾米(Amy,1984)所论述的那样①,即使问题没有被解决,每个政策科学家也有自己的价值,我们也必须对此予以认可。这种认识后来在后实证主义取向的核心内容中表现出来。

20 世纪 60 年代,政策科学从学术界发展到联邦政府的各个部门(参见 Radin,2000)。如此一来,到 20 世纪 80 年代,几乎每个联邦办公室都有一个政策分析部门,通常挂着政策分析和(或)评估的头衔。从那时起,许多州(包括那些在州际联盟中拥有成员资格的组织,如全国州立法会议)已经朝着类似的方向发展,不过,其中唯一的限制因素是财力。此外,雇佣"智库"的现象随处可见(涉及大多数政治领域)。每个公共部门官员都认为基于决策和政策的相关信息越多越好。因此,公共政策方法和实践似乎已经得到广泛的接受。

与此同时,几乎每所美国大学都建立了公共事务研究生项目(或重组其公共行政项目),以满足富有经验的政策分析师的公共管理。然而,本世纪之交却没有迎来政策咨询的黄金时代。政府的每一个边边角角都在进行政策研究和评估,为什么政策学者们经常认为他们的研究成果没有得到很好的利用? 唐纳德·比姆(Donald Beam)认为政策分析师总是充斥着"恐惧、偏执、忧虑和否认",并且"他们对自己在政治进程中所展现的价值没有 15 年或 20 年前那么自信"(Beam,1996,430 - 431)。海涅曼(Heineman)和他的同事(2002,1,9)在政策的利用和结果上同感苦恼: 【42】

尽管采用复杂的调查方法,但政策分析并未对决策者产生重大的实质性影响。政策分析师与政策决策的权力中心保持距离……在这种环境下,分析的精确性和逻辑价值已让位于政治需要。

我们不一定赞同所有这些主张,但总的来说,人们可以看出拉斯韦尔主义者(Lasswellian)对政策科学的指责未能成立。本章试图通过追踪政策科学的政治和认知演变来理解这种不足,与此同时,给政策科学如何实现其早期目标提供一些建议。为此,让我们首先回顾政策科学方法的发展,然后理解政策科学目标与政策世界之间的裂痕,最后,指出两者能变得更为协调的方式。

---

① 应该将"政策分析"(和政策分析师)与"政策科学"(和与其类似的政策科学家)区分开来。许多学者(例如 Radin,2000;Dunn,1981;Heineman 等,2002)崇尚前者。德利翁(DeLeon,1988,9;重点补充)表明"政策分析是显著的政策科学方法的工具和方法的衍生与应用……[如此],政策分析通常被认为是在更广泛的政策科学门类保护下的一个更为独立的类别"。在本章中,它们在很大程度上可以互换。费舍尔(2003,na.1 和 4 分别与 pp.1 和 3)赞同德利翁的用法。

2. 政策科学的发展

总的来说,学者们已提出两条路径来概述政策科学的发展。虽然这两条道路并非是相互对立的,但贝利尔·雷丁(Beryl Radin, 2000)和彼得·德利翁(Peter deLeon, 1998)各自整理的学术史提出了截然不同的重点。雷丁(2000)借鉴美国公共管理所倡导的传统。例如,在她的讲述中,政策分析研究代表 20 世纪美国早期进步运动的一种延续(也见 Fischer, 2003),特别是对社会问题和民主政治的科学分析。她的描述尤其强调政策方法的制度性发展,打比方式地依据,(虚构的)"老派"经济学家兼政策分析师(约翰·尼尔森,John Nelson)与一位"年轻"且受过大学教育的政策分析师(丽塔·斯通,Rita Stone)并驾齐驱。在他们研究的基础之上,她针对政策研究方法构建了一个制度框架,表明从相对较少的从业者(名义上来自加利福尼亚的兰德(Rand)公司,实际上是国防,出身的健康分析师尼尔森(Nelson)的培训基地),到越来越多的政府机构和大学,他们有限的分析方法所取得的进展。20 世纪 60 年代初,雷丁注意到,在"系统分析"和"项目规划和预算系统(PPBS)①"的幌子下,不论是兰德公司还是罗伯特·麦克纳马拉(Robert McNamara)领导的美国国防部都开始进行分析研究。

【43】

项目规划与预算系统在国防部取得明显成功。在林登·约翰逊(Lyndon Johnson)总统的行政授权下,20 世纪 60 年代中期,它被应用到其他政府部门,例如,卫生部、教育部和福利部等。尽管项目规划与预算系统再也没有像在国防部那样取得巨大的(公平地说,也是暂时的)成功(见 Wildavsky, 1979a),但该分析方法很快被多个联邦政府、州政府机构和大量分析顾问团体所采用(见 Fischer, 1993;Ricci, 1984)。② 因此,雷丁(2000)认为政策分析的发展是一个"增长型产业",其中少数挑选出来的政府机构首先采用明确的创新分析方法,其他政府遵循该方法,并且发展相关产业以为之服务。但与此同时,也出现制度问题,如进行政策分析的适当官僚机构职位,但这一问题基本上已被克服。在这一问题上,吉尔摩(Gilmore)和哈雷(Halley 1994)将政策研究议题视为府际关系的一大结果。然而,雷丁(2000)的分析几乎没有关注政策科学方法的特点:很少直接关注活动的问题取向,并且在很大程度上,忽视政策问题(和建议)的规范性基础。因此,她的分析是对制度分析运动的最终产物进行描述,通常情况下,刻画出宣传

① 参见 Hitch 和 McKean(1960)以寻求权威解释。

② 雷丁(Radin, 2000, 55)通过研究六个代表性的办公室来追溯政策导向的发展,专门反映这种方法的差异性,即美国卫生与公众服务部规划和评估秘书办公室、加州立法分析师办公室、预算和政策优先中心;国会研究服务、美国传统基金会以及二十世纪基金会。

该行业及其从业者的一个非常正面的形象。

德利翁（1988）提出一个平行但更为复杂的模型，他将同特定政治事件相关的分析活动（他称之为"供给"，即为分析师提供一系列特定条件的事件，并且分析师可以将其技能应用到这些事件中）与政治圈及政府部门内不断需求的政策分析联系起来（"需求"，代表对政策分析技能产品的需求不断增长）。他的基本假设是"供给"和"需求"相互依赖，并且，如果公共政策研究要取得进步，并被政策制定者利用，那么这两者都必须存在。特别是就"经验教训"而言，他提出的以下政治事件在政策研究的发展历程中具有开创性。①

第二次世界大战。在第二次世界大战期间，美国以前所未有的社会科学家规模支持战争，其中包括经济学家、政治科学家和心理学家等。这些活动是社会科学能够聚焦在以问题导向分析为特点的紧急公众问题上的重要例证，这种情况下，要保证战胜轴心国的权力。事实上，拉斯韦尔和亚伯拉罕·卡普兰（Abraham Kaplan）在战争期间利用【44】国会图书馆来研究宣传技术的使用。这种做法直接促使战后国家科学基金会（虽然最初更关注物理科学）和经济顾问委员会的产生，以及如兰德公司（Smith，1966）类似的研究咨询公司和布鲁金斯学会（Lyons，1969）的成立。然而，总的来说，虽然政策方程式的"供给"方面似乎已经启动，但"需求"方面几乎没有进展，可能是因为第二次世界大战后，社会希望恢复到"常态"的假象。因此，直到 20 世纪 60 年代，政策方法都或多或少处于静止状态，如林登·约翰逊总统宣布并实施"扶贫战争"。

向贫困宣战。20 世纪 60 年代早期，美国人受到新兴民权运动的极大刺激，他们注意到现存普遍的贫困现象存在于"另一个美国"（Harrington，1963）中，并意识到，作为同一个政治体，他们显得异常无知。社会科学家怀揣着极大的热情，跃向这片知识鸿沟，但由于缺乏共识，产生了莫伊尼汉（Moynihan，1969）口中的"可行性的最大误解"。他们启动大量社会计划，以应对这场特殊战争，并且取得重大的里程碑式的进展，尤其是改进了致贫原因的统计测量指标和评估各种扶贫计划的评估测量指标（参见 Rivlin，1970），同时也促进了民权。沃尔特·威廉姆斯（Walter Williams，1998）回顾他在经济机会办公室（OEO）的岁月，指出这是政策分析的"辉煌岁月"。经济机会办公室里的其他老兵，如罗伯特·勒范恩（Robert Levine，1970）更为保守；而一些人，如默里（Murray，1984），甚至认为随着脱贫、扫黑和平权行动计划的出现，美国穷人实际上正在"失势"。在最佳情况下，政策分析师们被迫面对异常复杂的社会状况，并发现在某些情况下，没有"简单的"答案。德利翁（1988，61）后来将"扶贫战争"的结果概括为"持续十年的审

---

① 这些在德利翁 1988 年的著作中已经加以详述。

判、错误和挫折,这十年及数十亿美元是否有效地缓解该现象都极具争议性,更不用说取得任何可见的成果了"①。该弊端较为突出的原因之一是,美国公众和政策制定者的注意力极大地被转移。

越南战争。从许多方面来说,越南战争将公共政策分析的工具,包括应用系统分析技术,带到了生死攸关的战斗局势中,这种情况由于战争的进行和参与者所遭受的生命损失而加剧。这场战争受到国防部长麦克纳马拉办公室的密切关注,并接受肯尼迪总统、约翰逊总统和尼克松总统的集中审查。用大卫·哈伯斯坦(David Halberstam)的话来说,这些分析师是"最优秀和最聪明的人"(1972)。但越来越明显的是,严谨分析(具体在"死亡数量"、"军械消耗"和"物资移动"等指标中)和"理性"决策,不仅在战争进程方面具有误导性,而且肯定没有指明美国公民对战争日益增长的仇恨这一问题。经常有证据表明,这些"硬性且千变万化的"数字被操纵用于军事和政治目的。此外,系统分析既不能感应到,也不能本能地预测战争在国际和国内舞台上的瞬息万变。当时,科林·格雷(Colin Gray,1971)认为,系统分析是美国制定国防政策的明显优势之一,然而最终却成为美国战争的一个致命缺点,也是美国在越南失败的部分原因。最后,最重要的是,国防部所进行的分析,无法解释胜利所必需的(和各自的)政治意愿,或者,在这场战争中,该意愿比对手更为迫切。弗朗西斯·菲茨杰拉德(Frances Fitz-Gerald)在《湖中的火》(Fire in the Lake,1972)的预言:由于北越人愿意为保卫自己的国家而投入几乎无限的资源(包括生命),美国的军事灾难即将来临。在战争的后几年,尽管美国一直在努力维持其承诺,但理查德·尼克松(Richard Nixon)总统的越南政策受到质疑,并陷入水门事件的丑闻。

水门事件丑闻。20世纪70年代初尼克松总统再次当选,针对该不光彩事件,他的政府采取高压手段,企图"掩盖"罪行留下的任何蛛丝马迹,并且,他秘密收集有关越南战争抗议者丹尼尔·埃尔斯伯格(Daniel Ellsberg)的非法证据,这一做法导致对美国总统进行弹劾,最终因为尼克松总统选择引咎辞职而非接受国会弹劾程序才作罢(Olson,2003)。大量证据指向美国政府最高委员会的不法行为,这显然使公众认识到,道德规范和价值观应是政府行为的核心;收集非法证据(可能通过违宪手段)破坏这些规范,是一种不可饶恕的政治行为。《政府伦理法》(1978)是对其最为明显的认知,即规范标准是政府活动的核心,也是政策科学的核心原则之一。然而,无论如何,几乎没有人会忘记美国总统的"我不是骗子"的抗议,以及它给公众对其民选政府的信任度所带来的影响,这一形势很快因20世纪70年代的能源危机而加剧。

---

① 想了解脱贫战争的更多细节,请参见 Aaron,1978;Kershaw 和 Courant,1970;Nathan 1985。

20 世纪 70 年代能源危机。 如果 20 世纪 60 年代早期,分析的源泉是"脱贫战争",
20 世纪 60 年代后期是越南战争的话,那么 20 世纪 70 年代的能源危机则为该国提供充
分的理由进行最好的分析。由于汽油短缺和全国能源价格高涨,公众被大量的政策说
法和规则所淹没,如石油储量(国内和全球)和竞争能源(如核能、石油和太阳能)遍及
所有(预计)时区;最后,这些问题使国家安全受到威胁(例如,参见 Deese 和 Nye,1981;
Stobaugh 和 Yergin,1979)。有了这么多技术数据的支撑,分析界似乎已经做好拨开云
雾见天明的准备,但事实并非如此;正如韦安特(Weyant)后来所指出的那样,"也许多 【46】
达三分之二的[能源]模型未能用于实现其宣称的目的——直接应用于政策问题"(引
自 Weyant,1980,212)。对比鲜明:虽然能源政策充斥着技术方面的考虑(例如,尚未开
发的石油储备和复杂的技术建模,见 Greenberger、Brewer 和 Schelling,1983),但基本决
策却明显带有政治性(即并非由分析所驱动),正如尼克松总统宣扬的"项目独立"一
样,卡特总统认为能源独立代表"战争的道德等价性"(可以缩写为 MEOW),福特总统
组建一个新能源部(参见 Commoner,1979)。"分析供给"和"政府需求"之间似乎存在
趋同性,但问题的内在复杂性鲜能得到有效解决,即彼此没有达成任何政策共识,政策
科学方法既不为其直接客户(政府官员)也不为其最终受益者(公民)提供至高无上的
服务。

回想起来,自从这些历史事件首次被视为影响政策科学发展的事件(deLeon,1988)
以来,此类可能会影响到公共政策研究发展的政治事件不胜枚举,已经持续 25 年多。
这些政治事件包括:美国军队至少三次入侵他国的宣战、革命立法改革监管、福利政策,
以及美国国会弹劾总统等。虽然有人或许会为这些事件和(可能)其他事件找借口,但
在这些理由经受"供"和"需"的检验之前,需要积累足够的证据和分析"距离"。

总结看来:这一系列公共事件在一定程度上会反映自身,正如美国人民看待他们的
政府和程序,以及公共政策研究向政府决策者提供信息时所发挥的作用那样。自第二
次世界大战美国公众在战胜极权主义势力表现出深厚的国家自豪感之后,美国公众在
公共政策领域遭遇一系列的失望和幻灭,如从许多人认为有问题的脱贫战争到能源政
策持续出现的政策僵局,从在东南亚战争中战败到再任总统辞职。因此,当像 E.J.迪翁
(E.J.Dionne)这样的学者写《为什么美国人讨厌政治》(1991)或者约瑟夫·奈(Joseph
Nye)及其同事编写《为什么美国人不信任政府》(1997)一书时,很少有人大惊小怪。当
然,对政策科学的传统最具破坏性的是克里斯托弗·拉斯奇(Christopher Lasch)所提出
的尖锐却无关紧要的问题:"民主是否有未来? ……这不是民主是否能够生存的问
题……[它]是民主是否值得生存"的问题(Lasch,1995,1,85;重点补充)。

国家需要平衡。 第二次世界大战后的美国公共政策形势较为乐观。在许多方面,

美国的政治生活质量直接并且较大程度上受益于公众政策的制定,从"马歇尔计划"（有效地遏制第二次世界大战后的欧洲共产主义的发展）到《美国退伍军人法案》（使整整一代美国男性接受高等教育），从医疗保险或医疗补助（1964）到美国民权运动,从环境项目兴盛到登月计划。然而,正如德里克·博克（Derek Bok,1997）指出的那样,与其他工业化国家相比,美国的期望和成就没有取得共同进步,犯罪、环境、医疗保健和公共教育只是其中的四个例子。这样一种期望激励着公共政策传播,即受过良好培训的专业分析师能够不断取得政策成功。正如理查德·纳尔逊（Richard Nelson,1977）认为的那样,如果美国可以把一个人送上月球,为什么它却无法解决城市贫民窟问题呢? 纳尔逊认为,该问题及以上的第二个说法,政策科学的承诺尚未实现。所有的一切让人提出一系列问题,自然而然地假设这个承诺仍然是值得的,即有可能:为什么政策研究的一些例子比其他例子更成功? 或者,是否存在公共政策的"学习曲线"? 它和谁有什么相似之处? 它的轨迹是什么? 它将如何发展?

最后,政治活动和后果不等同于公共政策或政策科学的实践,观察出这点很重要。但它们确实存在于同一个政策空间。政策科学通过严谨实施中心主题,以实现改善政府政策的目标,然后,政治有机体的失败自然至少部分归因于政策科学方法的失败,或至少是政策科学方法的严重缺陷。从相反的角度提出同样的问题:如果研究没有反映出客户政策决策者的价值和直觉,为什么政策研究名义上的接受者还要认可它呢? 即在他们看来,研究没有任何可见的附加价值。对于这个问题,人们需要增加民主治理观念。这是个只要重要的细节问题出现,几乎所有人都会同意的概念（参见 deLeon,1997;Barber,1984;Dahl,1990/1970）,例如:直接民主在一个基本上是多元化的代表制民主中,是否有一席之地?

3. "前路迢迢,夙兴夜寐"

总的来说,罗伯特·弗罗斯特（Robert Frost）在撰写《雪夜林边驻足》（*Stopping in the Woods on a Snowy Evening*,1923 年出版）时,他并没有关注公共政策的意义,尤其是公共科学的制度可行性。

但是,在写到"树林又暗又深真可羡,但我还要遵守诺言,前路迢迢,夙兴夜寐"这段话时,他确实提到了政策制定者和他们的准顾问之间的同期关系的暗示,这一关系因政策科学的历史和实践而有所缓和,充斥着复杂的制度和承诺,要想实现这些承诺,仍然长路漫漫。政策制定者向政策顾问索要哪些必要的服务或商品,政策科学家（代表质量和正直）如何做出最好的回应? 这个问题固有的主要假设是:用阿伦·威尔达弗斯基(Aaron Wildavsky,1979b)的话来说,政策顾问必须"向权力说真话"。也就是说,若没有与政策制定者沟通并聆听他们的意见,政策科学就会失去必要条件;从最早的迭代开始,他们就是一个应用(内部)学科:如果他们需要研究罗伯特·林恩(Robert Lynn)的问题:知识能用来做什么?(1939);如果缺乏应用,公共政策研究就变得无关紧要,或者借德利翁的话来说,如果(政策)建议没有得到(政治)认可,那么,坦白来说,政策科学就不能应对拉斯韦尔、德罗尔和该领域其他先驱所提出的挑战。

有两种可能的解释来解决这种令人担忧的情况。第一种较为乐观的解读是,政策研究界在必要的技能和应用方面仍在不断成熟。布鲁尔(Brewer)和洛夫格伦(Lövgren,1999,315)在瑞典环境研究研讨会期间提到这种可能性:

> 虽然对跨学科工作的需求很大,并且这种需求还在明显增长,但我们有效参与其工作的能力却没有跟上步伐。这并不是说我们不具备解决复杂问题的真才实学,也不是没有掌握解决它们所必需的理论、方法与实践。只不过,我们似乎面临着许多挑战,如智力、实践和组织等,都会影响我们处理问题的效率。

这种解释表明,凭借更多的跨学科活动所得到的理论和实践,更能为目标组织所采用,并且使解决问题变得更加容易。政策科学方法就能够纠正正常的认知成熟过程。但是,公平说来,这一承诺由政策科学的创始人(和他人;见 Merton,1936)在半个多世纪前做出,并仍有待实现。此外,现存的公共政策理论充其量只是"正在建设中",而不是在测试阶段(见 Sabatier,1999)。现如今,很少有公共政策学者会讥讽跨学科方法的价值(例如,参见 Karlqvist,1999;Fischer,2003);正如罗伯特·帕特南(Robert Putnam)在《使民主运转起来》(Making Democracy Work,1993)中提到的那样,在一位认真研究民主实践的学者看来政策科学方法显然非常值得且充满价值。然而,即使普遍认为这种跨学科的可能性既有效又有说服力,但除了跨学科方法、顺从客户或更多方法工具外,还必须衡量政策科学的其他改良因素。

另一种(当然更为悲观)解读是,政策科学方法正在失去其在政策制定者、政策学者和认知公众之中曾经起到的作用。倘若如此,人们需要探索可能的原因。借用马丁·雷恩(Martin Rein)和唐纳德·朔恩(Donald Schön,1993)的一句话来说,在多元化的政治体系中,在"设计"分析方面达成共识上,存在着一个固有且棘手的问题(参见 Schön 和 Rein,1994)。根据雷恩和朔恩(1993,146)的描述,"框架是一种选择、组织、阐释和理解复杂现实的方式,以便为理解、分析、说服和行动服务"。约翰·德雷泽克【49】(John Dryzek,1993,222)同意雷恩和朔恩的框架宗旨,但他指出政策框架话语中存在的困难:"每项框架都更加凸显一些主题、以独特的方式定义社会问题、致力于特定的价值判断、并以其独特和部分的方式普遍地解释世界……[不出意料]框架难以裁定"。

（热心者经常思考一个问题：姑且先不说美国公共教育系统政策、美国环境或能源政策的缺点，"框架"问题如何影响美国对反复发生的中东危机所做出的承诺？）在普遍缺少共识的两极政治和异常复杂的美国政治和社会制度中，就如何最好地设计政治问题达成一致意见来说，几乎不可能，或者更可能被搁置一旁，直到下一次政治危机出现才能达成短暂共识。当然，这一共识在危机过去后就烟消云散。我们需要坦率地提出这个问题：同样在实践背景下，公共政策和政策科学研究给非分析性的政治决策过程带来了什么"附加价值"？

我们曾提出过这些问题，当然，我们不必要陷入绝望或者粉碎我们集体智慧的结晶。重要的是要认识到，政策科学作为一项非常有助于未来政策制定者的工作，并非一切都已成定局，正如我们上面所列举的那样，也不一定非要像传统那样。就算没有其他原因，时间和条件也已改变。拉斯韦尔和他的同事们从未认为他们的框架永远是神圣不可侵犯的或者无法修改。道格拉斯·托格森（Douglas Torgerson，1986，52-53）曾说到这个问题：

> ［政策科学］现象的动态性质源于内在张力，即知识与政治之间的辩证对立。通过知识和政治的相互作用，这种现象的不同方面会在不同时刻出现……辩证性紧张的存在意味着这种现象有发展和改变形式的可能。但是，没有特定的发展模式是不可避免的。

然后，政策科学继续发展和应用的一些可能性标志是什么？抑或，丹·丹宁（Dan Durning，1999）所描述的"从传统政策分析到后期政策分析转型"的标志是什么？马尔腾·海耶尔（Maarten Hajer）和昂德里克·瓦杰纳尔（Hendrik Wagenaar）提出更准确的标准，并引进了一种新的方法（2003a：4）："在新兴的社交网络社会中，何种类型的政策分析可对治理理解相关？"此外，海耶尔和瓦杰纳尔（2003a：15）直接谈到政策科学的规范性指南："无论我们对政策科学的本质和基础有什么看法，它的检验方法都是它必须在现代民主的日常现实中'行之有效'"。用劳伦斯·林恩（Laurence Lynn，1999）的话来说，谁和什么能保证在［公共政策］领域有"一席之地"？为【50】什么？人们可以认为主要基于社会福利模型（例如，参见 Weimer 和 Vining 2005）的传统公共政策分析模式，在应用于政治领域时尚未取得明显成功（实际上，后实证主义者认为；见下文），这一领域更多地受到后台妥协而非理论上最为适宜的解决方案的影响。因此，除了那些在微观经济学和运筹学中采用的整体性方法外，我们要考虑一系列更广泛的路径和方法。基于此，我们需要仔细研究后实证主义研究方向的各个方面。

海耶尔（Hajer）和瓦杰纳尔（Wagenaar，2003a）在政策科学方法论工具包中提出一

个创新的核心概念，即在民主的参与性制度下的社会网络概念。① 这种取向体现在三
个条件下。首先，越来越多的公共政策问题的观察者不再关注专门的政府单位（例如，
商务部的全球化问题或教育部的使命是"不让孩子掉队"）。相反，他们倾向于审查具
有议题性的网络，包括联邦政府、州和市级政府单位，他们在国家和地方层面上不断地
与重要的非公益组织（NPOs）以及来自私营部门的各类代表互动（Heclo，1977；
Carlsson，2000）。对于医疗保健、教育、社会福利、环境甚至国家安全（保护公民免受恐
怖主义威胁；见 Kettl，2004）的研究表明社交网络现象的兴起。所有这些参与者都在使
用海耶尔（Hajer，1993）所谓的"政策话语"，希望但并非总是带有合作性质。其次，与政
策科学同等重要的是，他们必须继续阐述民主取向；或马克·沃伦（Mark Warren，1992）
声称的"扩展式民主"，以扩大民主参与为特征，通常被视为直接民主，即没有传统政党
作为中间人，这种现象在当今更为常见；抑或当官僚和技术精英承担治理角色时（参见
Fischer，2003），被德雷泽克一度称为"政策科学的专制"（Dryzek，1989，98）。第三，与前
两者结合，政策科学需要同化政治制度的权力下放趋势，它对当代公共管理流程至关重
要，通常体现在"新"的公共管理标题下（例如 Osborne 和 Gaebler，1992），也是参与式政
策分析主题不可分割的一部分（deLeon，1997；Mayer，1997；Fischer，2000）。

　　在许多方面，将后实证主义倾向纳入公共政策理论和实践，出于多种原因，可能标
志着政策研究界一场不稳定的过渡。有一种潜在的实证主义者和后实证主义者之间的
内乱和叫嚣。从历史上看，公共政策"跟踪记录"的特点是基于社会福利经济学，即一
种主要依赖经验的分析方法；大型智力投资（更不用说大型教育基础设施）支持这一
点。但是，有许多学者认为盛行的量化取向正是问题所在，实证主义方法应该在知识方
面对以上缺陷负责。许多后实证主义倾向的学者——弗兰克·费舍尔（Frank Fischer，　【51】
2003）、约翰·德雷泽克（John Dryzek，1990、2000）、罗纳德·布鲁纳（Ronald Brunner，
1991）、马尔腾·海耶尔（Maarten Hajer，1993；Wagenaar，2003a）——已经意识到他们所
声称的实证主义方法、假设和结果的认识论的重大失败，并提出支撑性的历史案例（如
上）。德雷泽克（1990，4—6）对他的实证主义的评估特别尖锐，特别是他（和其他人）所
说的"工具理性"，他说到：

　　破坏人类交往中更具融洽性、自发性、平等性和本质上有意义的方面……压抑个
人……在面对复杂的社会问题时，这很徒劳……无法进行有效和适当的政策分析……
[而且，最关键的]是具有反民主倾向。

_____

　　① 斯科特（Scott，1991）和沃瑟曼（Wasserman）以及佛斯特（Faust，1994）对社会网络分析做出详细
介绍。

但是,正如劳伦斯·林恩(Laurence Lynn,1999)有力论证的那样,从过去50年进行的集体分析(注:实证主义)语料库(如在刑事司法、公共交通和社会福利政策领域)中,已经收集到许多清晰而有力的(在某些情况下是出乎意料的)见解,而且没有什么理由来怀疑未来的分析师想要摒弃这些模式。多年前,爱丽丝·里夫林(Alice Rivlin,1970)认为我们可能没有明确的方法来解决棘手的公共问题,但政策研究至少允许我们去提出更恰当的问题。我们不应轻视这种能力,因为提出正确的问题无疑是获得正确答案的第一步。

随后,双方均没有提出有效的辩论要点,因为他们指明了公共政策研究的未来方向。然而,更重要的是,实证主义和后实证主义说服实践的学者不应该在知识上彼此隔离。很少有社会福利或健康政策经济学家会否认,经济轨道之外的社会转移方程中存在重要变量;为什么他们自己会关心公平问题?同样,很少有"解释性分析"的支持者会排除隐藏在城市复兴机会中因债券利率而产生的费用计算。政策问题——正如大多数流派的分析师所认为的那样——必须根据背景而非分析师的偏好来确定相关的方法(见 deLeon,1998),就像林恩(Lynn,1999)在对后实证主义方法的批评中所暗示的那样。另一种观点接近亚伯拉罕·卡普兰(1964)著名的"工具法则":当你拥有的只是一把锤子时,整个世界看起来都像钉子。

在这种情况下,社交网络理论可能不仅描述一个观察政策世界的新概念方法,而且它也搭建一座知识之桥,实证主义和后实证主义双方都可以接受。而且,可以肯定的是,已有一些"搭桥"方法,如:Q-sort 分析(Durning,1999)和社交网络分析,两个阵营都可能使用。① 但一般来说,政策科学和公共政策研究界继续发展的关键是,借鉴和同化新概念来陈述问题(即问题背景)的能力,即将问题背景作为他们的分析指南。这也表明要利用手头上最适合分析的方法。正如最近的政策分析教材上所写的那样,在这方面一个有利的前兆,是对更具普遍性的方法论以及过程和实质重要性的认可(例如,Weimer 和 Vining,2005;MacRae 和 Whittington,1997)。

【52】

民主主题,是政策科学"拉斯韦尔传统"的核心部分,后期被强调为"参与式政策分析"(PPA),或公民在制定政策议程中的积极参与(或"话语"或"审议"或"协商民主")。② 詹姆斯·费什(James Fishkin,1991、1995)在一系列精心组织的公众协商中,将公众意识和话语参与带入政治决策。但是,在公共政策制定中,协商所起到的作用也被视为"过于繁琐"或"太耗费时间";在寻求共识的问题上,也是非常模棱两可;有些人

---

① 对于那些希望从事 Q-sort 分析的人来说,Steven Brown(1980)是最好的参考。
② 参见 Dryzek,1990、2000;Renn 等,1993;Elster,1998;Forester,1999;Fischer,2003;deLeon,1997。

认为它只不过是一种宣传活动,叫嚣最有力、最有耐力和资源更广的参与者是永远的赢家;德利翁(deLeon,1997)认为,在有些情况下,技术专长和(或)权宜之计对决策至关重要;而且,正如里昂(Lyons,1992)和他的同事们所写到的那样,参与式政策分析并不一定会促进更多的公民参与、更好地理解问题,也不一定使人更为满意;事实上,詹姆斯·麦迪逊(James Madison)在《联邦党人文件(第 10 号)》中曾小心地警告过关于民众参与政府的风险。

简言之,参与性政策分析(PPA)存在许多障碍,因此,需要当心其蔓延的形势。然而,确实需要认识到,在某些情况下,PPA 的作用令人惊叹,当然主要体现在地方层面(例如,参见 Kathlene 和 Martin,1991;Gutmann 和 Thompson,1996;deLeon,1997)以及许多环境调解案例上(Beierle 和 Cayford,2002;Fischer,2000)。总之,民主精神是美国政体的重要基石,它不会支持任何一种可能会取代它的意识形态或取向(Dahl,1998)。因此,我们有充分的理由对 PPA 进行更系统的研究和应用。

最后,在公共和私营部门,美国政体正在经历国家政治进程的分权化。目前,公共管理文献广泛谈论从联邦政府到州和市政府的权力下放,这种现象在《福利改革法》和《电信法》(两个均出台于 1996 年)中有所体现。例如,对某些人来说,集权型政府监管不过是一个过时的(也许是功能失调的)概念,就像裙撑一样容易被遗弃。如果这些趋势继续下去,政策科学的各个方面——如参与性政策分析理论和社交网络理论——肯定会在解决权力下放带来的潜在影响这个问题上变得更加关键;例如,需要采取哪些措施确保公共责任? 一个显而易见的问题是,政策研究人员需要吸收一套处理教育、谈判【53】和调解的新分析技能,即帮助制定政策设计和实施,而不是为政策制定者提供建议,这又会引发另一个反复出现的难题,即公正。

4. 结论

政策科学的发展,在某种程度上是"民主政策科学……旨在改善民主实践知识"(Lasswell,1951a,14),并提供"与人际关系所实现和体现的价值(如人的尊严和人的能力的实现)整合的相关知识"(Lasswell 和 Kaplan,1950,15)。这些代表他们的概念基石。但是,说到这一点,就要考虑到自 20 世纪 50 年代初起,世界开始发生改变。随着这些变化的出现,"政策科学作为一种知识取向,仍然将会一成不变"这种观点就会变得不切实际。为此,我们提供一些新方法,可以轻松纳入政策科学方法的主体内容。

正如我们所指出的那样,需要作出必要改变以"改善"政策科学的过程和结果;停滞不是一个选择。然而,屈服于政策科学方法的特征就等同于放弃(相关)点燃(拉斯韦尔)火焰的蜡烛。出于这些原因,为确保蜡烛和火焰能够长久且照亮既定主题,有必要将这个话题继续下去。

参考文献

Aaron, H.J.1978. *Politics and the Professors：The Great Society in Perspective*. Washington, DC：Brookings Institution.

Amy, D.J.1984. Why policy analysisand ethics are incompatible.*Journal of Policy Analysis and Management*, 3(4：Summer)：573-91.

Barber, B.1984. *Strong Democracy：Participatory Politics for a New Age*. Berkeley：University of California Press.

Beam, D.R.1996. If public ideas are so important now, why are policy analysts so depressed? *Journal of Policy Analysis and Management*, 15(3：Fall)：430-7.

Beierle, T.C., and Cayford, J.J.2002. *Democracy in Practice：Public Participation in Environmental Decisions*. Washington, DC：Resources for the Future.

Bok, D.1997. Measuring the performance of governing.Ch.2 in *Why People Don't Trust Government*, ed.J. S.Nye, Jr., P.D.Zelikow, and D.C.King.Cambridge, Mass.：Harvard University Press.

Brewer, G. D., and Lovgren, K. 1999. The theory and practice of interdisciplinary research. *Policy Sciences*, 32(4：Dec.)：315-17.

Brown, S.R.1980. *Political Subjectivity：Applications of Q Methodology in Political Science*.New Haven, Conn.：Yale University Press.

Brunner, R.D.1991. The policy movement as a policy problem.*Policy Sciences*, 24(1：Feb.)：295-331.

Carlsson, L.2000. Policy networks as collective action.*Policy Studies Journal*, 28(3)：502-27.

Commoner, B.1979. *The Politics of Energy*. New York：Alfred A.Knopf.

Dahl, R.A.1990/1970. *After the Revolution*. New Haven, Conn.：Yale University Press.

——1998. *On Democracy*. New Haven, Conn.：Yale University Press.

Deese, D.A., and Nye, J.eds.1981. *Energy and Security*.Cambridge, Mass.：Ballinger.

DeLeon, P.1988. *Advice and Consent：The Development of the Policy Sciences*. New York：Russell Sage Foundation.

——1997. *Democracy and the Policy Sciences*. Albany, NY：SUNY Press.

——1998. Models of policy discourse：insights vs. prediction. *Policy Studies Journal*, 26 (1：Spring)： 147-61.

Dionne, E.J.1991. *Why Americans Hate Politics*. New York：Simon and Schuster.

Dror, Y.1971. *Design for the Policy Sciences*. New York：American Elsevier.

Dryzek, J.S.1989. The policy sciences of democracy. *Polity*, 22(1, Fall)97-118.

——1990. *Discursive Democracy：Politics, Policy, and Political Science*. Cambridge：Cambridge University

Press.

——1993. Policy analysisand planning: from science to argument. Pp.213−32 in *The Argumentative Turn in Policy Analysis and Planning*, ed. F. Fischer and J. Forester. Durham, NC: Duke University Press.

——2000. *Deliberative Democracy and Beyond.* Oxford: Oxford University Press.

Dunn, W. N. 1981. *Public Policy Analysis.* Englewood Cliffs, NJ: Prentice Hall.

Durning, D. 1999. The transition from traditional to postpositivist policy analysis: a role for Q-methodology. *Journal of Policy Analysis and Management*, 18(5: Summer): 389−410.

Elster, J. ed. 1998. *Deliberative Democracy.* New York: Cambridge University Press.

Fischer, F. 1993. Policy discourseand the politics of Washington think tanks. Pp.21−42 in *The Argumentative Turn in Policy Analysis and Planning*, ed. F. Fischer and J. Forester. Durham, NC: Duke University Press.

——2000. *Citizens, Experts, and the Environment: The Politics of Local Knowledge.* Durham, NC: Duke University Press.

——2003. *Reframing Public Policy.* Oxford: Oxford University Press.

Fishkin, J. S. 1991. *Democracy and Deliberation.* New Haven, Conn.: Yale University Press.

——1995. *The Voice of the People: Public Opinion and Democracy.* New Haven, Conn.: Yale University Press.

Fitzerald, F. 1972. *Fire in the Lake.* Boston: Little, Brown.

Forester, J. 1999. *The Deliberative Practitioner: Encouraging Participative Planning Processes.* Cambridge, Mass.: MIT Press.

Gilmore, R. S., and Halley, A. A. eds. 1994. *Who Makes Public Policy?.* Chatham, NJ: Chatham House.

Goldhamer, H. 1978. *The Adviser.* New York: American Elsevier.

Gray, C. 1971. What has Rand wrought? *Foreign Policy*, 4(Fall): 111−29.

Greenberger, M., Brewer, G. D., and Schelling, T. 1984. *Caught Unawares: The Energy Decade in Retrospect.* Cambridge, Mass.: Ballinger.

Gutmann, A., and Thompson, D. 1996. *Democracy and Disagreement.* Cambridge, Mass.: Harvard University Press.

Hajer, M. A. 1993. Discourse coalitionsand the institutionalization of Prace: the case of acid rain in Great Britain. Pp.43−76 in *The Argumentative Turn in Policy Analysis and Planning*, ed. F. Fischer and J. Forester. Durham, NC: Duke University Press.

——and Wagenaar, H. 2003a. Introduction. Pp.1−33 in *Deliberative Policy Analysis: Understanding Governance in the Network Society*, ed. M. A. Hajer and H. Wagenaar. Cambridge: Cambridge University Press.

——eds. 2003b. *Deliberative Policy Analysis: Understanding Governance in the Network Society.* Cambridge: Cambridge University Press.

Halberstam, D. 1972. *The Best and the Brightest.* New York: Random House.

Harrington, M. 1963. *The Other America: Poverty in the United States.* New York: Macmillan.

Heclo, H. 1977. *A Government of Strangers.* Washington, DC: Brookings Institution.

Heineman, R. A., Bluhm, W. T., Peterson, S. A., and Kearny, E. N. 2002. *The World of the Policy Analyst*, 3rd edn. Chatham, NJ: Chatham House.

Hitch, C. J., and McKean, R. N. 1960. *The Economics of Defense in the Nuclear Age.* Cambridge, Mass.: Harvard University Press.

Kaplan, A. 1964. *The Conduct of Inquiry.* San Francisco: Chandler.

Karlqvist, A. 1999. Going beyond disciplines: the meaning of interdisciplinary. *Policy Sciences*, 32 (4: Dec.): 379–83.

Kathlene, L., and Martin, J. A. 1991. Enhancing citizen participation: panel designs, perspectives, and policy formation. *Journal of Policy Analysis and Management*, 10(1: Winter): 46–63.

Kettl, D. F. 2004. *Homeland under Stress: Homeland Security and American Politics.* Washington, DC: CQ Press.

Kershaw, J. A., with Courant, P. N. 1970. *Government against Poverty.* Chicago: Markham, for the Brookings Institution.

Lasch, C. 1995. *The Revolt of the Elites and the Betrayal of Democracy.* New York: W. W. Norton.

Lasswell, H. D. 1949. *Power and Personality.* New York: W. W. Norton.

——1951a. The policy orientation. Ch. 1 in *The Policy Sciences*, ed. D. Lerner and H. D. Lasswell. Palo Alto, Calif.: Stanford University Press.

——1951b. *The World Revolution of our Time: A Framework for Basic Policy Research.* Palo Alto, Calif.: Stanford University Press. Reprinted as ch. 2 in World Revolutionary Elites, ed. H. D. Lasswell and D. Lerner. Cambridge, Mass.: MIT Press, 1965.

——1971. *A Pre-View of Policy Sciences.* New York: American Elsevier.

——and Kaplan, A. 1950. *Power and Society.* New Haven, Conn.: Yale University Press.

Levine, R. A. 1970. *The Poor Ye Need Not Have With You: Lessons from the War on Poverty.* Cambridge, Mass.: MIT Press.

Lynd, R. S. 1939. *Knowledge for What? The Place for Social Science in the American Culture.* Princeton, NJ: Princeton University Press.

Lynn, L. E., Jr. 1999. A place at the table: policy analysis, its postpositivist critics, and the future of practice. *Journal of Policy Analysis and Management*, 18(5: Summer): 411–24.

Lyons, E. M. 1969. *The Uneasy Partnership.* New York: Russell Sage Foundation.

Lyons, W. E., Lowry, D., and DeHoog, R. H. 1992. *The Politics of Dissatisfaction.* Armonk, NY: M. E. Sharpe.

Machiavelli, N. 1950/1515. *The Prince and The Discourses.* New York: New American Library.

MacRae, D. Jr., and Whittington, D. 1997. *Expert Advice for Policy Choice.* Washington, DC: Georgetown University Press.

Mayer, I. 1997. *Debating Technologies: A Methodological Contribution to the Design and Evaluation of Participatory Policy Analysis.* Tilburg: Tilburg University Press.

Merton, R. K. 1936. The unanticipated consequences of purposive social action. *American Sociological Review*, 1(4:Dec.):894-904.

Moynihan, D. P. 1969. *Maximum Feasible Misunderstanding: Community Action in the War on Poverty.* New York: Free Press.

Murray, C. 1984. *Losing Ground.* New York: Basic Books.

Nathan, R. P. 1985. Research lessons from the great society. *Journal of Policy Analysis and Management*, 4(3:Spring):422-6.

Nelson, R. N. 1977. *The Moon and the Ghetto.* New York: W. W. Norton.

Nye, J. S. Jr., Zelikow, P. D., and King, D. C. eds. 1997. *Why People Don't Trust Government.* Cambridge, Mass.: Harvard University Press.

Olson, K. W. 2003. Watergate: *The Presidential Scandal that Shook America.* Lawrence: University Press of Kansas.

Osborne, D., and Gaebler, T. 1992. *Reinventing Government.* Reading, Mass.: Addison-Wesley.

Putnam, R. D. 1993. *Making Democracy Work.* Princeton, NJ: Princeton University Press.

Radin, B. A. 2000. *Beyond Machiavelli: Policy Analysis Comes of Age.* Washington, DC: Georgetown University Press.

Rein, M., and Schön, D. 1993. Reframing policy discourse. Pp. 145-66 in *The Argumentative Turn in Policy Analysis and Planning*, ed. F. Fischer and J. Forester. Durham, NC: Duke University Press.

Renn, O., Webber, T., Rakel, H., Dienel, P., and Johnson, B. 1993. Public participation in decision making: a three-step procedure. *Policy Sciences*, 26(3:Aug.):189-214.

Ricci, D. M. 1984. *The Transformation of American Politics: The New Washington and the Rise of Think Tanks.* New Haven, Conn.: Yale University Press.

Rivlin, A. M. 1970. *Systematic Thinking for Social Action.* Washington, DC: Brookings Institution.

Sabatier, P. A., ed. 1999. *Theories of the Policy Process.* Boulder, Colo.: Westview Press.

Schön, D., and Rein, M. 1994. *Frame Reflection: Towards the Resolution of Policy Controversies.* New York: Basic Books.

Scott, J. 1991. *Social Network Analysis: A Handbook.* London: Sage.

Smith, B. L. R. 1966. *The Rand Corporation.* Cambridge, Mass.: Harvard University Press.

Stobaugh, R., and Yergin, D. eds. 1979. *Energy Futures.* New York: Random House.

Torgerson, D. 1986. Between knowledge and politics: the three faces of policy analysis. *Policy Sciences*, 19(1:July):33-60.

Warren, M. 1992. Democratic theory and self-transformation. *American Political Science Review*, 86(1: Mar.):8-23.

Wasserman, S., and Faust, K. 1994. *Social Network Analysis: Methods and Applications.* Cambridge: Cambridge University Press.

Weimer, D. L., and Vining, A. 2005. *Policy Analysis: Concepts and Practice.* Upper Saddle River, NJ: Prentice Hall.

Weyant, J.P. 1980. Quantitative models in energy policy. *Policy Analysis*, 6(2: Spring): 211–34.

Wildavsky, A. 1979a. *The Politics of the Budgetary Process*, 3rd edn. Boston: Little, Brown.

——1979b. *Speaking Truth to Power.* Boston: Little, Brown.

Williams, W. 1998. Honest Numbersand Democracy. Washington, DC: Georgetown University Press.

第3章 公共政策学院的涌现：一位创始人的反思①

格雷厄姆·艾利森（Graham Allision）

我很荣幸连任哈佛大学公共管理研究生院的第五届院长，该学院位于公共管理大【58】
楼内的立陶尔中心。但让我更倍感荣幸的是被任命为现代肯尼迪政府学院的"创始院
长"，这是对我在担任院校领导期间工作的认可。肯尼迪学院于1966年更名，以纪念
1940届哈佛大学毕业生约翰·肯尼迪（John F.Kennedy）总统。但是，1977年3月我成
为院长时，学院还没有独立的建筑，由不到十几个全职教员和一个200人的学生团体组
成，他们大多在其他学院上课，没有研究中心，也没有教育培训项目。

在1977年哈佛大学督察委员会会议上，德里克·博克（Derek Bok）校长宣布我的
任命后，我发表了致辞。之后我的致辞以《约翰·肯尼迪政府学院的七项举措》为题发
表。我向听众提及英国历史学家阿克顿勋爵（Lord Acton），描绘出一个"遥远而理想的
目标"，它以其华丽而简洁的魅力吸引人们的眼球，从而使人们呼吁不能用更次要短浅
的目标来束缚该目标。

在那次会议中，我为肯尼迪政府学院未来十年的发展，明确提出了我们著名的"办【59】
学宗旨"：

● 像哈佛商学院、法学院和医学院为各自专业领域服务一样，成为一所为公共部门
提供服务的大型专业学院。

● 成为大学公共政策和管理课程的中心枢纽，调动大学所有院系的丰富知识资源，
并将专注于公共政策的关键问题。

1977年最了解肯尼迪学院的人明白，上述宗旨非常符合阿克顿对远景的考验。为

---

① 作者感谢为本章提供研究帮助的Micah Zenko，以及我的同事Mark Moore对早期版本富有见
地的评论建议。

了实现这些目标,我为学院未来几年的发展提出七项具体举措:

●建造和使用新大楼:当在剑桥市建立约翰·肯尼迪总统图书馆的努力失败时,哈佛仍然设法坚持保留面向查尔斯河的三英亩土地。我们用时18个月为肯尼迪学院建造主要建筑。教室、办公室和其他设施给予我们一种物理上的归属感,使我们能够迅速扩大学生规模与师资力量。

●建立政治学研究所和学院之间的合作关系:该研究所立志成为哈佛大学与选举政治、大学学院之间的沟通桥梁,但在奥本山街79号的"小黄房子"仍然保留。新大楼让我们把研究所带到肯尼迪学院内,以确保定期有效的互动。

●制订公共政策与管理的执行计划:参考商学院的高级管理项目,制订自己的课程,规划培训政府高层管理人员的项目。

●与大学其他院系建立互惠互利的关系:要成为哈佛大学公共政策研究的中心,我们必须与其他主要学院和机构建设合作伙伴关系。

●夯实核心课程:培养未来的政府领导人,我们将规范的分析工具作为指导的基础(经济学、统计学和决策理论)。但除基础之外,培养政府领导人需要在组织、政治和管理方面设计新课程。

●在公共政策研究和分析中创建能力培训中心:保证我们的研究和课程基于现实世界存在的公共政策问题,我们称之为"解决问题的研究中心",该研究中心将汇集来自各个学院和大学的顶尖教员与研究人员,以制定应对重大公共政策挑战的方法。借鉴全校教师的见解,对重大挑战的政策分析也应该是学院的一项重要成果。

【60】●积极而简洁地传达学校的使命:在里根革命前夕,政府越来越被认为是问题的制造者,而不是解决方案的输出者。我们需要阐明合格政府的必要性,以及学院发展培训有能力和有效率的公务员项目的理由。

12年后,当我卸任院长职务时,肯尼迪学院有750名全日制研究生,其中700名学员参加12个管理项目,并且还有9个解决问题的研究中心。至少就哈佛大学公共政策与政府学院的具体情况而言,我为自己能够"参与创建学院"而感到自豪。

因此,本章概述一个局内人对公共政策学院兴起的看法,以及对它所属更大事业的发展所作的反思。本章的第一部分简要概述该领域的历史,从公共政策的起源开始,从伍德罗·威尔逊在1887年出版的开创性文章《行政研究》(*The Study of Administration*)中将其视为一个特定的专业,到E.彭德尔顿·赫林(E.Pendleton Herring)的著作以及哈罗德·D.拉斯韦尔(Harold D.Lasswell)的《政策科学》(*Policy Sciences*),再到20世纪70年代一批一流的公共政策项目的出现以及专业研究生院的发展。这并不是本学科的详尽历史,我们要指出本世纪公共行政和公共政策领域内的关键性主题转变,并以20世纪 80 年代为终点。

第二部分对肯尼迪政府学院的出现提供个人见解。1989 年,在我的退休酒会上,德里克·博克校长称肯尼迪学院是"哈佛大学最耀眼的明星之一"。正如他所言:"在哈佛的历史上,我想不出有任何事情可以与一位院长在短短的时间内所实现的增长和发展相提并论(Lambert,2003)"。该学院从 1977 年在哈佛大学十个独立学院的所有绩效指标中排名倒数第一,到 1989 年成为哈佛大学主要专业学院中排名第四的学院,仅次于商学院、法学院和医学院。

1. 公共政策学院的历史渊源

1.1 公共管理的早期学院

美国后重建时期的特点是联邦政府行政任务的多样化和扩大化。面对大陆的统一,经济工业化和国际商业的出现,美国需要提高国家能力以应对这些挑战。新的职责 【61】促使联邦政府对横贯大陆铁路的监管、国家邮政局的发展以及职业常备军的编组。正如斯蒂芬·斯科夫罗内克(Stephen Skowronek,1982)在他身处的历史时代所总结的那样,这种国家转型需要建立一个新的美国。斯蒂芬·斯科夫罗内克对这种转变进行描述:为了满足对国家控制的全新要求,必须从根本上改变美国的性质和地位。国家的行政扩张对整个世纪为促进政府运作而建立起来的政治和制度关系网络提出质疑。这至少要"对先前建立的政府秩序进行长期的攻击"(Stephen Skowronek,1982,9,35)。

为了给一个规模有所扩大且被赋权的联邦政府提供工作人员,建立一支全新的专业先锋性从业者队伍很有必要。以前,政府就业只有通过庇护才能得到保证,而庇护是当权政党主要的回报制度。1883 年通过的《彭德尔顿法案》(the Pendleton Act)确立联邦公务员制度,削弱政党机器。理论上,《彭德尔顿法案》保证,政府官员的录用将基于个人能力和专业水平(由竞争性考试决定),并会得到保护且不受党派之争的影响。

美国总统伍德罗·威尔逊(Woodrow Wilson)是最早致力于应对新国家发展和复杂性的学者之一。1886 年,威尔逊在康奈尔大学做了一个题为《行政学研究》(The study of administration)的演讲,后来在《政治学季刊》上发表(Political Science Quarterly, Wilson,1887)。在他的文章中,威尔逊试图重新把政治学的重点从政治目的这一高贵的传统主题,转向更为世俗、更具操作性的问题,即政府如何才能进行实际管理。他认识到在现代社会中需要更多的实践知识,因为用他的话来说,"相比构建一部宪法,实施宪法更加困难"。威尔逊论文的发表通常被认为是"公共管理作为一个特定研究领域的开端"(Carroll 和 Zuck,1985)。

威尔逊率先提出清晰地阐明著名的"政治"与"行政"二分法。为了保持《彭德尔顿法案》中进步改革运动设想的中立官僚精神,威尔逊认为,"行政管理应置身于'政治'所特有的范围之外。行政问题并不属于政治问题。虽然行政管理的任务由政治加以确定,但不应让政治操纵行政部门"。虽然当选的官员应该建立"宽泛的政府行动计划",但威尔逊认为公正的公共管理者的职责几乎是机械地遵照"系统性地执行公共法律"办事。

威尔逊预见到弗雷德里克·泰勒(Fredrick Taylor)关于消除生产制造过程中一切不必要运动的原则,也呼吁采用科学的方法管理政府。现代公共行政管理者需要了解:"首先,政府能够正确和成功地做什么;其次,政府如何以尽可能高的效率正确处理事**【62】** 情,并且尽可能降低金钱或能源成本"。威尔逊认识到高效的政府模式在国内难以找到,他宣称,美国的公共管理者应将目光投至国外,借鉴欧洲国家政府的形式和做法。他敦促从周围的政治或特定的政策结果中找出治理的最佳实践。威尔逊对他的目标进行明确地描述:"如果我看到一个凶残的家伙在巧妙地磨刀,我可以借鉴他磨刀的方式,但不能效仿他的谋杀意图,所以,如果我看到一位君主主义者把一个公共管理机构管理得很好,就可以在不改变我的共和党立场的情况下去学习他的管理手段。"

在 19 世纪后期,少数学院推出培养公共管理人员的研究生学位项目,著名的有:哥伦比亚大学公共管理研究所、雪城大学麦克斯韦公民事务学院和公共事务学院、宾夕法尼亚大学沃顿商学院、纽约市政研究局公共服务培训学院、芝加哥公共管理信息中心和约翰霍普金斯大学等(Blunt,1988)。1939 年,来自这些新兴机构的 150 名学者从美国政治科学协会脱离出来,组建美国公共行政协会,这是美国第一个致力于提高政府绩效的独立组织(Guy,2003,641-655)。

这些早期公共行政学位项目的重点在于给未来的管理人员提供一套商业导向技术的工具包,以便有效管理政府项目。课程包括:预算和会计方法、金融、程序标准化、绩效评估和行业组织(Moscher,1975;Stivers,2003,37)。早期的行政人员本应该对政策效用和公民需求进行更广泛的思考,而他们并没有对此进行太多的研究或辩论。这样的判断将通过宪法规定的政治程序产生,并由选举产生的行政官员而非联邦行政人员负责制衡。

1.2 公共管理的战后崛起

随着新政和第二次世界大战的出现,联邦政府的规模呈指数增长。直到 1920 年,联邦国内支出才达到国内生产总值的 1%。到 1930 年，它已经增至三倍，达到 3%。二十年后，国家预算占美国所有经济活动的 15%（OMB，2004，表 1.2）。到 1950 年，即使在战后复员之后，联邦政府仍净增 100 万名公务员，比 1939 年翻一倍（Porter，1994，279-285）。随着新政计划和战后社会政策的推行，福利国家的发展催生更多的利益集团和选民，他们寻求保护并要求扩大收益。与威尔逊政府之前的等级性政治相反，现在 【63】的计划能够塑造政治（Lowi，1972，299）。

第二波公共行政人员是独立于党派政治的，对其管理的项目有强烈的所有权意识。公共行政学者认识到政府雇员希望保护他们的计划，并且满足有意愿的选民的要求。E·彭德尔顿·赫林（E.Pendleton Herring）1936 年编写的《公共行政与公共利益》，是关于行政人员作为公共利益仲裁者这一主题的经典著作。赫林引入行政自由裁量权的概念，并指出"国会通过一项法规，提出一个总体原则……官僚有权决定适用该法律的必要条件（Herring，1936，7）"。因此，官僚决策者承担着解释公共利益的额外压力，而这一任务不可能以无价值的方式完成。赫林认识到这种潜在的缺点，但他认为受过良好教育的官僚最有能力管理社会变化和满足目标利益群体不断变化的需求。正如赫林用直白的语言所描述的那样："公共行政在实际操作中是这样一个过程，即一个人以官方身份行事，根据他对法律责任的理解，将法律应用于另一个在法律上处于从属地位的人。公众本身并不在乎这个过程（Herring，1936，25）"。

哈罗德·拉斯韦尔（Harold Lasswell）试图进一步发展赫林的理论，将其称为"政策科学"。政策科学方法试图利用所有可用的社会科学工具，来理解政策问题领域的所有相关投入，包括决策过程本身的知识。在实践中，拉斯韦尔的目标是：更有力、更全面地体现威尔逊对政府科学管理的呼吁。通过理解政策制定的宏观图景，政策科学方法试图"减少决策者的判断失误，并更好地保证决策能够实现预期目标"（Rothwell，1951）。认识到这是一种跨学科性的努力，拉斯韦尔和他的同事呼吁将政治学与社会学、经济学、商业和法学、物理学和生物学的见解结合起来（Lasswell，1951，3-15）。通过参加一系列传统学科的课程并结合历史案例研究、模拟练习和专业在职培训（Lasswell，1971，132-159），公共行政人员能够接受这种教育。虽然拉斯韦尔进一步使政策过程合理化的计划在一些学术界受到好评，但他雄心勃勃的理念并未在公共政策项目的课程中得到广泛接受。

1.3 从公共行政到公共政策

1960 年，约翰·肯尼迪当选为美国总统。在执政期间，肯尼迪寻求"最优秀、最聪

【64】 明的人"来配备政府人员:来自哈佛大学文理学院的麦乔治·彭迪(McGeorge Bundy)和经济学家约翰·肯尼斯·加尔布雷恩(John Kenneth Galbraith);来自美国兰德(RAND)公司的查尔斯·希其(Charles Hitch)和阿兰·恩托文(Alain Enthoven);以及来自工商业界,特别是福特汽车公司的总裁罗伯特·麦克纳马拉(Robert McNamara)。这些"新前沿人士"带来一种信念,即智慧和最先进的优化选择技术可以提高政府绩效。除了美国国防部长麦克纳马拉(McNamara Pentagon)领导的五角大楼,没有任何一个地方能娴熟地运用定量方式来阐明政策选择的动机。麦克纳马拉的"智囊团"推行计划项目预算系统(PPBS),该系统将兰德公司开发的成本效益分析框架应用于有关武器采购和战争的决策(Enthoven 和 Smith,1971)。林登·贝恩斯·约翰逊(Lyndon Baines Johnson)总统认为计划项目预算系统非常成功,因此,他在 1965 年下令让所有联邦机构都采用该系统。

考虑到开发和监管计划项目预算系统所需的高度专业化的技能,联邦政府需要一个新的训练有素的分析师队伍(Stokes,1996,160)。为了满足这种需求,各个重点大学纷纷设立培养学生公共政策分析能力的学位项目(Crecine,1971,7-32)。1967 年至 1971 年间,培养公共政策硕士或博士研究生的学位项目在以下学院创建:密歇根大学公共政策研究所、哈佛大学肯尼迪学院、加州大学伯克利分校公共政策研究生院、卡内基梅隆大学城市与公共事务学院、兰德研究生院、宾夕法尼亚大学公共政策与管理学院、明尼苏达大学公共事务学院、得克萨斯大学林登·贝恩斯·约翰逊公共事务学院和杜克大学政策科学与公共事务研究所(Fleischman,1990,734;Walker,1976,127-152)。

1972 年,在麦乔治·邦迪(McGeorge Bundy)的领导下,福特基金会的董事会决定把重点放在"帮助建立或加强某些先进一流的项目上,这些项目旨在专业培养面向公共服务的青年(Bell,1981,1)"。在接下来的五年里,福特基金会向 8 个受助项目提供数百万美元的综合资助津贴,这些受助项目重点发展公共政策方面的研究生培训。福特基金还为夏季会议、研讨会和工作论文提供资助,通过这些夏季会议、研讨会和工作论文,我们能够自学美国在公共管理方面的经验,以构建出可用于帮助第三世界国家经济发展的模型(Riggs,1998,23-24)。事实证明,在一个对政府极度不信任的时代,该基金会最初的种子基金对培育这个新领域的初步发展至关重要(Miles,1967,343-356)。

这些项目的一项重要创新是将重点从"公共行政"转向"公共政策"。这些学院在强调政策的同时,也强调目标和方法。这一重新调整需要相关人士对政策形成和实施的复杂社会和政治环境有更深入的了解。它还需要培训政策分析人员,而不单单是公共行政人员,他们可以向决策者传达备选政策选择带来的后果。这些洞见涉及预算成
【65】 本和效能,还涉及社会公平、公民权利和生活质量等问题(Fredrickson,1971,364)。当

传统的公共行政学院试图培养有能力的中立管理者的时候，公共政策学院面临的挑战是如何培养一名优秀的分析师。作为加利福尼亚大学伯克利分校公共政策研究生院的创始人，阿伦·威尔达弗斯基（Aaron Wildavsky）认为，政策分析需要均衡的技术能力与常见的无形常识因素，如说服力、论证方式、直觉和创造力等（Wildavsky, 1979、1976，127-152）。

在公共政策学院发展的早期阶段，没有直接涉及的关键性问题是：这些学院的学生在制定公共政策以及提供咨询意见或指导组织如何执行政策时，扮演什么样的角色。一方面，公共政策学院想要将其与公共管理学院区分开来，因为公共管理学院关注的是其他人在某些方面制定的公共政策的有效管理的狭隘问题。为了实现这一目标，他们做出以下努力：研究分析技术的相关性，致力于开发和评估特定的公共政策与项目；训练学生使用这些技术；政府机构任用可以娴熟使用这些技术的办公室人员，发挥他们的强大作用，让他们在公共政策制定和执行方面具有影响力。

但是，对另外两个重要问题的解答有待商榷：第一，公共政策学院打算在多大程度上培养个人以决策者和政策分析人员的身份有效参与政府治理进程。第二，如果这样的话，个人如何受训成为政策分析人员或决策者（要么掌握实务知识，要么擅长抽象分析技术），并认为自己能够在揭示政府行为的社会或公共价值方面有所作为，这与政治进程有一定相关性，政治进程是民主社会政策制定不可缺少的一部分。自从威尔逊确定政策与行政之间的区别以来，有两个关键问题一直被回避，即政治在政策制定中所处的位置，以及有意向在政府工作的学生如何理解并参与与他们工作相关的政治活动。进步主义者扩大受过技术培训的官僚的特权，却没有认真思考一个问题：国家、州和地方各级日渐强大的公务员如何与我们最终所描述的"政治授权环境"联系起来。如果公共政策学院的目的只是培养关心政府目标的政策分析人员，那么他们不必太在意政治问题所处的政治环境——只有充分了解政治环境，才能确保他们的建议并非完全无关紧要。但是，如果他们打算培养那些可能成为决策过程中颇具影响力的领导者和管理者，并且看到他们的毕业生不仅担任民选职务，而且还作为政策制定者和创新者积极参与政府活动，那么学院需要仔细斟酌那些想成为政策领导者和企业家的人应该掌握和实践的内容。这可能与寻求效率及效益的政策分析师和中立的官僚主义者需要了解【66】的东西完全不同（Moore, 1995）。

新兴的公共政策学院也建立了专业的协会，希望巩固其作为一个独立领域的地位。1970 年，前公共管理研究生教育理事会更名为美国公共政策分析与管理学院协会（NASPAA）。1983 年，NASPAA 同行评审和认证委员会的成立，为这一领域的系统性自我评估提供一个机制。该委员会成为超过 135 个公共政策、公共事务和公共管理研究生项目的专业认证机构。在此基础上,美国公共政策分析与管理学院协会为公共行政课程制定核心课程,包括定量方法、公共预算和管理、组织理论和人事管理等方面的必修课程(Henry,1990,3-26)。1995 年,美国公共政策分析与管理学院协会创办《公共事务教育杂志》,作为关于教学法和课程问题的同行评议文章的出版物。公共政策分析和管理协会(APPAM)成立于 1979 年,旨在支持学术机构培养学生,帮助他们成为专业的政策分析师(Guy,2003,649)。1981 年,公共政策分析和管理协会将《政策分析》和《公共政策》两个期刊合并为《政策分析和管理期刊》,该杂志为公共政策问题的跨学科研究提供了一个渠道,并为该行业的转变提供了一个咨询平台。

2. 肯尼迪政府学院的经验教训

70 年前,哈佛大学没有专门研究公共行政或专门为公共服务培养学生的学院。20 世纪早期,哈佛大学校长查尔斯·威廉·艾略特(Charles M.Eliot)提议成立商业和公共服务学院。劳伦斯·洛厄尔(Lawrence Lowell)是一位颇有影响力的波士顿"婆罗门"(名士),他既是政府系的讲师,也是哈佛大学未来的校长。他发现艾略特的提议几乎没有成效。洛厄尔坦言:"我们应该作为训练人员来支撑一种不存在的职业,如果它确实存在,我认为我们的训练可能准备得并不是那么充分"(Bell,1980:7)。洛厄尔领导的反对派占据上风,认为艾略特提议成立商业和公共服务学院的举措是一个错误的开始。1908 年,随着某些公共服务的取消,哈佛商学院应运而生,这是世界上第一个工商管理硕士学位授予点(Cruikshank,1987)。

在 1936 年的三百周年纪念典礼上,哈佛大学宣布一项重要新举措,即创建公共行政研究生院(GSPA)。为了使这个新的公共行政学院成为可能,富有的手套制造商、前国会议员卢修斯·N.利塔尔(Lucius N.Littauer),为其提供 200 万美元的资助金——这是哈佛大学从个人捐助者那里获得的最大的单笔捐款。新学院的目标是让主要来自经济和政府部门的哈佛教员参与培训未来的公务员。这个概念受到许多哈佛大学教职员工和行政人员的质疑,他们认为这是对哈佛学术标准的进一步威胁,因为这种做法会使商学院建立过程中所犯的错误更加严重(Roethlisberger,1977)。在公共行政研究生院的发展初期,学院没有自己独特的定位,没有设置固定的课程,也没有教师专门致力于实现利塔尔创建"公共服务"学院的愿景(John F.Kennedy School of Government,1986,19)。经济与政府部门的教员接收被该学院录取的学生,让他们学习本系的课程,但法学院和商学院不太接受这种冒险的做法。因此,当詹姆斯·布赖恩特·科南特(James Bryant Conant)校长于 1953 年退休时,他认为公共行政研究生院是他"最大的失望"

（John F.Kennedy School of Government,1986,36）。

内森·马什·普西（Nathan Marsh Pusey）接替科南特任哈佛校长,同样认为公共行政研究生院是缺乏战略眼光或目标性的机构。很长一段时间内,普西都在考虑关闭学院。公共政策讲师伊迪斯·斯托基（Edith Stokey）于 1977 年至 1993 年任肯尼迪学院的秘书,他在 20 世纪 50 年代早期曾说:"公共行政研究生院是一所机构,但它没有自己的课程"（Lambert,2004,5）。公共行政硕士或博士学位的候选人只能靠他们自己学习其他学院的课程。小唐·K.普莱斯（Don K.Price,Jr.）在 1966 年成为公共行政研究生院的院长后不久,就收到普西提出的最后通牒。普西警告普莱斯说:"要么把公共行政研究生院课程搞好,要么我就取消这个学院（Lambert 2004,5）。"

公共行政研究生院在哈佛系统的地位不高,这是一个主要障碍。因此,约翰·肯尼迪总统在 1963 年被暗杀之后,肯尼迪家族为纪念肯尼迪总统的愿望在该学院的复兴中起到重要作用。1966 年,公共行政研究生院正式更名为约翰·肯尼迪政府学院,并成立政治教研组。在该背景下,哈佛聘请著名的政治学家、《总统权力》的作者理查德·诺伊斯塔特担任新学院政治教研组的主任。随着时间的推移,诺伊斯塔特招募哈佛的著名教授为新的公共政策项目设置一个新课程,包括弗朗西斯·巴托尔（Francis Bator）、约瑟夫·鲍尔（Joseph Bower）、查尔斯·克里斯滕森（Charles Christenson）、菲利普·海曼（Philip Heymann）、欧内斯特·梅（Ernest May）、弗雷德里克·莫斯特勒（Fredrick Mosteller）、霍华德·莱瓦（Howard Raiffa）和托马斯·谢林（Thomas Schelling）。

8 位教授是为肯尼迪政府学院学生设计新课程的核心人物,他们具有坚守承诺、与人为善的品质,以及良好的学术声誉,这一点毋庸置疑。5 位顶级教授——政治经济学院的巴托尔（Bator）和谢林（Schelling）、统计学院的莫斯特勒（Mosteller）、公共行政学院的诺伊斯塔特（Neustadt）、运筹学院的莱瓦（Raiffa）,以及 3 位初级教员——经济学家理查德·济科豪瑟（Richard Zeckhauser）、亨利·雅各宾（Henry Jacoby）以及任职于政府学院的我对核心课程进行设计,直到今天,这些课程仍是肯尼迪政府学院教育的基础。【68】核心课程最初由 8 门主要课程组成:两个学期的经济分析课程、两个学期的统计分析课程、两个学期的运筹学课程以及两个学期的政治与制度分析课程。此外,学生需要参加一个座谈会,座谈会要求他们将这些抽象技术应用于解决现实世界的问题。拉里·里恩（Larry Lynn）是政策分析和项目评估领域的模范人物,在他的积极影响下,相对非正式的座谈会最终为一个定期的课程所取代,该课程持续两学期,被称为研讨会。在研讨会上,学院要求学生执行为他们准备的专业任务,即深思熟虑地分析是否以及如何利用政府的资产来处理社会上的问题状况。

显然,课程强调教授学生社会科学的工具的重要性,如经济学、统计学和定量分析等。这样做至少有三个原因。首先,这些工具是政府实践和公共行政领域的新手段。其次,这些工具为学生参与这一激烈的讨论提供基础,讨论的内容是:政府目标应该是什么以及政府是否真的已经实现这些目标,而不是政府组织应该采取什么形式,以及它们如何设计行政系统来确保可靠的官僚控制。最后,这些来自要求严格的社会科学学科的工具,为公共政策学院的新兴课程在学术界取得认可提供帮助,并且这些学院努力争取学术尊重。

为了能够为教授这些新技术提供足够的空间,相比之下,关注公共组织领导力的课程不太被重视。当然,很显然,一门旨在培训公共部门(这里我们指政府)的课程不能只关注社会科学的抽象技术,还应注意将这些技术应用于解决学生们在实际工作中遇到的复杂的现实问题(这是研讨会课程的重点)。至少要让学生对政府在现实生活中制定和实施政策的方式有一定了解——如果没有其他原因,那些接受政策分析培训的个体必须了解提案制定和颁布的背景。(这是理查德·诺伊斯塔特和我设计的课程的重点,也是分析课程的重点。我的《决策的本质:解释古巴导弹危机》(*Essence of Decision:Explaining the Cuban Missile Crisis served*)一书作为基础政治和制度分析课程的教材,已被其他公共政策学院、商学院以及一些专业培训项目中的类似课程所采用)。但存在一个亟待解决的重要问题:我们应该投入多少精力来帮助学生理解、预测并干预政府的决策进程,以及我们应该从政府内外的何种角度来想象他们如何开展这项工作。

【69】　　总结看来,我们必须培训个人管理公共组织并提供政策建议。在某种程度上,我们被迫接受这个结论,因为学院有一个吸纳经验丰富的政府官员参加的职业生涯中期培训课程,这些官员希望他们能够学习如何管理并领导组织,而不只是学习如何对政策进行分析。同时,出于重要的战略原因,我们承诺在提供学位课程之外,提供行政管理课程。参加这些课程的高管知道这里可以集思广益,他们的任务通常是帮助政府决定应该做什么,并且有效地实施该决策,而不是对某种行动方案进行充分的分析论证。他们想接受管理和领导方面的培训,而不仅是政策分析。

在这种背景下,1977年,博克校长欲任命我为肯尼迪学院的院长。出于4个理由,我对该任命予以拒绝:第一,我年纪尚轻,37岁的我会成为哈佛历史上最年轻的院长;第二,我希望加入新当选的卡特政府;第三,我认为四处集资是下一任院长的首要任务;第四,我担心学院在未来几十年里缺乏明确的使命和战略。在博克校长和同事数月的坚持和压力下,我动摇并接受了这份工作。但我还是惴惴不安。

作为一名年轻教员,我经常引用乔治·萧伯纳(George Bernard Shaw)对实干家和老师的评价。有能力办实事的人都在办实事,没能力办实事的才教书(教那些有能力干实事的人)。作为一个既想涉足实干领域又想涉足教学领域的人,我发现这种矛盾令我不适。我必须承认,尽管我大部分时间都在教学和写作,但作为一名院长,我是一个实干家,我从来没有认真记录或想过这一点。因此,接下来的内容是院长的反思,围绕着所学到的经验教训展开。我希望,这些经验教训对其他面临类似挑战的院长和教员能够有所帮助。

历史记录清楚地表明,利塔尔先生(Littauer)及其同事创立该学院的目标是建立一所独立的专业政府学院,与其他主要专业学院齐名。事实上,就像在其他大学发生的那样,这笔资金很快就被文理学院的经济与政府系所挪用。这些资金首先用于建造这些系占用的建筑物,然后再用于资助这些部门的教员。通常这样来权衡,即院长和管理行政人员招收一批处于职业生涯中期的学生,他们选修经济与政府系提供的其他课程。有时,他能够使用院长基金为相关教员的研究或其他开支提供小额资助。

这样看来,第一个经验教训是:即使在像哈佛大学那样拥有商学院、医学院和法学院等强大独立专业学院的大学中,一所新的专业学院对于现有的主流学院来说也是另类。因此,新学院可能会受到怀疑,并感受到来自四面八方的敌意。它可能会被拒绝。如果不这样做,特别是在资源匮乏的情况下,它可能会被取代。因此,在 20 世纪 30 年代,甚至今天的哈佛,利塔尔先生设想的新的专业学院,最有可能的命运就是被强大的部门特别是经济学和政府学院部门所替代。

"人贵自助"原则(ETOB)是哈佛大学的特色之一,它是哈佛大学最神圣、最古老的【70】原则。根据这一原则,哈佛独立学院的院长必须是半自治型的大佬。他们需要筹集自己所花费的全部资金,但他们有广泛的权力,可以随意支配学院的资金。这个原则显然有很大的弱点,即没有资金就无法建立学院、任命教员或招收学生。相应地,独立性是该体系的优点。

1972 年到 1977 年,创建肯尼迪学院是博克校长领导的全校筹款运动的一部分目标。好消息是我们被列为一个团体。坏消息是这次运动未能为学院筹集到资金。这一事实有力地提醒我们,当时的学院概念具有一定的局限性。该运动的概念正如其标题所述:"公共服务运动"。它包括 4 所公共服务学院:教育学院、公共卫生学院、设计学院以及新肯尼迪学院。它试图为那些从事公共服务的人士筹集资金,在这 4 个"服务行业"中都有所涉及。在某种程度上,出于这种理念,且学院对筹款没有真正的兴趣,4 年之后,该运动只筹集到 100 万美元。由于积累的储备金和福特基金会的资助金已经耗尽,肯尼迪学院陷入严重赤字。它的财务是否可行是未知的。

总而言之,1977 年的肯尼迪学院前途光明(考虑到哈佛大学的背景、声誉和历史),但表现不佳,在很大程度上这是一个未被把握住的机会。引用我最喜欢的德国哲学家尼采(Nietzsche)的一句格言:"人类最常见的愚蠢就是忘记自己正在努力做什么"。如

上所述,在我向顾问委员会发表的"就职演说"中,我阐述了肯尼迪学院未来发展的愿景:

● 成为一所为公共部门提供服务的实质性专业学院,像哈佛商学院、法学院和医学院为各自的领域提供私人服务那样;

● 成为全校公共政策和管理项目的中心,调动全校所有院系的丰富知识资源,集中研究公共政策的关键问题。

这份使命宣言中的每个字都经过精心挑选。每个术语都对学院、教职员工、哈佛的赞助者产生很大的影响,随着时间的推移也会影响更广泛的公众。"实质性专业学院"术语说明两件事:其一,该学院是一所像哈佛商学院、法学院和医学院那样的专业学院,而不是像数量较多的次要学院那样;其二,该学院是一所服务于某种特定行业的专业学院,既不属于文理学院的一部分,也不属于哈佛主流文化的学术传统。愿景的第二部分,即成为整个大学项目的中心,是我们处理和克服存在缺陷的公共服务"四脚橙"概念。这也提醒我们,公共政策问题会考验哈佛众多教职员工的能力。一所新学院不应期望复制这些优势,而是要动员他们将重点放在重要的公共政策问题上。

【71】 在每年的第一次教职员工会议上,以及我们所有的文献中,都一再重复该使命宣言,以致大多数教职员工可以整齐地背诵它。它有助于集中我们的全部思想。因此,第二个经验教训强调愿景和使命的重要性。

1978 年至 1979 年,在为肯尼迪学院招募学生和新教职员工的官方注册文件中,我以"卓越政府"为背景,进一步阐述我们的愿景:

现代世界面临的挑战是政府。国家政治的动态发展、国际形势的现实情况以及社会的复杂化,所有这一切都助长政府为真正迫切且有价值的事业采取行动的需求。政府必须采取行动确保合法的经济、社会和安全目标。但政府的急剧扩张和滥职的特点可能会威胁到政府所保证的价值观。因此,为负责任的民主政府制定一个合理的定位,这一挑战迫在眉睫。

美国宪法的制定者对责任政府的根本困境进行阐释。首先,他们将政府设定为公共利益的主要代理人。没有政府,谁来:

● 建立正义?

● 确保国内安宁?

● 提供共同防御?

● 促进大众福利?

● 保障自由的权利?

美国二百周年纪念为暂停并审视该事业提供一个恰当的时机。按照其他人类努力的尺度来衡量,这种政府体系尽管目前存在种种缺陷,但不得不说这是一种非凡的成就。与此同时,宪法制定者敏锐地意识到,在建立一个强大到足以为联邦服务的政府时,他们会面临巨大的失职风险。这样的政府可能反复无常地行使权力,任意干预、采取不适当的手段,或者干脆无法有效地履行职责。

为了应对这个根本困境,在费城开会的相关人士提出一些新想法。一方面,美国宪法要求政府为国防、法律、秩序和自由负责。另一方面,美国宪法通过限制权力("权利法案"保护包括私人财产在内的公民自由,使公民免于遭受政府的武断行为)、实行三权分立(避免权力和职能重叠,以提供制衡)、把人民作为合法性的最终裁定者(政府的公正权力来自被统治者的认可)来确保政府承担相应的责任。无论从正面还是负面来看,政府责任的真正守护者既不是宪法也不是更高的权威。这项责任完全落在知情公民的肩上,要求他们稳定地参与国家事务。

责任政府的根本困境依然存在。二十世纪的发展只是夸大了这种困境的程度。国际和国内事件需要政府作出更多的努力;不断上升的期望鼓励公民提出更多的需求。与十八世纪的政府相比,现代政府必须要承担更大的责任。但一个承诺满足所有愿望的政府一定会失败。而且,它很容易陷入无能并滥用行为。这样看来,我们要想建立一个更负责任的政府,就必须在几个相关方面取得重大进展: 【72】

对混合经济社会中政府的目标与界限有更清晰的认识

过去的 60 年里,政府的规模和作用的扩大并没有一致地反映出政府的长处和弱点。相反,政府的成长是敏感因素和政治进程共同作用的结果。在政治进程中,问题一旦形成,就很容易吸引政府的倡导者,为解决问题提供方案。因此,由于对法律强制的限度认知甚少,而且常常忽视政府越权的后果,新的政府计划出现,旧的计划有所扩大。

我们现在需要的是更仔细地思考政府的作用和规模,以及政府的扩张对公共和私营部门之间平衡的影响。我们需要一种清晰的当代政府认知,拥戴建设混合经济社会的想法。混合经济社会维护个人权利、关注共同利益,并且受主观能动性所决定的个人行为的驱动。在制定基本规则、裁定纠纷以及出于特殊目的实施干预等方面,政府所扮演的角色至关重要。然而,更重要的是个人、事业、协会以及大学在创造产品与就业、财富与资本、知识与灵感以及最终的价值观等方面所采取的行动。

一种由民选官员、委任官员和专职官员组成的新职业

国家需要具有更强的分析能力、管理能力、道德敏感度和制度意识的官员。国家问题的复杂性和对政府的要求已经逐渐超出国会和行政部门的应对能力。尽管批评人士抱怨政府无法更有效地处理诸如通货膨胀、失业、能源和经济增长等问题,但我们必须承认政府所要完成的任务十分困难。在我们的社会制度中,由于这些问题如此庞杂,且

政府行为的影响如此深远,没有任何一个部门比政府更加需要最有才干和训练有素的人才。然而,与商人、医生和律师所受的传统培训相比,公务员所受的培训显然不够充分且更加随意。

在这方面,大学负有主要责任。我们所需要的只不过是一种针对新型职业的教育。这种职业应该包括民选公职人员、任命的行政人员,以及通过职级晋升的专职公务员。但是,无论是在立法机关、行政部门还是非盈利机构中工作,他们都应该以分析能力、管理能力、道德敏感度和制度意识来区别对待。

深入了解主要的实质性政策问题

问题一旦被描述为危机,就会吸引政府的倡导者来提供解决方案。健康、福利、城市、失业、能源——这些问题不胜枚举。为了能够针对这些问题采取明智的行动,社会必须了解更多。我们需要一流的问题解决研究中心,致力于发展坚实的数据库、整理事实,分析各种方案、提高政府和公众对主要公共选择的讨论水平。在政府采取行动之前,知情公众必须能够指望这些中心明智地提出问题。此外,解决问题的研究中心应该对社会各种私营机构的运作方式保持更高的灵敏度,从而对政府干预可能带来的后果有更加深刻的认识。顶尖大学一直不愿意认真地组织起来去解决公共问题。社会再也不能忍受这种不愿意的态度了。

【73】 过去十年,政府的举措往往会带来某些意料之外的负面影响,掩盖计划的积极成果。这些计划的意图可能颇有价值,但其理论基础却十分薄弱。有一个明显的例子,即美国确保工人在退休时能够获得稳定的收入,通过立法来监管养老金制度。这导致许多小公司完全取消养老金计划。要想避免这样的陷阱,需要庞大的智力投资,以提高对实质性公共政策问题以及企业、劳动力和其他主要私营社会机构的运作的理解。

在应对政府挑战时,哈佛应该做出特别的贡献。哈佛自 1636 年成立以来,一直走在美国大学的前列,随时准备承担使政府变得更加卓越的义务。《独立宣言》(The Declaration of Independence)的 8 位签署人,包括美国革命的 3 位杰出领导人,塞缪尔·亚当斯(Samuel Adams),约翰·汉考克(John Hancock)和约翰·亚当斯(John Adams)都在哈佛接受过教育。在过去的两个世纪里,平均每 4 年里就有 1 年多的时间由哈佛大学毕业生担任美国总统。

然而,政府现在提出的挑战前所未有。政府目前的权力,无论好坏,都无可比拟。知情公民不能无视埃德蒙·伯克(Edmund Burke)永恒箴言的警示:"好人袖手旁观,恶魔才能高唱凯歌"。这不仅是一项权利,也是关心此事的美国人的责任,他们尽其所能打造更负责任、更有能力、更高效率的政府。

像过去一样,哈佛大学在未来也会一如既往地做出各种形式的贡献。但哈佛认为,

"一切照旧"将不再起作用。社会需要政府的卓越表现，水平至少要与主要的私营行业相当。但是，迄今为止，社会还没有准备为政府教育做出相应的承诺。在过去的七十年中，我们对企业管理人员的专业教育进行投资，并获得丰厚的回报。如果我们希望政府的管理竞争力能够与最出色的商业表现相媲美，那么我们将不得不付出与此相当的努力来培训政府管理者。

哈佛大学为实现这一重大新承诺所做出的努力是：建立一个实质性的专业政府学院。正如哈佛商学院、法学院和医学院那样服务于各自的专业领域那样，该学院服务于公共部门。特别地，专业政府学院的使命是：

● 在全校突出强调政府的中心问题，在混合经济社会中形成更清晰的政府理念。

● 培养公共服务所需的具有杰出的分析能力、管理能力、道德敏感性和制度意识的新一届政府领导人。

● 通过调动全校的知识资源，持续对问题解决方案进行研究，厘清公共选择的主要问题。

● 为正在接受其他职业培训的学生提供一些对政府问题的理解。

● 作为联络中心，汇集政府、企业和其他私营部门的领导人，就国家政策的重大问题开展工作。

在一份 1978 年首次公布的图表中，我对建立公共政策学院的战略进行详细阐述，该战略反映出我期望打造"卓越政府"的愿景，随后每年都会对此进行修订。该战略组织 3 个主要活动：研究生学位项目、高层管理人员培训项目和问题解决导向的研究中心。值得注意的是，当我第一次绘制这份图表时，它更像是一个亟待探索的领域，而不【74】仅仅是对肯尼迪政治学院的描述，因为它当时已经存在。事实上，我认为可以公平地说，学院教职员工的大部分意识都集中在框架内的一两个目标上，这种框架将学位项目集中在一起：即新创建的公共政策专业硕士项目和相关的公共政策博士项目。职业生涯中期的公共管理硕士项目正在走下坡路，既没有解决问题的研究中心，也没有高层管理人员培训项目。因此，这些项目会成为未来的肯尼迪学院的重要组成部分的断言，是在考验肯尼迪学院能否沿着一条任何公共管理学院和公共政策学院都尚未遵循的道路进行创新和发展。

虽然沿着这些道路前进存在明显的风险，但我确信，如果不对构建这些空框架所需要的能力进行开发，学院就不可能成为"实质性的专业学院"。学院需要接触到它所希望影响的世界的实际需求。为紧急的政策问题提供合理有效的解决方案，为面临政府运作难题的高层官员出谋划策，只是学院的次要任务。我也很清楚，这些项目的发展不仅能够帮助学院解决夹在两者中间，看似不可逾越的财务问题，也能够促使学院在应用现有的知识与教学法的同时,成为一所规模足以涵盖许多学科与课题并为新想法投资的学院。

为了沿着这条创新之路走下去,我们创建一个组织结构,确保每个部门和部门内的每个项目都遵循同种使命、同种战略和同种资源(包括:核心教职员工;雇佣教职员工与核心管理团队、使用场地的资金)。

因此,第三个经验教训是:必须制定连贯一致的战略,以便同时满足使命影响、财政可持续性和学术持续合法性的目标。

公共政策专业硕士项目是核心课程的旗舰项目。它侧重于有关分析、管理、公共政策的主要挑战和价值观方面的核心技能。该项目从每年招收 20 名学生增加到 200 多名。公共管理硕士项目是学院的早期项目,学生平均年龄为 35 岁。但随着时间的推移,为新公共政策项目开发的课程也被公共管理硕士项目所采纳。事实上,公共管理硕士项目提供了对大量课程进行创新的舞台,这些创新不仅关注国际关系、国际发展、能源与环境、减贫等应用政策领域,而且还关注公共管理与领导的全新理念。

对于学术项目,学院的目标是提供与哈佛最好的教学水平相当的课程。这意味着要与哈佛商学院相媲美。

第四个经验教训启示我们要认识到"附带价值"问题的正确性。哈佛商学院的模式一直被讽刺:招募的学生如此有才能,教员对他们无能为力,这会阻碍他们取得成功,【75】学院却因此受到好评。肯尼迪学院对此进行效仿,尽可能招募最好的学生,但我们要随时记得附带价值问题的存在。附带价值主要体现在我们针对各个领域开发的新课程,以及我们自学或发明的新型教学策略。我们成为公共政策和公共管理领域最大的案例开发者,并开始使用这些材料,以此来确保将核心课程的抽象概念应用到核心课程以及需要学生申请的课程的进程中去。我们尝试以模拟实验为重点的新型教学法,并将课堂作为一个"具体案例",帮助学生更深入、更个性地参与学习过程。

从商学院的经验来看,高层管理人员培训项目是该战略的必要支柱。执行计划的基本概念是:让教员在整个过程中既有所学又有所授。就我的管理理念而言,我在一定程度上将高层管理人员培训项目视为对教员的培训。当教员教授那些从事重要工作的成年人,并且重视他们的观点时,他们必须对这些人曾经从事的工作有所了解。因此,高层管理人员培训项目是教员职业的重要支柱。高层管理人员培训项目的大部分需求提供公共管理方面的帮助,包括政策制定和政府组织管理。不幸的是,许多教员,尤其是那些受过经济学培训的教师不能或不愿意在这些项目中教学,从而错过这个机会。另一方面,那些接受该挑战的教员提出一些重要的想法,这些想法有助于回答政府的委任官员和职业经理人如何恰当地与他们的政治授权人合作的问题,并且帮助创新政府的领导方式。

第五个经验教训是：高层管理人员培训项目不仅能够展示一种明显的重要市场关系，也是不断向教员介绍某个专业学院所服务的市场的最可靠方法。

作为院长，我经常引用哈佛大学医学院院长在 1884 年哈佛医学院百年诞辰时所说的一句话。这位代理院长不是别人，正是奥利弗·温德尔·霍姆斯（Oliver Wendell Holmes），他的父亲是一位与他同名的著名法学家。在庆祝酒会上，他评论道：如果将整个医疗机构（他指的是哈佛医学院及其在波士顿的附属医院）放到船上并带到波士顿港使其沉没，这会对联邦公民的健康有益，对渔业却毫无益处。霍姆斯的这句俏皮话在本质上是否正确，这是一个值得思考的问题。科学史的某个分支提出了一个各种医学疾病共有的问题：疾病的通行治疗方法何时会产生治疗效力？也就是说，在何种程度上，病人能够得到救治，而非接受所谓通行的救治疗法后受到伤害。回想一下乔治·华盛顿（George Washington）的经历，他发烧后，请医生来到弗农山庄为他治疗。医生来后，将水蛭放在他身上，导致他死亡。事实证明，对于许多疾病来说，从大部分史实来看，通行做法其实是有害的，或者至少是虽无害处但也没有益处。20 世纪青霉素的发现，医疗才取得巨大的进步。

这对公共政策学院有什么实际意义呢？我认为我们应该询问霍姆斯的问题：针对 【76】政治机体所遭受的各种疾病的治疗，通行的疗法何时具有治疗性？或者，它什么时候会这样做？如果有人问起二战后推行和应用的治疗方法，它显然与冷战的长期和平与最终胜利有所关联——这段历史的持续时间是第一次世界大战和第二次世界大战间歇期的三倍多。然而，在其他领域，我们显然做得不够好。

肯尼迪学院的问题解决研究中心汇聚大批高级和初级研究人员，并向他们提出挑战，要求他们研究与政策相关的知识。在某些情况下，这种研究可以识别新的威胁或机遇，例如恐怖主义。在其他情况下，它对某领域的动态趋势进行分析。但是无论如何，与问题相关的研究有一个显著的特征，那就是严谨的处方与诊断。

第六个经验教训：认真对待实践，吸取经验教训。如果公共政策学院在大量案例中观察实践，他们会认为有些人解决问题的效率更高。通过"观察"法，我们能够辨别成功和失败，至少要吸取一些经验教训，以供他人借鉴。这应该是我们研究的基础之一。因此，我们建立肯尼迪学院案例研究项目，该项目迅速发展成为世界上最大的公共政策与管理案例的集合地。而且，除此之外，正如霍华德·瑞发（Howard Raiffa）所主张的那样，"应用前沿"应该会激发创造性的理论应用。

第七个经验教训：核心教员至关重要。一小部分高素质的人可以为学院定下基调。承诺是有感染力的。该学院拥有上文提到的杰出的"创始团队"这一宝贵财富。该创始团队于 1969 年组建,由瑞发(Raiffa)领导,制定教职员工的任用标准,比文理学院的任用标准还高。现今,肯尼迪学院招聘并任用教员的 5 个标准如下:(1)思想品质;(2)研究和书面成果;(3)教学;(4)公共政策与管理领域的突出成就;(5)任职于某机构的身份。找到满足上述所有标准的人才仍然是一项巨大挑战。

第八个经验教训:筹款十分艰苦。通常,我以每小时筹到的美元数进行计算。起初,我每小时能够筹集大约 100 美元。经过努力,我每小时能够筹集 1000 美元。直到最后,我每小时筹集大约 10000 美元。但这意味着筹集 100 万美元需要花费 100 个小时,1000 万美元花费 1000 小时或者说是半年左右。在我担任院长 12 年的时间里,我花了大约一半的时间筹款,学院捐赠额从 2000 万美元增加到 1.5 亿美元。

第九个经验教训:大多数学者不理解空间塑造活动的方法。由于我们成功筹集到资金,肯尼迪学院有幸有充足的资金来建造许多新建筑,这有助于刻意塑造我们的认同。肯尼迪学院论坛的建造是该工程的核心成果,这是一个多层中庭建筑,白天作为城镇广场和美食广场,但夜晚就会成为哈佛主要的公开辩论场所。论坛拥有 750 个座位,位于新英格兰小镇会议厅和希腊集市的交叉处,为肯尼迪学院和其他学院的学生开设一门"额外课程"。经常参加论坛的人会偶遇许多国家元首、前总统、前总理、政治候选人以及各种政策倡导者,并且有机会向他们提出疑问。

【77】

第十个经验教训:管理团队的中心地位再怎么强调都不为过。在某种程度上,人们既然有能力成为管理团队的一分子,那么他们就有能力增强院长的影响力。人们经常会认为自己能够做某件事,或者比其他同事做得更好。然而,即使一个人的表现在任何特定任务中都比其他成员的表现要好,但是第二、第三以及第四个人的共同努力,要远远超过任何独立人所做的努力。

第十一个经验教训:在任何雄心勃勃的追求中,错误都不可避免。有两种常见的错误类型,即不作为之错和明知故犯之错。在学术管理中,我认为不作为之错更为常见,我们反而不用太担心明知故犯之错。我宁愿犯明知故犯之错并承担相应的责任。

第十二个经验教训:我没有弄清楚应该如何处理媒体问题。随着时间的推移,我们成立新闻、政治与公共政策中心,不仅能更好地了解媒体在政府中发挥的作用,也能更好地理解媒体在公共政策学院中发挥的作用。一首流行歌曲曾建议我们,"不要随风而逝",但那些试图建立政府学院的人们并没有接受这个建议。显然,从尼克松和水门事件,到卡特和里根,这对政府来说都是一个充满敌意的环境,而卡特可能是近几届从心底里最反政府的一位总统。正如经常发生的情况一样,罗纳德·里根(Ronald Reagan)在他的就职演说中对此形容得最为精辟:"政府不能够提供问题的解决方案,政府本身就是问题。"

肯尼迪学院从未刻意针对这种敌意，也没有找到任何解决方法。不幸的是，这种职业也并不存在。

最后，第十三个经验教训是：机构建设的满意度。大多数院长都会抱怨很多。我也是如此。但通过这段经历，人们回顾过去时必须对有机会建立和塑造这样一个机构所带来的满足感心存感激，这个机构的影响超出了自己的能力范围，甚至超越了自己所处的时代。

参考文献

Allison,G.1971. *Essence of Decision：Explaining the Cuban Missile Crisis.* New York：HarperCollins.

Bell,P.1980. Recommendations for future foundation support of programs in public policy. Ford Foundation Archives.

——1981. Graduate training programs in public policy supported by the Ford Foundation. Ford Foundation Archives.

Blunt,B.E.1988. Development in public administration pedagogy：1880 to the present. Pp.601-31 in *Handbook of Public Administration* ,ed.J.Rabin,W.B.Hildreth,and G.J.Miller. *New York：Marcel Dekker.*

Carroll,J.,and Zuck,A.1985. *"The Study of Administration" Revisited：Report on the Centennial Agendas Project.* Washington,DC：American Society for Public Administration.

Crecine,J.P.1971. University centers for the study of public policy：organizational viability. *Policy Sciences* , 2(1)：7-32.

Cruikshank,J.L.1987. *A Delicate Experiment：The Harvard Business School* , 1908-1945. Cambridge, Mass.：Harvard University Press.

Enthoven,A.,and Smith,K.W.1971. *How Much is Enough? Shaping the Defense Program* , 1961-1969. New York：Harper and Row.

Fleischman,J.1990. A new framework for integration：policy analysisand public management. *American Behavioral Scientist* ,33(6)：733-54.

Fredrickson,H.G.1971. Toward a new public administration.Pp.309-31 in *Toward a New Public Administration：The Minnowbrook Perspective* ,ed.F.E.Marini. *New York：Harper-Collins.*

Guy,M.E.2003. Ties that bind：the link between public administration and political science. *Journal of Politics* ,65(3)：641-55.

Henry,N.L.1990. Rootand branch：public administration's travail toward the future.Pp.3-26 in *Public Administration：The State of the Discipline* , ed. N. B. Lynn and A. Wildavsky. Chatham, NJ：Chatham House.

Herring,E.P.1936. *Public Administration and the Public Interest.* New York：McGraw-Hill.

John F.Kennedy School of Government 1986. *The John F. Kennedy School of Government*. Cambridge, Mass.：Ballinger.

Lambert, C. 2003. Despite a myriad of challenges 25 years ago, the Kennedy School has prevailed. *Kennedy School Bulletin*, Autumn; available *at： www. ksg. harvard. edu/ksgpress/bulletin/ autumn2003/features/against_odds.html*.

——2004. The origins of the John F.Kennedy School of Government.Unpublished.

Lasswell, H.D.1951. The policy orientation.Pp.3−15 in The*Policy Sciences*, ed.H.D.Lasswell and D.Lerner.Palo Alto,Calif.：Stanford University Press.

——1971. *A Pre-View of Policy Sciences*. New York：Elsevier.

Lowi, T. J. 1972. Four systems of policy, politics, and choice. *Public Administration Review*, 32 (4)： 298−310.

Miles, R.E. , Jr. 1967. The search for identity of graduate schools of public affairs. *Public Administration Review*, 27(4)：343−56.

Moore, M. 1995. *Creating Public Value：Strategic Management in Government*. Cambridge, Mass.：Harvard University Press.

Moscher, F.C. ed. 1975. *American Public Administration：Past, Present, Future*. Birmingham：University of Alabama Press.

Neustadt, R.E. 1960. *Presidential Power：The Politics of Leadership*. New York：Wiley.

Office of Managementand Budget 2004. *Summary of Receipts, Outlays, and Surpluses or Deficits as Percentages of GDP：1930−2008*. Washington, DC.

Porter, B.D. 1994. *War and the Rise of the State：The Military Foundations of Modern Politics*. New York： Free Press.

Riggs, F. W. 1998. Public administration in America：why our uniqueness is exceptionaland important. *Public Administration Review*, 58(1)：22−31.

Roethlisberger, F.J. 1977. *The Elusive Phenomenon：An Autobiographical Account of my Work in the Field of Organizational Behavior at the Harvard Business School*. Cambridge, Mass.：Harvard University Press.

Rothwell, C.E. 1951. Foreword.Pp.vii-xi in *The Policy Sciences*, ed.H.D.Lasswell and D.Lerner.Palo Alto, Calif.：Stanford University Press.

Skowronek, S. 1982. *Building a New American State：The Expansion of National Administrative Capacities, 1977−1920*. Cambridge：Cambridge University Press.

Stivers, C. 2000. *Bureau Men, Settlement Women：Constructing Public Administration in the Progressive Era*. Lawrence：University of Kansas Press.

Stokes, D.E. 1996. "Presidential" address：the changing environment of education for public service. *Journal of Policy Analysis and Management*, 15(2)：158−70.

Walker, J.L. 1976. The curriculum in public policy studies at the University of Michigan. *Journal of Urban Analysis*, 4(1)：3−28.

Wildavsky,A.1976. Principles for a graduate school of public policy.*Journal of Urban Analysis*,3(1)：
127-52.

——1979. *Speaking Truth to Power：The Art and Craft of Policy Analysis.* New Brunswick, NJ：
Transaction Books.

Wilson,W.1887. The study of administration.*Political Science Quarterly*,2(2)：197-222.

Yates,D.C.1977. The mission of public policy programs：a report on recent experience.*Policy Sciences*,8
(3)：363-73.

第4章　政策制定者的培训

叶海卡·德罗尔（Yehezkel Dror）

【80】　　本章通过聚焦政治不正确的主题来讨论对决策者的培训,即在重大政策维度对统治者进行的培训。但这些分析和建议经过一系列调整后适用于所有类型和级别的决策者。

　　统治者及其素质的重要性已得到广泛认可,但对他们素质提升的需求和可能性不仅被忽视,而且被当成禁忌。如果统治者主体表现良好,这将无关紧要。然而,通过对政府及其在职首脑的观察,我们足以得出一种结论,即使最好的统治者往往也无法充分应对影响日益重大的政策选择。少数非常优秀的统治者也会犯严重的错误,随着人类行动的未来塑造权力不断增强,这些错误的成本也在不断增加。因此,分步骤地提高最高阶层决策者的绩效是至关重要的。

　　统治者的表现取决于一系列内在和外在变量。从道德品质到政治技能,统治者所需的品质是多方面的。改进它们的方法各不相同,从改善整体运作的治理系统到增强个性、激发"情商"（Goleman,Boyatzis 和 McKee,2002）,以及重组咨询系统。然而,给定制度性而非革命性的领导,其他品质均至关重要的条件下,重大政策培训往往是一种成本效益相对较高的方法。

　　统治者所要求的政绩及其相对重要性取决于具体情况。然而,所有统治者的核心职能在决策制定过程中以及在制定特定的重大政策时,通常会发挥重要而且往往是至关重要的作用。

【81】　　政府决策可以分为处理当前问题的相对常态化决策以及对未来产生巨大影响的"重大政策"。相对常规决策一般不会产生太大影响。大政策由单一关键抉择和长期战略相结合,其结合方式多种多样。关键抉择包括向日本投放核弹、批准大型基础设施项目、加入欧盟等。长期战略包括从计划经济转向市场经济、优先考虑年轻人的公共卫生服务、努力促进中东民主、努力建设学习型社会等。

大多数抉择都需要改进。但重大政策对未来会产生更大的影响,而且更为复杂。因此,首要任务是提升统治者的重大政策制定能力,这取决于对统治者进行有效的重大政策培训所依据知识的可用性。本章的基础论点是,这些知识一部分可以直接应用,而另一部分则需要对其原始形式重新处理。通过介绍用于统治者的重大政策培训的原始核心课程、阐释选择性地引用相关知识的观点以及对培训方式进行评论,这一假设将得到印证。

1. 核心课程

拟议的核心课程在内容上与优秀的统治者对其在重大政策制定中所扮演的角色的认知能力的更可取模型相契合。它包括20个紧密相关且部分重叠的主题或对象,简单地陈述,还有提到的精选参考文献,以及对导师和教学法的评论,以补充上述假设。

"重大政策"的一种特殊形式是处理制度建构和结构变革问题。回顾以往,传统观点认为统治者是"法律施予者",改革和建立新的制度是"重大政策"的一种主要形式,其中包括宪法起草、建立类似于欧盟的新治理机构、改变全球治理方式、建立市场经济等。在整个培训过程中,这种重大政策形式应考虑到制度的重要性(North,1990)和各学科的制度设计(Goodin,1998)。

1.1 区分政治和政策

能够对政策和政治进行明确的区分是第一要务。政治和政策相互作用,经常重叠,甚至在分析上也不能部分分开。除英语以外的大多数语言中,"政治"和"政策"的不同术语的缺失,反映出区分两者的困难。此外,现代民主政治往往会促使统治者将政策置【82】于政治和市场下,统治者往往优先考虑"吹泡沫"而不是编织未来。但是,重大政策的质量取决于统治者在政治现实中做出不可避免的妥协之前,能够区分政策和政治,并优先考虑政策需求的能力。培训应澄清并强调这种区别。

政治可行性不容忽视。尽管当条件改变时,起草的政策是一个亟待实现的应变政策,但由于缺乏必要的政治支持或其他关键资源,重大政策选择无法在可预见的未来实施,因此无法做出选择。这样看来,考虑到更广泛的可行性测试和政策资源的整体放大,政治可行性和增加政治性的方法应该纳入课程,但不应涉及权力动员和政治营销的实质。

培训肯定会遇到困难。与会者希望讨论政治和营销。政治背景下,能够参考的关于政策制定的优秀文献比比皆是（Stone，2001）。在不被主流课程扰乱的情况下，如果能拥有了解政治并且时不时会传授政治知识的导师，将会受益匪浅。

1.2 价值澄清和目标设定

重大政策以价值为基础、目标为导向进行目标追求。如果这些价值观既肤浅又空洞，且目标又被误解，那么抉择将适得其反。因此，提高价值澄清和目标设定的重要性势在必行。然而，价值判断是民主的基本规范赋予选任政治家的主观过程，会受到法律的审查，有时也会被公众支配。为了做出合法的价值判断和目标设定，政治家在改善他们进行价值判断和目标设定的方式时不得损害原有的权利和义务，反而应当有助于帮助他们澄清价值观并实现目标。

这会引发一个严重的道德问题，即培训邪恶的统治者将使他们作恶更甚（Kellerman，2004，ch.10）。因此，导师需要一套专业的培训准则。通过分析西方民主国家的实践，我们发现这并不是一个严重的问题，但需要时刻提防。

重大政策培训需解决以下几个相关问题，比如：

（1）遵循公众的价值观和愿望与推进统治者经过充分考虑和反思后认为是规范的、真正的政治正确的价值观之间的道德和政治紧张关系（探究如何使公众具有更崇高的价值观是统治者使命的一部分）。

【83】

（2）尽管受到现有决策的严重影响，如何在满足当前需求与远瞻未来利益之间做出取舍仍然是一个艰难的问题，包括如何弥补目前尚未参与投票选举的下一代民主的先天性不足。

（3）道德意图、基于规则的价值判断（包括法律方法）和结果主义之间的关系。

（4）将个人作为最高价值服务于自己，而不是推动社会的繁荣。

（5）强烈相信价值观的选择，以及知道自己的信仰在很大程度上是个人环境的产物，而这些环境并不是自己所选择的，比如自己出生的时代、文化和家庭，这两者之间存在着心理和道德上的矛盾。

（6）与此相关的是，将价值观视为社会文化事实与将价值观视为信仰这两种观点之间关系紧张。一方面尝试采取客观的立场和保持冷静的态度，另一方面努力实现所坚信的价值观。

（7）考量未来不可预测的价值观，包括为后代提供开放选项，以实现他们可能拥有的任何价值，而非试图过分强调现有的价值观以防止变革。

（8）澄清作为决策基础的价值和目标重点与通过保持价值和目标的模糊和不透明

来维持联盟和动员支持之间的两难选择。

（9）促进国家利益还是考虑人类整体的利益（我称为"人道主义"），两者之间的抉择日益艰难（Dror，2002，ch.9）。

（10）将价值判断和目标重点应用于特定情况的问题，是一个迭代过程。

（11）考虑不同的层面，但至少要提出两个方面：一方面要完成自己的使命，提升价值，另一方面要照顾自己的事业，这就是个人的两难选择。

在广泛的价值澄清和道德推理方法的帮助下，能够解决这些问题。如①：

·苏格拉底式对话法，帮助自我澄清价值观。

·选择基本的规范框架，如宗教、康德主义和功利主义。

·柔性心理教学法，一方面促进动机与激励之间的区分；另一方面促进价值观之间的区分。

·阐释被忽视的价值观和目标维度，例如时间流的偏好、对风险的态度以及目标的灵活性等。

·哲学话语产生绝对命令、澄清价值观（如政治哲学），并提出帮助价值判断的方法。　　　　　　　　　　　　　　　　　　　　　　　　　　　　　　【84】

·价值观之间的逻辑与行为矛盾。

·敏感性测试，以识别和澄清特定选择背景下所需的价值取向和目标序列。

·法学和哲学提供的概念包，以及决策规则的使用，有助于丰富价值思维并处理价值冲突。

·关于特别存疑的价值判断情景的论述，例如"道德厄运"（Statmen，1993）和"悲剧性选择"（Calabresi 和 Bobbit，1979）。

·福利经济学的思想和定理对价值考量非常重要，比如帕累托最优和阿罗悖论。

·价值、目标分类和等级制度的构建。

·目标成本和微观经济学方法，用于考虑替代价值和目标组合的成本效益。

·对许多重大政策空间中具有重要意义的实质性价值进行批判性澄清，例如：人权和义务、平等、减轻贫困、环境价值观、动物权利，"公平"、社区主义、"正义战争"；等等。

从内容及与高级决策者的配合程度来看，关于价值观阐明和目标设定的培训非常苛刻。要克服被告知如何思考价值观和目标的阻力，只需专注于帮助参与者做出自己的判断，而不必假定要告诉他们自己的价值观是什么。法院判决大有用处，要格外留意文本中所讨论的道德问题（Nussbaum，1995）。

----

① 参见 Boyce 和 Jensen，1978；Levi，1986。

1.3 创造性地"编织"未来

重大政策是一种工具,旨在"编织未来",即创造性地将现有的复杂材料与流程结合起来,营造一个更好的未来。柏拉图在《政治家》中创造"编织未来"这一引人注目的术语。更具体地说,重大政策试图降低未来变差的可能性,增加未来变好的可能性,因为他们对各种情况的认知与评估会随着时间的推移而变化,并且能够应对不可预见的情况。

引入一个不同的隐喻,在重大政策制定过程中,统治者既是作曲家又是指挥家,但是作曲更为困难、更具原创性、更具个性化,且更重要。无论指挥对实现作品和赋予它们不同的解释,并根据变化的情况进行调整是多么重要。

尽管从在组织中的工作方式,在团体中的组成与指挥方式,以及与同行、顾问、组织及协会的竞争和冲突等方面来看,统治者与作曲家完全不同,但这个比喻还是极具启发【85】性。一位伟大的作曲家享有独立创作的创新自由,比统治者能够自由发挥的空间要大得多。尽管如此,创造仍然是制定重大政策的核心。在我们的时代更是如此,变化日新月异,将过去的智慧应用于未来情景难免是件糊涂事,因此创造新选择以适应变化莫测的情况,价值是必不可少。在一定程度上,统治者应该成为创造者(改革者和促变者),他的思维图像和"内在洞察力"(Panek,2004)至关重要,在小范围内,"与贝多芬在失聪时用心灵感受音乐有点类似"(Gelernter,2004)。如果统治者无法成为真正的创造者,那他至少应该提高政策方案的创造性,并渴望经过开放而具有批判性的评估后,积极考量并吸收新想法。

更进一步讲,在变革时代,制定高质量的重大政策需要有洞察乌托邦思想元素的能力。这不仅对革命统治者来说至关重要,对体制统治者来说也是如此。无论他们喜欢与否,他们都面临着极具21世纪特征的准革命局面。关于重大政策的培训不能使统治者成为有远见的领导者。但是,培训能够通过其创造性元素使人们意识到统治者编织未来使命的重要性和本质。

从更具操作性的层面上来讲,需要强调和说明的是,统治者缺乏对主要政策问题的可行性选择,因此,他们应该追求、鼓励并推动创造满足实际需要的政策方案。同样重要的是积极打破政策传统观念的负面需求。"同样的",如果只追求政治便利和组织吸引力,往往会比什么都不做更糟糕。因此,鼓励统治者对接受的"解决方案"持怀疑态度也是培训的重要组成部分。

1.4 时间范围

重大政策旨在产生长期影响。但一般性陈述需要具体说明,以帮助统治者采用适应不同政策空间特征的优选时间范围。

四个重要因素：

（1）价值偏好，假设在未来不同的时刻对结果的相对重视程度，同时注意避免诸如在时间流中贴现结果，就好像处理过时的投资组合一样。

（2）相关政策空间的生命周期以及决定达到其主要影响所需的时间。

（3）可预测性、不确定性以及不可知性通常会随着时间的延长而增加。【86】

（4）政治和个人周期，以确保有足够的时间使重大政策产生有意义的影响。

对于多数的重大政策来说，它们的中长期影响大概会持续 5 年到未来几代。绝大多数重大政策的生命周期通常具有相似的范围。但如果影响持续超过 5 年的话，那么可预测性就会急剧下降，不确定性和未知性也会不断加强。民主国家的政治和个人周期从 4 年到 10 年不等。

一方面是长期价值观和长期实施周期，另一方面是不可预测性和短暂的政治与个人周期，这两方面矛盾重重，是使重大政策非常脆弱的主要原因。如下文所述，不确定因素的复杂性可以起到帮助作用，正如政治战略和政府结构可以促进政策的连续性那样。但是这种困境十分严重，往往会破坏重大政策的重要性，并降低对统治者的吸引力。

培训可以揭示这些问题、提供对策，并就应对实践做出详细说明，例如以 5 年为间隔的多阶段时间范围，在大多数情况下，最多为 25 年。其他可能性包括通过建立共识和使重大政策制度化来增加政府间的政策连续性。

有关规划和战略的文献提供了相关经验和想法（Ansoff,1979;Steiner,1997）。

1.5　历史思维

制定重大政策的基本依据是干预历史进程，目的是实现对未来的预期影响。首先，这需要"历史思维"，强调宏观且有深度的历史思维。要想将过去的变革可能性映射到未来，那么对指定政策空间进行干预就十分必要，这样能够防止出现坏的情况、实现好的结果、识别未来的主要推动因素，并确定这些驱动因素中的子集，这些驱动因素可能会受到政府有意行为的影响，从而成为政策工具。

所有这一切都应该从一种人类历史的整体观点，这种观点被混合动态塑造，这种混合是在必要性、偶然性、突变和随机事件呈非线性的变化——受人类故意或无意的干预所影响。

即使选择总是会以人类可以拥有的最佳知识和最高认知素质为基础，这种构想也

充分暴露制定重大政策的荒谬本质以及导致意外发生和出现不良结果的危险。因此，
【87】 几乎可以肯定的是，正在进行的历史进程很可能会导致非常糟糕甚至是灾难性的未来，
并且会产生这样的期望，即在深思熟虑过后对历史进程实施政府干预或选择干预能够
很好地避免产生糟糕的结果，会实现更好的结果，以证明制定并实施重大政策的合
理性。

提出历史进程的观点和探索更好的重大政策是培训的基础。关注的焦点包括：

（1）所有选择都依赖于对现在做什么和将来会发生什么之间的因果关系的假设。

（2）这种假设的可疑与复杂本质，要求在情感和人格层面上充分考虑怀疑主义和
决定性的良好测量；在认知过程的层面上，很多不确定因素的复杂性在选择感知中被称
为"模糊赌博"。关于这一点，下文将会有所论述。

（3）在道德上和现实政治上必须为重大政策寻求最好的基础，即依靠现有的或能
够得到的任何重要知识，认真思考，以及最佳推理和选择过程。

培训者至少应为参与者提供一个历史思维的维度，并使参与者意识到历史思维对
终身阅读以及抽象和应用思维的能力有所要求。正如尼采（Nietzsche）最初指出的那
样，首先要提醒他们避免错误地将历史应用于当前的问题，其中包括错误地依赖于历史
类比（May，1972；Neustadt 和 May，1986）、只拘泥于表面事件，而不理解它们的深层次
含义。

正如马基雅维利（Machiavelli）的冥思和修昔底德（Thucydides）撰写的《伯罗奔尼撒
战争史》所指出的那样，一些经典著作确实试图将治国方法建立在历史研究的基础之
上。培训应当参考这些内容，并要求参与者在培训活动开始之前尽可能阅读一些关于
长期历史视角（Denemark 等，2000；Gernet，1996）、历史动态性（Hawthorn，1991），以及史
学和历史哲学中的书籍（Braudel，1980）。当阅读要求的最大量有限度时，更加现实的
做法是凸显历史思维的重要性，并通过选择重大政策的空间来进行实践。

1.6 理解现实

在过去和未来之间理解现实非常重要，同时也非常容易出错。因此，通过改善统治
者的"心灵世界"（Vertzberger，1990），以便更好地适应现实及其动态性是一项主要的训
练任务。

人类天生就不可能认同"无中生有的观点"（Nagel，1986）。但是，由于文化和个人
【88】 偏见以及动机不合理而误判现实的可能性（Pears，1984）能够被抵消，并且可以帮助参
与者远离错误的"框架"和"体系"，防止扭曲他们对世界的认知。

人们已经掌握很多扭曲社会意象、认知地图和供统治者参考的理论的因素。通过提供新信息,就会对改善现实性图景的困难性有更深入的认识。大量关于情报失误和扭曲的文献可以作为培训的坚实基础(Codevilla,1992)。一些情报失败的案例,例如对美国的恐怖袭击(2004 年全国恐怖袭击委员会),可以作为优质的培训材料,来"打开统治者的思想",以助重大政策的制定。

丰富统治者的概念包非常重要,这样能够更好地感知和处理现实。这样看来,当时非常新颖的"二次打击能力"概念,对于理解核武器产生的新战略现实至关重要。因此,增强统治者对思想性词汇概念的理解,如"软实力"(Nye,2004)、"未知性"(Dror,1999)以及后文讨论的"模糊赌博"、"虚拟历史"(Ferguson,1997)、思想实验(Sorensen,1992)、"远距离亲切感"(distant proximity(Rosenau,2003))等,可以帮助改善现实形象,提高重大政策思维的方式。但是相关的文献分散在许多学科上,这说明对统治者进行重大政策培训的多学科基础的必要性及其对知识渊博顾问的依赖。

向统治者展示对世界某些方面的描述和分析是件很容易的事情(如 2003 年 Lord中的一些章节)。可以用一个非常关键但经常被误解的角度来解释说明要进行更深层次理解的需求和可能性,这非常有用,"全球化"就是一个很好的例子。但是,重大政策培训应该为统治者提供见解、理解、框架、理论、方法和推理方式等,这些经得起时间的考验,适用于各种各样的变化情境。重大政策培训不应该只教授统治者专业知识,这样很快就会被淘汰。

有一种不同的情况,即我们是否应该在项目中探索现实中基本的、非常稳定的部分,比如"人性",以及对固定本质的相互矛盾的解释,这与文化形成(Ridley,2003)和"恶"的本质(Bernstein,2002)相对立。通过客座讲座和简短阅读的方式将参与者暴露在这些问题中以便打开他们的思路可能是一个好主意,但必须避免负荷过重。许多与重大政策思想没有直接关系的重要主题必然被排除在大多数统治者的培训计划之外。

1.7　远见

了解历史过程,包括其固有的不确定性和未知性,是一个重要的基础。但制定重大政策的直接需要是远见,即能够预见不同未来的能力,以及预见历史进程的干预措施可能带来的后果的能力,这样可以帮助统治者决定现在该做什么以及将来计划做什么,并根据实际发展对计划进行修订。【89】

把远见转变成文献形式可能给参与者提供洞察力。远见(与理解现实)旨在减轻"如果我们早知道就好了"这种遗憾,这是一种解读契诃夫作品方式的中心思想

（Kataev,2002）。

但是,正如已经指出的那样,选择对远见的依赖是政策脆弱的主要原因。我们的时代是历史连续进程的断层之一,伴随着许多变数。这样看来,未来的历史进程很可能与我们过去所知的部分完全不同,因此即使对过去有着完美的理解(并不真实存在),也就无法提供关于重大政策未来影响的可靠信息。

尽管如此,由于一些主要的历史结构和进程具有相对稳定性以及对变化有一定的了解,相当多的远见都有可能被实现。这些是四种主要展望方法的基础：

（1）推断,将过去和现在的事实及动态发展投射到未来。

（2）理论和基于这些理论的定性或定量模型;通过改变时间参数,可以得出条件预测。

（3）直观的知识,无论是专门的、局部的还是浅显的,都会提供基于隐性知识与模式认知、专业知识与经验的未来主观图像。

（4）想象,无论是"未开发的",还是基于各种形式的直觉和经验。

存在一个问题,即前3点都依赖于过去,要么直接依赖过去,要么被加工成理论和经验。想象的本质并不清楚,在一定程度上很可能会超越过去,但其有效性无法评估。因此,将政策建立在对未来的想象之上的行为十分鲁莽(与乌托邦不同,乌托邦呈现的是与价值澄清相关的理想未来),尽管一些思想家对未来的想象可能是振奋人心的。

从本体论和认识论的角度看,由于未来塑造过程的偶然性和变动性,以及人类对这种过程理解的局限性,未来在很大程度上不得不被看作是由过去决定的。并且,未来越不受过去的影响,它就越不可能被预见,这既是由于其内在的原因,也是因为预见对过去的依赖性,包括高度结构化的前景和预测方法。无边的想象会得出例外的假设,存在很多危险。

【90】　　我们不能夸张地认为未来塑造过程是混乱的,因为它存在很多连续性。然而,21世纪将会有许多非连续性和现实变异事件,从而导致未来不可预见。因此,远见卓识在很大程度上无法作为选择的基础。但是,选择不可避免地要建立在远见的基础之上,这一点还有待考证。由此可见,重大政策在本质上都是"模糊赌博"。这是统治者培训的关键结论。

解释前景存在问题的本质并不困难,因为现实能够提供许多显著的例证。但必须注意避免得出过于极端的结论,让统治者对所有的观点持怀疑态度,促使他们更相信自己的直觉,而不是对其他未来进行专业猜测。对未来过于混乱的看法也会导致鲁莽行为或不愿意在显然必要的情况下采取长期政策。最糟糕的是,统治者会把不确定性转变为固定且武断的假设,就好像未来会受制于他们的指令,或者依赖于占星术等类似愚蠢理论。

因此,我们必须注意平衡不确定性和未知性,同时强调现实的许多重要特征及其动态性。在与政策相关的时间跨度内,这些特征具有稳定性。尽管这样会使远见令人怀疑,但精心准备的远见还是大有益处。

在"信心"比远见更为重要的情况下,即使是在革命的情况下,有必要相信上帝或历史站在自己一边,这样"自我实现"预言的效果就可以被动员起来,使早期的不可能稍微不那么不可能,尽管仍然非常不可能。但在大多数情况下,过度的"信心"(Kanter,2004)非常危险,现实的猜测需要谨慎与果敢,同时也要保持怀疑的态度。

有大量关于探索远见的方法以及对预测的批判性检验的文献可供参考(CIA,2004;Lempert,Popper 和 Bankes,2003;Molitor,2003)。

1.8　对替代性未来及其驱动因素的思考、感受与展望

总结看来,培训课程的核心是关于替代性未来、兴衰、现实的愿景和噩梦等的思考、感受、想象、梦想、推测、猜测和计划,以及它们的驱动力和政策工具。

统治者需要接受训练、习惯运用他们所有的心理活动、考虑未来的深层次的替代轨迹和他们需要采取的行动,并重申关键性的规划,以提高理想事件出现的概率,降低不尽人意的事件出现的概率,随时准备应对不可预测事件。

"如果—那么"形式的历史推测会导致巨大的困难,现在我们称之为"虚拟历史"【91】(Ferguson,1997)。举一个相对简单的例子,假设希特勒(Hitler)在 1938 年被暗杀,那么大屠杀很可能就不会发生,希特勒将以一个伟大的德国政治家被人们所缅怀,被称为"第二个俾斯麦"。但是,欧洲、犹太人和全球的历史将会是什么样子,这只是一个疯狂的猜测,因为我们对历史进程的现有理解非常匮乏不足以提供可支持的猜测。

关于过去的情况,我们已经掌握许多事实。更难的是考虑替代性未来,这是一种虚拟的未来主义历史,它处理的问题是:如果我这样做,那么未来可能会是什么样子? 或者,更复杂地说:如果我这样做,可能性未来出现的概率是多少? 然而,尽管这令人怀疑且存在一定程度的投机取巧,但重大政策还是不可避免得依赖于此。

思考、感受和展望替代性未来及其驱动因素是政策制定的核心内容,涉及 4 个主要因素:

(1)如上所述,所有选择围绕的中心都是"替代性未来",这一概念首先由伯纳德·德·茹弗内尔(Bertrand de Jouvenel,1967)所提出,他称之为"未来之物"。统治者的头脑,要从主要政策空间的替代性未来和所有政策空间一起想象和思考,考虑哪些是必须

要预防的,哪些是必须要促进的,找出能够进一步预防和实现各种替代性未来的主要驱动因素,选择一个驱动因素的子集作为政策工具,从而合成重大政策,其中包括制度政策。

(2)不仅需要针对替代性未来及其驱动因素进行细微严谨的思考,还需要培养个人的整体思维。展望替代性未来并对其进行推测,这对注入创造力和调整统治者的整个思维,使之适应替代性未来的运作至关重要。

(3)想象、展望、推测、估计、规划和制定重大政策需要多个框架,以免迷失在未来千变万化、多种多样的情况中。国家、地区、社区以及人类的兴衰通常是最重要也最具批判性的框架。尽管具有一定的猜想成分,但它为深入和全面思考替代性未来奠定了基础。

(4)具体且直接的指导性重大政策是现实的愿景与梦魇。特定的短期或中期的替代性未来能够被预估或预防。为了参考现实情况并制定政策,我们应该通过情景和路线图将它们与当前的动态联系起来。

现实愿景和解决方法在商业文献(Hamel 和 Prahalad,1994)和实践中已得到充分
【92】认可。军事经验与考虑"最坏情况"的噩梦及其缺点相关。一些国家对现实愿景已有所准备。所有这些都为培训提供良好的基础。

通过"兴衰"来促进思考更具挑战性。吉布森(Gibson)、汤因比(Toynbee)和斯普伦格勒(Sprengler)的经典著作在一定程度上令人振奋,但培训应批判性地讨论现代文献,并将其应用于选择重大政策的领域(Kennedy,1987;Olson,1982;Tainter,1988)。

1.9　历史进程的关键性大规模干预

历史思维的应用目的、对替代性未来等的思考以及重大政策的主要依据是设计、计划并实施对历史进程的干预措施,以便尝试和编织更美好的未来。在最基本的层面上,这种对历史进程的干预,基于历史和现实整体的哲学或理论(McCall,1994)。正如所提到的那样,我们应该将未来视为由动态的非线性变化混合的产物:(1)必然性,即确定性进程,无论是单一性还是概率性(采用随机链的形式);(2)或然性,即没有预定概率的预先固定的替代性未来集合;(3)突变,即连续性的根本性变化和破裂导致事先预想的情况很大程度上向不可思议的方向发展,这些进程不一定能够被预先确定,也无法在不同程度上被确定;(4)从人类的视角来看,在一定程度上,这些事件随机发生,与最后一类相重叠,例如强大统治者的特有行为。

鉴于历史进程的这种形象,人类编织未来的范围可以达到人类机构控制资源的程

度,可能对未来制定过程产生影响。

正如已经强调的那样,由于科技的进步,包括政府工作人员和统治者在内,人类决策和行动的未来塑造力正在不断提高。然而,我们必须在更宽泛的范围中重新考虑该结论,人类自由意志塑造未来的可能性,一方面是作为独立驱动力的价值观和欲望,另一方面是限制自由意志和未来塑造可能性的顽固现实的事实 对人性和历史的极端唯心主义观点,会使自由选择的人类价值观和欲望对未来产生非常大的影响,而极端唯物主义观点将最大限度地减少自由人类选择的存在并减轻其对未来所产生的影响。在这些极端立场之间,提出的观点认识到,人类行动迅猛增加的重要性部分取决于人类在影响未来方面的自由选择,但认为这种影响受到对自由选择的限制以及超越人类影响的历史事件和过程的限制。另外,非常重要的是,人类行为(human action)以及人为影响 【93】(human impacts)对未来的总体作用存在天壤之别,人为影响具有目的性,并且或多或少与部分自由选择相一致。人类行动对未来日益增长的影响大部分都是无意的,符合人类机构自由选择的价值观和目标的影响也比较少,人类机构有权根据公认的意识形态参与未来的塑造,例如合法政府和统治者。

此外,许多影响不仅意想不到,也并不受欢迎,由于影响未来的人类力量的迅速增长与人类行使这些力量以趋利避害的能力之间的差距愈来愈大,造成非预期的、非常糟糕影响的风险也在迅速增加。

这种日益扩大的影响力和相对稳定的决策制定质量之间存在越来越大的差距,构成对统治者的重大政策培训的主要挑战,并使其成为具有宏观历史意义的努力。

无论这些观点多么具有"哲学性",都应当与参与者讨论,作为认真思考重大政策的基础。这一点,与解释培训的目的一起提供观点、理解和方法,而非技术。

在更实际的层面上来看,统治者培训的主要目的可被重新表述为:在公认的宪法规范的合法范围内,增强统治者根据其明确的价值观和优先目标编织未来的能力。影响这种能力的一个重要因素是他们对未来实现预期影响的能力的可能性和局限性的理解,包括他们对有效选择的限制有多大的不确定性。历史上有许多不能预先料到的影响非常大的事例,以及许多合理预料和本应达到的影响没有实现的事例,这些事例都能够证明这一点。

统治者培训应该让统治者了解他们的未来塑造力与对未来的实际影响力之间的复杂关系。此外,参与者应该意识到,在有意义却有限的范围内,他们对未来的影响取决于他们的个人能力,包括培训所针对的提高他们重大政策思维的能力。

鉴于对历史进程的这种理解,通过干预历史进程来塑造未来的有效努力必须满足6 个条件:

（1）塑造未来的意愿。

（2）构成"好"或"坏"未来的一些操作性概念。

（3）充分理解历史进程，从而使干预措施产生更好效果的几率高于产生不良后果的风险。

（4）将理解转化为重大政策的能力。

【94】 （5）充足的资源——政治、经济、人力等——在历史进程中实现关键性的大规模干预，从而对它们产生实质性影响。

（6）执行足以将重大政策转化为有效行动并有效利用资源的能力。

需要强调"临界干预质量"的必要性，包括但不总是包括"大规模"政策（Schulman，1980），因为这一点在理论和实践中经常被忽视。政治和其他压力以及资源限制经常导致有限资源分散在许多不同政策上，结果往往没有达到最低临界质量阈值，从而使政策没有达到预期的效果。因此，需要确定优先事项，并将资源集中在有限的重大政策上，以达到足够的干预质量，同时也需要采取各种方式使之可行——例如通过名义上将有限的资源分配给其他政策，以便在没有真正产生太大影响的情况下满足需求，同时将主要精力集中在数量有限的重大政策上。

临界质量阈值随着给定历史进程的刚性或脆弱性以及历史轨迹中目标变化的程度而变化。因此，在某些情况下，规模相对较小的干预措施可以作为"临界点"运行，而在其他情况下，只有大规模的干预措施才能提供实现预期影响的机会。

危机有时会提供独特的机会，可以通过有限的大规模干预产生重大影响，这些将在后面讨论。更为特殊的一个例子就是"引爆点"，即通过创造"支点"效应，作为在有限的资源下试图实现重大影响的方式。例证包括突然贬值和突然袭击或协议。

尽管存在风险，但与参与者讨论在历史上制造意外事件的情况具有合理性，可以避免巨大的危险或利用短暂的机会之窗，这是阐明历史进程中关键性大规模干预理念的好方法。它也阐明一种采取批判性选择形式的重大政策的特殊类型，提出风险与谨慎的问题，并对创造的重要性有所强调。

对历史进行有效干预的关键是其所依据的因果假设。要求如下：解释这些假设、批判性检验其基础和有效性，澄清最佳的数量和质量概率，以及经常对其进行猜测和推测。

与抽象理解不同，对于许多参与者来说，特别难以接受的是一个不可避免的结论，即最"实际"的决策者不可避免地依赖于多个假设的猜想、假设、理论和推测。在定量与定性的不确定性和不可知性方面所需的思维同样困难。最令人难以接受并付诸行动的是一个简单而明确的结论，即包括重大政策在内的所有重大选择，在本质上都是"模

糊赌博"，统治者在关键方面会与历史进行博弈，通常会冒着重大而致命的风险。　　【95】

1.10　"模糊赌博"的复杂化

所有这些得出一个结论：重大政策本质上是"模糊赌博"，即没有固定规则的赌博，其结果的本质在很大程度上具有模糊性、不确定性和未知性。因此，为了再次强调统治者重大政策培训的重要性，我们必须意识到他们最关键的任务之一就是进行"模糊赌博"，而且往往赌注很高。他们不需要深入研究"模糊赌博"及其改进的哲学、心理和方法论内容，但他们肯定需要意识到他们的选择及其问题的基本性质，并熟悉其应对方式——简而言之，他们需要承认"'模糊赌博'的复杂性"。

这个结论在智识上无可辩驳，但在情感上和政治上难以接受，在政治上令人厌恶。向不太能容忍模糊性的决策者解释这一点也可能很危险，因为它可能导致鲁莽虚假的主观确定性，依赖错误的先知和预言。以下方面特别具有挑战性：

（1）对风险、定性不确定性和不可知性的优先组合进行必要的价值判断。

（2）决策心理学的研究结果表明，人类对不确定性的思考非常容易出错。

（3）公众对风险态度的非理性，使得统治者要如实解释其重大政策的"模糊赌博"性质，在政治上是危险的。

（4）由于对获得可靠预测的错误期望加之在政治上对不确定性的简单解读导致安全情报和其他类型的预算和展望的失败与滥用。

（5）面临具有极低或不可知的可能性但却具有极高冲击力的突发事件的复杂情况。

（6）改进"模糊赌博"的现有方法（Dewar 2002；Dror 2002，第 15 章）在某种程度上非常有用。但有些具有误导性，许多也很复杂并且要求苛刻，而且还有可能违反常理。并且，虽然它们基本上不是定量的，但也不容易向不懂数字的统治者阐释（Paulos，1988）。

在许多政策分析和风险分析文献中，应对不确定性的标准建议是错误的，这加剧了所有这些问题并导致其他困难。尤其是，依靠主观概率乘以不那么任意的效用来计算"期望值"从而得出"最佳"答案的建议完全错误。除非相关的历史进程表现出随机性并且主观概率接近客观概率，否则就是这种情况；在面对复杂的情况时，这两种假设也为幻象。

马基雅维利（Machiavelli）将"财富"、"机会"、"谨慎"和"美德"之间的关系看作治　【96】国方略建议的核心，他清楚地认识到统治者选择的本质是一种模糊的赌博。确实存在有用的知识来支撑这一主题。统治者回忆录和历史学家的著作诠释重大决策的"掷骰子"性质,有助于使其具体化,并且使统治者容易接受该主题。所以,尽管应该谨慎处理这个问题,培训还是可以从很多方面入手来改善"模糊赌博"的复杂性。

因此:(1)统治者应该充分意识到他们的决策是"模糊赌博"的本质、改善决策的可能性,以及改变其"模糊赌博"本质的不可能性。

(2)针对该问题的培训必须考虑情感因素,强调接受和容忍不确定性的必要性。

(3)提出人类在处理不确定性问题时的主要错误倾向,并解释应对措施,会有很大帮助。

(4)应该提出并实施一些实用建议,例如不从考虑"解决方案"的角度思考复杂问题,而是从"处理方法"的角度思考问题;对备选方案的预期结果总是既乐观又悲观;审视专家的相反意见,不完全肯定也不完全否定某种观点,而是呈现出不确定性;坚持不断地询问"接下来会发生什么?"和"如果……会怎么样?"两个问题;处理多种假设;测试方案对不确定性的敏感度;注意低概率、高影响的突发事件;创造性地想象可能的意外事件;以及寻求弹性等。

(5)扩大价值澄清和目标设定的维度,以包括对多重不确定性因素的不同组合的判断。

(6)应该强调意外事件和动态发生的可能性,并准备好应对措施,使危机应对成为"模糊赌博"升级的最终途径。

(7)"模糊赌博"本质的政治和公共方面应该被考虑到,但说出真相还是展现自信的两难抉择已被明确提出,尽管仍需受训者对其进行思考。

(8)选择的"模糊赌博"本质给结果评估、从结果中学习以及公众对实际发生的事情的评判带来困难,应该对这些进行解释,并探讨其实际含义。

1.11 危机应对

【97】 处理无法预料、不可预见和意外事件的最终方式是危机应对。恐怖袭击的新形式体现提高危机应对的必要性,但危机有自然灾害、经济崩溃、社会动荡等多种形式。在重大危机中,统治者通常是最终决策者,他们能够决定是否采取行动。但是,除非他们具有危机应对的个人经验,否则他们对自己的领导角色准备不足,容易造成很大伤害。

准备不足的一个主要原因是高级政客缺乏参与危机演习的经验,而这是为应对危机做好准备的基本条件。他们经常给出的正式理由是他们不想过早透露底牌,但真正的原因是经验丰富的政治家不会自愿接受测试。在培训中,更重要的是要让统治者认识到他们需要为危机应对做好准备,还包括非常规地将危机转化为机会,去做不可能的事情。

在处理假想但现实的情况下,可以通过短期和长期的危机来向与会者介绍危机应对办法。计算机模拟和博弈会大有用处。危机应对演习不仅本身很重要,而且还提供应用和吸收其他主要的重大政策思想主题的机会,这些主题将以刺激的方式吸引参与者的全部注意力。

有很多关于危机应对的文献,既有安全方面的,也有民用方面的,既有理论的,也有应用的(Rosenthal,Boin 和 Camfort,2001)。好的历史案例可以用于文献的引言部分,吸引读者的兴趣(Frankel,2004;Lukacs,1999)。关于企业危机处理的一些观点在某种程度上具有适用性,但特别相关的是仅有少数几本专注于领导在危机中的作用的书(Carrel,2004)。具有危机应对经验的人员可以提供帮助,因为他们在访问危机管理部门和特殊示范单位后,会对其进行评估。

1.12　整体观

统治者需要调整对主要政策空间及其政策领域的整体看法,以便为重大政策的制定设定经过深思熟虑的优先事项,理解交叉影响,并努力实现协同效应。

至少在理论上,人们越来越认识到"整体性治理"的必要性(Perri 6 等,2003),但系统方法为全面重大政策思维提供最佳框架。其核心思想非常明确:整体性能不是其组成部分的功能的简单叠加。因此,必须仔细考虑组成部分的相互作用,以防止负面影响,实现系统的整体改进。主要影响也很明显,例如自我管理系统的优势,当自我管理不起作用时,要在适当的时间范围内对整个系统进行理解和管理,并对系统成本进行核算等。

对统治者使命的影响尤为重要:他们负责全面的政府和社会观点;并且当自我管理不起作用时,他们要负责系统的重新设计、监督和管理。此外,这取决于他们能够确保整体性治理,并将主要重大政策的整体系统视角作为一个互动集来实现自己的目标。　【98】

针对这一问题,还应该注意预算。虽然大多数这样做的尝试都已失败,但是可以从中获得重要的经验教训,以便创新性地利用修订的与政策有关的预算,并将其作为实现整体观点某些部分的工具。

系统方法在文献(Checkland,1981;Jervis,1997)以及一些政策制定实践中发展得很好。向有经验的参与者解释和展示其原则并不困难,但实际上,只有将整体观点作为他们思考练习的一部分,案例研究和项目才能发挥最佳作用。

"国家整体重大政策"的问题更具挑战性,该政策试图为大多数政策空间设定一个完整的轨迹。实例包括:一个国家为加入欧盟做准备、发动生死攸关的战争,以及一些整体的现代化方向,如新加坡的发展等(Yew,2000)。对那些从事激进而非革命性自我转型的国家来说,统治者培训的核心问题是:是否以及何时制定一项可取的总体重大政策。如果答案是肯定的,那么大部分的重大政策培训应该是指制定一个总体重大政策及针对其衍生政策空间特定的"次级"重大政策。

除了过时且经常会误导读者的"发展政策"的论文外,几乎没有相关的文献。但是,"兴衰"的处理方法以及一些跨国文件,可以用来介绍这一主题,例如欧洲联盟的"里斯本议程"。

1.13　深入了解复杂性

几乎所有课程科目的复杂性都有所增加,这可能使得重大政策制定的任务变得不可能,并使参与者望而却步。为了克服这一障碍并帮助解决实际困难,我们需要对其复杂性进行更深入地研究。

从应对统治者面临的窘境时所作的无用行为入手。所谓的复杂性科学(Waldrop,1992),尽管在智识上很有趣,而且在一定程度上具有刺激性,但实际上并没有多大帮助。混沌理论、突变理论和类似的新潮方法提供一些有价值的概念,例如广为普及和经常夸大的"蝴蝶效应",但将它们应用于现实生活中的重要的政策问题并不会产生太大的影响。对于宏观经济和环境等重要政策空间的某些方面来说,大型计算机模拟确实大有裨益,但对大多数重大政策问题的帮助有限(La Porte,1975)。

【99】然而,通过寻找和识别核心或核心集群的方法一般可以解决急剧增加的复杂性问题,这样能够在不伪造核心本质的条件下使情况更容易理解(Slobodkin,1992)。因此,在《京都议定书》中,核心问题是准备为降低概率危险付出经济代价。欧盟的核心问题是争取联邦欧洲或部分主权国家的联盟;希望保持一定的文化同质性或接纳土耳其;以及全球的地位和政策等。针对许多非常复杂和多方面的政策问题,可以确定两个核心中的其中一个。必须考虑多个因素,但许多窘境本质上并不像在深入了解到其核心之前表现得那么复杂。

在试图从复杂性中提炼本质的过程中,存在着过度简化的危险,而高层政治家倾向于这样做。但是,如果谨慎地处理复杂性,通过理解核心内容通常会更好,而不是使用精确的方法,这些方法要么使复杂性完全无法管理,要么使用先进方法、抽象计算和模拟将其错误地简化。

然而,这样做的方法少之又少。没有一种通用的方法能够深入了解复杂性,也许是没有可能的方法,因为处理每个政策空间时都要考虑其独特的特征。但是,实例可以澄清所提出的方法,参与者可以尝试在密切监控的项目中深入了解复杂性,同时要特别注意避免过度简化。

1.14　基本的协商模式

让我用一个基本的协商和选择方案来结束核心课程。在许多培训活动中,从这一计划开始,以便在整个活动中应用这一计划,也许是件好事。不过,我在这里介绍这些工具是为了说明如何帮助了解复杂的重大政策选择的核心。

基本协商方案的结构如下:

价值观—目标

对价值观—目标的预期影响的选择展望

无论多么简陋,这种模式都很有用,它可以总结各种选择,并将其提出来供总体判断。它还提出并重申了一些重要的观点(Dror 1983,第四部分),例如:

· 避免用通常狭义的“理性”来讨论选择,因为理性以外的因素,特别是价值观和创新选择的重要性。但应提出和应用更高级的理性概念,如自我约束(Elster 2000 年);

· 在重大政策制定过程中的分工,价值和目标判断是统治者的特权和职责,展望是专业人员的事情,而选择权则向创新者开放,无论他们是谁。

· 展望决不能以一个单一的形式表达,至少乐观和悲观的展望是必须的,还要对其 【100】进一步细化,如对事件的依赖性和意外性。

· 所有的元素都必须在时间上分阶段进行,以考虑到适合主题的不同时间范围。

这一模式以不同的形式在政策分析和相关文献中广为人知(Weimer 和 Vining,1998 年)。传授这种模式没有问题,但统治者必须习惯于要求其工作人员使用这种模式,并将其吸收和应用于自己的重大政策思维。

1.15　整合与吸收

至少要实现各学科在知识和行为上的某种整合,从而从整体上提升重大政策思维,使之成为“行动中的知识”(Schön 1983)。

一个悬而未决的问题是,课程中部分提出的重大政策思维的各个方面、方法和框架是否构成一个单一的范式,或者它们是否构成多种观点,共享一个话语世界,但在基础和性质上有所不同。无论这个问题的最终答案是什么,就目前的情况来看,还没有一个统一的规定性理论适合于整个重大政策思维,这一事实使得整合变得困难。最适合作为重大政策思维基础的思想、理论和观点属于从亚里士多德的《尼各马可伦理学》开始的实践理性哲学,并在实践哲学(Bourdieu,1998;Bratman,1987;Velleman,2000)、推理哲学(Gilbert,1986)和判断哲学(Lycan 等,1988)以及认知科学(Robinson-Riegler 等,2003年)中重新受到关注。

作者认为,哲学和认知科学的某些部分可以为统一的规范性选择理论提供强有力的基础,而整体重大政策和政策分析的许多改进版本也可以此为基础(Dror,1988)。但是,这并不是重大政策培训的现成基础。主流政策分析文献(代表性文献为 Radin,2000)充分反映强有力的理论基础的匮乏,其不足之处主要表现为大部分文献对重大政策思维的不适用性。因此,很少有文献被引用为拟议课程提供相关的知识,这并非偶然。在主流政策分析文献中几乎完全忽略历史和替代性未来思维,价值澄清以及"兴衰"框架。许多主题经常被区别对待,例如深度不确定性。尽管有些书籍(Dunn,2004;Rosenhead,1989)包含重要的相关思想和方法,但大多数政策分析文献都适用于某些类型的微观决策而非重大政策制定。当那些文献假设提出一种主导范式,例如经济范式或"理性范式",且应用于复杂选择时,它就会是一种非常狭隘且在很大程度上具有误导性的范式。

【101】

包容范式的缺乏,在某种程度上可以通过一些核心思想和主题来进行补偿,围绕这些思想和主题可以组织培训,特别是对考虑替代未来和干预历史进程的思考。但是,至少在培训活动中,整合材料并将其有选择地应用于不同政策空间的主要负担是"实践":参与者必须将材料整合到他们的认知过程中,并发展有选择地应用不同方法处理各种重大政策问题的技能。

有些文本可能在批评性讨论后会提供帮助,例如关于政治判断的著作(Steinberger,1993)和英国首相战略部门的文件(www.strategy.gov.uk)。对统治者来说,这些文本除其内在品质之外,在最高政策层面的实践方面也非常可靠。但是,案例研究、练习和项目是让参与者以有利于他们实践的方式来整合材料的主要方法,在具有广泛理论知识和高级政策经验的导师和助教的帮助下,参与者能够应用各种方法。

有利于整合的另一个视角是创造性的专业化。专业化涉及将一般理论、抽象思维和比较知识应用于具体问题。创造性的专业化能够增加创新力、创造力和"艺术性",这与作曲家的比喻是一致的。在整个培训过程中,导师应该帮助学生进行这样的思考。

材料整合"要避免的常见错误"。课程的介绍会对每个主题特有的错误倾向有所提及。将这些错误综合起来并补充其他典型的决策错误(Baron,1998;Bovens 和 't Hart,

1996），可以帮助参与者获得另一层次的概述。其他领域的例子也可能有所帮助，如技术（Perrow，1984）和医学（Rosenthal 和 Sutcliffe，2002）领域等。

然而，正如所指出的那样，在高层决策者的培训中，通过积极学习，特别是由高素质的导师密切监督的广泛的集体练习和项目，能够实现实践层面的整合。

2. 培训要求

在对统治者的重大政策培训中，教学方法和实质内容紧密相连。为了帮助学员提高以知识为基础的系统而又"开放"的思维和创造性的设计（Schön，1987），广泛使用积极的学习方法是必不可少的，如案例研究、交互式计算机程序和博弈、联合讨论、个人和小组练习以及项目等。指导阅读及个人辅导与培训也必不可少。

准备合适的文本、案例研究、练习和项目仍然是小型认知群体的政策学者、政策分 【102】析专业人员和治理实践者面临的一项主要挑战，他们渴望推进统治者的重大政策培训。

重大政策思维的要求很高，而且很难告诉高级参与者"如何思考"，这就需要有高素质的导师，他们将大量的理论和事实知识与高水平的政策经验相结合。寻找这样的导师并让他们投入足够的时间来准备统治者的重大政策培训，这是一个重大的困难。

挑选参与者非常重要，因为并非所有参与者都会对拟议的培训产生共鸣。需要不同领域、不同类别的参与者以及不同重点的替代培训安排，以便适应机会和需求。

最困难的是让高级决策者参与拟议的活动。从长远来看，指导初级政策制定者接受晋升培训更为可行，这也是一项非常有益的工作。但是，应该激励高级政治家积极参加小型研讨会。这至少需要一些高知名度的导师，有吸引力的环境以及良好的展示。获得几个统治者的支持至关重要，因为他们自己也会参加培训活动。

然而，相比认识到提升高级决策者能力的必要性以及在一定程度上通过重大政策培训实现这一点的可能性，所有这些都居于次要地位。

参考文献

Ansoff, H.I.1979. *Strategic Management.* New York: Wiley.

Baron, J.1998. *Judgment Misguided: Intuition and Error in Public Decision Making.* New York: Oxford University Press.

Bernstein, R.J.2002. *Radical Evil: A Philosophical Interrogation.* Cambridge: Polity Press.

Bourdieu, P. 1998. *Practical Reason.* Stanford, Calif.: Stanford University Press.

Bovens, M. and Hart, P. 1996. *Understanding Policy Fiascoes.* New Brunswick, NJ: Transaction.

Boyce, W. D., and Jensen, L. C. 1978. *Moral Reasoning: A Psychological-Philosophical Integration.* Lincoln: University of Nebraska Press.

Bratman, M. E. 1987. *Intention, Plans, and Practical Reason.* Cambridge, Mass.: Harvard University Press.

Braudel, F. 1980. *On History.* Chicago: University of Chicago Press.

Calabresi, G. and Bobbit, P. 1979. *Tragic Choices.* New York: Norton.

Carrel, L. F. 2004. *Leadership in Krisen: Ein Handbuch fur die Praxis.* Zurich: Verlag Neue Zurcher Zeitung.

Checkland, P. 1981. *Systems Thinking, Systems Practice.* Chichester: John Wiley.

CIA 2004. *Mapping the Global Future.* Washington, DC: National Intelligence Council. December. Available at: www.cia.gov/NIC_globaltrend2020. html.

Codevilla, A. 1992. *Informing Statecraft: Intelligence for a New Century.* New York: Free Press.

Denemark, R. A., Friedman, J., Gills, B. K., and Modelski, G. 2000. *World System History: The Social Science of Long-Term Change.* London: Routledge.

Dewar, J. A. 2002. *Assumption-Based Planning: A Tool for Reducing Avoidable Surprises.* Cambridge: Cambridge University Press.

Dror, Y. 1983. *Public Policymaking Reexamined*, enlarged edn. New Brunswick, NJ: Transaction Books.

——1988. Notes towards a philosophy of policy-reasoning. Pp. 117−71 in *Between Rationality and Cognition*, ed. M. Campanella. Turin: Albert Meynier.

——1999. Beyond uncertainty: facing the inconceivable. *Technological Forecasting and Social Change*, 62 (1−2: Aug./Sept.): 151−3.

——2002. *The Capacity to Govern: A Report to the Club of Rome.* London: Frank Cass.

Dunn, W. N. 2004. *Public Policy Analysis: An Introduction*, 3rd edn. Upper Saddle River, NJ: Pearson Prentice Hall.

Elster, J. 2000. *Ulysses Unbound: Studies in Rationality, Precommitment, and Constraints.* Cambridge: Cambridge University Press.

Ferguson, N. ed. 1997. *Virtual History: Alternatives and Counterfactuals.* London: Picador.

Frankel, M. 2004. *High Noon in the Cold War: Kennedy, Khrushchev, and the Cuban Missile Crisis.* New York: Presidio.

Gelernter, D. 2004. *Review of "The Invisible Century by Richard Panek".* New York Times, 11 Aug.; available at: http://query.nytimes.com/gst/fullpage.html/? res = 9A04E7D71E3CF932A2575BCOA 9629

Gernet, J. 1996. *A History of Chinese Civilization*, 2nd edn. Cambridge: Cambridge University Press.

Gilbert, H. 1986. *Change in View: Principles of Reasoning.* Cambridge, Mass.: MIT Press.

Goleman, D., Boyatzis, R., and McKee, A. 2002. *Primal Leadership: Realizing the Power of Emotional Intelligence.* Boston: Harvard Business School.

Goodin, R.E. ed. 1998. *The Theory of Institutional Design.* Oxford: Oxford University Press.

Hamel, G., and Prahalad, C.K. 1994. *Competing for the Future.* Boston: Harvard Business School Press.

Harman, G. 1986. *Change in View: Principles of Reasoning.* Cambridge, Mass.: MIT Press.

Hawthorn, G. 1991. *Plausible Worlds: Possibility and Understanding in History and the Social Sciences.* Cambridge: Cambridge University Press.

Jervis, R. 1997. *System Effects: Complexity in Political and Social Life.* Princeton, NJ: Princeton University Press.

Jouvenel, B.de. 1967. *The Art of Conjecture.* New York: Basic Books.

Kanter, R.M. 2004. *Confidence: How Winning Streaks and Losing Streaks Begin and End.* New York: Crown Business.

Kataev, V. 2002. *If Only We Could Know!* An Interpretation of Chekov. Chicago: Ivan R. Dee.

Kellerman, B. 2004. *Bad Leadership: What It Is, How It Happens, Why It Matters.* Boston: Harvard Business School Press.

Kennedy, P. 1987. *The Rise and Fall of the Great Powers.* New York: Random House.

LaPorte, T.R. ed. 1975. *Organized Social Complexity.* Princeton, NJ: Princeton University Press.

Lempert, R.J., Popper, S.W., and Bankes, S.C. 2003. *Shaping the Next One Hundred Years New Methods for Quantitative, Long-Term Policy Analysis.* Santa Monica, Calif.: Rand Corporation.

Levi, I. 1986. *Hard Choices: Decision Making under Unresolved Conflict.* Cambridge: Cambridge University Press.

Lord, C. 2003. *The Modern Prince: What Leaders Need to Know Now.* New Haven, Conn.: Yale University Press.

Lukacs, J. 1999. *Five Days in London: May 1940.* New Haven, Conn.: Yale University Press.

Lycan, W.G., Sosa, E., Dancy, J., Haldane, J., Harman, G., and Jackson, F. 1988. *Judgment and Justification.* Cambridge: Cambridge University Press.

McCall, S. 1994. *A Model of the Universe: Space-Time, Probability, and Decision.* Oxford: Clarendon Press.

May, E.R. 1972. *Lessons of the Past: The Uses and Misuses of History in American Foreign Policy.* New York: Oxford University Press.

Molitor, G.T.T. 2003. *Power to Change the World: The Art of Forecasting.* Washington, DC: World Future Society.

Nagel, T. 1986. *The View from Nowhere.* New York: Oxford University Press.

National Commission on Terrorist Attacks, 2004. *The 9/11 Commission Report: Final Report of the National Commission on Terrorist Attacks upon the United States.* New York: Norton.

Neustadt, R.E., and May, E.R. 1986. *Thinking in Time.* New York: Free Press.

North, D.C. 1990. *Institutions, Institutional Change and Economic Performance.* Cambridge: Cambridge University Press.

Nussbaum, M.C. 1995. *Poetic Justice: The Literary Imagination and Public Life.* Boston: Beacon Press.

Nye, J.S., Jr. 2004. *Soft Power: The Means to Success in World Politics.* New York: Public Affairs.

Olson, M. 1982. *The Rise and Decline of Nations: Economic Growth, Stagflation, and Social Rigidities*. New Haven, Conn.: Yale University Press.

Panek, R. 2004. *The Invisible Century: Einstein, Freud and the Search*. New York: Viking.

Paulos, J. A. 1988. *Innumeracy: Mathematical Illiteracy and its Consequences*. New York: Hill and Wang.

Pears, D. 1984. *Motivated Irrationality*. Oxford: Clarendon Press.

Perri 6 et al. 2003. *Towards Holistic Governance: The New Reform Agenda*. London: Palgrave Macmillan.

Perrow, C. 1984. *Normal Accidents: Living with High-Risk Technologies*. New York: Basic Books.

Radin, A. B. 2000. *Beyond Machiavelli: Policy Analysis Comes of Age*. Washington, DC: Georgetown University Press.

Ridley, M. 2003. *Nature Via Nurture: Genes, Experience, and What Makes Us Human*. New York: Harper-Collins.

Robinson-Riegler, G. L., Robinson-Riegler, B.. 2003. *Cognitive Psychology: Applying the Science of Mind*. London: Allyn & Bacon.

Rosenau, J. 2003. *Distant Proximities: Dynamics beyond Globalization*. New Haven, Conn.: Yale University Press.

Rosenhead, J. ed. 1989. *Rational Analysis for a Problematic World: Problem Structuring Methods for Complexity, Uncertainty and Conflict*. Chichester: Wiley.

Rosenthal, M., and Sutcliffe, K. M. eds. 2002. *Medical Error: What Do We Know? What Do We Do?*. San Francisco: Jossey-Bass.

Rosenthal, U., Boin, U. A., and Comfort, L. K. eds. 2001. *Managing Crises: Threats, Dilemmas, Opportunities*. Springfield, Ill.: Charles C. Thomas.

Schön, D. A. 1983. *The Reflective Practitioner: How Professionals Think in Action*. New York: Basic Books.

——1987. *Educating the Reflective Practitioner: Towards a New Design for Teaching and Learning in the Professions*. San Francisco: Jossey-Bass.

Schulman, P. R. 1980. *Large-Scale Policy Making*. New York: Elsevier.

Slobodkin, L. B. 1992. *Simplicity and Complexity in Games of the Intellect*. Cambridge, Mass.: Harvard University Press.

Sorensen, R. A. 1992. *Thought Experiments*. Oxford: Oxford University Press.

Statmen, D. ed. 1993. *Moral Luck*. Albany: State University of New York Press.

Steinberger, P. J. 1993. *The Concept of Political Judgment*. Chicago: University of Chicago Press.

Steiner, G. A. 1997. *Strategic Planning*. New York: Free Press.

Stone, D. 2001. *Policy Paradox: The Art of Political Decision Making*, rev. edn. New York: Norton.

Tainter, J. A. 1988. *The Collapse of Complex Societies*. Cambridge: Cambridge University Press.

Velleman, J. D. 2000. *The Possibility of Practical Reason*. Oxford: Clarendon Press.

Vertzberger, Y. Y. I. 1990. *The World in their Minds: Information Processing, Cognition, and Perception in Foreign Policy Decisionmaking*. Stanford, Calif.: Stanford University Press.

Waldrop, M. M. 1992. *Complexity: The Emerging Science at the Edge of Order and Chaos*. New York: Simon and Schuster.

Weimer, D. L., and Vining, A. R. 1998. *Policy Analysis: Concepts and Practice, 3rd edn.* Englewood Cliffs, NJ: Prentice Hall.

Yew, L. K. 2000. *From Third World to First: The Singapore Story: 1965—2000.* New York: HarperCollins.

第三部分

政策分析模式

第 5 章　破解难题的政策分析[①]

克里斯托弗·温希普(Christopher Winship)

> 政策不仅源于权力,也源于不确定性——人们总是想知道该做什么。
>
> ——赫克洛(Heclo,1974)

1. 引言

温蒂·埃斯佩兰(Wendy Espeland)在《水之争:美国西南部的政治、理性和认同》【109】
(*The Struggle for Water:Politics,Rationality,and Identity in the American Southwest*)一书
中,描述了美国垦务局(Bureau of Reclamation)与亚瓦派印第安人之间目标和世界观的
不可通约性。多年以前,垦务局计划在亚利桑那州建造奥姆大坝,但该大坝可能会淹没
亚瓦派印第安人祖先的土地。由于奥姆大坝的经济价值巨大,垦务局愿意向亚瓦派印
第安人提供几乎任何金额的赔偿,以弥补其土地损失。但是亚瓦派印第安人对金钱并
不感兴趣,他们说:"土地是我们的母亲,不能进行售卖"(Espeland,1998,183)。

政策目标的冲突无处不在。最明显的是,不同群体会优先考虑不同的目标。有的
可能会优先考虑经济增长,而有的则会优先考虑一个干净的环境;有的可能更喜欢安全
的街道,有的则更倾向于保护人权。目标冲突不仅存在于单一个体中,也存在于统一的【110】
行动者中(Schelling,1980)。学校可能会承诺平等地对待学生,但他们认为学生在能力

① 我想要对夏维·布里格斯(Xav Briggs)、彼得·比尔曼(Peter Bearman)、温迪·埃斯佩兰
(Wendy Espeland)、约翰·弗瑞斯特(John Forester)、大卫·吉布森(David Gibson)、尼尔·格罗斯(Neil
Gross)、雷切尔·麦卡利(Rachel McCleary)、马丁·雷恩(Martin Rein)、亨利·理查德森(Henry Richard-
son)、亚当·塞利格曼(Adam Seligman)以及迈克尔·莫兰(Michael Moran)提供的有益建议表示感谢。
也要特别感谢鲍勃·戈定(Bob Goodin)和大卫·撒切尔(David Thacher)提供的大量意见。文责自负。

和家庭资源方面存在差异,因此会理所当然地要求自己以不同的方式对待学生(Jencks,1988)。由于资源有限,医院不得不对服务进行定量配给,但仍无法解释某些个体得到优先权的原因(Schelling,1980)。

传统的政策分析重点在于选择最好的方法来获得一个明确的目标,但无法阐述如何处理相互冲突的目标(Thacher 和 Rein,2004;Richardson,2000)。[1] 其单一焦点关注的是适当或有效的方法,该方法假定大多数政策分析人员或社会团体对社会利益已经有充分的认识。正如哲学家伊利亚·米尔格拉姆(Elijah Millgram,1997)所说,没有理由能假定主体(更不用说社会)可以正确计算出所有可能替代方案的相对吸引力。引用撒切尔和雷恩(Thacher 和 Rein,2004,458)的话来说:"当政策主体遇到与目标相冲突的新情况时,可能会发现其偏好并没有被实现。现有的政策理性模型难以适应这些情况。"

政策分析需要的是一种分析模式、一种工具理性的替代方法,它可以处理相互冲突的政策目标。然而,政策学者在这方面所做的努力有限。一些学者试图解决研究价值权衡的传统工具框架内出现的相互目标冲突问题(Barry 和 Rae,1975;Bell,Keeney 和 Raiffa,1977;Keeney 和 Raiffa,1976)。相反,朔恩和雷恩对(Schön 和 Rein,1994)主体通过"重新构建"他们对政策问题的理解以解决"棘手的政策争议"的情况进行研究。传统研究中,哈贝马斯、费舍尔与弗瑞斯特(Habermas,Fischer 和 Forrester,1993),福斯特(1999)、费舍尔(2003)、海耶尔(Hajer)和瓦杰纳尔(Wagenaar)认为解决目标冲突的协商过程十分重要。撒切尔和雷恩(2004)发展出一种实证方法,研究政策制定者如何处理相互冲突的目标。具体来说,他们有三种策略:循环(cycling)——不同主体关注不同的价值观;防火墙(firewalls)——不同的机构被分配不同的价值领域;还有决疑法(casuistry)——主体参考以往的相关特定案例来提出行动方案。

本章旨在描述一种用来补充标准工具理性的另一种理性替代形式。在此过程中,作者提出一种可以处理多个目标冲突的政策分析方法。然而,作者并未试图发展一个复杂的理论,而是尝试分析破解难题(puzzle solving)的现象:拼图游戏、拼字游戏、填字游戏或鲁比克魔方。[2] 这些都是人们为了寻找乐趣而试图解决谜题的例子,其共同之处就是目标相同,即试图找出能将一组片段组合成某种连贯形式的方法。作者主要关注某一个体或群体试图组装拼图的例子,但是正如下述所论,在某些情况下,其他类型的谜题可能具有更符合特定政策问题性质的属性。

---

① 在谈判理论中,这被认为是深刻价值差异的问题。关键点是可以就利益进行谈判而不能就价值观进行谈判(Forester,1999)。

② 大卫·吉布森(David Gibson)建议我考虑多种类型的谜题,对此表示感谢。

　　作者列举一个拼图游戏的例子(以及更常见的谜题)来解释如何处理相互冲突的 【111】
目标。拼图的不同部分代表不同的目标。政策目标就是找到一种方法把这些片段整合
在一起,形成一个连贯的整体。作者将此过程描述为"破解难题(puzzling)"。① 列举此
例有两个目的。第一,将特定的政策过程和更常用的、更易理解的、更为具体的实践进
行类比,将拼图组装起来。然而,这个例子不仅仅是一个比喻。作者坚持认为在解决一
个拼图以及其他类型谜题的过程中,合理性会发挥作用。这样看来,它更是一个在处理
相互冲突的政策目标过程中所需参考的理性案例。此外,它并不是某种相似性,即在某
些情况下,拼图游戏和特定政策问题之间的相似性可能并不那么完美。其他类型的谜
题(填字游戏、拼字游戏、魔方等)也会涉及同一种理性。第二,作者对拼图过程中涉及
的不同问题进行研究,以阐明它们在政策分析中的重要性。也就是说,作者分析拼图游
戏的各个细节,以帮助我们理解本文关注的政策分析中所涉及的问题。

　　难题代表着一种与标准工具理性截然不同的理性。虽然有一个特定的目标,但对
于某个难题,人们可能不知道它的目标何在。从概念上讲,难题要先于标准理性。这是
一个确定有哪些方案的过程(如果有的话②)。如果确实存在替代方案,那么标准理性
将会在替代方案中发挥作用。

2. 政策目标的难题

　　当出现目标冲突时,应该采取何种政策程序? 拿拼图来说(少许或是几百个拼图
碎片),③人们如何将几个或几百块的拼图拼在一起? 最简单的组装拼图的方法就是,
不断尝试、不断出错。但是尝试和出错可以有多种不同的拼凑形式。在一种极端情况
下,人们可以一块一块拼图来尝试,以确定其是否与其他拼图相匹配。纵横填字游戏也 【112】
是如此,通常这是唯一可采用的策略。在另一种极端情况下,人们可以推测拼图的整体

----

　　① 应当清楚的是,虽然我所研究的情况可能涉及更传统的术语,但"难题"一词并未用于通常意
义上。例如,上面简述的建造奥姆大坝这一冲突对于工程师来说当然令人费解,因为他们多年来一直
困惑于如何统一美国垦务局与亚瓦派印第安人之间不同的目标。此外,工程师们明确地表示对此感到
困惑,因为他们对各种选择进行过详细的分析。从更传统的意义上来看,这些例子令人困惑(The American Heritage College Dictionary,2002)。
　　② 巴达克(Bardach,2000,ch.3)、麦克雷(MacRae)及惠廷顿(Whittington,1997,ch.3)对政策分析
如何产生方案进行讨论。
　　③ 蔡斯(Chase,1982)采用拼图游戏的比喻来表明鸡群之间的多次竞赛如何产生线性层次结构。
比尔曼、法里斯(Faris)及穆迪(Moody)的论文也可视为一个难题案例,因为存在相关的事件,但问题是
如何将它们看作一个连贯的整体、一个历史案例。格罗夫曼(Grofman,2001)将学术性分析作为破解难
题的一大挑战。

特征。比如说，人们假设完整图形是个矩形，就可以将至少有一条边缘线的拼图都挑出来。较为折中的策略是将看似相同（比如在颜色或图案上）的拼图组合在一起。人们可以通过假设或不假设这些拼图代表某种东西，从而进行拼图游戏。例如，人们可能会认为这个部分包含天空，于是决定将所有蓝色或带有蓝色和白色的拼图放在一起，然后尝试将其组合。相应地，人们也可以选择将所有的黑色拼图分成一堆。

一个传统的拼图组装起来很容易，但是在需要解决的棘手政策问题上就难以适用。但出于各种原因，正如政策问题难以解决那样，拼图也可能特别难以组装。我们并不知道拼好后的拼图会是什么样。各个部分也可能无法完全匹配。魔方的例子能够很好地说明这一点，即所有的方块都有可能相互匹配，形状、颜色和在各部分观察到的图案可能提供，也可能无法提供哪些碎片应该放在一起、哪些碎片不应该放在一起的线索。关于拼图正确组装原则的合理猜测可能会大有帮助；不合理的猜测可能就会导致严重的错误。

我们有理由相信拼图的方法不止一种；也就是说，政策难题可能有多种解决方案。最终组装的拼图也可能不是传统的形状（比如矩形），或者甚至可能没有平滑的边缘。在这两种情况下，相比拼图游戏，拼字游戏可能是一个更好的例子。在拼字游戏中，字母有多种可能的排列方式，不同的排列方式具有不同的形式，代表不同的"解决方案"。但是，拼图游戏的解题方式只有一种，形状特定且十分常见。如果一个拼图没有唯一的解题方式，或者不是一个常见的形状，那么我们就难以知道何时才能准确地拼好该拼图。①

如果一副拼图存在缺失或无关的拼图碎片，那么组装拼图可能是一个特别的挑战。在最糟糕的情况下，两个或更多不同拼图的碎片可能会混在一起。这样的话，随着时间的推移，哪块碎片属于或是不属于该拼图，这一看法会不断发生改变。一般情况下，如果各个部分不是以某种特定方式相匹配，那拼图可能会有不同的组装方式，而不同的子组件也会有不同的排列方式。如果我们不能找到一种方法将子组件集合在一起，那么我们可能会发现某些我们认为匹配的单个组件，实际上并不匹配。因此，为了组装其他组件，我们不得不将一些子组件拆开。同样，我们认为完全不匹配的部分，实际上能够相匹配。因此，我们完全不清楚拼好的拼图会是什么样，对拼图形状的看法会随着时间的推移发生根本性变化。

【113】 在不同情况下，拼图组装的不同策略也可能有好有差。如果存在缺失或多余的拼图碎片，那最初选择的拼图碎片实际上并不属于这个拼图，试图将该碎片与其他碎片相匹配就可能会进入死胡同。如果一个拼图碎片可和多个碎片进行组合，那么将它们拼接在一起就毫无意义。因此，颜色、图案和形状的匹配至关重要。另外，如果它们是正

---

① 该观察结果是对亨利·理查德森（Henry Richardson）早期文章的评论。

确的,或者至少大致正确,那么关于这个拼图的整体结构或子成分的可靠假设可能会有所帮助;但如果它们是错误的,则有可能产生灾难性的后果。理想的情况是我们最终成功地把所有的拼图碎片拼接在一起。当然,如果这个拼图很难,结果就可能并非如此。另外,如果拼图的最终形状很复杂,我们可能就无法确定它是否被拼装得很完整。因此,我们可能只是暂时完成拼图。

为了拓展我们的例子,并使其变得有用,个人会有区别地认为拼图中存在特定碎片,并且确信这些碎片属于这幅拼图;或是像在拼字游戏中一样,它们可能"拥有"不同的部分。因此,针对某些碎片是否确实属于这幅拼图的看法,可能会产生冲突。如果个人执意地要使用某块并不属于这幅拼图的碎片,那么它可能就无法拼成。所以,在任何特定的时间内,我们只能完成部分拼图。事实上,这幅拼图可能永远无法完全拼成。

3. 寻求一致性:替代性方案

为何组装困难拼图这一案例对我们来说会有所帮助呢? 哲学家亨利·理查德森(Henry Richardson)在有关方法—目标的政策分析中提出一种与工具理性的标准模式不同的理性,这种理性是对标准理性的补充。作者认为,被称之为"难题"的组装拼图模式就代表着一种具体的,但却更普遍的、通用的理性模型。虽然确实存在一个永远追寻的目标,即将拼图组装好,但我们尚不知晓拼装后的拼图会是什么样子。因此,我们无法知道何种策略(或方法)是寻找解决方案的最佳路径。

《终极目标的实践推理》(*Practical Reasoning about Final Ends*)是亨利·理查德森富有远见的著作,其核心思想是目标的一致性。说到一致性,他认为多个潜在冲突的目标实际上能够兼容。① 理查德森认为,当多个相互冲突的目标不可比较时,解决方案并 【114】不是在它们之间做出选择,也不是强加一些使它们可以通约的度量标准,而是找到可以同时实现所有目的的方法。理查德森曾说,"在不同的承诺之间追求实际上的一致性……这是寻求我们应该做什么的最好方法"(Richardson,1997,28)。用通俗的语言来说,我们的目标是找到一种方法,"让我们既能拥有蛋糕,又能吃掉它"②。

---

① 理查德森对一致性的分析与真理的一致性理论有着重要的联系(Davidson,1984,1986,2001;Hurley,1989)。由于篇幅限制,无法具体分析这些联系。

② 理查德森的一致性模型与综合方案谈判理论概念之间存在重要的相似之处(Raiffa,1982;Bazerman 和 Neale,1992;Lewicki,Saunders 和 Minton,1997)。一个综合的解决方案是将争端转化为双赢的局面,而不是零和博弈。因此,与理查德森的模型相类似,我们的目标不是要找出不同目标之间的适当权衡,而是要弄清楚如何同时实现所有对立方的目标。维克斯(Vickers,1965)在公共管理中"综合决策"的理念与此也密切相关。

　　理查德森认为,一致性可能不是最终的目标,但可能是为了其他目标而追求的过渡目标。我们也许会有具体的目标,而寻求一致性就是找到一种可以同时追求这些目标的方法。在他看来,一致性至关重要的原因有两个。首先,它对有效的行动至关重要;也就是说,创造一个可行的局面。如果提议的解决方案能满足所有人的目标,那么我们就不需要在相互竞争的目标之间做出选择,并且可以采取行动。理查德森也指出一致性之所以很重要,是因为它可以保证个人行为的连贯性。例如,如果学术部门可以一直聘请既是优秀教师也是优秀学者的人,那么它就不必在研究和教学这两个不同价值观之间摇摆不定。

　　理查德森论证的一个关键部分是杜威(Dewey)的整体论。他认为这是对一种策略的认可和承诺,该策略通过多层次分析和评估来寻求一致性。为了使不同目标相容,一种方法是在二元层次进行研究,试图解决成对目标之间的冲突。另外,我们要更全面地考虑问题,寻求一种能够同时实现全部或大部分目标的总体结构。最后,我们可以考虑到目标的子任务,并寻找使其兼容的方法。我们能够以单一层次为基础,通过检查另一个层次的一致性程度以评估个体的进步水平。例如,如果个体一直努力将某项成果与他人的成果配对,那么可以通过检查整体一致性来评估个体的努力是否成功。理查德森认为这是双向过程,或用罗尔斯(Rawls)的话说就是"双重目标"(Richardson,1997,141)。

　　理查德森不仅对单一个体协商最终目标的问题进行讨论,还讨论了一个更复杂的问题,即群体协商最终的共同目标。我们对后者更为感兴趣。就此点而论,理查德森指【115】出,目标一致性与罗尔斯"重叠共识"(Rawls,1987、1989)的观点密切相关。几乎可以肯定的是,将所有人的目标统一起来的想法不可能实现。然而,我们所希望的是找到潜在的一致性或兼容性,这样就有可能产生"重叠共识"。如果这一共识足够广泛,就足以支持社会生活,即不同个体和团体的目标可能存在足够的一致性,可以展开协调行动和联合活动。

4. 厘清整体一致性

　　现在回到拼图的例子。不同的拼图碎片应视为特定的目标。我们的目标并不是选择一个拼图碎片,而是看是否有可能将这些碎片拼在一起。也就是说,我们的目标是把这些碎片拼成一个整体。但我们尚不知晓这一整体最后是什么样子。我们会舍弃一些拼图碎片,因为到最后会发现这些碎片与其他碎片并不匹配。然而,我们可能会坚持保留拼图包含的特定碎片,它们能够加快组装拼图的过程。因此,这些特定碎片就是我们要坚持的最终目标。我们也有可能发现,为了组装拼图,我们需要添加一些以前未考虑过(或者可能需要以不同方式看待)的碎片或目标。最后,我们可能不知道拼图何时组装完成。

多个原因表明拼图这一例子十分重要。首先,它以具体的方式告诉我们该如何追求一个在很大程度上未知的目标。总体而言,最终的目标就是组装拼图。然而,对组装后拼图的样子我们知之甚少。在组装拼图的过程中,我们可能会认为我们知道最终拼图的样子。但是,毋庸置疑的是,随着组装过程的进行,我们对于我们所追求的最终目标的看法很可能会随着我们对哪些部分适合拼在一起的理解的改变而改变。此外,当我们的思维发生变化时,哪些特定的碎片属于目标拼图,或是哪些碎片可以拼接在一起,这些想法可能都会改变。这类似理查德森关于目标识别的讨论(Richardson,1997)。因此,这个拼图例子说明在一个相当理性的协商过程中,一般目标与具体目标都可能会被修改。①

其次,此例有利于说明我们在试图组装拼图或评估进展时可能使用的策略的多样性,以此阐释杜威的整体论。如上所述,有时我们可能会把注意力集中在微观层面上,试图找到与某一特定碎片相匹配的碎片;有时我们也可能会把注意力集中在整体层面上;即使在其他时候,我们对图片整体结构的假设有利于将拼图碎片进行分类。

如果这个拼图例子有助于阐释理查德森的协商模型,我们还需要研究它的不同之处。对于理查德森和杜威来说,最终目标的协商显然是推理过程(Richardson,1997,83)。作者认为,拼图可能会涉及推理,也可能不涉及推理。难题涉及对拼图及其子部分的整体性质提出并修改假设时,那么显然就会涉及推理。然而,若只是简单地将拼图碎片一个个尝试,与其他碎片进行匹配完成拼图的话,那么推理可能只涉及最原始的意义,即通过理论可知拼图各个碎片是否相匹配。从我们积极寻求组装某个拼图的意义上来说,意向性(intentionality)可能并不存在。我们只能简单地认识到,具体的片段是合在一起的。② 理查德森的观点和拼图例子之间的区别十分重要。拼图例子指出,盲目行为可以生成一致性。在下文有关"十点联盟"经验案例的讨论中,作者会对此进行阐释。 【116】

────────────

① 请参阅威尔达弗斯基(1979)关于如何修改政策目标的讨论。

② 科恩(Cohen)和马奇(March)的垃圾桶模型可以被认为是一个令人费解的过程。在这里,拥有解决方案的个体会搜索问题,当解决方案适合可用问题时,可能会在机会之窗中实现一致性。在垃圾桶模型中有个人意向性——试图为他们的解决方案寻找问题的个人——但没有群体意向性(参见Cohen 和 March,1974;Kingdon,1984)。

5. 两个政策案例

　　水权。正如上文简要讨论过的那样,埃斯佩兰(1998)对在亚利桑那州中部建造奥姆大坝的这一长达数十年的争论进行研究。她的叙述是一个典型的案例,既说明不可通约的价值观会产生不可通约的冲突目标,也强调灵活与不妥协的重要性。下面将对此进行详细讨论。

　　垦务局原本提议大坝建于两条河流的交汇处,从设计的角度来看,这最具吸引力。拟议中的大坝设计图从美学上看也具有吸引力,在推进西南部文明的进程中增添了一座大坝。然而,如果大坝建在拟议地点,它就会淹没亚瓦派印第安人的祖传土地。

　　由于大坝将极大地惠及快速发展的凤凰城(Phoenix)和当地农民,因此垦务局愿意为亚瓦派印第安人的土地支付巨额费用。然而,印第安人不愿意以任何价格出售土地,因为这片土地与印第安人的身份紧密相连。他们的观点可以总结为:"土地是我们的母亲,不能进行售卖"(Espeland,1998,183)。

　　随着时间的推移,新的工程师加入垦务局。这些工程师对水坝建设的问题提出不【117】同看法(Schön 和 Rein,1994)。与"保守派"的工程师不同,新的工程小组不再只关注大坝的建造。相反,他们研究成本—效益分析和经济决策模型。由于关注点不同,他们试图考虑在不同地点建造多个水坝来替代原有计划的方法。在这一过程中,他们发现了一项避免淹没亚瓦派土地的计划,但该计划具有相同的成本效益,解决了争端。最终,这个计划被采纳了。

　　埃斯佩兰强调,垦务局和印第安人并未就如何分析或评估建造大坝的选址问题达成一致。事实上,印第安人完全反对工程师的成本—效益观点,他们认为所有方案都具有可通约性。印第安人和工程师的世界观完全不同。他们所达成的共识就是寻找一种使双方都满意的解决方案,尽管双方对解决方案的关注点完全不同。她还指出,这个解决方案完全不能满足保守派工程师期待建造另一座大坝的愿望。①

　　就我们的目的而言,埃斯佩兰的案例很有价值,因为它对一种冲突进行详尽地描述。在这种冲突下,试图创造通约性(即用金钱收买亚瓦派印第安人)的努力没有成功。尽管存在一个团队,也就是工程师们自己,用这种方法精确地评估过替代方案,但是也无法在单一维度上评估解决方案的不同组成部分。相反,我们需要找到的解决方案是在保留亚瓦派印第安人土地的同时,为当地农民和快速扩展的凤凰城创造所需的

---

① 关于部分赞成的重要性的讨论,请参见 Sunstein,1995,Jonsen 和 Toulmin,1988,Forester,1999。

水资源。

埃斯佩兰的故事能够很好地说明理查德森的一致性理念(或罗尔斯的重叠共识)如何成为中心目标。正如理查德森指出的那样,只有改变问题的组成部分才能获得解决方案,这也是拼图案例所表明的。新的工程师团队引入对坝址评估的新思路,并对新方案的实施结果进行商讨。然而,之前的工程师提议建造大坝的计划被他们所舍弃。一致性通常会体现在局部,而非整体。由于产生新的、不同的看法,将新的拼图碎片放置在桌上,我们可能会发现还需要添加其他拼图碎片,原本认为属于这幅拼图的碎片(即原本的大坝建造方案)会被舍弃。这个例子还说明,一个团队的灵活性和另一个团队的顽固性如何生成一个非常具体的解决方案。

警察和牧师。珍妮·贝尔里安(Jenny Berrien)和克里斯·温希普(Chris Winship)在其系列论文中(1999、2002、2003、2004)描述在 20 世纪 90 年代,波士顿警察局和一群被称之为"十点联盟"的城内黑人牧师如何团结起来处理波士顿市中心的青少年暴力问题。最初,双方是一种极端的敌对关系。在一位重要的牧师尤金·里弗斯(Eugene Rivers)和警察之间,这种敌对关系尤为明显。然而,到 20 世纪 90 年代末,无论是国内还是国际上,关于神职人员和警方如何共同应对青少年暴力的问题,波士顿已成为其他城市的学习典范。截至 2004 年,超过来自 400 个城市的相关人士到访波士顿,以研究"波士顿模式"。【118】

关于这个故事,有几点特别值得关注。首先,警察和牧师最初的目标完全不同。警方认为他们的工作是处理犯罪事件,并确保对每一项罪行都进行公正的审判。牧师则认为自己的职责是为"正派之人提供安全屋",并与警察局虐待波士顿贫困黑人社区的行为作斗争。最初,里弗斯牧师为一名青少年毒贩提供法庭辩护。因此,人们强烈怀疑他自己就是一名毒贩。然而,最终,双方的目标达成一致,即"让下一位青少年免于死刑"。起初,双方都不认为这就是他们的目标。当牧师们在夜晚上街游行时,他们大多数时候都清楚自己的目标所在。但在集体葬礼期间谋划刺杀事件后,他们并不清楚自己的目标是什么。尽管他们并不清楚自己想要做什么,但他们只知道必须要在夜晚上街游行。在上述意义上,他们参与了盲目的行动。

值得关注的第二点是,双方并未通过一系列会议来达成共识。打个比方,针对该事件,双方没有准备"会议桌",也没有坐下来共同商讨一种相互合作的方式。相反,随着时间的推移,以及一系列事件的推进,双方才确立合作关系。在这个难题案例中,他们找出将特定碎片拼凑在一起的方法,但并不清楚整体情况或大致情况如何。他们发现一致性完全体现在微观层面。此类案例有很多,但我们只就其中一个进行讨论。

1991 年,里弗斯牧师的房子被一颗子弹击中,他差点失去 6 岁的儿子。里弗斯的处境艰难。他可以选择将他的小家从他们居住的城市以及他工作的地方搬离。可这样一来,他就会失去很多信誉。人们会认为他受枪伤并仓皇而逃。然而,他也可以选择与警察合作,一同逮捕枪手。当然,他选择与警方合作。

最初,一些警察认为是里弗斯自己安排的枪击事件,以改变街头警察对他是毒贩的看法。之前与里弗斯关系紧张的两位警察主动调查过这次枪击事件,以便找出事情的真相。里弗斯和警察突然发现他们需要共同合作。6 个月后,枪手被捕。实际上,这名罪犯想要射杀里弗斯隔壁的毒贩,但没有成功。在里弗斯的全力配合下,这位枪手最终被判进监狱。

这一事件之所以至关重要,有两个原因。首先,基于追捕枪犯的目的,迫使警察和【119】里弗斯通力合作。他们必须共同努力,破解一个难题,即找出是谁射击里弗斯的房子。然而,他们并没有就如何处理波士顿城内青少年暴力问题达成全面共识。其次,它为后来产生的共同目标奠定基础,即"让下一位青少年免于死刑"。经历过此次枪击事件,里弗斯突然意识到,有些孩子已经失控,他们需要一名监狱长的管教。至少现在看来,就有些孩子应该送入监狱这件事上,里弗斯和警察之间已经达成部分共识。

这个事件与更普遍的"十点联盟"事件说明,辩论和讨论不能产生一个共同目标的愿景(让下一位青少年免于死刑),只有一系列常见的联合行动才会产生这样的愿景。卡尔·维克(Karl Weick,2001,17)认为,"人们在考虑共同目标之前,要先致力于协调工具方法(手段)的使用"。显然,这就是本小节所论述的观点。关键工作已在微观层面开展很多年,这使双方意识到他们要建立伙伴关系,并寻求共同目标。①

6. 政策难题

我们如何简洁地表述两个经验案例中的共同元素?作者认为,所要做的事情是"破解难题"。他们试图理清的是如何纠正一系列看似相互矛盾的政策目标。正如拼图的案例(填字游戏、拼字游戏、魔方等)所示,他们试图理清如何将拼图碎片拼成一个整体,也就是说他们的不同目标如何整合为共同的单一目标。

正如我们所描述的那样,重要的是要认识到这一困惑所代表的过程是理性的,但要注意其理性与标准分析法的理性完全不同。关键的区别在于,标准理性涉及在一组可能的方案中进行选择。破解难题的过程就是探索哪些选择具有可能性,哪些方法可以同时追求看似矛盾的目标。换句话说,破解难题就是找到一种可以将各种碎片拼在一

---

① 回顾对制度重要性的讨论,请参见 Weick,1979、2001。

起的方式(如果存在这种方法的话)。这两种过程都十分系统。标准理性包括分析不同可能的替代方案的可取性。如果有的话,破解难题就是确认何为替代方案。因此,在概念上来看,破解难题先于标准理性分析。这是确定有哪些备选方案的过程。标准理性涉及在这些方案中进行抉择。

如何才能巧妙地破解难题呢? 很明显,最重要的能力是良好的洞察力,即辨别哪些【120】部分适合组合在一起。[①] 亚里士多德认为,感知能力可以习得。这并不是一种技术知识(技术),而是一种通过经验学习的实用知识(实践智慧)(Nussbaum,1990;Dunne,1993)。在本文中,即指通过经验学习,确认哪些特定的模式可以使各部分拼装在一起的过程。莱费尔(Leifer,1991)认为并提供证据表明,国际象棋大师与小玩家的不同之处,恰恰在于其识别模式的能力,而不是个体能够看到的棋步多少。

破解难题是否存在通用规则? 有,但很少。正如前文所述,如果事实上某些碎片并不属于这个拼图,但我们若仍固执地认为它们属于这个拼图,那么会进入死胡同。在奥姆大坝的案例中,亚瓦派印第安人固执地要求保留祖先的土地。然而,随着新工程师的加入,垦务局重新考虑大坝设计与选址的其他替代性方案。随后,这些设计师制定出一份既符合垦务局的目标,又不会淹没亚瓦派印第安人土地的方案。若垦务局与亚瓦派印第安人坚持己见,他们将永远陷入死胡同中。垦务局的新工程师愿意寻找新的解决方案,从而避免此事的发生。破解难题时应秉承灵活与避免长久承诺的原则。正如詹姆斯·斯科特(James Scott,1998)在《国家的视角》(Seeing Like a State,1998)一书中所主张的那样,最好制定一个灵活的计划,可以随时改变,而不是制定一个无法改变的"准确"计划。

我们的经验实例也强调在不同层面寻找共同目标的重要性,即杜威的整体论。奥姆大坝案例阐释垦务局如何重置计划,从而考虑不同的解决方案。与此相反,波士顿警察与十点联盟牧师的案例说明如何在最微观层面上开展工作,即如何在日常情况下实现共同合作,这为提出一种解决青少年暴力问题的广泛方法奠定基础。为了能够实现目标,在不同的层次寻找方案至关重要。此外,我们没有任何先验的理由认为,在一般性的层面上寻找方案比在其他层面上更有可能成功。

最后,波士顿的案例表明,就短期目标而言,可能不合理的行动实际上会导致政策解决方案。比如在拼图这个案例中,人们仅仅是任意移动几个拼图碎片,就会发现新的可能性,知道哪些碎片适合拼在一起。[②] 这表明,耐心和对不确定性的容忍以及缺乏特

---

① 我很感谢雷切尔·麦卡利(Rachel McCleary)提出这一点。

② 一个看似非理性的过程如何导致新的选择或解决方案,相关讨论请参见 Thacher 和 Rein (2004,第466—467页)关于骑车的讨论。

【121】 定的方向,对于发现可以同时成功地实现哪些目标可能很重要。如果一个人有耐心,可能就会发现以新形式出现的新方案或新信息。事实上,漫无目的地尝试和耐心有可能会发现解决方案。借用尤吉·贝拉(Yogi Berra)的话来说:"如果你不知道要去哪里,那么所到之处可能会让你喜出望外。"

参考文献

*The American heritage college dictionary.*2002. Boston:Houghton Mifflin.

Bardach,E.2000. *A practical guide for policy analysis:The Enghtfold Pathto More Effective Problem Solving.* New York:Chatham House Publishers,Seven Bridges Press.

Barry,B,& Rae,D.1975. Political evaluation.Pp.337-401. In *The handbook of Political Science*,ed.F.I.Greenstein and N.W.Polsby,vol.i.Reading,Mass.:Addison-Wesley.

Bazerman,M.H.,& Neale,M.A.1992. *Negotiating rationally.* New York:Free Press.

Bearman,P.,Faris,R.,& Moody,J.1999. Blocking the future:new solutions for old problems in historical social science.*Social Science History*,23(4),501-533.

Bell,D.E.,Keeney,R.L.,& Raiffa,H.1977. *Conflicting Objectives in Decisions.*New York:Wiley.

Berrien,J.,& Winship,C.1999. Boston copsand black churches.*Public Interest*,*136*(Summer),52-68.

——2002. An umbrella of legitimacy:Boston's police department-Ten Point Coalition collaboration.Pp.200-228 in *Securing our Children's Future:New Approaches to Juvenile Justice and Youth Violence*,ed.G.Katzman.Washington DC:Brookings Institution Press.

——2003. Should we have faith in the churches? The Ten-point coalition's effect on Boston's youth violence.Pp.249-276 in *Guns Crime & Punishment in America*.New York:New York University Press.

Chase,I. D. 1982. Dynamics of hierarchy formation:the sequential development of dominance relationships.*Behaviour*,*80*,218-240.

Cohen,M.D.,& March,J.G.1974. *Leadership and ambiguity:the American college president.*Harvard Business School Press.

Davidson,D.1984. *Inquiries into truth and interpretation.* Oxford:Oxford University Press.

——1986. A coherence theory of truthand knowledge.Pp.307-319 in *Truth & Interpretation Perspectives on the Philosophy of Donald Davidson*,ed.E.LePore.*Oxford:Basil Blackwell*.

——2001. Subjective,Intersubjective,Objective.*Oxford:Oxford University Press*.

Dunne,J.1993. *Back to the rough ground.*Notre Dame,Ind.:University of Notre Dame Press.

Elster,J.1993. *Local Justice.* New York:Russell Sage.

Espeland,W.N.1998. *The Struggle for Water:Politics,Rationality,and Identity.* Chicago:University of Chicago Press.

Fischer,F.2003. Beyond empiricism:policy analysis as deliberative.Pp.209-227 in*Deliberative Policy Analysis*,ed.M.A.Hajer and H.Wagenaar. Cambridge:Cambridge University Press.

——and Forester, J. eds. 1993. *The Argumentative Turn in Policy Analysis.* Durham, NC: Duke University Press.

Forester, J. 1999. Dealing with deep value differences. Pp. 463-493 in *The Consensus Building Handbook*, ed. L. Susskind, S. McKearnan, and J. Thomas-Larmer. Thousand Oaks, Calif.: Sage.

——2001. *The Deliberative Practitioner.* Cambridge, Mass: MIT Press.

Grofman, B. 2001. *Political science as puzzle solving.* Ann Arbor: University of Michigan Press.

Hajer, & Maarten, A. 2003. *Deliberative policy analysis.* Cambridge University Press.

Heclo, H. 1974. *Modern Social Politics in Britain and Sweden: From Relief to Income Maintenance.* New Haven, Conn.: Yale University Press.

Hurley, S. L. 1989. *Natural reasons: personality and polity.* New York: Oxford University Press.

Jencks, C. 1988. Whom must we treat equally for educational opportunity to be equal?. *Ethics*, 98 (3), 518-533.

Jonsen, A., & Toulmin, S. 1988. *The Abuse of Casuistry: A History of Moral Reasoning.* Berkeley: University of California Press.

Keeney, R. L. & Raiffa, H. 1976. *Decisions with multiple objectives. Preferences & Value Tradeoffs.* New York: Wiley.

Kingdon, J. 1984. *Agendas, Alternatives, and Public Policies.* Boston: Little, Brown.

Leifer, E. 1991. *Actors as Observers: A Theory of Skill in Social Relationships.* New York: Garland.

Lewicki, R., Saunders, D., & Minton, J. 1997. *Essentials of Negotiation*, 2nd edn. Boston: McGraw-Hill.

MacRae, D., & Whittington, D. 1997. *Expert Advice for Policy Choice: Analysis and Discourse.* Washington, DC: Georgetown University Press.

Millgram, E. 1997. Incommensurabilityand practical reasoning. Pp. 151-169 in *Incommensurability, Incomparability, and Practical Reason*, ed. R. Chang. Cambridge, Mass.: Harvard University Press.

Nussbaum, M. 1990. *Love's Knowledge: Essays on Philosophy and Literature.* New York: Oxford University Press.

Raiffa, H. 1982. *The Art and Science of Negotiation.* Cambridge, Mass.: Harvard University Press.

Rawls, J. 1987. The idea of an overlapping consensus. *Oxford Journal of Legal Studies*, 7(1), 1-25.

——1989. The domain of the politicaland overlapping consensus. *New York University Law Review*, 64, 233-255.

Richardson, H. S. 1990. Specifying norms as a way toresolve concrete ethical problems. *Philosophy and Public Affairs*, 19, 279-310.

——1997. *Practical Reasoning about Final Ends.* Cambridge: Cambridge University Press.

——2000. The stupidity of the cost-benefit standard. *Journal of Legal Studies*, 29, 971-1003.

Schelling, T. 1980. The intimate contest for self-command. *Public Interest*, 60, 94-118.

Schön, D. A., & Rein, M. 1994. *Frame Reflection: Toward the Resolution of Intractable Policy Controversies.* New York: Basic Books.

Scott, J. 1998. *Seeing Like a State.* New Haven, Conn.: Yale University Press.

Sunstein,C.R.1995. *Incompletely theorized agreements.* Harvard Law Review,108(7),1733-72.

Thacher,D.,& Rein,M.2004. Managing value conflict in public policy.*Governance*,17(4),457-86.

Vickers,G.1965. *The Art of Judgment.*New York:Harper and Row.

Weick,K.1979. *The Social Psychology of Organizing.* New York:McGraw-Hill.

——2001. *Making Sense of the Organization.*Oxford:Blackwell.

Wildavsky,A.1979. *Speaking the Truth to Power:The Art and Craft of Policy Analysis.* Boston:Little, Brown.

Winship,C.1994. The end of a miracle? Crime,faith,and partnership in Boston in the 1990's. Pp. 171-192 in *Long March Ahead:African American Churches and Public Policy in Post-Civil Rights A-merica*, ed.R.D.Smith.Durham,NC:Duke University Press.

第 6 章　作为批判式聆听的政策分析①

约翰·弗瑞斯特(John Forester)

1. 引言

在公共政策的研究中,我们一直在与他人交谈。我们试图了解昨天会议上发生的【124】
事情,我们想了解哈里(Harry)现在做什么? 苏(Sue)打算做什么? 以及克里斯(Chris)
对我们的新提议有何反应? 为了开展新项目,我们可能要和许多不同的人"交谈"。当
我们试图了解他人的观点和经历、他们的需求和兴趣、他们微弱或强有力的支持,我们
需要的是尽可能多去倾听,而不是更多地谈论。我们还需更好地掌握与之相关的组织、
法律和现实世界的信息。

为了带来新事物,了解我们在政治不确定和不稳定的环境中能够有效地做什么,我
们就常常需要学习提问和仔细聆听。当我们这样做时,从最普遍意义上来说,我们就是
"策划者"和政策分析者:探寻什么是可能的、了解我们能做什么、不能做什么。接下
来,作者将使用"策划者"一词概括那些了解环境的人——无论是公共的或私人的,社
会的或自然的——以改变他们。正如我们将看到的那样,"计划变更(planning for
change)"不仅需要以务实和政治敏锐的方式进行学习,而且还需要在社会和政治环境
中学习。此外,"计划变更"所需进行的访谈也应具有技巧性和敏感性。但事实证明,
这样的访谈并不那么简单。

在社会科学领域,访谈往往是正式的。但在政策分析和策划领域,访谈通常是非正【125】

---

①　对于早期成文草稿,我对珍妮·卡梅隆(Jennie Cameron),斯蒂芬·麦克法兰(Stephen McFar-
land),大卫·劳斯(David Laws)和萨拉·斯莱克(Sarah Slack)提供的建议表示诚挚的感谢。除此之外,
我也十分感谢斯蒂芬·阿特金森(Stephen Atkinson),萨拉·杜林(Sarah Dooling)和林恩·曼索(Lynne
Manzo)。当然,文责自负。

式的;这同样重要但又更加微妙。在社会科学界,访谈记录(clipboards)可能是比较有仪式感的物品;但是在政策和规划分析上,点一杯咖啡或喝点更烈的硬饮料可能有助于访谈内容更加充实。社会科学家致力于分析——也就是理解,也可以称为解释——"发生了什么事情"。虽然我们作为政策和策划分析师也有这样的愿望,但我们必须做更多的事情:我们必须评估未来政治世界中可能发生的事情;了解在一个尚未存在的政治重建世界中,什么发挥可能更好或更糟的作用! 因此,让我们来考虑一下变革推动者(企业家、组织者、管理者、政策分析者、各种各样的活动人士,一般也可称他们为"策划者",他们如何做好访谈和实践学习工作(Schön,1983;Greenwood,Levin,1999;Forester,1999a;参见 Wildavsky,1989)。

同样在公共和私营部门,策划者通常在不同的"利益相关者"之间开展工作。医院部门负责人是在高层管理人员和所有部门工作人员之间开展工作,她希望改善护理条件并降低成本。区域零部件供应部门的经理在当地客户和更多核心供应商之间工作。州长的一位政策顾问希望再次运行一个经济发展特别工作组,从而可以在立法机构中发挥作用。社区中心主任在工作人员、董事会成员、出资者、市政官员、社区居民、有志学者以及其他人员之间进行工作。此类例子还有很多,可以称这些人为"行政人员"、"管理者"、"政策人员"、"社区领袖"或"组织者",但他们都仔细尝试塑造未来的行动:他们都是面临令人生畏却又有趣的挑战的"策划者"。

这些策划者不仅要在有争议的、多变的、模棱两可的情况下保护脆弱的关系,还需要从混乱中给现实带来理智和自信、实际秩序、光明和热度。通常这些人会有一点厚脸皮,他们会尽力去满足别人的需求、利益和欲望,即使这些事情经常是冲突的。这些策划者为了通过关系网并在关系网内部更好地开展工作,就必须理解许多观点、许多视角,以及从技术和政治的角度来了解什么是重要的,什么是有价值的。

从技术上讲,理解多种观点可能会加深策划者对某一特定案例的理解,这是因为策划者本身并没有获得真实、完整或完美信息的特殊途径。在政治上,理解并能够整合多种观点,可帮助策划者解决可行性和权力问题。

因此,策划者必须每天通过谈话(关于人员、地点和项目)学习,并且为了做到这一点,策划者自己要进行各种不同的访谈。一些访谈十分正式,精心安排且记录完整。但更多的访谈都是非正式的:在会前、会间或会后进行的谈话、即兴电话访谈、特设办公室造访、"进行提醒"、"检查"、"看你如何做"等。

但策划者所扮演的这种不可避免的中介角色可以令其访谈与众不同。这些访谈不仅寻求现存的态度和关系,而且还寻求尚未存在的可能性——如此一来,一些社会科学家会对探索假设的问题保持警惕。对于规划者来说,"假如……?"这样的问题即使不是完全必要的,也是至关重要的。

但我们知道在政治领域,任何一方认为可能发生的事情,是取决于他们对其他各方的假设。因此,策划者和政策分析师的访谈更具典型性:策划者和分析师试图了解各方代表对开发者所提出不当的建议的担忧,试图了解当双方想要的东西重叠或部分矛盾时,这个政客想要什么,以及某群体对"环境质量"的关注如何不与另一群体对经济适用住房的主张发生冲突等。然后,策划者探索利益相关者之间的利害关系和问题,从而通过访谈可以巧妙地营造虚拟议论空间,在这个空间中,利益相关者不仅可以参与讨论,而且也可以探索未来的可能性;他们不仅要阐明立场,而且要澄清、重新制定、探索他们可以寻求内心满足的各种利益——以及使他们自己真正满意的实际方法(Forester,2004b,c;2005)。

因此,策划者听取各种相矛盾的争论,需要理解这些观点以便与他们合作、有时要调解这些观点、有时仅认可这些观点、有时仅仅只是要做出涉及公民真正利益的实际的反应。即使我们自小学以来一直受教要"倾听他人",我们做的这项工作也并不简单。当策划者、调解员、谈判者和组织者面临充满冲突、模棱两可、故作姿态,以及文化、阶级、种族、性别和价值观差异的情况下,都强调仔细聆听实践的重要性(Forester,1999a)。

现在,我们可以通过两种方式,从策划者的"中间"立场来探讨这种多方互动观察和聆听多方意见的工作。首先,简要地说,我们可以注意到出现的概念性问题:例如,在一个复杂、不可通约、情感多样的、义务相互冲突,甚至有时需要即兴发挥的混乱世界里,对于一个细心的听众或访谈者,只是简单地遵循规则,甚至是优化规则,是否就意味着他能负责任地保持"理性"。

其次,我们可以更详细地讨论分析家在此面临的实际问题。在现实令人害怕的情况下,充斥着不平等的权力关系、不同形式的冲突以及纯粹的组织混乱,每一个都有各自不同的挑战,那策划者是如何进行学习、判断和访谈的?

评估权力关系往往揭示了相互依存关系的变化,从而显示了谈判空间的变化。反过来,谈判空间会不定期地改变参与程度,从而改变未来合作的可能性——可理解的是,怀疑的、恐惧的和不信任的各方几乎认为这是无法实现的。

仔细评估冲突可以通过复杂修辞方式,来揭示包括不同形式和风格的诸多观点,所有这些都有选择性地构成了未来行动和互动的可能性。评估组织的混乱和复杂性不仅揭示了独特的细节,还涵盖了一般规范,但也包含了不确定性和模糊性,以及多层次的【127】不信任和恐惧、愤怒和分裂、利益和欲望的因素。在此,我们了解到策划者的访谈回应,并且可以学习到公共纠纷调解员是如何在早期的"冲突评估"(conflict assessment)阶段和实际调解过程中工作的。

2. 日常政策、策划以及公共管理实践中的访谈

我将从 4 个简单的例子入手,旨在说明在计划和变化导向的访谈中,倾听与学习面临的挑战与可能性。随后,将探讨 3 个方面:(1)当策划者在倾听和相互理解时,有何利害关系;(2)造成此类工作十分困难的原因,最后是(3)对之后的工作有何帮助。

首先,这是关于一位城市策划者早期工作盲目性的小故事,他自己也开始意识到,真正倾听与之共事之人(作为一名社会工作者)的心声,意味着什么。吉姆(Jim)(我们可以这样称他)说:

首先,我认为我至少应该做到彬彬有礼,我要和最贫穷且最受压迫的社会人士打交道,即使我没有能力做很多事情,但我至少是有礼貌的。但后来我发现有些人是如此的令人讨厌,以至于我所能做的就是公事公办。我最不能做到的就是对他们彬彬有礼。而有些人确实也希望我们能够训斥他们。

有一位女士,十分不好相处,她只是大喊大叫,用拳头捶着我的桌子。我什么也不能说,什么也做不了。我试着和她说话,但她只会大喊大叫,要求这个要求那个。

有一次,我再也忍受不了了,就把案卷扔到地上,砰的一拳,然后对着她吼了起来。她脸上居然带着灿烂的笑容,用我从来没听过的平静而沉着的声音说:"好吧! 你会没事的"。我很惊讶,我似乎从来没有认真关注过她,没有认真对待她,真正听她说话。(Forester,1989,112)

吉姆想要告诉我们什么? 我们注意到他早期注重规则、行为举止和礼貌——所有这些都是为了对抗他自己的无力感,处于"最贫穷且最受压迫的社会"中,吉姆说"即使我没有能力做很多事情,但我至少专注于自己所做的事情"。也许这是因为吉姆的职位不高,不是因为他对特定的人和特定的情况有什么特定的认识。吉姆最开始注意行

为举止,但随着他开始与人打交道,他逐渐变成"公事公办"的"商人"。所以他会说"但后来我发现有些人是如此的令人讨厌,以至于我只能这样做"。在这里,公民顺从、恭敬、有礼貌的传统要求他付出的要比所能给予的多得多。像商人一样冷酷无情,为他提供了一种工作方式,这似乎也是一种保护。

但随后他告诉我们,一个女人给他上了一课,促使他卸下公事公办的铠甲,告诉她自己真正的想法。他砰的一拳,把案卷扔了出去,然后大声喊道——你要干什么? 也许站在这个女人面前,他第一次感觉自己不仅仅是个官僚机构的工作人员,而是一个真真正正的人:"她脸上居然带着灿烂的笑容,用我从未听过的平静而沉着的声音说,'好

吧！你会没事的'"。

　　到底发生了什么？吉姆认为以前从未真正关注过别人。他想知道，即使是出于好意，他是否给别人留下这样的印象：他没有把他人当回事，也没有意识到他们的尊严——所以他怀疑，难怪他们生气了，不仅是跟官僚机构生气，而且也生他的气。吉姆告诉我们，倾听他人并向他人学习的一部分，就是表达对他人的真正尊重，认真对待他们，表现出对当下严重形势的担忧：正如我们将看到的，没有明显的尊重，就没有成功的访谈(Slack，2003)。

　　再举一个例子，社区组织者出身的城市策划者警告我们，在一个结构不平等、承诺和现实经济冲突的世界里，选择性的专业性失语(professional blindness)的危险性始终存在。苏谈到了一个当地的街道扩建项目，该项目涉及土地所有者、店主和当地居民，她告诉我们：

　　你夹在中间，会受到各种各样的抨击。你就是一个出气筒。别人认为你拥有一定的权力，当然你的确有一些……

　　如果你对一个项目产生了经济上的兴趣，或是个人情感上喜欢这个项目，你就会想让中间人认可你的想法——如果他们不认可，你就会生气！

　　我当时问她："当策划者试图通过用一种理性和客观的态度来回应受访者时，他们会生气吗？"，苏回答道，"当然"。(Forester，1989，97)

　　请注意，苏一开始就给自己在情境中进行定位：当策划者处于中间位置时，双方都认为策划者有一定的影响力、一些权力。因此各方在某些方面都易受伤害且处于危险之中。苏还告诉我们，社会、政治和经济结构组织了投资和依附——所以土地所有者会关心其房产价值；在此居住多年的店主和居民很可能会以其他商业程度较低、经济水平较低的方式对邻里产生依恋和喜爱(当然，他们也会关心经济价值)。

　　但是，每一方都将面临风险，每一方也都想获得认可。苏告诉我们："你想让中间人(策划者)认可你的观点。"苏并没有说，甚至认为每个人都希望策划者同意其观点，【129】因为她认为各方都认识到复杂性，认识到了许多观点和相互竞争的问题(参见 Sanoff，1999)。不过，苏认为土地所有者、店主和居民都希望策划者至少"关心他们的观点"，从而认识它、承认它、理解它(即使是许多观点的其中一点)，认真地考虑它、尊重它。更重要的是，她警告我们——"如果你认为他们不在乎、不理解、不尊重，甚至不认可，你就会生气，"这是一种愤怒，尽管许多策划者和专业人士的出发点是好的，但是他们都会面临这种愤怒(Susskind 和 Field，1996)。

　　但是，在一个非常具有启发性的时刻，苏谈到如果我们假定职业理性是独立的、不参与其中的，那么我们任何一个人都会遇到困难。因此我们问苏："当策划者试图通过表现出超然和客观的态度来变得'专业'时,人们会生气吗?"她迅速而坚定地回答道:"当然!"

在此,我们在这几行话中发现了对职业理性的传统观念的强烈控诉,这些传统观念认为,无论是书面还是口头描述,职业理性不考虑情绪敏感性和反应性,也不考虑职业注意力的道德共鸣(Benhabib,1990;Slack,2003)。但更多的是:我们在这里也看到了策划者、管理者、经营者、组织者所面临的直接情绪反应……这些人无法对公民的情感依恋和担忧作出回应,所以公民理所当然地会生气(Forester,1999a,ch.2)。

苏告诉我们,正如玛莎·努斯鲍姆(Martha Nussbaum,1990)所言,没有任何情绪波动的理性是一种过度理性,这种理性不仅会使人对之前的事情视而不见,而且往往适得其反,加剧愤怒和怨恨,从而加剧对当前公民问题敏感性的反应而不是努力解决问题。这种情绪化的理性是一种更薄弱的理性,是一种更盲目而不具有洞察力的理性。

现在由另一名策划顾问("公共经理")告诉我们,在繁忙的东海岸运输走廊里,策划过程是全面且有争议的,可以通过访谈来了解这看似简单但政治上复杂的过程。一个之前是组织者的调解员说:

我喜欢(做)调查……我知道,为了解决冲突,调查绝对不能取代个人接触。访谈只是部分收集信息的过程,但其中60%是建立关系的过程。你在介绍你自己,同样也希望人们信任你。

这本身就是一场谈判。如果他们信任你,与你分享信息,并且你会像你所承诺的那样来尊重这些信息,那么你就可以说"现在,你会相信我能安排一场双方都满意的会谈吗?"

这里的访谈与询问的内容远远超过了信息收集的内容,我们不再只关注共享信息、
【130】 表现尊重、赢得信任、建立关系的质量,这一切都是为了召开谈话而服务的,在这个"会议"中,各方在追求实践学习和实际公民协商的过程中,可以克服对侵略、不信任和不尊重(他们"不会被打败")的恐惧。而访谈不再是原来那样,它与计划、行动和实施紧密交织在一起,因为它建立了关系和信任,并鼓励未来的合作,它具有面向未来的规划想象力,同时也能引起人们的实际关注(Forester,2006;Umemoto,2001)。

最后,听听欧洲港口城市规划总监兼公共行政官的意见,他对比了两种截然不同的访谈方式。罗尔夫·詹森(Rolf Jensen)试图让自己的员工工作风格从传统的"老旧方式"转向一种更具探索性、独特性,甚至是严谨的策划与政策分析风格。他首先说明了其员工的早期实践:

例如,当(我们策划者)进行城市美化时,他们谈论的是公众参与,这就是一种更老式的方式。你拿出一个草图,然后说,"这就是我认为的对你有好处的东西",有些(人)

根本无法理解这个草图,他们会想,"嗯,我该怎么评论呢? 我们应该做些什么呢? 我什么都不会说"。

而有些人会说,"这部分真的很好;但这部分我们认为不太好。"而策划者会说,"你为什么这么认为呢?"人们会说,也许,"我们缺少树木,"或"没有足够的地方留给孩子们"。然后策划者会回去,他会说,"嗯,我想可以把这个空间留给那边的孩子们",或者策划者会改变计划,然后再回去商量。

但这并不是一个真正的谈判过程。你倾听某件事,然后你决定将听什么、不听什么、决定做什么、不做什么。当你这样反复多次后,你会说,"嗯,我已经参与了。现在,这个计划是我们商议的结果。"我认为我并没有夸大其词。这就是之前的工作方式,所以我想换一种方式来做这件事。

这位策划总监继续描述了策划者与他人合作的另一种方式,鼓励"参与",并在此过程中学习:

(有)一个土地使用的问题难以解决。于是我们组建了一个特殊小组,试图想出一个方案来解决这个土地使用问题,其中策划者是小组的调解员。策划者会让各方发表自己观点,并试图找到解决方案;他们会使用彩色笔和纸;他们可以写,他们可以做任何他们喜欢的事。他们举办了研讨会,而策划者的基本任务是让各方互相理解——因为在(这个国家的)传统中,很多时候,你只是展示草图,告诉我们:"我的要求接受还是不接受!"——(这是)一种权力博弈。

我们试着从第一天起就开始构思我们所听到的。我们来试着理解。但我们也在这里试图给你们讲一个故事——换句话说,我们为什么要关心某些事情。如果你这样做,你就会得到两样东西。

首先,另一方认为你是……

其次,你可能会帮助那一方提出其他的要求。当我们作为策划者与个体或团体会面时,这种情况一直都会发生。我们一遍又一遍地保持这种态度:从来没把草图当做草图来看待。我们总是说,"看,这个草图并不重要,但是要通过这草图,试图找到一个解决方案,就是这个,那个,那个,那个,那个,那个。"换句话说,用这幅草图的意图和特点是很重要的,草图本身并不重要。　　【131】

这是一种重要的提问的方式,以及一种把控各方问题的方式:"这符合你的需要吗?""这是你能忍受的吗?"或者,"如果你看这幅草图,你为何会生气?"(Forester, 1994、1999)。

在此,我们全面感受到策划者提问的方式体现了其总体规划策略:收集信息,然后做出自己的决定,或者让受影响的人更直接、更亲密地参与到讨论和对话的各种过程中来,从而做出选择。这位策划者讲述了通过"草图"的学习过程,他承认草图也是一种控制问题、有选择地集中注意力的方法,但我们也可以把草图看作是一扇通往充满各种选择和可能性的大门。对比老式方式与更慎重的策略,我们看到了策划者与他人一起学习的意义、策划者从利益相关者的观点中得到启示和学习的重要性。

在实际应用环境中,我们将看到,面对复杂的项目、政策和项目争议时,策划者的访谈需要远远超出传统的调查研究访谈,甚至超出人类学的访谈,这部分原因是策划者不仅要尝试解释、理解,而且还要想象、澄清和改进、设计未来的行动。因此,他们必须试图探索和建立可能性,并因此深刻地揭示这些可能性,从而拥有希望。在我们探索策划者实际访谈中涉及多少利益时,我们会更清楚地看到这一点。

3. 何者至关重要:比"事实"重要多少?

因此,让我们考虑一下我们能从这些访谈中学到多少——或失去多少!事实证明,我们在实践中不仅仅学会了反思,即重新提出我们的假设和期望,另外我们还会与他人一起审慎地学习:我们可以重新制定我们的策略(我们如何行事)、了解我们的关系("我们"是谁)和我们的利益(我们真正关心的)。如果我们认同我们学习到的方法,我们也将更清楚地看到策划者和政策分析人员在会议中可能会错过什么、他们可能不会"得到"什么、实际上他们可能永远不会知道他们错过了什么!

我们可以在好的访谈中探索"什么是至关重要的",什么是可以学习或忽略的。首先通过询问受访者需要了解什么;其次通过询问可以了解采访者、受访者,也许还有其他人之间可能存在的关系;最后询问采访者在自己的行动中可以学到什么。我们将依次简要考虑每一个方面。

【132】

3.1 了解对方

信息

我们经常与他人交谈以获得其基本信息,我们可能会问,"你多久去一次公园?"或"当你带孩子去看医生的时候,你会乘公共汽车、打车、还是从朋友那里搭车?"我们会问很多这样的问题。即使我们知道事实本身并不能说明什么问题,但我们仍寻找事情的真相。当然,有时候,我们不是仅仅想知道别人的行为,而是想知道他们的偏好——这些问题是调查研究的经典问题(如 Judd,Smith 和 Kidder,1991)。

偏好

除了一些"基本"事实,我们可能会寻求受访者的主观愿望:"你对附近未开发的土地有何想法? 你会同意在那里建造住宅吗? 你想要公园供当地孩子们玩耍吗? 如果让你保留原本的土地,或建造 A、B 或 C,你更偏好哪一个?"等等一些问题,在标准调查研究讨论中都会提到(Judd,Smith 和 Kidder,1991,230-233)。

价值观

但是偏好只是我们想要探索主观倾向的一种形式。那"价值观"呢? 我们通常会说"持有"偏好,但我们会"珍惜"价值观。价值观构成了我们的一部分,即我们是谁、我们的立场以及让我们与众不同的方式——而这些是偏好涉及不到的。当我们不满足于一个偏好时,我们通常会尝试用另一种满足感代替它。但是当我们不能尊重某个价值观或失去某个有价值对象时,我们不是简单地寻求其他满足感,而且还会感到悲伤,会对失去的内在美好感到深深的失落(Nussbaum,1986)。因此,询问价值观、探索什么对一个人生活有深刻的意义,这就涉及了隐私,需要一定程度上的尊重,但通常询问偏好时并不会这样。因此,若把别人珍惜的价值观仅仅看作是战略上的偏好,会给访谈者带来很多麻烦(Forester,1999b)。

认同

我们可能不仅想知道社区成员非常重视什么,还想知道他们如何想象自己,想知道他们作为某个地方、某种信仰或某份承诺的成员,是如何理解自己的。在此,我们不仅探讨了承诺的要素,还探讨了历史、传统和长期实践塑造(甚至是不言而喻的)的"我们是谁"或"我是谁"的意义——这样反过来考虑,我们可能会认为有些人是"外国人"或"陌生人",或者害怕或被认为对某些问题不感兴趣,或者被认为是不愿意进行对话、讨论或合作的人。【133】

因此,在评估争议或纠纷的社会中进行访谈的时候,我们需要去分析公民认同对其他部分公民的行为构成强烈的立场预设的影响。比如说,琼斯(Jones)自称"局外人",称史密斯(Smith)为"圈内人",这种政治认同感可能有助于解释:尽管他们都密切关注邻里问题,但是为什么他们没有面对面交谈。而且目前尚未有会见甚至合作的可能性。

地方性知识

我们当然不仅想知道成员的愿望、偏好、诉求或价值观,也想知道他们能为眼前情况带来怎样的特殊知识。那种"地方性知识"构成了他们眼下生活的专门知识,这种专门知识是具有洞察力的人们在此居住和工作时遇到问题或独特经历时可用到的。

我们应该探索这些知识,不是作为其他人所带来专业知识的替代品,而是作为一种洞察力、建议、怀疑或考虑的额外来源,以及作为相关调查和研究的额外来源。错过地方性知识将令我们对眼前的特殊情况视而不见。仅仅听取专业人士的专业知识,我们可能会发现自己大体上是正确的,但在这个特殊的例子中,却是无关紧要的(Corburn,2005)。

3.2 了解可能存在的关系

渴望认可

我们如何进行一个意义深刻的访谈?此外同样重要的是,我们能从访谈中学到什么。如果我们的访谈方式令社区成员感到被利用、被操纵、不受到尊重或是不走心,那么我们的访谈将弊大于利。因此,对于许多访谈来说,最重要的就是受访者感受到自己被重视:可以被倾听、获得访谈者的认可、拥有自身的价值和尊严、拥有一个值得被倾听的"声音"(Stein 和 Mankowski,2004)、拥有可以被严肃对待的经历(无论其他人是否同意)。更重要的是,要让受访者明确感受到访谈者的评论是如何影响未来计划或决策的。

【134】 因此,比起尊重受访者,访谈者更关心的是访谈记录和访谈问题,但这很可能会在访谈中给受访者造成伤害,并且收获颇少。与此相反,若访谈者能够以尊重的态度提问,并且关注受访者说话的语调、节奏以及经历,那么访谈者会给予一定的反馈,并从访谈中获取一定的信息和见解。若访谈者提问时尊重受访者,受访者就会获得认可,反之不尊重,就会失去认可。访谈是否成功还是悬而未定的(Arnstein,1969)。

不信任

在每一次访谈中,都伴随着尊严、尊重和认可的问题,这些都是信任的问题,也存在不信任的风险。这取决于访谈者如何承认你所说的话是值得关注的、值得尊重的,访谈者承认他们所说的内容,了解他们的脆弱与安全后,这样访谈者才可以获得受访者的信任,或是失信于他们。访谈者未事先通知就突然出现,对于社区成员来说就是一个陌生人,他与人们从未联系过,好像准备随时消失,且永远不会联系。这样就会难以获得人们的信任,无法建立自信。人们要么理解被告知的事情,要么见机行事。南非的一位公职人员说得很好:"你(第一次)出现在我的社区里,却要用录音机进行访谈,那么你可能会受伤!"

价值并不只是"价值观"

在许多访谈中,特别是当话题可能很复杂或有争议时,所说的话只是通向更深层次问题和关切的世界的大门。访谈者在应用的环境中往往不仅仅是为了寻求问题的答案,也不仅仅是为了获取信息,而是要找出真正重要的线索、找到需要担心的事情、需要注意的事项、需要遵守的准则、需要保护或进一步探索的事情——以便采取一些实际行动。良好的听众知道对于演讲者来说重要的东西通常是隐含的,因此访谈者需要倾听更多,或获取更多关于揭示隐喻的信息,以及任何明确的有价值的信息。

在此,访谈者需要抛开眼前的字面意义,抛开简单的事实,而是要询问"重要的事实",探求心中所想,"这里揭露的真正意义是什么?"访谈者要试图了解潜在价值,了解什么是重要的,什么是更肤浅的,但同样重要的是,口头上支持的"价值观",偏好或承诺是通向更深层次的问题和关注的大门。

共同创造

访谈不仅提供可以收集信息的机会,还提供了可以合作、协作,甚至是共同创造的机会。访谈者的问题可能会引发新的想法——他们可能会说,"我以前从来没有这样想过"。访谈者可能会询问所采用的行动方式、选择方案,"还有其他方法来解决这个问题吗? 还有其他可以获得时间的方式吗?"并发现这个问题提供了一个新的想法,"好吧,也许如果我愿意提供帮助……"【135】

在此,访谈不仅仅是一种交换、一种来回的对话,而是协作创造的过程。通过探索可能采取的行动、努力、建议、询问或可能会问到的问题,双方可以共同探讨新的选择或理解手头问题的新方法。

3.3　了解访谈者的个人影响力

情绪反应

若访谈者在倾听和提问时没有表现出任何情绪,他们就会被认为是冷酷无情、傲慢自大、自私自利、不尊重别人,甚至印象更糟。例如,在上述开场白中,我们看到只有当专业人员表明他们认真对待说话人的时候,对话才会富有成效——实际上这表明,只有访谈者通过自己的情绪反应表达出他们的想法时,这种成效才会成为可能。

给予回应并不意味着要完全顺从、被恐吓、威胁或是无望地分心,而是要引导到新的问题上,引导到比访谈者最初设想的、更重要的对话领域。令人惊奇的是,从某种程度上来说,每个访谈承诺都在于这样的发现,受访者有时会向提问者展示全新的问题,探索新的领域,应该"深入研究"重要且相关的新问题。萨拉·杜林(Sarah Dooling)认为,这种反应需要一种"出于好奇和希望"以及"具有政治悟性和战略谨慎"的品质(personal communication, May, 2004)。

因此,访谈者的情绪反应既带来了机遇,也带来了危险,即发现的机遇以及迷失的危险。这样的反应对访谈者来说是具有挑战的。当他们提问时,不仅希望写满访谈记录,还希望能展示出他们能够与受访者的经验"相关",或者至少可以讲述与受访者有关的经验。

关系建立

访谈者若是不能得到最基本的信任,那么访谈就会失败,甚至还会有更糟糕的事情

【136】发生。受访者可能会要求他们留下来,体验一下他们似乎在玩的游戏,而不是要求他们离开。因此,一个不可信的访谈者可能会引起许多有目的的事情——这些目的是访谈者永远不会发现的。

不管是否与现实世界有关系,不受信任的访谈者可能会被告知"他们想听到的"。他们可能会假意与访谈者合作,这仅仅是因为相比于帮助访谈者,受访者更担心自己的安危:受访者可能会想,"如果我说出我在这里的真实感受,谁会知道? 我将会遭受什么样的痛苦?"

同样,当访谈者值得信任并确保他们谈话人的安全时,他们可以建立起他们未来可能建立的关系。最重要的是,访谈者可能还会回来,保持联系,以便将来进一步了解。所以组织者成为了调解员和公共经理,然后告诉我们:"如果他们信任你,与你分享信息,那么你需承诺要以尊重的态度对待这些信息,接下来就可以跟受访者说,'现在,你相信我会组织一场不会让你不适的会面吗?'"

奇怪的是,幽默感可以帮助访谈者与受访者之间建立并提升良好的合作关系。幽默也可以起到讽刺的作用,不仅因为每个人都可能会笑,还因为他们可能会一起笑:因为幽默可以在新建立的关系中创建一个临时共同点,这样做以便一起分享观看世界的可能性,了解一些类似的奇怪的、令人惊讶的、矛盾的、模棱两可的经历,并唤起了类似的"笑声"(Forester,2004a)。

发现与谦逊

最后,受访者往往会打破访谈者的假设和一般期望。人们只说最奇怪的、最精彩的事情。或者他们以最意想不到的方式来做这件事。罗伯特·科尔斯(Robert Coles)写道,曾经访谈过有孩子的非裔美国家庭,孩子在每天上学的时候都会遭受最恶毒、最可恨的诘问。他还告诉我们最令人震惊的是,他作为一个陌生人、一个局外人、一位白人专业精神病学家,却受到了欢迎。

谦逊是一种美德。它不仅让我们这些带着问题的人克服傲慢,也会让那些"需要知道"的人克服傲慢,这种美德是有益于我们肩负着"官方使命"去"寻找出路"的。另外谦逊也很重要,是因为身为访谈者,我们是如此荒谬无知、能力有限、仅仅是个凡人、如此的不完美,以至于我们需要像世界上其他任何人一样对世界充满好奇(Woodruff,2001)。此外更重要的是:谦逊可以帮助我们,这是因为即使我们认为自己知道应该把

"偏见"放一边,我们仍会设定目标、盲点以及假设。

因此,语言的奇妙之处以及每一次新的会面的奇妙之处在于,我们要分享彼此的观 【137】
点,而不仅仅是语言和目的(Coles,1989;Reich,1994)。

4. 访谈实施的障碍

谈论访谈是很容易的,但进行访谈可能会困难得多。毕竟,你是谁? 凭什么向别人
提问? 一旦你开始问问题,他们会怎么想? 其他访谈者对待他们的态度有多糟
糕? ——他们又如何对你有好印象? 你能为他们做什么? 他们有理由相信你吗? 让我
们探讨一下你可能会面临的几个障碍。

4.1　你开口之前看起来如何?

当你接近另一个人去"做"访谈时,请考虑一下你传递的所有非语言信号。你如何
着装(随意、正式、官方)? 你身上的味道(满是须后水或香水)? 你是如何到达的(乘公
共汽车、步行、开车、坐谁的车)?

这位南非官员警告我们,在未经同意的情况下,带录音机去访谈会带来一定的危
险。谈到一位年轻的策划者在耶路撒冷的经历时,萨拉·卡明克(Sarah Kaminker)就回
忆说,她带着官方地图在社区走着,然后人们从他们的房子里涌出来,手里拿着石头。
再列举另一个策划者的经历,她在社区做自我介绍,然后回忆道自己作为城市规划机构
的代表是如何受到"迎接"的:"一个人站在房间后面冲我大喊大叫,因为我们所做的事
情,他失去了家园。但是这件事发生的时候我还没有出生!"

在这种情况下,这些策划者告诉我们,访谈者通常会在开口前发送信号。他们的着
装、驾驶、装备和身份决定了别人对他们的期望,访谈者也需要对这些期望负责任。

4.2　"单纯辞令"的问题

如果受访者认为访谈者说的话语奇怪、过于正式、晦涩难懂、含糊不清或给人傲慢
之感,那么这次访谈注定会失败。我们提出问题所采用的语言不仅会影响答案的语言, 【138】
而且可能会决定是否给予其他答案。

在一个引人注目的跨文化谈判故事中,雪莉·所罗门(Shirley Solomon)引用了一位
美洲土著部落领袖的经验,即罗伯特议事规则(Robert's Rules of Order)的正式程序和语

言的沉默效应:他说,"在那些会议上使用的就是罗伯特议事规则,即我清楚自己要么无话可说,要么说的不痛不痒"(Forester 和 Weiser,1995)。

这里的重点远远超出了"罗伯特议事规则"、议会或其他正式程序。我们提出问题所使用的语言,以及我们可能会假定对话所使用的语言,会使许多有经验和希望知识共享的人感到气馁、恐吓、羞辱或以其他方式让他们保持沉默。如果我们忽视了这些访谈语言,取而代之的是一些被认为是"中性"的术语,那么我们不仅会让自己看起来很愚蠢,还会破坏未来的合作,削弱未来的关系。

4.3　安全问题

如果访谈者与受访者之间有过交谈,经历过不信任与不平等,那么访谈将会比以往更为复杂。那些访谈者有时会认为,他们自己的"善意"应足以为成功的访谈铺平道路,但是他们会遇到意想不到的事情。肯·里尔登(Ken Reardon)记述道,计划让学生前往东圣路易斯与社区领导人进行面谈,以了解未来可能参与的地方项目——结果却发现学生自己变成了受访者。他们受到社区领导者犀利的提问,还被告知关于居民作为前几代大学研究对象而遭受苦难的漫长历史(Reardon 等,1993)。

在任何冲突的情况下,各方也不愿向第三方调解员"透露一切",其原因与我们很少会向他人"透露一切"的理由是一样的:我们有理由担忧,别人会如何使用我们可能公开的信息,特别是其他人可能会在某种程度上看到我们,或是会利用这些信息。如果社区居民担心他们的言论不会得到准确报道,或者担心他们假定(或已承诺)保密性可能会受到侵犯,那么即使是"学者"也可能难以对他们进行访谈。

更普遍的观点其实十分简单:受访者越是害怕他们自己的言论对其不利,访谈结果的效用就越有限。访谈者需要知道,这些问题远远超出了他们表面上的"善意",当然,因为他们的访谈都是在制度层面上进行的,而从历史和政治的角度上来看,访谈的内容都有其各自的意义。

【139】　4.4　理论的蒙蔽

访谈可能会在其他方面遇到障碍:访谈者的理论框架具有一定的选择性,选择范围十分狭窄,以至于受访者无法有效地理解,更不足以报告,说了什么或有什么意义(Umemoto,2001)。

罗伯特·科尔斯在此引用了威廉·卡洛斯·威廉姆斯(William Carlos Williams)的

话："谁反对速记？我不认识这样的人。谁想受骗？我不认识这样的人"（Coles 1989，29）。

我们进行访谈是为了学习，但我们需要提问来让别人帮助我们。我们的专注、我们的选择性注意，有时不仅会令我们的注意力太过片面，甚至会误导我们。例如，我们可能会"框住"一个关于时间和资源的问题，我们更多地会把它看作是一个经济能力的问题，却没有把它看作是一个探讨资源有限的问题。

所以我曾经在一次调解中，询问了一位年轻人，试图确认自己听到的，"所以，因为你在工作，你没有太多时间去做你父亲所说的事情？"——当他回答说："是的，是的，这很难做到"，不过我完全忽略了他回答的重点。但是坐在桌子对面的父亲却没有错过任何东西，他大声说："哦！（我明白了！）这对你来说太难了！当然，这是当然了；是的，我能看得出来……"然后他们的整个谈话就从不断争吵变成了真正的和谐相处。事实证明，这并不是关于时间的问题，而是关于父亲的压力、关于儿子的骄傲与尴尬地承认父亲的要求是难以做到的问题。因为儿子工作的需要，父亲被儿子脸上浮现的勇敢所蒙蔽。直到现在，有了儿子的暗示，父亲才了解关于"时间"的问题的实质，父亲和儿子一起努力，不仅能够解决所谓的"问题"，还能改善他们的关系。

4.5 假设可以蒙蔽受访者和访谈者

罗伯特·科尔斯警告我们，病人可以推测医生希望听到什么，所以这些医生通过其问题而了解到的信息就会相应地受到限制。同样，各个专业人士都会假定他人知道或不知道什么，他们能够或无法回应什么，他们愿意或不愿谈论什么，因此，他们（或我们）学到的东西也就相应形成。

律师出身的调解员戈登·斯隆（Gordon Sloan）认为这种假定可能会产生影响。在与戈登·斯隆召集过来参与温哥华岛（Vancouver Island）土地使用的各方调解员进行交谈时，他发现各方人士告诉他，他们很愿意和其他人交谈，但是他们非常自信地谈到他们的对手，"但他们永远不会和我们说话！"

斯隆告诉我们，他会对各方说，"有趣的事情是：他们就是这么说你的！"并且发现【140】他们惊讶地回应，"他们做了？！"（Forester 和 Weiser，1995）

在此，假定超越了最初讨论和对话的可能性。

4.6 职业教育是盲目与偏见的来源

我们自己的训练鼓励我们有选择性地集中注意力，问一些问题而不是其他问题，把一些回应看作是相关的,把一些主张和一些情绪看作是有意义的。因此在本章第一部分我们看到一名策划者的警告:如果我们与那些致力于社区工作的人一起共事,那么我们自己的专业形象会抑制我们表现出对那些地方、那些承诺以及那些真正的工作的关心,随后我们会看起来不那么敏感、公正、专业,而表现出十分冷酷无情——如果我们看上去是盲目的且反应迟钝的话,我们将不会充满自信和安心,反而会激起怨恨(Sandercock,2003;Krumholz 和 Forester,1990,256)。

正如玛莎·努斯鲍姆经常所述(Martha Nussbaum,1990):如果我们的训练误导了我们把情感仅仅看作是一种对理性的干扰——就好像无关的事实不可能让人分心——那么训练会让我们背负着一种极其狭隘的理性观念。我们可以通过情感和事实来学习,这就解释了为什么面对复杂的问题,我们可能会从那些有能力和会思考的人那里寻求建议。从智力高超,但没有情感敏感性、没有情感意识或反应性的人那里接受的建议,你需要考虑接受建议的风险性,看它是否涉及你生活中重要的事情。

4.7 急躁

当访谈者渴望"切中要害"(或者进入下一个访谈)时,就可能难以做到耐心地倾听,或难以在情感上花时间去理解一个人。因此,作为一名访谈者,有耐心是一种艺术形式。新问题可以轻易破坏原有思路,而做好一场访谈的好处之一就是能给访谈者带来惊喜,能让他们在谈话中引入全新的东西:一个独特的短语、一种表达某事的方式、一个新想法、一个重要的角度以及一种"我之前从没有这样想过"的感觉(Weiss,1994)。

【141】但最终访谈者可能会认为他们"没有一整天的时间",他们还有其他人需要交谈,还有其他的工作要做(当然,受访者也是如此!)。因此,访谈者必须要谨慎:如果他们表现出不耐烦的迹象,他们很可能不仅仅缩短访谈时间,还会想要得到现成的回答,而不是深思熟虑的回答。如果不那么急于求成,那么回答就会十分新奇且具有启发性。

4.8 对失控的恐惧

我们不仅会越来越没有耐心,也会失去自信心。当受访者在走神的时候,访谈者会做出一个判断:我是否要插话或打断他们,从而"将他们带回"当前的话题? 问题往往会引起意想不到的回应,而这些回答可能是所有问题中最有趣的,或者是最无关紧要的——而优秀的访谈者必须知道其中的区别!

问题也可以引起强烈的情绪反应,当他们以无法预料的方式做的时候,访谈者会想知道他们错过什么、他们应该知道却没有知道什么,甚至更多:他们会想,他们激起的强烈情绪是否会威胁(或有助于改变)访谈本身的方式和方向。

有时,访谈关系到的问题越重大,受访者的情绪就会越激动。当受访者被问及对他人的不满、责任、承诺、背叛的时候,他们会变得狂躁愤怒、愤世嫉俗、忧心忡忡、苦恼厌恶,甚至倾向于发表一篇长冗的文章去威胁除了最有经验的访谈者之外的所有人。

因此,在访谈过程中,控制往往是一个一直在协商的问题。与受访者一样,访谈者也有自己的目的、其时间有限、能力有限,理解和评估他们所听到的内容也会有限。因此,当受访者有强烈的观点或更强烈的情绪时,访谈者可能会担心失去对访谈的控制。

4.9　故作姿态会威胁访谈的成功性

言论对访谈的威胁不亚于对实质性的政治讨论的破坏。如果访谈者希望探索新鲜的素材,而不是规定"事先写好的"回答,那么他们就必须小心,不要让受访者"故作姿态",反而他们会更不坦率地回答问题。

各方摆出姿态的原因有很多。他们可能会不信任访谈者,所以就会放弃,并不透露真实的答案。他们可能担心访谈者会透露敏感的信息,所以并不会透漏任何"关键"的信息。他们可能时间有限,只能依靠"尝试和真实"的答案。他们可能会认为访谈者想要经过精心准备的、深思熟虑的、已准备好的回答,所以故作姿态就成为一种表现"准备好了"且可控的方式。通过这些方式,受访者可以保留新颖且经过深思熟虑的答案。【142】而访谈者了解到的就很少,很可能永远不知道错过了什么。

5. 克服困难,助力访谈成功?

所以要进行一系列的访谈,你会略微担忧这些访谈的未来走向。你能做些什么来避免刚刚讨论的困难呢?你能做什么来学习一些好的东西,而不是浪费你的时间?你可以做很多事情,所以首先至少考虑以下这十几个建议。

5.1　考虑一下委婉谈话的仪式

谈话并不会发生。特别是当涉及有争议的问题时,访谈者若想提出正确的问题和答案,那么可能需要建立关系。特拉维夫市(以色列港市,Tel Aviv)的公共官员巴鲁克·尤斯科维茨(Baruch Yoscovitz)曾经就做得很好,他讲述了一位日本规划者在东京大都市从事重大运输系统基础设施工作的相关经历（Forester，Fischler 和 Shmueli，2001，39）。"你是怎么做到的?"尤斯科维茨回忆时问道。他发现答案是惊人的："我喝了2000多杯茶。"

奇怪的是,在这里,通过吃饭、吃面包或喝茶的仪式,可以让受访者看到各种他们可能在访谈中会遇到的人:这个人是不是想"敷衍了事",于是快速问了事先写好的问题,然后就离开;或是这个人有很多的议程? 鉴于这样的情况,什么才是合适的呢? 当然,在这些相同的仪式中,访谈者也可以建立信任和融洽的关系,并且从中学习。

5.2　请记住,人们关心言外之意

如果我们知道不要理解人们所说的"字面含义",就好像他们的意思是用语言可以表达出来的,那么我们就要超越文字本身,将我们所听到的作为指示、隐喻、表达以及在【143】具体(访谈结构)情境中实际产生的叙述。所以我们知道,我们听到的几乎都是暂时的,而不是"最后的话语",这经常不是完整的意思。一旦我们明白说话者往往关心的远比他们能用语言表达的多,我们可以把他们的话当作通向其关切、信念、担忧、承诺等的大门。但我们也要小心过分解读他们所说的话(Spirn,个人谈话,2003)。

就像我们必须倾听的不仅仅是"语言"一样,我们理解引用,不仅为了"语言",还为了了解他们的意义和暗示、线索和提示、建议与技巧等,涉及的问题远远比那些简单句子所表达的意思更复杂。如果我们在听答案时不太拘泥于表面意思,我们可能还会记得"一幅画胜过千言万语"这句话,并将这种想法运用到受访者的谈话中。

5.3　承认情感是与认知相关的视觉模式(没有比"事实"更让人分心的事物!)

我们应该仔细倾听我们所听到的情绪基调,我们应该辨别情绪,因为情绪可以分散我们的注意力,也可以让我们接近眼前"事情的真相"。(包括一方的战略姿态!)冒着重复上述建议的风险:如果我们试想一下,我们就可以看出,任何一个有深层隐藏意图的人都可以利用"事实"来分散他人的注意力,就像他们可能会用"情感"来达到同样的目的一样。但更具讽刺意味的是:对"事实"的吸引力可能会更巧妙地分散我们的注意力(就好像"事实"仅仅是"事实",在任何情况下,没有任何选择性,不受任何表述语言的影响)。

所以我们不应该假设"事实"能说明一切,也不应该假设恐惧、愤怒、怀疑的情绪在

特定的情况下对我们没什么帮助。我们应该试着通过这种敏感的情绪去学习,而不是尝试先发制人,盲目地将其压制为"非理性"、"误导",或"分心"。可以通过他人的恐惧或愤怒来学习,例如,如果我们仔细听——因为恐惧和愤怒通常与评估性的判断和认知有关:如果"其他人"开始参与进来,一位居民担心失去他们社区的"特点",那么现在一位敏感的倾听者可能探究与"其他人"的恐惧有关的阶层问题或是种族成见的问题。或者,一位居民对"市政厅"的愤怒可能被理解为不仅仅是由于"市政厅"上次允许发生的事情,还涉及官员缺乏对公民的尊重或者对实际所发生的事情不够关心。

情绪可以揭示重要的信息,但访谈者倾听时必须具备敏感性,这样他们才能进行探索,否则他们就会错过线索、提示,学到的东西可能会比在实际工作中学到的要少。

5.4　意识到混乱的重要性,细节也有帮助 【144】

调解员在将各方集中在一起之前,需仔细地与当事人面谈以解决他们之间的一些分歧。一位叫玛丽(Mary)的调解员,分享一个她经常使用且经受住时间考验的战略:为了访谈进展顺利,她记得让所有受访者略过他们的第一个 15 分钟,略过他们尝试的惯例,略过他们最喜欢的关于"到底是怎么回事"的总结——随后可以从较少的即兴发挥和简化的记录中学习很多东西。

玛丽告诉我们访谈者会受制于这些总结的故事、最喜欢的引语、受访者惯用的简化表达。因此,我们应该刻意要求进一步细化,寻求一些细节,想到一个新颖的角度——一个既可以获取新信息,又可以让受访者更好地理解自己的角度。所以我们经常会问,例如,"你能多说一下这是怎么发生的吗?"或者"你能给我举个例子吗?"

5.5　不要急于解释

罗伯特·科尔斯(Robert Coles)警告年轻的医生,病人可能经常只会告诉医生他们所希望听到的信息。因此,在社会研究中,如果访谈者没有意识到受访者对访谈过程和访谈者目的的先入之见,那么他们就会错过重要的见解。科尔斯警告我们要提防"急于解释"、解释太快、由于缺乏时间而过早下结论、想获得"重点"而产生的焦虑、过度自信或只是我们无法仔细倾听。

同样的问题也出现在公共政策领域里。因此,该领域的学生会遵循"戈德堡法则"(Goldberg's Rule)":不问别人"有什么问题吗?"而是问他们"这是怎么回事?"——所以你不仅会发现一个关于"这"一问题的狭隘观点,而且还会发现更多的相关细节,这些细节可能会更好地反映出实际情况的复杂性(Forester,1999a)。

5.6 走出语境盲点

公共纠纷调解员在回顾他们的访谈时,对这些纠纷的当事方说了一些奇怪的话。调解员有时认为,在特定的情况下,各方似乎没有充分考虑自己的"利益",而是将注意力更多地集中在他们希望实现的目标、目的、立场或结果上。

【145】 这有什么意义呢? 如果各方都没有考虑过这些事情,那么世界上还有谁考虑呢? 但是现在,如果我们不把这些调解员视为盲目的或是高人一等的人,那实际上我们可以从这些奇怪的评论中学到一些东西:可以理解的是,各方在他们认为可能的情况下、在关系和制度框架内,表达了"他们想要什么"。他们认为"现实"的可能性是理所当然的。

如果我们是受访者:我们的答案将取决于一些假设的制度背景,取决于我们认为可信度比较高的事情。因此,我们可能会相信"市议会永远不会拨款给处理种族关系的工作",因此,我们可能不会"浪费时间谈论不相关的事情",这些事情也永远不会发生(Forester,2005)。

在此,访谈者面临的挑战是复杂的且理论上令人感兴趣的:在一个人人视野受限、理性受限的世界里,我们可能需要质疑那些想当然的假设,因为这些假设严重限制了人们认为可能存在的政治可能性。因此,访谈者可以试着对突发事件做出明确的说明:"如果在某种程度上,市议会考虑为种族关系的工作提供资金,那么你有何推荐? 如果可能的话,你会提供什么支持? 有何建议?"

调解员在进行访谈时会面临的相关困难:如果各方透露了对他们来说真正重要之事,那么他们可能会害怕被利用。当然,当相互依存的各方人士都这样做,而且都曲解了自己所关心的事情的时候,他们就会以讽刺的、悲剧性的失败而告终。他们会使不同优先事项中的"交易"更为困难。因此,未能利用互惠交换——实际上是可能的互惠互利,每个人都付出了对于他们来说不那么重要的东西来换取对他们来说更重要的东西——他们达成了两败俱伤协议(lose-lose agreements):如果他们能够利用在优先事项、关注点、担忧、恐惧或"利益"等方面的分歧,有所收获,那么对于他们来说,相比之下,协议是"糟糕的"(Susskind 等,1999;Forester,1999a)。

访谈中更普遍的问题是:如果访谈者害怕以任何方式被他人利用,那么访谈者可能不会学到很多东西,甚至不知道(或者为什么)受访者可能很害怕。访谈者可以做什么呢? 他们可以把敏感的政治意识带到他们访谈中去,并对他们背后的政治环境有切实的了解。

如果访谈者直接忽视这些制度背景,就好像只有他们的"善意"是最重要的,他们将不太可能激发信心和信任。但是他们可以尝试在许多方面建立信任并保护他们的受访者:承认政治背景,阐明如何使用访谈材料,有时停止做笔记或关掉录音,或许带来值得信赖的第三方,也许最重要的是创造履行承诺的记录、建立长期的关系。

5.7　采取小步骤,提出小建议 【146】

想象一下,有人想要了解你的童年。如果他们一开始就问:"你的父母成功吗?"之后可能会发生什么? 你可能会反过来问,"嗯,你所认为的'成功'是什么意思?"或者,如果你听从了访谈者的意见,接受了他的条件,你可能会觉得自己陷入了困境,就好像你必须决定一个"是或否"的答案,"成功"或者"不成功",随后给出支持第一个答案的后续解释。

访谈者似乎会做得更好,要求提供证据而不是简易判断:询问稍后在研究过程中可能支持整体判断的信息或故事(也许是关于任何人的"成功")。这意味着,作为访谈者,我们必须抵制诱惑,要求我们的受访者为我们工作。

因此,如果我们想知道苏和克里斯(Sue 和 Chris)是什么样的父母(或者居民、邻居、积极分子、病人等),我们应向其寻求证据(你如何与你的孩子相处? 当你的孩子……时,你会如何回应他们?),而不是直截了当地问他们:"你是什么样的父母(以此类推)?"

在某种程度上,这意味着访谈者必须建立信任;他们必须一步一步地向受访者表明他们对重要经验的细节感兴趣,而不仅仅是对简单的总结判断感兴趣。小步骤建立信心;他们投入时间和精力;小步骤远不及大的整体问题的威胁性大(而且不那么晦涩),因为这些问题的范围过大,最终的效果也没有达到预期。"这个政治进程是如何运作的?"别人可能会要求提供这样一个简要说明,而且他们可能对这个过程一无所知,以至于问题本身可能会引发比访谈者真正想要的(也比访谈者愿意给出的)更简单的回答。

大问题需要被分解成一个个小问题,所以访谈者可以让受访者一步一步前进,而不是一蹴而就。受访者问的问题越小,威胁就越小,建立的信任与自信就越多,也会产生令人惊讶的结果。

5.8　转移责备的博弈:探索可能性

正如玛丽上面所提到的,访谈者就像调解员一样,会受限于熟悉但简单化的理论,不管我们称之为"剧本"、"说唱"、"挑刺"、"高谈论阔"、"说教"或政治教条。但他们也可以做得更好,不仅可以通过询问细节和例子,而且通过询问受访者,以获取积极建议、提议、发起以及解决眼前问题的方法。这一举动同时实现了几个目标:它超越了一个"指责博弈"、寻求受到保护和尊重的价值,并要求受访者作为一名代理人,承担责任,而不仅在于指责,还在于设想建设性的替代方案。

【147】

调解员认为这种"未来取向"是不言而喻的,因为指责博弈很容易升级,并取代了偶然的建设性提议,"如果我们尝试 X,Y,Z 呢? 我们能做 A,B,C 吗?"同样,访谈者不仅可以探索责任的分配,也可以探索可能性的建议,并以此来丰富他们的研究成果。

在土地使用案例中,我们让调解员"莫妮卡"以这种方式寻求建议:

每当有人消极回应时,我就试着在此寻求一个积极的想法。

我试着将它变成一个积极的想法。所以有人会大发雷霆,有人可能会因在玉米地建房子而发怒,比如说——他们不想看到,在谈话的过程中还提到了土地信托。于是我会想到这个主意,说:"你是说如果我们有一个当地的土地信托基金来保护这片土地,那就好了吗?"然后,他们会说,"是的。"

所以这真的是一个问题,每当有人消极诉说时,就会试图把它变成一个积极的建议,或只是说,"嗯,你想看到什么?"

这为我们的会议定下了基调,也确实为我们的组织工作奠定了一个整体的基调,即我们正在努力做的事情——找到积极的解决方案。

5.9 用幽默打破假设

幽默感不仅仅能带来微笑和欢笑。它传达给受访者的信息是,访谈者对自己的工作有个人看法,他不是那么认真、那么狭隘、那么严肃,以至于受访者从一开始就要担心自己的回答是否"不充分"、"错误"或"愚蠢"。带着幽默感不仅会减轻访谈者的工作压力,而且分享不同的观点也会鼓励受访者分享他们所看到的矛盾和复杂性,以及他们所看到的谜题和独特之处。

分享幽默感向受访者传达这样一种信号:访谈者并非掌控全局;他或她不知道所有答案;他或她已经准备好来面对意想不到的事情,来面对不同的观点,他或她不仅仅要有一种清醒认真的态度,而且要通过一种有趣的方式来做出贡献。

拥有幽默感可以帮助建立信任,缓解访谈者和受访者之间的紧张关系;它可以让访谈者和受访者在面对模糊不清的、令人困惑的、复杂的、有争议的话题时,可以共同协作。最重要的是,在面对非常困难甚至是痛苦的话题时,幽默感可以让受访者和访谈者能够克服困难,不会受限(Forester,2004a;Sclavi,2003)。

5.10 出去走走!

【148】

还有另一种访谈方式,它采用的是一种较少的对话方式,更多的身体接触,甚至是更动态的访谈方式。少谈论抽象的问题,而是多出去,四处走走,看看周围的环境、城市、社区、景观走廊或开阔的空间。当你们一起做很多事情时,你们会学到一些东西,有时谈话可能只会在散步、旅行、游览、穿过各个地方、挨家挨户的访谈之后才会产生。托尼·吉布森(Tony Gibson)提出了令人难忘的话语,描述了参与者在社区规划策略和物理模型方面的共同努力:"眼睛向下(工作),手放在上面,摩肩接踵,少说话"(Gibson,1998)。

5.11 预报告与听取报告

也许我们应该认识到,访谈不仅是在我们"做"之前,而且也在我们"做好"之后。因此,在早期,与值得信任的人交谈,告诉他们我们正在做什么——我们可能会问什么或不问什么,做什么或是不做什么。同样地,我们可能会讨论我们所听到的、我们认为在事后与他人学到的,因为通常其他人会带来其他观点、见解和知识,以让我们听到。因此,当我们"回顾"我们与他人所听到的一切时,我们学到的东西比我们最初想的还要多。

6. 结论

因此,访谈意味着倾听和学习他人的观点,甚至通过通力协作来做到这一点。为了让访谈进展顺利,就需采取实际的行动,在特定访谈情况下,对受访者的具体情况做出反应。从哲学的角度来看,进行一个访谈就需要一种实际的理性、一种对环境敏感的理性。这种理性能很好地把握细节,并对所包含义务和责任的历史负责(正如 Martha Nussbaum 在 1990 年所言)。

在访谈中,我们试图以新的方式来探索理解这个世界的可能性。我们提出的问题不仅仅是为了证实我们的怀疑,而是为了让我们感到惊讶并接受教导,以新的方式展示我们所关心的世界。在政策和规划的情况下,访谈往往涉及对未来和过去的看法,而且在深度的交谈中,我们能够以新的方式看待过去和未来——这样我们可以重建过去,这

【149】 个"过去"几乎是无法重建的,因为我们可能会把过去解释为从未见过的过去,并以此为基础采取行动。

因此,在访谈中我们必须同时探讨事实和价值的问题。毕竟,我们探究那些重要的事实、值得一问的事实、受访者认为值得注意的事实,从而吸引我们的注意力,告诉我们这些事实有多重要。

在规划和政策背景下,探索未来可能性的访谈形式远远超出了传统的访谈形式,后者可能会收集预置问题的多项选择答案。政策和规划访谈重视建立在主观性的基础之上的客观性,而非反对主观性,这是因为客观性是通过主体间确认,公众监督而非私人偏见所确定的。在政策和规划领域中,访谈者避免将一些重要的知识作为充分的预脚本,因此在这些领域中,开放式访谈对于可能实施的行动和设计,谈判和解决冲突,合作以及认可模式都变得至关重要,而这些都超出了访谈者最初的假设。在规划和政策环境中,访谈变成了探索性的、规范的、探究的、以行动为导向的合作研究。

我们看到,访谈始于一种关系,在这种关系中,陌生人经常互相交谈。在这样的谈话过程中,我们可以改变关系(无论好坏),使得访谈者能经常建立信任和融洽的关系,让受访者的出现值得访谈者花费时间,当然,在其他情况下,访谈者会因为自以为是、居高临下、威胁、冷酷、无礼、急促、令人困惑或更糟,从而破坏人际关系。

当我们考虑访谈者可能造成的伤害时,我们可以清楚地看到访谈工作是如何涉及对待他人的一种道德规范。与之直接相关的伦理考虑包括尊重、认可和情感敏感性等问题。因此,访谈结合了认识论和道德问题:访谈者不仅要深入了解受访者如何看待世界,还要关心他们如何对待与之相处的人,或者他们希望从谁那里了解或改变这个世界。

访谈要求我们不仅仅只听字面意思,不仅仅只听"重要事实",所以,我们要衡量意义和重要性,以便我们能够衡量情感上的细微差别和感受以及事实的准确性,这样我们就不会把我们的谈话当做是复杂问题的最后一句话,而是把它当做打开话题的第一句话。

最后,访谈的挑战让我们清楚地认识到汉娜·阿伦特(Hannah Arendt)的深刻见解:社会调查工作必须与我们希望探索的主题、经历、政治和道德复杂性产生道德共鸣(Benhabib,1990;Slack,2003)。这听起来很简单,但在社会调查中也许没有什么挑战比这更令人生畏的。事先写好的调查问卷很难做到这一点。一个人如何能够深刻地洞察另一个人的家庭、邻居或社区解体的经历,或是深刻洞察可能由于种族主义、性别歧视、【150】 失业或无能为力而造成对他人所爱之人的羞辱? 我们怎样才能敏感地,而不是愚蠢地询问彼此间真实的、宝贵的希望,或悲剧性的损失呢?

　　对于所有关心公共政策可能性的人来说,访谈工作是不可避免的,始终存在于组织和政治生活中。无论是技术性的工作,还是非技术性的工作,都将深深依赖于我们在访谈中所展示的技能和洞察力,因此我们有自己的工作要做。

参考文献

Arnstein,S.1969. A ladder of citizen participation.*AIP Journal*(*July*)：216-224.

Benhabib,S.1990. Hannah Arendtand the redemptive power of narrative.*Social Research*,57:167-196.

Coles,R.1989. *The Call of Stories.* Boston:Houghton Mifflin.

Corburn,J.2005. *Street Science.*Cambridge Mass.：MIT Press.

Forester,J.1989. *Planning in the Face of Power.* Berkeley:University of California Press.

——1994. Profile:Rolf H.Jensen on"dispute resolution as a strategy of urban planning."Dept.of Cityand Regional Planning,Cornell University.

——1999a.*The Deliberative Practitioner.* Cambridge,Mass.：MIT Press.

——1999b.Dealing with deep value differences.Pp.463-493 in *The Consensus-Building Handbook*,ed.L. Susskind,S.McKearnan,and J.Thomas-Larmer.Thousand Oaks,Calif.：Sage.

——2004a.Critical moments in negotiations:on humor,recognitionand hope.*Negotiation Journal*,20(2: Apr.）:221-237.

——2004b.Planningand mediation,participation and posturing:what's a deliberative practitioner to do? Prepared for the Annual Symposium of the Interdisciplinary Ph.D.Program in Urban Design and Planning University of Washington,Seattle,15 Apr.

——2004c.Community planningand the art of consensus-building.Prepared for the Safe and Strong Communities Symposium,Sydney,July.

——2005. Challenges of public learningand process design:if parties often misrepresent their interests, how can we evaluate negotiated policy agreements? Pp.150-163 in *Adaptive Governance of Natural Resource*s,ed.J.Scholz and B.Stiftel.Washington,DC：Resources for the Future Press.

——forthcoming 2006. Rationalityand surprise:the drama of mediation in rebuilding civil society.In *Engaging Civil Societies in Democratic Planning and Governance*, ed. P. Gurstein and N. Angeles. Toronto:University of Toronto Press.

——Fischler, R., & Shmueli, D. eds. 2001. Israeli Plannersand Designers:Profiles of Community Builders. *New York:State University Press of New Yor*k.

——& Weiser, I. eds. 1995) Profiles of environmental/community mediators. Typescript, City and Regional Planning Department,Cornell University.

Gibson,T.1998. *The Do-ers Guide to Planning for Real.*London:Neighborhood Initiatives Foundation.

Greenwood,D.,& Levin,M.1999. *Introduction to Action Research:Social Research for Social Change.* Thousand Oaks,Calif.：Sage.

Judd,C.M.,Smith,E.R.,& Kidder,L.H.1991. *Research Methods in Social Relations*,6th edn.Orlando, Fla.:Harcourt Brace Jovanovich.

Krumholz,N.,& Forester,J.1990. *Making Equity Planning Work:Leadership in the Public Sector.* Philadelphia:Temple University Press.

Nussbaum,M.1986. *The Fragility of Goodness.*Cambridge:Cambridge University *Press.*

——1990. *Love's Knowledge.* New York:Oxford University Press.

Reardon,K.,Welsh,J.,Kreisworth,B.,& Forester,J.1993. Participatory action research from the inside. *American Sociologist*,24(1):69-91.

Reich,R.1994. *The Power of Public Ideas.* Boston:Ballinger.

Sandercock,L.2003. *Cosmopolis II.*New York:Continuum.

Sanoff,H.1999. *Community Participation Methods in Design and Planning.* New York:John Wiley and Sons.

Schön,D.1983. *The Reflective Practitioner.*New York:Basic Books.

Slack,S.2003. Personal correspondence.E-mail,11 March.

Sclavi,M.2003. Art of Listeningand Possible Worlds(Arte di ascoltare e mondi possibili.Come si esce dalle cornici di cui siamo parte). *Milan:Bruno Mondadori.*

Stein, C., & Mankowski, E. 2004. Asking, witnessing, interpreting, knowing: conducting qualitative research in community psychology.*American Journal of Community Psychology*,33(1/2):21-35.

Susskind,L.,& Field,P.1996. *Dealing with an Angry Public.*New York:Free Press.

——Mckearnan,S.,& Larmer,J.T.eds.1999. *The Consensus Building Handbook:A Comprehensive Guide to Reaching Agreement.* Thousand Oaks,Calif.:Sage.

Umemoto,K.2001. Walking in another's shoes.*Journal of Planning Education and Research*,21:17-31.

Weiss,R.1994. *Learning from Strangers.*New York:Free Press.

Wildavsky,A.1989. The open-ended,semi-structured interview.Pp.57-101 in*Craftways:On the Organization of Scholarly Work.*New Brunswick,NJ:Transaction.

Woodruff,P.2001. *Reverence:Renewing a Forgotten Virtue.* New York:Oxford University Press.

第 7 章　作为政策建议的政策分析

理查德·威尔逊（Richard Wilson）

在理想世界中,政策分析、建议以及以此所做出的政策决定,都应该经历研究、分 【152】
析、选择、咨询、建议和决策这个平稳而连续的过程,每个阶段都以建议为依托和指导。
这种简单的循序渐进模式是许多政策顾问在制定决策时所考虑的。

实际上,政府内部并非如此简单,政策制定的过程可能更加曲折。在制定政策的过
程中,一些步骤可能出现错误的顺序,一些步骤可能会被忽略。因为外部因素可能对事
情的发展产生难以预估的影响,即便是一个意志坚定的部长在进行决策时,也可能会被
一个有影响力的旁观者、一篇媒体报道或一份新的统计数据所左右。政策分析是政策
制定的重要组成部分,但并非全部。本章将分析其原因。

本章从 20 世纪 60 年代以来一直在政府部门和内阁办公室工作的从业人员的角度
所撰写,为相关领域的研究提供建议并接受建议。本文不涉及其他国家的相关经验。①
在其行政文化和环境的影响下,每个国家都具有自己的独特决策方式。本文仅涉及英
国的本土经验,希望为其他国家的发展提供参考。② 【153】

1. 什么是"政策"?

"政策"一词没有明确的定义,通常由政策制定者随意使用。它可能代表一个总体

---

① 有关美国从业人员的相应说明,见艾森施塔特(Eizenstadt,1992);舒尔策(Schultze,1992);诺
伊斯塔特(Neustadt,2001);巴伯(Barber,2001)。更多来自美国经验的分析性解释,见诺伊施塔特(Neu-
stadt,1960、2001);诺伊施塔特与梅(Neustadt 和 May,1986);威尔达弗斯基(Wildavsky,1979);波特(Por-
ter,1983、1997)。

② 对于英国案例的其他学术信息,请参阅布里坦(Brittan,1964、1969);赫克洛与威尔达弗斯基
(Heclo 和 Wildavsky)。

目标,例如,"1997 年新工党宣言"(Labour Party,1997,35)中所述,"我们将采取有效行动来打击恐怖主义威胁";或是一个指导原则,如"我们将严厉打击犯罪,严格追究犯罪的成因"(1997,5);或是为实现目标所采取的具体行动,如"我们将不断努力打击青少年犯罪行为"(1997,5)。

政策的定义有时为了特定的目的而设计。例如,1998 年在名为《政府现代化白皮书》(Government White Paper on Modernising Government)中提出:"政策制定是一个政府将其政治愿景转化为计划和行动,以实现在现实生活中所期望的变革的过程"①。代表议会对公共支出进行审计的英国国家审计署(The National Audit Office)也同样表示:"政策是将政府的优先决策和原则转化为实际期望所采取的计划和行动方案"(National Audit Office,2001)。这些定义并不完整,旨在向特定的受众发出信号。例如,"政策"可能与政府就某个问题采取的原则和优先事项有关,而不是将这些原则和优先事项转化为行动(见上文)。并非所有的政策都会带来变革。在某些情况下,政策的目标是长远的。

在其他情况下,"政策"具有不同的含义,并应用于其他目的。例如,时任英国内政大臣迈克尔·霍华德(Michael Howard)曾面临国会要求他辞职的请求,原因是监狱安保严重失误,他也因此解雇了监狱长德里克·刘易斯(Derek Lewis)。他说:

我需要向下议院报告所有监狱服务的相关事宜,全权对相关决策负责。监狱长也需要对监狱的日常运作负责。②

在这里,首相提出要将政策和日常运作区分开来,作为界定个人责任的基础。这种区分早已不再新鲜。在其他领域也有类似的区分情况,例如政府与国有化产业之间的关系。

我们需要谨慎看待这种区分方式。政策制定和日常运作不是孤立的,而是密不可分的。例如,政策制定者可能会认为,监狱中的因犯在监狱中接受惩罚和改造,在牢房内安放电视机,这在道德和政治上都是不可接受的,他们可能会制定一项政策,将电视机撤出监狱。另一方面,日常运作负责人认为,该政策的实施可能会引起监狱骚乱、暴动,甚至会使监狱失去控制。不同的角色可能有不同的目标和优先处理事项;最终决策者必须对日常运作和政策负责。当然,日常运作是可以在政策制定的过程中进行的。

【154】

另一种说法是,政策制定分为不同的层次。在最高层面上,政府确定其政策目标及如何实现这些目标。但在较低层次上,往往有无数的关于政策解释和执行的间接决策,

---

① Cm 4310.

② 英国国会议事录(Hansard),1995 年 10 月 19 日,col.518。

这些是政府部门的日常事务,其中也包括日常运作。这往往决定了政策的成功与失败。

例如,也有观点认为间接决策大大降低了引入人头税(社区收费)的成功率(参见 Butler,Adonis 和 Travers,1994)。保守党在 1987 年大选的竞选宣言中,就对税收做出了承诺。其目的是同时采用旧体系下的税率与新税率,并在 4 年时间内逐步取消税率,该方案被称为"双重运行"。在 1987 年末,经过简短的讨论,政府决定放弃该方案,于 1990 年 4 月一次性开征。这一间接决策可以说与政策本身同样重要,但它是迅速做出的,而且只有小部分的谨慎和思考。

在本章中,政策指政府对特定事项所采取的行动、所制定的目标、做出的声明,为实现这些目标所采取(或未采取)的措施,以及他们对所发生(或未发生)事件的解释。政策建议是指就这些事项向各国政府提供的咨询意见,包括一旦作出决策,如何实现其政策目标。

2. 权力的行使

从根本上讲,政府政策制定的过程就是国家行使权力的过程。政策建议就是关于如何行使权力的建议,而且在某种程度上,它影响着政府的言论或行为,它本身代表一种非正式权力的行使。政策分析为权力的行使提供了保障,其是否具有权威性取决于所发生事件的影响力大小。政策过程并非孤立存在,也并非存在于完全理性化的世界中,只有在政治背景下才能看到并且理解它。

这就是为什么政策分析和政策建议之间的关系很少是直接相关联的。因此,对于政策的控制从来不会始终由一个人控制在一个地方:它在很大程度上取决于时间和环境。这甚至适用于最高级别的政府决策。 【155】

由于政策建议必须考虑这些因素,因此比政策分析涉及的范围更广泛。它包括"可能性的艺术",即在政府决策自由被限制的条件下,能够实现哪些目标的艺术(参见 Vickers,1983)。被限制的因素是多种多样的:缺乏资源、缺乏法律权力、缺乏议会支持、公众反对(在道德上或其他理由)、政府其他部门的反对、其他有势力特权阶级(例如,在 20 世纪 60 年代以及 70 年代的工会或如今的大众媒体)的反对、金融市场的反应、缺乏技术知识。上述及其他类似的因素限制政府的决策。

3. 政治环境

在许多方面,环境会影响政府的决策过程。

政策分析是否被采纳的可能性部分取决于执行与被执行的对象。例如,如果分析的服务对象是为首相或财政大臣工作的政府工作人员,由于他们在同行中具有一定的权威性并且在立法机构中拥有大部分支持者,那么政策决策很有可能会与政策分析相一致,尽管情况并非总是如此。来自有影响力的调查或政府设立的调查机构(例如,英国皇家专门调查委员会)的分析报告可能比未经要求自愿提供的分析报告更具影响力,尤其是当某个团体或个人对政策结果表现出明显兴趣的时候,除非政府是为了方便而引用这些分析报告支持调查结果的。

如果分析是政府内部争议的主题,而分歧的意见是不同的部门向各部长提出了不同的建议,那么对于某一特定观点给予重视的政策分析可能比使形势更加混乱的政策分析更具影响力。一份具有明显的权威性和独立性的报告也是如此,尤其是目前备受关注的科学或社会问题的报告。同样的,一份表达清晰的报告可以吸引一个忙碌的部长在汽车后座上读到深夜。[①]

【156】政府的大部分工作是为了协调统一政府外部的团体及个人的观点。得到专家或他人广泛支持的政策分析,且具有权威性证据的支持,比起受到其他权威人士质疑且只有少部分人支持的分析更具影响力。但是即便在达成共识的情况下,从政治信念角度来看,如果存在另一种更有利于长期发展的政策,那么该政策分析可能不会被接受;例如,撒切尔政府的宏观经济政策和 20 世纪 80 年代初的工会改革,以及布莱尔(Blair)首相2003 年在伊拉克采取的军事行动,都证明了这一点。

在实践中,如果一个问题具有争议性,那么不同行业的人士对于争议问题会产生不同的观点,例如,专家、商人、半官方机构、政府内部人士、议会、大众媒体、施压集团等等。这些问题必须由内阁委员会或时任首相共同探讨来解决。

例如,在 20 世纪 70 年代末,英国政府面临着在苏格兰和英格兰为下一代核电站选择热反应堆的决定,这是一个高技术性问题,涉及科学、安全、环境和商业等众多因素。各大报纸的头版争相报道此新闻。赞成英国改进型气冷反应堆(AGR)、美国压水堆(PWR)、禁止新的核订单或是采取其他措施的人意见各不相同。政策过程就是这样一种模式。对备选方法进行了技术评估,耗费的成本可能高达数百万英镑;国务卿利用公众咨询的方式,深入群众尽可能获得更多的建议,包括从他自己的公务员那里收集信息;中央政策审查人员(Central Policy Review Staff)(见下文)也做出了他们的分析报告。最后,并没有得出"正确"答案,没有达成共识,没有得到决定性的成果,也没有得到比刚开始讨论时更一致的结论了。经过长时间讨论,内阁做出了最终的决定是一个

---

① 有关这些现象的综合分析,请参阅马佐尼(Majone,1989)。

折衷方案：在英格兰和苏格兰各订购一个改进型气冷反应堆，并对在赛兹韦尔（Sizewell）建造的美国压水堆进行设计研究。有时对于政府来讲，没有"正确"的决定，仅仅只是做出一个决定而已（对于相关问题学术性研究，参见 Williams，1980）。

政策分析是否能够产生影响力，良好的时机可能是关键因素。例如，类似于消除贫困的一些基本问题，政府极有可能在政策实施的初始阶段准备充分，而之后就会因为动力不足而遭受指责。在没有公众压力的情况下，政府就不会试图解决这些问题。基于当时的政治环境，无论该政策有多么合理，政府都会终止该政策的执行，除非该政策受到了政策部门或个人（类似于掌握极大权力的首相或财政大臣）的认可。例如，在处理全球变暖问题上，是由撒切尔首相或者是财政大臣所提出的。

在某些时候，政府可能更愿意接受新的思想。对于政策问题的思考还处于早期阶段，思维不稳定的状态比起后期思维的僵化，会更容易影响政策的实施。如果一个政策在执行一段时间后没有取得进展，没有人知道该如何处理（从外部看并不总是显而易见），那么该政策受思维影响的可能性就更大。1988 年，英国政府对国民医疗保健制度（National Health Service）进行了为期一年的审查，经过 6 个月的工作，几乎没有得出任何结论。在审查之初，并不知道情况会怎样，只知道它需要独到的见解和缜密的思考，而能够提供的现成分析却很少。这种情况在政府中有时发生，尤其是在如健康、社会保障或铁路私有化等商业领域。【157】

在其他条件相同的情况下，相比于那些自筹资金（或更好的办法是筹集资金）或在现行法律内可实施的提案，涉及增加税收、立法或新的公共支出的提案更不容易被采纳。每届国家会议上只允许有限数量的主要法案通过，一般是 15 到 20 个：各部门之间对席位的竞争非常激烈，并且早在会议开始前一年竞争就已经展开。①

这些都是外部因素的例子，可能影响政策分析的有效性以及政策建议内容。

4. 决策不当

再完美的政策过程也不能弥补政治判断失误所带来的影响。上文提到的参与社区收费的人士将其视为一个政策分析模式。与此事关系最密切的部长威廉·沃德格雷夫（William Waldegrave）后来提到：

政策的产生、制定以及执行的方式都是现代政策应该借鉴的一种模式。在这个过

---

① 罗丝（Rose，1986）；范·梅赫伦与罗丝（Van Mechelen 和 Rose，1986），政府时间表的紧迫性，参见内阁办公室（Cabinet Office，2004）。

程中,会组建项目组,引入外部人员,借鉴传统的政策分析并进行大量的政策咨询,利用最新技术建构成果模型。当时内阁并没有做出正确的政治判断(现在被普遍接受的)。这与公务员和外部专家无关,他们的行为完全符合民主选举下领袖对他们的要求……最终没有任何方法可以保证确保人类决策者不犯错误。[①]

事实上,人们对政策分析是否是一种模式存在质疑,例如,当时的财政大臣尼格尔·劳森(Nigel Lawson)严厉批评了税收政策,他几乎预测了所有潜在的主要问题,包括税收可能对分配问题带来严重的影响(Butler,Adonis 和 Travers,1994)。但最关键的也是最公平的一点是,良好的决策需要杰出的判断力,以及行之有效的政策分析和建议。如果权力的行使过于集中在某个部门、政府或个人中,就会增加决策失误的风险。

【158】 最后,无论政策过程如何顺利,政策决策的质量都取决于决策者的判断能力。什么是"好的判断",用"事后诸葛亮"来解释更容易理解。面对不确定的情况,决策者想要作出准确的判断需要个人素质,包括权衡竞争因素的能力,能够长期进行政策管理工作的勇气,在政策执行中认真对待困难和反对意见的本能,以及对他人行为的理解。除此之外,还需要良好的政治氛围,诺贝尔奖获得者鲁德亚德·吉卜林(Rudyard Kipling)在《如果……》(If.)的诗作中描述的品质以及好的运气。

那些提供政策建议的人,无论是在政府内部还是外部,都需要培养这些特质。传达政策建议的关键(假设它是合理的)首先是在信任关系中进行;第二,要用清晰简洁的语言来描述,以正确的语气在正确的层次上吸引受众参与,不要费力去做他已经知道的事情,而要专注于他想了解以及需要了解的事情,即便该政策并不受欢迎,也要以新的视角来重新审视问题,明确关键的事实和论点。

5. 从通才到管理者

在过去的三十年里,公务员不再以通才的姿态提供政策建议,而是采用一种更加严谨和专业的方法来制定政策;这种方法与传统政策分析相比,其政策建议的概念更广,涉及风险、管理与成果产出。[②]

人们普遍认为在决策中需要考虑管理的重要性:爱德华·布里奇(Edward Bridges)爵士在 1950 年担任内阁大臣时称,管理是"英国政府的一个基本特征"。但在实际操

---

① W.沃尔德格拉夫(W.Waldegrave),在社会市场基金会议上所作的"改革政府角色"的演讲,1993 年 12 月 1 日,p.7。

② 欲了解美国的相应现象,参见 Rivlin 1971。关于这种方法的缺陷,请参见马佐尼与奎德(Majone 和 Quade,1980)。

作中,它经常被其他的决策压力所忽视。

从历史上看,"政策"一词在英国的公民服务中具有深厚的文化内涵。多年来,该服务被分为三大类:管理、行政和文书工作。最有趣的是,每个人都想成为管理层的人员。用 1957 年的一本重要的相关书籍的话来说,公务员群体"主要由大学毕业生组成,为部长提供政策建议,处理现行政策带来的任何困难,并预测新措施和法规可能带来的后果"①。这里所提到的关键词是政策:高级行政人员的技能在于向部长提供政策建议,包括清楚地说明证据、选择和论点,并就未来的道路提出意见。尽管服务文化不断提醒人们:真正的权力在于首相和民选政府,而不是官员。

【159】

在管理阶层之下是行政阶层,"在既定政策框架内负责政府的日常事务"②。在这种情况下,"行政"一词通常具有轻微的贬义:"政策"的重要性在于为那些缺乏政策经验,同时给面临着晋升的人设置玻璃天花板。例如医学专家,高级律师和高级工程师等专业的,科学的和技术性的人才就需要"随时待命,而非高高在上"。文书类则处于最底层。

1968 年,富尔顿委员会(Fulton Committee)在公务员制度的报告中首次提出要削弱这种对于"政策"的文化依赖,该报告批评了"对通才的过度迷恋"(Fulton,1968)。虽然报告中所作出的提议在当时收效甚微,但为后来的改革奠定了基础。

在撒切尔夫人执政时期,实行了财务管理政策,并将管理责任下放到各个"下属"机构,这使人们意识到管理和政策技术的重要性,也认识到需要制定考虑到管理需求的政策(关于"下属"的原则,参见 Jenkins,Caines 和 Jackson,1988)。主要政府在"公民宪章"(1999 年第 251 号重要文件)中规定,有关公共服务的政策包括绩效标准,以及未达到标准的申诉和补救措施。

这些改革在 1997 年布莱尔政府领导下达到高潮,目的是推动公务员队伍更加专注于所取得成果和改善公共服务("提供服务"),以及制定基于实证分析和精心设计从而能够成功实施的政策。大量公开资料证实了这一趋势的必要性。另外,绩效与创新部门(Performance and Innovation Unit)于 2000 年 1 月发布的一份报告呼吁,将良好的分析放在政策制定的核心位置。2001 年 11 月,管理和政策研究中心(Centre for Management and Policy Studies)发布了一篇名为《最佳决策》的报告,介绍了中央政府最具创新性的政策制定方法。国家审计署于 2001 年 11 月发布的一篇名为《现代政策制定:确保政策能够带来收益》的报告,报告分析了政策分析和建议最终导致政策设计和执行不力的

---

① 《惠特克年鉴》(Whitakers Almanack,1957),第 353 页。
② 同上。

具体案例,并确定了现代政策制定的 9 个关键特征。

这些报告十分具有成果性,这无疑得益于后见之明。但也反映了一种趋势,不再依赖通才。首相在 2004 年 2 月 24 日致公务员的演讲中呼吁:

【160】

我们需要更具战略性和创新性的政策方针。战略决策本身就是一门专业学科,需要认真分析目前的情况,研究未来的发展趋势,并且寻求其他方面的发展可能性从而提供更多的选择,然后通过缜密的思考确定政策实施的步骤。我注意到,公务员没有提出议案,要么是因为他们认为这在政治上是不可接受的,要么是因为它看起来太激进了……不要害怕提出那些看似不切实际的过于理想化的解决方案;判断决策是否可行或是否应该被执行是我以及各部长的职责……大型官僚机构倾向于规避风险,因为冒险而导致的失败往往比无所作为而导致的失败更严重。行政部门应当鼓励和奖励横向思维(Blair,2004)。

至于指责公务员以现实的眼光来看待他们的工作环境是否合理,以及出现问题后可能产生的后果,包括来自议会和媒体的批评,则是另一回事。虽然这可能听起来像《是,大臣》(*Yes Minister*)中的(Lynn 和 Jay,1984)一个笑话,当一个政策出现问题时,发现不止一位部长会这样说:"我知道我想让人们承担更多的风险,但我所说的不是那种风险。"

6. 通才的衰落:是否重要?

有人认为,20 世纪 80 年代和 90 年代初,管理建议和许多改革的兴起实际上剥夺了中央部门的分析能力(Dunleavy,1995)。一些人对通才的减少感到遗憾,一些人对此表示支持,一些人对这种情况也存在质疑。无论如何,以这样或那样的方式都很难证明。

这些数字证明不了什么。20 世纪 50 年代中期,有 2700 人在行政部门处理政策问题。50 年后,高级公务员队伍人数达到 3800 人,这是一个涵盖高级政策顾问和高级管理人员的群体,实际上选拔门槛变得更高了。

管理改革要求高级公务员给予更多的时间与精力来进行管理,这无形中减少政府内部对政策建议的投入。从 1995 年到 1997 年间,高级管理层人员经历了大换血,相关职位裁减了 20% 以上,给团体带来了亏损(至少是暂时性的)。如今,对高职位人员所期盼的技能和能力比一个人一生所获得的都要多;而政策技能只是众多技能中的一种,这使人们更加重视团队的重要性,因为团队拥有管理一个大部门所需的全部技能。当然,人们对于高级公务员的要求已得到再平衡,对于更加广泛的技能给予新的、健康的尊重。

但这是否意味着政策制定必然更糟？也许有人会说，上文所描述的对"政策"的文化依赖，即是"官僚制"模式形成的标志，在这种模式下，公务员掌控了向部长提供建议【161】这种智力趣味活动，同时将非智力活动（如管理政策的执行）交给其他机构处理（参见 Dunleavy，1991）。这创造了一种令人愉快的、能够激发智力的活动，其代价是制定政策时不再考虑其政策能否成功实施以及是否行之有效的问题。近年来有很多证据表明政策建议的失败。近些年也有许多成功的案例（参见 Dunleavy，1995；Hennessy，1997），例如在宏观经济政策的发展中，与前 20 年相比，努力寻求更好更专业的决策模式是十分有必要的。

一些评论员担心"如果没有公务员的建议的约束，部长将在法律允许范围内行使更大的独断权"（Foster 和 Plowden，1996，178）。但是，苏伊士运河危机表明，脱离了建议而采取独断行为是十分危险的。部长的责任是"在决策时，要公平考虑每个建议；对于公务员合理及公正的建议，以及其他想法和建议做到一视同仁"（Cabinet Office，1996）。公务员有责任提供这些建议，但如果将这类责任拓展至阻碍政府的行动，就可能会赋予公务员不具备的独立宪法角色。

通才阶层的终结是实现最佳政策制定的必经之路。是否需要完全放弃通才是值得商榷的。当然，通才所具备的技能仍然被需要。但是，在这个过程中，通才逐渐消失的趋势是毋庸置疑的。

7. 首相想要什么？

英国首相府的干预是影响政府决策的一个主要因素。首相希望他们的政府能够获得成功，并再次连任，而且他们认为在没有首相府的帮助下，仅仅依靠他们同僚的努力是不会取得成功。

虽然英国首相通常权力很大，但除了有权向英王提出任命与解聘大臣，以及在未经表决情况下主持和总结会议之外，其他正式行政权力相对较少。大部分行政权力，包括立法权和财政支出权，归国家或其他机构（如地方政府）所有。因此，首相被迫不得不寻求更加有效的干预路径。

他们干预的程度会有所不同；但不管哪个政党，他们往往不愿意被动地依赖于部长【162】级同僚集体讨论分析后所得出的建议。大部分事务与政策都必须交给相关部门，不能全部由中央政府统一管理。但首相对此感到不安，希望能够在决策制定时，改善政策决策，提供有效的政策分析。

造成这种不安的原因之一，可能是对同僚或其官员缺乏信心，或者是由于政治分歧,政绩不佳,缺乏新观念,或出于其他原因。在这种情况下,应对办法可能是对部长进行改组,并且在出现职位空缺时任命常设官员担任该部门的关键职位,这并不是出于政治化的愿望,而是为了提高部门的绩效。另一种对策可能是任命英国首相府的顾问来干预该部门的决策。这两种任命都是在征得有关部长同意(尽管他很不情愿)的情况下进行的。否则,非但不会改善政策,反而会有引发紧张局势的危险。一个著名的例子就是,首相撒切尔夫人任命艾伦·沃尔特斯爵士(Alan Walters)作为她的经济顾问,这使她与财政部门之间的关系变得紧张,甚至导致财政大臣尼格尔·劳森在1989年辞职,进而引发了一系列连锁事件,最终导致撒切尔首相生涯在1990年折戟沉沙。

第三种对策可能是部门职责的再分配。首相具有决定政府机构的行政权力。部分首相避免使用这种权力,因为动荡所带来的短期成本是确定的,而长期利益是不确定的,而且可能性很小。撒切尔夫人接受了这一观点,并没有进行内阁改组。另一方面,首相希斯(Heath)在上任后的几个月内进行了一次重大改组,明确了组织和政策之间的联系:

政府部门应该按照所要完成的任务或要实现的目标来进行划分,这应成为部门之间分工的基础,而不是像部门之间分工那样,每个部门负责一个客户群体。这一功能性原则的基本论点是,组织的目的是为了政策服务的。①

布莱尔首相在他的第二个任期开始时,也对部门进行了一次重大改组。但是,当政府向不同目标群体"提供"高质量服务成为首要决策的优先事项时,那么"功能性原则"是否依旧如此强大、明确,仍然是一个悬而未决的问题。随着政府政策的关注点越来越集中于目标群体,功能性原则可能会逐渐消失。

【163】

8. 政策部门

更重要的是,首相所关注的是确保各部门政策得到严格审查,整个政府作为一个整体采取连贯的战略方针,以一种"联合"的方式来执行政策。内阁办公室的秘书处可以协调各部门的文件,但他们没有独立研究的能力,并且他们也不容易推荐那些被部门及其部长强烈反对的行动方案。在这种情况下,他们最多能引起人们对不受欢迎的选择的注意,并重复辩论。因此,压力的目的在于建立专门用于政策分析和建议的部门。

还有另一个因素。在有关政策的重大争论中,首相往往缺乏与内阁同僚及其专家

---

① 白皮书,Cmnd,4506,1970年10月,中央政府重组。

相互较量的资源。解决这个问题的方法有很多,包括运用人格魅力或者采用卑劣的手段;另一种方法就是在中央部门提出一种替代性的专家意见来供他们选择。

因此,由于这些原因,历任首相都在政策部门进行了试验。在 1970 年 10 月的政府白皮书①中,首相希斯在内阁办公室设立了中央政策审查部门(CPRS,通常称为智库),以确保部长能够:

了解基本策略在特定的政策领域的影响,确定整个方案中不同部门的优先选择次序,识别哪些政策领域可以实施新的计划,确保替代性方案的潜在影响得到充分的分析与考虑。

智库产生了相当大的影响。在第一任领导人罗斯柴尔德(Rothschild)的领导下,该部门提交给内阁的文件是以短篇论文的风格和简洁的英文形式来进行表述的。人们对此感到不可思议,一些人感到高兴,一些人对此感到愤怒。国务卿对此感到十分不满,他在 1976 年明确指示他的常任秘书说,当智库开展关于部门业务的研究,在各官员熟知之前,应立即通知首相,以便他们的意见能够被智库所采纳。下面是体制因素可能对政策分析产生影响的另一个例子。

当人们认为智库已经不再像以前那么有效果的时候,英国首相撒切尔夫人在 1983 年终止了智库的计划。撒切尔的观点很有意思:

对于一个持有技术官僚观点的部门来说,拥有坚定的哲学方向的政府必然是一个不那么舒服的环境。而对智库的凭空猜测被泄露给媒体,并把责任归咎于部长时,这种状况就十分尴尬了。世界已经发生了变化,智库却无法与时俱进。考虑到多方面的因素,我认为我废除智库是明智之举,而且可能是不可避免的。而我也并没有为我所做的决定后悔(Thatcher,1993,30)。

撒切尔在英国首相府建立了一个更小的政策部门代替智库,由公务员和特别顾问【164】组成。部门的位置十分重要。尽管智库已经公开向整个内阁提交了政策建议,但该政策部门是直接为首相工作,除非首相愿意向别人展示该部门的工作状况,否则她将是唯一一个了解该部门工作状况的人。在会议上,她收到两份简报:一份来自政策部门,一份来自内阁办公室的秘书处。他们为首相工作而非内阁。

1997 年 5 月,布莱尔政府上台,标志着中央部门的进一步发展。对于这一点,布莱尔的政治盟友——彼得·曼德尔森(Peter Mandelson)在 1996 年就预料到了,他表达了对撒切尔政府运作的看法:

玛格丽特·撒切尔(Margaret Thatcher)的成功在于她目标明确,并能够让所有事

---

①　同上。

(和每个人)都遵循这些优先事项……在这个过程中,她牺牲了很多东西(大部分是其他人的)。托尼·布莱尔(Tony Blair)的目标是必须达到相似的政策水平,而不付出相应的代价,也不会损害政府内外的关系……一个首相要在对政府采取主动和清晰的战略方面得到相应的支持,而这种支持必须来自于首相的私人顾问……解决方法就是要更加正式地强化中央政府的职能(Mandelson 和 Liddle,2002,236,239,240)。

其结果是对不同形式的政策部门进行了试验,如:社会排斥部(Social Exclusion U-nit)、绩效和创新部门、管理和政策研究中心(Centre for Management and Policy Studies),以及后来的内阁办公室的战略部门和首相府的政策理事会(Policy Directorate),并且扩大了中央政府的职能。

财政部在政策分析和建议方面也扮演了非常重要的角色,这反映了财政大臣在政府内部的个人地位,这往往是通过公共支出作为杠杆直接体现出来的,而不是通过部门的设立。目前,中央政府的政策制定是由财政大臣和首相办公室共同执行的,而内阁办公室同时为首相府和内阁提供支持。

布莱尔政府和撒切尔政府以不同的方式表明了政策进程所处的政治背景的重要性,以及英国首相府对其所产生的影响。

9. 政策部门面临的挑战

政策部门一旦建立,面临的挑战就是要保持高质量的工作和培养其影响力,使他们的建议能够持续被采纳。

【165】 中央政府的相关政策部门培养了独立的研究和分析能力,而不仅仅依赖于其他部门。智库在 20 世纪 70 年代中期设立,他们对海外代表(Overseas Representation)进行了具有争议性的审查。20 世纪 80 年代,在激进的新政策的制定方面,格里菲斯勋爵(布莱恩)领导下的政策部门发挥了重要的作用,特别是在教育和国家课程方面。到 20 世纪 90 年代后期,绩效和创新部门为了完成目标,组建了小组,进行了大量的研究。

由于政策部门所处理的都是跨政府的或是新的课题,所以他们往往会发现自己所面对的课题,要么就是缺少大量研究,要么就是之前并没有做过相类似的研究。由于资源有限,他们很难独自完成所有的研究,尤其是如果他们的建议引发争议,他们所提交的证明材料将会受到严格的审查。如果某些反对意见来自政府内部,那么他们提出有争议的建议可能也不会被采纳。虽然他们受到首相的保护,但是一旦他们做错了事情,就会严重损害他们的声誉和信誉。因此,政策部门有足够的激励去寻找外部世界的盟友,他们会提供研究帮助,偶尔也会尝试一些想法来试探民意。这就是智库、压力团体和志愿组织得以生存的原因。

政策部门所面临的另一个主要挑战是被迫卷入当前的问题,并以失去其在提供更有效、长期建议方面的作用为代价进行故障排除。这种紧张局势给首相带来了很大的压力。无论长期政策多么重要,与眼前的危机和政治生存之战相比,它显然没有那么紧迫,也不那么重要。

政策部门的绩效难以长期保持高水平。在它们的用处逐渐下降以后,就面临被"抛弃"的悲惨局面。但是当他们处于鼎盛时期时,他们可以在政策过程中发挥重要的作用。

10. 部门的观点

我们不应该认为,这种对部门的不信任总是有道理的。从各部门的角度来看,中央政府对于政策分析往往很肤浅,并且缺少对制定政策因素的正确理解。布里奇勋爵(Lord Bridges)对于部门观点的经典陈述是:

在大多数情况下,部门哲学是多年来经验日积月累的结果,是经验的长期连续性的表现;如果能够充分利用,它可能是一个组织最优秀的品质之一。同样,它们拥有广泛的群众基础,这是很多利益集团长期抗议和建议的结果,也是各方参与讨论和辩论的结果。在消除极端差异之后,它们代表了人们广泛接受的观点(Bridges,1950,16–17)。 【166】

当然,在根除这些极端分歧之前,一些首相希望看到这些极端的分歧。

在一个不完美的世界里,最好的办法就是在各部门和中央政府之间创造一种紧张的关系,在这种紧张的关系中,谁也不确定谁会胜利。在现实中,权力的平衡取决于实际情况。这可能是一个微妙的问题。总会存在这样一种风险,权力过大的国务卿对各部门的职责进行强烈的干涉。此外还有另一种风险,一个权力较小的部门将会失去对核心政策的控制,就像 1988 年对国家医疗服务体系(NHS)所作出的审查那样。对首相领导部长级别的小组的支持是由中央统一协调产生的。在该部门或者国家医疗服务体系中,很少有人了解这个小组的激进言论,这也可以说是阻碍政策实施的一个因素。政策分析和政策建议不仅仅涉及政府权力的行使,而且也涉及政府内部权力的行使。

11. 结论

政府倾向认为政府机关能够成功地实现它所设定的目标。在现实中,政府的绩效往往是变化无常,参差不齐的,不同的部门在不同时期的表现也不尽相同。政策过程也是如此。多年来,政府在提高政策过程的质量和专业性方面取得了很大的进展,但仍然有很长的路要走,而且绩效总是不断变化的。无论政策分析与建议多么完美,政策制定仍然充满着不确定性,往往与本章开头所设想的循序渐进的政策制定过程存在很大的差距,有很长的路要走。

参考文献

Barber, B. 2001. *The Truth of Power: Intellectual Affairs in the Clinton White House*. New York: Norton.

Blair, T. 2004. PM speech on reforming the Civil Service, 24 Feb. Available at: www. number - 10. gov. uk/ output/ Page5399. asp.

Bridges, S. E. 1950. *Portrait of a Profession*. Cambridge: Cambridge University Press.

Brittan, S. 1964. *Treasury under the Tories*, 1951-64. Harmondsworth: Penguin.

——1969. *Steering the Economy*. London: Secker & Warburg.

Butler, D., Adonis, A., & Travers, T. 1994. *Failure in British Government: The Politics of the Poll Tax*. Oxford: Oxford University Press.

Cabinet Office. 1996. *The Civil Service Code*. Available at: www. cabinetoYce. gov. uk/ central/ 1999/ cscode. htm.

——2004. *Guide to Legislation*. Available at: www. cabinet - office. gov. uk/ legislation/ legguide/ docs/ legguide/ pdf.

Centre for Managementand Policy Studies. 2001. *Better Policy Making*. London: Cabinet Office.

Dunleavy, P. 1991. *Democracy, Bureaucracy and Public Choice*. Hemel Hempstead: Harvester-Wheatsheaf.

——1995. Policy disasters: explaining the UK's record. *Public Policy and Administration*, 10(2): 52-70.

Eizenstadt, S. E. 1992. Economistsand White House decisions. *Journal of Economic Perspectives*, 6(Summer): 65-71.

Foster, C., & Plowden, F. 1996. *The State under Stress*. Buckingham: Open University Press.

Fulton, L. (1968). *Committee on the Civil Service*, i: *Report of the Committee 1966-68*. Cmnd. 3638. London: HMSO.

Heclo, H., & Wildavsky, A. 1974. *The Private Government of Public Money*. London: Macmillan.

Hennessy, P. 1997. *Muddling Through: Power, Politics and the Quality of Government in Post War Britain*. London: Indigo.

Jenkins, K., Caines, K., & Jackson, A. 1988. *Improving Management in Government: The Next Steps*. London: HMSO.

Party, L. 1997. *New Labour Manifesto, 1997 General Election: Because Britain Deserves Better*. London: Labour Party.

Lynn, J., & Jay, A. eds. 1984. *The Complete Yes Minister: The Diaries of a Cabinet Minister, by the Right Hon. James Hacker MP*. London: BBC.

Majone, G. 1989. *Evidence, Argument and Persuasion in the Policy Process.* New Haven, Conn.: Yale University Press.

——& Quade, E. eds. 1980. *Pitfalls of Analysis.* Chichester: Wiley, for International Institute of Applied Systems Analysis.

Major, J. 1999. *The Autobiography.* London: HarperCollins.

Mandelson, P., & Liddle, R. 2002. *The Blair Revolution Revisited.* London: Politico's; originally pub. as The Blair Revolution, 1996.

National Audit Office. 2001. *Modern Policy-Making: Ensuring Policies Deliver Value for Money.* HC289 Session 2001-2(1 Nov.).

Neustadt, R. E. 1960. *Presidential Power: The Politics of Leadership.* New York: Wiley.

——2001. *The weakening White House. British Journal of Political Science*, 31: 1-11.

——& May, E. R. 1986. *Thinking in Time.* New York: Free Press.

Performanceand Innovation Unit. 2000. *Adding it up.* London: Cabinet Office.

Porter, R. B. 1983. Economic advice to the President: from Eisenhower to Reagan. *Political Science Quarterly*, 98(Fall): 403-26.

——1997. Presidents and economists: The Council of Economic Advisers. *American Economic Review, Papers & Proceedings*, 87(2: May): 103-6.

Rivlin, A. 1971. *Systematic Thinking for Social Action.* Washington, DC: Brookings Institution.

Rose, R. 1986. Law as a resource of public policy. *Parliamentary Affairs*, 39(3): 297-314.

Schultze, C. 1992. *Memos to the President: A Guide through Macroeconmics for the Busy Policymaker.* Washington, DC: Brookings Institution.

Thatcher, M. 1993. *The Downing Street Years.* London: HarperCollins.

Van Mechelen, D., & Rose, R. 1986. *Patterns of Parliamentary Leadership.* Aldershot: Gower.

Vickers, S. G. 1983. *The Art of Judgment: A Study of Policy Making.* London: Harper and Row. *Whitaker's Almanack 1957.* Library edn. London: n.p.

Wildavsky, A. 1979. *Speaking Truth to Power: The Art and Craft of Policy Analysis.* Boston: Little, Brown.

Williams, R. 1980. *The Nuclear Power Decisions.* London: Croom Helm.

第8章 民主的政策分析

海伦·英格拉姆(Helen Ingram)、安妮·施奈德(Anne L.Schneider)

1. 引言

【169】 尽管政策分析者能够从政策项目中学到很多东西,但都无法使他们具备处理与民主质量有关问题的能力。传统上,政策分析通过关注既定政策目标为民主服务的效率和有效性。(Bardach,2000;Weimer 和 Vining,1999)。政策分析者利用宏观经济学的工具,对政府在市场中所扮演的角色进行适当的分析和评估(Ostrom,1990;Lindblom,1977)。在政策项目中,政治学占有非常重要的地位,而政策分析者关注的是政治可行性与政治支持、政策对公民的影响力、评估政策制定所使用的方式,以及执行机构如何与选民建立关系(Dye,1998;deLeon 和 Steelman,1999;Ingram 和 Smith,1993)。如果我们假定把政府的效率、效能,以及政治可行性看作是政策分析者在衡量各种政策对民主贡献时所采用的唯一指标,这显然是不够的。① 长期的理论和实证工作表明,公共政策及其设计要素对公民、正义和舆论具有重要的影响。② 我们需要通过公共政策的分析,

【170】 创造出一个更加公正的社会。分配公平和响应性领导的问题不能够仅仅停留在学术层面上,还必须成为政策分析者的工作重心(Page,1983;Denhardt 和 Denhardt,2003)。此外,政策分析所处的环境正在发生变化,这也使得政策和民主之间的关系越来越紧密。

我们最初的主题是大多数公共政策的背景正在发生快速变化,这需要我们更多地关注民主的差距,而此前的政策分析者很少关注这一点。然后,我们将简要探讨民主条件的含义。接下来,我们将假定民主条件和公共政策内容之间存在着某种联系。本章

---

① 参见斯通(Stone,1997);费舍尔(Fischer,1990、1995);德利翁(deLeon,1997)。

② 参见施耐德与英格拉姆(Schneider 和 Ingram,1993、1997);梅特勒与索斯(Mettler 和 Soss,2004);兰迪(Landy,1993);索斯(Soss,1999)。

的主要内容就是找到这些可能存在的联系,并将其作为政策分析的主题。最后,我们将研究当代政策分析者的目的和政策工具需要如何改变,以更好地服务民主。虽然我们现在主要关注的是美国事态的发展,因为我们对美国最为了解,但我们也会酌情提及其他地方的类似事态的发展。

2. 当代公共政策的背景

现在进行政策分析的舆论环境不仅对美国的政府和公共政策非常重要,而且对西方的其他民主国家也很重要。① 在美国,很多民众不再相信政府能够实现他们所承诺的政策目标(Skocpol,2003)。政府也不再被看作是集体问题的解决者,而被看作是需要解决的问题的一部分(Savas,2000;Rauch,1994;Kennon,1995)。此外,政府官员的动机也是不可信的。很多人不相信政府会帮助像他们这样的普通人,相反,他们认为政府官员会将精英阶层及其自身的利益置于普通公民之上(Dionne,1991;Greider,1992;Sandel,1996)。

尽管近 40 年来,政府一直在努力消除性别、种族和民族偏见以及不平等待遇,但这些问题依旧存在。事实上,在大多数现代民主国家,种族和性别问题并没有消失,而是被我们没有提及的问题所掩盖。在美国以及许多其他西方民主国家,一些政策问题分歧严重,包括犯罪、公立学校、福利和移民问题。在这些问题中,政治支持往往由是那些【171】弱势群体或边缘群体所建立起来的。这样的描述既为那些积极构建的群体提供利益的正当理由,也是为那些被污蔑为离经叛道的人带来负担的正当理由。我们把这称之为"政治退化"。政府所给予的待遇差异过大,导致公民之间的分歧长期存在并且不断加剧(Schneider 和 Ingram,1997;Ingram 和 Schneider,2005)。美国的民主制度推崇法律下的民主保护和公平对待,而公民的实际待遇却存在明显的不平等、不公平现象。在公共政策的结果中,平等和公平受到多大程度上的重视,以及政府的实践在多大程度上接近社会的理想,这在各个西方国家都存在很大的差异。然而,美国在寻求更多的正义和平等方面仍然缺乏经验,一些社会问题一再出现,似乎没有办法"一劳永逸"地解决它们(Sidney,2003)。

公民社会、社会资本和政治参与度在美国和其他西方民主国家引起了广泛的关注。② 罗伯特·帕特南(Robert Putnam)经常被引用的论点是,自 1920 年以来在美国出

---

① 参见安德森与盖尔利(Anderson 和 Guillory,1997);诺里斯(Norris,1999);卡普(Karp)、班杜赛(Banducci)与鲍勒(Karp,Banducci 和 Bowler,2003);韦尔巴等(Verba 等,1993)。

② Skocpol and Fiorina 1999;Putnam 2000;LeDuc,Niemi,and norris 1996;Blais and Dobrzynska 1998;Karp and Bowler 2001;Lijphart 1999;Nevitte and Kanji 2002.

生的每一代人都不像以往那样,对公民参与政策的制定感兴趣,因此,这一论点在联邦和地方层面上引发了无数关于公民复兴的呼吁出台了许多政策吸引公民重新参与民主工作(Putnam,2000)。

美国政坛和政府感到不安的原因是,随着权力下放和各种公私合作模式的出现,治理结构发生了戏剧性的变化(Rosenau,2000;Reeves,2003;Salamon,2002)。这些变化中最显著的一点是,非营利组织在政策制定中扮演着关键角色,比如在制定关于私立监狱、特殊学校、警察、火灾、药物滥用和环境清理等政策上(Rosenau,2000)。不仅衡量这些方案的效率和效能变得越发困难,而且民主控制和问责制的界限也变得异常模糊(Goodin,2003)。

3. 政策与民主的关系

即使民主制度已经成为世界上许多国家选择的政治制度,但在美国,它仍然是一个未完成的、开放式的议题。正如德雷泽克(Dryzek,1996/1997)所认为的那样,民主治理在很大程度上是为了扩大民主的特许权、范围和真实性。这里的特许权是指参与任何政治活动的人数,范围是指在民主公众控制下的生活领域,真实性是指民主控制在多大程度上具有实质性、知情性和相应的能力(Dryzek,1997)。上述任何一项提议都不应该以牺牲另一项为代价:扩大特许权应经过深思熟虑,而不应以损害民主真实性为代价。当然,除了政策之外,还有许多影响民主的其他因素,比如利益集团、政党、领导阶层和新闻界。然而,自从洛伊(Lowi,1964)和威尔逊(Wlison,1986)在许多研究中将政策的内容与政治模式进行联系以来,大量文献已经开始研究公共政策对政治和民主的影响。图 8.1 列出了公共政策内容可能影响民主性质的一些路径。

图中的第三组方框确定了民主的一些关键条件:需要公开讨论的场所、让公众发表意见、公民在拥有权利的同时履行相应的义务,并且公民应该相信政府愿意且有能力解决公共问题;公民应该支持政策并积极参与政策的制定;同时政府也应该对其行为负责。这些民主的重要条件与政策设计的结果直接相关,包括议题框架;建立目标的方式;实施和交付系统的结构;政府行为和公民获取信息的透明度。这些路径并非详尽无遗,而是具有启发性。

此外,我们认识到完整的因果模型将是递归的,例如,议题框架变化会如何影响政策设计;但在这里我们的重点是政策本身是如何应对民主的条件。

图 8.1 所示的关系反映了政策设计或政策内容是如何通过语言、符号和话语来影响议题框架与公民身份的。这里的重点是,政策分析必须要探究政策内容中的设计要

素是如何影响框架、结构、实施和信息透明度,并且通过这些要素为公民提供参与机会。如果政策分析者希望了解政策影响民主的原因和方式、如果他们希望制定更好的政策为民主服务,那么这些联系必须成为政策分析者工作的一部分。政策产生的结果并非无迹可寻,政策分析者可以根据公民需求、支持和资源等投入来计算产出或结果。政策也并非文化或公众舆论的简单延伸。设计元素(目标、目标人群、基本原理和图像、实施结构、规则、工具)在策略中的组合方式也为接下来的工作奠定了基础。【173】

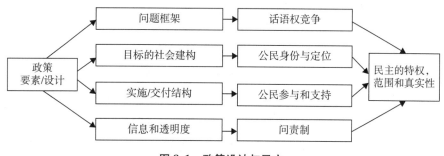

图 8.1 政策设计与民主

4. 构建公共领域和公开对话平台

健全的民主需要公开的对话论坛,这可以使公民直接了解到与他们自身利益相关【174】的政策问题。在这样的论坛中,应该鼓励人们不仅作为客户或利益集团来面对政策问题,而是也要作为公民,他们可以将他人的观点纳入自己对集体福利构成的"公民发现"中。是否会出现这样的论坛,在一定程度上是取决于政策框架和设计所起的作用。

谁定义了问题,谁就可以控制解决方案的设计,这是一个政治真理(Bardach,1981;Rochefort 和 Cobb,1994;Baumgartner 和 Jones,1993)。问题不会凭空出现,而是通过包括现有公共政策在内的各种政治现象的相互作用而形成的。在特定的领域中,涉及利害关系的政策分析所包含的定义可能会推动民主发现的进程或极大地限制民主的发展。不同问题的定义将政治话语置于特定的价值语境中,并引发特定类型的参与者、参与和制度回应。根据问题的构成方式,可以界定不同的利益或权限。例如,当家庭暴力被定义为健康问题而非刑事司法问题时,不同的人就会卷入其中。当一个问题从道德角度而非经济角度来表述的时候,那么不同的价值观将会受到一定程度的冲击。而议题框架也会影响参与者的情感、接受其他观点的意愿以及妥协的可能性。

例如,从事水利政策研究的历史学家和政治学家认为,对西班牙殖民习惯法的误解导致美国西部各州采纳了这样一种观点,即水权可以作为种植庄稼的资本,后来也可以作为市政当局和工业的财产。其次,由于水是财产,水的所有权者就会顺势成为决策者。这意味着为讨论水问题而设立的场所变成了集中分配和供应问题的灌溉区。在这一论坛中,除了水的所有权者,还排除那些消遣者、野生动物爱护者和其他关注水对环境影响的人。随着时间的推移,水政策逐渐赋予了水其他相关的含义:水是产品,水是商品。水回收政策将水作为水坝和改道的水开发过程的产出,旨在降低风险、保障供应,并将水权分配给其他的用户。水开发决策所涉及的领域比较广泛,并且由现有和未来的水权所有者以及大型工程项目的生产者和管理者组成,这并不令人惊讶。

【175】 最近,联邦和州的水政策将水重新定义为商品,以提高水资源重新分配的灵活性和效率。在这种定义下,卖家和买家就会进行交易,但这并不意味着环保主义者在水资源领域没有发言权。事实上,他们要求在环境评估和保护濒危物种的政策上具有相当大的决议权。然而,他们确实没有公平地参与到类似这样的公共论坛中,这在很大程度上是因为议题框架的限制。此外,水量往往与水质以及其他问题区分开,包括关于鸟类和其他野生动物的河岸栖息地以及土著人民的权利的问题。水对于社区意识和地方意识的重要性已经被边缘化了。

在过去的十年里,一种考虑水资源的竞争性(分析)框架已经形成,它被称为生态系统或流域方法。以不同方式来构建水资源分配框架的动力主要来源于基层,但联邦机构政策的支持也非常重要(Yafee,1998)。目前,已有 17 个联邦机构认可生态系统方法(Michaels,1999)。州级的授权流域规划的法律,如马萨诸塞州流域计划和俄勒冈州计划也至关重要。这种对待水资源的新方式最显著的特点是,它将水资源重新融入到广泛的生态和社会过程中,在这个过程中,水资源被看作是财产、产品和商品。流域规划对完善的生态系统和社区同等重视,并认为它们之间是密切相关的(Johnson 和 Campbell,1999)。流域协会是与这一新兴框架相关联的公共话语领域,涉及广泛的利益相关者,包括地方财产所有者和公民联盟、郡州和联邦机构、科学家、企业、环境组织和普通公众。这其中涉及的范围广泛且具有包容性,包括所有受特定水域影响和了解该水域的人。决策规则各不相同,但重点是建立共识。这些参与者接受不同种类的信息,包括从实验室科学到基于对地方的长期熟悉的详细体验理解。流域管理将会特别关注代表权、援助弱势群体、为所有参与者提供充分而公平谈判参与机会以及尊重文化价值(Johnson 和 Campbell, 1999)。无论流域方法有多么模棱两可(Blomquist 和 Schlager,2000),其结果对民主的影响似乎都是正向的。

另一个例子是,一项政策如何能够以一种对话语产生不利影响的方式构建一个问题,那就是超级基金法。马克·兰迪(Mark Landy,1993)认为,该法案的目标是坚持按照所有适用的标准清理所有有毒和危险的废弃物,但并没有鼓励人们明智地思考这个问题。同时由于地点太多、清理费用太高而无法实现这一目标。由于联邦政府的资金（据说是从污染者那里收回的）承担了大部分的负担，因此公民不需要去考虑哪一种清洁分配是最可取的。其结果就是，宝贵的环境保护资源被错置，而公民因法律不能兑现 【176】承诺而产生的不满也将持续下去（Landy，1993；Hird，1994）。

重新定义这一问题并鼓励协商的建议始于区分不同种类的闲置的和废弃的危险废物场所（Hird，1994）。旧垃圾场在以前是合法存在的，而且这些垃圾场与当时的污染者没有必要的联系，这些垃圾场应该从超级基金的管辖范围内移除，并有资格获得国家环境恢复基金的资助。这些场所有明显的环境问题，如石棉清除、氡或铅的补救或其他环境热点问题，这些问题应该重新贴上标签，重新界定为环境恢复问题。这种重构能使人从同一个角度看到一些社区长期的、慢性的风险问题。希尔德（Hird）认为，一种新的话语场所可能会因此出现。根据这项提议，每个州都将设立一个由公民代表组成的委员会，其中一些人住在废料场附近，也包括政府官员和科学家，决定联邦政府拨给该州的资金将如何使用（Hird，1994）。通过这一政策变化，公民将受到鼓励，参与讨论不同地方恢复土地的相对风险和价值。公民不会主张某些绝对权利，而是会考虑通过不同种类和不同程度的恢复来增加不同地区的价值。

许多社会政策都有类似的动态。例如，传统社会将犯罪定义为对个人及其家庭和部落的侵犯。可以将受害者和受害者的家人看作是执法者。在某些文化中，规定的惩罚是通过受害者家属和罪犯家属之间的协商所决定的。话语场所属于个人和群体，他们通过文化联系在一起。相比之下，现代西方社会认为犯罪是对国家的一种冒犯，国家是执法者，是决定量刑或补偿的决策者。除了改变相关决策者的身份以外，这种改变（以及许多其他社会政策）还将决策权置于高度专业化的知识体系中，并且做出规定，需要什么样的培训才能参与其中。其结果就是，参与决策日益成为高度专业化知识群体的领域。普通公民很少参与有关对犯罪做出适当回应的讨论，甚至不知道什么事情应该被视为"犯罪"。由于这些政策使目标人群的社会结构高度分化（我们将在下面讨论这一点），政策企业家和那些想要寻找问题以获取政治利益的人操纵了公众舆论，使智慧的言论几乎不存在。话语受到污染，被一些消极的、分裂的和有害的社会结构所主导，成为"楔形问题"。①

人们曾多次尝试改革刑事司法政策，并将其纳入理性讨论的范畴。在理性讨论中，【177】人们对他人或对社会有害的行为的反应更加一致。例如，少年法庭是一项公共政策的

---

① 楔形问题指社会发展中其共识存在收窄趋势，或扩张趋势后，都会形成反向的报复性反弹，不符合成熟社会稳定良性的渐进变迁趋势，削弱人民对社会发展的可预期性。——译者注

产物,追溯到19世纪后期,当时对青少年犯罪者的惩罚似乎过于极端,而现在的政策将他们与"强硬的罪犯"分开,从而采取更加宽容、更加人道的方法来对待前者。这些变化也改变了知识专业化的形式,使得少年法庭被社会工作者、心理学家和教育家的"治疗"哲学所主导。从20世纪70年代开始,这种政策性分离一直在持续,以至于"少年犯"和"重刑犯"被分开,而决策者与场所也各不相同。另一项创新是将"犯罪"重新定义为一个社区发展问题或一个公共卫生问题(Thornton等,2000;Howell,1995)。这将预防活动从警察和法院转移到了社区普通公民有更大机会参与的项目中,比如"直面恐惧"或"大胆挑战"。

美国和其他地方的恢复性司法实验都提供了一个很有趣的案例(Braithwaite,2002;Bazemore等,1998;Schneider和Warner,1987;Galaway和Hudson,1996)。恢复性司法将罪犯重新概念化,不是把他们看作是对社会有危害的、离经叛道的人,而是作为一个有道德的人,他或她只是犯了错误,需要承担责任的人(Braithwaite,2002;Bazemore等,1998;Schneider和Warner,1987)。他们既不需要接受国家"治疗"罪犯的医疗模式,也不需要接受国家惩罚罪犯的威慑模式。相反,正义原则是一种责任模式,在这种模式中,即使犯罪者重新成为对社会有贡献的人,他们也应该弥补受害者和社区。恢复性司法涉及受害者、罪犯和社区参与确定责任和问责措施的过程。这颠覆了现代主义国家对犯罪的反应,允许那些受到伤害的人(当地社区和直接受害者)参与国家执行的法规。受害者、罪犯和社区都需要通过一个程序来恢复,这个程序可以让罪犯了解他所造成的伤害,并通过谈判达成一项所有人都认为公平的制裁。恢复性司法程序通过对犯罪问题的重新界定和对犯罪社会结构的改变,从而改变决策领域、决策者和决策结果。

这些例子说明政策如何设计议题的框架,从而塑造决策领域和知识类型,但是这些例子仅仅暗示了大量进行政策分析的类似问题。为提供特定服务而建立的特定区域有何影响?澳大利亚许多政策领域现在所要求的社会公正声明产生了什么影响呢?从基于地理位置的管辖线向基于服务的管辖线转移的影响是什么呢?美国许多州的公共政【178】策以一种直接民主的形式来进行公民倡议和公民投票,这种形式不断地被更多人所采纳。这扩大了民主的范围,因为它向有投票权的公众开放了直接立法权;但对真实性的实际影响是什么,对知情的话语和具有可预测结果的政策的实际影响是什么呢(Broder,2000)?那些为公众参与而构建了各种不同领域的政策,绝对没有预料到互联网的出现,也没有预知到人们能够在如此远的距离与很多具有相似信仰的人进行沟通。这如何影响议题的界定、社会运动的出现以及全新的话语领域的形成(Margolis和Resnick,2000)?有一些证据表明,包括在国际边界拥有共同利益的基层团体在内的跨国环境运动正在通过信息共享和在网络空间内建立网络的方式,进行协同行动(Doughman,2001；Levesque,2001）。土著人民在世界各地进行交流,并且越来越多地将他们争取土著人民权利的主张纳入国际舞台。

5. 公民的身份和定位

目前美国民主所面临的主要挑战之一是公民对政府和公共政策的怀疑和消极的态度。虽然这其中存在很多原因,但公民在公共政策方面的经验就是其中之一。公共政策不仅仅是为了提供服务或实现目标,它们还能传递信息。政策对待公众的方式——不管公众对公共议题的看法是合法的还是被忽视的,不管他们的目标能够带来利益还是负担。他们所须遵守的规则,例如入息审查;以及他们在与执行机构的互动中受到的待遇——所有这些都是与民主有关的经验（Schneider 和 Ingram,1997、2005；Esping-Andersen,1990、2002）。

越来越多的证据,特别是来自社会福利领域的证据表明,政策传递的信息对公民身份的构建和政府的角色有着重要的影响（Mettler 和 Soss,2004）。政策有时暗示着谁对国家福利重要,谁不重要。苏珊娜·梅特勒（Suzanne Mettler,1998）在她的《分裂的政府》一书中指出,新政时期的社会政策对待白人男性与女性以及有色人种男性的方式非常不同。政策传达这样的信息:白人男性是重要的经济和政治角色。虽然白人男性通过社会保障享有国家公民的身份,但白人女性则被视为寡妇,少数族裔的佣人和农场工人则没有任何身份。妇女和儿童的福利是通过新政政策分配给各州的,而各州的福利水平各不相同,州政府机构则倾向于施行强制性的家长式规则。结果产生了一种双重公民身份,在这种身份下,女性和有色人种男性被视为二等公民,他们不能完全融入主流经济和政治生活中。【179】

政策通过社会构建积极和消极的预期目标来传递信息。我们认为不同的政策目标会受到不同的对待,作为公民的身份会截然不同,对政府的态度也会截然不同（Schneider 和 Ingram,1993；Sidney,2003）。优势人群数量众多,自认为是善良和值得尊敬的公民。他们主要从政府那里获得利益,并受到尊重和政府的额外优待,因此他们的利益被描述成公共利益。优势人群认为自己得天独厚,因此他们的存在感越发强烈。相比之下,其他存在感较低的群体收益少、负担更重,他们会被告知,他们的问题不是公共的,而是私人的,或者是由他们自己造成的。只有向政府申请成功后,他们才能从政府那里获得有条件的福利。而政府可能会以同情、不尊重或敌意的态度来对待他们。

当代福利政策的经验表明,破坏民主的信息仍然存在。凤凰城的一项关于福利母亲的研究,记录了她们在社会焦点人群中的感受,阐述了她们所接收到的信息以及政府主导的倾向(Luna,2000)。漫长的等待、服务的不可靠性以及看似反复无常的决定,导致福利机构面向的群体认为,机构官员认为她们是不重要、不诚实、不值得认真对待的。例如,一位母亲说:

他们(福利工作人员)告诉我,"你有30天到45天的时间来完成你的案子。""我告诉他我要付房租。我需要生活必需品。他们无法理解。他们说他们需要30天到45天,因为他们还有其他客户。"我明白,我也照办了,我做了我该做的事。然后我就被预先批准了。所有你需要做的就是……他们是拥有电脑的人。你只是想要把它发送出去,但他们却一直在拖延。

另一位女士补充道:"他们的行为就好像钱是从他们口袋里掏出来的。他们的行为就像他们拿到支票的时候,他们会去每个客户的家里说,'好吧,这是你的50美元,这是你的50美元',但是他们不会给我一分钱。"

这些评论与乔·索斯(Joe Soss)在中西部一个中型城市采访客户时听到的许多说法不谋而合(Soss,1999)。他发现,接受经济状况调查项目(即 AFDC)的客户绝大多数都认为政府雇员是自治的,即"政府官员想做什么就做什么,想什么时间做就什么时间做"(Soss,1999,369)。此外,他发现,只有8%的 AFDC 受惠者相信政府会听取他们的意见。这种态度在很大程度上反映了目标群体参与政治的意愿。沃巴、洛兹曼和布雷(1995;Verba 等,1993)发现,公共援助客户在每一个政治活动中所占的比例都比较小。

【180】因此,有证据表明,政策中所包含的社会建设对现有的民主差距产生了一定的影响。那些看起来从福利制度的设计中获益最多的人,参与的可能性最小。此外,不同种族和性别群体从政策中获得的信息的差异加剧了美国社会内部的分裂,降低了公民的同理心在民主话语中发挥重要作用的可能性。

有关政策如何克服社会规范所赋予的不认同,在"启智计划"(Head Start program)中可以找到许多线索。索斯(1999)发现,有过"启智计划"经历的单身福利母亲,其政治取向和效能感与其他公民几乎相同,而没有这种经历的福利接受者,参与政治活动的可能性最小。"启智计划"要求父母参与塑造孩子的教育,通过这种政策设计鼓励那些在其他方面仍然非常被动地扮演公民角色的人。

6. 参与和支持

为民主服务的公共政策需要获得更多支持,促进公民参与,并鼓励合作解决问题。

没有充分的支持,公共政策很难实现目标。立法者、不合规的代理人和目标往往会阻碍政策目标。此外,政策支持的程度是衡量其代表性和响应性的重要指标。政策也能极大地影响公民志愿精神和公民社会的范围。政府行动可以取代私人慈善机构,解决社区问题(Skocpol,2003)。

　　政策所体现的实施结构和提供服务的结构对公民参与具有深远的影响。普遍官僚制对民主的危害已经得到深入的研究和广泛的认同(Wood,1994)。公共机构更倾向于用政策目标来取代组织目标。一些机构的案例工作者认为,如果他们要为客户做一些公平而有益的事情,他们必须在某些(或许多)情况下打破规则(Maynard-Moody 和 Musheno,2003)。政策的专业领域的发展使专家知识优于普通基层经验知识,并导致地方性知识和相关经验的消亡。在大多数公共机构中,强调过程多于内容——依赖于规则遵从性,而不是调整规则以确保能够实现所需的目标。浓重的官僚作风以及冗杂的组织分级才是真正挑战规则、阻挠政策成功的罪魁祸首。公共机构的专家在很大程度上是一个狭隘的、自私自利的铁三角的一部分,这些铁三角把立法利益、机构和利益集团聚集在一起。在加强民主的道路上,权力下放和外包在当代政策设计中占主导地位(Minow,2002,2003;Smith 和 Lipsky,1993)。虽然这些设计可能会使实施结构和提供服务的结构更能得到当地人民的认可,但它们对民主的实际影响却大不相同。【181】

　　关于政府与非营利组织之间的伙伴关系和他们对志愿组织的真实性和响应性的影响的研究得出了好坏参半的结果。一些学者提供了促进公民动员和自愿主义的政府行为的例子(Baker,1993;Marston,1993)或允许以社区为基础的组织执行为“最穷的人”提供服务的任务,这些人往往是被高度专业化的提供服务的机构所忽视的(Camou,2005)。另一些人发现,政府对非营利组织的资助导致了员工的专业化,降低了对志愿者和社区的依赖,也减少了非营利组织之间对特定服务领域的竞争(Lipsky 和 Smith,1990;Smith,1998)。尤里克(Jurik)和考吉尔(Cowgill,2005)的研究发现,即使非营利组织完全致力于通过微型企业贷款项目为穷人提供服务,随着时间的推移,他们转变了对合适客户的定义,以反映他们所经营的和依赖的商业文化的期望。这在很大程度上似乎取决于特定的政策设计以及在特定背景下公私合作伙伴关系的最终性质。

　　除了政府资助非营利性组织外,公私合营的形式多种多样。其中一些活动涉及对基础设施的公共投资(如足球场、机场、购物中心)、创新研发,甚至是新产品的研发(Reeves,2003;Rosenau,2000)。

　　其他公私伙伴关系也被用来避免长期的和削弱力量的冲突。例如,美国环境保护署(Environmental Protection Agency)使用了一种被称为“公民环保主义”的工具,以避免将超级基金看作是可能终结堪萨斯州威奇托市中心一项复兴计划的制度。这是由州和地方政府官员、商界和居民之间共同协商达成的一项计划,允许市政府接管一个污染场地的清理工作,该场地涉及了许多企业和大片土地。银行不会仅仅因为资产受到污染而拒绝贷款;城市的责任仅限于它可以从责任方和财产税中收取费用;污染者同意支付部分清理费用;州政府同意通过一项法律,建立一个特殊的再开发区(Knopman,Megan和Landy,1999)。威尔研究了一项类似的基于英国的关于努力使风险决策民主化的争论(Weale,2001)。

【182】　　合同、代金券和其他合作关系通常能够成功地为缺乏政治权力的依赖性群体提供公共服务支持。与私营机构签订服务合同在美国各地不断增多。合同代理机构为政府使用资金提供服务。在此过程中,合同代理机构成为了政府的客户,并对该项目的持续发展和融资产生了浓厚的兴趣。提供者联合起来组成支持性协会,支持者还包括私营组织的董事会成员和工作人员。由于服务提供商在社区中有根基,地方常常会更加支持这些项目。同样,住房代金券经常赢得房东对低收入住房项目的支持,但是当通过公共住房提供这种公共服务的时候,他们则强烈反对这一做法(Smith和Ingram,2002)。

　　然而,当执行纪律或惩罚而非提供福利时,这种动态也可以对缺乏政治权力的离经叛道的人或相关的群体起作用。对私立监狱的研究表明,这种政策设计建立了一个强大的私营部门选区,与公立监狱争夺"客户"。囚犯变成了商品,那些主张扩大刑罚范围和加大惩罚力度的人获得了一个强大的经济盟友。当监狱政策转向基于囚犯人数而增加福利资金时,无论是公共部门还是私营部门都主张增加囚犯的人数。这些因素至少在一定程度上导致了2004年美国的监禁率是全球最高的(Schneider,2005)。

　　服务学习计划可以促进公民的参与和支持。以美国志愿队为例,学生在预付一部分大学学费的同时,还积极参与社区问题的解决。关于美国志愿队对参与者态度和行为影响的评估还处于初级阶段,但有证据表明,服务增加了美国志愿队的校友更多参与志愿协会的倾向(Simon和Wang,2000)。

7. 问责制

　　问责制对民主治理至关重要,与政治支持有很大不同。在一个权力下放和公私合营的时代,通过政治选举和任命的官员承担责任的这种传统观念已不可取。在新的治理模式中,公众必须更直接地参与治理结构的问责中。在复杂的实施或提供服务的关系中,合作伙伴之间必须建立问责制。这意味着交易的透明度和利益的充分揭露。从民主的角度来看,重要的是行为者不仅要对实现方案目标负责,而且还要对公平和平等的行动负责。

【183】　　结构的复杂性、责任的分散、缺乏可理解的信息以及实施者之间的相互竞争的价值,使当代实施和提供服务结构的问责制尤其困难。戈定(Goodin,2003)认为不同类型

的问责机制需要分别用于市场、国家和非营利部门。他还认为，问责机制各不相同，对市场竞争和非营利部门的合作网络来说，等级制度是国家的主导模式。对于公共机构而言，过往经验清楚地表明，在长期政策执行链中最容易出现滑点（Pressman 和 Wildavsky，1973）。政策的直接受益者在没有充分实现最终目标的情况下，有可能获得诸如职业培训、药物治疗或卫生服务等资源。例如，儿童福利机构为他们获得资助的项目提供了大力支持，但却拒绝接受项目评估和绩效评估，仍然是美国公共政策的一个严重问题领域（Smith 和 Ingram，2002）。

在新兴的组织背景下，正在进行改进问责制的试验。1986 年的《紧急规划和社区知情权法案》（the Emergency Planning and Community Right to Know Act）提出了一种有趣的模式，可以降低对公民教育、动员和参与的关键信息的交易成本。根据这项立法，工厂必须公布释放大量具有潜在破坏性的有毒物质的数量和地点。该法案并非没有缺陷，但它已引发了公民抗议，并帮助在所有受到危险物质影响的居民中营造一种与共同利益相关的社区意识。"基准测试"是一种越来越多地用于提高公共服务中非营利组织的绩效的技术。它需要调查特定区域的"最佳实践"，然后使用这些标准来衡量绩效。"组织报告卡"被用于以易于理解的方式向公众提供信息（Smith 和 Ingram，2002）。这种问责机制在实践中实际发挥作用的程度仍需要进行分析。

目标群体的社会建设和权力与成功的问责机制之间可能存在直接关系。例如，有人强烈认为，将罪犯作为离经叛道的人的社会结构表明，让私人监狱承担责任的企图是非常困难的。人们对囚犯的福利或公平待遇毫无兴趣（Schneider，1999）。此外，让执行结构对效率和效力负责，可能比让执行结构对正当程序、公开性和服务对象的多样性等民主价值观负责更容易。比起确保特许学校能够反映美国社会价值观的多样性，让特许学校要求学生在考试中达到相应的标准要简单得多。

8. 政策分析员面临的挑战

探索这里提出的各种问题和联系要求政策分析人员必须对政府和治理结构进行评估，而不仅仅是衡量其效率和效能。政策分析人员需要特别关注目标以外的行动的辅助效果。衡量政府的能力，必须要看它是否有能力战略性地干预政策执行系统网络，以鼓励更好地获取信息，纠正权力不平衡、破坏利益攸关方之间的陈规定型观念和社会结构，并创造公共话语场所和领域。政策分析人员必须准备好揭露问题的框架和目标的社会结构，这些都是退化和破坏民主的。政策分析人员也可能被要求提出促进民主条件的其他政策工具、规则和实施结构。【184】

政策分析人员需要磨炼除定量政策分析和系统建模之外的其他技能,以将这些标准纳入政策评估。此外还应该关注深入访谈的技巧,包括各种叙述分析。例如,关于街头政策工作人员如何评估客户身份并提供给他们认为"公平"的政策(Maynard-Moody和 Musheno,2003)的故事,为政策执行人员的日常工作提供了丰富的见解,这有助于帮助构建公共组织,以缓解规则约束和自由裁量之间的紧张关系。民族志和参与性观察是政策分析人员工作的重要组成部分,但在大多数政策分析文本中却很少受到关注。参与性政策分析不仅被非常有效地用于评估一个项目如何以及为什么会产生某种影响,而且会被用来设计出更好的替代方案。此外,我们需要认识到,政策分析从本质上来说就是一项规范性的工作,而我们需要特别注意民主的价值。因此,必须要将解释性方法纳入政策分析人员的工具包中。

参考文献

Anderson, C. J., & Guillory, C. A. 1997. Political institutions and satisfaction with democracy: a cross-national analysis of consensus and majoritarian systems. *American Political Science Review*, 91 (1: Mar.): 66.

Baker, S. G. 1993. Immigration reform: the empowerment of a new constituency. Pp. 136–62 in *Public Policy for Democracy*, ed. H. Ingram and S. R. Smith. Washington, DC: Brookings Institution.

Bardach, E. 1981. Problems of policy definition in policy analysis. Pp. 161–71 in *Research in Public Policy Analysis and Management*, vol. i. Greenwich, Conn.: JAI Press.

——2000. *A Practical Guide for Policy Analysis: The Eightfold Path to More Effective Problem Solving*. New York: Chatham House.

Baumgartner, F. R., & Jones, B. D. 1993. *Agendas and Instability in American Politics*. Chicago: University of Chicago Press.

Bazemore, G., Frankel, E., Glynn, P., & Haley, J. O. 1998. Restorative justice and earned redemption: communities, victims, and offender reintegration. *American Behavioral Scientist*, 41(6): 768–842.

Blais, A., & Dobrzynska, D. 1998. Turnout in electoral democracies. *European Journal of Political Research*, 33(2): 239–61.

Blatter, J., & Ingram, H. eds. 2001. *Reflections on Water: New Approaches to Trans-boundary Conflicts and Cooperation*. Cambridge, Mass.: MIT Press.

Blomquist, W., & Schlager, E. 2000. Political pitfalls of integrated watershed management. Paper presented at the Western Political Science Association Meeting, San Jose, Calif., Mar.

Braithwaite, J. 2002. *Restorative Justice and Responsive Regulation*. New York: Oxford University Press.

Broder, D. S. 2000. *Democracy Derailed: Initiative Campaigns and the Power of Money*. New York: Harcourt.

Camou, M. 2005. Deserved in poor neighborhoods: a morality struggle. Pp. 197-218 in *Deserving and Entitled: Social Construction and Public Policy*, ed. A. L. Schneider and H. Ingram. Stoneybrook: State University of New York.

Day, P., & Klein, R. 1987. *Accountabilities: Five Public Services*. London: Tavistock.

Deleon, P. 1997. *Democracy and the Policy Sciences*. Albany, NY: SUNY Press.

——& Steelman, T. A. 1999. The once and future public policy program. *Policy Currents*, 9 (2: June): 1-8.

Denhardt, J. V., & Denhardt, R. B. 2003. *The New Public Service: Serving, Not Steering*. New York: M. E. Sharpe.

Dionne, E. J. 1991. *Why Americans Hate Politics*. New York: Simon and Schuster. Doughman, P. 2001. Discourses and water in the U.S.-Mexico border region. Pp. 189-212 in *Reflections on Water: New Approaches to Transboundary Conflicts and Cooperation*, ed. J. Blatter and H. Ingram. Cambridge, Mass.: MIT Press.

Dryzek, J. S. 1996. Political inclusionand the dynamics of democratization. *American Political Science Review*, 90: 475-87.

——1997. *Democracy in Capitalist Times: Ideals, Limits, and Struggles*. New York: Oxford University Press.

Dye, T. 1998. *Understanding Public Policy*. Upper Saddle River, NJ: Prentice Hall.

Esping-Andersen, G. 1990. *The Three Worlds of Welfare Capitalism*. Cambridge: Polity Press.

——& Gaillie, D. et al. 2002. *Why We Need a New Welfare State*. New York: Oxford University Press.

Fischer, F. 1990. *Technocracy and the Politics of Expertise*. Newbury Park, Calif: Sage.

——1995. *Evaluating Public Policy*. Chicago: Nelson Halls.

——2003. *Reframing Public Policy: Discursive Politics and Deliberative Practices*. Oxford: Oxford University Press.

——& Forester, J. eds. 1993. *The Argumentative Turn in Policy Analysis and Planning*. Durham, NC: Duke University Press.

Galaway, B., & Hudson, J. eds. 1996. *Restorative Justice: International Perspectives*. Monsey, NY: Criminal Justice Press.

Goodin, R. E. 2003. Democratic accountability: the distinctiveness of the third sector. *Archives europe'ennes de sociologie*, 44: 359-96.

Greider, W. 1992. *Who Will Tell the People? The Betrayal of American Democracy*. New York: Simon and Schuster.

Hird, J. A. 1994. *Superfund: The Political Economy of Environmental Risk*. Baltimore: Johns Hopkins University Press.

Hood, C., Rothstein, H., & Baldwin, R. 2001. *The Government of Risk*. Oxford: Oxford University Press.

Howell, J. C. ed. 1995. *Guide for Implementing the Comprehensive Strategy for Serious, Violent, and Chronic Juvenile offenders*. Washington, DC: Office of Juvenile Justice and Delinquency Prevention, US Department of Justice,95-6.

Ingram,H.,& Schneider,A.2005. The social construction of public policy.Pp.1-34 in *Deserving and Entitled:Social Construction and Public Policy*,ed.A.L.Schneider and H.Ingram.Stoneybrook:State University of New York.

——& Smith,S.R.eds.1993. *Public Policy for Democracy*.Washington,DC:Brookings Institution

Johnson,B.R.,& Campbell,R.1999. Ecology and participation in landscape-based planning within the Pacific Northwest.*Policy Studies Journal*,27(3):502-29.

Jurik,N.,& Cowgill,J. 2005. The construction of client identities in a post welfare social service program:the double bind of microenterprise development.Pp.173-96 in *Deserving and Entitled:Social Construction and Public Policy*,ed.A.L.Schneider and H.Ingram.Stoneybrook:State University of New York.

Karp,J.A.,Banducci,S.,& Bowler,S.2003. To know it is to love it? Satisfaction with democracy in the European Union.*Comparative Political Studies*,36(3:Apr.):271-92.

——& Bowler, S. 2001. Coalition government and satisfaction with democracy:an analysis of New Zealand's reaction to proportional representation. *European Journal of Political Research*, 40 (1: Aug.):57-79.

Kennon,P.1995. *The Twilight of Democracy*.New York:Doubleday.

Keohane,R.O.2003. Global governanceand democratic accountability.Pp.130-59 in *Taming Globalization:Frontiers of Governance*,ed.D.Held and M.Koenig-Archibugi.Oxford:Polity Press.

Knight,R.L.,& Landes,P.B.1998. *Stewardship across Boundaries*.Washington,DC:Island Press.

Knopman,D.S.,Megan,S.M.,& Landy,M.K.1999. Civic environmentalism:talking tough land use problems with innovative governance.*Environment*,41(10:Dec.):24-32.

Landy,M.1993. Public policy and citizenship.Pp.19-44 in *Public Policy for Democracy*,ed.H.Ingram & S.R.Smith.Washington,DC:Brookings Institution Press.

——& Levin,M.A.1995. *The New Politics of Public Policy*.Baltimore:Johns Hopkins University Press.

LeDuc,L.,Niemi,R.G.,& Norris,P.eds.1996. *Comparing Democracies:Elections and Voting in Global Perspective*.Thousand Oaks,Calif.:Sage.

Levesque,S.2001. The Yellowstone to Yukon conservation initiative:reconstructing boundaries,biodiversityand beliefs.Pp.123-62 in *Reflections on Water:New Approaches to Transboundary Conflicts and Cooperation*,ed.J.Blatter and H.Ingram.Cambridge,Mass.:MIT Press.

Lijphart,A.1999. *Patterns of Democracy:Government Forms and Performance in Thirty-Six Countries*.New Haven,Conn.:Yale University Press.

Lindblom, C. E. 1977. *Politics and Markets:The World's Political Economic Systems*. New York:Basic Books.

Lipsky,M.,& Smith,S.R.1989. When social problems are treated as emergencies.*Social Service Review*, 63(Mar.):5-25.

Lowi,T.J.1964. American business,public policy,case studies,and political theory.*World Politics*,16:

677-715.

Luna, Y. 2000. The social construction of welfare mothers: policy messages and recipient responses. Paper presented at the Western Political Science Association Meeting, San Jose, Calif., Mar.

Margolis, M., & Resnick, D. 2000. *Politics as Usual: The Cyberspace "Revolution."* Thousand Oaks, Calif.: Sage.

Marston, S. A. 1993. Citizen action programsand participatory politics in Tucson. Pp. 119-35 in *Public Policy for Democracy*, ed. H. Ingram and S. R. Smith. Washington, DC: Brookings Institution.

Maynard-Moody, S., & Musheno, M. 2003. *Cops, Teachers, and Counselors: Stories from the Front Lines of Public Service.* Ann Arbor: University of Michigan Press.

Mettler, S. 1998. *Dividing Citizens: Gender and Federalism in New Deal Public Policy.* Ithaca, NY: Cornell University Press.

——& Soss, J. 2004. The consequences of public policy for democratic citizenship: bridging policy studies and mass politics. *Perspectives on Politics*, 2(1):55-74.

Michaels, S. 1999. Configuring who does what in watershed management: the Massachusetts Watershed Initiative. *Policy Studies Journal*, 27(3):565-77.

Minow, M. 2002. *Partners, Not Rivals: Privatization and the Public Good.* Boston: Beacon Press.

——2003. Publicand private partnerships: accounting for the new religion. *Harvard Law Review*, 166(1): 1-41.

Nevitte, N., & Kanji, M. 2002. Authority orientations and political support: a cross-national analysis of satisfaction with governments and democracy. *Comparative Sociology*, 1(3-4):387-412.

Norris, P. 1997. Representationand the democratic deficit. *European Journal of Political Research*, 32(2: Oct.):273-82.

Ostrom, E. 1990. *Governing the Commons: The Evolution of Institutions for Collective Action.* Cambridge: Cambridge University Press.

Page, B. (1983). *Who Gets What from Government.* Berkeley: University of California Press.

Pressman, J. L., & Wildavsky, A. 1973. *Implementation: How Great Expectations in Washington are Dashed in Oakland: or, Why It's Amazing that Federal Programs Work at All, This Being a Saga of the Economic Development Administration as Told by Two Sympathetic Observers Who Seek to Build Morals on a Foundation of Ruined Hopes.* Los Angeles: University of California Press.

Putnam, R. D. 2000. *Bowling Alone: The Collapse and Revival of American Community.* New York: Simon and Schuster.

Rauch, J. 1994. *Demosclerosis: The Silent Killer of American Government.* New York: Times Books.

Reeves, E. 2003. Public private partnerships in Ireland: policy and practice. *Public Money and Management*, 23(3: July):163-70.

Rochefort, D. A., & Cobb, R. W. (1994). *The Politics of Problem Definition: Shaping the Policy Agenda.* Lawrence: University Press of Kansas.

Rosenau, P. V. ed. 2000. *Public Private Policy Partnerships.* Cambridge, Mass.: MIT Press.

Salamon, L.ed.2002. *The Tools of Government: A Public Management Handbook for the Era of Third-Party Government.*New York: Oxford University Press.

——& Anheier, H. K.1997. *Defining the Nonprofit Sector: A Cross-national Analysis.*Manchester: Manchester University Press.

Sandel, M.J.1996. *Democracy's Discontent: America in Search of a Public Philosophy.*Cambridge, Mass.: Belknap Press of Harvard University.

Savas, E.S.2000. *Privatization and Public-Private Partnerships.*New York: Seven Bridges.

Schneider, A.L.1999. Public-private partnerships in the U.S.prison system.*American Behavioral Scientist*, 43(1: Sept.): 192−208.

——2005. Why does the US have the highest imprisonment rate in the world? Henry J.BellmanPublic Policy Lecture, University of Oklahoma, Norman.

——& Ingram, H.1993. Social construction of target populations.*American Political Science Review*, June: 334−46.

——1997. *Policy Design for Democracy.*Lawrence: University of Kansas Press.

——eds. 2005. *Deserving and Entitled: Social Construction and Public Policy.* Stoneybrook: State University of New York Press.

——& Warner, J.S.1987. The role of restitution in juvenile justice systems.*Yale Law and Policy Review*, 5(2: Spring/Summer): 382−401.

Sidney, M.S.2003. *Unfair Housing: How National Policy Shapes Community Action.*Lawrence: University Press of Kansas.

Simon, C., & Wang, C.2000. Americorps, social capital, and institutional confidence.Paper presented at the Annual Meeting of the Western Political Science Association, San Jose, Calif., Mar.

Skocpol, T. 2003. *Diminished Democracy: From Membership to Management in American Civic Life.* Norman: University of Oklahoma Press.

——& Fiorina, M.R.eds.1999. *Civic Engagement in American Democracy.*Washington, DC: Brookings Institution Press and Russell Sage Foundation.

——& Ingram, H. 2002. Implications of choice of policy tools for democracy, civic capital and citizenship.Pp.565−84 in *The Tools of Government: A Public Management Handbook for the Era of Third-Party Government*, ed.L.Salamon.New York: Oxford University Press.

——& Lipsky, M. 1993. *Nonprofits for Hire: The Welfare State in the Age of Contracting.* Cambridge, Mass.: Harvard University Press.

Soss, J.1999. Lessons of welfare: policy design, political learning, and political action.*American Political Science Review*, 93(2: June): 363−81.

Stone, D.1997. *Policy Paradox: The Art of Political Decision Making.*New York: W.W.Norton.

Strang, H., & Braithwaite, J.eds.2001. *Restorative Justice and Civil Society.*Cambridge: Cambridge University Press.

Thornton, T. N., Craft, C. A., Dahlberg, L. L., Lynch, B. S., & Baer, K. 2000. *Best Practices of Youth*

Violence Prevention: *A Sourcebook for Community Action*.Atlanta: Centers for Disease Control and Pre-vention, National Center for Injury Prevention and Control, 161-93.

Verba, S., Schlozman, K.L., & Brady, H.E.1995. *Voice and Equality*: *Civic Voluntarism in American Poli-tics*.Cambridge, Mass.: Harvard University Press.

——& Nie, N.H.1993. Citizen activity: who participates? What do they say? *American Political Science Review*, 87(2: June): 303.

Weale, A.2001. Can we democratise decisions on risk and the environment.*Government and Opposition*, 36(3): 355-78.

Weimer, D.L., & Vining, A.R.1999. *Policy Analysis*: *Concepts and Practice*, 3rd edn.Upper Saddle River, NJ: Prentice Hall.

Wilson, J.Q.1986. *American Government*: *Institutions and Policies*.Lexington, Mass.: D.C.Heath.

Wood, D.B.1994. *Bureaucratic Dynamics*: *The Role of Bureaucracy in a Democracy*.Boulder, Colo.: West-view Press.

Yafee, S.1998. Cooperation: a strategy for achieving stewardship across boundaries.Pp.299-324 in *Stew-ardship across Boundaries*, ed.R.L.Knight and P.B.Landres.Washington, DC: Island Press.

第9章　批判性政策分析

约翰·德雷泽克（John S.Dryzek）

　　　政策分析包括与政策创建、编写、证据应用、检测、论证和解释有关的各种活动,旨在审查、评估和完善公共政策的内容和进程。本章将以批判性的眼光审视政策过程中的不同活动。批判不仅是政策分析者可能会选择去做的一件事情,而且它被看作是整个政策分析体系的基本原则。公共政策过程是在具有实践效果的背景中下沟通发挥着重要作用。这种沟通以批判为导向,目的是使公共政策变得更完善。因此,批判性政策分析奠定了此领域的研究基调。所有的政策分析都应该具有批判的环节,如果仅仅以亟待解决的社会问题为背景,而不是以优选特定利益的方式来定义批判是站不住脚的。

1. 批判及其对立面

　　批判性政策分析的立场是通过参照其两个对立面来确立的,这两个对立面包括:技术官僚和政府部门公务员。

　　技术官僚的政策分析旨在确定公共政策可以操控的因果关系,该类公共政策是由中央协调统一控制的。技术官僚分析是最具有野心的,它能够结合 19 世纪孔德和圣西门（Comte 和 Saint-Simon）的实证主义,而圣西门试图建立一系列社会因果律,为政策制定者追求社会完美提供一些杠杆作用。这些理念可能已经过时了很久,一些自然科学哲学家甚至一直拒绝接受实证主义,但在政策领域中"实证主义者"和"后实证主义者"这两个术语仍然受到热议（例如,During,1999;Lynn,1999）。政策分析是关于控制因果关系的观点,是以福利经济学和其他方面取得的优化技术为基础的（Stokey 和 Zeckhauser,1978）。而政策评估的目的只是确定政策的因果影响。技术官僚分析假定了一个无所不知且仁慈的决策者,而且他们不受政治影响（Majone,1989,提到的"决策主义"）。然而分析的观点不一定与任何可识别的现实世界决策者的观点相同,其原因有二。其一,单一的决策轨迹可能并不存在。其二,技术官僚分析往往从自身的参考框架出发,这可能体现出与决策者不同的价值观。例如,成本效益分析致力于提高经济效率,而那些专注于公共政策分析的人通常会忽视这种价值观。

需要强调的是,技术官僚分析与定量分析和统计分析是不同的。技术官僚可以使用统计数据——但也可以对其进行批判。社会改革家收集有关贫穷、营养不良和疾病的统计数据是一项长期的传统手段,这些统计数据可以用来控诉社会制度的缺陷(Bulmer,1983)。只有米歇尔·福柯(Michel Foucault)的追随者会将社会统计数据的收集看作是一种压迫行为,将描述性统计视为一个将人口作为管理对象的国家的规范化凝视的组成部分。

理想的政策分析力求与政策制定者的参照框架相联系,而这也是我们一直在努力的事情。在这种努力下,成功的政策分析者是从他或者她的组织环境中采纳对问题、目标和可接受的解决方案的定义的观点。在这些限制条件下,分析者仍然试图用专业知识来解决这些问题。很少有人明确地提倡这一方法,但是它确实捕捉到了大多数分析者以及管理顾问(Meltsner,1976)工作生活的各个方面(可参见 Palumbo 和 Nachmias,1983)。

批判性政策分析的立场是明确拒绝技术官僚和渐进适应论所描绘的图景(Bobrow和 Dryzek,1987,161－168)。

2. 批判及其政治活动

尽管存在分歧,但是技术官僚和适应性政策分析都认为,分析对改善社会状况的主要贡献是启发当权者,让他们能更好地管理社会制度。与之相反,批判性的政策分析指出,分析的关键任务是启发那些掌权者采取行动,克服困难。根据定义,批判性的理论 【192】是为了向受害者说明他们遭受痛苦的原因。它是通过受众的反应以及接受程度来验证,最终基于这种接受程度而采取行动(Fay,1987)。

许多理论都属于这种广义的批判性概念。例如,马克思主义对资本主义政治经济学的批判,主要针对工人阶级的解放,以及揭露压迫无产阶级的意识形态和物质力量的因素。当涉及公共政策时,提出符合公共利益的合理政策并不困难。但是,公共政策经常偏向于统治阶层,为富人减税,为农业提供补贴,还为富裕郊区服务而绕过城市贫民区公共交通系统。法兰克福学派(Adorno,Horkheimer 和 Marcuse)对现代性进行了全面的批判理论研究,尤其是在理性方面,这种理性破坏了人类交往中和谐统一的一面。女权主义的批判者强调了父权制的压迫性,但往往被忽视。米歇尔·福柯的作品虽然在如何克服压迫上常常显得有些软弱,但他的著作展示了权力是如何渗透并且构成了关于犯罪、健康、疯狂和性行为的具有压迫性的话语。在激进的思想中,人们试图将人类解放与非人性解放联系起来。美国的批判性法学研究运动尝试表明,看似中立的法律、规则和相关惯例,是如何系统性地压迫弱势群体。

这些例子可能表明,批判性政策分析可能与激进的左翼议程有关。这可能产生两种反应。第一个是技术官僚和适应性政策分析之间也有意识形态的联系。技术官僚分析的重心是中间偏左派的。因为他们中的大部分人相信有良知的政府是存在的。适应性分析是中间偏右派的,因其以保守的方式调整自己来适应当前的政权分配,如果像民选政府这样的权力中心有左派倾向,那么这种判断必须是符合逻辑的。

第二个反应是,批评性的逻辑结构没有特定的内容。只有存在特定的内容时,才会产生这种情况,特别是那种特定的批评——或者至少是刚刚提到的那种宽泛的理论——被证明它是有激进的左翼倾向。而重要的是,基础政策领域的应用缺少这样的关联,而我现在将要讨论这一问题。

3. 政策科学起源中的批判

这一基础应用起源于 20 世纪 40 年代的政策科学运动中,其代表人物是哈罗德·拉斯韦尔(Harold Lasswell)(参见 Lerner 和 Lasswell,1951)。拉斯韦尔致力于"民主政策科学"的理念。但他怀疑现有的政治精英,或者任何时期的政治精英实现这一理念的可能性。因为他认为,从精神病理学的研究中可以看出,这些精英对权力的追求往往会掺杂个人欲望。拉斯韦尔希望政策科学家能够克服这种动机,形成与心理医生相似的职业道德规范(Lasswell,1965,14),即拥有超乎常人的自我理解力和约束力。他探索出如决策者研讨会这样的创新形式,这是一个社会学习的论坛,能够提供一个信息丰富的互动环境。该环境与以往一样超越了政策范畴。拉斯韦尔学派批判理论的受众范围从现有的政策精英扩展到了整个社会,其实质性内容同样涉及广泛。其中最著名的就是他警告,有必要采取行动反对"驻军国家"(1941)的发展,因为这类国家对国家安全的追求限制了自由和民主的发展。这种警告与 20 世纪 30 年代拉斯韦尔所提出的警告同样切中要害。"驻军国家"将会广泛地认识到警告的有效性以及这种警告所带来的抵抗效应。

与前文提到的批判性理论一样,拉斯韦尔关心的重大问题是:"人类逐步民主化的进程"(1948,221)与"军事国家"的对抗。然而,批判性政策分析可以关注的问题比较

【193】

有限。其理念是识别和揭示主流意识形态、话语或物质力量对政策内容的影响。所讨论的政策可能是关于(比方说)一个国家在市场自由主义影响下的经济战略问题,而且该战略中除了放松管制、自由贸易、资本流动和私有化等政策之外,似乎没有其他选择。如果一个政府因其资金外流、撤资和其货币被攻击而受到惩罚,那么这种影响可能与物质力量有关。或者可能与全球化的论述有关——这些物质力量可能不是特别强大,但所有的关键执行者都相信这些力量,所以他们会以物质力量为依据采取相应的行动。赫斯特和汤普森(Hirst 和 Thompson,1996)试图提出关于全球化的新颖性和物质现实的主张,将全球化看作是将市场自由主义的"华盛顿共识"强加给世界的一种意识形态问题。事实上,各国政府在追求社会公平政策方面保留很大的空间,并且可以实施干涉主义的经济政策,而不会产生经济全球化倡导者所预测的可怕后果。另一方面,全球化对政策的影响可能来自于一些物质和话语力量的混合体。在这种情况下,批判性分析的首要任务是确定物质和话语的混合程度,以及它们相互合成的过程。

4. 语言转向和批判性转折

在很大程度上,政策的制定涉及通过语言来建构意义,而政策分析本身就是一种象征性的活动。费舍尔和弗瑞斯特(Fischer 和 Forester,1993)在政策分析和规划中谈到了"争论性转变"。由于论证只是一种特殊的语言,所以在政策分析和政策制定中,我们需要认识到在逻辑上这种"语言转向"的重要性。政策语言可能在(比如说)优化技 【194】术中实现高度的形式化;或者它也可能是一种只体现了日常的经验知识的非正式话语,或者也可能是这些话语的混合体。无论如何,语言绝对不是一种中立的媒介。批判性政策分析的观点很好地适应了这种语言的转向,今天大部分政策分析都与这一政策领域的语言导向相结合。马克思主义者和其他习惯于物质性批判的学者可能会哀叹这一转变,就像他们哀叹多元文化的左派(特别是在美国)过多地关注那些受压迫的少数群体(包括富裕的少数群体)而排除分配问题一样。

在语言转向出现之后,任何政策分析的第一项任务就是解释在特定政策环境中它们存在的意义。这是主要的任务,因为这些含义限定了问题的定义,而问题的定义又决定了(例如)相关的数据或证据的类型。通常,关键的意义往往会被隐藏,或者人们也会认为它的存在是理所当然的,而且如果追溯它们的起源,寻找该意义与其他含义的相互联系,发现这些意义的重要性都是相当困难的。这一系列的研究技术涵盖了解释分析、叙事分析和语篇分析。

解释性的政策分析(Yanow,1996)最直接地关注参与者在特定政策过程中所构建的意义。公共政策本身并不是实现某些目标的手段,而是"表达人类意义的方式"(Yanow,2003,229)。这种方法属于人类学,将政策过程看作是文化实践。在英国以及美国联邦政府的古典人类学的研究中,预算编制可以在 1974 年的赫克洛和威尔达弗斯基(Heclo 和 Wildavsky,1974),威尔达弗斯基(Wildavsky,1974)的研究中找到,他们阐明了参与者对该过程的非正式理解。参与者对预算底线有不同的预设,如在请求资金时需求量稍稍高于正常水平,但不要太高等,这些都违反了预算的概念上的理性和目标导向。在实施政策的过程中创造含义的方式可能会给政策制定者带来意想不到的结果。耶诺(Yanow,2003,241)指出了一些补救教育项目的例子,该项目要求教师对需要帮助儿童的情况进行整理排序,从而强化问题家庭的背景和贫困这类的问题,而该项目的目的就是为了解决这些问题。

叙事分析(Roe,1994)主要关注政策过程中参与者所讲述的故事。与许多社会背景的语言一样,政策语言的特点是讲述故事的内容,而不是论证、演绎逻辑或者定量优化。一个好故事要达到的效果就是用一种特殊的表达方式让观众相信它。事实胜于雄辩。例如,一个民族主义煽动者可以从违反种族清白和谴责犯罪者整个种族的角度,来讲述种族冲突中强奸和谋杀的故事。同样的事实也可以用来支持违反基本人权和人类普遍原则的故事,因此每个故事产生的行为后果将会大不相同。

【195】

话语分析侧重于更大的意义体系,其中故事往往是嵌入的,而且适以政策内容为条件。例如,海耶尔(Hajer,1995)追溯有关荷兰环境政策中关于生态现代化的话语起源,发现这类政策将减少污染视为促进经济发展的工具,并且在采取行动之前不需要确凿的科学证据来证明污染的危害性。他将这一发现与主导英国环境政策的"传统的实用主义"语篇进行了对比,强调了管道式管制,而非重新设计生产流程,并要求在采取行动之前,提供污染物造成损害的科学证据。在每一种情况下,都需要通过分析来揭示主流的话语。行为者认为主流话语占主导地位是理所当然的,因而没有意识到它们的存在。

对意义的解释是有必要的,但从批判性的角度讲这个解释是不充分的。如果政策分析在很大程度上是对政策的内容和过程进行评价和改进,那么解释分析、叙述分析和语篇分析本身就是不足的。他们可能会对世界的运作方式进行更好的描述和理解,但他们也可能让世界与它们所发现的大同小异,即使他们的成果得到了广泛的传播和接受。例如,话语分析可能会揭露政策领域的主导话语,但随后得出的结论,这种主导地位是不可改变的。这是一个相当普遍的立场,例如,在解释全球化在经济政策方面的影响时,几乎没有给各国提供较多的回旋余地。一些解释性分析甚至可以支持适应性政策分析。这种基于对精英深度访谈的分析非常危险,因为这种分析可能会重现这些精英的世界观。

5. 批判标准的起源

批判的动力不仅仅是描述和解释,也在于评估和改进。语言模式下的批判性政策分析可以通过解释分析、叙事分析和话语分析的结果以批判的标准呈现出来。那么,这些标准从何而来呢? 有几个可能的答案,所有的答案都来源于这样一个事实,任何未发现的意义,如果不是真的有争议的话,很可能是可以争辩的(Fischer,2003,46)。争论的可能性源于对解释、叙述和话语中偶然性的认定。偶然性意味着有其他选择,不管它是被压制的还是被边缘化的,都可能被主流的理解所取代。

一个标准可以在与尤尔根·哈贝马斯(Jurgen Habermas,1984)相关联的批判性 【196】传播理论中找到。哈贝马斯对社会的批判理论是建立在对主体间交际话语的真理性、真诚性、可理解性、适应性的要求之上的。就此而论,社会现状可以被描述为是具有交往理性的,这种理性是由有能力的行动者的反思理解所构成的。他们之间的交流应该避免欺骗、自我欺骗、制定策略和行使权力。交往理性的规范性原则可以用来评价某一特定政策的内容或支持某一立场,也可以用来评估制定政策的过程(Healey,1993)。

当涉及理解的内容时,运用交往理性原则的批判性政策分析,就可以揭露意识形态的主张——意识形态在这里可以被理解为带有贬义的虚假必要性的说明。"全球化"经常被运用在这种意识形态中,因为它规定了一系列政府必须施行的政策,以确保不落后于他人。其他的意识形态主张可能是基于必须接受而不是质疑的技术革命的必然性,尽管这种意识形态在 20 世纪 50 年代处于主流地位,但是在现代社会却不怎么被重视。另一方面,那种以"反恐战争"的名义使各种镇压措施合法化的意识形态,在 2001年后逐渐变得强大。违反交往理性的行为可能会以更世俗的形式出现,即通过利益而非意识形态来运作。例如,烟草公司长期以来一直否认其产品对人体健康的严重损害,并掩盖了对其产品的研究结果,这显然违反了交往理性的"真诚性"。

交往理性不是一个没有问题的重要标准。如果严格地使用该标准,它可能会排除普通民众和政策主体的隐性知识和常识,或者是当地人对其土地传统的、非科学性的理解。杨(Young,1996)指出,看似中立的对话规则在实践中可能会忽视那些不精通理性论证的人(尽管杨的观点并不适用于那些实际观察过参与者交流练习的人)。这里的解决方案可能是扩展交往理性,超出了哈贝马斯狭隘的和非必要性的论证,包括了其他形式的交流模式,如问候、修辞、讲故事,或流言和笑话以外的模式。所有类型的交流都是根据交流者的能力进行评估的。所有的交流方式都可以根据其反思的能力、非强制

性以及将对话者的特殊经历与一些更普遍的原则相联系的能力来进行评估(Dryzek,
2000,68-71)。

社群主义者会面临一个不同的问题,他们认为交往理性太过开放,并没有以特定的
社会现实为依据。社群主义者将会强调社会传统中体现的特定标准——以美国宪法中
的政权价值观为例。虽然该观点保守,但这种立场的确呈现出一种批判性理念,例如违
反宪法精神的政策(这当然是对政策决策提出法律挑战的基础,但也可能是对政策分
析提出挑战的基础)。社群主义者的标准和交往理性一直受到不同层次的评估
(Fischer,1980)。也许一个人所在社会的政权价值可能被看作是无需讨论的标准,有时
它们也可能需要对价值观进行批判性地审视。例如,美国宪法最初支持种族主义和奴
隶制,但最终在更具普遍性的原则上受到了挑战(这些原则来源广泛,其中包括一些宗
教因素,因此这绝不仅仅是交往理性的问题)。

采纳一种不干涉的方式作为批判标准也是可以的:可让这类标准出现在因不同理
解力而构成的争论中。例如,在刑事司法政策中,恢复性司法的最新发展是根据精神病
理学对犯罪心理提出了更为传统的理解。罪犯的理性选择是:根据对特定犯罪的成本
和收益进行计算得到的结果,以及促使他们开始犯罪生活的悲惨社会条件来决定。恢
复性司法认为社区重塑既是一种核心价值,也可帮助罪犯改造后回归社会以及降低犯
罪率。这一挑战必须通过更传统的刑事司法话语来实现;这些话语的拥护者可能在反
思中选择拒绝挑战或调整自己的立场来应对挑战,但他们无法忽视这类话语。在这样
的主张中,某种程度上的标准化共识是否会出现是未知的。但即便如此,不仅出现的条
件是至关重要的,而且需要它们本身达到一种批判性的标准。因此,不干涉的方式始终
是不够的。

最后,产生批判性标准的一种方法坚持认为,意见将永远不会相同。因为它们是以
不同的身份和经验为依据一直保持下去的。激进主义程序标准决定了一种特殊的尊重
性取向,将他人视作竞争对手而不是敌人,与竞争对手之间的互动是批判性的交往而不
需要制定战略(Mouffe,1999)。然而,通常表现出来的竞争缺乏与集体决策之间的联
系,而这种联系有助于界定公正政策领域。该理论更侧重于关注人际关系和群际关系
的本质。

6. 过程和制度批判

无论从哪个角度来寻找批判的标准,都不应该仅仅停留在政策的内容及其潜在的
理解上,而是应该延伸到制定政策过程中遇到的问题上。特别是运用在程序术语之中

的交往理性(Bernstein,1983,191-194)为如何解决竞争性的争议提供了标准,同时也尊 【198】
重了基本诠释的多样性。交往理性所提供的标准将会用来评估现在的策略流程。例
如,可以批判法律程序对所提出的各种争论的限制。坎普(Kemp,1985)讨论英国关于
核能问题的法律公众调查,排除了质疑核能经济效益的观点,允许经济论点的支持,支
持和反对核能的人在可获得的社会资源上存在差异,并且允许其支持者引用《官方保
密法》(the Official Secrets Act)来平息争论。

　　批判性的政策分析也可以为可选流程的设计或创建提供相应的信息。这样的设计
既可能出现在拉斯韦尔的决策讨论会上,也可能会出现在近期关于公民协商的实验中,
如公民陪审团、协商会议、协商性民意调查。冯(Fung,2003)指出这样的设计就像“公
共领域的食谱”。尽管每个设计都是公共领域中的一小部分,而公众舆论正是在这个
更大的公共领域中产生的。在诸如调解、监管谈判、影响评估和政策对话等过程中,不
着边际的设计也可能只涉及党派,而非普通公众(DryZek,1987a)。因为这些过程牵涉
到党派,所以这些过程的特点是权力和战略的运用;批判性政策分析试图使他们以一个
更为方便的方式来进行沟通。批判性承诺意味着“设计”本身应该是一种沟通过程,且
涉及参与问题讨论的机构,以及做出决策的主体。伊恩斯和布希尔(Innes 和 Booher,
2003,49)展示了在加利福尼亚州水资源管理的进程中,参与者是如何创造出更加开放
与合作的新机构和程序,从而能够更加有效地应对不断变化的环境。这类机构的设计
与工程设计是完全不同的。

　　参与机构重建的人也应该保持活力,以充分的战略理由引入看似杂乱无章的创新。
例如,这样的设计在英国的卫生政策中受到青睐。他们的官僚赞助者可以将公民小组
等机构的建议作为民意的真实反映,从而避开那些声称代表公共利益而制造麻烦的游
说团体(Parkinson,2004)。然而,这样的论坛一旦建立起来,就开始推脱责任,有时甚至
会让赞助者感到失望。

　　试图克服权力不平等并让公民参与有效对话的机构做出承诺,批判性政策分析
将最近的民主理论与其对协商的承诺结合起来。民主理论大约在 1990 年的时候出
现了“协商性转变”。在这种转变下,合法性取决于那些受决策支配的人参与协商内
容的能力和机会(Chambers,2003)。因此,拉斯韦尔式的“民主政策科学”的愿望现
在是否能够得以实现——这并不像拉斯韦尔本人预测到的那样。批判性政策分析超
越技术官僚主义和浅层的自由民主体制,转向更深层次的民主体制。公民、代表和
专家之间的差别失去了意义(deLeon,1997)。这样的项目可能会受到技术官僚政策 【199】
分析从业者和强大的利益集团的抵制,这些利益集团与维持政治经济现状有着利害关
系。然而,重要的执行者(如我所见)有时会发现赞助那些活动是有益的,为实现更权

威的民主提供了一个机会。

7. 从韦伯式层次结构到网络化管理

认识到这个制度性议程,技术官僚型政策分析者可能会因其在民主价值方面的吸引力而接受它,但又会因为当代世界政策问题的复杂性而抵制它。韦伯的观点是,对复杂问题的理解需要由最高层级来协调,该层级结构主要是通过组织专业知识来处理各种复杂问题的各个方面。最高层级将复杂的问题划分成集合和子集,每个集合和子集都分配给下属单位。韦伯本人认为官僚主义在现代社会中蓬勃发展,正是因为它是解决复杂社会问题的最佳组织手段(尽管他对官僚主义的病态及其产生的影响有所了解)。智能问题分解和管理组织,在这里意味着使复杂问题划分的多个集合和子集的交互作用最小化。然后,最高层次可以将每个子单元提供的各个部分组合起来,以制作整体解决方案。

在理论层面上,反韦伯主义的论点可以归纳为,这种方法只适用于西蒙(Simon,1981)所说的"近似可分解"的问题。对复杂度的更高要求意味着跨越集合和子集边界的交互密度不存在智能分解和官僚分工,因此最高层级的协调能力会不堪重负(Dryzek,1987b)。因此,我们应该接受这类互动而不是压制他们,促进不同能力的人之间的沟通,让他们关注问题的不同方面。尽管从争论双方都可以举出例子,但近期实践中一些事态的发展支持反韦伯的一方,特别是在涉及"新治理"和网络化问题的解决方面(Rhodes,2000)。网络本身并不一定是民主的,而且它可以通过隐藏权力和责任,帮助更广泛的公众逃避责任。但不管他们是否民主,网络都是无等级的,并且常常因为他们能够精确地处理复杂问题的能力而受到保护。批判性政策分析可以提醒新治理的支持者,网络中需要不失真的沟通和执行者的能力(Hajer 和 Wagenaar,2003),以及对新公共管理者控制网络的抵制。这种批判性分析在网络社会中很常见,即使它必须经常与网络本身的反民主和排外倾向作斗争。相比之下,技术官僚政策分析在网络社会中受到重视,因为它的潜在受众是高级层次的控制者。网络的一个显著特征是没有任何主权中心;问题的解决涉及许多不同司法管辖区的执行者。这些执行者可能是政治家和官僚;也可能是公司、跨国组织、游说团体、社会运动和公民。正如威尔达弗斯基(Wildavsky,1979)所描述的,政策分析的主要任务是"向权力说真话",当权力本身是分散的和流动的状态时,它就变得非常不同了(Hajer,2003,18)。分析师成为多方谈话的对话者,而不是主权者耳边的低语者。

【200】

8. 政策分析者的任务

上述讨论为分析者在一般批判性的标题下提出了以下任务：

·政策内容和进程中对主要意义的阐释。

·揭露被压制的或边缘化的含义。

·识别林德布洛姆（Lindblom,1990）所称的即抑制其他含义的"损害因素"。这些因素可能包括意识形态、主流话语权、信息缺失、教育缺乏、官僚混乱、限制特定种类的证据和沟通的可容性以及旨在阻碍而非启发的过程。

·探讨政策行动者的沟通能力如何达到平衡。

·根据沟通标准对机构进行评估。

·参与设计可能做得更好的机构。

·对技术官僚政策分析的批评。那些表面上无用的技术官僚政策分析也会剥夺那些既不是专家也不是精英的决策者的话语权。这种公共政策的分析可能强化这样一种观点，即公共政策只适用于专家和精英（Edelman,1977;Dryzek,1990,116-117）。

在政策研究课程设计中，这些任务可以在多大程度上得到解决？技术官僚政策分析持续存在的一个原因是：它的技术可以作为解决方法来进行教授。一旦分析人员发现他们自身处于决策进程中，他们可以将这个解决方法看作是职业声望的徽章来展示。【201】但实际上，分析者在实践中的行为往往更符合作为批判性政策分析起点之一的沟通形象。他们提出问题，引起了人们对特定问题的关注，调查和发展故事，提出论点，并用修辞手法劝说其他人理解这些特殊意义（Forester,1983）。因此，批判性政策分析的课程设计可以从指定分析者传授的实践内容开始。

批判性政策分析也有其技术和逻辑，尤其是解释性、叙事性和话语分析。同样政策评估的逻辑也可以被教授，这些逻辑保留了对不同价值观和世界观的批判性意识（Fischer,1995），而这些价值观和世界观是可以被应用的。然而，批判性分析者还需要考虑在什么情况下应该使用什么方法，会产生什么效果。分析人员应该了解他们提供的内容并帮助构建情境（Togerson,1986,41）。弗瑞斯特（Forester,1981）建议为所有的政策参与者（包括分析家）制订一套沟通道德准则，其中包括禁止操纵、隐藏和歪曲信息、禁止将注意力从重要问题移开、禁止行使权力或专业知识来取代辩论的内容。这些要求与专业人员的工作方式不一致，尤其是当涉及放弃作为职业权利来源之一的神秘感时（Torgerson,1985,254-255）。

9. 结论

因此批判性政策分析是一项要求很高的工作。它的实践者们不能简单地根据自己对一系列方法的熟练掌握来寻求专业上的提升。他们的工作影响了当权者,使他们的政治生涯变得困难。尽管存在着阻碍政策分析的因素,但作为批判性政策分析可以从现实中得到安慰——它与技术官僚正好相反,它很容易融入一个解决分散型问题的新兴网络社会。在一个民主的世界里,批判性政策分析可以从其自身能力中汲取力量,并且帮助实现民主政策科学这一理念。

参考文献

Bernstein,R.J.1983. *Beyond Objectivism and Relativism.* Philadelphia:University of Pennsylvania Press.

Bobrow,D.B.,& Dryzek,J.S.1987. *Policy Analysis by Design.* University of Pittsburgh Press.

Bulmer,M.1983. The British tradition of social administration:moral concerns at the expense of scientific rigor.In D.Callahan & B.Jennings.eds.*Ethics,the Social Sciences,and Policy Analysis*(pp.85-161). New York:Plenum.

Chambers,S.2003. Deliberative democratic theory.*Annual Review of Political Science*,18(6),307-26.

DeLeon,P.1997. *Democracy and the policy sciences.*SUNY Press.

Dryzek, J. S. 1987a. Discursive designs: critical theoryand political institutions. *American Journal of Political Science*, 31(3),656-679.

——1987b.Complexityand rationality in public life.*Political Studies*, 35(3),424-442.

——1990. *Discursive Democracy:Politics,Policy and Political Science.* Cambridge University Press.

——2000. *Deliberative Democracy and Beyond:Liberals,Critics,Contestations.* Oxford University Press.

Durning,D.1999. The transition from traditional to post-positivist policy analysis:A role for Q-methodology.*Journal of policy analysis and management*,18,389-410.

Edelman,M.1977. *Political Language:Words That Succeed and Policies That Fail.* New York:Academic.

Fay,B.1987. *Critical Social Science:Liberation and its Limits.* NY:Cornell University Press.

Fischer,F.1980. *Politics,Values,and Public Policy:The Problem of Methodology.* Westview.

——1995. *Evaluating Public Policy.*Nelson-Hall.

——2003. *Reframing Public Policy:Discursive Politics and Deliberative Practices.* Oxford University Press.

Fischer,F.,&Forester,J.eds.1993. *The Argumentative Turn in Policy Analysis and Planning.*Duke University Press.

Forester,J.1981. Questioningand organizing attention:toward a critical theory of planning and administrative practice.*Administration and Society*, 13(2),161-205.

——1983. What analysts do.In W.N.Dunn.Lexington.ed.*Values,Ethics,and the Practice of Policy Analysis.*(pp.47-62).Mass.:Lexington Books.

Fung,A. 2003. Recipes for public spheres: eight institutional design choicesand their consequences. *Journal of Political Philosophy*,11,67-338.

Habermas,J.1984. *The Theory of Communicative Action I:Reason and the Rationalization of Society.* Boston:Beacon Press.

Hajer,M. A. 1995. *The Politics of Environmental Discourse: Ecological Modernization and the Policy Process.* Oxford:Oxford University Press.

——2003. Policy without polity? Policy analysis and the institutional void.*Policy Sciences*,36,175-95.

Hajer,M. A. , & Wagenaar, H. eds. 2003. *Deliberative Policy Analysis: Understanding Governance in the Network Society.*Cambridge University Press.

Healey,P.1993. Planning through debate:the communicative turn in planning theory.In F.Fischerand J. Forester.Durham. eds.*The Argumentative Turn in Policy Analysis and Planning*(pp.53-233).NC: Duke University Press.

Heclo,H. ,& Wildavsky,A.1974. *The Private Government of Public Money.*Macmillan.

Hirst,P. ,& Thompson,G.1996. *Globalization in Question:The International Economy and the Possibilities of Governance.*Cambridge:Polity Press.

Innes,J.E. ,& Booher,D.E.2003. Collaborative policy making:government through dialogue.In Hajerand Wagenaar 2003,33-59.

Kemp,R.1985. Planning,public hearings,and the politics of discourse.In J.Forester. ed.*Critical Theory and Public Life*(Pp.177-201).Cambridge,Mass.:MIT Press.

Lasswell,H.D.1941. The garrison state.*American Journal of Sociology*,46(4),455-468.

——1948. *Power and Personality.*Norton.

——1965. *World Politics and Personal Insecurity.* Free Press.

Lerner,D. ,& Lasswell,H.D.1951. *The Policy Sciences*(Vol.7).Stanford University Press.

Lindblom,C.E.1990. *Inquiry and Change:The Troubled Attempt to Understand and Shape Society.*Yale University Press.

Lynn,L.E. ,Jr.1999. A place at the table:policy analysis,its post-positive critics,and the future of practice. *Journal of Policy Analysis and Management*,18,411-24.

Majone,G.1989. *Evidence,Argument,and Persuasion in the Policy Process.* Yale University Press.

Meltsner,A.J.1976. Policy Analysts in the Bureaucracy.University of California Press.

Mouffe,C.1999. Deliberative democracy or agonistic pluralism? *Social Research*,66,745-58.

Palumbo,D.J. ,& Nachmias,D.1983. The preconditions for successful evaluation:is there an ideal paradigm?.*Policy Sciences*,16,67-79.

Parkinson,J.2004. Why deliberate? The encounter between deliberationand new public managers.*Public administration*, 82(2),377-95.

Rhodes, R. A. W. 2000. Governanceand public administration. In J. Pierre. ed. *Debating Governance* (pp. 54—90). Oxford: Oxford University Press.

Roe, E. 1994. *Narrative Policy Analysis.* Duke University Press.

Simon, H. A. 1981. *The Sciences of the Artificial.* Cambridge, Mass. : MIT Press.

Stokey, E. , & Zeckhauser, R. 1978. *A Primer for Policy Analysis.* New York: Norton.

Torgerson, D. 1985. Contextual orientation in policy analysis: the contribution of H. D. Lasswell. *Policy Sciences*, 18, 241—61.

——1986. Between knowledgeand politics: three faces of policy analysis. *Policy Sciences*, 19, 33—59.

Wildavsky, A. 1974. *The Politics of the Budgetary Process*, 2nd edn. Boston: Little, Brown.

——1979. *Speaking Truth to Power: The Art and Craft of Policy Analysis.* Boston: Little, Brown.

Yanow, D. 1996. *How Does a Policy Mean? Interpreting Policy and Organizational Actions.* Georgetown University Press.

——2003. Accessing local knowledge. In Hajerand Wagenaar 2003, 228—46.

Young, I. M. 1996. Communicationand the other: Beyond deliberative democracy. *Democracy and difference*: Contesting the boundaries of the political, 31, 120—35.

第四部分

创制公共政策

第 10 章　政策起源

爱德华・佩吉（Edward C.Page）

1. 政策、多样性以及等级制度

政策从何而来？以俾斯麦（Bismarck）1889 年通过的社会政策《劳工老年残疾保险 【207】
法》（*Invaliditäts-und Alterssicherungsgesetz*）为例，可以说该政策"出自"内政部帝国办公
室；也可以说该政策是由早期的自愿保险法案发展而来的；或者说它来源于 1883 年的
《健康保险法》（*krankenversicherungsgesetz*）所制定的改革计划；或是出自俾斯麦的国家建
设规划；或是来源于凯撒（Kaiser）提出的"社会皇权"概念；甚至可以说该政策的起源更
为久远，可以追溯到腓特烈大帝（Frederick the Great）时期提出的德国君主的社会责任。
该措施可以被看作是缓和工人阶级不满的工具，是资本主义的产物，是从前工业化社会
向工业化社会转型的必然结果（Moore，1967），或是对新兴的社会主义发展的回应。我
们同意道森（Dawson，1912，1）的观点："不要将德国保险立法的起源追溯到某一具体情
况，甚至是某个特定时期。"以上关于政策起源的观点没有明确的正误之分（对俾斯麦
社会立法的新颖论述可参见 Tampke，1981；比较论述可参见 Heidenheimer，Heclo 和 Ad-
ams，1990），而似乎是对稍微不同问题的回答。

政策可能通过有意识的反思和深思熟虑后产生，因此它们可能会反映出各种各样
的意图和想法：有些很模糊、有些很具体、有些是自相矛盾的，还有一些表达不连贯。正
如我们将要看到的，政策也可能产生于无意识或未经仔细考虑的职业惯例或官僚程序
之中，其意图、实践和观念反过来可以由大量不同的环境塑造而成，包括从特定的线索
或动力到更普遍的实践精神，甚至是对不证自明的普遍真理的信念。我们应该如何探 【208】
讨政策多元化的起源呢？

在研究政策起源时，所使用的核心简化方法就是对商务会议的类比。政策首先是

通过议程产生的。议程指的是政策制定者感兴趣的议题以及在制定政策过程中待处理的事项,或研究政策可行性时所提出的议题事项等主题的概念清单。金登(Kingdon,1995)在解读议程推进过程及其相关方法时(Cobb 和 Elder,1978;Cohen,March 和 Olsen,1972;Baumgartner 和 Jones,1993),形成了对政策早期起源的思考。这些作者很清楚议程类比法在描述政策起源时的局限性,因为它有可能会出现倒退的可能性:任何观念、提议或惯例都有其来源。议程概念的价值在于它提供了一个框架,使人们能够概述导致人们把注意力集中在一个问题上的直接原因:一个问题是如何从不为人知的情况发展成正在讨论的问题,成为立法或其他政策措施的有力竞争者呢?

但是,借助议程文献来帮助理解政策起源有两个局限性。首先,由于对政策起源的研究涉及立法政策的制定,因此该研究无法阐明未经商议,或未经立法机关和行政机关正式批准而制定的或更好的政策。第二点,或许是最重要的,由于主流的理论模型最初是按照美国的情况而建立发展的,所以,如果将该模型直接用于论述政策发展的总体情况,就会出现问题。金登(1995)提出的模型是高度多元化的,涉及许多"重要人物",有些在立法机构中(国会议员、议会成员),有些不属于立法机构(利益团体、顾问以及党派),他们都在政治议程中扮演着重要的角色。从欧洲的角度来看,该模型的独特之处并不在于所涉人员的范围,而在于它缺乏与政党结合的立法和行政部门体系的等级制度。对此,金登(1995,76)的论述如下:

> 各种复杂因素的融合可能会导致某一特定项目成为重要的议程。原因有很多,体制的分化就是其中之一,体制的建立者故意设计了一个支离破碎的宪法体系,不能由任何人主导,他们也确实成功了。因此要想使思想变成现实的政策,需要人们的共同努力。

然而,在政党政府的行政主导体制下,美国体制中的那种程度上的分化并不总是如此普遍(无论是联合型政府还是多数派政府)。在这种体系中,一个群体——即围绕行政长官的群体——如果不能支配整个体系,那么就会对研究的议题产生不成比例的影【209】响。另外,如果不加控制,核心官僚对讨论替代性方案的过程也会有重大的影响。我们将在后文详细论述这一问题。但是,如果议程模式是以美国的情况建立发展的,那么我们可能会认为,它作为一个框架,来阐释其他国家或地区的政策发展历程的意义会有所降低。因此,后文几乎没有论述金登和其他美国理论家不认可的议程,相反它会强调一些在美国体系中被认为是可能的要点,因为在美国以外的地方,讲述政策的产生方式更加重要。

在政党制度中,行政主导对议程模式的意义是什么呢? 行政主导并不意味着利益集团毫无作用,或政府无需听取利益集团的建议和意见,也不代表立法机关的个别成员

无法像美国议程文献中描述的那样提出有影响力的政治或立法倡议（参见 Richardson
和 Jordan，1979）。相反，行政主导意味那些试图影响政策（尤其是议程）的人必须说服
对政策进程有重大影响的人：核心领导层的官僚。在某些政治制度中，政策发展体系内
部在一定程度上具有等级制度，虽然美国并非不是如此，但在很多欧洲国家都是例行公
事。而露丝（Rose，1980，305）发现了细微的不同：在欧洲国家，存在政府和地方政府；而
在美国，只存在地方政府（另参见 Heclo，1978；Truman，1971）。一旦行政主导的政府致
力于议程的建立，该政府就有了支持议程的宪法和行政能力。他们也可以采取相应的
行动。事实上，在该体制中，如果政府做出承诺，那么政策发展势头就基本不会停止。

在美国以外的体系中，对政策过程进行分级结构的可能性更大，这意味着政府更容
易做出总体承诺，形成一系列的政策：他们探究的广泛方法从承诺到元议程（虽然政府
可能面临激烈的政治对立，例如德国“2010 议程”和法国“2006 议程”）再到立法中条款
如何构成的微观细节，以及那些传达政策的人被安排去执行（例如，英国部长能够指导
移民官僚以特定方式解读规定）。所以，在政治主导的体制中，重要的是要考察在某种
程度上与立法政策制定无关的政策来源，而立法政策的制定是美国议事日程的重点。
本章提出 4 个层次的抽象概念，并探讨政策如何在这 4 个层次中产生，论述 4 个层次的
突出特点。

2. 明确政策起源的差异

阐述政策起源的过程中所涉及的基本问题之一是，我们并不确切地知道政策是什【210】
么。“政策”一词可以指强加于各种不同措施上的构建的统一——我们可以考虑教育
的总体措施和谈论某一特定国家的“教育政策”。此外，关于“教育政策”的书籍不太可
能将制定和实施该政策的机构排除在外。或者“政策”一词也可以指特定的法律或措
施，甚至可能是政府通知或其他“软法律”手段。如果我们坚持将政策狭义地定义为具
体的法律或其他工具，那么很可能将几条不相关的措施汇集在一起，以至于将其描述为
一项政策的做法是令人生疑的，如美国的“汇编”议案和英国的“综合”议案都是将不同
的措施合并在一部法律中。

如本章引言所述，政策可以在不同程度上加以描述——俾斯麦的任何一部社会政
策法律都可以被看作一项具体措施、一项独立的政策，或是更高层次措施和法律的一部
分。为了消除政策的不确定性，我们需要考虑一下我们所述的“政策”是什么意思（当
然，我们要避免对该概念内涵的详尽阐述，相关论述可参见 Hogwood 和 Gunn，1984，
13-14）。政策可以被看作是意图或行为，也可以是二者的结合体。政策也可能只是一

个意向。一个不太可能上台或参加联合政府的政党提议是"政策",尽管它们没有机会付诸行动。此外,政策也可能是单独的或一系列行动,例如,移民局官员没有严格审查可疑的入境申请,因此我们可将其看作是"宽松的"移民政策。

在此基础上,我们可以将政策分成4个抽象的层次。意向和行动可以被看作是两类不同的事物,每一类都可以被描述为"政策"。意向比较宽泛,可以用一系列的术语来描述意向。政治意向可以以原则的形象出现:关于公共事务应该如何安排和落实的一般性观点。这些原则可能包括私有化、解除管制、客户选择、社区关怀、"免费送货"服务,或"最佳可用技术"。这类原则不需要简单清晰的定义,但是针对不同的政策话题要有可行的方案。像意识形态这样宽泛的概念——包含抽象原则的观念集合,也可以理解为更宽泛的意向表达。众所周知,虽然很难为意识形态下清晰的定义,但是我们知道,意识形态能够产生大量不同的原则,例如公有制、党派在政府中的作用、工人权利等。尽管集合的程度不同,我们可以将其他涵盖大量原则的观念也视作意识形态,例如撒切尔主义、里根经济政策、新公共管理,以及"第三条道路"。

【211】 上述意向可能没有那么宽泛——它们可能更少涉及总体原则或意识形态,而更多地涉及与政策寻求解决的具体问题或问题相关的目标。我们把这些具体的意向称为"政策方针",因为它们指的是在管理或处理特定主题时所采用的战略(或路线)。法律中通常含有政策方针。以英国《2002 收养和儿童法》(UK's Adoption and Children Act 2002)为例,其中一项旨在增加潜在收养人的数量,另一个有关"跨国收养"的政策解决了其他国家收养法案不严谨的问题。然而另一项政策方针是关于领养机构的注册登记问题,在该法案中,还存在其他清晰的政策方针。

当我们采取行动之前,我们可以从两个方面将政策概念化。措施是实施不同政策路线的具体工具:一项措施规定带着非亲生子女入境的人必须满足法律要求;另一项措施是在法律新增条款中解除对同性恋者领养儿童的限制。作为政府的工具,措施总会在文献中引发关注(Hood,1983)。措施不是恒久不变的法律。财务激励、规劝或建议的形式,或是公共人员的直接行为——胡德(Hood,1983)北约计划中的权威性、财产以及组织机构等都属于"工具"。

实践是行政人员通常被期望执行政策措施的行为。在狭义上,该术语指实施政策,例如在入境港工作的官僚怎样对待回到英国的家庭,收养顾问怎样改变他们安置孩子的方式。虽然政策一方面被视为政策的"执行"(参见 Pressman 和 Wildavsky,1973),但实践并不总是执行,因为它们是由寻求实现政策的措施产生的。事实上,很大一部分关于实施的研究着眼于政策如何与组织内部现有的实践相互作用,从而付诸实践。在最初的政策实施研究中,美国经济发展局想要将资金用于调整方案,旨在增加少数群体的就业机会。赫伯特·考夫曼(Herbert Kaufman,1960)对护林员的经典研究强调了这样一个事实:正是护林员的一系列规范和实践塑造了该部门的特征,而这些规范并没有"执行"任何特定的立法。

3. 政策起源和抽象的层次

3.1 综述

我们可以从 4 个抽象层次来探讨政策的起源,对于某些政策而言,在某一层次研究其政策起源要比研究其他层次更为合理。我们将对这一议题展开细致阐述并概述其原因。在原则上,我们可以合理地说,20 世纪 80 年代后,美国在工作福利方面所采取的一系列举措表明,在考虑社会福利与受助人义务之间的关系时,可以合理地寻求政策的起源。当然,如何以及为什么会被联邦和州的立法采纳是这个故事的一个重要部分。但是既然我们对政策的起源感兴趣,那么将原则作为政策起源的重要部分也是合情合理的(King,1999)。围绕议程设置的工作更加关注*政策路线*(与具体议题相关的意向)的起源。金登(1995)在他的开创性著作中对这一问题进行了实证分析,其基本路线是将健康维护组织的提议或联邦基金、放松货运管制等作为其基本的政策方针。【212】

也许一开始,措施并不像是政策的起源,但是事实上,它们在很大程度上促进了政策的发展——与某些政策相关的具体措施可能会导致不同政策的制定。在威尔达弗斯基(Wildavsky,1980,62-85)关于"政策是自身的起源"的阐述中,该论点得到了重视,根据这一论点,"政策往往是相互依存的:政策的数量越多,处理的新情况就越多,就会产生更多的新政策以及未曾预料的结果。宪法新修正案和新的行政法规不断发展,二者相互促进共同发展。"霍格伍德和彼得斯(Hogwood 和 Peters,1883,1)阐述了威尔达弗斯基的观点,他们认为在政策领域,真正的创新是罕见的,"大多数的政策制定实质上是政策的继承:用另一个政策、计划或组织来替代现有的政策"。这在一定程度上,是"政策空间""拥挤"的结果。"政策空间",是指人类互动的方方面面越来越多地受制于某种形式的公共政策。因此,一项"'新'政策提议想解决的问题并非是缺少政策导致的,而是由现存政策的问题或未来不同计划相互作用引起的无法预料的消极结果导致的"(Hogwood 和 Peters,1983,3)。具体措施可以引发新的政策方针或措施。以失败告终的人头税政策对英国政府体制的影响时间比政策本身的时间长得多:"人头税政策对地方政府造成的长期损害,不在于人头税政策本身,而在于伴随人头税政策兴亡的一系列措施。3 个特别突出的问题是:营业税率国有化、对委员会花销的普遍限制,以及地方政府委员会的设立"(Butler，Adonis 和 Travers，1994)，以上 3 项政策导致了当地政府的大规模调整。实践也可能是政策的起源，尤其是因为一些组织和政客的行为可能导致旨在纠正这些问题的政策——发展平权行动、关于性别和少数族裔就业项目，在一定程度上，可以被视为对早期人事招聘中确立实践的回应。

不难发现，这 4 个抽象层次都是"政策"的重要组成部分。普雷斯曼(Pressman)和
【213】威尔达弗斯基对奥克兰市的经济发展局项目展开讨论并阐述了政策是原则、路线、措施和行动的混合体。另外，几乎所有"政策"都涵盖了这 4 个层次，例如，将投寄信件的成本提高 10%，这可能被视为一种原则或意识形态的反映，即人们应该为他们的服务买单以及一种旨在提高收入的措施。为了概述政策的起源，尽管无法从抽象角度阐释哪个或哪些层面为解释政策起源起到了决定性作用，但是 4 个层次都能提供依据是不太可能的。然而，我们可以指出每一层次在政策起源中所起作用的一些显著特征。

3.2 原则

通常来说，原则很易于理解：私有化、国家作用的削弱、选择增多，甚至是如绩效排名复杂化和"公开指责"这样的低阶原则都能够广泛应用，并且可以在不同类型的措施中得到实施。原则是如何成为政策起源的呢？我们会发现，原则本身就是人为的，对一系列不同的实践、措施或政策路线的临时标签或合理化。例如，1979 年之后，"私有化"作为一种普遍理论在英国发展，在一定程度上是由一种特殊政策(即出售政府救济房)的经验所形成的，并逐渐成为了一种更加普遍的原则。同样，"新公共管理"作为一项普遍原则，也适用于公共部门改革中各种不同的新兴做法(Pollitt 和 Bouckaert，2000)。

从政策起源的角度看，原则作为跨部门和跨国家的政策倡议的传播者，可能比实际发起者更有力量。政策原则能跨部门为政策制定者和官僚传达政策制定过程中的重要信号，使政策方针、措施、实践以及原则获得政策支持，即使毫无吸引力的政策方针都能因其与政府支持的原则有关而获得额外支持——英国 2002 年的土地登记改革是在 20年的体制改革中建立的，但是却发现很难获取必要的议会时间和资源的支持。事实上，该改革可以成功地与新工党"现代化"主题联系在一起(主要是通过特别的政策方针——在网上发布土地改革相关信息)，这一事实确保了它在议会的议事日程中起到了决定性的作用(参见 Page，2003)。支持哪些措施能够得到政治领导人的支持，也可以作为一个强有力的线索，引导人们在等级制度中更好地发展这些措施。在对英国授权立法的研究中，我介绍官僚是如何利用"放松管制"这一普遍信号，作为制定和形成
【214】减轻监管负担的具体措施的线索。举例来说，虽然博彩业经常被视作有力的游说团体，

但是促使海关在 1997 年《博彩税条例》中减轻监管措施的是官僚倡议,而不是行业压力(Page,2001,71)。

近几十年来,作为对政策起源的解释,来自其他司法管辖区的争论被人们普遍认为变得更加重要(其综述参见 Dolowitz 和 Marsh,1996),而对借鉴其他相关概念的研究往往强调原则在政策传播中的力量。辛采(Hintze,1962/1924,216)认为 19 世纪的转折标志着欧洲国家开始有意识的相互学习,这一决定性突破可能会对这一共同论点的时机提出质疑,但它肯定了这一过程中原则和思想的力量,因为他认为现代市政府的发展是"强有力的,并且受到了理论的影响",这些理论首先出现在法国 18 世纪晚期的启蒙思想家中。最近,沃克(Walker,1969,882)对美国各州创新模式的开创性研究阐释了观念传播的方式,"而不是每个州为了执行政策而建立的机构的详细特征"(另参见 Gary,1973;Gollier 和 Messick,1975;关于"创新传播"的概述文献参见 Rogers,2003)。

原则对政策传播的作用在研究跨国政策"转移"或更准确地说是在研究政策学习的文献中得到了重点阐述。露丝(1993/2005)认为,要想从公共政策中获取清晰且严谨经验,就要理解政策如何在其他管辖权中发挥作用。要想将该经验应用于实际,就要对政策在管辖权中发挥作用的条件做出"预期评估"。在实践中,对跨国政策借鉴的研究往往强调"标签"的重要性。在莫斯伯格(Mossberger,2000)对美国采纳英式企业区(EZs)的研究中,也许已经清晰地阐释了原则作为政策起源的特点。企业区的理念是免除特定地理区域的纳税和监管压力,从而促进公司落成和/或创办公司。香港的"自由港"的创建激发了这一观念。事实上,在英国出现了一个相当有限的免税制度和简化的监管流程,并非实质意义上的自由化。尽管如此,但这并没有阻止该观念在美国受到广泛的关注,并且企业区原则在美国大多数州都以某种形式得到了广泛应用。但是,莫斯伯格发现,美国各州并非模仿与英国相同的举措甚至政策方针,而是借鉴了在"在计划设计和目标方面差异巨大"的一系列不同举措。因此,企业区观念"代表了一个政策标签,因为它松散地将现实中的各种解决方案分类,并且它象征着国家援助贫困地区的意图"(Mossberger,2000,128)。

这种"标签"十分易于传播——执法零容忍政策、劳动福利计划、"以证据为基础的政策"以及"新公共管理",这些原则成功地让一个国家的政府制定了看似起源于另一【215】个国家的政策。甚至像世界银行这样的国际组织的禁令也被认为在制定国内政策方面发挥着越来越大的作用,而且经常受到更密切的检查,这些禁令也包含着广泛的法律依据,而不是要实施的具体措施。沃尔特、露诗和奥格登(Walt,Lush 和 Ogden,2004)强调除了普遍原则之外的政策制定的困难。直接观察到的短程治疗(DOTS)是一种预防结核病的有效方法。世界卫生组织(WHO)大力推广该方法,将其简化为"适合所有人"

的治疗方案,推动各个国家采用。该方法被迫拒绝了严格依从治疗进程,成为确保在观察下实施药物治疗的更普遍原则。一旦世界卫生组织放宽指导方针的要求,该方法就会得到广泛接受。

从国内来说,我们希望原则在政党政府的公共政策发展中发挥更一致的作用,将行政权和立法权结合在一起,这在许多欧洲国家都有,但在美国却不明显。当然,一般原则是美国政策方案的核心,因为其国内的影响在很大程度上取决于立法和行政权力支持这些方案的能力。在美国,无论是"新政"、"伟大社会"、"新联邦主义",还是美国的外交政策中,都可以清楚地找到支撑政策发展的一般原则。此外,金登(1995,9—10)的研究也表明了议程(放松管制)是如何获得动力并且发展成适用于不同政策领域的原则。然而,以国内立法为主题的计划以及其他措施更容易通过党派的努力获得政府支持,控制行政和立法进程。

3.3 政策方针

制定政策方针可能是我们所知最广泛的抽象层次,因为关于政策议程的许多讨论都是在这个层次上进行的。以美国为例,很多关于政策议程的文献往往呈现出高度多元主义模式,即项目是如何形成的,而这些项目只是"原生浆液"中无数问题之一,是"重要人物正在讨论的问题"(Kingdon,1995)。有时候议程可能由惯例(如预算周期)或其他政策制定者很难改变的事件(如在特定的时间内重新制定法律的要求)所决定。因此,我们重点探讨沃克(Walker,1977)关于议程"自由裁量"方面的观点(另参见 Hogwood 和 Gunn,1984,67)。在议程制定过程的主要特点和有助于阐释政策议题从无至有发展的要素方面,存在广泛的共识。议程设置方面通常包括了一个重要变量,即政策活动家或政策企业家在识别和开发政策机会方面的技能。举例来说,美国政府间关系咨询委员会在 1980 年对政府发展研究中,将"政策企业家"定义为推动联邦政府在联邦体系中的主要发起人。该委员会的一项研究认为,参议员马格努森(Senator Magnuson)是 1968 年和 1974 年两项法律中联邦政府加强对防火救火干预的主要原因(ACIR,1980,75)。

【216】

*政策领域的特点——吸引更多公众的兴趣——*使议案发展成为政策议程的第二个变量。霍格伍德和古恩(Hogwood 和 Gunn,1984,68)认为,一个问题的特征通常是决定一个新问题是否进入议程的因素,包括它的影响程度、它的"特殊性",即一个特定的问题在多大程度上代表一个更普遍的问题(例如,拯救鲸群代表着保护地球免受生态灾难)、情感号召力(例如儿童的遭遇总是更容易引发公众和政策制定者的同情心),以

及在物质层面或语义层面是否容易与已经在政策议程中的问题产生联系(另参见 Cobb 和 Elder,1977;关于虐待儿童政策与民权、福利权及女权政策关系的讨论参见 Nelson,1984,127)。

事件的可能性和影响是许多政治议程讨论的核心。唐斯(Downs,1972)将重大问题视作政策议程中的决定性因素。他的"问题关注周期"指的是一项议题"即使一些专家和利益集团已经产生警醒,当某些极不受欢迎的社会状况存在但尚未引起公众关注时就会出现"问题前阶段,进而从这转变为"当发现问题产生热情的阶段":

由于某些事件突然引发关注(如 1965 年至 1967 年的贫民窟暴乱),或由于其他原因,公众突然意识到了某一具体问题的严重性,并为其感到焦虑。与此同时,这种焦虑也引发了人们对社会可以在短期内"解决该问题"或"采取有效措施"的热情(Downs,1972,39)。

之后的阶段强调了宿命论("实现重大进展的代价"、"公众兴趣的逐渐减退"以及"后问题阶段"),但是这一模型将事件作为把项目列入议程的主要方法。金登(1995,94—100)将这种事件描述为"焦点事件"。他认为这并不是项目进入政策议程的唯一路径,此外他还强调了政治活动家技能的重要性。然而,他将政治活动家比作带着冲浪板、随时准备在巨浪来袭时"乘浪而行"的冲浪者(Kingdon,1995,165)。金登的类比还指出了一些重要特征,政策议程也会受到类似海浪和个人难以控制的外部环境影响。观念、议题以及事件相互作用,为政策行动提供了"窗口",让想要改变公共政策的人抓住并有效利用机会。

政策方针成为议程项目的过程强调了这一进程的竞争力。机遇起着一定的作用,【217】但在这一机遇消失之前,企业家抓住时机说服他人的技巧,或者,将他们的问题置于突出地位——在这类叙事中也相当重要。然而,企业家不得不做一些调整,因为在政治体制中存在着对政治权威更强的垄断,就像在立法和行政权力融合的政党政府体制中一样。美国是少数立法权和行政权有清晰界限的国家。准确地说,美国的政策企业家精神可以被描述为对动员一个多元化、内部分化的立法机关和行政机关的支持。另外,在英国(参见 Norton,1993;Richardson 和 Jordan,1979;Griffith,1974)或其他欧洲(参见 Richardson,1982)行政权主导的国家中,政策企业家可能会通过与行政机构或甚至是下院议员交涉,得到利益团体的支持,以达到将项目列入议程的目的。但是在这种融合了行政立法的政党体制下,政策企业家精神通常意味着得到执政党内部领导人的支持和默许——一种"行政意识"渗透到这个体系中(Judge,1993,212)。梅恩茨和沙尔普夫(Mayntz 和 Scharpf,1975,136-137)认为,德国的利益团体"基本不会提出完整的计划项目或政策倡议,但这可能对某些人来说是不成立的……大多数感兴趣的组织往往会对计划或提议做出反应……而不是……计划本身。"在德国"积极的政策制定结构"中,联邦各部门"是最重要的……政策制定者……联邦官僚机构还控制、收集并处理与政策决议相关的信息"(Mayntz 和 Scharpf,1975,131)。但是,这并不代表要建立一个独裁的"协同工作"的中央政府。海沃德和赖特(Hayward 和 Wright,2002,272)认为,在法国,虽然"行政中心"是"决策启动、议程设置和政策形式化阶段"的主要场所,但是"中央政府的治理不应该与极度一体化的政府混为一谈"。

我们研究了英国的一项立法倡议的发展——反社会行为令的制定——我们可以提供一个在美国以外普遍存在的不那么具有竞争性的议程过程的例子。该倡议要求个人在其行为未达到刑事犯罪时,服从于法庭的规定条件(如限制活动)。伯尼(Burney,2002,470)认为,该观念来源于大量公诉,"为个别家庭、群体或个人的摧残及恐吓邻居等粗鄙行为提供了规范,并规定了法律没有包含的内容"。杰克·斯特劳(Jack Straw,后来成为内政大臣)在 1996 年工党会议上演讲后,该问题成为了劳工政策。随着 1997 年工党当选,该政策被引入 1998 年的《犯罪与扰乱秩序法》(the Crime and Disorder Act)中。

【218】在某种意义上,可以在这一发展中看到议程设置模式:明确的公众关注、团体行动(尤其是社会资产所有者和滋扰群体的犯罪)。但是首先,该政策需要得到政府中党派的支持和推动,使得任何团体无法有效地干预该政策。该政策得以稳固一方面是因为该政策反映了工党政府想实施的计划——新工党对混乱采取了"强硬"态度,不会再"受到'自由压力团体'的影响";这也是因为政策路线本身已经成为党内承诺的对象,以至于协商政策的过程被严重曲解为支持工党的陈述:

> 令人震惊的标题会对辩论产生重大影响;1995 年工党文件中引用的案例在内政部指导文件中被重复使用……而四年后发布的指导文件并未对目标行为的本质、程度及严重性做出任何进一步的评定。这些资料几乎完全来自房屋管理人员提供的(Burney,2002,472)。

此外,通过 2003 反社会行为法令、反社会行为令的规定以及其他举措,政策力度在加强,内容在扩大,这些发展都可被视作想要将政策作为工具打击反社会行为的现象,而不是针对具体团体或公众压力的回应。

党派政府使议程设置过程的竞争性降低。因为一旦某党派、领导班子或个人参与其中,该议程就会发展为政策。问题可以通过议程方针的规定转变为推动政策发展的动力和信念。

3.4 措施

政策起源于措施的观点似乎令人难以置信。之前阐述的措施引发政策的这一形式可以被视作是一种花招——"政策作为自身的起源"指的是政策产生了未曾预料的问题或后果,然后必须由其他政策处理。虽然启动政策进程的最初推动可能是为追求较早的政策而通过的措施,但问题的处理方式实际上可能是最重要的。政策路线、原则或意识形态的斗争——"控制的篝火"或试图摆脱政府过去的政策措施中"繁文缛节"的举措,可能会受到过去追求不同政策而产生的大量措施的影响,但这一理念的发展势头主要是作为一个各国政府寻求在不同的政策领域应用的原则(减少监管负担)。措施也有可能为其他政策发展的动力,那么在何种意义上,政策可以被看作是独特的措施呢?

尽管"实施"可以影响政策,但在理解如何制定旨在体现政策方针背后的意图的措施时,仍然存在某些因果关系的漏洞:首先要确定政策的广泛原则,然后逐渐建立其具体措施(Hofferbert,1974)。根据这一观点,制定措施以建立有效政策方针更像是例行公事,甚至是无意识的政策承诺的逻辑结果,将其发展为具体的法律或其他措施,还要确保所需的预算、人力以及其他资源为政策提供保障。当然,清晰地阐述措施的发展历程很困难,作为政府设计并实施政策的工具(Hood,1983),措施的重要性总是被忽视。这是由于公共政策文献中几乎完全没有关于政府基本工具是如何被人们认为是政策制定者的实验证据(参见 Page 和 Jenkins,2005)。政府对某一问题的坚定承诺与一系列具体措施(法律、指导、预算拨款等)之间存在巨大差距。政策声明和政治家所做出的承诺不足以为政策制定者提供指导。尽管在美国的文献中,胡贝尔和希潘(Huber 和 Shipan,2002)研究了政治家对法律具体内容的影响,如官僚在执行政策时应掌握多少自由裁量权,但有证据表明,政治家很少参与法律细节的决策。【219】

如果制定相关立法或其他措施来履行关于行政方针的一般性承诺是例行公事,那么我们就不能说政策起源于此。在"官僚政治"(Page 和 Jenkins,2005)中,部分行政系统(无论是否与立法、行政或司法部门相关,甚至是利益或专业机构等非政府组织相关)不制定政策,却是政策进程中使政策生效的最后一步。由于对政策起源这方面的研究不多,我只能以英国为例。尽管没有理由认为政策最初是由"政策官僚"(通常是资历较浅的官员)制定的这种现象,但在英国是非常普遍的。

要求政策官员制定立法和其他措施来执行政策的指示几乎总是含糊不清的。并要求制定方针政策,使他们能够制定出一项连贯的法律所需的详细措施。在谈到议会中法案的起草者的作用时,一名英国曾对政策进行司法解读的官员指出(Page,2003,662):

对于他们来说,在指导中提出一些问题是很常见的,目的是为了阐明政策的目的是什么。在此阶段出现实质性的政策问题并不罕见——通过提出"但是如果……怎么

办?"通过这些问题来检验官僚的指导意见和初期草案(虽然这并不轻松,但却是很有

【220】趣的过程)。在很大程度上,由于这个原因,关于草案的讨论往往不仅仅是为了检验他
(她)是否按照我们的要求去做。

要制定政策措施不仅需要明确政策方针,还需要制定出正确的政策。基本的政策
方针问题可以从制定政策措施的尝试中解决。在民事追回罪犯资产的法律(美国称之
为"民事没收")中,民事追回法律框架中的具体内容(例如,如果罪犯没有刑事定罪,民
事法庭应如何收缴其违法所得资产)须由官僚制定,在此过程中,还应从爱尔兰、南美
等其他国家选择性地借鉴经验。决定可收回的资产范围是一个重大的政策问题。参与
该政策制定的官员认为:

我们有一个大致的计划,但我们必须确保豁免我们想豁免的部分。皇家基金也可
能是违法资产的一部分。我们必须仔细考虑退休金和养老基金是否因违法行为不复存
在? 这些都是十分复杂的问题(引自 Page,2003,662)。

官僚想设计出可行的民事没收方案,就需要制定不同的政策方针,了解没收什么类
型的财产和资产这一问题。

事实上,《2002 年犯罪收益追缴法》(the Proceeds of Crime Act 2002)是一项立法的
起源。政策官员试图制定措施,以便更早地制定没收犯罪资产的法律(参见 Page,
2003)。为早期政策方针制定具体措施会产生新的政策方针。该法律出自内政部的
1998 年没收工作小组的第三次报告中。撰写该报告的官僚认识到,要想达成通过民事
诉讼获取资产的政府目标,就需要制定新法律。该倡议得到了政治上的动力,主要是因
为该倡议随后得到了与首相密切相关的政策(绩效和创新股,该报告由两位内政部官
僚撰写,这两位官僚一开始任职于工作组,随后参与法律撰写工作)的重视。虽然该议
题最开始是政策官僚为了让政策方针发挥作用而采取的措施,但是该议题在 2001 工党
竞选宣言中占据了重要位置。

3.5 活动:没有议程的政策

"议程"的概念意味着必须对各种问题进行某种形式的审议。然而,未经仔细协商
就实行的政策的确存在。巴克拉克和巴拉兹(Bachrach 和 Baratz,1962)构想的"非决
策"政策就是该类型的一个例子。无意识的(或至少未得到注意的)不作为也是制定政

【221】策的一种方式——其中的一个经典案例就是印第安纳州没有引入污染立法,尽管格朗
松(Crenson,1971)在具有里程碑意义的研究中(The Unpolitics of Air Pollution)提到了其
高度严重的空气污染。根据格朗松的研究,这种"非政策"的原因在于美国钢铁公司运

用公司权力,阻止将保持空气洁净的观点纳入政治议程。这一论点的核心问题是经验性的,而不是理论性的。有可能出现在政策议程中的项目关乎所有人的利益。如果有可能的话,研究一个项目是否因为有人不把它列入议程或仅仅因为它只是众多项目之一而没被列入议程是很困难的。鲍尔斯比(Polsby,1980)认为,巴克拉克和巴拉兹提出的问题超出了实证研究的论述范围,因为对于可以直接观察到的提议,对其讨论的失败很可能是其反对者的成功,但不能称之为“非决策”的提议。尽管格朗松的创造性研究为“非决策”提供了有力的间接证据,但在本质上,“非决策”不会受到观察的直接影响。此外,我们必须认识到由于个人或团体对议题的实际或预期的权力,有些议题将永远不会出现在议程中。

然而,“非决策”并不是没有议程的政策的唯一形式。可以观察到,有些政策几乎未经商议就得以通过,这是由于讨论的缺失。如果公共政策出现在“议程”中意味着,至少在某种程度上,要经过给予公共政策方案合法性的正式立法、行政和司法当局的审议,使政策方案具有合法性,因此很难看到未经议程通过的公共政策。尽管如此,未经商议的政策仍然存在,特别是那些由“街头一线工作人员”(Lipsky,1980)(包括社会工作者和警察)所制定的政策,他们在履行职责时有一定的自由裁量权。在美国城市文献中论述了这种制定政策的活动,并将其称为“官僚决策规则”。马拉德卡(Mladenka)在研究中指出,在公共服务中的偏差可以反映出大量服务提供者从未质疑的规范。例如,图书馆的专业人员将流通率视作其服务“需求”的指标。所以,流通率越高,就证明“需求”越高,这种规范会导致更多的财政、人力资源,以及更多的图书馆流向更富裕的地区。“先到先得”、“为吱吱作响的轮胎加油”、“满足需求”都是通过决策规则分配城市服务的例证。马拉德卡对芝加哥的公园和娱乐服务的分配进行评估。纽约市试图避免延续之前的做法,即该市规划委员会为白人社区提供了不成比例的更好的服务,并且重点关注衰败地区的重建工作。然而,在实践中所做出的决定在很大程度上忽略了优先次序:

违反规划委员会建议的情况出现的依据是什么呢? 与【公园部】负责人的面谈没有得到满意的回答,理由一般都是模糊不清的。当被问及为什么不顾更高优先次序,先建立较低等级的设施的时候,负责人的回答是“根据我们的判断,该地区最需要”或“该地区多年来一直没有室内运动场【运动更衣室】,因此有权利拥有一个”。事实上,规划委员会的建议是根据需求因素提出来的,但是却忽略了现有设施的水平(Mladenka,1989,576)。 【222】

例如,麦克弗森在关于斯蒂芬·劳伦斯谋杀案的报告中发现,伦敦的警方存在“制度种族主义”,并且尽力将其与伦敦警察厅中的个人种族主义区分开来,制度种族主义指:

由于肤色、文化或种族原因,某组织未向当事人提供合适和专业化的服务。在过程、态度和行为中的无心偏见、无知、欠考虑以及对种族的偏见,损害少数群体的利益(MacPherson,1999,6.34)。

因此,公共政策中的种族问题不仅影响了对具体谋杀案的处理,而且还反映在政策执行的方式上。麦克弗森(1999,6.45)还举出了两个的例子,"拦截和搜索数据"中的种族差异以及"种族事件"的漏报。

认为活动可能成为政策来源的想法不仅局限于街道的官僚主义问题:高级官僚和政治家也可能未经辩论就通过某项安排。尤其引人注目的无议程政策的例子是莫兰(Moran,2003)对19世纪英国出现的"俱乐部管理"的阐释,直到20世纪60年代一直是一种重要的管理模式。"俱乐部管理"采用精英默许的形式,允许进行大量的自我管理,监管机构和法律文件对工厂安全、金融业务以及体育方面等一系列问题都不加以干预。"俱乐部管理"在一定程度上符合"非决策"模式,因为它有助于解释为什么其他管理形式从未发展起来。莫兰(2003,64)认为,"官话和俱乐部文化的霸权地位与伟大又神秘的维多利亚时代的管理制度有关",这也就是为什么早期独立管理委员会消失的原因。没有广泛的使用"强有力的监管机构,这是20世纪美国监管机构的特征"。莫兰没费多少力气就找到了原因:"从根本上看,摧毁他们的是传统宪政理论的力量,尤其是那些坚持将由部长领导的中央部门作为公共监管的唯一正确方式的理论。"

4. 结论

【223】政策从何而来,这个问题没有简单的答案。我们能做的最好的事情就是指出导致授权或采用其他形式的政策的近似事件。引起授权和采用的程序在很大程度上是由制度规定的,因此不能以我们在生物学上所认为的物种起源的方式来看待政策的起源,即遵循相同的逻辑和规则,不论管辖权是什么。本章主要对与美国政府形式不同的制度中的政策起源进行概括。对此问题的研究提出了行政主导政策过程的可能性,其大多来自于美国文献中,而本章将重点关注美国之外的行政主导的政策制定过程中不同类型的政策起源。

本章指出理论方法的系统特性,这些理论方法倾向于支配对该系统外的公共政策的思考,而不是批评它们。相反,理论方法的系统特性更接近于对一种尝试的批评,这种尝试没有系统地适应不同类型的政治制度并且这些政治制度缺乏宪法、制度和政治特征来支撑它们在本土的地位。这种批评可能还会扩展到更广泛的理论方法中,过去和现在都是这样,它们倾向于淡化由欧洲政府特色的政党政府主导的融合了行政立法体系所引入的等级制度的可能性。因此,欧洲的"政策共同体"与借鉴它们的美国的"议题网络"有不同之处(Jordan 等,1981;Rhodes 等,1997);20 世纪 80 年代的"社团主义"试图从 20 世纪 60 年代之前欧洲大陆(包括意大利、奥地利以及瑞典)的工人、资本以及政府三方交涉的制度中汲取经验。20 世纪 60 年代和 70 年代早期的"社区权力辩论"最终认识到,在英国和美国"谁治理?"这一问题的答案很明显——市政府的机构领导者,所以在英国不能像在美国那样提出相同的问题(Newton,1975)。当代的委托和委托代理关系的理论,以及随之而来的立法方面的问题,也可能成为一些观点所引入的问题,而这些观点在美国背景下可能更加有趣,需要比一般情况下更复杂地适应欧洲的情况。

我们认识到这类理论在美国之外的地方不能轻易应用,但将层次结构作为一个系统特征结合起来的理论框架——等级制度解释了为什么这些理论在一定条件下不能直接应用于行政立法分支系统中。相反,政策制定理论倾向于把等级制度当作一种变量——一种适用于某些部门或情况的变量,而不是政府的核心系统特征。但是,关于系统层次结构的核心观点应该是适用于所有条件的。无论是否直接应用,它的存在都决定了决策的制定方式。

政府只要得到议会中绝大多数的支持,无论其他利益团体支持与否,都能确保政府的倡议被编入律法中,这也影响了利益团体的策略和预期。例如,芬纳(Finer,1966, 【224】28-29)认为,团体代表通过与政府首相的密切合作"转变成了一个政府的行政机构"。还有证据表明,英国的利益团体对通过与政府交涉取得成果的期望值相对较低(Page, 2001,154)。在这种制度中,行政人员在政策制定过程中的重要性还在于了解政府内部行政程序,因为这方面的研究非常少。我们也许对高级行政机构的人员有所了解(虽然这依赖于陈旧的信息——参见 Aberbach、Putnam 和 Rockman,1981),但是与金登(1995)对美国政策制定的大量分析相比,我们对于行政机构的工作及其内部在政策制定过程中的系统化的规范和流程知之甚少。部长级的议程是如何制定的? 这类议程如何在政府各部门之间实现沟通? 参与其中的官僚有什么作用? 该议程的开端在哪里? 党派对政策制定有怎样的影响? 以上这些问题都是欧洲公共政策研究的未知领域。关于行政机构的研究都倾向于认为参与其中的各机构各部门是出台政策的独立主体,而不是其内部分化的复杂机构。在这些机构中,官僚规范和程序,以及官僚政治决定了他们的行为。

公共政策的起源就是一个明显的例子,说明缺乏一种认识美国制度的宪法特性的理论框架,最重要的是发展行政部门在其他国家进程中所起的中心作用。在这类制度中,需要更多地关注政策的起源,甚至政策的近似起源,在某种程度上脱离了作为金登

(Kingdon,1995)研究中心的立法过程——无论是在原则和意识形态层面,还是在制定政策方针和措施方面。美国多元的议程设置模式将关注的焦点从政策制定的进程转移到了行政机构上。而政策制定过程往往是由行政部门负责的。对行政主导的理论和实证结论的清晰阐述有助于解释美国的等级制度,但是对美国制度的特征未作详细阐述。在美国,一段时间以来,"行政管理"的次级立法程序在美国一直被认为是该系统的一个重要特征(参见 West,1995)。然而,尽管它通常被定义为美国决策多元化进程的附属物,即没能通过国会审议的团体仍能影响行政法规的制定(Lowi,1969),越来越多的人认识到,行政法规对美国的行政机构的影响,就像在制定和发展政策时,等级制度更加森严的官僚机构可以享有的自由度一样。因此,美国的政策研究也可以从欧洲的政策制定过程中有所借鉴。

参考文献

Aberbach,J.D.,Putnam,R.D.,and Rockman,B.A.1981. *Bureaucrats and Politicians in Western Democracies.* Cambridge,Mass.:Harvard University Press.

US Advisory Commission on Intergovernmental Relations(ACIR).1980. *The Federal Role in Local Fire Protection,Commission Report A-85.* Washington,DC:Government Printing Office.Available at:www.library.unt.edu/gpo/acir/Reports/policy/A-85. pdf(accessed Dec.2004).

Bachrach,P.,and Baratz, M. 1962. Two faces of power. *American Political Science Review*, 56(4): 947-52.

Baumgartner, F. R., and Jones, B. D. 1993. *Agendas and Instability in American Politics.* Chicago: University of Chicago Press.

Bendor,J.,Moe,T.,and Shotts,K.2001. Recycling the garbage can. *American Political Science Review*,95 (1):169-90.

Burney, E.2002. Talking tough,acting coy:what happened to the Anti-Social Behaviour Order? *Howard Journal of Criminal Justice*,41(5):469-84.

Butler,D.E.,Adonis, A.,and Travers,T.1994. *Failure in British Government:The Politics of the Poll Tax.*Oxford:Oxford University Press.

Cobb,R.W.,and Elder,C.D.1977. *Participation in American Politics:The Dynamics of Agenda-Building.* Baltimore:Johns Hopkins University Press.

Cohen,M.D.,March,J.G.,and Olsen,J.P.1972. A garbage can model of organizational choice. *Administrative Science Quarterly*, 17:1-25.

Collier,D.,and Messick,R.1975. Prerequisites versus diffusion:testing alternative explanations of social security adoption.*American Political Science Review*, 69:1296-315.

Crenson,M.1971. *The Un-Politics of Air Pollution:A Study of Non-Decision Making in the Cities.* Baltimore：Johns Hopkins University Press.

Dawson，W.H.1912. *Social Insurance in Germany，1883-1911：Its History，Operation，Results and a Comparison with the National Insurance Act，1911.* London：Unwin.

Dolowitz，D.，and Marsh，D. 1996. Who learns from whom：a review of the policy transfer literature. *Political Studies*, 44(2)：343-57.

Downs，A.1972. Upsand downs with ecology：the issue-attention cycle. *Public Interest*, 28 (Summer)：38-50.

Finer，S.E.1966. *Anonymous Empire：A Study of the Lobby in Great Britain.* London：Pall Mall Press.

Gray，V.1973. Innovation in the states：a diffusion study. *American Political Science Review*, 67 (4)：1174-85.

Griffith，J.A.G.1974. *Parliamentary Scrutiny of Government Bills.* London：Allen and Unwin.

Hayward，J.，and Wright，V.2002. *Governing from the Centre：Core Executive Coordination in France.* Oxford：Oxford University Press.

Heclo，H.1978. Issue networksand the executive establishment.Pp.87-124 in *The New American Political System*，ed.A.King.Washington，DC：American Enterprise Institute.

Heidenheimer，A.J.，Heclo，H.，and Adams，C.T.1990. *Comparative Public Policy：The Politics of Social Choice in America，Europe，and Japan，3rd edn.* New York：St Martin's Press.

Hintze，O.1962/1924. Staatenbildung und Kommunalverwaltung.Pp.216-41 in*Staat und Verfassung：Gesammelte Abhandlungen zur allgemeinen Verfassungsgeschichte.* Tu¨bingen：Vandenhoeck and Ruprecht.

Hofferbert，R.I.1974. *The Study of Public Policy.* Indianapolis：Bobbs-Merrill.

Hogwood，B.W.，and Gunn，L.A. 1984. *Policy Analysis for the Real World.* Oxford：Oxford University Press.

——and Peters，B.G.1983. *Policy Dynamics.* Brighton：Wheatsheaf Books.

Hood，C.1983. *The Tools of Government.* London：Macmillan.

Huber，J.D.，and Shipan，C.R.2002. *Deliberate Discretion？ The Institutional Foundations of Bureaucratic Autonomy.* Cambridge：Cambridge University Press.

Jordan，A.G.1981. Iron triangles，woolly corporatismand elastic nets：images of the policy process.*Journal of Public Policy*，1(1)：95-123.

Judge，D.1993. *The Parliamentary State.* London：Sage.

Kaufman，H.1960. *The Forest Ranger：A Study in Administrative Behaviour.* Baltimore：Johns Hopkins University Press.

King，D.1999. *In the Name of Liberalism：Illiberal Social Policy in the USA and Britain.* Oxford：Oxford University Press.

Kingdon，J.W.1995. *Agendas，Alternatives，and Public Policies*, 2nd edn.New York：Harper Collins.

Lipsky，M.1980. *Street Level Bureaucracy：The Dilemmas of Individuals in Public Services.* New York：Russell Sage Foundation.

Lowi，T.J.1969. *The End of Liberalism.* New York：Norton.

MacPherson, S. W. 1999. *The Stephen Lawrence Inquiry: Report of an Inquiry by Sir William Macpherson of Cluny.* Cm 4262-1. London: HMSO, Feb.

Mayntz, R., and Scharpf, F. W. 1975. *Policy-Making in the German Federal Bureaucracy.* Amsterdam: Elsevier.

Mladenka, K. R. 1989. The distribution of an urban public service: the changing role of race and politics. *Urban Affairs Quarterly*, 24: 556-83.

Moore, B. 1967. *Social Origins of Dictatorship and Democracy: Lord and Peasant in the Making of the Modern World.* London: Allen Lane, the Penguin Press.

Moran, M. 2003. *The British Regulatory State High Modernism and Hyper-Innovation.* Oxford: Oxford University Press.

Mossberger, K. 2000. *The Politics of Ideas and the Spread of Enterprise Zones.* Washington, DC: Georgetown University Press.

Nelson, B. J. 1984. *Making an Issue of Child Abuse: Political Agenda Setting for Social Problems.* Chicago: University of Chicago Press.

Newton, K. 1975. Community politicsand decision-making: the American experience and its lessons. Pp. 1-24 in *Essays on the Study of Urban Politics*, ed. K. Young. London: Macmillan.

Norton, P. 1993. *Does Parliament Matter?* London: Harvester Wheatsheaf.

Oakeshott, M. 1933. *Experience and its Modes.* Cambridge: Cambridge University Press.

Page, E. C. 2001. *Governing by Numbers: Delegated Legislation and Everyday Policy Making.* Oxford: Hart.

——2003. The civil servant as legislator: law making in British administration. *Public Administration*, 81 (4): 651-79.

——and Jenkins, B. 2005. *Policy Bureaucracy: Government with a Cast of Thousands.* Oxford: Oxford University Press.

Pollitt, C., and Bouckaert, G. 2000. *Public Management Reform: A Comparative Analysis.* Oxford: Oxford University Press.

Polsby, N. 1980. Empirical investigation of the mobilization of bias in community power research. *Political Studies*, 27: 527-41.

Pressman, J. L., and Wildavsky, A. B. 1973. *Implementation: How Great Expectations in Washington are Dashed in Oakland; or, Why It's Amazing that Federal Programs Work at All, This Being a Saga of the Economic Development Administration as Told by Two Sympathetic Observers Who Seek to Build Morals on a Foundation of Ruined Hopes.* Berkeley: University of California Press.

Rhodes, R. A. W. 1986. *The National World of Local Government.* London: Allen and Unwin.

——1997. *Understanding Governance: Policy Networks, Governance, Reflexivity and Account ability.* Milton Keynes: Open University Press.

Richardson, J. J. ed. 1982. *Policy Styles in Western Europe.* London: Allen and Unwin.

——and Jordan, A. G. 1979. *Governing under Pressure: Government in a Post-Parliamentary Democracy.*

Oxford：Robertson.

Rogers，E.M.2003. *The Diffusion of Innovations*，*5th edn*.New York：Free Press.

Rose，R.1980. Governments against subgovernments：a European perspective on Washington.Pp.284–347 in *Presidents and Prime Ministers*，ed. R. Rose and E. N. Suleiman. Washington，DC：American Enterprise Institute.

——1993. *Lesson Drawing in Public Policy.* Chatham，NJ：Chatham House.

——2005. *Learning from Comparative Public Policy：A Practical Guide.*London：Routledge.

Tampke，J.1981. Bismarck's social legislation：a genuine breakthrough? Pp.71–83 in*The Emergence of the Welfare State in Britain and Germany*，1850–1950，ed.W.J.Mommsen. London：Croom Helm.

Truman，D.1971. *The Governmental Process*，2nd edn.New York：A.A.Knopf.

Walker，J.L.1969. The diffusion of innovations among the American states.*American Political Science Review*，63（3）：880–99.

——1977. Setting the agenda in the US Senate：a theory of problem selection.*British Journal of Political Science*，7（4）：423–46.

Walt，G.，Lush，L.，and Ogden，J.2004. International organizations in transfer of infectious diseases：iterative loops of adoption，adaptation，and marketing. *Governance*，17（2）：189–210.

West，W.F.1995. *Controlling the Bureaucracy：Institutional Constraints in Theory and Practice.* Armonk，NY：M.E.Sharpe.

Wildavsky，A.B.1980. *Policy as its own cause.Pp.62–85 in Policy：The Art and Craft of Policy Analysis.* London：Macmillan

第 11 章 议程设置

詹多梅尼科·马约内(Giandomenico Majone)

【228】　　约翰·肯尼迪总统曾经指出,决策的实质对于旁观者理解起来仍然具有一定难度,有时甚至对于决策者自身来说也是如此。这可能解释了为什么政策制定的实证理论更加关注决策前与决策后的过程,而不是实际做出决策的那一瞬间。政策执行、政策评估、政策习得以及政策的动态变化,在决策后分析中都属于最热门的研究领域。问题界定、议程设置以及可行性分析都是决策前分析的主要且密切相关的组成部分。客观的条件几乎从未令人信服或明确是客观条件决定了政策议程。因此,了解问题的界定是了解议程形成过程的关键之处。可行性分析的目的是鉴别出限制条件——经济、技术、政治以及制度等条件——以此划定可行性选择空间。议程设置的研究者试图追踪公共问题传播的因果路径,并预测哪些问题最终能进入决策议程。不符合可行性标准的政策理念不太可能对公共议程造成非常大的竞争力,但是方法论上的差异也不应该被忽视。可行性分析的逻辑结构非常清晰合理,而且还可以依靠较为完善的学科所带来的理论支持,如决策理论、微观经济学以及现代政治经济学。就议程设置而言,不存在普遍接受的范式。即使是最为人熟知的模型也是临时创建的,很大程度上是描述性的,只涵盖了人们可以合理地假设为议程设置的某些方面。由于方法论上的缺陷,当前的处理方法较少关注过程中那些被充分理解的部分——例如利益集团的作用、政治和政策企业家的作用,或者问题联盟的重要性——而不是关注不足的方面,或者在很大程度上被现有的文献所忽视的层面。而我们希望能够扩展议程设置分析的范围,可以促使发展一种更为严格的方法,用以研究这个政策至关重要的部分。

【229】　　本章安排如下:第一节讨论了个人或一些机构拥有支配议程权力的可能性——这

种可能性在很大程度上都会被理性选择框架①(Institutional Rational Choice）外的分析家所忽略。在某种程度上来说,一般条件下,垄断议程的设置者可以获得几乎所有想实现的结果。美国国会委员会对立法提案的控制,以及欧盟委员会对政策启动的垄断,表明这种对于议程设置的垄断不仅仅是一种理论上的可能性。第二节强调了议程设置研究和民主理论之间的联系。这表明,分析人员可以在有关民主进程的研究文献中找到有关议程设置机制的宝贵见解。文中有两个例子,一个是非决策概念,另一个是经过商榷的政府模式。本节讨论的另一个话题是:通过适当的程序,确保对监管机构议程进行有效的民主控制的可能性。下一节讨论另一个尚未被议程设置研究者充分讨论的问题:决策议程之内的选择优先权。这一问题对于风险监管尤其重要,因为优先权设置错误会带来沉重的机会成本(opportunity costs）——通过相同的资源、不同的方式来拯救受风险威胁的生命数量。20 世纪 80 年代美国法院制定了重大风险条例(significant risk doctrine）,在强制机构优先考虑其议程方面发挥了关键作用,并且也有利于系统地使用风险分析。第四节结论强调了国际因素对国家议程形成的影响越来越大。几乎没有经验证据表明由于政策制定者渐渐无法满足民主对公共产品的需要,经济一体化的增长会限制民主国家的议程。实际上,来自国际上的压力有可能会提高国家议程的质量。例如,在严重侵犯国民基本权利的情况下,经济报复的威胁表明国际贸易可能会推动威权主义国家的议程向更加人道主义的方向发展。

1. 议程控制

政策分析人士没有特别关注的一个议题是一些个人或机构可能在议程上拥有专属权力的可能性。从理性选择的角度分析政治制度的核心结果之一,是麦凯尔维—斯科菲尔德(McKelvey——Schoffeld）提出的"混沌理论"(chaos theorem）,这一理论对议程控制研究具有直接且深远的影响。在"混沌理论"发表之前,人们对于这一主题理解得不是很深刻,对其研究的频率也是少之又少。麦凯尔维(1976）与斯科菲尔德(Schofield, 1976）认为多数决定原则不均衡意味着政策出现任何结果都不足为奇。因此,可以控 【230】 制议程的人几乎可以参与所有种类的操控。只要按照多数规则适当整理投票所操作的成组选项的顺序,垄断议程的设置者可以实现几乎所有想要实现的结果(Shepsle, 1979）。这些结果是为了检测规则和程序对政策制定的影响;也是为了对控制立法审

---

① 制度理性选择框架:制度理性选择(Institutional Rational Choice）指代一类框架,它立足于制度分析的视角去探讨制度与公共政策的关系。——译者注

议顺序和秩序的议会领导人的政治权利做出诠释;还能够解释立法委员会的权利（Bates,1990）。如上文所述,议程设置的研究者在很大程度上忽视了议程控制,但是操控和制定议程之间的确没有明确的分界线。只有注意议程设置的这两个方面,我们才有可能了解如何制定政策,更重要的是去了解为什么某些问题从未出现在公共议程之上。

在简单的情况之下,我们可以非常直观地去理解议程控制的重要性。巴里·温加斯特（Barry Weingast,1996）提出了一个一维（单议题）中间选民定理（median voter theorem）。他认为,任何替代方案都是有可能提出的,希望通过提案的个人会被随机识别。每一项提案都是在多数人投反对票的情况下进行的。这个过程持续到没有其他备选方案可提。基本的几何计算表明,最合适的备选方案是中间选民的理想方案所生成的。但假设叫做"制定者"的个体（或者组织、委员会）在议程上拥有垄断专权,制定者选择一个提案,接下来投票者为提案或者是目前状况（记为 Q）进行投票:就目前而言,制定者的权力制度化结果与中间选民理想中的政策存在差异——除非制定者的理想政策恰好与中位选民的政策相吻合。他所要做的就是从现状 Q 的"优选组"中选出最中意政策——一系列针对现状 Q 的多数政策替代方案。而对议程的全权控制在更为复杂更加现实的情况下才会体显现出其全部价值。接下来将会简要提及两个例子:美国国会委员会和欧盟委员会享有的立法倡议垄断地位。

根据温加斯特（Weingast）和马歇尔（Marshall,1988）制定的理想化立法委员会体系模型,每个国会委员会都对具体的政策问题有管辖权。在管辖范围内,各委员会都拥有垄断权,在立法之前为维持现状提供备选方案以进行投票;委员会的提案必须获得大多数反对现状的投票才能成为公共政策。委员会成员所拥有的议程权力意味着成功的联盟必须包括有关委员会的成员。如果没有这些成员,该法案将无法获得投票表决权。因此,委员会的否决权意味着:在多数人提出的反对现状的政策中,只有让委员会得到更好发展的政策成为委员会备选方案才具有可行性。否决他人提案的能力是委员会在其管辖范围内使用的一种强有力的工具。根据温加斯特和马歇尔提出的理论,对国会【231】议程的制度化控制——尤其是在设计和选择投票权的提议上,这提供了在立法环境中商讨的持久性和可执行性。

欧盟再次成为议程控制的一个经典范例。欧盟委员会通常来讲是欧盟的行政部门。但事实上,在立法过程中欧盟委员会也扮演着非常重要的角色,因为其垄断了政策创议权。这一垄断权由创始条约授予,并受到欧洲法院的严密保护。因此,任何国家政府都不能诱使委员会提出改变现状的具体提议,除非该提议也能促进委员会发展。类似欧盟委员会对政策议程这种严格的控制在议会制或总统制民主国家中都没有类似的。在议会制度中,立法者引入的法案相对较少;大多数立法提案都由官员提交给内阁,然后由内阁作为立法草案再引进给议会。但是,一旦立法者收到类似这样的提案,他们可以自由改变提案或拒绝提案。但欧盟的情况并非如此,一般来说,主要立法机构(部长理事会)只能在全体一致的严格要求下修改委员会的提案。在美国的权力分立制度下,立法委员不仅可以决定法案的形式和内容,而且只有立法者才能提出法案。在典型的国会任期内,国会议员会代表总统或行政部门机构提出数百项法案。然而,在同一时期,国会议员代表他们自己提出的法案多达 15000 或 20000 个(McCubbins,Noble,1995)。

清楚地认识到委员会垄断议程设置的意义非常重要。首先,其他欧洲机构在委员会没有事先提案的情况下不允许立法。应由该机构来决定欧盟是否应该采取行动,如果欧盟允许,则还应该考虑采取何种法律形式,以及应该遵循哪些内容和实施程序。其次,委员会可以在内阁会议期间修改提案,而正如前文所提到的,只有全体一致通过,内阁才能修改提案。因此,如果全体一致希望采取不同于委员会提议的某项措施,委员会可以剥夺立法部门(内阁委员会和欧洲议会)的决定权,并撤销其提案。最后,内阁、议会以及成员国都不能强制委员会提交提案,除少数情况外,欧盟条约明确规定了立法责任。这种议程控制权之所以下放给官僚机构,是因为在欧盟的宪政架构中:内阁理事会代表成员国的国家利益,而委员会则代表联盟的超国家利益。假使内阁有权主动立法,但是由于国内的政治因素,欧洲一体化也可能会退化。换句话说,委员会控制立法和政策议程的目的在于提高成员国对欧洲一体化事业承诺的可信度(Majone,1996b)。其他【232】情况也是如此,成员国的预先承诺是通过阻止最终决策者参与"创造问题"而实现。因此,在这两种情况下,美国国会和欧盟议程控制都被证实对理解政策输出至关重要。

2. 议程设置与民主理论

相比议程设定和议程控制,很少有公共政策分析议题与代议制民主的理论和实践相互关联。因此,罗伯特·达尔(Robert Dahl)关于全面民主进程的规范标准建立在人们对于议程控制的理念基础之上:"民众必须有专有的机会来决定那些通过民主过程来决定的事项如何被提上日程"(Dahl,1989,113)。根据议程控制的规范性意义,我们在处理民主机构的运作和作用的作品中获益良多。一个为大家熟知的例子是巴赫拉奇和巴拉茨(1963)对非决策问题做出的贡献。这些作品的基本概念是,保留政府议程的权力与保留在制定议程的少数政策选项中做出选择的权力同等重要。根据巴赫拉奇和巴拉茨的说法,经济精英之所以强大,不是因为他们能够影响政府的最终选择,而是因为他们可以保证这些选择处于一个难以区分的状态。然而,值得我们注意的是,普通公民也有权利将项目的议程保留在决策议程中。因此,立法者经常避免商议具体的政策选择,因为他们害怕选民会进行报复。例如,在整个 20 世纪 70 年代,美国国会拒绝征收高额的汽油税,尽管有证据表明这是对抑制进口石油需求最无侵略性的方法。在整个 20 世纪 80 年代,国会拒绝考虑任何减少目前受益人的社会保障支出,尽管存在大量的预算赤字,不管是目前案例还是其他案例,专家提出的建议都没有提交给国会议程,因为立法者认为选民不会容忍如此明显又如此巨额的代价(Arnold, 1990)。由于对选民报复的担忧,这就促使德国和其他欧洲国家政府多年来在公共议程中保留了必要的福利改革。

2.1 讨论型政府(Government by Discussion)

【233】 讨论型政府——议会民主制的自由模式——为议程设定与民主理论之间的密切联系提供了另一个范例。根据这一模型,如欧内斯特·巴克(Ernest Barker, 1958)所述,政策通过一个持续的讨论过程来完成,这个讨论过程始于公众所关注的内容,以具体的决策结束。政党确定议题并制定方案;选民讨论议题和候选人,并在大选辩论之后选出多数赞成的其中一个方案;大多数的立法机构将方案转化为法律,与反对党派再进行讨论;最后,再将讨论移交给内阁,转换为具体政策。利用两个原则,通过讨论的 4 个阶段来对过程进行指导。一是功能分化的原则,二是合作与相互依存的原则。根据功能分化的原则来看,每一阶段都有特有的机构,拥有特定的功能,还有专门进行讨论的方法,最终得出结论。第一阶段,各方进行讨论,制定替代方案。在第二阶段,经过选民讨论之后选定独立议会代表,并得到议会授权组成议会,以特定形式和特定目的再进一步讨论。第三个阶段,议会,是将大多数选民支持的计划转化为法律,并控制政府行政机关将一般的法律规则转变为一系列特定的、独立的法令,这些法令必须与一般的程序相关联。

功能分化的原则还意味着每个阶段在行使其特定职能时都独立完成,但是范围有限,而且只是作为制订国家议程的整个过程的一部分。政党的职能必须与选民的职能区分开来,政党和选民的职能要和议会的职能区分开,且三者的职能都要和内阁的职能区分开。然而,这种功能的分化只是政府讨论过程中的一个方面。另一个是合作与相互依存的原则。根据第二个原则,不同的机构及其功能必须相互关联,并具有分化性。每一个机构都必须作为整体的一部分,也就是说,必须与其他部分相协调。发散和合作的关系十分微妙。因此,只有在一个具有基本价值观和共同政治文化的政体中才能保持这种平衡(Barker,1958:57-58)。

以上提及的是民主的议程设置和政策制定的规范化模式。它忽视了权力和影响力的作用、知识分配不均衡和信息操纵、机构间竞争、官僚政治、公民积极参与程度低下、大众媒体的作用以及这些因素在议程设置和政策制定的现代理论中都有非常大的影响力。同样显而易见的是这个模式的设计理念:英国的政治体系尽管有着纪律严明的两党制,以及独特的议会——内阁制,但是对政治权威的衍生性和对来自大众偏好独立性的强调也显得有些矛盾。然而迄今为止,像科布(Cobb)和埃尔德(Elder,1972)的《参与美国政治》(Participation in American Politics)或约翰·金登(John Kingdon,1984)的《议程、替代方案和公共政策》(Agendas, Alternatives and Policies)的读者,不会不注意到这些广为议论的政府管理模式之间竟有着惊人的相似性,也不会忽略他们阅读的这些作品之间的相似性。如果政党在巴克模型中扮演的角色至关重要,这仅仅反映出了英国政治体系的实际状况:政策企业家大多还是出现在政党中,抑或存在于与政党相关的智囊团中。同样,如果议程设定过程比金登对政治和政策窗口的讨论要少得多,这部分是由于该模式的规范性特征,而主要是由于有效行动的固有能力。这是英国政府的一个显著特征,即没有任何基于三权分立原则的政府可以达到的效力。【234】

然而,比这种着重强调的差异更重要的是选举产生的官员在议程设置过程中发挥中心作用所达成的基本协议。与巴克观点一样,金登认为,将提出议程项目的责任仅限于利益集团很困难。一旦议程已经由其他过程参与者设定,利益集团通常会尝试引入他们的首选替代方案,而不是构建公共议程。媒体也不如预期重要。他们似乎倾向于报道事件而不是对政府议程产生单独的影响;他们可以帮助塑造和解决问题,但他们不能创造问题。学术界人士,研究人员和顾问更关注替代方案而不是议程,关注长期方向而不是短期结果。总统、他的政治任命者和国会最终成为制定议程的中心,并在其工作人员的帮助下,也是替代规范的中心。金登的结论是:"民选官员控制的政府模式不仅是我们的规范理念,也是经验现实的主导图景"(Kingdon,1984,46)。他的结论将得到包括从约翰·斯图尔特·密尔(John Stuart Mill)到欧内斯特·巴克在内的政府理论家讨论过后的充分认可。

2.2　规制型国家的议程设置

现代规制型国家的特点是将准立法权力广泛地下放给独立委员会或机构。越来越多的政治敏感领域——从电信和公共事业到环境保护和食品安全——这些非民选机构制定的政策通常是广泛的立法授权的基础。关于议程设置的现有文献尚未充分重视将

规则制定权下放给独立机构的意义。例如,金登发现,与其他参与者相比,职业公务员
在制定国家议程方面显得没有那么重要。据他介绍,"自上而下的行政部门模式非常
精确。我们发现总统可以掌控其政治委派人,并且委派人可以掌控职业公务员"(King-
don,1984,33)。然而,独立监管委员会以及许多单一领导机构在法律上或现实中并非
由总统或其政治委任人员直接控制。同样,在欧洲,各种独立监管机构都是在部级或部
门级别之外进行运作的。立法机关是否或在多大程度上能够控制他们创建的独立机构
的议程,在大西洋两岸都是一个很有争议的问题。例如,美国国会有许多手段来保留对
机构决策的影响,但这种影响可以通过总统的反对、法院判决或机构人员的行为来抵消
(Bawn,1995)。

直到 20 世纪 80 年代初,关于政治与官僚主义之间关系的研究开始大量出现,机构
的官僚主义在自治研究问题的选择上也有了显著的进展。实现自治是存在可能性的,
因为立法机构忽视正式的政治控制是耗时且昂贵的,还有诸多不确定因素及认知复杂
性,因而要完全实现还很困难。但无论如何,立法者更关注选民的满意程度,来增加连
任的可能性,而不是去监督所产生的官僚主义。因此,立法者不应再一贯地将本就稀缺
的资源再投入到整体政策控制当中。然而,近年来,更好的基于代理理论的理论模型和
更加谨慎的经验型分析表明,政治原理可用的管控方法各式各样,而且比之前的假设要
广泛得多。这一调查为控制问题的传统方法提出了新的阐释。机构决策控制有两种不
同的主要形式:监管——监督、监听、调查、预算审议、制裁——及程序限制。人们普遍
接受的观点认为程序基本上是为了保证决策制定管控中的公平性与合理性。这当然也
是程序非常重要的一个功能,同时也表示出程序为控制而服务。

1987 年,麦库兵斯等(McCubbins,Noll 和 Weingast)发表了一篇具有重要意义的文
章。文章提到了如《美国行政程序法》(APA)和《信息自由法》(FOIA)这类美国法令,
证明程序规则是可以实现控制功能的,为机构不遵守规定提供了有效的解决方法。除
了弥补政策执行者、权益关系者和居民在信息方面的劣势,程序还可以为了机构议程设
计程序,对能够受到支持的政策给予反馈。在 APA 和 FOIA 模型中,程序要求相关的法
令削减专门机构在各方面的自由裁量权。首先,机构不能代表既成事实的政治原则。
机构必须表达自身意图,在做任何决策之前认真考虑问题。其次,通知和评论条款确保
机构了解利益相关者,并注意到与各种行为相关的分配所带来的影响。第三,机构决策
的整个序列——通知、评论、机构不遵守规定为政治主体提供了大量的机会,让他们在
机构试图对反对趋势做出反应。最后,在没有政治干预的情况下,法规推动广泛公众参
与也可以作为衡量政治利益和争议的标准,对机构的决策议程和机构决策的可能分配
后果提出预先警示。

　　此外,通过控制公众参与的程度和方式,立法者可以加强对制定联盟所达成协议的地位,这叫做"未雨绸缪"。这样做会造就这样一种环境:一个机构在制定联盟解散后很长一段时间,才能够反映出该机构在授权立法方面的政治权力。该机构可能会寻求为其服务开发的新客户,但这种活动必须充分考虑到初始联盟成员的情况,并遵循将某些利益自动纳入机构决策制定的程序。总而言之,这种程序的一个重要功能是降低管理机构的议程设置过程可能被利益所捕获的风险——无论是经济方面、官僚方面,还是意识形态方面——与授权法规的明确认可不同。这些理论见解已经得到大量经验证据的支持。具体而言,从 20 世纪 70 年代后期到 20 世纪 80 年代大部分时间,伍德(Wood)和沃特曼(Waterman,1991)对 7 个监管机构的决定进行仔细统计研究。研究后发现,所有 7 个机构似乎都对其民主选举委托人的偏好做出了回应。作者得出的结论是,积极的政治控制方面的证据特别多,以至于关于监管机构是否有可能实现政治控制的争论应该结束。相反,研究应该集中于对各种控制机制进行详细分析。

　　然而,民主控制只是法律监管其中的一个难题,另一个难题是需要在一定程度上保持行政裁量权。美国的"非授权主义"失败表明要实现令人满意的平衡是很困难的——这是为了解决监管难题所做的第一次尝试。几十年来,这一司法条例得到广泛接受,并将其视为传统的行政法律模式。该模型将监管机构视为在特定情况下执行立法指令的传送带。因此,要通过法律时,国会应该对所有的政策问题进行决策,并以具体的条款来制定其决策。行政法规将不需要监管机构行使广泛的自由裁量权(Stewart,1975)。1887 年《州际商务法》(Interstate Commerce Act)正式通过,美国国家间商务委员会(Interstate Commerce Commission)初次制度化,此时非授权原则已经得到广泛接受。该法案的详细授权,似乎是行政法规的传送带模式的例证。然而,随后的铁路监管经验表明,从一般标准中推导出运营准则还存在困难。到 1914 年联邦贸易委员会成立时,该机构相当于收到"空头支票",授权其消除不公平竞争。新政机构获得了更为广泛的【237】资助,以规范"符合公众利益"的经济领域。最高法院最后一次利用非授权原则是在 1935 年,当时在谢克特家禽公司诉美国案中认定的授权在国家工业复兴法案中属于违宪行为。

　　反对授权的原则之所以被推翻是因为允许监管自由的实际案例实在数不胜数。与金登关于行政部门官员在议程设置中的作用相反,很少有监管专业的学者会否认各机构在其主管领域内是议程设置过程的重要参与者。例如,美国联邦通信委员会(FCC)在 20 世纪 50 年代后期开始允许美国电话电报公司(AT&T)进行长途通信方面竞争。这比华盛顿支持放松管制的竞争政策获得广泛政治支持早了几年,此外,其他监管委员会也在美国传统监管政策的逆转中发挥了主导作用,例如民用航空委员会(CAB)、州际商业委员会(ICC)和证券交易委员会(SEC)。民用航空委员会不仅几乎完全实现了对航空业的放松管制,更重要的是,该机构主席阿尔弗雷德·卡恩(Alfred E.Kahn)甚至说服国会废除该机构。州际商业委员会并没有要求废除该机构,但其职工人数从1976年的2000人下降到了1983年的1300人。到了20世纪70年代,最终,美国证券交易委员会成为相关经济政策,尤其是在证券市场上成为政策制定的一项重要产物。在所有这些案例中,两位主席在促成政策变革方面进行了强有力的领导。但鉴于这些机构的合作性质,得出的结果似乎有些让人惊讶。事实上,在20世纪50年代和60年代的组织进行改革之后,主席们成为了首席执行官和占主导地位的人物。为了满足他们对于自身的期望,以及满足其他人的期望,他们需要提出较好的议程,并通过这些议程来作为衡量成功与否的标准(Derthick 和 Quirk,1985,65)。

也许更令人惊讶的是,这些监管委员会的工作人员对此表示积极支持,或者至少不反对他们上级放松管制的立场,尽管这些新政策对员工规模乃至整个组织的存亡所产生的影响是显而易见的。有人认为,这种开放态度可能是由专业政策分析人员和监管机构的崛起造成的。他们采用广泛认同的论点和解决问题的方式,且加上公共利益团体的影响力日益增加,两者都平衡了官僚意识形态与传统行为模式的矛盾。这些例子表明,美国监管机构得到法院、国会主要委员会和小组委员会以及学术界和公众舆论的支持之后,它们在制定国家议程方面就起到相当重要的作用,即使是受到管制的行业,还包括总统在内的行政部门,例如里根总统以及国防和商务部反对剥夺AT&T的权力时也是如此。根据德鲁普和奎尔克(Derthick 和 Quirk,1985,91)的说法,监管委员会 [238] "充当将专家公正的观点转化为公共政策的工具,即使专家的意见源自于对他们自己行为的批评"。同样,在欧洲,监管机构在制定其职权范围内的国家议程方面发挥着越来越重要的作用(Majone,1996b)。

3. 确定议程的优先次序

一些在分析上存在的差别,如参与者和隐蔽参与者之间的差别、议程的制定和替代说明之间的差别,或政府议程与决定议程之间的差别,都极大地促进了对议程设置的系统研究。本节的主题是讨论既定或潜在议程中的优先议程和议程设置之间的另一个重要差别。差别的重要性在于政策提案可能不足以纳入决策议程;更重要的是该提案应该在议程上能占据一席之地。资源方面的限制——时间、金钱、人员或专业知识——通常在定义决策议程优先次序当中是很有必要的。优先的概念源于一个常识性命题,即人应该首先做最重要的事。从规范的角度来看,要合理确定优先事项就意味着适当考虑备选提案的机会成本。具体描述见下文。

　　微观经济学对不同活动之间的资源优化配置有明确的规定:站在边际的角度进行思考,所有议程项目的回报应该是相同的。在政治和官僚主义背景下坚持贯彻这一条例会非常困难,但如果风险太高,迟早会出台次优解决方案。这可能需要在很大程度上了解不同标准和决策规则的含义,可通过美国法院如何逐渐诱导监管机构接受风险监管中合理优先设置的方法。正如引言中所提到的,在这一了解过程中起到关键作用的是"重大风险"原则。然而,为了认识到这一理论的创新特性,需要用早期的风险管理方法去考虑:即可行性最低的风险标准。

　　根据这一标准,人类的健康风险应降至最低水平。这是稍次于最佳方案的原则。最先进的监管政策可以保证工作和生活环境没有风险,但由于技术和经济的限制,无风险的环境是无法实现的,所以我们需要次优规则。因此,美国 1970 年《职业健康与安全法》第 6 节(b)(5)条款指示职业安全与健康管理局(OSHA)在制定工人接触有毒物质政策时,应在可行的范围内制定"最充分保证的标准,在可行的范围内……即使员工在其工作生活期间经常接触危险物质,员工也不会遭受健康或工作能力的重大损害"(重点补充)。工会代表声称,这条指令要求职业安全与健康管理局在不破产的情况下可以授权使用任何可用技术。联邦法院通常根据最低可行风险标准来维持职业安全与健康标准。但是苯标准是一个例外,这种元素将因职业需要接触这种致癌物的比例从千万分之一(ppm)降低到百万分之一。在美国石油协会职业安全与健康管理局(1978)诉讼案中,第五巡回上诉法院裁定该条例无效,因为该机构没有证明新的接触限制是"合理、必要且适当提供安全或健康的就业",这是法规所要求的。具体而言,法院认为职业安全与健康管理局不能提供足够的证据。通过更严格的标准来实现的好处,与其施加的成本有着合理的关系。法院认为,该机构"必须拥有一定的事实依据来估测预期收益,然后才能确定 5 亿美元的标准合理且必要(Mendelff,1988,116-117)。"我们所需要的是从某种程度上对福利进行量化,以此作为实现新标准成本测试的必要步骤。如果没有对风险进行量化,并因此避免法规节省的预期寿命,就不可利用收益与成本进行权衡。与环境保护署(EPA)和食品药品管理局(FDA)等其他机构不同,职业安全与健康管理局一直认为量化风险分析毫无意义。该局不愿意效法美国环保署和美国食品药物管理局的做法。这反映了工会的压力,加上倾向保护工作人员,因此忽略了其他的分析方法。有人担心,如果该机构进行定量风险评估(QRAs),可能会被反对严格标准的人当作武器使用。另一方面,像美国环保署这样的机构可以进行更为广泛的授权,他们意识到并不是每种风险都可以降到最低的可行水平。

　　第五巡回法院的裁决震惊了职业安全与健康管理局的领导人,他们认为这完全是

【239】

对他们的监管理念和机构使命的挑战(Mendeloff,1988,117)。他们决定对这个决定提出上诉。在美国劳工联合会——产业工会联合会(AFL-CIO)诉美国石油协会(1980)案中,一个分裂极其严重的最高法院——9 名大法官发表了 5 项独立的意见——表示支持第五巡回法院的判决,但并不支持所有的观点,尤其是对成本及效益评估的要求没有提出任何意见。然而,鲍威尔(Powell)大法官不完全赞同该判决,同时指出,"忽视经济考虑的标准制定过程会导致严重的资源错配,降低以较低成本获得的比较优势的安全程度(引自 Mashaw Merrill 和 Shane,1998,815)。"这表达了 4 位法官多元化的观点(在另一观点中,伦奎斯特(Rehnquist)法官为推翻标准提供了第 5 次投票权)。史蒂文斯(Stevens)法官明确拒绝了最低可行风险的方法:"我们认为,在技术可行的情况下提供

[240] 绝对无风险的工作场所,只要成本不足以摧毁整个行业即可。相反,该法案的内容、结构及立法历史表明,该法案的目的是要求在可行的情况下,消除重大的危害风险"(引自 Graham,Green 和 Roberts,1988,100)。

换句话说,风险监管的目标不是零风险。史蒂文斯法官认为"安全"不等于没有风险,"安全"指的是在日常生活中在人们可接受范围内的风险——从开车到"呼吸城市内有污染的空气"。因此,在做任何决策之前,必须对有毒物质的风险进行量化,这样该机构才能够"以一种可理解的方式"将其定性为意义重大的事件。根据政府制定的致癌政策,该机构得出结论:在缺乏安全水平的明确证据情况下,只能假定任何高于零的水平都会增加患癌症的风险。但是,法官指出:"鉴于工作场所中使用的成千上万种物质被确定为致癌物或可疑致癌物,政府理论上将授权给职业安全与健康管理局。这将产生高额成本,但效果可能不是很明显,如果有效果的话,带来的好处会很明显(引自 Mashaw,Merrill 和 Shane,1998,813)。"由于政府设置的通用致癌条例不再对受规范致癌物质进行指导,这时就凸显出重大风险条例的优点,即提高对优先监管关键问题的意识。大多风险受到监管都是迫于工会、公共卫生组织、环保人士以及政治活跃分子的请愿或压力,而非来自其他监管机构有目的性的分析。考虑到风险的来源总是有限的,通过使用相同的资源来控制其他可能更重要的风险来挽救生命的数量。法官通过对职业安全与健康管理局的要求,作为标准设置的预先要求,对于优先设置分析法官还坚持认为:优先监管应以最重大风险为导向,虽然并不一定是政治上最突出的风险。

重大风险条例使监管机构在风险分析上肩负更大的责任,而不太强调可行性风险最低的方法。不是所有的潜在风险都会受到同样重视;只有能够构成致癌风险的物质才会受到监管,这样便将有限的机构资源集中在最重大的健康风险问题上。此外,如果条例不要求正式对收益和成本进行分析,就要对标准的严格执行施加强制性限制。如果致癌几率降低到不构成重大风险的程度,就不必对标准进一步严格要求(Graham,

Green 和 Roberts,1988,103-105)。美国劳工联合会—产业工会联合会(AFL-CIO)上诉美国石油协会的案例从风险分析方法论的角度来讲具有重大意义。美国最高法院不仅肯定了量化风险评估的合法性,而且有效利用了对于方法论的强调让美国机构接受风险监管。接下来的大部分关于保护人类健康监管决策的争议中,核心问题不是是否要求进行风险评估,而是机构所提供的风险评估是否有效。导致重大风险原则的原因可能对那些仍然遵循最低风险标准的国家或超国家监管机构特别有指导意义,因此不愿【241】意接受设定合理监管优先级的必要性。例如,我们可以看出,欧盟采取的预防措施就符合这一条例,对于欧盟监管议程中设置的合理事项优先也具有相同的负面影响(Majone,2003)。

4. 全球化时代下的议程设置

各国之间日益增长的经济和政治上的相互依存关系,决定了国家政策制定的实质和程序,其中包括议程制定过程。我们在此关切的问题是,深化经济一体化是否会导致国家议程受到更多的限制,从而减少具有民主倾向表达的渠道。还有另一种假设,深化经济一体化可以提高制定政策的质量,这是通过使国家领导人更深刻认识到其决策在国际上的影响、更愿意参与国际合作以及更多地接受来自外国同行、国际机构和非政府组织的意见和建议的方式实现的。很显然,在全球经济一体化的时代背景下,某些政策工具的有效性可能会受到严重削弱。例如,国民经济的开放程度越高,对凯恩斯主义需求管理将成为国内政策稳定的工具的依赖性就越小。这是因为任何额外的政府支出其中一部分都将用于从世界其他地方进口,支出的一些需求创造效应在国外消散。

然而,与一些全球化的批评者所维持的观点相符的是,特定政策工具或方法的过时并不意味着民主政体不能够满足其公民的要求。事实上,要求公共决策更加透明,对新形式问责制的探索以及对游说依赖性增加、对传统形式的政府强制性依赖性减少,可以证明至少经济增长与政治是相互依存的(World Bank,1997;Majone,1996a)。此外,有时可以将决策权力转移到更高级别的治理上。这样,在国家层面上无法处理的事情,可以通过国际合作来实现。因此,这就是本部分要讨论的两个极端立场:一方面是"民主观念减弱"理论,根据该理论,如果没有一个世界政府,国际经济一体化就不可避免地导致国家政策议程受到限制;另一方面,也存在更为乐观的观点,国际一体化与合作不仅可以扩大消费者选择范围,而且也可以增加国家议程的多样性。全球化,即国际经济一【242】体化,肯定会对国家决策者造成制约因素,但这通常会比进行制约更有力度。未来对议程设置的研究将会更多地关注国家议程上的外生性影响。

4.1　民主衰退理论

根据国际经济学所熟知的蒙代尔-弗莱明定理（Mundell-Fleming theorem），或者从非正式的角度来说，"开放经济的三重困境"，各国不能同时保持独立的货币政策、资本流动和固定汇率。如果政府选择固定汇率和资本流动性，就必须放弃货币自主权。如果选择货币自主权和资本流动性，就必须采用浮动汇率。最后，如果政府希望将固定汇率与货币自主权结合起来，就必须限制资本流动（Lindert 和 Kindleberger，1982）。哈佛经济学家丹尼·罗德里克（Dani Rodrik）认为，开放经济的三重困境可以延伸到他所谓的世界经济的政治三重困境（见图 11.1）。罗德里克定义的政治三重困境要素是：一体化的国民经济、民族国家和"大众政治"，即一个以高度的政治动员为特征的民主制度，以及对动员团体做出反应的机构。这种说法认为，这种困境最多有两种可能。引用罗德里克的话就是：

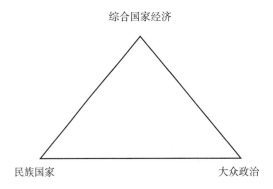

图 11.1 罗德里克的政治三难困境

来源：Rodrik，2000，181。

　　"如果我们想要真正实现国际经济一体化，就必须与民族国家合作，在这种情况下，国家政治领域受到的限制也会非常显著，否则与大众政治相比，在这种情况下，不得不放弃有利于全球联邦的民族国家的条件。如果想深入参与政治制度的制定，就必须在民族国家和国际经济一体化之间做出选择。如果我们想保持民族国家的政治制度，就必须在大众政治和国际经济一体化之间做出选择（Rodrik，2000，180）。"

　　在全球联邦制下，政治不一定会收缩，因为那时经济实力和政治权力将保持一致：所有重要的政治和政策问题都将在全球范围内得到处理。世界政府或许在现在或许在可预见的将来都不在政治领域内，但在市场变得国际化的同时还要维护国家主权的代价就是政策行使范围变小：

　　"民族国家的总体目标……对国际市场来说非常具有吸引力……国内法规和税收

政策或者根据国际标准进行协调,或是结构化,以至于将对国际经济一体化的影响降到最小。唯一能够提供的本地公共产品能够与一体化市场所兼容(Rodrik,2000,182)。"

实质上,这就是民主衰退理论,如果不加批判地接受国际(甚至是地区,如欧洲)一体化的评论家的意见,该理论自然就会为大众所接受。这一理论的核心观念是讨论民 **【243】** 主决策者制定偏离市场一致原则的公共政策的能力是否下降。这种思想的典型观点是,"欧洲经济一体化在国家层面来说,显著缩小了可用的政策工具范围,以及一系列可实现政策目标的范围。就此而言,政府的有效性、回应性以及民主的合法性被认为是被削弱了"(Scharpf,2001,360)。然而,大量的实证研究结果对任何简单关联准确性提出严重质疑,更不用说日益增长的经济一体化与"正在减少的民主趋势"综合征之间的因果关系了。因此,最近的一项经济计量分析,利用 1964 年至 1993 年的年度数据,对16 个经合组织国家进行了分析,但没有发现国际资本流动对公共部门、福利国家和公共产品的规定造成系统性的下行压力(Swank,2001)。

根据民主衰退理论的另一版本,由于经济一体化程度的提高,资本变得更加自由,因此,各国开始通过降低税率来竞争吸引它。这一过程可能导致一个国家被迫要求提供却低于其公民所希望的公共服务水平。鉴于这种情况,税收协调主张似乎也是合理的。至少来说,如果所有国家都实行减税政策,那么任何国家都不会获得比较优势。实际上,即使在经济上正经历深度一体化的国家(如欧盟成员国)之间,税收协调情况也相对较少。经常有学者预测,如果欧盟不进行协调征税,就会导致成员国之间的破坏性竞争,最终会破坏欧洲条件优厚的福利制度,但在欧洲一体化历经 50 年以后,已经观察不到这样的"底线竞争"。自 20 世纪 50 年代后期以来,虽然贸易壁垒在不断打破和资本流动速度在持续下降,但欧盟国家并未经历任何程度显著且导致税率下降的税收竞 **【244】** 争。相反,在 60 年代中期至 90 年代末期间,原始成员国——比荷卢经济联盟国家、德国、法国和意大利——以及欧洲"周边国家"的平均税率都在上升,如西班牙、葡萄牙、希腊和爱尔兰。此外,富裕国家的税率一直高于贫穷国家的税率,这意味着欧洲一体化并未让富裕的欧盟成员国受到来自低薪资国家的税收竞争限制。自 20 世纪 70 年代后期以来,这两类国家的税率差距已经明显缩小。但是,税率缩小的结果与税收竞争的预期相反,周边国家的平均税率更接近较富裕国家的税率。也几乎没有迹象表明欧盟正在进行公共服务领域内底线竞争。相反,就税收而言,这场竞争一直趋向于另一个方向,南方国家服务支出水平升级,堪比北方国家(Barnard,2000)。总而言之,即使欧盟正在进行深度一体化,"民族国家仍然是政策变革的主要场所,并且仍有充足的政治选择空间……如果适当地调整体制安排,将政策进行组合,那么欧洲社会模式的核心原则就可以保留下来,并在许多方面都会得到加强,将其转化为现实世界的欧洲福利"(Ferrera,Hemerijck 和 Rhodes,2001,164)。

有关民主衰退理论的第三个版本:国际贸易规则限制了国家决策者的自主权,因此无法提供其公民需求的公共产品。但事实上,世界贸易组织(WTO)成员不仅享有国内政策的自主权,还必须尊重其他成员行使该自主权的权利。这一基本原则反映在最惠国待遇(MFN)原则之中,其基本职能是确保每个 WTO 成员进入其市场后都能免受其贸易伙伴的任何政策(包括国内政策)的影响。例如,有批评人士断言,根据世贸组织规则,政府不能保护国内企业免于进口带来的竞争,而这些国内产业必须承担其他国家不适用的环境成本或其他法律规定的成本。罗斯勒(Roessler,1996)的观点具有很强的信服度:WTO 规则的确允许成员国家采取国内监管措施,提高生产成本,并结合补贴或税率以维持国内生产商的竞争地位,但生产商必须承担成本。唯一的限制是,如果补偿措施损害到其他 WTO 成员国的利益,则必须遵守规定,消除对第三国家的不利影响。严格的规则与灵活的保障措施相结合,国际贸易的自由化才能够在没有任何国内政策协调或对国家议程的不当干预情况下进行至今。这种微妙的妥协让两种明显对立的国内政策——自治原则和贸易全球化有很大可能得以共存。

当然,如果说世界贸易体制的规则、资本市场的自由化,甚至欧盟的深度经济一体【245】化并没有严重限制国家政策议程,也就意味着国内政策要去适应并改变经济、政治和技术条件。世界各地的福利国家都面临着严重的问题,但造成这种状况的主要原因是与国家经济日益一体化无关的因素:人口变化、国内对高税率和过度官僚化的反对、传统社会政策未能对社会经济和技术变革带来的新需求以及可能带来的风险进行反应,以及意识形态和政治变化,才是造成问题严峻的真正原因。国际经济一体化本身似乎并没有制约国家重大议程。更重要的是,基于规则的经济一体化产生的制约因素——不仅是在世贸组织和欧盟框架内,而且在北美自由贸易区(NAFTA)以及世界各地的几十个类似规划——实际上可能会在国家层面提高政策制定的透明度、公平性和可信度。

4.2 可行性约束

民主衰退(diminished democracy)理论的直觉吸引力部分源于对一般限制的性质的误解,特别是对它们在政策制定中的作用的误解。制约因素通常变相成为优势,因为一旦确定了约束条件,利用约束条件的可能性就会大大增加(Majone,1989)。对约束的认识和巧妙利用决定了对其了解的程度。所有生物都只能在有限环境内学习并去适应。从这一角度来看,国家的法律类似于自然规律,都为人类活动提供固定的环境。同样,宪法规则不仅限制决策者的实质性选择与程序性选择,同时也能够提高决策者行动的有效性或长期承诺的可信度。例如,分权原则可以通过帮助克服职能混乱造成的瘫痪,来增强政府的权威性。作为分工的一种政治形式,分权使专业化能够提高对各种公共问题的敏感性(Holmes,1995,165)。

在国际经济一体化情况下,国家决策者也受到超国家规则的约束,欧盟的条约与法律以及世界贸易组织或北美自由贸易协定的协议与规则便是很好的例证。以欧洲法律对国家政策制定者议程的影响为例:欧洲共同市场的建立和随之而来的市场自由化规则,意味着各国政府不能再对欧盟其他成员国实行保护主义政策,也不能继续保护本国境内的公共或私人垄断企业。对国家补贴和公共采购标准的约束进一步削弱了国家行政人员的自由裁量权,也削弱了通常伴随这些行政决策而出现的寻租和政治腐败问题。【246】同样,世贸组织的规则让欧盟和美国在国际层面寻求保护主义政策越来越困难,特别是在农业领域。《北美自由贸易协定》(North American Free Trade Agreement)强化了国家法院的独立性,提高了国家政策制定的透明度。

不应该认为超国家规则只会有利于经济利益。例如,欧洲法律还协助个人和公共利益团体打击对性别、国籍、宗教、年龄或身体残疾的多种形式的歧视。个人权利领域的最佳案例是"罗马创始条约第 119 条"(Article 119 of the founding Treaty of Rome)。该条款要求男女从业者同工同酬或工作价值相同。欧洲法院(ECJ)在空姐戴福瑞(Defrenne)案中使用了这一条款(1976 年进行裁决),比利时航空公司撒贝娜(Sabena)强制四十岁的空姐在公司内部改变工作岗位(接受工资损失),但对做同样工作机组人员、管理人员却没有这样的要求,法院确认这一政策属于歧视行为,并要求撒贝娜公司赔偿戴福瑞女士的收入损失。在 1986 年的比尔卡案中,法院表示,如果没有明确的理由,法院愿意取消将妇女排除在任何雇主提供的福利(如养老金)之外的国家措施。许多其他欧洲法院裁决表明,超国家法律可以通过禁止个人和集体协议中的直接歧视和间接歧视,对国家立法和法律实践产生积极影响。法院还建议,现如今的国际法院可以对国家议程产生重大影响。例如,在另一个著名案件中(巴伯案,在 1990 年做出判决),欧洲法院将第 119 条的涵义扩大到包括养老金资格在内的年龄限制。英国国民巴伯先生在 52 岁时被解雇,被剥夺了与同龄女性雇员同样获得养老金的权力。相反,他收到了一次性付款。法院认为,这种待遇违反了欧洲法律,因为养老金属于薪水,因此属于"罗马条约第 119 条"的范畴。这一决定要求对养老金规划进行大规模重组,这便导致了欧盟所有成员国对未来养老金计划的影响相当大。巴伯案反映出的问题成为欧洲领导人针对 1992 年欧盟条约的准备的重要议题。

尽管像欧洲联盟这样的强大机构在国际层面不易复制,但如今的国际社会和国际法律接受这一原则,即保护基本人权不能停留在国界这一层面,这是一个值得注意的问题。因此,越来越多的人接受"普遍管辖权"这一原则,这样一来即使在没有犯罪的国家,也可以起诉严重侵犯人权的行为。此外,贸易制裁的威胁已经证明是在国际层面保护基本人权的一种有效手段。应该指出的是,这种威胁的可信度因国民经济的日益一**【247】** 体化而逐渐增强。这是另一个支持进行约束的案例,因为自由贸易的规则被民主政府和人权组织用来对威权主义国家施加压力,甚至重新制定外交议程。

4.3 其他外生性影响

正如国际人权保护的例子所显示的,国际法和司法裁决并不是对国家议程的唯一外生影响。经济合作与发展组织、国际货币基金组织等国际机构以及联合国粮食及农业组织和世界卫生组织等联合国专门机构的大量工作都是为了对成员国制定议程的进程产生一定影响。有时不仅仅是为了向政府议程提出某些问题,而是为了改变决定议程的优先事项——例如抑制艾滋病流行的案例,或者是工业化国家的养恤金制度迫切需要改革的案例。跨国非政府组织也在人权或全球环境保护等问题上发挥重大影响(Keck 和 Sikkink,1998;Risse,Ropp 和 Sikkink,1999)。

政策外部性和信息交流的需求是影响国家议程形成的其他因素。全球化会加强国内政策对其他国家产生的影响。不同国家决策者之间交流信息有助于评估政策外部效应所到达的程度,了解传播这些影响的机制,然后规划补救措施。从事经济政策协调的学者得出的结论是,国家决策者进行讨论的主要益处不是来自于协调的明确性,而是靠政府意识到其行动对其他国家产生的后果。在形成政府行动的替代方案时,这种意识往往很重要。国际经济法的"最小限制手段"就是一个范例。要求政策目标要以消耗国家贸易伙伴最低成本的方式来实现。例如,国家健康或安全措施的设计应尽量减少对其他国家造成负面外部效应。世贸组织系统、欧洲联盟和北美自由贸易协定对通知、评论和发布要求的使用非常广泛,它们都是实施限制性最低的手段原则的机制。其目的是对可能具有重大国际影响的新措施预先提出警告,并在其他国家有机会对这些措施做出评论的情况下,暂时推迟这些措施的执行。

最近,欧盟引入了一种非常复杂的方法——公开协调方法(Open Method of Coordination,简称 OMC)——如果成功的话,将对成员国的国家议程产生重大影响。欧盟领**【248】** 导人一直在推进这种新方法,以便在社会政策、就业和养老金改革等领域促进国家政策的协同,这些领域在政治上过于敏感,无法通过传统的、更加集中的办法来处理。公开协调方法是传播的最佳实践手段,也是一个长期政策趋同的学习过程。其主要内容包括:联盟的一般准则、实现成员国自己制定的短期、中期和长期目标的具体议程;依据世界范围内最佳实践以及结合个别国家和部门的需要形成的定量和定性指标与基准;成员国的政策改革行动将定期纳入其国家行动计划;定期监测、评价和同行审查的结果。欧洲理事会是欧盟的最高决策机构,它负责指导和协调整个进程,确定要实现的总体目标,而国家专家部门专门委员会则负责这项工作的技术方面,特别是指标和基准的选择。在专门讨论经济和社会问题的欧洲理事会春季会议上,每年都会对每个领域取得的进展进行审查(Scott 和 Trubek,2002;Borras 和 Greve,2004)。

如导言所述,本章的目的不是审视有关议程设置的现有文献,而是介绍一些被文献忽略的问题。造成忽视的原因可能是方法上的、概念上的和实质上的。例如,议程控制问题主要是由政治科学家采用理性选择方法进行制度分析来调查的。迄今为止,这种制度主义对政策分析的影响仍然较小。然而,在第 1 节中提到的两个例子:美国国会各委员会对立法议程的控制,以及欧洲联盟委员会对立法和政策倡议的垄断,证明了这种议程设置方式的重要性。由于方法上的原因而受到忽视的另一情况是在某一议程内确定优先事项的问题。如第 3 节所述,在风险管制等领域,优先事项的正确选择尤其重要,因为在这些领域,错误选择优先事项的机会成本可能相当高。但是风险控制依赖于概率推理和不确定情况下的决策理论——即使是议程设置过程中强调其随机性的学者也没有使用这些方法。从概念上讲,议程设置与民主理论和实践的相关性是众所周知的。回想一下,达尔已经将充分控制议程的标准通过演示变成了对发达民主(full-fledged democracy)(而不仅仅是程序性民主)的关键考验。然而,对于议程设置的研究者来说,民主理论还有许多其他令人眼前一亮的见解和问题。我想到的是最近关于民主在这个世界上作用的讨论,即重要的决策越来越多地转移到超国家层面上——在希腊人的直接民主和现代民族国家的代议制民主之后,达尔将之称为民主的第三次转变。在前面几页中,我反驳了关于民主衰退(diminished democracy)的假设——这种观点认为,由于全球化的作用,民主决策者不再能够提供公民所需的公共产品。拒绝这种消极 **【249】** 假设并不是说民主的制度和过程不必再去适应"第三次转型",正如代议制民主是直接民主为了适应民族国家的崛起而出现。我认为,从实质性的角度来看,未来最大的收益将来自对国内议程和国际议程设置的外生影响的研究。在过去,政策分析几乎都是国家中心式的理解,我们的大多数分析的思想和技术反映了我们自己的国家的治理经验。然而,治理的概念要比政府的概念广泛得多,正是因为如此,必须对政策分析,特别是对议程的研究加以处理,以便与新一代的个人决策者和公共决策者保持相关性。

参考文献

Arnold,R.D. 1990. *The Logic of Congressional Action*:*The Logic of Congressional Action*. New Haven,

Conn.：Yale University Press.

Bachrach，P.，& Baratz，M.S.1963. Decisionsand Nondecisions：An Analytical Framework.*American Political Science Review*，57：641–51.

Barker，E.1958. *Reflections on Government*.Oxford：Oxford University Press.

Barnard，C.2000. Social Dumpingand The Race to The Bottom：Some Lessons for the European Union from Delaware?.*European Law Review*，6：57–78.

Bates，R.H.1990. Macropolitical Economy in The Field of Development.Pp.31–54 in*Perspectives on Positive Political Economy*，ed.J.E.Alt and K.A.Shepsle.Cambridge：Cambridge University Press.

Bawn，K. 1995. Political Control Versus Expertise：Congressional Choices about Administrative Procedures.*American Political Science Review*，89：62–73.

Borrás，S.Ed.2004. *Special Issue：The Open Method of Co-ordination in the European Union*.Journal of European Public Policy，11（2）.

Cobb，R.W.，&Elder，Y.C.1972. Participation in American Politics：The Dynamics of Agenda-Building. Boston：Allyn & Bacon.

Dahl，R.A.1986. *Democracy and its Critics*.New Hevan，Conn.：Yale University Press.

Derthick，M.，& Quirk，P.J.1985. The Politics of Deregulation. Washington DC：Brookings Institution Press.

Ferrera，M.，Hemerijck，A.，& Rhodes，M.2001. The Future of The European "Social Model" in The Global Economy.*Journal of Comparative Policy Analysis*，3（2），163–90.

Holmes，S.1995. *Passions and constraint：On the theory of liberal democracy*.University of Chicago Press.

Keck，M.E.，& Sikkink，K.2014. *Activists Beyond Borders：Advocacy Networks in International Politics*. NY：Cornell University Press.

Kingdon，J.W.，& Thurber，J.A. 1984. *Agendas，Alternatives，and Public Policies* Vol.45，pp.165–169. Boston：Little，Brown.

Lindert，P.H.，and Kindleberger，C.P.1982. *International Economics*，7th edn.Homewood，Ill.：Richard D. Irwin.

McCubbins，M.D.，and Noble，G.W.1995. The Appearance of Power：Legislators，Bureaucrats，and The Budget Process.Pp.56–80 in *Structure and Policy in Japan and the United States*，ed.P.F.Cowhey and M.D.McCubbins.Cambridge：Cambridge University Press.

——Noll，R.，and Weingast，B. 1987. Administrative Procedures as Instruments of Political Control. *Journal of Law，Economics，and Organization*，3：243–77.

McKelvey，R.1976. Intransitivities in Multidimensional Voting Modelsand Some Indications for Agenda Control.*Journal of Economic Theory*，12：472–82.

Majone，G.1989. *Evidence，Argument and Persuasion in the Policy Process*.New Haven，Conn.：Yale University Press.

——1996a.Public Policyand Administration：Ideas，Interests and Institutions. Pp.610–27 in *A New Handbook of Political Science*，ed.R.E.Goodin and H.D.Klingemann.Oxford：Oxford University Press.

——1996b.*Regulating Europe*.London：Routledge.

——ed.2003. *Risk Regulation in the European Union：Between Enlargement and Globalization*.Florence：European University Institute.

Mashaw,J.L., Merrill, R. A., and Shane, P. M. 1998. *Administrative Law*, 4th edn. St Paul, Minn.：West Group.

Mendeloff,J.M.1988. *The Dilemma of Toxic Substance Regulation*.Cambridge,Mass.：MIT Press.

Risse,T.,Ropp,S.C.,and Sikkink, K. eds. 1999. *The Power of Human Rights：International Norms and Domestic Change*.Cambridge：Cambridge University Press.

Rodrik,D.2000. How Far Will International Economic Integration Go? *Journal of Economic Perspectives*, 14：177–86.

Roessler,F.1996. Diverging Domestic Policiesand Multilateral Trade Integration.Pp.21–56 in *Fair Trade and Harmonization：Prerequisites for Free Trade?*,vol.ii,ed.J.N.Bhagwati and R.E.Hudec.Cambridge, Mass.：MIT Press.

Scharpf,F.W.2001. Democratic Legitimacy Under Conditions of Regulatory Competition：Why Europe Differs from the United States. Pp. 355 – 74 in*The Federal Vision*, ed. K. Nicolaidis and R. Howse. Oxford：Oxford University Press.

Schofield,N.1976. Instability of Simple Dynamic Games.*Review of Economic Studies*,45：575–94.

Scott,J., and Trubek, D. M. eds. 2002. Special Issue on Law and New Approaches to Governance in Europe.*European Law Journal*,8(Mar.).

Shepsle, K.A.1979. Institutional Arrangements and Equilibrium in Multidimensional Voting Models.*American Journal of Political Science*,23：27–59.

Stewart, R. B. 1975. The Reformation of American Administrative Law. *Harvard Law Review*, 88：1667–813.

Swank,D.2001. Mobile Capital, Democratic Institutionsand the Public Economy in Advanced Industrial Societies.*Journal of Comparative Policy Analysis*,3：133–62.

Weingast,B.R.1996. Political Institutions：Rational Choice Perspectives.Pp.166–90 in A New*Handbook of Political Science*,ed.R.E.Goodin and H.-D.Klingemann.Oxford：Oxford University Press.

——and Marshall,W.J.1988. The Industrial Organization of Congress.*Journal of Political Economy*,96：132–63.

Wood,D.B.,and Waterman,R.W.1991. The Dynamics of Political Control of The Bureaucracy.*American Political Science Review*,85：801–28.

World Bank 1997. *The State in a Changing World：World Development Report 1997. Washington*, DC：World Bank.

第 12 章　以话语建构秩序

马尔腾·海耶尔(Maarten Hajer)、大卫·劳斯(David Laws)

1. 矛盾的处理

【251】　　实践者在日常工作中,通常要面对一些"邪恶"的问题、极其复杂的影响、不断做出改变的承诺以及道德方面的复杂性,以便更好地采取行动以实现政策目标。在许多情况下,他们甚至不能就问题的实质达成一致的观点(Rittel 和 Webber,1973)。面对"矛盾的必然性",诉诸事实可能会将问题放大而无法解决分歧(Schwarz 和 Thompson,1990)。

　　许多政策分析都试图减少冲突和不确定性,通过获得跨领域和跨环境普遍适用的知识和原则来满足稳定性的需求。这些原则可用于实现各个领域和各个环境下的政策目标。我们将在本章讨论一种竞争传统,这种传统始于政策制定者所经历的冲突、模棱两可且来自于稳定性的吸引力。在当时,他们的行为被公众认为非常明智,学界甚至尝试组织学术研究来了解和支持这些政策执行者所做出的努力。我们关注的中心问题是政府官员、政策分析师、研究人员和利益相关者在这种情况下面临的中心问题:"如何才能理解这个复杂而又充满政治色彩的世界呢?"这个问题经常以这样的形式出现:"考虑到这种复杂性和不确定性,我该怎么做呢?"

　　关于这个问题的学术研究拥有的历史非常悠久,至少可以追溯到皮尔斯(C.S. Peirce)关于思考修正信念的逻辑要求(Peirce,1992),肯尼思·伯克(Kenneth Burke)努力在语法上寻找规律性的模型(Burke,1969),欧文调查个人如何回应社会行为中的问题"这里究竟发生了什么?"(Goffman,1974)。自马奇(March)和奥尔森(Olsen,1989)
【252】进行研究以来,该问题带来的矛盾、模棱两可以及疑虑的情况,也激发了一大批学者开始进行研究。

虽然现在的社会常识表明，政策执行者在这个纷繁复杂的社会中制定政策要寻求的是一种稳定性，但他们为了解世界所做出的努力也是多种多样的。我们在这里使用术语"维持秩序的手段"（ordering device），意指分析人员用来捕捉政策制定者如何处理模棱两可的情况，并为特定的社会或客观事件赋予重要性的概念工具。这些维持秩序的手段解释了政策制定者如何建构现实，从而对实际问题进行处理。

2. 认清矛盾状况

决策者应该分析情况并确定如何执行政策。在职业上专注于对秩序和控制的追求（Van Gunsteren，1976），他们担心的是遇到矛盾情况时的处理办法。如果遇到矛盾情况，可用工具有可能失去效用，也有可能无法立刻给出可行性建议。《现代性与矛盾性》（*Modernity and Ambivalence*）是齐格蒙特·鲍曼（Zygmunt Bauman）于 1991 年所著的一本书，它描述了人们在"阅读"遇到障碍时，选择容易阅读的方式而产生的不安情绪。鲍曼将矛盾心理定义为"将一个事件指派给多个类别的可能性"（Bauman，1991）。矛盾性让选择成为政策实施的一种组织性隐喻。当国家的主权建立在"定义和确立定义的权力"（1991，1—2）的基础上时，这就变成了一个政策方面的问题。在他的描述中，治理在很大程度上可以决定形势，而这反过来又是政策实践的一个关键特征。然而，他的分析只是提出了这个问题的重要性。政策制定者在这一努力中该如何处理矛盾情况呢？

这个问题非常复杂，因为矛盾情况（或者说模棱两可的情况，这两个术语可以互换）能够起到一定抑制作用。在政策工作中尤其如此。我们都知道一个笑话：一个好的政策顾问只强调一个方面（这样他就不能说"另一方面……"）。也就是说，政治家们希望政策顾问能清楚地了解情况，从而帮助他们克服矛盾情况。这种假设矛盾心理一直以来都是一个赤字难题，同时也需要克服。然而，我们也可能将矛盾和怀疑视为政策领域的一部分，并将其作为良好政策工作的一个关键环节。对矛盾心理和怀疑态度的理解，可以说是这世界上反思行动的方法的重要组成部分。因此，好的政策工作通常发生在两个极端之间：一个是朝着清晰的方向发展并降低复杂性，另一个是我们没有完全理解的。

罗伯特·麦克纳马拉（Robert McNamara）对《战争迷雾》（The Fog of War）（Morris，2003）中古巴导弹危机的思考，说明了在两个极端之间为政策制定所做的斗争，得到的信息是不完美的，条件是"模糊的"，时间在一分一秒地流逝，相关政策必须当场制定（Kennedy，1971），在这种条件"模糊"的情况下，麦克纳马拉认为：肯尼迪【253】

当局本可以用两种方式来解读古巴局势,而每一种解读方式都将意味着一条完全不同的行动路线。

那么政策的制定者是如何理解这种模棱两可的情况,并采取行动的呢? 我们期望他们采用分类的方法并像玛丽·道格拉斯(Mary Douglas)观察到的那样:"相关机构"会对此进行分类(Douglas,1986)。分类是一种维持秩序的制度手段,在这种机制中,观念是以常规为导向的。在古巴导弹危机事件中,美国国防部将该事件按照既定的类别进行了分类。在这种情况下对分类的检验能够对所发生的情况进行定义并提供具体的行动建议,且十分具有说服力(这种情况包括对古巴先发制人的打击)。事后看来,在这场危机中,政策协商的权利取决于肯尼迪顾问规避仓促分类的能力;他们承认模棱两可情况的存在,也应该保持怀疑态度,并致力于"揪出"日常分类情况的假设。这样他们才能够进行"整合",再进行"重组",从而探索不同的方式来理解所发生的情况。

肯尼迪政府一直保持着对情况进行质疑的能力,在这次事件中防止了军事冲突,并找到了解决冲突的办法——最后双方(美国和苏联)都可以在不丢面子的情况下进行让步。然而,这并不是一项简单的任务。正如德博拉·斯通(Deborah Stone)和其他人所强调的那样,这并没让双方感到不安。当目标或情况不符合某一特定类别或不符合理解常识的时候,决策者就会陷入这种情况当中(Stone,1997)。如果一种情况模棱两可且充满矛盾时,当下任务会自动认定为创造新秩序。但是,如果政策制定者的关键任务是在不同的行动轨迹之间做出选择,那么承认当前情况和随后处理矛盾的心理对于谨慎行动是至关重要的。从这个意义上来讲,体制嵌入式分类系统所具有的优势,同时也可能是其劣势。面对矛盾心理时,制度分类可能会干扰有效的判断。麦克纳马拉展示了该如何扩展到最强有力的政策决策。这些情况充满了不确定性,管理这种关系的能力让肯尼迪政府在古巴导弹危机中做出的努力显得与众不同。

在政治科学中,古巴导弹危机几乎与格雷厄姆·艾利森(Graham Allison)的《决策的本质》(The Essence of Decision)(Allison,1971;Allison 和 Zelikow,1999)自然而然地联系在了一起。艾利森展示了从分析师的角度如何进行动态分析。在这样做的过程中,艾利森实际上表明了秩序的必要性以及这种分析所带来的独特性,都不仅仅局限于对眼前危机的分析,还包括政治科学家将经验理论化而做出的努力。

3. 诠释图式(Interpretive Schemata)

麦克纳马拉的叙述强调了不同的解读图式在危机中所产生的影响。他所提出的关于五角大楼的解释遭到了前驻莫斯科大使汤米·汤普森(Tommy Thompson)的反对。

汤普森借鉴了苏联领导人赫鲁晓夫（Khrushchev）的个人观点，同时也提出了不同的见解。他认为：“赫鲁晓夫并不是那种五角大楼故事中所讲述的人。”那么，在这场以政策分析为名义的对抗中，到底发生了什么？这是一个拥有卓越功勋的五星级将军与一位对对手了如指掌的温和政治家之间的对抗吗？我们是否应该把这种对抗理解为两种体制化的方式之间的冲突，去理解一种模棱两可的情况？或者我们是否应该尝试将两种解释联系起来？

在这种紧张局势中，我们可以了解到社会学家所谓的“行动者—结构”问题的轮廓（Giddens，1979）。我们是否应该更加关注人格和个人权力？或者我们是否应该强调个人运作的（制度）结构？现在人们普遍认为这种二分法是错误的，因为个人和机构都很重要。分析任务是为了发展可以在行动者和结构之间进行中介的概念（March 和 Olsen，1989）。这就是政策学者试图用我们在这里讨论的三种维持秩序手段——信念、框架和话语，来做更多的事情。

我们知道人们所看到的都是由“解读图式”塑造的。认知科学表明，人们不可避免地会将一些属性凌驾于他人之上，并会对那些所谓重要、令人兴奋、可怕、具有威胁性、令人放心、有希望或具有挑战性的东西产生影响。关于解释性纲要的学术研究有着悠久的历史。不可置疑，路德维希·弗莱克（Ludwig Fleck）早在 20 世纪 30 年代做出的贡献是这一历史的里程碑（Fleck，1935）。弗莱克对认知的社会理解程度进行了论证，他认为行为取决于对世界认知方式的“思想的集合”。每个集合都拥有一种特定的“思维方式”，可以对认知过程进行排序，阐释新的实证研究结果（“事实”），并在复杂的情境中表明其含义。公众对弗莱克作品的认可与日俱增，尤其是当托马斯·库恩（Thomas Kuhn）在他对科学研究的“范式”的分析中表达了自己的“感激”。库恩有影响力的著作《科学革命的结构》（*The Structure of Scientific Revolutions*）融合格式塔心理学诠释性图解的社会嵌入的价值来诠释：人们如何甚至何时在目睹同一事物时候，却有着不同的理解。这提供了一种将个体认知与社会秩序手段（在他的案例中称为“范式”）相联系的方法，这种方式解释了在现实中存在且分布广泛的模式（Kuhn，1970/1962）。

已经被用来理解维持秩序过程的概念范围很广，包括“欣赏系统”（Vickers，1965）、“认知图式”（Axelrod，1984）、“美学”（Riker，1986）和“框架”（Gamson 和 Modigliani，1989；Snow 和 Benford，1922；Schön 和 Rein，1994）。最近的研究调查了“政策叙述”、“故事情节”或“话语”在公共政策实践中的作用（Litfin，1994；Roe，1994；Hajer，1995；Yanow，1996）。我们不是为了阐明每种概念所使用的方法，而是阐明这类学术研究的一些关键性特征，以及这些方法的不同之处和相似之处。

4. 三种概念方法

【255】　　　对于所有的这些差异,这些概念在学术研究上存在着的一些非常重要的共同特点:秩序与在认知方面做出贡献的程度有关;所有的方法都包括如何去判断情况发生的原因;秩序涉及交换、建立联合政府的因素;秩序与政策制定是相关联的,概念应该有助于阐释支配地位、稳定性和(有限的)政策学习。这一过程的叙述方式令人困惑且有重叠的部分,而这些方法中所谓的变化有时看起来更像是一种文字游戏。但我们认为,学者用来描述政策实践中维持秩序的手段之间存在着重要的差异。我们试图通过比较其本体论和认识论假设的方法来理解这些差异。

　　　首先,我们将其置于个体主义本体论和关系论之间的连续统一体当中。在该本体论中,根据个体能力(例如,通过个体"信仰"来维持秩序)来了解秩序,关系论描述了特定情况下的社会互动模式(例如,一些关于框架的作品和一些关于话语的研究)。其次,我们研究不同方法的倡导者如何产生、传递关于公共政策学界的知识。当他们试图理解政策制定者如何处理复杂又矛盾的世界时,他们有意无意中又会遵循什么规则呢?在这里,我们区分了两个经验性的取向:第一个是通过抽象的语境来创造可一般化的知识,另一种则侧重于在政策实践中对详细动态的识别。

5. 信仰

　　　利用信仰这一概念而进行政策分析的一个显著范例是由萨巴蒂尔(Sabatier)和简克斯-史密斯(Jenkins-Smith)发展起来的"倡导联盟框架"(advocacy coalition framework,ACF)(1993)。倡导联盟由"来自各级政府的各个机构的政策制定者遵循一系列基本信念……并且试图操纵政府机构的规则、预算和人事,以便在一定时间内实现这些目标"构成(1993,5)。联盟成员聚焦于共同核心信念之上,将制定政策协调到"不平凡的程度"(1993,25)。

　　　ACF 这种方法启发和指导了大量政策分析。然而,个人与人际关系如何相互关联以及信念如何发生变化,这些过程仍然是不透明的。ACF 信念系统方法的一个关键特【256】征是以具有明确定义和稳定价值偏好的个人本体论来构建政策的社会解释,为其行为提供信息并为其关联提供稳定的基础。通过个人和集体行动(通过联盟)追求核心价值,在政策领域产生独特的秩序,并为某一领域提供稳定。然而,对战略行为和认知学习的研究并没有提出一种方法来理解政策制定者如何处理模棱两可的问题,以及模棱两可的问题与政策变化和学习之间的关系。

　　萨巴蒂尔(Sabatier)和简克斯－史密斯(Jenkins-Smith)认为:从认识论角度来说，ACF 适合于人类对一般法则的研究。他们(1993,231)制定了 9 个假设,旨在测试倡导联盟框架在解释政策学习和政策变化方面的稳健性,并寻找因果机制理论,其中存在着明显可区分的张力,即可验证、高产且简洁的研究诉求(1993,231)。同时,ACF 的倡导者也会使用一种建构主义专门使用的话语:他们试图分析问题是如何进行定义的,强调感知起到的作用,并强调从概念角度来讲对分析产生的不可避免的影响(例如 1993 年作品的序言)。然而,个人主义本体论寻求的是一般规律以及对假设检验的依赖,这与倡导联盟框架的解释性因素相冲突。

6. 框架理论

　　过去的 15 年里,在公共政策的学术研究当中,框架这一概念作为维持秩序的手段已经取得了长足的进展。能够取得这一发展更大程度上是由于在解释抵制其他分析形式的实践模式方面的有用性而不是因为它的内部一致性或可验证性。大多数的框架分析凭借的都是民族志方法(ethnomethodology),比如加芬克尔(Garfinkel)和戈夫曼(Goffman)的一些作品,但是这些框架试图将其范围扩大到能够处理社会和集体行为的程度。所有的框架分析都在不同程度上将语言或更特殊的语言作为理解社会的组织框架。

　　框架的普及源自其直观的吸引力。这一概念反映了政策制定的机制,这对于从业者和分析政策实践的人来说非常有意义。框架还以类似的方式应用到了经济学层面、心理学层面(Kahneman 和 Tversky,2000)以及社会运动研究(social movement research)当中(Gamson 和 Modigliani,1989;Snow 和 Benford,1992)。框架分析强调的是维持秩序的手段能够进行交际的这一特性,维持秩序的手段能够将特定话语(言论、政策文本)与个人意识和社会行为联系起来(Entman,1993,51)。

　　但是框架的实质其实是很难去界定的。就像对其解释有所帮助的博弈行为一样,框架之所以能被认识,部分原因在于他们抵制规范的方式,框架在政策领域是有意义的,它是对秩序的一种解释。描述的是从毫无根据担忧到可操作的信念。也是通过这种方式,框架连通了"努力获得信仰"与反复出现的"令人烦心的疑问"之间的关系(Peirce,1992)。框架通过一种独特的方式分析"经验领域"来协调这种关系,将"从经验中了解到的事实"、"观察的结果"以及接受的资源与价值和其他做出的贡献联系起来,从而引导政策的制定。框架是绘制这些关系的过程,是由事实、价值和行动含义组

【257】

成的内部连贯的一系列事物。

舍恩(Schön)与雷恩(Rein,1996)将他们对这一过程的解释植根于日常语言中使用"框架"的方式,并且容忍这在概念中留下的发挥空间。他们描述了4种看待框架的方式,并将其视为"相互兼容的意象而不是竞争的概念"(1996,88)。一个框架可以理解为"可充分加强、稳定体系的潜在结构"。因此,即使从外观上看不那么明显,一座房子在内部也是需要框架的。结构这一概念实际意指"一定程度的规律性,因此缺乏对随着时间推移而展开的事件的适应性"(1996,88)。框架也可以看作是一条分界线,就像一个相框会锁定我们的注意力并让我们感知到被忽视的部分。这个边界帮助我们固定连续不断的事件流,并从外部确定哪些是内部的,哪些是值得我们注意的(1996,89)。第三个意象将框架描述为"一种解释性图式,这样个人能够"在他们的生活空间和自己的世界中定位、感知、识别和标记事件,"并让世界变得有意义,从而引导政策的制定"(1996,89)。最后,他们又回到了最初的构想,他们将框架视为一种"规范性—说明性"描述,提出了问题的意义,以及应该做些什么。这些"一般性描述"非常重要,因为这些描述"针对政策领域的问题进行了一致分析"(1996,89)。严格来说,框架是让这4个视图兼容的一种秩序形式。作为一个小组,他们制定了一个框架图作为理解政策领域的必要行为,其中一部分很大意义上决定了如何制定政策,还表达了阐释这一进程的两种具有代表性的张力。框架既不是完全刻意造就的,也不是默认形成的,而是隐藏起来的。这在一定程度上是保护目前做出的贡献不受到反思的影响。

斯诺(Snow)和本福德(Benford)用具有一定兼容性的术语对框架进行了定义,"解读图示在现在或过去的环境中,选择性地对物体、情境、事件、经历和一系列行为进行编码,来表达和提炼'那里的世界'"(Snow 和 Benford,1992,137)。他们的叙述拓展了刻意为之和默认行为之间的界限,这也是框架概念的一部分。框架能够让政策制定者"阐明和调整"(同上)事件,并以有意义的方式对事件进行秩序化。这样来看信仰和框架之间并无分别。但是,政策制定者在框架层面(以及实际上的差别)还是有着足够的影响力,在塑造框架过程中发挥着积极的作用。"赋予集体执行政策框架新颖性的并不是创意,而是政策制定者的表达或将其联系在一起的方式"(1992,138;着重强调)。当框架在经验上来讲具有可信度、与经验所得一致且以思想为中心时,它就会变得非常具有影响力(1992,140)。

【258】

在这些解释当中,框架在事实、价值和政策制定之间的关系中得到了认可且变得非常活跃。所描绘一系列事物的相对强健程度和稳定性有助于解释政策领域的稳定性和变化。在社会运动研究当中(见 Poletta,本卷),框架分析家将他们所使用的方法区分为"资源动员"和"政治机会结构"的替代方案。他们认为,"非结构性"因素既反映了群体的特定激活方式,也解释了集体行动的能力。他们认为意义在于"社会生产",分析政策制定者从事"有意义的工作",并推动意义实现的过程来对行为进行解释(Snow和 Benford,1992)。他们将这种"有意义工作"的概念定义为框架,并将框架的核心角色分配为维持秩序的手段。这种对框架的理解实际上是一种刻意的"架构"行为(由"表达代理人"承担),目的是让其他人遵循特定的表意模式(参阅 Steinberg,1998,845)。平衡将框架作为一种有意的甚至战略性的活动来优先考虑,并假设信念与框架之间存在一定的距离。

　　为了说明政策制定者在主导框架和挑战者之间的持续斗争中因命名和架构而做出的努力,本文也应用了这一战略方向(Gamson 和 Modigliani,1989)。它强调了在争取支配地位的斗争中,机构支持者及其战略性运用框架的重要性。同时也深化了对支配地位的阐释,在此过程,战略行为和解释性行为之间的界限也变得模糊不清。通过强调秩序问题,这一举措回归其根源。对统治地位的担忧源于对"令人烦心的疑问"和"习惯的本质"的强烈而持久影响的认识,这种对"习惯"的影响,将"固定信念"留给"坚韧"和"权威",并导致统治地位既普遍却又有些消极的影响(Peirce,1992)。这解释了人们为什么对权威敬而远之以及情愿抛开相互矛盾的证据和维持信念的意愿:更好地接受主导框架,而不是通过一个已解决的问题来维持怀疑态度。正如皮尔士(Peirce,1992)提出:

　　"怀疑是一种不安和不满足的状态,是一种我们努力去解放自己,进入拥有信仰的状态;而后者是一种我们不愿回避却又令人平静和满足的状态,或者是发生了改变,去信仰其他事物。相反,我们坚持,不仅仅要单纯地去相信,而且还要相信我们所相信的。"(有效网址:www.peirce.org/writings/p107.html)

　　加姆森(Gamson)与其他学者强调了这些发展趋势为主要框架的出现和稳定性做出了极大贡献。这些趋势的发展并不乐观,因为架构通常发生在战略领域,这类领域有着"固定的信仰",与影响和其本源是一致的。这导致分析家成为了独特的角色,他们在这场斗争中,需要批判性的视角来开创框架的主导地位,争取他们的阐释权利。这种【259】将事实、价值和行为联系起来的特殊方式,自然而然地就发生了,同时也不言自明。

　　舍恩与赖恩对棘手问题的分析偏离了这一战略方向,探索了信仰和持怀疑态度问题的另一个方面。这也引起了人们对信仰中坚韧这一特性的关注,也引起了对本不存在的"无处可见"这一说法的关注。框架并不是"现实的存在";我们把一些特征识别为'症状',把其他特征隐藏起来,把突出的特征连接起来,形成一个连贯且可以让人们理解的模式,这就是我们为其赋予的意义(Rein 和 Schön,1977,239)。要改变甚至重新对一个框架进行思考,就违背了惯例,导致现在较为稳定的理论进一步边缘化。目前一个非常棘手的问题是框架所带来的冲突,其中一部分冲突进一步使框架与其所反映出的问题隔离开来。因此,我们再次强调,要注意框架的性质是作为一种修复信仰和怀疑态度之间的博弈方式,以及这个过程中存在的问题限制了我们在行动中重新审视的能力。

这些广泛兼容的框架理论嵌入了多元化的方法论。斯诺和本福德所用的方法更接近萨巴蒂尔(Sabatier)的方法,而与舍恩、赖恩的方法不大相同。斯诺和本福德制定了高度抽象的"命题"来测试(主)框架和抗议周期之间的关系。他们认为框架是由个人表达、植根于社会互动当中,且持续存在的。共享带来的确定性不仅能够使其稳定,还能够给予其支持。而检测则可以理解为一种独特的共享形式。舍恩与赖恩并不想通过假设来验证他们的分析。对于他们而言,框架是实践认识论的一部分,以案例作为其分析单位,通过对案例中的预测进行阐释,在复杂的政策领域内执行政策以及处理难以解决的争议等方面发挥作用。

事实、价值和行为的内在统一性,将框架定义为一种维持秩序的方法,并将其清晰地与矛盾心理联系起来,理解为信念与怀疑之间的博弈。这仍然是一个问题,为什么人们认为某些东西在经验上来讲是可信的等,以及为什么框架可以作为理解这个过程的方法。历史上对支配问题和难以驾驭问题的关注突出了这一过程的动态特点,将这些稳定的形式与长久以来的关注根源(坚韧、权威)与固定的信念本身联系起来。反思与重构产生了对这些倾向的不同反应,因为前者拥有"有限但不可忽视"的反应能力,而后者则针对信仰的自然的不稳定性创造性地提出了应对措施。值得注意的是,框架这一概念的使用已经非常普遍,在诸如组织学习(Argyris,1999)和调解(Forester,1999)等实践领域中,一些最耐人寻味的表述也出现在政策分析中(Forester,1999)。为了扩大【260】民族志方法论而做出的努力仍然不够全面,相对于方法论而言,框架拥有的多元化相容性是该方法的另一个独特品质。

7. 叙事与话语

1964 年,克利福德·格尔茨(Clifford Geertz)写道,"我们不清楚诸如隐喻、类比、反讽、歧义、双关语、悖论、夸张、韵律和其他我们称之为'风格'的元素是如何在相关人员安排其个人喜好时产生联系的,以及如何让其成为公共或集体力量运作中的一部分(Geertz,1964)。"跟随着艾德曼(Edelman,1964/1988)的研究进程,一些学者接受了一个挑战,即在政治和政策中理解语言符号和非语言符号在政治、话语和叙事中的作用(White,1992;Fischer 和 Forester,1993)。

政策和叙事学术研究的一个重要方面是运用文献理论和社会语言学的见解来理解政策制定的动态(Kaplan,1986;Throgmorton,1993)。作为领导者之一的埃默里·罗伊

(Emery Roe)强调叙事在政策制定中所起到的作用,并说明叙事分析如何对寻找到解决复杂政策争议的方法有所帮助(Roe,1994)。他将故事型叙事、非故事型叙事和元叙事加以区分,故事型叙事是那些"能够为决策假设提供支持和稳定特性,且充斥着诸多未知因素、相互依赖,却又没有达成一致意见的情况"(Roe,1994,34)。非故事型叙事是干预手段,评论特定的故事,但是没有完整开头、中间和结尾的结构。元叙事是一系列的故事和非故事型叙事,且都反映的是政策辩论。这种区别有助于说明其他学者所认为的"论述空间"。"论述空间"的观点颇具争议:关注的是讨论的内容和具有争议的内容,以及哪些内容容易被忽视。

叙事分析人士表明,讲故事是一种原则性的秩序方式,也是构建共享意义和构建现实的主要方式(Boyce,1995)。故事可以创造一个以故事为中心的集体,可以让政策执行者选择做什么,并通过提供"情节"来帮助定义操作解决方案。有趣的是,大部分研究都是在组织研究文献中进行的(Czarniawska,1997)。在这里,加布里埃尔(Gabriel,2000)使用了"故事—作品"的概念指出:虽然人们对"事实即经验"的初级描述具有模糊性,但随着时间推移,人们尝试寻找事件的潜在含义并协商出一种能够为大家共同理解的方式,这种情况就会发生变化。从分析角度来说,叙事作为一种维持秩序的手段,暗示着故事的讲述和情节的互动发展形成了环境中处理歧义的方式。人们使用"因果故事"(Stone,1989)来维持复杂现实中的秩序。

就本体论的前提而言,有关政策的作品强调故事如何在互动中发生,从而与关系本体论共同运作。个别政策执行者可能在战略上(试图)插入一个特定的故事,但这是否会形成一个政策领域则取决于其他人如何对其做出反应,是扭曲还是接受。叙事就像一个不断反弹的球,不断适应新的挑战。有趣的是,叙事学修正了上面所讨论的倡导联盟框架。在一项欧盟税收竞争高度敏感的辩论实证研究中,克劳迪·奥拉达利(Claudio Radaelli)将叙事分析的见解与倡导联盟框架相结合,并表明了与 ACF 的假设相反的见解,他认为有能力改变"深层核心信念"(Radaelli,1999)的恰恰是流于表面的政策叙事(Radaelli,1999)。在这一初步发现之后的一个特别问题上,他与维维安·施密特(Vivian Schmidt)发现,在复杂的政策情况下,人们必须学会跨越信仰进行系统学习,也就是所论述的"变量"能够帮助解释偏好是如何进行变化的(Schmidt 和 Radaelli,2004)。这恰恰证实了海耶尔在一次关于英国和荷兰环境问题研究中的一项发现。研究指出复杂的政策领域是由"故事情节"构成的,背景迥异的政策制定者很可能都与之相关,但不一定能够完全相互理解(Hajer,1995)。更广泛地来说,实证研究指出,叙事和话语在许多方面都发挥着至关重要的作用,如构建关系、决定群体是否变成对手而不是合作伙伴、对抗是否导致共同治理或冲突(Healey 和 Hillier,1996)。

【261】

虽然叙事分析和话语分析之间的界限并不总是那么清晰,但语篇分析往往从一个更广阔的角度出发,认为通过语言系统、"词汇表"或"列表"来对作品进行排序,从而塑造人们对具体情况的感知和判断方式(Potter 和 Wetherell,1987)。这些语言规则甚至提供了稳定性和构建方向,就像政策制定者在"阐释性社区"中进行合作一样,共同分享一种特定的谈论政策情况的方式,或帮助理解特定政策类别或词汇中固有的排斥社会现象(Yanow,2003)。对于在语篇分析中借鉴了法国后结构主义理论的地方,其中福柯(Foucault)是最显著的例子,研究表明语言可以让我们了解到一种更加根深蒂固、融合性良好的秩序系统。在这里,语篇不再是"讨论"的同义词,而是指分析人员从一种情境中推断出来的事物。之后,语篇则成为社会生活中的模式,不仅能够指导讨论内容,而且在特定的实践中也可以制度化(Burchell 等,1991)。战略行为主体的概念为一种认知所纠正,即话语与"以主体为导向"共同来指导政策制定者的感知力。因为语篇根植于制度实践中,所以不能被简单地操纵。最近关于语篇分析的工作将是持久的甚至是"未经思考的"或"认知得出的",从而将语言中所使用的动态叙事和隐喻维度归为一类(Hajer,2003;Howarth 和 Torfing,2004)。

在某种程度上,如果政策分析人员能够在决策者的认知领域之外采取一种自我反思的立场,他/她就可以更容易获得分析内容,更容易地了解特定的语篇(定义为赋予现象意义的概念和分类的集合)如何让政策行为者感知现实、界定问题并选择在某一特定方向寻求解决办法。通过分析文件、观看或为政策互动录像,或是通过开放式、集中式访谈的方式,达到了解具体模式,并将这些模式与制定者在进行政策工作时的操作实践联系起来的目的。阐述福柯关于治理术的讲座,采用语篇分析的方法都可以用来揭示政策领域中的一种特殊权力体制(Rose 和 Miller,1992;Dean,1999)。这篇关于"治理术"的研究从根本上将政策制定者与其运作实践的对话方式以及这部作品所代表的"心态"之间联系起来。

【262】

语篇分析的传统强调直面歧义问题。皮斯·查克关于移民问题的讨论就是一个很好的例子(1995),奥拉达利(Radaelli,1999)明确强调了歧义问题。当时,在决策者不知道下一步该如何行动且争论不断的背景下,罗伊(Roe,1994)开展了他的叙事政策分析。在这种情况下,讲故事成为建立共识和制定政策的核心工具(Kaplan,1986;Yanow,1996)。

正如与信念和框架有关的作品一样,人们必须关注如何应用叙事和语篇的分析词汇来理解政策分析的进程。语篇也为人们视为一种约束,并要求解释未能对事务过程产生影响。这种研究的分析方向与试图阐明特定术语和类别的意义是如何不断地发生争议且需要社会再生产的研究有所不同,后者甚至还会说明误解和目前存在的问题如何促进外交上的成功(Radaell 和 Schmidt,2004),或者如何对跨学科学习进行解释(参见"沟通的奇迹"概念,in Hajer,1995)。坚持权力和意义二者的社会关系是叙事分析和语篇分析的典型代表,语篇分析一贯地定位在分析后续的关系之上。其认识论主要集中在政策实践中的阐释机制当中,而不只是试图生成一般性规律。

8. 政策制定者如何知道接下来该做什么?

在这一章中,我们将政策制定中的矛盾心理作为主题,主张重新认识矛盾心理的性质及其作用,将这种关系视为政策工作的一个重要特征。我们研究了公共政策是如何通过研究阐释性图示来处理矛盾心理。我们对分析人员采用的 3 种"维持秩序的手段"进行了区分和比较,以了解在制定政策中指导政策制定者行动的是什么。

在这篇文献中,实证案例研究突出了在我们所讨论的分析制度方言中往往不太显著的特征。在这些情况中,信仰是不稳定的,话语不是一成不变的,而框架也被看作是不断重复的谈判。在政策制定者密切关注的"作品"案例研究中,稳定性不受任何一个参与者的影响(Healey,1992;Schön 和 Rein,1994)。政策执行者积极地"命名"、"架构",但这只是需要考虑的一部分。例如,我们研究的 3 种方法都试图将参与者和机构联系起来,以帮助我们理解在具体的政策环境中如何维持秩序。 【263】

认识论原则和方法论规则应该有助于阐明这一过程。然而,我们所回顾的工作似乎迫使我们必须做出选择。我们可以通过阐明一般情况、定义类似的法规来理解政策制定者的活动,或者我们也可以进行详细的案例研究工作,以展示政策执行者如何在合适的情况下处理模糊性,而不用担心如何将这些结果概括。同时这也造成了令人困惑的两难情况。我们提出的这类问题似乎会让泛泛而谈的言论遭到批评,这是因为他们不了解具体情况,没有足够详细地描述案例研究如何能够"扩大规模"。事实上的情况更为复杂。

政策分析人士还必须准备好应对斯坦伯格(Steinberg)学术研究批评中针对框架提出的问题,这些问题在其战略重点中将价值观、信仰或信仰体系视为外生性互动。其中,社会生产中的框架不受重视。斯坦伯格认为,即使是意识形态也可以视为一种内生性特征。"意识形态可能是一种新兴且能够相互影响的框架产物,而且其本质也是在框架之中产生的"(1998,847)——从而避免固有的"物化"现象,将"一个框架作为一个离散型文本"和"不同且不连续的话语过程"区分开来(1998,848)。这使得斯坦伯格把重点放在了框架话语的产生和其价值上,这一举措与倡导联盟框架的作品产生了共鸣,该框架描述了政策的"叙述"如何引导参与者站向兼容的立场。这些方法与理解社会中的政策执行者如何处理戈夫曼提出的组织性问题所引发的矛盾局面相呼应,"这是怎么回事?"如果政策制定者必须面对的问题是我们如何在"高度不确定性的情况下,做出合理、可接受和可行的判断"(Wagenaar,2004),那么就可以如上述文献所描述的那样将政策制定者看似毫不费力的活动视为一场斗争。中心问题变成了如何理解情境中的相互作用,以及如何追踪为"修复信念"而做出的努力中所发生的动态,如何分配意义并稳定局势以便能够更好地采取行动。

这种认识论的承诺对政策分析的方法论有着重要的影响。他们需要一种非常精确的方法,甚至还牵涉到民族志方法。如果我们不能确定信仰—框架—话语这一体系是稳定的,但总是不完整的且不断变化,那么我们需要能够揭示这种"重复压裂"的过程。分析工作可以阐明管理矛盾的机制,帮助我们了解是什么让某些框架在特定的时刻表现得如此"自然",并理解是什么让其在一系列的经历中稳定下来。这样的经历总是包含互相矛盾的事实和承诺,并产生支配模式和难以处理的模式。人们可能会开始理解,

【264】在动荡的社会事件面前,稳定的信念、框架、叙述或话语是如何变得灵敏和有弹性的。像法律和拉图尔(Latour)所使用的转译概念可以提供帮助作用,因为这是从可变的假设开始,以理解知识和承诺如何随着时间的推移不断地重新进行谈判的方式为精确目标。

将政策实践视为制作和复制解释性图式的场所的这一步骤非常重要。这一步骤建立在政策制定的语言论述基础之上,采用叙事——故事、隐喻、神话的方式——来创造一个由政策制定的世界,同时这些元素也构成了这个世界。如果我们接受语言带来的影响,就不仅仅是"外部"事物的媒介(Fischer 和 Forester,1993)。那么对政策作品的分析就是针对从业者所理解世界的方式而进行的分析。这个世界本身就是包含着各种可能性的万花筒,具体侧重于各行动者之间的互动以及他们互动构建情景的方式。

这并不要求我们不再将执行者视为战略操作者,也不需要否认传统研究作品的效用,比如调查。然而,我们主张的是,要了解政策制定者如何理解一个复杂的世界以及他如何制定行动计划。我们需要更仔细地研究具体的互动方式。莱斯特和皮奥雷(Lester 和 Piore,2004)指出,当比较他们在工程师和其他参与技术创新的从业者对语言发展的能力时,要了解大致轮廓可能是什么样子。他们借鉴了社会语言学的研究,认为"语言从清晰到模糊……与分析问题的演进方向恰恰相反"。换句话说,语言的发展正朝着创造解释空间的方向发展(Lester 和 Piore,2004,70-71)。

语言提供了一种模型来了解实践的中心能力。在这种模型中,实践的核心特征和制定政策所需的智慧,正是这些阐释性空间开放且持续下去的方式,也是参与者处理模糊性的方式。正如肯尼斯·伯克(Kenneth Burke)所言(在所著案例中,他试图构建一个"动机型语法"):"我们想要的不是为了规避模棱两可而产生的术语,而是明确揭示

必然产生模棱两可情况的战略点术语(Burke, 1969)。"或者, 为了更直接地实现我们的目的, 我们想要的术语是能够揭示在这些模棱两可情况中应对和发现创造潜力的特定方式, 以此来构成良好的政策实践。

如果最近的政策工作经常发生在人们不进行共享的过去、不能使用共享词汇的情况下, 那么当不同的参与者借鉴不同的解释性图式时, 他们可以假设出现了多样的误解。那么, 理解和用来消除交互复杂性的交流能力就更重要了。更重要的是, 分析成为了莱斯特和皮奥雷所努力描述的解释性空间的一部分。

然而, 这并不意味着一种政策科学只是案例研究的积累而已。这是一种产生所涉及机制知识的方法, 恰恰是对理解公共政策的社会政治动态做出许多贡献的基础(Schön 和 Rein, 1994; Argyris, 1999; Yanow, 2003)。但是, 未来的挑战之一是向更广泛的 【265】
社区展示这一传统如何能够对关键政策困境产生实际见解, 并产生有意义的知识, 用这些知识帮助我们理解争议、解决冲突再进行创新。这种做法特别有望理解社会跨国化等引发与既定政治机构相互作用的联系, 以及促进应对当代公共政策挑战的新实践的发展。正是在这样的背景下, 我们才能开始探讨高度去语境化的命题知识(在 Sabatier, Jenkins-Smith, Snow 和 Benford 的研究中出现)与学术成果在实践传统中所做贡献之间的关系。也是在这一背景下, 我们可以根据人们在使用语言过程中寻找规律的方式, 将其作为一种实践型的语法, 开始寻找规律。

这将我们的目光引向了政策分析师。舍恩和赖恩认为, 政策分析中的主流传统并没有认真对待文化变量阻碍解决政策争议的方式。主流传统认为文化价值是不变的、是静态的, 跨文化的争论似乎难以解决。舍恩和赖恩的解释方法说明了问题、问题持有者和分析人员是如何相互建构的。舍恩和赖恩表明, 正如就在社会学理论中, 符号互动主义对个人权力与社会制度之间的关系进行了革命性的思考一样, 政策制定者的能力可以通过创新程序得到加强。

这一观点仍然成立。我们在这里研究的"实践政策分析"中所假设的认识论方法, 已经要求在实际工作中与政策制定者进行直接且经常、广泛性的接触。意识到秩序的作用之后, 利用我们讨论过的分析方法, 可以进行政策分析, 从而能够洞察当代政策制定中的运作机制, 并促进解决具体问题。基于这些知识, 有关拉斯韦尔政策科学传统中新的、详尽研究的书籍(Lasswell, 1951)可以帮助我们理解和回应这个时代产生的争议。

参考文献

Allison, G.T.1971. *Essence of Decision : Explaining the Cuban Missile Crisis*. Boston : Little, Brown.

——and Zelikow, P. 1999. *Essence of Decision: Explaining the Cuban Missile Crisis*. Reading, Mass.: Longman.

Argyris, C. 1999. *On Organizational Learning*. Oxford: Blackwell.

Axelrod, R. 1984. *The Evolution of Cooperation*. New York: Basic Books.

Bauman, Z. 1991. *Modernity and Ambivalence*. Cambridge: Polity Press.

Boyce, M. E. 1995. Collective Centringand Collective Sense-making in The Stories and Story-telling of One Organization. *Organization Studies*, 16(1): 107-37.

Burchell, G., et al. eds. 1991. *The Foucault Effect: Studies in Governmentality*. London: Harvester.

Burke, K. 1969. *A Grammar of Motives*. Berkeley: University of California Press.

Czarniawska, B. 1997. *Narrating the Organization: Dramas of Institutional Identity*. Chicago: University of Chicago Press.

Dean, M. 1999. *Governmentality: Power and Rule in Modern Society*. London: Sage.

Douglas, M. 1986. *How Institutions Think*. London: Routledge.

Edelman, M. 1964. *The Symbolic Uses of Politics*. Chicago: University of Illinois Press.

——1988. Skeptical Studies of Language, The Media, and Mass Culture. *American Political Science Review*, 82: 1334-9.

Entman, R. M. 1993. Framing: Toward Clarification of A Fractured Paradigm. *Journal of Communication*, 43(4): 51-8.

Fischer, F., and Forester, J. eds. 1993. *The Argumentative Turn in Policy Analysis and Planning*. Durham, NC: Duke University Press.

Fleck, L. 1935. *Entstehung und Entwicklung einer wissenschaftlichen Tatsache? Einfu¨rung in die Lehre vom Denkstil und Denkkollektiv*. Basel: Suhrkamp Verlag KG.

Forester, J. 1999. *The Deliberative Practitioner: Encouraging Participatory Planning Processes*. Cambridge, Mass.: MIT Press.

Gabriel, Y. 2000. *Storytelling in Organizations: Facts, Fictions, and Fantasies*. Oxford: Oxford University Press.

Gamson, W. A., and Modigliani, A. 1989. Media Discourse and Public Opinion on Nuclear Power: A Constructionist Approach. *American Journal of Sociology*, 95(1): 1-37.

Geertz, C. 1964. Ideology as A Cultural System. Pp. 47-76 in *Ideology and Discontent*, ed. D. E. Apter. London: Free Press.

Giddens, A. 1979. *Central Problems in Social Theory*. London: Macmillan Press.

Goffman, E. 1974. *Frame Analysis: An Essay on the Organization of Experience*. New York: Harper and Row.

Hajer, M. A. 1995. *The Politics of Environmental Discourse: Ecological Modernization and the Policy Process*. Oxford: Oxford University Press.

——2003. *A Frame in the Fields: Policy Making and The Reinvention of Politics*. Pp. 88-110 in *Deliberative Policy Analysis: Understanding Governance in the Network Society*, ed. M. A. Hajer and H. Wagenaar.

Cambridge: Cambridge University Press.

Healey, P. 1992. A Planner's Day: Knowledgeand Action in Communicative Practice. *Journal of the American Planning Association*, 58(1):9–20.

——and Hillier, J. 1996. Communicative Micropolitics: a Story of Claims and Discourses. *International Planning Studies*, 1(2):165–84.

Howarth, D., and Torfing, J. eds. 2004. *Discourse Theory and European Politics: Identity, Policy and Governance*. London: Palgrave.

Kahneman, D., and Tversky, A. eds. 2000. *Choices, Values, and Frames*. New York: Russell Sage Foundation.

Kaplan, T. J. 1986. The Narrative Structure of Policy Analysis. *Journal of Policy Analysis and Management*, 5(4):761–78.

Kennedy, R. F. 1971. *Thirteen Days: A Memoir of the Cuban Missile Crisis*. New York: W. W. Norton.

Kuhn, T. S. 1970/1962. *The Structure of Scientific Revolutions*, 2nd edn. Chicago: University of Chicago Press.

Lasswell, H. D. 1951. The Policy Orientation. Pp. 3–15 in *The Policy Sciences*, ed. H. D. Lasswell and D. Lerner. Stanford, Calif.: Stanford University Press.

Lester, R., and Piore, M. 2004. *Innovation: The Missing Dimension*. Cambridge, Mass.: Harvard University Press.

Litfin, K. T. 1994. *Ozone Discourses: Science and Politics in Global Environmental Cooperation*. New York: Columbia University Press.

March, J. G., and Olsen, J. P. 1989. *Rediscovering Institutions: The Organizational Basis of Politics*. New York: Free Press.

Morris, E. 2003. *The Fog of War*. USA, Sony: 1 hour 43 min.

Pease Chock, P. 1995. Ambiguity in Policy Discourse: Congressional Talk about Immigration. *Policy Sciences*, 28:165–84.

Peirce, C. S. 1992. The Fixation of Belief. Pp. 109–23 in *The Essential Peirce*, vol. i, ed. N. Houser and C. Kloesel. Bloomington: Indiana University Press.

Potter, J., and Wetherell, M. 1987. *Discourse and Social Psychology: Beyond Attitudes and Behaviour*. London: Sage.

Radaelli, C. M. 1999. Harmful Tax Competition in the EU: Policy Narrativesand Advocacy Coalition. *Journal of Common Market Studies*, 37(4):661–82.

——and Schmidt, V. A. 2004. Conclusions. *West European Politics*, 27(2):364–79.

Rein, M., and Schn, D. A. 1977. Problem Setting in Policy Research. Pp. 235–51 in *Using Social Research for Public Policy Making*, ed. C. Weiss. Lexington, Mass.: Lexington Books.

Riker, W. H. 1986. *The Art of Political Manipulation*. New Haven, Conn.: Yale University Press.

Rittel, H. W. J., and Webber, M. 1973. Dilemmas in A General Theory of Planning. *Policy Sciences*, 4(2):155–69.

Roe, E. 1994. *Narrative Policy Analysis: Theory and Practice.* Durham, NC: Duke University Press.

Rose, N., and Miller, P. 1992. Political Power Beyond the State: Problematics of Government. *British Journal of Sociology*, 43: 173–205.

Sabatier, P. A., and Jenkins Smith, H. C. eds. 1993. *Policy Change and Learning: An Advocacy Coalition Approach.* Boulder, Colo.: Westview Press.

Schmidt, V. A., and Radaelli, C. M. 2004. Policy Change and Discourse in Europe: Conceptual and Methodological Issues. *West European Politics*, 27(2): 183–210.

Schön, D. A., and Rein, M. 1994. *Frame Reflection: Toward the Resolution of Intractable Policy Controversies.* New York: Basic Books.

——1996. Frame Critical Policy Analysisand Frame Reflective Policy Practice. *Knowledge and Policy: The International Journal of Knowledge Transfer and Utilization*, 9(1): 85–104.

Schwarz, M., and Thompson, M. 1990. *Divided We Stand: Redefining Politics, Technology and Social Choice.* London: Harvester Wheatsheaf.

Snow, D. A., and Benford, R. D. 1992. Master Frames and Cycles of Protest. Pp. 133–55 in *Frontiers in Social Movement Theory*, ed. A. D. Morris and C. McClurg Mueller. New Haven, Conn.: Yale University Press.

Steinberg, M. W. 1998. Tilting the Frame: Considerations on Collective Framing From a Discursive Turn. *Theory and Society*, 27(6): 845–72.

Stone, D. 1989. Causal Storiesand the Formation of Policy Agendas. *Political Science Quarterly*, 104(2): 281–300.

——1997. Policy Paradox: *The Art of Political Decision Making.* New York: W. W. Norton.

Throgmorton, J. A. 1993. Survey Research as Rhetorical Trope: Electric Power Planning Arguments in Chicago. Pp. 117–44 in *The Argumentative Turn in Policy Analysis and Planning*, ed. F. Fischer and J. Forester. Durham, NC: Duke University Press.

Van Gunsteren, H. 1976. *The Quest for Control: A Critique of the Rational-Central-Rule Approach in Public Affairs.* New York: John Wiley.

Vickers, G. 1965. *The Art of Judgment: A Study of Policy Making.* London: Chapman and Hall.

Wagenaar, H. 2004. "Knowing" the Rules: Administrative Work as Practice. *Public Administration Review*, 64(6): 643–55.

White, J. D. 1992. *Taking Language Seriously: Toward a Narrative Theory of Knowledge for Administrative Research.* American Review of Public Administration, 22: 75–88.

Yanow, D. 1996. *How Does a Policy Mean? Interpreting Policy and Organizational Action.* Washington, DC: Georgetown University Press.

——2003. *Constructing "Race" and "Ethnicity" in America: Category-Making in Public Policy and Administration.* London: M. E. Sharpe.

第 13 章　争论、谈判与协议达成

劳伦斯·萨斯坎德(Lawrence Susskind)

1. 引言

在公共政策制定领域,利益相关者和决策者正试图不断影响对方的思想和行为。【269】有时,这种影响通过第一种方式进行:一方在基于特定证据或论点的基础上试图说服另一方去做某事(即给予支持,改变主意)。然而,多数情况下,观点的交流无论呈现得多么优雅,都不足以改变对方所持有的强烈信念。正因为如此,许多政党都采取了第二种方式:艰难的谈判,即利用威胁、虚张声势和政治动员来获得他们想要的结果。特别是在政治权力分配不均衡的情况下,强大的政党往往会通过艰难谈判来实现其目标。然而,在多数民主背景下,艰难谈判的对抗冲突通常会导致诉讼(或其他防御性举动),这通常会对各方产生不甚理想的结果。

还有第三种方式:"互惠"谈判,或者是现在所谓的"建立共识"。在这种模式下,双方寻求互利的交易,即提供他们的"选票"以换取对正在提议的内容修改的权利,或承诺在其他问题上给予支持。因此,虽然争论和谈判(在公共政策领域处理冲突的前两种方法)有时会产生较为理想的结果,但它们往往会产生强烈的抵制情绪或导致持续性对抗。只有当各方都认为他们的核心利益得到了满足时,他们才会受到公平对待,并【270】且他们知道需要尽一切可能实现共同利益最大化(即通过建立共识),这样才能够使协议达成,并且协议的有效性是持久的,足以承受执行方面的困难。

在公共场合进行协商、谈判和建立共识的动态已经合理地记录了下来(参见Gutmann 和 Thompson,1996)。这些公布的研究结果表明,在公共政策问题上,组织良好的对话可以改善交流的气氛,增进对不同观点的理解与尊重,但不会导致政策的变化或政治权力平衡的转变(参见 Yankelovich,1999;Straus,2002;Isaacs,1999)。另一方面,有证据表明,即使在政治权力分配不均的情况下,为建立共识所做的精心努力可以产生更公平、更有效、更明智、更稳定的结果(参见 Susskind 和 Cruikshank,1987;O'Leary 和 Bingham,2003)。也就是说,谈判实际上可能会导致政策或政治立场的转变。然而,建立共识制度化所需的组织化学习中遇到的障碍是巨大的,现有的文件表明,在公共领域,成功建立共识的例子相对较少(参见 Schön 和 Rein,1994)。此外,世界其他地方才刚刚开始尝试利用和应用美国在谈判和建立共识方面所学到的内容(民主和治理中心,1998)。

大多数谈判和协商理论都假定双方之间存在一定的互动。然而,在公共政策领域,与政策有关的交流涉及由政党代表(即当选的发言人或非官方代表)的多方(非单一)合作。因此,多方、多议题协商往往比谈判理论家所认为的要复杂得多。事实上,在多方参与的情况下达成一致通常需要有人(除了各方本身)来管理团队互动的复杂性。这导致了一种新的职业——公共纠纷调解的出现(参见 Susskind 和 Cruikshank,1987)。的确,在许多有争议的情况下,多方浪费了时间和金钱来处理公共政策纠纷,但无法得到有效解决,于是参与者便寻求调解人协助,通过合作达成协议。

在本章中,作者将以上描述称为争论、谈判和达成协议的三种方案,还将强调在公共政策领域中对双方"争论者"看似有用的行为规范。

2. 对话与争论

[271]　有时,那些关注对话与争论之间关系的人会对此做出区分。前者是指商量各种方案,而后者是指做出决策。艾萨克(Isaacs)认为对话包括倾听、尊重他人的意见,避免议论评价(即避免捍卫现有信仰的倾向),并做出反应。那么,关键问题是:如何让他人倾听我们的观点,如何组织开展对话(或有技巧的谈话),以确保参与者停止判断,并仔细思考我们正在讨论的内容,以及如何控制或管理争论,以确保最有用的观点和论点得以交流互鉴(参见 Isaacs,1999)。

2.1　让对方倾听

不管内容多么离谱,出于礼仪,有些人会礼貌地听取别人的意见。然而,在大多数情况下,当激情高涨、核心价值观受到威胁或风险很大时,礼貌就会失效,当说话者更关心其选民或追随者对他们所说的话的反应,而不是对话中同伴的反应时,礼仪也不复存在。在多方对话中,派别团体代表为其支持者发挥作用。他们更关心的是"看起来态度很强硬",而不是说服"另一方"赞同他们的提议。

艾萨克认为,"氛围、人们的精力和记忆力创造了一个对话领域"(参见 Isaacs,1999)。他断言,在这样的领域中,"对话能够满足更深入、更广泛的需求,而不仅仅是'一致同意'"。因此,他认为,对话的目的可能是在有分歧的各方之间达成一致,但最终目标是达成新的理解,并在此过程中形成一个全新的思考和行动基础。在对话中,艾萨克和其他人认为,目标不仅仅是解决问题,而且是"消除问题"(参见 Isaacs,1999,19)。必须提出的问题是,如果没有任何利益满足,只是对分歧(及其基础)的理解得到加强的话,对话(而非协商)能否解决问题?

2.2 构建对话

据那些认为谈话本身就是目的的人来说,这样做的目的是打破礼貌,转而进行一种联合提问或"生成对话"。我们必须要问,如果不需要做出决定或达成协定,是什么推动了这种转变? 实现这种转变所需的举措取决于各方实现和维持较强自我控制的能力。此外,似乎有一种假设,即参与者更关心说服他人相信他们自身所持有观点,而不是实现某种特定的结果。不幸的是,这在公共政策领域似乎不太可能发生。 【272】

建设性磋商的基本规则必须内化或强化。如果这种交流只是一次性的,就像在公共政策领域中常发生的那样,那这似乎极不可能实现(除非每个参与者都是此类交流的老手)。谈话必须以不断提醒参与者倾听并尊重彼此意见的方式进行管理。通常,在受过训练的协助者的帮助下(或通过培训增强参与者的能力),能够极好地实现这一目标。但只有每个人都赞同这个想法,才能奏效。目前我们还不清楚如何对付那些阻挠者,他们只想通过结束谈话来取得他们所认为的象征性的胜利。当谈话中的关键人物因战略原因失控或者把决定停止交流当作其目标时,即使是最有经验的协助者也无能为力。

2.3 在价值观争论中避免邪恶化(并强调文明的重要性)

正如人类学家和调解者威廉·尤里(William Ury)所认为的那样,"利益是需求、欲望、担忧或恐惧,是人们关心或想要的东西。它是人们地位的基础,是人们想要得到的有形物品"(参见 Fisher,Ury 和 Patton,1983)。当冲突缠绕着利益时,可能会出现许多解决方案。由于个人和团体通常拥有众多利益,通过创新和努力往往有可能寻找到满足许多(甚至全部)利益的交易。在理论文献中有时称其为互利协商,或以建立共识为目的的综合谈判,即通过开展满足各方利益的交流谈话来实现自身利益。然而,利益并不总是唯一涉及利害关系的因素,基本价值也可能涉及其中。

正如调解者克里斯托弗·摩尔(Christopher Moore)认为:"价值观的争议集中在有罪和无罪、社会关系中应遵循哪些准则、哪些行为应该被认为是有效的、什么信仰是正确的、谁值得什么或者什么原则应当指导决策等问题上"(参见 Moore,1986)。价值观包括强烈的个人信仰、道德和伦理原则、基本法律权利,以及,更广泛地说,包括理想化的世界观。虽然利益在于我们想要什么,但价值观在于我们关心什么和我们所代表的立场是什么。

在价值负载的争论中,妥协或包容既不能促进自身利益,也不能增加共同利益。从最贬义的意义上讲,妥协意味着放弃根深蒂固的信仰、价值观或理想。在协商过程中放弃自己的价值观就是在冒着风险放弃自己的身份地位。

社会心理学家特瑞尔·诺尔苏普(Terrell Northrup)详细描述了价值观争论走向棘[273] 手的几个阶段。当个人受到威胁时,激烈的冲突便产生了。这种威胁被认为是一种可怕的交易:要么你存在,要么我存在。为了应对这种威胁面前维护信仰,各方首先要做的是参与扭曲的过程,这包括建立他们自己主张(在他们的头脑中)的合理性,并否定扭曲他人的主张。之后,参与争论的个人(和团体)便对自己的行为和他人的行为形成了越来越严苛的解释。为了维护自己信仰的完整性,我们用陈规旧习看待他人。我们发现自己所厌恶的行为后便立刻投射到我们的"敌人"身上。随着这一过程的发展,我们的对手变得毫无人性,不仅是怪异的,而且被视为不人道的。这种发展到激进结局的推理证明和支持暴力行为的产生(参见 Northrup,1989;引自 Susskind 和 Field,1996)。

所提出的最后阶段,即维护冲突,成为各方身份的核心。为了维护自己的价值观,争论中的团体必须保持冲突的存在。具有讽刺意味的是,这在诺尔苏普称之为"勾结"的各方之间产生了一种隐含的,往往是悲剧性的协议。随着时间的推移,团体、文化甚至国家都将那些维护长期存在冲突的行为和信念制度化。毫无疑问,无论多么巧妙地管理对话协商,都不可能在基本价值观受到威胁的情况下达成协议。

诺尔苏普(Northrup)认为,涉及基本价值观和身份的冲突可以在三个层次上得到解决。在第一层次,争议双方可能就周围变化达成一致意见,这些变化不能消除目前的争议,但可以缓和具体问题上的矛盾。例如,马萨诸塞州一家计划生育诊所的两名雇员遇害后,波士顿伯纳德红衣主教法律要求暂时停止人行道上的示威活动,并要求示威者将守夜活动移至教堂内。在这个层面上,双方都坚守自己的基本原则。反堕胎天主教徒继续反对堕胎并支持示威。支持选择的群体继续支持妇女选择堕胎的权利。然而,当问题的焦点转向减少暴力目标时,就可能需要采取具体措施来达成一致意见。不幸的是,这种达成的一致意见对基本价值观的冲突影响不大。

第二层次的变化改变了当前双方关系的某些方面,但基本价值观并没有在这个层面上受到挑战或改变,至少在短期内是如此。在第二层达成的一致意见侧重于,随着时间的推移,各方将如何相互联系交流,而不仅仅是如何解决某一特定情况或问题。例如,在密苏里州,堕胎诊所的主任、反堕胎律师和密苏里生命权利团体董事会成员同意会面,讨论青少年的领养、寄养和禁欲问题。令人惊讶的是,这些团体一致同意去支持立法,来支付怀孕吸毒者的治疗费用。他们还建立一个持续对话,该对话改变他们对待彼此的方式。他们开始以个人身份单独会面,解决他们共同面临的问题。

第三层次的变化要困难得多。这种变化涉及人们所珍视的身份的转变。在该层次上,不仅工作关系发生了变化,而且人们看待自己的方式也发生了变化。诺尔苏普用心理疗法的例子来说明:在心理治疗中,要检查个体的核心构念,丢弃错误的构念,随着时间的推移,个体形成自我意识的转变。第一层次和第二层次的变化经常为第三层次奠定基础(参见 Northrup,1989,引自 Susskind 和 Field,1996) 【274】

2.4 有人能被说服去做一些不符合他们最大利益的事情吗?

对于那些认为可以通过对话来解决"分歧"的人来说,关键问题在于是否有人会被说服去做或支持那些不符合他们最大利益的事情。但这似乎不太可能。然而,修辞方法可能非常有力。他们基本上可归结为:(1)引用逻辑论证;(2)引用情感论证;(3)引用历史、专家判断或证据论证;(4)引用意识形态或价值观论证。在每种情况下,试图说服他人的人都基本上要求其说服对象(他们的听众)暂时放下他们自己的想法,接受新的观点、新的证据或新的解释。

2.5 运用修辞来影响他人观点

从讲话者、听众和信息的角度来思考修辞是很有用的①。首先,讲话者需要让听众相信他或她值得信赖且知识渊博。这给听众了一个理由去倾听,也许就会相信讲话者所说的内容。忽略讲话者的听众是无法被说服的。因此,与听众建立一些情感联系非常重要。当然,听众可能会过度情绪化地参与其中,这可能导致听众对论点盲目接受。虽然这种说服力在短期看来似乎是有利的,但以这种方式达成的共识很可能是暂时的,

---

① 感谢诺亚·萨斯坎德对本章该部分内容提供文献支持。

一旦情绪不再高涨,并进行更深思熟虑的分析,那么这种共识便可能消失。

　　修辞信息必须用听众能理解的语言来表达。最成功的修辞学家试图去论证一种观点,这种观点往往与听众的观点有些细微的差别。听众不想因为其持有明显错误的观点而看起来愚蠢,但他们也不会在很大的范围内摇摆不定。虽然他们通常会搜寻证据来证实他们已经相信的观点,但大多数人花费更多时间来审视与他们截然不同的论点【275】(参见 Kassin,2004)。如果讲话者正在向其听众讲述自己的观点,那么听众往往会花费更少的精力来发现讲话者观点中的缺陷。

　　背景和期望显然很重要。修辞方法的选择必须符合当时的情况。在某些情况下,重视情感比逻辑证明要更加有效,而在其他情况下则相反。如果思想或观点发生冲突,有时建立在对方基本信念的基础上思考是有效的,但是会得出不同的结论,即指出对方是如何曲解局势或做出错误的判断。让听众相信你是对的,对方是错的可以采取几种方式:在对话中,一方可以试图说服另一方说他们是伪君子,因为他们的信仰、行为或结论相互矛盾。他们可以声称对方的信念会导致危险的结果,或者他们的信仰从根本上就是错误的。他们可以采取温和的手段,声称对方的信念是正确的,但他们的结论是错误的。最后,他们可以参考一个传统的智慧体系,即声称每个人都认为他们是正确的,所以对方一定是错的。

2.6　利用证据针对"其有利的观点"进行辩论

　　在各种公共政策争论的情况下,倡导者很可能利用科学或技术信息来支持他们的论点(参见 Ozawa,1991)。有许多分析工具和技术,包括成本效益分析、风险评估和环境影响评估等,这些分析工具和技术经常被用来证明某一特定政策或建议的解释是否正确并能否实施。虽然这些技术相当成熟,但也难免受到批判。因此,如果一方不喜欢对方提供的证据来证明某一特定的公共行为是正当的,那么就可以质疑这一特定技术的相关性,或者提出该技术的应用是不恰当的。由于几乎所有这些研究至少在一定程度上都取决于这种或那种的非客观判断(即研究的地理范围和时间框架等),因此双方有可能接受研究的相关性和合法性,但是问题在于关键的假设如何产生不同的结果,如果产生了,结果将如何变化(参见 Susskind 和 Dunlap,1981)。

　　旨在"改善"公共话语的倡导者会督促各方就"自身有利的观点"提出论据,即将纯粹出于意识形态或直觉而提出的主张搁置一边,要依赖那些建立在"独立"科学证据之上的主张。不幸的是,这往往导致"决斗的产生",因为每一方都会将精心挑选的专业知识来支持其先验信念。在当今时代,相对主义似乎胜过实证主义,"决斗专家"的观点导致一些人认为科学或技术方面的证据还不如被完全忽略。

2.7 共同寻求事实的前景

如果公共政策争议中的各方都认为他们可以依靠某一特定的共享科学或技术分 【276】
析,并同意用它来进行公共决策,那么它可能必须要以各方都参与制定的方式产生,且
各方分析人员都愿意接受。这几乎是共同寻求事实背后的想法。由于公共政策纠纷中
的参与者不太可能服从对方选择的专家,而且由于无偏见或独立专长的想法或多或少
不能令人信服,因此唯一的选择(如果将技术投入考虑在内)是让各方成员共同挑选和
指导的专家来进行分析。

在建立共识的过程中可以很容易地理解寻求共同事实(下文将对此进行更详细的
描述);然而,寻求共同事实也可以按照自己的方式提出,可用于对话过程中,它不一定
旨在达成协议,而只是为了增进理解。寻求共同事实始于拟定一系列问题。分析方法
的选择、专家的选择,甚至是处理非客观判断的策略(包括时间框架、地理边界以及处
理不确定性的战略等关键参数)都必须以可信的方式进行。尽管寻求共同事实很少能
够解决政策争论,但它确保各方能够既可信又及时地考虑有效信息(参见 Susskind,
McKeavner 和 Thomas-Lovmer,1999)。

不幸的是,即使将寻求共同事实作为精心安排的公众协商的一部分,对话(无论协
助程度如何)都不可能导致各方就公共政策选择达成一致。无论如何巧妙地表达或得
到专家的证实,争论也很少会使参与公共政策争论中的各方放弃自己的利益(在他们
看来)。

3. 艰难谈判

艰难谈判是指一系列经典的谈判策略。为了说服某人"在你所希望的时间,以你
想要的方式,去做你想要的事",艰难谈判者会试图通过威胁、恐吓和要求让步来限制
谈判伙伴的选择。在艰难谈判的环境中,也有助于比对方拥有更多的"政治权力"。尽
管建立共识或互利共赢的谈判方法已经成为非常理想的选择,这些经典的谈判技巧仍 【277】
然非常流行。

3.1 双方情况下的艰难谈判

大多数关于谈判的指令性建议都假设了一种以传统买卖双方互动为模型的双方谈

判的情况(参见 Cohen,1982)。也就是说,它假定两个独立的双方仅仅进行一次性的面对面交流,各方试图以牺牲另一方为代价来实现其目标。这种"零和"的方法假定一方可以得到他想要的唯一方式就是阻止对方通过努力满足其利益。请注意,这种假设中,各方谈判者都是独立的,或者至少有权力承诺(不管他们能够代表多少人)。所以,代理人不参与。

艰难谈判遵循既定的模式。首先,一方以其夸大的要求开始(充分了解它不会为另一方所接受)。之后另一方也同样夸大其要求。开放谈判有时会掺杂虚张声势的成分,这表明如果最初的需求不被对方接受,谈判将立即停止。当然,这并不是事实。随着各方都降低自己的要求以回应对方所做出的让步,谈判可继续进行。在这一过程中,各方都试图说服对方,之前的让步是最后的妥协。他们有时也会为自己辩护,试图获得同情。在这样的交流中,双方都很少或根本不注意对方提出的支持其要求的论点。毕竟,如果一方承认对方的主张是合理的,他们将不得不做出最后的(可能是更大的)让步。最后,双方要么错失可接受的协议,要么达成最低限度可接受的协议。

3.2　利用威胁赢得辩论

在公共政策领域中,威胁是否非常有效并不清楚。公共政策领域中的艰难谈判只有在双方都同意时才能达成。威胁会削弱合法性,并且在缺乏合法性的情况下,大多数人倾向于拒绝(主动或被动地)遵守其代表制定的任何协议。由于威胁通常被视为是非法的(或者至少是不公平的),这可能会造成敌对和不稳定,需要更多的执法投资来实现或遵守最终制定的任何公共政策决策。另外,威胁构成了不良的先例。他们鼓励【278】他人进行循环报复。在双边环境中,威胁可以直接针对特定的一方。在多边环境中(在公共场合更为常见),威胁可能会形成特殊的阻挠联盟,从而产生意想不到的冲突。

3.3　虚张声势有用吗?

在没有权力的情况下,虚张声势通常也包括威胁。也就是说,虚张声势的人知道他们没有能力或有意图去达成一致。如果他们有权力,为什么要虚张声势?在艰难谈判中,虚张声势通常是一个糟糕的点子。虚张声势可能会遇到另一方的阻力,只是为了确认对方声称的主张是否真实。当它不真实时,它会降低未来的可信度,这代价极高。涉及虚张声势的谈判文献表明,这通常是一种无效的做法(参见 Schelling,1980)。

3.4　引起"另一方"的注意

在艰难谈判的环境中,可能需要采取戏剧性的行动(即华丽的开场白)来引起对方的注意,特别是如果权力不平衡或者"较弱的一方"正试图以对他们最有帮助的方式来制定谈判协议时。较弱的一方可能会接受或拒绝其提议,尽管只有当他们真的打算让步时,才应该这么做。有时,实力较弱的一方会试图举办媒体活动,向潜在的谈判伙伴施加压力。当然,这往往会加强该方的决心,这是这类战术的目标。有时,在艰难谈判的环境中,一方会尝试向另一方发送所谓的反向信道消息(通过互相信任的中间人),看看他们是否能更好地理解"真正的"可达成协议的空间(ZOPA)或经济学家有时称之为"合同曲线",这样可以避免威胁被忽略时的面子问题(参见 Raiffa,1985)。

3.5　让步的结果

当艰难谈判涉及任何一方公开无理的要求时,很难向其所代表的群众(他们见证了整个过程)解释为什么最终协议应被视为一种胜利。这看起来似乎是最低限度可接受的结果,而不是最有利的结果(无论哪一方)。不仅如此,公开无理的要求有时会导致潜在的谈判伙伴退缩,错误地认定没有可能形成可达成协议空间(ZOPA),事实上,有很大的回旋余地。夸大的公开要求有时会产生对意志的考验(尤其是当一方或双方谈判者试图证明他们对自己的群众态度有多强硬时)。这可能会导致谈判更具争议性,也会触发情绪。这些可能超出了逻辑,事实上并没有可能达成一致。如果双方完全停止相互倾听,那么很有可能他们会错失最低限度的可接受协议,因为一方或双方都认为来回让步依然没有结束。【279】

3.6　权力与艰难谈判

在谈判中有许多权力来源,尽管在艰难谈判中只有少数是相关的(参见 Fisher,1983)。显然,第一种是很好的"规避"选择。拥有达成谈判协议的最佳方案(BATNA)的一方最具有影响力。如果一方能组建起一个联盟,它有时可以通过纳入成员支持联盟来增强其谈判能力,这可以改变另一方达成谈判协议的最佳方案(或增加可提供给另一方的选择)。由于在公共政策背景下谈此似乎不太合适,所以我避免提到实施人身强制措施,但很显然,有些时候做出的决定是因为人们考虑到安全因素。最后,信息有时可以被视为一个集合。如果一方的声誉因关键信息的发布而受损,那么这将成为艰难谈判中权力的来源。艰难谈判的关键在于,一旦谈判结束,各方并不关心他们之间所形成的关系,也不关心他们之间可能失去的信任,或者是他们在整个公众眼中所失去的可信度。在这些问题上,艰难谈判必须让位于建立共识。

4. 达成协议

艰难谈判者认为,以零和的方式达成他们目标最好的方式是确保他们的谈判伙伴没有得到他或她想要的东西,达成共识的过程基于一个非常不同的假设:即谈判者满足其利益的最佳方式是找到一种低成本的方式(对他而言)来满足其谈判伙伴最重要的利益。在公共政策争论中,随着参与方数量的增加,同样的原则也适用。争端解决理论家称这是谈判的"互惠收益方法"(参见 Fisher,Ury 和 Patton,1983;Susskind 和 Field,1996;Lewicki 和 Literer,1985)。因此,艰难谈判和建立共识是谈判协商的两种形式,但对于建立共识更多地强调(1)使达成的协议(对各方)的价值最大化;(2)让各方在未来能够更好地相互交易,并减少与执行协议相关的成本;(3)减少达成协议所涉及的交易成本;(4)增加信任和可信度,使各方支持者将各方视为谈判的产物。

【280】

如果我们首先回顾"互惠"理论在各方谈判背景下的应用,就很容易理解在多方情况下的共识构建。

4.1 互惠谈判方法

互惠谈判的方法分 4 步进行,在下表 13.1 中进行详细描述。

准备工作

在艰难谈判的背景下,谈判者花费大量的准备时间来决定夸大其最初需求的程度、当另一方反对时他们的驳回建议以及他们可以采用哪些退却策略令谈判伙伴感到不安,这样他们就不会为了结束交换而妥协。另一方面,互惠谈判的方法要求谈判者(1)声明(并排序)他们所需的利益;(2)考虑他们的谈判伙伴的利益是什么;(3)分析他们可达成谈判协议的最佳方案,并在谈判开始前考虑改进它的方法;(4)分析其合作伙伴可达成谈判协议的最佳方案,并且如果它看起来特别完善,思考从哪些方面提出疑问;(5)将多种可能的选择考虑在内,以实现互惠共赢;(6)准备出代表提议的最有力的论点(理性的观察者可能会这样做),这对谈判者是有利的;(7)确保他们明确授权其选民或组织赋予他们的责任和自主权。这需要投入大量的时间和精力,且它通常要求组织能力而不仅仅是个人的努力。

价值创造

在互惠谈判开始之初,各方都应该采取一切可能的措施来创造价值,也就是说在决定谁得到什么之前要"增加蛋糕的尺寸"。他们创造的价值越大,各方有可能超过他们 【281】
的所达成谈判协议的最佳方案的可能性就越大(从而找到互利共赢的结果)。价值的创造需要各方去进行"假设的博弈",即每个参与方都需要探索可能的利益互换,以确定哪种对他们更有利。所以,一方可能会问另一方,"如果我们在提议中加入'更多 A 方案'并假定'更少 B 方案'会怎么样?你们会更赞同吗?"另一个人可能会说,"对,这 【282】
是有可能的,但事实上我们需要将方案 A 的可能性加倍,而不是将方案 B 减少 10%以上。而且,我们需要包含方案 C 考虑在内"。反复争论的目的显然在于寻找一种能够最大化各方可用总价值的协议。通过合作来确定对方所看重的东西,谈判者可以进行互惠交易。为了在实践中发挥作用,他们需要愿意"在未承诺的前提下创造价值",也就是说,在其支持者最终批准之前要探索很多选择。

价值分配

价值分配创造尽可能多的价值,但是,即使在互利的情况下,双方也必须面对划分其创造价值的困难性(和竞争性)任务。在这个阶段,一方的收益会给另一方带来损失。因此,互惠的方式不应该像通常所说的"双赢"的谈判方式。双方无法在谈判中获得他们想要的一切。相反,互惠试图让双方(或各方)尽可能"远远超过"其可达成谈判协议的最佳方案,并最大限度地创造价值。此外,各方需要向他人解释他们为什么能够得到他们已经得到的,这需要讨论形象化的"利益蛋糕"所进行分配方式的原因。双方都需要有能力回归到他们的组织(或选区),并解释为什么他们所得到的是公平的。各方都有动机提出这样的标准,以便其他人能够同意正在提出的建议。没有人愿意自愿接受一个在他们回到组织后容易受到指责的提议。

表 13.1　互惠谈判方法 【281】

准备工作	价值创造	价值分配	坚持到底
声明指令、定义团队	寻求双方共同利益	建立信任并照此行动	对监督实施成一致
估算出双方最佳可达成协议的方案(BATNA)	停止批评质疑	协商关于"划分"的标准	轻易实现承诺
完善 BATNA(如果可行的话)	在未承诺的前提下创造价值	利用中立者来为可能产生的分布情况提供建议	加强组织动机与控制
掌握自己的利益点	提供多个选择,使可选择的机会更多	起草自我执行协议	不断改善各方关系

续表

准备工作	价值创造	价值分配	坚持到底
考虑对方利益	利用中立者促进交流	——	同意通过中立者解决争端
准备提供互惠选择	——	——	——

来源：Susskind，Mckearnan，和 Thomas-Lamar，1999。

预测执行问题

尽管互惠谈判的各方几乎总是对结果感到满意(或者他们不同意接受)，但他们仍然需要担心实施的机制。通常，特别是在公共政策领域，团队的构成会随着时间的推移而变化。事实上，选举和任命领导层的更替可以预见。这意味着谈判者不能仅仅依靠良好的关系来确保协议的实施。相反，在签署任何文件或最终确定提议之前，各方必须投入时间制定使其协议"近乎自我执行"的最佳方案。这可能需要对协议条款增加奖励或处罚措施。在公共政策领域，非正式谈判的协议往往不具约束力。然而，它们可以被转入或纳入正式的行政决策，从而解决执行的问题。如果利益得不到满足或突发事件需要重新审议协议条款，那么也有必要确定一方是否监督执行了协议或再次召集双【283】方协商。如果双方关系是积极的，并且在早期阶段就已建立起信任关系，那么所有这些都可以纳入协议中。

4.2　心理陷阱

即使是互惠谈判者也很容易陷入一系列的心理陷阱，虽然相对于艰难谈判者来说他们不太可能受困于陷阱中。这些陷阱有各种各样的类型："投资过多而无法退出"、"反应性贬值"以及"自我实现预言"等等(参见 Bazerman 和 Neale，1994；Kahneman 和 Tversky，2000)。他们在竞争环境中超越他人，并从心理动力中解脱出来。避免这种困难的最好方法是保留对正在发生的事情的看法，也许可以利用谈判的休息时间与其他人一起反思截至目前发生的事情。充分的准备是另一种解决方案。如果谈判者精心准备并尝试让自己站在对方的角度去思考，那么他们就不太可能受其不理性的直觉所控制(参见 Ury，1991)。虽然不能保证互惠谈判的方法能够取得成功，但其本质上涉及合作和竞争，重视建立信任。这些都是对偏执狂有用的障碍，常常使艰难谈判者望而生畏。

4.3　文化和背景的影响

在不同的文化背景下，互惠谈判方式在某种程度上有所不同(参见 Avruch，1998)。

在非洲、亚洲和拉丁美洲的文化中,有大量文献记载的土著争议处理技术可以在一系列公共政策问题上达成全社会共识(参见 Gulliver,1979)。甚至是北美的土著人民也有着建立共识的传统(参见 Morris,2004)。然而,艰难谈判导向型文化对互惠谈判方式持怀疑态度。但是,即使在这些文化背景下,虽然商业谈判仍保留着艰难谈判的特点,但目前正在探寻达成共识的方法,以解决公共领域的争端。

4.4 多方谈判的三个独特特征

如上所述,大多数公共政策争端都发生在多方参与的背景中。通常有支持者想要维持现状。利益需求不同的反对者也会不可避免地出现,这些反对者可能在反对中团结一致,但更多的时候他们可能有自己的(单独的)理由来抗议。之后,出现了一个或多个政府机构来担任监管(行政)、立法或司法角色的决策者(参见 Susskind 和 Cruikshank,1987)。事实上,政府的多个层级和机构是可以参与其中的。最终,还有其他团体成为观战的旁观者,等待看到会发生什么,然后他们倒向一边或另一边。 【284】

随着参与方数量的增加,谈判的复杂性也随之增加。大多数公共政策争端涉及许多方面,讨论(有时是多重目的)一系列问题。在这种有争议的情况下达成一致并非易事。有人需要将"正确"的各方带到谈判桌上,必须商定共同解决问题的基本规则。需要达成的可信信息,管理谈判流程,这通常是媒体关注的焦点。必须遵守所有已经实施的法律和行政公约,以确保特定团体能够获得信息和其他权利。任何为建立共识所做的努力都必须建立在这一基本的法律和行政框架上。假设各方愿意通过非正式的努力达成共识,那么在任何多方谈判的情况下,最困难的三个问题是:(1)管理一定会出现的联盟动态;(2)所建立的应对团体对话机制使解决问题对话和决策变得愈加困难;以及(3)随着替代方案的提出,解决可达成协议最佳方案问题的多变性质(参见 Susskind 等,2003)。当个别方或全体由律师或代理人代理时,困难会进一步增加。

4.5 建立共识进程的步骤

建立共识的采纳(即在多方互惠谈判的情况下侧重于公共政策问题)已有详细记录(参见 Susskind,McKearnan 和 Thomas-Larmer,1999)。事实上,"最佳实践方法"已经开始融合(参见 SPIDR,1997),它们完全符合政治理论文献中所概述的协商民主精神(参见 Cohen,1983;Gutmann 和 Thompson,1996;Barber,1984;Dryzek,2000;Mansbridge,1980;Fung,2004)。然而,重要的是,共识的建立是为了补充代议制民主实践,而不是取

代其自身(Susskind 和 Cruikshank,1987)。建立共识过程中的 5 个步骤是:

召集会议

【285】 通常,在公共领域建立共识的过程由选举或任命的官员或行政/规制机构发起。这类人或团体通常称之为会议召集人。会议召集人聘请外部中立者、协调者或调解员来帮助确定是否值得继续推进整体的协作过程。作为该决定的一部分,中立者需准备冲突评估(有时称为问题评估,或者仅仅是评估)。这是一份由两部分组成的书面文件。第一部分以"冲突地图"的形式总结了与所有(或大多数)相关利益攸关方的非正式访谈结果(参见 Susskind 等,2003,99-136)。第二部分假设评估结果表明关键方愿意参加谈判,它是一个规定性行为,其中列出了应邀请(由召集人)到的利益相关者团体名单、拟议议程、工作计划、时间表、预算以及运营的基本规则。在提交给会议召集人时,通常所有受访的利益相关者会对此进行详细的审查。在复杂的公共争端中,冲突评估可能基于 50 到 70 次访谈。会议召集人发出邀请函时,通常可以很明显的看出关键团体愿意参加会议,至少组织会议。此时,参与者通常会被要求确认选择专业的"中立者"(即协调者或调解员)来帮助管理谈判过程并签署管理团体工作的基本规则。

签署

当利益相关者团体同意参与建立共识的过程时,他们的目的并不在于对冲突或特定协议架构提出具体的看法。然而,他们通常会被要求接受工作计划和时间表,以某种方式来分配与流程相关的成本,并且如上所述,这些基本规则要求他们以"真诚态度"进行谈判。当他们决定了协调者或调解员的人选后,他们通常被要求自愿采用一种方法来共同合作,包括限制与媒体互动的基本规则、明确分配编写书面会议摘要的责任,以及期望每个参与者向其选区汇报有关该团体的进展情况,并为会议做好适当准备。

往往鼓励与会者在不能出席会议的情况下选择候补代表,继续为他们辩护。

协商

协商工作应遵循商定的基本规则和工作计划,由专业中立者进行指导。通常,建立共识的过程会包括一些会议,在会议上提供信息来进行团体审查,其中可能会讨论一些"解决方案"或"行动理念"等有难度的问题,另外也会邀请"外部专家"来回答技术问

【286】 题(遵循之前所描述的寻求共同事实的过程)。通常情况下,一个大的团体将创建小组委员会来完成其中一些事项,并将结果带回整个团体继续讨论。

建立共识的协商工作遵循上文所述的互惠谈判方式。因为是多方谈判,所以这个过程可能会非常复杂。

决策

为达成共识所做的努力不会以投票而结束。与传统的受多数规则支配的决策方式不同,建立共识的目的是为了达成一致(但一旦所有各方都认为自己所做出的每项合理努力都能够满足所有利益相关方的合法利益,那么大多数情况下会达成压倒性一致意见)。各团体面临的决策选择由中立者决定。通常采取以下问题形式:"谁不能忍受以下……?"那些反对的人有义务提出进一步的修改意见或补充,且提出的一系列建议能够为其他人所接受与支持。如果他们无法提出修改建议,那么则达成共识。如果一个有权阻止协议实施的关键一方拒绝支持该协议,那么共识则可能无法实施。建立共识过程中的决策规则取决于各团体自身,这一点必须在讨论开始时予以阐述。

执行

特别是为建立共识所做的努力(包括政府召集人的努力)的产物总是一个提案,而不是最终决定。无论建议如何,都必须由有相关权力的人员采取行动。因此,大多数共识建立的成果,无论多么详细,几乎都需要选举或任命的官员进一步审查和采取行动。当然,如果那些官员对该提案进行了大幅修改,那么相关团体可能会撤回他们的支持。而且,这些机构通常会参与(通常通过其员工)整个共识建立工作。所以,不管他们担心什么,所在团体也应为其解决。

达成协议的参与者试图产生"几乎自我执行的协议",这可以通过制定一系列的或有承诺来实现,这些承诺只有在发生难以预料的事件或达到里程碑时才会发挥作用。互惠协议的结果可以与监管要求、绩效激励和违规处罚一起来阐述。当然,所有这些都必须纳入官方行动中(即成为合同、许可证、执照或行政决定中的附加条款)。

【287】

表 13. 2　共识的建立:重要步骤

召集	明确责任	协商	决策	执行协约
开始讨论	明确会议召集人、促进者、代表(包括候选人)以及专家建议者的角色和责任	追求公开透明原则	寻求最大程度上达成一致意见	寻求支持者的正式认可与批准
准备问题评估	为观察者的参与设立规范	让专家介入寻求共同意见的行动中	适当情况下,明确或有承诺	为负有执行责任的当局领导提供批准过的议程
利用评估结果来确定合适的利益持有者代表	制定议程及基本原则	通过合作解决问题,从而实现共同利益最大化	坚持决策过程达成一致	继续进行对协议执行的监管工作

续表

召集	明确责任	协商	决策	执行协约
承诺最终决议参考利益持有者代表的意见	对与其他团体代表的交流沟通以及支持者的沟通选择进行评估	利用专业中立者的帮助	保留参与者提供的纸质承诺书	努力适应变化的环境
决定是否承诺进行共识建立	——	将提议与承诺区别开	——	——
确定当局领导人同意所达成的协议	——	使用一种文本程序	——	——

来源：Susskind，Mckearnan 和 Thomas-Lamar，1999。

4.6 专业中立者角色

【288】　　如果该过程继续进行下去,会议召集者所选择的人员或团体经常(但并非总是)被整个团队视为建立共识的努力的管理者。在过去的 20 年中,受过这种解决冲突努力培训的人数迅速增加。冲突解决协会(ACR)是美国几个从事这种工作的专业中立组织之一(www.acrnet.org)。美国有十几所大学开设了学位课程,提供促进、调解和其他争议处理技能方面的培训。ACR 伦理准则将专业中立者定义为禁止在冲突中偏袒一方,或试图将他/她认为最好的结果强加给对方(参见 SPIDR,1986)。公共争端解决已成为冲突管理领域的一个次级专业(参见 Carpenter 和 Kennedy,1988;Dukes,1996)。

促进

当各方面对面商谈工作时,一项并非全部由专业促进者所完成的议程会在谈判桌上进行商谈(参见 Doyle 和 Straus,1993)。各方为解决复杂问题所做的促进共识达成的努力通常要求团体做出并保留书面承诺。虽然促进者在各方商讨前必须避免对一问题表明坚决立场,但他/她经常会重新梳理对话内容,重点关注刚刚达成的协议,或者是不可能达成的一致意见,并提醒各方其承诺要符合整个过程的基本原则。

调解

大部分在共识建设中发生的事情,特别是常常看起来像是有所突破的事情,都会发生在谈判桌外,因为专业中立人员与一方或多方进行私下会谈,表明他们愿意接受一项新的提议或寻求赢得他们的支持所采取的措施。调解包括促进进程中描述的一切内容以及建立共识过程中每个阶段所需的谈判活动。表 13. 3 对此内容进行了总结。

表 13.3　调解者任务

阶段	任务
协商前	——
开始	与潜在利益相关者会面,了解他们的利益并描述建立共识的过程;处理后勤事务并召开初次会议;协助团体初步计算 BATNAs
准备工作	与利益相关者合作,选择发言人或团队组长;与初始利益相关者合作,确定未到的团体或代表分散利益的策略
起草议定书、制定议程	根据过去的经验和对各方的关切起草议定书;管理议程设置的过程
共同寻求事实	帮助起草共同寻求事实协议;确定团体的技术顾问或建议者;在资源筹备库中筹集和管理资金;充当机密或专有信息的存储库
协商	
提出观点	管理头脑风暴过程;提出该团体可考虑的潜在选择;协调小组委员会起草备选方案
提出备选方案	私下与每个团体一起确定和测试可能的谈判结果;建议各团体考虑备选方案
完成书面协定	与小组委员会合作制定协议草案;管理单一文本程序;准备单一文本的初稿
约束对方	担任董事会成员;代表团体与外部人员联络;帮助提出新的方式来约束各方的承诺
正式批准	帮助参与者将协议"推销"给他们的支持者;确保所有代表都与其支持者保持联系
协商后	
将非正式协议与正式决策联系起来	与各方合作,建立联系;代表团体与当选或任命的官员联系;确定实施的法律限制
监督	作为实施的监督者;成立一个监督小组
重新协商	如果随后出现分歧,重新分配参与者;帮助提醒团体最初的意图

来源:Susskind 和 Cruikshank,1987。

4.7　谁能够调节公共争端?

关于是否需要让经过专业训练的调解员参与公共纠纷问题仍存在争议。事实上,一些公职人员认为他们处理纠纷解决程序的能力更强,部分原因是他们对公众负责,且【289】必须支持选举(或者,如果他们是委任官员,为支持选举的人工作)。还有一些人认为,只有前任官员(即从公共或私营部门退休的人员)才有权力或有必要向不合理的当事方施压,从而达成协议。然而,迄今为止的证据表明,受过专业训练的调解人往往效率更高(参见 Susskind,Amundsen 和 Matsuura,1999)。许多经验最丰富的公共纠纷调解人通常有规划、公共管理或法律背景(参见 Sadigh 和 Chapman,2000)。

5. 组织化学习

【290】　　最近公共领域中所记录的成功应用建立共识努力的一个显著成果是:迄今为止有积极经验的公共机构和政府单位很少试图将调解或其他形式的冲突管理制度化纳入正常运作中(参见 Dukes,1996)。美国几乎有二十几个州已经设立了各类纠纷解决办事处,其中有的在行政部门,有的在立法部门,有的在司法部门。然而,这些办事处中的大多数仍处在初级阶段的实验中,并要求他们处理相对较少的公共政策争议(参见 Susskind,1986)。只有三四个州已经修改了他们的分区授权法案,鼓励建立共识。州和地方机构在设施选址工作方面面临着持续挑战,他们采用共识建立方法(有的取得了巨大成功),但很少有州或地方机构将其转变为合作的方式来达成共识。在联邦一级,结果更令人印象深刻。1996 年的"行政争议解决法"(the Administration Dispute Resolution Act of 1996)要求联邦机构采用更多以共识为导向的方法来满足其法定任务,并尽可能多地使用这些方法。

5.1　组织学习遇到的障碍

　　在公共政策领域中,有多种力量阻碍共识建设。首先,人们对这些相对较新的技术缺乏认知,无法就公共政策问题达成一致意见。宣传者错误地传播了大量错误信息,这【291】些宣传者错误地认为,如果允许建立共识,那么不负责任的代表私下动手脚,拥有了不适当的权力(虽然不包括关键倡导者)。他们不明白,共识的建立保证必须让所有相关的利益相关者群体参与讨论,并且在过程中和结果上,共识建立的努力必须公开透明。最后,每一次特殊共识建立的努力都必须由正式选举或任命的官员采取行动。

　　第二个障碍是当选和任命的官员不愿放弃任何控制措施,他们正确地认为建立共识是为了公开政府运作,以加强公众监督和民间社会的更直接参与。他们知道,专业中立者致力于道德规范和非党派干预,意味着政策必须以满足整个社区利益的方式进行合理化选择。行使权力的同时必须明确说明为什么选择这套政策或建议。

　　最后,没有实体负责提高公共领域的解决问题或群体决策的质量。因此,没有公共学习的场所可以衡量和审查建立共识的结果。

5.2　争端系统设计

　　全面质量管理(TQM)以同样的方式缓慢地从私营部门向公共部门转变,尽管结果

（在消费者满意度方面）不仅仅只是证明了这一转变,但共识的建立正在缓慢进入到公共政策领域中。只有对这种转变带来的收益和损失进行较大规模的系统评估才能提供足够令人信服的证据,使那些看到好处的人能够成功地开展工作。需要做的是去评估系统设计层面共识建立方法的优缺点。因此,当一系列类似的争议(在同一地点)以新的方式处理时,就会产生比较的基础。例如,在加拿大,艾伯塔环境上诉委员会(AEAB)每年都会接到省级机构的环境执法工作遇到的数百个挑战,并转向采取中立方式(在当事人愿意的情况下)。结果表明,上诉委员会的整体有效性和响应能力显著提高(参见 Taylor 等,1999)。

5.3 克服组织能力建设的障碍

已经采取了许多策略来克服上述的组织障碍。培训机构人员,使得他们不会害怕利益相关方代表更直接地参与协作决策,这是重要的第一步。高级职员需要制定内部 【292】政策,以便机构愿意参与共识建设,并且业务人员需要学习如何在互惠协商中有效运作。还需要向全体利益相关者提供培训。如果他们觉得自己因为选择了陌生的流程而处于劣势,他们会抵制工作。各种公共机构正在为非政府组织、商业组织和其他组织提供培训。

美国环境保护局等一些机构已经拨出资金来为共识建立实验提供成本支持。如果没有额外的资金,工作人员将不愿意使用现有的项目资金来起草新的管理技术法规来解决纠纷。一旦资金被搁置,只能用谈判的方法起草法规,于是内部倡导这种创新的形式就出现了。当机构内部人员知道协商规则制定比传统规则制定方法花费的时间更少,花钱更少,人们会更愿意(尽管不急于)采用这种以共识为导向的方法(参见 Freeman,1997)。酌情拨款的提供也吸引了非政府组织的关注,这些非政府组织发现有机会为参与规则制定的过程提供补贴,而这些过程通常不为非政府行为者提供支持。

促进以共识为导向的公共争端解决方法的第三种方法包括确定明确的责任追究场所,以提高争端处理的质量。联邦立法要求每个机构指定一个争议解决协调员,利用共识建立的方法,寻找问题解决机会,提高政府效率(参见《谈判规则制定法 1996》)。一旦有人承担起这个责任,那么机会的出现就不足为奇了。一些州有类似的情况:任命一个现有的机构或建立一个新的机构来倡导建立共识。这些机构不仅通过使用这些新技术来衡量其成功度,而且还可以向那些可能对此有所保留的人解释建立共识合适的原因。

第四种战略取决于预先批准中立人的名单。美国环境保护署(USEPA)联合美国环境冲突解决研究所(USIECR)建立了一个经过仔细审查的服务提供商的计算机清单。通过维护这个清单(以一种易于计算机访问的形式),使得利益相关者群体更容易参与审查和选择合格的中立者。通过将同经验调解员的支付率标准化,美国环境冲突解决研究所已经消除了许多常常妨碍雇佣中立者合作的问题。

　　所有类型的团体很容易找到理由不支持以共识为导向的方法来解决公共争端,因为他们习惯艰难谈判模式,或者认为只有参加传统的对话商谈方法才符合条件。民主 【293】 机构需要一段时间才能全面承诺采取以共识导向的方式来解决公共争端。

6. 结论

　　(1)劝说与艰难谈判所产生的结果不会向公众在政策制定时所期待的那样公正、有效、稳定和理智。建立共识或互惠的谈判方法(作为补充而不是直接民主的代替)为双方更好地达成协议带来了希望。

　　(2)如果对话交流是各方目标,那对话本身能够促进各方相互理解。但如果仅仅只有对话,则将不会达成共识,尤其是在价值观和利益需求都受到威胁时。

　　(3)艰难谈判的方法在世界上大多数国家的许多公共政策制定领域中将继续使用,但是该方法的使用最终会让协议的实施更加困难(因为权力较弱的一方会感到他们受到了不公平的压制并会寻仇报复),破坏各方所达成的信任,并且最终各方会采取次优方案,就是指无用的协议。

　　(4)共识的建立重视采用互惠谈判方法,并创造了一个重要的新兴角色,即专业中立人员。这类人知道如何利用有利条件和中介技术,通过他们来达成协议,满足各方利益相关者的利益。

　　(5)在公共政策制定领域中将建立共识技术制度化所遇到的障碍是很庞大的,想要克服政府官员的阻力非常困难,这是因为这些政府官员错误地认为,特别是建立共识所做的努力代替了政府的合法活动,或是认为专业中立人员对其当局来说存在很大的威胁。

　　(6)更多的参与度和更协作的谈判方法建立在互利谈判模式的基础上,能够促进政府合法性,减少合作项目长期的经费开销。

参考文献

Avruch, K. 1998. *Culture and Conflict Resolution.* Washington, DC: United States Institute for Peace.

Barber, B. 1984. *Strong Democracy: Participatory Politics for a New Age*. Los Angeles: University of California Press.

Bazerman, M. H., & Neale, M. A. 1994. *Negotiating Rationally*. New York: Free Press.

Carpenter, S., & Kennedy, W. J. D. 1988. *Managing Public Disputes*. San Francisco: Jossey-Bass Wiley.

Centre for Democracyand Governance 1998. *Alternative Dispute Resolution Practitioners' Guide*. Washington, DC: Centre for Democracy and Governance, Mar.

Cohen, H. 1982. *You Can Negotiate Anything*. New York: Bantam. Cohen, J. 1983. On Democracy. Harmondsworth: Penguin.

Doyle, M., & Straus, D. 1993. *How to Make Meetings Work*. New York: Berkley.

Dryzek, J. S. 2000. *Deliberative Democracy and Beyond: Liberals, Critics, Contestations*. Cambridge: Oxford University Press.

Dukes, E. F. 1996. *Resolving Public Conflict*. New York: St Martin's Press.

Fisher, R. 1983. *Negotiating power. American Behavioral Scientist*, 27(2): 149–66.

——Ury, W., & Patton, B. 1983. *Getting to Yes: Negotiating Agreement without Giving in*. New York: Penguin.

Freeman, J. 1997. *Collaborative Governance in The Administrative State*. UCLA Law Review, 45(1): 1–99.

Fung, A. 2004. *Empowered Participation: Reinventing Urban Democracy*. Princeton, NJ: Princeton University Press.

Gulliver, P. H. 1979. *Dispute and Negotiations: A Cross Cultural Perspective*. New York: Academic Press.

Gutmann, A., & Thompson, D. 1996. *Democracy and Disagreement*. Cambridge, Mass.: Harvard University Press.

Isaacs, W. 1999. *Dialogue and the Art of Thinking Together: A Pioneering Approach to Communicating in Business and in Life*. New York: Bantam Dell.

Kahneman, D., & Tversky, A. 2000. *Choices, Values, and Frames*. New York: Cambridge University Press.

Kassin, S. 2004. *Psychology, 4th edn. Upper Saddle River*, NJ: Pearson Prentice Hall.

Lewicki, R. J., & Literer, J. A. 1985. *Negotiation*. Homewood, Ill.: Richard D. Irwin. Mansbridge, J. 1980. *Beyond Adversary Democracy*. New York: Basic Books.

Moore, C. W. 1986. *The Mediation Process: Practical Strategies for Resolving Conflicts*. San Francisco: Jossey-Bass Wiley.

Morris, C. ed. 2004. *Conflict Transformation and Peacebuilding: A Selected Bibliography*. Retrieved 14 Sept. 2004; available at: www.peacemakers.ca/bibliography/bibintro 99. html. *Negotiated Rulemaking Act of 1996, 5 USC 561 et seq.* 1996.

Northrup, T. A. 1989. *The Dynamic of Identity in Personal and Social Conflict*. Pp. 55–82 in Intractable Conflicts and their Transformation, ed. L. Kriesberg, T. A. Northrup, and S. J. Thorson. Syracuse, NY: Syracuse University Press.

O'Leary, R., & Bingham, L. B. 2003. *The Promise and Performance of Environmental Conflict Resolution*. Washington, DC: Resources for the Future.

Ozawa,C.P.1991. *Recasting Science:Consensual Procedures.* Boulder,Colo.:Westview Press.

Raiffa,H.1985. *The Art and Science of Negotiation.*Cambridge,Mass.:Belknap Press.

Sadigh, E., & Chapman, G. 2000. *Public Dispute Mediators: Proflies of 15 Distinguished Careers.* Cambridge,Mass.:PON.

Schelling,T.C.1980. *Strategy of Conflict.*Cambridge,Mass.:Harvard University Press.

Schbn, D. A., & Rein, M. 1994. *Frame Reflection: Toward the Resolution of I ntractable Policy Controversies.* New York:Basic Books.

Society for Professionals in Dispute Resolution(SPIDR).1986. *ACR'S Ethical Standards of Professional Responsibility.*Retrieved 15 Sept.2004;available at:www.acrchicago.org/ standards.html.

——1997. *Best Practices for Government Agencies:Guidelines for Using Collaborative Agreement Seeking Processes.*Washington,DC:Association for Conflict Resolution.

Straus,D.2002. *How to Make Collaboration Work:Powerful Ways to Build Consensus,Solve Problems,and Make Decisions.* San Francisco Berrett-Koehler.

Susskind,L.1986. *NIDR's State Office of Mediation Experiment.*Negotiation Journal,2(3):323-7.

——Amundsen,O., and Matsuura, M. 1999. *Using Assisted Negotiation to Settle Land Use Disputes:A Guidebook for Public Officials.* Cambridge,Mass.:Lincoln Institute of Land Policy.

——and Cruikshank,J.1987. *Breaking the Impasse:Consensual Approaches to Resolving Public Disputes.* New York:Basic Books.

——and Dunlap,L.1981. *The Importance of Nonobjective Judgments in Environmental Impact Assessments.* Environmental Impact Assessment Review,2(4):335-66.

——and Field,P.1996. *Dealing with Angry Public:The Mutual Gains Approach to Resolving Disputes.* New York:Free Press.

——McKearnen,S.,& Thomas-Larmer,J.eds.1999. *The Consensus Building Handbook:A Comprehensive Guide to Reaching Agreement.*Thousand Oaks,Calif.:Sage.

——Mnookin,R.,Fuller,B.,& Rozdeiczer,L.2003. *Teaching Multiparty Negotiation:A Workbook.* Cambridge,Mass.:Program on Negotiation.

Taylor,M.,Field, P., Susskind, L., & Tilleman, W. 1999. Using Mediation in Canadian Environmental Tribunals:Opportunities and Best Practices.*Dalhousie Law Journal*,22(2):51-124.

Ury,W.1991. *Getting Past No:Negotiating your Way from Confrontation to Cooperation.*New York:Bantam.

Yankelovich,D.1999. *The Magic of Dialogue:Transforming Conflict into Cooperation.* New York:Simon and Schuster.

第 14 章　政策的影响①

卡里尔·博施(Karel Van Den Bosch)、比亚·坎蒂隆(Bea Cantillon)

1. 引言

　　从某种程度上说,有关政策影响的问题很容易回答。在此以朝鲜和韩国两国为例 【296】
进行阐述。50 年前,两国饱受战争摧残,穷困潦倒,自然资源匮乏,前景渺茫。北方(朝
鲜)和南方(韩国)对此采取了完全不同的政策。前者采用了苏联的计划经济政策。后
者推崇市场经济(尽管并不是完全的放任管理),对外更加开放。如今,韩国经济繁荣,
近半个世纪内,发展速度前所未有(基于 1950 年以来的发展背景,其中 1997 年的经济
危机对其影响甚微),而朝鲜则是世界上最贫穷的国家之一,经常发生饥荒。

　　政策不同,结果也截然相反。当然,错误的政策会带来灾难性后果。但是,朝韩两
国的案例也引发了两个有关普遍性的问题。第一,政策制定者真的可以选择政策吗?
或者,尤其在冷战和国际霸权关系中,政策主要取决于环境吗?第二,在韩国的政策中,
经济繁荣发展的关键是什么?或者说,只要政策不影响私营企业,其严格的政策是否无
关紧要?这两个问题其实都是以不同的方式询问:政治重要吗?第一个问题其实与卡
斯尔斯(Castles)和麦金利(McKinlay 1997)的观点相似。他们主要探讨,政策制定者是
否能够真正做出选择,或者其行为是否在很大程度上取决于社会和经济压力,而这种压 【297】
力已经超出其控制范围(甚至可能超出其意识范围)。第二个问题,制定的政策(不考
虑政策如何实现)是否对人们的实际生活产生不同影响?该问题将在本章进行探讨。

　　当然,这是一个非常宽泛的问题,短短一章无法对其进行完善阐述。在此应注意本

　　① 作者感谢本书的编辑所提出的建设性建议、乔安娜·吉耶特(Joanna Geerts)和社会政策中心
的成员提出的参考意见,以及米克·奥古斯特斯(Mieke Augustyns)对本研究提供的帮助。

研究的主要局限性。为保持一致性,本章重点阐述公共收入转移支付计划产生的影响,原因在于这是我们熟悉的研究领域。但是,其中内容也适用于其他公共政策的研究领域。我们根据主题和研究对该领域的内容进行筛选。可能从某种意义上讲,本文引用的研究并不算最好或最典型的案例。但是,我们只借此阐述跨国分析。由于不同的研究方法(有时)会产生不同的结果,即便重点在于影响本身,但不可避免也要对方法论进行探讨。

本章各部分内容如下。第二部分主要探讨有关政策影响的研究方法。第三部分将阐述税收转移制度(tax-and-transfer systems)对收入不平等和贫困问题的影响。尽管不平等现象正在减少,贫困问题也有所改善,但这并不是公共转移系统唯一的目标,甚至可能不是主要目标(Barr,1992),其最终目标是再分配。因此,"就其再分配的影响来看,评估福利国家的政策是合理的"(Sefton,本卷)。第四部分讨论公众转移对各活动的影响,尤其是劳动力市场参与和非正式照顾。有人认为,福利国家的计划会产生不利影响,妨碍人们工作,阻碍亲戚和朋友的非正式照顾。该部分将探讨造成此言论的原因。最后部分为本章结论。

2. 评估政策影响的方法

分析家可采用多种方法评估政策影响。一般来讲,社会实验是评估政策的理想方法。在实验中,人们随机分配到一个"实验组",即接收某一特定项目的利益或服务,或分配到"对照组",即不接受上述项目。项目影响通过"实验"前后结果变量(例如,劳动力市场参与、技术水平)之间的差异进行评估。之后,调整对照组的结果,以发现除项目影响之外,其他因素产生的影响。然而,赫克曼(Heckman)、拉隆达(Lalonde)和史密斯(Smith,1999)都曾强调,尽管社会实验具有明显优势,但却具有严重的局限性。首先,社会实验更适用于评估尚未实施的新措施,而非正在进行的项目。其次,社会实验不可避免地受到范围、时间和地理的限制,实验应注意这一点。第三,虽然实验人员并非项目内因素,但是通常是自愿参与,因此"实验"小组通常由人们自身选择。某种程度上讲,人们的偏见可能会影响评估结果。最后,实验费用高昂,耗费时间,对项目管理员和实地考察员的要求严格。严格的随机化可能会与后者的专业态度相互冲突。

第二种方法是双重差分法,也就是说,对实际项目中获得利益或服务的人员,与未参与该项目的人员产生的实验结果进行比较。这种方法与实验方法类似,其主要差异在于实际项目。也就是说,研究者对项目的案例分配没有决定权。该方法的关键在于找到合适的对照组。从定义来看,对照组的人员不能与"实验组"的人员完全相同。如

【298】

果相同,那么他们也有资格参与该项目。有人假设认为对照组不具备真正的可比性。但是,除项目之外,任何其他的变化都会对两组产生相同的影响,从而使其结果差异归因于项目本身。因此,弗兰切斯科尼(Francesconi)和范德克劳(Van der Klaauw,2004)在评估工作家庭税收抵免(Working Families Tax Credit)对单身母亲的影响时,将没有子女的单身女性作为对照组。舍尼(Schoeni)和布朗克(Blank,2000)将受过教育的女性劳动力市场参与率与受教育程度较低的女性进行比较,以评估美国福利改革的影响,并认为改革几乎并未对第一组女性产生影响。该方法也适用于更高层次的集合,例如美国各州。如果有的州实施了措施而其他州未实施,或(经常)在不同的时期实施,就可根据各州的结果变量评估项目的汇总性影响。假设在一州的影响数年不变,在任何时期对其他州的影响也大同小异。当然,人们担心这些假设受到破坏。另一问题是,各州通常不会制定完全相同的项目,或者各州在同一时期内实施项目(Blank,2002)。

最基本的策略就是对利益或服务在开始或管理前后的结果变量进行比较。如果可以获得多个时期的数据,就可以掌控其他的变化趋势。例如,在评估劳动力市场扩大参与项目时,掌控失业率的变化。尽管该方法看似可信,但可能会产生误导。从微观层面来看,项目实施可能只是一个暂时性问题的结果,即使没有该项目,问题也会得到解决("森费尔特 Ashenfelter dip",参见 Heckman,Lalonde 和 Smith,1999)。一个人可能会失业,参与求职项目,然后又开始工作,但是最终结果可能并不是因项目产生。总体(各州或国家)来看,实施某一项目可能是由于自身需求,根据情况实施具体措施。【299】

前后比较的补充方法是截面分析法,即在微观层面上,比较项目参与者与非参与者之间的结果。该方法可视为双重差分法的缩减版。鉴于上述内容,其局限性显而易见,在此无需说明。在社会宏观层面上,尤其在政治学中,该方法作为比较研究法较为普遍(参见 Ragin,1987)。该方法受到所谓"自由度问题"的影响:各个社会在许多方面不尽相同,少数案例(最多几十个,大多数研究中案例更少)不利于研究人员考虑更多问题。

以上方法的共同点是,将项目实施或管理的结果与现实世界存在的情况进行比较。例如,在相同时期,与未参与项目的案例进行比较,或者在参与前,与相同案例进行比较。在基于模型的评估中,比较并非真实存在,而是假设或模拟比较的对象。该方法中,研究人员通过模型预测特殊项目开始或实施(或缺失)对研究对象的影响,比如个人或组织。例如(使抽象描述更加具体),布伦德尔等人(Blundell 等,2000)通过调查数据、税收和利益模拟模型、劳动力市场行为模型来预测工作家庭税收抵免对英国工作时间和劳动力市场参与的影响。该预测的有效性主要取决于数据的质量,尤其是模型及其参数的质量。特别是在行为模型中,这些参数通过调查数据进行评估,使其受到抽样变异性,尤其是设定误差的影响。此外,基于全部人口或大型群体的模型参数,可能并不适用于许多真实项目中所关注的特定群体。

税收和福利模型产生了一种特殊的模型。这些模型尽可能详尽地包含了一个国家现存的税收和福利规定,并且可以通过微观数据库,计算出总收入或市场收入中的家庭可支配收入(Sutherland,2001)。除此之外,还可以替换现有规定,并将替换后的收入分配与当前收入分配进行比较,从而更加详尽地描述替换规定的影响。通常情况下,这些模型不包含行为反应,因此只能提供真实影响的一阶近似值。然而,综合考量,这仍具有参考价值。

【300】除研究方法外,将有关大型机构社会影响的研究(例如整个福利国家)和特定措施或政策改革影响的研究进行区分,这一点至关重要。前者通常具有学术性,而后者更倾向于政策导向。"整体"研究通常是跨国研究,比较项目的汇总性指标和社会结果的社会性指标。"特殊"研究范围有限,通常只涉及一个国家。

最后,所有的方法都只为帮助研究者探索相关影响[1],但是仍有可能出现许多意料之外的影响。理论和之前的研究有助于理解这些影响,否则就只是空想。

3. 公共税收转移制度对收入不平等和贫困问题的影响

本章节将回顾两种"整体"方法,包括公共税收转移制度对收入不平等和贫困问题的影响,即"税收和转移前后"方法,以及(真正的)比较方法。第三部分分析了克林顿时期美国福利改革对一系列结果的影响。

3.1 "前后"比较法

评价税收和转移制度影响再分配程度的标准方法是:对"税收和转移前"的收入分配(即没有扣除税收和没有转移时的收入),以及"税收和转移后"的收入分配(即可支配收入)进行比较。"税收和转移前"的收入称为市场收入、要素收入、私人收入或原始收入,具体取决于的转移支付准确包含的内容[2]。根据第二节的内容,该方法基于模型法衡量政策影响,但尚未完善。标准方法中的一个重要因素是,在家庭层面衡量收入,

---

① 例如,波斯纳(Peltzman,1975)指出,车上的安全带能够挽救乘客的生命,但是(也可能司机觉得安全,因此司机驾车不再谨慎)却可能导致行人付出生命的代价。

② 文献中,通常使用"before"和"after",而非"pre"和"post"。但是,前者有时间顺序的含义,为避免歧义本文采用"pre"和"post"。

而非个人层面。原因在于家庭成员的资源集中,因此经济福利基于家庭层面产生,而且成员之间平等共享。尽管与较小的家庭相比,较大的家庭在住房、供热等方面的规模经济中更加受益,但是,为达到同等的经济福利水平则需要更多的收入。因此,使用等价表调整家庭收入。 【301】

大量研究采用了标准方法,如瑞根(Ringen,1989)、米切尔(Mitchell,1991)、戴立科(Deleeck)、博施(Van den Bosch)和德拉希文(De Lathouwer,1992)。马勒(Mahler)和杰修(Jesuit,2004)根据卢森堡收入研究数据库,即 1981 年至 2000 年,12 个经合组织国家(包括主要的盎格鲁-撒克逊国家,以及斯堪的纳维亚和北欧国家),提供了一项相当全面的研究。其主要结果与之前的研究一致。首先,税收和转移支付对不平等的总体影响较大。基尼系数通常用来衡量收入不平等,这一数值在瑞典减半,甚至在美国有限的福利国家中(至少在现金转移方面)减少 23%。对收入贫困的影响(将全国收入中间值的 50% 作为贫困线)更为显著。税收和转移前 24% 至 32% 的家庭处于贫困状态,而"经政府转移后",贫困率则在 5% 至 17% 之间。通过税收和转移,国家市场收入中平均约三分之二的贫困家庭都能脱离贫困线。

其次,尽管政府通过税收和转移支付等收入再分配对国家有较大影响,但是在福利国家的变化则至关重要。斯堪的纳维亚和比荷卢经济联盟国家降低约 40% 至 50% 的收入不平等,成效最大。德国和法国稍低,约为 39%。在英国、澳大利亚和加拿大,税收和转移使收入不平等降低约 30%。美国减少最小,只有 23%。伊莫沃尔等人(Immervoll 等,2004)通过欧洲共同体家庭小组(European Community Household Panel)和国家数据对其进行了补充,提供了实验室信息系统的数据库(LIS database)中未(详细)涉及的欧洲国家的结果,尤其是南欧国家。研究发现,在大部分斯堪的纳维亚和欧洲国家中,税收福利体系的分配程度高。另一方面,多数南欧国家的再分配程度较低(基尼系数降低约 30%)。爱尔兰、英国和西班牙则属于中等水平。

第三,大多数国家通过转移实现再分配,平均约占减少总量的 73%,而税收只占 27%。在一些国家的经济再分配中,税收和转移相对重要,那么变化也会较大,税收占比最大可达 44%,如美国。这一变化的主要因素在于全部家庭收入中的转移总份额(或总体转移预算)。转移占比较大,那么税收在全部再分配中的占比较小;在美国、澳大利亚、加拿大等国,转移占比较小,那么税收占比较大。

实证表明,税收的再分配影响程度比转移支付低。这一点可能出乎意料,因为在许多国家中,大部分转移支付并未经过准确调查,而所有经合组织国家的税收制度都为累 【302】 进制。也就是说,随着收入的增加,缴纳的税收也会增加。然而,在平均税率最高的国家,如瑞典和丹麦,累进税有所限制(Wagstaff 等,1999)。当累进税为零时,税收与收入成正比,并且不会减少收入不平等(正如通常理解和衡量的那样)。相反,一些国家采用累进税收结构,比如法国和德国,平均税率较低。在这些国家中,税收的总体规模相对有限,因此无法对整个收入分配产生重大影响。累进税和平均税率之间似乎存在权衡关系(Verbist,2004),原因在于政府必须通过增加税收来扩大费用。但是,不论在政治上还是经济上,使最高收入者负担大部分责任,所有人承担政府活动的全部成本,也愈加困难。另一方面,即使多数国家的大部分公共转移并未经过调查,但这些国家仍然倾向于没有或只有很少收入的家庭,从而大大减少了不平等和收入贫困。这一点尤其适用于养老金制度。

标准的"前后"比较方法有许多不足和问题。首先,其普遍适用的方式只考虑现金转移,而忽略实物转移,比如(最重要的)医疗和教育。加芬克尔(Garfinkel)、雷恩沃特(Rainwater)和斯密丁(Smeeding,2004)曾在一篇文章中提到这点。他们认为,包含实物福利现金价值的"全部收入",比可支配收入的分配更加平等。英语国家差异最大,尤其是美国。鉴于实物福利(以及要求资助的税收),这些国家的收入分配仍然最不平等。但是,北欧国家和斯堪的纳维亚半岛的差距却明显缩小。这种变化的原因在于:首先,一些国家,特别是美国,几乎不进行现金转移,而是投入更多的实物福利资源。其次,以美国为例,福利开支较大的国家主要依靠间接税收和现金福利税收。

加芬克尔等人(Garfinkel 等)表示,鉴于实物福利的发生率和价值,这种分析仍然存在一些概念上和实证上的问题。其中一个问题是,等价表用以表示通过可支配收入支付的消费。在"全部收入"分析中,可能需要不同的等价表来反映儿童对教育、老年人对医疗的更大需求。

标准"前后"比较方法的第二个问题是(通常是应用方面),收入会计期(income accounting period)通常仅为一年。但是,大部分社会保障相当于一种强迫个人在整个生命周期中进行转移(强迫储蓄)的制度,并不是在个人或家庭之间进行转移,这一点尤其适用于养老金。实际上,在所有国家中,不平等程度总体减少主要取决于养老金(Mahler 和 Jesuit,2004)。解决该问题的方法就是只调查非老年人(尽管疾病社会保险、病残津贴、失业也纳入了个人转移)。马勒和杰修(Mahler 和 Jesuit,2004)的数据表明,主要劳动力的工作年龄在 25 岁至 59 岁的家庭中,公共转移的均等化影响相对较低,但仍比较可观,平均为 26%,并非全部人口的 37%(然而,该群体的可支配收入的不平等程度低于总体人口)。此外,在总人口中重新分配方面得分较高的国家不一定是那些在工作年龄实现较大程度平等的国家。

不幸的是,能够分析社会转移对生命周期内平衡影响的数据似乎并不存在。因此需要利用样本调查的数据构建一个模型,以评价终身收入和转移。由于数据要求高,构

【303】

建模型耗费大量时间、精力和智力,因此很少构建该模型。内里森(Nelissen,1993)构建了有关荷兰的模型,弗金汉姆(Falkingham)和哈丁(Harding,1996)构建了澳大利亚和英国的模型,这些都是为数不多的案例。内里森(1993,236)在报告中指出,在最年长者(出生于 1930 年至 1945 年间)的同期群研究中,社会保障制度将终身收入不平等的程度降低了约 26%,而在年轻人的同期群研究中影响较小。不平等程度降低主要在于公共统一养老金和伤残津贴;半公共收入相关的额外养老金实际加剧了终身不平等程度。弗金汉姆和哈丁(1996,254)发现,英国税收和转移制度的净效应使得基尼系数降低了 0.082;在澳大利亚影响更大,为 0.097。按百分比表示减少的不平等,即分别为 25% 和 26%。作者的结论为,澳大利亚主要依靠社会援助体系,强调扶贫,以及更多的累进税收制度,实现更大程度的个人收入平等。而英国主要依靠保险体系,实现更大程度的个人再分配(Falkingham 和 Harding,1996,264)。虽然所引用的数据不能直接与上述年度再分配结果比较,但他们表示,从高收入者到低收入者转移的大量收入再分配的确与生命周期有关。

正如许多作者所提出的,"前后"比较方法的最基本问题是,假设福利、税收和捐款对"市场"收入的税收前和转移前分配没有反馈效应。这种假设当然不现实。如果没有福利和税收,将会改变人们工作、储蓄和家庭组成的行为。标准的"前后"比较方法无需考虑二阶影响以及宏观经济的"三阶"影响。评价转移前市场收入的结果偏差趋势,在理论上无法确定(Danziger,Haveman 和 Plotnick,1981,979)。下一节将讨论关于劳动力供给的行为反应。结果表明,特别在经济情况调查中,转移计划是为减少劳动力供应。然而,在理论上,税收的影响仍模棱两可。经济理论无法预测私人储蓄对转移计划的反应(Danziger,Haveman 和 Plotnick,1981,982)。如果人们可以期望得到现收现付的养老金或失业救济,就可能会减少有关生命周期和预防性储蓄。然而,经济学家已经确认了许多其他机制,使得转移对储蓄行为的净影响无法确定。很少有理论研究探讨公共转移在家庭组成方面的影响。如果年轻人独自生活可获得福利,那么他们就可能提前离开父母的家庭。这样的福利也可能导致更多人离婚。相反,缺乏养老金,许多老年人可能会选择(或被迫)与子女一起生活。这些例子表明,充裕的公共转移可能会导致家庭解体。从某种意义上说,大部分人会形成较多的小型家庭,然而无法研究对转移前收入不平等的净影响。【304】

尽管理论上模棱两可,但在没有转移和税收时,收入将比"税收转移前"的收入分配更平等。现在,大部分家庭除公共福利外,几乎没有收入,尤其是老年人,这也增加了"税收和转移前"收入的不平等。显然,如果废除公共福利,这些家庭将需要其他形式的非公共收入。马勒和杰修(2004)的研究确认了该预测。在瑞典、荷兰和比利时等福利充裕的国家,"税收转移前"的收入不平等程度高于美国和澳大利亚。鉴于我们对这些社会的了解(例如,在斯堪的纳维亚和比荷卢三国,工资不平等程度相对较低),如果没有公共转移,市场收入不平等就会和美国一样高,这是不可能的。这意味着,"前后"比较方法过分夸大公共税收和转移制度的平衡影响。报告的另一点是,与转移相比,税收的平衡作用较低。但是,将税收分配与总收入分配相比较,其结果很可能有偏差,因为总收入分配包含转移支付,因此相对于"税收转移前"的收入,将税收分配与总收入分配相比,不切实际(Ringen,1989,179)。

如果公共转移不存在,以上讨论的私人行为可能会改变。然而,制度背景也可能有所不同(Danziger,Havema 和 Plotnick,1981,979)。员工无法获得公共养老金,就会要求(更大的)公司的养老金。也许互助保险公司会(再次)快速发展。最后(尽管很少提及,但仍然重要)就是政治措施,可能强制恢复公共资金转移。"前后"比较方法最根本的问题就是,我们无法真正设想,没有公共转移的发达民主社会是什么样子。毕竟,这样的社会不存在。如果一个国家想要彻底废除公共转移,就无法维持经济和政治持续发展。这便产生一个问题,即"公共转移对收入不平等的影响是什么",而这一问题根本无法回答,因为无法建立合适的对照组(West-Pedersen,1994;Barr,1992,745)。也就是说,该方法无法从绝对意义上评价福利国家的影响,而只能比较不同福利国家的影响。【305】

鉴于基本策略的变化,可以尝试将"前后"比较方法纳入比较框架中。不仅仅只关注一个国家,而是在不同国家间,比较转移前后分配的不平等变化。然而,这种方法的必要假设是,二阶效应在各国的影响恒定,或者至少与公共转移的各种体系无关,这种情况不太可能发生(West-Pedersen,1994,9)。与严苛的制度相比,较为充裕的转移会产生其他影响;相比于普惠性福利,人们对选择性福利的反应不同。因此,通过"前后"比较方法衡量各国降低的不平等差异,能否真正比较不同的税收和转移制度的再分配影响,这一点还无法确定。鉴于上述数据,与较小的福利国家相比,较大的福利国家降低不平等程度的影响过分夸大。

3.2 (真正的)比较方法

本节转向不同福利国家结果的比较研究,而非与假设情况进行比较的研究。在税收和转移制度的比较研究中,一项明显但不重要的要求就是描述福利国家的特征,其中包括多种方法。第一,国际参考信息,如 MISSOC(欧盟成员国社会保护信息系统,以及其他欧洲国家;欧盟委员会,2004),可以比较特殊的福利制度,例如,特殊社会保障福

利的资格规定。然而,人们通常会只见树木,不见森林。第二,家庭模型法,根据既定的
税收转移系统,计算模拟家庭的净收入(Bradshaw 和 Finch,2002;OECD,2002)。该方法
显示,家庭包括一系列收入,由各种收入和福利组成,并以复杂的方式相互作用。因此
可以反映家庭最低的净收入保障。但是,这些结果不能作为现实世界的影响指标,只能
(明显或暗含地)反映策略选择。因此,可以用来评价政府政策中最低收入和替代率的
趋势,也可以用来比较福利国家的政策。第三,分析家(Titmuss,1974;Esping-Andersen, 【306】
1990;及其他人)开创了社会保障和福利国家类型学,不涉及体制特征和数据结果,可
参见以下内容及塞夫顿(Sefton)的本卷。然而,许多研究倾向于第四种方法,将福利国
家筹划的总开支作为他们工作的指标。

最后一种研究方法现已证实,社会支出与收入贫困(以及收入不平等)之间属于强
负相关关系(参见 Bradbury 和 Jäntti,2001;Cantillon,Marx 和 Van den Bosch,2003)。斯
堪的纳维亚国家消费最多,贫困程度最低;盎格鲁-撒克逊国家,以及南欧国家,消费较
少,而贫穷程度较高。正如奥克斯利等人(Oxley 等人,2001,392-396)所示,一些国家
更关注低收入群体,在减少儿童贫困方面取得了较好"成效"(即多消费一欧元或一美
元,贫困程度就会降低)。然而,"努力"和"关注"是负相关的。因此,"由于'关注'而
具有较高'成效'的国家,通过减少'努力',而换得更大成效。"

尽管这一关系无可争议也很重要,但是仍存在许多问题。福利国家除总开支的规
模和关注程度外,其他很多方面都不尽相同。如果只有这些是重要特征,那么政策建议
将会很简单,即增加支出(以及/或已经花费大量资金的国家提高关注度)。然而,凡登
布希(Van den Bosch,2002)在一篇文章中指出,对此论证并非如此简单。他通过跨国微
观数据,模拟现有制度下全球经济增长的趋势,使所有国家将相同比例的总收入用于社
会转移。令人惊讶的是,这不仅没有降低贫困率,反而,使原本贫困率较高的欧洲国家
的贫困率上升。

此外,社会保障系统较为完善的国家与福利较低的国家有所不同。研究显示(可
能令人惊讶),在经合组织国家中,社会支出和低工资率呈负相关(Cantillon,Marx 和
Van den Bosch,2003)。阿尔瓦雷斯(Alvarez,2001)称,工资平等主义的社会,福利水平
高,但有"平等主义再分配"的问题。该问题的部分原因在于,充裕的福利减少了低工
资的劳动力供给,而高额税收使得高薪阶层不愿增加工作时间。因此,不论从上到下还
是从下到上,都导致了较小的工资分配。但是,正如阿特金森(Atkinson,1999,67-68)
所言,另一个原因可能是一些提倡平等的国家,同时支持薪酬标准、集体协议、适当的最
低工资,以及拟泛(quasi-universal)充裕的福利。政治方面,这些国家都拥有强大的工
会(West-Pedersen,1994)。

分析家,特别是倾向于福利国家分析方法的人,都从方法论角度强调了总开支作为【307】衡量福利国家水平的指标的缺陷。他们认为,将一欧元用于与收入相关的公务员养老金上和一欧元用于社会救助,会产生不同的社会福利影响。在福利国家的比较研究中,另一个简单但重要的缺点就是,总支出并不是真正的输入指标,也不是政策输入指标,最多算作中介指标。毕竟,政府不会每年都制定福利总预算;社会保障预算也不会无所限制。总支出是过去增量政策制定的结果,政府对社会和经济发展几乎没有影响。

艾斯平·安德森(Esping-Andersen,1990)、科皮(Korpi)和帕尔梅(Palme,1998)等人试图通过类型学对福利国家进行分类,描述福利国家的特点。在收集或少或多的福利国家特征的指标之后,他们试图在有限的类型中划分相似和不同之处。这主要采用分析方法。也就是说,作者首先划分一些理想类型,然后根据其与某一类型的相似程度,对实际的福利国家进行分类。德比尔(De Beer)、富文(Vrooman)和威乐保尔·舒特(Willeboer Schut,2001)采用实证策略,探究了58个福利国家的群体制度特征是否可以形成不同的类型(尽管他们所使用的指标,其他研究者认为是结果,比如劳动力市场参与率)。虽然不同的类型有不同的名称,产生了不同的国家分组,但基本模式相同,参见塞夫顿(Sefton),本卷描述了艾思平·安德森(1990)的类型学。

科皮(Korpi)和帕尔梅(Palme,1998,675)发现,福利国家类型和预算规模的预期关系为(在此作为机构结果,而非特征):相比于收入相关福利较为重要的福利国家,严重依赖经济情况调查或固定福利的国家,总支出较少,因此对收入不平等和贫困问题的影响甚微。由作者提出了"再分配悖论":"对穷人的福利越多,越希望通过平等的公共转移创造平等,那么减少贫困和不平等的可能性就越小"(Korpi和Palme,1998,661)。

话虽如此,福利国家类型的影响并不总是很明显。尽管科皮和帕尔梅(1998,675)对此深入研究,发现福利国家类型和预算之间并无明显相关性,"一些基本保障国家(主要是盎格鲁-撒克逊国家),以及社团主义(corporatist)国家(主要是欧洲国家),其总支出水平接近于斯堪的纳维亚半岛上的国家水平"。德比尔、富文和威乐保尔·舒特(2001,5)认为,"自由福利国家在收入水平、收入(在)平等和贫穷的指标上,表现一贯较差……社会民主国家和社团主义国家之间没有分歧。[两者]在收入保护方面,采【308】用不同的体系,就可对结果进行粗略比较。""收入保护"在此至关重要;社会民主福利国家与社团主义国家的劳动力市场完全不同:前者劳动力市场参与度高,特别是女性,后者则与之相反。

3.3 美国福利改革的影响

由于每年福利国家的体系都有或多或少、较大较小的变化,并以不同的方式进行评价,因此,对所有的措施、计划和改革的"特别"研究进行综述不切实际,也可能徒劳无功。本节将重点讨论一项特别改革,即 1993 年以后克林顿(Clinton)总统任期内的美国社会政策改革。选择原因在于,这项改革彻底、广泛,并且得到深入研究,因此适于阐述一些观点。由于其他结果变量也会产生同样的影响,至少对改革至关重要,因此不能仅仅研究对贫困和收入分配的影响。

克林顿改革的目标包括"让工作有回报",以及让人们脱离福利而去工作。为此,大大拓展了劳动所得税收抵免计划。该计划为有子女的员工提供可偿付的税收抵免,将每一美元最大化,从而增加最低收入。(可偿付的税收抵免并不是扣除税款,而是在未缴税时向家庭发放。)此外,在其他改革中,联邦政府资助福利规定期限为 5 年。具体细节可参照布朗克(Blank)和埃尔伍德(Ellwood,2001)。这项改革预算巨大:从 1992 年到 1999 年,每年用于新项目或扩大项目的实际联邦支出增加了 300 多亿美元,相当于未成年子女家庭援助(AFDC)总额的两倍,AFDC 是主要的改革前福利计划。因此,为单身母亲提供的福利净收益显著增加(Blank 和 Ellwood,2001,7)。

将克林顿的福利改革与无福利项目的简单收入进行比较是很具有启发性的,在福利领取者开始获得收入前可以将他们的部分福利保留到一定程度。一方面这的确激励无工作的福利接受者进入劳动力市场,但同时减少了当前非福利接受者的工作量(Blank,Card 和 Robins,1999,12)。这似乎就是在 20 世纪 70 年代负所得税实验中,结果令人失望的一个关键原因。相比之下,克林顿的福利改革中涉及大量限制不良影响的规定,包括针对长期福利受益者的福利资格的限制条件,以及对全职员工相关利益的工作时间限制(Blank,Card 和 Robins,1999,40)。

这些变化的影响是什么?令人惊讶的是,鉴于改革的规模和大小,这个问题并不容 **【309】** 易回答。当然,在克林顿的第二届任期结束时,与第一届任期相比,依靠福利的人数已经减少了一半多。在此期间内,有子女的单身妇女的劳动参与率提高了 10 个百分点以上。贫困问题明显改善。然而,与此同时,美国经济增长强劲,劳动力扩张。因此在经济繁荣的情况下,很难区分是政策的影响还是经济增长的影响。正如布朗克(Blank)和埃尔伍德(Ellwood,2001,31)所言,政策发生变化时,记录变化的结果相对容易,而建立因果关系则是另一回事。

调查人员采用各种方法和数据,花费较多精力来研究该问题,但主要采用国家层面的双重差分法研究(参见第二节)。这些研究表明,政策的改变对于人们获得福利至关重要。就劳动力市场参与而言,尽管劳动所得税收抵免计划和其他工作支持与福利改革的相对贡献尚未清楚,但是研究人员普遍认为,克林顿的政策变化极大促使了单身父/母亲工作(Blank 和 Ellwood,2001,39)。

如果收入没有其所取得的福利收入高,如果无法获得福利的人没有其他的收入来源,那么注重劳动力市场参与可能会使得贫困问题恶化。然而,总体来说,政策改革产生了正向的净效应:贫困减少,单身母亲的家庭收入增加。与此同时,底层单身母亲的家庭情况每况愈下。最严重的问题是,如果经济停止增长,将会产生什么结果(Blank和 Ellwood,2001,53-54)。政策的变化使得福利制度在经济好转时(人们容易找到工作)最有成效,经济衰退期的情况则有待观察。

4. 收入转移对行为的影响

一般来说,在福利国家,大有裨益的事情也会产生一些不良影响,这就降低了其真实影响。默里(Murray,1984)明确提出了福利国家计划的不良影响。他认为,在 20 世纪 70 年代早期,美国经济繁荣,且对贫困人口大力投入,但贫困人口数量并未减少,反而开始增长。20 世纪 60 年代,其他基本的幸福指标也开始恶化,对贫困人口产生的影响最严重,且持续时间最长。根据默里的说法,这一结果的原因正是由于福利国家计划的广泛扩张,鼓励通过早期辍学、对劳动力市场的薄弱依赖和家庭解体,使贫穷状况长期持续下去的行为。充裕的转移掩盖了这些失败结果。许多分析人士认为,默里的文章花费许多时间和精力发现福利国家计划的不利方面,但并未揭示事实(如 Jencks,1992)。本节将讨论两方面影响,即阻止人们工作,以及排挤亲属非正式照顾。

【310】

4.1 劳动力供给的影响

大量文献都曾研究福利国家计划对劳动力市场参与的影响,通常涉及技术复杂性,而这短短一章节无法完全对此详细介绍。因此,本节将阐述各种问题和结果中的重点内容。

标准的经济教科书模型是(Danziger,Haveman 和 Plotnick,1981,979;Atkinson,1993a):其他条件不变情况下,人们在工作和休闲之间权衡时,更喜欢休闲而非工作。在此假设下,不需要工作而提供收入的转移项目将会通过收入效应减少劳动力供给。也就是说,人们会使用额外的收入来"购买"额外的休闲时间。有些人会减少工作时间,有些人也会停止工作。根据经济情况调查的转移有额外的劳动力供给减少影响,因为多收入一欧元或一美元就会失去一部分福利。税收的影响模棱两可:如果税收减少净收益,可能促使人们努力工作或者弥补失去的收入(收入效应),如果每小时的工作净收益减少(替代效应),也可能会使人们减少工作。

正如阿特金森(Atkinson,1993a)所言,简单的经济教科书模型忽略了工作和劳动力供给中的许多方面。其中一种假设是人们可以完全自由地选择工作时间,意味着没有非自愿失业或强制性提前退休。另一个假设则忽视劳动力供应决策的制度背景,例如,集体协商的存在、解雇员工的限制条件,或者是现实世界的税收系统产生非线性的预算限制。另外,收入相关的福利可能意味着预算限制是非凸性,而边际税率对低收入者比高收入更为有效。依靠社会救助的人可能发现自身处于"贫困陷阱"中,因为额外收入并不会增加其净收益。此外,劳动力市场决策是由家庭而不是个人决定的,且家庭成员需共同纳税,而且必须分担无报酬的家庭生产工作。因此,不仅仅只是衡量净收入 【311】和休闲活动,还涉及在市场购买的消费商品和家庭活动时间,以及夫妻之间的收入和非工作时间。此外,考虑人生计划至关重要,因为人们在黄金年龄时段努力工作以供养他们(提前)退休。

因此,经济理论,尤其是一些宽松的模型假设,无法明确解释现实世界中税收转移系统的影响趋势。此外,理论无法衡量影响的程度,这与趋势同等重要。实证研究只能提供有参考意义的答案。该领域有多种研究方法。一种是采用现实世界的社会经济实验,其中最著名的例子就是新泽西州负所得税实验(Pechman 和 Timpane,1975)。由此和其他类似实验得出的一般结论是,这会明显但并未深刻减少工作影响(Atkinson,1993a,43)。然而,尽管该实验的证据较为独特,但不具备说服力,第二节阐述了相关缘由。其他研究也遵循了"前后"法或第二节中的建模法。

阿特金森(1993b,297)对许多类似研究进行了综述,其结论为,总体来说,"一些明确的影响涉及规模较小",并且"几乎没有涉及不利影响的情况。"证据表明,税收导致已婚女性减少工作,但几乎没有证据表明,这对黄金年龄段的男性员工所产生的负面影响。也没有明确的证据表明,福利阻碍人们工作。其中一个原因是,尽管许多国家的税收和转移制度产生了贫困陷阱,但这几乎没有影响。此外,因为人们一直在工作或寻找工作,以获得或保留其福利领取资格,转移也可能会产生积极影响(所谓的津贴效应)。

税收和转移系统可能对另一组人员的劳动力市场参与(除已婚妇女外)产生重要影响,即年龄在 50 岁至 64 岁之间的男性。在过去四十年中,许多国家中该组人员的参与率急剧下降。格鲁伯(Gruber)和怀斯(Wise,1998)指出,在众多经合组织国家中,老年人的劳动力参与和隐性的社会工作保障税密切相关。在许多国家,老年人多工作一年,剩余生命期内的养老金贴现值就会减少,由此产生隐形税收。某种情况下,减少的养老金甚至比额外工作赚取的净工资还要多!在意大利、比利时、荷兰、德国和法国,"税收促使退休"的影响更为强烈。然而,正如格鲁伯和怀斯所言,在一些国家(例如比利时),老年人的劳动力市场参与减少并非不利影响。相反,鼓励年龄较大的员工离开劳动力队伍是一个明确的目标,目的是缓解劳动力市场紧张,降低年轻员工的失业率。

【312】 福利国家体系甚至公共转移支付也能帮助人们继续工作。这是第3.3节中克林顿社会政策改革的目标之一。格尼可(Gornick)、迈耶斯(Meyers)和罗斯(Ross,1996)进行了一项跨国研究,主要针对有子女母亲的就业问题。格尼可等人发现,如果可以更容易(或更优惠地)获得儿童保育,那么母亲的就业率就会增加。因为这减少了母亲在家花费的时间,或者增加了母亲的净工资。带薪产假的影响无法准确预测。一方面,可能会加强母亲对有偿工作的依赖,另一方面,可能会诱使一些本来会继续工作的女性暂时留在家里,否则她们就会继续工作。因此,该影响的趋势和程度需要进行实证研究。格尼可等人调查了所谓的"儿童惩罚",即由于养育子女,母亲的其他情况不变,但就业率下降。与就业率本身的分析相比,该研究的优势在于所有的机构和宏观经济变量都已隐性控制。因此,可以假设是其他因素对有子女的母亲和其他妇女产生影响。例如,同样抚养青少年的母亲。格尼可等人将"儿童惩罚"和包含儿童保育和产假的公共保障指数进行比较,发现了两者之间的紧密联系。在一些不鼓励母亲就业的国家中,"儿童惩罚"高达35(澳大利亚)或45个百分点(英国),而瑞典则几乎没有"儿童惩罚"。

4.2 福利国家供给对家庭护理的影响

一些人认为,福利国家不仅以工作时间的损失为经济代价,而且影响了私人生活的情感和活动(Burenstam Linder,1970,引自 Ringen,1989,119)。对于该不利影响,应该特别注意老年人及其子女之间的关系。在核心家庭中,正式的、社会的和情感的联系不如配偶之间以及父母和孩子之间那么紧密。养老通常比儿童保育更为繁重(Ringen,1989,129-130)。那么,增加公共养老供给对家庭护理的影响有什么证据?根据瑞根(Ringen,1989,134)的观点,"家庭中的非正式护理仍然是主要的养老方式。""没有证据表明……家庭活动减少,老年人和年轻人之间的家庭关系缺乏联系或情感。"然而,在瑞根表述结论时,有关该话题的许多全新研究已经发表。

在这个话题上,许多作者都认为,家庭护理和公共供给并不是相互替代的服务,而
【313】 是相互补充。就此方面的许多探讨已在之前进行阐述。负担不重时,家庭将更愿意提供帮助。此外,充裕的养老金也使得老年人能够回馈年轻一辈的支持。公共服务能够为家庭提供专门的社会心理支持,而非工具性援助(Daatland,2001,18-19)。三类证据可判断替代服务还是补充服务的影响占主导地位。首先是跨国差异。在服务水平最高的国家中,家庭护理水平最低(Daatland,2001,19),这表明替代效应是可能的。但是,这可能是由于德国和意大利的家庭文化(这可能与较少的公共医疗和更多的私人护理

相关），与斯堪的纳维亚社会的（据称）个人主义文化造成的差异。第二，采用截面分析法，调查老年人是否仅愿意接受单一帮助，或者可以接受公共服务和家庭帮助两类援助。研究表明，许多老年人甚至在需求较小时都可接受两类服务，因此家庭护理和公共服务互为补充（例如，Künemund 和 Rein，1999，一项五国研究）。纵向研究的文献综述中，彭宁（Penning）和基廷（Keating，2000）的研究表明，正式的服务并非用来取代非正式的护理，而是作为非正式服务的补充和完善。

最后，随着时间推移关注其发展。当公共服务扩大时，家庭护理会减少还是增加？该方面的证据较为复杂。林萨姆（Lingsom，1997，引自 Daatland，2001）针对挪威的一项研究表明，家庭护理不会减少。即便存在其他可替代性的服务，家庭护理既不会减少也不会消失。另一方面，约翰逊等人（Johansson 等，2003）的研究结果显示，与近半世纪之前相比，当代的瑞典人对老年人的照顾逐渐减少。最近，瑞典公共服务的削减导致护理模式发生了重大转变。公共服务减少，但家庭投入增加。对该结果的积极解读为，即使在倾向个人主义的瑞典，福利国家也没有破坏老年人与其子女之间的联系，只要老年人再次需要，子女都会愿意提供帮助。

5. 结论

由于本章较短、内容综合，几乎无需总结，但我们将就方法论和实质性问题提出一些一般性观点。

首先，有关方法论的问题也许无可争议，但仍然值得研究。理论方面，尤其是经济理论，还不足以预测政策的影响。理论可以指导我们研究的内容，但影响的趋势以及程度都只能根据经验判断。另外，在理论文献中较为深刻的影响在现实生活中却无太大影响。【314】

第二点可能并不显著，尽管政策分析包含多种方法，但难以定义，更何况通过合理的精确度量化特定政策的影响。即使是克林顿执政时期美国福利改革的后果也很难确定，尽管美国的福利改革范围广泛，而且似乎有大量的参考数据。社会实验本身就是强有力的验证方法，但只适用于未执行的项目或小规模实施。对于更大或现有项目来说，不论何时实施，双重差分法可能是一项衡量政策影响最有效且令人信服的方法。寻找合适的对照组至关重要。最根本的问题在于，与外界社会和经济发展相比，政策变化产生的影响相对较小。因此很难从纷繁复杂的影响中得出关键信息。

第三，宏观社会比较研究着眼于福利国家等大型机构，在过去几十年里提出了重要的新见解。然而，鉴于 15 个或 20 个案例（富裕的民主国家）数量有限，无法满足多变量分析的有效条件,该方法无法实现。因此,对于这个基本事实——每个福利国家都有其自身不同的社会背景——并没有答案,所以很难区分不同社会福利国家的影响和联系。福利国家类型学有助于帮助理解和区分各种制度特征,但是预测影响的作用有限。也许最富成效的方法就是比较研究,该研究考察了不同福利国家对特定群体所实施政策方案的影响,如有子女的母亲或退休前的男性。综合考量,该方法可以描述政策特点,甚至可以精确量化;结果往往会有更多变异;政策和结果更容易产生联系,也更容易解释。

以上案例的主要实质性结论(尽管涉及方法论问题)是:政策确实会对人们实际的生活环境产生影响。尽管起初在较大的福利国家,社会就相对平等,但毫无疑问,较大的福利国家比较小的福利国家更加平等。其影响并未完全受到负面影响的破坏。克林顿时期的美国福利改革案例表明,精心设计的计划可以促使人们脱离福利,开始工作。比较研究表明,如果退休金和其他福利制度包含明确的鼓励措施时,老年人会提前退休。研究明确表明:如果一系列的福利和服务能够真正发挥作用,那么有子女的母亲会选择继续工作,或者在一段时间后回归劳动力市场。

【315】

第二,以上案例表明,较大的政策影响需要大型计划或一系列计划。措施需要精心设计、充裕的资金、并可持续一段时间。为证明对"贫困人口"的结果可能适得其反,最典型的例子就是"再分配悖论"(Korpi 和 Palme,1998)。与普惠制福利国家相比,专门针对穷人发放资源的福利国家,再分配预算往往较低,最终导致更多的贫困人口和收入不平等问题。

第三个结论是前者的一个实例,但值得一提的是,如果鼓励措施目的明确、资金充裕,人们就会积极响应。只要值得去做,美国接受福利的母亲就会重返工作岗位。在一些福利国家中,如果继续工作,现有的养老金制度和其他福利制度会减少其收益,那么大量的老年男性就会提前退休(按一生计算)。

第四,产生重要影响并不仅是花费大量金钱的问题。在所有案例中,影响涉及一系列计划,而非某个单一措施。一系列的计划需要精心设计,这样各部分才能为相同的目标服务。对比克林顿复杂的福利改革和简单的负所得税提案表明,为了控制不良影响和成本,现实世界的一揽子政策都较为繁杂具体,并且有必要性。

参考文献

Alvarez,P.B.2001. The Politics of Income Inequality in the OECD:The Role of Second Order Effects.*Lis Working Papers*.Luxembourg Income Study Working Paper No.284. Syracuse,NY:Syracuse University.

Atkinson, A.B.1993a.Work Incentives.Pp.20−49 in *Welfare and Work Incentives*: A North European Perspective, ed. A.B.Atkinson and G.V.Morgensen.Oxford: Clarendon Press.

——1993b.Conclusions.Pp.289−97 in *Welfare and Work Incentives*: A North European Perspective, ed. A. B.Atkinson and G.V.Morgensen.Oxford: Clarendon Press.

——1999. The Distribution of Income in the UKand OECD Countries in the Twentieth century. *Oxford Review of Economic Policy*, 15(4): 56−75.

Barr, N.1992. Economic Theoryand the Welfare State: A Survey and Interpretation. *Journal of Economic Literature*, 30 (2), 741−803.

Blank, R.M.2002. EvaluatingWelfare Reform in the United States. *Journal of Economic Literature*, 40 (4), 1105−1166.

——Card, D., & Robins, P. 1999. Financial Incentives for Increasing Workand Income Among Low-income Families.University of California at Berkeley.

Blank, R. M., & Ellwood, D. T. 2001. The Clinton Legacy for America's Poor. *Nber Working Papers* (8437).

Blundell, R., Duncan, A., McCrae, J., and Meghir, C.2000. The Labour Market Impact of the Working Families' Tax Credit. *Fiscal Studies*, 21(1): 75−103.

Bradbury, B., and Jäntti, M. 2001. Child Poverty Across Twenty-five Countries. Pp. 62 − 91 in *The Dynamics of Child Poverty in Industrialised Countries*, ed. B.Bradbury, S.Jenkins, and J.Micklewright. Cambridge: Cambridge University Press.

Bradshaw, J., and Finch, N. 2002. *A Comparison of Child Benefit Packages in 22 Countries*. UK Department for Work and Pensions, Research Report No.174.

Burenstan Linder, S.1970. *Den hjärtlösa välfärdsstaten*.Stockholm: Timbro.

Cantillon, B., Marx, I., and Van den Bosch, K.2003. The Puzzle of Egalitarianism: The Relationship Between Employment, Wage Inequality, Social Expenditure and Poverty. *European Journal of Social Security*, 5(2): 108−27.

Castles, F.G., & Mckinlay, R.D.1997. Reflections: Does Politics Matter? Increasing Complexity and Renewed Challenges. *European Journal of Political Research*, 31(1−2), 102−108.

Daatland, S. O. 2001. Ageing, Families and Welfare Systems: Comparative Perspectives. *Zeitschrift Für Gerontologie Und Geriatrie*, 34 (1), 16−20.

Danziger, S., Haveman, R., and Plotnick, R.1981. How Income Transfer Programs Affect Work, Savings and the Income Distribution: A Critical Review. *Journal of Economic Literature*, 19:975−1028.

Davey, A., & Patsios, D. 1999. Formaland Informal Community Care to Older Adults: Comparative Analysis of the United States and Great Britain. *Journal of Family & Economic Issues*, 20 (3), 271−299.

DeBeer, P.D., Vrooman, J.C., & Schut, J.M.W.2001. Measuring Welfare State Performance: Three or Two Worlds of Welfare Capitalism? *Lis Working Papers*.

Deleeck, H., Van den Bosch, K., and De Lathouwer, L.1992. *Poverty and the Adequacy of Social Security in the E.C.*:*A Comparative Analysis.* Aldershot:Avebury.

Esping-Andersen,G.1990. *The Three Worlds of Welfare Capitalism.*Cambridge:Polity Press.

European Commission 2004. *MISSOC Social Protection in the Member States of the European Union*,*the European Economic Area and Switzerland.* European Commission,Directorate-General of Employment and Social Affairs.

Falkingham,J.,and Harding,A.1996. Poverty Alleviation VS.Social Insurance Systems:A Comparison of Lifetime Redistribution.Pp.234-66 in *Microsimulation and Public Policy*,ed.A.Harding.Amsterdam: Elsevier.

Förster,M.2000,*Trends and Driving Factors in Income Distribution in the OECD area.*Labour Market and Social Policy Occasional Papers No.42. Paris:OECD.

Francesconi,M.,and Van der Klaauw,W.2004. *The Consequences of"In-Work"Benefit Reform in Britain*: *New Evidence from Panel Data.*ISER Working Paper 2004-13. Colchester:ISER,University of Essex.

Garfinkel,I.,Rainwater,L.,and Smeeding,T.M.2004. *Welfare State Distribution and the Redistribution of Well-Being*:*Children*,*Elders*,*and Others in Comparative Perspective.* Luxembourg Income Study Working Paper No.387. Syracuse,NY:Syracuse University.

Gornick,J.,Meyers,M.,and Ross,K.1997. Supporting the Employment of Mothers:Policy Variation Across Fourteen Welfare States.*Journal of European Social Policy*,7(1):45-70.

Gruber,J.,& Wise,D.1998. Social Securityand Retirement:An International Comparison.*American Economic Review*,88（2）,158-163.

Heckman,J.,Lalonde,R.,and Smith,J.1999. The Economics and Econometrics of Active Labor Market Programs.Pp.1865-2097 in *Handbook of Labor Economics*,vol.iii,ed.A.Ashenfelter and D.Card.Amsterdam:Elsevier.

Immervoll,H.,et al.2004. The Effect of Taxesand Transfers on Household Incomes in the European Union.Paper accepted for the conference"The Distributional Effects of Government Spending and Taxation,"15-16 Oct.,Levy Institute of Bard College.

Jencks,C.1992. *Rethinking Social Policy*:*Race*,*Poverty*,*and the Underclass.* Cambridge,Mass.:Harvard University Press.

Johansson,L.,Sundström,G.,& Hassing,L.B.2003. State Provision Down,Offspring's up:the Reverse Substitution of Old-age Care in Sweden.*Ageing & Society*, *23*(23),269-280.

Korpi,W.,& Palme,J.1998. The Paradox of Redistribution and Strategies of Equality:Welfare State Institutions,Inequality,and Poverty in the Western Countries.*American Sociological Review*, 63（5）, 661-687.

Künemund,H.,& Rein,M.1999. There Is More to Receiving Than Needing:Theoretical Arguments and Empirical,Explorations of Crowding In and Crowding Out.*Ageing & Society*, 19(1),93-121.

Lingsom,S.1997. *The Substitution Issue*:*Care Policies and their Consequences for Family Care.* Report 6. Oslo:NOVA.

Mahler,V.,and Jesuit,D.2004. *State Redistribution in Comparative Perspective*:*A Cross-national Analysis* *of the Developed Countries.*Luxembourg Income Study Working Paper No.392. Syracuse, NY: Syracuse University.

Mitchell, D.1991. *Income Transfers in Ten Welfare States.Income Transfers in Ten Welfare States.*Avebury.

Murray, C.1984. *Losing Ground: American Social Policy 1950−1980.*New York: Basic Books.

Nelissen, J. H. M. 1993. *The Redistributive Impact of Social Security Schemes on Lifetime Labour Income.* Tilburg: Proefschrift Katholieke Universiteit Brabant.

OECD 2002. *Benefits and Wages.*Paris: OECD.

Oxley, H., Dang, Th.-Th., Förster, M. and Pellizari, M. 2001. Income Inequalities and Poverty Among Children and Households with Children in Selected OECD Countries.Pp.371−405 in *Child Well-Being, Child Poverty and Child Policy in Modern Nations: What do we Know*, ed. K. Vleminckx and T. Smeeding.Bristol: Policy Press.

Pechman, J.A., & Timpane, P.M.1975. WorkIncentives and Income Guarantees.*Political Science Quarterly*, 91(2).

Peltzman, S.1975. The Effects of Automobile Safety Regulation.*Journal of Political Economy*, 83 (4), 677−726.

Penning, M.J., & Keating, N.C.2000. Self-, Informaland Formal Care: Partnerships in Community-based and Residential Long-term Care Settings.*Canadian Journal on Aging*, 19 (S1), 75−100.

Ragin, C. 1987. *The Comparative Method: Moving beyond Qualitative and Quantitative Strategies.* Berkeley: University of California Press.

Ringen, S.1989. *The Possibility of Politics: A Study in the Political Economy of the Welfare State.*Oxford: Clarendon.

Schoeni, R., and Blank, R.2000. *What has Welfare Reform Accomplished? Impacts on Welfare Participation, Employment, Income, Poverty and Family Structure.* NBER Working Paper No. W7627. Cambridge, Mass.: National Bureau of Economic Research.

Sutherland, H. 2001. *EUROMOD: An Integrated European Benefit-Tax Model.* Euromod Working Paper No.EM9/01. Cambridge: Department of Applied Economics, University of Cambridge.

Titmuss, R.1974. *Income Distribution and Social Change*, London: Allen and Unwin.

Van den Bosch, K.2002. Convergence in Poverty Outcomesand Social Income Transfers in Member States of the EU.Paper for the XV World Congress of Sociology, Brisbane, July.

Verbist, G.2004. Herverdeling door de fiscus.Effecten van de personenbelasting op de inkomensongelijkheid in België enandere OESO-landen.*Kwartaaltijdschrift Economie*, 3: 284−303.

Wagstaff, A., Doorslaer, E. V., Burg, H. V. D., Calonge, S., Christiansen, T., & Citoni, G., et al. 1999. Redistributive Effect, Progressivityand Differential Tax Treatment: Personal Income Taxes in Twelve OECD Countries.*Journal of Public Economics*, 72(1), 73−98.

West-Pedersen, A. 1994. *The Welfare State and Inequality: Still no Answer to the Big Questions.* Luxembourg Income Study Working Paper No.109. Syracuse, NY: Syracuse University.

第 15 章　政策评估的政治学

马克·波文斯(Mark Bovens)、保罗·哈特(Paul Hart)、
塞尼克·库伊佩尔斯(Sanneke Kuipers)

1. 评估"学习"与"政治"

【319】　　在本章中,政策评估是指对公共计划和项目的优缺点进行事后评估。这意味着我们不应处理大量关于事前政策分析的文献,其中包含了评估政策替代方案的方法,能够为政策制定者和利益相关人员在决策的制定上提供帮助(参见 Nagel,2002;Dunn,2004)。政策评估是一项固有的规范化行为,是一种政治评判。它可以最好地了解,但永远不会完全受学术的支配,以将理性、计算和寻求客观真理的逻辑带入政策制定的世界。政策分析的任务是"在权力的压力下仍然能够说出事实"(参见 Wildavsky,1987),这种做法是值得称赞的,我们应该继续强有力地执行下去,但是学者们不要轻视自己所
【320】参与的评估环节的本质(参见 Heineman 等,1990,1)。在理想政治世界中,为了回馈公民,为了学习和提高,政策评估是一个必不可少的工具。在现实政治世界中,政策评估一直处于危险的境地,政策评估可能退化成一种空洞的仪式,或变成一个只是指责别人的游戏,政策评估不但没有起到提高的作用,反而阻碍了人们寻求更好的治理方法。

　　公共政策审定通过,项目开始实施并不意味着政策的制定过程已经结束,政治决策已经具有约束力的时候,政治和官僚之间的争议也不会突然减少,一些问题亟待解决,评估的本质是什么、认清政策结构和政策选择阶段的方法都是他们争议的问题。政策上的模糊性、不确定性以及存在的风险仍然存在,它们只是从主要的舞台上转移到另一个不引人注目的政策执行领域上,由那些官僚和非政府人员操控并实施政策。一段时间之后就会出现对近来的政策的评估,什么时候进行政策评估可以由法律规定,也可以根据预算或计划和控制周期的节奏来执行,也可以由政治进程决定,比如关键官员更

换、选举过程中的政府失误、人物宣传和事件宣传,由此展开相关的政治调查,这些都是公众关注的事情。

不管政策评估的源头如何,正式的政策评估最理想、最典型的结构都是一样的,评估主体以及评估主体带来的一系列调查(评估的内容包括:计划项目、政策成果、政策制定过程、哪个时间阶段);政策评估运用一些或明确或含蓄的评估标准,汇聚和分析相关的信息,总结过去,展望未来,展示自己的发现与成果。在这个基本框架下,评估过程中存在着大量的变动(参见 Fischer, 1995; Vedung, 1997; Weiss, 1998; Weimer 和 Vining, 1999; Nagel, 2002; Dunn, 2004)。他们在分析的严谨性、政治相关性和产生有意义的学习过程的可能性方面有所不同(参见 Rose, 1993)。

评估机构包括自愿行动的科学研究人员、咨询公司和公共智库,范围从监管机构(如监察员或审计法院)延伸到政治机构(如议会委员会)。其中一些评估非常谨慎,可供政策制定者直接使用;另一些则通过宣传,用于公共谈资和政治用途,多个机构可能会同时或是分次评估同一个政策计划。一种评估方式牵扯出另一种评估方式的事情经常发生,比如 1996 年荷兰战机坠毁在埃因霍温机场,接下来军方和当局做出的灾难应对方案分别由不同的政府部门机构、法庭和智库进行调查,至少经过了 15 项单独调查。事故的原因以及受调查和争议影响之下回应的准确度都是产生这一连串效果的原因,【321】其中包括反对军方机场官员的临时纪律惩罚。此外,不同的评估主体甚至可能公开竞争:政府与议会之间会竞争。不同的议会,不同的政治多数派,各自对一些既定政策进行调查,包括政府对利益相关者的评估、国家对政府的评估,等等。里根政府所谓的"伊朗门"事件(包括向伊朗出售武器,解救被什叶派在黎巴嫩扣押的美国人质)主要包括 3 项评估工作,分别由蓝带总统委员会(blue-ribbon presidential commission)、参议院、众议院执行。这 3 份报告都对政策的进程和结果有着决定性的作用,但对所发生事情的责任归属上却存在明显分歧(参见 Draper, 1991)。

在实证主义社会科学家的理想世界中,我们可以从多样性中获益,让更多的事实浮出水面,从而对事情的发生及其原因有坚定的把握。在现实世界中,对同一政策的多重评估往往是非累积的和非互补的。他们的方法和发现大相径庭,因此很难就过去的情况达成一个权威的论断,这个论断至少要双方都同意,如果做不到这一点,同样也很难从中得到明确的结论。

在本章中,我们将从两方面来探讨政策评估的问题。首先我们详细阐述了政策评估在更广泛的公共政策制定的政治中所扮演的角色和职能,然后我们再来看一下政策分析的重要学派是如何应对本质上就具有争议的政治性评估问题。每一个学派都有自己的强项和弱势,在最后一节中,我们就政策分析如何应对事后评估的难题提出了自己的观点。

2. 政治学中的政策评估

借用克劳塞维茨(Clausewitz)的话说,政策评估只是政治的延续,这一点在一些极具争议的政策和项目的评估上体现得特别明显,原因有以下几点:政策评估没有产生预期的结果、从一开始就备受争议、成本高昂、效率低下、在实施过程中存在不当做法;等

【322】等。分析这些政策并不属于政治中立行为,这项活动可以通过独立的个人来完成(参见 Bovens 和 Hart,1996)。诸如"失败"和"战争安全委员会"这类不吉利的标签一直挂在这些政策之上,只需一份政治声明,一旦政策失败,问责便会提上日程。谁能对社会结构造成的损害负责? 谁应该承担责任? 什么样的制裁方法(如果有的话)比较合适? 谁来补偿受害者? 许多所谓的参与战争安全委员会的官员和机构考虑到自己的声誉和地位,会采取各种策略比如印象管理、推卸责任或者控制损害,等等。政策的批评者、受害者和其他政治利益相关者的做法都相反,他们将把不利于自己的结果戏剧化,他们会说这是失败的结果,但本可以被阻止失败发生(参见 Weaver,1986;Gray 和 Hart,1998;Anheier,1999;Hood,2002)。

指责的关键在于要知道为什么评估一个自身就很矛盾的政策本身就是一个高度对抗性的过程。批判一项政策就是从煽动评估开始的:哪个评估机构管理案件,评估机构如何构成,又怎样做到精简(参见 Lipsky 和 Olson,1977)。在评估过程中,许多利益相关者的行为都突出了这一观点。首先决定对事件或项目进行评估,这是政治策略环节的一部分,其中刑罚政策就是一个例子。在大多数国家,越狱事件时有发生,在某些时期越狱事件增多,但是这些问题的严重性(例如越狱的频率、成功率、每年的逃生者人数等)和政治层面上的重要评估之间似乎并没有逻辑关系。例如荷兰在经历了早期的动荡之后,越狱事件等政治骚动在一段时间内达到了顶峰,而在此期间,所有的刑事系统指标都表现得异常出色。更确切地说,事后调查的规模、范围和目标似乎都是巧合的因素,其中逃脱的方法和暴力的程度,以及在任何给定时间的刑事司法和刑事政策所在政治环境的性质都属于巧合的因素(参见 Boin,1995;Resodihardjo)。

即使是看似例行公事、制度化的、对不引人注目的政策方案的评价,也往往具有政治色彩。即使在争议小的情况下,政策评估也与问责制交织在一起,我们知道在这个过程中有赢家也有输家。技术官僚主义看似无害,每个政策项目都有多个利益相关者,包括决策者、执行机构、客户和施压的机构,他们对评估的结果感兴趣。他们知道除了选举后的政治变革和重要的法庭案例之外,只有通过政策评估才能重新评估现有的政策,

在评估的过程中也许会打破从前所依照的模式(参见 Rose 和 Davies,1994)。通过评估重新规划一个项目的基本原理和目标,重新调整它所依赖的政策工具,重组其服务交付【323】机制,在各个参与者之间重新分配资金和其他关键资源。因此大多数看似"底层政治计划"的评估中(low-politics program),利益相关者的利益可能比较高(参见 Vedung,1997,101-114;Pawson 和 Tilly,1997;Radin,2000;Hall 和 Hall,2004,34-41)。

在这场评估博弈中,那些精明的玩家会根据他们的目的去制造现实和他们想要看到的画面。他们会亲自上阵,或者是召集其他人参与进来制定一系列政策,这些政策在一定的框架下和一定的时间内传达思想,传达发生的事,解释原由以及如何去判断问题,掩盖或贬低他人的想法。他们试图干涉评估的各项条款,还会干涉评估人的选择,特别是评估人在评估时所依据的标准。评估机构和专业政策分析人员在评估过程中一定会感受到这种压力,政党为了影响进程和评估结果制定了各种策略,做出了各种努力,如果要列一个清单的话,这个清单会非常长,与官僚主义和预算政治所做的策略有些相似:评估人员工作方式还值得商榷讨论;证明关键性文件与告密者提供的信息非常困难,但是有时候也非常容易;关键性结论和建议的起草与措辞可能是利益相关者或咨询委员会争论的焦点;利益相关者可能会提出非正式的请求和要求;报告可能会早早地就被泄露,或者是被埋藏起来,或者遭到政策制定者的公开抨击。简而言之,即使是最中立又专业的政治议程评估人,也很可能成为他人的目标,可能会不知不觉地成为政治策略的代理人,去构建、谴责和邀功(参见 Bovens 等,1999;Brandstrom 和 Kuipers,2003;Pawson 和 Tilley,1997;Stone,1997)。

3. 处理政策评估问题

政策科学家早就认识到政策评估也有政治分歧,这些分支之间很难相互协调,评估控制论是一种非常重要并且具有权威性的"反馈流"(feedback stream),加强了反映和学习,引发政治延续、政策改变和结束,但是评估控制论现在已经不再详细地阐述评估理论和方法论,如今的政治现实问题十分严峻。20 年前两位支持运用实证主义方法进【324】行政策分析的倡导者感叹道:"现在的评估环境正在经历着一场大危机"(参见 Palumbo 和 Nachimas,1983,1)。当时许多方法取代了单一的方法论,传统的第一代政策分析假想办法也被取代。美国在约翰逊"伟大社会计划"(Great Society Program)的那一段时期,社会上对这项政策持有乐观的态度,对于政府干预政策也有信心,但随后就被怀疑和害怕的情绪替代了(参见 Radin,2000;Rossi 和 Freeman,1993,23)。因为制定大规模公共政策并没有现有方案审查那么流行,政策分析的重点由事前评估转向事后评估

（参见 Radin，2000，34）。就像戴伊（Dye，1987，372）写的那样，"社会在教育和福利、住房、健康等方面制定各种大型项目与政策，投入大笔资金，却不知道有没有起到作用。"工具政策评估仍是政策分析领域的一个重要环节，尽管它现在越来越多地被用作一个工具来衡量前期的成本效益比率，用来支持新右翼政府的紧缩政策（参见 Radin，2000；Fischer，1995）。

与此同时，审查现有的公共政策涉及价值权衡和政治争议，我们就此对假设政策分析中立的观点提出了质疑。20 世纪 50 年代、60 年代，人们对于一些非政治性量化政策后果抱有乐观的态度，但是后来却成了人们批评的对象。政策评估带有评判的属性，人们为此还进行了争论，主要争论政策评估内在的规范性以及政治属性，坚信理性主义传统的政策评估人最初非常固执，他们一直否认政策评估是一场关于价值观、信仰、政党和意识形态的活动，他们要证明这项政策是有一定影响的，但是这种想法却遭到了深深的怀疑（参见 Parsons，1995，550）。新一代的政策分析人士否定了基本的假设，提出了新的观点，他们认为以客观的方式来衡量政策表现是可能的。和休·赫克洛（Hugh Heclo）一样，新一代政策分析人士也认为"由合法的项目分析仲裁者来进行合理的项目分析，在这种环境下才能创造出不带政治气息的政治研究，政策才能从政策制定中抽离出来"（参见 Heclo，1972，131）。制定多种政策评估方法让政策重回正轨（参见 Nelson，1977；Fischer，1980；Majone，1989）。

评估方法变得多样性，接下来我们将会就两项传统展开讨论，两个传统的分界线是基于规范、价值观、利益和权力的标准来衡量的。理性主义的传统强调价值中立，强调要对政策绩效进行客观评估，通过忽视或以其他方式取代政治压力，让政策评估没有政治压力。与此相反，以争辩为传统的人认为政策评估是对利益冲突的一种贡献，因此明确地将政治纳入事后分析政策绩效的范畴中。

3.1 理性主义政策评估

【325】 理性主义者主张要严格区分事实和价值观，并明确地表示要学习除了政治以外的知识（参见 Hawkesworth，1988；Lynn，1999；Mabry，2002）。政策分析基于实证主义的观点，通过运用自然科学中的概念和方法来获得社会结构及其建构过程的真实数据。政策分析有助于人们在制定政策的过程中做出理性的决策，对计划或项目的有效性和效率的判断必须基于可靠的经验数据。政策分析人员的任务是生产不受自己心理、文化和语言环境影响的信息，因为这种信息超越历史和文化经验，被认为带有政治的特性和道德中立性。

理性的方法就是要构建一个理论政策最优项(从效率和有效性两个方面来评定的理想状态),评估时人们可以对比实际的政策结果与这个理想状态之间的差距。因此评估之后制定出来的政策相关信息可以说明预期和实际的政策绩效之间的差异(参见Dunn,2004)。根据伯克(Berk)和罗西(Rossi)(1999,3)的评估研究,"实际来讲从本质上来说用公平的方式来提供最准确的信息是可能的。"政治决策和判断需要证据,要以普遍适用和科学有效的知识为基础,"一场激烈的政治辩论是不可能只使用一个案例的"(参见Chelimsky,1987,27)。"解决人类生活质量问题"需要基于有效可靠的经验信息不断地进行评估,改进政策项目(参见Rossi,Freeman和Lipsey,1999,6)。

这种形式的政策评估假定存在着外部制定的政策目标和评价标准,即给定一致明确的政策目标和其他评价标准,假定主观一致,确定衡量这些目标实现的指标。一些理性主义评估者承认评估的本质是对政策或计划价值的判断,因此不在经验科学领域的范围内(参见Dunn,2004),或者说政策评估是在政治环境中结合众多因素和倾向进行的。例如纳格尔(Nagel,2002)的事前政策评估方法包括政治考量,其中提出了"双赢分析"策略:调查和评估最合适的政治因素,在政治争论中找到另一种超过最初预期并具有代表性的主要观点。但他们的底线是明确的,比如说邓恩(Dunn,2004)表示政策评估的结果属于价值判断,但是评估过程必须提供公正的信息。同样,罗西(Rossi)等人(1999)在手册中也提倡系统化的应用型社会研究程序,强调分析其中需要的成本和所获得的收益,分析目标和最后的效果。他们以前认为评估应该为政治决策者提供价值【326】中立的信息,他们还认为对环境敏感、有倾向性又好争辩的评估者"从事的是评估研究之外的事情"(Rossi和Freeman,1993,33)。

经济合作与发展组织(Organization for Economic Co-operation and Development)是运用理性主义政策评估方法的一个最显著的制度化范例。经合组织的目标是通过监测和比较经济发展、分析新出现的问题和制定"有效的政策"(根据经合组织网站www.oecd.org)来促进治理得到更好的发展。多年来经合组织的国别报告获得很大的权威,其标准化的国别研究报告被当作国家政策执行情况的判决书。

3.2　争辩性政策评估

我们到了另一个阵营,批判理性主义的人抱怨说因为价值观上的差异,实证主义世界观完全扭曲。对社会和政治现象进行政策干预是一个具有固有价值导向的规范化活动,评估可以带有倾向性(参见Fischer和Forester,1993;Guba和Lincoln,1989)。所谓的"后实证主义者"或社会建构主义者把社会理解为一个有组织的体系,而不是物理层

面上的物体,我们关注的不是体系本身,而是科学家对体系的解释。意义体系形成了
"科学家选择最关键的社会问题,更不用说他们选择的工具来解决他们的问题"(参见
Fischer,1995,15)。事实取决于一系列潜在的假设,这些假设赋予我们现实生活意义,
这些假设受到政治和权力的影响,在这些潜在的假设的基础上得出的经验结果"往往
会使特定的现实变得具体化"(参见 Fischer,1998,135)。第一次"伟大社会"评估启动
计划面向社会贫困儿童,主要是测量儿童的认知发展能力,这项测量是一个相对简单的
定量评估,但是只对该计划产生的积极影响进行评估,也就表明儿童的认知能力没有得
到改善,与政府干预的总成本相比,这个项目不仅失败而且代价高昂。如果评估人认同
该项目的基本假设,儿童就可以从中获益还可以通过社会经验学会如何在中产阶级的
教育机构中成功地发挥作用,他们就会等到长期参与该项目的结果。短期评估的结果
在新一届尼克松政府中非常受欢迎,受短期评估结果影响,启动计划的效益大幅削减
(参见 Fischer,1995)。尼克松通过对大规模政府计划的短期成本—收益分析的抨击,
证明他的正确性。

【327】 同样,经合组织(OECD)等智库所使用的预算和业绩数据的标准化比较模式有很
多问题需要解释,因此有很多地方存在争议,比如说划分类别就引起了争议。在经合组
织的报告中,比利时的失业率仅比劳动力总比率高 8%;相比之下,比利时失业机构
(www.rva.be)的报告表示,失业机构每月向 100 多万人发放失业救济金,这些人占劳动
力总和的 23.5%(参见 Arents 等,2000)。要解释这种差异只能借鉴此类研究中对"失
业"的定义。

对于后实证主义者来说这只是众多例子中的一个,他们表示价值观和事实之间可
能存在差异只是人们的错觉。此外,在政治和科学之间建立分工是不可能的,在这种情
况下,政治家有权利确认政策价值,科学家们可以用中立的方式来评估政策的结果是否
符合之前的既定标准(参见 Majone,1989)。政策分析人士应积极参与到政策制定中
去,并推动政策制定的发展,成为公民和政治家之间的媒介。大多数(理性主义者)政
策科学家提出了事前政策分析的"最佳解决方案"和事后评价的"最终判断",他们都是
为了解决问题而不是引发争论(参见 Fischer,1998)。

主张论证方法的人看到了政策分析的另一个使命(包括评估在内),社会客体或现
象知识在竞争与讨论中产生并逐渐累积下来(参见 Yanow,2000)。通过讨论或者是话
语互动的方法可以揭示每个框架的预想,从实证研究中获得结果的含义。政策分析人
士可以介入到这些讨论当中,帮助不同信仰体系的参与者理解他们的分歧在哪里,包括
对认识论和伦理根源认识的分歧,而不是简单地将分歧的原因归结到人们利益不同、重
点不同的身上(参见 Van Eeten,1999;Yanow,2000)。评估最好可以理解为基于信念共

识的一种知识形式,而不是基于冷酷的证明和论证的知识形式(参见 Danziger,1995;
Fischer,1998),最重要的是确定谁的信仰和谁的共识占主导地位。争论的方法非常明
确地转向政策评估中的政治,政策博弈在评估层面进行的情况下最后可能更加倾向制
度化。从这个意义上来说评估只是反映了政策的前期过程(包括议程设定和问题定
义):一些团体的利益和声音出现在评估的设计和管理环节中,而其他利益相关者则有
组织地从这个过程中"退出"了。所以一些支持争论性政策评估的人认为政策分析人
员不应该仅仅解读那些已经被解读的意义系统;他们还应该确保能听到那些不具代表
性团体的经验和评估(参见 Fischer 和 Forester,1993;Dryzek,2000)。

　　德里昂(Deleon,1998)冲淡了赞成论证方法的人"通过协商达成一致"的热情,他
警示道:后实证主义者的民主野心不仅带有实证主义的缺点,还承担着多数人专制的风 【328】
险。社会建构主义者无限主张相对主义让人们很难决定在某一特定政策辩论中谁的声
音最有力,谁的观点占上风。社会建构主义者做的评估可能判断分析评估得出的政策
结果是否具有政治性,但从定义上看,这并不能引导我们做出更仔细的政治判断。

4. 在政治世界中进行评估

　　我们应该如何应对政策评估的规范性、方法性和政治性带来的挑战呢? 我们认为
专业政策评估者要面对的关键挑战不应该是做到从认识论相对主义和政治争论的双重
威胁中实现客观性、有效性和可靠性。这只能导致自我欺骗:评估者敷衍的态度,忽视
或避开关键的哲学问题,不带有政治偏见,避开政治力量(参见 Portis 和 Levy,1988)。
提出两个备选问题可能会更有成效。政策分析人员如何在和政治产生联系的情况下将
学术严谨性最大化? 政策评估如何在不被政治利用的情况下与政策产生联系? 第一个
问题需要评估者在实证主义和相对主义之间游走,前者看似在理但却和政治不相关,后
者与政治相关但在哲学上却有问题。第二个问题涉及应用维度,给评价政治的人提了
个醒,政治评价的特征就在于当代的政策争论,以及政治要从评估中"学习"。

　　人们提倡的评估方法应该在更广泛的政策科学重新定位的背景下进行,要求我们
接受宗派主义的辩论办法,其涉及所有社会事务知识,其中包括制定公共政策等事务,
这些事务都建立在有限的信息和社会结构之上。当然如果这样做,就需要修订或扩大
主要以实证主义和社会工程为导向的政策评价的目标和范围。渐进主义的观点与"修
正主义"的政策分析方法观点相吻合,公共政策制定者最好是努力让社会不要偏离正
轨,并通过多元化的辩论方法有效地应对当前和未来的重大问题(参见 Lindblom, 【329】
1990)。政策分析应该是这个项目的组成部分,它不是简简单单的"科学政策",它独特

的贡献在于具有反思的潜力。我同意马乔娜(参见 Majone,1989,182)的观点:

分析评估标准和问责标准之间的根本分歧并不是分析员的任务;只有在政治进程中才能做到这一点。但是分析员不要只从一个角度办事,可以通过改进评估标准来促进社会学习,还可以通过理解更加复杂的公共政策来促进学习。

这个观点也适用于评估公共政策和项目。我们再次引用马乔娜(Majone)(1989,183)的话:"今天的需求与其说是发展结果客观的衡量标准(这是评估研究的传统目标),不如说是为了促进不同标准倡导者之间的广泛对话。"

最近的一项跨国、跨部门的比较评估研究提出了一种评价方法,这种评价方法体现了"修正主义的主要目的"(参见 Bovens't Hart 和 Peters,2001)。这个项目的主要问题是不同政府对主要问题以及政策挑战做出何种反映,其中包括6个欧洲国家的4个政策部门怎样对关键政策和项目进行比较评估,不同政府如何解释各自表现的相似性和差异性。公共治理领域内纲领性政治范围的成功与失败之间有显著的差别。

在方案评估模式中,重点评估具体政策是否具有有效性、效率以及弹性。项目评估的关键问题和拉斯韦尔、里安—林德布洛姆的经典观点有关,制定政策是解决社会问题的一种方法,牢牢地嵌在政策评估的理性方法之中:政府处理社会问题吗? 政府对社会问题提供有效的解决方案了吗? 政府采取的方法合适可靠吗? (参见 Lasswell,1971;Lindblom,1990)当然,这些问题也涉及规范性和内在的政治判断,但本质上是有用的,即评估各项政策的影响被设计和呈现为有目的的干预社会。

最简单的方案评估形式根据政策制定者目标的实现程度而制定,这种评估方式因其直截了当的属性以及认为政府应该对其履行的承诺负责的理念至今仍然广受欢迎(参见 Glazer 和 Rothenberg,2001)。尽管这种评估方法比较文雅,但是数十年来,评估研究让除了那些最顽固的分析师之外的所有人知道这种方法存在很大的问题。使用这种方法,在政策文件中可能无法追踪目标,目标具有象征意义而非实质性,出于政治原因在政策文件中故意模糊措辞,甚至出现相互矛盾的内容。在决策过程中,目标也往往会发生变化,以至于最初的目标与评估没有什么关联,与随后几年实际被采纳和实施的合理政策也没有关联。

显然我们需要更好的东西。正如那些提倡"无目标"评估的人所言,一个明智的程序性政策评估并没有完全忽略任何政治认可的目标,而是通过比较补充的方式以及与其他逻辑的程序性评估,从而限定有效性标准。在研究设计中,案例评估者不仅要检查政府是否有能力履行其承诺,还要检查其是否有目的地实施干预。他们还需要确定:(a)决策制定能力随着时间流逝和环境改变适应项目和政策指标(即适应性/学习能力标准)的能力;(b)控制项目成本的能力(即效率标准)。我们响应马乔娜的观点,研究人员深入地讨论了这 3 种程序性评价的逻辑:在具体的案例中应该如何理解这些标准,需要什么数据来评估一个案例,以及这 3 个标准在总体方案评估中的相对权重是什么?随后各部门专家小组根据需要研究的 4 个政策领域的具体性质和具体情况,对这些方案标准进行具体说明和操作。这些关于标准(和方法)的讨论得出的结果如图 15.1所示。

治理衰落:钢铁行业的政策制定
重要的政策挑战:高度集中化的工业部门一度具有战略重要性,要应对其竞争力在全球中不断下降的问题,该部门涉及大量工作岗位,并且往往集中在一些特殊地区

项目评估标准:
· 与其他国家相比,政府计划钢铁重组的时间
· 行业重组的财务成本
· 行业重组后的经济活力
· 就业率持续下降

经济领域的创新治理
重要的政策挑战:应对技术变革带来的影响,同时还要面对全球趋势向银行和金融服务业发展的现象

项目评估标准:
· 银行破产的数量和/或相对资产规模
紧急援助的绝对和相对财务成本
· 国家干预的时间

卫生领域的治理改革
关键政策挑战:控制医疗行业的运作方式,特别是医生的薪酬和劳动条件

项目评估标准:
· 有能力克服阻力,实现医疗行业运作目标方面的预期改变
· 从最初计划到实际实施的改革阶段

输血领域的治理风险
关键政策挑战:艾滋病的流行与国家输血系统的质量之间要联系起来,这种关系比较新,结构不合理,具有威胁性,对这种关系问题及时做出反应刻不容缓。

项目评估标准:
· 捐助者选择措施的时间和范围
· 强制血液检测的时间和范围
· 对未经处理的血液制品停止进口的时间
· 血液制品的健康治疗时机
· 将现有未经处理的产品撤出市场措施的时间和有效性

图 15.1　政策评估规划案例 【330】

资料来源:Bovens 等,2001,20—22。

　　从政治层面上来说,政策评估指的是政策和政策制定者如何在政治领域中变得具有代表性,以及如何在政治领域中进行评估(Stone,1997)。这是一个符号、情感、政治

意识形态与权力关系交织的世界。在这里,政策产生的社会结果并不是最重要的,重要的是对这些结果进行政治构建,制度逻辑和不同类型的政治考量推动这些结果发展。在上述研究中,参与者就如何用普通的比较评估方法和分析模式操作做了很多努力,在这一过程中辩论法的弱点非常明显:它正确地指出政策成功与失败以及评估社会、政治构建性质之间的关系,但它并不提供清晰、令人信服且被广泛接受的评估原则,也不提供捕捉政策评估的工具。最后评估研究人员选择了一套内容相对"单薄"但却合适的政治评估措施:政治动荡的发生率和程度,或者是没有政治动荡(可通过新闻报道和议会调查、政治死亡、诉讼的内容分析来追溯);改变一般政治合法性模式(公众对政策的满意度或对当局和公共机构的信心)。认识和比较项目评估模式与政治评价模式之间差异的一个好处就在于它突出了政策制定过程中项目表现和政治表现之间的差异。

　　政治敏锐的评估者不应该感到意外:政治过程决定项目成功与否,是否得到了相关利益相关者和受众的认可。以悉尼歌剧院为例,"灾难计划"引起很多人关注,评估随着时间的推移演变成各种问题、冲突,产生一系列后果,在那段时间都非常重要,但是现在已经消失或者已经发生改变,新因素和各种权利出现(比较 Hall,1982;Bovens 和

【332】 Hart,1996)。波文斯等人研究发现程序评估和政治评估之间具有不对称性,而且非常明显。比如西班牙、英国、法国和瑞典银行业(消除)监管政策和现有的监管工具并没有阻止灾难性的银行业动荡(即重大程序性失败);与此同时,根据上述评估标准对这些政策所做的政治评估并不是特别消极。同样血液供应中出现了艾滋病毒问题,德国对此做出的反应和法国一样糟糕;在法国这是一个重大的政治丑闻,并且遭到了法律诉讼,而在德国评估被去政治化了,没有产生任何政治性后果。这类评估不对称违背了常识,"公正世界"假设良好的表现也可以带来政治上的成功,反之亦然。分析人员发现不对称之后就要从政治制度或政策部门结构和文化的特征以及相关案件中评估过程的动态方面解释这些差异(参见 Bovens,'t Hart 和 Peters,2001,593 ff.)。

　　舍恩和雷恩(Schön 和 Rein,1994)抓住了政策评估的方法,与其说是政策分析者还不如说是政策的实施者,也就是说分析员们愿意不断地反思,重新定位自己的视角来审视这个世界。此外,他们二人需要努力不同的假设与分析员进行沟通,在没有反思的情况下,政策分析员发现他们自己和他们得出的结论对于政治舞台上的那些重要人物来说都无关紧要,他们可能会发现自己在不知情的情况下就成为政治批评的替罪羊。这些都不应该发生。

　　政策分析员经过深思熟虑之后可能会努力做一名系统、见多识广、有思想、公正的人,投入到政治辩论进程中去,操纵和指责政治。找准适合这种立场的角色定位将会大大提高有效性:明确自己的假设;在辩论过程中一丝不苟;对环境要敏感;努力为开放和

多元化的辩论创造制度程序。特别是由于政策惨败的政治世界并不支持这种框架体系,政策分析需要大量精通政治的人在各种角力之间确立自己的立场,确保他们的观点在正确的时间,以正确的方法让正确的人听到。如何创造性地应对超然于学者的观点和政治现实主义的双重要求是政策评估的艺术和技巧。

参考文献

Anheier, H. K. 1999. *When Things Go Wrong.* London: Sage.

Arents, M., Cluitmans, M. M., and Van der Ende, M. A. 2000. *Benefit Dependency Ratios: An Analysis of Nine European Countries, Japan and the US.* The Hague: Elsevier.

Berk, R. A., and Rossi, P. H. 1999. *Thinking About Program Evaluation.* Thousand Oaks, Calif.: Sage.

Boin, R. A. 1995. The Dutch Prison System in the 1990s: Organizational Autonomy, Institutional Adversity, and A Shift in Policy. *American Jails*, 9(4): 88−91(part I), and *American Jails*, 9(5): 87−95(part II).

Hart, P., & Bovens, M. 1996. Understanding Policy Fiascoes. Journal of Politics.

——et al. 1999. The Politics of Blame Avoidance. Pp. 123−48 in *When Things Go Wrong*, ed. H. K. Anheier. London: Sage.

——and Peters, B. G. eds. 2001. *Success and Failure in Public Governance: A Comparative Study.* Cheltenham: Edward Elgar.

Brändatröm, A., and Kuipers, S. L. 2003. From "Normal Incidents" to Political Crises: Understanding the Selective Politicization of Policy Failures. *Government and Opposition*, 38: 279−305.

Chelimsky, E. 1987. The Politics of Program Evaluation. *Society*, 25(25), 24−32.

Danziger, M. 1995. Policy Analysis Post-modernized. Policy Studies Journal, 23(3), 435−450.

Deleon, P. 1998. Introduction: The Evidentiary Base for Policy Analysis: Empiricist Versus Postpositivist Positions. *Policy Studies Journal*, 26: 109−13.

Draper, T. 1991. *A Very Thin Line: the Iran-contra Affairs.* Hill & Wang.

Dryzek, J. S. 2000. *Deliberative Democracies and Beyond: Liberals, Critics, Contestations.* Oxford: Oxford University Press.

Doern, G. B., & Pal, L. A. 1988. Public Policy Analysis: An Introduction. Canadian Public Policy, 14(2), 225.

Dunn, W. N. 2004. *Public Policy Analysis: An Introduction*, 3rd edn. Upper Saddle River, NJ: Prentice Hall.

Edelman, M. 1988. *Constructing the Political Spectacle. Constructing the Political Spectacle.* University of Chicago Press.

Fischer, F. 1980. *Politics, Values, and Public Policy: The Problem of Methodology.* Boulder, Colo.: Westview.

——1995. *Evaluating Public Policy*.Chicago：Nelson Hall.

——1998. Beyond Empiricism：Policy Inquiry in Post Positivist Perspective.*Policy Studies Journal*,26：129-46.

——and Forester,J.1993. *The Argumentative Turn in Policy Analysis and Planning*.Durham,NC：Duke University Press.

Glazer,A.,and Rothenberg,L.S.2001. *Why Government Succeeds and Why it Fails*.Cambridge,Mass.：Harvard University Press.

Gray,P.,and Hart,P.'T.(eds.)1998. *Public Policy Disasters in Western Europe*.London：Routledge.

Guba,E.G.,& Lincoln,Y.S.1989. Fourth Generation Evaluation. *Canadian Journal of Communication*,16(2).

Hajer,M.,and Wagenaar,H.eds.2003. *Deliberative Policy Analysis：Understanding Governance in the Network Society*.Cambridge：Cambridge University Press.

Hall,I.,& Hall,D.2004. *Evaluation and Social Research：Introducing Small-Scale Practice*.

Hawkesworth,M.E.1988. *Theoretical Issues in Policy Analysis*.State University of New York Press.

Heclo,H.H.1972. Review Article：Policy Analysis. *British Journal of Political Science*,2(1)：83-108.

Heineman,R.A.,Bluhm,W.T.et al.1990. *The World of the Policy Analyst*.Chatham,NJ：Chatham House.

Hood,C.2002. The Risk Game and The Blame Game.*Government and Opposition*,37：15-37.

Lasswell,H.D.1971. A Preview of Policy Sciences.(*New York*).

Lindblom,C. E. 1990. *Inquiry and Change：The Troubled Attempt to Understand and Change Society. Inquiry and Change：The Troubled Attempt to Understand and Shape Society*.Yale University Press.

Lipsky,M.,and Olson,D.J.1977. *Commission Politics：The Processing of Racial Crisis in America*.New Brunswick,NJ：Transaction.

Lynn,L.E.1999. A Place at the Table：Policy Analysis,Its Postpositive Critics and the Future of Practice. *Journal of Policy Analysis and Management*,18：411-24.

Mabry,L.2002. Postmodern Evaluation—or not?.*American Journal of Evaluation*, 23(2),141-157.

Majone,G.1989. Evidence,Argument and Persuasion in the Policy Process.New Haven,Conn.：Yale University Press.

Nagel,S.S.2002. *Handbook of Policy Evaluation*.Thousand Oaks,Calif.：Sage.

Nelson,R.R.1977. The Moon and the Ghetto.*Bollettino Della Società Italiana Di Biologia Sperimentale*,38(5),98-100.

Pal,L.A.1995. Competing Paradigms in Policy Discourse：The Case of International Human Rights.*Policy Sciences*,28(2),185-207.

Palumbo,D.J.,& Nachmias,D.1983. The Preconditions for Successful Evaluation：Is There An Ideal Paradigm?.*Policy Sciences*,16(1),67-79.

Parsons,D. W. 1995. *Public Policy：An Introduction to the Theory and Practice of Policy Analysis*.Aldershot：Edward Elgar.

Pawson,R.D.,& Tilley,N.1997. *Realistic Evaluation*.Sage Publications Ltd.

Portis,E.B.& Levy,M.B.,(eds)1988. *Handbook of Political Theory and Policy Science.Handbook of political theory and policy science.*Greenwood.

Radin,B.A.2000. *Beyond Machiavelli:Policy Analysis Comes of Age.*Washington,DC:Georgetown University Press.

Resodihardjo,S.L.Forthcoming 2006. Institutional Crises and Reform:Constrained Opportunities.Ph.D. dissertation,Leiden University.

Rose,R.1993. Lesson-drawing in Public Policy.*National Academies Press.*

Rose,R.1993. *Lesson-Drawing in Public Policy.*Chatham,NJ:Chatham House.

——and Davies,P.1994. *Inheritance in Public Policy.*New York:Oxford University Press.

Rossi,P.H.,and Freeman,H.E.1993. Evaluation:A Systemic Approach,5th edn.Newbury Park,Calif.: Sage.

——and Lipsey,M.R.1999. Evaluation:A Systemic Approach,6th edn.Thousand Oaks,Calif.:Sage.

Schn,D.,and Rein,M.1994. *Frame Reflection.*New York:Basic Books.

Stone,D.A.1997. Policy Paradox:The Art of Policy Decision Making.

Throgmorton,J.A.1991. The Rhetorics of Policy Analysis.*Policy Sciences*,24(2),153-179.

Van Eeten,M.1999. *Dialogues of the Deaf:Defining New Agendas for Environmental Deadlocks.*Delft: Eburon.

Vedung,E. 1997. Public Policy and Program Evaluation. *Administrative Science Quarterly*, 44 (2), 160-161.

Weaver,R.K.1986. The Politicsof Blame Avoidance.*Journal of Public Policy*,6(4),371-398.

Weimer, D.L., and Vining, A.R. 1999. *Policy Analysis:Concepts and Practice, 3rd edn.* Upper Saddle River,NJ:Prentice Hall.

Weiss,C.H.1998. *Evaluation:Methods for Studying Programs and Policies.*Upper Saddle River,NJ:Prentice Hall.

Wildavsky,A.1987. *Speaking Truth to Power:The Art and Craft of Policy Analysis.*New Brunswick,NJ: Transaction.

Yanow,D.2000. *Conducting Interpretive Policy Analysis.* SAGE-USA.

第 16 章　政策动力学

尤金·巴达赫(Eugene Bardach)

　　理解动力学即理解变化,从某种程度上来说,对政策动力学的关注必须涉及政策的变化,即如何在政治进程中从一处到达另一处。这种关注应侧重于决策与政策的实施过程。现在请思考以下问题,这些问题中至少有一部分需要以动力学的语词进行解答:

　　• 1996 年,联邦福利改革法案①对一个被视作鼓励性却并不得人心的附带性计划表示强烈反对。但是这也属于:

　　◎是一个倾向寻求意识形态中心的政治体系中的平衡性举动吗?

　　◎无论是否对效率存在内在固有取向,都是一项朝向经济效率的革新性行为吗?

　　◎是决策体制中一个成功的长期"学习"过程的产物吗?

　　• 为什么美国似乎不能建立一个合理的医疗保健体系,以合理的成本为所有美国人提供质优价廉的医疗服务? 也许其中一个原因是,医疗领域中 20 世纪 30 年代的政策发展动态,使我们陷入部分严重依赖以雇主融资为基础的体系的怪圈。

　　• 人们通常认为监管机构受到其所监管行业的制约。那么这一制约过程是如何展开的呢?

　　• 美国国会是如何成为现在这样一个两极分化的机构的呢? 这种情况并不总是如
此,而且这一进程已经进行了多年。那么这一过程又是如何运作的呢? 这一过程是否只存在于该机构及其历史背景中,或者该过程是否至少从某种程度上来说更为通用呢?

　　• 一个与加州议会议长有着密切联系、包含立法工作人员与立法委员的企业集团,只有在立法竞争时期的最后几天才会向议长寻求帮助,以对有关心理健康的政策进行重大改革。那么他们为什么要等到最后? 也许他们本可以做得更好。

---

　　①　全称为《个人责任与工作机会调解法案》(PRWORA)。

尽管本章并不试图一一解答以上问题,但笔者试图阐述一些用于回答这些问题的概念框架,并对其做出相应评估。

1. 引言

本章不是一篇成熟研究领域的评论报告,也并不试图全面地总结他人研究。对政策动态的研究根本不是一个研究领域;而且据笔者所知,在本人之前,没有人将此处详细讨论的所有现象汇集在一起。笔者已浏览了动态与政策并存的研究,即便该研究作者并非自觉地打算建立二者间的联系。笔者也并未打算消除自身的主观性。浏览必然具有主观性,也可能带有浏览者自身特有的风格,对结果的解释也是如此。

笔者的主要目标是激发人们对于被忽视现象的研究兴趣,并借此提出本人或其他人认为具有激励性的概念和实质性假设。

其他人是本手册最重要的潜在读者。笔者假设普通读者对政策过程持有广泛兴趣。因此,本人更倾向于广度而非深度。其次,笔者更多地关注决策过程的制度动态,而不是实质性政策本身的演变,虽然这两个主题是明显重叠的。尽管本人还提到了经济学家及其他社会科学家所做出的激励性贡献,然而这个重点自然导致笔者主要关注的还是政治科学家所做的工作。[①] 第三,笔者曾试图指出政策相关的主导观念在动态社会系统研究中的应用,尽管这些理论应用通常是互不关联且具开拓性的,并且不一定得到学习政策进程的学生的广泛引用。第四,笔者偶尔会提到与政策进程关联并不密切的研究或研究机构,并指出了研究动态系统的某些方法的影响力。

在第二节中,笔者对于系统分析中理解动力学所必需的一些关键概念进行阐释。 【338】

第三节讨论由负反馈所主导的动态过程。它们在某种意义上是均衡的,或是正在寻求均衡状态。然而在大多数情况下,这种均衡都无法切实地实现,除非一方愿意将某个广义或狭义范围内的波动称为均衡。而他们都与人们可能认为所说的"权力平衡"有关。

第四节探讨正反馈所主导的进程。这是一个更加一体化的政治生活进程,例如:建立共识、网络建设、社区动员、集体学习、组织间协作等。

第五节简要描述了仅在一个方向展开的动态过程。也就是说,这些过程不涉及反馈环。这里所选的讨论过程涉及过滤与连锁反应,或者可称为"串联(cascades)"。

第六节简短地总结未来研究的愿望清单。

---

① 当然,本人非常感谢鲍姆加特纳(Baumgartner)与琼斯(Jones)所做的工作,他们也对上述话题进行了调查(Baumgartner 和 Jones,2002)。

1.1 动态是否重要?

由于本章专门讨论政策动力学,因此作者与读者会容易受到一些干扰,诸如有关制度化权威、利益集团权力或人际影响的动态过程,以及与过程相关的战术技能的假定重要性。主题的概念魅力以及一些处理主题的独特模型增加了吸引力。并非所有在这一领域工作的学者都能免除于此。但是,我们或许应该相信,最终,权威、权力和影响力更加重要。如果你正在与大力神赫拉克勒斯格斗,无论你怎样坚持与逃脱,你终究都会失败。本章背后的假设仅仅是过程动态是相应发生的,我们需要通过概念工具和经验知识来理解它们。

2. "系统"与"动力学"

并非所有系统都是动态的,但所有动力学都发生在系统内。因此,我们必须在一开始就谈一谈如何理解系统。

在《系统效应:政治生活与社会生活中的复杂性》(*System Effects:Complexity in Political and Social Life*)一书中,罗伯特·杰维斯(Robert Jervis)为系统提供了一个有价值的定义:"我们在当(a)一组单位或元素相互连接以使某些元素或它们的关系变化在系统的其他部分产生变化时,以及(b)整个系统表现出与部分不同的属性和行为时对该系【339】统进行处理"(Jervis,1997,6)。封闭系统只对由其自身元素引发的变化有所响应;而开放系统则包含一个内生核心,该核心在许多方面表现得如同一个封闭的系统,但也可以从周围环境中接收输入。在本章,笔者只对开放系统进行了研究,但通常主要关注的还是其内生核心的动力。①

在特里·莫(Terry Moe)发表的有关美国全国劳资关系委员会(NLRB)动态的论文中,为了传达每一部分都是什么的真谛,内生核心将董事会、员工以及数百万作为潜在投诉人的雇主和工人都包含在内,而环境则由行政人员、法官及各种经济条件组成(Moe,1985)。在莫对于谁会在 NLRB 中取胜和败北所做的分析中,内生核心的运作与较大环境的影响相比,影响虽小却很有趣。对于董事会的外生影响,尤其是通过总统任命造成的影响,显著改变了董事会支持或反对劳动的倾向,而之后这种影响便会转移至

---

① 理查德森(Richardson)有效地区分了"封闭"系统的两种含义——分析性含义与实质性含义。在实质或真实的意义上来说,所有系统都是开放的。然而,出于分析目的,有时将某些系统视作封闭系统也是有意义的。杰伊·W.弗瑞斯特(Jay W.Forrester)至少对于部分当代系统分析而言是一位先驱,但他仅对分析封闭系统做研究(Richardson,1991,297-298)。

内生动力。例如,假设理事会将其解释标准转向有利于劳动者的方向,便会导致获胜率的暂时提高。但这种提高只是暂时的。随着积压的有利于标准以下劳动力的待解决案件不断减少,平均获胜率也呈相同态势。但暂时高于平均水准的获胜率,加上董事会有关新解释标准的信号,推动了劳工备案文件的增加。然而,新备案的平均质量低于旧待处理案件的平均质量,员工的胜率(随其已备案案件呈送到董事会)则呈下降态势。随着员工标准和劳动者对这些标准的看法逐步趋于稳定,案件的平均价值和劳动力获胜率收敛于某种"正常"水平,尽管这个新标准比过去在董事会成员转变之前更加倾向劳工方向。

2.1　正负反馈循环

系统结构包括(1)其组成元素,(2)管理其间交互作用的规则,以及(3)系统应用这些规则所需的信息。几乎在所有学习政策的学生所感兴趣的动态系统中,"运行"系统都会产生可能改变系统结构的反馈。

借助反馈循环,某些系统输出(无论是中间输出还是最终输出)一定程度上影响这些系统的输入。例如,教师鼓励父母读书给孩子听,而孩子们成绩的不断提高也进一步鼓励父母继续进行这项有成效的工作。有关系统动态的文献称这种诱导增长的反馈循环为"正"(循环),因为在传统的循环图中,例如在图 16.1 中,成分极性的乘积是正数。【340】另一方面,"负"反馈循环具有平衡或均衡效应,因为极性的乘积是负数。图 16.1 解释了路易斯·理查德森(Lewis Richardson)提出的著名军备竞赛模型。理查德森的代数模型可在方程(1)和(2)中体现出,其中 x 和 y 代表两个国家的武器库存,m 和 n 是正"防御"系数,g 和 h 代表"不满"或"侵略意图"(Richardson,1991,40)。

$$dx/dt = my - ax + g \tag{1}$$
$$dy/dt = nx - by + h \tag{2}$$

在 NLRB 的案例中,案例卷宗与案件本身之间存在的较大差距增强了工人现实主义,而增强的现实主义则产生反馈并缩小了差距。

2.2　"突现性质"与"发展"

在运行时,大多数具有正反馈循环的复杂系统都会出现新的特征,即"突现性质"。想象一下,在物理环境中,从黏土、轮子和陶器系统中神奇地出现一个罐子;在社会环境中,想想成千上万的司机聚集在同一条高速公路或城市街道上,造成了交通堵塞。如以

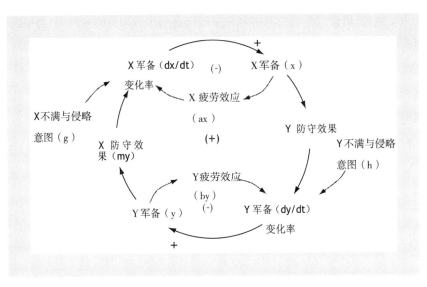

图 16.1　理查德森的军备竞赛线性模型的循环结构

上示例所示,突现性质是整个系统的属性,而不是其中任何一个组成部分。

【341】　　"突现性质"也可以换成更加传统的说法,即"发展"。在本章中,笔者将参考政策相关系统中的诸多此类发展。笔者已在 NLRB 案例中提到过获胜率。其他类似的例子有:

- 在反对派反对动员后不久,一个倡导联盟内发生部分分裂。
- 迄今为止,从人类和非人类资产的组合中出现了相对独立的运行式"部门间协作"功能。
- 各种关于竞选活动的出现、实施网络的建立以及立法共识的发展的动力过程。
- "锁定效应"即由之前制定的所有政策达到限制社会政策发展的目的,而一旦有了该效应,任何新政策都可达成一致。

3. 负反馈过程:权力的平衡

笔者探讨两种类型的负反馈或平衡过程。即:

- 在特定可变的限制范围——内发生的波动。①
- 正在努力维持一种"垄断"的平衡状态,这种状态基于对政治权力的优先垄断。

---

① 　在鲍姆加特纳(Baumgartner)与琼斯(Jones)对于正负反馈的彻底并深刻的研究中,他们偶然提到了负反馈的"自我平衡"功能(Baumgartner 和 Jones,2002,8-9)。这意味着回到了先前某个已定义状态。但笔者认为这种情况并不会经常发生。笔者归因于负反馈的一切,皆是向着反应方向的系统运动。

当改革者确实成功时,这便有可能被称为"不平衡"过程。

笔者将初步指出,本人忽略了达到或可能达到博弈理论平衡的大范围流程。其中的许多理论,如囚徒困境博弈理论,与政策的制定与实施密切相关,且相关理论已拥有大量文献。产生这种疏忽的原因为,在这些博弈中即使达到平衡也只是瞬间的;因此,人们无法探讨"动态"。出于同种原因,笔者也省略了补偿失败以达到平衡的效果,如米勒(Miller,1992)所提到的那样。

3.1　波动过程

在转向我们的主要议题——国内政策进程之前,让我们思考一下国际舞台上经典的波动系统——权力政治平衡。该过程有以下几点核心特点:(1)以挑战任何新兴国家联盟为目的的对抗联盟的兴起;(2)联盟组建中的流动性,有时今天的敌人可能成为 【342】明天的盟友。该系统在相对和平与接近战争之间来回波动,当抗衡力量无法阻止战争时,便可能陷入实战。然而,该系统也倾向于保留大多数参与国家的领土完整,并阻止单一国家的完全统治(Jervis,1997,131-3)。

人们是否认为权力平衡真的"有效"——例如,从 17 世纪到第二次世界大战,在文艺复兴时期的意大利或欧洲——很明显权力平衡并不是一直有效。当统治者极其雄心勃勃、判断有误或抗衡力量动员缓慢时,该系统就会濒临崩溃。也就是说,战争即将发生。然而,这些失败并非来自系统内生核心的动力,而是来自系统环境中的外部力量,例如领导者的心理状态(拿破仑、希特勒)或国内政治的影响(内维尔·张伯伦在位时期的英国公众舆论)。

监管机构。在国内政治中,监管政策的波动是负反馈的最佳例证。正如我们在莫对 NLRB 的研究中所见到的那样,外生因素对于核心动力的影响是非常重要和普遍适用的。当然,有人可能会说,在政治环境中波动本身就是一个更大系统内部内生过程的体现。在民主党掌权时,职业安全与健康管理局(OSHA)和环境保护局(EPA)等风险监管机构与 NLRB 一样,要比在共和党掌权时更具主动性。这种存在于各政党之间的动荡,以及在其庇护下茁壮成长的利益集团,必定能够一定程度上达到系统化。笔者将在下面重新讨论这一点。

除政治之外,风险监管的本质可能保证一定的内生波动,而这种内生波动与由政治环境引发的波动无关(Hood,Rothstein 和 Baldwin,2001;Bardach 和 Kagan,2002/1982)。我们所需要的只是希望遵守制定"良好公共政策"规范的监管者,但他们却在具有强烈技术不确定性的条件下工作。这几乎是所有风险监管机构的标准条件。关于何种政策受众在何种情况下接触到这个政策会有多大程度的损害,还缺乏完备的科学信息。监管者也不能确定,特定的补救措施在政策和计划实施的现实世界中能否有效地应用。之后,乔纳森·本德(Jonathan Bendor)假设监管者遵循探索法,如"如若过去有效,则继续实行"和"若(该措施)似乎不起作用,则收紧(放宽)监管制度"。似乎只要错误还在发生,该机构就不会陷入次优制度之中,但这也无法阻止其在最优制度中动荡(Bendor,2004,13-14)。

本德(Bendor)将食品和药物管理局作为其主要例证,追随保罗·夸克(Paul Quirk)的研究(Quirk,1980,ch.6),并合理地假设最佳严密性存在于波动运动范围之内。但当然,该研究并不需要这样做。巴达克(Bardach)和卡根(Kagan)(2002/1982)假设这样【343】一种监管动态,其监管严格性(在多个方面)根据短期和中期的政治压力而变动,但从长期来看,呈上升趋势。他们将其称为"监管棘轮"。在任何给定的周期中,严格性可能会降低,但不会低于前一周期的最低水平。若这样的棘轮确实起作用[1],那么这将是一个幸运但仅仅是临时偶然的事件,最优点将存在于波动范围内。

支出。在"公众作为恒温器:支出偏好的动态"中,克里斯托弗·维雷恩(Christopher Wlezien)明确试验了一个负反馈假设,该假设以克里斯托弗采用的民主问责理论为基础,其中公众"将调整其对于'更多'或'更少'政策的偏好,从而响应政策输出本身。实际上,公众就如同一个恒温器;当实际政策'温度'与偏好性政策'温度'不同时,公众便会相应地发出调整政策的信号,而一旦经过充分调整,该信号便会停止"(Wlezien,1995,981)。维雷恩发现,在国防和五项社会计划方面,公共偏好是预算拨款的一种制衡力量:无论他们偏向何种方向,公众舆论都希望他们向后转。

选举与政党。当然,两党制中的定期竞选选举是一个巨大的负反馈系统。虽然在分权制度中,"执政党"的观念有时模棱两可,但随着时间的推移,无论谁被推举为"执政党"都会引发不满,而选民则会将害群之马投出去。这些不满也许不应归因于该党或其领导者的行为(Fiorina,1981),但这并不是重点。从党派行为到选民责任归因的反馈循环并不是这种归因的唯一来源,且系统可以像理性反馈一样顺利运作。虽然改选之间的时间间隔缺乏统一性,但选举波动的系统质量并未降低。这种间隔的持续时间可能必须通过外部因素来进行解释,例如商业周期、变化的人口统计数据,以及外国事件或丑闻带来的随机冲击[2]。

---

① 有关棘轮效应的依据,详见 Ruhl 和 Salzman,2003。

② 然而,间隔的持续时间可能具有统计规律性,例如齐普夫(Zipf)定律,它将事件类型的发生频率与相关事件涉及群体中的该类型等级联系起来。齐普夫定律适用于各种事件,如英文中单词的出现与城市人口规模。见 Bak,1996,24-26。例如,在齐普夫列出的样本中,第 10 个最常用单词出现了 2653 次;第 20 个最常用单词出现了 1311 次;而第 20000 个最常用单词则只出现了 1 次。这样的数据在对数坐标图中呈一条直线,斜率接近 1。

　　在特定的选举季,负反馈系统也会发挥作用。安东尼·唐斯(Anthony Downs)提出的著名的党派定位空间模型表明,在一个简单的一维(左/右)选民偏好世界中,两个政党在争夺中间选民的忠诚度时被推向中心。这属于正反馈系统,而非负反馈系统。然而,由于受到党派基地不投票(非竞选)的威胁,党内领导人(候选人)被拖离中心,因此这一过程可能无法实现。由距离中心过远或背离党的热衷者行为而引发负反馈,导致【344】候选人的位置均衡而非中间选民的位置均衡(Shepsle 和 Bonchek,1997,114)。

　　改革周期。观察家们注意到了美国政治史上的改革事件——主要包括反腐败、反商业及或反政府事件。塞缪尔·亨廷顿(Samuel Huntington)提到了一种典型的美国"信条激情",创造了一种每 60 年爆发一次的既民主又道德的公民生活(Huntington,1981,147 ff.)。当"理想与制度间的差距"变得过大时,这种现象就会爆发。虽然亨廷顿确实声称这种 60 年周期拥有一个系统性的基础,但他并未明确解释该基础是什么。

　　同样,麦克洛斯基(McClosky)和扎勒(Zaller)在其所著的备受赞誉的《美国精神》(The American Ethos)(1984)中提出,几十年来,在支持"在竞争激烈的私营经济中,既积极进取又勤奋的人拥有最高的收入"与"每个人都可以过上体面的生活,并拥有平等的机会来实现自己的全部潜能的民主社会"之间存在着"民族情绪波动"。他们认为"资本主义"与"民主主义"这些价值观在政治和哲学上都存在一些紧张关系。然而,除此之外,他们并未给出具体的机制,说明一种价值观的优势在其竞争对手面前如何消退。①

　　在传统利益群体理论时期,大卫·杜鲁门(David Truman)曾撰写过美国政治"平衡轮"的著名文章,其中提到有的利益集团在一轮中胜利,却在下一轮败给了新动员的"潜在团体"(1951,514)。"在一个相对活跃的政治体系中……无组织的利益集团频繁地占主导地位……以至于……有组织的利益集团的活动和调查方式都保持在广泛的范围内"(1951,515)。这确实是以负反馈为基础的改革周期理论。

　　安德鲁·麦克法兰(Andrew McFarland)已经更新了杜鲁门的理论,并提出"改革周期"理论,该理论专注于从 1890 年到至少 1991 年的亲商与反商业政策与政治活动,在这期间他发表了此文章(McFarland,1991)。总结如下:

　　与挑战其控制权的改革组织相比,经济生产者团体组织参与问题并提出决策的动机更为稳定。然而,经过几年的周期业务控制,未受约束的生产者组织倾向于付诸"极端行为"并违反广泛共享的价值观。这导致了由改革者发起的政治参与[与政策胜利][1991,257]。[但一旦立法通过,并制定了法规]……那么高层政治时期便会结束:公

———————————

　　① 麦克洛斯基和扎勒夸大了这两个价值观之间张力的一般情况。将高度紧张化的"资本主义"转换为更加中立的"市场",民主和市场制度不仅兼容,而且可能互需。

众失去了对其的兴趣,新闻报道也会停止,国会和总统转而关注其他问题……但由于持续的经济利益,生产者群体的活动仍保持不变……几年后,生产者集团的另一个时期便会到来,最终导致产生新的极端行为,新的改革时期,等等(1991,263—264)。

【345】 麦克法兰说,这一理论的一个含义为,"在数百个问题领域的范围内,业务控制或改革阶段往往会同时发生"(1991,257)。确实存在着同时跨越许多问题领域的"改革"浪潮。麦克法兰特别指出了进步运动(1900年以后),(罗斯福)新政(20世纪30年代)和20世纪60年代的民权和反越战运动。然而,这些是否代表着波动系统中的真实周期,这一点是值得怀疑的。在麦克法兰的理论中,对于周期改革阶段的刺激是商业实行的一种"新极端行为",这意味着它与某些已接受或可接受的引发变革的低水平不当行为的较低水平的增加。因此,该体系的基本驱动因素是变化的,并被客观地视为与商业不正当行为的水平相当。然而,同样可能的情况是,商业不正当行为的实际水平随时间的变化不大,而且不断变化的社会和文化条件引发了集体对于"改革"的愤慨与需求。值得注意的是,自20世纪60年代以来,改革主义者的需求在商业和政府领域,也就是指向代表等级制度的机构(Douglas和Wildavsky,1982;Inglehart,1997)。①

若过去确实存在改革周期,那么自20世纪60年代起,它们可能已经让位于一个几乎与商业机构不相上下的制度化"改革"世界,且批评的声音比对商业改革更大。改革派利益集团比比皆是。在华盛顿和一些美国州首府,那些集团代表着"良好的政府",环境、同性恋、妇女和安全利益集团都拥有稳固的财政基础、专业人员与战略复杂性。②而那些代表穷人和各种少数群体的集团的势力则弱得多。然而,所有这些利益集团都得益于过去30到40年间的"权利革命",并且至少在原则上受到法律保护,免受早期时代的大量不公平待遇。当然,这些权利的实际实施是非常不完整的。

3.2 垄断平衡与间断平衡

弗兰克·R.鲍姆加特纳(Frank R.Baumgartner)和布莱恩·琼斯(Bryan D.Jones)在动荡平衡的意象和理论上迈出了重要的一步(Baumgartner和Jones,1993)。他们假定存在一种由既定利益集团对问题领域议程的垄断控制。描述相同事物的旧概念是由执行机构、国会拨款和政策委员会构成的利益集团"铁三角"(也称"影子政府")。若这个铁三角同意实行某项政策,那么其他任何人都不能再进行变动。即使他们不同意,也

---

① 大卫·沃格尔(David Vogel)抵制文化与企业不端行为理论,认为在经济发展态势相对良好时改革运动会蓬勃发展,并在经济恶化时陷入沉寂(Vogel,1989)。

② 相关详细信息,请参阅Baumgartner和Jones,1993,179-189。

不能在解决自身问题时让其他人参与。了解这一点之后,就很少有人进行尝试。鲍姆加特纳和琼斯认为这种状态是平衡的,尽管它实际上并未在任何方面达到平衡。它是一种与死亡才是"和平"意义相同的"平衡"。

然而,在此处应用该术语是有效的,因为推翻这种统治体系不像是从死亡中复活,【346】它是实际可能的。他们采用演化生物学语言,将推翻过程称为既有平衡的"间断"。在一有益的波动意象偏离中,他们认为间断所释放的力量几乎可以起始于任何时间,并消散于多个方向。例如,一旦酒精滥用成为政府必须以某种方式解决的社会问题议程,那么就会考虑在各种场所实行各种补救措施。酿酒商和酿酒厂无法压制各方的声音。政策措施范围广泛,从支持醉驾入刑到打击酗酒教育,再到资助治疗。此外,还建立了一些机构,如国家酒精滥用和酒精中毒研究所,该机构即使在这一备受关注的浪潮退去之后,仍确保对该问题的持续关注(Baumgartner 和 Jones,1993,161-164,84)。

鲍姆加特纳和琼斯描述了两种"问题扩大模式"。在一种情况中,一股热衷应对新奇问题或机遇的热情导致了新政策与制度的产生。在另一种情况下,存在一种"动员批评",它侵占了现有垄断的地位,并夺取了对议程的控制权。在这两种情况下,媒体关注都是一个中心的早期发展的催化剂,随后是民选官员的关注。尽管鲍姆加特纳和琼斯认为这两个案件都代表了"间断变化模式"(1993,244),但第一个案例不应算作"间断均衡"的例子。如果确实存在新奇性,那么间断就是非实质性的。间断的变化只与变化的速度本身有关。

4. 正反馈过程:内生发展

从纯技术意义上来说,正反馈过程比负反馈过程更加有趣。它们更复杂,有时甚至是反直觉的。它们实质上也更有趣,因为它们是所有增长和发展过程的核心。①

4.1 动力

动力影响许多政治进程,如竞选活动、建立立法联盟、探索机构间协作、实现复杂程 【347】序设计、激励社会运动、建立社区共识以及推广创新等。关于动力进程的核心结构事实是,该过程中的每一步都具有两面性。一方面,它是朝向目标方向的运动;间接而言,它

① 值得强调的是,笔者此处指的是正负反馈的过程,而不是系统。系统通常两者都包含,并且哪种类型的反馈占主导地位通常取决于观察者如何定义"系统"的边界,就如同本体论现实,例如它们属于本体论范围内。

创造激励或机遇,鼓励其他人也朝着目标前进。在最简单的情况下,得势派的每个新的支持者都是根据博弈规则获得足够的支持以获胜的增量;但这也是旁观者视其为获胜方的信号的补充。

更复杂的动态不仅涉及发送信号,还涉及相互作用。每个新招募人员都是新兴倡导联盟的资产,也是一个潜在的归附者。因此,在社区建立共识的过程中,每个新招募人员都既是广播频道上建立信任的信号,也是其在小范围播放频道网络中与之通信之人的诱导器和增强剂。再举一个例子,进行复杂的程序设计或构建跨部门协作更为复杂。每一个新的制度参与者,在开始发挥其所需作用时,都是(1)一个流行信号,(2)对于其他不太情愿的人而言的诱导器和增强器,以及(3)通信网络中创造了更多动员及进一步完成实施细节能力的另一节点。普雷斯曼和威尔达弗斯基(Pressman 和 Wildavsky,1979)在实施开创性工作时,低估了动力建设和新兴的紧急通讯能力的建设性作用,他们假设所有制度参与者彼此独立决策。然而在大多数情况下,一些人做出的积极决策提高了其他人做出积极决策的可能性。

动量动力学是极其复杂的革命现象的核心。苏珊娜·洛曼(Susanne Lohmann)假设了一个"信息级联"模型,以阐明导致政权崩溃的大规模抗议活动,并在 1989 年至 1991 年期间将其令人信服地应用于东德。该模型包括:(1)由对政权不满的个人提出的"代价高昂的政治行为";(2)随着时间推移公众从抗议运动的规模中接收到的"信息线索";(3)"若抗议活动显示其为恶性的",则丧失支持且政权处于崩溃边缘(Lohmann,1994,49)。

4.2 选择性保留

从生物进化来看,选择性保留作为竞争过程是较为常见的。这种模式显然也适用于选举竞争结果。该模型的一个不太明显的应用是议程设定。然而,约翰·金登(John Kingdon)已经应用了这个模型,而且效果显著(Kingdon,1995)。① 通过一个随机分配或随意交叉的政治精英群体,分离出包含问题、政策与政治在内的各种倾向。若每种倾向【348】 的元素足够幸运,能够穿越由宏观与微观事件共同创造的"机会之窗",那么它们便可以相互结合并蓬勃发展(金登称之为"耦合")。结果便是,在相关的政治行动者子团体中,人们会讨论被视作"议程"问题的某一问题和某一套候选政策。②

---

① 他称之为"垃圾桶模型",但这被视为一种进化模型。
② 对于该模型,特鲁(True)、琼斯(Jones)和鲍姆加特纳在其所关注的事物中添加了其所谓的"连续转变"。这既涉及关注对象的转变,也涉及来自不同方面注意力增长的自我强化过程(True,Jones 和 Baumgartner,1999,103)。

4.3 路径依赖性政策选择塑造

当前的政策选择是先前制定的政策选择的产物——"路径"——有时甚至是几十年前制定的。"路径依赖"概念也是如此。那些早期的选择可能既有约束力,也具有"锁定"效应与机遇增强效应。

目前美国的医疗保健服务系统就是此效应的一个实例。将现行制度合理化受到了雇主资助的雇员健康保险制度的广泛制约,以及接受者所接收的此类保险的免税地位的限制。如果雇主不能提供这种福利,将员工总薪酬保持在同一水平,他们就必须增加员工的税后收入。这将使雇主花费比其目前所支付保险费更高的费用。如果从雇主融资到政府融资的任何转变都属于预算负担,那么国库也与目前以雇主为基础的制度息息相关。要摆脱以雇主为基础的与税收补贴的融资,我们面临着两个严重的制度障碍。在市场开创了以团体为基础的医疗保险,以及雇主意识到提供这种保险作为额外福利可能增加工人的忠诚度并推迟工会化之后,该计划的地位在 20 世纪 30 年代变得更加突出(Hacker,2002,199-202)。

不断发展的系统,或某些人所说的客户群,限制了其彻底变更。锁定效应也是如此。另一方面,一开始只是人们的事后反省,后来演变成为一个完善的政策体系,一个为工作人口及其家人提供医疗保险的十分全面的系统。与大多数由税收支出提供资金的政策一样,该系统暗中增加了远远超出预算内融资计划的融资。因此,笔者将上述行为称作机会增强效应。

一般而言,政策改革是政策演变过程的一个虽然特殊却具代表性的案例,埃里克·帕塔什尼克(Eric Patashnik)多年来追踪着三次改革历程:1978 年的航空管制,1986 年的税制改革(降低了税率并提高了税基),以及 1996 年的联邦农业改进与改革法案(FAIR)(Patashnik,2003)。尽管利率一直保持在较低水平,但由于特殊利益仍未消除,税基也在不断削减,也再次缩水。同样,被 FAIR 终结的津贴已再次恢复原状。但是,【349】给予农民的新的种植决策灵活性得到了保留,因为农民对可持续的期望进行了大量投资。这些投资避免了任何削弱灵活性的严肃想法。因此,改革被"锁定"。或者人们可以准确一点地称之为准干预人被"锁定"(Schwartz n.d.)。坚持的改革与不改革有何区别? 若不坚持改革,那么那些坚持开发选区的人就会受到极大的伤害。① 航空管制得以成功维持,因为它几乎在一夜之间为新竞争航空业创造了大量成功者,这些成功者已

---

① 有关作为终止政策障碍的选区的重要性,请参阅 Bardach,1976。

经抵制或被隔离在抵制管制所作的努力之外。①

　　对于路径依赖的解释是什么？保罗·皮尔森(Paul Pierson,2000)在其所著的一篇论文中精确地表达了一个重要思路——对于路径依赖的解释在于"增加回报"。在生产环境中,这就意味着下一轮实际没有限制的增量投资的回报率更高(不具备收益递减这一正态过程),正如一个软件公司,为其产品用户创造了更大规模的网络经济,那么网络规模也会变得越大。皮尔森将该想法应用于政策制定系统中:从政治上来说,虽然新方针在技术上更加优越,但是修改既有的完备方针要比制定新方针更容易;无论如何,偏好内生地向当前政策配置转变,并自动增加其收益,因此存在着正反馈循环。皮尔森的结论是合理的,但将收益递增作为解释性模型是不必要的,而且通常具有误导性。收益递增背后的现象是从内生增加机会,而决策过程的合适的概念通常是有代表性地从内源增加约束(锁定/排除在外)。即使在机会增强效应中(例如,税收支出有助于促进补助型医疗保健),若事实上按照惯例塑造了边际收益函数(上升之后下降),而观察者偶然地只关注上升部分,那么收益递增模型仍然具有误导性。②

　　在一些特别提及的监管政策领域中已采取了特殊路径。政府监管、市场结构、普通法规以及贸易与专业协会监督往往是共同发展的。在信息不对称的市场状况以及普通执法中的高交易成本现象下,它们彼此实现了部分功能互补。因此,对于始于20世纪初的牛奶和乳制品的监管,由于并未通知消费者,有时很难轻易或明确界定产生不良影响的原因。随着拥有开放式牛奶箱的小型零售杂货逐渐被大型连锁超市所取代,箱装牛奶、效果更好的制冷箱销量以及监控乳牛场条件的能力以及政府监管的实用性都在下降。实际上,奶牛养殖场已经垂直一体化整合到了需维护自身声誉的大买家的业务中。在加利福尼亚州,政府督查员实际上已成为大买家的付费代理人。③

【350】

------

　　① 对于其他旨在锁定政策的选区创建的例子,请参见格莱泽(Glazer)和罗滕贝格(Rothenberg,2001),尤其是78—114页。1977年的清洁空气法修正案强制要求燃煤公用事业使用昂贵的洗涤器,其中的部分原因为,一旦开始进行资本投资,该行业便会失去迫切要求修订宽大处理监管的动力。格莱泽和罗滕贝格还推测军事院校所实行的毕业后的最低服务年限要求,相比于在职业生涯中提供更高的薪水而言,是补贴军官培训的一种更好的方式。提高薪酬策略将完全受到政策逆转的影响;而且一些有潜质的新兵也许会由于不愿承担这种风险而拒绝报名。

　　② "路径"这一隐喻说法的优点之一为,它提醒我们路径的特征取决于观察它的距离。一条对于步行者而言充满曲折的路径对于飞跃这一路径的飞机乘客而言可能是笔直的。1996年的联邦福利改革法案似乎是一场封闭式革命(最终福利作为一项应得权利,需要将工作作为收入状况,并为收入设置时间限制),但从长远来看,这次革命宛如一份稳定的社会保险合同中的一些互相依赖性条款的适度重校(Bardach,2001b)。

　　③ 参见罗伊于1996年发表的一篇有趣的演变故事,该故事讲述了政府对证券市场的监管如何替代强大的国家银行厂商的监督功能,由于安德鲁·杰克逊(Andrew Jackson)否决了重新发给美国第二银行特许状的提议,这一点未能得到实现。

4.4　反复试验式学习

从某种意义上而言,政策过程是一个反复试验的问题解决过程。出现问题了,公民抱怨,然后政策制定者提供政策解决方案。若解决方案实行得并不完善(或根本不起作用),政府清楚该事实后,便会制定新的政策解决方案。新方案也并不完美,于是此过程周而复始。

尽管将反复试验式学习概念化为一个负反馈过程(和与目标更接近的激励性调整之间存在偏差)很常见,但在复杂模糊的问题情境中学习,则被更恰当地认定为是一个正反馈过程。此类情况下的正反馈要素,与不断提升的信息存储能力和对于有关待解决问题本质分析的性质和潜在解决方案的可行性的分析理解有关。那么这种学习过程拥有哪些机制? 这些机制运作得怎么样呢?

全系统学习。基于现有文献,很难回答以上问题。大多数有关社会和组织学习的文献都涉及私营部门。因此,人们认为组织内部已达成实质性共识(通常是利润最大化)。理性分析(各种不同的解释)、开放式沟通和开放思想也被认为是至关重要的(Senge,1990)。① 然而,政策过程将价值冲突和共识形成制度化。学习无疑是立足当前且来自于倡导联盟的工作(Sabatier 和 Jenkins-Smith,1993)。但是通常情况下,在适合技术分析的政策领域更加有效(例如工人安全和环境问题②比防止虐待儿童更重【351】要)。学习也是有选择性的。学到的东西是稳定顺畅的,因此不会很大程度上改变学习者的预想。学习也是一种文化问题,不仅仅在于认知上的改变(Cook 和 Yanow,1996),并且可能在倡导联盟边界之内存在的文化社区中得到控制。若政策制定系统真的要进行学习,且学习的是如何提高整体福利而不仅仅是党派之争,那么又会发生什么呢?

一种可能性为,精英内部的人员流动暂时凸显了一个派系,这个派系学到了一些东西,以补充或纠正其前任认为理所当然的事情。这是更大规模的本德(Bendor)波动过程。然而,临时学习是否能够在下一次更替中存活下来则是一个截然不同的问题。在政治进程中,有时会出现新的精英们放弃他们前任的工作,仅仅因为这是他们前任的工作。限制这个过程的一个因素是,在政治精英轨道上存在拥有技术头脑的专业人员。几乎任何机构或立法机构都至少有一些这样的人,他们将成为技术合理性的压舱人。③

---

① 即使在这些条件下,组织中的小团体内的学习也很难扩散到其他单位之中(Roth,1996)。

② 例如,参见 Perez-Enriquez,2003;Taylor,Rubin 和 Hounshell,2004。在后一种情况中,必须将私营部门实体(公用事业和技术公司)视为相关政策体系的一部分。

③ 这并不意味着他们没有自己的缺陷与偏见。但总体而言,从长远来看,在所有机构中,这些缺陷和偏见可能比技术干部所服务的政治精英的缺陷与偏见所造成的危害要小。

而且设法跨越对立的倡导联盟的论坛,或许能够使技术理性得到比其他方式更好的建议(Sabatier 和 Jenkins-Smith,1999,145-146)。①

跨辖区学习。若某个问题的技术解决方案已在其他地方尝试过,并且似乎奏效,那么它应该对尚未尝试过的想法有所帮助。如果其他地方是附近的辖区,例如邻近的州或城市,那就更好了。动量效应可能是这样起作用的:"一个国家采用一项计划的可能性,以及官员与已经采用的国家的官员之间的互动数量,二者之间成正比关系"(Berry 和 Berry,1999,172);并且这种相互作用的可能性随着已经采用的状态的数量而增加。无论如何,到目前为止,已经有确凿证据证明区域扩散模型的真实性(Walker,1969;Berry 和 Berry,1999,185-186)。在公共行政领域,有一种被称为"新公共管理"的模糊哲学,高度注重结果,倾向竞争性外包、企业管理以及通常与商业相关的其他活动,并且已在美国和国际上的许多司法管辖区内都出现了势头(Barzelay,2001;Hood,1998;Hood 和 Peters,2004)。②

【352】 4.5 复杂系统

复杂系统难以预测,因为它们很难理解。复杂性的主要是因为系统内的多重交互,即杰维斯(Jervis)所说的"互联"(Jervis,1997,17)。③

自 20 世纪 60 年代初以来,"系统动力学"系统建模学派的创建者与精神领袖一直是杰伊·W.弗瑞斯特(Jay W.Forrester),现任麻省理工学院斯隆管理学院的名誉教授。据弗瑞斯特(Forrester,968)和他的翻译乔治·P.理查德森(Richardson,1991,300)所言,具有多个非线性与高阶反馈循环的系统较为"复杂"。时间和空间的因果关系并不密切,而且往往是反直觉的,还"对于许多系统参数的变化非常不敏感"(Richardson,1991,301)。这可能是因为他们的行为是由各组件之间的结构相互联系以及组件与应急体系自身之间的互连结构所支配的。

补偿反馈。弗瑞斯特和他的门徒长期以来一直对政策问题持有浓厚兴趣。他们得出了以下结论:隐藏在复杂系统中的"补偿反馈"机制,往往会战胜政策干预。例如,在《城市动力学》(*Urban Dynamics*)一书中,弗瑞斯特提出,政府资助的低收入住房以及

---

① 对于上述所有情况的一个有趣的例外情况为:两个在意识形态上相对立的立法者着手共同成功完成某一任务,以共同了解福利政策——详见肯尼迪 1987。
② 它起源于 20 世纪 80 年代初的英国、澳大利亚和新西兰。
③ 罗伯特·阿克塞尔罗德和迈克尔·D.科恩(Michael D.Cohen)写道,"当某一系统难以预测时,我们便称之为复杂系统,并不因为它是无规则的,而是因为人们不能简单理解它所具有的规律性"(Axelrod 和 Cohen,1999,16)。

为失业人员实行的就业计划将造成贫困陷阱,增加城市内的依赖性人口,并损害城市前景;而拆除低收入住房及商业结构将创造更多就业机会并推动城市整体经济发展(Forrester,1969)。① 从对某一社区内海洛因使用所作的系统动力学研究中得出结论认为,对于吸毒成瘾者而言,合法的海洛因使用规划并不能防止海洛因成瘾,因为一个小群体的需求减少只会诱使新的毒品吸食者进入市场以填补缺口,而推进者也将更积极地招募新的供应商(Richardson,1991,307-308)。

这些研究是通过计算机模拟进行的。虽然模型结构和参数可以在一定程度上与实际情况进行校准,但通常来说建设模型需要大量的猜测。因此,尽管以上案例和其他此类案例中的模型很可能充分进行准确的预测,但正如批评者通常所说的那样,这些模型也有可能预测不准确。在任何情况下,人们都通常认为复杂的系统难以预测,并且通常是违反直觉的,且对其他们的精确参数并不敏感。

以代理为基础的模型。 系统动力学派运用"级别"变量来填充其模型,运用反馈循环来连接这些级别,并运用"速率"变量来控制反馈流。从某种意义上说,它是一种"自上而下"的系统建模方法,因为建模者必须清楚或设想出很多关于结构和参数值的方法。罗伯特·阿克塞尔罗德(Robert Axelrod)开创了一种"自下而上"的系统建模方法,【353】并根据某些策略与各种独立代理人一起填充其建立的模型。他依靠计算机模拟来规划帝国、文化、内阁、商业联盟、合作标准、元规范以及其间的所有内容(Axelrod,1984,1997)。在以代理为基础的模型中,群体中不同类型的相对密度发生变化,所使用的不同策略的频率也随之发生变化。之后,选择规则会使这些不断变化的密度在群体中传播更多的变化(Axelrod 和 Cohen,1999,3-7)。在代理人群体寻求互相之间相互适应时(即使这意味着"设法支配"),阿克塞尔罗德和科恩(Cohen)提出了"复杂适应系统"(1999,7)。

在阿克塞尔罗德和科恩于 1999 年出版的书中,他们试图(主要)向组织管理者提供关于如何"驾驭复杂性"的建议。也许在作者和笔者的观点中,最有价值的建议也是最不具体的:适应"永远新颖的理念,适应整体的功能,多样性和试验的价值,以及分散和重叠权力的潜力"(Axelrod 和 Cohen,1999,29)。

将模拟视为一种政策设计工具。 几乎所有涉及重要领域和购买的政策都会干预复杂的社会、经济、政治和文化体系。由于它为复杂系统的性质提供深入见解,计算机模拟似乎具有一定的价值,可以作为规划替代性政策提案或策划效果的辅助手段。这

---

① 弗瑞斯特受到了波士顿前市长约翰·柯林斯(John Collins)所研究的城市经济问题的启发,约翰·柯林斯曾一度在斯隆商学院附近的办公厅内担任职务。

些努力似乎是零碎的,却也在不断进步。

其中一个实例为,在弗瑞斯特系统分析传统中,由位于阿尔巴尼的纽约州立大学内的一个可选建模以工代赈项目设计的小组所作的研究(Zagonel 等,2004)。例如,他们将"边缘"和"中间"政策与和 1997 年实际数据相适应的基本案例进行了比较。中间政策旨在加强对于评估、监测和求职的投资以及对其的重视。中间政策主要由社会服务机构执行。边缘政策则侧重于客户在进入社会服务案例之前与之后发生的事情。相关服务包括预防措施、儿童援助实施以及独立性的提升,这些服务通常不受社会服务的直接控制。该模型包含各种机构和其他资源存量。对于分析师来说令人惊讶的是,在减少案件数量方面,中间政策没有边缘政策做得好:

总结此处的工作机制,中间政策在促使人们投身工作方面做得非常好,但随后人们便失去了工作并重新回到系统中,因为并没有充足的资源来帮助他们一直保持就业状态。边缘政策让他们慢慢地进入到工作岗位,但在保持就业方面做得更好。

另一个实例有关气候变化模式。兰德公司的罗伯特·J.兰伯特(Robert J. Lempert),史蒂文·W.波珀(Steven W.Popper)和史蒂文·C.班克斯(Steven C.Bankes)正在开发一种基于计算机的工具,用于预测各种治理气候变化以及其他类似的大规模、长期性问题的干预措施的影响。他们称该项目为"长期政策分析(LTPA)"(Lempert, Popper 和 Bankes,2003,xii)。通用 LTPA 问题的核心是意外的必然性、随之而来的有关【354】 建模内容及如何建模的"深度不确定性"。他们还提出了实现高质量 LTPA 的 4 个关键要素:

- 考虑大型集合(数百到数百万)场景。
- 寻求稳健而非最佳的策略。
- 实现具备适应能力的稳健性。
- 为合理未来的多样性的交互式探索进行设计分析。(2003,xiii)

他们指出,可用于模拟气候变化的计算机模型都与其自身的工作不匹配,因为模型"通过尽可能精确地对特定现象理论进行阐释来实现其有效性"(2003,82)。相反,他们所做出的选择几乎完全相反,一个简单的系统—动力学模型"仙境模型(Wonderland)",提供了他们所需的"用于表示稳健决策方法的关键方面——如,考虑近期适应政策与下一代适应性反应"(2003,82)。

4.6 混沌理论

正如弗瑞斯特所言,即使大多数复杂系统对其参数值并不敏感,但并非所有复杂系统都是如此。系统输出作为系统自身发展以及代表其自身实际和潜在发展之间区别的乘法函数,是一个重要的例外。根据其自身对某一产品的反应程度,系统输出表现为四种类型的行为,在公式(3)中用参数 w 表示:①

$$Y_{t+1} = wy_t(1—y_t) \tag{3}$$

在低反应性水平下,系统输出接近平衡点;在高反应性水平下,它们会发生稳定波动;而在更高的反应性水平上,它们则处于来回摆动与爆发的状态;而在最高水平上,它们却并未表现出周期性模式,并且看起来是随机的——"混沌的"——尽管其行为实际上是完全确定的(Kiel,1993;Baumol 和 Benhabib,1989)。任何此类系统随时间推移而靠拢的点集被称为"吸引体"。②

随着行为的展开,系统的时间形象也会发生巨大改变。出于此原因,由于人们首次观察该行为的位置不同,即 y 的初始观察值不同,该系统行为看起来非常非比寻常。因此,人们认为该系统对其"初始条件"敏感,③尽管一个更有意义的描述通常为"我们选择开始绘制它的点"。【355】

世界上多少部分是真正合适的? 混沌模型是否真实描述了许多学习政策或政策过程的学生感兴趣的现象,仍然是一个未知数。笔者认为,在内生诱导的混沌变化模型与更符合常识的外生诱导的多变量模型之间进行选择总是很困难的,但线性变化却具有纯粹的随机性。④ 混沌模型只能应用于历史相对较长的基本封闭系统,目前尚不清楚这种现象是否大量存在。宏观经济系统是其中最为明显的(Baumol 和 Benhabib,1989)。⑤

遗憾的是,因为"混沌"一词经常被随意使用,它可以用于描述任何非线性的复杂过程。例如,在贝里和吉姆(Berry 和 Kim,1999)发表的一篇名为《美联储是否会减少混沌?》(Has the Fed reduced chaos?)的文章中,用"混沌"一词代指从内战结束到 1950 年的两个历史时期中的一系列不断变化的波动平衡。一个更大的危机是混沌模型"对于初始条件的敏感性"将仅仅被应用于呈线性的系统,因此,此类系统从原则上来说更易

---

① 这是"用于探索[感兴趣的]行为制度的最广泛使用的数学公式……一个一阶非线性差分方程式,被称作逻辑映射"(Kiel 和 Elliott,1996a,20)。

② 对于五种不同基本吸引子特性的讨论,详情参见 Daneke,1999,33,以及 Guastello,1999,33-35。

③ 这种敏感性通常被称为"蝴蝶效应"——由于巴西的一只蝴蝶拍打翅膀,再加上该事件发生于混沌系统(天气)中,便引发了芝加哥的暴风雨。

④ 当然,混沌系统与外部干扰间的相互作用也有可能发生。结果便是"非线性扩大改变了系统的定性行为"。这些被称为"对称破坏"事件(Kiel 和 Elliott,1999,5)。

⑤ 另见考特尼·布朗(Courtney Brown)在将混沌模型应用于选举现象时所做的有说服力的努力,尤其是将其应用于 20 世纪 30 年代纳粹党崛起的时候(Brown,1995,ch.5)。基尔和艾略特(Kiel 和 Elliott,1996b)中包含相关政治章节则不那么有说服力。

于管理。例如,汉密尔顿和韦斯特(Hamilton 和 West,1999)分析了得克萨斯州 27 年间青少年的出生时间序列,并声称要找到一种以非线性的动态系统为后盾的模式,但是他们并未明确定义该系统的特征也没有提供合理的行为理论。然而,汉密尔顿和韦斯特最后警告说,"由于系统的反馈,任何一个发生于学校政策、无障碍医疗保健或福利资格方面的微小变化都可能导致青少年的出生状况发生巨大变化"。如果这一点只在社会政策中才适用,那么微小的变化也有可能引发重大的结果!"补偿反馈"(见上文)更有可能找到一种抑制结果的方法。

自组织系统。具有丰富的互动与良好组件间信息流的去中心化系统能够形成内部的高度协调和生产力。他们是"自组织的"。当他们的互动达到"混沌的边缘"时,便最有可能实现高程度的自组织(Kauffman,1995)。然而,这一点可以最有效地应用于无人系统或至少是非人工系统之中。人类可以有目的地创建复杂的自适应系统中的必要的互动、多样性和沟通,而不必使自身陷入这样的危险中。值得注意的是,阿克塞尔罗德和科恩在《驾驭复杂性》(*Harnessing Complexity*)一文中,几乎没有提到混沌或其边缘(Axelrod 和 Cohen,1999,xv,72)。

【356】 4.7 基于质量的排序

到目前为止,我们一直在讨论所谓的定量动力学:反馈循环告诉我们 x 值越高(或越低),那么 y 值就越高(或越低)。但是并没有理由在适当情况下避开定性模型。所有这些背后的基本思想都可以概括为:序列问题。

在早期的一项研究中(Bardach,1998),笔者已经将运作良好的机构间协作概念化为"ICC"的出现——这是建构过程的结果。① 这个过程有一动态面,在此序列中有所不同,就像在建造房屋的过程中,只有先架设框架之后才能安装屋顶,或者建立墙壁之后才能制作门窗。从反馈循环的角度来看,每个步骤都会反馈回到新状态的出现,而这些新状态提供了之前没有的机会以达到下一个状态。

机遇。这些状态是定性的。在 ICC 案例中,它们是由构建功能协作的各种组织与政治的构件所定义的。例如,这些状态将包括:可行的操作系统、实用主义文化、实际资

---

① "ICC"代表机构间的协作能力。这是一个比"协作"更精确的术语,因为在"协作"一词演变的任何时刻,有很多事这一词都无法解释,行为者/行动者可能更多时候在进行争论而不是合作。"能力"一词可大可小,可不断增长亦可不断萎缩;因此,"能力"可以被解释为一个连续变量,这在分析中是十分有用的。

源的临界量、政治宽容度,等等。所有这些都在图 16.2① 中展示了出来。这些元件的
组合顺序决定了构建过程的工作状态。

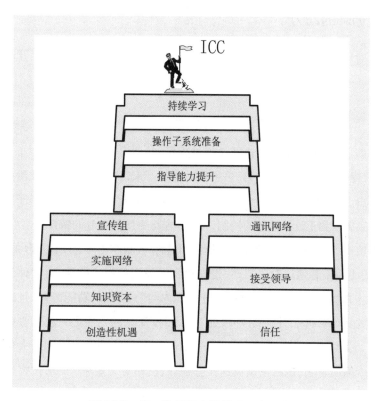

图 16.2　每一种新能力都是下一个平台

【357】

图 16.2 实际上提出了一个假设:将构建模块放置在所说的序列中——从底部开始
向上移动,这要比在任何其他序列中进行组装更加有效且风险更小。② 空间并没有提
供机会解释为什么该发展序列要比一些感兴趣的替代性序列更有效且风险更小。③ 举
个例子,仅仅思考一下序列中的一个配对就已经足够,即主张先建立信任,再接受领导,
而不是反其道而行之。在新兴的协作中,领导力对于解决沟通及其他问题非常有用(如图
16.2 中的平台所示)。但它也是很脆弱的,因为典型协作中的机构合作伙伴对彼此存在

---

① 在 Bardach,1998,274 中稍做修改。

② 试图形成更好而不是更糟糕的序列,这一过程笔者称之为"平台化"。笔者抛开了复杂性,如
支持某一结构的两个不同支架的平台间相对薄弱却意义重大的相互依赖性。

③ 想要了解相关详细信息,请参见 Bardach,2001a。目前仍不清楚应该与所有替代序列中的哪一
个进行比较。笔者承认,关于该序列问题的效率与风险属性的经验证据是零碎的,且仅仅是暗示性的
(Bardach,1998,ch.8)。然而,重点并不在于坚持这一特定发展假设的真实性,而在于阐明推理序列如
何变得重要的本质。

一定的怀疑。因此,如果可以先建立信任基础,那么领导力才能发挥最佳作用。①

5. 无反馈循环的动力学

并非所有动态过程都涉及反馈循环。有些动态过程只从一个方面展开。②

【358】　5.1　选择性保留与过滤

在上文的正反馈部分我们讨论了选择性保留,并列出了议程设置的例子。在金登模式中,随着议程贯穿整个不确定的竞争过程并存活下来,议程也从政策、政治和问题的集合中脱颖而出。人们可以发现整个过程基本上由选择性保留子系统和凝集子系统组合而成。凝集子系统受到正反馈循环的控制,并赋予整个系统其自身的特性。然而,也有可能将选择性保留视为一种在某些情况下起作用的过程,而根本不考虑反馈循环的益处。

例如,思考一下普通法对于财产、侵权和合同规则的规定的演变,这种演变如果不是传统意义上的"政策",那么也在其自身范围内与"政策"的功能等同,且经常与政策重叠。在过去的 25 年间,社会科学中,最令人印象深刻的发展之一就是法律和经济学的紧密结合。其中一个最令人印象深刻的结论是,普通法规是以福利最大化的方式进行发展的。③ 简而言之,该结论预设这样一种假设:相对无效率④的法律将比有效法律更快地提起诉讼。之所以出现这种情况,是因为效率低下的法律无法像高效法律一样维持增加财富的社会安排,而且在低效率的法律法规下损失财富的一方要比在高效法规下损失得更多。面对更强烈的动机,相较第二类损失财富者而言,更多的第一种损失财富者会提起诉讼,并花更多的钱来争取胜利。只要法官在决策中不对效率持有偏见,那么该过程就会选择反对低效率(Cooter 和 Ulen,1997,375-376)。这无疑是一个动态的过程,但也是一个没有反馈的过程。⑤

---

① ICC 建设的动态比平台更多,这一点笔者将在后面提及。建设各种不同的动态也很重要(Bardach,1998,276-292)。

② 一些系统动力学理论家会质疑这种可能性。他们可能认为没有什么能够产生某种反馈,无论这种反馈多么的间接。事实也的确如此。然而,如上所述,围绕特定系统或过程来绘制边界从根本上而言是一个分析性的,而不是本体论的决定。将某一动态过程定义为单向过程并不存在分析障碍。

③ 这些主张一般不涉及成文法,而且也不应如此。

④ 技术经济意义上的"低效"。

⑤ 事实上,普通法规则不会在一夜之间改变,因此存在一个正反馈因素。不论在广阔还是密集的范围内,它们都会受到损坏并进行重新塑造;每一个侵蚀与重塑的例子都为法律文化提供了素材,以促进进一步的变革。然而在这里我们仅关注过滤子系统。

该过程不仅涉及被动变化与选择性保留,还涉及一个推进因素,即诉讼背后的动机。因此,该过程是一种特殊的进化过程,是一种过滤过程。许多潜在的普通法规都经过了司法权衡的过滤,虽然它依附于诉讼当事人的主张;但(从长远来看)过滤只保留更有效的法规,而其余的则成为了历史。另一个此类过滤动态为众所周知的彼得原理,即人"到达了自己无法胜任的位置"。动态涉及以特定位置上表现出的能力为基础的等级的提升。一旦一个人在某一位置上表现出自己无法胜任,那么就不会再有更多的进步了,现任者就只是坐在那里,无能为力。(当然,如果晋升取决于预期而非表现出的能力,则彼得原理并不适用。)过滤过程的一种特殊情况为陷入困境,例如随着受托 【359】地区中较富裕和更重视教育的家庭搬离该地区或选择让孩子进入私立学校,某些公立学校中积极性较低,学习动机不强、能力较弱的学生逐渐集中到某些公立学校。

5.2 事件串联

笔者所说的"事件串联"是另一个重要的单向动态过程。这些事件序列具有内置或结构性的动力,就像岩崩中来自上方的石块用力推动下方的石块,或鲁步·戈德堡(Rube Goldberg)机械的工作原理。离散事件以将其连结在一起的结构为媒介,触发了后续的离散且基本上不可逆的事件。以下是温斯顿·丘吉尔(Winston Churchill)的政治生涯中发生的一个例子,描述了第一次世界大战前英国海军技术的变化(引自 Jervis,1997,129,尽管他并不称之为事件串联):"从最初希望扩充军械的愿景开始,我们一步一步前进到迅速分离,为了实现迅速分离,我们被迫依靠舰队的重要燃油。这导致了对于石油燃料的普遍采用以及建设巨大的石油储备所需的所有条款的制定。这也导致巨大的开支以及对于海军预算的强烈反对……最后,我们找到了获得英伊公司石油协议与合同的途径……这帮助政府获得了石油产权和利益的控股股份。"

毫无疑问,一旦事件发生,描述这样一种事件串联,要比模拟其生成过程并用该模型来预测结果要容易得多。我们可以将该过程这样概念化,就如同马尔可夫矩阵(Markov matrix)中,以概率的方式将一系列潜在事件链接在一起,构成一个事件链。经验性的挑战需要定义马尔可夫矩阵中包含的潜在事件范围,再规定每个事件发生的偶然概率。然而,大多数事件链都不太可能通过这种矩阵,只有少部分事件能够脱颖而出;有些可能会成为有力候选人;却很少有人会进行引人入胜的尝试。在决策者看来,从英国决定扩充军舰军械到英国中东政策转型,这个的事件链对于改变英国中东政策的决定可能并不明显;但在丘吉尔看来,采取这样的措施似乎已经接近必然了。

6. 未来研究

最后,笔者为今后的研究提出了几点建议。如果政策动态研究是"一个领域",那么这些想法将成为一个拟议的研究议题。但应该通过"动力学"角度来进行研究的现象是多种多样的,且并未凝聚为一个领域。除了计算机模拟这一重要方法之外,还没有也不应有一种泛用的方法论。① 从概念层面来说,我们的理解非常不成熟,以至于仅能够发展几个方面——以代理为基础的模型、系统动态模型、混沌模型、事件串联模型、间断均衡模型和路径依赖模型——这些笔者上文提及的几个已讨论过的主要模型。每种模型都以其自身的方式进行发展,人们只能深入他对所有模型的研究。但是,要特别注意两种现象:本人认为这两种具有不同寻常的实质意义,且需要运用一种动态的方法来研究:(1)理解阿隆·威尔达弗斯基(Aaron Wildavsky)曾提出的"作为自身原因的政策",以及(2)以更加严谨的态度研究立法联盟建设中被学者宽泛地称为"阶段"或"时期"的问题,特别是对立法联盟建设的研究。

【360】

6.1 政策自身的原因

在 1979 年,阿隆·威尔达弗斯基撰写了题为《政治环境自治的逐步发展》(Wildavsky,1979,62)的文章,因为政策"应对措施对其自身产生了影响,并逐渐转移了原有的难题",并且"重大的问题通常会产生更全面的解决措施,而这些措施,成为了公共政策必须应对的后果"。威尔达弗斯基所列出的主要例子为医疗保险与医疗补助计划,它们成功增加穷人和老年人获得医疗保险与补助的机会,但同时也使得其他人更难以获得医疗保险与补助,且提高了成本。整个系统开始出现无法预测的后果:对于每个彼此相互作用的附加程序而言,其结果都会呈指数增长。此外,这些结果会对更多不同的程序产生影响,反过来也会影响其他程序,从而使得原始原因与后期效应之间的联系减弱。一个程序影响了许多其他程序,因此预测变得更加重要,而其前景也变得更具冒险性,因为影响会蔓延到整个政策领域。

社会政策。25 年前,威尔达弗斯基撰写了一篇有关政策的社会影响的文章,这与

---

① 我们对动态过程理解不深的原因之一是,其中的内部行为很难用语言、图片或数学来掌握。计算机模拟可以解决该问题,基于代理的模型和弗瑞斯特模型的"系统动力学"传统证实了这一点。可以肯定的是,对于如何验证计算机模型仍存在不确定性,但计算机模拟是一种强大的工具,值得那些对动力学感兴趣的学者们更广泛地使用。

杰伊·弗瑞斯特及他的学生在其对于事物的绝对复杂性所作的研究非常类似。目前，由于相互作用的复杂性，出现了第二代（如果不是第三代）问题，这些问题涉及在已经充满互联政策的环境中进行政策调整。例如，在社会政策中，实施一项计划的可能性有时取决于另一项计划，因此对于后者的合理削减或中断（或扩展）会对前者造成无法预料的不良影响。随着这些相互依赖性的增加，负责任的政策制定者更加难以想出各种调整措施。在等待政策制定者制定出"即将来临"的更高层次和更全面的改革方案时，低层次调整也会推迟，这时这种僵局便会恶化。这不仅仅是一种锁定效应，也是一种锁定影响。【361】

此处研究的重要问题，涉及这些现象的普遍程度以及所起作用的机制。令人感兴趣的还有这样一个问题，若这些事件串联中的一个开始实际地发挥作用的话，那么究竟会发生什么？负反馈循环是否会在某一时刻真正发挥作用，以抑制这些失衡的后果？

监管政策。在监管领域，J.B.鲁尔（J.B.Ruhl）和詹姆斯·萨尔兹曼（James Salzman）提出了有关新兴监管机构的"增强效应"（Ruhl 和 Salzman，2003）。各种机制导致规则积累，但仅有极少部分的规则会废除。鲁尔和萨尔兹曼通过一些证据声称，这种增强会对合规产生负面影响，极大地增加公司（在环境领域）的合规负担，并削弱监管制度的合法性。他们进一步提出了一个更有趣、更具投机性的主张。该主张涉及其所谓的"动态冲突约束属性"（2003，811），这会改善对一个规则的遵从情况，从而降低遵守另一个规则的可能性。他们诉诸复杂的动态系统理论来解释为什么会发生这种情况。然而，尽管有一些例子，但它们并不能为普遍问题提供依据。这是一个极具诱惑性的理论性与实践性并存的问题，人们希望能够出现更系统的研究。

6.2 "时期"和"阶段"

在有关政策过程的各个方面的作品标题中，"动态"一词并不罕见。① 其含义通常是指于某"时期"或"阶段"发生的重要进展、以早期阶段某种方式约束后期阶段的，以及后期阶段受到早期阶段的制约。例如，在传统的"立法程序动态"的叙述中，必须在小组委员会、委员会和全体议员中寻求连任多数党；在一个阶段达成妥协可能会在之后对法案的前景造成有利或不利的影响。再举一个例子，芭芭拉·格雷（Barbara Gray）写道，在机构间的合作过程中，存在 3 个阶段：问题设定、方向设定和结构化（Gray 1985，

---

① "动态"通常是复杂现象的虚拟同义词，这些现象有些神秘，一旦人们对此进行正确解读，那么这些现象则可能会或可能不会呈"动态"。

【362】916-917）。一篇有关买卖双方关系发展的论文假设其"通过五个普通阶段进行发展，这五个阶段为（1）意识，（2）探索，（3）扩展，（4）承诺，（5）解散……每个阶段都代表了缔约方如何看待对方的一个重大转变"（Dwyer,Schurrand Oh,1987,15）。"政策过程阶段"的概念是否分析得透彻（deLeon,1999），这一问题引发了争议。最新的候选阶段列表为：开始、估算、选择、实施、评估和终止（deLeon,1999,21）。①

　　笔者承认，任何此类阶段或时期，至少在一定程度上是观察者理论概念的产物，因为这种发展绝不是"自然种类"。然而，在笔者看来，这些发展类别似乎在经验方面并不完善。我们所讨论的发展应该是内生系统过程的展现，并且目前尚不清楚这些过程可能属于哪个系统。是否有可能对这类发展阶段进行概念化，从而证明这种发展阶段在分析上是有用的？

　　分析透彻指的是什么？ 根据社会科学标准，概念方案分析透彻，因为它允许人们对这个具有洞察力、相互联系的解释性与现实性并存的世界提出自己的主张。在尝试将内部互相联系的发展阶段概念化时，我们很难明白如何应用这个标准，因为提供一个令人满意的"解释"是难以捉摸的——笔者在此不再赘述。然而，一个令人满意的选择是应用一个实用的标准，这个标准在除需求之外的所有方面，对于解释力来说都宛如社会科学标准一般。与解释能力不同，基于实践的标准存在这样一个问题：概念方案是否可以制定出可预见将来会出现的风险与机遇的跨时期计划；有了这种计划，人们便可以细究预期策略。

　　笔者在《政治中的技能因素》（*The Skill Factor in Politics*）一书中提出一项不成熟的举措，模拟这种风险与机遇的内生性出现（Bardach,1972,241-260）。在对于一项改革主义政策提案举行的立法竞赛中，该通用模型追踪"支持"（一个连续变量）。支持的时间路径随着以下因素上升或下降：（1）倡导联盟的动员，（2）反对者的延迟抵制，（3）少量中立者独特的依从性，（4）改变立法提案演变形态的让步与诱因，（5）针对提案形式的变化，联盟内部紧张局势的出现以及由此导致的失败，（6）不确定性，以及在各种领域和日程安排参数上的斗争，（7）当前比赛在最后阶段与各种不相关的议题、参与者和影响模式的交集。该模型旨在绘制可预见的风险与机遇，以便于假设的企业家为之做准备。

【363】　　据笔者所知，该模型及任何旨在实现相同目标的模型都没能在有关立法动力的文献中占有一席之地。笔者未能为自己所做的努力做一个特别的总结。但本人确实认

---

　　① DeLeon 将此列表归功于加里·布鲁尔（Garry Brewer）。布鲁尔从哈罗德·拉斯韦尔（Harold Lasswell）提出的 7 个阶段，即情报、晋升、指令、调用、申请、终止和评估中得出了该结论。

为,此目标对于一个准立法企业家来说,具有科学价值和实用价值,而其他人也应该努力解决这个问题。

参考文献

Axelrod,R.1984. *The Evolution of Cooperation.* New York:Basic Books.

——1997. *The Complexity of Cooperation:Agent-Based Models of Competition and Collaboration.* Princeton,NJ:Princeton University Press.

——and Cohen.M.D.1999. *Harnessing Complexity.* New York:Free Press.

Bak,P.1996. *How Nature Works:The Science of Self-Organized Criticality.* New York:Copernicus.

Bardach,E.1972. *The Skill Factor in Politics:Repealing the Mental Commitment Laws in California.* Berkeley:University of California Press.

——1976. *Special issue on termination of policies,programs,and organizations.* Policy Sciences,7(June).

——1998. *Getting Agencies to Work Together:The Practice and Theory of Managerial Craftsmanship.* Washington,DC:Brookings Institution.

——2001a. *Developmental Dynamics:Interagency Collaboration As An Emergent Phenomenon.* Journal of Public Administration Research and Theory,11(2):149–164.

——2001b. *Exit"Equality",Enter"Fairness".* In Seeking the Center:Politics and Policymaking at the New Century,ed.M.A.Levin,M.K.Landy,and M.Shapiro.Washington,DC:Georgetown University Press.

——and Kagan.R.A.2002. *Going by the Book:The Problem of Regulatory Unreasonableness.* Somerset,NJ:Transaction.

Barzelay,M.2001. *The New Public Management:Improving Research and Policy Dialogue.* Berkeley:University of California Press.

Baumgartner,F.R.,& Jones,B.D.2009. *Agendas and Instability in American Politics.* Chicago:University of Chicago Press.

——2002. *Positive and Negative Feedback in Politics.* In Policy Dynamics,ed.F.R.Baumgartner and B.D.Jones.Chicago:University of Chicago Press.

Baumol,W.J.,& Benhabib,J.1989. *Chaos:Significance,Mechanism,and Economic Applications.* Journal of Economic Perspectives,3(1),77–105.

Bendor,J.2004. *Bounded Rationality:Theory and Policy Implications.* Berkeley:Goldman School of Public Policy.

Berry,F.S.,& Berry,W.D.1999. *Innovation and Diffusion Models in Policy Research.* In Theories of the Policy Process,ed.P.A.Sabatier.Boulder,Colo.Westview Press.

Berry,J.L.,& Kim,H.1999. *Has the Fed reduced chaos? In Nonlinear Dynamics,Complexity and Public Policy,* ed.E.Elliott and L.D.Kiel.Commack,NY:Nova Science.

Brown,C.1995. *Serpents in the Sand:Essays on the Nonlinear Nature of Politics and Human Destiny.* Ann

Arbor：University of Michigan Press.

Cook，S.D.N.，& Yanow，D.2011. *Culture and Organizational Learning.In Organizational Learning*，ed.M. D.Cohen and L.S.Sproull.Thousand Oaks，Calif.Sage.

Cooter，R.B.，& Ulen，T.2011. *Law and Economics*，2nd edn.Reading，Mass：Addison-Wesley.

Daneke，G.A.1999. *Systemic Choices：Nonlinear Dynamics and Practical Management.*Ann Arbor：University of Michigan Press.

DeLeon，P.1999. *The Stages Approach to the Policy Process.In Theories of the Policy Process*，ed.P.A.Sabatier.Boulder，Colo.Westview Press.

Douglas，M.，& Wildavsky.A.1982. *Risk and Culture：An Essay on the Selection of Technical and Environmental Dangers.*Berkeley：University of California Press.

Dwyer，F.R.，Schurr，P.H.，& Oh，S.1987. *Developing Buyer-seller Relationships.* Journal of Marketing，51（2），11-27.

Fiorina，M.P.1981. *Retrospective Voting in National Politics.*New Haven，Conn.Yale University Press.

Forrester，J.W.1968. *Principles of Systems.*Cambridge，Mass.Wright-Allen Press.

——1969. *Urban Dynamics.*Cambridge，Mass.MIT Press.

Glazer，A.，& Rothenberg，L.S.2001. *Why Government Succeeds and Why it Fails.* Cambridge，Mass. Harvard University Press.

Gray，B. 1985. *Conditions Facilitating Interorganizational Collaboration.* Human Relations，38（10），911-936.

Guastello，S. J. 1999.*Hysteresis，Bifurcation Structure，and the Search for the Natural Rate of Unemployment.* In *Nonlinear Dynamics，Complexity and Public Policy*，ed.E.Elliott and L.D.Kiel.Commack，NY：Nova Science.

Hacker，J.S.2002. *The Divided Welfare State：The Battle Over Public and Private Social Benefits in the United States.*New York：Cambridge University Press.

Hamilton，P.，& West，B.J.1999. *Scaling of Complex Social Phenomena such as Births to Teens：Implications for Public Policy.In Nonlinear Dynamics，Complexity and Public Policy*，ed.E.Elliott and L.D. Kiel.Commack，NY：Nova Science.

Hood，C. C. 2000. *The Art of the State：Culture，Rhetoric，and Public Management.* Oxford：Oxford University Press.

——and Peters，G.2004. The Middle Aging of New Public Management：into the Age of Paradox?. *Journal of Public Administration Research and Theory：J-PART*，14（3），267-282.

——Rothstein，H.，& Baldwin，R.2001. *The Government of Risk：Understanding Risk Regulation Regimes.* Oxford：Oxford University Press.

Huntington，S. P. 1981. *American Politics：The Promise of Disharmony.* Cambridge，Mass.：Harvard University Press.

Inglehart，R.1997. *Postmaterialist Values and the Erosion of Institutional Authority.In Why People Don't Trust Government*，ed.J.S.J.Nye，P.D.Zelikow，and D.C.King. Cambridge，Mass.Harvard University

Press.

Jervis, R. 1997. *System Effects: Complexity in Political and Social Life.* Princeton, NJ: Princeton University Press.

Kauffman, S. 1995. *At Home in the Universe: The Search for the Laws of Self-organization and Complexity.* New York: Oxford University Press.

Kennedy, D. 1987. *California Welfare reform.* Kennedy School of Government Case Program, Case # C16-87-782. 0.

Kiel, L. D. 1993. *Non Linear Dynamical Analysis: Assessing Systems Concepts in A Government Agency.* Public Administration Review, 53(2):143-153.

——and Elliott, E. 1996a. *Exploring Nonlinear Dynamics with A Spreadsheet: A Graphical View of Chaos for Beginners. In Chaos Theory in the Social Sciences: Foundations and Applications*, ed. L. D. Kiel and E. Elliott. Ann Arbor: University of Michigan Press.

——1996b. *Chaos Theory in the Social Sciences.* Ann Arbor: University of Michigan Press.

——1999. *Nonlinear Dynamics, Complexity and Public Policy: Introduction. In Nonlinear Dynamics, Complexity and Public Policy*, ed. E. Elliott and L. D. Kiel. Commack, NY: Nova Science.

Kingdon, J. W. 1995. *Agendas, Alternatives, and Public Policies*, 2nd edn. New York: Harper-Collins.

Lempert, R. J., Popper., S. W., & Bankes, S. C. 2003. *Shaping the Next One Hundred Years: New Methods for Quantitative, Long-Term Policy Analysis.* Santa Monica, Calif. Rand Pardee Center.

Lohmann, S. 1994. *The Dynamics of Informational Cascades: the Monday Demonstrations in Leipzig, East Germany, 1989-1991.* World Politics, 47(1):42-101.

McClosky, H., & Zaller, J. 1984. *The American Ethos: Public Attitudes toward Capitalism and Democracy.* Cambridge, Mass. Harvard University Press.

Mcfarland, A. S. 1991. *Interest Groups and Political Time: cycles in America.* British Journal of Political Science, 21(3), 257-284.

Miller, G. J. 1992. *Managerial Dilemmas: The Political Economy of Hierarchy.* New York: Cambridge University Press.

Moe, T. M. 1985. *Control and Feedback in Economic Regulation: The Case of the NLRB.* American Political Science Review, 79(4), 1094-1116.

Patashnik, E. 2010. *After the Public Interest Prevails: The Political Sustainability of Policy Reform.* Governance, 16(2), 203-234.

Perez-Enriquez, B. 2002. *Economics and Politics of Global Environmental Commodities Market.* Berkeley: University of California Press.

Pierson, P. 2000. *Increasing Returns, Path Dependence, and the Study of Politics.* American Political Science Review, 94(2), 251-267.

Pressman, J. L., & Wildavsky, A. 1979. *Implementation, 2nd edn.* Los Angeles: University of California Press.

Quirk, P. J. 1980. *Food and Drug Administration. In the Politics of Regulation*, ed. J. Q. Wilson. New York:

Basic Books.

Richardson, G.P.1991. Feedback Thought in Social Science and Systems Theory.Philadelphia: University of Pennsylvania.

Roe, M.J.1996. *Chaos and Evolution in Law and Economics.* Harvard Law Review, 109(3), 641−668.

Roth, G.1996. *From Individual and Team Learning to Systems Learning. In Managing in Organizations that Learn*, *ed.* S.A.Cavaleri and D.S.Fearon.Cambridge, Mass.Blackwell.

Ruhl, J.B., & Salzman, J.E.2003. *Mozart and the Red Queen: The Problem of Regulatory Accretion in the Administrative State*, 91(4), 757−850.

Sabatier, P. A., & Jenkins-Smith, H. C. 2006. *Policy Change and Learning: An Advocacy Coalition Approach.* Boulder, Colo.Westview Press.

——1999. *The Advocacy Coalition Framework: An Assessment. In Theories of the Policy Process*, ed.P.A. Sabatier.Boulder, Colo.Westview Press.

Schwartz, H.n.d.*Down the Wrong Path: Path Dependence, Increasing Returns, and Historical Institutionalism.*Charlottesville: University of Virginia Department of Politics.

Senge, P.M.1990. *The Fifth Discipline: The Art and Practice of the Learning Organization.* New York: Doubleday.

Shepsle, K.A., & Bonchek, M.S.1997. *Analyzing politics: Rationality, Behavior, and Institutions.* W. W. Norton.

Taylor, M.R., Rubin, E.S., & Hounshell, D.A.2005. *Regulation as the Mother of Innovation: The Case of SO_2 Control.*Law & Policy, 27(2), 348−378.

True, J.L, Jones, B.D, & Baumgartner, F.R.1999. *Punctuated-equilibrium Theory: Explaining Stability and Change in American Policy Making.In Theories of the Policy Process*, ed.P.A.Sabatier.Boulder, Colo. Westview Press.

Truman, D.B.1951. *The Governmental Process.*New York: Knopf.

Vogel, D.1989. *Fluctuating Fortunes: The Political Power of Business in America.*New York: Basic Books.

Walker, J.L.1969. *The Diffusion of Innovations Among the American States.* American Political Science Review, 63(3), 880−899.

Wildavsky, A.1979. *Speaking Truth to Power: The Art and Craft of Policy Analysis.*Boston: Little, Brown.

Wlezien, C.1995. *The Public as Thermostat: Dynamics of Preferences for Spending.* American Journal of Political Science, 39(4), 981−1000.

Zagonel, A. A, Rohrbaugh, J, Richardson, G. P, & andersen, D. F. 2004. *Using Simulation Models to Address "What If" Questions about Welfare Reform.* Journal of Policy Analysis and Management, 23 (4):890−901.

第 17 章　公共政策学习①

理查德·弗里曼（Richard Freeman）

1. 引言

我们很少做我们一无所知的事情。当我们学会呼吸、吃饭、走路、说话时，学习似乎【367】
成了生活必需品。但实际上，学习是什么？讽刺的是，我们所认为的学习重要性和普遍
性，使其难以界定。学习意味着什么？我们该怎么做？

有关学习的常识性假设是我们从学校所得，这似乎与教学、课程、学习表现好坏有
关。然后加以反思，我们通过正式学习过程所习得的知识，似乎与非正式学习过程一样
多：我们从经验中学习（有时通过实验获得经验）；也向他人学习，包括父母和同辈。通
常情况下，这两者相辅相成：我们吸取他人经验，同时也是我们的父母和同伴，帮助我们
认清自己。

公共政策中学习过程作为一项实践活动和一个研究领域各有其推论。决策者将现
存问题和历史问题进行比较，并与本国和其他行政辖区的其他问题建立联系。同样，我
们可能认为议程设置的集体过程，是一个政治机构可以学习到真正想习得东西的过程，
而实施过程是各个机构和员工学习如何传递的过程。

有关政治学和公共政策学术领域的阅读和写作存在相似之处。之前著作存在可行【368】
性方法，我们以这种方式思考，并应用到相关领域。实质上，我们也运用历史和比较法，
来解释政府和其他机构的作为，及其产生的影响。更根本的是，学习也许不仅是学习公
共政策的内容和方式，还要知道为什么要学。公共政策是一门应用科学，学习是其主要

---

①　本章主要描述诸多不同的学习过程。作者有幸成为从事于此领域和相关领域的学者之一。
在此，特别感谢本书编辑，感谢伊丽莎白·博伯格（Elizabeth Bomberg）对初稿予以评述。存在的错误和
疏漏，仅证明本人自身学习不足。

的基本原理。人们一直在探索和解释政策,认为这样做可能有用,可能为政府提供经验。

20 世纪 60 年代,政府如何学习成为一个明确的研究课题,当时,各国都认为这是一个社会、政治、经济和技术都经历着广泛变革的时期。对于学习的兴趣有时是双方互补的结果,有时是看似矛盾冲动的产物。其中之一是,对政府应做之事的一种不确定感。有关公共管理及其运作环境的普遍假设,几乎都没把握,也无望证实。唐纳德·舍恩(Donald Schön)在本世纪末撰文写道:"对于个人、社会机构和整个社会来说,失去稳定的国家使学习成为必要任务"(Schön,1973,28)。

另一个需要认真思考学习的因素是,认识到各国在问题、政策和项目上的相似之处。20 世纪 60 年代,政府得以发展:例如,目前,大多数先进工业国家都拥有大规模的福利计划,并且开始面临融资和管理问题。虽然不确定性表明政府需要学习,但相似之处说明这些国家似乎正在学习。但是如何学习,为什么学习,以及何种学习效果?

反过来,这种不稳定性使学习成为必然,全球变化意识使不确定性和学习愈演愈烈,可以说,是全球变化增强了相似性和不确定性。各国之间日益相互依存,增强了竞争与协作力度。全球趋势似乎创造了前所未有的学习机会,同时也迫切需要利用这些机会,学习的速度已经加快到了生活的程度。

本章主要盘点公共政策学习的不同思考方式。因此,在这样做的过程中,它面临一个问题,即在学习既是必要又普遍的情况下,目前存在大量相关文献,具有折衷性,且跨多个学科。① 虽然本章主要关注政策研究,但值得注意的是,起初,有很多著作已经用于(可能仍用于)研究教育理论、社会心理学、组织社会学等其他领域。也就是说,本章保留了学习和政策转移概念之间存在区别,最近,政策转移概念已被列入公共政策词汇。②

【369】　　本章首先论述了国家间的相似性,以及有关国家间趋同和扩散的文献,这对于区分学习和其他发展过程起着重要作用。然后,笔者致力于赫克洛(Heclo)对政治学习里程碑式的研究,或者赫克洛所说的"集体困惑",讨论其著作随着时间的推移,在政策制定中发挥作用的方式。关于学习作为普通业务或政策制定的一部分,本章也概述了有关此方面不同角度的文献。每个研究内部的紧张关系和它们之间的诸多差异一样重要。

---

① 韦恩·帕森斯(Wayne Parsons)在其百科全书式研究领域中提出,将政府视为学习或信息处理的想法"在所有分析框架中,也许最具多样化"(Parsons,1995,35)。
② 政策转移概念仍比学习概念广泛,因为此概念旨在包括"强迫"过程,例如殖民和制约性所施加的各种限制。欲了解引导性框架,请参见 Bennett,1991;Dolowitz 和 Marsh,1996/2000;欲了解批判性评论,请参见 James 和 Lodge,2003。

在此基础上,可以区分学习的不同模式或思维方式,依次被描述为机械的和有机的。本章是以前内容的一部分,似乎关于学习理论的一些要素。其目的不是假设任何理论,而是强调任何学习描述都必须解决的重要问题。最后,笔者反思跨时空学习过程的比较作用。整体的基本论点是,我们思考学习的方式决定了我们学习的好坏程度。

2. 趋同、扩散和学习

一般来说,趋同是指不同国家之间在经济、社会和政治组织领域日益相似的一种模式,本质是由工业化进程和影响推动的。在早期历史文献中,争论的问题在于,公共政策是否只是这些变化的一种功能性副产品,还是需要更具体的解释以考虑行动者、利益、思想和制度。① 在某种程度上,这可能是因为各种结构因素,趋同理论的影响具有决定性:趋同本身并不需要关注政治主体或代理人,或他们之间的联系或交流。在没有联系或交流的情况下,趋同能解释突发相似性,其重要性与现实相悖。

从传统意义上讲,扩散概念指在国家或地方行政辖区,例如各州和直辖市(Eyestone,1977),连续采用一个实践、政策或计划的一种模式。如趋同一样,这一连续模式可以用两种方式解释,要么是因为国家 A 和 B 得以发展,之后,国家 C 和 D 也达到了必要发展水平;要么是因为国家 C 和 D 借鉴学习国家 A 和 B 的发展经验——或者似乎是两者兼备。在不同的版本中,公共政策趋同可能被认为,也可能不被认为反映了经济、社会和政治结构的根本性变化(Bennett,1991),然而有关美国各州的一系列不同著作,指出了不同行政辖区政策精英之间互动的重要性(Walker,1969;Gray,1973;Collier 和 Messick,1975)。【370】

与此同时,扩散研究的社会学传统,一直关注个体之间信息和思想、实践和技术的普及,特别是同等人群之间,其重要因素仍是瑞安(Ryan)和格罗斯(Gross)的研究成果,即 20 世纪 40 年代,瑞安和格罗斯对爱荷华州农民应用杂交玉米进行研究,研究早期得出一些重要因素(Ryan 和 Gross,1943;Rogers,1962、2003)。罗杰斯(Rogers)将农村社会学、医学社会学、人类学、传播学、市场营销学和地理学等一系列经验研究结合起来,将扩散定义为一个过程,即"(1)创新(2)通过特定渠道沟通(3)历时(4)在一种社会系统的成员之间进行交流"(Rogers,2003,11)。扩散的典型模式是,少数人在早期阶段就采用创新措施,大部分人紧随其后,还有些人望尘莫及,这被称为是"S 型曲线"。

尽管罗杰斯对交流本质和过程的理解备受争议,但是对于实践者之间的交流而言,

---

① 在研究比较福利国家的早期阶段,趋同是一个显著特征,包括 Rimlinger,1971,Wilensky,1975,Flora 和 Heidenheimer,1981。欲了解此文献的介绍,请参见 Williamson 和 Fleming,1977;欲了解较新且有启发性的社会政策讨论,请参见 Visser 和 Hemerijck,2000。

罗杰斯起到了重要作用。实质上,此概念(此处等同于学习)假设,知者和不知者之间存在一种关系。个体 A 了解一个新的人工制品、技术或程序(或政策),然后与个体 B 进行交流;如果交流成功,不论多少,皆可称为学习。① 就当前目的而言,将其称为教学理论,而不是学习理论,可能会更好。

正是这样,唐纳德·舍恩评论此理论为"中心—边缘模式"(Schön,1973)。② 此模式假设"将要扩散的创新,在扩散之前,已在其实质中完全实现",并且"扩散是创新向最终用户传递的运动"(1973,77)。基于此,做出进一步假设,即"定向扩散是一种集中管理传播、培训、资源供应和激励的过程"(1973,77)。然而,系统性的变革阻力("动态保守主义")意味着,扩散"更像一场斗争而非沟通"(1973,90),并因此遭受各种形式的失败。部分问题在于,根据中心—边缘模式引入一种新产品或新程序时,在社会【371】(和/或技术、经济和政治)体制的其他方面具有相对稳定性。但是舍恩对不稳定、不确定和复杂性条件下的学习和改变很感兴趣。

花岩岗产业在新英格兰地区兴起,对此,舍恩提出了历史个案研究,其中每一项重要发展都代表了"相关系统的复杂重构"(1973,100)。这进而导致另一种扩散模式的形成:

> 就创新而言,它促成了整个系统的变革……扩散过程是一场较为广泛且复杂变革的战争。在此过程中,经典扩散模型所依据的假设并不成立:创新过程绝不完全超前于扩散过程;并且创新过程得到了显著发展。此过程不像是从单一来源中延展出来的创新,可能涉及许多相关来源和加强创新来源,而并非主要由集中管理的信息传播构成。

舍恩继续解释网络化的组织形式(所用例子是商业系统和社会运动):"它(扩散)没有明确的中心……也没有一个稳定的、集中确立的信息……不能把运动系统描述为从中心到外围的既定信息扩散"(1973,105—106)。③

在其他领域发现更多的实证主义建构,还有待努力。例如,"一个国家采取政策的

---

① "扩散过程的本质是人与人之间的互动,其中一个人将一个新想法传达给另一个人"(Schön,1973,90)。

② 唐纳德·舍恩(Donald Schön)在各个组织(Argyris 和 Schön,1978)和个体专业实践(Schön,1983)中学习,因此而得名。在此之前,有关国家的研究成果似乎有点被遗忘。

③ 这种兴趣对象的意识存在于连续发明或建设的过程中,在科技社会中占重要地位,特别是在由"主体网络理论"(ANT)或也称为"转译社会学"(预了解引言,请参看 Law,1997)所主导的各项研究中。布鲁诺·拉图尔(Bruno Latour,1996)将转译与扩散进行对比,认为"最初的理念几乎不重要"(Latour,1996,19)。从这一点来看,得出以下几点:对象(一种技术,或者一个程序或政策)缺乏自主能力;对于对象而言,本质上没有必要性或必然性;对象不是为"发明者"所推动、公布、营销或支持。只有对象引起主体群的兴趣(只要"引起兴趣")时,对象才会传递;采用的方法称为转译。对象将兴趣转化为新概念,新兴趣重塑此对象;"没有传递就没有转译。"只有在转译过程结束时(而不是开始时,如扩散模式对象),此对象才意识到:"项目阐释不能与项目本身分离"(Latour,1996,172)。

倾向可能取决于三个因素：一些政策的内在属性、国家的政治、竞争性的（互动）效应。其中，只有政策本身可以被假定为不会随时间的推移而变化"（Eyestone，1977，442）。对于舍恩而言，政策不仅是不变的，而且实际上，它还在扩散过程中产生。

随后，舍恩开展"政府作为学习系统"的讨论，探索新理念如何引人注目，又如何获得认可，最后如何得以实施。他指出，这个新理念通常具有流动性和可变性，随着环境的变动而改变自身。思想以隐喻的形式传播，例如，就像以社区倡导的概念传播一样，社区倡导概念将一个法律理念引入到公民、公共和政治领域中。政府总是与理念实施相抗衡，因为他们持有一个中心—边缘扩散模式或学习模式，同时，该模式依赖一个稳定国家的理论。他们的思想基础和行动基础，是一个知识和使用的合理实验模式，此模式假设知识来源于实验，可以而且理应应用于下一个可比实例。然而，"失去稳定的国 【372】家意味着下次情况将有所不同"（Schön，1973，188）。

3. 公共政策是集体困惑

赫克洛论述了英国和瑞典社会政策的发展，激发了历史学家对学习的兴趣。通过借鉴趋同文献的不同要素，描述了社会经济发展和选举、政党和利益集团等诸多政治因素，他认为问题不是在诸多变量之间做出选择，而在于研究诸多变量如何相互融合。在此过程中，他建立了分析主题，这些主题构成了本章的大部分内容。

赫克洛制定了当时政治学习的最初架构："政治不仅来源于权力，而且来源于不确定性——人们集体思考做什么……政府不仅代表'权力'……他们也困惑。政策制定是对代表社会集体困惑的一种形式；包括决定和认知……许多政治互动形成了一个通过政策表达的社会学习过程"（Heclo，1974，305-306）。赫克洛说："如果被迫在我所考虑的各种因素之间做出选择，那么公务员是英国和瑞典政策发展的关键。"这在一定程度上与他们在政治进程中地位持久性有关：几乎从定义来讲，公务员的学习是政策制定中最一致的因素。然而，公务员也有特殊职能，即收集、编码、储存和解释政策经验的任务落到了行政人员身上（Heclo，1974，303）。①

我们对学习的了解很大程度上是指个体，而关于集体如何学习，正如赫克洛所说，我们的认知仍"支离破碎"。这是一个明显的弱点，因为社会学习"仅为个体"所创造，

---

① 最近，贝内特（Bennett）在数据保护的不同领域，发表的越来越多的作品支持赫克洛的主张："趋同的主要原因是，政策社区成员来自不同国家，他们之间不断交流，共享相同的技术问题和隐私关注……公共或准公共官员作为国际政策群体，政策趋同至少是由他们的行动和偏好所致，当然也可以归因于其他任何因素（Bennett，1992，151，225）"。

"单独或互动中,这些个体获得并创造出变化的集体行动模式"(Heclo,1974,306)。这些互动,以及通过这些互动来学习的过程,必然都很复杂(赫克洛指的是"互动蛛网";1974,307—316)。"对于社会学习而非个体学习而言,一个更好的形象是迷宫,迷宫的出口随时变化;墙壁不断被改造;在这里,主体不是一个个体,而是一个群体;对于如何走出迷宫以及令人满意地走出迷宫的办法,是很多群体一直争执不休的话题;最后,这个群体内部有大量的团体一直互相攻击。这就产生了社会学习的背景"(Heclo,1974,308)。

【373】

然而,学习不具有任意性,它由三个因素所决定:个人、组织及其各组织之间的关系,以及以前政策的影响。赫克洛指出,在某种意义上,变革的主要推动者,在其工作的组织、行政机构或社区中,地位往往不太重要,都是"多才多能的业余人士……不是专业人士和专家"(Heclo,1974,309)。重要的是,全世界这样的人相互联系;他们关注世界各地发生的事情,从中得出自己的想法和知识(1974,310—311)。

赫克洛将组织间的相互关系与刺激反应理论的"内部集合"联系起来。一个有机体、组织或系统对外部刺激反应的方式,部分取决于外部刺激的内部配置方式。此处指的是,思考方式、杰出的组织行为者及其之间的关系。有趣的是,内部集合似乎是一种解释抗拒变化或非学习的方法,就如同学习本身一样。

或许,以前决策是当前决策的主要条件。决策者们很少发现自己处于未知领域。他们经常面对的问题是:以前决策遗留下来的问题,已被解决、有时却又重现的问题。在相关领域中,明显无关的决策会设定各种限制,他们必须将其考虑其中。赫克洛学习理论的一个主要特征,不仅在于初步认知和处理方法对刺激形成特定反应的方式,还在于这种反应如何通过其影响得以强化。"一个人所学决定所做……在自我指导和自我欺骗中,由社会经济条件、政策中间商和政治机构组成的关系网,在一种庞大且毫无预设的社会学习设计中,再现之前政策的影响"(Heclo,1974,316)。由此可见,公共政策制定就是一个不断重复再现的过程。

3.1 倡导联盟框架

20世纪80年代至90年代,政策过程出现了较为突出的新理论,萨巴蒂尔(Sabatier)倡导的旨在将赫克洛的一些信条正式化的联盟框架就是其中之一。① "倡导联盟"概念旨在将各级政府的大批行为者和组织,集合成便于管理的分析单位。该框

① 参看萨巴蒂尔(Sabatier,1987/1988);萨巴蒂尔与简克斯-史密斯(Sabatier 和 Jenkins-Smith,1993/1999)。

架特点如下:重视技术信息影响决策的方式;关注某一特定领域内,随时间变化的政策演变;其公共政策和各个计划的概念是信仰体系(Sabatier 和 Jenkins-Smith,1999)。因【374】此,在许多方面,此框架将公共政策制定理论视为一种学习理论。

信仰体系由三个层次组成:第一层次是萨巴蒂尔所称的"深层核心",萨巴蒂尔将可能跨及不同领域的规范信仰或意识形态命名为"深层核心";第二层次是一个领域内较具体承诺的"政策核心";第三层次是无关紧要或次要的细节问题。使一个政策核心达成一致使联盟团结在一起,且这一核心能够改变的唯一方式是,某种外部和根本性冲击的影响。然而,在一个领域内,由于信仰体系的差异,使得不同联盟之间相互学习。学习的可能性与信仰的承诺度呈负相关,因此,一个政策或计划的次要方面,而非政策核心的要素,更有可能根据新证据被修改校订。一个专业论坛会促进学习进程顺利进行,在该论坛中,不同联盟的成员之间,可以就各种问题和解决办法交换各自见解。

弗兰克·费舍尔(Frank Fischer,2003)借鉴马尔腾·海耶尔(Maarten Hajer)关于话语联盟的研究(Hajer,1995),对倡导联盟框架提出社会建构主义批评。费舍尔认为,信仰体系不是以萨巴蒂尔和同事可能宣称的方式而预先存在和经验验证的,而是更好地被理解为叙事过程或故事情节。对于一个问题及其适当的解决办法而言,一个共同的解释不是联盟成员资格的基础,而是联盟成员之间通过交流互动、共同创作出来的东西。事实上,一个普通的故事情节可能越具有说服力,越让人印象深刻,就越容易受到各种解释的影响。

3.2 社会学习

彼得·霍尔(Peter Hall)基于 20 世纪七八十年代一个有关英国经济政策制定的研究,对他所称的"社会学习"进行了有影响力的论证(Hall,1993)。[①] 他对政策的"解释性框架"感兴趣,所谓的"解释性框架",指的是对其目标、手段和政策所针对问题的本质的理解。他借鉴库恩(Kuhn,1962)的说法,将其称为一种"范式",他提出的问题是,为什么政策共同体要改变或转变,即一个政策共同体如何学习以不同的方式进行思考,为什么这样思考? 在赫克洛庞大的政策学习技术性模式中,争论的焦点是来自社会压力的国家相对自主观念。"学习"真的只局限于部长级人物和行政精英吗?

霍尔认为,从凯恩斯理论到货币主义的转变,并不单单出于理性或科学理由。由于【375】这两种方法都是不确定的,那么政策的变化必然是实验性的。霍尔描述他所称的一级、

---

① 正如詹姆斯和洛奇(James 和 Lodge,2003)所指,霍尔的研究启发并影响了英国宏观经济政策学习的一小部分文献。

二级、三级变化:一级变化适用于政策设置(例如调整税率);二级变化适用于制定政策工具(如现金限额的使用或货币供应指标);三级变化适用于政策本身的基本假设和最终目标(增长而非就业)。虽然一二级变化代表"常态"政策制定(如库恩的"常态科学"),但三级变化构成了一种范式转换。

三级变化的重要性,不仅在于其规模,还在于其出现方式,因此,被理解为"社会学习"。对于霍尔来说,使人感到"疑惑"的"集体主义"比赫克洛(1974)所提出的集体主义要宽泛得多。① "社会"一词的意义在于,经济政策制定的三级变化成为人们广泛讨论的话题和嵌入于社会。有关政策工具的决定及其设置方式,实际上,是一件技术官僚层面的大事,这一过程在英国白厅②开展。但是,一旦财政部开始失去权威,"随后,努力用一种政策范式取代另一种政策范式,这是一件全社会事务,由新闻界调解,与选举竞争有所重叠,并在公共领域展开争斗……只有某些学习类型似乎在国家内部进行。与重要的三级政策变化相关的学习过程,可能是一个更广泛的主题,受到社会和政治舞台的强大影响"(1993,287—288)。

在霍尔的框架中,同样重要的是,一种范例如何帮助理解世界,以确定某些现象存在问题,并提出相应的行动方案。霍尔引用安德森的话,"公共政策协商发生在一种话语领域内……政策是在特定理念和标准体系内制定的,该体系易于理解,对所涉的行动者来说可信",他也这样评论道:"这个框架像一个格式塔,嵌入到决策者用于沟通工作的术语中,它之所以具有影响力,大多数是因为,人们认为这个框架是理所当然,且无法作为一个整体接受审查"(1993,279)。③

4. 在实践中学习

【376】　　学习公共政策的其他学者,力求付出更实际的努力,从内部思考政策制定。④ 例

---

① 事实上,赫克洛已经预设了其中的大部分内容,他认为,只有行政精英才构成他所说的"制度"学习的代理人。因此,要想产生政治影响,一些"大众组织团体"必须接受新思想。

② 白厅(WhiteHall)是英国伦敦市内的一条街。它连接议会大厦和唐宁街。在这条街及其附近有国防部、外交部、内政部、海军部等一些英国政府机关设在这里。——译者注

③ 之前的一项研究(Hall,1989)与各国引进和建立凯恩斯经济思想有关。"当政治舞台引入一套具有启发性的理念时,这些理念不仅仅局限于现存要素,还可以改变政治领域中其他要素组成,就像一个催化剂或黏合剂,使现存要素以新的方式结合起来……凯恩斯主义者不仅反映集体利益或物质条件,还能够改变一个集体对自身利益的看法,并可能制定新的行动路线,改变了物质世界本身"(Hall,1989,367,369)。

④ 关于借鉴历史的经典实践劝告,是诺伊斯塔特(Neustadt)和梅(May)的《适时思考》(Thinking in Time,1986)。想要借鉴国外经验,以获得实践资源,可参见英国政府的政策中心,网址如下 www.poli-cyhub.gov.uk/bpmaking/icpm_toolkit/beyond_the_horizon_ICPM_home.asp,accessed 10 Sept.2004。

如,理查德·罗斯(Richard Rose,1991/1993/2000/2005)写了很多关于学习的文章,从"经验吸取"的角度来思考学习,关于学习含义,理查德持有严谨规范的态度。经验吸取不是从基本原则中推理出来的,也不是"大理念"控制一个政体的方法。相反,经验吸取是一种"既规范又实际的活动"(Rose,1993,11)。一个经验是"在其他地方,关于一个或多个正在实施的计划以行动为导向的结论"(1991,7)。

此外,"一次经验不是一套关于做什么的分散式理念。它需要一种因果关系模式,表明根据其他领域的经验设计一个计划,如果该计划为倡导者自己的管辖权所接受,那么该计划是怎样实现预期目标的"(1993,13)。"实际上,经验吸取的过程始于其他地方的项目审视,如果未来一项计划转移到这里,那么经验吸取的过程,结束于对将发生的事情的前瞻性评估"(1991,3)。决策者可能从搜索手边信息开始;其他领域决策者的某种"主观认同"可能也比较重要(1991,14)。该过程的下一阶段是,对各个现存计划进行建模或抽象提取,以理解这些计划的基本组成部分:为了使外国经验转化为参考资料,必须将其从融入的环境中抽象出来。此外,一项计划可以从其他地方简单复制或模仿,这意味着,在某种程度上,可以调整该计划以适应新的国内环境。将多个计划中的多种成分在多个领域进行组合,相当于杂交或合成,而借鉴其他经验作为对一项新计划的智力刺激,则可以称之为灵感(Rose,1991,21-20)。

罗斯承认,向他国学习必然受到其他因素的影响,例如政治权力、专家意见和决策者的价值观(Rose,1993)。然而,在罗斯的论述中,尽管政治进程因情况而异,但都是单独进行的,与政策实质有所区别。先有经验,后有学习,假设这些因素是或应该是条理分明且合理真实的,这意味着,只有在有限和经济困顿情况下,才能合理地学习,而这也是十分艰难的。在实践中,在各种不确定知识和不稳定偏好皆存在的正常状况下,大多数学习必然是某一理想的某种穷尽近似值。

但是,这些恰恰是其他人作为出发点的条件。因为在知道和知道如何做之间,有着一个关键差别(Brown 和 Duguid,2000)。① 知道取决于信息积累和吸收;知道如何做需要通过实践来实现。简而言之,我们从做中学,和通过阅读、思考或被告知的方式,所学的一样多。这意味着斯科特所描述的一种"认识论混血"(Scott,1998,ch.9),即兼具地方性、本国性和实用性。这与林德布洛姆和科恩(Lindblom 和 Cohen,1979)的"普通"知识有共同之处。然而,我们对于官僚和管理者工作时所做的事情知之甚少,更不用说他们思考和学习的方式了。我们必须求助于理论和其他关于学习的研究。这说明两件

---

① 差别参见赖尔的作品(Ryle 1949,ch.2)。在他们对政府学习的研究中,伊瑟瑞欧兹和肖特(Etheredge 和 Short,1983)同样区分了智力和效率。

事:首先,从具体语境或具体问题来看,在实践中学习是临时的;其次是协作。①

这是临时的,尤其因为,决策者和管理者不断面临新问题和新政策,这些似乎与他们之前所知道的有所不同。这种新特点不仅体现在政策进程的议程制定和决策阶段,还体现在实施过程。我们可能将实施认作一个学习过程,而不是执行指令的过程(Pressman 和 Wildavsky,1984;Schofield,2004):在实施过程中,管理者和专业人员以同样的方式,不仅发现了如何将政策付诸实践,还发现了政策的真正含义或要求。他们的学习是反应性的,但很精巧。②

4.1 实践社团

这种即兴创作通常具有合作性(Brown 和 Duguid,2000,103 ff.)。同时,通过讲故事、交换理念、建议和理论,以及培养有关本质、起源和一个问题多种解决办法的常识,来进行协作和即兴创作。与其他领域一样,在公共政策中,解决问题是一个融入社会的【378】过程,也是一个理性科学的过程。我们和他人一起学习等同于向他人学习。③ 例如,一个皇家委员会(Royal Commission)的成员们正在讨论他们的观点和发现(1965,ch.3),杰弗里·维克斯(Geoffrey Vickers)思考参与其中的方式。④ 当然,委员们的部分判断是由他们认知,以及自身道德和知识立场所决定的。然而,将这些规范应用于具体问题以及讨论和辩论过程中,即"每个委员对其他人的影响、耗损和刺激",这些规范得以修改

---

① 瓦杰纳尔(Wagenaar)和库克(Cook)回顾公共政策领域中有关实践的想法:"实践……是一个重要且独特的政治维度,有自己的逻辑性(实用性、目的性),有自己的认知标准(解释性、整体性,与知道相比,更知道怎样做),有走向世界的方向性(互动的、道德的、情感的),和自我社会形象(作为一个相互依存的社区群)"(Wagenaar 和 Cook,2003,141)。"环境学习"是一个获取知识的理论,它强调在语境中,通过互动和协作学习:在工作场所学习,参见拉韦与温格(Lave 和 Wenger,1991),温格(Wenger,1998),布朗与杜吉德(Brown 和 Duguid,2000);欲了解一个关于全球变化相似术语的有趣讨论,参见登加西与莫玉林(Tenkasi 和 Mohrman,1999)。论在做中学的产出效率,参见阿罗(Arrow,1962)。

② 决策者和管理者与莱维-施特劳斯的修补匠(Le'vi-Strauss's bricoleur)有很多共同点(Lévi-Strauss,1966,16-22)。与科学家和工程师相比,修补匠逐渐选取对象(工具和材料或政策、计划和工具),一直掌握在手中,直到意识到使用机会。使用方式以及带来的影响,部分为之前的使用方式所决定,但是很少以同样的方式奏效两次。在使用过程中,不仅发现了政策对象的各种属性,还发现使用对象的机会本就合适。

③ 同样情况是,很多学习可能是间接的(McKendree 等,1998)。我们经常通过观察或揣摩其他人进行的对话或交流来学习。

④ 维克斯(Vickers)对这一讨论更感兴趣,因为作为一位有经验的实践者,他写道:他是一名士兵、军官、律师、高级公务员、公司董事,同时是伦敦客运委员会(the London Passenger Transport Board)、国家煤炭委员会(the National Coal Board)和医学研究委员会(the Medical Research Council)的一名成员。

和完善(Vickers,1965,64)。

布朗和杜吉德(Brown 和 Duguid,2000,141 ff.)继而描述他们所称的"实践网络"类似职业群体:做类似事情的人,彼此间以某种方式相互联系(通过训练或通过所属协会),但不一定了解彼此。此外,共同完成同一任务,有助于建立更加紧密的"实践社区"(Wenger 和 Snyder,2000)。网络和社区具有互补性,网络已经普及,但是很少互惠:网络善于分享知识,但不善于生产(或应用)知识。社区必然受到延展范围的限制,但是协作和互惠的联系牢固紧密,这意味着新知识会迅速传播。

在社区之间的交流和学习中,关键个体或"经纪人"往往占重要地位,在从事工作的社区和环境中占重要和不重要的矛盾地位。经纪人依赖他人的信任——"在这一点上,在跨社区边界最难赢得信任"(Brown 和 Duguid,2001,60)。重要的是,信任是在实践和来回谈判中赢得或实现的。然而,在很多方面,他(她)将处于边缘地位,地位不确定,并且往往受到威胁。在某种程度上讲,经纪人是一个陌生人,用相对化并阐明当地所称的常识,并提出质疑(Schütz,1964)。陌生人可能是扩散源,也可能是宝贵的新资源。

从定义上讲,社区促进学习上更大程度的公平性或互惠性,但也促进了不同的交流规则。首先,一次交谈或对话(实际上,是一段关系)的伙伴相互谈论和探讨双方各自给这种情况带来的影响。逐渐地,他们越来越多地谈论通过谈话所想到的事情;彼此对话也就水到渠成。对话参与者不仅能够互相学习,还能学到新知识。因此,有充分理由相信,我们可以从朋友那里学到最好的东西(Forester,1999,31-38)。① 朋友会把合适【379】的信息和经验结合起来,因为他们了解我们,所以知道什么适合我们。他们帮助我们在环境中认识自己,以理解自我,而不是理解事物。他们认识到问题的复杂性,而不是提出简单的解决办法,帮助我们深思熟虑、仔细思量,以寻求其他解决办法。他们能辨别出影响我们决定的情绪、感觉和价值观。"我们应该考虑学习的友情类型,不是长久感情和亲密关系的友情,而是相互关心的友谊,关心和尊重对方,充分参与政治世界的公民实践。这是对对方的希望和政治可能性欣赏的友情,其也认识到这些希望和可能性的脆弱性"(Forester,1999,36)。

5. 学习的要素

本文回顾的不同文献隐含着两种不同的学习思考方式,一种主要是实证主义,另一

---

① 道洛维兹、格林沃尔德和马尔什(Dolowitz,Greenwold 和 Marsh,1999)解释了,英国作为政策转移和学习来源,对美国主要借鉴作用的诸多原因,这种亲密关系就是其中原因之一。

种是建构主义。同时,这两种主义也可能被描述成机械论和有机论。① 第一种模式,实证主义或机械论假设一个事物存在于时空中,被获得之后,运载转移到另一个时间和(或)地方,并加以使用。重要的是,实现了向量、杠杆、联轴器和交通设施。无论是知识、技术还是公共政策,转移都是一种工程行为。从某种程度上讲,转移承认理性有界限,并且行动受各种制度限制。因此,从其他地方采用的政策也总是适合的,可能被称为一种合格机制。第二种模式,建构主义或有机论将政策视为新兴的。政策并不存在于别处,而是在寻找和学习的过程中产生的,随时准备被研究和学习,但在此过程中,就完成或产生政策。学习是一系列交流沟通的输出,而不是输入;从这个意义上说,学习被产生,而不是被传播。二者的区别在于学习变得复杂的感觉和学习变得复杂。

这两种模式之所以值得探讨,部分原因是它们指出,决策者支持的学习理论和应用理论之间可能存在一种紧张关系。② 两者之间的区别在于:合理、合法、科学的论述和社会、管理、政治的方式,决策者和管理者经常在前者中接受培训,后者知道哪些是日常实践的常态。有时,政策是根据经验或其他方面的证据而设计的。通常情况下,冲突证据和论证也会做出一些必要妥协。然而,决策者往往会进行合作,交换关于问题和政策的信息,这些问题和政策在本质上是相似的,但不同之处足以激发反思和创造性思维(或"集体困惑")。③ 其中,一个有趣的含义是,学习概念不一定包括习惯性推论,即教学。跨国家"政策借贷"、"进口"和"出口"的标准形象,冒着模糊许多学习过程互利的风险。

思想在行为上的表现方式存在很多常见问题,在一定程度上,研究学习避开这些问题(Majone 和 Wildavsky,1979),此处得出的区别也有其方法论的推论,即学习将被尽可能多的解释。维克斯(Vickers,1965,187)假设一个"接受点",当已知的事得以实现时,当洞察力为承诺所支持时,当信息同化变成信仰重组时,当一个"潜在事实"变成一个"潜在行为"时,"接受点"就很可能出现了。正如他所承认的,这种心理变化既是"理论上的模糊",也是"最常见的经验事实之一"。同样,赫克洛指出,学习"更容易说明,而不是决定性地证明"(Heclo,1974,321)。

【380】

---

① 尽管此术语在社会科学领域更普遍地应用,起源于迪尔凯姆(Durkheim),但本文中,此术语借鉴于伯恩斯和斯托克(Burns 和 Stalker,1961)、詹姆斯·马奇(James March)对"剥削性"和"探索性"学习加以区分,其中有些相同观点。

② 区别在于阿吉里斯和施库斯(Argyris 和 Schön's,1978)。

③ 维克斯对妥协和"综合"决策加以区分,在这里起到重要作用。一个问题的综合解决办法,是一个完全满足各方不同要求的办法。在一定程度上,各方看待问题的不同方式发生了变化,同时,"辩论开始时,可能存在一些解决办法,这又增加这种可能性",这是可能的(Vickers,1965,208)。

5.1 机构和互动

有关学习的研究做出一定假设,即学习是一个积极过程。但是谁学习呢? 文献中达成某种共识,即学习是个体和仅为个体所做的事。但是,学习也是个体在与他人在团体、网络、社群和组织的互动过程中所做的事情:学习是一个社会过程(Bandura, 1977)。①

因为这一概念强调学习的困难性和脆弱性,所以更有价值。学习之所以困难,恰恰是因为学习是互动性的,"因为很多人必须一起学习"(Pressman 和 Wildavsky, 1984, 125)。同样,某些情况和环境更有利于学习,并且可以强有力地宣称,团体、组织和国【381】家等培养学习的社会实体更有可能成功。②

如果没有某个相关的自治概念,隐含在行动和互动中的机构概念就没有什么意义。在此基础上,有些互动类型不能构成学习,约翰·弗瑞斯特(John Forester, 1985)提出从中借鉴可能构成学习的互动类型。他面临的问题是,不同互动的相对合法性。从本质上讲,学习条件("某种得以增强的行动能力和自我理解能力",1985, 265)与哈贝马斯(Habermas)"理想言语情景"的条件相同,也就是说,一项声明的有效性可以在没有胁迫或威胁的情况下进行评估。③ 其意义在于,我们可以把学习看作是一种具有特殊关系的功能,而非简单地将其看成是不同当事方的学习能力。

通常,学习发生在复杂相互依存的条件下,在这种情况下,任何特定代理人的思想和行动都会改变其他人必须思考和行动的语境或环境。正如维克斯所说(1965, 84),"一个沟通预测改变情况"仅仅因为其他人不仅根据我们可能的准确预测,还根据他们对我们行为的不同预测来评估我们的预测并调整他们的行动,所以沟通预测改变了情况。正因为意识到复杂的相互依存条件,当代治理理念才被作为指导,例如,在欧盟

---

① "因此,虽然判断和决定是个体的精神活动,但也是社会过程的一部分。它们存在于内部,依赖一种沟通网络,只有在一定程度上,有序大量积累主要共同假设和期望——一种为自身参与的各种活动所不断开发和改变的结构——沟通网络才有意义。与个体决定相比而言,个体决定者不能被单独研究。精神活动和社会过程是密不可分"(Vickers, 1965, 15)。思考和思考方式的社会过程,对个体的普遍假设造成威胁,玛丽·道格拉斯(Mary Douglas)《制度如何思考》(*How Institutions Think*)的主题是理性的自我(Douglas, 1986)。

② 关于组织学习的广泛文献,以此观点为基础:欲了解引言,参见韦克与维斯特利(Weick 和 Westley, 1996);莱维特与马奇(Levitt 和 March, 1998)。

③ 同样,学习并不意味着,生活没有矛盾。追求不同偏好和目的时,也在进行学习:保守派想要知道,如何更好地利用现存计划,改革者想要学习新计划,或者学习如何改变或扩大现存计划,以应对稍有不同的情况(Browne 和 Wildavsky, 1983, 245)。

"公开式协调方法"中就有所体现。① 它也是通过标杆学习来进行政策或计划发展和管理的逻辑。标杆学习——"通过监测进行学习"(Sabel,1994),该词出现在工商业快速发展的领域,在这些领域里,没有客观的评价标准,或者说这些标准变化得很快。标杆学习的奏效方式,不是通过强加标准,而是通过建构标准以及随后讨论和解释标准:"指导既不够精确,也不够具有说服力,不足以决定行动。个体必须解释一般规则和期望,使其能够承受实际情况。这些重新解读通过论证战得以进行,个体在论证战中试图通过重塑他们的观点和社会标准来建立一种平衡"(Sabel,1994,156)。

【382】 5.2 认知和交流

学习始于不确定性:如果没有不确定性,就没必要困惑。这种不确定性的部分原因是信息不足。通常,在信息、想象力和资源不可避免地缺乏的情况下,决策者一定会采取行动。因此,决策者的理性是有限的、依情况而定的,或者用西蒙(Simon)的话说是"有限的"。②

这个问题比仅仅不够清楚更微妙、更根本。根据赫克洛(上述内容),我们能够做的事情,在一定程度上取决于之前做过的事情。我们以前的决定,塑造未来将采取决定的领域。尤其因为在某种程度上,过去是我们问题的根源,所以我们从过去和经验中学习。但重要的是,这是一个精神过程,与物质过程或经验过程一样,或者我们可以称之为"思维路径依赖"。因为我们学到的东西,部分取决于我们以前学过的东西。学习是一个理解周围世界的过程,我们往往按照已经熟悉的方式去学习。我们学到的东西是已经知道的东西的一个函数。

维克斯称这是一个"评估体系",即"一套准备系统,用来区分情况的某些方面,而不是其他方面,并且以这种方式,对这些方面进行分类和评估"(1965,67)。赫克洛的"内部集合"中,具有该系统的对等词,舍恩和雷恩(Schön 和 Rein,1994)称之为"框架",而杨(Young,1977)称之为"设想的世界";该系统类似朔特(Schotter)的制度概念,即"思考机器"(Schotter,1981;Douglas,1986)。对于学生来说,不同的"准备系统"是很重要的,系统本身必须被学习,"既有限又有利"(Vickers,1965,68)。因为评估系统塑

---

① 关于治理,参见罗德斯与库伊曼(Rhodes,1996;Kooiman,2003);关于开放性协调方法,是欧洲公共政策杂志(Journal of European Public Policy,11(2),2004)的一个特殊问题。

② 玛格丽特·威尔(Margaret Weir,1992)研究从新政时期到20世纪70年代美国的就业政策,其中,她将新理念的制度化过程描述为"有限创新"之一。

造和确定我们看不到什么以及我们做什么。①

这意味着学习不仅仅是一种解释行为、一个记录世界的过程和一个思考世界的过程;从根本上讲,学习是关于创造世界的,这是一个有意义的积极过程(Weick,1995)。同样,正如我们购物一样,是为了发现我们想要的东西(我们可以将某些类型的政治学习,看作是"政策购物"),因此,我们阅读是为了发现自己的想法,而不仅是作者的想法(Brown 和 Duguid,2000)。于是,出现了学习概念,即学习是一种想象行为、创造行为和说服行为,相当于(或等同于)理解行为、推论行为和同化行为。

同样,威尔达弗斯基认为,实施是探索或假设检验(Browne 和 Wildavsky,1983,254)。对此,我们做出预测,并采取相应行动,然后根据预测是否成真来调整行动。问题在于,该假设改变了随后做出修订所依赖的基础。这意味着,随着时间的推移,公共 【383】政策及其运作环境会参与相互适应的过程,同时,这又意味着"在先前目标和未来后果中,安全的认知锚定动摇实施"(Pressman 和 Wildavsky,1984,xvii)。实施"不是得到你曾经想要的东西,而是……得到你自己已经学会喜欢的东西"(Browne 和 Wildavsky,1983,234)。

同时,认知或"欣赏"也是一种与感知相关的交流产物。"所有感知和反应,所有行为和行为类型,所有学习和遗传学……所有组织和进化——一个完整主题——本质上而言,必定被认为是交流"(Bateson,1973,253)。关注交流具有重要作用,在某种程度上,这并不意味着,听众的脑中会准确再现说话者的意图信息:听众所理解的内容,总是且必然是解释过程的结果。在某种程度上,信息再现总是不完美的:正如科学社会学家所说,"信息就是变革"(Callon 和 Latour,1981,300);我们认为传递是一种转译行为。

焦点问题可以简单地加以说明。我们通过符号(文字、图片、声音和图像)进行交流。符号及其所指的关系既不确定也不机械。事物的意义关键在于惯例(一个社会结构),它总是不精确的。意义可以共享,但不相同。这一基本认识论的不确定性,即一种必要条件——每一句话都带有读者或听众的某种解释学行为,是激发灵感和创造力的来源,也是错误和失败的来源。转译——是一个过程,即你说的话转化成我理解的措辞——无处不在、并不完美。

这里区分的学习要素,只不过是一种启发式教育法,一种概念的形式化分离,实际上和本质上是相互关联的。此外,值得注意的是两个背景主题,不仅因为它们在这里很

---

① 另参见马奇(March)对"社会行动模式偏见"的论述(March,1972)。分析而言,不学习与学习一样有趣。例如,在公共政策学术领域,思考决策方式往往受到需求限制,以符合并再现审议小组的既定标准和假设。这就是贾妮斯(Janis)所说的"团体思维"(Janis,1982)。

重要,还因为在政策制定的其他论述中,它们有时会被忽略。首先,处理政策学习涉及很多要素,因为经过三十年或更长时间,政策学习的开展建立了系统理论。赫克洛的学习概念来源于刺激—反应理论,他和舍恩都借鉴了多伊奇(Deutsch)的政府控制论模式(Deutsch,1963)。例如,赫克洛引用了波兰尼(Polanyi)的"'自发规则',这是允许每一方主动参与互动而获得的规则"(Heclo,1974,320)。维克斯承认利用"概念和思维方式,虽然目前在各个科学领域都很普遍,但迄今为止,只是不规则地渗透到非专业人士的思想中——在一般系统理论的名义下,这些概念或许被误解的风险最小"(Vickers,1965,16)。威戈(Wenger,2000)从系统理论的角度对实践团体提供了一个更清晰的阐述,重点关注在各个团体之间和跨越边界发生的学习。

【384】 其次,詹姆斯(James)、皮尔斯(Peirce)和/或许对学习问题最感兴趣的约翰·杜威(John Dewey)提出的现象学和美国实用主义的根源,这就是下一步回顾的问题。正因如此,导致赫克洛断言:"除政策过程以外,没有'问题',只有'条件'"(Heclo,1974,288),并且舍恩认为"结论是通过干预得到的"(Schön,1973,199)。

这是韦克(Weick)《组织的意会》(*Sensemaking in Organizations*)、布朗和杜吉德(Brown 和 Duguid,2000)《信息社会生活》(*Social Life of Information*)的主题。韦克借鉴了格拉汉姆·沃拉斯(Graham Wallas)对一个孩子言论的经典引文,说道:"在我明白自己的意思之前,怎样才能知道自己的想法?"他解释说,他所说的"意会"是"人们的解释方式……解释之前的创造"(Weick,1995,13-14)。

6. 在比较中学习

本章首先指出借鉴他人和过去的一般经验,最后反思学习在时空中依靠比较的方式。在某些方面,我们向(和)我们所认同的人学习:因为他们像我们一样,或因为我们想要像他们一样,或因为我们的问题似乎一样。同样,我们发现,向那些我们认为(或想要认为)与我们不同的人学习是很困难的。

这与公共政策研究中通常采用的比较思维方式不同。更正式地讲,比较可能是解释的来源,解释为什么许多事情发生在同一个国家,而不是其他国家,或者为什么这些事情的发生方式不同。通过此方法,来区分其他一些因果变量和其他变量,这是最接近实验逻辑的政策科学。同时,比较可以作为一种评估手段,一种判断政策或实践及询问如何改进的方法。

当然,在实践中,这样的经验很难借鉴,也很难应用。政策制定和实施背景比较复杂,因此,政策因果关系往往不太明确。然而,无论它们多么令人信服,解释和评估仍是对以前发生的事情的理解。它们会在哪些领域奏效？我们在哪里可以收集到足够的证据，以确信其具有普遍效度？它们在哪些领域足够灵活，以便从一个领域迁移到另一个领域，同时，我们可以随其转移，但我们经常做不到。从传统意义上讲，比较分析是丰富的、有价值的，但其本身却不足以指导政策。

但是，此处所考虑的大部分学习，都是基于一个不同的比较规则，早于另外两个规则。因为比较基于描述和再描述、认知和识别、分类和聚类，理解其含义必然是一个解释过程。将某物与其他事物进行比较，需要在逻辑上先承认或假设它们之间具有可比性。无论是事物单独分开，还是聚在一起，都是用事物的并列关系来解释它们。

比较需要使用类别或生成类别来描述各种案例，这通常是我们不会自觉去做的事。【385】例如，通常，我们在熟悉的情境下，和我们熟悉的人们交谈时，会使用一些普通的单词和语法，与此相比，跨国交谈就需要使用更有创造力、更抽象的语法和单词。比较的实现路径，可以称作是"第三代码"或一种翻译语言，这时就实现了比较。这一定程度上解释了为什么它常常看起来是困难的、陌生的、使人困惑的，也是令人振奋的。

英国《罗宾斯高等教育报告》(Robbins Report on higher education in the UK)提出了艰巨挑战，维克斯(Vickers,1965)对此进行了描述。该报告在定义和构建新的第三产业过程中，审查了一批"高等教育"机构的立场。问题在于，不同的教师培训和其他技术学院的功能和目的，以及它们之间的关系。定义这一组织涉及"一种特殊困难和复杂类型的精神调整"，这本质上是重新分类之一。这意味着将国家教育体系的部分分离出来，并将重组为坚持要有特殊认同的大学。同时，发明或构建更高或高等教育，意味着与中级学校的关系更加明确。在整个工作进程中，维克斯将管理问题与心理观点联系起来："在重组机构方面，最容易细分，更难合并，最难的是对持续经营的机构中的成员进行分割和重组。这一困难表明，并且可能与更基础的心理障碍有关，分类基于我们对现实的判断，这些心理障碍伴随着分类的……该报告不只是重组我们机构的一个计划，也是重组我们思想的一个请求。"(Vickers,1965,59-60)。

参考文献

Argyris,C,and Schön,D.1978. *Organizational Learning.* London:Addison-Wesley.

Arrow,K.1962. *The Economic Implications of Learning by Doing.* Review of Economic Studies,29(3):155-73.

Bandura,A.1977. *Social Learning Theory.* Englewood Cliffs,NJ:Prentice Hall.

Bateson,G.1973. The logical categories of learning and communication. *In Steps to an Ecology of Mind, ed. G.* Bateson. London: Granada.

Bennett, C.J.1991. Review article: What Is Policy Convergence and What Causes It? *British Journal of Political Science*, 21(2):215–33.

——1992. *Regulating Privacy: Data Protection and Public Policy in Europe and the United States. Ithaca*, NY: Cornell University Press.

Brown, J.S, and Duguid, P.2000. *The Social Life of Information.* Boston: Harvard Business School Press.

——2001. Structure and Spontaneity: Knowledge and Organization. In *Managing Industrial Knowledge: Creation, Transfer and Utilisation*, ed. I. Nonaka and D.J.Teece. London: Sage.

Browne, A. and Wildavsky, A. 1983. Implementation as Exploration. Reprinted in *Implementation: How Great Expectations in Washington are Dashed in Oakland*, ed. J.L.Pressman and A.Wildavsky, 3rd expanded edn. Berkeley: University of California Press, 1984.

Burns, T, and Stalker, G.M.1961. *The Management of Innovation.* London: Tavistock.

Callon, M. and Latour, B.1981. Unscrewing the big Leviathan: how actors macro-structure reality and how sociologists help them to do so. In *Advances in Social Theory and Methodology: Toward an Integration of Micro and Macro-Sociologies*, ed. K. D. Knorr-Cetina and A. V. Cicourel. London: Routledge and Kegan Paul.

Collier, D, and Messick, R. 1975. Prerequisites Versus Diffusion: Testing Alternative Explanations of Social Security Adoption. *American Political Science Review*, 69:1296–315.

Deutsch, K. W. 1963. *The Nerves of Government: Models of Political Communication and Control.* New York: Free Press.

Dolowitz, D, Greenwold, S, and Marsh, D. 1999. Policy Transfer: Something Old, Something New, Something Borrowed, But Why red, White and Blue? *Parliamentary Affairs*, 52(4):719–30.

——and Marsh, D.1996. Who Learns What From Whom: A Review of the Policy Transfer Literature. *Political Studies*, 44(2):343–57.

——2000. Learning from Abroad: the Role of Policy Transfer in Contemporary Policy Making. *Governance*, 13(1):5–24.

Douglas, M.1986. *How Institutions Think.* Syracuse, NY: Syracuse University Press.

Etheredge, L.S., and Short, J.1983. Thinking about government learning. *Journal of Management Studies*, 20(1):41–58.

Eyestone, R.1977. Confusion, Diffusion and Innovation. *American Political Science Review*, 71:441–7.

Fischer, F.2003. *Reframing Public Policy: Discursive Politics and Deliberative Practices.* Oxford: Oxford University Press.

Flora, P., and Heidenheimer, A.J.eds.1981. *The Development of Welfare States in Europe and America.* New Brunswick, NJ: Transaction.

Forester, J.1985. The Policy Analysis-critical Theory Affair: Wildavsky and Habermas as bedfellows In *Critical Theory and Public Life*, ed. J.Forester. Cambridge, Mass: MIT Press.

——1999. *The Deliberative Practitioner: Encouraging Participatory Planning Processes.* Cambridge, Mass:

MIT Press.

Gray, V. 1973. Innovation in the States: A Diffusion Study. *American Political Science Review*, 67: 1173-85.

Hajer, M. 1995. *The Politics of Environmental Discourse.* Oxford: Oxford University Press.

Hall, P. A. ed. 1989. *The Political Power of Economic Ideas: Keynesianism across Nations.* Princeton, NJ: Princeton University Press.

——1993. Policy Paradigms, Social Learning and the State: The Case of Economic Policymaking in Britain. *Comparative Politics*, 25: 275-96.

Heclo, H. 1974. *Modern Social Politics in Britain and Sweden: From Relief to Income Maintenance.* New Haven, Conn: Yale University Press.

James, O, and Lodge, M. 2003. The limitations of "policytransfer" and "lesson drawing" for public policy research. *Political Studies Review*, 1: 179-93.

Janis, I. 1982. *Groupthink: Psychological Studies of Policy Decisions and Fiascoes.* Boston: Houghton Mifflin.

Kooiman, J. 2003. *Governing as Governance.* London: Sage.

Kuhn, T. S. 1962. *The Structure of Scientific Revolutions.* Chicago: Chicago University Press.

Latour, B. 1996. *Aramis, or the Love of Technology.* Cambridge, Mass: Harvard University Press.

Lave, J, and Wenger, E. 1991. *Situated Learning: Legitimate Peripheral Participation.* Cambridge: Cambridge University Press.

Law, J. 1997. Traduction/trahison: notes on ANT. Department of Sociology, Lancaster University; available at: www.comp.lancs.ac.uk/sociology/papers/law-traduction-trahison.pdf (accesed 19 Aug. 2004).

Lévi-Strauss, C. 1966. *The Savage Mind.* London: Weidenfeld and Nicolson.

Levitt, B, and March, J. 1998. Organizational Learning. *Annual Review of Sociology*, 14: 319-40.

Lindblom, C. E. and Cohen, D. K. 1979. *Usable Knowledge: Social Science and Social Problem Solving.* New Haven, Conn: Yale University Press.

McKendree, J, Stenning, K, Mayes, T, Lee, J, and Cox, R. 1998. Why observing a dialogue may benefit learning. *Journal of Computer Assisted Learning*, 14(2): 110-19; available at: www.hcrc.ed.ac.uk/gal/vicar/VicarPapers/JCAL98. RTF.

Majone, G, and Wildavsky, A. 1979. Implementation as Evolution. Reprinted in *Implementation: How Great Expectations in Washington are Dashed in Oakland*, ed. J. L. Pressman and A. Wildavsky, 3rd expanded edn. Berkeley: University of California Press, 1984.

March, J. G. 1972. Model Bias in Social Action. *Review of Educational Research*, 42: 413-29.

——1991. Exploration and Exploitation in Organizational Learning. *Organization Science*, 2(1): 71-87.

Neustadt, R., and May, E. 1986. *Thinking in Time: The Uses of History for Decision Makers.* New York: Free Press.

Parsons, W. 1995. *Public Policy: An Introduction to the Theory and Practice of Policy Analysis.* Aldershot: Edward Elgar.

Pressman, J. L. and Wildavsky, A. 1984. Implementation: How Great Expectations in Washington are Dashed in Oakland, 3rd expanded edn. Berkeley: University of California Press.

Rhodes, R. 1996. The New Governance: Governing without Government. *Political Studies*, 44: 652–67.

Rimlinger, G. 1971. *Welfare Policy and Industrialization in Europe, America and Russia*. New York: Wiley.

Rogers, E. 1962. *Diffusion of Innovations*. New York: Free Press.

——2003. *The Diffusion of Innovations*, 5th edn. New York: Free Press.

Rose, R. 1991. What Is Lesson-drawing? *Journal of Public Policy*, 11(1): 3–30.

——1993. *Lesson-Drawing in Public Policy*. Chatham, NJ: Chatham House.

——2000. What Can We Learn from Abroad? *Parliamentary Affairs*, 53: 628–43.

——2005. Learning from Comparative Public Policy: A Practical Guide. Abingdon: Routledge.

Ryan, B, and Gross, N. C. 1943. The Diffusion of Hybrid Seed-corn in Two Iowa Communities. *Rural Sociology*, 8: 15–24.

Ryle, G. 1949. *The Concept of Mind*. London: Hutchinson.

Sabatier, P. 1987. Knowledge, Policy-oriented Learning and Policy Change. *Knowledge*, 8: 649–92.

——1988. An Advocacy Coalition Framework of Policy Change and the Role of Policy-oriented Learning Therein. *Policy Sciences*, 21: 129–68.

——and Jenkins-Smith, H. eds. 1993. *Policy Change and Learning: An Advocacy Coalition Approach*. Boulder, Colo: Westview.

——1999. The Advocacy Coalition Framework: An Assessment. In *Theories of the Policy Process*, ed. P. Sabatier. Boulder, Colo: Westview.

Sabel, C. 1994. Learning by Monitoring: The Institutions of Economic Development. In *the Handbook of Economic Sociology*, ed. N. J. Smelser and R. Swedberg. Princeton, NJ: Princeton University Press.

Schofield, J. 2004. A Model of Learned Implementation. *Public Administration*, 82(2): 283–308.

Schön, D. A. 1973. *Beyond the Stable State: Public and Private Learning in a Changing Society*. Harmondsworth: Penguin.

——1983. *The Reflective Practitioner: How Professionals Think in Action*. London: Temple Smith.

——and Rein, M. 1994. *Frame Reflection: Toward the Resolution of Intractable Policy Controversies*. New York: Basic Books.

Schotter, A. 1981. *The Economic Theory of Social Institutions*. Cambridge: Cambridge University Press.

Schütz, A. 1964. The Stranger: An Essay in *Social Psychology*. American Journal of Sociology, 49(6): 499–507. Reprinted in *Alfred Schütz: Collected Papers, ii: Studies in Social Theory*, ed. A. Brodersen. The Hague: Nijhoff, 1976.

Scott, J. C. 1998. *Seeing Like a State: How Certain Schemes to Improve the Human Condition have Failed*. New Haven, Conn: Yale University Press.

Tenkasi, R. V, and Mohrman, S. A. 1999. Global Change as Contextual Collaborative Knowledge Creation. In *Organizational Dimensions of Global Change: No Limits to Cooperation*, ed. D. L. Coopernider and J. E. Dutton. Thousand Oaks, Calif: Sage.

Vickers, G. 1965. T*he Art of Judgment: A Study of Policy Making*. London: Chapman and Hall.

Visser, J, and Hemerijck, A. 2000. *Learning and Mimicking: How European Welfare States Adjust*. Manuscript.

Wagenaar, H, and Cook, S.D.N. 2003. Understanding Policy Practices: Action, Dialectic and Deliberation in Policy Analysis. In *Deliberative Policy Analysis: Understanding Governance in the Network Society*, ed. M.A. Hajer and H. Wagenaar. Cambridge: Cambridge University Press.

Walker, J.L. 1969. The Diffusion of Innovations Among the American States. *American Political Science Review*, 63: 880–99.

Wallas, G. 1926. *The Art of Thought*. New York: Harcourt Brace.

Weick, K.E. 1995. *Sensemaking in Organizations*. Thousand Oaks, Calif: Sage.

——and Westley, F. 1996. Organizational Learning: Affirming an Oxymoron. In *Managing Organizations: Current Issues*, ed. S.R. Clegg, C. Hardy, and W.R. Nord. London: Sage.

Weir, M. 1992. Ideas and the Politics of Bounded Innovation. In *the New Institutionalism: State, Society and Economy*, ed. S. Steinmo, K. Thelen, and F. Longstreth. New York: Cambridge University Press.

Wenger, E. 1998. *Communities of Practice: Learning, Meaning and Identity*. Cambridge: Cambridge University Press.

——2000. Communities of Practice and Learning Systems. *Organization*, 7(2): 225–46.

——and Snyder, W.M. 2000. *Communities of Practice: The Organizational Frontier*. Harvard Business Review (Jan.-Feb.): 139–45.

Wilensky, H.L. 1975. *The Welfare State and Equality: Structural and Ideological Roots of Public Expenditure*. Berkeley: University of California Press.

Williamson, J.B, and Fleming, J.J. 1977. Convergence Theory and the Social Welfare Sector: A Cross-national Analysis. *International Journal of Comparative Sociology*, 18(3–4): 242–53.

Young, K. 1977. Values in the Policy Process. Policy and Politics, 5: 1–22.

第 18 章　重构问题性政策

马丁·雷恩（Martin Rein）

　　公共政策通常存在问题，因为他们所寻求的目标就有问题。公共政策面临的主要挑战不是寻找达到既定目标的最佳手段，而是在于重构目标，以更好地应对目标之间不可避免的模糊性和冲突问题。在政策研究的标准工具主义方法中，这些问题大多都不受重视。

　　政策知识这一工具性概念的两个弱点尤其重要。首先，对工具知识的关注太过片面，可能会对公共政策面临的价值选择造成影响，使其模糊地隐藏在政策分析员交易的工具列表中。工具主义不能完全规避价值选择的问题，相反，工具主义会决定衡量什么、如何说明模型以及如何量化结果，这时它会不悄悄地做出这些选择（Rein，1976）。

　　其次，工具主义本身的成功也是喜忧参半。工具主义的先决条件是有力的因果推理，以证明特定变量会催生特定的规范化理想结果。然而，社会科学几乎没有成功地建立起这种关系。大多数评价性研究都没有揭示出任何有力的、明确的影响和结果，文献也没有太大的作用，大部分因变量的方差通常无法解释（Rein 和 Winship，2000）。同时，价值观本身以及它们之间的冲突仍未得到探讨。①

　　首先，我探索了各种不同的情况，这些情况会威胁工具手段——目标合理性，始于两个最熟悉的——即价值冲突和目标模糊性，继续扩展工具列表，仔细研究其他不为人

---

　　①　考虑种族融合。布朗诉教育委员会案件（Brown v.the Board of Education）基于证据表明：种族隔离学校"有损少数民族儿童的人格，减少了学习动机，从而削弱了学习能力"，这为废除学校种族隔离提供了有力的证据。然而 30 年后，进一步的经验研究表明，这些益处并不大，黑人和白人父母之间的社区反对也很强烈。这一工具论据反对废除种族隔离，因为这是一种重要的社会价值观，是在民主制度下应该做的正确的事情。最重要的是，它掩盖了相关群体的反对，这些群体（忽视那些不高尚的价值观，正是这些价值观促使他们持有反对态度）认为，无论是哪种目标，即以消除种族隔离为目的或以改善少数民族儿童教育为目的，都应该比社区自治和社区凝聚更重要（Rein 和 Winship，2000，44）。

知的动力学。因此,揭露的问题目标不是单独存在的,而是相互依存和相辅相成的。最后,我调查了在社会性处理这些问题的目标的各种方法,并对"二次重构"进行了深入讨论,以免出现问题目标和无用客户。选择总是发生在某种描述下:各个制度以这种方式框定政策问题及其抉择;重新架构,从不同的框架角度看待问题,可以改变我们对政策问题的看法及我们如何回应。①

1. 问题目标:六个案例

1.1　相互矛盾的目标

"价值"一词实际意味着什么?"价值"是公共政策的终极目标——公共政策旨在促进特定目标和义务,就其本身而言具有可取性,而不是为达到某些特定目标的某种明确手段。安全、平等、繁荣、自由、自治和家庭自治(举几个例子)等目标都具有这一特点,每一个目标都成为它自己的理由,至少在某些时候对某些人是这样的。

例如,在某种程度上,我们大多数人都相信某种形式的平等。我们一直认为平等是一种理想,即使平等只能带来有限的工具利益,或即使这些利益只是一种幻觉。正如以赛亚·伯林(Isaiah Berlin,1981,102)所言:"平等是自由思想中最古老、最深刻的要素之一……就像所有人的目的一样,平等不由辩护,也不能得以证明具有正当性,因为实现平等而采取的手段是其他行为,而平等就证明了这些行为的正当性。" 【391】

当然,如果以公共政策作为行动指南,平等的价值仍需具体加以说明。例如,平等已被广泛地理解为"平等的机会",而非"平等的结果",即便如此,平等也与"家庭自治"等价值观相冲突。"毕竟,父母想给孩子一个不同的机会,以获取各种资源,这样他们将更具竞争优势,在劳动市场上表现更好。"平等机会的价值和家庭自治相冲突,家庭以一切可能的方式保护和推动子女的职业发展。

另一个例子是参与和协商之间的冲突,这已在 40 年前的美国进行尝试,促进穷人参与,由此减少贫困。社区活动(Community Action)计划旨在鼓励穷人参与,减少漠然态度,参与挑战当地公共机构绩效。在此方面,冲突不久就明显显现,促进参与的计划也发生巨大变化。在《社会改革的困境》(*Dilemma of Social Reform*)一书中,马里斯和雷恩(Marris 和 Rein,1982,1)简明阐述了这个问题:"美国的改革者面临着三项关键任务,

---

① 关于这一点,请参看舍恩和雷恩(Schön 和 Rein,1994),欲了解同科目的一系列作品,请参看马奇(March,1972)、阿克塞尔罗德(Axelrod,1976)、森(Sen,1980)、道格拉斯(Douglas,1986)、卡内曼和特维尔斯基(Kahneman 和 Tversky,2000)。

必须招募一个足以维持其权力的联盟;必须尊重民主传统,这一传统要求每个公民不仅要有代表,而且要在决定自身事务中发挥自主作用;改革者的政策必须合理,值得起论证。"在实践中,权力、参与和理性的必要性均相互冲突。

随着时间的推移,参与已经从一个以行动为导向的概念演变成一个更被动的模式。人们认为,对抗,被视为一种应对无能官僚的建设力量,已经蜕变为促进参与的有意义的公共手段。当代倡导采取不同形式的合作(建立联盟、建立伙伴关系、建立信任、成立公民陪审团);但是通过该词义的演变,目前某种形式的公民参与概念得到了广泛认可。因此,通过消除参与形式,冲突已得以缓和,由此有希望地减少参与和协商之间的潜在冲突。

1.2 矛盾和模糊

在立法和行政过程中,矛盾情况目前非常普遍,因此出现了有关这一问题的大量文献(March 和 Olsen,1976;Goodin,1982,ch.4);即使是法院有时也利用文献做决定(Sunstein,1996;White,2002)。

然而,对于政治和法律决策中模棱两可的好处,我们似乎仍摇摆不定。法国前政府首脑怀疑性评论颇受赞许,他说:"如果我们摆脱矛盾模糊的局面,就得自食其果"。因【392】此,文献中存在着一种模糊信息:在某些情况下,阐明情况可能要付出高昂的代价,唯一实际的做法就是使用模棱两可的措辞,这被认为是一种强有力的先决条件,即在建立一个促进集体行动的政治联盟中实现某种措施。

公共政策学术文献中有更多关于目标和手段的模糊问题。也存在一种对模棱两可的概念和理论的有趣应用,例如"可持续性"、"非正规部门"和"组织学习"等概念的使用。"这些概念很难界定,然而,在动员行动、制定研究和调查课程方面,都是有帮助的"。行动领域和研究领域紧密相连,因为一旦模糊概念进入实践领域,并且拥有可用资源,那么学术界就会参与评价结果和设计未来政策。

1.3 抽象目标

或许塞尔兹尼克(Selznick,1957)的作品可以提供经典叙述,他说:"当他们树立的种种承诺把我们从真正的目标上转移时,就意味着暴虐。目标如此抽象、如此模糊时,就不具有说服力,不能提供批评和评估原则。"

1.4　无用且不稳定的目标

"无用的目标"被强加给一个组织,这要求组织追求超越——最初指定的目标。这些目标创造一个组织的"三重底线":维持财政实力;完成主要任务;处理一些他们必须履行的任务,这些是被强加且无用的任务,因为有些监管是由外部机构所实施。塞尔兹尼克(Selznick,1965,126)称这些新兴且被强加的价值为"'不稳定的价值',其定义是不能与机构主要任务融为一体的价值"。正是这种与组织的主要任务形成的松散耦合,才使得这些目标"岌岌可危"。

大卫·米勒(David Miller,2001)用更规范的术语阐述这个问题,他认为这是一种关于"分配责任"的冲突,这是在较早的阶段提出的问题,即在这种情况下,我们应该达成广泛共识、共同干预,但尚未解决的是对这种干预的责任分配。谁负责决定实际行动的财政和组织成本? 我们可以同意将一个问题命名为"人道主义危机";可以达成共识,即必须制止种族灭绝,但是不能同意以什么为代价,由谁来承担。我们似乎只愿意界定问题,而不愿意就分配行动责任的原则达成一致,许多社会福利也存在这样的问题。

当然,还有许多其他案例,提出如何分配责任的问题。鉴于政府已削减对非营利组【393】织的资助,这些组织日益发现缺乏必要资金,难以执行其任务,如果想要继续生存,就要被迫寻求其他资源。有些组织将市场作为收入来源;如果有些组织和消费者之间是共同支付的形式,那么这些组织将试图把成本转嫁给消费者。非营利组织谈及了促进财政稳定和履行任务的双重底线,韦斯布罗德(Weisbrod,1998)通过对其加以关注,对公共政策转变其职责分配时出现的实践困境进行了生动的分析。

该情况为政府提供一个渠道,可以把价值观强加给不愿接受的非营利机构。例如,地方政府可能会强调,非营利机构接受大部分享有福利的贫穷母亲、无家可归的人或得以释放的因犯,由此可能产生一个"不稳定价值"的塞尔兹尼克类型的问题,这取决于如何处理这种情况。这些因犯从监狱中释放出来,无法在社区中找到立足之地,谁有责任来照顾他们? 有些组织希望继续坚持清晰且简单的目标,已经制定了重组战略,来应对一些通常由外界所强加的不相容的目标。

违反法律的情况下,实施惩罚策略面临着一个难题,塔赫(Thacher,2004)对其进行了深度思考:判决后会发生一些事情,如果任何机构都不为此承担责任,那该怎么办? 计划中的释放者遭到排挤,无处可去,就变成了新的"机构孤儿"。有些人陷于惩罚和释放的窘境,经常容易被忽视,由他们承担的责任无人接管,因为没人能胜任。

1.5　无法实现的目标

儿童福利制度就是一个很好的例子,即追求理想的但无法实现的目标。理想目标是让孩子生活在"正常"的家庭中,即遵守抚养孩子社会规范的家庭。有些孩子遭受虐待,不能得到好好的照管,为了实现以上目标,我们给这些儿童选择其他的照管方式,例如家庭寄养或临时收养。

经验表明,许多得到照顾的儿童实际上并没有回到原来的家庭。寄养和收养的儿童福利制度尚未形成有效的教育手段,来为这些儿童创造出一种可供选择的生活安排。这些孩子大部分时间都在从一个寄养家庭搬去另一个寄养家庭,或者从收养家庭搬回寄养家庭。我们好像并不能让这些儿童享有"正常化"的生活安排(Steiner,1981)。儿童福利组织诉诸实现这个目标,但是由于资源不足,而且任务方向出现周期性转变,因此,实现正常化可能是一项不可实现的目标。

【394】　最后,这些孩子长大成人,离开寄养家庭,尽量融入社区,针对这些脱离寄养家庭的青少年,最近有一项追踪研究,结果表明,整体上有19%的研究对象曾住在收容所,由于种族和性别的差异,这一比例在某些次群体中更高(Youth Aging Out of Foster Care,2002)。在这些儿童中,很多人明显欠缺适应社区的能力,但这并不意味着公共政策可以放弃让弃童的生活恢复正常化这一不言而喻的目标。

我们别无选择,把遭到排挤的儿童安置在各个机构中,这似乎不是我们要实现的目标。建立和维护此类机构的成本高得惊人,而且没有证据表明这是一种极其有效的方式。100年前,我们还未取得如此大的进步,这可以参阅当时的记载(Rothman,1971;Crenson,1998)。我们还没有为这一群体的大部分儿童设计出实现这一目标的方法(一种标准化系统),因此,将其称之为"问题目标"。

1.6　遗漏的目标

在罗素·贝克(Russell Baker,2004)的一篇文章中,提出一个有关"遗漏的目标"的有趣例子,简而言之,就是论点。自冷战结束以来,华盛顿一直饱受"漫无目标"之苦。"政府反复选举是为了筹集资金,旨在服务于提供资金的人",但目前有关此服务的形式仍是未知。为了解决这个问题,华盛顿发明了一种叫做"纺纱"的东西,媒体将其转变为由狡猾的政治谋士所"纺织"的"纺纱",这些政治谋士制造出紧急问题,然后他们可以解决。

当然,政治科学文献中也有一些关于象征性政治的例子。其中,采取行动是为了炫耀,几乎没有承诺要按照这些象征性的意图行事。埃德尔曼的《政治象征性应用》(*The Symbolic Uses of Politics*)的著作(Edelman,1964/2001)就是这种政治形式的一个早期例子。

2. 为解决问题目标而进行的制度斗争

人们可能认为,处理这些棘手的"问题目标"的最好办法,是澄清概念上模棱两可的理念。如果目标混乱模糊、矛盾冲突,那么首先必须澄清混乱问题,然后用清晰且有逻辑的理念取而代之。我们需要动用脑力,寻求更协调连贯的政策,力求重新定义所寻求的目标。亨利·理查德森(Henry Richardson,1997)针对实践推理撰写了一篇文章,提出了一个支持政策连贯性的强有力的论据。【395】

接下来,我们思考一些具有论证性的例子,说明如何采取制度办法来解决上述问题。中心思想是把有问题的目标当做一个需要解决的难题,然后找到一个合理且连贯的解决方案(Winship)。这是一种"实践焦虑"①,主要关注行动问题,即"该做什么?"这并不排斥澄清目标的实现,但是增加了对一致性和清晰度的追求,以此来考虑对现有实践的实用性且程序化的重新设计。

阐明这种直觉的最佳方法,就是提供几个有关实用制度方法的具体例子。本文对每一种方法进行了简要的讨论,以阐述在实践中发现的不同方法。

吉布森和戈定(Gibson 和 Goodin,1999)将矛盾视为政策发展中的盟友。他们称自己的方法是"模糊的面纱",与罗尔斯(Rawls)著名的"无知之幕"形成对比。罗尔斯认为,如果个别行为者不清楚他们在社会中身份和地位这些主要事实,那么他们可以仔细思考,通过审议过程制定出一套公平公正的基本原则,但是现实世界的政治行动者无法做到这一点。作者又提出另一种模式,即"模糊之幕",可以通过两种不同的方式奏效,分别是"目标模糊"和"手段模糊"。首先,模糊可以掩盖协议的本质:模糊或抽象可以促进协议的达成;在某种程度上,有关该做什么的问题,如果参与实践者持有不同意见,通常可以在更高的抽象层次上达成一致;从广义、模糊的角度来看,大多数社会成员都能就"什么是'公共利益'"达成一致意见。其次,最终达成协议后会有后续过程,模糊可以用来掩盖这些步骤。

约书亚·科恩(Joshua Cohen,1996/2004)提出了另一种完全不同的方法,用以解决这一难题,即如何在实践中处理问题目标。他有力地论证了民主理论赖以存在的两个

---

① 关于这一概念的详细阐述,请参见雷恩(Rein,1983)。

基本支柱——"审议"价值和"参与"价值,不仅可以在实践中指出不同的方向,还可以提高参与质量,但是可能会付出代价,即牺牲公共审议。简而言之,民主理论是建立在两个潜在的矛盾的基础之上的。科恩认为,在推理的抽象层次上,若通过抽象阶梯来寻找解决问题的办法,无法解决深层次的价值冲突。更多地思考冲突的根源以及更深入地进行概念性澄清可以解决冲突,这样的想法更是一种错觉,只有制度方法和程序方法才能够提供解决办法。所谓的"实践实验",杜威(Dewey)将其称之为"探究和制度创新"的精神。我们需要的是思想与行动的结合,并愿意考虑做一些不同寻常的事情。

【396】 诸如"全民公投"这样的流行手段肯定会鼓励公民直接参与。但同时,"要求投赞成票或反对票,可能会阻碍立法中理性的讨论"。一个典型例子,瑞士这样的小国就遭受了类似的经历,证实公投如何具有破坏性。一个团体虽然规模小,但是意志坚定,就可以撤销一项立法倡议,这是长期审议过程的结果(Neidhart,1970)。养老金政策中也发生了类似的事情,最终导致了对发放私人养老金的强制要求,而非提高公共部门的养老金价值。这最终可能被证明是一个明智的结局,但这一过程是通过一次旨在阻止立法意图的全民投票产生的。①

实践推理理论必须始终包括行动中的思考以及探究过程和结果的结合。实际上,这是我们在实践中所做的。针对第三个例子以及如何处理价值冲突的制度方法,塔赫和雷恩(Thacher 和 Rein,2004)指出了社会所具体使用的处理这些问题的三种策略:

(1)*诡辩*,它涉及如何在实践中处理并解决类似冲突;

(2)*循环*,它首先强调一种价值,然后再强调另一种价值;

(3)*分离*的艺术(Walzer,1983/1984),它将每个价值的职责分配给不同的制度结构。

诡辩原则是法学界的一种普遍实践方法,根据这种方法,他们首先会问:"这是什么情况?"然后依靠"判例法汇辑"来了解过去实践案例的处理方法,再假设这两个案例在重要方面具有相似性,最后让早期决定为目前做法提供指导。这种方法的缺点是,公共政策的大多数领域都不存在这样的书面记录,而且只有实践者亲身经历,才能撰写出经验汇编,但是实践者往往不能充分阐明指导他们行动的直觉是什么(Neustadt 和 May,1986;Thacher 和 Rein,2004;Searle,2001)。循环和分离也不能提供全套的解决方案,但确实说明现实世界中的各个机构是如何处理价值冲突的。

另一个在法律制度决策中使用模糊性的例子,其内容涉及环境保护署(EPA)落实

---

① 当然,这是对公投影响的一维描述:有些公投可能会激发全国性的对话,例如澳大利亚实行君主制还是共和制,或者是一系列最终彻底改变爱尔兰堕胎法的公投。

《清洁空气法》(Clean Air Act)的要求。在惠特曼诉美国汽车运输协会(Whitman v.A-merican Trucking Association,1999)案例中,美国最高法院一致裁定,只要环境保护署提供一项"可理解的原则",来管理行政指导方针的编写,那么禁止授权原则(Alexander 和 Prakash,2003)就能得以落实,就不存在将过度模糊转嫁给其他政府机构的危险(White,2002)。

另一种处理问题目标的方法基于直觉(Winship,参见本卷),即我们可能会对一些选择持反对意见,必须就此问题达成广泛共识,这是处理分歧的先决条件。从制度上讲,根据这一见解采取行动的关键是谈判前的阶段,该阶段创建了一个模板,用于确定在实际协商中需要处理哪些内容和应被忽略内容的命名和框架。制度解决办法是发明一种"召集艺术",这种艺术创造了一种方法,用来在直接谈判后期绘制可讨论和不可讨论的领域(Raiffa,Richardson 和 Metcalfe,2003)。【397】

可以雇佣一个局外人,即一个值得信赖的人,来绘制可予争论的领域。其目的并不是从哲学角度澄清问题,而是要确定一个可以处理这一具体情况的实际方法。这是一个"通过监督进行学习"的案例:"在经济生活不断变化的情况下,这是一种制度手段,用来颠覆实用主义的伎俩,同时既要定义集体行动问题,又要定义解决问题带来自然利益的集体行为者"(Sabel,1994,272)。

3. 二次重构:转移无用客户的案例

虽然有些制度方法试图采用一种实际方法,来解决实践中面临的问题目标,但是其他一些机构的行动方法却使问题目标更加恶化。下面回顾的转移策略和二次重构策略不是真正的全新理念,而是可以在不同领域以不同名义识别的更古老思想。①

以下例子说明了基本直觉。假设一个政府不希望将老龄工人的失业程度体现在政治上,因为这是一个"失业者却有能力维持生计"的问题,那么政府可能试图通过"重命名"的方式来遮掩这一问题,给问题取一个稍有差别的名字,就能把问题转移到不同的制度领域。作者将其称之为"从一个政策领域向另一个领域的转移"。众所周知,解决老年工人问题的一个办法就是把该问题转移到另一个制度领域,该问题不是劳动市场疲软问题,而是"残疾"问题,或是制度规则所允许的"老龄化"和"退休"问题(Kohli 等,1991)。在德国,正式退休年龄是 65 岁,但实际上,享受养老金体系的平均年龄大约是 55 岁(Schön 和 Rein,1994,ch.4)。在荷兰,养老金制度设有严格的按年龄划分的入账

① 欲了解更普遍的架构和重新架构,参见斯博与雷恩(Schön 和 Rein,1994)。

【398】规则,即根据年龄来享受养老金,实际上,不到 65 岁的人可以通过残疾体系享有养老金,由此出现了灵活性。一个健康富裕的国家,其人口达 1500 万,但残疾人士达 100 万,尽管这些残疾人享有公共伤残福利和私人伤残福利,但是没有人真的相信这些。

这种试图重新制定政策领域任务的情况不仅发生在国家一级,也发生在地方一级,地方呈现出不同的"转移"动态。囚禁在监狱、患上精神疾病或无家可归的情况下,认真思考"安全"和"服务"两个领域之间的流动。我们发现在美国和其他先进工业社会中,当地监狱是照顾精神病患者的最大管理者。① 没有人真的认为,处理精神病最好的办法是把精神病患者关进当地监狱或拘留所,相反,它是一个"二次重构"的制度性过程,最终导致这样的问题性目标。

据传闻报道,一些收容所的创建者称,收容所里高达 70% 的人都曾被关押在监狱里。此外,一项全国性调查显示,"事实上,与国家监狱相比,目前越来越多的人得以从州立监狱释放,然后进入收容所"。由此判断,"无家可归和当地监狱的慈善庇护功能不再导致多次管理介入"(Cho,2004,1-2)。周(Cho)判断,这种制度的失败源自"政府的日益分裂,这由孤立的决策所导致"。周补充称,收留流浪汉的避难所是一个默认的地方,在其他机构拒绝收留的情况下,只有避难所设法提供照管和服务。②

一般情况下,处理这些问题的传统方法包括 3 个主要观点:需要更多的资源;需要减少组织分裂;或者需要更多的协调。资源稀缺表明,这一问题源于一个没有人计划和注意的被动过程,但也没有人注意或有能力改变这个过程。但是,基于他们条件的"主要原因"进行管理分类,这种类型的重构也可能是预期分类过程的副产品。换句话说,二次重构可能部分由类型化所创建(Douglas,1986,ch.8)。

本文中,作者想强调 3 种都得以应用却不为人知的机制解释:

(1)专业性和制度性"分层";

(2)"转移"的制度动力学;

(3)在一个有关"理想"的专业承诺中,承诺"做好事"并不等同于对责任做出同样坚定的承诺,这种承诺需要做出可行性的现实主义评估(Weber,1919)。

【399】### 3.1 分层

"分层"是一种机制,在许多领域的专业程序管理中,其重要性早已得到认可。分

---

① 目前,美国拘留所和监狱里精神病患者的数量(20 万)远远多于公立医院(61700)。实际上,纽约瑞克岛收留了 3000 名精神病患者,已经成为该州最大的精神病院(Winship)。

② 他的论文探讨了应对默认情况的三种策略:"框架反射、变革性学习和边界跨越",这些分类来源于合作学习和政策制定的文献,以及他在纽约参与的一个项目,旨在解决这一问题。

层既包括一个冷漠的被动过程,也包括一个主动过程,在此过程中,专业人士可以在刚接触时或参与时,或者是通过一个被称为是"信息和推荐"的过程,开始提供服务后的一段时间,"忽视"或拒绝无用客户。在"分层"过程中,可以确定导致这种现象的具体代理人行动,也就是"在代理人的监视下",传递他们不能或不想应对的客户。大量文献视"分层"为关键要素,用来理解为什么视目标为主要任务的项目不服务那些最需要帮助的人。

在一项最早的有关"分层穷人"的社会学研究中,米勒、罗比和斯蒂恩维基(Miller,Roby 和 Steenwijh,1970)关注组织排斥的动力学,以及组织排斥如何有组织地产生,如何成为正常的职业实践。20 世纪 60 年代,法国有一个叫做"帮助所有需要帮助的人"(Aide à Toute Détresse)的宗教组织,米勒及其同事对其进行了研究;后来更名为"第四次世界运动",该组织至今仍很活跃,并在世界范围内开展活动。最近,作者发现了另一个具有类似任务的服务组织。

精神疾病联盟是波士顿的一个倡导团体,由精神病患者的家属组成,其目标是挑战"资源稀缺"的倾向观点。这个团体由一群父母组成,其家庭成员患有严重的精神疾病,父母们倾向于不分层的另一种议程。他们认为,专业的心理健康实践服务于"健康焦虑者"。该联盟发起人提出了另一种框架:精神疾病是一种脑部疾病;这种情况需要药物治疗,而不是常规治疗;虽然病情的严重程度会发生周期性波动,但是精神病患者需要终生的长期护理。该联盟强烈反对将资源优先分配给"健康焦虑者",并希望成为推动心理健康团体改革的重要政治力量,致力于重症精神疾病患者的护理,避免目前分层的专业实践护理。该联盟通过成立治疗小组(由护士、社会工作者、康复顾问等几个专业团体成员组成),在创建"持续护理"方面取得了一些成功,原则上,一个团队可以为严重精神病患者提供终身服务。

3.2 转移

本节中,我想提请大家注意"转移"及其两种不同的类型——"分流"和"脱落",但是没有组织作出明确的承诺,来重新定义"转移"的服务对象。在刑事司法领域中,促【400】进分流的专业运动就是"分流"的例子,该案例阐明了一个主动自我反思的维度,即让其他领域帮忙解决"实践问题",这与另一个常见的"脱落"形式(或侵略式转移形式)形成对比,该形式仅仅是一种部分可见的政策,只有在衰退期才会实施,无需讨论或辩论。

早期监狱作为精神病人的临时监护者,该案例涉及某种机制,分流机制可以视为与此相反。分流策略做出明确决定,将客户从刑事司法系统转移回精神卫生系统。这是一种蓄意策划的策略,而非出于被动的策略,用于处理健康领域和安全领域重叠的客户。在纷繁复杂的实践中,因为需要快速做出决定,所以转移和分流之间的差别可能难以区分。

警察在执行其执法任务时,几乎总是被指责滥用职权。因为"警察骚扰"的公众指控带有强烈的种族色彩,所以该敌意可能引起社群的强烈反对。当这种情况发生在以白人警察为主的少数族裔社区时,指控警察骚扰可能会破坏警察的合法性。然后警察有一个强烈的动机,将责任和权力转嫁给非警务领域,以缓解紧张局势。

在某种程度上,旨在减少街头犯罪(饱和巡逻、密切监视)的策略与旨在缓解紧张关系(避免"街头拦阻"、减少监视、忽视青年群体)的策略之间存在冲突,该冲突具有必然性和根本性。最终,缓解紧张局势的最好办法是找到减少街头犯罪的非警务手段。在某种程度上,更好的经济机会、更快的法院判决、更有效的量刑决定和加以改进的惩教方法可以减少街头犯罪率,也可以大大减轻警察的负担、缓解警察和市民之间的紧张关系。①

其基本理念是,这些领域相互重叠,并以多种方式更广泛的政策焦点的方式联系起来,不是单个领域完成其任务的自主权,而是关注跨领域的相互依赖和相互联系。因此,只有一些分流战略可以充当适当的论坛,以解决刑事司法领域的专业实践问题。

虽然在监狱和流浪者的收容所里,很难看见主动管理精神病患者的一般情况,但在特定情况下肯定会主动对其加以管理。两个截然不同的符号可以恰当地用来描述相同的情况。一种现象不一定是 A 或 B;可以是 A 和 B,即所谓的"缺失中间"。在特定情况下,精神病患者的行为可能表现为严重的精神障碍,也可能表现为违法行为。

【401】　实际问题是:在该具体时间和特定情况下,与此人打交道的合适策略是什么? 审视该过程的方式是"重新定义案例",而不是转移或分流,这是一个基于专业裁量权的"重新分类"问题,具有更大的可行性,这不需要假定存在一个审议论坛,供实践者针对哪种分类更合适的问题进行反思,并由此决定采取哪种更合适的行动方案。在法律中,这种情况被称为"可理解性原则",如果有一些标准可能适用于这种情况,那么这样的系统也可以被管制。

3.3　理想化

理想化的使命是"做好事",理想化的目标是"负责任",二者之间存在着微妙的紧

---

① 这是对詹姆斯·威尔逊(James Q. Wilson, 1972, 139)著作的重述。

张关系。对善的承诺可能会产生意想不到的效果,由此引发一种辩证法,结果产生了对立效果,即创造了"恶"。马克斯·韦伯创造性地将该辩证法转化为对政策和实践的重要见解,于 1919 年发表了一篇著名论文,名为《以政治为业》(Politics As A Vocation),文中明确阐释了信念伦理学和责任伦理学之间的区别,十分有用。① 信念伦理学认为,我们有责任做一些我们认为正确的事情,而不管这些正确行为是否会产生好的结果。"我能做的仅此而已"。关键的一点是,不管后果如何,我们都必须做正确的事。责任伦理学与其形成了鲜明的对比;它认为,"决定一个人该做什么,而不是其他人可能做什么的做法,是一种不负责任的行为。所以这种伦理学就等同于结果主义"。因此,韦伯认为,在该过程的后期阶段,做正确的事情实际上会导致有意或无意的恶。

因此,如何平衡这两种伦理学是一种挑战。我们需要知道如何在具体的情况下对选择或平衡做出道德判断,这样才能产生建设性的结果。毕竟,具体判断可能基于对理想化愿景的吹捧夸大,或可能不了解这两种理想化准则的内部矛盾,或无法认真对待并反思现行的实践,不能从实践中学习过去失败的历史。

许多心理健康工作者在制度政策中进行实践,这些政策凸显了工作者在社会控制穷人行为中的作用(工作者的作用是保护公共住房免于有些不负责任房客对公共财产的损坏,如多次堵塞厕所;保护定量配给制度的完整性,旨在开发队列,以便将稀缺住房分配给最需要帮助的家庭;劝阻某些做法,比如一些社会工作者建议其客户带着孩子入住一个没有棚屋的庇护所,以逃避现实)。然而,在心理健康工作者看来,其日常精神健康实践可能发生在一个政策环境中,该环境可能与他们理想的、偏好的实践相抵触。【402】工作者的实践并非经常受到精神健康框架理想化逻辑的指导,该框架要求工作者"帮助"其客户得到所需的东西,不必关注实际限制。工作者任务的定义为一种理想化的做法奠定了基础,这种做法没有认识到承诺伦理学和责任伦理学之间的冲突。

4. 结论

因此,至少有 3 种完全不同的机制可以合理地解释二次重构,从而导致一个领域承担了另一个领域的功能。当然,这些说法不一定是替代解释,每种解释的相对重要性都取决于研讨之中的特定领域。

• 第一种,也是最传统的解释是资源稀缺:跨域漂移是因为领域内缺乏人员和物资,无法提供该领域内适当的服务,因为这些服务大多是公共项目,主要原因是政府未

① 该解释大量引用了拉莫尔的论述(Larmore,1987,144-150)。

能分配所需的资源。

• 第二种,当专业人员留住他们想要的客户时,特别是那些能够成功地帮助他们的客户,然后无用的人群就被转移或实际上被推入其他领域,这时就发生了"分层"。

• 第三种机制源自一个主动转移过程。简单情况是:行为造成多重和重叠问题,"定义"适当类别需要专业判断。但也存在其他一些情况,"二次命名"源于各种积极动机,就像分流计划一样,旨在将促进安全的制度(如法院和监狱)与促进心理健康的制度区分开来。一般而言,承诺阻拦是一个主动设计的例子,被认为是通过将当前问题转移到不同领域,来减少特定问题的最佳机会。①

【403】 • 第四种,或许也是最不被了解的机制是一种理想化的实践,该机制忽略了平衡"信念伦理"与"责任伦理"之间的实践后果。例如,在这种情况下,转移的各种风险得到了广泛的理解,但很少在专业实践的词汇中得到承认。

目前,我们面临的挑战是如何通过允许分层、转移和理想化来减少二次重构及其带来的问题。理想化问题可能更难以捉摸,因为我们还没有深入理解奏效的主要动力学。然而,管控机构负责监督社会政策,将服务交付任务托付给被委派人,通过制定一些"可理解性原则"来指导被委托人的行为,能够采取初步措施来处理分层和转移。本章初步尝试建构知识框架。现在需要的是一项详细的、有充分记录的实践研究,它提供具体的例子,说明所有这些过程是如何在日常实践中实际发挥作用的社会和其他公共服务。

参考文献

Alexander, L., and Prakash, S. 2003. Reports of the non-delegation doctrine's death are greatly exaggerated. *University of Chicago Law Review*, 70: 1297–329; available at: http://papers.ssrn.com/sol3/papers.cfm? abstract_id=449020(accessed 10 Dec. 2004).

Allison, G. T., and Zelikow, P. 1999. *The Essence of Decision*, 2nd edn. Reading, Mass.: Longman.

Axelrod, R. 1976. *Structure of Decision: The Cognitive Maps of Political Elites*. Princeton, NJ: Princeton University Press.

Baker, R. 2004. In Bush's Washington. *New York Review of Books*, 18(8; 13 May).

Berlin, I. 1981. *Concepts and Categories*. London: Penguin.

---

① 犯罪预防提供了一个案例,一个联邦反犯罪计划做出假设,即冷漠无情和受阻机会导致了犯罪。该计划将社区行动基金分配给当地社区,以增强穷人的权力,克服冷漠无情,并创建新计划,以提供就业机会和培训机会,由此来攻克受阻机会。但是,负责任的结果可能不同于"做好事"和"帮助"的理想化愿望。

Cho, R. 2004. Putting the pieces back together: overcoming fragmentation to prevent post-incarceration homelessness. Working paper, Corporation for Supportive Housing; available at: www.csh.org/index.cfm? fuseaction=Page.viewPage&pageId=641&nodeID=81(accessed 10 Dec.2004).

Cohen, J. 1996. Procedure and substance in deliberative democracy. Pp.95-119 in *Democracy and Difference*, ed. S. Benhabib. Princeton, NJ: Princeton University Press.

——2004. Participation and deliberation. Available at: http://lawweb.usc.edu/cslp/conferences/democracy_workshops/cohen.pdf.

Crenson, M. A. 1998. *Building the Invisible Orphanage: A Prehistory of the American Welfare System*. Cambridge, Mass.: Harvard University Press.

Douglas, M. 1986. *How Institutions Think.* Syracuse, NY: Syracuse University Press.

Edelman, M. 1964. *The Symbolic Uses of Politics.* Urbana: University of Illinois Press.

——2001. *The Politics of Misinformation.* Cambridge: Cambridge University Press.

Fishkin, J. S. 1983. *Justice, Equal Opportunity and the Family.* New Haven, Conn.: Yale University Press.

Gibson, D., and Goodin, R. E. 1999. The veil of vagueness: a model of institutional design. Pp.357-85 in *Organizing Political Institutions*, ed. M. Egeberg and P. Lægreid. Oslo: Scandinavian University Press.

Goodin, R. E. 1982. *Political Theory & Public Policy.* Chicago: University of Chicago Press.

Kahneman, D., and Tversky, A. eds. 2000. *Choices, Values and Frames.* Cambridge: Cambridge University Press.

Kohli, M., Rein, M., Guillemard, A. M., and Van Gunsteren, H. eds. 1991. *Time for Retirement: Comparative Studies of Early Exit from the Labor Force.* Cambridge: Cambridge University Press.

Larmore, C. E. 1987. *Patterns of Moral Complexity.* Cambridge: Cambridge University Press.

March, J. G. 1972. Model bias in social action. *Review of Educational Research*, 42: 413-29.

——and Olsen, J. P. 1976. *Ambiguity and Choice in Organizations.* Bergen: Universitetsforlaget.

Marris, P., and Rein, M. 1982. *Dilemmas of Social Reform: Poverty and Community Action in the United States*, 2nd edn. Chicago: University of Chicago Press.

Miller, D. 2001. Distributing responsibilities. *Journal of Political Philosophy*, 9: 452-70.

Miller, S. M., Roby, P., and Steenwijk, A. A. V. 1970. Creaming the poor: help to the worse off. *Trans-Action*, 7(8: June).

Neidhart, L. 1970. *Direkte Demokratie: Ein Vergleich der Einrichtungen und Verfahren in der Schweiz und Kalifornien, unter Berü cksichtigung von Frankreich, Italien, Dänemark, Irland, Österreich und Australia.* Bern: Haupt.

Neustadt, R. E., and May, E. R. 1986. *Thinking in Time.* New York: Free Press.

Raiffa, H., Richardson, J., and Metcalfe, D. 2003. *Negotiation Analysis: The Science and Art of Collaborative Decision-Making.* Cambridge, Mass.: Harvard University Press.

Rein, M. 1976. *Social Science and Public Policy.* Harmondsworth: Penguin.

——1983. *From Policy to Practice.* London: Macmillan.

——2000. Primary and secondary reframing. Cybernetics and Human Knowing, 7(2-3): 89-103.

——and Winship, C. 2000. The dangers of strongcausal reasoning. Pp. 26–54 in *Experiencing Poverty*, ed. J. Bradshaw and R. Sainsbury. Aldershot: Ashgate.

Richardson, H. S. 1997. *Practical Reasoning about Final Ends.* Cambridge: Cambridge University Press.

Rothman, D. 1971. *The Discovery of the Asylum: Social Order and Disorder in the New Republic.* Boston: Little, Brown.

Sabel, C. 1994. Learning by monitoring: the institutions of economic development. Pp. 137–65 in *The Handbook of Economic Sociology*, ed. N. J. Smelser and R. Swedberg. Princeton, NJ: Princeton University Press.

Schon, D. A., and Rein, M. 1994. *Frame Reflection: Toward the Resolution of Intractable Policy Controversies.* New York: Basic Books.

Searle, J. R. 2001. *Rationality in Action.* Cambridge, Mass.: MIT Press.

Selznick, P. 1957. *Leadership in Administration.* Berkeley: University of California Press.

——1965. *TVA and the Grassroots*, 2nd edn. Berkeley: University of California Press.

Sen, A. 1980. Description as choice. *Oxford Economic Papers*, 32: 353–69.

Steiner, G. Y. 1981. *The Futility of Family Policy.* Washington, DC: Brookings Institution.

Sunstein, C. R. 1996. Leaving things undecided. *Harvard Law Review*, 110: 4–101.

Swift, A. 2003. *How Not to be a Hypocrite.* London: Routledge.

Thacher, D. 2004. Prisoner reentry and the professionalization of housing. Paper presented at the American Society of Criminology, Nov.

——and Rein, M. 2004. Managing value conflict in public policy. *Governance*, 17: 457–86.

Walzer, M. 1983. *Spheres of Justice.* Oxford: Martin Robertson.

——1984. Liberalism and theart of separation. *Political Theory*, 12: 415–30.

Weber, M. 1919. Politics as a vocation. Pp. 77–128 in *From Max Weber*, ed. H. Gerth and C. W. Mills. New York: Oxford University Press, 1946.

Weisbrod, B. 1998. *To Profit or Not to Profit.* Cambridge: Cambridge University Press.

White, D. J. 2002. The non-delegation doctrine revisited: *Whitman v. American Trucking Associations.* University of Cincinnati Law Review, 71: 359–82.

Wilson, J. Q. 1972. *The Police and the Community.* Baltimore: Johns Hopkins University Press.

Youth Aging Out of Foster Care 2002. *Preventing Homelessness at an Early Stage: Summary.* New York: Youth Aging Out of Foster Care.

第五部分

政策工具

第 19 章　实践中的政策

大卫·劳斯(David Laws)、马尔腾·海耶尔(Maarten Hajer)

　　本章内容关乎实践,所以我们以一个例子开始。最近,美国的一个环境监管组织对 【409】"实践担忧"(Rein,1983)做出了回应,试图展现其能力。他们将占据问题与机遇 20%的相对稳定区域和占据余下 80%的不稳定区域进行对比。随意界定可能存在的问题(气候变化)、已有实践中的排放物质(噪音、气味、非点源污染)、新的要求(环保公平)以及相互矛盾的环保框架(工业生态学、自然资本和生态测量学),以上种种一起破坏了相关惯例的稳定性,并使得它们受到的关注少之又少。已知与未知、约定俗成与毫无章法、信念与疑问之间的紧张关系,在实践中被看作是一个充满风险与机遇的时刻。它使得命名这些困惑的工作极为不确定,但也因此,可以通过再实践控制怀疑。

　　我们还可以看一些类似的故事,关于荷兰在交通运输、土地使用规划者或者关于英国的公共卫生官员。这些故事中参与人员的行为体现了复杂易变的形势。他们必须不断努力理解变化的形势,重新解释他们所知与所做之间的关系,并且理解他们意识到自己已经参与到其中的即兴工作。稳定只是暂时的,冲突和不确定性持续造成的边缘化已经在政治和科学的惯例中有所体现。

　　通过讨论这些环境管理者在"实践担忧"、"讲述故事"、"解决疑问"、"应对困难"方面所做的工作,我们已经开始使用政策实践语言,并在本章中深入探讨。我们的讨论来源于对公共政策的研究,进而转向 3 个相似的领域,在这些领域,对实践的观察可以 【410】推动改革发展。这些发展深化了政策实践对政策分析和公共政策研究的独特性,并拓宽了政策实践的相关性。

1. 一种实践传统?

　　对公共政策的研究者而言,监管实践者的主动性可能不像其他治理监管者那样令人吃惊。"基层官僚"和其他政策从业者的行为长期以来或是吸引,或是妨碍政策分析人士的注意力。规制者对政策研究所做的努力,唤起并推动他们政策范围的特有经验教训和技术复杂性富有生气,以及实践中连续的不确定性。它们固化了我们的思维,使我们难以理解。

对社会工作者、律师、规划者和城市设计者、监督者、教师和管理者所做出努力的早期关注,大部分都来源于对其实践的研究。例如,普雷斯曼(Pressman)和威尔达弗斯基(Wildavsky)提议"从头开始",并且在最初确定目标、达成协议并确保资金之后,关注"公共计划的这一部分"(Pressman 和 Wildavsky,1973)。他们最初在描述经济发展局(EDA)为促进奥克兰经济发展而做出努力时,不能摆脱环境的不断干扰和持续的适应需要,这使"联合行动"变得非常复杂。恰恰这种理念无法与普雷斯曼和威尔达弗斯基的这种被歪曲的研究路径相适应,因为该路径是由他们在"对期望落空"和逃避一切的反向叙述中追溯而来的。

他们所发现的混乱情况不仅扰乱了政策制定者的设计,也阻碍了他们将奥克兰的工作经验理论化。通过修改第二版和第三版中附带四个章节的原始论述,威尔达弗斯基解决了这种张力。"评估的任务不应仅限于分析他们的研究成果",而应该进一步扩展,这样可以保留分析的优先权,"并提供思路来理解正在发生的事情"(1973,xv)。[①]新的解释说明中存在的术语——发展、学习和探索表明了不同的观点。它们丰富了实施过程环境,那就意味着在充满未知的环境中适应与学习。在这一领域,"基准目标总会在实施的过程中得到重新定位",实施者成为"新闻的来源",并且"可以将其重新概念化为探索性的过程,而非不存在疑问的、机械的甚至是从属性的"(1973,256)。

【411】
利普斯基更为直接(Lipsky,1980)。他认为"基层官僚主义做的决定、建立的常规,以及他们发明的应对不确定性以及工作压力的手段实际上都成为了他们执行的公共政策",而且"最好不要认为公共政策是由立法机构和高层管理机构制定的,因为重要的是,它实际上是在拥挤的办公室和基层工作人员日常的遭遇中制定出来的"(Lipsky,1980,xii;作者强调)。他摒弃了评估重点,并通过观察"机构中的工作人员如何实施这些规则,以及他们承受的压力"来试图了解为什么"组织机构违背自己的规则和目标"(Lipsky,1980,xi)。

马里斯和雷恩(Marris 和 Rein,1967)描述了政策从业者所形成的政策,他们试图解决道德困境以实现政策目标。舍恩提出的"反思性实践者"概念认为,在学习中应该重

---

① 普雷斯曼和威尔达弗斯基将实施和评估看作是同一硬币的两面,实施可以为评估过程提出的问题提供检验,而评估可以弄清楚正在发生的事情(1873,xv)。

视意外发现,并将其作为灵感的来源和前进的动力,从而处理好它与未知事物的关系(Schön,1983)。舍恩运用"悖论"与"理智"之间的相互作用描述了政策(Schön,1997)。理解实践要求接受这种紧张关系的矛盾,从而在实际的研究中找到灵感。

面对这些持续不断的矛盾,实践的统一就在于它"知行合一"的特点(Flyvbjerg,2001)。一种常用的隐喻就是权威从业者在面对复杂易变的世界时所作出的判断(Schön,1983;Roe,1998)。另一种就是参与人员运用自己能力时的局限性,吸收自身的任意性,避开了像"水中之鱼"式的思考(参见 Bourdieu,1977)。有些说法强调一些人的"批判能力","这些人在一起做事,并协调彼此之间的行为,他们意识到一些事情是不对的、他们不能再这样共存了,而且有些事必须要有所改变"(Boltanski 和 Thebenot,1999),其他从业者强调"道德应变性"、"学习价值"以及"了解规则"方面的能力(Forester 1999;Wagenaar,2004)。

温格(Wenger)强调人类事业的社会性。这是可以促进学习的互动行为(与个人反思相反):"当我们在解释这种进取心,并一起参与到他们的追求之中,我们就是在互动,就是在与世界互动,从而我们能够调整彼此之间甚至与世界之间的关系。换一句话说,我们在学习"(Wenger,1998)。这种"集体学习"将"随之而来的社会关系"与"我们对事业的追求"联系到了一起(同上所述)。因此实践应该在社交方面定义并发展,而且应该将其理解为"随着时间的推移,通过对共同事业的持续追求而创建的一种共同体属性"(Wenger,1998)。正是这种集体建构"通过创造并维持一种方法才使得这项工作成为可能,该方法以实际情况的变化来平衡墨守陈规的需求"(1998,46)。

实践的核心环节一直都是"亲自参与其中"。温格认为也要"在历史和社会的环境下参与,这样可以促使我们所做的事情结构清晰、意义明确"(1998,47)。参与者之间的关系、所做的事情与环境之间的关系"既清晰明了,又不言而喻"。这些内容包括"已【412】经和暂未表达的;有所表现的和存在假设的。这其中包括语言、工具、文件、图像、符号、明确的角色、特定的标准、成文的程序、规章制度以及契约协议,在这其中,各种实践都为不同的目的而设定;当然还包括所有隐含的关系、隐性的惯例、微妙的暗示、无数的经验法则、可感知的直觉、具体的感觉、协调的灵敏性、具体的理解、潜在的假设以及共享的世界观"(Wenger,1998)。

作为集体行动和学习的场所,这种实践的概念围绕着共同的问题以及抵制反思的能力构成,为研究提供了出发点。在接下来的部分,我们将会在 3 个相近的领域探讨它的发展过程,分别为(1)流动的组织安排;(2)知识及其不同形式的特点;(3)政策执行者、公民、私营经理人以及选举代表之间的合作的实践领域的民主甚至宪法意义。

2. 组织和制度

在利普斯基(Lipsky)关于政策实践的叙述中,他认为基层官僚机构的主要行为之一就是管理他们与组织等级制度的关系。因为他所研究的组织依赖于一线从业者的判断力、创造力和主动性,以及协调政策的种类和需求与公共官僚主义工作环境的特点,包括资源限制、紧急事件和难以控制的情况,所以等级制度的权威并不完善,关系也处于动态发展之中。然而,经过协商的权力和管理之间的界限相当稳定。实践中的政策实施发生在公共官僚机构与其委托人关系稳定的环境之下。

这些关系的稳定性不能再通过假设而得知。政策实践的地点和范围成为需要说明的一部分,这也为政策实践的概念提供了新的意义(Hajer 和 Wagenaar,2003)。至少自从希克洛(Heclo,1978)描述'政治管理机构的松散的影响力'并强调'能够引起并引导权力实施的影响力网络'时开始,制定政策这种跨组织以及"跨界限"的特点就已经引起了关注。关注来自正式国家机构以外的参与者在政策工作中的角色,以及关注在通常情况下具有参与性质的开放和不稳定的协会模式,在如今的公共政策研究中一直都是令人关注的问题。

【413】 "网络"是一种用于捕捉横向事物的概念工具——而不同于纵向连接,后者日益地将子系统以及政策团体的参与者连接到一起(Rhodes,1997)。无论是公众的还是私人的,没有任何一位参与者能够拥有全部所需的知识和信息、掌握有足够的理论使得政策工具得到有效应用,并拥有足够的行动潜力来支配特定的治理模式。在这种情况下,用实践兼容的方式来解释统治和治理就是动态、复杂以及多样。社会不受中央情报局管理或控制;相反,管控设备是分散的,情报也分散在多样的行动单元中(Marin 和 Mayntz,1991)。

类似的研究已经引起了人们对解释经济行为的关注。对生产实践的研究经常会发现一些合作模式,这些模式并不能轻易地适应确定的等级制度的组织种类——这类等级制度已经包含于公司和市场的组织结构中。在诸如建筑、出版发行以及电影制作这类"工艺产业"、成功的区域经济,甚至像汽车生产这样的核心产业中,在许多分析师看来,在生产逻辑上运作的主要特点就是在"广泛的合作转包协议"中进行跨组织跨界限的协调(Powell,1990)。

依据这种累积的证据,人们越来越难以相信:大量的经济交换都能够轻松地适应市场等级连续体的两个极端;在这些案例中观察到的行为模式可以被解释为它们的一些混合物(Powell,1990)。网络提供一种方式来理解所观察到的跨组织界限的互相依赖模式,在这些模式中,经济交换"会在互动的模式之下引发无限期的连续交易"(Powell,1990)。在预计值并不稳定、环境可能会突然波动、"了解过程"变得非常重要、适应市场不断变化的需求成为了成功的重要方法的环境之下,网络提供了一种途径来支持(或解释)合作行为。网络的一些特点将其与市场和组织等级区分开来:

- "从长期看来,合作可以作为一种有效的管理方式进而得以维持;"
- "网络促进了信息的学习和传播,因此可以使想法迅速转化为行动;"
- "当资源多样且环境不确定的时候,网络的灵活性最为实用;"
- "网络为使用并加强隐性知识和科技创新这类无形资产提供了切实可行的方法"(Powell,1990,322)。

在政策和经济行为中,网络"占主导地位"的说法主要来源于"网络如何解决有目的的理智参与者在寻求自身经济利益最大化时存在的某些合作行为问题"(Piore,1992)。当持久的合作行为成了核心挑战,且手段与目的之间的关系也相当稳定、可被【414】理解并足够充分时,这种说法提供了宝贵的见解,阿克塞尔罗德和奥斯特罗姆最早说明了这种合作模式对公共政策的影响(Axelrod,1984;Ostrom,1990)。在过去的十年中,合作组织的理念对政策文献产生了影响,代价是直接的"指挥与控制"机制以及完全基于市场的机制。这些新型方法的关键之处在于意识到现如今,有效的政策制定需要跨组织界限之间的合作(Rhodes,1997;Pierre 和 Peters,2000)。

跨越这种界限的合作需要参与者之间的互动,但是这些参与者来自不同的背景,而且拥有存在显著差异的价值偏好。这就将合作带来的挑战延伸至其他的问题层面,即如何能够创建并维护共享交易基地。如果正式的组织可通过标准流程以及"合理化的虚构想法"实现合作(Meyer 和 Rowan,1977),那么政策制定者如何提供组织间合作安排的相互信任、稳定性和功能性呢?

面对根植于不同历史和组织身份的冲突,互惠的可能性变得非常渺茫,因为这些冲突必须不断适应彼此以及不稳定的环境。在价值观差异深化的情况下,它们变得更为渺茫,例如在多元文化的背景下,政策制定成为"共同治理"的一种形式,所以就必须意识到一些人会隶属于多个政治共同体,他们也必须承担源于多种法律效力的权利和义务(Shachar,2001)。在这里,网络提高了治理基于组织逻辑、共有经历和"常设"组织间共同审议的可能性。面对可能无法比较的价值观以及潜在的利益冲突,人们需要寻找"便利方法"以便于共同解决问题。这有助于解释为什么再次关注某些"线上"治理方法,也就是关于谈判、解决冲突和达成共识方面的文献(Susskind 等,1999)。每一种都解释了参与者如何协调差异、处理不确定性,理解他们参与其中的世界,以回应网络实践的要求和逻辑。

关于网络的这些讨论深入解释了合作的概念以及促使有关信任方面文献数量迅速增多(Misztal,1996；Warren,1999)，目前看来,这些文献对解释公共政策的制定极为重要。在这些解释说明中,信任并未被纳入组织的体制规则中,而必须在具体的政策制定过程中不断获得。政策实践者成为了制度理论家,他们不仅要掌握其行动领域的内容,还需要成为这一过程的专家——能够发展、维持并管理复杂的政策网络,这是他们实施工作中不可缺少的一部分。

萨贝尔(Sabel)将合作与学习联系起来,从而清楚地解释了网络中的重复交流如何将解释性行为与努力结合到一起以达到进一步的目标。公司(可以理解为"工作小组或合作者的联盟,或者是一个政策共同体")使用的"分散式协调原则"中的驱动力是对"合作可能性的共同探索",它与萨贝尔称之为"监管学习"体系中经验的联合评价相关联(Sabel,1994)。参与者发起并维持工具性合作的能力与他们做出的承诺有关,他们承诺共同找出如何理解经验/经历的改变,并利用其提供的机会。在分散式生产不稳定的环境之下：

【415】

> 不平衡增长的规则将一系列交易转换为对共有可能性和目标的持续讨论,其中政党的历史关系决定了他们对彼此的相互期望。就像在讨论中,双方都认为他们对自身情况的理解是有限的。因此,他们都提出他们认为自己所理解的内容,以揭露并开始探索这种理解的局限性。正如在讨论中,他们必须接受这种可能性,即他们对自身、对工作以及对双方利益的看法,简言之,也就是他们的身份会在不知不觉中因为这些探索而发生改变。(Sabel,1994,247-248)

如果企业对监管机构或社会服务机构中工作人员的地位产生了出乎意料的共鸣,而且其稳定性和安全性的传统保障也没有了意义,那么企业的实际情况要求其必须一次一次地转变这种"实用把戏",从而在组织间不断动荡的环境下得以维持暂时的稳定(在这些领域中,他们起到的作用也在不断增强)。就像管理人员和蓝领工人对持续竞争感到恐慌一样,这些政策从业者可能会被迫面临从一种旧的组织模式转向新的模式的严峻前景。

对于那些愿意冒险的人来说,在新的权力下放的生产安排中的合作细节与大致的大纲一样值得商榷。正如萨贝尔指出的,工作组自我管理以及将地方单位联结成为更为广泛的生产部门(在这里,他们通过持续的互动来重塑自己)的能力都表明：当一个国家处于这种混乱的时候,民主人士会愿意尝试着理解关于问题解决、解释以及学习的实用策略,这些策略有可能会使得组织重建。萨贝尔发现这些企业运用的新型实用主义原则也是一种社会进程,不仅能够解决经济问题,还对民主革新有着直接的影响(见下文)。

3.　知识

自从不久以前,社会学家有意询问社会学能否"解决意识形态争论以外的所有最基本的道德问题"(Rein,1976),①实践政策与知识之间的关系就变得更为复杂更为不 【416】 确定。放弃自然和社会科学知识可以帮助我们做出更好的政策决定这一想法,对于当今的政策从业者来说,就像早期的政策一样不具吸引力。然而,对于那些想要在日常生活中的混乱变动中得以立足的政策从业者来说,科学已经成为一个更有争议的领域和一个不太稳定的立足点。有时局面甚至会完全转变,政策从业者可能会发现自己在这种情况下仍然保留着一些对事实的看法。理论和实践之间的差异可以促进生成"应用科学"的模型(该模型中,理论在科学指导及解放实践中得以发展),但是在这种情况下,它们之间的差异也不复存在了。现在看来,保留对事实看法的最佳方式就是要说服这种观点——知识可以单独指导政策的制定,并且可以使其不受相互矛盾观点的影响。至少有 5 种方法可以说服这些观点;每种都需要政策从业者谨慎地考虑。

第一,科学家的行动是他们在实践模型中所设想的(Latour 和 Woolgar,1986;Latour,1987)。第二,政策中知识的"应用"必须面临科学知识受到质疑这一事实。通过隔离知识发展与实践可获得稳定性和可靠性,而这两者已经通过实际的挑战和社会学中的工作变得不确定。社会不仅渗透到了科学家的实践中(Latour,1987),对科学的进步也有所帮助。甚至"关键性实验"也是阶梯式的(Shapin 和 Schaffer,1985)。第三,鉴于强调学术和政策为导向的监管调查之间的差异,政策设计以及实践知识的中立性已经变得不确定(Jasanoff,1990a/b)。后者(以政策为导向)是在前者(以学术为导向)的不同环境中得以组织并执行的,后者要解决不同种类的问题,并在不同的时间表中进行操作。第四,学者们观察到分析法的科学技巧总是无法捕捉到人们所经历过的问题,因此会为政策提供"不好的"输入(Fischer,2000)。最后,知识的范围并不受限于科学家们划分的界线,其在根本上就是开放且互为关联的。艾滋病活跃分子的经历是众多案例中的一个,这些案例解释了非科学家通过反抗研究组织和政策伟人中一些发现的说明所带来的影响(Epstein,1996)。另外,市民发展了分析他们所面临的健康问题的能力,而且他们中"流传的流行病学"也很快就开始产生具有科学价值的成果。

在这种环境下,根据"谈判知识"来理解科学与政策之间的关系已经习以为常(Nowotny,Scott 和 Gibbons,2001)。知识似乎被当作了研究员之间以及研究员与非研究

---

① 雷恩正在雄心勃勃总结这些,他将要撰写评论。

员之间合作的产物。例如,沙克利和韦恩(Shackley 和 Wynne)描述了研究口头上称为
"温室效应"问题的顾问科学家是如何在他们自己的科学圈子以及政策制定者的领域
中解决自己的工作和可信度的(Shackley 和 Wynne,1996)。诺沃特、斯科特和吉本斯
(Nowothy,Scott 和 Gibbons)认为这种在科学研究方面的学术成就需要科学权威寻找一
个与众不同的着脚点。它必须是本地化和语境化的,而不是普遍化的。当知识与能够
支撑自己观点的特定案例的特定情况有所关联时,才称得上是精确的(Nowothy,Scott
和 Gibbons,2001)。

　　科学研究所产生的见解,将知识与其本身产生的实践联系到了一起。拉图尔(La-
tour)的《科学在行动》(*Science in Action*)可以作为反对认知解释的言论,也可以用于支
持基于实践的推理形式。他解释了为什么关于自然和社会秩序的新理念不是认知或话
语性的产物,而是通过诸多技术和实践共同产生的。因此,科学知识就不再通过引发科
学家的外在权威来"终止"辩论,但是渐渐地,它也被看作是一种相互作用的产物,在这
种互动中,(一系列)科学输入可以帮助引导商议政策。

　　由于知识与政策变得愈发不可分离,在旧的制度中处理政策工作变得不再富有成
效。"咨询科学"在正式论坛中不断加强,无论是环境影响评估,还是美国的一些监管
标准设定都在这种环境之中有着悠久的历史,它们会随着数量的增长,产生更多的价值
下降的分析。同样地,很容易理解作为一种看似简单明了的技术,成本效益分析可以促
进再生产思考代价的方法(Porter,1995),其在某些领域占据重要位置,但是也会以其他
领域为代价。在这里,环境影响着可以被有意创造出来的知识;或者换句话说,就是实
践引导着认识。政策从业者通过设计机构设备做出了回应,在这些设备中,知识可以由
一种情况的环境直接商定。

　　政策制定者也面临着传统环境之中科学的不均衡性。拉斯韦尔在战后的早期年间
批评过的科学的学科组织(Lasswell,1951)阻碍着一些从业者,他们最初担忧着一些问
题,这些问题会再现关于如何"整合"电力地质学家、土壤科学家、生态学家、经济学家
和社会学家相关知识的担忧。关于知识整合的担忧也反映在大学内部组织模式中,在
这些大学里,课程和中心围绕一些实用的问题展开设置,例如移民、劳力、稳定性和交通
等因素会通过将来自不同学科背景的研究员聚合到一起,或者在最好的案例中,强调知
识整合产生的问题。

　　涉及政策问题时,科学研究总是多种多样的。因此,传递有用知识的复杂性就需要
合作。如果我们想要"科学为政策服务"的理念获得更好地发展,就必须思考如何才能
实现有意义的协调交流。跨学科就是将不同领域进行整合(Weinberg,1972),但是在
"科学与社会"之间以案例为基准、问题为导向的交流对话还有额外的价值(Scholz 和

Tietje,2002)。最近,科学研究文献强调了"方法"是如何在不同观点与不同社会领域之 【418】
间进行转化的。利星(Leigh Star)的"边缘物体"理念促进了这些持续的努力,以便于可
以产生一种使用大量知识输入的对话。这种边缘物体"在不同的社会环境下意义不
同,但是它们的结构都非常一致,以至于不止一种环境可以对其进行识别,并将其作为
翻译的手段"(Star 和 Griesemer,1989)。后来,这种理念应用于多种途径,指向在本次
实践中占据主要地位的,以及由这些整合的见解(可能是一张地图、一份备忘录,或是
一篇起草的文章)取代的材料元素。这些目标指引着认知,并影响着某些倡议取得最
后的成功。

　　作为"问题为导向"学习的形式之一,政策分析深深地融合于拉斯韦尔提出的"政
策科学"观点中(Lasswell,1951;Torgerson,1985)。它不仅质疑知识的学科组织,而且扩
展了对可行解决方案的搜索,也包括将具有特定领域"环境"知识行动者的参与纳入表
格。找到一种方式,能够吸引对追求改变的体系有着详细知识的经理、生产工人以及交
易人,对政策从业者来说是重要的挑战。不仅仅是顶层执行人员的委任,这种从业者的
见解对达到一系列政策目标是至关重要的——如减少工业中有毒化学物品的使用、管
理农业污染或者为食品体系提供更安全的保障。在辨别以及推理对环境构成威胁的因
素时,采访一些病人是非常重要的(如果在平时总是忽视或轻视这一环节的话);一些
市民能够对内陆城市居民的一些"习惯"进行独到的分析,尤其是一些显著的族群亚团
体问题,这些市民的参与同样对促进环境健康极其重要(Ozonoff,1994;Corburn,2005)。
这种"竞争群体"的拓宽对"政策群体"和实践作为复杂对话发生的场所来说,产生了有
关认识论和实际情况的问题,这些问题在当代政策制定安排的设计方面,已成为人们关
注的焦点。

　　当代社会,关于"风险"的社会学术研究使得这些问题骤然解决。关于"风险社会"
的研究表明,我们"感知危险"以及通过分析捕捉风险的能力是有限的。了解言论的走
向经常与不了解的物质以及在信仰生成的环境中做出的本能反应有关(Lash 等,
1996)。产生这些需求的原因不受限于关于结果的概率陈述,而这些陈述以不确定条
件下的决定为特征。并非考虑"剩余的"风险和"可接受的层次",而是对不确定性的意
识(从广义来说)可以告知政策制定的相关安排。因此,不确定性不再是由误差部分表
现出来的微不足道的关切,而是成为了知识和政策选择的组成特性之一。这使得那些
关于全球变暖影响规模及分布的预测占有了大规模比例,也使得一些努力占据了大规
模比例,这些努力致力于理解慢性低水平暴露在空气中的污染对呼吸功能的影响,以及
近海风车对鸟类和鱼类的影响。正如布莱恩·韦恩(Brian Wynne)等作者已经证明了
在这些环境(单一的或整合的)中的政策和科学不会从整体上注意不确定性的来源,但 【419】

是却一贯地加强了对有限范围内部的不确定性的关注,而忽视其他(Wynne,1996)。当英国坎伯兰土壤中的放射性无法达到期望值时,这些问题会成为实际的考虑因素,使政策安排的组织一筹莫展。或者说,当政策意见合理可靠,但是却不考虑在当地环境实施建议意味着什么时,就造成了 BSE 事件(发生于 20 世纪 90 年代,使得英国牛的数量接近为零的一场灾难)中的灾难性结局。在 BSE 事件中,屠宰场面临的严峻问题就是严格将脊柱和肉分割开来很难做得到,因为在切割过程中,脊柱被用作"衣架"。

自然资源的管理者越来越多地将政策选择看作与"对未知事物的预测"是类似的术语(Piore,1996),这一术语意味着管理体制强调一种体系,这种体系太过复杂,所以在预测未来地区的过程中是不太具有把握的,这种体系一直处于不断地变动之中,而且无论多么负责的管理,都会导致这种不确定性。在这些环境中,关于知识的问题成为了有关以下几者之间关系的中心问题,即知情的不同方式、不知情所造成的较差状况以及可分析、讨论这些问题的组织之间的关系;以及知情的不同方式、不知情所造成的较差状况与可以达到的临时决定和判断之间的关系。对这一问题的初步答复或是可以使得知识的协商过程更为明确,或是围绕政策实践使用的知识,建立一套"重要的社会话语"(Functowicz,1995)。

有关政策实践的文献暂时得到了改善。"与其询问组织从业者会如何更好地利用常规的社会科学成果,或者一般的社会科学家会如何使他们的研究成果更为从业者所接受,作者认为这些从业者本身就是因果探究者,并且询问不同种类的社会科学会如何增多他们在日常实践中进行的不同因果探寻"(Schön,1995,96)。

4. 民主实践

政策执行者发起的倡议已经在整体上引发了关于政策合法性的质疑。谨慎在实际执行过程中非常有必要,但是制定政策过程中从业者所做出的相同判断是必需的,这会减少代表机构中的地区合法性。近期民主理论的发展为这些关系提供了新的视角。他【420】们并没有询问如何增加管理行为的临时合法性,而是提出了另一个问题——政策实践如何能够促进国家更广泛的合法性,并加强代表机构不断增长的临时合理性。

这种重新定位通常来说以历史分析为前提进行,强调现代代表福利国家的有效性和合法性;这种改变由经济制度的全球化引起,这些制度限制国家管理生产和为工人提供保障的能力,也限制协会社会基础的多样性以及协会活动模式的发展(Cohen 和 Rogers,1995)。这种改变依赖于两种转换。第一种转换开始于一种对民主合法性的重述,该重述认为民主合法性起源于公民的集体授权,而不是通过投票(Cohen,1997)。它是通过一个相互的理由给予,而不是以投票或偏好聚集的方式完成集体授权(Cohen,1989)。第二种转换就是理解政策从业者、公民以及其他利益相关者的相互合作是如何实现政策目标的——能够满足协商考验的民主对话的可能性(Gutmann 和 Thompson,1996)。使得政策更为可行更为有效的过程也为提高政府的合法性提供了一种方法。这两种转换的结合产生了对民主想象的直接协商,在这种民主中,政策实践是基础的,而不是衍生而来的(Cohen 和 Sabel,1997)。

这种想象只具有部分说服力,因为它拒绝接受长期以来讨论的理论与实践之间的差异,而这种差异是政策实践讨论中的特征。一部分是有可能达到的,因为在民主的大部分构想中,协商民主中理论和实践的差异越来越小。可以确信的是,它的最高理想使得真正政治学的需求永远都不会达到。但是通过回应政治必要性的限制,它的原则调节了他们的需求:他们用"在……的范围"或"在……的程度"这类词语来表达(Gutmann 和 Thompson,1996)。而且,"协商民主在一定程度上也组成了自己的实践:与民主理论家坚持为理论辩解的争论过程与民主公民在实践中为决议和政策辩护的理论是同一类型的。与一些功利主义的形式不同,协商民主不会在适合理论和适合实践的理由之间创造分歧。与其他的一些民主构想形成对比,协商民主不会将制度/机构分成两种阵营——一种认为协商是重要的,一种认为协商是不重要的。理论和实践的连续性对现代民主设计制度来说也是有意义的"(Gutmann 和 Thompson,1996,357-358)。

在理论和实践紧密联系的环境下,看到从业者和公民的相互合作中潜在的"交流力量",或是思考是否应该捡起一些"管理机构"的工作以及开始重建团结纽带的工作,这些纽带在面临更宽泛的结构转型时已经衰退了(Cohen 和 Rogers,1995)。这将注意力都聚焦于试图将这些政策实践理解为审议组织的一种形式,该形式可以"利用协会特别的能力来聚集地方信息、监督服从情况、并通过减少花费并建立信任(一直以来,它都对信任有所依赖)来促进个体参与者之间的合作"(Cohen 和 Rogers,1995)。尽管【421】在这种问题为导向的相互合作间发展而来的团结协作与那些在家庭、共享文化,甚至是将工人联结到一起的共享经济和社会环境中发现的统一资源有所差异,"由参加能够解决大型且共识问题的场所而产生的纽带不应该是不重要或是不牢固的"(Cohen 和 Rogers,1995,148-149)。实际上,如果该项规定是恰当的,由这些特殊性互动产生的团结行为可以"涵盖发展于民间社会的一种团结形式;显然不是'自然的'或'偶然发现的'或特殊的,也不是以直接参与公民的国家工程为基础,而是完全建立在参与国际大都市设计的议事活动的基础上"(Cohen 和 Rogers,1995,148-149)。这种理解已经将注意力都集中在将实践作为民主经验主义的一种形式上,这种经验主义可以由制度意图进行分析(Fung 和 Wrigh,2001),而且,这种理解也进一步质疑政府实践与其他环境之间的组织界限,在这些环境下,公民会对付一个又一个的政策参与者(Mansbridge,1999)。

5. 结论

至少在这一部分,政策制定专业的学生和典型从业者会对在先前环节强调的发展有所熟悉。网络的角色、政府到治理的转换、简单的政策科学体系/机制、协商民主中出现的实践,以及审议表达在政策研究与民主理论之间发展的联系,所有的这些都得到了广泛的叙述和讨论。我们已经试着将这些讨论以及与政策实践有关的长期政策关切联系起来。组织关系的易变性、多样且易变的参与小组之间合作的多次出现以及部分重叠的形式的重要性、学习这些关系内在部分的潜在可能、就地谈判知识的必要性、与参与行为有关的合作的民主角色以及意义,所有这些在行动的经验和实践的范围之中都可以得到解答。从广义上来说,实践的概念强调公共政策的协商角色,这些概念也以一种使得个体行为与制度环境有关联的方式得到了落实。

这些讨论也表明实践的概念可能在学习和创新/改革的地方可以更好地理解"单位":在这些地方,研究成果可以受到保护和监督;在这些地方,我们应该找出公共问题审议回应的灵活性和稳健性。我们也已经尝试着强调政策实践的概念在实际中是如何【422】帮助理解在不稳定的世界制定政策的构思过程的。如果我们能够根据本质上存在且介于这些组织之间的实践网络,有效地重新思考以下常务组织的世界,那么有可能将政策实践理解为大众智慧的核心可以帮助找到孤立机构无法企及的解决措施。

参考文献

Axelrod,R.1984. *The Evolution of Cooperation.* New York:Basic Books.

Boltanski,L,and THÉVENOT,L.1999. The sociology of critical capacity.*European Journal of Social Research*,2(3):359–77.

Bourdieu,P.1977. *Outline of a Theory of Practice.* Cambridge:Cambridge University Press.

Cohen,J.1989. Deliberation and democratic legitimacy.Pp.17–34 in*The Good Polity:Normative Analysis of the State*,ed.A.Hamlin and P.Pettit.Oxford:Basil Blackwell.

——1997. Procedure and substance in deliberative democracy.Pp.407–37 in*Deliberative Democracy*,ed. J.Bohman and W.Rehg.Cambridge,Mass:MIT Press.

——and Rogers,J.eds.1995. *Associations and Democracy.*London:Verso.

——and Sabel,C.1997. Directly-deliberative polyarchy. *European Law Journal*,3(4):313–40.

Corburn, J. 2005. *Street Science: Community Knowledge and Environmental Health Justice.* Cambridge, Mass.: MIT Press.

Epstein, S. 1996. *Impure Science: Aids, Activism, and the Politics of Knowledge.* Los Angeles: University of California Press.

Fischer, F. 2000. *Citizens, Experts, and the Environment: The Politics of Local Knowledge.* Durham, NC: Duke University Press.

Flyvbjerg, B. 2001. *Making Social Science Matter: Why Social Inquiry Fails and How it can Succeed Again.* Cambridge: Cambridge University Press.

Forester, J. 1999. *The Deliberative Practitioner: Encouraging Participatory Planning Processes.* Cambridge, Mass.: MIT Press.

Functowicz, S. J. R. R. 1993. Science for the post-normal age. *Futures*, 25(7): 739-56.

Fung, A, and Wright, E. O. 2001. Deepening democracy: innovations in empowered participatory governance. *Politics and Society*, 29(1): 5-41.

Gutmann, A, and Hompson, D. 1996. Democracy and Disagreement. Cambridge, Mass: Belknap Press.

Hajer, M. A, and Wagenaar, H. eds. 2003. *Deliberative Policy Analysis: Understanding Governance in the Network Society.* Cambridge: Cambridge University Press.

Heclo, H. 1978. Issue networks and the executive establishment. Pp. 87-124 in *The New American Political System*, ed. A. King. Washington, DC: American Enterprise Institute for Public Policy Research.

Jasanoff, S. 1990a. *The Fifth Branch: Science Advisers and Policy Makers.* Cambridge, Mass: Harvard University Press.

——1990b. *Risk Management and Political Culture.* New York: Russell Sage Foundation.

Lash, S, Szerszinski, B., et al. eds. 1996. *Risk, Environment and Modernity: Towards a New Ecology.* London: Sage.

Lasswell, H. D. 1951. The policy orientation. Pp. 3-15 in *The Policy Sciences*, ed. H. D. Lasswell and D. Lerner. Stanford, Calif: Stanford University Press.

Latour, B. 1987. *Science in Action.* Cambridge, Mass.: Harvard University Press.

——and Woolgar, S. 1986. *Laboratory Life: The Construction of Scientific Facts.* Princeton, NJ: Princeton University Press.

Lipsky, M. 1980. *Street-Level Bureaucracy: Dilemmas of the Individual in Public Services.* New York: Russell Sage Foundation.

Mansbridge, J. 1999. Everyday talk in the deliberative system. Pp. 211-39 in *Deliberative Politics: Essays on Democracy and Disagreement*, ed. S. Macedo. Oxford: Oxford University Press.

Marin, B, and Mayntz, R. eds. 1991. *Policy Networks: Empirical Evidence and Theoretical Considerations.* Frankfurt: Campus Verlag.

Marris, P, and Rein, M. 1967. *Dilemmas of Social Reform: Poverty and Community Action in the United States.* New York: Atheston Press.

Meyer, J. W, and Rowan, B. 1977. Institutionalized organizations: formal structure as myth and ceremony.

American Journal of Sociology, 83(2): 340-63.

Misztal, B. 1996. *Trust in Modern Societies: The Search for the Bases of Social Order.* Cambridge: Polity Press.

Nicolini, D, Gherardi, S, et al. eds. 2003. *Knowing in Organizations: A Practice-Based Approach.* Armonk, NY: M.E.Sharpe.

Nowotny, H., Scott, P., and Gibbons, M. eds. 2001. *Rethinking Science: Knowledge and the Public in an Age of Uncertainty.* Cambridge: Polity Press.

Ostrom, E. 1990. *Governing the Commons: The Evolution of Institutions for Collective Action.* Cambridge: Cambridge University Press.

Ozonoff, D. 1994. Conceptions and misconceptions about human health impact analysis. *Environmental Impact Assessment Review*, 14(5-6): 499-515.

Pierre, J, and Peters, B. G. eds. 2000. *Debating Governance: Authority, Steering, and Democracy.* Oxford: Oxford University Press.

Piore, M. 1992. Fragments of a theory of technological change and organizational structure. Pp.430-44 in *Networks and Organizations: Structure, Form, and Action*, ed. N. Nohria and R. G. Eccles. Boston: Harvard Business School Press.

——1996. Review of the Handbook of Economic Sociology. *Journal of Economic Literature*, 34: 741-54.

Porter, T.M. 1995. *Trust in Numbers: The Pursuit of Objectivity in Science and Public Life.* Princeton, NJ: Princeton University Press.

Powell, W. W. 1990. Neither market nor hierarchy: network forms of organization. *Research in Organizational Behavior*, 12: 295-336.

Pressman, J. L, and Wildavsky, A. 1973. *Implementation: How Great Expectations in Washington are Dashed in Oakland; or, Why it's Amazing that Federal Programs Work at All, this being a Saga of the Economic Development Administration as Told by Two Sympathetic Observers who Seek to Build Morals on a Foundation of Ruined Hopes.* Los Angeles: University of California Press.

Rein, M. 1976. *Social Science and Public Policy.* Harmondsworth: Penguin.

——1983. *From Policy to Practice.* Armonk, NY: M.E.Sharpe.

Rhodes, R.A.W. 1997. *Understanding Governance: Policy Networks, Governance, Reflexivity, and Accountability.* Buckingham: Open University Press.

Roe, E. 1998. *Taking Complexity Seriously: Policy Analysis, Triangulation and Sustainable Development.* Boston: Kluwer Academic.

Sabel, C. 1994. Learning by monitoring: the institutions of economic development. Pp. 137 - 65 in *The Handbook of Economic Sociology*, ed. N.J.Smelser and R.Swedberg. Princeton, NJ: Princeton University Press.

Scholz, R.W, and Tietje, O. 2002. *Embedded Case Study Methods: Integrating Quantitative and Qualitative Methods.* Thousand Oaks, Calif: Sage.

Schon, D.A. 1983. *The Reflective Practitioner: How Professionals Think in Action.* New York: Basic Books.

——1995. Causality and causal inference in the study of organizations.Pp.69-101 in *Rethinking Knowledge:Reflections across the Disciplines*,ed.R.Goodman and W.R.Fisher.Albany,NY:SUNY Press.

Shachar,A.2001. *Multicultural Jurisdictions:Cultural Differences and Women's Rights.*Cambridge:Cambridge University Press.

Shackley,S,and Wynne,B.1996. Representing uncertainty in global climate change science and policy: boundary-ordering devices and authority.*Science,Technology and Human Values*,21(3):275-302.

Shapin,S,and Schaffer,S.1985. *Leviathan and the Air-Pump:Hobbes,Boyle,and the Experimental Life.* Princeton,NJ:Princeton University Press.

Star,S.L,and Griesemer,J.R.1989. Institutional ecology,"translations" and boundary objects:amateurs and professionals in Berkeley's Museum of Vertebrate Zoology,1907-39. *Social Studies of Science*, 19:387-420.

Stone,D.1997. *Policy Paradox:The Art of Political Decision Making.*New York:W.W.Norton.

Susskind,L,McKearnan,S.,et al.eds.1999. *The Consensus Building Handbook:A Comprehensive Guide to Reaching Agreement.*Thousand Oaks,Calif:Sage.

Torgerson,D.1985. Contextual orientation in policy analysis:the contribution of Harold D.Lasswell.*Policy Sciences*,18:241-61.

Wagenaar,H.2004. "Knowing" the rules:administrative work as practice.*Public Administration Review*, 64(6):643-55.

Warren,M.E.1999. *Democracy and Trust.*Cambridge:Cambridge University Press.

Weinberg,A.1972. Science and trans-science.*Minerva*,10:209-22.

Wenger,E.1998. *Communities of Practice:Learning,Meaning,and Identity.* Cambridge:Cambridge University Press.

Wynne,B.1996. May the sheep safely graze? A reflexive view of the expert-lay knowledge divide.Pp. 44-83 in*Risk,Environment and Modernity:Towards a New Ecology*,ed.S.Lash,B.Szerszinski,and B. Wynne.London:Sage.

第 20 章　政策网络分析①

R.A.W.罗斯(R.A.W.Rhodes)

一切破裂，

全无联系。

——约翰·邓恩(1611),《解剖世界》,1985 年版本,第 335 页 213 行

1. 引言:无处不在的网络

【425】　　网络分析以多种形式出现,适用于所有社会科学学科。网络方面的文献众多,从社会网络分析(Scott,2000)到信息革命产生的社会交际网络(Castells,2000),从以参与者为中心的技术扩散网络(Callon,Law 和 Rip,1986)到跨文化分析网络(Linn,1999)。本章聚焦政治科学中最为常见的网络分析类别——政策网络分析。

　　社会科学学科极少能就一个观念的含义达成一致。政策网络是聚焦政府与其他国家和社会行动者之间相互联系及其依赖关系的概念之一。这些概念包括议题网络【426】(Heclo,1978)、铁三角(Ripley 和 Franklin,1981)、政策次系统和次政府(Freeman 和 Stevens,1987)、政策社群(Richardson 和 Jordan,1979)和认知社群(Haas,1992)。这些术语会在下面逐一论述。这些都是形形色色的网络类型,所以我使用"政策网络"作为统称。

　　这种因术语纷繁而导致的困境并没有持续太长时间,定义政策网络也不会需要太长时间。政策网络,是指政府和其他行动者之间一系列正式制度联系和非正式共享联

---

　　① 感谢如下学者克里斯·安塞尔(Chris Ansell),马克·贝维尔(Mark Bevir),珍妮·弗莱明(Jenny Fleming),约翰·奥尔森(Johan Olsen)及编辑的评论和建议。

系的集合,他们在公共政策制定和执行中围绕共同的信念和利益不断协商。这些参与者相互依存,而政策就是从他们的相互交流中产生的。这一概念可能会有许多限定条件,不过足以作为作者研究的起点。

本章的第二部分评论有关政策网络分析的相关文献,并区分了描述性说明、理论性说明和规定性说明之间的差异。这些文献明确了政策网络有三种描述性用法:网络用于利益调解、组际分析和治理方法。在评判管理网络的工具性、互动性和制度性分析路径之前,本文还总结了两种主要的理论方法——权力依赖理论和理性选择理论。第三部分回顾文献中的争论和挑战,关注综合研究成果的困难,这些成果来自多重案例研究,同时聚焦对于"新治理"的批评。这部分评论了有关网络为何变化的多种回答,同时分析了倡导联盟框架、辩证模型、战略关系理论和解释学转向。在此部分结尾,指出政策网络研究反映出政治学与人种志研究方法和概念影响相联系是大势所趋。最后,本文分析管理制度缺失的问题,尤其是治理结构重叠、责任不明、加强协调和发明新工具引发的困难。

2. 政策网络分析文献

政策网络术语的使用在文献中有 3 种主要方式:作为政府运作的一种描述;作为分析政府决策制定的一种理论;作为改革公共管理的一种对策。

2.1　用作描述的网络

当描述政府决策制定时,政策网络是指利益调解、跨组织分析和管理方法。
作为利益调解的网络

【427】

出现政策网络这一观念,一部分原因要归结于美国的多元主义以及有关次政府的文献。比如,里普利和富兰克林(Ripley 和 Franklin,1981,8-9)把次政府定义为"在既定的政策实质领域,能使多数日常决定有效运作的个体集群"。他们包括"众议院议员或者参议院议员、国会工作人员、部分官员以及对政策感兴趣的私营团体和组织的代表。"本文主要强调与政府有紧密关系的一些特权团体;因此次政府制定政策时排除其他的利益群体。一些学者用相对刚性的暗喻来形容这种关系。洛伊(Lowi,1964)用"三角关系"来强调中央政府机构、国会委员会以及与它们存在共生关系的利益集团之间的关系本质。这种观点在次政府文献中有一个著名标签——"铁三角"(Freeman 和 Stevens,1987,12-13,注释)。

政策网络的相关文献详细阐述了美国的政界垄断。政府面对着众多利益集团,他们热衷于对每一次立法和政策执行施加影响,而且其中一些集团来自局外人。他们行为极端且需求不切实际,因此政府会与他们保持一定距离。其余的利益集团为局内人且为政府所接受,他们期望承担责任,并愿意和政府合作。政府需要他们来确保能够实现政策目标。福利国家的业内人士便是最明显的事例。过去这些年里,这样的利益集团已经制度化。在公布文件寻求商议之前都已经被讨论过了。他们不会去游说。相反,他们还有可能共进午餐。政府和内部利益集团之间联系的惯例即标准化模式成为政策网络。

使用政策网络描述政府决策制定的实例有很多。[①] 马什和罗斯(Marsh 和 Rhodes,1992)将政策网络定义为中观概念,与微观分析和宏观分析相连,微观分析解决政府和利益集团在特殊决策制定中的作用,宏观分析涉及现代社会中有关权力分配的广泛问题。网络可以根据连续体中的关系远近变化。政策社群在连续体一端,涉及密切的关系;议题网络在另一端,涉及宽松的关系(Börzel,1998;Dowding,1995;LeGalès 和Thatcher,1995;Richardson,1999)。

政策社群有以下特点:参与者有限,某些团体被有意排除在外;社群的所有成员就所有相关的政策议题开展高频率、高质量的互动;价值观、成员、政策后果均有长久的持续性;共识是所有参与者共享意识形态、价值观和广泛的政策偏好;政策社群的所有成员均有一定资源,在此基础上的互换关系。因此,基本关系是拥有资源的成员间的协商关系。成员间权力平衡,不一定是平等受惠,但是所有成员都认为自己身处正和博弈之中。参与团体的结构层层分级,便于领导者确保成员服从。这个模型是理想的类型;没有一项政策能够完全符合这个模型。

【428】

我们只有把政策社群和议题网络对比,才能充分理解政策社群的特点。麦克法兰(Mcfarland,1987,146)沿用希克洛(Heclo,1978)的用法,把议题网络定义为“某些领域的部分人对政策感兴趣而产生的一种沟通网络,这些人包括政府官员、国会议员、商人、游说团体,甚至有专家学者和新闻工作者……就对政策的批评不断交流,为新的政策方案提出建议”。因此,议题网络的特点是:参与者众多;大量成员的准入和交流变动不定;缺少共识,存在冲突;交流基于咨询而不是协商或商讨;不平等的权力关系,许多参与者拥有极少的资源、准入资格而且别无选择。把利益集团分别理解为议题网络、政策次系统和倡导联盟的研究大概是美国对政策网络研究的最大贡献。这些特点被视为美

---

① 关于澳大利亚,见 Considine,1994;Davis 等,1993。关于加拿大,见 Coleman 和 Skogstad,1990;Lindquist,1996。关于英国,见 Rhodes,1988;Richardson 和 Jordan,1979。关于欧洲大陆,见 LeGalès 和Thatcher,1995;Marin 和 Mayntz,1991。关于美国,见 Mandell,2002;O'Toole,1997。

国政治一直存在的特征(Baumgarten 和 Leech,1998;Berry,1997)。

显然使用连续统一体的含意是任何网络可以根据它的某个点在某一时刻被定位。网络可以根据几个维度或者这些维度的组合变化,比如成员资格、一体化和资源。许多作者构建了连续统一体、分类法、政策网络和政策社群特点的列表(参见 Van Waarden,1992)。政策网络的这一鳞翅分类法即收集和分类物种的方法,已经变得极其乏味。

作为组际分析的网络

在欧洲,有关网络的相关文献很少关注次政府,而更多的是组际分析(参见 Rhodes,1999/1981)。组际分析强调政策机构间的结构关系而不是机构中个体间的人际关系。政策机构是政策网络中至关重要的部分。简单地说,组际关系表示"一个中心组织利用一种或多种策略尝试管理它的附属机构,其他的组织以类似的方式参与。"一个网络具有"复杂性和动态性:存在多种重叠关系,每一种关系或多或少地依赖于其他关系的状况"(Elkin,1975,175-176)。①

将网络分析这一变量应用于政治和政策制定,其中最引人注目的尝试是戴维·诺 【429】克(David Knoke)、德华·劳曼(Edward Laumann)和弗兰兹·帕比(Franz Pappi)的几次合作(Knoke,1990;Knoke 等,1996;Laumann 和 Knoke,1987)。他们提出的"组织国家"路径认为"现代国家和社会关系越来越模糊,融合为组际影响和权力关系的组合"。这些组际网络"能够描述和分析所有重要政策行动者之间的交流,无论是立法党派,还是政府部门到商会、工会、专业学会和公共利益集团"(Knobe 等,1996,3)。关键的行为者是正式组织而非个体。例如,在分析美国、德国和日本的国家劳动政策时,诺克等人(Knoke 等,1996,3)通过查找公共档案汇编了重要行动者的名单,比如他们在国会委员会或者参议院委员会之前宣布,从《国会信息服务》卷宗里寻找的次数,仅仅包括那些只出现过 5 次或者 5 次以上的组织。之后,这些组织中负责政府政策事务的个体就有关政策的事情接受了采访。采访内容是他们作为信息提供者如何看待最具影响力的组织、沟通政策信息以及参与政策事务。诺克等人后来利用网络分析技术来绘制组织之间的链接,使用典型的网络测度比如中心性和密度(Scott,1991;Wasserman 和 Faust,1994)。

诺克等人认为他们的数据不仅描述所选政策领域的权力结构,而且解释了不同的政策结果。这种网络分析的分类价值在于使用网络的结构特性来解释行为和结果。可惜的是,这个惯用语几乎没有解释性。相反,它描述权力结构和网络特点。而且"网络分析还没能产生太多新的东西"(Dowding,2001,89-90),当诺克等人(Knoke 等,1996,

---

① 参见 Benson,1975;Crozier 和 Thoenig,1976;Hanf 和 Scharpf,1979;Thompson,1967。

210,213)明确地指出"国家明显构成了集中决策的正式核心,影响到包括国家在内的更大的公民社会",或者"一个组织在沟通网络或支持网络中越居于中心位置,它具有权势的名声越大"(Thatcher,1998,398-404)。

作为治理方法的网络

最终,政策网络分析的根本是分析公共行动者和私有行动者之间的权力分配,最为常见的是团体、工会和政府在经济决策制定方面的权力分配(Atkinson 和 Coleman,1989;Jordan,1981)。最初,重点集中在社团主义上面,这一主题本身就是一个值得撰写一篇论文的一个话题(Cawson,1986;Schmitter 和 Lehmbruch,1979)。斯堪的纳维亚人对"团体多元主义(corporate pluralism)"(Rokkn,1966;Heisler,1979)还有一种由来已久而且独具特色的分析。"团体多元主义"长久以来被贴有"分割化国家"(Oslen,1983,118)和"协商经济"(Nielsen 和 Pedersen,1988)的标签。近期主要关注通过网络进行治理,其趋势是国家和公民社会政府间的关系而不是具体场合下的决策制定。因此,治理是一个广泛的术语,而不仅仅是政府、私人部门和公益组织组合所产生的具有公共资源和服务的统治(Kjær,2004;Pierre,2000)。

【430】

英国、欧洲大陆以及美国对这一趋势有几种解释。因此,对于英国而言,它已经从单一制国家的治理向使用网络治理转变。在这一期间,国家和公民社会的界限发生了变化。这可以理解为由于撒切尔夫人和梅杰领导的保守党政府开展市场化改革,福利国家的等级制度和官僚制度向网络和重视伙伴关系及联合型政府转变。①

欧洲也有许多关于"引领""指挥""间接合作"的文献,这些文献先于英国对网络治理的关注和美国对改革政府的兴趣。例如,弗朗兹-夏维尔-考夫曼(Franz-Xavier-Kaufmann's)撰写了一本关于指导、指挥和管控的书,采用真正日耳曼式的规模、范围和语言。这本书聚焦在复杂社会典型而且过长的行为链中,众多相互依赖的行动者如何协作的问题(Bovens,1990;Luhmann,1982;van Gunsteren,1976)。

在美国,奥斯本和盖普勒(Osborne 和 Gaebler,1992,20,34)区分了政策制定(掌舵)和提供服务(划桨),他们认为官僚机构是破产的划桨工具。在这种情况下,他们提出"企业型政府",强调与私营部门合作,并对客户做出反应。公共部门的这种改革涉及"少统治"或者少划桨,换句话说就是"多治理"或多指挥。弗雷德里克森(Frederickson,1997,84-85)查看过美国的文献后指出,"治理"这两个字大概是描述多组织系统互动模式或者网络互动模式最好的概括,也是最容易被接受的隐喻(Kettl,1993,206-207;

---

① 比如参见 Ansell,2000;Bevir 和 Rhodes,2003;Rhodes 1997a,2000;Stoker,2004;以及对于文献和引用的回顾,参见 Marinetto,2003。

Salamon,2002)。彼得斯(Peters,1996,ch.1)认为传统的政府等级模式到处在受到挑战,他确立了 4 种治理趋势或模式——市场治理、民主参与式治理、弹性治理和放松管控治理。分裂化、网络化、灵活性和易反应性是弹性治理的特点。总而言之,即使改变的范围、速度、方向和原因是有争议的,但关于治理转变的讨论仍然比比皆是(Pierre,2000)。

2.2　作为理论的政策网络

英国(Rhodes,1988/1997a;1999/1981)、欧洲大陆(Börzel,1998;Kickert,Klijin,Koppenjan,1997)和美国(O'Toole,1997;Salamon,2002)有大量关于政策网络的理论文献。【431】按照他们对网络行为的解释大致可以分为两大学派:权力依赖和理性行动者。

权力依赖

权力依赖方法将政策网络视为一组依赖于资源的组织。它们之间的关系就是权力依赖,也就是说,"任何组织都要依赖于其他组织的资源","而要达到它们的目标,组织间必须相互交换资源"。因此,行动者"在既定的博弈规则下采取相应的策略来控制交换过程"。组织间的关系就像是一场为了占据优势的博弈游戏。每一个组织都会调动它们的资源以最大限度地影响政策结果,无论是法律资源、组织资源、财政资源、政治资源还是信息资源,同时避免成为他人的附庸。因此,政策网络行为具有博弈性,它基于相互信任,而且由网络参与者协商同意的博弈规则来调控。资源的分配方式和参与者讨价还价的技巧多种多样,这也造成网络的不同结果和相互之间的多样性。最终,网络享有政府授予的高度自治权力。①

理性选择

理性行为学派将理性选择和新制度主义相结合,形成以行动者为中心的制度主义来解释政策网络是如何运作的。其中以马克斯-普朗克研究所提出的"行动者为中心的制度主义"理念为代表。雷娜特·梅茵茨(Renate Mayntz)、弗里茨·沙尔普(Fritz Scharpf)以及他们在马克斯-普朗克研究所(Max-Planck Institut)的同事认为政策网络代表了政府结构的巨大变化。政策网络是专门解决政策问题的独特"结构安排"。他们是相当稳定的一组公共和私人的合作行动者组合。网络行动者之间的关系是"沟通渠道和交换信息、专业技术、信任和其他政策资源"。政策网络有自己的"整合逻辑",

---

① "权力依赖"的分析不限于网络的研究。更一般参见 Blau,1964;Emerson,1962;Keohane 和 Nye,1977,1987;Pfeffer 和 Salancik,1978。

主导性的决策规则是讨价还价和试探。因此,和权力依赖方法一样,马克斯-普朗克学派强调功能分化、组织间的联系和资源依赖(Kenis 和 Schneider,1991,41-43)。

【432】   为了解释政策网络的运作方式,沙尔普(1997,chs.2,3)把理性选择和新制度主义相结合,提出行动者为中心的制度主义。基本观点为制度是为行动者(个人和企业)创造机会实现自我偏好的规则体系。因此,"政策是资源丰富和有限理性的行动者之间交流的结果,他们的能力、偏好和观念在很大程度上,但并非完全由他们互动用的制度化规则塑造"(Scharpf,1997,195)。

网络是公、私行动者交流的制度基础。网络是非正式制度;也就是说,网络是一种时间长久的非正式组织活动,一种由规则支配的关系。他们一致认为规则建立信任、促进沟通,同时也减少了不确定性;它们是非等级协作的基础。沙尔普使用博弈理论来分析和解释这些由规则支配的关系。

英国的两个学派一直存在激烈的交锋(Dowing 1995,2002 versus Marsh 1998,12-13,67-70;Marsh and Smith 2000),这是水火永不相容的一个实例。双方在理论和方法方面存在着不可调和的分歧。这种分歧就如同经济学中的演绎法、实证主义和定量方法与社会学中的归纳法、阐释性方法和定性方法,存在基本的分歧。对于内部人士而言,和谐并不能阻止不久后他们之间关系的随时破裂。对于局外人而言,这种争论就像是一场口水战。局外人的看法可能是对的。①

2.3 作为改革方法的政策网络

网络的传播和对限制政府行动能力的认识,推动了研究如何管理网络的热情。现在的目标是"协同政府(Joint-up government)"或者"整体政府"方法。网络不再是一个神秘的理论争论的隐喻或场所,而是一个改革公共部门管理的鲜活议题。接下来作者将聚焦公共部门文献。②

基克特、科林和柯彭扬(Kickert,Klijn 和 Koppenjan,1997,46)确立了公共部门中三种网络管理方法:工具方法、互动方法和制度方法。工具方法聚焦政府如何通过改变依赖关系来寻求实施合法的权力。工具方法的核心问题在于指挥的代价。一个核心的命

---

① 鲍勃·古丁(Bob Goodin)正确地指出,复杂性理论也与网络(个人通信)的研究相关。例如,见 La Porte,1975;Luhmann,1982;Simon 1981/1969。这些想法对鹿特丹伊拉斯谟大学(Erasmus University)的"治理俱乐部"研究项目产生了一定的影响(比如参见 Kickert,Klyn,和 Koppenjan,1997)。它们并没有对网络文献的其余部分产生重大影响。

② 在私人部门,参见 Child 和 Faulkner,1998,ch.6;Ford 等人,2003;Pfeffer 和 Salancik,1978。

令运作代码,无论掩盖得多好,运作始终存在来自重要行动者的反抗危险,以及失去解决地方问题和赤字控制的灵活性。

互动方法强调通过协商而不是等级制度来管理。这个技巧在于设身处地地理解其他人的目的,而且和行动者建立和维持信任。因此,公共部门的首席执行官必须有"较强的人际交往能力、沟通技巧和倾听技巧";说服能力;乐意交换而且参与互惠的行动而不是操纵他人;构建长期关系的能力(Ferlie 和 Pettigrew,1996,88-89)。互动方法的核心问题在于合作的代价。网络管理耗时,目标可能很模糊,结果也可能不确定。决策制定是满意(要求),而不是最大化(收益)。 【433】

制度方法侧重于制度背景、相互作用所依据的规则和结构。目标是在动机、规则和文化方面增加变化来促进共同问题的解决。制度方法有一个重大的甚至是无法逾越的问题;动机、规则和文化反对变化,因为网络给予一些行动者特权,他们把群体利益和公共利益等同。他们处于有利的位置来保护他们的群体利益。

专门聚焦管理网络的文献在美国和欧洲发展迅速。萨拉蒙(Salamon,2002)全面评论可以应用于美国新治理中的工具,包括典型的工具比如补助金、规章和官僚机构,但极为强调现代治理的合作本质以及从等级制度和管控向实现间接网络管理转换的需要。[①]

如果你必须运行一个网络,你会怎么做? 佩因特、洛兹和艾萨克·亨利(Painter,Rouse 和 Isaac-Henry,1997,238)提供关于博弈管理的具体建议。他们得出结论认为当地政府应:审核其他相关机构;绘制重要关系的战略图;明确他们的何种资源能够帮助他们影响到其他机构;明确该影响的限制因素。随着所有新趋势的出现,来自学术界和顾问的建议激增。因此,网络的 10 条戒条包括:代表你方的机构和网络、承担一部分政府预算、坚持目标时能够适应和调整、尽可能创新、耐心而且使用人际交往技能、强调激励(Agranoff,2003,130)等。那肯定不是什么难事(Perri 6 等,2002,130),而且这一系列的经验证明了这一说法是可信的。威登豪尔(Wettenhall,2003,80)评论了有关伙伴关系、协同政府和新治理的文献。他总结到这些术语已经"成为世纪之交关于政府的论述中主要的口号"(Cabinet Office,2000;Cm 4310,1999;MAC,2004)。因此任何对这篇文章不以为然的读者应当停下来留意,注意到它正朝着成为公共部门改革的新传统智慧的方向前进。这种讽刺的倾向虽然已经停止,但是或许会因为注意到网络管理成为谚语和禁令的短暂混合,而重新进行。[②]

---

① 见 Agranoff,2003;Kettl,2002;Kickert,Klyn 和 Koppenjan,1997;McGuire,2002;Mandell,2002;O'Toole,1997;Osborne,2000;Perri6 等人,2002。

② 这些文献可能集中于为潜在的管理者提供经验教训,但它也分析了网络管理,例如经纪业。见 Bardach,1998;Carpenter,Esterling 和 Lazer,2004;Fernandez 和 Gould,1994;Taylor,1997。

3. 争论和挑战

【434】　　相比于早前的讨论,本节讨论了政策网络分析面临的争论和挑战。相应地,我会指出一些描述性、理论性和规定性的缺陷。

3.1　描述治理

　　政策网络的概念可能被视为只是一个隐喻因而受到忽视。然而,政策网络不是隐喻,因为不存在类比。政策制定正是一系列相互关联的事件和相互交流的人。政策网络与其说是一个隐喻术语不如说是官僚制度。这个术语的反响和持续性来源于一个简单的事实。对很多人而言,政策网络代表着先进工业民主国家制定政策时的一个长期特点。

　　理查德森(Richardson,1999,199)在回顾英国对压力集团和政党的研究时称,唐丁(Dowding,1995)对政策网络的批评标志着对这种方法的“知识疲劳”。自这个分水岭以来,出版文章的绝对数量和种类包括理查德森(Richardson,2000)关于网络和政策改变的获奖论文,证实了这个术语的持续功用,不仅有无数的英国政策网络案例研究,而且涉及的范围更加广泛。例如,刑事学中的主要部分超脱政治科学、政策网络的限制(Loader,2000;Ryan,Savage 和 Wall,2001)。因为受到彼特·哈斯(Haas,1992)提出的认知共同体概念影响,有关网络的国际关系著作不断增加。它们是知识型专家的跨国网络,这些专家在其专业知识领域提出了权威性的声明与政策相关的知识。这些网络的特点在于它们的共有信念和专业判断。凯克和希金克(Keck 和 Sikkink,1998,1)提出的积极主义者跨国倡议网络正好和哈斯的专家网络相似。例如,联合国、国内和国际非政府组织以及私人基金会形成了一个国际议题网络来反击政府的“健忘”。这种网络是另一种可供选择沟通渠道,它通过争论、说服、游说和抱怨来为人权的国际辩论增添新的思想和信息(Riss,Ropp 和 Sikkink,1999;Sikkink,1993)。

　　跨国网络同样是欧盟政策制定的一个特点。彼得森(Peterson,2003,119,129)认为“当政策网络分析的使用达到欧盟部署的水平时,它是一个极其强大的分析工具”,“很

【435】少人会否认网络管理是欧盟的一个至关重要的特点”①。政策网络分析也已经在国内

---

　　① 另见 Ansell,2000;Andersen,1990;Josselin,1997;Kassim,1993;Mazey 和 Richardson,1993;Rhodes,Bache 和 George,1996。

和国家间的府际关系广泛应用,最为人所知的是联邦和州的关系(Galligan,1995;Rhodes,1988;Wright,1978)。

最后,全球化的世界存在着治理。治理有几种形式。基欧汉(Keohane,2002,204,210-212,214)提出的全球治理说法是一种"网络化的极简主义"。换句话说,不存在等级制度,而是民族国家、私营企业、非政府组织和政府的子单位组成的网络,它追求的是"最小的目标而不是宏伟的目标"。民族国家会保留这一"国内和国际治理的主要工具",但是"它不是唯一的重要行动者"(Slaughter,2003)。罗西瑙(Rosenau,2000,172-173)提出"多中心"世界这一更加令人惊讶的说法,它由多个跨国集体组成,这些集体的竞争与合作并存,它们不会让自己受制于等级控制和霸权协调。世界是网络,网络是世界。

简而言之,作者不认为有更好的事例证明"有理论就行",因此,出现了一个问题。综合这些多样化著作中的发现并不存在。事实上,综合或许是不可能的。关键的问题是"什么类型的网络出现在什么样的情况下,又会有什么样的政策结果?"一直有很多人愿意告诉我们如何回答这个问题(Dowding,1995;Thatcher,1998)。只有一些勇敢的人曾经尝试给出一个答案,即使这样,他们也是把分析局限在对比一个国家的几个政策部门或者多个国家的一个部门(Considine,2002;Marsh,1998)。

当寻求对比国家间的政策网络时,问题很可能无法逾越。政策网络只不过是政策科学的缩影。困扰比较政府的问题同样会困扰政策网络。麦金泰尔(MacIntyre,1972,8)做了一个令人为之震惊的总结:

曾经有个人渴望写出关于洞的通论,当被问及"是哪种洞,是孩子玩沙土挖的洞、园丁种莴苣种子挖的洞、坦克陷阱还是修路工人挖的洞",他会愤怒地回答他希望写出能够解释所有洞的通论。可悲的是,他从一开始便拒绝不同的洞需要不同的解释这个常识观念。

这样的"现代主义者—经验主义"(Bevir,2001,478)把政策网络看作被评估、分类和对比的离散对象。这或许不是一个"特别危险的恶作剧"(MacIntyre,1972,26),但它是研究网络的唯一方法。

关于治理兴起的故事和治理的兴起引发第二个问题。这一"新的正统观念"并未承担起它面临的一切。马里尼托(Marinetto,2003)对"盎格鲁治理学派的观点"持有异议,他认为他们的观点使中央失去了控制。他表明那会加速历史破裂,他还认为英国的中央(政府)和地方(治理)存在长期的紧张关系。与此类似,霍利戴(Holliday,2000)坚持认为英国仍然有一个强大的核心执行力量,中央还没有被架空,网络还没有扩散,中央能够实施而且也在实施有效的控制。无论是盎格鲁治理学派必须"经历由分量愈加

【436】重要的批评带来的知识危机"以及在一定程度上,"这种批判回应已经开始,尽管是逐渐展开",未来的几年里会变得清晰(Marinetto,2003,605-606)。作者也很期待看见"能够概念化这些制度、行动者和政府改变过程的替代方式",期待听见关于新一代治理的故事,思索改变是当今政府的表象还是更深层次决裂的现象的整个新一轮的争论。思索足够长时间,"该来的躲不掉"这句格言听起来就像是社会科学里对潮流和时尚的公正总结,而不是讽刺或者嘲讽的总结。

3.2 解释变化

对于政策网络分析最为常见和最为普遍的批评是它没有解释也不能解释变化(论据和引证的总结参见 Richardson,2000)。因此,政策网络分析强调网络如何约束政治过程中的参与活动;决定政策议程中包括和不包括哪些议题;通过博弈规则塑造行动者的行为;给予特定利益;用私人政府替代公共问责制。它关系到稳定性、特权和持续性相关。

曾经有过几次分析变化和网络的尝试,但是我主要讲两点。首先,描述和解释政策制定中的稳定性和持续性不是一件易事。其次,分析改变或许是一个反复出现的问题,但是这一点至关重要,它并非特定于网络研究。正如有很多的官僚制度理论一样,也有很多的政策网络理论。例如,政治科学社群关于如何解释政治变化没有达成共识,只是完成了认识论的立场和许多理论。学习政策网络的研究者和官僚制度、民主制度和经济发展的研究者同样不能创造一种能被接受的解释性变化理论。有关政策网络著作的争论反映出社会科学中认识论和本体论的更大争论。

在几次将变化分析融入政策网络的尝试中,有 3 点受到注意:倡议联盟、辩证模型和去中心化分析。

倡议联盟框架(ACF)有 4 个基本前提。第一,"理解政策变迁的过程需要十年或者十年以上时间的观察力"。第二,"思考政策变迁最有用的方式是聚焦'政策次系统'"。第三,"这些次系统必须包括一个府际维度"。第四,"公共政策可以用和信仰体系同样的方式被概念化为一系列价值序列和如何实现价值序列的非正式假设"(Sabatier 和 Jenkins-Smith,1993,16)。萨巴蒂尔认为联盟尝试把他们的信仰转化为公共政策。他们【437】的信仰体系决定政策的方向。他们的资源决定了他们改变政府项目的能力。资源随着时间变化,通常是为了应对次系统外部的变化。最为独特的是,萨巴蒂尔区分了核心信仰和次级信仰,他认为联盟就反对变迁的政策核心达成了共识。形成鲜明对比的是,信仰体系的次级方面能够快速变化(Sabatier 和 Jenkins-Smith,1993,25-34)。此外,这些信仰对于理解政策制定者的行动至关重要,他们不一定是受到理性自利的驱动。但是,正如帕森斯(Parsons,1995,201)简洁地指出这一模型在美国的联邦政府和碎片化政府运行良好,不过几乎没有证据表明它运行良好。

马什和史密斯(Marsh 和 Smith,2000)提出的辩证模型表明,变化是网络结构和操作网络的主体之间的互动关系;是网络和网络运行的背景之间的互动关系;是网络和政策后果之间的互动关系。他们把网络当作一种能够限制或促进行为,但是无法决定行为的结构,因为行动者解释和协商限制因素。外因或许会促使网络发生变化,但行动者促成变化。因此,我们不仅需要审视变化背景,还要检查网络中的结构、规则、人际关系。最后,网络不仅影响政策结果,政策结果还反过来影响网络。辩证模型引发了关于如何利用政策科学的热议和批评,但是观点未能统一,只出现了一点点见解(Marsh 和 Smith,2000/2001;Dowding,2001)。

谈到同样的议题比如网络的构成、发展、变化和终止,海伊和理查兹的"网络战略关系理论"是辩证主题的一个复杂变体。起初,他们避免关于"辩证"一词的含糊和争议。他们认为寻求实现某些目标的个体和结果对他们身处的环境做出了战略评估。但是,这种环境并不中立。它具有战略选择性,给予某些战略高于其他战略的特权。个体从他们的行动中学习和调整战略。环境因为他们的行为而变化,因此个体不得不适应不同的环境。因此,网络就是"一次实践——发生在战略(和战略选择环境)下——战略行动者的一项成就,通过战略行动的结果(包括有意和无意的结果)不断发展"(Hay 和 Richards,2000,14;Hay,2002)。

另一个挑战来自于那些主张进行解释的人,他们认为政策网络分析能够充分利用民族志的工具,比如:研究日常环境里的个体行为;从多种来源收集数据;采用"非结构化"方法;关注某一个团体或场所;而且分析数据,强调"意义的解读和人类行动的功能"(Hammersley,1990,1-2)。这个任务将是书写深描或"对他人所做事情的建构"(Geertz,1973,9,20-21;寻找网络政治民族志是一个指导性方法的类似认识,参见Heclo 和 Wildavsky,1974;Mcpherson 和 Raab,1988)。

拜维和罗斯(Bevir 和 Rhodes,2003,ch.4)主张网络的去中心化研究,赞成从机构向【438】个体的主题转变,强调政策网络的社会建设,通过个人能力创造意义。班和索伦森(Bang 和 Sørensen,1999)对"日常决策者"的描述为描述去中心化网络提供了一个指导性示范。他们采访了哥本哈根诺雷布罗区 25 个积极的市民,看看他们是如何与政府打交道的。他们发现"日常决策者",这种人关注的可能是当前最低程度的具体政策问题。格蕾特(一位基层积极分子)反映她已经获得了扮演多种角色的能力:承包商、委员会成员和领导者。议题网络、政策社群、特别政策项目出现爆炸性增长,包括一些行动者,无论他们是否民主政府"内"、"外"、"上"和"下"的传统机构。因此,"日常决策者"的任务是"创造具体的结果"(Bang 和 Sørensen,1999,332)。政策活动已经从"正式的组织活动转向了非正式的网络"(Bang 和 Sørensen,1999,334)。政治不再是关于左派和右派,而是"解决组织日常生活的机构所面临的具体问题"(Bang 和 Sørensen,1999,336)。简而言之,他们通过政治积极分子的眼睛描绘出诺列布罗的网络理论的画面,由下而上构建网络。

这一讨论强调两点。首先,在政策网络的研究中采用民族志的方法,这种倾向反映了政治科学中的大趋势。芬诺(Fenno,1990,128)观察到"现在参与观察的政治科学家并不太多"。那是在那时。现在学者对政治科学中诠释转向的兴趣愈加浓厚。关于诠释转向的任何讨论都将带我们在这方面走得更远。但值得注意的是,网络分析的根源在于社会人类学。如其调查的内容是在挪威的一个村庄谁和谁谈论了什么。因此,这点或许最好表述为早该进行的回归。

第二,如今的政治科学探索决策观点的影响,网络变化的 3 种方法都是更加广泛趋势的一部分。此外,网络变化带我们远离这一主题,不过萨巴蒂尔(Sabatier 和 Jenkins-Smith,1993)关于倡议联盟的研究支持这一点,例如支持金登(Kingdon,1984)对政策观点和政策议程的看法。日益变化的政策网络、新思想和设定政策议程之间的联系对理查德森产生巨大影响(2000)。

3.3　解决制度缺失

如果我们身处一个"多中心治理网络"的世界,从政者、管理者和公民面临的任务就是解决"制度缺失问题",也就是说,当制定政策没有普遍接受的规则和标准时,制定和执行政策(Hajer,2003,175)。马尔腾·海耶尔的生动隐喻或许夸大了变化的程度,
【439】不过他确实戏剧化了管理网络国家的问题。4 种问题反复出现:治理结构的重叠、职责分散、加强协调、发明新工具。

管理混合

在政策网络的世界里,每种服务都是官僚、市场和网络的结合,我们需要明白这些分配资源的治理结构何时运作。当我们需要提供有效服务时,我们需要清楚真实目的是什么,因为有效性的标准不一而足。例如,竞争是市场的特征,它与网络的特征合作存在矛盾。弗林等人(Flynn 等,1996,136-137)认为,信任在英国国家健康体系中变得重要,因为详述协议和参与者成为自信的购买者经历存在困难,那些参与者的作风"危及或者恶化了对互信的质疑态度和感觉"。因此,市场关系对"依赖合作、互惠和互赖"

的"专业网络"产生"腐蚀性影响"。如果我要写官僚制度失败的例子,一定会抨击这些明显的问题。恰当的总结并不是单个协约、官僚制度或者网络的失败,而是它们都失败了(Jessop,2000),不是每天、每个星期或者对于每个政策而言。关键在于理解每个工作、网络分析的每个核心课程处于何种状况下,"混合有重要作用"。我们需要知道如何管理每个治理结构和它们之间的关系。①

　　分散职责

　　当提供服务的权力分散在几个管理部门时,责任的传统概念并不适用。博文斯(Bovens,1998,46)明确"多头管理问题"在于复杂组织中政策的职责共享。相应地,也就很难找出谁在负责(Van Gunsteren,1974,3)。他还指出分裂化、市场化以及由此而来的网络创造出"多头管理问题的新形式"(Bovens,1998,229)。例如,霍格伍德、居奇、麦克维卡(Hogwood,Judge 和 Mcvicar,2000)表示机构和特殊的目的主体拥有众多的支持者群体,每一个群体都寻求让他们承担责任。没有体系,只有分散和重叠的需求。在一个网络中,选民组织或许会让相关的官员和政客承担责任,但是这些组织又对谁负责呢? 正如马尔根(Mulgan,2003,211-214)认为的那样,网络中更可能出现推诿责任,因为职责分散而且政治领导人的管辖范围缩小很多。但是,并不是一切都令人悲观和沮丧。布雷思韦特(Braithwaite,2003,312)认为政策网络可以被视为"许多不清晰的分权"的一个例子,因为网络中几个利益群体可以监察和平衡另一群体。但是,网络中最常见的形式接近于公众监督,那是一种私有政府。赤裸裸的事实是多种职责削弱了中央控制(Mulgan,2003,225)。②　【440】

　　加强协调

　　职责削弱不只是网络的唯一后果。网络的传播同样削弱了协调。尽管面对着加强协调的巨大压力,但这种做法却是"温和的"。它在"很大程度上是消极的,其基础是权力部门间的不断划分、相互回避和冲突减少";"稳定在国家机器的较低水平,由具体的著名网络组织";"战略意义不强,因此几乎所有创造长期计划的积极战略能力的尝试都失败了";在任一部门里都是间歇的而且有选择,只在之后政治化、议题导向而且活跃的政策进程中改进(Wright 和 Hayward,2000,33)。那是我们把网络引入综合局势之前。网络使目标更加难以捉摸。正如彼特斯(Peters,1998,302)所说,"社会集团和公共组织之间强烈的纵向联系使得政府内部的有效协调和横向联系更加困难"。一旦网

---

　　① 例如参见 Considine 和 Lewis,1999;Thompson 等人,1991;Powell,1991;Rhodes,1997b;Simon,2000。

　　② 关于重新思考民族国家问责制的必要性,参见 Behn,2001;以及全球化世界中的问责制,参见 Keohane,2002,219-44;2003。

络内部协议达成,"在网络顶端的公共组织进行的协商范围会受到限制"。但是,这些论述假定等级制度是最为重要或者合适的协商机制。林德布洛姆(Lindblom,1965)多年前就有说服力地提出,间接协调或者相互调整混乱不过十分有效。旧金山市湾区的公共交通系统是一个多组织系统(或者网络)。齐索姆(Chisholm,1989,195)表明中央方面只会进行一些协商,"因此通过非正式关系发展的个人信任是相互调整的润滑剂"。总而言之,协调是现代政府所追求的圣杯,曾经试图寻找,不过总是遥不可及,网络没能为中央协调带来任何进展。但是,他们都提供了自己难以处理、非正式和去中心化的描述。

发明新工具

主流文献(比如 Salamon,2002)促进了如何管理网络工具观点的发展;如果学习间接管理的技能本身是一个重大挑战,那么它不会是未来网络管理者面临的唯一挑战。这一认识论争议涉及如何管理网络的问题。解释性方法鼓励我们用讲述的方法替代工具性方法。虽然标签有所不同——论证转向、叙述——但是现在出现越来越多关于讲述的文献,它们把讲述作为一种管理公共部门的方式。① 凡·伊顿、凡·特维斯特和卡
【441】 尔德斯(Van Eeten,Van Twist 和 Kalders,1996)指出重要的一点,最新的知识潮流是脚踏实地,因为管理者使用故事不只是获取和传递信息以及鼓励参与,而且还将其作为组织机构的制度储存库。总而言之,正如胡默尔(Hummel,1991,103-104)认为的那样,"管理者交流的首要选择是讲故事"。他问,"怎么可能不是这样呢?"当管理者面临一个问题,他们的下属告诉他们发生了什么。因此,管理者"可以做得比磨炼他们在讲故事和故事验证方面的技能更糟糕"。管理与理性计算一样关乎解释。

4. 结论

20 世纪 70 年代,关于公共政策制定和政策分析的未来出现激烈争论。它是一个特殊的研究领域还是之前良好的政策管理,如今贴上了新颖时尚的标签?它坚称是一个特殊的研究领域。我们现在不再讨论这个问题,政策分析已经确立了。从这点来看,政策网络的未来不存在任何争议。政策网络的故事发展遵循着与公共政策制定相同的轨迹。目的是保持有关公共政策制定的教科书(Parsons,1995)或者英国政府的教科书(Richard 和 Smith,2002)中的标准主题。

---

① 参见 Bevir,Rhodes 和 Weller,2003;Hummel,1991;Rein,1976;van Eeten,van Twist 和 Kalders,1996;Weick,1995。

　　这一切的兴奋点是什么？那不只是关于一个想法提出的故事。那是关于新一代政治科学家的故事。少壮派通过挑战前辈和优秀者为自己赢得名声。引起喧哗与骚动对于这些人的崛起至关重要。在英国，扩大名声来自于对威斯敏斯特模式的挑战，威斯敏斯特的权威模式已经失去了理解英国政府变化的动力。这次争议不仅关于网络还关于如何研究英国政府。因此，现在政策网络文献的问题反映出更大范围的政治科学议题，比如在解释变化的时候，这点不应该令人惊讶。治理的崛起就是关于英国政府如何变化的故事。它不是我们本科和研究生课本上提及的故事。我们放弃了英国宪法的永恒真理。我们能够解释继续性和变化，这与守旧者成鲜明对比。当然，我们错过但是我们不打算承认。无论如何，这些争执都很有趣。

　　政策网络的故事是一个成功的故事。"少壮派"赢得了他们在教授阶层的地位，筋疲力尽后继续前进。一大批博士头衔和案例研究随之而来。政策网络不再是一个创新观念，而是几乎在各地都常见的概念，尤其是在政治科学文本和英国政府教材里。挑战的时机已经成熟。如今政策网络分析的争议与政治科学中的争议类似，无论是关于如何解释政治变化还是民族志方法的使用。当然，我们同样应对"现实"世界中的争议和 【442】问题。本章中所回顾的大部分文献把网络看作管理健康和教育方面复杂问题的一种有效方式。基地组织和反恐战争已经关注"暗黑网络"（Raab 和 Milward，2003），它包括毒品走私、军火贸易和衰败国家。实地调查或许不是一个选择但是管制暗黑网络的问题不能被忽视。政策网络分析已经成为又一个受到无尽争议的核心，争论的焦点是关于社会科学里我们如何了解我们知道的东西。我怀疑这些建立者是否想过得到更多。但我确信他们期望的更少。

参考文献

Agranoff, R. 2003. *Leveraging Networks*. Arlington, Va.: IBM Endowment for the Business of Government.

anderson, J. J. 1990. Sceptical reflections on a Europe of regions: Britain, Germany and the ERDF. *Journal of Public Policy*, 10: 417-47.

Ansell, C. 2000. The networked polity: regional developments in western Europe. *Governance*, 13 (3): 303-33.

Atkinson, M. M, and Coleman, W. D. 1989, states and weak states: sectoral policy networks in advanced capitalist economies. *British Journal of Political Science*, 19: 47-67.

Bang, H. P, and Sørensen, E. 1999. The everyday maker: a new challenge to democratic governance. *Administrative Theory and Praxis*, 21: 325-41.

Bardach, E. 1998. *Getting Agencies to Work Together: The Theory and Practice of Managerial Craftsman-*

ship. Washington, DC: Brookings Institution Press.

Baumgarten, F.R, and Leech, B.L.1998. *Basic Interests: The Importance of Groups in Politics and in Political Science.* Princeton, NJ: Princeton University Press.

Behn, R.D.2001. *Rethinking Democratic Accountability.* Washington, DC: Brookings Institution.

Benson, J. K. 1975. The interorganizational network as a political economy. *Administrative Science Quarterly*, 20: 229–49.

Berry, J.M.1997. *The interest Group Society*, 3rd edn. New York: HarperCollins.

Bevir, M. 2001. Prisoners of professionalism: on the constructionand responsibility of political studies. Public *Administration*, 79: 469–509.

——and Rhodes, R.A.W.2003. *Interpreting British Governance.* London: Routledge.

——and Weller, P. 2003. Comparative governance: prospects and lessons. *Public Administration*, 81: 191–210.

Blau, P.M.1964. *Exchange and Power in Social Life.* New York: Wiley.

Borzel, T.J.1998. Organizing Babylon: on the different conceptions of policy networks. *Public Administration*, 76: 253–73.

Bovens, M.A.P.1990. The social steering of complex organizations. *British Journal of Political Science*, 20 (1): 91–117.

——1998. *The Quest for Responsibility: Accountability and Citizenship in Complex Organizations.* Cambridge: Cambridge University Press.

Braithwaite, J.2003. On speaking softlyand carrying big sticks: neglected dimensions of are publican separation of powers. *University of Toronto Law Review*, 47: 305–61.

Cabinet OFFICE 2000. *Wiring it up.* London: Cabinet Office.

Cmd 4310 1999. *Modernising Government.* London: HMSO.

Callon, M, Law, J, and Rip, A.eds.1986. *Mapping the Dynamics of Science and Technology*, London: Macmillan.

Carpenter, D.P, Esterling, K.M, and Lazer, D.M.J.2004. Friends, brokers, and transitivity: who informs whom in Washington politics? *Journal of Politics*, 66: 224–46.

Castells, M.2000. Materials for an exploratory theory of the network society. *British Journal of Sociology*, 51: 5–24.

Cawson, A.1986. *Corporatism and Political Theory.* Oxford: Blackwell.

Child, J, and Faulkner, D. 1998. *Strategies of Cooperation: Managing Alliances, Networks and Joint Ventures.* Oxford: Oxford University Press.

Chisholm, D. 1989. *Coordination without Hierarchy: Informal Structures in Multiorganizational Systems.* Berkeley: University of California Press.

Coleman, W.D., and Skogstad, G.1990. *Policy Communities and Public Policy in Canada.* Toronto: Copp Clark Pitman.

Considine, M.1994. *Public Policy: A Critical Approach.* Melbourne: Macmillan.

——2002. The end of the line? Accountable governance in the age of networks, partnerships, and joined-up services. *Governance*, 15:21-40.

——and Lewis, J. 1999. Governance at ground level: the frontline bureaucrat in the age of markets and networks. *Public Administrative Review*, 59:467-80.

Crozier, M, & Thoenig, J.-C. 1976. The regulation complex organised systems. *Administrative Science Quarterly*, 21:547-70.

Davis, G., Wanna, J, Warhurst, J., and Welle, P. 1993. *Public Policy in Australia*, 2nd edn. St Leonards: Alln and Unwin.

Donne, J. 1985/1611. *The Complete English Poems of John Donne*, ed. C. A. Patrides. London: Political Studies, 43:136-58.

Dowding, K. 1995. Model or metaphor? A critical review of the policy network approach. *Political Studies*, 43:136-58.

——2001. There must be an end to confusion. *Political Studies*, 49:89-105.

Elkin, S.L. 1975 · Comparative urban politicsand inter-organizational behaviour. Pp.158-84 in *Essays on the Study of Urban politics*, ed. K. Young. London: Macmillan.

Emerson, R.E. 1962. Power-dependence relations. *American Sociological Review*, 27:31-41.

Fenno, R.F. 1990. *Watching politicians: Essays on Participant Observation.* Berkeley: Institute of Governmental Studies, University of California.

Ferlie, E, and Pettigerw, A. 1996. Managing through networks: some issues and implications for the NHS. *British Journal of Management*, 7:81-99.

Fernandez, R. M, and Gould, R. V. 1994. A dilemma of state power: brokerage and influence in the national health policy domain. *American Journal of Sociology*, 99(6):1455-91.

Flynn, R, et al. 1996. *Markets and Networks: Contracting in Community Health Services.* Buckingham: Open University Press.

Ford, D, Gadde, L.-E. Hakansson, H., and Snehota, I. 2003. *Managing Business Relationships*, 2nd edn. Chichester: Wiley.

Frederickson, H.G. 1997. *The Spirit of Public Administration.* San Francisco: Jossey-Bass.

Freeman, J.L, and Stevens J.P. 1987. A theoretical and conceptual re-examination of sub-system politics. *Public Policy and Administration*, 21:9-25.

Galligan, B. 1995. *A Federal Republic.* Cambridge: Cambridge University Press.

Geertz, C. 1973. *The Interpretation of Cultures.* New York: Basic Books.

Haas, P.M. 1992. Epistemic communitiesand international policy coordination. *International Organization*, 46:1-35.

Hajer, M. 2003. Policy without a polity? Policy analysisand the institutional void. *Policy Sciences*, 36:175-95.

Hammersley, M. 1990. *Reading Ethnographic Research: A Critical Guide.* Harlow: Longman.

Hanf, K., and Scharpf, F.W. eds. 1979. *Interorganizational Policy Making.* London: Sage.

Hay, C. 2002. *Political Analysis*. Houndmills: Palgrave.

——and Richards, D. 2000. The tangled webs of Westminster and Whitehall. *Public Administration*, 78: 1-28.

Heclo, H. 1978. Issue networks and the executive establishment. Pp. 87 - 124 in *The New American Political System*, ed. A. King. Washington, DC: AEI.

——and Wildavsky, A. 1974. *The Private Government of Public Money*. London: Macmillan.

Heisler, M. 1979. Corporate pluralism revisited: where is the theory? *Scandinavian Political Studies*, 2: 277-92.

Hogwood, B. W, Judge, D. and Mcvicar, M. 2000. Agencies and accountability. Pp. 195 - 222 in *Transforming British Government*: Changing Institutions, ed. R. A. W. Rhodes. London: Macmillan.

Holliday, I. 2000, Is the British state hollowing out?. *Political Quarterly*, 71: 167-76.

Humel, R. 199i. Stories managers tell: why they are as valid as science. *Public Administration Review*, 51: 31-41.

Jessop, B. 2000. Governance failure. Pp. 11 - 32 in *The New Politics of British Local Governance*, ed. G. Stoker. Houndmills: Macmillan.

Jordan, A. G. 1981. Iron triangles, woolly corporatism and elastic nets. *Journal of Public Policy*, 1: 95-123.

Josselin, D. 1997. *Money Politics in the New Europe*. Houndmills: Macmillan.

Kassim, H. 1997. Policy networks, networks and European policy-making: a sceptical view. *West European Politics*, 17: 15-27.

Kaufmann, F., -X. Majone, G. and Ostrom, V. eds. 1985. *Guidance*, *Control and Evaluation* in *the Public Sector*. Berlin: W. de Gruyter.

Keck, M. E, and Sikkink, K 1998. *Activists beyond Borders*: *Advocacy Networks in International Politics*. Ithaca, NY: Cornell University Press.

Kenis, P, and Schneider, V. 1991. Policy networks and policy analysis: scrutinizing a new analytical toolbox. Pp. 25-59 in *Policy Networks*: *Empirical Evidence and Theoretical Considerations*, ed. B. Marin and R. Mayntz. Frankfurt: Campus Verlag.

Keohane, R. 0. 2002. *Power and Governance in a Partially Globalized World*. London: Routledge.

——2003. Global governance and democratic accountability. Pp. 130 - 59 in *Taming Globalization*: *Frontiers of Governance*, ed. D. Held and M. Koenig-Archibugi. Cambridge: Polity Press.

——and Nye, J. S. 1977. Power and Interdependence. Boston: Little, Brown.

——1987. Power and independence revisited. *International Organization*, 41: 725-53.

Kettl, D. F. 1993. *Sharing Power*: *Public Governance and Private Markets*. Washington, DC: Brookings Institution.

——2002. Managing indirect government. Pp. 490-510 in *The Tools of Government*: *A Guide to the New Governance*, ed. L. M. Salamon. Oxford: Oxford University Press.

Kickert, W. J. M., Klijn, E.-H., and Koppenjan, J. F. M. eds. 1997. *Managing Complex Networks*: *Strategies for the Public Sector*. London: Sage.

Kingdon, J. W. 1984. *Agendas, Alternatives and Public Policies*. Boston: Little, Brown.

Kjjer, A. M. 2004. *Governance*. Cambridge: Polity Press.

Knoke, D. 1990. *Political Networks: The Structural Perspective*. New York: Cambridge University Press.

——Pappi, F. U., Broadbent, J., and Tsujinaka, Y. 1996. *Comparing Policy Networks: Labor Politics in the U.S., Germany and Japan.* New York: Cambridge University Press.

La Portf, T. R. ed. 1975. *Organized Social Complexity*. Princeton, NJ: Princeton University Press.

Laumann, E., and Knoke, D. 1987. *The Organizational State*. Madison: University of Wisconsin Press.

LegaleS, P, and Thatcher, M. eds. 1995. *Les Reseaux de politique publique: Debat autour des policy networks.* Paris: Editions L'Harmatton.

Lindblom, C. E. 1965. *The Intelligence of Democracy.* New York: Free Press.

Lindquist, E. A. 1996. New agendas for research on policy communities: policy analysis, administration and governance. Pp. 219–41 in *Policy Studies in Canada: the state of the art*, ed. L. Dobuzinskis, M. Howlett, and D. Laycock. Toronto: University of Toronto Press.

Linn, N. 1999. Social networksand status attainment. *Annual Review of Sociology*, 61: 900–7.

LOADER, I. 2000. Plural policingand democratic governance. *Social and Legal Studies*, 9: 323–45.

Lowi, T. 1964. *How the farmers get what they want.* Reporter, May: 34–6.

Luhmann, N. 1982. *The Differentiation of Society.* New York: Columbia University Press.

Mcfarland, A. 1987. Interest groups and theories of power in America. *British Journal of Political Science*, 17: 129–47.

Mcguire, M. 2002. Managing networks: propositions on what managers doand why they do it. *Public Administration Review*, 62: 599–609.

Macintyre, A. 1972. Is a science of comparative politics possible? Pp. 8–26 in *Philosophy, Politics and Society*, ed. P. Laslett, W. G. Runciman and Q. Skinner, 4th series. Oxford: Basil Blackwell.

Mcpherson, A., and Raab, C. 1988. *Governing Education.* Edinburgh: Edinburgh University Press.

Management Advisory Committee (MAC). 2004. *Connecting Government: Whole of Government Responses to Australia's Priority Challenges.* Canberra: Commonwealth of Australia.

Mandell, M. P. ed. 2002. *Getting Results Through Collaboration: Networks and Network Structures for Public Policy and Management.* Westport, Conn.: Quorum.

Marin, B., and Mayntz, R ed. 1991. *Policy Networks: Empirical Evidence and Theoretical Considerations.* Frankfurt. Campus Verlag.

Marinetto, M. 2003. Governing beyond the centre: a critique of the Anglo-Governance School. *Political Studies*, 51: 592–608.

Marsh, D. 1998. Comparing *Policy Networks*. Buckingham: Open University Press.

——and Rhode, R. A. W. eds. 1992. *Policy Networks in British Government.* Oxford: Clarendon Press.

——and Smith, M. 2000. Understanding policy networks: towards a dialectical approach. *Political Studies*, 48: 4–21.

——2001. There is more than one way to do political science: on differentways to study policy networks.

Political Studies,49:528-41.

Mazey,S.,and Richardson,J.eds.1993. *Lobbying in the European Community.* Oxford:Oxford University Press.

Mitchell,J.C.ed.1969. *Social Networks in Urban Situations.* Manchester:Manchester University Press.

Mulgan,R.2003. *Holding Power to Account:Accountability in Modern Democracies.* Houndmills:Palgrave Macmillan.

Nielsen,K.,and Pedersen,O.K.1988. The negotiated economy:ideal and history.*Scandinavian Political Studies*,n:79-101.

Olsen,J.P.1983. Organized Democracy.Oslo:Universitetsforlaget.

Osborne,D,and GAEBLER,T.1992. *Reinventing Government.*Reading,Mass:Addison-Wesley.

Osborne,S.ed.2000. *Public-Private Partnerships:Theory and Practice in International Perspective.*London: Routledge.

O'Toole,L.1997. Treating networks seriously:practical and research-based agendas in public administration.*Public Administration Review*,57:45-52.

Painter,C,Rouse,J.,and Isaac-Henry,K.1997. Local authorities and non-elected agencies:strategic responses and organizational networks.*Public Administration*,77:225-45.

Parsons,W.1995. *Public Policy.*Aldershot:Edward Elgar.

Perri 6,Leat,D.,Seltzer,K.,and Stoker,G.2002. *Towards Holistic Governance:The New Reform Agenda.* Houndmills:Palgrave.

Peters,B.G.1996. *The Future of Governing:Four Emerging Models.*Lawrence:University of Kansas Press.

——1998. Managing horizontal government:the politics of coordination. *Public Administration*,76: 295-311.

Peterson,J.2003. Policy networks.Pp.117-35 in *European Integration Theory*,ed.A.Wiener and T.Diez. Oxford:Oxford University Press.

Pfeffer,J,and Salancik,G.R.1978. *The External Control of Organizations:A Resource Dependence Perspective.*New York:Harper and Row.

Pierre,J.ed.2000. *Debating Governance.*Oxford:Oxford University Press.

Powell,W.1991. Neither market nor hierarchy:network forms of organization.Pp.265-76 in *Markets,Hierarchies and Networks:The Coordination of Social Life*,ed.G.Thomson et al.London:Sage..

Raab,J,and Milward,H.B.2003. Dark networks as problems.*Journal of Public Administration Theory and Research*,13:413-39.

Rein,M.1976. *Social Science and Public Policy.* Harmondsworth:Penguin.

Rhodes,R.A.W.1988. *Beyond Westminster and Whitehall.*London:Unwin-Hyman.

——1997a.*Understanding Governance.* Buckingham:Open University Press.

——1997b. It's the mix that matters:from marketisation to diplomacy.*Australian Journal of Public Administration*,56:40-53

——1999/1981. *Control and power in Central-Local Government Relationships*,rev.edn.Aldershot:Ashgate.

——ed.2000. *Transforming British Government*, i : *Changing Institutions*; ii : *Changing Roles and Relationships*. *London*: Macmillan.

——Bache, I, and Gorge, S. 1996. Policy networks and policy making in the European Union : a critical appraisal. Pp. 367−87 in *Cohesion Policy and European Integration*, ed. L. Hooghe. Oxford : Clarendon Press.

Richards, D, and Smith, M. J. 2002. *Governance and Public Policy in the UK*. Oxford : Oxford University Press.

Richardson, J. 1999. Pressure groupsand parties and social movements : a"haze of common knowledge" or the empirical advance of a discipline? Pp. 181−222 in *The British Study of Politics in the Twentieth Century*, ed. J. Hayward, B. Barry, and A. Brown. Oxford : Oxford University Press for the British Academy.

——2000. Government, interest groups and policy change. *Political Studies*, 48 : 1006−25.

——and Jordan, G. 1979. *Governing under Pressure* : *The Policy Process in a Post-Parliamentary Democracy*. Oxford : Martin Robertson.

Ripley, R, and Franklin, G. 1981. *Congress*, *the Bureaucracy and Public Policy*. Homewood, Ill. : Dorsey Press.

Risse, T, Ropp, S. C, and Sikkink, K. eds. 1999. *The Power of Human Rights* : *International Norms and Domestic Change*. Cambridge : Cambridge University Press.

Rokkan, S, 1966. Norway : numerical democracy and corporate pluralism. Pp. 70−115 in *Political Oppositions in Western Democracies*, ed. R. A. Dahl. New Haven, Conn. : Yale University Press.

Rosenau, J. 2000. Governance in globalizing space. Pp. 167−200 in *Debating Governance*, ed. J. Pierre. Oxford : Oxford University Press.

Ryan, M. , Savage, S. P, and Wall, D. S. eds. 2001. *Policy Networks in Criminal Justice*. Houndmills : Palgrave.

Sabatier P, and Jenkins-Smith, H. C. 1993. *Policy Change and Learning* : *An Advocacy Coalition Approach*. Boulder, Colo. : Westview.

Salamon, L. M. ed. 2002. *The Tools of Government* : *A Guide to the New Governance*. Oxford : Oxford University Press.

Scharpf, F. W. 1997. *Games Real Actors Play* : *Actor-Centered Institutionalism in Policy Research*. Boulder, Colo : Westview.

Schmitter, P. C, and Lehmbruch, G. eds. 1979. *Trends towards Corporatist Intermediation*. London : Sage.

Scott, J. 2000. *Social Network Analysis* : *A Handbook*, 2nd edn. London : Sage.

Sikkink, K. 1993. Human rights, principled issue-networks and sovereignty in Latin America. *International Organization*, 47 : 411−41.

Simon, H. A. 1981/1969. *The Sciences of the Artificial*, 2nd edn. Cambridge, Mass. : MIT Press.

——2000. Public administration in today's world of organizations and markets. *PS* : *Political Science &*

Politics,33(4):749-56..

Slaughter,A.M.2003. Everyday global governance.*Daedalus*,132(1):83-91.

Stoker,G.2004. *Transforming Local Governance.*Houndmills:Palgrave Macmillan.

Taylor,A.1997. "Arm's length but hand on." mapping the new governance.The Department of National Heritage and cultural policies in Britain.*Public Administration*,75:441-66.

Thatcher,M. 1998. The development of policy network analyses. *Journal of Theoretical Politics*, 10: 389-416.

Thompson,G, et al., eds. 1991. *Markets, Hierarchies and Networks: The Coordination of Social Life.* London:Sage.

Thompson,J.D.1967. *Organizations in Action.*New York:McGraw-Hill.

Van Eeten,M.J.G.Van Twist,M.J.W,and KALDERS,P.R.1996. Van een narratieve bestuurskunde naar eenpostmoderne beweerkunde? *Bestuurskunde*,5:168-89. English translation supplied by Mark van Twist.

Van Gunsteren,H.1976. *The Quest for Control.*London:Wiley.

VanWaarden,F.1992. Dimensions and types of policy networks.*European Journal of Political Research*, 21:29-52.

Wasserman,S,and Faust, K.1994. *Social Network Analysis:Methods and Applications.* Cambridge:Cambridge University Press.

Weick,K.E.1995. *Sensemaking in Organizations.*London:Sage.

Wettenhall,R.2003. The rhetoric and reality of public-private partnerships.*Public Organization Review*, 3:77-107.

Wright,D.S.1978. *Understanding Intergovernmental Relations.*North Scituate,Mass.:Duxbury Press.

Wright,V,and Hayward,J.E.2000. Governing from the centre:policy coordination in six European core executives.Pp.27-46 in *Transforming British Government*,ii:*Changing Roles and Relationships*,ed.R. A.W.Rhodes.London:Macmillan.

第 21 章　灵巧型政策？

汤姆·柯庆生(Tom Christensen)

1. 引言

　　传统国家,亦即"旧式公共行政",在很多国家采用中央集权和一体化的形式,这种 　【448】
形式把有意的结构设计与统一文化相结合(Olsen,1988)。① 以及力量在于行动能力、
同时兼顾各种合法考虑和建立信任的能力(Egeberg,2003)。其潜在弱点在于它由少数
精英群体支配,政府形式过度复杂以及存在效益、效率和问责问题(Weaver 和
Rockman,1993)。

　　新公共管理于 20 世纪 80 年代初首次出现,起初在澳大利亚、新西兰、英国和美国
最为系统化。当时,它被当作集权政府模型的一种对立面而提出。② 它被称为"超市型
政府",因为它专注于政府提供服务的功能(Olsen,1988)。新公共管理强调成本效率、
市场、竞争、合同、权力下放、去中心化等(Self,2000)。它可被视为一种新的技术工
具——一种受新制度经济理论启发,用来组织政府和解决世界各国政府效率问题的最
佳手段——或者作为具有异质性和不一致性特征的改革"购物篮"(Pollitt,1995)。尽
管含有一些核心概念和思想,但它同时吸收集权和分权要素,无论这些要素是与新制度
经济理论相关抑或与管理理论相关,这都令它很难用来解决先验问题(Boston 等,1996; 　【449】
Christensen 和 Læregreid,2001,19-20;Kettl,1997)。

　　在传统政府和超市型政府基础之上还有第 3 种观点,它将新公共管理视为一种新

---

　　① 这是一种简单化的表达方式,因为各国的集权和文化同质程度各有不同。但是,这种传统类
型的国家具有一些这类核心特征。
　　② 见普西(Pusey,1982);希尔默(Hilmer,1993);新西兰财政部(NZ Treasury,1987);波士顿等
(Boston 等,1996);康斯戴恩与路易斯(Considine 和 Lewis,1999);康斯戴恩(Considine,2001,2002)。

的"企业文化",较少关注内部问题和权利,更多关注外部需求和顾客利益(McKevitt,1998)。此外的第4种观点认为新公共管理更像是一种新的意识形态,而不是一种特定的改革方案(Christensen和Læregreid,2003b)。这种观点认为,新公共管理改革的主要作用是进一步发展新自由主义的意识形态和象征意义,而不是进行实际改革。改革思想比改革实践更容易推广,所以当政治领导人表明他们有意实施改革时,他们往往会"含糊其辞"或"惺惺作态",试图平衡自己的言语和行动(Brunsson,1989)。因此,新公共管理的改革过程和改革效果乐于接纳各种解读,而且对于不同的行为者和利益相关者具有不同的意义。

本章重点关注"灵巧型政策(smart policy)"——这个术语为支持新公共管理中工具技术观点的改革企业家们所使用,用来描述其所谓的效益和效率的提升。我们所要探讨的是这能否站得住脚,是否可以解决以下问题:第一,新公共管理的主要思想和实际改革要素是什么?第二,更灵巧型政策的主要前提是什么?新公共管理改革是否使更灵巧型政策变得可行?这主要是一个理性计算的问题(更明确的手段—目的式思维),还是政治—行政控制的问题,或两者兼而有之(Dahl和Lindblom,1953,57)?通过新公共管理制定更灵巧型政策是否(最终)可取?规范性利弊有哪些?新公共管理是否会使参与者更加两极化?第三,我们对新公共管理的影响了解多少?表明这些类型的改革能够带来更灵巧型政策的难度有多大?是否可以证明更灵巧型政策在某些方面有效果,而在其他方面却没有?第四,作为一个新的改革要素,协同政府是否在尝试变得灵巧时存在限制因素,或者它反而使得政策变得更加灵巧?

2. 新公共管理的主要特征

新公共管理主要是由其支持者用作一种效率工具而提出的(Self,2000)。人们常常承诺新公共管理将提高整体效率,但很少讨论这方面的前提或标志。效率和合理性通常被认为是理所当然的效果,这些价值对大多数参与者具有吸引力,这使它们成为潜在的醒目象征(March,1986,30-32)。新公共管理对效率的关注显露出这样一种观点,即公共部门主要作为服务提供者,与严格的指挥机构无关,而政府的其他合法活动则被赋予次要角色。新西兰实施的新公共管理改革表明,服务供给可以具有广泛且定量的定义,并且削弱传统的管控和监管职能,弱化服务提供的质量(Gregor,2001,247-249)。

效率的观点也包含这样的假设:公共部门通常可以无条件地通过一维方法向私人部门学习(Self,2000)。这涉及在分包合同、领导契约或其他关系合同等协议中部署竞争和市场机制——竞争性招标、顾客选择或标杆管理——以及合同的使用(Martin,

【450】

1995)。为了效率而从私人部门借用的其他要素包括对目标的明确界定和实现目标的方式手段、对结果的监测和评估以及激励措施的使用(Sahlin-Andersson,2001,48-52)。此外,人们认为政治和行政之间的区分应该更加清晰,决策过程应该更加透明,问责指标应该更加明确。新公共管理还更加关注顾客利益,倡导顾客更直接地接触服务提供者,更直接地影响服务的组织、定价和质量等(Fountain,2001)。

英国保守派政府推行的新公共管理改革分为 3 个阶段,并且将市场化和精简化相结合(Pollitt 和 Bouckaert,2004)。首先,减少公务员人数,然后从 1982 年 3 月开始,分权管理和预算分权日益盛行,同时更加重视审计("三 E":经济、效率和效能)、NHS(英国国家医疗服务体系)改革,以及 20 世纪 80 年代中期以来实行的私有化计划。1987年起,英国政府开始使用更强大的市场机制(教育、健康和保健),建立采购商/提供商分离模式,更多地使用绩效指标,并决定进一步私有化。然而,最大的改革是 1988 年 9月的《下一步行动方案》,建立了 140 个执行机构(占据 70%的非工业中央行政机构),隶属于各部门(Goldsworthy,1991;Trosa,1994)。20 世纪 90 年代初,顾客导向的加强导致"公民宪章"的出台(英国首相,1991、1994),以及不同类型的竞争性招标和外包的出现。此外,在 20 世纪 90 年代中期,一些部门在管理层审查后规模缩小。布莱尔成为英国首相后,改革没有受到太大影响,只是较为宽松地对部分改革方案做出修改。他强调更加专业化的管理、高效的服务供给,通过伙伴关系和协同政府加强协调,以及增加评估机制。

20 世纪 90 年代美国引入重塑政府计划(Osborne 和 Gaebler,1993),这被视为美国历史上一系列理性导向的改革之一(Downs 和 Larkey,1986)和一种美国式的新公共管理(Aberbach 和 Rockman,2000,135)。重塑政府与阿尔·戈尔(Al Gore,1993)发起的绩效管理评估(PMR)有关,其中包括 4 个主要内容(Aberbach 和 Rockman,2000,143-147):第一,减少繁文缛节,即精简公共行政,消除规章和其他妨碍提高效率的障碍。这点是存在问题的,因为规章是美国公共部门的重要工具,而且政客们还在不断定下新的规章。第二,提高顾客关注度,这意味着更多竞争的产生和更多商业方法的使【451】用。这一原则忽略公民身份,无视顾客利益和提供者的异质性问题,而主要关注利润。第三,赋予领导者和员工权力——意味着更多的授权和权力下放。这里的问题是要在不破坏中央政治控制力的情况下进行授权。第四,削减非基本项——与削减计划和成本相关。但是,基本计划或任务的定义可能更多的是一个政治问题而不是一个行政问题(Fredrickson,1996)。

无论是新公共管理、重塑政府改革还是英国的各种改革都没有过多关注公共部门和行政机构的多样化特征(参见 Allison,1983)。首先,效率只是公共部门关注的众多因素之一,而且往往不是最重要的因素。政治高管对集体目标的定义和推进、与集体目标相关的决策效率和政治忠诚、公务员的专业能力、对人民权利的保护、政客、公务员和公民的义务,对受影响各方和各利益集团的利益关切等,这些都很重要(Egeberg,2003)。第二,公共目标通常多重且模糊,这是因为存在许多不同的利益相关者、利益和考虑因素,而相应地,公共行政通常拥有多结构、多功能和多文化。第三,公共组织具有路径依赖性并关注特定的复杂历史传统(Peters,1999;Selznick,1957)。公共组织的根源及其建立的背景确定了其不同的轨迹,而且确定了所采取的路线。与改革相关的公共组织可能"历史上效率低下",因为他们更关注综合文化特征、非正式规范和价值观,而不是聚合特征和工具目标(March 和 Olsen,1989)。这些功能可能会限制新公共管理的实施,从而限制"灵巧型政策"。

当新公共管理于 20 世纪 80 年代在新西兰和澳大利亚出现时,据说改革都是由理论驱动,因此它们是"纯粹的"和一致的(Pusey,1982;Boston 等,1996,16-35)。然而,从那时起,许多研究人员和研究成果指明,尽管新公共管理的基本思想可能非常一致,但在实际实施中却存在诸多矛盾(Pollitt,1995)。新公共管理的灵感来自于新制度经济理论和管理理论的结合,新制度经济理论提倡要素集中和合同特征,管理理论支持权力下放、权力分散、权力委托、授权于管理者和用户等,新公共管理指向一个完全不同的方向(Yeatman,1997)。这两个要素之间的平衡因国家而异,但管理要素似乎在许多政治—行政系统中占据上风(Christensen 和 Lægreid,2001,28)。新公共管理模糊地对待政治和行政领导人的作用,一方面说政治领导人不可信,因为他们承诺过多,竞选时尤甚,因而效率低下,这里它表现出反政治因素。另一方面,新公共管理指示政治领导人在确保实现目标,达到效果和使用激励措施方面发挥核心作用,这又表明他们可以被信任。理想的管理中,行政领导者被赋予职能和权力,可以选择如何实现目标,并代表政治执行者管控他人。然而,他们也比以前更容易受到政治领导人的控制,例如通过各种合同。这些不一致性可能是一些研究推断新公共管理会产生更多复杂性和官僚主义的一个主要原因(Pollitt 和 Bouckaert,2004)。

【452】

3. 灵巧型政策的前提条件

两个主要成分决定灵巧型政策在实践中是否会成功:可行性和可取性(March 和 Olsen,1983;Pollitt 和 Bouckaert,2004,26)。可行性涉及新公共管理背后组织思维的质量以及控制改革过程及实施改革的潜力。可取性是指何种社会和政治—行政系统更为可取。

可行性可能与达尔和林德布洛姆(Dahl 和 Lindblom,1953,58)所称的理性计算相关,即组织思维或手段—目的思维的质量。新公共管理的主要思想是否在经济或管理理念和组织解决方案之间建立了足够强大的联系,以实现进一步的灵巧型政策?波士顿等(Boston 等,1996,16-35)表示,新公共管理的基本经济思想可能转化为许多不同的组织形式。也就是说,与许多改革企业家的论点相反,新公共管理的思想并没有提供一个"最佳解决方案"。更重要的是,新公共管理包含诸多不同的经济理论,这使可行性问题进一步复杂化。除此之外,上述经济理论和管理理论之间存在矛盾。因此,一个合理的结论是新公共管理背后的理论和思想是不完善的,不能为组织解决方案和具体改革提供令人满意的依据。

是否有可能分离效率或使其占据绝对的主导地位是可行性问题的另一个方面,其他所有因素都不重要。这似乎不太可能,因为政治—行政系统包含许多其他合法的考虑因素。黑塞、胡德和彼得斯(Hesse,Hood 和 Peters,2003)将与主要目标(效率)相关的效应和与副作用相关的效应区分开,并考虑改革带来的是预期结果还是相反结果,或者根本没有变化。因此,理想的情况是按照他们的想法和解决方案进行清晰明了的改革,并产生预期的效率增益,同时产生一个或多个正向的副作用,例如政治民主控制。次优的结果是实现了主要目标,同时或具有中性作用,或无副作用,或有着有限负面副作用。最糟糕的情况是未能实现主要目标和产生负面影响。

理性计算的第三个方面涉及效能问题。让公共决策者更加清晰地定义他们的目标和实现目标的方法,并评估和获取结果信息,这到底有多难(Pollitt 和 Bouckaert,2004)? 【453】虽然新公共管理在这方面施加的压力可能有助于提高认识(Christensen 和 Lægreid,1998),但公共目标本质上是复杂和模糊的,这是因为需要平衡许多不同且矛盾的利益和考虑因素。因此,尽管新公共管理可能在某种程度上简化和阐明目标结构,但仍会存在很多模糊和复杂的地方。虽然这令许多新公共管理企业家感到沮丧,但怀疑者指出,这是该系统的固有特征,而不是公共"疾病"的一个标志。

总而言之,几乎没有哪个一般原理认为新公共管理的思想能够轻易提高效率和效能,更不用说促成更灵巧型政策,特别是在新公共管理改革范围广泛且雄心勃勃的情况下。如果改革范围有限,只与一个部门、公共机构或职能相关,或者如果它与本质上易于量化的职能(例如技术职能)或被精英们定为可量化的职能相关,那么实施灵巧型政策的前提条件可能更加有利(Christensen 和 Lægreid,2001,310-311)。

可行性问题的第二个方面涉及政治、行政或社会控制(Dahl 和 Lindblom,1953,58)。公共机构内外的不同利益相关者是否能够轻易接受改革背后的组织思想和实施改革所需耗费的精力? 首先,问题可能在于对目标的反对,即一些参与者会反对过分强调效率。其次,即便就一般目标达成一致意见,也可能对手段存有强烈争议,例如竞争性招标等政策工具是否真的是最好的工具。在这两种情况下,删减或修改改革都是可能的结果。第三,在改革过程中可能存在有关实施等级控制的一般性问题。内阁成员可能反对改革,部门和部长之间可能存在拉锯战,负责改革的政治高管可能缺乏必要的权力,政治和行政领导人可能会因为改革发生冲突。不同的政府层面之间可能出现紧张关系,可能必须考虑国际行动者的意见,或者更广泛地说,利益集团或特设团体可能试图阻止或修改改革。

新公共管理改革的比较研究似乎表明,在盎格鲁—撒克逊国家,控制和实现这些过程通常更为容易。在这些国家,占主导地位的政党通常通过某种政治创业以实现"彻底"改革,而在其他类型的联合政府型议会制度中,控制更成问题,谈判和妥协是司空见惯的事情(Christensen 和 Lægreid,2001;Pollitt 和 Bouckaert,2004)。

总而言之,从控制角度来看,最好的情况很可能是大多数参与者支持手段—目的思维方式,政治领导和行政领导极为团结,大多数参与者接受他们的权威领导(March 和 Olsen,1983)。最糟糕的情况是组织思维松散而为大多数参与者所批评,领导层内部冲突,许多参与者强烈抵制改革。实际上,有关新公共管理相关改革过程的一些研究在可行性特征方面显现了混杂的结果(Christensen 和 Lægreid,2001;Pollitt 和 Bouckaert,2004;Rhodes 和 Weller,2001)。

【454】

如果将可行性的两个主要方面——组织思维和控制结合起来,显然更灵巧型政策的理想先决条件是明确的手段—目的思维、预期的效果和对改革过程的有力控制。一般来说,实施控制比发起经过深思熟虑和精心策划的改革更加容易(March 和 Olsen,1983)。在大多数国家,人们都认为政治和行政领导人会像对待其他改革一样控制类似新公共管理的改革。然而,改革企业家往往会在提出明确和一致的改革时遇到问题,因为政治—行政系统复杂且不易理解或改变。所谓适用于任何一种政治—行政系统的通用解决方案和改革通常被当作是处理这种复杂性和模糊性的答案。这种脱离情境的解决方案的优势在于其强大的象征潜力(Meyer 和 Rowan,1977;Røvik,1996),它明显的缺点是在适应特定环境的过程中,依赖于国家结构和文化的独特组合。最成功的新公共管理企业家在设法平衡脱离情境化和情境化。

与其他公共变革过程一样,新公共管理的大多数改革过程都是以"官僚政治"(Allison,1971;Allison 和 Zelikow,1999)或现实政治(March 和 Olsen,1983)为特征,即具有不同利益和改革定义的精英参与者之间的斗争。解决这种情况的一种方法是拥有强大的协同政府来支配改革,这在盎格鲁-撒克逊国家更为可行,在这些国家,权力关系更有可能发挥作用(Halligan,2001;Hood,1996)。然而,这可能会导致合法性问题。这样的事情发生在 1984 年的新西兰,当时罗杰·道格拉斯强行进行改革。后来,很可能是作为对此事的回应,在一次关于选举制度的公民投票中,大多数人支持监视保护系统,建立了更多小党派,破坏了未来改革的条件(Goldfinch,1998,197-198)。

　　第二种方式是竞争参与者投入漫长的谈判过程,最终在效率导向的利益与传统的路线依赖性考虑因素之间达成妥协。在这一过程中纳入的大量参与者有利于提高改革的合法性(Mosher,1967)。可能的缺点是最终的妥协结果偏离政治和行政领导的改革愿景,产生一定程度的模糊性,最终导致改革效果不足。第三种方式是持续关注冲突的目标和准解决方案(Cyert 和 March,1963),这意味着在不同的时间点顾及不同的考虑因素和利益,如美国国会的谈判过程。虽然这符合诸多利益取向,但可能会造成前后矛盾。

　　可取性问题是规范性问题的核心(Goodin 和 Wilenski,1984;Le Grand,1991)。新公共管理改革或许是可行的,但是否应该进一步改进或实施取决于基本的意识形态和文化规范(Self,2000,159-169)。新公共管理是否能体现一种规范性趋势,能有潜力创造【455】新型领导者、公民、公共系统和社会? 或者它只是一种不彻底的改革模式,仅仅为了修改传统公共部门模式的某些方面?

　　新公共管理改革进程中的争论通常出现在象征或意识形态层面(Brunsson,1989)。新公共管理的倡导者通过强调传统中央集权国家所有最糟糕的事情,特别是其合法性和效率问题,来获得对改革的支持。常使用神话和符号说服人们,对于现代国家的紧迫问题,与新公共管理相关的改革有着所有可行的答案(Christensen 和 Lægreid,2003b)。新公共管理的质疑者和反对者认为它会破坏和摧毁运作良好的传统公共系统,通常将它看作是新自由主义的运动。新公共管理理念被认为问题重重,其潜在的负面影响被夸大,而旧的公共行政则被吹嘘成完美无瑕。其结果就是规范极端化。虽然新公共管理的支持者经常声称有客观理由表示以往的公共行政部门在效率和照顾客户/用户方面是失败的,但反对者强烈否认这一点,并强调对此的经验证据薄弱,还强调“东西没坏就别修。”

　　新公共管理的“意识形态战争”是持续不断的规范性冲突的一部分,它主要在新自由主义政党,以及受工会支持的社会主义政党或左倾的社会民主党派之间进行,前者认为这些改革可取且迫切,后者则认为新公共管理改革极具破坏性(Hirschman,1982;Self,2000)。然而,在社会民主党和劳工党内部,冲突中同样显现出来,特别是在欧洲,许多党派在过去 20 年中已经倾向右翼,并为新公共管理改革道路的开辟提供帮助。现代化推行者宣称,接受新公共管理的一些特征是生存所必需的,而反对者则指责现代化推行者出售“传家宝”。学者们对此进行了激烈的争论,这具有象征性含义(Callinicos,

2001；Giddens，2002）。

　　另一个指标是对评估过程不断上涨的关注度。评估变得越来越受欢迎，并被改革倡导者当作一个政治象征工具，以此将大多数改革标榜为成功，并强调持续改革的必要性，这些改革倡导者是那些往往在现代改革进程中占据上风的人（Boyne 等，2003；Christensen，Lægreid 和 Wise，2003）。新公共管理的反对者试图提出相反的象征和专业知识来破坏改革进程。

　　可取性问题还可能与政治—行政系统中的非正式文化规范和价值观相关。新公共管理的支持者经常争辩称，传统的集权政府以规则为导向，面向内部，而且它并未完全以环境和公共服务的顾客为导向。新公共管理的反对者反驳称，这些改革与合法的传统规范、价值观不相容，有必要更多地关注传统的官僚规范和价值观（参见 March 和 Ol-sen，1989；Selznick，1957）。他们认为新公共管理在一维意义上创造了理性和战略性的

【456】参与者。他们经常引用危机局势中不断产生的问责制问题和新公共管理下的腐败问题，这些问题在新西兰都有所体现（Gregory，1998/2001）。第三个立场是强调新公共管理改革往往是关于新旧文化元素的新平衡，而不是用新文化要素替代旧文化要素。例如，盖尤斯（Gains，2004）表示，英国的《下一步行动方案》中所设置机构的工作特点在于旧元素与路径依赖性元素之间的模糊而又灵活的组合，如部长职责，此外还有诸如放手管理、绩效指标和结果导向等新特点。

4. 灵巧型政策和新公共管理的影响

　　关于新公共管理的影响——想要证明新公共管理促发更灵巧型政策，如使政策具有更高的效率和效益，难度如何？是否有可能以一般方式回答这个问题，还是我们需要分析不同的维度和改革要素？

　　由于新公共管理同时引入了大量的改革要素，其中一些指向不同的方向，因此显然不可能针对改革对效率的影响进行一般性分析。相反地，需要单独分析不同改革要素的影响。新公共管理旨在通过若干结构变化提高效率，例如增加结构下放（垂直分化）和提高横向专业化（单一目的组织）（Boston 等，1996，354－359；Christensen 和 Lægreid，2001，133－142）。通常来看，这似乎产生了更多效率更低的官僚主义。新公共管理或许已经简化了下属组织（如代理机构和国有公司）领导者的工作，因为他们需要考虑的因素有所减少，但与此同时，高层领导的角色变得更加复杂，而且可能效率低下。一些国家，如新西兰和英国，一直在有意尝试减少人员，但并非主流（Gregory，2001）。

　　最有可能提高效率的领域是公共服务供给领域，特别是在使用竞争性招标的情况

下。在这方面,主要由经济学家做的研究已经展开了一些。他们的大体结论是,新公共管理可以带来节约和效率提升,通常约为 20% 或者更高(Domberger 和 Rimmer,1994)。然而,更复杂的研究却认为这个数字相当低(Hodge,1999)。另外还存在计算问题,节约的成本也会根据服务类型、市场情况和"购买者能力"的不同而有所变化。最主要的发现似乎无论是在公共服务或私人服务方面的竞争加剧导致的节约成果,但这点存在争议(Hodge,2000;Savas,2000)。

一个关键问题是,是否通过竞争性招标提高了效率,而牺牲了其他考虑因素。在以往的公共行政部门中,除了纯粹的商业考虑之外,许多其他考虑因素也与服务供给相结 【457】合,例如更加普遍的社会问题或部门政策问题。其中许多因素涉及额外费用,现已从服务中去除。它们通常被定义为非商业性的东西,并且涉及额外付款(Christensen 和 Lægreid,2003a;Self,2000)。显然,对公共服务的狭隘定义和商业定义可能会显得它更有效率。这方面的例子是,竞争的引入削弱了传播政策中的区域考虑因素,或者教育、卫生、社会服务中弱势客户的利益正式不再被强调或以其他方式照顾。后者中,新公共管理自然就会扩大社会差异(Podder 和 Chatterdjee,1998;Stephens,2000)。

关于公共服务供给效率的另一个更为广泛的社会经济观点涉及新公共管理下劳动力的命运。许多国家,特别是澳大利亚和新西兰,通过减少从事公共服务的人数来提高效率,尤其是在电信和运输领域(Mascarenhas,1996,272-314)。如果劳动力年龄过大或缺乏技术,这些人最终可能会进入各种养老金计划,这导致了对新公共管理的整体经济收益的质疑。

人们常说,新公共管理中日益加强的顾客定位最终将导致质量提高和效率提升。论据是顾客最了解如何改善服务,提高顾客的参与度和影响力将增强服务供给(McKevitt,1998,37-67)。很少有研究表明增强顾客导向是否会带来更灵巧型政策。动摇该论点的一个因素是,公共服务带来的顾客体验千变万化,顾客对其的态度差异就会很大,因此一组顾客的服务效率的提升可能与他人的利益背道而驰(Aberbach 和 Rockman,2000,145)。

在新公共管理下,另一个问题是顾客是否真的会影响公共服务供给。虽然某些强大且协调的顾客群体可能会这样,而且很可能会损害其他顾客,但整体情况是服务提供商主要考虑利润。允许顾客过多参与或施加影响会耗费时间和资源,因此效率不高(Fountain,2001,56,61,64)。从这个意义上说,新公共管理的顾客导向可能具有象征性的含义。然而,某些以顾客为导向的结构改革在效率方面的尝试看起来比其他方面更有希望。比如说"一站式服务点"或"一站式"程序,这个程序首先在澳大利亚(Centrelink)建立(Halligan,2004;Vardon,2000),随后又在西欧建立(Hagen 和 Kubicel,2000)。它们似乎对具有复杂问题概况的用户产生了影响,并且代表了行政效率的潜在提升,但也可能造成文化冲突并增加组织复杂性。

　　灵巧型政策的另一个方面是有效性。新公共管理是否使制定、追求和实现集体公共目标变得更加容易? 回答这个相当复杂的问题的一种方法是看公务员是否比以前更
【458】了解目标、手段和结果。一些研究表明情况确是如此(Christensen 和 Lægreid,1998)。然而,关键问题是这种意识的增强是否会改变公务员的行为。

　　有效性的另一个方面是新公共管理是否增强对公共部门决策过程的政治控制,即层级控制是否更容易实施。涵盖许多国家的一些比较研究似乎表明情况并非如此(Christensen 和 Lægreid,2001;Pollitt 和 Bouckaert,2004)。新公共管理一般削弱中央政治控制,部分原因是结构性权力下放加剧,部分原因是源自改革中的管理因素。正式变革给下级领导和机构更大的权力,并且政治高管通常面临规章条例的压力而不去干涉改革。重点一直是框架指导或战略和基本原则的指导,而非次要的个案,且新的正式控制系统已经取代旧的非正式控制系统。现在,政治高管往往发现自己在履行正式责任的同时失去了影响力,从而受到指责,特别是在危机情况下(参见 Brunsson,1989)。

　　新公共管理企业家似乎代表了一种反政治倾向,认为如果政治家保持一定距离,公共决策和服务提供能更好地运行(Self,2000)。他们往往关注单一组织的管理控制和有效性,而不是整体上的政治民主控制。这种反政治倾向似乎很矛盾,因为许多国家的新公共管理改革似乎是由政治高管推动。政治高管怎么会有意地破坏自己的立场? 对此的一个答案是,从意识形态来看,他们坚信政治—行政制度的运作最好采取政治不干涉的方式,因此他们认为这不是反政治的。另一个答案是,政治高管们很容易接受新公共管理对此的论点,而且没有想到其对政治控制的负面影响。20 世纪 90 年代后期对挪威中央政府的一项研究清楚地表明,该国内阁低估了新公共管理对政治控制造成的破坏,并且不愿接受这种可能的后果(Christensen 和 Lægreid,2002)。在一些欧洲国家,这样的特点似乎引来了反弹,又导致更多传统控制的设立,也就是说,权力下放和放松管制之后跟随而来的是集中化和重新规制(Pollitt 和 Talbot,2004);现在在新西兰就是如此(Gregory,2003)。

　　通过新公共管理改革削弱政治控制的一个关键问题是:谁获得了影响力? 初步构想的答案是行政领导人会被赋予更多权力(Rhodes 和 Weller,2001)。只要行政领导人认为自己主要是代表"政治领导人"发挥控制作用,并且这两类行动者之间相互信任且存在密切关系,就不会对整体政治控制产生太大影响。然而,如果行政领导人认为他们的角色更加正式且具有战略意义,并且对政治行政人员持有敌视和不信任的态度,那么政治控制可能会被削弱,而且他们可能会趋向于推卸责任,尤其是在危机时刻(Dunn,

1997）。靠近部长职位的行政领导人往往受到交叉压力，他们更为关注政治信号，而在【459】结构上进一步脱离政治高管的机构领导人似乎更少关心政治因素（Christensen 和 Lægreid，2001）。

新公共管理中日益加剧的结构性权力下放和日益狭小的商业焦点似乎已经深刻地改变了高管在国有企业中的作用（Spicer，Emanuel 和 Powell，1996；Zuna，2001），他们变得更加自主，更少受制于中央政治的控制。国有企业高管通常是从私营部门招聘的，他们往往认为政治家每年在正式商务会议上管控和指导一次是适宜的。新公共管理的支持者欢迎这一变化，他们认为它使公共商业领袖更有能力，公司更有效率，从而能够为集体目标做出更多的贡献。然而，批评者认为，公共商业领袖经常制定各种合理的策略来避免控制和监管。贝文和胡德（Bevan 和 Hood，2004）给一群这样的行为者贴上"被动游戏玩家"的标签：这些下属领导者与政治领导人分享一些主要目标，并使失败看起来像是成功，但同时也试图避免控制。另一组被称为"理性狂热者"，意思是他们不为集体利益行事，而且极其自私，偶尔也采取非法的犯罪方式行事。理性狂热者对许多合法因素和相关背景都不敏感。新公共管理引入后，新西兰腐败加剧便是一个事例（Gregory，2001）。

结构性权力下放的另一个改革特征是建立更多自治机构，从属于各部门。英国的"下一步行动方案"改革是这种改革中规模最大、时间最早的一次尝试，根据结构分解、任务特定组织、绩效合同和放松管制/自我监管的原则，建立了 100 多个隶属于各部门的执行机构（Talbot，2004）。这种组织方式当然不新颖，瑞典 17 世纪就有类似的机构，其在美国也有相当悠久的历史。这种改革的影响似乎丰富多样，而且在政治控制方面并不剧烈（Hogwood，1993；Rhodes，1997）。变化显而易见，因为这些机构的规模、职能和与各部门的联系完全不同，而且由于各部门和议会有几种可能的控制手段，控制权并没有受到太大的破坏。

然而，波利特和塔尔波特（Pollitt 和 Talbot，2004）在一本广泛比较的书中表明，过去十年许多国家经历了一股受新公共管理启发的、更深层次的授权和自动化浪潮。这一浪潮一方面增加了各机构的自主权，其中一些是监管机构，因此也削弱了对中央政治高管的控制，但另一方面也导致更多以新手段控制各机构的尝试，即放松管制之后又进行重新监管。这一发展的总体结果并不容易总结，但政治控制总体上似乎有所减弱。

新公共管理引发的结构性下放和政治高管的离职似乎加剧了问责制问题，并且留下权力真空。这影响了各级民选机构的作用，往往为行政政治领导层带来"双重约束"的局面。如果政治高管尝试不干涉代理机构和上市公司的活动，他们往往会被批评过【460】于消极，尤其是在冲突局势中（Christensen 和 Lægreid，2003b）。另一方面来说，如果他们屈服于选举政治机构和媒体的干预压力,他们又会被指责过于积极,违反了权力下放和管理改革的正式规则。与此同时,世界各地的议会往往受到新公共管理的启发,正在通过各种形式的审计组织、公开听证会、议会委员会等加强对行政部门的正式控制,这可能会使政治行政部门出现能力问题(Christensen,Lægreid 和 Roness,2002;Pollitt 等,1999)。

总结新公共管理影响更灵巧型政策的第一个方面——效率——公共服务提供的效率似乎一直在提高。然而,关键问题是为此付出的代价在政治上是否可以接受。这种情况因国家而异,取决于个人利益与集体考虑的注重程度对比,对平等和公平的重视程度,以及是否存在强烈的法治国家传统等。

影响更灵巧型政策的第二个方面——效益——分析表明,政治高管正在因为新公共管理失去控制力,因此,集体效益、等级划分的效益似乎会降低。尽管如此,改革可能会使单个行政机构和上市公司的效益更高,这些公司较少考虑政治因素和信号。然而,这很容易导致"局部合理性"(Allison,1971)——这是新公共管理从整合到分裂和破碎状态转变的一个典型特征。

5. 协同政府:展现智慧的限制?

"协同政府(joined-up government)"——有时也被称为"整体政府"——在此概念中,政府更加注重协调,试图加大协调力度并对其进行改善(Pollitt,2003)。协同政府主要用于新公共管理已经广泛实施的国家,例如英国和其他盎格鲁-撒克逊国家,因此必须将其视为是处理新公共管理产生的一些问题的方案。协同政府可被视为公共部门的总体概念,但它与服务供给功能关系最为紧密,并且基于公共问题时常跨越部门的观点。

协同政府具有平行维度和垂直维度。它具有更好的沟通和联系工具、政治和行政工作组、公共委员会、行政或行政内部计划、项目或工作组,以及更强有力的结构性措施,其中部门和政策领域以其他方式合并或重组。协同政府是一个相当新颖的标签,因【461】此可能被视为一种现代标语和时尚,但它的思想和工具实际上相当悠久。科学管理学院在试图改变美国联邦官僚机构的结构,学院的一位代表古利克(Gulick,1937)强调说,这种结构的变化取决于目的、过程、客户和地理的专业化,与基于组织或想法的协调性之间存在一种内在的动态。新公共管理以更极端的方式复原了其中一些想法,导致横向和纵向的分裂和破碎,从而引发了协同政府所构想的加强协调的需要。

协同政府的横向维度可能与灵巧型政策的效率和效益都有关。如果更好地协调部门、政策、计划和项目，例如减少重叠、矛盾和重复，效率可能会提高，从而可能实现资源节约。通过更好地协调政策和计划目标、不同的政府利益相关者的利益，以及服务提供者的活动，可以促进政府效益的提升和目标的实现。

更多地关注协同政府的纵向维度可能会使对下属机构或层次的政治信号变得不那么模糊，从而使它们更有效地追求中心政治目标，并且更加一致地使用新公共管理典型的新型正规控制工具。协同政府能够修改新公共管理的一些主要思想的另一种方式是让下属组织（如各机构和政府公司）更接近政治领导层。它可以使用新的法律或不太含糊的指令，使政治领导人更容易干预个案，特别是可能存在争议的案件。另一种可能性是文化合作的加强。然而，所有这些措施都可能带来比效率提升更大的效益。

极少有研究表明协同政府措施的效果。最好的情况是通过部门、计划和行动者间，以及政治和行政层面和机构之间更多、更容易的协调，以及协同作用的产生来制定更灵巧型政策。最糟糕的情况是在政策和计划之间建立新的结构性障碍，使政治—行政系统更加官僚化，复杂而且模糊，降低了效率和效益。波利特（Pollitt，2003）指出，新的协调的"孤岛"可以跨越现有的部门或政策导向，导致更多的复杂性和问责制问题。协同政府也会制造更多的谎言和符号，因为它是"一个时机已到的想法"（Røvik，1996）。

在一些国家，协同政府与联合治理相结合意味着政府与社会、利益集团或志愿团体、商业组织等之间更好的协调。长期以来某些政策领域群体中的一部分在实施政府政策方面一直很重要，如卫生和社会服务。现在人们对这方面有了新的兴趣，就像在英国一样，"新工党"正在谈论一种更加全面的、以网络为导向的公共政策方法，比如通过公私伙伴关系来实现（Newman，2001）。

新公共管理与协同政府之间相互作用的一个很好的例证是新西兰。新西兰对中央 【462】 政府分裂的担忧在 20 世纪 90 年代后期有所加剧。这更引发了对更加协同的政府的追求，这种政府形式在 2001 年的一份公开报告中得到了体现，该报告提及"整个政府"的观点（如澳大利亚）。该报告讨论"将公共服务重新组合在一起"（Gregory，2003）。提出的措施是建立机构间"断路器"团队，以解决服务提供问题，建立"超级网络"以更好地整合政策、交付和能力建设，以及谨慎设立结构整合的进程。

总而言之，协同政府代表了一种由来已久的、政府专业化与协调两难困境的延续，并可能最终导致对专业化的再次需求。与此同时，它必须被视为对新公共管理改革产生的分裂和破碎问题的现代反应。协同政府存在的理由是人们认识到只有以某种方式抵消或缓和新公共管理影响，才能使政策更加灵巧。它所涉及的目标是如此雄心勃勃，政策领域是如此广泛和复杂，以至于展望丰厚奖励的同时，也存在失败的高风险和负面的政治后果。在这方面，一个更务实的协同政府风格是一种可行的选择。

6. 结论

本章讨论与新公共管理相关的改革能否以及如何在公共部门中提高效率和效益，提供更灵巧的政策。首先，讨论对效率的一维关注、效率与公共部门其他合理考虑之间的紧张关系，以及改革措施的内部不一致性。其次，说明在新公共管理这样大规模复杂的改革中，同时处理效率和效益问题的可行性难以实现，但在个别机构进行的系统和明确的改革中，则更有可能实现。关于可取性，确认了改革的规范性冲突和两极分化。然而，新公共管理支持者的意识形态主导性使得许多国家进一步推动新公共管理的实行。第三，分析了新公共管理的影响。新公共管理并没有从整体上通向灵巧型政策。尽管存在一些问题和有争议的副作用，但公共服务的提供效率有所提高，某些公共组织的效益也有所增加。新公共管理破坏了整体政治控制，结构和文化的分裂和破裂、社会成本和不平等现象都在加剧，这些是一些国家调整新公共管理改革的原因，他们试图再次进行政治控制。

第四，以协同政府形式加强协调的尝试，这可被视为对现代新公共管理国家分裂和破裂现象的反应。协同政府更加注重协调和协作，这是否将产生更灵巧型政策并不容易判断，仍有待观察。它可能通过减少重复和增加协同来提高效率和效益，但也可能通过增加新的领导层和协调工作层来增加成本，并使决策结构更加复杂。

【463】

这是一篇关于智慧实践的平行文献，与讨论灵巧型政策相关。这篇文章主要与巴达克（Bardach，1998）的一本开创性著作有关，它总体上支持新公共管理的原则，但对于一些不同的特征进行诸多讨论。巴达克（Bardach，2004）专注于"机构间协作能力"和"工艺思维"，将创造力和公共精神结合起来。他将这些特征视为智慧实践的主要前提条件。巴兹雷（Barzelay，2004）强调政治和行政领导者的纵向一体化尝试和实践态度有利于成功创新。这些想法与一些协同政府思想非常类似，它们与新公共管理关于权力下放和分裂的核心不同。

如果我们更广泛地看待新公共管理和灵巧型政策，其主要趋势似乎是新公共管理在经过大约 15 到 20 年的统治后达到顶峰，而一些核心的英美新公共国家，如新西兰，正在进入另一个方向（Gregory，2003）。这也表明，主要的改革企业家、经合组织，不再那么渴望它，而是在谈论其他概念或改革方案（Christensen 和 Lægreid，2004；Sahlin-Andersson，2001）。一些后来者，如斯堪的纳维亚国家和一些欧洲大陆国家仍然朝着新公共管理方向前进，但是并不那么情愿而且采用的是改良方式，他们更注重改革的象征意义而不是新公共管理实践。

　　各国之间关于新公共管理和灵巧型政策历史的差异似乎可以通过梳理一套相当复杂的观点/理论来解释:一组是与环境相关的因素(Olsen,1992)。一些最热切追求新公共管理的国家经历来自技术环境(例如经济危机)和制度环境(批评政府效率低下和缺乏回应(无论真假))的强大压力。但新公共管理似乎在提供更好的整体效率和整体效果方面遇到了问题,这导致这些领跑者犹豫不决,部分国家进行了转变。

　　第二组解释性因素涉及文化—历史约束和规范(Christensen 和 Lægreid,2001)。具有强烈的法治国家传统的国家,比如斯堪的纳维亚国家和德国,比英美国家更不愿意接受新公共管理,许多英美国家不重视平等和公正。尽管一段时间内持续的压力已经逐渐改变这种差异,并使各国在这方面更加相似,但一些差异仍然显而易见而且反复出现。

　　第三个重要因素涉及结构和工具因素。一直以来,相比实行更具异质性的议会结构的制度,具有威斯敏斯特议会制度的国家实施实质性改革的潜力更大(如斯堪的纳维亚国家或许多欧洲大陆国家),更不用说像美国这样支离破碎的总统制度(Pollitt 和 Bouckaert,2004)。新公共管理背后的新自由主义浪潮也首先出现在这些国家。其中一【464】些国家具有极其类似的行政系统,这些系统也可能进一步推动新公共管理。结合这 3 组解释因素,可以清楚地看出新公共管理和灵巧型政策的使用和实施具有多样性。外部危机、两党制和改革兼容的文化解释了为什么英美国家一直是改革企业家,也解释了为什么当新公共管理无法实现智慧实践时,他们中的一些人现在能够扭转局面或修正所选的道路。

参考文献

Aberbach,J.D.,and Rockman,B.A.2000. *In the Web of Politics:Three Decades of the U.S.Federal Execu-tive.*Washington,DC:Brookings Institution Press.

Allison,G.T.1971. *Essence of Decision.* Boston:Little,Brown.

——1983. Publicand private managers:are they fundamentally alike in all unimportant respects? In *Public Management.Public and Private Perspectives*,ed.J.L.Perry and K.L.Kraemer.Palo Alto,Calif.:Mayfield.

——and Zelikow,P.1999. *Essence of Decision* 2nd edn.Reading,Mass.:Longman.

Bardach,E.1998. *Getting Agencies to Work Together:The Practice and Theory of Management Craftsman-ship.* Washington,DC:Brookings Institution.

——2004. Implementing innovation across agency lines.Paper presented at the 20th Anniversary Confer-ence of the Structureand Organization of Government Research Committee of the International

Political Science association, "Smart practices toward innovation in Public Management." Vancouver, 15–17 June.

Barzelay, M. 2004. Narrative arguments, and institutional processualism: learning about implementing presidential priorities from Brazil in Action. Paper presented at the 20th Anniversary Conference of the Structure and Organization of Government Research Committee of the International Political Science Association, Vancouver, 15–17 June. Available at: http://faculty.arts.ubs.ca/campbell/sog-conf/papers/sog 2004-barzel ay.pdf (accessed 22 Mar.2006).

Bevan, G., and Hood. 2004. Where soft theory meets hard cases: the limits of transparency and proportionality in health care regulations. Working paper presented at the ASPA conference, Portland, 27–30 Mar. Available at: www. lse. ac. uk/.../europeanConferenceOnHealthEconomics2004/EHPGPAPERS/EHP G4BevanHood.doc (accessed 22 Mar.2006).

Boston, J., Martin, J., Pallot, J., and Walsh, P. 1996. *Public Management: The New Zealand Model.* Auckland: Oxford University Press.

Boyne, G.A. 1998. Competitive tendering in local government: a review of theory and evidence. *Public Administration*, 76 (Winter): 695–712.

Farrell, C., Law, J., Powell, M., and Walker, R. M. 2003. *Evaluating Public Management Reforms.* Buckingham: Open University Press.

Brunsson, N. 1989. *The Organization of Hypocrisy: Talk, Decisions and Actions in Organizations.* Chichester: Wiley.

Callinicos, A. 2001. *Against the Third Way: An Anti-Capitalist Critique.* Cambridge: Polity Press.

Christensen, T., and LaLgreid, P. 1998. Administrative reform policy: the case of Norway. *International Review of Administrative Sciences*, 64: 457–75.

——eds. 2001. *New Public Management: The Transformation of Ideas and Practice.* Aldershot: Ashgate.

——2002. *Reformer og lederskap: Omstilling i den utl! Jvende makt* (Reforms and Leadership: Renewal in the Executive Power). Oslo: Scandinanian University Press.

——2003a. Administrative reform policy: the challenges of turning symbols into practice. *Public Organization Review: A Global Journal*, 3: 3–27.

——2003b. Coping with complex leadership roles: the problematic redefinition of government-owned enterprises. *Public Administration*, 81 (4): 803–31.

——2004. Regulatory agencies-the challenges of balancing agency autonomy and political control. Revised paper presented at the 20th Anniversary Conference of the Structure and Organization of Government Research Committee of the International Political Science Association, "Smart practices toward innovation in public management." Vancouver, 15–17 June.

——and Roness, P.G. 2002. Increasing parliamentary control of the executive? New instruments and emerging effects. *Journal of Legislative Studies*, 8 (1: Spring): 37–62.

——and Wisll, L.C. 2003. Evaluating public management reforms in central government: Norway, Sweden and the United States of America. In *Evaluation in Public Sector Reform: Concepts and Practice in In-*

ternational Perspective,*ed.* H.Wollmann.Cheltenham:Edward Elgar.

Considine, M. 2001. *Enterprising States: The Public Management of Welfare-to-Work.* Cambridge: Cambridge University Press.

——2002. The end of the line? Accountable government in the age of networks,partnershipsand joined-up services.*Governance*, 15(1:Jan.):21-40.

——and Lewis,J.M.1999. Governance at ground's level:the frontline bureaucrat in the age of markets and networks.*Public Administration review*,59(6:Nov.-Dec.):467-80.

Cyert,R.M.,and March,J.G.1963. *A Behavioral Theory of the Firm.*Englewood Cliffs,NJ:Prentice Hall.

Dahl,R.A.,and Lindblom,C.E.1953. *Politics,Economics,and Welfare.*New York:Harper and Row.

Domberger,S.,and Rimmer,S.1994. Competitive tendering and contracting in the public sector:a survey. *International Journal of the Economics of Business*,1(3):439-53.

Downs,G.W.,and Larkey,P.D.1986. *The Search for Government Efficiency:From Hubris to Helplessness.* Philadelphia:Temple University Press.

Dunn,D.D.1997. *Politics and Administration at the Top:Lessons from Down Under.*Pittsburgh,Pa.:University of Pittsburgh Press.

Egeberg,M.2003. ow bureaucratic structure matters:an organizational perspective.In *The Handbook of Public Administration*,ed.B.G.Peters and J.Pierre.London:Sage.

Fountain,J.E.2001. Paradoxes of public sector customer service.*Governance*, 14:55-73.

Fredrickson,H.G.1996. Comparing the reinventing movement with the New Public Administration.*Public Administration Review*,56(3:May-June):263-70.

Gains,F.2004. Adapting the agency concept:variations within"Next Steps."In *Unbundled Government:A Critical Analysis of the Global Trend to Agencies,Quangos and Contractualism*,ed.C.Pollitt and C.Talbot.London:Routledge.

Giddens,A.2002. *Where Now for New Labour?* Cambridge:Polity Press.

Goldfinch,S.1998. Remaking New Zealand's economic policy:institutional elites as radical innovators 1984-1993. *Governance*,(2):177-207.

Goldsworthy,D.1991. *Setting up Next Steps.*London:HMSO.

Goodin,R.E.,and Wilenski,P.1984. Beyond efficiency:the logical underpinnings of administrative principles.*Public Administrative Review*,44:512-17.

Gore,A.1993. *From Red Tape to Results:Creating a Government that Works Better and Costs Less.* Report of the National Performance Review.Washington,DC:Government Printing Office.

Gregory,R.1998. Political responsibility for bureaucratic incompetence:tragedy at Cave Creek.*Public Administration*,76(Autumn):519-38.

——2001. Transforming governmental culture:a sceptical view of New Public Management. In *New Public Management:The Transformation of Ideas and Practice*,ed.T.Christensen and P.Lgreid.Aldershot:Ashgate.

——2003. All the king's horses and all the king's men:putting New Zealand's public sector back together again.*International Public Management Review*,4(2):41-58.

Gulick,L.1937. Notes on the theory of organizations.With special reference to government.In *Papers on the Science of Administration*,ed.L.Gulick and L.Urwin.New York:A.M.Kelley.

Hagen,M.,and Kubicel,H.eds.2000. *One-Stop Government in Europe:Results from 11 National Surveys.* Bremen:University of Bremen.

Halligan,J.2001. The process of reform in the era of public sector transformation.In*New Public Management:The Transformation of Ideas and Practice*,ed.T.Christensen and P.Lgreid.Aldershot:Ashgate.

——2004. Advocacy and innovation in inter-agency management:the case of Centrelink.Paper presented at the 20th Anniversary Conference of the Structure and Organization of Government Research Committee of the International Political Science Association, Vancouver, 15 - 17June. Available at: http:// faculty.ar ts.ubs.ca/ campbell/sog-conf/papers / sog2004-haligan.pdf(accessed 22 Mar. 2006).

Hesse,J.J.,Hoon,C.,and Peters,B.G.eds.2003. *Paradoxes in Public Sector Reform.* Berlin:Duncker & Humblot.

Hilmer,F.1993. *National Competition Policy.* Canberra:Australian Government Publishing Service.

Hirschman,A.1982. *Shifting Involvements.* Princeton,NJ:Princeton University Press.

Hodge,G.A.1999. Competitive tendering and contracting out:rhetoric or reality? *Public Productivity & Management Review*,22(4:June):455-69.

——2000. *Privatization:An International Review of Performance.* Boulder,Colo.:Westview.

Hogwoon,B.W.1993. Restructuring central government:the "Next Steps" initiative.In *Managing Public Organizations*,ed.J.Kooiman and K.Eliassen,2nd edn.London:Sage.

Hood.C.1996. Exploring variations in public management reform of the 1980s.In *Civil Service Systems*,ed. H.A.G.M.Bekke,J.L.Perry,and T.A.J.Toonen.Bloommgton:Indiana University Press.

Kettl,D.F.1997. The global revolution in public management:driving themes, missing links.*Journal of Policy Analysis and Management*,16(3):446-62.

Le Grand,J.1998. *Equity and Choice.* London:HarperCollins.

Mckevitt,D.1998. *Managing Public Services.* Oxford:Blackwell.

March,J.G.1986. How we talk and how we act:administrative theory and administrative life.In *Leadership and Organizational Culture: New Perspectives on Administrative Theory and Practice*, ed. T. J. Sergiovanni and J.E.Corbally.Urbana:University of Illinois Press.

——and Olsen,J.P.1983. Organizing political life:what administrative reorganization tells us about government.*American Political Science Review*,77:281-97.

——1989. *Rediscovering Institutions:The Organizational Basis of Politics.* New York:Free Press.

Martin,J. 1995. Contracting and accountability. In *the State under Contract*, ed. J. Boston. Wellington: Bridget Williams.

Mascarenhas,R.C.1996. *Government and the Economy in Australia and New Zealand:The Politics of Economic Policy Making.* San Francisco:Austin and Winfield.

Meyer,J.W.,and Rowan,B.1977. Institutionalized organizations:formal structure as myth and ceremony. *American Journal of Sociology*,83(Sept.):340–63.

Mosher,F.ed.1967. *Governmental Reorganizations*.Indianapolis:Bobbs-Merrill.

Newman,J.2001. *Modernising Governance:New Labour,Policy and Society*.London:Sage.

New Zealand,Treasury.1987. *Government Management*.Wellington:Government Printer.

Olsen,J.P.1988. Administrative reform and theories of organization.In *Organizing Governance:Governing Organizations*,ed.C.Campbell and B.G.Peters.Pittsburgh,Pa.:University of Pittsburgh Press.

——1992. Analyzing institutional dynamics.*Staatswissenschaften und Staatspraxis*, 2:247–78. Osborne, D.,and Gaebler,T.1993. *Reinventing Government*.New York:Plume/Penguin.

Peters,B.G.1999. *Institutional Theory in Political Science:The New Institutionalism*.London:Pinter.

Podder,N.,and Chatterjee,S.1998. Sharing the national cake in past reform New Zealand:income inequality in terms of income sources.Paper presented to the New Zealand Association of Economists Conference,Aug.

Pollitt,C.1995. Justification by works or by faith.*Evaluation*,1(2): 133–54.

——2003. Joined-up government.*Political Studies Review*,1(1):34–49.

——and Bouckaert, G. 2004. *Public Management Reform: A Comparative Analysis*, 2nd edn. Oxford: Oxford University Press.

——and Talbot,C.eds.2004. *Unbundled Govern.ment:A Critical Analysis of the Global Trend to Agencies, Quangos and Contractualism.London*:Routledge.

G1rre,X.,Lonsdale,J.,Mul,R.,Summa,H.,and Waerness,M.1999. *Performance or Compliance? Performance Audit and Public Management in Five Countries*.Oxford:Oxford University Press.

Pusey,M.1982. *Economic Rationalism in Canberra*.Melbourne:Cambridge University Press.

Rhodes,R.A.W.1997. Reinventing Whitehall 1979–1995. In *Public Management and Administrative Reform in Western Europe*,ed.a.W.Kickert.Cheltenham:Edward Elgar.

——and Weller,P.eds.2001. *The Changing World of Top Officials:Mandarins or Valets?* Buckingham: Open University Press.

Rovik,K.A.1996. Deinstitutionalizationand the logic of fashion.In *Translating Organizational Change*, ed.B.Czarniawska and G.Sevon.New York:De Gruyter.

Sahlin-andersson.K.2001. National,international and transnational construction of New Public Management.In *New Public Management:The Transformation of Ideas and Practice*,ed.T.Christensen and P. Le:egreid.Aldershot:Ashgate.

Savas,E.S.2000. *Privatization and Public Private Partnership*.New York:Chatham House.

Self,P.2000. *Rolling Back the State:Economic Dogma and Political Choice*.New York:St Martin's Press.

Selznick,P.1957. *Leadership in Administration*. New York:Harper and Row.

Spicer,B.,Emanuel,D.,and Powell,M.1996. *Transforming Government Enterprises*. St Leonards:Centre for Independent Studies.

Stephens,R.2000. The social impact of reform:poverty in Aotearoa/New Zealand.*Social Policy and Ad-*

ministration, 4(1:Mar.):64-86.

Talbot, C. 2004. The agency idea: sometimes old, sometimes new, sometimes borrowed, sometimes untrue. In *Unbundled Government: A Critical Analysis of the Global Trend to Agencies, Quangos and Contractualism*, ed. C. Pollitt and C. Talbot. London: Routledge.

Trosa, S. 1994. *Next Steps: Moving On*. London: Cabinet Office.

United Kingdom Prime Minister. 1998. *The Citizen's Charter*. London: HMSO.

United Kingdom Prime Minister. 1994. *The Citizen's Charter: Second Report*. London: HMSO.

Vardon, S. 2000. Centrelink: a three-stage evolution. In *the Howard Government*, ed. G. Singleton. Sydney: University of New South Wales Press.

Weaver, B. K., and Rockman, B. A. eds. 1993. *Do Institutions Matter? Government Capabilities in the United States and Abroad*. Washington, DC: Brookings Institution.

Yeatman, A. 1997. The reforms of public management, DC: an overview. In *Managerialism: The Great Debate*, ed. M. Considine and M. Painter. Melbourne: Melbourne University Press.

Zuna, H. R. 2001. The effects of corporatisation on political control. In *New Public Management: The Transformation of Ideas and Practice*, ed. T. Christensen and P. Lægreid. Adershot: Ashgate.

第 22 章　信息时代的政府治理工具

克里斯托弗·胡德(Christopher Hood)

　　在马车时代和铁路时代制定的公共政策,政府在治理工具上有着较为陈旧的思考 【469】
方式。当前,信息时代的到来对这种思考方式有何影响? 我们在 21 世纪需要构思治理
工具的全新方法吗? 或者正相反,如果在这个技术变革的时代没有更多有价值的分析,
政府治理工具陈旧的问题及其概念会不会和原来一样多? 本章对后一种命题进行了论
证。首先,简要回顾过去 20 年政策工具文献中的一些标准模式。然后探讨电子政务和
信息时代技术的案例,以评估这些进展在多大程度上彻底挑战国家对治理工具的早期
思考方式。透过传统的政府分析工具的镜头,评估我们可以了解到的信息时代的技术
在政府中的运用。

1. 政府工具分析:三种传统方法

　　在过去二十多年的公共政策文献中,人们对政府治理工具进行了至少三种主要分 【470】
析。不断变化的信息技术形式使得每一种传统方法都暴露出不同分析方法的问题。其
中一种可能最为人知的方法是把治理工具设想为机构。将某种机构的模式应用到政府
治理上。如公营企业、独立或私营机构承办商以及各种形式的政府和社会资本合作等
模式。现代倡导这种方法的主要人物当属萨拉蒙(2002;Salamon 和 Lund,1989)。他认
为,机构形式新类型在公共政策中的应用是近几十年来"新治理"范式的核心。萨拉蒙
(Salamon,2002,2)声称这些公私合营机构形式在现代具有真正的独特性,这番评价的
吻合度值得讨论。毕竟显而易见的是,机构的商业和独立形式长期以来被世界各国政
府广泛应用在间谍活动、黑色宣传和其他形式的非常规战争中(参见 Mackenzie,2002),
宗教组织一直在许多欧洲国家的教育、福利和人口登记方面扮演重要角色。但这不是

本文要探讨的核心问题。

第二种行之有效的方法侧重于工具选择的政治,即形成工具选择的利益或想法。对于这种方法来说,政府治理工具是否被视为机构或其他行为方式并不关键。关键要考虑的问题是何种政治、意识形态或认知过程导致选择某种政策模式,而非另一种。这种方法的一个引人注目的例子是阿克奈特(Ackerknecht,1948),以及更近一些鲍德温(Baldwin,1999)所做的研究:集权和自由国家制度上存在差异,针对"公共卫生学家"和"检疫学家"对 19 世纪欧洲国家解决严重传染疾病问题的工具选择,这些差异在多大程度上起了决定作用?但是在一般的公共政策文献中,林德和彼得斯(Linder 和 Peters,1989、1992、1998)的著作可能是这种方法的最好证明,他们将各种理解政策问题与工具选择之间联系的方法进行分类,从偶然性延伸到"建构主义"。

政府治理工具的第三套办法倾向与制度无关,更侧重于以一般性的方式对工具包进行编目归类,而不是去关注有关治理工具选择的政治。这种方法的一些理念可以追溯到达尔和林德布洛姆(Dahl 和 Lindblom,1953)所进行的一个开创性分析,是关于政府使用的一系列社会经济工具,不过它还是制度分析和无制度(institution free)分析的混合体。更有力度的无制度方法至少有三种。有些具有很强目的性或管理性的主题,聚焦于广义的(不一定政府专用的)"干预策略",包括能力建设、象征意义和制度变革,著名的如施奈德和英格拉姆(Schneider 和 Ingram,1990)阐述的埃尔莫尔(Elmore,1987)的方法。同种类型的另一个著名方法是对政策工具进行"胡萝卜、棍棒和布道"分类。[①] 【471】这一方法是韦唐等(Bertelmans-Videc,Rist 和 Vedung,1998)根据著名的组织社会学家艾奇奥尼(Etzioni,1961)三十多年前广为人知的原创方法——组织管控种类三分法发展而来的。勒格兰德在公共政策领域(Le Grand,2003)的"骑士、恶棍和役卒"动机分析法可能被认为与上述方法类似。第三个是笔者自己的分析,是关于政府在与公民联系时,为收集公民的信息并影响他们的行为而采用的治理工具(Hood,1983)。

第三种分析法与"胡萝卜、棍棒和布道"分析法有别,因为它涉及政府专用工具,而不是那些可在任何机构通用的工具。这种分析法涉及信息收集和行为规范/强制工具(而不仅仅只是后者),并以普遍控制系统的学科——"控制论"为基础,而不是组织社会学(关于控制论在政府和组织中的经典应用参见 Deutsch,1963;Beer,1966;Steinbruner,1974;Dunsire,1978)。这种方法主要宣称政府专用信息收集和规范行为的工具——控制的普遍方面——必须以至少四种基本社会资源在某种程度上的组合为基础,四种资源为"节点"、"权威"、"资财"、"组织"。"节点"表示政府在信息网络的运作

---

① 喻指激励性政策、惩罚性政策和教化类政策。——译者注

中作为中心点(不一定是唯一中心点)的能力。"权威"是指政府的合法权力和其他合法性来源。"资财"表示政府资产或可交换资源。"组织"表示其指导行动的能力,例如通过军队、警察或官僚等开展行动的能力。

这种三分法并没有涵盖所有构思国家工具性的所有可能路径。当然也有一些其他方法与这三类方法交叉,如前文提到的达尔和林德布洛姆(1953)早期对公共政策的社会经济工具的阐述,这里它混合了工具的体制形式和一般形式。但是,三分法也许充分抓住了"工具"分析的传统形式,使我们能够探索这种传统分析在多大程度上被信息时代所完全取代,以及传统分析能够在多大程度上被富有成效地利用,以理解信息时代的政府工具。

2. 信息时代技术与政府:变革还是动态保守主义?

信息时代的科技注定会对政府的运作方式产生根本性的变革影响,该观点得到了学者和政府本身的支持。公共管理和公共政策部门的同事曾忽视或严重低估信息和通【472】信技术改变政府工作方式的程度,这在学术界遭到许多网络学者的痛斥(例如 Taylor,1992,377-378)。有些人甚至认为这样的技术预示着一种全新形式国家的产生,如弗里森(Frissen,1996、1998)。在他看来,这是一种"虚拟国家"。在"虚拟国家"中,新的科技文化促使"分散的、去中心化的、非等级的"结构和程序的产生(Frissen,1998,41)。十多年前,泰勒和威廉姆斯(Taylor 和 Williams,1991,172)声称:"一种新兴公共管理模式正在形成,新的信息流动、促进和协调它们的计算机网络是创新过程的基础。"贝拉米和泰勒(Bellamy 和 Taylor,1998)等学者也同样认为,在信息和通信技术发展的推动下,政府前台和后台职能的分离是改变政府运作方式的根本原因。更宽泛地说,微型处理器的出现使得一批预言家认为新技术将使权力和控制在社会中分散,从而有助于引入一个等级化程度更低的社会(关于"中立性"辩论的早期讨论参见 Ward,1989)。

从更深层次的角度来看,公民自由主义的批判者在信息和通信技术方面取得很大进展,据说通过诸如卫星和闭路电视摄像机等与计算机相连的应用、监控电话和计算机的新方法、高安全性标识系统以及对个人的强制标签等手段,政府在监测和惩罚方面的能力得到了量级性扩展。布林(Brin,1998)在《透明社会》中对早期的"监控社会"进行分析(例如 Rule,1973;Bunyan,1976;Ackroyd 等,1977;Hewitt,1982,ch.2),揭示监控技术潜在的根本性影响,即这种技术将可以持续地监察个人的下落,并使其范围精确至 1 平方米——在撰写该文本时,正在开发一种用于监视恋童癖罪犯和家庭暴力罪犯的应用程序,他们会在法律上被限制接触他们所虐待的人。

奥斯本(Osborne)和盖普勒(Gaebler,1992)等政治家或倡导实行公共服务改革的远见者,在很大程度上将信息和通信技术的潜在变革性影响扩展到提供公共服务方面。当今世界,每一个自负盈亏的政府都必须对未来的展望保持乐观的态度,其中包括信息和通信技术会从根本上改善政府与公民互动的方式。关于这种科技展望最著名的例子是1993年由克林顿-戈尔联合撰写的针对美国联邦政府的《国家绩效评论》(National Performance Review),他们提出(Gore,1993,112):"有了计算机和电信,过去的事情就不再需要我们去做。我们可以设计一种以客户为导向的电子政务,其运作方式就连10年前最有远见的规划师都无法想象"。《国家绩效评论》介绍了很多手段,信息和通信技术可以改变政府的采购系统、咨询和信息系统、资金划拨方法,制作"智能卡"使公民有权使用一系列相关的公共服务,并影响公民和政府关于提交纳税申报等事宜之间的电子交互。这一愿景在其他国家也得到广泛回应,例如在英国政府的《1999年现代化政府白皮书》(Modernizing Government White Paper of 1999)(Cabinet Office,1999)中,几乎达到陈词滥调的地步。

【473】

针对信息和通信技术对政府工具和运营的影响的变革性观点,许多学者进行了大量的怀疑性分析,他们更赞同舍恩(Schön,1971)的"动态保守主义"观点,即这种变化不会影响基本的社会关系。众多学者认为,政府应用的技术往往反映和复制它们在内部发展起来的文化,这与人们期望它们可以带来全新的社会或组织环境相悖(参见Kraemer和King,1986;Hood,2000;更广泛的"激进科学运动观"认为科学和技术由社会制度所塑造,参见Rose和Rose,1976)。事实上,与弗里森对信息与通信技术(ICT)的影响进行的"层级终结"分析相反,霍利迪(Holliday,2001)认为,政府的中央机构完全有能力应用ICT的发展来维持和巩固其权力。在他看来,"信息与通信技术革命引入的[国家命令结构中]的唯一新颖性,体现在围绕问题构建的扩展网络中,也体现在实践者能够用来实现目标的拓展资源中"。其他学者强调机会主义者或政府有原则的对手的智慧可以与增强政府监视能力的技术相抗衡的可能性程度,例如在20世纪80年代使用呼叫者ID和其他设备来避免政府通过窃听器对电话进行监视(Chan和Camp,2002,26)。马吉茨(Margetts,1999)等学者的研究表明,政府实际的信息和通信技术操作通常与马吉茨声称的"超现代主义者"的承诺和新技术未来的展望相差甚远,从而导致政府浪费与失败。

这些观点的某些差异可能归因于此类政策结束之后的实施情况分析与潜力的前瞻性分析之间的差异。某些差异可能归结为信息和通信技术对政府内部组织的影响与对政府与公民互动方式的影响之间的区别。还有些差异可能取决于所花费的时间。许多人认为,在信息和通信技术发展主要影响政府内部组织的时代,随着这种发展的后期阶段,特别是基于网络的技术和跟踪系统,政府的内部组织开始发生决定性的变化(参见 Margetts,2003,371)。针对这种观点,我们可能会质疑互联网是否真的如此不同,因为它也掺杂着围绕上一代微处理器发展提出的同样的矛盾"变革"和"动态保守主义"观点:在互联网扩展的早期时代,它"招致很多关于网络将如何席卷旧政权的社会评【474】论……但是,形势很快就有所扭转"(Healy,2002,480)。

但是,在一定程度上,网络的出现确实对政府与公民互动时所使用的工具产生了真正的影响,网络技术的决定性变革的观念呼应资深管理大师彼得·德鲁克的观点。他(Peter Drucker,1999,49)认为"信息革命"与19世纪工业革命类似,它的第一个影响是找到了制造现有产品的新方法,尽管后来可能带来了质量更高的新产品,比如铁路。德鲁克曾说:"就像两个世纪前的工业革命一样,迄今为止的信息革命(即自20世纪40年代中期第一台计算机的诞生以来)只是改变了一直存在的过程。"

德鲁克的论点在税收方面体现出明显的合理性,到目前为止,信息和通信技术革命往往更多表现在改变已建立税收的支付方式(例如新的归档或支付系统)并弱化某些容易通过互联网避税的税种(例如博彩税),而不是征收全新的税种。原则上,互联网服务供应商可以是信息时代的石油公司,这是征税的关键点。此外,电子邮件上的"虚拟邮票"原则上可以被看作为21世纪的财政创新,与17世纪印花税的发明相匹配。但是,与德鲁克的主张相一致,迄今为止,这种财政创新的特征在于补充缺失政策而不是改变现有政策(Hood,2003)。

然而,对于信息和通信技术对政府工具的影响,"改革"和"动态保守主义"观点之间的差异也许能够被理解,但这个问题从一开始就存在,即前一部分所描述的理解政府工具的常规方式是否仍足以理解信息时代的政府运作?

3. 将传统分析应用于信息时代的政府工具:三类问题

上述三种分析政府模式的方法,每一种方法都对政府在网络时代的运作方式提出了不同的问题。萨拉蒙(Salamon)的"工具作为制度"的方法,其中心问题是信息时代的技术在多大程度上重塑或扩大政府可获得的转换制度安排的范围。通过以下几种机制可能会实现这种方法:一是通过发展计算能力,降低选择或贸易的交易成本,从而使【475】得超越传统形式在制度上成为可能,如管制私人垄断或国有企业。在某些案例中,这种情况似乎已经发生了。例如,福斯特(Foster,1992,73)称,当电网在20世纪20年代首次引入英国等国家时,电力市场是不存在的(因为测量校准不易储存商品的检测工具有限)。这意味着在这种技术条件下,电力供应唯一可行的体制选择是公营贸易垄断公司或管制私营电力垄断公司,一如传统的美国模式。然而,福斯特认为,到 20 世纪 80 年代,创造一种新的市场所必需的计算能力已经提升。它为"真正通过电网进行买卖的商业电力市场"提供了可能性,这极大地扩展了体制选择的范围。公用设施用户能够(购买水、煤气、电话等)选择不同供应商,这也可以视为是受到同样的信息技术发展所带来的深刻影响。

信息时代技术重塑政府制度工具的另一种方式是采用新的沟通形式,以缩小地理距离对组织的影响。如前所述,政府研究者讨论最多的这类问题是信息和通信技术支持"后端"功能从"前线"活动中分离出来的能力(Bellamy 和 Taylor,1998)。信息时代技术重塑事件处理、填报和记忆功能的能力也许事关一种更深层次的潜在路径。对公共官僚机构来说,这种功能曾非常独特,为跨国公司新的私有化和外包形式铺平了道路,也许这是与现代目标系统共同作用的结果(Dunleavy,1994;Cairncross,2005,19)。

第二,尽管信息时代的技术并不是林德(Linder)和彼得斯(Peters)原始分析的核心,早期确定的分析政府工具的政治工具方法仍可以应用于信息时代的政府政策模式。例如,我们已经注意到,在政治家重构社会服务的愿景中,倾向将信息技术的发展当作是对政府官僚机构的所有传统问题的补救,至少从大概十年前在美国进行的克林顿——戈尔《国家绩效评估》开始一直是如此。显然,人们大都认为信息时代的技术是一种寻求解决问题的方案,因为说它在政策传送方法的选择中提供了一种重要的新形式,即被林德和彼得斯(1992)晦涩地称为"工具主义"的形式(他们使用"工具主义"一词来表示对单一工具的痴迷,如价格机制或参与式决策模式,并将这看作是解决所有问题的万能灵药)。

然而,这种信息和通信技术解决所有问题的态度,能在多大程度上被恰当地理解为反复出现的乌托邦式信仰在当代的再现? 这是值得商榷的。这种想法至少可以追溯到圣西门(Saint Simon),他相信新技术可以带来社会和治理安排的根本改善。邓洛普和克灵(Dunlop 和 Kling,1991,16-17)声称,有一种反复出现的乌托邦思想"把一些专业技术(计算机、核能或低能耗环保技术)当成实现乌托邦设想的核心要素"。根据邓洛普和克灵的观点,这种设想通常假设技术的使用是在一个高度合作的社会环境中,破坏、冲突、政治和对抗律法主义几乎不存在。从表面上看,当代很多通过信息和通信技术来改善治理和建立新的社会秩序的设想(尽管不是反乌托邦设想)似乎都与上面提到的那种模式相当接近。

【476】

另一方面,关于信息和通信技术对政府工具影响的每一个问题的解决方案,其可能不仅仅涉及乌托邦式的乐观。也就是说,它可以被最好地理解为一个新的信息工业综合体的反映。在政府过去独特的信息收集、填报和事件处理运作的外包和计算机化中,大型企业的利益处于危险之中。从林德-彼得斯角度来看,可从19世纪的军事工业综合体的数量增加得出一些相似的结论,那时的各国政府从直接在军火库和政府船坞生产军事物资转向军备外包生产。不过这种类比肯定与实际情况相差很远。的确,在一个不同的政策领域,19世纪见证人们放弃包税制以促进官僚直接征税现象的普遍蔓延(Ardant,1965;Levi,1988)。尽管林德和彼得斯在"意识形态和利益影响信息时代工具选择方式"的这个分析上并未深入,但是它似乎是理解现代行政政府的核心。

在20世纪70年代,高校和国防建设的研究带来了互联网这一意想不到的成果。实际上,同样的分析也可以用来解释为何媒体开始商业化的同时,政府却开始以相当传统的方式将其权威工具应用于互联网。政府选择凭借其权力来把控内容,并加以越来越严格的版权控制和知识产权控制(Healy,2002,490),而不支持互联网早期自由主义把互联网作为不受政府管制领域的设想(2002,481),这种设想注定会催生一个信息使用不受传统限制的新社会。政治工具方法非常合适拿来解释这种选择。

第三套分析政府工具的方法——为探索替代办法和组合的目的对行动形式进行分类——其问题是信息时代的技术在多大程度上淘汰了这些方法所认证的全部工具。不可否认,在某一层面,当代网络技术使当代政府在许多重要方面所面临的问题和采用的工具发生了转变。这与150年前铁路的出现相比,有过之无不及。在笔者1983年的书中(Hood,1983),不可否认有很多例子放到现在已经过时了,如蒸汽汽车、水上飞机或跨大西洋班轮等。毫无疑问,在网络时代,面向政府的信息收集工具有了一些特别显著【477】的变化。比如,几乎所有人都有手机,这使政府可以跟踪定位到几乎每一个使用手机的人,并迅速将不同来源的任意目标人的信息汇总在一起。事实上,马吉茨(Margetts,1999)已经展示了信息技术是如何极大地改变了政府所有信息收集工具和行为规范工具的应用方式。

然而,用这种免于技术(technology-free)方法来理解政府政策工具,其实更适用于技术日新月异的时代。原因至少有三:第一,"虚拟化"政府有很多限制因素,特别是在非常需要政府采取行动的情况。在这些情况下,正常的设施或礼仪已经失灵,令人担忧。弗里森(Frissen)和那些与他想法类似的人认为,即使在一个数字化和"虚拟"的世界里,虚拟程序有很多最终都取决于不可避免的现实程序而非虚拟程序。这并不是去否认一些完全虚拟的政府服务的存在。例如,近年来,对来源于政府的信息最出乎意料且广受欢迎的一项运用来自于人们对搜索家族史急增的兴趣。他们在互联网上通过诸如人口普查、遗嘱、税务记录、出生证明、死亡证明和婚姻证明等官方记录搜查自己需要的信息。在数字时代之前,查找这些信息对那些想要成为家族研究历史学家的人来说十分困难,且花费不菲。但也只有一部分的政府运作可以有这样的效果。有时候,虚拟的规模会受到限制,这是因为需要将非虚拟元素建构到管理过程中以抵御网络诈骗者,正如许多商业交易采取的方式一样。虚拟性的局限在那些不可避免要涉及实体操作的政府运作中表现得尤为明显,尤其当政府碰到违反原则或反抗投机主义的情形时,其在救灾活动或强制终结政府与公民关系的行动中表现得更是明显。政府的工具库必须始终存有非虚拟的工具。实际上,对虚拟部分的过分关注往往会使政府弱化与网络世界之外的公民的联系。

在技术日新月异的世界里,仍然适合对政府工具进行传统的免技术(technology-free)分析的第二个原因是:只有这样的分析才能使我们明确信息时代政府运作的具体变化。例如,在政策领域,如犯罪处理、公共秩序、税收和传染病处理等所有政府起决定性作用的政策运作领域(Rose,1976),相比政策运作的“影响工具”部分,“检测工具”部分或政策运作的信息收集部分受信息时代技术影响而发生的变化更大。如前所述,在犯罪和社会治安的警务方面,已经发展出了引人注目的新监视技术。原则上,信息时代使得多个来源的信息得以汇集,因此传统的周期性人口普查模式可能就过时了(政府可以运用信息和通信技术“联合体”的巨大潜力来实现跨信息源的信息搜集,不过,数据保护法往往严格限制了政府的这项能力(Raab,1995))。

【478】　　　在税收方面,信息和通信技术时代同样促进了新的监视技术发展。例如2003年的伦敦拥堵收费系统背后所使用到的连接电脑的摄像头,以及通过互联网直接征税的填报和支付系统,后者大大地改变了传统的税务管理。在传染病控制方面,信息和通信通讯技术也带来了新的检测工具。例如,通过嵌入到肉体中的微芯片控制动物传播疾病的新型动物识别系统。这种技术最初被用来控制赛马的“铃铛”,后来扩展到狗和其他动物(Lodge 和 Hood,2002,6)。但在所有这些情况中,整个流程的效果端——“地面部队”制服暴徒、对未缴税者进行物理追踪以将其绳之以法、焚烧或埋葬受感染的动物、强制执行隔离措施——这些行动所依赖的流程在信息时代的转变显然较小。实际上,这些也被证明是信息时代政府的弱点。

第三,在基础社会资源层面,目前尚不清楚信息时代技术的诞生是否从根本上给政府带来了和节点性、权威、资财及组织同一量级的全新工具,以及这些新工具在数量上是否超过了铁路时代带来的新的根本性法律原则(参见 Holmes,1920,196)。虽然网络时代的技术在极大地改变着政府执行机关的内部组织方式以及信息和管控在政府内部的运作方式,但在某种程度上,它不会改变政府用来从公民行为中获取信息并改变公民行为的基本杠杆。

4. 结论

信息和通信技术的发展无疑改变了政府的工作方式,并将持续改变下去。但是新信息时代的到来并不一定意味着我们需要全新的方法来分析和理解政府治理工具。这些工具的传统分析方法可以帮助我们发现信息和通信技术为制度安排、工具选择政治、政府可利用的政策干预形式带来的变化。我们不需要发明新的分析框架来探讨这些问题(类比论证参见 Barzelay,2000)。实际上,只有应用技术中立的分析框架,我们才能准确地识别技术会发生什么变化。马吉茨(1999)正是使用这样的框架来说明信息和通信技术是如何改变了英国和美国政府所有检测工具和影响工具的应用方法,如何为 【479】节点性、权威、资财以及组织等资源的应用创造出新的方法,如何为检测工具和影响工具创造新的连接方法。

然而,马吉茨对这种分析方法的使用并不寻常,传统政府治理工具分析在信息时代的正规应用目前发展相对较小。但是,只有采用这种方法,我们才能检验那些认为电子技术预示着政府工作的巨大转变的人的主张,驳斥那些把它看作是"保守改变"的人的说法(历史学家在鉴定和考量政府的行政革命时面临的所有困难被这样的争论所夸大(参见 McDonagh,1958))。而这一分析所表明,尽管所有被传统分类分析定义的政府工具已经正在被信息和通信技术的发展重塑,这些变化却似乎并没有完全相同的先后顺序。信息和通信技术的应用使政府的检测工具库(尤其是其活跃的"检测器")发生了特别巨大的变化。在一套政府影响工具中,信息和通信技术的发展为政府信息宣传的节点性工作,以及政府机构的重组方式带来了十分巨大的变化。相比之下,信息和通信技术的发展对权威性工具和资财类工具的影响似乎遵循了德鲁克所提出的路径,即积累现有产品或工具的生产新方法。而且,正如马吉茨(2003)指出的,到目前为止,发展为政府联系公民的方式带来的,似乎既不是技术转型的乌托邦式愿景,也不是反乌托邦式愿景。

参考文献

Ackerknecht,E.H.1948. Anticontagionism between 1821and 1867. *Bulletin of the History of Medicine*,22 (5:Sept./Oct.):562–93.

Ackroyd,C.,Margolis,K.,Rosenhead,J.,and Shallice,T.1977. *The Technology of Political Control*.London:Pelican.

Ardant, G. 1965. *Theorie sociologique de l'impot*. Paris: Sevpen.

Baldwin, P. 1999. *Contagion and the State in Europe 1830−1930*. Cambridge: Cambridge University Press.

Barzelay, M. 2000. *The New Public Management*. Berkeley: University of California Press.

Beer, S. 1966. *Decision and Control*. London: Wiley.

Bellamy, C., and Taylor, J. A. 1998. *Governing in the Information Age*. Buckingham: Open University Press.

Bertelmans-Videc, M.-L., Rist, R. C., and Vedung, E. 1998. *Carrots, Sticks and Sermons: Policy Instruments and their Evaluation*. New Brunswick, NJ: Transaction.

Brin, D. 1998. *The Transparent Society*. Reading, Mass.: Addison-Wesley.

Bunyan, T. 1976. *The History and Practice of the Political Police in Britain*. London: Friedmann.

Cabinet Office 1999. *Modernizing Government*. Cm 4310. London: HMSO. CAIRNCROSS, F. 2005. The death of distance. *Oxford Forum*, 1 (Spring): 18−19.

Chan, S., and Camp, L. J. 2002. Law enforcement surveillance in the network society. *IEEE Technology and Society Magazine*, Summer: 22−30.

Dahl, R., and Lindblom, C. 1953. *Politics, Economics and Welfare*. New York: Harper and Row.

Deutsch, K. W. 1963. *The Nerves of Government*. Glencoe, Ⅲ.: Free Press.

Drucker, P. F. 1999. Beyond the information revolution. *Atlantic Monthly*, 284 (4): 42−7.

Dunleavy, P. J. 1994. Theglobalization of public service production: can government be "best in world?" *Public Policy and Administration*, 9 (2): 36−64.

Dunlop, C., and KLING, R. ed. 1991. *Computerization and Controversy: Value Conflicts and Social Choices*. Boston: Academic Press.

Dunsire, A. 1978. *Control in a Bureaucracy: The Execution Process*, vol. ii. Oxford: Martin Robertson.

Elmore, R. F. 1987. Instrumentsand strategy in public policy. *Policy Studies Review*, 7 (1): 174−86.

Etzioni, A. 1961. *A Comparative Analysis of Complex Organizations*. New York: Free Press.

Foster, C. D. 1992. *Privatization, Public Ownership and the Regulation of Natural Monopoly*. Oxford: Blackwell.

Frissen, P. H. 1996. *De Virtuele Staat: Politiek, Bestuur, Technologie: Een Postmodern Verhaal*. Amsterdam: Academic Service.

——1998. Public administration in cyberspace. Pp. 33 − 46 in*Public Administration in an Information Age: A Handbook*, ed. I. T. Snellen and W. B. Van de Donk. Amsterdam: IOS Press.

Gore, A. 1993. *From Red Tape to Results: Creating a Government that Works Better and Costs Less*. Report of the National Performance Review. Washington, DC: Government Printing Office.

Healy, K. 2002. Survey article: digital technologyand cultural goods. *Journal of Political Philosophy*, 10 (4): 478−500.

Hewitt, P. 1982. *The Abuse of Power: Civil Liberties in the United Kingdom*. Oxford: Martin Robertson.

Holliday, I. 2001. Steering the British state in the information age. *Government and Opposition*, 36 (3): 314−29.

Holmes, O. W., Jr. 1920. The path of the law. Pp. 167−202 in*Collected Legal Papers*. London: Constable.

Hood, C. 1983. *The Tools of Government*. London: Macmillan.

——2000. Where the state of the art meets the art of the state. *International Review of Public Administration*, 5(1): 1-12.

——2003. The tax state in the information age. Pp. 213-33 in *The Nation-State in Question*, ed. T. V. Paul, G. J. Ikenberry, and J. A. Hall. Princeton, NJ: Princeton University Press.

Kraemer, K. L., and KING, J. L. 1986. Computing and public organizations. *Public Administration Review*, 46: 488-96.

Le Grand, J. 2003. *Motivation, Agency and Public Policy: Of Knights and Knaves, Pawns and Queens*. Oxford: Oxford University Press.

Levi, M. 1988. *Of Rule and Revenue*. Berkeley: University of California Press.

Linder, S. H., and Peters, B. G. 1989. Instruments of government: perceptions and contexts. *Journal of Public Policy*, 9(1): 35-58.

——1992. The study of policy instruments. *Policy Currents*, 2: 1-7.

——1998. The study of policy instruments: four schools of thought. In Petersand Van Nispen 1998: 33-45.

Lodge, M., and Hood, C. 2002. Pavlovian policy responses to media feeding frenzies? Dangerous dogs regulation in comparative perspective. *Journal of Contingencies and Crisis Management*, 10(1): 1-13.

Mcdonagh, O. 1958. The nineteenth-century revolution in government: a reappraisal. *Historical Journal*, 1(1): 52-67.

Mackenzie, W. J. M. 2002. *The Secret History of SOE*: The Special Operations Executive 1940-1945. London: St Ermin's Press.

Margetts, H. Z. 1999. *Information Technology in Government: Britain and America*. London: Routledge.

——2003. Electronic government: a revolution? Pp. 366-76 in *The Handbook of Public Administration*, ed. B. G. Peters and J. Pierre. London: Sage.

Osborne, D., and Gaebler, T. 1992. *Reinventing Government*. Reading, Mass.: Addison-Wesley.

Peters, B. G., and Van Nispen, F. K. M. eds. 1998. *Public Policy Instruments: Evaluating the Tools of Public Administration*. Cheltenham: Edward Elgar.

Raab, C. 1995. Connecting Orwell to Athens? Information superhighwaysand the privacy debate. Pp. 195-211 in *Orwell in Athens: A Perspective on Informatization and Democracy*, ed. W. B. van de Donk, I. Snellen, and P. Tops. Amsterdam: IOS Press.

Rose, H., and Rose, S. P. R. eds. 1976. *The Political Economy of Science*. London: Macmillan.

Rose, R. 1976. On the priorities of government: a developmental analysis of public policies. *European Journal of Political Research*, 4(3): 247-89.

Rule, J. B. 1973. *Private Lives and Public Surveillance*. London: Allen Lane.

Salamon, L. M., with Elliott, O. V. eds. 2002. *The Tools of Government: A Guide to the New Governance*. Oxford: Oxford University Press.

——and Lund, M. S. 1989. *Beyond Privatization: The Tools of Government Action*. Washington, DC: Urban

Institute Press.

Schneider, A., and Ingram, H. 1990. Behavioral assumptions of policy tools. *Journal of Politics*, 52(2):
510–29.

Schön, D. 1971. *Beyond the Stable State*. London: Temple Smith.

Steinbruner, J. D. 1974. *The Cybernetic Theory of Decision*. Princeton, NJ: Princeton University Press.

Taylor, J. A. 1992. Information networking in public administration. *International Review of Administrative Sciences*, 58: 375–89.

——and *Williams*, H. 1991. Public administration and the information polity. *Public Administration*, 69 (2): 171–90.

Ward, H. 1989. The neutrality of scienceand technology. Pp. 157–92 in *Liberal Neutrality*, ed. R. E. Goodin and A. Reeve. London: Routledge.

汉译主编：王浦劬

THE OXFORD HANDBOOK OF
PUBLIC POLICY

牛津公共政策手册

（下）

［英］迈克尔·莫兰

［美］马丁·雷恩　　［美］罗伯特·戈定　主编

臧雷振 等　译

臧雷振　陈鹏　滕白莹　校

人民出版社

目　　录

（下）

第六部分

公共政策约束

第七部分

政策干预：模式和依据

第八部分

公共政策举荐和评估

第九部分

公共政策：旧与新

第 23 章　作为组织分析的政策研究

巴里·弗里德曼（Barry L.Friedman）

　　组织分析已经成为政策研究的主要内容。对组织的关注源于对政策实施的研究。【482】政策评估使得项目失灵问题开始显露出来，由此便产生疑问，失灵问题是否应归结于有缺陷的政策设计，或是正确政策的实施不当？对实施过程的关注继而引发对实施组织的研究。政策分析人员意识到不能忽视政策实施和实施组织的行为。但是，普雷斯曼和威尔达弗斯基（Pressman 和 Wildavsky,1973,xvii）在其开拓性研究中进行更进一步的探讨，他们警告"将政策的实施和制定分而论之是致命的"。普雷斯曼和威尔达弗斯基认为政策制定与实施相互关联，都强调了组织的重要性。在其研究项目中，政策本身具有复杂性，实施过程涉及多个组织，每个组织都有各自动机。政策的复杂性也使得各组织间关系复杂，这最终可能导致政策无效。其关联就是政策的复杂性导致组织的复杂性。自他们的研究开始，政策制定和实施机构之间就显现出了更多的联系。政策制定决定或至少影响实施组织所面临的限制，及其在限制条件下获得的机会或裁量权。

　　组织也可以影响政策制定。一些早期实施的研究首先分析相互孤立的立法行动。【483】由此入手进行分析时，因果联系必然从政策制定和政策目标开始产生，而组织作为实施过程中的一部分，则可将因果联系的顺序颠倒。然而，利普斯基（Lipsky,1980,xii）认为，"基层官僚的决定、日常惯例以及基于应对不确定性和工作压力而设计的机制，这些实际上构成了其实施的公共政策"。简单来讲，公共政策由立法行为、实施组织行为及组织内部行政人员行为共同决定。除政府实施的政策外，机构的反馈也会导致政策调整，甚至会影响机构自身的措施。除政府机构外，政府还可以扩大服务购买，将非营利和营利组织作为项目的实施组织。特别是一些非营利组织，其所制定的服务已经超越了政府的政策，以填补其所注意到的社会差距。随着一些国家的政府开始削减社会项目，政策分析不仅应考虑政府的行为，还应当考虑政府之外的组织所做和未做的行为,这一点至关重要。从这个更广泛的角度来看,组织可能对公共项目的制定和政府外部的社会政策环境都产生重大影响。

这两种思路的因果影响导致政策和实施组织之间联系的产生。这些联系反过来又取决于组织行为。联系越紧密,政策分析与组织分析的关联就越多。因此,组织分析有利于政策分析且必不可少。本章着重阐述组织分析及其对政策分析的启示。

1. 从实施研究到组织分析:回顾

组织要素首先出现在实施研究中,之后逐渐细化为更加复杂和完整的组织分析。自上而下的路径是早期系统化分析实施的方式之一,其中组织问题至关重要。它从顶层制定的政策入手,因此着重分析政策到实施组织的单线联系,自上而下呈现分层化趋势。早期胡德的研究试图将完美的实施描绘为统一的管理系统、单线职权、完善的沟通和绝对的服从(Hood,1976,6)。普遍来说,自上而下的方式用以分析实施的情况,并提 **【484】** 出解决困难的方法,而胡德所采用的完全控制则不切实际。早期,范·米特尔(van Meter)和范·霍恩(van Horn,1975),萨巴蒂尔(Sabatier)和马兹曼尼亚(Mazmanian,1979),冈恩(Gunn,1978)进行过关于自上而下的研究。分层观点侧重结构,例如沟通渠道和控制组织的机制。人们普遍认为,实施组织需要适当的裁量权,但应对这种权力加以控制(Younis 和 Davidson,1990,8;Sabatier,1986,22-23)。的确,政策和组织间的联系之一就在于确定必要的裁量权形式,并将其建立在组织结构中。有人认为,政策实施和组织可能因政策类型的不同而不同,与相关行为者的关系在不同的政策类型中也有所不同(Ripley 和 Franklin,1982,198)。另一方面,批评家认为,裁量权超越了项目的要求范围(Burke,1990),并且难以控制其不当的形式(Rhodes 和 Marsh,1992)。

一些研究试图更明确地阐述裁量权在实施组织中的性质。最引人注目的是组织内部对基层官僚的裁量权的关注,因其可以直接向客户提供服务。在某种程度上,裁量权是由政策实施的特点决定的。利普斯基(Lipsky,1980,14-15)认为,多数服务的需求太过复杂,无法简化为明确的指令。基层官僚可根据服务获得裁量权,以应对特殊情况。另一方面,他还认为,基层官僚需要遵守大量甚至相互矛盾的规则,因此应具备决定性的裁量权。裁量权的首要来源可以促进政策目标的实现,而之后的来源则可能阻碍目标的实现,但两者都会促生基层的独立性。利普斯基和其他人(Prottas,1979)探讨基层官僚使用裁量权的方式,及其与实施组织的管理者产生联系的方式。他们推断自上而下模型中设想的分层控制不会发挥作用。然而,管理者有时会去尝试加强控制,而其结果往往就是服务质量的下降(Lipsky,1984)。

　　包括基层官僚研究在内的自下而上的方法,丰富了对组织内部关系的理解,特别是对实际提供服务层级的重要性的理解。埃尔莫尔(Elmore,1978)也否认分层模型,但是提出了基层官僚制、组织发展模型和冲突谈判模型等多种替代模型。自下而上的模型也否定政策制定在立法过程具有独权的观点。利普斯基认为,基层行为决定政策的重要特征。埃尔莫尔(1979)认为,政策应该通过反向映射来制定。该过程首先对基层官僚的能力和资源进行评价,以制定可行的项目。这些观点中都存在规范性成分,因此尚未提出一个完全成熟的行为视角,来阐释组织和政策如何相互影响。但是,这对深入分析二者的关系起到极大的推动作用。

　　之后的研究涉及不同程度的基层裁量权以及不同的控制能力(Burke,1987;Thompson,1982)。有的研究将自上而下和自下而上的方法相结合。萨巴蒂尔(Sabatier,1986)通过下层反馈将基层纳入自上而下的结构中。马兹曼尼亚和萨巴蒂尔(Mazmanian 和 Sabatier,1989,40)通过正式的方式展示了政策、组织和结果之间的交叉关系,而埃尔莫尔(1985)将反向映射的自下而上概念与正向映射相结合,以迎合中央政策制定者的利益。折衷的研究方法较为普遍。之后的总结研究以多种方式综合这些方法①。从组织分析的角度来看,综合的方式考虑到了分层和自下而上这两种组织结构,并且考虑到了不同情况下两者的融合。【485】

　　对基层的研究方式对于理解组织内的关系至关重要,其他研究则强调组织间的关系。这个研究方法从这样一个概念入手:多数政府项目由多个组织实施,每个组织任务有限,承担实施过程中的一个环节,各自拥有不同甚至冲突的利益(Hanf,1978)。由于多个组织间可能存在冲突,组织间的机制研究旨在解决冲突,并探讨这些机制可能带给政策的影响。斯托克(Stoker,1989)强调合作的重要性,并根据合作的可能性确定执行制度。高吉恩等人(Goggin 等,1990,33)强调了在自上而下和自下而上相结合的方式下,沟通系统对各组织之间的联系作用。奥斯特罗姆(Ostrom,1998,13)进一步阐述了沟通在实施中的影响。

　　网络理论是研究组织间关系的一种方法,受到越来越多的关注,但这个方法并不新颖(Hanf,Hjern 和 Porter,1978)。网络是指一个项目中多个组织之间的关系集。由于组织可以建立各自的关系,因此在多组织的分层系统中网络也会出现自下而上的替代方式。奥图尔(O'Toole,1997)认为网络在公共管理中已愈加普遍。政府内部的中介机构较多,非营利和营利组织都已成为实施者,所有组织之间都可建立相互联系。康西丁(Considine)和路易斯(Lewis,1999)试图通过实证评估,提供服务的组织之间是否存在

────────────────

　　① 参见莱斯特等(Lester 等,1987);高吉恩等(Goggin 等,1990);瑞恩(Ryan,1995)。

相互联系。他们研究了为澳大利亚失业人员提供就业服务的组织,其中多数私营机构都有合同。其调查结论为,在一些机构中确实存在网络化系统,但是即便在同类型的服务领域中,这也并不是唯一的方法。萨拉蒙(Salamon,2002)还指出,政府越来越多地通过其他组织,包括非营利和营利组织,来实施其政策。即便这些组织都有各自追求的利益和价值观,相互之间也可以建立联系。传统的分级命令和控制结构在这样的网络管理中不太奏效,但中央机关仍中意问责制。萨拉蒙提出了一种全新的管理范式。在这种模式下,网络中的各中央机关和管理者们需要通过谈判、说服、激励之类的工具等手段实现公共目标。传统的控制机制试图描述特定的行动,但中央机关可能会在新的管理范式下,寻求间接手段来改变网络中的行为和组织。因此,政策可能会影响组织结构,而不仅仅只是具体程序。

【486】

鉴于全新的管理范式以及其对有效管理的重视,在网络以及与私营部门签订合同的政府中也出现了问责制问题。一个令人关切的问题是,私营组织对其执行的公共政策的民主设定目标负有责任。另一个问题是,缔约者可能会对非营利组织进行政治控制,使得其实现有关个人和社区的传统目标时,效率降低。一些研究致力于探索这些问题之间的平衡方式(Smith 和 Lipsky,1993;Minow,2002;Goodin,2003)。康西丁(2002)研究了四个国家中提供雇佣服务机构的问责制。但他并不仅局限于一种问责制,其中还包括垂直问责制,即自上而下命令链中的上级导向和自下而上的客户导向,以及水平问责制,它涉及网络中其他组织和行为者。其研究发现,一种问责制不会妨碍另一种问责制,问责制之间互不影响。网络中也会存在垂直问责制,但是与非营利组织相比,在政府机构中水平问责制更为重要。

尽管长期以来,组织都是政策分析的重点,但是一般是通过政策的实施进行分析,组织有时会成为政策实施的障碍,有时会作为政策实施中受到控制的一股力量。一些研究采用了分层方法,它们先是受到基层官僚制的冲击,之后又受到多组织环境下网络理论的冲击。自下而上的分析方法表明,组织并非只是障碍,它可能在政策制定中发挥积极作用。接下来的两部分将进一步探讨组织促进政策分析的一些方面。

2. 创新及组织对政策的影响

早期有关自上而下方法的文献中曾这样假设:公共政策是政府的特权。当然,研究认为组织对政策有所反馈。组织进行游说、开展调查、查明政策的缺陷,而这些都可能导致政策修改。但也有一种规范性论证,认为民主问责制要求在民主立法过程中制定政策。然而,实际的问题就是政府之外的机构也在寻求社会变革,并根据其意愿进行创

【487】

新和制定政策,这将影响社会政策的环境。

　　民主程序采用少数服从多数的原则。少数群体可以通过结盟、合作或其他政治手段来实现其目标,但可能无法达成其想要的所有计划。严格的民主程序不完全符合少数群体的需要,但如果少数群体能够在政府之外制定自己的项目,多元化的利益就可以得到满足。政府之外的组织是否可行? 如果不可行,那么政府行为与其说规范不如说更为实用。鉴于其强制性,特别是税收的强制性,政府向社会提供项目具有明显优势。多数公共项目因其正外部性而被认为是公共产品或服务。如果市场无法提供这些服务,一个应对措施就是公共供应。有关正外部性的一个经典争论就是关于搭便车问题。个人不会主动提供这项服务,这就需要政府采取强制措施,以确保提供该服务。这表明政府需要成为提供者。当然,政府决定提供的服务和支持的程度取决于民主决议的结果。

　　然而,事实上,搭便车问题并非无法解决。一直以来,非营利组织都可以成功地调动一些资源,去实现无政府资助的项目。宗教团体、其他亲和团体及文化组织可能不会获得多数支持,也不会在市场上运作,但是可以成立非营利组织。长期以来,在没有政府直接支持的情况下,慈善机构都可以设立医院或孤儿院。尽管存在潜在的搭便车问题,但多数非营利组织还是获得了成功。虽然政府在组织和资助社会项目方面具有明显优势,但经验表明它并不是必不可少的。有决心的少数团体能够自行组织起来以获得其想要的服务。促使组织下定决心发展项目的一个因素就是,一些国家的政府开始削减所提供的服务。在政府削减服务期间,即便一项服务并未在立法上获得多数支持,但是如果有少数群体仍相信该服务,这些群体也常常能取得成功。一般来讲,政府对社会服务的决策进行垄断的原因尚不清楚。其实,只要搭便车问题无关紧要,政府就没有必要进行垄断。政府作为公共服务提供者也有一定缺陷(Ostrom 和 Walker,1997,36)。然而,私人组织者想要成功,还需要良好的管理技巧。不论公共和私人,要想制定整体的社会政策,需要依赖数以千计的私人组织来发起和提供服务。

　　对于传统的慈善机构来说,一个重要的生存技能就是筹款。这反过来又取决于战略管理能力,包括能够选择吸引捐赠人的项目。另外还取决于营销技巧,将概念销售给潜在的捐赠人。政府项目的发展带来了新的机遇。如果机构愿意提供政府所需的服务,就可以通过与政府签订合同获得资金。机构可以利用与政府合同中的资金,实现目标和发展服务。机构可以向市场销售服务或产品,交叉补贴其他无法收回成本的服务。社会企业家精神日益成为一种运动,这场运动中,各组织通过追求利益,以期实现社会目标(Dees,Emerson 和 Economy,2002)。一些社会企业为非营利组织,但拥有盈利的子公司,有些企业则完全以盈利为目的。非盈利机构在满足基本要求的条件下,政府会通

【488】

过对捐赠人免税和减税的形式对其进行间接支持。要想在所有的这些可能性中进行抉择,必须具备战略技巧和融资能力。

目前,虽然尚未有私人社会服务的相关数据,但是一些数字可以说明美国社会系统中私人和公共服务的占比程度。1994 年(最新数据正在修订)政府的社会福利支出占国内生产总值的 21.8%,私人支出占比 13.5%(美国社会保障局 2002,132)。在私人支出中,80% 为职工福利,其中包括雇主提供的养老金和医疗保险。其余私人支出包括非营利组织提供的教育和福利服务。在非营利组织中,能够通过"独立部门"获取数据,即《国内税收法规》(Internal Revenue Code)中第 501(c)(3)条和第 501(c)(4)条下规定的组织,其数量超过整个部门的 75%。1996 年,它创造了 6.7% 的 GDP(包括志愿者时间的估算价值,约为总数的三分之一),近 4340 亿美元,约占私营部门财富总量的 5%,雇佣近 12% 的劳动力,其中包括志愿者(Steuerle 和 Hodgkinson 1999,77)。当然,该部门的一些产品属于政府的合同规定内容。1997 年,在独立部门的收入来源中,31% 来自政府合同和补助,20% 来自私人捐款,38% 来自私人支付的会费和服务费用,11% 来自投资收入(Urban Institute,2002,xxxii)。上述数字中未体现的融资收入为私人捐赠中减免的税收,相当于政府的间接资助。据估计,慈善捐款扣除的税收支出约占捐款总额的 10%(Brody 和 Cordes,1999,145)。

该分析表明政策分析产生于组织分析。在这些问题中,首先应评估私人正在进行的工作。但是,目前相关数据有限。私人行动者发起的社会政策涉及范围如何? 私人提供何种类型的服务? 在一些领域中,政府拥有明显优势,比如收入维护项目。但是即便如此,他们对应的一些私人组织并非是非盈利者,而是所有雇主都在提供的职工福

【489】利,这一领域的私人供应较多。例如儿童保护服务等项目,即使外包出去,政府仍将监督其行为。但是,与政府签订合同的机构也可以为儿童提供其他服务。另一方面,社区发展项目是非营利组织进行创新的领域,而社会企业乐意对弱势员工提供职业培训和发展项目。

该分析表明的另一个方面在于,查明私人服务为何会发展,包括调查组织开展的服务、了解其行为、融资来源、对社会需求的评估以及动员、组织和维护服务的能力。多数组织都进行过尝试,但并未成功,那么失败或成功的原因是什么? 另一个问题是评估性的。由于如此多的社会决定分散在如此多的行为者身上,每个行为者都有自己的价值观和优先事项,政策的整体效果如何? 或者更大的政府项目会更为有效? 民主问责制是解决该问题的一种评价立场。当然,这个问题必须也要处理政府意愿的政治现实。

3. 组织的挑战、应对及政策分析

多数文献致力于研究组织的裁量权对政策的影响。这可能是最重要的方面,但是也有其他影响政策的因素。其中,多数服务出现信息问题,这些服务的效果很复杂且难以衡量。该问题对管理者、客户、资助者和政策制定者来说都是一个挑战,而各方的应对措施都会对政策的结果产生影响。另一个问题与信息问题相互交织,在管理组织提供的多个服务时产生。显然,多元化有助于多数组织的业务和利益。上一个章节将机构创新的多样化与其进一步实现社会变革的愿景相结合,并进行阐述。一些非营利组织用一种服务交叉补贴其他无法收回成本的服务(James,1986)。多数机构提供多种服务以满足客户的不同需求。但是,这些组织管理多个服务的方式可能会在定价等方面产生不良后果。介绍了信息问题之后,本章节将会探讨组织在应对信息问题与多元化问题——即定价和质量控制问题相交织时,会采取的措施。政府同样面临信息问题。本章节结论部分将为政策分析提供建议。

*信息问题。*多数信息是不对称的。例如,一方(如提供者)会拥有另一方(客户)缺乏的信息。父(母)亲把孩子送到托儿所,并不知道离开后孩子会发生什么。一个人将 【490】 其年老的亲属送到养老院,如果老人无法沟通,他就无法知道养老院如何对待老人。这是潜在的市场失灵问题,提供者可以利用客户。但是在缺乏信息的情况下,服务也存在信息对称的问题。这种情况下,各方都难以对服务结果进行说明、衡量并达成一致。各方也很难评估提供者对结果的促进作用。不论信息问题对称或不对称,都可能会给组织带来挑战。

汉斯曼(Hansmann,1980)认为,信息不对称导致的合同失灵问题为非营利组织的存在提供了理论依据。他认为,不允许盈利的非盈利结构可以减轻客户的担忧,不用担心提供者会利用他们。然而,他也承认在多数服务中的"盈利"和"非盈利"组织并存,客户也不会主动选择非营利组织。服务本身就会产生信息问题,组织无法单独解决此问题。不论什么形式的组织,管理者都需要在各个方位应对该问题。在此,我们将阐述应对定价和质量控制的方式。

*定价。*虽然一些非营利组织获得了资助,但多数非盈利和盈利一样,他们的服务都需要客户或第三方购买,因此需要进行定价。在没有信息问题的普通市场,买家可以评估产出并为其支付费用。然而,在多数服务市场,结果是不确定的。例如,健康服务期望的结果是健康,但是健康是一个且难以具体说明的广泛概念,因此无法为定价提供一个简单的参照依据。此外,并非所有接受治疗的人都能康复,而有的人病情好转较

慢。客户和提供者无法就是否达到健康状态达成一致。同样,在教育方面,预期的结果是更高的收入、更好的职业。但是,这需要毕业多年之后才可知晓结果。提供服务的人更关注服务费用而非服务结果。

因为机构很难定义一个结果单位以供定价,所以转而寻找其他单位。常见的措施就是统计访问的次数,或者服务的小时数、月数。这些都是可以具体衡量并进行定价的单位。组织将其称之为"输出",从而与结果区分开来。但是,从生产意义上看,这些输出实际上更像是输入,参与到了最终结果的产生过程。定价问题或多或少可依据输入定价原则解决。然而,从操作上看,仍存在输入的定义问题。例如,美国的医疗保险计划已经支付了全部服务(诊断群体)中所需的输入费用,但是多数医院还是向没有保险的病人额外收取各项具体的输入费用。

【491】影响输入定义和定价水平的一个因素就是支付者相对于提供者的市场力量。在多个支付者中,拥有最少权力的人处于劣势。政府有权定义一系列输入,并为其涵盖的客户设定它会支付的价格,一些大型保险公司也是如此。然而,在美国的医院中,没有医疗保险的患者就没有市场力量,医院就会向其收取高额费用。另一个定价问题是,关注输入的支付者试图控制间接费用等特殊成本。对于拥有众多资助者的多元化机构来说,其成本核算可能需要着重于管理不同的间接费用,到了某种程度上,可能就会牺牲较低费用的活动,来扩展高额费用的活动。这不仅干扰对准确评估每项活动的成本的关注,而且如果机构决定通过限制性间接成本规则向支付者限制销售,还有可能影响机构的战略方向。因此,任务、核算、融资和定价之间相互作用,会影响提供机构的行为。

质量控制。衡量结果的难度事关提供组织、客户、资助者和公共政策。各方都可能采取行动,改善结果信息。对提供组织来说,衡量行为和结果是进行操作管理中的规定任务。如果需要更复杂的信息,机构可以进行评估,但通常需要外部评估人员的帮助。如果机构能够对问题有一定的估量,就可能找到提高绩效的解决办法。绩效和问责制也是捐助者与政府机构在签订服务合同时主要关心的问题。他们进行评估或鼓励提供组织做评估。政府机构和其他机构对特定服务领域的结果进行调查,并通过结果来评价供应者、制定规章。在任何一个服务领域,质量的提升都是一个反复试错的过程。政府和组织本身采取的措施都可能出现失误,但这同时也是一个不断改进质量的机会。

有例证表明,当提供组织和公共政策均无法满足需求时,客户也会采取相应的措施。针对残疾人的个人护理服务并未考虑接受者的偏好。提供组织和政府政策的焦点都集中在服务本身,而非对消费者的生活产生的影响,这一结果没有得到衡量和认可。对此进行改革的动力来自消费者自身发起的消费者导向运动。对此问题的解决方案是一种全新的结构,允许消费者根据自己的意愿雇佣、支付和解雇其员工。

　　对政策分析的建议。首先,政策分析不仅需要考虑政府做了什么,还需要考虑政府没做什么。差距分析是必要的。组织分析应包括不在政府项目涵盖下的人员服务。例如,医院或诊所为没有保险的人提供医疗服务,分析需要将它们涵盖在内,因为其行为将影响与未保险人员有关的结果。但是,政府也能影响不在其项目涵盖范围内人员的结果。例如其定价政策会导致医院将成本转移给他人,包括没有保险的人员。另外,【492】组织分析需要深入到管理的各个具体方面,比如定价和质量控制,以找出影响政策分析的行为。此外,就像定价和质量控制的案例一样,在信息问题中,政策和组织最初的处理方式可能并未正确。之后的应对措施也可能会有失误,但却也是一个能够对结果进行改进的学习机会。在不确定的情况下,行为并不总是能导向一个唯一的、可预测的结果。更确切地说,组织分析提供了相应的方法,以找出影响公共政策的组织行为。

4. 结论

　　早期的政策分析研究单一的政府项目,自然会发现实施组织可能会影响政策结果。由于政策制定本身属于政策分析的范畴,因此组织也可能对此产生影响。本章重点强调除反馈作用外,私人组织在项目发展中发挥了创新作用,以进一步实现其社会变革的愿景。由于政府试图削减社会项目,私人组织逐步介入以满足需求。政策分析不能仅局限于政府开展的活动。主要影响包括两方面:一方面,私营部门进行创新产生的影响,另一方面,政府项目能够影响私人进行的社会项目,有时因组织的应对方式不同,可能产生不利影响。因此,完整的政策分析必须考虑政府内外的社会政策创新及政府和组织对政策的学习,另外不论活动是由政府开展还是私人开展,都应考虑两者对政策的影响。

　　组织的相关研究文献将组织的裁量权作为实施公共政策时的主要挑战。研究分析了组织和政策处理该问题的不同措施,包括组织内部的基层官僚组织和跨组织的多组织网络。尽管裁量权可能是最大的挑战,但仍存在其他问题。本章主要分析了多数服务中出现的信息问题,其结果复杂、难以衡量。组织分析的任务就是找到组织应对信息问题的方式。组织采用的多种具体方式都可能影响政策的结果,本章通过列举定价和质量控制来进行说明。由于政府也有应对措施,因此结果取决于政府行为和组织行为的相互作用。

　　组织实施政府的政策,并同时进行创新,管理多个项目,应对各种挑战。虽然组织【493】与政府签订了服务合同,需要与其合作,但一般来说组织并不从属于政府。相反,组织和政府在政策制定和实施中相互影响。为此,政策分析也必须要与组织分析相结合。

参考文献

Brody, E., and Cordes, J.J. 1999. Tax treatment of nonprofit organizations: a two-edged sword. Pp. 141-75 in *Nonprofits and Government: Collaboration and Conflict*, ed. E.T. Boris and C.E. Steuerle. Washington, DC: Urban Institute Press.

Burke, J. 1987. A prescriptive view of the implementation process: when should bureaucrats exercise discretion? *Policy Studies Review*, 7(1), 217-231.

Burke, J. 1990. Policy implementationand the responsible exercise of discretion. Pp. 133-48 in *Implementation and the Policy Process: Opening-up the Black Box*, ed. D. Palumbo and D. Calista. New York: Greenwood Press.

Considine, M. 2002. The end of the line? Accountable governance in the age of networks, partnerships, and joined-up services. *Governance: An International Journal of Policy, Ad-ministration, and Institutions*, 15(1): 21-40.

——and Lewis, J. 1999. Governance at ground level: the frontline bureaucrat in the age of markets and networks. *Public Administration Review*, 59(6), 467-480.

Dees, J.G., Emerson, J., and Economy, P. 2002. *Strategic Tools for Social Entrepreneurs: Enhancing the Performance of your Enterprising Nonprofit*. Hoboken, NJ: Wiley.

Elmore, R. F. 1978. Organizational models of social program implementation. *Public Policy*, 26 (2), 185-228.

——1979. Backward mapping: implementation researchand policy decisions. *Political Science Quarterly*, 94(4), 601-616.

——1985. Forwardand backward mapping: reversible logic in the analysis of public policy. Pp. 33-70 in *Policy Implementation in Federal and Unitary Systems*, ed. K. Hanf and T. A.J. Toonen. Dordrecht: Martinus Nijhoff.

Goggin, M.L., Bowman, A.O., Lester, J.P., O'Toole, L.J., & Jr. 1990. Implementation theoryand practice: toward a third generation. *American Political Science Association*, 85(1), 324.

Goodin, R.E. 2003. Democratic accountability: the distinctiveness of the third sector. *Archives Européennes De Sociologie*, 44(3), 359-396.

Gunn, L.A. 1978. Why is implementation so difficult? *Management Services in Government*, 33: 169-176.

Hanf, K. 1978. Introduction. Pp. 1-15 in *Interorganizational Policy Making*, ed. K. Hanf and F. Sharpf. London: Sage.

——Hjern, B., and Porter, D. 1978. Local networks of manpower training in the Federal Republic of Germany and Sweden. Pp. 303-44 in *Interorganizational Policy Making*, ed. K. Hanf and F. Sharpf. London: Sage.

Hansmann, H.B.1980. The role of nonprofit enterprise.*Yale Law Journal*, 89(5), 835–901.

James, E.1986. How nonprofits grow: a model.Pp.185–95 in*The Economics of Nonprofit Institutions*, ed.S. Rose-Akerman.Oxford: Oxford University Press.

Lester, J.P., Bowman, A.O., Goggin, M.L., & Jr, L.J.O.1987. Public policy implementation: evolution of the field and agenda for future research.*Review of Policy Research*, 7(1), 200–216.

Lipsky, M.1980. Street-level bureaucracy: the dilemmas of the individual in public service.*Michigan Law Review*, 3(4), 102–104.

——1984. Bureaucratic disentitlement in social welfare programs.*Social Service Review*, 58(1), 3–27.

Mazmanian, D.A., & Sabatier, P.A.1989. *Implementation and public policy, with a new postscript.*Md.: University Press of America.

Minow, M.2002. *Partners, not rivals: privatization and the public good.*Beacon Press.

Ostrom, E. 1998. A behavioral approach to the rational choice theory of collective action. *American Political Science Review*, 92(1): 1–22.

Ostrom, E.and Walker, J.1997. Neither markets nor states: linking transformation process in collective action arenas.*Perspectives on Public Choice A Handbook*.

O'Toole Jr., Laurence J.1997. Treating networks seriously: practicaland research-based agendas in public administration.*Public Administration Review*, 57(1), 45–52.

Pressman, J., and Wildavsky, A.1973. *Implementation.*Berkeley: University of California Press.

Prottas, J.M.1979. People-processing: the street-levelbureaucrat in public service bureaucracies.*Journal of Politics*, 42(2), 715.

Rhodes, R.A.W., and Marsh, D.1992. Thatcherism: an implementation perspective.Pp.1–10 in *Implementing Thatcherite Policies: Audit of an Era*, ed.D.Marsh and R.A.W.Rhodes.Buckingham: Open University Press.

Ripley, R., and Franklin, G.1982. *Bureaucracy and Policy Implementation.*Homewood, Ill.: Dorsey Press.

Ryan, N. 1995. Unravelling conceptual developments in implementation analysis.*Australian Journal of Public Administration*, 54(1): 65–80.

Paul, A., & Sabatier.1986. Top-downand bottom-up approaches to implementation research: a critical analysis and suggested synthesis.*Journal of Public Policy*, 6(1), 21–48.

——and Mazmanian, D.1979. The conditions of effective implementation: a guide to accomplishing policy objectives. *Policy Analysis*, 5(4): 481–504.

Salamon, L.2002. The new governanceand the tools of public action: an introduction.Pp. 1–47 in *The Tools of Government*, ed.L.Salamon.Oxford: Oxford University Press.

Smith, S., and Lipsky, M.1993. *Nonprofits for Hire.*Cambridge, Mass.: Harvard University Press.

Steuerle, C.E., and Hodgkinson, V.A.1999. Meeting social needs: comparing the resources of the independent sector and government.Pp.71–98 in *Nonprofits and Government: Collaboration and Conflict*, ed.E.T.Boris and C.E.Steuerle.Washington, DC: Urban Institute Press.

Stoker, R.1989. A regime framework for implementation analysis: cooperationand reconciliation of federalist imperatives.*Policy Studies Review*,9(1):29-49.

Thompson,F.J.1982. Bureaucratic discretionand the national health service corps.*Political Science Quarterly*,97(3),427-445.

Urban Institute 2002. *The New Nonprofit Almanac*.Washington,DC:Urban Institute Press.

US Social Security Administration 2002. *Social Security Bulletin:Annual Statistical Supplement*.Washington,DC:Government Printing Office.

Van Meter,D.,and Van Horn,C.1975. The policy implementation process:a conceptual framework.*Administration and Society*,6(4):445-88.

Younis,T.,and Davidson,I.1990. The study of implementation.Pp.3-14 in *Implementation in Public Policy*,ed.T.Younis.Dartmouth:Aldershot.

第 24 章　公私部门协同

约翰·唐纳胡（John D.Donhue）、理查德·济科豪瑟（Richard J.Zeckhauser）

1. 引言

经济学家致力于对公共政策分析做出贡献,他们做得最多的是努力确定适合政府 【496】
施行的目标(福利经济学领域),并指导跨领域的资源分配相互竞争的需求(成本分析
领域)。然而,对于一个同样重要的补充性分析任务来说,其旨在为方法的选择和管理
提供信息。例如,一旦被确定为需要大笔开支的职业工人的再培训,分析师的工作就无
从谈起。政府是应该自行展开培训项目,与社区组织签订合同,向下岗工人发放代金
券,还是利用税收诱使企业提供培训? 在处理公园管理,外国援助或者肾透析问题时,
有哪些原则能够告诉我们——政府直接供应、委托私人非营利组织或营利组织——这
里面哪一个是最好的管理方式?

善治需要选择正确的实施模型和目标。可替代这类模型的种类越多,指导任务分
配的分析工作就越重要。随着政府越来越多地与私人参与者共享集体行动阶段(这些
参与者既有营利性的也有非营利性的),分配问题的解决——"谁应该做什么?"变得更
加复杂且重要。本章探讨了一种特殊的公私协作形式,我们称之为"协同治理"。这里
对该名词的定义是:通过吸引政府之外的生产者的努力参与,并和与他们分享自由裁量
权,来实现追求权威的公共目标。

接下来的部分将详细阐述定义和区别,但是在开始时需要一些基础知识。在操作 【497】
自由裁量权的分配上,协同治理与单纯的契约化及慈善是有区别的。一份单纯的服务
合同赋予政府一切自由裁量权,而纯粹自愿的条款赋予捐赠者所有的自由裁量权。在
这两个极端情况下,战略互动是相对稀少的。相比而言,在我们所谓的协作治理中,每
一个政党都有一种定义方法,不仅定义了实现该目标的手段,而且还定义了该目标本身

的细节。这其中产生的收益关系有望增强公共使命可用的能力(无论是财政的、生产性的还是两者兼备的),增强执行此类使命的灵活性,但代价是更模糊的权威和更复杂的战略。

虽然证据不完整,但在美国,涉及非政府参与者的安排在授权指定的公共行动中所占比例似乎越来越大,而且人们有理由相信,更狭义的协作治理类别也在增加。尽管其他国家的数据仍不完善,但在发达国家和一些发展中国家,协同治理似乎呈现一种广泛共享的趋势。

本章首先对相关文献进行了简要的概述,然后记录了私人参与公共事业的规模(这比协同治理的范围更加广泛)——为了当前的目的,用各种标准来解释其必要性。接下来的部分将协同治理与公私合作的其他分类进行更加细致地区分,并将其置于集体行动模型的范围内。最后,本章讨论了在追求公共目标时共享自由裁量权的一些动力,并指出通过合作手段推进任务时对政府的影响,特别是对公共部门的分析和管理需求的影响。

2. 相关文献简要概述

尽管我们可能对协同治理的概念以及具体的术语并不熟悉,但是通过许多学科(包括政治学、经济学、公共管理和行政法)中的大量研究工作可以阐明这一现象。在政治科学中,前期的文献包括:对动态联盟以及政治多元性研究的工作(Dahl,1961)。①

【498】 社会资本的概念可以用来阐释合作中的黏合机制以及文化背景的特征,从而改善或者恶化合营企业的赔率。在网络上,有一份完善的文献涉及与本次话题相关的主题。② 曼瑟尔·奥尔森(Mancur Olson)的"集体行动逻辑"(Logic of Collective Action)为协同的形成和演变提供了一个既简洁又完善的框架(Olson,1965)。罗伯特·阿克塞尔罗德(Robert Axelrod)研究了有利于合作的条件和行为(Axelrod,1984)。威廉·乌奇(William Ouchi)在一篇文章中探讨了参与者在集体努力中的规范性共识以及由此产生

---

① 达尔与林德布洛姆(Dahl 和 Lindblom,1953)合著的书中,在"多元控制"制度和"价格系统控制"制度之间进行了有趣的区分。他们将多元政权控制制度视为处理与政府机构有关问题的方法;协同治理将私人机构引入这一领域。

② 该文献中的经典之作是 1982 年的"诺克和库克林斯基"(Knoke 和 Kuklinski);最近有影响力的作品是在 1997 年由罗立(Rowly)贡献的。在一个与协同治理关系密切的网络文献的例子中,麦奎尔(McGuire,1993)认为,一个非正式的网络发端主要来自法学院的精英们(非营利性的组织),他们是在法庭上经验丰富的办事员,或者在总检察长办公室(政府)任职,他们或者是目前在哥伦比亚地区最高级别的法律合作(私人的)中工作的成员,或者具有该类潜力,这些人具有特殊专长,并在司法部门的高层对该机构具有特殊影响。

的目标一致性,这一结论广泛用于(虽然远远未到普遍适用的程度)弥补基于市场和基于规则的社会协同的缺陷(Ouchi,1980),而且这篇文章的内容也被一些重要的文献所引用。而涉及合作主义的广泛理论性文献和实证文献也与之密切相关。① 政府与私人部门之间的病态互动形式(即从典型的腐败到国家社会主义和裙带资本主义)也是值得注意的。可悲的是,这些实证性的记载是十分广泛的,但好在它们被充分地记录下来了(例如 Steffens,1904)。

　　法律学者对协同治理的相关课题进行了广泛地探讨。马克·弗里德兰(Mark Freedland)试图在公共财政计划(Public Finance Initiative)中利用分析的规则,该计划始于 20 世纪 80 年代玛格丽特·撒切尔(Margaret Thatcher)保守党执政时期的英国,旨在招募私人资本进入公共服务,并在工党接任者的领导下得以继承和发扬(Freedland,1999,145-168)。乔迪·弗里曼(Jody Freeman)在 1997 年的一篇文章中使用了与我们相同的术语(尽管她的定义与我们不同),该文章将协同治理作为一系列监管改革计划的通用标签。这些计划包括美国环保署(Environmental Protection Agency)的"特大号计划"和职业安全与健康管理局(美国)(Occupational Safety 和 Health Administration)在缅因州的 200 次实验,它们的共同特征包括:机构自由裁量权、协商规则及其应用、条件监管的许可范围远远大于传统行政方法所允许的范围。然而,弗里曼认为坚持明确的政治问责界限这一保守论调已经过时,阻碍了更加大胆的尝试。弗里曼还呼吁机构的自由裁量权要有更大的容忍度,并且发展一种更丰富细致的问责机制(Freedman,1997)。玛莎·米诺(Martha Minow)研究了营利性和非营利性的私人实体参与教育、医疗、福利、法律服务以及其他公共事业的情况。她呼吁学者"确保我们的体制展现出公共与私人、宗教与世俗以及营利与非营利之间的冲突与紧张,而不是掩盖它们的存在"(Minow,2002,171)。(我们认同这一目标,并且致力于推进实现这一目标。)

　　经济学中相关的传统知识包括博弈论(特别是对联盟和协商议价的分析)和基于 【499】交易成本的经济结构理论,这些经济理论源于科斯(Coase)在 20 世纪 30 年代的研究成果(Coas,1937)。关于委托代理关系的文献是复杂多样的,它们阐明我们所提出的协同治理的定义(以及它与其他集体行动模型的区别)和特定协作的动力(Pratt 和 Zeckhauser,1985)。在"新制度经济学"的标签下聚集形成的概念和分析方法的组合与奥利弗·威廉逊(Oliver Williamson)所提出的理论密切相关,而且该理论阐明了跨部门生产安排的结构、功能和弱点。朱利安·格兰德(Julian Le Grand)采用了威廉逊理论中的

---

　　① 卡耐基国际和平基金会(Carnegie Endowment)的玛丽·奥塔韦(Marina Ottaway,2001)明确地描述了(和批评)了全球契约(Global Compact),它是国际层次上协同治理的典范,也是经典社团主义的线性产物。

"准市场"概念,对英国后撒切尔时期的私人教育、健康、住房和其他社会服务进行分析(Le Grand,1991,1256-1267)。社会学家维克多·倪(Victor Nee)跨越到经济学领域,借鉴并补充威廉逊和奥尔森等人提出的理论(Nee,1998)。

与企业的联合以及战略合作有关的文献——涉及经济学家、商业学者以及组织专家的研究领域——出乎意料地丰富了与协同治理安排相关的材料(Olson和Zeckhauser,1996;Sandler,1992)。自20世纪80年代末以来,这类文献特别活跃,与此同时,企业之间互动的新模型在现实社会得以实践。由法罗克·康塔科特(Farok Contractor)和彼得·罗伦吉(Peter Lorange)编辑的1998年卷标志着将社会科学概念应用于私营部门的早期尝试,这种现象即企业联盟,其与协同治理有一些明显的关联(Contractor和Lorange,1988)。布鲁斯·科洛特(Bruce Kogut)于20世纪80年代末在一个具有影响力的期刊上发表了文章,这篇文章列举出了一系列研究企业联盟涉及的关键分析框架(Kogut,1988)。《组织科学》(Organization Science)的一个特别版致力于介绍当代有关商业协作和战略联盟的经验和分析工作(Koza和Lewis,1998;Arino和De La Torre,1998;Madhok和Tallman,1998;Smith,Carroll和Ashford,1995)。

在公共管理文献中,与协同治理有关的概念已经深深融入到主流中。"新公共管理"着重于以间接的、协作的方式完成公共工作。尤金·巴达克(Eugene Bardach)在政府机构之间的合作方面做了大量的实证性和概念性工作,而其中一些经验也适用于跨部门协作(Bardach,1998)。几十年以来对"公私合作关系"的评价与议论为研究协同治理提供了前提(Brooks,Liebman和Schelling,1984)。史蒂文·拉特格布·史密斯(Steven Rathgeb Smith)和迈克尔·利普斯基(Michael Lipsky)仔细研究了美国实施社会福利政策时非营利组织进行的合同化招募(Smith和Lipsky,1993)。唐纳德·凯特尔(Donald Kettl)在最近发表在《公共管理评论》(Public Administration Review)的论文中总结了长达一代人的转型,这一转变"在很大程度上得到了发展……政府及其他政府部门,私营公司以及非营利性组织共同承担责任"(Kettl,2000)。莱斯特·萨拉蒙(Lester Salamon)编辑的雄心之作——《政府的工具:新治理指南》(The Government:A Guide to the New Governance)基于这样一种观念:我们所说的协同治理安排正成为一种

【500】 常态。"对于许多较新的公共行动工具,其独特之处在于它们与第三方参与者共享一个更为基本的政府职能:在公共权力的使用和公共资金的支出这两块,行使自由裁量权"(Salamon,2002;Kelman,2002;Posner 2002;Groenbjerg和Salamon,2002)。

3. 直接和间接的政府行动

私人参与政府事业既不新鲜也不罕见。事实上,很难想象有将国家和市场组织合

理融合于一体的方案,没有在特定的时空条件下实践运用。那些将公共事务视为(直到最近)国家专属领域的人可能会考虑到:比方说,罗马帝国税收管理的方案(委托给私人税收代理人)(Finer,1999),或者传说中英国东印度公司的历史(经常被视为是英国政府的延伸),或者约翰·皮尔彭特·摩根(J.P.Morgan)为了解除金融恐慌进行的私人改革运动(大约一个世纪之前就预测到了艾伦·格林斯潘(Alan Greenspan)进行的运动)(Means,2001,128-130)。人们所不熟悉的圣路易斯密苏里河裘皮公司(St Louis Missouri River Fur Company)的故事也有重要的指导意义。这家私人公司成立于1808年,由威廉·克拉克(William Clark)——"发现之旅"的前联合领导人——担任主要合作伙伴。次年,梅里威瑟·刘易斯(Meriwether Lewis)(克拉克的前合作人,后来担任路易斯安那州的州长)聘请该公司对曼丹印第安人执行武装外交任务。在托马斯·杰斐逊(Thomas Jefferson)总统明确的授权下,这份以奖励其表现为主的合同,似乎一直沿用至今(Ambrose,1997)。

实际上,每个国家的集体行动模型的全部参与者,都是由国家和市场组成的混合体缔造而成,但在不同的地点(我们的观点)和时间,参与者偏好会有很大的不同。突出的私人角色是历史常态,但是在20世纪中期,在中央国家权力特别牢固的背景下(特别在美国),这些角色似乎是具有一些新奇的特点。

1930年,美国联邦政府的支出占国内生产总值的比例不到4%。而在15年内,美国新政和第二次世界大战促使美国联邦政府所占份额超过了44%。但即使在战争潮结束之后,联邦政府的支出很少低于国内生产总值的15%,本世纪下半叶的平均值是19.8%(行政管理和预算局,2004a)。这不仅仅是关系到武装部队(以及他们的文职人员)扩张,以应对冷战热战的问题。在1940年和1978年之间,除去军队和整个民防设施,行政部门的工作人员数量大约增加了两倍(从40万左右增加到120万左右)(行政管理和预算局,2004b)。在20世纪中叶,中央政府的全盛时期,量变引起质变,将持久的模式刻到组织结构、行政程序以及学者和实践者的思维中。

中央政府的支配时期相对短暂;在20世纪结束之前,出现了一种反趋势。尽管比起在20世纪80年代早期,美国政府的总支出达国内生产总值的三分之一这一水平,只是略有回落,但是公共支出水平的相对停滞掩盖了20世纪中叶模式的衰退。撒切尔和里根发起的意识形态反击太常见了,无需进行审查,但是其他因素仍然起作用。在某些方面,中央政府的衰退不容易准确估量。例如,在"越南事件"和"水门事件"事发之后,公众的信任以及政府的道德权威遭受了损失,冷战结束后(简单地说,现在出现了)削弱了维持大规模防御能力的理由。不过,其他的理由是十分清晰的,其中之一便是政府权力从华盛顿转移到城市和各州。从1947年到1960年,联邦支出大约占美国公共支

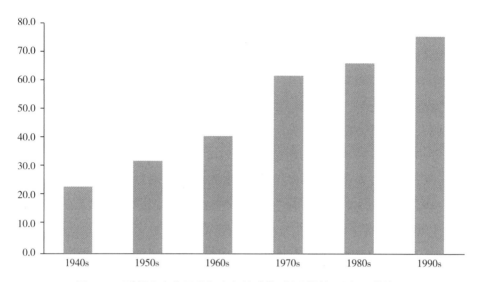

图 24.1　联邦支出中平均每十年的赠款、福利付款、利息和其他以
股份形式进行的财政转移均值（1940—2000 年）

【501】

出的四分之三，但是从 1999 年开始所占比例少于三分之二（行政管理和预算局，2004c）。另一个理由是财政转移的份额在联邦预算中所占比例逐渐增加，这与预算内的具体计划活动不同。在 20 世纪 40 年代，社会保险支付、政府间赠款、偿债以及其他购买力的重整略超过联邦政府支出的 20%，到本世纪最后十年，平均值增长到 75%（行政管理和预算局，2004d）（图 24.1）。

【502】　　在仍然承担公共责任的企业中，私人角色的增加进一步削弱了中央政府的作用。许多公私合作的例子（例如政府采购商品和许多明确的服务）不应被理解为协作治理，我们下面会讨论到这点。此外，一些被准确定义为协同治理的领域（例如，具有共同自由裁量权的监管模式）没有留下明确的财务痕迹，因此不会出现在基于预算的衡量标准中。更广泛地说，在我们所谓的拥有混合组织和模糊责任的美国"混合经济"中，对于界定公共领域和私人领域方面存在着系统性的困难，这些困难既有实践上的又有概念上的（Zeckhauser，1986，73）。然而，私人进行公共工作具有更广泛的领域，这与公共部门自身不断变化的背景不同，了解该领域规模和概要是有用的，这是描绘公共部门内部更具体的协作治理关系的先决条件。

　　*政府就业与公共支出有关。*从 1962 年到 2002 年，公共就业和支出的一致性数据是可供使用的。在 20 世纪 60 年代末，包括穿制服的武装部队成员在内的公共部门就业总人数（联邦、州和地方）达到了近 20% 的经济就业率。（当武装部队被排除在公共和整体非农就业人数之外时，高峰期会来得更晚，高峰值会更低，后来在 20 世纪 70 年

代中期约占劳动力的 17%。)在后来的几十年里,政府所占劳动力的比例普遍下降。在 20 世纪 90 年代末,该比例略超过 16%,而在不包括军队的情况下,其比例仅高于 15%。(在 21 世纪初期,这两项在一定程度上有所增加。)然而,作为间接生产的衡量标准,政府就业比政府支出更为有用。如果政府不那么依赖自己的工人来完成公共任务,那么相对于经济中的公共份额,公共就业份额应该会下降。

在 20 世纪 60 年代中期,政府总支出占国内生产总值的四分之一,但从 20 世纪 70 年代中期到 90 年代中期,多数年份的政府支出增长到 30% 以上。在 2000 年和 2001 年,支出下滑至国内生产总值的 28%。因此,近几十年来公共劳动力相对于政府经济权重来看,规模确实有所下降。图 24.2 跟踪了这一趋势。如果公共劳动力与公共支出保持同步,图 24.2 将有两条趋势(Xat)线(一条用于描述包括武装部队在内的公共就业,另一条用于描述单独的平民就业)。在 20 世纪 60 年代的大部分时间里,政府声称每 10% 的经济增长需要超过 7% 的劳动力。自从 20 世纪 80 年代初以来,政府劳动力在全部劳动力中所占比例不足 60%,这也相当于其在经济中所占的比例,意味着公共部门员工与政府在经济中所占份额的比例下降了 15%。这为间接政府行动的兴起提供了一个粗略的指标。这种转变是温和的,而且自 20 世纪 90 年代中期以来,这种温和的反趋势似乎一直在起作用。

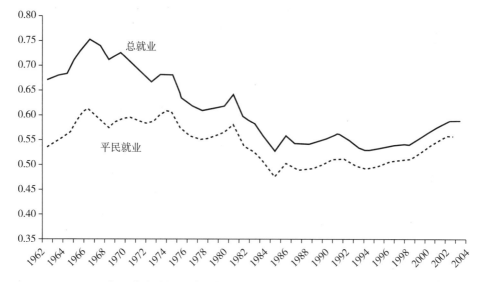

图 24.2　与公共支出相关的公共就业(占总就业的比例)(1962—2002 年) 【503】

资料来源:行政和管理预算局(OMB)财政预算 04,历史表 17.5 和 15.3;成本效益分析(CEA)企业资源规划 (ERP)表 B-36。

政府为员工和外部服务支出。 公共就业和支出之间的关系仅是间接治理的粗略衡量标准,因为这种关系受到政府任务变化的影响,而不仅仅是受政府执行这些任务的

方法的影响。特别是"支票支付"活动的相对增长(特别是社会保障、医疗保险、其他政府补助和偿债)应该会降低工人与支出的比率,因为对以美元支付的工人来讲,对于支票支出的需求几乎没有。这种转变并不意味着间接治理的增加。更精确的衡量标准是将政府在员工薪酬方面的支出,与为获得政府外部代理人的服务而产生的支出(通过拨款或合同)进行比较。不幸的是,即使是在有大量文献记录的美国,也没有官方的数据追踪这种关系。

最近的一项研究试图估测:在 20 世纪后四十年里,政府支出中的外部服务费用(而非员工薪酬)在服务支出所占的份额(Minicucci 和 Donahue,2004)。该研究利用美国商务部经济分析局的国民收入和生产账户(NIPA)数据进行估算,这类数据需要进行大量改进,以便对直接和间接服务支出进行有效推断。但是,它们确实使得在州、联邦或地方政府控制下的活动,与转移支付或政府间赠款,相互之间能够进行区别,而直接或间接生产的选择通常并不具有意义。

这项研究的结果表明政府直接生产的倾向有所减少。但是,随着时间的推移(在 20 世纪六七十年代向政府直接提供服务转变,转变较为温和,之后向外部供应商转移)和政府的层级不同,这种趋势也随之改变。与联邦部门相比,州和地方部门对外部服务 【504】 供应商的依赖程度较低,但是,随着时间的推移,他们的这种依赖性增长得越来越快。更重要的是,在 1959 年,非雇员占公共服务支出的比例接近四分之一。到 2000 年,这一比例有所上升,但仍略低于 32%。换句话说,在 20 世纪末,美国公共服务的外部供应商出现了转变。这一传统的观点正确描述了转变的发生迹象,但是夸大了其规模。

*税收支出。*作为雇佣员工或支付非政府组织费用的替代方案,政府可以通过操纵税收制度来诱导个人或私人组织改变他们的行为,从而以服务于特定的公共目标为目的,来推进一项使命。例如,慈善捐款,员工健康保险费用和学生贷款利息均以纳税人的边际税率进行补贴。"税收支出"——这种条款的艺术术语——构成了间接治理的一个重要类别(Howard,2002)。关于税收支出存有很多争议:一些批评家质疑这一术语,它倾向于暗示政府对公民的资源拥有优先且无限的权利要求。另一些人则认为,如果取消一项具有法律约束力的义务是,条件是债务人采取某些特定行动,则该交易实际上等同于支出。在涉及较少认识论的层面上,税收支出的效率、透明度和公平性也引发了激烈的争论。我们不在这里讨论这些争辩——尽管我们认可它们的重要性——而是只关注规模的问题。

在美国,法律要求总统确定和估计税收支出的规模,这包括优惠税率、信贷、延期、免责、豁免和扣减。美国行政管理和预算局(OMB)将此类账户视作每年预算增编的分析视角的一部分(OMB,2003)。国会税收联合委员会的工作人员使用大体上相同的概念和数据,编制自己的联邦税收支出年度统计(Joint Committee,2002)。多数情况下,多数年份中,这两份报告几乎没什么不同;这里使用的是美国行政管理和预算局所提供的数据。该数据提供了对特定税收优惠的估测,例如,允许神职人员将牧师津贴排除在他们应征税的收入之外。而且将该优惠划分为一般用途(如"国家安全"、"能源"和"教育"),大致类似于行政管理和预算局用于直接支出的会计类别。税收支出是根据估算收入损失和"支出等价物"来衡量的。①

　　商业、教育、能源、卫生和公共服务部门、住房以及城市发展部门,这五个民用部门可以将直接部门支出和同时用于平行任务的税收支出进行比较。我们以五年为间隔,【505】对 1975 年的支出和税收进行了规模比较。近至 1975 年,这五个主要联邦活动领域的税收支出只有直接支出的 38%。到 1980 年,税收支出已经增加到直接支出的 92%,而自那时以后就一直维持到大致相当的水平(OMB,2004e)。在 2000 财政年度(五个部分的加权平均值为 90%),税收支出相当于能源部门直接支出的 18%,卫生和公共服务的 38%,教育的 49%。在住房和城市发展部,税收支出超过支出的四倍;在商务部,则是 17 倍。同样,我们没有讨论将税法作为集体行动支点的优点,但是仅仅通过观察发现,至少在美国联邦政府的某些领域,这种方法在数量上是显著的。

4. 间接政府行动的原理和风险

4.1 私人参与公共任务的动机

　　适当纳入非政府行为者进入公共事业,来提高创造公共价值的绩效。无论合作模式是协同治理,还是更常见的契约形式和唯意志论,这一核心理论都适用。私营实体在几个方面(部分重叠)可能比政府组织更有优势。

　　资源。当政府本身缺乏完成某些任务所需的资源(或调用资源的能力)时,或者这是援引私营部门参与合作的最简单的理由。原则上可以确定的是,"政府资源"是一个不精确且弹性的范畴。至少在自由民主的政府中,政府"所有"的东西只是替代公民进行管理,而不是出于自己的利益。政府对资源的掌控,不是通过其支撑债的资产净值

---

① 《政府工具:新治理指南》(牛津大学出版社,2002 年)中的章节,作者 Ruth Hoogland De Hoog 和 Lester M.Salamon,"购买服务合同",319—339;以及 Steven J.Kelman,"制定合同(Contracting)",282—318;Paul L.Posner,"第三方政府的问责挑战",523—551 的内容与我们的主题特别相关。另见 Kirsten A.Groenbjerg 和 Lester M.Salamon,"进化、市场化,与政府形态的变迁"(Salamon,ed.),《非贫困的美利坚合众国》(布鲁金斯学会出版社,2002),447—470。

或者担保品来衡量的(如家庭或者企业),而是根据公民对税收的容忍程度来衡量的,这包括了公共债务中隐含的未来税收。因此,关于政府资源不足以实现某些公共目标的声明就会转化为以下一项或多项声明:

● 公民们不愿意通过税收提供收入来资助这项特定的事业——如果要严格执行这一方案,公民就会质疑该项任务是否被准确地贴上了"公共目标"这一标签。

[506] ● 公民没有被要求为这一特定目标提供指定的资源,因此我们无法评估公民是否有意向为此付费,但是他们对待税收的容忍度已经耗尽,或者几乎耗尽。也就是说,他们不希望以这种方式花费更多的政府资金。如果无法确定该企业可供选择的、预先存在的资金索赔,或者如果这种判断没有导致税收收入的重新分配,则对总体征税的最高限额可能是对这一承诺的有约束力的限制。

● 程序性障碍(预算规则,债务限额)阻止了为此目标增加资金,这资金没有考虑其优点以及资源不能偏离其他项目的问题。

● 公民愿意为这项任务投入资源,但是仅靠公共资金来实现这一目标还不够,只有通过注入非政府资源,或私人参与以提高业务效率的方式,降低政府承担的费用,从公众的角度下,这才算满足净效益的测试。

● 公共项目在某些方面提供的利益,对一些特定群体来讲是十分狭隘的,以至于选民认为主要受益者应至少支付一部分,并且除了这些条款所规定的部分外,不愿意为这些项目提供资金。

生产力。 间接政府生产的第二个基本原理是,外部代理拥有政府所缺乏的生产能力。没有人建议政府自己造卡车,同样的逻辑也能适用于经营养老院。通过与企业或非营利组织合作,政府可以利用它们的效率优势来提高绩效,或降低成本,或两者兼而有之。这一理论的一种变体是强调技术诀窍,专有知识资本或其他可转移能力的具体实例,这些能力恰巧存在于私人部门而不是政府部门。另一个变体更加有趣,它强调私人组织形式固有的生产力优势。所以会产生这种优势,其潜在原因人们是很熟悉的,即对利润动机(关于营利性)和程序灵活性(关于营利和非营利)的集中刺激,超出司法边界以收获经济规模与范围的能力,以及关于质量性能将影响扩张、合并或者消亡的可能性的预期。私有生产力的优势越重要,越"嵌入"式,就越有理由授权、协作或者共享生产。

信息。 即使政府的资源不再受到限制,其生产率也不低于私营部门,对于政府来讲,当没办法获得相关信息,或信息成本高得望而却步时,私人参与也可能是必要的(Coglianese,Zeckhauser 和 Parson,2004)。执行公共任务所需要的信息类型——例如,在特定工业过程中减少污染的最便宜方式,或赋予工人特定技能的最有效方式——通

常体现在私人组织中,不像电脑、卡车或者软件程序一样简单就能买到。

合法性。如果一项特别的任务不适合政府自己执行,那么私人参与可能会提高该 【507】
事业的合法性。如果我们能用无可辩驳的理由来说服药物滥用者通过寻求更高权力的
帮助来克服毒瘾,这将产生重大的公共利益。我们可能仍然更希望政府鼓励,甚至资
助,诸如“匿名戒酒互助会”这样的团队来做这项工作,而不是建立一个祷告部门。合
法性可能向反方向发展。美国国家艺术基金会(National Endowment for the Arts)的一笔
赠款虽然不太可能很丰厚,但它帮助非营利性艺术组织展示了其对潜在捐赠者的吸引
力。当然,在一种文化中、一个时间点可以被完全接受的政府活动,在另一个时间或地
点来看则超出界限。如果政府受到公民的系统性轻视,比如对失败的国家或腐败的政
府来说,与私营部门的合作可以在不受任何特定任务因素影响的情况下巩固其合法性。

正如这些事例所示,私有参与的理由随着时间和地区的变化而变化。公司或非营
利性组织因分担责任而得到的潜在利润,无论是在资源,生产力,信息还是合法性方面,
都取决于政府的相对弱点。例如,随着美国劳动力市场顶层薪酬的飙升,在上个年代的
大部分时间里,政府招聘和留住人才的难度越来越大,特别是技术培训和更高级别职位
(参见唐纳修即将出版的书)。如果这种人员赤字以某种方式得到扭转,它将对很多相
对容量的指标进行大幅度的重新排序。契约、协作或其他形式的委托中存在的潜在支
出,将随着时间的推移而变化,并且从一个政体变化到另一个政体当中。

4.2　私人参与公共任务的风险

间接政府行动能够扩张资源,提高效率或者促进一项事业的合法化(与纯粹政府
基线活动相比)。然而,这里也引入了一系列潜在的损失,通常被称为“代理成本”。也
就是说,应该按照政府要求行事的私营部门代理人可能不会忠实地履行公共的使命。
我们绝不是说直接政府行动可以规避机构成本——民选官员和政府工作人员确实以牺
牲公民利益为代价来追求自己的前程——而是说跨部门边界的关系需要不同类别的代
理成本:

·削弱控制力。除了最简单的服务契约形式之外,间接行动明显削弱了政府在界
定任务、指导手段或两者兼而有之方面的权威性的垄断。除了这种公开且可接受的对
自治权的稀释之外,间接行动还涉及未预料到的或未被承认的失控风险。

·更高的支出。间接生产有时可能比预期的花费更多,而且可能比直接生产更昂 【508】
贵。这可能是因为对私人生产力优势的错误预测;因为交易成本;因为控制权的稀释导
致对任务有了不同且花费更多的定义;或者因为私人参与者从他们的政府合作伙伴那

里利用和得到资源(严格地说,只有后两类是机构损失,但所有这些都可能成为公共预算的负担)。

· *声誉弱点*。大多数形式的间接行动使政府面临一些风险,即其代理人的行为将对其声誉产生不利影响。(当然,私人合作伙伴在政府和其他私营部门参与的合资企业中也有着类似的弱点。)在2003年入侵伊拉克之后,过度扩张的美国军队在后勤、安全、翻译和其他方面过度依赖私人承包商。从法律和预算的角度来看,美国士兵和美国军事承包商之间有着明显的区别,但是伊拉克人和伊斯兰冲突观察员认为并没有这样的区别。伊拉克人大肆宣传美国人在阿布格莱布监狱(Abu Ghraib prison)中虐待被关押的伊拉克人的行为,这严重损害了美国在伊斯兰人眼中的形象,这种形象可能会持续几十年。多份报告表明,阿布格莱布的私人承包商至少应该对一些虐待行为负责(Cushman,2004)。

· *削弱能力*。在某些情况下,选择间接生产可能会阻碍甚至阻止对直接政府行动能力的维持。任何承包商都知道,今天的合同倾向于在明天的合同上建立市场力量。在某种程度上,政府变得依赖于私营部门的能力,这使得它在未来与代理人的谈判中处于不利地位。"路径依赖"为直接交付模式的恢复带来的阻碍是微小还是深远的?依赖外部能力会带来的未来成本是多还是少?这将取决于每个案例的细节。

5. 筹划协同治理

协同治理适合用于构建集体行动的各种模型范围的哪些方面?我们的目标是划出精确的界限,而不是给出模糊或者边缘的相关性。锚定协同治理的一个步骤是将"治理"解读为处理与政府相关的公共目的。本质上,无论个人目的多么有价值,多么遥远,多么复杂,其编排都是不同的。(当然,这一概念中存在循环因素,因为对"公共性"的定义一部分参考以市场为导向的集体行动的能力和不足。)除了这种不精确的边界条件之外,还有许多潜在的维度可以定义协同治理。下面我们列出来六个有启发意义的例子:

正式手续。协同关系可以制度化,其范围可以从正式合同(或同等合同)到非正式的协定,再到默契。许多重要的协同治理关系是非正式的。例如,艾森豪威尔所确定的"军工联合体"以军事合同为依据,但是其主要工具不太会出现在纸面上,这些工具包括游说努力、历史先例、人际关系等。虽然仅仅由绅士协议和隐性文化规范所巩固的合作可能很重要,但它们很难分析,甚至难以识别。因此,我们关注的是那些具有某种形式特征的存在。

　　*持续时间。*有一个极端是治理安排应该是永久性的(或至少是无限期的);另一个极端是在解决危机或目标达成后立即解散的临时合作。短期的安排常常出现在戏剧性的背景下,因此在常见的合作列表中占据重要位置。然而,在其他条件相同的情况下,更长期的合作似乎证明更有可能具有重大意义。

　　*焦点。*协作可以通过狭义的结构来应对单个共享挑战,也可以通过更广泛的设计来解决协作各方共同关心的一系列问题。焦点可以按时间顺序扩大,在完成旧任务时承担新的任务,或者同时追求一系列任务。

　　*参与者的多样性。*参与机构之间最低程度的多样性是协同治理的基本要求,这些参与机构至少有一个公共机构和一个私人机构。除了这个基线以外,协作可以或多或少地显示出内部差异。例如,私营企业可以是营利性的或非营利性的,或者(就像美国的医院部门一样)兼而有之。在一个国家里,"高层"机构之间(例如,美国联邦政府、沃尔玛和联合劝募会)的共同努力所具有的多样性,比加尔各答市政当局、东芝以及无国界医生组织之间的协作多样性要少一些。

　　*稳定性。*如果其成员有共同的目标,并且可能在成员的规范或利益分歧的情况下产生波动,那么合作将是稳定的。在不太稳定的合作中,围绕分工的矛盾可能会阻碍合作的扩大,这意味着必须投入大量的精力来维持协作本身。

　　*自由裁量权。*在验证任务、评估结果、触发调整等方面,谁来掌握大局? 换句话说,是谁在利用谁? 一个采用二部模型的测试似乎是必要的。首先,作为协同治理,自由裁量权的很大一部分必须是由一个对公众负责的参与者来承担。虽然在战略上来讲目标规范是一个复杂的问题,但正如后面各节所探讨的那样,政府授权的单位通常会对所追求的目标和评估进展的标准作出最后决定。如果政府存在缺席、软弱或者不民主的现象(我们承认这不是一个干净的标准),这种情况就不太可能成立。因此我们的协 【510】同治理概念主要是一种相对健康的政治现象。其次,每一个合作方都必须具有一定程度的自由裁量权。如果私人参与者仅仅通过完全指定的合同或其他方式,来执行政府指令,那么这种关系就不是协同治理了。

　　实际上,自由裁量权的分配是将协同治理与其他形式的公私合作分开的最有效的区别。一方面要考虑到企业的慈善捐款。公司在慈善捐赠方面享有广泛的自由裁量权,它们的选择被假定为出于税收目的的"公共利益"。当然,这是有限度的。根据现行法律,慈善扣除额不能超过应税企业收入的 10%(这一限制很少受到约束)。对于赠送给政党或首席执行官无能表亲的礼物,是不能要求扣除的。但是,尽管股东们可能会对董事长的母校、地方马球联赛或外来宗教派别的拨款问题吹毛求疵,但是对政府来讲,除了试图抹黑慈善机构本身之外,没有资格抱怨。作为一个被动而沉默的合作伙伴,公共部门是承担者的一方,交出本可以获得的收入。毫无疑问的是,这种安排使得浪费情况或者琐碎事项存在,但有充分的理由保护捐助者的自由裁量权,不让政府对任务的是非曲直进行事后批判。这样一来,举例来说,政府就会发现自己没有立场宣传哪些宗教可以接受,哪些宗教不可以接受。(2004 年,得克萨斯州的监察官试图剥夺美国最古老的宗教派别之一的唯一神论的免税地位,认为它有过度异端邪说,但是出现了相对温和的地方性抗议和更大范围的全国性哗然,所以政府重新考虑(Herman,2004))。

相反,设想一下一个市政府与私人废品公司签订合同。该公司的任务是收集垃圾并将其倾倒在垃圾填埋场。这一任务是由政府明确地、完全地控制,其动机是为了获得最大的收入(更少的成本)作为回报。如果在合同续约时,政府希望在星期五而不是星期三收集垃圾,或者希望处理垃圾的方式是焚烧而不是掩埋,那么它就可以自由地修改任务,而公司唯一合法的要求就是合理地支付其工作费用。私人经营者只是单纯的代理人,而自由裁量权则取决于政府。否认代理人的计划——例如,购买最便宜的处置方案的权利——首先就排除了聘请私人代理商的部分理由。但是在公私互动的许多领域,这种一边倒的自由裁量权既是平常的又是慎重的。

我们没有解决纯粹唯意志论或纯粹契约论所涉及的无数复杂问题,也不认为完全私有或完全公有的二元分配是正常情况。我们的目标是划分协同治理所在的领域,并强调分享自由裁量权这一行为既丰富了公私合作的潜力,又大大增加了其复杂性,不仅在应用中是如此,分析中也是如此,在下面的讨论中还引用了一些例子,更具体地进行介绍。

6. 例证

【511】 可以提供一个几乎无穷尽的列表,上面全部都是有资格作为协同治理的措施安排。我们根据基本的标准,选择一些例子在这里进行概述,它们说明了协同治理的不同侧面。

*纽约市的公园管理部门。*到 20 世纪 80 年代初,纽约市放弃了对公园的管理。虽然在大多数状态下,公园管理部门并没有功能失调,但该部门还是被它自己的任务所压倒。由于纽约 20 世纪 70 年代中期的财政危机限制了该部门的资源,肮脏且经常发生危险的公园成为了城市衰落的象征。在压力下的即兴发挥最终产生了一种策略,即邀请私人参与公园升级、维护和管理。

这种参与形式广泛,包括传统的志愿主义("公园之友"组织清理垃圾或监督附近公园的游乐场)和传统的外包(承包特定的维护任务),还有包括以分享自由裁量权为特征更为复杂的安排。在纽约最著名的公园——中央公园里,由关心此事的市民组成的非正式团体在部门官员的积极鼓励下,联合起来成立了中央公园保护协会,这是一个私人非营利组织,在 20 世纪 90 年代末被赋予管理公园的正式职责。布莱恩公园的恢复和管理被委托给一个"商业改善区",该区域被授权从周边企业收取特别税费。市长迈克尔·布隆伯格(Michael Bloomberg)领导下的公园事务专员阿德里安·本尼普(Adrian Benepe)宣称,这种"合作伙伴关系"将成为他管理策略的关键。比起管理部门雇员所花费的时间,他和他的上司经常花费更多的时间来协调各种非政府参与者的贡献。虽然纽约市没有放弃任何公园的正式所有权,但它将管理该系统的大部分责任委托给私人参与(Donahue,2004;Rogers,1986)。

以管理为导向的监管。在一些领域中,经典的监管方法是政府明确需要采取的措施,以预防安全、环境或经济损害。这种监管方法正让位于授予监管公司一定程度自由裁量权的方法。这种趋势是多种多样的,并带有不同的标签,但卡里·科格林尼斯(Cary Coglianese)的术语"以管理为导向的监管"抓住了核心的推动力(Coglianese 和 Nash,2001)。与监管公司相比,政府监管机构意识到它们正在遭受信息不足的困扰,这是其与公司管理者分享监管自由裁量权的根本动机。

在环境领域中,常规的监管方法可能会具体说明在废水进入河流之前处理废水的技术。以管理为导向的方法将为每一种污染物设定最高水平,但允许公司决定达到标准的最佳方式。在工人安全方面,美国职业安全与健康管理局(OSHA)已经尝试了一些方法,这些方法依赖于公司来制定自己的工人安全计划,并且允许职业安全与健康管理局规定的方法在其他有效计划中的技术偏差(Donahue,1999)。食品和药物管理局【512】在 2001 年发布的食品安全监管比较模式,即《危害分析和关键控制点协议》,通过识别通用的"关键控制点"来处理食品加工业的异质性,以及食品药物管理局对大多数公司运营都不熟悉,但如何确保每个点的安全性这个问题留给了公司处理(Coglianese 和 Lazer,2002)。众所周知的是,虽然关于广泛且多样化的监管领域的普遍概括具有危险,但是我们认为监管模式正在广泛地转移,其转移方向为制定共同目标、共享自由裁量权和具有战略意义的相互作用,一句话总结就是合作。

针对"首要响应者"的天花疫苗。在 2001 年 9 月的恐怖袭击之后,"生物恐怖主义"的阴影飙升至美国焦虑的最前沿,故意释放天花病毒是一种可怕但可以想象的情景。大约 20 年前,天花被有效地根除了。因此常规的疫苗接种已经停止,所以大多数美国人很容易感染这种高度传染性和毁灭性的疾病。2002 年末,布什政府发布了一项选择性免疫计划,以减少天花造成的破坏。由于疫苗接种会产生引发重大的并发症风险,所以一般的免疫接种会被拒绝。相反,政府计划为前往解决海外冲突的军事人员和大约一千万"首要响应者"接种疫苗,这些"首要响应者"包括医生、护士、消防员、警察和其他可能在生物恐怖袭击中及早暴露的人员,以及那些在限制天花爆发程度上发挥尤其关键作用的工作人员。短期目标是到 2003 年夏季结束时接种 100 万次疫苗。

联邦政府采取了一种直接的方法来为军队接种疫苗:被选去接种疫苗的服役人员,也包括总司令,他们在见军医或者护士的时候要卷起他们的袖子。这一活动在平民方面要复杂得多。美国政府没有通过公共卫生服务、疾病控制中心或其他联邦机构提供疫苗,而是依靠医院和其他主要是私营的医疗机构,它们提供的 50 万名医生、护士和紧急医疗技术人员参与首批应急疫苗接种。

在几周内,有 50 万军人接种了疫苗,但平民运动起步缓慢,且很快就停滞了。医院主管和个人医务人员将准备应对接种风险的总计和抽象效益,与更直接、更集中的接种风险进行了对比。接受疫苗接种的医生或护士几乎都会感到不适;这可能使他们耽误几天工作;并面临严重威胁健康的未知并发症的风险。此外,最近接种过疫苗的卫生工作者可能将牛痘病毒(一种温和但并非无害的天花病毒亲缘病毒,用于免疫)传给病人或家庭成员,对他们来说,这种感染可能是破坏性的,甚至是致命的。私人参与者权衡了疫苗接种的代价(对他们自己、他们的家人和他们组织的任务)和反恐准备的公共利益,许多人选择了反对。一些医院明确地公开宣称他们不会参加政府的运动,许多私人机构和个人选择悄然退出。到了仲夏时节,只有不到四万平民接种了疫苗。几个月后,接种运动就悄无声息地停止了。

[513]

*联邦工人培训计划。*1998 年的《劳动力投资法》规定,联邦资金应用于一系列的职业培训工作,这些项目针对包括年轻人、因技术变革或外国竞争而流离失所的工人,以及目前有工作但寻求更多技能的工人。该法律设想了一种人力资本投资的合作方法,比其前任立法更进了一步。它体现了这样一种假设,即政府对员工培训有着浓厚的兴趣,但往往无力进行培训。公共部门的运营通常都存在运作缺陷,反对建立政府培训中心网络。这种缺陷在之前的联邦培训计划尝试中得到充分的暴露。

即使政府能够自行提供高质量、低成本的培训,但是相对于私营企业而言,它也面临着严重的信息障碍。有效的劳动力发展需要有关当前和未来技能要求,以及特定工人潜力的细粒度信息,而政府通常缺乏这些信息。因此,该法案要求私人实体广泛参与,营利性和非营利性的实体都包括在内。每个州和地区都必须成立一个管理机构,其中大多数是商业代表,来监督联邦资助的培训活动。私营部门不仅广泛参与治理,而且广泛参与实施活动。社区学院和其他非营利性教育机构有资格提供培训,但营利性培训提供者也是如此。此外,私营企业被明确授予了向个体劳动者提供在职培训的资格,并且他们还有资格(在某些情况下)使用公共资金来提升其整体劳动力的技能。虽然这种对劳动力发展的协作方式有其长处和弱点,但这一总体战略背后有一个明显持久的两党共识(Donahue,Lynch 和 Whitehead,2000)。

新一代的汽车计划(PNGV)。 在 1992 年的总统竞选中,比尔·克林顿(Bill Clinton)呼吁:要在短短的八年内将联邦燃油经济性标准从每加仑 28 英里提高到 40 英里。因此,美国汽车制造商对其深感不满。克林顿的竞选搭档阿尔·戈尔(Al Gore),在其畅销书《平衡中的地球》(*Earth in the Balance*)称常规的汽车是"对每个国家安全的致命威胁"(Gore,1992,325)。汽车行业勉强阻止了上届国会提高汽车行驶里程标准的立法,并且为克林顿时期实施的更严格的规定做好了准备。然而,新政府倾向于避免与汽车业正面对抗。此外,克林顿和戈尔一经上任就意识到要减少对气候的破坏性排放(而不仅仅是减缓其增长)是需要通过改善里程数来实现的,这将远远超出政府对不情愿的行业所能施加的压力。

政府和企业技术专家的一系列提议引发了高层关于合作改造汽车的讨论,在克林顿政府初期,总统和副总统以及美国三大汽车制造商的首席执行官正式公布了下一代车辆合作伙伴关系。其使命是车辆在十年内投入生产,其燃油经济性达到 1993 年车型的三倍,且没有牺牲成本和性能(Clinton Administration 等,1993)。其手段是彻底地合作。美国商务部的一位副部长和福特(Ford)、通用汽车(GM)和克莱斯勒(Chrysler)的高级副总裁被任命为该倡议指导小组的联合主席。由政府、工业科学家和技术人员组成的工作小组,可以充分利用能源和国防部门、国家航空航天管理局和其他联邦机构的国家实验室和研究设施,将推动发动机设计、新材料、排放控制和替代燃料方面的突破。商务部出现一个新部门,与白宫有直接联系,并与产业界合作。该部门每年将整合约 3 亿美元的联邦研发支出(Buntin,1997)。虽然克林顿政府没有承诺放弃寻求增加里程标准的法定规定,但它明确表示该伙伴关系是其在清洁汽车上取得进展的首选战略。【514】

到 2000 年中期,华盛顿已经为美国新一代汽车合作计划投资了大约 8 亿美元,为汽车行业也投资了近 10 亿美元。福特、克莱斯勒和通用公司都开发了"概念车",这类型的车达到或超过了家庭轿车每加仑行驶 80 英里的目标,尽管这些车都还没有准备好进行大规模生产(Hyde,2000)。本田(Honda)和丰田(Toyota)没有参加新一代汽车合作计划,但是他们正准备推出"混合动力"汽车。与传统汽车相比,这种车的行驶里程为 60 英里每加仑,且性价比较传统汽车略高。乔治·布什(George Bush)在 2000 年的大选中击败了戈尔,新政府对新一代汽车合作计划持怀疑态度,其第一个预算提案大幅削减了对该计划的拨款(Pickler,2001)。在一年内,布什政府取消了新一代汽车合作计划,转而呼吁通过长期努力开发氢燃料汽车(Garsten,2002)。

我们提供的这些例子不是权威类型的标本,而是从非常多的案例中通过机会选择得到的样本。我们(暂时)也不会描述它们的动态或评估它们的成功。这些案例的主要目的是使接下来的概念性讨论不那么抽象。

7. 自由裁量权的三种形式

我们现在更详细地讨论自由裁量权,这是协同治理区别于其他形式的集体行动的最有用的方面。当私营企业在定义和追求公共利益方面拥有充分的自由裁量权时,我们称之为慈善事业。当自由裁量权由政府决定时,我们称之为契约,而且私人参与者是简单的代理人。双方都有自由裁量权的模糊中间地带即协同治理的领域。我们区分了【515】三种自由裁量权,其中包括生产、收益和优惠,这些决定了合作的潜力、风险和战略复杂性。

*生产的自由裁量权。*间接政府行动的根本动机是基于通过利用私人能力获得效率收益(相对于直接提供)的现实前景。这一动机本身并不是为了协同治理;政府可以利用私人效率优势,同时通过简单的采购合同避免共同自由裁量权的复杂性。如果政府需要一辆卡车、一条公共汽车路线或者一个软件包,并认识到与内部生产相比,从私营部门获得它们效率更高,那么政府可以指定要求、邀请竞标、并选择承诺能以最好的条件交付的提供者(Donahue,1989)。被选中的承包商在如何满足交易条款方面有很大的自由度。实际上,期望生产灵活性带来效率是外包的主要原因,但对目标的定义仍然是政府的特权。有效的契约并不是一项微不足道的任务,政府在确定其要求时存在错误风险;将这些要求错误地解读为合同条款、竞争对手之间的选择或监督供应商的表现;以及供应商的欺骗或无能。然而,从战术上而非战略上讲,挑战是相对直接的。

然而,政府完全明确其目标,这是不切实际的、不明智的或者是完全不可能的。例如,美国的国土安全部几乎不了解如何组合救护车司机、护士和急诊室技术人员才能对在印第安纳州曼西市减少天花爆发有最大价值,因此,它让鲍尔纪念医院(Ball Memorial Hospital)的管理人员决定接种疫苗的"第一响应者"的优先顺序。职业安全与健康管理局可能会把垃圾压缩机作为杂货店最大的危险,但是当地西夫韦(Safeway)超市的经理可能知道减少装卸码头工人在洒落的货品上打滑的风险,将会提高安全性。当地的就业培训官员可能会为贝蒂(Betty)安排在职培训,让她接受统计过程控制方面的培训,但她的雇主可能知道贝蒂数学不好,但是人缘不错。在 18 个月后,装配线将转移到巴基斯坦,而当地办公室则专注于市场营销。任何政府机构都不可能像汽车制造商那样,在燃料、引擎、设计和材料方面做出数不清的变化,以提高行驶里程并降低新一代汽车的成本。在这些案例和其他无数的案例中,如果私人参与者不仅可以在手段方面获得一定的自由裁量权,而且可以在需实现的确切目标方面获得自由裁量权,那么公共目标可以得到更有效地推进。

当政府获得这种自由裁量权的份额时,它已经越过了从简单授权到协同治理的界限。在理论上和实践中,"自由裁量权的方法"和"终结自由裁量权"之间的界限往往是不精确的。然而,这种区别是有用的(在理论上和实践上),我们怀疑共同自由裁量权的比例是当今许多公私合作的更重要领域的特征。除了最直接的项目外,私人代理商参与指定要生产的产品大大增强了提高效率的潜力。然而,它也放大了政府确保问责 【516】实行的挑战。将通过描述两种其他形式的自由裁量权来阐明这点,这两种形式的自由裁量权往往是生产的自由裁量权不受欢迎的伴生物。

*收益的自由裁量权。*假设通过给予私人合作者生产的自由裁量权的方式可以提高治理效率,而且比直接政府生产或有明确目标的合同委派创造出更多的价值。关于所增加的共同价值,在处理其分配问题时,仍将保证共同的自由裁量权会成为一个棘手的问题。当然,收益的分配是集体行动的长期问题,但是,由于直接的政府生产和指定最终目标的委托,收益的分配又是一个有限的问题。政府工作人员倾向于更高的工资和更灵活的工作安排;他们的经理更喜欢较精简的预算和可预测的人员配备。政府承包商更喜欢丰厚的利润和更广泛的评估;合同官员更喜欢低成本和严格遵守规范。收益分配是一种讨价还价的博弈,其结果取决于双方的谈判技巧、意志和影响力。

当协作具有在可选生产点之间进行选择,进而导致不同价值分配这样一个特点时,事情会变得更加复杂。例如,一家汽车制造商倾向于一场新一代汽车运动,该运动十分依赖于重新配制的燃料(以石油工业为代价),而不是重新设计的发动机。在某种程度上,新型发动机是混合体的一部分,汽车制造商希望最大限度地提高政府在研发投资中的份额。对于新引擎特定的优先层级,以及支出负担的特定份额,一家已经在柴油电力混合动力车领域取得进展的公司希望这场运动能在这一设计上有所作为。同样地,对于贝蒂、她的雇主以及整个社会来讲,让贝蒂接受市场营销方面的培训是一件好事。但是,如果政府支付全部费用,实际的营销任务和课堂工作都算作"培训",并且将重点放在雇主市场所特有的技能上,那么她的雇主获得的收益份额会更大。如果贝蒂学到的是一般能力而非特有技能,那么一旦她得不到更多的薪酬,就能够更换工作。

当生产替代方案需要不同的即时价值分配时,无论是哪种情况,如果政府缺乏关于每种替代方案的效率和收益特征的充分信息时,那么收益的自由裁量权与生产的自由裁量权之间的纠纷是必然存在的,这使得政府容易受到攻击。最好的情况是,政府必须期望合作产生的结果对私营部门更有利,但是如果所有信息都是完全共享的话,情况会变得更糟。在最坏的情况下,合作带来的目标选择和公共价值的净资产,不如直接政府生产所能获得的。当然,这种风险并不是没有被意识到,这也是为什么政府在分享自由裁量权方面通常都很谨慎。不幸的是,用于降低政府在收益的自由裁量权上脆弱性的常规策略,往往会产生因生产的自由裁量权而牺牲效率增益的副作用,这些策略一般包括严格的绩效目标、代理人的报酬上限或积极的事后审计。从理论上讲,政府和私人部门可以围绕薪酬分配的冲突达成协议,即同意通过其他交易重新平衡利益。但从实际上来看,资金往往会停留在开始的地方。例如,如果一家汽车制造商在开发新一代汽车时得到了过度慷慨的税收激励,那么在与政府的其他交易中,它不太可能丢掉太多优势。

【517】

*偏好的自由裁量权。*收益的自由裁量权描述了价值分配的杠杆作用,其中价值体现在或者可以转化为货币术语。偏好裁量权是一个相关联但又更为广泛的概念,其根源在于人们认识到合作伙伴可能会以不同的方式评估不同形式的收益。偏好裁量权在非营利合作伙伴中更为常见,但并非他们独有(非营利组织也不能免于操纵合作以获得狭隘的物质收益)。合作者的偏好很少在所有方面都是一致的。即使是在幸福的婚姻中,也可能存在你更喜欢去墨西哥这样的地方,而你的配偶更喜欢吃寿司这样的现象。适用于协同治理的公共使命的本质是:无论是在边缘还是在核心,合作者之间存在多种关于好处的定义和不同的偏好差异。这种差异有多种形式,包括:

*关注慈善事业。*很少有人类的爱好者对他们的热情完全不加区别。即使动机是真诚的利他主义,因为某些利益或某些受益者,无私的满足感却可能比对另一些人更为强烈。捐赠者可能更倾向于支持一种特定疾病的研究——可能威胁到其父母的健康——而不是捐赠给一般的医学科学。一个社区组织可能热衷于为那些最需要的人提供有效的、低成本的培训,条件是他们属于该社区或该族裔群体,这激发了创始人的忠实感。公园志愿者可能愿意为学龄前儿童的自然项目投入无尽的时间,而对青少年的体育项目就没有那么多的热情。

*半私人物品。*经济学家认识到,"公共利益"的概念是一种方便但可能具有误导性的简写。即使是明显的公共物品(完全符合非竞争和非排他性的标准),也很少能统一地分配它们的利益。使用清洁汽车预防全球变暖对每个人都有益,但相对来讲,现在幼儿园儿童比八十多岁老人更受益。在边缘地区,一个正在制定减少污染计划的工厂经理可能更关心的是遏制煤烟,防止污染他的城镇和公司形象,而不是关心抑制氯氟烃,防止它在无形中破坏平流层臭氧。一般来说,中央公园的捐赠者可能会尊重公园中所有花圃,但更看重从她的阳台上可以看到的花。

*不同的价值观。*偏好不仅可以不同,而且可以是对立的。即使政府资助者坚持要分离教会和国家(无论如何调解),学员也要同时吸收宗教教义和工作技能,这样培训

提供者的使命才可能完整。由于最近接种天花疫苗有可能将危险的甚至致命的牛痘感染给免疫受损的患者——例如,移植受者或艾滋病毒阳性患者——许多医务人员认为,他们为假设的天花攻击做准备的这份责任,和他们的核心价值——保护患者——相冲突。罗伯特·戈定观察到,价值偏好方面的坚定性可被视为非营利组织的核心"资产",它们在与国家的共同事业中不能轻易妥协(Goodin,2003,359-396)。

偏好的自由裁量权如果没有与生产的自由裁量权纠缠在一起,就不会妨碍负责任【518】的合作。合作者试图塑造合作的目的,政府不能确定引导合作者进行合作的是他的专业知识还是他的兴趣。例如,中央公园管理局从一个附属机构变成了公园管理的中流砥柱,球场上覆盖着草皮,即兴的足球投掷也受到了限制,以便在精心治理的场地上进行"被动的娱乐"。这可能是因为该机构认识到,在奥姆斯特德(Olmstead)的城市明珠里开展在其他地方可以开展的活动,是浪费空间并且低效的。又或者是因为保护协会的管理者们和协会的主要捐赠者一样,而与其他大多数纽约人不同,认为在修剪整齐的小路上散步比打球更有价值。这不是在达成双方共识最有效手段上产生的分歧——例如,讨论低脂食物和低碳水化合物哪一种食物是减肥的标志——而是潜在偏好的分歧。

政府官员是试图通过合作安排来创造公共价值,他们的核心任务是最大限度地提高生产的自由裁量权的效率收益,减去与收益和偏好的自由裁量权相关的损失。图24.3给出了这个任务的图示。在图24.3中,通过合作获得的价值(相对于直接生产或无自由裁量合同)随着私人参与者获得更多生产的自由裁量权而增加。这种自由裁量权是通过为达到某一特定点而选择优越的手段,或者通过实现政府无法自行完成的生产,或者通过受严格合同规范约束的代理人来行使的。随着代理商的生产和信息优势的潜力逐渐耗尽,生产的自由裁量权的收益趋于平缓。在 E 这一点上,随着自由裁量权扩展到代理商不如政府灵巧且不如政府见识广的领域,其收益也开始减少。

有利生产的自由裁量权通常会带来不可取的收益和偏好裁量权。为了简化,我们仅仅说明了收益的自由裁量权的损失。

偏好的自由裁量权损失(当按比例换算为政府的首选位置的净偏离时)是累积的。【519】生产与收益的自由裁量权之间的比率绝不是一个常数。图24.4显示了这两种自由裁量权之间关系的两种不同轨迹。如生产可能性曲线的垂直截距所示,一些收益的自由裁量权是不可避免的。曲线 I 说明在该范围的早期阶段,产生了相对较少的额外收益的自由裁量权。随着政府继续放松对私人合作者的限制,这种平衡会变得更糟。曲线 II 说明了生产和收益的自由裁量权之间不太幸运的边际关系。曲线 II 比曲线 I 升得更陡峭。

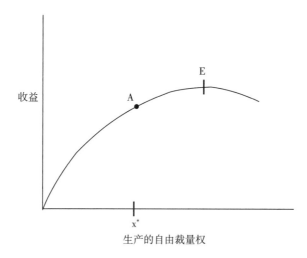

图 24.3　生产的自由裁量权与利润之间的关系

图 24.4 可能被认为是在说明协作治理的两个不同领域,其中一个是在好与坏的自由裁量权之间具有固有的有利关系,另一个则是更麻烦的纠缠。曲线 I 可能会说明一个"赞助高速公路"的计划。这个项目中,当地企业承担起清理路边垃圾的责任,以换取标牌宣传他们公益精神(以及他们的甜甜圈或宠物护理服务)的标志。曲线 II 可能描述了一个在职培训项目,其中右翼运动对应削弱了对雇主选择培训员工、选择所教授技能、教授方法的自由裁量权的限制。在一种情况下,任务的性质使私人代理人有有限的机会获得收益或暗示偏好,因为他们逐渐获得更多的生产的自由裁量权。在另一种情况下,这种诱惑无处不在。

或者同样有效的是,将曲线 I 和曲线 II 视为相同的合作,但政府在构建和管理关系方面的努力一个多一个少。在这个版本中,曲线 II 代表了一个设计不佳的赞助高速公路计划或在职培训计划。曲线 I 将代表了同样的尝试,但采取更精明的措施来获得收益,同时也避免个人自由裁量权带来的损失。

【520】　例如,在高速公路案例中,捐助者的标志可能会小一些,但能更频繁地巩固公司形象与特定路段情况之间的联系。在培训案例中,政府可以通过测量受训者的前后测试分数或每小时收入,来衡量雇主自由裁量权的效果。

图 24.4 显示了收益的自由裁量权是如何随着生产的自由裁量权的提高而增加的。图 24.5 显示了成本。随着政府放松管制,通过收益的自由裁量权而损失的价值就会增加。而对于合作者要求更大回报的能力,或以自己的偏好取代公众偏好的能力,政府施加的控制力减弱,那么损失率也会增加。

可以从图 24.3、24.4、24.5 所示的三个函数中得到最优解。最优解在 x* 处,而这也

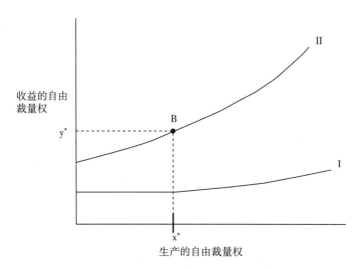

图 24.4　收益的自由裁量权作为生产的自由裁量权的函数

意味着支付的自由裁量权在 y^* 处,并且该计划将在 A、B 和 C 点运行。具有技术头脑的读者将注意到在生产的自由裁量权的边际收益(MB)更大的图 24.3 中 A 处,斜率恰好等于边际成本(MC)。而后者是图 24.4 和 24.5 中 B 点和 C 点的乘积。该结果代表了收益的自由裁量权的增加,是由生产的自由裁量权单位增加,再乘以其增加的边际成本所得到。

　　一般来说,我们也期望偏好的自由裁量权进入该图中,它的水平将与生产的自由裁量权正相关。那么效能条件是:

　　生产的自由裁量权的边际收益=收益的自由裁量权边际成本+期望偏好的自由裁量权边际成本

　　正如这些图例所暗示的,对公众来说,协同治理的结果可能是壮观的,也可能是灾难性的,这取决于政府官员的能力,来决定何时合作是一种有前途的方式;并由此判断应向私人代理商提供多少自由裁量权。通过微调协作条款,使利益最大化,并减少与共同自由裁量权相关的成本。

8. 协同治理与政府的分析规则

　　协作治理的协调不仅是高阶的挑战,而且与管理官僚机构构成的挑战有根本不同,【521】也与编写和监控明确的契约不同。为了履行前文提到的职能,政府官员必须:

　　●衡量政府直接绩效与委托特定职能私营部门代理之间的预期效率差异;

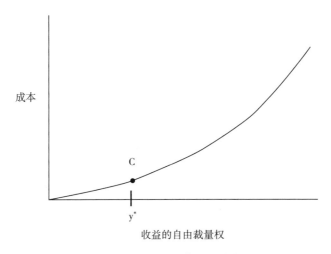

图 24.5　收益的自由裁量权的成本

● 评估企业不同层次和变体的净公共利益；

● 评估每增加一项个人自由裁量权，所获得的价值与损失的价值之间的平衡，以判断委派任务的条款应具有的完整度；

● 充分了解潜在合作者的目标、约束和内部动态，以预测生产的自由裁量权带来的收益，以及与收益和偏好的自由裁量权相关风险程度和风险性质；

● 根据潜在合作者可能采用的任何自由裁量权，以及他们遵守遏制其自由裁量权措施的可能性，区别对待潜在的合作者；

● 构建、实施和维护一套规则体系，这种制度可以宽散地限制生产的自由裁量权，而严格地限制收益和偏好的自由裁量权；

● 随着公共优先事项的变化或新证据的出现，改变合作条款；

● 即使在合作中的私域在资源、政治影响力以及和民众尊重方面，超越公域（这种情况会经常发生），也要做到上述内容；

我们并不是要暗示政府，要求它们必须有信心在考虑合作安排之前以完美的方式完成所有这些任务。毕竟，政府直接行动对公共管理的平行要求很少能够得到充分的实现。最后，我们总结了三个与我们收集利益的设想相关的观点，同时避免了协同治理的风险。

首先，协同治理的实际重要性日益增强，已经超出了我们对这种安排的理解、分类和预测，以及对该类安排做出改进的能力。我们的分析设备是以市场失灵和公共产品等更为清晰的传统概念为基础的，且落后于从业者丰富的即兴创作。这种智力上的滞后有很多先例；例如，在福利经济学被发明来引导这方面的尝试之前，各国政府都在即兴制定政策以提高公共福利。随着对集体行动这一新类别的认识,学者们再次为他们的工作做出了精心安排。

其次,协调合作安排需要企业高管、风险资本家或高级咨询师通常具备的技能,但一线公共管理人员这方面的技能则较少。我们目前不习惯根据这些能力选择、补偿或评估政府工作人员。我们强调必要的技能主要是分析性的。上述功能与经典公共管理相关性很小,而与经济学、制度分析、博弈论、决策分析以及其他相对先进的预测和影响结果的工具有很大关系。此外,对分析复杂性的需求已深入到政府中,它适用于实施层面(不仅仅是策略制定),并且持续应用(不只是在计划开始时)。当实施模式的菜单简短且简单时,政府可以通过一小部分靠近高层的分析人才来应付。协作治理使公共部门面临不同的要求——如不明确的、持续的通过政府深入分配等要求——这些我们还没有准备好。

最后,尽管数据中存在重大差距,但不可避免的是,只要有足够强大的公共实体支持政府,协同治理就会成为一种日益重要的集体行动。我们经验主义的参考实例是以我们最熟悉的美国为基础,但几乎所有经济合作与发展组织的成员国、许多发展中国家和转型国家似乎都在进行这类平行发展。人们对创造公共价值的需求超过了政府独立提供的能力,这些需求包括医疗保健、教育、环境保护、就业和社会福利,甚至包括安全,所以合作冲动增强了。总体而言,这种形式的治理(尽管它包含不可否认的风险)承诺在平衡的情况下,通过采纳建议和灵活管理获得巨大的利益。这为学者和从业者提供了一个紧迫的议程,即开发分析框架和贸易管理工具,提高收益并遏制协同治理方案的成本。

参考文献

Ambrose,S.E.1997. *Undaunted courage:Meriwether Lewis,Thomas Jefferson,and the opening of the American west.* New York:Touchstone.

Ariño,A.,& Torre,J.D.L.1998. Relational qualityand inter-personal trust in strategic alliances.*Organization Science*,3,306−25.

Axelrod,R.1984. *The evolution of cooperation.*New York:Basic Books.

Bardach,E.1998. *Getting agencies to work together:The practice and theory of managerial craftsmanship.* Washington,DC:Brookings Institution.

Brooks,H.,Liebman,L.,& Schelling,C.S.eds.1984. *Public private partnership:New opportunities for meeting social needs.* Cambridge,Mass.:Ballinger.

Buntin,J.1997. *From confrontation to cooperation:How Detroit and Washington became partners.Kennedy*

School of Government Case Study. Cambridge, Mass.: Harvard University.

Clinton Administrationand US Council for Automotive Research. 1993 Sept.Partnership for a new generation of vehicles: a declaration of intent. Joint Press Release.

Coase, R.1937. The nature of the firm.*Economica*, 4, 386−405.

Coglianese, C., & Lazer, D.2002. Management-based regulatory strategies.In J.D.Donahue & J.S.Nye, Jr Ed.*Market-based governance: Supply side, demand side, upside and downside* pp.201−24. Washington, DC: Brookings Institution Press.

——& Nash, J.2001. *Regulating from the inside*. Washington, DC: Resources for the Future Press.

——Zeckhauser, R.J., & Parson, E.2004. Securing truth for power: Informational strategyand regulatory policy-making.Kennedy School of Government Working Paper RWP04−021, May.

Contractor, F., & Lorange, P.eds.1988. *Cooperative strategies in international business*. Lexington, Mass.: Lexington Books.

Cushman, J.H.2004 Aug.Private company finds no evidence its interrogators took part in abuse.*New York Times*, 13, 8.

Dahl, R.A.1961. *Who governs*? New Haven, Conn.: Yale University Press.

——& Lindblom, C.1953. *Politics, economics, and welfare*. New Brunswick, NJ: Transaction.

Donahue, J.1989. *The privatization decision: Public ends, private means*. New York: Basic Books.

——1997. *Disunited states*. New York: Basic Books.

——Ed.1999. *Making Washington work*.Washington, DC: Brookings Institution Press.

——2004. *Parks and partnership in New York City A: Adrian Benepe's challenge*.Cambridge, Mass.: Harvard University, Kennedy School of Government Case Program.

——Forthcoming.*The problem of public jobs: American inequality and the warping of government work*.

——Lynch, L., & Whitehead, R.W., Jr.2000. *Opportunity knocks: Training the commonwealth's workers for the new economy*. Boston: Massachusetts Institute for a New Commonwealth.

Elster, J.1989. The cement of society: A study of social order.New York: Cambridge University Press.

Finer, S.E.1999. *History of government*.New York: Oxford University Press.

Freedman, M.1999. Public lawand private finance: placing the private finance initiative in a public law frame.In C.McCrudden Ed.*Regulation and Deregulation: Policy and Practice in the Utilities and Financial Services Industries* pp.145−68. Oxford: Clarendon Press.

Freeman, J.1997 Oct.Collaborative governance in the administrative state.UCLA Law Review, 45(1), 1−99.

Garsten, E.2002 Jan.Bush abandons high-mileage program for hydrogen fuel-cell.Associated Press State and Regional Wire Service, Business News section, 9.

Goodin, R.E.2003. Democratic accountability: the distinctiveness of the third sector. Archives europe'ennes de sociologie, 44(3), 359−96.

Gore, A., Jr.1992. *Earth in the balance*.New York: Houghton Mifflin.

Groenbjerg, K.A., & Salamon, L.M. 2002. Devolution, marketization, and the changing shape of government.In L.Salamon Ed.*The State of Non-Profit America* pp.447−70. Washington,DC:Brookings Institution Press.

Herman,K.2004 May.Unitarians get religious status after intercession.Austin American-Statesman,25, B−1.

Howard,C.2002. Tax expenditures.In L.Salamonand O.V.Elliot Ed.*Tools of Government* pp.410−44. New York:Oxford University Press.

Hyde,J.2000 Oct.GM says precept concept car achieves 80 mpg in tests.Associated Press State and Regional Wire Service,Business News section,20.

*Joint Committee on Taxation of the US Congress.*2002. Estimates of Federal Tax Expenditures for Fiscal Years 2003−2007. Report prepared for the Committee on Ways and Means and the Committee on Finance,US Government Printing Office.

Jones,C.,Hesterly,W.,Fladmoe-Lindquist,K.,& Borgatti,S.1998. Professional service constellations: How strategiesand capabilities influence collaborative stability and change.*Organization Science*,9 (3),396−410.

Kelman,S.J.2002. Contracting.In L.Salamon Ed.*The tools of government:A guide to the new governance* pp.282−318. Oxford:Oxford University Press.

Kettl,D.2000 Nov-Dec.The transformation of governance:globalization,devolution,and the role of government.*Public Administration Review*,60(6),488−97.

Khanna,T.,Simester,D.,&anderson,E.1988. The scope of alliances. Organization Science,9 (3), 340−55.

Kogut,B.1988. Joint ventures:theoreticaland empirical dimensions.*Strategic Management Journal*,9, 319−32.

Koza,M.P.,& Lewis,A.Y.1998 Mar.The co-evolution of strategic alliances.*Organization Science*,9(3), 255−64.

Le Grand,J.1991 Sept.Quasi-markets and social policy.*Economic Journal*,101(127),1256−67.

McGuire,K.T.1993 May.Lawyersand the U.S.Supreme Court:the Washington community and legal elites. *American Journal of Political Science*,37(2),365−90.

Madhok,A.,& Tallman,S.B.1998 May-June. Resources,transactionsand rents:managing value through interfirm collaborative relationships.*Organization Science*,9(3),326−39.

Means,H.2001. *Money and Power:The History of Business.*New York:Wiley.

Minicucci,S.M.,& Donahue,J.D.2004 Summer.A simple estimation method for aggregate government outsourcing.*Journal of Policy Analysis and Management*, 23(3),489−508.

Minow,M.2002. *Partners,not rivals:Privatization and the public good.* Boston:Beacon Press.

Nee,V.1998. Norms and networks in economic and organizational performance.*American Economic Review*,87(4),85−9.

*Office of Managementand Budget.*2003. Analytical perspectives.The Budget of the United States,Fiscal Year 2004,Section 6. Washington,DC:Government Printing Office.

——2004a. Fiscal 2004 budget, Historical Table 1 - 2. Retrieved fromwww. whitehouse. gov/omb/ budget/fy2004/sheets/hist01z2.

——2004b. Fiscal 2004 budget, Historical Table 17. 1. Retrieved fromwww. whitehouse. gov/omb/ budget/fy2004/sheets/hist17z1. xls.

——2004c. FY 2004, Historical Table 15. 3. Retrieved from www. whitehouse. gov/omb/ budget/ fy2004/sheets/hist15z3. xls.

Office of Managementand Budget. 2004d. FY 2004, Historical Table 6. 1. Retrieved from www. whitehouse.gov/omb/budget/fy2004/sheets/hist06z1. xls.

——2004e.*Outlays by agency:1962-2008.* Budget of the United States, Fiscal Year 2004, Historical Table 4. 1. Retrieved from www.whitehouse.gov/omb/budget/fy2004/sheets/ hist04z1. xls.

Olson, M.1965. *The logic of collective action:Public goods and the theory of groups.* Cambridge, Mass.: Harvard University Press.

——and Zeckhauser, R.1966 Aug.An economic theory of alliances.*Review of Economics and Statistics*, 48 (3),266-79.

Ottaway, M. 2001. Corporatism goes global: international organizations, NGO networksand transnational business.*Global Governance*, 7(3),265-92.

Ouchi, W. G. 1980 Mar. Markets, bureaucracies, and clans. *Administrative Science Quarterly*, 25(1), 129-41.

Perry, J.L., & Rainey, H.G.1988. The public-private distinction in organization theory:a

critiqueand research strategy.*Academy of Management Review*, 13(2),182-201.

Pickler, N.2001 Aug. Partnership may not reach goals for affordable "super car" by 2004. Associated Press Stateand Regional Wire Service, Business News section, 13.

Posner, P. L. 2002. Accountability challenges of third-party governance. In L.Salamon Ed. *The Tools of Government:A Guide to the New Governance.Accountability Challenges of Third-Party Government* pp. 523-51. Oxford:Oxford University Press.

Pratt, R., & Zeckhauser, R.eds.1985. Principals and agents:The structure of business.Cambridge, Mass.: Harvard Business School Press.

Putnam, R.1993. *Making democracy work:Civic traditions in modern Italy.* Princeton, NJ:Princeton University Press.

——2000. *Bowling alone:The collapse and revival of American Community.*New York:Simon and Schuster.

Rogers, E.1986. *Rebuilding Central Park:A management and restoration plan.* Cambridge, Mass.:MIT Press.

Rowley, T.1997. Moving beyond dyadic ties:a network theory of stakeholder influences.*Academy of Management Review*,22(4),887-910.

Salamon, L.M.Ed.2002. *The tools of government:A guide to the new governance.*Oxford:Oxford University Press.

Sandler, T.1992. *Collective action, theory and applications.* Ann Arbor: University of Michigan Press.

Smith, K.G., Carroll, S.J., & Ashford, S.J.1995 Feb. Intra-and interorganizational cooperation: toward a research agenda.*Academy of Management Journal*, 38(1), 7-23.

Smith, S.R., & Lipsky, M.1993. *Nonprofits for hire: The welfare state in the age of contracting.*Cambridge, Mass.: Harvard University Press.

Steffens, L.1904. *The shame of the cities.*New York: McClure, Philips.

Williamson, O.1975. *Markets and hierarchies.*New York: Free Press.

——2000 Sept.The new institutional economics: taking stock, looking ahead.*Journal of Economic Literature*, 38, 595-613.

Zeckhauser, R.J.1986. The muddled responsibilities of publicand private America.In R.Zeckhauser and W.Knowlton Ed.American Society: Public and Private Responsibilities pp.45-76. Cambridge, Mass.: Ballinger.

第六部分

公共政策约束

第 25 章　公共政策的经济约束[①]

约翰·奎金(John Quiggin)

1. 引言

经济学通常被描述为"分配稀缺资源的科学"。与之相对,政治学通常被描述为 【529】
"可能性的艺术"。这两种描述都指向人类生存的相同中心特征:我们的能力无法满足
我们的需求。然而,解决稀缺问题的经济方法和政治方法是截然不同的。

在标准的主流经济观点中,对于任何给定的初始产权分配,分配有限资源的问题都
有一个精心设计的最优解。而且,通过允许个人在市场中自由交易,其中可能在政府的
帮助下纠正种种市场"失灵"或"不完善",可实现或至少接近这一解决方案。

政治观点中,尤其是与将政治学描述为"可能性艺术"相关联的"实用"观点,则大
不相同。需求和资源之间的差距以对政府要求的形式表现出来。政治问题是关于达成
"协议共识",至少是在那些有能力阻碍或否决协议的团体之间达成共识。政治家的艺 【530】
术,部分在于领导各党派从一开始的分属不同政治立场,到达成可持续性的妥协,部分
在于创新政策,实现看似矛盾的目标。

在这一艺术的实践中,"可能性"一词的模糊性很重要。一方面,它指的是各种界
限,这与经济学者眼中的界限在某种程度上有些相似。这些可能性有着一组明确的界
限,问题是要在它们中间进行选择。另一方面,关于无界限的可能性有一个根深蒂固的
概念,即如果我们一心去做,我们就能获得一切。

想要有效检测两种观点中的分歧,一个可能的路径就是通过考虑公共政策的经济

---

① 感谢 Nancy Wallace,Bob Goodin 以及 Mick Moran 的意见和评论。本研究得到了澳大利亚研究
理事会中一位教授的支持。

约束。约束在经济思想中扮演着重要角色:如何最佳分配稀缺资源这一问题,用数学术语来描述,即为受制于一种或多种资源约束的目标函数最大化问题。这一方法并不总合政治从业者的意,他们总是认为所谓的约束是用来促使特殊政策的通过,因为已经"别无选择"。

本章探讨关于经济约束作用的各种观点。首先,本章分析经济约束与会计恒等式之间的关系,比如产生于政府预算和国家账户的关系。对预算平衡约束与外部平衡约束之间关系的思考,参考了"挤出效应"和"双赤字"的概念。对全球化加强了对政府约束这一观点进行了批判性评估,证明该观点基本毫无根据。其次,本章研究了约束和权衡之间的双重关系。约束的存在本身就意味着一种权衡,反之亦然。这种关系为考察公共政策如何应对约束与权衡提供了基础。

2. 恒等式与约束

公共政策的一套重要约束产生于一系列经济和会计恒等式。

2.1 预算平衡约束

举一个简单的例子,政府的预算平衡就是税收(主要来自征税)和公共支出(占国内生产总值的比例)之间的差额,如果差额为正就是盈余,如果差额为负(这一情况更普遍)则是赤字。

民意调查报告普遍显示,大多数调查对象支持增加公共支出、减少税收、改善预算平衡。① 因此政客们有动机支持这全部三项内容,但他们并不是相互一致的。

各种各样的会计手段,如将资产出售收益作当前收入处理的手段,可能被用来且已经被用来塑造一种预算平衡稳定的表象,即使是在支出在增加,税收在减少的时候也是如此。从长远来看,这些权宜之计必然会失败。

从长远来看,预算平衡约束更加简单:恰当衡量的话,政府消费和福利给付必须等同于政府收入。借贷能够带来现在的更高消费,代价就是以后的更低消费或更高税收,而我们无法回避对长期平衡的需求。

这里出现了许多问题。第一个问题是,鉴于实际利率为正,现阶段的消费或收入在

【531】

---

① 这不一定意味着个别受访者的行为与大多数不一致。例如,假设三分之一的受访者赞成降低税收和改善预算平衡,三分之一的人赞成提高支出和改善预算平衡,三分之一的人赞成降低税收和提高公共支出。然后,所有三个提案的赞成者就占到了大多数,即使并没有人同时赞成全部的三项内容。

以后可能会升值。这意味着,要想比较消费和收入,有必要利用标准折现程序将它们转换为现值。

第二个问题逻辑上是由第一个问题产生的,即在评估预算平衡时,有必要专注于当前消费和当前收入,不去考虑资本交易和利息支付的关联流动,而在利息支付中最重要的是公共债务的利息。这些支付在计算现值时被考虑在内,而将它们视作当前债务的一部分将会导致重复计算。

第三个问题更为棘手,它涉及风险处理。通常,有风险的收益流价值低于有着相同预期价值的无风险收益流,这一事实在评估预算约束时需被考虑在内。这一问题所引起的复杂性超出了本章的范围,但在奎金(Quiggin,2004)的研究中有相关论证处理。

接下来,重要的是考虑如何做才可能避免长期的预算平衡约束。以往,最普遍的战略是利用政府的能力,依靠印钞机(在金属货币时代,则通过硬币贬值)来制造货币。尽管这种关系既非即时也非自动,但这一筹资方法不可避免地会导致通货膨胀。① 通货膨胀会降低现有货币的价值,也会降低如政府债券等未偿还债务的价值,因此最好将它视作是对此类资产持有者的一种征税。从长远来看,对名义利率的增长进行补偿,会抵消掉通过通货膨胀向债券持有者征税所获取的利益,所以仅有的真实收益直接来源于货币发行。由此产生的收入被称为铸币税。

尤其是通过对政府商业企业的私有化来出售资产。把通货膨胀税视为一种税收来源,或许会将其与其他税收作比较,以确定何种通货膨胀率具有社会最优性。如今经济舆论的普遍共识是每年约为 1% 到 2% 的适度且良性的通货膨胀率是最理想的。由此产生的铸币税约相当于美国国内生产总值的 0.5%(其中的大部分与离岸美元持有相关),而其他发达国家则较少。这与所得税、销售税等其他税收来源相比数量较小,因此大多数时候可以被忽视。 【532】

第二个旨在避免平衡预算约束的策略是出售资产,尤其是通过对政府企业的私有化来出售资产。这种权宜之计在 20 世纪 80 年代和 90 年代特别受欢迎。尽管为了支持私有化提出了各种各样的论点,但在私有化案例中,最恒久的一个主题是认为出售公共资产能够减少政府债务,而无需再提高税收或者降低公共支出。

这一说法是荒谬的。出售如政府商业企业这类创收资产意味着放弃该资产产生的收入流。出售如公有建筑等服务生成资产意味着以后必须支付该资产之前提供的那些服务,否则就要放弃它们。如果一项资产私有和公有价值相同,那么出售它所实现的收

---

① 事实上,一些经济学家用"通货膨胀"一词来指代货币基础的膨胀,而不是指随后的一般物价水平的上涨。这一解释最符合这一术语的普通含义。

益将会与该资产之前的收入和服务所产生的价值相同。在这种情况下,预算平衡约束不受资产出售影响。这一事实在权责发生制中得到了承认,这种制度现如今为许多司法管辖所使用。不过,在一直使用到20世纪90年代的现金会计制度中,资产出售的收入被当成是本期收入。

如果出售所获得的收益大于资产公有时所创造的持续价值,则资产出售产生净收益。因此,政府积极管理其资产,处理未使用资产也就说得通了。一个常见例子就是出售为某些公共用途而获得不再相关的土地。

另一方面,如果资产的出售价值低于它们在公有时所创造的持续价值,则会产生净亏损。在发达国家中的大多数私有化中都产生了这种净亏损。英国电信的私有化奠定了这种模式。该企业的一半是以相当于其两年收益的价格所出售。在大多数情况下,随后的私有化产生的损失较小,但是会产生损失这个一般模式并没有改变。因此,一些私有化的提倡者已经改变了他们的观点(Nellis,1999)。

英国的经验具有启发意义。撒切尔政府出售资产,将获得的收益用于大幅减税,同时对公共开支总额仅作适当削减。在现金会计制度中资产出售能够使政府实现盈余。然而到了20世纪90年代初,由于仍然实行减税措施,且没有剩余的资产可以出售,盈余转变为巨额赤字,始于1990年的经济衰退加剧了这一现象。1993年至1994年,赤字约占8%的国内生产总值。由此导致的债务增加意味着需要提高税收并降低公共支出以支付利息。

【533】

如果在某种合适的意义上,预算必须在长期内保持平衡,那么自然应该考虑要求政府在任何时候,至少在年度层面,保持预算的平衡。这些要求已经为许多政府所接受,或是作为宪法或立法约束,或是作为一项政策。但是,也有一些有力的观点认为不需要年度平衡预算。

在没有具体的政策变化的情况下,经济衰退期间的税收收入将下降,公共支出(例如失业救济金)会增加。在经济衰退期间,预算平衡的转变在一定程度上能够抵消国民收入的下降,帮助减少对于总体(公共和私人)消费的影响。这种自动稳定效果降低了经济衰退的严重性。

除了这些直接影响以外,凯恩斯经济模式表明由公共部门支付所产生的对私人需求的刺激引发了衍生影响。因此,凯恩斯主义者通常支持采取额外的权衡性财政政策来刺激经济衰退期间的需求。

尽管在第二次世界大战后的几十年里取得了很大成功,但是从那以后凯恩斯主义财政政策就成败参半。凯恩斯主义经济学的批评者们通常更喜欢基于规则的方法,这些方法中税率和政策项目是固定的,以便在经济循环的过程中维持预算平衡。然而,即使没有酌情干预,基于规则的方法也意味着预算无法在年同比上达到平衡。

对这种约束最恰当的一种描述是所谓"黄金法则",即在经济循环的过程中,以一定比例的国内生产总值为表现形式的公共部门的净值应该保持不变。

2.2 外部平衡约束

决策者必须应对的第二个主要约束涉及外部平衡,即货物、服务和资本的国际流动。国民经济核算包含关于外部平衡的恒等式,这些约束相当于对经济政策的约束。

最重要的恒等式是经常账户的支付平衡(货物和服务进出口价值间的差额加上收益支付的输出流和输入流之间的差额)与资本性账户的平衡(以债务和股权投资为形式的资本流出和流入之间的差额)是平等且对立的。因此,举例来说,像美国这样的国家,一直以来在经常账户上有亏损,很显然它必须在资本性账户上保持盈余。结果就是,过分简单地假定亏损必然不利而盈余必然有利是自相矛盾的;任何盈余都有其相应的亏损。① 【534】

和政府预算一样,会计恒等式意味着一种长期约束,即在衡量得当的情况下,出口和进口需保持平衡。尽管外部平衡的长期约束不可避免,但其施加在国家政府身上的压力大小很大程度上取决于政策的制定情况。

2.3 双赤字和挤出效应

预算平衡和外部平衡,以及私营部门的消费和投资,这些共同构成了国民收入恒等式:

收入=消费+投资+政府支出+出口-进口

有必要再次强调,这一恒等式的正确性是由于术语定义,而不是因为任何经济理论。可以以多种方式对这一恒等式进行重新排列。最有用的一种方式是将赋税收入纳到考虑范围之内,将其作为从家庭到政府之间的一种转移。如果将恒等式重新排列,那么它可能会体现为政府预算赤字必须与进口-出口(贸易赤字)-私人储蓄(税后收入减去消费)-投资的数额持平。当政府增加开支或削减税收时,就会导致较高的预算赤字,这时这些中的某一项也必须随之进行改变,因为账户必须保持平衡。

---

① 由于国际流动的衡量标准不完善,因此一般而言,这些账户不会自动平衡,并且必须通过列入"统计差异"来进行协调。

　　"双赤字"假说是指这一调整将会更多地采取从国外借贷的形式,就是说资本账户盈余会增加,并因此使得经常账户赤字增加。预算赤字和经常账户赤字就成了"双赤字"。这一假说似乎与某些情况下的数据相符合,如20世纪80年代的澳大利亚和美国,但也有一些明显的例外,在20世纪90年代后期,美国的预算从赤字转为盈余,而经常账户却在不断增加。

　　另一种观点是,就商品和服务方面以及经常账户方面的贸易平衡而言,其主要决定因素特定于所交易的商品部门。如果是这种情况,那么政府预算赤字当中的增加必须与私人储蓄中的增加相匹配,从而保持一种平衡。我们可以列为:

　　储蓄=收入-税收-消费-投资

　　如果假定税收是由政府制定,那么储蓄的增加可以通过改变其他三个变量中的任意一个变量来实现。关于预算赤字的有利条件及不利条件的观点,部分取决于哪一个变量有可能做出调整。

【535】　　最悲观的一种观点叫做"挤出效应",认为私人储蓄被用于资助预算赤字时,投资就会减少。① 一种中立的观点认为消费将会做出调整,这种观点被称作李嘉图等价定理。在这一理论中,人们认识到预算赤字意味着以后更高的征税,并会在当下增加储蓄。几乎没有经济学家认为这一理论是合理的,尽管它与经济学家们通常采纳的理性假设中的极端情况一致。乐观的观点是收入将会增加,能够抵消一部分由于税收增加而造成的预算赤字的原始增加,并且能实现更高的私人储蓄。

　　有两点理由表明乐观的观点可能是合理的。其一源于凯恩斯主义宏观经济学,另一个源于"供给侧"微观经济学理论。

　　上文所述的凯恩斯主义支持赤字的论据中假设存在有大量失业工人、闲置工厂等。由减税或政府支出所造成的额外需求通过雇佣更多工人以及重开工厂来满足,这反过来激发了"乘数"效应。在一个极其简单的模式中——有时这一模式被称作"政府注资刺激经济"模式——这些增长足够消除预算赤字中的原始增长。

　　从短期来看,大部分经济学家都支持凯恩斯主义,但是从长远来看,能够适用的应该是挤出效应和双赤字的混合模式。如前文所述,这引出了被称为"黄金法则"的理想政策,即在经济衰退时管理赤字,在经济繁荣时管理盈余,以便取得周期过程中的预算平衡。

　　"供给侧"论据基于声名卓著的拉弗曲线,只适用于减税。它认为,减税所提供的

---

　　① 正如上面的论点所示,双赤字假说和挤出效应假说在逻辑上是矛盾的。然而,一些批评预算赤字的人推崇这两种理论,而且有些人已经设法让自己同时相信这两种理论。

额外激励将会刺激人们付出更多的努力去工作,刺激更高的投资等等,从而提高收入,在极端情况下,能够消除预算赤字中的原始增长,正如"政府注资刺激经济"模式中一样。很少有稳重的经济学家会接受这一强力的主张。有关税率与国民收入增长之间是否存在某种关系这一点,证据不尽相同,但人们普遍认为,在预测减税的可能后果时依赖刺激效应是不明智的。

2.4　全球化及公共政策约束

人们普遍认为,全球化加强了对于公共政策,尤其是对经济政策的约束。这一观点分两部分。第一部分是认为全球化,特别是在过去三十年间观察到的国际资本流动的大规模增长,是技术变革的必然结果,这尤其是指近年来计算和通信领域的惊人创新。

然而,近来通信方面的改进只不过是长久趋势的一种延续。在 20 世纪的大部分时间里,电信服务的成本每年以 4% 到 5% 的实际比率下降。长途服务费的下降速度更快——每年大约 10%。在 100 年的时间里,复合效应使成本降低了 100 万倍,或者更多。【536】

不过,就长期金融交易而言,20 世纪的创新并不是特别重要。购买或出售价值数十亿美元的资产时,不论是通过一封 15 个字的电报,或是一通 15 分钟的电话,都能对订单内容进行有效传输,即使这两者的带宽要求相差 100 万倍。自 19 世纪以来,发达国家内部以及发达国家之间的瞬时通信已经实现。

计算机与电信使金融交易的复杂性和短期资本的流通量有所增加。在国际市场方面,人们普遍注意到了金融交易量与实际交易量之比的提升。不过,值得注意的是,国内金融市场(如股票市场)发生了类似的大幅增加的金融"动荡"。

在过去的 150 年里,通信技术一直在稳步发展。国际资本流动没有表现出同样稳定的增长。至少在长期资本流动方面,全球资本市场在 19 世纪后期和 20 世纪后期大致相同。资本市场在 20 世纪上半叶因战争和经济萧条而受到彻底破坏。在 1945 年到 1970 年代初期盛行一时的布雷顿森林体系(Bretton Woods system)涉及对资本流动的严格限制,人们认为它同样具有破坏性,并且对旨在维持充分就业的宏观经济政策构成了威胁。

只有当布雷顿森林体系瓦解、与之相关的阻碍国际资本流动的凯恩斯主义宏观经济政策取消以后,20 世纪后期的大幅增长才得以开始。虽然资本市场取得发展(如海外"欧元"市场的发展),帮助破坏了布雷顿森林体系,但关键问题是国内宏观经济政策没有对"滞胀",这一高失业率和高通货膨胀的产物做出适当的反应。

将全球化视为对政策选择的约束,这一观念因弗里德曼(1999)的"金色紧身衣"的生动比喻而广为人知。一个国家为了适合这套金色紧身衣,必须采取下列(看似多余的)黄金法则:

· 让私营部门成为其经济增长的主要动力;

· 维持低通货膨胀率和价格稳定;

· 缩减其国家官僚机构的规模;

· 如果不是盈余的话,就尽可能保持接近平衡的预算;

· 消除及减少关税;

【537】 · 摆脱配额和国内垄断;

· 增加出口;

· 国有产业和公共设施私有化;

· 解除对资本市场和国内经济的管制;

· 开放银行和通讯行业,允许私人所有和自由竞争;

· 允许公民从一系列存在竞争关系的养老金选项中进行选择。

这一套规则也被称为"华盛顿共识"(Washington Consensus)。这一术语是威廉姆森(Williamson,1990)创造,是指由世界银行、国际货币基金组织和美国财政部对这些政策所作出的倡议,这些组织全部都坐落在华盛顿特区。发展中国家希望能得到帮助以解决 20 世纪 80 年代全球债务危机,而这些政策则成为其需要达成的基础条件,发展中国家中(至少在大多数中等收入的发展中国家中)这一危机的成功解决,帮助建立了威廉姆森所描述的共识,这一共识在 20 世纪 90 年代早期尤其强烈。

在许多解释中,华盛顿共识的政策是否真正有益这一问题严格来讲是无关紧要的,因为没有其他选择。这也是弗里德曼的比喻中"紧身衣"所意指的点。如同其他全球化的支持者一样,弗里德曼主张政府必须采用华盛顿共识的政策议程,不然就会面对全球金融交易者们组成的"电子羊群"的怒火。

并没有多少证据能够支持弗里德曼的说法。诚然,上文列举的那些政策在过去 25 年间广为采用,但这更多的是反映出观念的转变,而非全球金融市场所施加的约束。英国和美国在 20 世纪 80 年代撒切尔政府和里根政府执政期间实施了许多上文描述的政策议程。欧洲各国政府有样学样的脚步就缓慢了许多。这并没有阻止外汇市场将欧元对美元的汇率哄抬到前所未有的高度。

此外,与弗里德曼的论点中可能得出的观点相反,全球贸易敞口和政府支出与国内生产总值之比之间的相关性是正相关而非负相关。欧洲国家的贸易与国民产值之比很高,还有着庞大的政府部门。美国和日本的政府规模则相对较小,贸易敞口也相对较小。这或许是个巧合,或者它可能反映出对政府干预的需求以弥补所受到的外部冲击。无论如何,这与全球化需要小政府的观点并不一致。

真正的关系更加复杂和有趣。从宏观经济的角度来看,政府能够做出的选择可以用"三元悖论"(impossible trinity)一词来形容。政府无法在奉行独立的宏观经济政策的同时,既维持固定的汇率,又允许国际资本自由流动。对这一问题的分析最早是由蒙代尔(Mundell,1963)进行的,不过"三元悖论"一词的起源仍不为人知。

在过去的一个世纪里,各国政府对三元悖论的回应方式各不相同。19 世纪的经济,与 20 世纪后期的经济一样,拥有不受限制的资本流动和对政府政策的严格约束。如上文所述,在 1945 年采用了一种完全不同的制度。布雷顿森林体系依赖固定的汇率和对国际资本流动的限制。有了这些限制,用来稳定经济,避免经济萧条和过度繁荣的主要政策工具则是财政政策。在经济萧条时期,政府通过减税和增加公共支出来刺激需求。相反的措施则被用来抑制潜在的通货膨胀性繁荣。货币政策扮演了从属角色。【538】

在 20 世纪 70 年代放弃对资本流动的控制,转为浮动汇率,这对财政和货币政策的范围产生了混合效应。正如三元悖论所表明的那样,由于对资本流动不加控制,政府只有在准备放弃对汇率的任何控制时,才能够采用独立的货币政策。

汇率通常被视为衡量国民经济价值的指标,很少有政府或中央银行会无视汇率,但澳大利亚的经验表明,无视汇率可能是最理想的回应方式。澳大利亚的储备银行愿意接受澳元的持续贬值,而没有提高利率来支持该货币,这是澳大利亚不同于新西兰,在 1998 年的亚洲金融危机中受不利影响很小,甚至几乎未受影响的主要原因。同样,在乔治·索罗斯等人对英镑的投机性攻击之后,英国在 1992 年强制退出欧洲货币体系,一般认为就事后效果来看,这一做法非常有益。

全球化对财政政策的范围的影响是复杂的,在某些方面是矛盾的。在一些重要的方面,取消对资本流动的控制使得政府更容易采取灵活的财政政策。在一个封闭的经济体中,试图通过减税或增加公共支出(通过发行政府债券融资)来刺激经济活动的做法,往往会导致利率提高,从而可能"挤出"私人投资(包括购买住房和耐用消费品)。

相比之下,在国际资本流动缺少管控的情况下,利率是由世界市场设定的。如果预算赤字的规模或持续程度不足以令人担忧,政府可能会拒绝偿还债务或诉诸通胀融资,那么预算赤字对利率就没有直接影响。

全球化的主要问题不在于其对政府施加了严格的约束,而在于它使国民经济容易受到风向突然变化的影响。例如,在 1997 年之前,亚洲经济体表现出色,堪称奇迹,尽管众所周知,亚洲经济体偏离了西方的标准投资实践,倾向建立基于个人联系的关系。在 1997 年之前,一般认为以关系为基础的手段占据了有利条件,但该方法后来被称为

【539】 "裙带资本主义"。当泰国出现规模相对较小的经济困难时,恐慌骤然降临,投资者不仅设法带走泰国的资金,还试图带走东南亚(包括韩国和中国台湾地区)所有主要经济体的资金。

马来西亚是少数几个在这一过程中相对来说毫发无损的东南亚经济体之一。按照"三元悖论"的逻辑,马来西亚总理马哈蒂尔对资本流动实行了临时控制,从而使得马来西亚林吉特能够维持汇率,并使得独立的(在这一情况下,是非紧缩的)货币政策得以实行。

一个更加明显的例子是阿根廷。在 20 世纪 80 年代的国际债务危机之后,阿根廷在南美国家之中率先采取了华盛顿共识的政策。独立的货币政策与不负责任的通货膨胀政策具有潜在联系,为了证明其无意推行独立的货币政策,阿根廷政府将货币政策的控制权移交给货币委员会,货币委员会需要与美元保持固定汇率,不管对国内经济的影响如何。所有对资本流动的控制都被解除,公共资产被大规模私有化。

其结果是资本迅速流入,政府得以维持庞大的预算赤字,又通过利用私有化收益为当前支出提供资金,而掩盖掉了部分赤字。2001 年,当风向突然发生改变时,关于阿根廷成功试行货币委员会的赞美文章仍在金融媒体上出现。

2001 年 11 月,阿根廷比索贬值,政府垮台,其他继任者也纷纷下台。2002 年,爱德华多·杜哈德在两周的时间内就成为阿根廷第五位总统。比索暂停兑换,银行关闭,造成了大范围的经济不景气。与经济大萧条时期相比,产出下降了 20%。直到 2003 年基什内尔政府当选以后,经济稳定才得以恢复。基什内尔政府拒绝接受华盛顿共识,拒付前任政府所欠的大部分债务。

在亚洲和阿根廷的案例中,没有哪个因素很明显引发了危机,甚至当回顾往事时,人们也不清楚哪些事情起了关键性作用。在全球化的经济中,政府面临的是定义模糊的约束,但如果在无意中违反这些约束,后果会非常严重。

3. 约束与权衡

经济学中的一个关键理念就是数量和价格之间的二元性。这种二元性的一种表现是,诸如预算约束之类的量化约束,可以用相对价格术语将其表示为受约束的商品之间的权衡。

【540】 最简单的例子是家庭预算约束。家庭支出必须等于其收入(扣除储蓄或借款)这一事实意味着任意两种消费项目之间都存在权衡,这取决于其相对市场价格。当我们考虑到不同的工作时间的可能性时,这个例子可以进一步体现这一点。休闲和消费项

目之间存在权衡,由税后边际工资率和消费项目的价格决定。

对政府政策的约束同样可以用权衡来表示。在其各种形式中,长期平衡预算约束意味着,今天的高支出和低税收必须以将来的低支出和高税收来权衡。每一个时期内,税收和公共支出之间也都会存在一个权衡。

不同于家庭预算约束,政策约束是非线性的;也就是说,相关价格并不固定。税收收入与国内生产总值之比越高,在无经济刺激、纳税人不遵从、政治阻力方面的边际成本就越高。

3.1 处理约束与权衡

就约束和相关权衡方面而言,如果考虑政策问题,则自然会产生三个问题。首先,约束是绑定的,还是可以做更多的事情? 第二,放松约束的代价是多少? 第三,假定是硬约束,最佳权衡是什么?

例如,考虑确定政府支出的问题,要以一个平衡的预算约束为准。为了确定约束是否具有约束力,显然有必要合理衡量预算平衡,这一点在上文已有所述。在不违反约束的情况下,寻找可能允许在所有目标上增加支出的政策选择。

在收入方面,税收改革提高了征税效率,其中的征税措施可能会在不增加实际税收负担的情况下使收入增加。通常认为用增值税取代零售流转税属于这样的一种改革。

在支出方面,政府活动的重组可以消除重复和浪费,相同的成本下可以提供更多的服务。当然,对政客们来说,承诺减少重复和浪费比采取实际行动要容易得多。

经济学家将上述类型的运转称为潜在的帕累托改进,因为假设额外资源得到适当分配,至少有些人可以变得更好,而没有人变得更糟。潜在的帕累托改进的例子很少,实际的帕累托改进就更少了。

硬约束与"影子价格"相关联,"影子价格"相当于放宽约束的成本。在对政府支出的预算约束中,影子价格是增加税收的成本(经济,政治和社会)。从第二次世界大战到 20 世纪 70 年代,影子价格足够低,使得公共支出与国民收入的比例逐步增加,税收【541】也相应增加。20 世纪 70 年代后期的"纳税人暴动"结束了这种增长,但在大多数国家并没有逆转增长。

最后,给定一个固定约束,鉴于该约束所施加的权衡,有必要选择最佳且可行的资源分配方式。解决这个问题有多种制度方法。企业,包括商业化政府企业,将市场价格作为确定权衡的基础,因为这是将利润最大化的方法。政府可以通过税收、补贴和社区服务义务来影响这些权衡。

在许多情况下,市场价格并不是公共政策的合适指南。效益成本分析技术为在这种情况下进行权衡提供了正规的基础。使用效益成本分析,看似不同的利益和成本可以被简化为通用术语(通常是现在的货币术语),以便在它们之间进行权衡。

例如,不同的医疗保障的利益可以转换为质量调整生命年(QALYs)的通用货币,然后与其他挽救生命的干预措施,例如改善道路安全,进行比较。然后可以将它们与公共资金的其他用途进行权衡,从而产生质量调整的生命年和"统计寿命"的隐含价值(典型价值为100,000美元/质量调整的生命年和500万美元/寿命)。卢姆斯和麦肯齐(Loomes和McKenzie,1989)对质量调整的生命年这一方法及其竞争方法进行了很好的调查。

效益成本分析最雄心勃勃的版本,即"总估值"框架(Randall和Stoll,1983),断言所有社会价值都可以归结为个人支付利益的意愿和接受成本的意愿的总和。然而,这种论断看上去是假定了一个完全由古典功利主义者组成的群体。

在实践中,大多数政治行动者都已承认效益成本分析的一些作用,但几乎没有人接受过其更为雄心勃勃的主张,更不用说那些"总估值"学派的主张了。在现实世界中,权衡不可避免地是以经济为基础、试图在科学上分配稀缺资源和在可能性的艺术上进行政治活动的混合。

参考文献

Baker, D., Epstein, G., and Pollin, R. eds. 1998. *Globalization and Progressive Economic Policy*. Cambridge:Cambridge University Press.

Bhagwati,J.2004. *In Defense of Globalization*.Oxford:Oxford University Press.

Dorfman,R.,Samuelson,P.,and Solow,R.1958. *Linear Programming and Economic Analysis*.New York: McGraw-Hill.

Fare,R.,et al.1993. Derivation of shadow prices for undesirable outputs:a distance function approach. *Review of Economics and Statistics*,75:374-85.

Feldstein,M.,and Horioka,C.1980. Domestic saving and international capital flows.*Economic Journal*,90 (358):314-29.

Finer,S.1955. The political power of private capital,part 1. *Sociological Review*,3:279-94. —1956. The political power of private capital,part 2. *Sociological Review*,4:5-30.

Friedman,T.1999. *The Lexus and the Olive Tree:Understanding Globalization*. New York:Farrar Straus Giroux.

Garrett,G.,and Mitchell,D.1995. Globalisation and the welfare state:income transfers in the industrial democracies,1965-1990. Paper presented to the conference on Comparative Research on Welfare Reforms,Pavia,Sept.

Giddens,A.2000. *Runaway World：How Globalization is Reshaping our Lives*.New York：Routledge.

Koopmans,T.1975. Concepts of optimalityand their uses.Nobel Memorial Lecture,11 Dec.,Stockholm.

Kornai, J., Maskin, E., and Roland, G. 2003. Understanding the soft budget constraint. *Journal of Economic Literature*,41(4)：1095-136.

Kotlikoff,L., and Burns, S. 2004. *The Coming Generational Storm：What You Need to Know about America's Economic Future*.Cambridge,Mass.：MIT Press.

Lindbeck,A.1997. The Swedish experiment.Journal of Economic Literature,35(3)：1273-319.

Lindblom,C.E.1977. *Politics and Markets*.New York：Basic Books.

Loomes,G.,and McKenzie,L.1989. The use of QALYs in health care decision making.*Social Science and Medicine*,28：299-308.

Mitchell,D.1995. Is there a tradeoff between the efficiencyand effectiveness goals of income transfer programs.*Journal of Income Distribution*,5(1)：111-35.

Mundell,R.1963. Capital mobilityand stabilization policy under fixed and flexible exchange rates.*Canadian Journal of Economics and Political Science*,29：475-85.

Nellis,J.1999. Time to rethink privatization in transition economies? *Finance and Development*,36(2)：16-19.

Quiggin,J.1995. The suboptimality of efficiency. *Economics Letters*,47：389-92.

——1995. Does privatisation pay? *Australian Economic Review*,2nd quarter(110)：23-42.

——2004. *Risk,Discounting and the Evaluation of Public Investment Projects*.Canberra：Bureau of Transport Economics.

Randall,A.,and Stoll,J.1983. Existence value in a total valuation framework.Pp.265-74 in *Managing Air Quality and Scenic Resources at National Parks and Wilderness Areas*,ed.Rowe and L.Chestnut. Boulder,Colo.：Westview.

Sheil,C.ed.2001. *Globalisation：Australian Impacts*.Sydney：University of New South Wales Press.

Stiglitz,J.2003. *Globalization and its Discontents*.New York：W.W.Norton.

Weiss,L.1998. *The Myth of the Powerless State：Governing the Economy in a Global Era*. Cambridge：Polity Press.

Williamson,J.1990. What Washington means by policy reform.Pp.7-33 in*Latin American Adjustment：How Much has Happened?*,ed.J.Williamson.Washington,DC：Institute for International Economics.

第 26 章　政治可行性:利益与权力

威廉·高尔斯顿(William A.Galston)

威廉·高尔斯顿(William A.Galston)

【543】　　本章主题为政治可行性。无论从一般意义上理解还是具体来看,政治可行性是由社会的个体利益与个体权力的分配所决定。本章将从四个方面进行讨论,具体如下:对政治可行性概念的一些广泛思考;对权力观念转变的历史/分析检验;探讨有组织利益在美国政治体制及文化背景下的作用;也将略微提及克林顿总统施行失败的全民医疗提案,并以此为案例进行可能性边界研究。

1. 政治可行性:总体评论

　　就政治可行性的概念问题,作者进行了一些粗略的观察。首先,此概念嵌套于一些更为广泛的可能性概念中,其中一些甚至不属于政治范畴。例如,如果一项政策提议在逻辑上或数学上不成立(虽然从表面上看不出来),那么它在政治上也不可行。与既定自然科学定律相矛盾的政策同样也不可行,斯大林政权时期农业发展所经历的李森科(Lysenkoist)荒谬事件就是前车之鉴。另外,如果一项方案违背了经济学或心理学等其他社会科学的关键结论,那么它也绝无可能具备政治可行性。

【544】　　在行为动机下所表达出的人性是制约政治可行性的另一个核心因素。20 世纪的历史已经表明,人类的可塑性是有限的。当初投入精力培养"新苏联人",结果却并不如意。虽然很多人在某些时刻愿意为同胞、为共同利益献身,甚至有些人在大多数情况下都能够做到如此,但如果有一项政治计划,是以多数公民在多数情况下能够做到献身为前提,那么这项计划最终多会以失败告终。

　　拒绝承认无所不在的利他主义及公民奉献精神,是美国宪政主义的标志。用乔治·华盛顿(George Washington)的话来说:"对人性的些许了解使我们相信,对大多数人类而言,利益才是主导原则;几乎每个人或多或少都受到它的影响。公共美德的动机可能在一段时间或在特定情况下,促使人们做出纯粹无私的举动,但他们本身并不足以保持遵守社会责任的严格要求和义务"(见 Morgenthau,1978,ch.1)。在《联邦党人文集》(Federalist)第 51 章中,詹姆斯·麦迪逊(James Madison)提出,所谓政治制度,言下之意即:"人的利益必须与当地宪法权利相联系。这类手段对于控制政府滥用职权十分必要,而这也可能反映了人性。但是,除了对人性最深刻的反思之外,政府本身又是什么呢?"政府虽是最伟大的,但却绝非独一无二。麦迪逊沉思道:"通过对立及竞争利益来弥补良好动机的不足,此类政策可能贯穿整个人类的制度,无论公私领域"(Rossiter,1961,322)。

如果说有什么不同的话,那就是只关注无所不在的自我利益,而低估了激励的难度。阿尔伯特·赫希曼(Albert Hirschman,1977)回溯 17 世纪以来社会理论家们的成就,试图以利益政治取代激情政治(贵族政治以及宗教政治)。

人们希望商业社会能平息侵略、减少暴力。对生命和生计的忧惧会驯化人类精神中不守规矩的过分行为。这一论点在爱德华时期发展到顶峰,爱德华坚信,贸易和商业关系的扩张将使得发达国家间的战争不复存在,而第一次世界大战对这种肤浅的乐观主义造成了永久性的打击。许多年轻人热切地接受战争,把其作为摆脱资产阶级生活束缚的解药。军事领域离不开勇气、牺牲、残暴和死亡。

无论宗教思想家的思想深度如何,他们中很少有人对此感到惊讶。让·贝斯克·埃尔斯廷(Jean Bethke Elshtain,2003,152)曾说,"奥古斯丁人痛苦地意识到粉碎、毁灭、破坏与羞辱的巨大诱惑力……当奥古斯丁所谓的'性欲支配'或'欲望主宰'不受约束时,暴力将会释放,暴力行为将摆脱束缚,不受限制。"

但是,有关人性的悲观看法可能与乐观看法一样肤浅片面。现实主义评价从犬儒主义与痴心妄想中脱颖而出。正如一位伟大的现代奥古斯丁民主主义者所言,"人的正义能力使民主成为可能,而人的不公正倾向使民主变得必要"(Niebuhr,1944,xii)。【545】

现在,本文作者要更贴近主题。政治可行性的概念是嵌入式的,而并非独立于外的,其存在的问题几乎无外乎两点:何地可行? 何时可行?① 公共文化因地而异,政治制度也是如此;有些政策在拥护中央集权的议会制民主政体中是可行的,但在诸如美国等权力分散、有反中央集权倾向的政权中却很可能是不切实际的。同样,当下不可行的政策未来可能可行,或在早期政策决定之前可行(这是路径依赖对人类事务

---

① 参见泽沃斯基(Przeworski,1987);休伊特(Huitt,1968);马佐尼(Majone,1975);威尔达弗斯基(Wildavsky,1979,专业英语第 2 章);梅尔滋纳(Meltsner,1972);莫伊尼汉(Moynihan,1973);菲尔布鲁克(Philbrook,1953);戈定(Goodin,1982,第 7 章)。

的影响之一)。

一些人看世界,看的是自己心中所希冀的世界;而政治现实主义者以看世界的"本真面目"而引以为豪,他们看的是未被希望、恐惧、轻信或抽象理论扭曲的世界。然而这并非易事,因为任何清晰世界观的形成都受到人类想象力与创造力的影响,而此二者往往是伟大领导人的特质,也是我们集体生活中的可塑性要素。有一个例子可以说明前者:1897年第一次犹太复国主义代表大会之后,西奥多·赫兹尔(Theodore Herzl)声称他刚刚重建了犹太国家,虽然当下没有人看到,但未来五十年,所有人都将亲眼见证这一点。从长远来看,他的著名口号"如果你愿意,这不是童话",比怀疑论者明智但盲目的怀疑更为现实。

至于后者,我们也有例为证:经济学家、社会选择理论家肯尼思·阿罗(Kenneth Arrow)指出,在许多情况下,民主公众的意见分布并不能决定出一个确定的结果,仅仅是列出许多潜在的多数选择,其中每个选择都表明不同的政策偏好。这种情况并不罕见,倘若出现,就要仰赖制度结构和企业领袖决定乾坤①。

简而言之,政治行动的领域虽然有限,但却并不固定。它包含着一系列可能性。时间流逝、信仰易变、制度多样、领导不同,这些全都扩大了可行结果的范围。高瞻远瞩与异想天开存在着一条分界线,只是我们还不知如何界定。

普通政治话语中,可行性概念的不同作用有三:放眼未来以指导行动;立足当下作为借口;回顾过去以解释说明。在考虑是否实施特定举措时,政治代理人经常(并且应该)扣心自问,他们所追求的目标是否可行。群体追求一个目标时可能认为它是可行的,但是当他们发现自己判断错误时,机会成本通常很高;他们可能不仅会感到失望,而且还会放弃其他原本更容易达成的成果。

【546】以可行性作为借口,这一点我们都再熟悉不过。每当下属向主管(公民对公职人员,新当选的国会议员对委员会主席)提出请求,得到的回答通常是"我很乐意帮助你,但你的请求行不通"。有时主管所言非虚,此时他的决定无可非议且一锤定音。然而通常情况下,可行性不过是逃避真相的一种方式,因为说真话将给主管引来麻烦:"你(请求者)对我没那么重要,不值得帮助","尊重你的请求则会分散我(主管)更为看重的项目的资源","满足你的要求会引起不必要的冲突"。

最后,可行性可以用来解释为什么一项政治倡议没有成功:我们当时并不知道故事可能的走向,形势对我们十分不利。对手人多势众且资源占优,赢得了关键行为者们的支持,所以无论我们如何运筹帷幄,都注定要输。与以可行性作为借口一样,可行性用

---

① 参见阿罗(Arrow,1963);赖克(Riker,1983/1986);麦凯(Mackie,2004)。

作解释往往也是有效的,但其真实性却难以评估。批评者们经常说,如果你换种方法处理问题,结果会大不相同。可惜的是,历史不是在实验室中做实验,你无法从头再来,无法随心所欲去更改可变量以评估其所造成的影响。在桥牌游戏中,一些定约一眼看去就可断定"必死无疑",即使是世界冠军也无法扭转败局;但在公共事务领域中,此类判断通常是有回旋余地的,充其量是可能性大小不同,而不是确定性的事情。

2. 政治可行性与权力

人们总是将政治可行性问题理解为权力语言,至于权力语言的概念,理论学家与研究人员已经争论了几个世纪。在当代社会思想和社会科学中,该讨论已经经历了许多不同的阶段。在罗伯特·达尔(Robert Dahl)的引导下,早期行为主义者专注于对个人的、经验上可观察的决策的权力。彼得·巴赫拉奇(Peter Bachrach)和莫顿·巴拉茨(Morton Baratz,1970)等对此不以为然,这些批评者所强调的是将关键问题排除在决策议程之外的过程。反过来,史蒂文·卢克斯(Steven Lukes,1974)批评这两种方法都建立在未经检验的人类需求概念之上。真正"激进"地理解权力有利于更客观地理解人类利益,并评估特定社会内各进程的影响分别在多大程度上阻碍某些群体实现这些利益。

卢克斯的论点很有影响力,引出了批评和发展两大阵营。一些理论家指出,卢克斯未能说明如何确定真正的人类利益,也并没有试图弥补这一缺陷。(在这方面,哈贝马斯(Jurgen Habermas,1984/1987)的"理想言语情境"理论最有影响力)。另一些理论家认为,卢克斯过于强调个人代理,不惜牺牲影响个人需求和决策的社会结构,并且未能【547】阐明结构与代理之间的关系。安东尼·吉登斯(Anthony Giddens,1984)的著作体现了许多思想家为克服这种二元论所做的努力:代理产生结构,而结构反过来又制约着代理。

最近,米歇尔·福柯(Michel Foucault)颇具影响力的著作从两方面改变了有关权力的争论。首先,他用构成整体力量或知识的话语实践概念取代了结构和代理的二元性。正如斯图尔特·克莱格(Stewart Clegg,1989,158)所说,"福柯试图表明'代理'和'结构'之间的关系是如何在话语中形成的,为何一些人被剥夺代理权,而另一些人被赋予代理权……重点是某种形式表征的构成方式,而不是表征本身的'真'或'假'"①。其次,同样与此相关地,福柯摒弃了古典政治理论对"主权"权力的关注,转而支持遍及且

---

① 前三段总结了克莱格在其 1989 年的实用调查中第三章到第六章的内容。

"规范"整个社会领域的话语实践。权力没有可定义的中心,因此不能通过弑君或其他类似手段将其推翻,而只能在社会领域的特定点上对其进行抵制。因此,我们可以通过研究"微观政治"而不是制度、结构或因果关系来最大程度地理解权力①。

在这种竞争方式的背景下,我想更深入地研究权力的两个概念:有效代理和有效支配。许多学者将这种现代形式的讨论追溯到托马斯·霍布斯(Thomas Hobbes),他在《利维坦》(Leviathan)第 10 章中专门讨论了这一话题。霍布斯将"人的力量"定义为他"现有的财富,以谋求未来某些显而易见的好处"。一些财富,如力量、美貌、智慧、魅力等,属于个人与生俱来的天赋;而其他财富,如金钱、名望、朋友,都是运用上述天赋而获得的。重要的是,这些财富就是资源,决定着一个人能在多大程度上有能力达到特定目的。

许多人反对以这种方式架构权力话题,反对将权力理解为操纵他人。其基本论点是,在政治和社会生活中,个人资源不足、与其他代理人的目的意图相互冲突,这些统统对目标的实现造成了阻碍。正是这种直觉使布莱恩·巴里(Brian Barry,1989)认为,一个人如果具备"克服抵制或反对的能力",他就会拥有权力②。同样,罗伯特·达尔(Robert Dahl,1957)认为"A 能操控 B,意味着在某种程度上他可以让 B 做其原本不会做的事情"。③ 这种思维方式的现代起源是韦伯(Max Weber,1947,152),他将权力定义为,"社会关系中的某一行为者即使遇到艰难险阻也有可能实现自己的意志,无论这种可能性的存在基础是什么"④。

[548]

人们通常将"支配"与"强迫"联系在一起,但韦伯对权力的定义已经明确表明,"支配"这一概念的范围其实要广得多,因为 A 对 B 行使权力的基础可能与强迫关系不大,甚至可能毫无关系。举一个常见的小例子:会议的组织者要求著名专家撰写并提交一篇论文,但被专家婉言以拒。组织者随后表示可以出资 5,000 美元,于是专家同意了他的请求。组织者在并没有采取强制措施的情况下,也成功让专家去做了他或她本来不会做的事。从这个意义上讲,"讨价还价能力"这个短语可谓不仅仅是一种隐喻。

讨价还价的存在也表明,权力关系的作用可以是相互的:B 操纵 A 的同时,A 也可以操纵 B。⑤ 但各利益攸关方从协议中所获得的利益存在差异,这表明比较彼此权力

---

① 因篇幅限制,此处对长达几十年的复杂争论只做简短回顾。而克莱格(1989)提供了大量细节和绝妙的参考书目。

② 引自莫里斯(Morriss,2002,33)。莫里斯的著作是对克莱格著作的补充,书中列出了有关权力概念的分析性哲学文献的综合参考书目。

③ 引自莫里斯(Morriss,2002,13)。

④ 关于韦伯最近对各种权力形式和场所的重要论述,见波吉(Poggi,2001)。

⑤ 详见鲍尔温(Baldwin,1989,113-120)。

大小仍然是有意义的。①

在很大程度上,前几代学者区分了经济关系和社会政治关系。经济学被看作是地位相当的代理人间自由交换的领域,而社会则涉及不平等代理人间基于权力的交易。然而,自 20 世纪 60 年代以来,约翰·哈萨尼(John Harsanyi,1962)和托马斯·谢林(Thomas Schling,1960)等理论家一直主张,要更加综合地看待权力与交换。原因在于:如果 A 对 B 意愿的抵抗在某种程度上可以激励大家按规矩办事,B 则可以合理希望通过改变收益(亏损)平衡来化解持续阻力以获得 A 的合作。认识到这一点就可以缩小交换活动与权力使用之间的鸿沟。

然而,这并不是说这两个概念完全一致。虽然一些理论家试图将权威("合法"权力)塑造成交换,但这一论点似乎有些牵强。不过可以肯定的是,合法性取决于其表现:如果随着时间推移,军事领导人暴露出自身的懦弱无能,尤其是其个人的缺陷使士兵深陷不必要的风险时,部队可能会挑战其权威。然而日复一日,指挥官的权威并不依赖于交换。当士兵接到命令且认为此命令来源正当,他们会无条件遵守而不求任何回报。在个别事件层面,权力关系的结构可能与交换完全不同。

政治权力位于经济交换和军事服从之间。1952 年哈里·杜鲁门(Harry Truman)即将卸任,德怀特·艾森豪威尔(Dwight Eisenhower)当选总统,在此总统过渡期间,哈里·杜鲁门声称,艾森豪威尔将怀着错误的期望迈进美国总统办公室。"可怜的艾克,"杜鲁门喊道,"他会坐在这里指挥大家这样或那样做。然而,实际上没有人会执行"(Neustadt,1960)。更直白地说,杜鲁门是在暗示,虽然军事领导人可以利用权势达到目的,但是一位总统如果想要实现抱负,就必须回答顽固不化的委员会主席所提出的【549】问题,"这么做对我有什么好处?"例如在 1993 年期间,克林顿总统向国会中许多民主党人士卖好以求他们支持他的减赤计划(deficit-reduction plan)和北美自由贸易协定(the North American Free Trade Agreement)等一些存在争议的提案。这种政治权力的核心在于其交易性,所依赖的是官方可支配的可交易资源的供应。

另一方面,公职人员通常通过行使非交换型权力来达到其目的。例如,他们的职务本身就附带职权。许多高级官员可以随意任用和解雇下属,并期望他们服从上级的决定。许多官员享有实质性的权力,而权力的获取则取决于当初其受甄选的过程或其个人特征等因素。大多数人迈进美国总统办公室前,均会受到提点:与美国其他公职人员都不同,总统是顺应全体人民的民意任职的。这给总统的走马上任镀了一圈名正言顺的光环,而如果总统谈论某些问题能一针见血,或对其他政治行为者的动机洞若观火,

---

①　这并不是说权力的大小可以精准估量。参见鲍尔温(Baldwin,1989,24—29)。

那么这种光环就会被放大。①

综上所述:对权力的理解可以从两方面影响政治可行性,这两方面分别对应着行动权与控制权。情况可能是这样的,首先,若想达到某一特定目的,可能需要某种或某些资源,而代理人既不拥有也无法调用这些资源。此外(或者另一种情况),情况也可能是,实现这一目标需要代理人摆平那些持坚决反对意见的关键人士或团体。为完成这一任务,代理人的全部武器是胡萝卜、大棒,他们使出浑身解数,威逼利诱、软硬兼施,从中足可见彼此地位的不对等。

3. 政治可行性与利益

每个人都有自己的利益,但并不是所有利益都能对政治产生深远影响。但凡是超越面对面形式的政治体系,对利益就必须加以组织使之有效。所有组织起来的群体一旦在相关政治空间中达到一定的密度,就会在政治可行性上产生重大影响。

这些平淡无奇的主张涵盖了许多复杂的问题。我来举两个例子。第一,即使存在一定数量拥有相似利益的个体,也并不能保证一定会出现有组织的团体来促进这些利益。正如曼库尔·奥尔森(Mancur Olson,1965)四十年前所说,团体无论规模大小,组织成本都很高,坐享其成的动机同样很强。若想形成利益集团,那么从组织活动中获得物质和精神双重回报的领导者必须挺身而出(Frohlich,Oppenheimer 和 Young,1971)。

【550】

第二,政治制度塑造了利益集团的形成和发展,而非相反。詹姆斯·麦迪逊(James Madison)在《联邦党人文集》第十章中曾提出开创性论点。自那之后,美国宪法的基本结构明显是在鼓励利益集团的多元化,以遏制任何单一实体的暴政潜力。自利的追求可能不会为共同利益服务,这一点同样清楚。但若试图通过遏制团体自由来解决"派系之争",其结果必将比派系之争本身还要糟糕。②

不仅是制度,公共政策也会影响利益集团。法律的制定让一些自私自利的活动又有了可乘之机,于是一些团体开始投机取巧。立法的范围越大,这类团体的规模和影响力可能就越大。自1960年以来,获得社会保障福利的美国人数大约增加了两倍,达到4000多万。美国退休人员协会(AARP)成立于1958年,目前拥有超过3000万名会员(Rauch,1999,43)。在一项重要的研究中,安德烈·路易斯·坎贝尔(Andrea Louise

---

① 一些哲学家以"当权"与"有权"之间的差异来分析正式或实质性的区别。有关此方面的重大讨论,请见弗里德曼(Friedman,1990)。

② 相关麦迪逊思想总结,请见贝里(Berry,1997,2-4,236-237)。

Campbell,2003)证明社会保障在组织结构以及公众参与方面,对美国老年人产生了非凡影响。

关键在于:任何有关组织利益及其对政治可行性影响的讨论都必然要具体情况具体分析。本节将回顾并试图解释过去半个世纪以来美国利益集团政治的一些发展趋势,其他发达民主国家的情况会有所不同,更不适用于其他政体。

虽然美国人有抱团表达意见以促进其利益的历史,但近几十年来,利益集团的形成速度快到惊人。注册协会的数量自 1955 年的不到 5000 到如今超过 20000,是原来的四倍有余。同时,美国协会高级主管委员会的会员人数也从 2500 人增加到近 25000 人,翻了十倍。不过短短二十年(1975—1995 年),美国参议院登记在册的游说者人数就从 3000 人增长到 10000 人,是原来的三倍多(Rauch,1999,42,45,87)。自 1972 年以来,华盛顿律师数量已经从 12000 人激增至 76000 人,其中许多人所代表的是利益集团①。杰弗里·贝里将上述趋势称为"游说爆炸"(advocacy explosion)(Berry,1997,ch.2)似乎并未夸大其实。

利益集团数量激增的同时,其构成也发生了变化,有两个转变尤其值得注意。从民权运动开始,各种公民组织如雨后春笋般涌现,它们所倡导的政策关乎着种族、少数民族、妇女、消费者、残疾人、男女同性恋者等各类群体以及环境等各项事业。20 世纪 60 年代到 70 年代间,上述群体大多倾向于政治光谱(political spectrum)的自由派;然而,自【551】罗纳德·里根(Ronald Reagan)当选以来,保守派公民团体开始改变游说天平的倾斜方向。美国最高法院就校园祈祷、堕胎以及现代美国社会文化趋势愈发广泛等问题所做出的裁决遭到了他们中许多人的反对,因为他们认为上述问题分别是非强制的、不雅的、相对主义的。同时,企业还组建各种团体以抵制自由公民团体所推行的繁琐法规。②

我们无法只用某一种说法去解释所有的这些变化,因为这其中有太多相互强化的因素。标准清单至少包括以下几个方面:政府范围的扩大使得公共部门所能影响到的议题以及人口部门数量增加,同时也极大地扩大了资源的使用量;国家级政治权力的集中化,激励利益集团资助那些拥有长期工作人员和游说者的总部组织;治理向细则的转变提高了利益高度集中团体的效率;1954 年后公民权利和其他群体赋权事业的合法化;后物质问题和文化问题议程的出现促进了新型群体的形成;与此相关的是,美国的文化多样性与人口多样性日益丰富;1968 年后美国政党的变化削弱了选任官员和地方政党组织的权力,却增强了单一议题团体的党内权力①。

不管利益集团爆发的原因是什么,其影响是显而易见的。首先,有关公共利益的广泛立法愈加难以通过,原因之一是因为要将尽可能多的权力中心聚集在一起,组成不败联;之二则是因为团体越多,否决权越行之有效。这里谈一下医疗保健问题,具体下一节我将再讨论。1984 年至 1993 年期间,总部设在华盛顿的医疗保健组织数量从不到300 个增加到 800 多个,几乎是原来的三倍,其中大部分增长发生在比尔·克林顿(Bill Clinton)当选总统、其医疗保健提案掀起腥风血雨之前。

利益集团激增的第二个影响是:愈加难以终止无效或已经超过其使用寿命的项目,因为受影响最大的群体会联合起来为其辩护。因此,较之以往,更难为新思想的蓬勃发展创造足够的财政和政策空间。

【552】 第三个影响是组织良好,高度集中的团体更容易实现并捍卫符合其狭隘利益的立法和监管成果。至少有迹象表明,利益集团的爆炸式增长与以下两点有关,即公众对政府效力及清廉程度的信任度下降,并且越来越倾向于认为当选官员会不惜牺牲公共利益以讨好身居高位的内部人士。

本节即将收尾,笔者简单反思了权力与利益二者文献重叠的两种方式。首先,在20 世纪五六十年代,利益集团多元化曾主导美国政治科学,一些对这种多元化持批评态度的人主要关注的是,基于群体的代表制所产生的权力不平等。不仅这些团体倾向于维护现状,还有一些利益集团在政治进程中代表性不足,甚至没有发言权。代表强者的群体往往本身就是强大的,而代表弱者与穷人的群体本身就势单力薄,资源匮乏。在20 世纪 60 年代,基于诸上考虑,一些国家的决策者得出结论,即对于那些为代表性不足的弱势人群奔走发声的群体,政府应予以大力支持,不但要支持他们的创建,还要赋予其一定权力。如今,这些考虑促使人们提议放宽对非营利组织宣传活动的法律和监管限制。

第二,我们也曾提到,利益集团多元主义的其他批评者认为,困难的核心不是群体自身权力的不对称,而是对利益的概念存在误解。他们认为,仅仅研究公众所表达的欲望而不关注这些欲望形成的过程系属方法论错误。塑造个人对自身利益定义的权力(无论它在哪里)比代表和汇总这些利益的过程更为根本。正如史蒂文·卢克斯

---

① 曼库尔·奥尔森(Mancur Olson, 1982)在《国家的兴衰》一书中指出,在稳定、自由的社会中,随着时间的推移,利益集团数量的增加是大势所趋,正如藤壶早晚会包围船体一样。然而,即使如此,美国曲线的斜率在过去 40 年中急剧上升的原因依旧无法得到解释。

(Steven Lukes,1974,23)所言,"A 对 B 行使权力的方式可以是让 B 做其不想做的事,但 A 也可以通过影响、塑造或决定 B 的欲望来行使权力。事实上,让他人拥有你想让他们所拥有的欲望,这才是至高无上的权力"。

卢克斯的论点立足于马克思主义传统,并与柏拉图的《理想国》(Plato,Republic)相呼应。其优点在于提醒我们,被公开表达的利益所代表的,可能不是权力的行使,而是权力效力;其缺点在于使我们重新陷入有关"虚假意识"和"真正利益"的命题之中,这些论调曾赋予先锋政党以权力,并致使 20 世纪的政治面目全非。这似乎在告诉我们,虽然理论上可能有必要针对所表达利益的来源问题提出质疑,但重要的是不要对个人真实利益的实质或其确定过程贸然下结论。

4. 案例研究:克林顿总统施行失败的医疗保健计划

在 1992 年总统大选期间,比尔·克林顿曾承诺,如果当选,他将向美国国会提交一项计划,从而保证所有美国人都能享有质量上乘、价位合理的医疗保健服务。1993 年秋天,他兑现了这一承诺。当时,大多数政治观察家认为,在 1994 年为中期选举休会之前,国会将制定一项或许不同于总统提案的计划以保证全民医疗保健。当然,最后事情并没有像观察家们所预想的方向发展。任凭任何方法都无法在民主党内达成共识,虽然共和党一开始有些犹豫不决,但之后便联合起来抵制一切努力。1994 年 9 月,参议院多数党领袖乔治·米切尔(George Mitchell)不得不敲响医疗改革的丧钟,这也为当年 11 月国会选举中民主党的一败涂地奠定了基础。【553】

在分析此次惨败的原因时,许多记者强调人格的影响,并将注意力集中于他们所谓的战术失误上。然而,如果从本章所提到的权力与利益两方面来看待克林顿医疗改革的失败,其实更具启发性。

首先,要分析克林顿总统手中的权力。毋庸置疑,他拥有着其总统办公室的正式权力,并且能够把握问题实质,拥有传奇般的个人魅力以及游说能力,但他却缺少一种至关重要的权力形式,即可交易的政治资源。他和他的顾问都认为他就任总统后所接手的巨额预算赤字阻碍了经济的持续增长。因此,为了解决这个问题,他的第一份预算就紧缩开支,并不顾争议地对能源领域和美国的高收入者增税。传统上来说,总统一般通过向成员们提供其所在辖区的公共工程项目等激励措施来进行"操纵和交易",但是在当时的情况下,克林顿的这种能力是非常有限的。

克林顿总统也缺乏许多前任总统(以及他的接班人)所能依靠的关键性资源,即其所在政党在国会上的团结一致。一些民主党人,例如参议院财政委员会主席认为在总统的立法议程中,医疗保健并不值得高度重视;其他民主党人虽然同意总统观点,认同医疗保健的重要性,却又在如何处理这个问题上与他意见不一。(民主党内的这些分歧也增强了其他较为团结的少数党派的权力。)

这就导致了我们从"行动权"到"控制权"的转变。克林顿总统上台时只有43%的美国民众支持率,这个数字比国会中任何一位民主党人在其所在州或地区的支持率都要低。也因此,他们中很少有人会把民主党的成功当选归功于克林顿的努力。相反,众议院的民主党已经连续20年成为国会中的多数党,民主党议员并不认为自己的地位会
【554】 受到威胁。总统不仅无法对他们加以利诱,而且也缺乏威逼他人的能力。此外,作为负责估算所有立法提案成本与后果的国会预算办公室等独立行为者,总统对其也不具备正式控制权。

当然,在民主国家中还有另一种权力形式——来自民众的权力。在这一方面,克林顿总统再次处于劣势。一方面,美国人民表示他们希望政府在医疗保健方面有所行动;另一方面,他们并不相信政府有能力实现积极且有效的变革,民众对政府的信心处于历史最低点。① 因此,当反对者以政府计划的成本以及官僚主义的复杂性为说辞来反对总统的医疗保健提案时,他们就是利用公众的不信任,而事实也证明总统及其同盟无力处理来自民众的这种不信任。

利益格局并没有为总统的提案带来生机。现有的医疗保险制度源起于第二次世界大战期间,带有一定偶然性,其由雇主提供并辅以诸如医疗保险、医疗补助以及对未参保人群提供慈善医疗等公共项目,发展至今已有半个多世纪之久。

不难想到已经有许多有组织的利益集团去保护那些该制度的受益者。与此同时,少数政党领导人间所达成的立法协议与稳定政党的新政体制相竞争的情势已然不复存在,如今,新型的碎片化政治体系是由国会内多个较小权力中心以及试图影响立法进程的狭隘利益集团所主导的②。结果正如我们所见,20世纪80年代,总部设在华盛顿的聚焦于健康的利益集团数量激增。虽然政府为改革而努力组建多数党联盟,但最终还是在政党与多个碎片化的利益集团的联合攻击下失败了。

虽然我在文中强调了美国权力结构和利益结构变化的重要性,但从马基雅维利(Machiavelli)到达尔(Dahl),众多的分析人士都在强调一个政治现实:长久以来,保持现状的力量一直比支持变革的力量更具有系统优势。那些从现状中受益的人知道自己是谁,能够计算出自己的损失,并有很强的动机组织起来保护自己免受损失。相比之

---

① 有关此结构性问题,详见斯考切波(Skocpol,1996,19,130)。
② 了解更多相关发展,详见斯考切波(Skocpol,1996,84-89);了解概况,见诺伊斯塔特(Neustadt 2001)。

下,广泛变革的受益者群体却很分散。他们只能预测或想象(无法经历)提案中的变革对其生活的影响,并且许多人会怀疑提案所承诺的利益是否真的会惠及他们。出于这些原因,他们比那些试图保护自己既得利益的群体更难组织起来。

　　在新政期间,由于政府未能在私营部门崩溃时采取有效行动,大多数曾经富有的美国人都变得一无所有,损失惨重。在这种情况下,富兰克林・罗斯福(Franklin Roosevelt)引入的"能动主义政府"概念得到了多数民众长期的肯定。六十年后,大多数【555】美国人都成为健康的"富人"而非穷人。尽管民众有所失,但是他们利用政府行动的潜在优势对抗可能的损失成本。相反,健康的穷人往往在其他领域也缺乏足够的资源。他们的政治声音甚至比他们的人数还无足轻重。在当今的情势下,除非美国大多数中产阶级与专业阶层认为自己的利益与工人阶级和穷人的利益一致,否则权力和利益集团基本结构必将倾向强烈反对再分配改革。

参考文献

Arrow,K.J.1963. *Social Choice and Individual Values*,2nd ed.New Haven,Conn.:Yale University Press.

Bachrach,P.,and Baratz,M.1970. *Power and Poverty*.New York:Oxford University Press.

Baldwin,D.A.1989. *Paradoxes of Power*. Oxford:Blackwell.

Barry,B.M.1989. Power:an economic analysis.Pp.222-69 in B.M.Barry, *Democracy*, *Power and Justice*. Oxford:Oxford University Press.

Berry,J.M.1997. *The Interest Group Society*,3rd ed.New York:Longman.

Campbell,A.L.2003. *How Policies Make Citizens:Senior Citizen Activism and the American Welfare State*. Princeton,NJ:Princeton University Press.

Clegg,S.1989. *Frameworks of Power*. London:Sage.

Dahl,R.A.1957. The concept of power. *Behavioral Science*,2:201-15.

Elshtain,J.B.2003. J*ust War against Terror:The Burden of American Power in a Violent World*.New York: Basic Books.

Friedman,R.B.1990. On the concept of authority in political philosophy.Pp.77-85 in*Authority*, ed.J. Raz.New York:New York University Press.

Frohlich,N.,Oppenheimer,J.A.,and Young,O.R.1971. *Political Leadership and Collective Goods*.Princeton,NJ:Princeton University Press.

Giddens,A.1984. *The Constitution of Society*.Oxford:Polity Press.

Goodin,R.E.1982. *Political Theory and Public Policy*.Chicago:University of Chicago Press.

Habermas,J.1984,1987. *The Theory of Communicative Action*, trans.T.McCarthy,2 vols.Boston:Beacon Press.

Harsanyi, J. C. 1962. Measurement of social power, opportunity costsand the theory of two-person bargaining games. *Behavioral Science*, 7 : 67-80.

Hirschman, A.O. 1977. *The Passions and the Interests : Political Arguments for Capitalism before its Triumph*. Princeton, NJ : Princeton University Press.

Huitt, R.K. 1968. Political feasibility. Pp. 263-76 in *Political Science and Public Policy*, ed. A. Ranney. Chicago : Markham.

Lukes, S. 1974. *Power : A Radical View*. London : Macmillan.

Mackie, G. 2004. *Democracy Defended*. Cambridge : Cambridge University Press.

Majone, G. 1975. The notion of political feasibility. *European Journal of Political Research*, 3 : 259-74.

Meltsner, A.J. 1972. Political feasibility and policy analysis. *Public Administration Review*, 32 : 859-67.

Morgenthau, H.J. 1978. *Politics among Nations : The Struggle for Power and Peace*, 5th ed. New York : Knopf.

Morriss, P. 2002. *Power : A Philosophical Analysis*, 2nd ed. Manchester : Manchester University Press.

Moynihan, D.P. 1973. Politics as the art of the impossible. Pp. 248-58 in D. P. Moynihan, *Coping*. New York : Random House.

Neustadt, R.E. 1960. *Presidential Power*. New York : John Wiley.

——2001. The weakening White House. *British Journal of Political Science*, 31 : 1-11.

Niebuhr, R. 1944. *The Children of Light and the Children of Darkness*. New York : Scribner's.

Olson, M. , Jr. 1965. *The Logic of Collective Action*. Cambridge, Mass. : Harvard University Press.

——1982. *The Rise and Decline of Nations*. New Haven, Conn. : Yale University Press.

Philbrook, C. 1953. "Realism" in policy espousal. *American Economic Review*, 43 : 846-59.

Poggi, G. 2001. *Forms of Power*. Cambridge : Polity Press.

Przeworski, A. 1987. The feasibility of universal grants under democratic capitalism. *Theory & Society*, 15 : 695-708.

Rauch, J. 1999. *Government's End : Why Washington Stopped Working*. New York : Public Affairs.

Riker, W.H. 1983. *Liberalism against Populism*. San Francisco : W. Freeman.

——1986. *The Art of Political Manipulation*. New Haven, Conn. : Yale University Press.

Rossiter, C. ed. 1961. *The Federalist Papers*. New York : New American Library.

Schelling, T.C. 1960. *The Strategy of Conflict*. Cambridge, Mass. : Harvard University Press.

Skocpol, T. 1996. *Boomerang : Clinton's Health Security Effort and the Turn against Government in U.S. Politics*. New York : Norton.

Weber, M. 1947. *The Theory of Social and Economic Organization*, trans. A.M. Henderson and T. Parsons. New York : Free Press.

Wildavsky, A. 1979. *Speaking Truth to Power*. Boston : Little, Brown.

第 27 章　政策上的制度约束

艾伦·伊默古特（Ellen M.Immergut）

　　社会科学家们出于实践和理论的考量,开始对公共政策制度约束的影响产生兴趣,【557】并对此进行研究。首先,在 20 世纪 60 年代末和 70 年代初,社会上出现了一系列雄心勃勃的政策——如美国约翰逊(Lyndon Baines Johnson)总统发出的伟大社会(Great Society)倡议,以及德国提出的通过宪法改革扩大联邦政府权力的政策——但这些政策都遭遇了失败。尽管公众对使用政府工具改善社会给予了前所未有的支持,但许多计划方案却未能实现这一目标。社会上需要解决的问题并没有得到解决;在某些情况下,用来支持计划方案的分配资金甚至没有得到使用(Pressman 和 Wildavsky,1984)。其次,学者试图追溯政策失败的根源,并且将理论上的关注从社会转向了制度方面。本章以下部分将详细介绍,政策研究和制度理论之间存在着历史和理论的亲缘性。制度影响着政策,而政策改变了我们对制度的理解。的确,政策研究不仅带来了政治学的制度主义诠释,更有民主治理的新理论。

1. 政策研究对制度主义理论的影响

　　在 20 世纪 50 年代和 60 年代,政治科学和政策研究都可能被视为是“以社会为中【558】心”。人们通常把政治理解为群体压力的“向量和”,或理解为社会长期发展趋势的结果,简而言之,就是“现代化”的产物。根据这一观点,社会上各种利益代表通过组建利益集团来争取政府的资源,并通过政府渠道以获取政策上的让步。只要团体成员隶属多个身份背景(例如,从家长—教师协会的成员可能存在多重宗教或种族身份背景)限制团体领袖变得过于极端,并且“潜在利益”(公民可能会下意识地维护自己的潜在利益,尤其是在包罗万象的宪法框架下或者是在“博弈的规则”中)的存在限制了团体和政府脱离博弈规则的框架,那么利益游说集团便可能制定出民主且有效的公共政策。的确,杜鲁门(Truman)所称的"政务流程"通过提供代表公民问责政府的利益机制,既能安抚民心,又能回应公民,还能适应经济和社会发展所带来的不断变化的问题(1971/1951;也参见 Dahl,1961)。因此,多元模型假设将公民的偏好有效地传递到国家,并将国家政策决策结果视为是公民群体偏好自然平衡的结果。多元主义者将国家和其他机构视为利益集团竞争的中立仲裁者并期望其能够快速适应不断变化的环境。

批评家抨击了所谓的"多元主义"公共政策的观点,认为该政策就没有解决利益群体过程原初的权力不平等问题,例如"商界的特权地位"(Lindblom,1977),政策决定权逐渐限制于"权力精英"手中,且其在政府和"军工复合体"中占据指挥地位(Mills,1956),以及非决策的重要性,该领域甚至从未被纳入到政治议程之中(Connolly,1969;Crenson,1971;Lukes,1974)。同样,阶级关系和"资本主义国家"重新结合后,所产生的利益关系引发了人们的怀疑,即利益团体之间的交涉可能只是为了掩盖更多重要的权力关系——这种情况通常与经济体制相关——这也许能更好地解释政策模式,或者说解释20世纪60年代改革失败的原因(Offe,1984;Alford 和 Friedl,1985)。

正如卢克斯所说,科伦森的著作《空气污染的非政治性》(*Un-Politics of Air Pollution*,1971)是一个关于权力"第三面(third face)"很好的例子。例如在印第安纳州加里——美国钢铁公司总部所在地——20世纪50年代初,没有收到有关空气污染的投诉,而在伊利诺伊州东芝加哥的河对岸,却充满着家庭主妇对脏衣服洗不干净的抱怨,并由此演变为一场全面的社会运动。正是该运动成功地迫使当地政府颁布了控制空气污染的相关法律。若我们假定一个高效的政策过程并推算出决策过程中的偏好,我们便会得出这样的一个结论:加里市民对洁净空气的需求不如东芝加哥的公民。但科伦森(Crenson)认为更为合理的假设是,美国钢铁公司(US Steel)雇佣了大量加里市的员工,导致市民在解决空气污染问题方面犹豫不决,因为防控空气污染问题可能会导致他们失业。换言之,影响公民自身的重要问题不会自动导致决策抗议或利益集团的形成。因此,我们不能认为公共政策是通过民主进程产生的有效性;相反,我们必须根据环境质量或者社会公平等问题本身的实质性标准来判断在政策决策中,政治参与的质量以及由此产生相关的公共政策的质量。

【559】

另一种观点与公共政策多元性和权力结构性观点相反,根据政府和政体的特点与性质来解释公共政策的制定与实施。"以国家为核心"的政策受到新马克思资本主义国家理论的启发,一定程度上也得到了韦伯、欣茨(Hintze)和斯考切波(Skocpol,1985)的主要启迪。这一观点指出国家应该概念化为政治行动者或者政治结构。作为行动者时,国家内部的个别官僚和政客,会根据他们关于治理良好政府的想法以及促进自己事业或机构地位的利益行事。国家作为结构体时,组织的决策过程由其决定,从而使各种群体和社会阶层可以进入政府决策过程以及政策实施的模式中去。斯考切波(Skocpol)则提出不同的机制,认为国家可能根据这些机制制定相应的公共政策。政治家的职业道路可能会使某些政策(而不是其他政策)吸引处于政治战略位置的特定政治家,以启动政策倡议。例如,在新政的立法中就是这种情况。如类似保障工会代表权的《瓦格纳法案》等劳动立法,比福利国家的许多政策更为重要,因为除非福利国家精简许多基本的社会权力,如医疗保健和根据国家或大众标准制定"尊严与健康"的生活标准权力,否则将无法应对国会委员会的挑战(Skocpol,1980)。这种政治决策将继续通过影响国家的战略能力和形成政策遗留问题来限制未来公共政策的制定与实施。例如,在美国和英国,凯恩斯主义政策的实施受到了阻碍,这是因为国家在经济建模和经济专业知识方面的能力没有像瑞典那样做到一定的制度化(Weir 和 Skocpol,1985)。同样,齐思曼(Zysman,1983)指出,国家产业政策的制定取决于银行制度中某一特定的组织:如果公司依靠股票市场获得资本,那么政府就没有管理产业发展的能力,如果依靠国家和地区银行获得资本,政府就可以促使特定的投资政策的实施,从而影响产业发展。以往的政策也是通过反映公民和政治精英的观点和意见,来为政策制定留下了长远的遗产。美国内战时期养老金政策隶属于庇护政治和政党分肥制,这也让美国政策【560】行动家对社会项目产生了怀疑,如果不是这样他们可能会在美国的"进步时代"为扩大国家福利制度而斗争(Orloff 和 Skocpol,1984)。更广泛地说,正如皮尔森(Pierson,1994)所言,养老金政策带来了锁定效应,公民必须提前计划退休,因此他们不支持如将公共计划转变为私人保险,或是相反政策之类的根本变革。

　　以往的政策也可能会增加"社会化"或"私有化"冲突,如沙茨施奈德(Schattschneider,1960)所说的那样,通过鼓励团体组织,将他们的问题视为正当性申诉,有必要涉及公众参与,并且由此政府发起有关解决方案。斯考切波(Skocpol,1985,21)将政治政策对组织和利益动员的影响称为国家作用的"托克维尔式"观点。塞尔兹尼克(Selznick)在《田纳西河流域管理局与草根组织(1984/1949)》中提供了一个经典的例子。塞尔兹尼克认为,田纳西河流域管理局(TVA)通过与当地农民组织签订协议来实施其"草根哲学"决策,但在实践中,该组织渐渐偏离最初的目标。例如,TVA 农业示范项目主要资助的内容是分发磷酸盐而不是硝酸盐,这一决定使大农场主受益,但却让佃农遭到了冷落,因为他们采用轮流耕种的耕种方式,所以没有足够大的土地去使用磷酸盐。从环境角度来看,可以肯定的是,优选的方法是使用磷酸盐。然而,在 TVA 土地使用政策中,维护大农场主的利益比维护环境的利益更重要:继土地农民抗议之后,TVA 从根本上减少了电力水库周围出于保护目的而纳入公共领域的土地面积。出于以上因素,

TVA 试图拉拢美国农业局联合会中有影响力的农民加入其组织结构——旨在更好地实施其政策——而放弃了独立制定政策决定的能力,并将权力的平衡从环境主义者和穷人向富裕的农民进行转移。同时也将权力平衡的关注点转向环保主义者、穷人和富农。后来 TVA 的研究出现了另一个政治偏见例子:TVA 为了避免与当地的政党的冲突,其宿舍被严格隔离,这是一项不符合联邦指导方针的种族政策。

同样,社会政策通过给予代表工人阶级利益的组织以道德和经济资源,实现了"民主阶级斗争"的平衡。例如,社会政策普遍鼓励跨职业间的结合(以及集体行动),针对较狭隘的职业群体组织的计划则削弱了更广泛的阶级动员机制。此外,在社会保护被尊为一种社会"权利"的情况下,旨在扩大或维持社会政策的政治动员获得了合法性的保护(Esping-Andersen 和 Korpi,1984;Klass,1985)。由工会管理的失业保险——根特体制("Ghent"system)——被用作吸引会员的选择性激励措施,因此,在以这种方式组织失业政策的国家中,工会会员有着较高的比例(Rothstein,1992)。城市政策鼓励区分社会阶层,如在英国,最终鼓励的是基于阶级认同的政治组织。而那些基于种族认同的城市政策而导致政治和阶级分化的国家,比如美国,注重的则是工作场所中阶级的重要性和政治中民族认同的重要性(Katznelson,1985)。同样,英国之前对后来成为尼日利亚西南部的地方的殖民统治以宗教分裂为代价,给予了部落或民族身份特权(Laitin,1985)。

【561】

国家与社会之间的这种相互作用——实际上是将社会利益与政体联系起来的关系网络——是新保守主义理论家研究的中心焦点。这些学者认为,政府与利益集团之间的制度化关系为新群体和新政治问题制造了进入壁垒。因此,利益集团之间的谈判发生在全国范围内不同利益中介机构中,这些机构改变了组织一系列利益,并对政府政策产生影响。在一些国家中,利益集团是专业化且集中组织的,并有大量的成员加入。这使他们能够在制定和实施立法(如公共医疗保险)以及促进更非正式的政策(如控制通货膨胀的收入政策)方面发挥有益的作用(Schmitter 和 Lehmbruch,1979;Berger,1981;Goldthorpe,1984;Katzenstein,1985;Maier,1987)。

因此,对公共政策——福利国家、城市政策、税收政策、经济政策、卫生政策、环境政策——的研究有助于重新唤起人们对机构的兴趣。一项又一项的研究表明,政策结果不能用公民的偏好、利益群体平衡意见或更大的社会结构力量或行动者(如"阶级")来解释,所以学者们的注意力由此转向了政体组织如何影响政策的制定和实施(Hall,1986;Scharpf,1997;Czada,He'ritier 和 Keman,1998;Peters,1998/2001)。此外,由于政府严格权限之外的各种因素都是相关的,因此对国家的强调让位于一种更为笼统的"制度主义"观点,将政府机构视为"政治整合",并扩大了分析的范围,融入更多的非政府因素(Immergut,1992a,3ff.,24-8;Skocpol,1992,41 ff.,47 ff.;Thelen 和 Steinmo,1992;Hall 和 Taylor,1996;Immergut,1998)。这些研究在特定情况下会带来差异,比如选举制度对政党竞争的影响(Steinmo,1993)、立法机构与法院之间的关系(Hattam,1993)以及"政治机会结构"(Kitschelt,1986),甚至涉及更广泛的制度效应,包括标准操作程序、机会窗口、规范和想法(Weir,1992)。然而,这些研究都得到了一个共同结论:制度和制度效应使多元主义模式中所谓的公平竞争环境失衡,因此将政策引入某些特定的路径中,如路径依赖模型(Pierson,2000)。

2. 制度主义理论对公共政策研究的影响

如果政策研究有助于增强我们对制度的理解,那么制度主义的观点能帮助我们改【562】善公共政策吗?在任何特定领域中,政策分析都依赖于大量信息和技术知识,这些信息和技术知识不一定与制度、政治活动或社会有关。然而,关于如何处理这些信息和使用常用术语是政治、社会或公共的选择。一旦我们将公共政策视为"集体选择",我们就会面临一些政治学和社会科学要回答的问题:谁应该来做出这些选择?应该使用哪些程序来做出这些选择?我们如何区分"好"和"坏"的选择?

民主选择的制度主义模式旨在通过改进选择程序,来改善公共政策选择实质。许多制度主义者,如洛伊(Lowi),认为民主选择不仅仅是"过程"或是从"交涉"到"程序"的过程,还用"真正公开"的决策代替"仅仅是受人们欢迎"的决策。在某种程度上来看这只是纸上谈兵,但是它所表达的观点强调人们必须严格地审视政治过程,并在必要时调整博弈规则以提高结果的规范质量。制度主义学者想要确定的程序是有意义的政治参与,例如,支持政治舞台,以便能够进行明确目标的讨论,或允许公民诉诸伸张正义的司法程序。埃尔斯特(Elster,1986)将民主选择的制度主义观点描述为一个"论坛",在这个论坛中,决策是通过对抗性讨论而制定的,利益也是通过对抗性讨论定义的,而不是通过集中利益或偏好的"市场"来决定;前者决策的制定依赖于"辩论"的思维;后者的制定则基于"谈判"的逻辑。马奇和奥尔森(March 和 Olsen,1986)同样讨论了表面"聚合"与真正"融合"偏好之间的差异。

洛伊(1979)对"司法民主"的研究很好地说明了这种方法。洛伊认为,自从新政以来,总统和行政机构在美国政治中的作用不断扩大,由此产生了一种不为人知的宪法变革,他将其称为"第二共和国"。美国的政治辩论与这些行政权力的现实和政府干预的现实脱节,假装围绕着权力"更多"或"更少"而争论的政府,而事实上,美国两个主要政党都赞同更多的政府干预,但是,他们之间存在的分歧主要集中在政府的权力应该下放至哪里。结果倾向于将政府权力下放到行政自由裁量权和与私人利益集团的谈判中。正如马克斯·韦伯(Max Weber)关于政治和行政之间适当关系经典著作(1978/1918;参见 Aberbach,Putnam 和 Rockman,1981)的观点一样,洛伊认为立法机构通过制定允许【563】政治家监督行政活动的明确法律,从而削弱了行政机构的权利。更广泛地说,这些政治代表应该参与政治审议,以产生李普曼著作中所提出"公共哲学"的状态,洛伊将"公共哲学"定义为"政府和政治家用超出其范围的能力以指导决策的原则与标准"(Lippmann,1969,82)。这样一种公共哲学"将从一种政治话语中浮现出来,在我们这一代人的错误共识中,我们很少有人参与其中(1979,298)",这种公共哲学"还需要有意义的辩论程序……政治行为者之间的矛盾在于,每个人都必须定期制定适用于国家个人行为的一般规则,同时对公民个体来说,在道德层面上也需合理化"(1969,84)。

因此,与韦伯一样,洛伊认为立法权应该掌握在政府立法部门手中,政治家应该通过公开辩论来决定政策目标。在这里,洛伊明确指出重要的是通过协商和对抗的过程就政治的实质性目标达成一致,在这个过程中,政治参与和政治讨论的质量而不是参与的广度才是最重要的:"司法途径并没有对正义、美德或美好的生活进行特定定义……它并没削弱政治竞争中的优势,而是让政府某些领域的权利更加难以获得"(1979,311)。因此,《自由主义的终结》(The End of Liberalism)这本书的书名有双重含义,既意味着上一个大政府与小政府古典自由时代的结束,也意味着政治代表们必须就新时代,即"第三共和国",政府的目标或"终结"展开一场新的辩论。同样,塞尔兹尼克认为,由于 TVA 草根哲学实质性内容从来没有得到明确的解释,其领导人有可能选择这样一种决策和执行手段,即将公共权力移交给私人团体,从而使农业利益集团能管理该机构。正如他所写的那样,"当他们建立的承诺使我们偏离真正的目标时,意味着暴政的开始。如果目的抽象且不明确,无法提供批评和评估的原则,那么此时目的便毫无用处"(1984/1949,iv)。

美国"向贫困宣战"可以作为制度主义视角的一个恰当的例子。美国新政通过对《1935 年社会保障法》的立法,以法律为政府承担哪些社会风险提供了相对明确的指导方针。相反,"向贫困宣战"提出了"最大可行性参与"战略(Moynihan,1969 年名言中所说的"最大可能的误解")。这一想法是通过赋予穷人和其他弱势群体以政治权力来解决贫困问题。政府多元主义哲学使这一战略合法化,它希望通过减少利益集团进程中的不平等机会,使政府做出的决策更加符合公共利益。然而,这样做的结果是浪费了大量的金钱,也未见成效。洛伊认为,国会就反贫困政策的目的和手段进行审议并起草一【564】部新的法律,会实现真正意义上的公平。因此,正式程序(不是非正式程序)是确定公共政策的实质性目标以及实现这些目标的路径。

　　然而,即使是洛伊也承认并非每一个公共政策的细节都能影响法律的制定。因此,他认为在制定行政政策时也应采用更好的程序。根据洛伊的观点,全面根据法律手段进行治理意味着要求行政机构对其正在执行的政策与规定进行审议,并禁止他们给予特定群体例外的规则情况。如有必要,各机构应将案件提交给国会,要求重新解释或修改原有的法律。正如提交到法院审理的案件有助于改善司法和法律规则本身一样,法律管理应采用更好的规则,并在大多情况下,实施更完善的法律。诺内(Nonet,1969)借鉴了关于工人报酬的讨论案例来说明这种方法如何能够导致"行政公正"。许多国家已经采用法庭程序来裁定生物伦理。

　　因此,通过批评民主选择的程序,制度主义研究可以为起草政策程序提供指导方针,这些政策程序不仅涉及制定法律,而且还涉及随后不可避免的行政决策。事实上,许多政策解决方案需要为行政决策引入一套准则,而不是直接为政策结果立法。制度主义视角的含义是,行政决策的质量取决于决策本身的程序。然而,制度的影响也取决于其社会和政治背景。

　　这里,有一个经典的政策研究可以作为例证。在加利福尼亚奥克兰,普雷斯曼和威尔达弗斯基(Pressman 和 Wildavsky,1984)进行了一项关于《经济发展法》(the Economic Development Act)执行情况的开创性研究,他们得出的结论是,政策实施需要在一系列决策中许多环节上达成一致。即使在每个决策点达成一致的概率很高,比如 0.9,多个决策点(N)的影响也将是通过公式$(0.9)^N$降低了最终达成一致的概率。在奥克兰引发问题的决策点类型包括,就建立新机场以创造就业机会的计划以及分配小企业贷款的标准,与利益集团和团体领导人进行谈判当地方行政人员与有关各方举行多轮会议时,要动用所分配的资金已变得越来越难,更不用说制定实质上合理的标准,来安排人们从事工作或资助小企业。普雷斯曼(Pressman)和威尔达弗斯基(Wildavsky)提出一个典型的组织理论方法:决策的组织程序(而不是政治分歧或政治权力的分歧)是指定政策结果的原因。然而,他们自己的证据表明更多政治因素的重要性。由于当地政治结构薄弱,华盛顿特区经济发展局(EDA)总部刻意选择加利福尼亚州奥克兰市作为试点,实施发展计划。奥克兰没有直接选举产生的市长,而是由市议会和一位任命的城市经理共同管理。此外,当地利益集团发展薄弱,组织芜杂散漫。该理论认为,这将更难执行【565】当地抵制 EDA 计划。然而,其结果是很难找到能够组织会议并协助完成工作的地方领导人。如果 EDA 选择了像芝加哥这样拥有有效政治机制的城市,那么对当地就业的影响可能要大得多。事实上,在他们对社会援助的研究中,佩文和克劳瓦德(Piven 和 Cloward)指出,芝加哥市的"基层官僚"在 20 世纪 50 年代和 60 年代就可以有效地向受助人分发福利金,而在纽约,就需要代表穷人的新组织团体施加政治压力,以争取城市的管理权(1971,n.41,335-336;Lipsky,1980)。因此实际上,执行程序所能造成的影响取决于当地的政治结构和政治动员模式,而不仅仅囿于正式规则。

3. 公共政策的制度约束

鉴于制度规则和程序对政策制定、设计与实施都有很大的影响,那么对于政策设计来说,我们从制度主义的角度能得到什么教训? 对于制度程序对政策决策的确切影响以及制度规则与政治、社会甚至历史背景的相互作用的研究还处于起步阶段。到目前为止我们学到了什么?

一种方法包括比较政治制度的类型学。利普哈特(Lijphart,1984/1999)将民主分为两类:多数民主政体和共识民主政体。多数主义的政治制度创造强大多数群体的条件,对政府行动几乎没有限制,而共识民主政体则会注重少数群体,并为这些少数群体提供阻止多数决定的机制。利普哈特通过考虑一系列的变量,将一个国家的政治制度划分为两个维度,即"行政—政党"维度和"联邦主义—单一制"维度,并确定了一个特定国家的政治制度是属于第一类还是第二类。"行政—政党"的维度是通过一些指标来衡量的,比如一个执政联盟执政的频率、政党的数量、政党分裂的类型(社会经济、宗教、语言、种族)、政府的平均任期以及选举制度的不均衡。这些指标越是显示出政府权力集中的格局,政治制度在行政党层面的排名就越是趋向"多数"。利普哈特表示,
【566】"联邦主义—统一主义"维度的特点是两院制、分税制和宪法僵化。他发现,共识民主与更高的经济增长水平、更低的通胀率、更包容的福利国家以及更大程度上公民对民主的满意程度之间存在一种统计学联系,这让他得出结论:"共识民主往往是'更友善、更温和'的民主形式"(Lijphart,1999,275)。

然而,就像利普哈特非常清楚的那样,人们在"分裂的社会"中找到了协同的政治制度,正如他所提出的因为种族或宗教分裂的而产生的分歧(Lijphart,1969),这些分歧是少数群体享有各种否决权的历史原因。因此,可能并不是政治制度导致更友善、更温和的民主,但或许正是为了克服导致政治障碍的分歧,拥有这些政治制度的"分裂"社会也倾向于发展各种类型的综合社会制度。因此,制度发展中的"鸡和蛋"问题通常被称为"内生性"问题。

鲍威尔(Powell,2000)根据选举代表和做出政策决定的正式宪法规则,提出类似的类型,他提到民主的"多数派"和"比例"这一观点。"多数主义"的愿景要求制定允许多数选民选举政府的选举规则,并要求政府在没有制度障碍的情况下制定政策。多数主义愿景同意由一个政党完全代表,并在对选民完全负责的情况下实施其政治计划。

相比之下,比例愿景更关注可能永远不会出现在多数主义制度中的少数群体,并要求比例代表制、联合型政府和权力分享机制,如两院制,以及反对派在议会常设委员会中的代表性。

佩尔森和塔贝里尼(Persson 和 Tabellini,2002)将选举规则和政治制度分为两类:多数选举制与比例选举制;以及总统制与议会制。他们关注的是作为正式政治制度和政治行为之间联系的政治家的个人动机。他们认为,在单一成员的地区选举制度中,政党中的政治家必须集中精力使他们赢得的地区数量最大化;这意味着要关注针对特定地区选民的政策,例如可能获得政府合同的特定公司的员工,或其他类型的"政治分肥"政策。而洛伊把这些政策称为"分配"(Lowi,1964/1972)。相比之下,在比例代表制下,政治家需要最大限度地扩大选票,而不是选区;为此目的,吸引广大选民的再分配政策,如建立国家健康保险或公共养老金计划会更好。

然而,试图用分散的政治制度来描述政治系统的特点会导致三个问题。首先,政治制度不是这些不同制度的理想组合,而是一种制度细节的集合体,它们作为一个半连贯的整体聚集在一起。第二,政治制度的功能取决于政党选举中选票的确切分布,制度规则和程序将这些投票股票转换成议会席位分配和政府权力的股票的方式,以及政府和立法决策的制定规则。第三,这些方法将制度视为相互依存的变量,但制度不是政治行【567】动者。相反,机构与特定的投票分配相结合应被视为激励结构,因此其应该被视为干预变量,而不是行动者。

伊默古特(Immergut,1990/1992b)以其"否决点"的形式描述了政治制度,它是由宪法规则和任何特定时间点的政治多数派组合而成的"否决点"。"否决点"被定义为具有否决政府立法提案的管辖权的政治领域,其中否决的可能性很高。该模型假设行政部门或立法部门的政治家已决定提出立法建议,并考虑随后决策链中可能出现否决的要点。尽管很容易将这一模式过度扩展,将任何政治分歧中心称为"否决点",但最初的意图是提出一个受限制的定义。例如,如果一项法律必须在两院制议会的两个议院通过,而第二个议院由不同于第一个议院的多数人控制,那么两个议院之间的分歧就有可能导致第二议院否决第一议院的决定。在这种情况下,第二议院应被视为否决点。其他可能的否决点的例子有:宪法法院、总统和公民投票。在欧洲立法进程中,自从《马斯特里赫特条约》(Treaty of Maastricht,1993)引入共同决定程序以来,欧洲议会(European Parliament)只拥有一个否决点。

泽比利斯已将"否决点"模型纳入更为普遍的"否决者"理论(Tsebelis,1995/1999/2002)。否决者理论也关注于行政政府的决策能力,但该理论也积极地将"否决者"理解为任何机构或党派的行动者,他们的同意对于支持法案通过来说是很有必要的。制度否决者与否决点相同。但否决者理论更进一步,将政府联盟的成员视为否决者,因为联盟中不同党派的成员必须达成一致,才能提出立法建议。泽比利斯还考虑了不同否决方的政策距离和政策凝聚力。否决者理论认为,随着否决者数量的增加,以及他们的政策距离和凝聚力的增加,政策变化将变得更加困难。

人们试图检验这些关于制度对政策和政策制定的影响的理论,得出了好坏参半的结论。阿明贡(Armingeon,2002)检验了利普哈特类型学中的变量,得出结论:人们必须区分"共识"民主的不同维度,法团主义(利益组织)、协合主义(相对大量的政党之间需要达成一致)和反多数主义机构(阻止多数决定的机构)。胡贝尔、拉古和斯蒂芬斯(Huber,Ragin 和 Stephens,1993)和施密特(Schmidt,2002)都支持宪法结构的影响,以及在社会政策上的否决点和否决者,但他们发现,人们必须审视党派性和政治结构之间的相互作用。在一项关于协调市场经济的政策重新谈判的尝试中,伊默古特和久米(Immergut 和 Kume,2006)及其合作者发现,"公众信仰"限制了决策者改变其社会和政治协调机制的能力。因此,在从研究过去的政策转向研究新的政治和政策模式之后,政治制度理论已经开始从关注制度障碍转向更多关注政治竞争和公众劝说的过程。

【568】

4. 结论

本章研究了公共政策研究对制度理论发展的影响,以及制度理论对公共政策发展的影响。关于制度规则和程序对公共政策的影响的研究也与基于程序方法的政策解决方案相关。随着当代决策者越来越放弃对政府制定和实施的政策的信心,他们越来越多地转向基于"启动流程"、"创建网络"或"指明程序"的政策解决方案。尽管关于规则和程序对政治和政策的影响的研究仍处于相对早期的阶段,但就是在此处,制度分析在为批评和规则制定提供基础方法方面最有价值。

参考文献

Aberbach,J.D.,Putnam,R.D.,and Rockman,B.A.1981.*Bureaucrats and Politicians in Western Democracies*.Cambridge,Mass.:Harvard University Press.

Alford,R.R.,and Friedland,R.1985.*Powers of Theory:Capitalism,the State,and Democracy*.Cambridge:Cambridge University Press.

Armingeon,K.2002.The effects of negotiation democracy:a comparative analysis.*European Journal of Political Research*,41:81-105.

Berger,S.ed.1981.*Organizing Interests in Western Europe:Pluralism,Corporatism and the Transformation of Politics*.Cambridge:Cambridge University Press.

Connolly,W.E.ed.1969. *The Bias of Pluralism*.New York:Atherton Press.

Crenson,M.A.1971. *The Un-Politics of Air Pollution:A Study of Non-Decisionmaking in the Cities*. Baltimore:Johns Hopkins University Press.

Czada, R., HØritier, A., and Keman, H. 1998. *Institutions and Political Choice: On the Limits of Rationality*.Amsterdam:VU University Press.

Dahl,R.A.1961. *Who Governs? Democracy and Power in an American City*.New Haven,Conn.:Yale University Press.

Elster,J.1986. The market and the forum:three varieties of political theory.Pp.103−32 in *Foundations of Social Choice Theory*,ed.J.Elster and A.Hylland.Cambridge:Cambridge University Press.

Esping-Andersen,G.,and Korpi,W.1984. Social policy as class politics in post-war capitalism:Scandinavia,Austria,Germany.Pp.179−208 in *Order and Conflict in Contemporary Capitalism:Studies in the Political Economy of Western European Nations*,ed.J.H.Goldthorpe.Oxford:Clarendon Press.

Evans,P.B.,Rueschemeyer,D.,and Skocpol,T.eds.1985. *Bringing the State Back in*.Cambridge:Cambridge University Press.

Goldthorpe,J.H.,(ed.)1984. *Order and Conflict in Contemporary Capitalism:Studies in the Political Economy of Western European Nations*.Oxford:Clarendon Press.

Hall,P.A.1986. *Governing the Economy:The Politics of State Intervention in Britain and France*.Oxford: Oxford University Press.

——and Taylor,R.C.R.1996. Political science and the three new institutionalisms.*Political Studies*,44: 936−57.

Hattam,V.C.1993. *Labor Visions and State Power:The Origins of Business Unionism in the United States*. Princeton,NJ:Princeton University Press.

Huber,E.,Ragin,C.C.,and Stephens,J.D.1993. Social-democracy,Christian democracy,constitutional structure,and the welfare-state.*American Journal of Sociology*,99:711−49.

Immergut,E.M.1990. Institutions,veto points,and policy results:a comparative analysis of health care. *Journal of Public Policy*,10:391−416.

——1992*a*.*Health Politics:Interests and Institutions in Western Europe*.Cambridge:Cambridge University Press.

——1992*b*.The rules of the game:the logic of health policy-making in France,Switzerland and Sweden. In Steinmo,Thelen,and Longstreth,1992:57−89.

——1998. The theoretical core of the new institutionalism.*Politics & Society*,26:5−34.

——and Kume,I.(ed.)2006. Crises of governance:institutions and the politics of change in Japan and Europe(special issue).*Governance*,19.

Katzenstein,P.J.1985. *Small States in World Markets:Industrial Policy in Europe*.Ithaca,NY:Cornell University Press.

Katznelson,I.1985. Working-class formationand the state:nineteenth-century England in American perspective.In Evans,Rueschemeyer,and Skocpol 1985:257–84.

Kitschelt,H.1986. Political opportunity structuresand political protest: anti-nuclear movements in four democracies.*British Journal of Political Science*,16:57–85.

Klass,G.M.1985. Explaining Americaand the welfare state:an alternative theory.*British Journal of Political Science*, 15:427–50.

Laitin,D.D.1985. Hegemony and religious conflict: British imperial control and political cleavages in Yorubaland.In Evans,Rueschemeyer,and Skocpol 1985,285–316.

Lijphart,A.1969. Consociational democracy.*World Politics*, 21:207–25.

——1984. Democracies: Patterns of Majoritarianand Consensus Government in Twenty-One Countries. New Haven,Conn.:Yale University Press.

——1999. Patterns of Democracy:Government Formsand Performance in Thirty-Six Countries.New Haven,Conn:Yale University Press.

Lindberg,L.N.,et al.eds.1975. Paradigms of Relation between Stateand Society.Lexington,Mass.:Heath.

Lindblom,C.E.1977. Politics and Markets: The World's Political-Economic Systems. New York: Basic Books.

Lipsky,M.1980. Street-Level Bureaucracy: Dilemmas of the Individual in Public Services. New York: Russell Sage Foundation.

Lowi,T.J.1964. American business,public policy,case-studies,and political theory.World Politics,16: 677–715.

Lowi,T.J.1969. The public philosophy:interest-group liberalism.Pp.81–122 in The Bias of Pluralism,ed. W.E.Connolly.New York:Atherton.

——1972. Four systems of policy,politics and choice.Public Administration Review,32:298–310.

——1979. The End of Liberalism:The Second Republic of the United States.New York:W.W.Norton.

Lukes,S.1974. Power:A Radical View.London:Macmillan.

Maier,C.S.ed.1987. Changing Boundaries of the Political:Essays on the Evolving Balance between the State and Society,Public and Private in Europe.Cambridge:Cambridge University Press.

March,J.G.,and Olsen,J.P.1986. Popular sovereignty and the search for appropriate institutions.Journal of Public Policy,6:341–70.

Mills,C.W.1956. The Power Elite.Oxford:Oxford University Press.

Moynihan,D.P.1969. Maximum Feasible Misunderstanding.New York:Free Press.

Nonet,P.1969. Administrative Justice:Advocacyand Change in a Government Agency.New York:Russell Sage.

Offe,C.1984. Contradictions of the Welfare State.Cambridge,Mass.:MIT Press.

Orloff,A.S.,and Skocpol,T.1984. Why not equal protection? Explaining the politics of public social spending in Britain,1900–1911,and the United States,1880s–1920. American Sociological Review, 49:726–50.

Persson,T.,and Tabellini,G.2002. Political institutions and policy outcomes:what are the stylized facts?

Available at:ftp://ftp.igier.uni−bocconi.it/homepages/tabellini/ tp0208161. pdf.

Peters,B. G. 1998. Political institutions, oldand new. Pp. 205 – 20 in A New Handbook of Political Science,ed.R.E.Goodin and H.-D.Klingemann.Oxford:Oxford University Press.

——2001. Institutional Theory in Political Science:The"New Institutionalism."London:Continuum.

Pierson,P. 1994. Dismantling the Welfare State? Reagan, Thatcherand the Politics of Retrenchment. Cambridge:Cambridge University Press.

——2000. Increasing returns,path dependence,and the study of politics.American Political Science Review,94:251−67.

——ed.2001. The New Politics of the Welfare State. Oxford: Oxford University Press. Piven, F. F. , and Cloward,R.A.1971. Regulating the Poor:The Functions of Public Welfare.New York:Vintage.

Powell,B.G.2000. Elections as Instruments of Democracy:Majoritarianand Proportional Visions.New Haven,Conn.:Yale University Press.

Pressman,J.L.,and Wildavsky,A.1984. Implementation.Berkeley:University of California Press.

Rothstein, B. 1992. Labor-market institutionsand working-class strength. In Steinmo, Thelen, and Longstreth 1992:33−56.

Scharpf,F.W.1997. Games Real Actors Play:Actor-Centered Institutionalism in Policy Research.Oxford: Westview.

Schattschneider,E.E.1960. The Semisovereign People:A Realist's View of Democracy in America. New York:Holt, Rinehartand Winston.

Schmidt,M.G.2002. Political performanceand types of democracy:findings from comparative studies.European Journal of Political Research,41:147−63.

Schmitter, P. C. , and Lehmbruch, G. eds. 1979. Trends towards Corporatist Interest Intermediation. London:Sage.

Selznick,P.1984/1949. TVAand the Grass Roots:A Study of Politics and Organization.Berkeley:University of California Press.

Skocpol,T.1980. Political response to capitalist crisis:neo-Marxist theories of the stateand the case of the New Deal.Politics and Society,10:155−201.

——1985. Bringing the state back in:strategies of analysis in current research.In Evans,Rueschemeyer, and Skocpol 1985:3−37.

——1992. Protecting Soldiersand Mothers:The Political Origins of Social Policy in the United States. Cambridge,Mass.:Harvard University Press.

Steinmo,S.1993. Taxationand Democracy:Swedish,British and American Approaches to Financing the Modern State.New Haven,Conn.:Yale University Press.

——Thelen, K., and Longstreth, F. eds. 1992. Structuring Politics: Historical Institutionalism in Comparative Analysis.Cambridge:Cambridge University Press.

Thelen,K.,and Steinmo,S.1992. Historical institutionalism in comparative politics.In Steinmo,Thelen, and Longstreth 1992:1−32.

Truman, D. B. 1971/1951. The Governmental Process: Political Interestsand Public Opinion, 2nd edn. New York: Alfred Knopf.

Tsebelis, G. 1995. Decision making in political systems: veto players in presidentialism, parliamentarism, multicameralism and multipartyism. British Journal of Political Science, 25: 289–325.

——1999. Veto playersand law production in parliamentary democracies: an empirical analysis. American Political Science Review, 93: 591–608.

——2002. Veto Players: How Political Institutions Work. Princeton, NJ: Princeton University Press.

Weber, M. 1978/1918. Parliamentand government in a reconstructed Germany. Pp. 138–462 in Max Weber: Economy and Society, ed. G. Roth and C. Wittich. Berkeley: University of California Press.

Weir, M. 1992. Politicsand Jobs: The Boundaries of Employment Policy in the United States. Princeton, NJ: Princeton University Press.

——and Skocpol, T. 1985. State structures and the possibilities for "Keynesian" responses to the Great Depression in Sweden, Britain, and the United States. In Evans, Rueschemeyer, and Skocpol 1985: 107–63.

Zysman, J. 1983. Governments, Marketsand Growth: Financial Systems and the Politics of Industrial Change. Ithaca, NY: Cornell University Press.

第 28 章 社会和文化因素：约束与授权

戴维斯·博布罗（Davis B· Bobrow）①

当扒手看着国王时，他的眼里只有钱

（塞内加尔人说）

虽然很含蓄，但也去要了解人对于"真正真实"的观念以及这些观念在他们身上所诱发的性情，如何影响着他们的理性、实践、人文和道德情感。

克利福德.吉尔茨（Clifford Geertz,1973,124）

1. 引言

无论我们是在讨论如何以及为何要制定公共政策，还是在讨论它是否会产生想要或 【572】
不想要的结果，公共政策从来就不是以一张白纸开始。政策制定者、执行者、目标人群及
其受众都已掌握并使用一系列"概念"来达成选择和评估（Geertz）。那些"概念"会影响到 【573】
被视为或多或少地相关、重要和可取的东西——从信息到物质资产、制度、技能到规范性
判断。他们在公共政策指标、重点情况、问题类别、因果判断、战略指令和成功标准上使用
不正当手段。他们甚至还定义了什么是对人、对公共政策和政治有益的（Hudson,1997;
Thompson,Grendstad 和 Selle,1999）。使用中的概念是对公共政策的约束与授权。②

---

① 我感谢我最喜欢的两位人类学家盖尔·本杰明（Gail Benjiamin）和里厄尔·诺兰（Rail Nolan）
的建议。

② 其前提不是说文化观念比物质和制度因素更重要（如 Snyder 2002 年所讨论的）。而是说，这
种观念会导致对这些其他类型的因素作出重要的、以选择为中介的解释，这些解释为这些因素的连续
性或变化提供了有利条件。

如何解释每一个政策或政策问题的发生及其后果,在很大程度上取决于我们如何理解与之相关的行为者所使用的概念。我们如何有效地制定政策很少比我们对政策采纳和执行中那些重要人物所使用概念的理解更重要(Elmore,1985)。例如,对居民来说,如果认识到帮派和警察都是保护和剥削的来源,那么执法部门试图削减芝加哥贫民区中与帮派有关的犯罪活动就会从中受益(Akerlof 和 Yellen,1994)。我们如何准确地预测所选政策的效果取决于我们如何理解对政策试图影响的人群所使用的概念。这种理解通常意味着对公共政策和政策过程各方——无论是白宫工作人员还是贫困的女户主——的"本土化知识"的认识。

应对这些挑战至少会遇到两大难题:一是多样性:"人们所相信和其本身一样具有多样性——这一命题在倒置时也拥有同样的力量"(Geertz,1973,124)。① 用塞内加尔(Senegalese)的话说,有些东西对一些人来说是标尺,而对另一些人来说则是一系列的职业机会。言论、行为或物质对象随后会得到另一种解释,从而对行动和评估产生不同的影响。第二是人们自己以及在群体中说什么、做什么以及相信什么(假设、了解或思考)之间的不完全重叠。他们对"局内人"(他们将其归类为身份或群体的持续成员)和局外人的说法通常会有很大差别。当人们认为自己的行为被局内人或局外人观察到或未观察到时,他们的实际行为可能会有所不同。局外人面临的任务是看清"面纱"和"面具"背后的真相——无论佩戴这些面纱是出于有意的欺骗,还是仅仅因为文化观念——而且他们往往不如局内人观察的准确。

之后的部分会简单讨论这些难题,并列出一些解决办法。除了政治科学之外的社会科学领域——民族志、社会学、社会心理学、认知语言学和组织行为学,所列方法具有中心地位。然而,正如下一节所述,所涉及的概念和方法已经得到了研究公共政策杰出政治科学家的大量的使用。本章并不要求在理解文化和社会对公共政策的约束和授权方面采取前所未有的行动。② 它确实要求更多地关注对这种理解的追求和应用,并将这类活动作为标准,作为应用微观经济学或宏观经济学或法律的公共政策分析和设计的一部分。③

【574】

---

① 什么水平的聚合有用或扭曲,是一个反复出现的问题,并且使人们对寻找和依赖按特定国籍、宗教甚至职业分类的大量人群的共同特征表示怀疑(对于最后的关键例子,参见 Kier,1995;Zhang,1992)。有人对模态人格、民族性格和公民文化研究也提出了过度聚集的批评。

② 社会和文化因素的差别没有用,因为社会科学家和人类学家分析的人群之间的现代化差异已经受到侵蚀。

③ 积极的现象是,最近"行为经济学"通过探索相关人群来获得他们的"概念"和相关行为,而不是假设。

2. 思想史回顾

这种从文化和社会因素出发关注公共政策的政治科学是芝加哥学派的一个特征，它出现在第一次世界大战和第二次世界大战之间（Almond，2002，23 - 108），并在哈罗德·拉斯韦尔的著作中得以体现（Lasswell，1971、1951；Lasswell 和 Fox，1979；Lasswell 和 Leites，1949）。这种突出地位反映了与著名的社会学家、社会心理学家、人类学家和语言学家之间牢固的专业关系。政策选择的诉求及其后果是由符号编码中的信仰系统所塑造的。符号操纵是政治的一个主要部分。政治资本包括社会地位和正直等无形资产以及强制手段和财富等物质资产。事实上，物质的合法性和影响力在一定程度上是非物质资产功能，它由与符号的联系和传播所赋予。

然后，政治评估和政策评估需要通过三种无形资产的标记清单和采取这些清单的方法来进行。一种是符号使用以及由此引发的联想。而相关的符号可能是文字，但也可能是公共礼仪中使用的实物图标和地点。其次是政治精英的社会成员身份和出身（生活史）。但前提是，在政策实施过程中，代表的份额以一种或两种方式来约束和授权。占主导地位的份额可能会使一些特定的"概念"在政策实施过程中普遍存在。这还可能表明，更多的人将那些持有某些"概念"的人视为在公共政策中扮演着核心角色，具有特别的相关性、能力和良好规范。第三个清单侧重于主要社会成员群体中的"概念"符号和复合体。这就需要为还在审议中的公共政策方面行动者确定主要的成员群体。

对于拉斯韦尔和他的同事来说，需要新的知识来应对国内公共政策的惊人失败，以【575】及应对来自外国"其他人"对公正和人道世界观念的严重挑战。清单会随地点和时间而变化。它们将有助于监测和打击政治上的恶意行为者，并制定策略以改善和保护有价值的政治秩序。

不出所料，具有里程碑意义的《政策科学》（Lerner 和 Lasswell，1951）包括了人类学家（克拉克洪（Kluckhohn）对文化的观点以及米德（Mead）对民族性格的看法）、社会学家（希尔斯（Shils）谈论主要群体）和社会心理学家（斯托佛（Stouffer）关于如何辨别大型组织中真正发生的事情）的章节。第二次世界大战之后，拉斯韦尔的学生及其学生的学生向着几个方向发展研究，其共同目的是得出更为系统的政策和政治制度的影响。做出这些努力是为了将政策精英在官方演讲中使用的概念组织成操作规范（Leites，1951；George，1969）并将大众所表达的概念组织成国家公民文化的概况（Almond 和 Verba，1963）。随后的工作提出了关于预算和风险管理等重大政策问题的政治文化的替代模型(Wildavsky,1987/1988;Thompson,Ellis 和 Wildavsky,1990;Douglas 和 Wildavsky,1982);对特定国家和区域政治制度的全面描述(Pye,1988;Pye 和 Pye,1985);政治家在重要情况下的观点和相关行动的专题清单(Fenno,1990 关于美国立法者的叙述);在与公共部门政策和机构的接触中,重建普通(甚至边缘)人群的战略基础和相关行动(参见 Scott,1985、1990 关于马来西亚农民的叙述)。

重要的是要注意这一学术遗产的范围。在美国和海外,参与者从精英到边缘人群不等。分析单位从整个国家到小团体不等。这些方法的范围从对公共文件的远距离分析和对流亡者的采访到大规模民意调查和直接观察(或多或少地参与),有时进一步构建类型学和模型,并且使用了定量和定性的方法。政策分析需要考虑文化和社会因素作为约束和授权条件,并不是说要致力于单一的方法论或数据类型。相反,它致力于实证调查,例如,即便不是以"深描"人们所说所做结束,也是以其开始。对于那些被分析人士认为具有政治和公共政策利益的人来说,"如果某件事对他们很重要,那么这件事对你来说也变得十分重要。他们对世界的看法和你对世界的看法一样重要(Fenno,1990,113-114)"。

拉斯韦尔派的作品并不是主要集中在少数知识分子的文本上。他并不认为那些被主流的权力和财富体系边缘化的人特别值得(或不值得)研究,或者有公共政策"发言权"。优先事项应取决于政策过程的关键角色及其后果,以及政策问题、选项和突出事件之间的差异。决定谁的观念最需要理解,不应该与谁持有的价值观念的道德判断相混淆。最后,拉斯韦尔派承认,它让我们收集的文化和社会信息可以用于"解放"或压迫目的。

【576】

3. 适应多样化

政治行为的一般规律有明显的诉求。然而,应用中的公共政策在时间、地点、对象、所考虑的选择以及选项的后果等方面与其说是一个一般性问题,不如说是一个具体问题。因此,无论是理性选择功利主义、前景理论锚定和损失规避(Levy,1997),还是社会归属和认同(Sen,1977),大多数的一般规律都只提供缺乏情境相关操作内容的工具箱。① 应用效用、成本和效益涉及估算相关参与者认为具有或多或少效用、成本或效益的内容。要想了解使用了什么方法、损失集中出现在哪儿或什么社会关系被给予了很

---

① 识别一个可能存在的差异的维度,当然就是识别一个可能存在的相似之处。这仍然需要内容来证实有关相似或差异谁占优势的争论(Johnston,1995)。

大的权重,就需要类似的推测和填补。

这些法律与政策相关的应用涉及准确地识别参与者从其工具箱中取出了什么,以评估在某种情况下不同的行动方案和可能后果之间的因果关系。过于笼统的、非历史的标签并不能解释为什么有些人会有这样的行为,或者是什么导致他们有不同的行为。比如考虑各国元首和普通公民参拜战争伤亡纪念馆的不同意义,以及对此类纪念活动本国和外国解释之间的区别(如国内和国际上对日本靖国神社的争议的区别;Nelson,2003)。

同样需要明确使用的内容,也可以使诸如阶级、种族、民族、宗教、国籍、年龄或世代等广泛的"古典"文化和社会类别具有信息性。这样做往往表明,这一类别可能是对总体结果的有用总结,但对实现结果变化影响不大。因此,汤普森和威尔达弗斯基(Thompson 和 Wildavsky,1986)呼吁"对穷人的分类从经济同质性转向文化异质性"。假设这个类别被用来预测那些被置于其中的人将如何对不同的政策或干预措施做出反应。进一步假设,在政策应该完成其预期结果的时间段内,该类别的成员有不止一种行为选择。例如,在美国对卡斯特罗领导的古巴实行与选举有关的隔离政策的背景下,佛 【577】罗里达州的相关选民是否认为自己是拉美裔美国人或古巴裔美国人,是否更重视与古巴亲属的关系或是否希望古巴政权的更迭,这一点很重要。

实现政策制定者的预期(古巴裔美国人的投票)取决于目标的"概念":(a)他们给予一般类别的成员资格或身份优先于其细分和其他类别;(b)他们的"概念",因为这些概念引导他们认识和评估作为类别成员的备选。目标不是追随者,而是有意图的行动者,他们不会只是被动的服从和得出一致的反应。与特定公共机构在(解释)经验上的差异可能导致在与公共机构打交道和更广泛地参与政治时关于有效性不同的一般概念(正如索思(Soss,1999)所发现的那样,两个提供现金的美国社会安全网计划的接受者以相反的方式进行管理)。即便有人声称我们正处在一个崭新、后工业化的广泛范畴的时代,一个取代了"古典"范畴的时代,但我们仍然需要具体的内容(参见 Clark 和 Hoffman-Martinot,1998;Inglehart,1990)。

假设熟悉类别的使用很少来自塑造表面目标人群的意图,而更多的来自对第三方(例如多数人群、纳税人、联盟政府)如何对类别标签的调用做出反应的判断——例如,"福利欺骗"或"应该受到接济的穷人","恐怖分子"或"解放战士"。第三方的反应将取决于他们关于目标类别成员与"突出情况"相关的"概念"。可以奖励或惩罚调用者的其他政策精英、官僚或群体,其可以使用与表面目标人群截然不同的概念。当他们这样做时,公共政策可以产生除了它自身之外几乎所有人都想要的行为和解释。9·11后《美国爱国者法案》(USA Patriot Act)对那些可能实施恐怖主义行动的人的影响可能不如对普通民众和许多政府机构的影响大。这与埃德尔曼(Edelman,1977)对美国反贫困项目的评价"成功的话语和失败的政策"的看法有些相似。

谈论与公共政策相关的文化或亚文化通常来源于一群人的形象,这些人的相关观念和行为与一些历史上的、现存的或可想象出的人群不同。当我们认为差异限制或使某些相对于其他政策和政策过程的差异得到授权时,差异就会引起我们的注意。这种谈话对公共政策的分析和实施有何贡献取决于对世界所提供的各种多维的认识,以及为了解特定差异如何应用于具体情况而所做努力的广度和深度。

文化和亚文化及其成员可以在他们观念所认同的差异的维度上有所不同。他们可以在某既定维度上的差异数量和某一维度上的点之间的距离上有所不同,例如,关于什么宗教或种族差异使婚姻混乱的问题。他们可以在与众不同或甚至独一无二的价值上有所不同。他们对环境如何决定某些方面差异重要性上可能观点不同。他们可以在这些差异方面的关键标记(能指)上有所不同。它们可以在行为、能力、意图和规范价值方面与众所周知的差异的相关性上不同。当然,他们对自己与他人不同以及他人与自己不同的信念程度也会有所不同。

【578】

无论这些方面的文化或亚文化内容如何,如果成员的经验本身正在发生变化,那么它就无法完全固定。然而,在已经存在的各种概念和显著的物质环境背景下,人们可以将这种变化视为完全不同的体验。因此,美国社会政策从"福利"转向"工作福利",对于那些没有参与此类计划的人来说,似乎是善意地提供了一条通向更美好生活的途径。与此同时,一些参与者认为这是一种"扼住他们喉咙"的恶意举动,目的是在育儿和工作、教育和收入之间做出艰难的选择(就像奥克兰有色人种青少年的兼职快餐工作一样;Stack,2001)。

人们会基于他们之前实际或虚拟的经验,对相关变化的程度和性质有一些概念,从而形成各种特定的政策情况(包括社会化、公认的历史、学术教育)。因此,格雷明(Grammig,2002,56)报告说,一个发展援助项目是为不同国籍的专家设立的"一个空壳,每个参与者用自己的意图将它填满"。我们对其的了解通常来自于事先对文化或亚文化重要性的判断,以及足够的好奇心去探究其重要性。我们更可能详尽地描述我们共事过以及之前被视为重要的人的轮廓,而不太可能描述那些很少遇到或很少想到的缺乏财富、强制力、地位以及不正直的人。当然,在政策系统和政策问题中,参与者在遇到谁,将谁视为重要这两个方面是异质的。总之,哪些以及有多少差异得到承认(或否认)是政治和文化问题。公共政策塑造了这些认识,同时也被这些认识塑造,特别是在将实际经验加工成与概念有关的判例、格言、寓言和警告方面。

不幸的是,正是通常被认为是公共政策的一些普遍倾向,阻碍了多样性,并支持淡化多样性。考虑三个常见的假设:(1)如果其他条件不变,公共政策试图将事情变得简单,避免过于繁杂;(2)政客们试图与他们的选举团保持良好关系;(3)官僚代理人试图在那些能够影响其职业生涯和代理资源的人面前好好表现。

让事情简单起作用,而不是关注过多的差异,这将使人们对"一刀切"的政策产生怀疑。它倾向于将明显相似的言语或身体行为归为标准含义,以及类似的意图和影响。把所有接受福利的人都看作对工作有相似看法的人,或者把所有穆斯林都看作对什么是"好穆斯林"有相似看法的人,要容易得多。将非裔美国男性成绩差的原因解释为高加索或亚洲男性成绩差,要容易得多。当我们加入到这些活动中,亲身感受它们的意 【579】义,解释听得见的"是"、微笑或甚至是不同的海军上将呼唤"强大的海军"所使用的口号就变得更容易。如果下定决心不这样做,就会使公共政策制定、执行和评估的工作变得复杂。

由于公共政策很少是一种"单一行动者"现象,它通常涉及实现(或至少假设)观念不完全相同的人和群体之间某种程度的合作和交流关系。如果这无法避免,那么通过强调与那些和自己的文化或亚文化差异不大的人或群体打交道,似乎会变得更容易。例如,一位退休的中央情报局局长为我描述了一个理想的伊斯兰国家领导人的形象,他"穿西装,喝威士忌,说英语"。土著选民的政治合法性可以被忽视。

当然一些明显的差异主张可以使政策文化中盛行的观念在其他地方变得不合法,或适得其反。如果其他人在威胁我们的文化及其首选的政策和政策过程的方式上存在固有的不同,那么任何事情(或至少几乎任何事情)都会发生,例如:美国对待一些伊拉克和阿富汗被拘留者的方式。在这种情况下,受到限制的是那些对待反文化或冲突"文明"的成员的政策,正如我们所宣称的观念会影响我们对待其他文化成员的态度。①在其文化压力较小、外部条件较差的情况,这使得政策通过构建的隐形性来否认存在(以色列导游曾说过,"以色列有 300 万犹太人")。在文化压力更大、外部更残酷的条件下,它可以促成种族灭绝、种族清洗、国家和非国家恐怖主义的政策(Sluka,2000)。

对选民敏感的政治家(即那些非常有可能获得和掌握权力的政治家)会受到其选民使用概念的约束和授权。他们或多或少地倾向于主动地适应它们,要么是在他们也持有这些概念时反射性地适应,要么是通过有意识地投机操纵符号(标记、例证和关联)。通过政策问题和立场、紧要事件、政治党派/运动/派系以及知名人士,然后再根据对选民的观念做出判断,制定框架和反框架的主题。资料丰富的例子有罗德尼·金

① 在美国监狱中对一些美国人进行严厉对待的事实是暗中处理的,至少在大部分美国白人中是如此。

(Rodney King)警察暴行审判(Goodwin, 1994)中控方和辩方专家证人的证词,以及纳什维尔公立学校"改革"的政治(Pride, 1995)。

当选民的观念非常统一时,约束和授权因素十分明显。政治家和积极分子们竞相表现出最符合主流观念的一面,并"揭露"那些偏离主流观念的对手。鉴于人们普遍认【580】为美国正处于恐怖袭击之下并且政府员工是懒汉,所以可以预见,政客们将争夺国土安全部(Department of Homeland Security)的授权。同样不足为奇的是,他们中那些试图以向其雇员提供既定的公务员保护为前提来建立机构的人会遭到党派攻击,并且大部分会失败。

要想将选民在相互冲突的概念之间平均分配,需要不同的战略和策略来减少分歧的约束。设想一下,美国选民被分裂成对政府的正确角色有着截然不同看法的群体,而这些观点来自于对"好家庭"不同的看法(Lakoff, 1996)。然后,公共政策从业者可能会寻求将看似不相容的符号和标签捆绑在一起以同时诉诸几组概念(例如"富有同情心的保守派")的策略。他们可能会使用不同的符号包进行政策轮换,以迎合相互竞争的概念。他们甚至可能寻求根据最近经验的可靠结构创建一套替代概念,这承诺了用"第三条道路"取代相互对立的概念(就像克林顿总统和布莱尔首相在20世纪90年代所做的那样)。政治家,不仅仅是民主社会中的政治家,他们有理由成为民族志学者,或者至少有理由让自己的工作人员成为民族志学者。

当政治家不得不用一套概念吸引国内选民,并从不同文化中的精英和选民那里获得优惠待遇时,问题就会进一步复杂化。这种双重议程可能会促使政策精英们开发出一套包含多种文化内涵的剧目。他们可能会打个比方(有时甚至是字面意思)在与当地、国内或外国政党打交道时,他们可能会穿不同的服装(或说方言)。众所周知,美国南方参议员在与其成员交谈时,会转而使用他们选区的方言。从非阿拉伯国家飞往沙特阿拉伯的航班在抵达前不久通常会有相当多的归国公民掩盖住经常穿的时髦欧美服装。

在一个多元文化的政体和国际化的世界里,拥有超过单一文化技能的政治家具有优势——至少如果他们的做法避免引发这样的结论,即他们并非任何相关文化真正、真诚的成员。表现出另一种文化的某些特征可以使其成员期望该行为能够表现出其他文化。但随之而来的是失望和"恶意"的指责①。当然,如果一个政策文化中的选民对另

---

① "政府和个人一样,对那些他们认为与自己相似的人的合理行为抱有很大期望。政府自然会期待他们以同样的方式来看待世界并且明智地行事,这在政治实践中并不意味着表现出'良好意识',而是意味着'像我一样'或'按照我的意愿'行事……当一个亲密的同事没有以想要的方式行事时,失望就更大了"(Booth, 1979, 56)。

一个政策文化有负面看法,那么存在着"因有关联而被定罪"的风险。①

大多数公共政策和政策过程起源于一些官僚机构或专业知识团体,而且大多数依赖于一个或多个部门或行业团体的批准(认证)和执行印章。然后,高层政策决策者和 **【581】** 他们的政策会受到以下因素的授权和约束:这些群体中的成员所持有的职业把关人所使用的观念,以及他们对其他人用来决定集体或个人奖惩依据(观念和情境触发因素)的信念。② 当代理机构被具有独特概念的部门或专业人士管理时,这些概念在法律上或事实上持有特权。一些政策及政策流程随后得到了更多授权或更多约束。

如果说部门和行业有"世界观"、"标准操作程序"、"民间传说",以及模范的个人和事件等,那么也可以说他们有自己的文化。当部门和行业已经接受和几乎决定性的因果逻辑理论、规范的绩效标准、高度的进出壁垒以及与其他部门和专业人士形成鲜明对比的身份时,成员在该文化中的中心地位就会增加。例如,当美国警察受到平民和民政当局的挑战时会使用的保护性"代码蓝色",或者"外域专家"为防止国际关系"通才"而提出的特殊地盘权利主张(Samuels 和 Weiner,1992)。公共卫生服务机构(例如疾病控制中心)可能会以不同于国内安全机构(例如美国联邦调查局)的方式处理生物恐怖主义问题。经济学家可能会更多地着眼于许可证拍卖等市场机制来处理污染问题,而律师可能会强调监管机制,比如对违反排放上限行为进行处罚。

假设一个问题被分配给两个具有不同既定概念的部门,这些概念包括将对方视为扩张主义者,不值得信任或能力不足的竞争对手。需要进行大量合作的政策受到了约束,比如,联邦调查局(FBI)和中央情报局(CIA),虽然这两个机构都被贴上了一个共同成员组织(美国"情报界")的标签。当一个关键的政策角色被分配给一个地位较低的"亚文化"(例如美国军方民政部门)时,一个更为微妙的约束形式就会出现在一个更大的组织中,该组织的文化以不同的任务为中心(例如战争和威慑)。不出所料,这一任务往往伴随着资源和晋升机会的短缺(例如,美国移民归化局执法人员的命运;Weissinger,1996)。

无论如何,对于大多数机构和部门的成员来说,关于与政策相关的行为具有高风险的观点("传统观点")很广泛。这些观点对外界可能是透明的,也可能是不透明的,特别是如果它们与成员间宣布的准则相冲突的时候。享有特权的部门和行业(实际上也

---

① 例如,共和党在 2004 年对美国民主党总统候选人约翰·克里(John Kerry)的抨击,可能就是因为他"太法国化了"。毫无疑问,这一抨击是为了显示克里与一些符号的关联,这些符号被认为是选民对美国文化真正成员身份(比如驾驶摩托车和打猎)的核心概念。

② 政策体系在重要部门,各级政府和专业领域的共同文化的程度和方式各不相同(例如,法国人试图成为精英高级公务员的途径很少)。

是"普通人")将做出很大的努力来规避在他们看来会构成此类风险的政策重点和指令。

4. 寻找多样性

【582】 关于这一点的论点是:(1)公共政策的文化多样性问题;(2)长期以来,人们往往否定了它应该得到的关注;(3)否认剥夺了公平竞争环境下的一些政策选择和政策过程选择。如果不采取行动改善向公共政策提供的信息以及公共政策中实际使用的信息,表面上承认多样性并不会有多大帮助。伴随关注多样性的人在政策过程中的代表性和地位提高,这些变化更有可能发生。那么什么样的调查内容会更受到重视?[①]

一个优先事项是分析成员之间所使用的语言的两个方面。第一个是隐喻,它将某些事物看作与另一个事物相似,并从这种相似性的指导中引用关于情境解释和必要的行动(Lakoff 和 Johnson,1980)。例如,对于美国的公共政策,人们可能会注意到它频繁使用冲突隐喻,如"战争"或"反对"(如约翰逊政府应对贫困、卡特政府应对能源依赖,以及布什政府应对恐怖主义)。对于美国人和日本人来说,大量讨论体育表明它被视为许多其他相关隐喻的来源(Boswell,1990;Whiting,1990)。在一般的写作和演讲中,相似的比喻和类比出现得越频繁,就越容易被公共政策和政策过程所吸引。

第二个重点是通过行为者和行为的类别、相关类别的线索以及对特定行为在某些类别中与行为者相关的有效性的预期(Spradley,1970),彻底了解相关人群成员使用情况。重点在于发现那些我们试图理解并可能影响他们行为的人所持有的范畴、线索和期望上,而不是在强加范畴上(如在封闭式回应调查访谈中)。要特别注意那些用许多不同之处阐述的事项,这些区别表明其语言在研究对象的生活中具有重要意义。

语言只是一种可供观察的行为形式。多样化的发现取向要求尽可能直接地观察人在自然情况下做了什么,即对他们来说什么才是涉及公共利益政策方面的真实情况,然后寻找他们按照自己的做法行事的理由(例如,DeWalt 和 DeWalt,2002)。观察应尽可能在不引人注目的情况下进行(如韦伯(Webb)等人 1966 年的观点),观察者应尽可能地融入环境中或保持中立。无论利益主体是香港当选政治家的竞选行为(Beatty,
【583】 2003)、纽约州当地办事处官员处理问题(Sady,1990),或是得出美国情报分析的推理过程(Johnston,2003),观察者试图成为现场的观看者和倾听者。这可能涉及也可能不涉及作为融入的一部分或作为辨别文化成员使用的概念的方式。

---

① 对相关方法和应用的简要回顾参见斯克函索等(Schensul 等,1999a、1999b、1999c)。

无论重点是语言还是其他行为，都应该将注意力放在文化得体性方面的联想和评价上，以及对观察到的行为可能产生的语用后果上。这涉及引出并识别对被考察文化的成员来说，什么是行为准则、关键历史参考和神话、对他们来说与公共政策打交道的其他人的理解（图像）以及那些被认为与自己相似的人成功或失败的行动方案。这些可能经常会令人惊讶地被阐述和分享，就像西雅图的无家可归的酗酒者对待处理"刑事司法"制度的人员和机构那样（Spradley，1970）。

当所讨论的行为涉及实质行动和物质对象时，发现过程需要从上下文的角度看这些行为在何时发生，以及这些对象的全部用途。如果我们想要改变印度对奶牛的做法，我们应该进行"功能系统分析"，了解奶牛如何被用于和适应印度社会及其经济和生态（Harris，1966）。如果我们想要了解教育管理者对学生示威和实质破坏的关注程度，或者是外交官对其大使馆受到攻击的关注程度，那么我们就应该检查新建设施的特点（如"防暴文艺复兴"建筑）。如果我们想要了解并改善纽约市儿童公共娱乐空间的可用性，我们应该看看孩子在哪里玩（街道），而不是假设只有公园和游乐场才是游戏场所（Yin，1972）。

完全理解多样性不可能，并且在获取、证据和推理方面面临许多的障碍。然而一些"最佳实践"至少可以增进理解。一种是扩展语言映射和跨时间及情境的其他观察。例如，对"创新学校"的纵向研究发现了与学校创新专业文献中强调的观念，过程和角色大不相同的观点（Smith 等，1998）。一次的、几天的、偶尔不寻常的实地考察或现场参观可能会产生一种"识别冲击"，即多样性的存在。它不太可能对其他人所使用的概念产生实质性的认识。当"访客"主要与驻扎在他或她自己文化的官员，而不是另一个文化的官员打交道时，他们的缺点最有可能出现。需要采取深思熟虑的措施"走出泡沫"，以避免跌入与国内外其他文化"虚假的直接接触"的陷阱。

关注物质实践并在人们希望了解的人群中广泛传播信息也有帮助。例如，他们之间的内部笑话以及对他们来说什么是流行的大众媒体产品，为了支持"严肃"的谈话和高雅的产品，这不应该被忽视。如果我们对年轻的美国人感兴趣，MTV 节目可能比《纽约书评》更具信息性。如果我们对美国立法者及其员工感兴趣，他们的"社区"报纸（Roll Call）可能会像《美国政治科学评论》（American Political Science Review）一样受到 **【584】** 关注。如果我们对南非中上层阶级对犯罪问题的关注程度感兴趣，我们可能会注意到该国市场的家居设计和配件杂志对住宅警报系统和安全屏障以及消费者对"武装反应小组"服务的需求有大量关注。

最后，对被外界认为是"局内人"的线人、个人和群体来源进行选择和评估，并以此阐明一种利益文化。使用一些线人不可避免，但是从表面上看他们所传达的信息却并非如此。建议更多地依靠最近在利益文化方面有丰富经验的线人，而不是那些已经"流亡"了几十年的人。明智的做法是，根据线人可能进行的议程，我们对他们的文化持有的特定观点以及采取或避免某些干预措施，来权衡他们告诉我们的内容。关于线人在我们的文化和他们的文化之间关系中所发挥的关键作用，所有这些注意事项都应该考虑其中。从美国对政权更迭的失望中可以得出一些谨慎的教训，虽然这些努力基于毫无根据的乐观判断（肯尼迪政府的猪湾和 2003 年入侵伊拉克）。

与以往的项目相比，这一技能理应放到更突出的地位，以培养未来分析和参与公共政策的专业人士。

参考文献

Akerlof, G., and Yellen, J. L. 1994. Gang behavior, law enforcement and community values. Pp. 173−97 in *Values and Public Policy*, ed. H. J. Aaron, T. E. Mann, and T. Taylor. Washington, DC: Brookings Institution.

Almond, G. A. 2002. *Ventures in Political Science*. Boulder, Colo.: Lynne Rienner.

——and Verba, S. 1963. *The Civic Culture: Political Attitudes and Democracy in Five Nations*. Princeton, NJ: Princeton University Press.

Beatty, B. 2003. *Democracy, Asian Values, and Hong Kong: Evaluating Political Elite Beliefs*. Westport, Conn.: Praeger.

Booth, K. 1979. *Strategy and Ethnocentrism*. New York: Homes and Meier.

Boswell, T. 1990. *What we talk about when we talk about sports: it's not just who won or lost—it's how we use the game*. Washington Post Magazine, 12 Aug.: 23−8.

Clark, T. N., and Hoffmann-Martinot, V. 1998. *The New Political Culture*. Boulder, Colo.: Westview.

DeWalt, K. M., and DeWalt, B. R. 2002. *Participant Observation: A Guide for Fieldworkers*. Walnut Creek, Calif.: AltaMira Press.

Douglas, M., and Wildavsky, A. 1982. *Risk and Culture: An Essay on the Selection of Technical and Environmental Dangers*. Berkeley: University of California Press.

Elmore, R. F. 1985. Forwardand backward mapping: reversible logic. Pp. 33−70 in *Policy Implementation in Federal and Unitary Systems*, ed. K. Hanf and T. A. J. Toonen. Boston: Martinus Nijhoff.

Fenno, R. 1990. *Watching Politicians: Essays on Participant Observation*. Berkeley: University of California at Berkeley Institute of Governmental Studies.

Geertz, C. M. 1973. *The Interpretation of Cultures*. New York: Basic Books.

George, A. 1969. "The operational code:" a neglected approach to the study of political leaders and decision-making. *International Studies Quarterly*, 13: 190−222.

Goodwin, C. 1994. Professional vision. *American Anthropologist*, 96: 606−33.

Grammig, T. 2002. *Technical Knowledge and Development: Observing Aid Projects and Processes.* London: Routledge.

Harris, M. 1966. The cultural ecology of India's sacred cattle. *Current Anthropologist*, 7: 51–9.

Hudson, V. M. ed. 1997. *Culture and Foreign Policy.* Boulder, Colo.: Lynne Rienner.

Inglehart, R. 1990. *Culture Shift in Advanced Industrial Societies.* Princeton, NJ: Princeton University Press.

Johnston, A. I. 1995. Thinking about strategic culture. *International Security*, 19: 32–64.

Johnston, R. 2003. Developing a taxonomy of intelligence analysis variables. *Studies in Intelligence*, 47: 61–72.

Kier, A. 1995. Cultureand military doctrine. *International Security*, 19: 65–93.

Lakoff, G. 1996. *Moral Politics: What Conservatives Know That Liberals Don't.* Chicago: University of Chicago Press.

——and Johnson, M. 1980. *Metaphors We Live By.* Chicago: University of Chicago Press.

Lasswell, H. D. 1951. *The Political Writings of Harold Lasswell.* Glencoe, Ill.: Free Press.

——1971. *Propaganda Technique in World War I.* Cambridge, Mass.: MIT Press.

——and Fox, M. B. 1979. *The Signature of Power: Buildings, Communication, and Policy.* New Brunswick, NJ: Transaction.

——and Leites, N. 1949. *The Language of Politics: Studies in Quantitative Semantics.* New York: George W. Stewart.

Leites, N. 1951. *The Operational Code of the Politburo.* New York: McGraw-Hill.

Lerner, D., and Lasswell, H. R. eds. 1951. *The Policy Sciences: Recent Developments in Scope and Method.* Stanford, Calif.: Stanford University Press.

Levy, J. 1997. Prospect theoryand the cognitive-rational debate. Pp. 33–50 in *Decision-making on War and Peace*, ed. N. Geva and A. Mintz. Boulder, Colo.: Lynne Rienner.

Nelson, J. 2003. Social memory as ritual practice: commemorating spirits of the military dead at Yasukuni Shrine. *Journal of Asian Studies*, 62: 443–67.

Pride, R. A. 1995. How activistsand media frame social problems. *Political Communication*, 12: 5–26.

Pye, L. 1988. The Mandarin and the Cadre: China's Political Cultures. Ann Arbor: Center for Chinese Studies, University of Michigan.

——and Pye, M. 1985. *Asian Power and Politics: The Cultural Dimensions of Authority.* Cambridge, Mass.: Harvard University Press.

Sady, R. 1990. *District Leaders: A Political Ethnography.* Boulder, Colo.: Westview.

Samuels, R. J., and Weiner, M. 1992. *The Political Culture of Foreign Area and International Studies: Essays in Honor of Lucian W. Pye.* Washington, DC: Brassey's.

Schensul, J. J., et al. 1999a. *Using Ethnographic Data: Interventions, Public Programming, and Public Policy.* Walnut Creek, Calif.: AltaMira Press.

——et al. 1999b. *Enhanced Ethnographic Methods: Audiovisual Techniques, Focused Group Interviews, and*

Elicitation Techniques. Walnut Creek, Calif.: AltaMira Press.

Schensul, J. J., et al. 1999c. *Mapping Social Networks, Spatial Data, and Hidden Populations.* Walnut Creek, Calif. AltaMira Press.

Scott, J. C. 1985. *Weapons of the Weak: Everyday Forms of Peasant Resistance.* New Haven, Conn.: Yale University Press.

——1990. *Domination and the Arts of Resistance: Hidden Transcripts.* New Haven, Conn.: Yale University Press.

Sen, A. 1977. Rational fools. *Philosophy & Public Affairs*, 6: 317–44.

Sluka, J. A. ed. 2000. *Death Squad: The Anthropology of State Terror.* Philadelphia: University of Pennsylvania Press.

Smith, L. M., Dwyer, D. C., Prunty, J. J., and Kleine, P. F. 1998. *Innovation and Change in Schooling: History, Politics, and Agency.* New York: Falmer Press.

Snyder, J. 2002. Anarchyand culture: insights from the anthropology of war. *International Organization*, 56: 7–45.

Soss, J. 1999. Lessons of welfare: policy design, political learning, and political action. *American Political Science Review*, 93: 363–80.

Spradley, J. P. 1970. *You Owe Yourself a Drunk: An Ethnography of Urban Nomads.* Boston: Little, Brown.

——1979. *The Ethnographic Interview.* New York: Holt, Rinehart and Winston.

Stack, C. 2001. Coming of age in Oakland. Pp. 179–98 in *The New Poverty Studies: The Ethnography of Power, Politics, and Impoverished People in the United States*, ed. J. Goode and J. Maskovsky. New York: New York University Press.

Thompson, M., Ellis, R., and Wildavsky, A. 1990. *Cultural Theory.* Boulder, Colo.: Westview.

——Grendstad, G., and Selle, P. eds. 1999. *Cultural Theory as Political Science.* New York: Routledge.

——and Wildavsky, A. 1986. A poverty of distinction: from economic homogeneity to cultural heterogeneity in the classification of poor people. *Policy Sciences*, 19: 163–99.

Webb, E. J., Campbell, D. T., Schwartz, R. D., and Sechrest, L. 1966. *Unobtrusive Measures: Nonreactive Research in the Social Sciences.* Chicago: Rand-McNally.

Weissinger, G. 1996. *Law Enforcement and the INS: A Participant Observation Study of Control Agents.* Lanham, Md.: University Press of America.

Whiting, R. 1990. *You Gotta Have Wa.* New York: Vintage.

Wildavsky, A. 1987. Choosing preferences by constructing institutions: a cultural theory of preference formation. *American Political Science Review*, 81: 3–21.

——1988. A cultural theory of budgeting. *International Journal of Public Administration*, 11: 651–77.

Yin, R. K. 1972. *Participant-Observation and the Development of Urban Neighborhood Policy.* New York: New York City Rand Institute, R–962.

Zhang, S. G. 1992. *Deterrence and Strategic Culture: Chinese-American Confrontations, 1949–1958.* Ithaca, NY: Cornell University Press.

第 29 章　全球化和公共政策

科林·海伊（Colin Hay）

1. 引言

　　事实上，在当代公共政策中没有任何一个话题比全球化所带来的影响更重要,更有 【587】
争议。对此议题讨论观点的均衡确实说明公众有着强烈的刻板印象,认为全球化和公
共政策是完全对立的——对于很多人来说,全球化的延伸相当于公共政策的缩减,至少
在国家层面是这样。对于全球化和公共政策之间的这种紧张局势,或多或少地提出了
几种似乎合理的机制。特别是全球化被认为通过执行一系列不容商榷、多为经济的对
外命令来挑战(国内)公共政策的公共本质。如果能够保持良好的经济状况,这种情况
只能通过熟练的技术来缓和,而不能考虑依照民主问责制所产生的成本。与此类似,全
球化被看作是公共政策或其他政策的死敌,因为它常常会指挥政策抉择,而全球化本
身却无法为国内政策主体所控制。一切都充满争议。鉴于全球化在诸多方面都被
视为与公共政策对立,在以经验主义证据得出结论并引发争论之前,作者将在这一
章解释全球化的概念。作者认为虽然全球化和公共政策有许多方面在公众看来相
对立,但与其说是全球化施加了直接和必要的限制所导致的,倒不如说是更多的政
治和不确定的因素所导致的结果。简单来说,全球化的制约因素和其他任何因素一
样,都是政治行为者对它们的利用。我还认为若全球化与公共政策对立,那么它们
只在国内层面对立;可以说全球化只在跨国层面(Goodin,2003)增加了对有效的民 【588】
主公共政策的需求。如果认为国内公共政策意味着全球化的牺牲品是存在问题的,
或至少为时过早,那么在全球化产生的跨国层面上,忽视公共政策的机会和需求,同
样存在问题。

　　在大多数传统论述中,全球化和公共政策对立存在。通常在这种情况下,全球化被

认为加剧了各国对于全球市场份额的竞争,驱使各国调整其公共政策以迎合经济形式要求,因此他们使其公共部门处于严格的竞争性审计状态中。然而,虽然这种情况很常见,但是这绝不可能是唯一一种机制,在这种机制下,全球化和公共政策处于紧张局势。事实上,可以确定至少四种造成这种紧张局势的原因。①

(1)全球化使公共政策的私人化和科技化成为必要,也不再承受那么大的公共责任压力。在这一点上,公共政策明显的"公共"特性可能被视为全球化的牺牲品。由于"时空压缩"和复杂的相关性,公众认为全球化使政策协商变得技术化和复杂化,以至于有必要对公共政策的实施——尤其是合法化——进行重大变革。比如,面对由金融市场一体化而激发的投机动力,有人认为,货币政策必须脱离政治控制,并且使其可预测性和规则性,而并非自由不受控制。全球化的特点便是其复杂性和相关性,现在这两个特点与有力的去政治化、私人化、科技化趋势联系在了一起(Berman 和 McNamara,1999)。如果可行,这将是十分重要的发展,因为这意味着在全球化背景下,公共政策不可能会被看作具有公共性质(因此有民主性),从某种程度来说我们已经习惯如此了。这种主张是基于一个重要而且可能是逐步增加的权衡的概念,在公共政策中介于效益和问责制的复杂相关性的这种背景下,我们应该按照前者的标准来处理这种权衡。

【589】此外,这表明对于此项增长的解释可能存在问题,并且广泛认为在公共官员中缺少信任并带有对正式政治的不满与脱轨(Dalton,2004;Dalton 和 Wattenberg,2000)。

(2)全球化被视为资金偏好内化和为公共政策而挤出来的财政空间的一种必要手段。这可能是认为全球化与公共政策对立的最传统的原因。② 由于在后面的部分会对此进行详细论述,这里关于这种机制便不再赘述。全球化被认为是资本流动的同义词。为了保持高投资额,经济增长和高就业率,国家必须不断提供有利于利润最大化,或者更确切地说,有利于潜在投资者对利润最大化预期的投资环境。简单来说,他们必须内

---

① 不得不在开头指出这四种紧张局势的原因完全不能两两相容,这是至关重要的;不同的作者确实会在这四者中有不同的侧重。因此,对于一些新理查迪安斯的人来说,越来越完整的全球经济使国际劳动分工形势更加紧张,促进了分工的进程(影响着专业化)。然而对于其他人来说,全球化缓解了恶意竞争动力的压力,这种压力通过促进经济发展来促使其采取最佳政策立场,却经受经济绩效低下之苦,从而促进了汇集的进程。在这种争鸣的理论预测中不存在明显的和谐,而且也没有确凿的经验证据来证实。

② 全球化的概念被看作与国内政策的公共问责制恰恰相反,这是在当代公共话语中能够产生强烈共鸣的常见说法,同时不可能是一种一致同意的正统说法。国际机构(如世界银行和世界货币基金组织)谎话连篇——一方面有力地促进了中央银行不再受政治影响,另一方面,强调了好的管理和民主问责制作为经济现代化的前提条件的重要性。然而,像其他地区一样国际组织变得越来越有头脑,他们认为经济全球化需要国内政治考虑(包括从问责到公共看法)在一定程度上服从苛刻的经济要求。从这种角度看,良好的管理和民主问责制只能退为第二位来考虑。

化资金偏好。① 这种偏好常常被认为偏向一个受宽松管制的市场,该市场少有公共政策的介入并且税收低。② 资金流通性兼具直接性和间接性,对公共政策施以强烈但逐步递减的影响——说其具有直接性是因为全球化强化了资本的议价能力而且资本对于市场机制来说有很强的偏向性,这种市场机制和公共管制相反;至于间接性,是因为全【590】球化有效地将财政基础从公共政策建立之处抽出。

　　(3)更普遍地,全球化被认为削弱了政策制定能力并减少了民族国家的自主性,导致准公共体系功能(比如独立中央银行)取代了公共体系功能还导致跨国机构(比如那些与欧洲一体化进程有关的机构以及显然是国际组织的机构,比如国际货币基金组织、世界贸易组织和世界银行)取代了国家机构。③ 第三种观点是在国家层面上全球化和公共政策决策能力是对立的,显然这种观点和之前已经探讨过的并不相干——准公共功能替代公共功能确实几乎和以上谈论过的政策私有化和技术化如出一辙。但是同样地,其侧重点有所不同。评论者们强调不断加大的差距,这种差距存在于政策问题出现并(或)必须得到有效解决的层面与一些机构(最初是在这些机构得到响应)的显著国民性之间。简单来说,他们认为,在全球化的背景下,单一民族国家越来越缺乏目的性。当然,确认了全球或跨国问题的扩散不一定意味着公共政策的短缺,这种问题的扩散单一民族国家不擅长解决,尤其是在该阶段全球/跨国决策能力增强的同时问题扩散也趋于严重。然而正是问题扩散的速度和决策能力提高的进度之间的差距加剧了现在公众的担忧度。但全球性问题似乎常常不能得到合理的解决——环境恶化便是个再合适不过的例子了。如其所示,众多公共政策如今所面临的挑战是形成一个精准有效且民主的全球治理体系——这是能够解决全球公共政策问题有效的决策能力。

---

　　① 当然,在全球化市场中流动的要素不是只有资金。在劳动力兼具流动和不足特点的情况下——而且在世界经济的某些部分流动的劳动力也很匮乏——如果生产这种重要因素的供应是为了去满足需求,这种偏好必须也应该包含其中。但是,几乎无一例外,由全球化导致的经济要求的原因中,劳动力的流动所造成的影响并非十分显著(Rogowski,1989)。这主要是因为将重点放在了研究有差别的资金和劳动力的流动的现存文献上。然而还有其他两个可能的因素也十分重要——第一个因素就是被污蔑的并完全相同的公共话语,这与世界领先的经济体的外来移民息息相关;第二个因素是更顽固的政治势力以及那些维护表面上"资金友好型"的改革的影响。当然,后者可能更侧重资金的流动以及由其引起的需要,并非劳动力流动所引起的需要。

　　② 资金在政治上由强烈的解除管制的偏好推动,这种想法当然是粗略的概括,我们将在后面的章节使用一种说法:就是与明示的资金偏好很难调和(因为它从其投资行为中暴露出来了)。管理会为(财政)投资者带来某种安全感,至少表明复杂交易在资金自身对于管制和解除管制优势的评估中的存在。然而,很好理解的一点就是在大多数全球化固定的原因中,这种复杂的交易并不为大众接受而且资金偏好被认为既简单又稳定。

　　③ 在"全球商业监管"中后者所扮演的角色在布雷思韦特与德拉霍斯(Braithwaite 和 Drahos,2000)的研究中得到模范的详尽探讨。

（4）全球化被视为一个推动趋同的过程，从而减少了国家间公共政策的差异以及公共政策差异作为解释比较绩效的变量的重要性。在全球化时代，趋同、分化或者持久的多样性问题使公共政策的分析成为焦点，引发了广泛争议。① 在多数传统已谈论的原因中，全球化似乎促进了会聚，因为国家都开始内化其资金偏好，这么看来其中包含了新自由政策。然而近几年在制度上提出了一个更加不同的观点。这就是所谓的"资本主义的多样化"，这一观点与彼得·霍尔和大卫·索斯凯斯所提出的双重趋同而不是简单趋同如出一辙。全球化看似是趋同的代理，但也暗示了其可能在协调的自由市场经济中有不同的影响，而且是加强而非减弱了他们之间的差异性（Garrett，1998）。然而即使在这种更微妙、更差异化、影响加深的观点中，全球化也严重限制了公共政策决策者的自主权。比如，在自由市场经济体中，实质上，全球化在强制他们实行符合市场的政策，再次提出公共政策在什么程度上算是公众性，而又在什么程度上算是公开地/民主地承担责任问题。

【591】

如其所示，现存文献中有关全球化和公共政策占主导地位的主题都表明全球化和公共政策属于对立关系——在这些文献中，全球化被认为严格挑剔公共政策的去政治化、私有化以及技术化。在这种情况下，像大卫·马康（David Marquand）这样的评论者竟认为现在的局势是"公共化的衰减"也不足为奇。然而在急于得出这样一个消极的结论前，应当承认大多数已探讨过的文献主题建立在关于全球化本质、程度和结果的强假设基础之上，这一点至关重要。无论承认与否，这些都是不可避免的经验主义言论。此外经验主义言论通常都经不起现有证据的仔细推敲。

事实上，虽然现阶段常常被称为全球化时期，虽然全球化常常被认为是对公共部门规模的严格限制，但总的来说，各国比其以往任何时候在全球国内生产总值所占的份额都更大（Garrett，2001；另见 Hirst 和 Thompson，1999）。当然，这种证据都不足以驳斥全球化议题，证明全球化议题如何包含这样表面上不支持的数据其实并非十分困难（详见 Hay，2005）。但它确实表明了经验主义证据的周密思考比许多（虽然不可能是全部）现存文献的特点更为重要。许多关于全球化的辩论常常带有夸张的性质，而且它倾向于从那些需要经验证据的轶事中进行广泛的推断，因此有必要进行更彻底的实证审查。

这就是本章之后的部分所要说明的内容。然而，在阐述证据之前，最重要的是思考全球化本身的概念。

---

① 对比参考伯杰与多尔（Berger 和 Dore，1996）；加勒特（Garrett，1998）；霍尔与索斯凯斯（Hall 和 Soskice，2001）；维斯（Weiss，1998）。

2. 什么是全球化

由于如今公共政策在约束、压力和更为少见的机遇方面与全球化相关已经习以为 【592】
常,想要在全球化含义上达成一个清晰(或模糊)的共识是可以理解的。但事实远非如
此。全球化是否发生存在巨大争议;实际上,全球化的最有力证据所引发的争议紧随其
后。一些分析人士实际上同意全球化的进程比他们所认为的程度更深,他们把语义的
不同误认为存在大量分析歧义,由此便产生了诸多困扰。

顾名思义,"什么是全球化"这一问题虽然很明确,但却依然没有一个直截了当的
答案;实际上,出乎意料的是,这是一个很少被提及的问题。全球化产生了一系列影
响——最重要的是全球化议题的支持者(在 Giddens's,1999 术语中称为"激进者")和其
批判者(也称为"怀疑论者")互相探讨的趋势①。全球化是否正在发生,以及通常归因
于全球化的后果是否应该归因于全球化,都应该取决于全球化意味着什么——这也是
不同专业的区分所在。怀疑论者相比于激进者采取了更为严格的明确标准,几乎同时
指出了真正的证据和明确标准的严苛之间的差异,而这一差异并不明显。相反,激进者
为自己设立了不那么有鉴别能力的明确障碍,因此他们解释了导致怀疑论者挑战全球
化论点的相同证据,这一论点似乎有明确的证据。似乎因为作者不愿意在与双方交流
时明确且精准地定义他们的术语,所以使得这更加令人费解。

虽然这令人十分沮丧,但似乎并没有一开始所引起的哗然程度深。尤其是对于激
进者来说——更可能的是,他们比不能提供精准的最低明确标准的罪过更深——全球
化是多方面且复杂的。因此,不能简单定义全球化。像这样的作者,或许可以理解成,
往往不愿意用歧视性术语和/或在经验上容易实施的术语来构建他们对全球化的理解。
目前为止,这些作者所做的定义,通常都是以趣闻的形式来表达——比如,吉登斯在
他 1999 年的里斯讲座中介绍全球化并非用其定义而是用一个人类学朋友在中非观看
《本能》这部影片的故事来说明(1999;另见 Hay 和 Watson,1999)。在讲述了几个趣闻
后,吉登斯的听众可能更好地掌握了他所讲述的内容;但他们可能感觉并没有得到精确 【593】
的分析概念,这个概念可以通过经验操作来实现对其试图描述和阐明的社会和政治进
程进行重要分析性采购。

理解暗含的或是模糊的全球化的一种方法就是其支持者在推导全球化所得到的结

---

① "激进者"一词最初出现在约翰·格雷(John Gray,1998)的作品中;"怀疑论者"一词可能最早
出现在赫斯特与汤普森(Hirst 和 Thompson,1999)的作品中。

果和产生的效应做出的假设。这相对于考虑到全球化的经济结果来说可能更加容易——因为激进者所做出的假设通常十分死板且程式化。所谓的激进者"商学院"变体和"超"全球化议题恰好是个例子(其实际的政治表达形式在所谓的"华盛顿共识"中也有体现)。全球化相当于经济开放的同义词——在新古典主义的经济术语中,有着一个近乎完全清晰且统一的全球市场。在这一文献中全球化所产生的效应实际上在逻辑上与这些假设息息相关(虽然没有与开放经济新古典主义国际宏观经济学有关的代数建模或形式建模,但这也是这些假设的来源)。这是很重要的一点,因为无论他人怎么想,当今的全球经济都不是近乎完全清晰,完全统一的市场。从这种角度看,许多有关超全球化的预言或判断的文献都是基于非现实的似乎不合理的假设——在经济理论中所用的假设并非因其精准度而因为他们的启发价值(模拟一个完全统一的市场)并且为了简化扭曲而有必要进行促进形式的建模。虽然这十分重要,但却没有让我们更接近全球化的定义。因为激进者没有提供全球范围的完美市场统一体来定义全球化——虽然他们常常这样定义术语。用于分析这一术语需要多完整的国际市场这样的问题还是很少被提出;所以,很少(如果有的话)有回答世界经济的整合程度何时足以证明"全球化"这一标签的合理性。

由于未能找到许多关于全球化实际定义的明确说明,如今应该尝试另一种策略了。像社会科学中诸多存在争议的术语一样,全球化作为一个消极词汇也许比积极词汇更易理解——就像全球化不是什么。

这种策略效果显著,很多相关词汇可以轻易辨别——这些术语常与全球化一起提出,通常在同一个语境中,但与之形成鲜明对比。在诸多成对概念中,下面这些差异显著:

(ⅰ)国家和全球(指的是世界体系的重心所在以及该体系内的文化、经济、政治的主要特征)。

(ⅱ)国际的和全球的(指的是多个国家的决策过程的特征,具体而言,就是他们在多大程度上可以被视为是跨国的而不是单纯的国际形势)。

【594】

(ⅲ)区域化和全球化(指的是任何特定统一过程的确切地理范围和特征)。

(ⅳ)保护主义/封闭/内部取向与全球化作为外部取向(指决策取向和一套符合这种取向的政策)。

这立刻揭示了一些完全不同的全球化内涵,更准确的说,是一系列的衍生概念。此外,从这些成对概念来看全球化,就像是一系列连续的(不一定是直角的)坐标轴,全球化可能就是以这种进程发展(或是减少)的。这种方法使我们将全球化看作一个更具流动性,更有活力的术语。全球化的(潜在)结果是一系列存在逆势的趋势(另见 Hay和 Marsh,2000)。但同时这可能也会减少一个精确且易被经验主义操控的全球化定义的重要性,却并没有降低这个问题的重要性,"全球化要到达什么程度才能算作全球化的证据?"——事实上,这使这一问题投射到许多不同的维度上。

　　这种争议的利害关系可以从当今仍在激烈讨论世界体系内贸易的地理特征中得到很好地说明。① 对于那些反对区域化和全球化的人来说,区域内一体化本身来说并不是全球化的证据。对于这些作者来说,如今贸易一体化模式似乎不能为贸易全球化提供强有力的初步证据——最近的数据显示,对处于世界领先地位的区域经济体来说,区域内贸易一体化的进程要远超过区域间贸易一体化的进程。因此,他们认为,虽然从贸易的角度来看一体化进程有所加深,但是世界经济正变得更加区域化而非全球化(Hay,2005/2004;Hirst 和 Thompson,1999)。但这种解释是基于语义的不同。相同的证据可以描述得截然不同。对那些把贸易开放和全球化当成同义词的人来说,贸易一体化模式的精确地理特征并不是问题——从定义的角度看,这就是全球化。甚至有人想完全区分区域化和全球化,还有人把相同的数据既作为全球化的证据也作为区域化的证据来说明。评论者强调,这样做并不意味着区域内一体化相对于区域间一体化发展更快,而是区域内一体化与区域间一体化同时增加(比如 Perraton 等,1997)。

　　虽然在这样的条件下可能很想忽视这个问题,但这不仅仅是语义的问题——这依然存在很多风险。因为,比如说对欧盟经济的贸易关系做一个详细评估,会发现我们曾【595】认为存在全球化形式的区域化,我们也许会以截然不同的方式看待这些经济体因贸易一体化所面临的竞争需求。这对英法是否与其欧洲伙伴更加激烈竞争,或者他们是否必须在真正的全球市场中为货物的交易而加强竞争很重要。语义之所以重要,是因为它们有可能在一个相当无定论的全球化概念中,掩盖我们的经济现在面临的相当具体的竞争挑战。

3. 全球化的影响

　　如上所述,在公共政策方面,全球化总是被视为一种限制而不是机遇。如果我们确实可以谈论全球化的迅猛势头的话,其影响常常被看作是外部需要的强加品——特别是竞争力。全球化在现存文献中的定义也许含糊不清,但一个清晰且保存相对完整的被用来限制国内决策自主权的机制在现存文献中十分受用。这些主要是但不绝对都是经济上的,并主要依赖于流动性的概念。可以列出四个外部强制性要求的来源,每个都值得深思。

_____

　　①　比如,另见弗兰克尔(Frankel,1997);海伊(Hay,2004);赫斯特与汤普森(Hirst 和 Thompson,1999);佩拉顿等(Perraton 等,1997)。

1. 贸易。货物的自由流动所产生的压力提高了经济竞争力。

2. 外商直接投资。投资资本(在很多情况下是已投资资本)的自由流动所产生的压力提高并保持了"区位竞争力"。

3. 财政。虚拟或数字资本的自由流动导致货币和财政政策与机构的国际投资者的持续审计(比如,独立的中央银行),他们要为其交付负责。

4. 环境和"全球公共利益"。污染物的流动和"高风险后果"的全球性(Giddens,1990)——导致了有效的全球治理机构中存在的汇聚主权的需求。

在下面的内容中,作者认为每个假设都是一种机制,评估假设的可能性以及假设和结果的证据来源,以此来辨别从各个来源中所产生的可能的公共政策的结果。

3.1 贸易一体化

【596】　　大多数全球化的经济结果都是出于贸易一体化的考虑。自20世纪60年代以来,经济开放度呈现近指数增长(传统意义上,都是以出口加上进口占GDP份额表示),他们企图从加强的贸易一体化中得到对国内经济和国内决策者的一系列竞争要求。

在极度程式化的时期,这种情况常常与发达自由民主国家所谓封闭的国内经济对立,直到20世纪60年代和70年代才有了开放的统一世界经济。在20世纪60年代是一个封闭的国内经济世界,竞争力所导致的结果并不理想,因为只有相对少部分的GDP份额用来交易,各国自给自足,因此促使一些国内管理技巧的产生,比如凯恩斯主义。

在(程式化)开放经济条件下,一切都变得不一样。凯恩斯主义不再奏效,因为向国内经济注入的需求只能发展进口,从而导致了支付更加不平衡。更重要的是,如今,国内经济增长取决于国际市场上的成功——换句话说,就是竞争力。此外,竞争力总是被粗略地理解为以成本为主的术语——在国际市场中生产、分配和销售一个特定的商品的能力低于竞争对手。结果,(全球)贸易一体化所带来的竞争力需求被视为节约成本的方法)——繁琐规定的消除,免费劳动力成本的减少(如那些出于此目的而设立福利的国家),还有为减少劳动成本压力而做出的努力(比如通过缩减劳动者讨价还价的能力并取消可能行使谈判权的制度环境)。

这是一个明确的机制,因为商品在全球一体化程度更高的世界市场上的流动性得到了加强(世界经济中贸易总额的改善)。虽然这个机制十分令人信服并具有影响力,但是竞争力增强和节约成本的"逐底竞赛"的必要性与经验证据达成一致并不容易。之前提到过,与国家相关的活动依旧在全球GDP份额中占很高的比重,实际上这一比重还在增加,这意味着至少在面对这样竞争需求时,出于税收收入而建立的公共机构已经证明完全有能力复原。而且,有日益庞大的文献体系证明,公共开支和经济开放的关系是正向的,而且是逐渐增强的——从统计数据来看,世界上最开放的经济体是那些拥有最大公共部门的国家(Rodrik,1996)。那种历史关系(以卡梅隆(Cameron,1978)所揭露的最为著名)没有任何遭到破坏的迹象。最终,虽然当今贸易一体化程度很高,但是学术体系表明这种程度绝不是前所未有的。确实,这和一战前贸易一体化水平还有一些差距,至少超过了世界领先的经济。　【597】

经验主义证据还提出许多原因来解释为什么预期的解除管制"逐底竞争"最多是对于更加复杂现实性简化的扭曲。第一,如之前提到的,市场,不仅指交易货物的市场,远未达到完美的一体化——总的来说,市场不完全统一是为了保护最发达和富有的经济体(那些拥有最大的公共部门的经济体)使其不受竞争力削弱的影响。第二,这只是存在销售潜力的商品的一小部分,从很大程度上来看,其成本由直接劳动成本和间接免费劳动成本(如工资税)决定。因此,在全球化议题中预测的竞争力削减,虽然事实却是如此,但竞争力削减对世界市场的特定部门的限制比模型假定的更多。第三,在很大程度上说,发达资本主义经济体在成本方面的竞争低于它们在出口商品的独特质量方面的竞争。与成本竞争力相反,质量竞争力常常由高度的公共支出促进和支持。第四,如上所述,区域化趋势总是经常在关于全球化过于宽泛的文献中被忽视,这种趋势可能会真正转变经济所面临的竞争模式,使其从那些驱使解除管制"逐底竞争"中提高完全不同的竞争活力。

3.2　外商直接投资

在全球化的公共政策所有的原因中,更重要的是外商直接投资的作用以及(假定的)国际投资者的流动性。在外国资本投资的累积股份(固定资本形成总额)和新的外商直接投资两者不可或缺的增长有时甚至成指数的增长,在传统的全球化原因中,这被视为给国内政策决策者施加额外的竞争需求。国内经济本身的竞争力并非问题的关键(虽然也很重要),关键是作为新投资或持续投资场所的经济的"区位竞争力"。

所创造的图景是不受束缚的投资者从一系列潜在的投资中选择一个可以为他们提供最高回报预期的投资——直到新的更好的机会出现。为了第一时间吸引投资者,政府必须内化和尽可能准确地估计他们列出的政策选择流动资金偏好。反过来这些资金偏好,以初始投资、灵活的劳动力市场、低企业税率、灵活的监管体制、宽松的环境标准几点成为吸引投资的要素。一个国家可能因税收收入而慷慨地设置福利,实行高压统　【598】

治的政府和这种税收收入越来越被看作与时代不相符——成为了蚀本和经济危机的必然。

　　虽然这种观点可能凭直觉产生,但是还是有一定几率经验主义证据予以支持。这又可以引出几点。首先,投资资金的流动在这种定式中被诬陷夸大,这无疑减少了那些以撤资威胁的投资者所花费的成本。在特定经济体投资并经常建厂后,外国直接投资者会获得各种通常无法挽回的沉没成本。本质上,转移生产就是在牺牲初期投资最大的那份资本价值(假设没有新投资者准备取缔老投资者),同时承受建立和配置新的工厂的庞大成本,而只口不提非生产的干预期。因此,虽然有时假定的流动投资者为了让对方让步而讨价还价,或是让对方政府改变政策时会威胁撤资合情合理,但运用他们的假定流动性很少符合其利益,甚至在对方不让步的时候也是如此。这也是为什么以撤资相要挟的选择实际上用得不如自由资金流动模式频繁。① 第二,没有绝对简单的相反关系,比如这种模式引导我们去预估入境外国直接投资量和公司税收水平,环境和劳动力市场监管,慷慨的福利资助,或是以国家开支来作为 GDP 份额。② 这似乎只是强调了之前所说的竞争优势不一定受成本最小策略的保护。最后,有据可查,世界大多数向外的外国直接投资(在 1980 年到 1995 年间超过百分之九十)来源于所谓的"三角区"(即北美、欧洲和亚太地区)。还有一大部分是对内的外国直接投资(同期在百分之七十五到百分之八十之间)来源于"三角区"(Brewer 和 Young,1998,表 2.7,2.8;Hay,2004,图 7)。这种外国直接投资惊人的集中与简单的全球化模式的预期基本不符,通过观察得出了一种观点,即:决定投资地点的最重要因素并不是获得投资动力而是合适的地理位置和庞大的市场(Cooke 和 Noble,1998)。

3.3　金融市场一体化

【599】　　公共政策中外部经济约束三个来源中的第三个就是金融市场整合的预期结果。同样,众多文献中的假设都十分清晰地假设全球市场是完全清算和完全一体的——这里是指金融市场,新数字技术在有效的后地理环境中运行,几乎可立即做出的投资决定

---

　　① 当然,在众多文献中侧重"撤资",像激进者和怀疑论者可能侧重有误,至少有所夸大。对于多国公司来说,以及现存的许多公司,他们没有必要去撤资或者当撤资发生时也没有必要建立新的工厂。像这样有多个生产地的公司,可以在生产地间随意篡改生产数量,和地方管辖区争讨政策让与,这可能会增加其在特定生产地扩大能力的可能性。我十分感激米克·莫兰向我点明了这点。

　　② 另见库克与诺布尔(Cooke 和 Noble,1998);皮伐勒等(Pfaller 等,1991);特拉克斯勒与沃伊泰奇(Traxler 和 Woitech,2000);维纶斯基(Wilensky,2002);见海伊(Hay,2005)所给出的关于经验主义证据更完整的评估。

（O'Brien，1992）。在这种背景下，大量的金融资源由机构投资者投入，国家货币遭到投机性攻击，这招致了投资者的不满。英镑在乔治·索罗斯和其他人手中被强行驱逐出欧洲货币体系（EMS）就是一个典型的例子。在这种模式下，尤其是证券投资者对强势且稳定的货币显现出明显的兴趣和偏好，这种货币有强硬反通货膨胀资质的独立央行和在理论和实践中都坚持财政适度和谨慎的政府支持。人们认为，任何背离这种金融正统观念的行为，都将导致对货币进行大量投机，以及以该货币计价的资产投资大量流失。各国政府激起金融市场的愤怒，使其处于危险之中。①

同样，这是一个熟悉且直觉可信的命题，似乎近几十年来一系列针对"流氓"政府的高调投机风潮证实了这一点。然而，这是经验主义言辞而且越来越多的学术研究表明，它与经验证据大相径庭。因为资本市场似乎不像全球化文献中所假设的那么完全统一。尤其是预期会出现利率的趋同，而人们对全面整合的全球资本市场的预期并不会展现出来（Hirst 和 Thompson，1999；Zevin，1992）。再者，金融一体化并没有使国内储积率和国内投资率产生预期的偏离，但这可能会在完全统一的全球资本市场中发生——这就是所谓的"费尔德斯坦—堀冈"之谜（Feldstein-Horioka，1980，212-215；Watson，2001a）。最后，尽管金融市场的自由化确实提高了投资者对政府政策反应的速度、严肃性和重要性，但资本市场参与者在他们的政治风险评估中似乎远不如传统的假设（Mosley，2003；Swank，2002）。因此，政策决策者所有的自主权比能为公众广泛接受的多得多。投机动态似乎实际上发生在货币上的相对较少，至少就发达自由民主国家而言，市场参与者在做出投资决策时所考虑的政府政策范围事实上非常有限。正如莫斯【600】利所说：

各国政府受到很大压力，要求它们在总体通货膨胀和政府预算赤字水平方面满足金融市场的偏好，但在其他领域保持国内决策的自由。政府实现宏观政策结果的手段以及其他领域政府政策的性质与金融市场参与者无关。政府保留了大量的政策自主权和政治问责制。例如，出于国内原因，如果他们更希望保留传统的社会民主政策，他们也能够这样做（2002，305）。

最近的其他研究进一步验证了这一重要发现。斯旺克表明，根据详细的统计分析证实，与普遍承认的共识相反，"国际资本开放程度的增加，或是国际资本市场程度加深时，预算不平衡水平处于中等水平时不会对福利国家施加下行压力，并且在不存在预

---

① 当然，这是对"金融市场"采取了一种完全无差别的、有相应问题的概念——这个术语是一个可以而且应该被分解的术语。这样一个通用的类别实际上隐藏着非常大的差异，例如外汇市场的特点是工具交易，而提供商业服务（如公司法）则完全是在地点上不移动的。然而问题是，在主导有关全球化对公共政策影响的现有文献中，这种分类是非常罕见的（例如，见 Mosley 2003；Watson 2001b）。

算赤字的情况下,社会保护的延伸是有可能存在的,即使是在国际资本流动的背景下"。

金融市场似乎既没有我们常常所认为的那样高度统一,也不像人们常认为的那样对财政和货币政策进行严格审计。

3.4 环境恶化

迄今为止,我们一直专注于将经济全球化视为一种对公共决策自主权的主要制约因素的机制。我们也这样质疑了当代经济趋势在全球化这个术语中所占据的比重。然而,至少同样引人注目的是一个更加政治化的机制,它明确提到了在其范围和规模上真正具有全球性的问题。严格来说,这与其说是指全球化时代公共决策者的能力下降,不如说是这些政策制定者所面临的问题的全球化——他们至今无力处理这些问题。

一个典型的例子就是高效应的全球环境风险问题(Giddens,1990)。这在所谓的"公地悲剧"中由哈丁(Garrett Hardin,1968)首次做出解释。对于当代社会中看似难以解决的环境退化问题,哈丁提供了一个直观上合理且引人注目的模型(对于哈丁的开拓性工作的有用扩展和更新,参见 Gardiner,2004)。有人争辩说,对环境的系统性开发和污染将继续下去,因为尽管集体利益明确,个别公司和国家选择不把单方面环境行动的代价强加于自己。他们在逻辑上是完全合理的,但其累积的后果可能是灾难性的。这些行为者知道环境监管花费巨大,特别是在开放的国际经济中,对竞争力来说更是个负担。因此,在没有一个国际机构能够强制所有国家和所有公司遵守规定的情况下,对"搭便车"的预期足以确保公司和国家不会负担额外的费用和税收。对环境的长期影响非常明显,阻碍了全球解决真正的全球性问题。

【601】

布什政府退出 1997 年《京都议定书》(Kyoto Protocol,承诺分阶段减少温室气体排放),充分证明了国家和政府狭隘的人为自身利益在多大程度上可以破坏有效的全球治理机制和制度的发展;对于批判者来说,这样一个议定书即使得到充分实施,也只会略微减缓正在进行的环境退化进程。

这是最重要的一个例子,而且可能从中得到更广泛的含义。第一,"公地悲剧"表明了全球公共政策中对有效的机构和机制的需求和供应之间的更加普遍的差距。虽然很容易指出真正的全球性问题需要通过协调一致的全球回应来解决,但要找到后者的例子则要困难得多。第二,虽然真正全球性政治问题的扩散确实表明主权国家体系(行使否决权的体系)无能力处理它目前面临的挑战,但并未表明任何国内公共政策无法处理以及它一直在处理的事件和问题。那么,因此,这与其说是能力丧失,不如说是国内政策制定者从未有能力处理的问题激增。最后,反常的是,全球解决方案的需求和供应之间的差距仅仅是经济全球化加剧的结果。因此,这促使各国在面对经济危机的痛苦之时,优先考虑提升竞争力,而不考虑包括环境保护在内的其他问题。而这存在一个明显的危险,就是对短期经济优势的狭隘追求,将会在长期上以不断逼近的环境、经济和政治灾难为代价。

4. 结论:从全球化与公共政策的对立到全球公共政策

作者在这一章的开头指出了现有文献中普遍存在的全球化与公共政策之间严重的紧张关系——这样全球化的程度被看作是(国内)公共政策决策者自主性丧失程度的简单指标。在前面的章节中,作者试图证明,无论这种权衡如何有影响力,这在理论上【602】和经验上都是深层次的问题。全球化是否正在发生取决于一个定义标准有多严格以及在哪里寻找证据。此外,在全球一体化程度更高的环境中寻求公共政策的空间时,全球化典型的无定形和模糊的概念尽可能地模糊了。正如作者试图证明的那样,公共决策者面临的挑战,比如说经济一体化的过程,都是特定于这些决策者所处的环境。对全球化的过度加总和笼统描述不能反映这种特殊性;因此,它们严重扭曲了如今公共决策者面临的制约因素。

这是重要的一点,因为它再次提醒作者们语义的重要性。全球化是否发生取决于这个术语的含义。本章的论点是,如果作者们要对公共决策者今天面临的各种外部制约因素和挑战(经济和其他方面)制定更复杂和更具差异化说明,作者们需要做到超越那些不定形和轶闻轶事般的叫法,比如"全球化"这样的术语。这需要一个更加严格的定义标准——这个标准可以使分析人士的描述性词汇更加尖锐而不是钝化,并使作者们能够区分全球化与区域化等。如果前面的分析似乎对全球化论题持怀疑态度,那么,这至少在一定程度上是由于这种对全球化概念的坚持比现有文献中经常出现的要求更高,更具有经验操作性。然而,作者们不应该在越来越相互依存的国际环境中让语义差异使作者们忽视对公共政策决策者限制的解释所存在的显著差异。即使作者们解决了语义差异,仍有很大的争议空间。

然而,即使这一点为大众所接受,在复杂的相互依存或全球化时代,我们也存在一定的危险,即我们只考虑本国政策制定者的自主性水平。在这方面的牺牲品就是对跨国公共政策的充分考虑。可以说,正如本章的最后一节希望能够证明的那样,今天公共政策面临的最大挑战并不是来自经济全球化带来的紧迫的本国内部化竞争。相反,他们倾向于发展全球和跨国决策能力,共同应对复杂经济一体化进程的环境和其他后果

（对于在商业管理领域已经达到的程度的范例讨论，参见 Braithwaite 和 Drahos，2000）。迄今为止关于全球化和公共政策的文献太多，往往以狭义的国内条件将后者视为前者的牺牲品。现在，是时候将公共政策在世界舞台上表达和展示出来，因为它有可能以公开和民主的方式让全球化进程承担责任。

参考文献

Bairoch, P. 1996. Globalisation mythsand realities: one century of external trade and foreign investment. Pp. 173–92 in *States against Market: The Limits of Globalisation*, ed. R. Boyerand D. Drache. London: Routledge.

Berger, S., & Dore, R. eds. 1996. *National Diversity and Global Capitalism*. Ithaca, NY: Cornell University Press.

Berman, S., & McNamara, K. R. 1999. Bank on democracy: why central banks need public oversight. *Foreign Affairs*, 7:2–8.

Braithwaite, J., & Drahos, P. 2000. *Global Business Regulation*. Cambridge: Cambridge University Press.

Brewer, T. L., & Young, S. 1998. *The Multilateral Investment System and Multinational Enterprises*. Oxford: Oxford University Press.

Cameron, D. R. 1978. The expansion of the public economy: a comparative analysis. *American Political Science Review*, 72(4):1243–1261.

Cooke, W. N., & Noble, D. S. 1998. Industrial relations systems and US foreign direct investment abroad. *British Journal of Industrial Relations*, 36(4):581–609.

Dalton, R. J. 2004. *Democratic Challenges, Democratic Choices: The Erosion of Political Support in Advanced Industrial Democracies*. Oxford: Oxford University Press.

——and Wattenberg, M. P. eds. 2000. *Parties without Partisans: Political Change in Advanced Industrial Democracies*. Oxford: Oxford University Press.

Epstein, G. 1996. International capital mobilityand the scope for national economic management. Pp. 211–24 in *States against Market: The Limits of Globalisation*, ed. R. Boyer and D. Drache. London: Routledge.

Feldstein, M., and Horioka, C. 1980. Domestic savings and international capital flows. *Economic Journal*, 90:201–20.

Frankel, J. A. 1997. *Regional Trading Blocs: In the World Economic System*. Washington, DC: Institute for International Economics.

Gardiner, S. M. 2004. Survey article: ethicsand global climate change. *Ethics*, 114(3):555–600.

Garrett, G. 1998. *Partisan Politics in the Global Economy*. Cambridge University Press.

——2001. Globalizationand government spending around the world. Studies in Comparative International Development, 35(4):3–29.

Giddens, A. 1990. *The Consequences of Modernity*. Cambridge: Polity Press.

——1999. *The Runaway World*. London: Profile.

Goodin, R. E. 2003. Globalising justice. Pp. 68–92 in *Taming Globalisation: Frontiers of Governance*, ed. D. Held and M. Koenig-Archibugi. Cambridge: Polity Press.

Gray, J. 1998. *False dawn: The Delusions of Global Capitalism*. London: Granta

Hall, P. A., & Soskice, D. 2001. *Varieties of capitalism*. Oxford: Oxford University Press.

Hardin, G. 1968. The tragedy of the commons. *Science*, 162(3859): 1243–1248.

Hay, C. 2004. Common trajectories, variable paces, divergent outcomes? Models of European capitalism under conditions of complex economic interdependence. *Review of International Political Economy*, 11 (2): 235–262.

——and Marsh, D. 2000. Introduction: demystifying globalization. In *Demystifying Globalization*, ed. C Hay and D. Marsh. Basingstoke: Palgrave.

Hay, C. and Watson, M. 1999. Globalisation: "sceptical" notes on the 1999 Reith Lectures. *Political Quarterly*, 70(4): 418–425.

Hirst, P., and Thompson, G. 1999. *Globalization in question*, 2nd edn. Cambridge University Press

Marquand, D. 2004. *Decline of the public*. Polity Press.

Mosley, L. 2003. *Global Capital and National Governments*. Cambridge: Cambridge University Press.

O'Brien, R. 1992. *Global Financial Integration: The End of Geography*. London: Royal Institute for International Affairs.

Perraton, J., Goldblatt, D., Held, D., and McGrew, A. 1997. The globalisation of economic activity. *New Political Economy*, 2(2): 257–278.

Pfaller, A., Gough, I., & Therborn, G. 1991. *Can the Welfare State Compete? A Comparative Study of Five Advanced Capitalist Countries*. London: Macmillan.

Rodrik, D. 1996. Why do more open economies have bigger governments? NBER Working Paper No. 5537. Cambridge, Mass.: National Bureau of Economic Research.

Rogowski, R. 1989. *Commerce and Coalitions*. Princeton, NJ: Princeton University Press.

Swank, D. 2002. *Global Capital, Political Institutions and Policy Change in Developed Welfare States*. Cambridge: Cambridge University Press.

Traxler, F., and Woitech, B. 2000. Transnational investment and national labour market regimes: a case of "regime shopping?" *European Journal of Industrial Relations*, 6(2): 141–159.

Watson, M. 2001a. International capital mobility in an era of globalisation: adding a political dimension to the "Feldstein-Horioka Puzzle". *Politics*, 21(2), 81–92.

——2001b. Embedding the "new economy" in Europe: a study in the institutional specificities of knowledge-based growth. *Economy and Society*, 30(4): 04–523.

Weiss, L. 1998. *The Myth of the Powerless State: Governing the Economy in a Global Era*. Cambridge: Polity Press.

Wilensky, H. L. 2002. *Rich Democracies: Political Economy, Public Policy, and Performance*. Berkeley: University of California Press.

Zevin, R. 1992. Are world financial markets more open? If so, whyand with what effects? Pp. 43–83 in *Financial Openness and National Autonomy: Opportunities and Constraints*, ed. T. Banuri and J. B. Schor. Oxford: Oxford University Press.

第七部分

政策干预：模式和依据

第 30 章　分配和再分配政策^①

汤姆・塞夫顿（Tom Sefton）

1. 引言

　　一旦政府为一特定目标采取行动,就一定会有受益者和受损者,即使这些分配效应 【607】
本是无意造成的。事实上,广义上所有政府政策都可以被定义为再分配政策(Tullock,
1997)。但本章的重点在于社会和福利②政策,因为其再分配目的是最突出的(Hills,
2004)。这个领域大多数文献更侧重于税收、汇款及实物转移服务。即使是"法定福
利",如最低工资法案也同样具有重要的分配效应。

　　社会和福利政策的目的常被评估为只是从富人到穷人的再分配。若果真如此,那
么整个福利体系的效用就会通过体系对整体的不平等或是贫困程度所带来的影响来评
判。与之相似,用来评判某个政策或是计划的标准便是哪个收入群体的获益最多。与
多数再分配政策的文献一样,本章重点谈论上述两种问题。

　　然而,同样重要的是要认识到从富人到穷人的再分配只是再分配可能发生的众多 【608】
维度中的一种,而且那些带有再分配效应的政策可能具有除再分配外的主要目的。这
些问题以及一些再分配政策分析的含义会在下一部分简要探讨。

　　为理解对于政策的再分配效应的经验主义分析,同样也应认识到这将需要(通常
是隐含的)与政策未被应用的反事实世界进行比较。运用不同的反事实会改变这些结

---

　　①　感谢英国经济和社会研究理事会(ESRC)为本章的准备所付出的财力和时间,感谢编者们,感
谢约翰・希尔思在前期编写中的建设性建议和评论。
　　②　这里"福利"一词泛指社会福利政策,包括源于政府的现金和实物转移转账,不是美国常用的
狭义:只指对特定贫困群体的援助。同样,"社会保障"指所有现金转账项目,而不只是老年现金转账
项目。

果。重要的是,如果盯住政府开支的影响,那么该国就应该问哪种税收会比较低。这个答案是十分重要但却并不显而易见。但是除此之外,许多其他层面的行为也会随之改变:没有包含卫生保健的社会保险体系,个人会更多地利用私人卫生保险,这会在经济中产生众多连锁反应。经济学家口中的税收或开支项目的"最终影响"很难衡量,但不能简单认为和"第一轮"测量结果相同,"第一轮"结果是来源于接受者或是责任人(Pechman 和 Okner,1974)。

2. 再分配的替代形式

低收入并非是接受现金收益或实物转移服务的唯一原因。许多福利政策都会提供抵御不良风险的保险,比如失业保险和疾病保险,还提供在生命周期内理顺收入的机制——这就是巴尔(Barr,2001)所提出的"储存罐"功能。这与"罗汉宾"功能(就是从富人到穷人的再分配)相比,在文献中很少受到关注,但是二者的重要性存在争议。巴瑞(Barry,1990)认为期望福利国家有单一的基本原理这是毫无理由的,如果必须有一个目的的话,那一定是为了维持收入稳定而不是为了减轻贫困。

再分配政策的分析有多种含义。首先,对再分配的简单印象会对其产生误解。对青少年的教育以及老年人的卫生保健和津贴不成比例,而且他们的税负大多数来自于工作的一代。许多再分配似乎是在某一特定时间点发生,并在人们的一生中被抵消。根据希尔思和佛金汉(Hills 和 Falkingham,1995)的理论,在 20 世纪 80 年代到 90 年代的英国,有三分之二到四分之三的福利国家开支是生命周期再分配——是一个人在自己一生中不同阶段的收入的再分配,与"终身富人期"和"终身穷人"间的再分配相反。

【609】 其次,根据穷人获益是否多于富人来判断一种特定的获利或服务方式不一定合适。许多公共卫生保健体系,无论是建立在社会保险或是税收基础上,都力图为相同的需求提供平等的待遇,基本上都是为了实现收入相似但有不同医疗需求人群间的横向再分配,而不是在不同收入但有相似医疗需求人群间的纵向再分配。与之相似,比如说特定的社会福利政策是为了向有儿童的家庭提供额外服务,或是为了削弱与年龄或种族相关的其他形式的缺点所带来的影响。这些实例中一个重要的分配问题就是,无论贫富,人们所得到的益处是否与其需求相匹配——或者是否抵消了缺陷。因此,对方案或政策分配影响的研究可能会强调对不同种族、年龄和/或性别群体、地理区域或其他相关人口分类的影响,而不是对不同收入群体的影响(Danziger 和 Portney,1988)。

尽管如此,那些开始并不是要在富人和穷人间进行再分配的政策,还是由于各种原因有着重要的再分配影响。更低层次社会经济学群体通常更会遭受不良事件的风险,而社会保险项目便是要保护他们不受其影响：他们经历失业、病痛，或是受工伤的可能性更大（Burchardt 和 Hills，1996；Ferrarini 和 Nelson，2003）。因此，即使所有公民都同样参与到这些计划中（虽然在之后我们会看到，社会保险计划和全民公共服务大多数都包含积极的因素），但这些计划依然包括从高收入人群向低收入人群间的再分配。

此外，扶贫是"秩序井然"的福利国家的副产品，即使这并不是构成该体系的大多数个人政策的初心（Barry，1990）。福利国家会不断为失业者、病人、残疾人以及退休人员提供一定收入（在贫困线之上）；还因照顾那些持续需要看护的孩子或成年人而不能工作的人提供收入；提供一定全民儿童福利以支付抚养儿童的成本；报销因个人所受的不幸产生的特殊费用，几乎所有扶贫工作都由基本原理不尽相同的政策解决。

因此，至少可以说从富人到穷人的再分配是许多社会和福利政策重要的副作用或是次要目的，而且他们普遍认为贫困已被控制到了最低限度，即使这并不是他们的最初目的。在此基础上，评估这些政策的再分配影响通常十分重要。

3. 再分配的其他目的

阅读本章时要注意两点。第一，再分配不只是收入再分配，还有机会再分配：即受【610】到更好的教育、得到更好的工作机会，以及变得更健康，从长期来看，这些都会通过他们本身而非通过政策调和来实现更高收入。更为传统的再分配税收转移形式和常被定义为"同等机会"或"积极"福利国家之间的适当平衡一直是政策决策者和学者们长期争辩的主题（参考 Haveman，1988；HM Treasury，1999）。多数国家仍然通过前者来达到他们的分配目的，但久而久之便试图使平衡趋于后者移动。

第二，社会开支和税收不只是（或最开始）关于任何形式的再分配，因此不应该以单一标准评判。尤其是对于福利国家来说有着效益功能和公正功能。即使完全消除贫困，对许多机构来说，依然有必要保障人们本身所需，提供必要的服务，如卫生保健服务和教育。保险公司的某些不确定因素和不完整的信息意味着私人保险一些重要的领域很有可能是缺乏效率的并且外部收益可能也同样说明在自由市场中某些货物或服务是供给不足的。当市场失灵，成本过大而同时政府起作用时，国家干预可以提高效率（Barr，2001）。

有一种假设：一旦外部收益和某种货物的消费相关联，实物转移转账一定比现金转账这种再分配方式效率高。而勃朗宁（Browning，1975）对此提出质疑。更为常见的是，经济学家常认为市场体系在分配资源时是更为优越的体制，因为总有一种方式将价格体系（为提高效率）与一次性转移支付（为达到分配目标）关联。但正如韦茨曼（Weitzman,1977)指出的,这对于政策方针来说通常并非十分有用,因为必要的转移支付几乎都没有付清。而且阿罗(Arrow,1963)用医疗行业的例子来说明,在一些情况中,市场条件明显从那些"竞争模式"(或自由市场)中脱离,这种竞争模式被认为会提高资源分配效率。

以特定商品或服务的实物供给的另一个基本原理是纳税人通常对他人福利有着利他,但却是家长式的关心;他们可能准备好了向穷人进行某种再分配,但前提是要为他们提供特定的服务,比如卫生保健、食品券或是建房补贴(Le Grand,1982)。这有时被称为充足论证。同样,韦茨曼(Weitzman,1977)探讨了货物或服务的特定类别,比如住房问题,社会认为房屋应当分配给最需要住房的人手里,这才是合理的。托宾(Tobin,1970)将其称为"特定平等主义":商品不能通过支付能力分配,而是应当均匀分配。韦茨曼(Weitzman)却认为:当收入不均程度更高时,市场价格机制会在合理分配这些商品时相对失效(相比于国家定量配给的自然形式),因为那些高收入人群会垄断商品消费问题。

【611】

然而,这些原则有助于在"效率"或其他方面区分实物供应和现金供应,不同国家所展现出的供应模式可能很大程度上受到不同历史环境和政策进程中不同因素的影响。

4. 再分配政策方式

福利国家有个更为宽泛的概念,认为社会支出不一定是国家再分配效果的准确反映,艾斯平—安德森(Esping-Andersen,1990)以此为基础为一个有用却充满争议的福利国家类型学提供了再分配的不同方式。这使再分配政策处于体制环境中,有助于阐释不同福利国家的政治经济价值。本章重点解释在这些福利制度中平等的概念以及如何影响着再分配政策的不同方式。

*自由福利制度*依赖市场成为其福利的主要资源。国家的主要任务就是保障市场的平稳运行,这意味着再分配政策的最低限度作用。只有当家庭或市场无效时,国家才承担责任,并试图限制其为边缘和应得群体提供安全网的承诺。津贴规则应严格设限,福利水平也应适度,同时应该限期,这样才不会挤掉私人供应或慈善事业,同时抵御依赖文化的危险。

*社会民主福利制度*赋予了再分配政策一个更为主导的角色。与自由福利制度不同,有种假设:自由的资本主义的结果是不平等的,因此社会民主党党员为达到社会目的做出充分准备来操控市场经济(比如通过强大的就业保护以及最低工资立法)甚至

有时以整体生产力为代价。再分配有时也通过某些货物和服务来实现,如资本主义世界的健康、教育以及住房并保证这些比收入或是财富(去商品化)分配更加平等。对某些国家福利来说,津贴被认为是"公民权利"的一部分,保险体系通常是广泛而普适的。福利通常根据习惯收入的比例递增,以确保高更新率,甚至为了保证相对的高收入人群。因为国家服务和福利要迎合中等收入人群的期望,所以大部分市场被挤出了福利部门。【612】

　　法团主义福利政权力图保留现存的分配秩序和模式,与社会民主主义国家想要转换富人与穷人间的分配的明确意图恰好相反。法团主义者获得福利的方式主要是依靠相互帮助照顾那些陷入难处的人们。社会事业很慷慨,但通常是由接受者自身的工作所带来的贡献组成的。社会津贴主要来源于就业而非公民权(就像在社会民主主义模式中一样)或是已经证明的需求(就像在传统的自由模式中一样)。国家的主要任务是承诺支付并促进组内的保险计划并为那些不属于确定职业人群的人们安排剩余的保险项目。国家将重心放在鼓励不同社会地位上,这抑制了其分配影响(至少超过了完整的生命周期),虽然大多数法团主义体系包含了一些不利的再分配因素。

　　这种不同不仅出现在 20 世纪 70 年代中期的各国福利制度的结构中,还出现在 20世纪末他们对于财政压力的回应中。这种压力——来自老龄化和减缓的经济增长——可能会在更加广泛的社会民主主义或是法团主义政权中变得更加严重,但是他们的政治根基也同样如此,这引发了不同的回应(Pierson,2001)。

　　艾斯平—安德森和其他人试图运用所有指标把各国与这三种机制对应起来。事实上,很少有国家能够都符合这些描述,尽管大多数国家都只是倾向于一个或是其他几个。美国是自由福利制度最典型的例子,斯堪的纳维亚最符合社会民主福利制度,而欧洲大陆国家,包括法国、德国和意大利都被认为是法团主义政权的典型。

4.1　普遍性福利和目标性福利

　　自由福利制度和社会民主福利制度重要的区别之一在于前者侧重对穷人的目标性福利,而后者侧重普遍性福利。然而事实却是,所有的福利国家都包括了普遍性福利和目标性福利两者。

　　"普遍主义者"认为目标性福利是一项糟糕的政策,并就此提出诸多原因。支付能力调查常会对私人财政状况进行深入调查;它可以污蔑福利接受者还可能会导致社会分裂;目标性福利支出可能会随着时间的流逝对穷人越来越吝啬,因为他们所得到的政治支持逐渐比普遍性项目更少了;许多需要帮助的人被遗漏,因为需求很难被察觉;当

有经济状况调查的福利时,不接受便是一个更大的问题,部分是因为为了索要这些福利
【613】 而导致的骂名和时间成本;经济状况调查福利对于管理者来说越来越困难,成本越来越
高;经济状况调查会产生"贫困陷阱",因为当收入上涨时福利会被撤销;而且,因为经
济状况调查只有在家庭层面才会生效,这违背了社会保障体系的意愿,这一体系是为了
促进女性进一步自立(Atkinson,1983/ 1993/1995,第三部分;Cornia 和 Stewart,1995)。

目标性福利的支持者认为,这是与贫困作斗争更有效率的方式而且可能相对来说
更有效。显然,大部分支出都用于扶助那些低于贫困线的人们。社会转型将成本施加
于经济上,这会通过更具目标性的福利使成本最小化。他们还怀疑或是轻视对收入情
况调查的某些论证。比如,米切尔、哈丁、格伦(Mitchell,Harding 和 Gruen,1994)曾认为
一个精心设计的经济状况调查不能受到污蔑;一般来说,在那些只获得少量福利的人当
中,这种不接受的情况最多;从经济状况调查所产生的抑制效应可能并不像想象中的那
么强烈。

4.2　效率公平的权衡

自由福利制度与其他福利制度的另一个重要区别在于,其他福利制度更关注公平
和经济效率间的潜在权衡。新古典主义对福利国家的批判背后的主要思想是,高更新
率的社会项目构成了一个强大的抑制因素,使人们不去工作,不去为养老进行储蓄,也
不去为其他不利事件投保。这些抑制因素会降低就业率、增加福利依赖程度,这反过来
又会拖累经济增长(Goodin 等,1999)。同时,更高程度的收入不等是经济增长的刺激
因素,因为它鼓励创新和努力并增加存款和投资,因为有更高收入的人们会省下一大笔
收入(Welch,1999)。

另一方面,有种理论来证明为什么平等有利于经济增长。如果有足够大的"收入
效应",高税率会增加工作投入,因为个人只能更加努力工作才能达到税后收入的水
平。一些经济学家认为更平等的工薪有助于抑制工作中多余的(却不能被察觉的)不
合作行为,比如推卸责任。更普遍地说,哈夫曼(Haveman,1988)认为再分配体系降低
了经济不安全性和不确定性,增加了经济稳定性,促进经济变化和人力资本产出。正如
他所说,当我们自知身处一个保护弱者并抑制收入和经济实力极端(常与自由市场的
操作有关)的社会时,我们的感觉会良好。虽然更难量化,但是这些效率增益应与经济
损失对立,而经济损失往往产生于逆诱因和扭曲,而这些有时产生于再分配体系中。

人们常说,高税收和高额转移会抑制工作,一份对丹麦、瑞典、德国和英国的综合论
【614】 述中认为,经验主义证据是形形色色的。高额的提前退休金确是出现了,并引发了人们

提前退出劳动力市场;另一方面,劳动力供给的负面影响通常是微乎其微的而正面影响对于一些小群体,如成年男子,并不少见。而且,对于一个国家的研究结果不一定适用于另一个国家,因此很难一概而论。

经验主义证据在不平等和增长间的关系依旧是不确定的。一些研究发现那些薪资不平等的国家的经济增长较为缓慢,而其他研究结果恰好相反,这取决于研究所包括的国家、所涵盖的时期和所使用的方法。比如,肯沃斯(Kenworthy,2004)发表了一份国内研究和跨国研究(以美国为例),结果显示在两种分析中,经济增长不平等可能存在负面影响,但是联系不大,而且对一两个异常值十分敏感。他得出结论:虽然确实有那么一个临界点,此时收入分配可能太过平等以至于与经济增长的期望率不兼容,过去二十年的经验说明这一临界点仍未达到。特殊的体系或者政策都可能阻碍经济增长,但是在这一时期并没有证据证明效率公正权衡的存在。

与此相似,阿特金森(Atkinson)回顾了十份计量经济学调查,这些调查关于不同国家社会开支水平和其经济效益之间的关系。他拿出每份研究的结果用于比较,以此来预测当一个国家的社会开支少于国内生产总值份额时,该国的经济增长率会是什么样的。其中四份调查证明了较小的福利国家会有更快的发展速度。但是两份调查并没有找到明显的关系,还有四份显示若社会开支减少,经济增长也会减缓。他得出结论:"经济效益和福利国家大小之间的关系并没有得出确凿的证据"(Atkinson,1999,84)。提出这一问题本身并不是十分明智,而我们应该去观察社会开支成分的组成和计划:一部分会对经济效益有正面影响,比如教育和培训;其他的会有负面影响,比如因为损害了刺激效果。

5. 再分配政策的效益

再分配政策的效益可以从两个层次检测:宏观层面比较各国的不同福利制度以及国家内单一社会政策和计划的微观分析。这两类文献将被依次探讨。

5.1 跨国比较 [615]

不同福利体系的效益通常因其对不平等和贫穷的影响来区分,虽然有些分析还考虑其他标准,如经济效益。

斯米丁(Smeeding,2004)用 2000 年卢森堡收入研究(或是 20 世纪 90 年代中后期对一些国家的研究)的最新数据比较了 13 个经济合作与发展组织的成员国的税前和税后的不平等程度以及福利水平。他的分析表明在欧洲北部和中部以及斯堪的纳维亚的高速发展国家对不平等都有最深远的影响——基尼系数减少百分之四十到四十八。盎格鲁—撒克逊国家(除去美国)紧随其后减少百分之二十四到三十一;美国是富有的经济合作与发展组织的成员国中减少最小的,只有百分之十八。税收和转移支付的反贫困影响展现出相似的模式。所有国家中税收和转移支付都削弱了收入贫困,但是在那些开支更多(如斯堪的纳维亚和北欧)或是政府给予贫困人口更有针对性转移支付的国家(如加拿大),无论是从绝对值还是比例上看,削弱的幅度都更大)。这份分析中 8个国家平均减少了 60% 多,与之相比,美国是那些国家中受到反贫困影响最小的——2000 年贫困人口减少了 28%(从 23.7% 减少到 17.0%)。

荷兰福利制度——在戈定等(Goodin 等,1999)眼中被视为一个社会民主政权存在缺陷的例子——在公共转移计划中,减少贫困时段的时长和复发是更加有效的,并首先使贫困时长最小化。年同比,美国的贫困人口大约占 18%,而荷兰只有不到 6%(在 20世纪 80 年代末到 90 年代初)。这些区别会在这延长的时间段内变得更大。如果荷兰收入能够在五年以上都保持平均程度,那么荷兰的贫困率会降到 1% 左右,而美国的贫困率会保持在 15% 左右。美国福利制度对于工龄家庭来说没有任何影响(哪怕是一点负面影响都没有)。美国福利制度唯一的扶贫方式就是扶助老年人——这只解决了其中一半人口,相比于此,德国和荷兰的制度解决了 90% 左右的人口。

希克斯和肯沃斯(Hicks 和 Kenworthy,2003)运用回归分析法来检测福利制度的特点和各种结果指标之间的关系,包括再分配。他们发现这些与"进步自由主义"有关(从广义上说等同于艾斯平—安德森的社会民主模式)的特点对不平等和减少贫困有着强烈而正向的影响。对"传统保守主义"(从广义上说等同于艾斯平—安德森的社团民主模式)的估计对不平等和减少贫困同样具有积极影响,但是对不平等的影响在统计上并不显著,而对减少贫困的影响也小于进步自由主义。

5.2 再分配悖论

【616】 与寻常观念相反,再分配和扶贫体系已经建立来选择性地帮助最需要帮助的人中表现良好而非极差的人(Esping-Andersen,1996)。科皮和帕尔梅(Korpi 和 Palme)将其称为"再分配悖论":给穷人福利越多,减少贫困和不平等的可能性就越小。可能其中一个针对性计划在每单位开支中会有更大的再分配影响,而其他因素可能会使普遍性计划更具有再分配特征。

科皮和帕尔梅(Korpi 和 Palme)对这种反直觉的发现做出了几种解释。第一,强调针对性久而久之会破坏对社会安全的强大后盾,因为它在经济上很大程度上支持了那些政治上被认定为贫困人口的人,因此会导致减少了社会安全开支,最终所导致的结果不亚于不平等。第二,制度性福利国家可能排挤更为不平等的私人替代选择。这就可以解释为什么在芬兰、瑞典、挪威和德国这四个国家中,老年人的收入最平等但却有着最不平等的公共养老金。第三,与收入相关性最大的保险计划中常常有一个强大的再分配因素。在"完全"与收入相关的计划中,贡献和利益都与收入成比例,但事实上,大多数计划都有一个最低限度,即利益不能低于这个最低限度,也有一个最高限度,即被替换的收入百分比逐渐减少,且更倾向于低收入人群。

戈定等(Goodin 等,1999)对为什么自由福利制度在对抗贫困中不那么有效提出了一个稍微不同的解释,即自由主义者不但希望他们所在的福利国家帮助穷人且仅帮助穷人,而且他们还希望高效地完成,以最低的成本来达到整体宏观经济绩效。这种"大型权衡"导致他们更倾向对扶贫的追求。尽管社会民主福利制度过分善良,而自由美国体系却是至精至简。美国福利计划针对性过强,导致许多贫困人口所得少于所需,而且大多数人都没有收到过任何的转移支付。

5.3　警　示

总之,证据表明像斯堪的纳维亚这样综合、普适且慷慨的福利国家在结果上比他国更平等。相反,同样的研究也表明美国在自由福利制度外的较小程度上,相比于其他经济合作与发展组织的成员国在削弱不平等和贫困中显得相对吝啬。然而,我们需要一直铭记几点警示。

第一,即使在美国,税收转移制度对削弱贫困和不平等来说也是个强有力的工具。绝对贫困(据美国官方贫困线统计)在 20 世纪 90 年代中后期比政府转移出现时应有的低 40% 到 60%(Haveman,1988;Danziger,1988)。联邦税同样也是进步的,虽然进步程度不大(Pechman 和 Mazur,1984;Haveman,1988)。纵观历史,在 20 世纪 60 年代到 80 年代美国政府完成了从传统的防御——运输——自然资源企业到削弱贫困的主要动力的转型。社会政策本是再分配性质政策,它在这期间从四分之一左右的联邦活动增加到了二分之一(Haveman,1988)。然而,他也指出,无论税收和开支增长多么迅猛,1988年所存在的不平等并没有比 1950 年少,因为在市场收入中不平等一直在增加。【617】

第二,正如阿莱西亚和安格勒托斯(Alesina 和 Angeletos,2003)所争论的一样,在美国从富人到穷人的再分配所受到的限制比欧洲大陆的多,至少部分如此,因为公众对于收入不平等的来源态度不同。在像美国这样的社会,人们更愿意相信个人努力决定自我收入,贫穷是因为不够努力而不是因为运气不好或是社会不平等。美国人接受更大程度的不平等,选择更少的再分配,因为他们相信由市场决定的收入分配更接近他们预期的公正结果。施韦比施、斯米丁、奥斯伯格(Schwabish,Smeeding 和 Osberg,2003)在收入不平等和社会开支关系上提出了不同的观点。他们认为社会开支的跨国差异与他们的理论相关,可能在中上等的收入分配中取决于不平等程度,因为政治影响集中在那些认为在社会和福利项目中获利更少(或是损失更多)的富人上,这样社会的不平等就会更严重。

第三,与之前的观点相联系,许多美国经济和政治体制的辩护者认为不平等在人们通过存款、努力工作、在教育和培训中的投资中改善他们所处的环境起着重要的推动作用。根据这种观点,收入差异巨大可能对穷人自己来说是最好最长远的利益,因为更高的经济增长受益"滴向"穷人。然而,斯米丁、雷恩沃特、波特里斯(Smeeding,Rainwater 和 Burtless,2003)总结出高度不平等所应有的效率优势的出现并不是针对美国的低收入人群,至少目前为止不是如此,但是对于那些扩大了收入范围的人来说便是如此。肯沃斯(Kenworthy,1998)从 1960 年至 1991 年期间在 15 个发达国家中来评估社会福利政策"延伸"和整体贫困率的关系,这种关系影响着长期经济增长。他的多元分析的结果虽然不是总结性的,但依然说明社会福利政策确实有助于减少绝对和相对贫困,甚至算上对长期经济增长某些可能存在的间接和动态的影响。

最后,在对比研究中运用许多不同方法,可能会夸大各国间的区别,使转移前后的贫困和不平等的简单对比变得复杂。这与开始讨论的确定发生率的问题有关。比如,【618】在那些有高额的与收入相关的社会保险项目的国家中,老年人不再那么需要为他们的退休精打细算,因此他们更可能有相对低的转移前收入。简单的转移前后贫困率的对比会显示政府资金转移帮助许多老年人脱离贫困。但是,这暗示了人们不会在有社会保险或是其他政府转移项目时改变他们的所作所为。事实上,许多老年人会有其他安排并且在没有政府转移时也不会陷入贫困之中。与之相似,通过扣除税收和国家保险出资,但包含个人抚恤金,在那些抚恤金更私人化而非公众化的国家中,分析收入数据的"标准方法"会夸大中高收入人群的可用收入。

仅仅以现金收入为基础的研究也可能歪曲社会和福利政策的影响,因为政府会设法通过非现金福利而不是税收—转移机制来实现再分配目标。然而,斯米丁等人(Smeeding 等,1993)发现根据现金水平和非现金转账水平来给各国排名的结果十分相似(除了加拿大的非现金排名远高于现金转移排名),这说明政府并没有用现金转移和非现金福利项目作为替代方法来达到他们的社会目的。非现金收入加强了传统的税收—转移机制的分配影响而无论如何也没有抵消其影响。

5.4 个别项目分析

20 年前,朱利安·勒格朗(Julian Le Grand,1982)所写的《平等策略》(*The Strategy of Equality*)一书中提出了令人震惊的结论:"几乎所有用于社会服务的公共开支(在英国)从更大程度上讲,给到富人的福利要多于穷人。"戈定和勒格朗(Goodin 和 Le Grand,1970a)将这一分析传播到其他国家并包括几种现金支付以及实物服务的例子。他们的结论十分宽泛,但并不被普遍接受。比如艾斯平—安德森指出,现在已经确定,巨大的福利国家活动领域,尤其是在教育界或是其他实物服务中,可能对于中等阶级来说获益最多。

如果真的是这样的,那么大部分社会政策会失败,将无法实现许多人认为的主要目标。我们在下文中会看到,这一结论建立在一系列有关如何分析社会福利项目的分配影响的假设上,还建立在与其再分配角色的意义上。

20 世纪 70 年代勒格朗(Le Grand,1987)在英国检测了不同社会服务的使用情况,发现在来自社会较低阶层的人们中,每个病人都很少用到卫生服务,很少能得到从业主居住者和交通相关的补贴,他们的孩子不太能接受义务教育之外的教育。他所观察的所有服务中,只有政府公屋住户的补助和租金折扣会直接给到穷人手中(他的分析中不包括社会照顾或是现金转移,这两种也算扶贫)。戈定和勒格朗(Goodin 和 Le Grand,1987b)运用澳大利亚社会安全体系的例子来论证,即使是在开始时严格针对穷人的计划,随着时间的推移,也会被非穷人"渗透",打乱或至少化解他们的再分配目标——他们称之为"逐渐普及主义"。与此同时,针对穷人的这些服务在预算面临压力时往往会被削减。汉森(Hanson,1987)认为,美国国家资助的项目特别容易受到这些压力的影响,因为"自由"企业游说他们要保持低税率。不根据通货膨胀调整福利水平,很容易造成对社会援助的忽视——因此,社会援助的切入点(即有资格获得亚太财经与发展中心(AFDC)支付的最大允许收入)从美国贫困人口贫困线在 1968 年的 80%下降到了 1981 年的 57%。因此,政府似乎更青睐中产阶级广泛使用的公共服务,而忽略了针对穷人的支出领域。

作者为"中产阶级俘获"提供了几种可能的解释。富人通常受教育程度越高,表达能力越强,就越能够操纵系统,使他们更有优势:例如,确保他们的医生把他们引荐给专家或使他们的孩子去合适的学校。他们在使用服务时也享受较低的成本,并且具有更大的政治影响力。

因此,至少在某种程度上,医疗保健和其他服务的不平等更普遍地反映了社会的不平等。在此基础上,他们认为政府应该直接干预市场,以确保它首先产生"适当的"收

【619】

入分配,而不是依靠财政转移或实物提供社会服务以"补贴"二次收入分配。

这些结论至少在两个层面上受到质疑。首先,有些人认为普遍计划本身就是一件好事,因为它们可以促进社会凝聚力,而有针对性的计划可能会造成社会分裂。这种观点似乎与英国福利国家的基本原则相一致。马歇尔认为,"普遍利益通过赋予每个人徽章来象征社会平等"。如果在所有人的共同供应制度方面平等,那么权利平等比平等使用或同等需求对应的平等使用更为重要(Powell,1995)。采取措施减少中产阶级的参与会降低服务质量,以阻止中产阶级用户并(或)抬高进入的门槛,以及冒着使低收入用户受辱的风险,而这两者似乎都不会使穷人受益。

其次,随后对福利计划(现金和实物)的分配效应的分析发现,它们涉及从低收入群体到高收入群体的大量再分配。在具体说明所提出的精确分配问题时要小心谨慎,这尤为重要。例如,与较高收入群体相比,较贫困群体相对于其需求来说获得更少的(或较低质量)服务,但可能获得总量仍然最大,仅仅因为他们的需求更大。塞夫顿(Sefton,2002)研究了英国在 1979 年至 2000 年间收入群体之间所谓的"社会工资"(从医疗保健、教育、社会住房和社会关怀中获得的福利)的分布。结果显示平均最穷的人五分之一的家庭获得的收入是最富裕的人五分之一家庭获得的服务价值的两倍左右。这种有利于穷人的偏见的部分原因是收入群体的人口构成:老人和儿童是福利服务最密集的使用者,在低收入群体中的比例过高。但即使在控制人口因素之后,仍存在明显的扶贫偏见,因为某些服务针对较贫困的家庭,某些服务与需求量息息相关(这使得它们倾向于低收入群体),而高收入群体则更多使用私立教育和医疗保健。卡莱罗(Calero,2002)利用 1994 年的西班牙数据得出十分相似的结论。他发现年龄是决定现金福利和实物福利支出分配的主要因素之一,但社会支出也导致社会阶层之间不平等的显著减少。

此外,这些研究都没有考虑到税收的分配效应。大多数社会支出都来自一般税收,因此很难明确地说明哪些税收用于支付哪些服务。但是,根据合理的假设,允许征税将大大加强福利政策的再分配影响。这是因为大多数税收形式都与收入或进步成一定比例。因此,即使福利计划的支出在各收入群体中是平等的,那些收入较低的人仍然会获得净收益,这仅仅是因为他们向制度缴纳了较少的税。

话虽如此,对个别政策或计划的一些研究表明,这些政策或计划的再分配程度低于最初可能出现的情况。例如,古斯特曼和施泰因迈尔(Gustman 和 Steinmeier,2000)表明,美国社会保障福利制度并不像对福利准则所暗示的时间点检查那样进步。对于那些平均年收入相对较高的人而言,替代率要低于那些平均收入较低的人(在 2000 年从 15% 到 90% 不等),这意味着从高收入者到低收入者的大量再分配——实际上这是在个人层面问题。然而,大约一半的再分配是在家庭内——从男性到其配偶,特别是那些长时间退出劳动力市场的人。从高收入家庭到低收入家庭的再分配要少得多。同样地,立柏曼(Liebman,2002)发现,与社会保障体系所支付的利益相比,基于收入的再分配程度相对较小——仅占总数的 5% 至 9%。大部分的同等水平再分配与收入以外的其他因素有关,包括从预期寿命低的人群到预期寿命高的人群,以及从单身工人和双薪夫妇到单薪夫妇。由于高收入家庭往往具有较高的预期寿命并获得较大的配偶收益,因此基本福利准则中隐含的大部分进步性被抵消。

6. 结论

虽然几乎所有的政府行为都具有再分配效应,但大多数都不是主要关于从富人到【621】穷人的"传统"再分配。即使是再分配政策也经常涉及再分配的不同形式,除了再分配之外还有其他目的。尽管如此,政府税收和转移政策在所有富裕的经合组织国家都大大减少了不平等和贫困,取得了不同程度的成功。不同国家的结果是由其政治和经济价值的差异决定的,包括对平等与效率之间取舍的判断以及针对性的优势与普遍性支持的对比,还有对政治经济学的考虑。

在更广泛的背景下,公共政策重要领域的政治可能在很大程度上取决于谁从政府的活动中获得收益和资金,也取决于这些活动能否成功实现其他目标,往往是主要目标。这不仅适用于现金转移或税收政策,而且适用于大多数政府领域。在提出改革建议时,辩论的重点往往是谁是转型期的失败者,而不是整体评估任何新构架。然而,确定谁是输家和赢家通常取决于在没有政策变化的情况下世界将如何进行的特定和可争辩的假设,还取决于进行比较的时间段上。过去二十多年的实证研究不仅有助于阐明政府的再分配影响,而且有助于阐明构建这些议题框架的最恰当方式。

参考文献

Arrow, K. 1963. Uncertaintyand the welfare economics of medical care. *American Economic Review*, 53 (5):941-73.

Alesina, A., and Angeletos, G. 2003. Fairness and redistribution: US versus Europe. NBER Working Paper 9502. Cambridge, Mass.: National Bureau of Economic Research

Atkinson, A. 1983. *The Economics of Inequality*. Oxford: Clarendon Press.

——1993. On targeting social security: theoryand Western experience with family benefits. Welfare State Programme Discussion Paper 99. London: STICERD, London School of Economics.

——1995. *Incomes and the Welfare State : Essays on Britain and Europe.* Cambridge : Cambridge University Press.

——1999. *The Economic Consequences of Rolling Back the Welfare State.* Cambridge, Mass. : MIT Press.

Barr, N. 2001. *The Welfare State as Piggy Bank : Information, Risk, Uncertainty, and the Role of the State.* Oxford : Oxford University Press.

Barry, B. 1990. The welfare state vesus the relief of poverty. In *Needs and Welfare Provision*, ed. A. Ware and R. Goodin. London : Sage.

Browning, E. 1975. The externality argument for in-kind transfers : some critical remarks. *Kyklos*, 28 : 526–44.

Burchardt, T., and Hills, J. 1996. *Private Welfare Insurance and Social Security : Pushing the Boundaries.* York : York Publishing Services for the Joseph Rowntree Foundation.

Calero, J. 2002. The distribution of public social expenditure in Spain : a general analysis with special reference to ageand social class. *Social Policy and Administration*, 36 (5).

Cornia, G., and Stewart, F. 1995. Two errors of targeting. In *Public Spending and the Poor : Theory and Evidence*, ed. D. Van de Walle and K. Nead. Baltimore : Johns Hopkins University for the World Bank.

Danziger, S. 1988. Recent trends in povertyand the antipoverty effectiveness of income transfers. In *the Distributional Impacts of Public Policies*, ed. S. Danziger and K. Portney. Basingstoke : Macmillan in association with the Policy Studies Organization.

——and Portney, K. eds. 1988. *The Distributional Impacts of Public Policies.* Basingstoke : Macmillan in association with the Policy Studies Organisation.

Esping-Andersen, G. 1990. *The Three Worlds of Welfare Capitalism.* Cambridge : Polity Press.

——1996. Positive-sum solutions in a world of trade-offs? Pp. 256–67 in *Welfare States in Transition : National Adaptations in Global Economies*, ed. G. Esping-Andersen. London : Sage.

Ferrarini, T., and Nelson, K. 2003. Taxation of social insurance and redistribution : a comparative analysis of ten welfare states. *Journal of European Social Policy*, 13 (1).

Goodin, R., and Le Grand, J. et al. 1987a. *Not Only the Poor : The Middle Classes and the Welfare State.* London : Unwin Hyman.

——1987b. Creeping universalism in the Australian welfare state In R. Goodinand J. Le Grand et al. 1987a.

——et al. 1999. *The Real Worlds of Welfare Capitalism.* Cambridge : Cambridge University Press. Cambridge.

Gustman, A., and Steinmeier, T. 2000. How effective is redistribution under the social security benefit formula. NBER Working Paper No. w7597. Cambridge, Mass. : National Bureau of Economic Research.

Hanson, R. 1987. The expansionand contraction in the American welfare state. In R. Goodin and J. Le Grand et al. 1987a.

Haveman, R. 1988. *Starting Even : An Equal Opportunity Program to Combat the Nation's New Poverty.* New York : Simon and Schuster.

Hicks, A. , and Kenworthy, L.2003. Varieties of welfare capitalism. *Socio-Economic Review*, 1(1).

Hills, J.2004. *Inequality and the State.* Oxford: Oxford University Press.

——and Falkingham, J. 1995. *The Dynamic of Welfare: The Welfare State and the Life Cycle.* Hemel Hempstead: Prentice Hall.

HM Treasury 1999. *Tackling Poverty and Extending Opportunity.* The Modernisation of Britain's Tax and Benefit System No.4. London: HM Treasury.

Kenworthy, L. 1998. *Do Social-Welfare Policies Reduce Poverty? A Cross-National Assessment.* Luxembourg Income Study Working Paper No.188.

——2004. An equality-growth trade-off? Ch.5 in *Egalitarian Capitalism.* New York: Russell Sage Foundation.

Korpi, W. , and Palme, J.1998. The paradox of redistribution and strategies of equality: welfare state institutions, inequality, and poverty in the western countries. *American Sociological Review*, 63 (5): 661–87.

Le Grand, J.1982. *The Strategy of Equality: Redistribution and the Social Services.* London: Allen and Unwin.

——1987. The middle-class use of the British social services. In R.Goodinand J.Le Grand et al.

1987a.Liebman, J.2002. Redistribution in the current US social security system. NBER Working Paper No.w8625. Cambridge, Mass.: National Bureau of Economic Research.

Mitchell, D. , Harding, H. , and Gruen, F.1994. Targeting welfare. *Economic Record*, 70(210): 315–40.

Pechman, J. , and Mazur, M.1984. Therich, the poor and the taxes they pay: an update. *Public Interest*, 77.

——and Okner, B.1974. *Who Bears the Tax Burden?* Washington, DC: Brookings Institution.

Pierson, P.ed.2001. *The New Politics of the Welfare State.* Oxford: Oxford University Press.

Powell, M.1995. The strategy of equality revisited. *Journal of Social Policy*, 24(2).

Schwabish, J. , Smeeding, T. , and Osberg, L.2003. *Income Distribution and Social Expenditures: A Crossnational Perspective.* Luxembourg Income Study Working Paper No.350.

Sefton, T.2002. Recent changes in the distribution of the social wage. CASE Paper 62. London: London School of Economics.

Smeeding, T.2004. Public policy, economic inequality, and poverty: the US in comparative perspective. Paper presented at the "Inequality and American politics" conference, Syracuse University, 20 Feb.

——Rainwater, L. , and Burtless, G.2000. *United States Poverty in a Cross-National Context.* Luxembourg Income Study Working Paper No.244.

Smeeding, T. , Saunders, P. , Coder, J. , Jenkins, S. , Fritzell, J. , Hagenhaars, A. , Hauser, R. , and Wolfson, M.1993. Poverty, inequality, and family living standards impacts across even countries: the effect of non-cash subsidies for health, education and housing. *Review of Income and Wealth*, 39: 229–54.

Tobin, J.1970. On limiting the domain of inequality. *Journal of Law and Economics*, 13: 263–78.

Tulloch, G.1997. *Economics of Income Redistribution.* London: Kluwer Academic.

Weitzman, M.1977. Is the price system or rationing more effective in getting a commodity to those who need it most? *Bell Journal of Economics*, 8:517-24.

Welch, F. 1999. In defence of inequality. *American Economic Review*, *Papers and Proceedings*, 89(2).

Whiteford, P., and Kennedy, S. 1995. *Incomes and Living Standards of Older People*. Department of Social Security Research Report No.34. London: HMSO.

第 31 章　市场失灵和非市场失灵

马克·克莱曼（Mark A.R.Kleiman）、史蒂文·特莱斯（Steven M.Teles）

1. 引言

只要通过强制行使征税权,所有政府行为都涉及强制。因此,自由主义的原则要求 【624】
国家只有在自主行为产生次优的结果时才可以进行干预。这种情况有时被认为是经济
学教科书中所谓的"市场失灵"。但是,并不是所有个人选择和自愿协调的结果没有达
到某种理想的情况都涉及经济学家所使用的市场失灵）:个人选择的机制及其他志愿
机构均存在失灵。这些可能被称为"私人选择失灵"或"自主行为失灵"。如果没有进
一步分析,仅仅找到一个市场（或其他私营市场）失灵就不能成为政府的干预的理由。
强制成本及风险往往足以证实宽容私人选择的不完全自愿结果的合理性。

本章探讨了以下三个观点的含义:将自主行为视为"默认选择",识别偏离私人选
择的最佳范围,并承认政府失灵的普遍存在。它们互相结合,为负责任的政策分析提供
了模板,同时考虑到了所推荐的行动方案可预见的不同后果。

2. 自主行为及国家干预下的最优性偏离

市场调解合作以实现互利。在某些极其严格的假设情况下,市场均衡可以显示为 【625】
帕累托（Pareto）最优,在这种状态下,任何个人的福利都不能在不恶化其他至少一个人
的地位的情况下得到改善）（Bator,1959）。使这些假设不成立的市场则被称为"失灵":
失灵,即为产生帕累托最优结果。

一种公共决策理论认为,国家的强制力应该只针对这种"市场失灵",并创造条件,
如可强制执行的合同及产权,从而使市场发挥作用（通常会对"分配"问题进行例外处

理）。但这种学说无疑太过狭隘。市场确实在调解合作，但非市场机构有时也将其归为"公民社会"，即家庭、社区、专业协会、非营利性企业、教会、志愿者协会不大容易描绘的现象，如规范、惯例和价值观。这些可能也无法确保最佳合作的进行。运用市场失灵的语言来分析：乱丢垃圾的社区，无人照管的孩子，危险的侵略性驾驶，对学习有敌意的风气，或是一种缺乏利他主义或具有暴力倾向的文化等，这种行为可能不正当，但可能存在。坚持把这种分析作为把这些情况作为公共干预的可能目标的先决条件，也同样是不妥的。

市场失灵原则所依据的经济分析假设一个人能够在受到约束的情况下最大限度地发挥预期的主观效用：即为自身福祉的服务。而对于儿童与疯子来说，这种假设显然是错误的。但是，通常有能力的人做出的许多决定也是错误的，例如，时间管理、储蓄、金融风险、饮食、锻炼以及精神科化学药品的使用。个体通过在欣赏或致力于音乐、文学或绘画的能力上进行投资，或试图增加自我控制力或利他主义，来改变自己偏好的过程显然是不正确的。它也不完全符合发展中的幸福学所研究的支出和福祉之间的观察关系（Easterlin，2002；Layard，2005）。因此，自愿个人选择与自发组织中次优绩效的范围远远大于正统福利经济学方法所表明的范围。

【626】然而，如果潜在合理的国家行动范围应当扩大，以考虑到公民社会制度与个体理性失效，以及市场失灵状况，则实际上合理的国家行为的范围将变得更加狭窄。毕竟，政府不是用于纠正市场或其他失灵的无摩擦装置。没有人认为是这样。但是，应用这种洞察力所需步骤要为大多数政策分析人员所回避：将自愿选择的机构效率与国家行动的效率或条例修订的私人行动的效率进行比较。

我们所理解的政府有效性是具备制度激励、物质资源及人员复杂性的功能，由制度及文化背景所施加的交易成本进行调节（特别是公民在没有广泛的监督或威胁的情况下，愿意与政府目标进行合作）。理解这些对政府有效性的限制对于政策分析至关重要，因为分析师有专业义务对其建议的所有可预测后果负责，其中包括其他行为者如何回应实际或可能存在的政府干预，也包括政府随着时间的推移对干预需求作出反应的方式。

从本质上讲，我们接受詹姆斯·布坎南提出的公共选择问题的基本表述："在什么情况下，集体政府供给会比私人或非集体供给更有效？"布坎南补充说，这个问题，"经济学家必须在对替代制度进行一些比较分析的基础上作答"（Buchanan，1999）。① 在不同情况下，从公共组织供应中可能产生的结果必须与从非集体、自愿组织的市场供应中

---

① 请参阅奥哈尔1989年的论点，即"（公共产品）供应"只是政府行为的一种。

可能产生的结果进行比较。因此,找到假设的私人行为失效并不足以表明某些选择应该公开而非私下进行:个人选择及自愿合作的影响必须与政府干预的影响进行比较,然后才能得出结论,认为不完善所需要的东西不是伯克称之为"有益忽视"的政策(Burke,1974)。

接受布坎南的表述并不意味着接受他与其他大多数公共选择理论家(特别是威廉-里克)共同制定的分析公共干预质量的标准。他声称公共领域的参与者总是完全为私人利益行事——政治人只是在不同动机下行事的经济人——在没有做出无法限制的假设的情况下,这既没有在经验上得到很好的支持,也未在理论上得以证明。

对官员总是具有掠夺性这一假设放宽心,让人们得以相信,由公认有缺陷的政府机构进行干预,有时会产生比顺其自然更好的结果。一旦我们认真对待问题的两个方面——一方面,市场失灵,其他自愿合作方式及个人选择,另一方面,政府失灵——政府行动的最佳范围主要取决于政府能力。管理中次优决策的普及率及程度越高,国家权力被动员起来反对市场及其他私有失灵的门槛应该越高。政府能力越强,其可信任的干预范围就越大。

那些为政策制定者提供建议的人必须认真对待其建议的制度背景。在政府高效,【627】腐败率低及决策知情的背景下,政策可能是可取的,但在没有这些条件的情况下则是灾难性的。由于竞争需要有决策者的关注,如果干预质量随着规模的增加而受到影响,那么在政府工作范围内增加一个新项目所导致的其他任务的绩效下降,(Rose 和 Peters,1975;Douglas,1976;Crozier,Huntington 和 Watanuki,1975)则可能被证实与新项目的预算成本一样重要。在许多情况下,政策分析师最紧迫的议程将是改变决策及管理的环境,以扩大高效政府纠正私人失效的范围。特定政策选择对未来公共决策及实施质量可能存在的影响,或许是其产生的最重要结果之一。

3. 古典主义市场失灵

当个体参与者福祉能因相互交易而非受自利的中介影响得到帕累托改进时,此时的市场就可以说是"失灵"(Bator,1958)。例如,按照竞争市场的要求,垄断者设定的价格是边际收益等于边际成本,而不是价格等于边际成本。垄断者从较高的价格中获得的收益小于由于较高的价格和较小的数量而损失的消费者盈余的总和:潜在的消费者盈余来自未以垄断价格出售的单位,但以竞争性边际成本价出售的单位则是一种严重的损失。消费者如果能够在没有搭便车问题的情况下,零成本地组织起来,从垄断者手中购买垄断产品,就可以向垄断者支付超过垄断价格的金额,并且仍然会增加每位消费者的福利。但他们不能这么做,因此垄断价格仍然存在。市场因此无法将消费者加生产者的盈余最大化。在这里,监管原则上可以通过确定垄断商品的价格接近边际成本价格,或通过强制竞争来帮助解决问题。①

然而,随着商品生产规模收益的增加——其边际成本在整个相关范围内下降——不能由一个以上的生产者进行有效生产。因此,这种商品是"自然垄断"型商品,因而是价格监管或公共供给的候选者。

【628】"自然垄断"的极端是边际成本为零的情况。零边际成本是消费中非竞争产品的特征(即个人使用不与其他人竞争或不干扰他人使用)。在这种意义上,知识与信息(例如以数字形式存储的文本、音乐或视频)是非竞争商品。其他产品,例如药物,属于在消费中竞争性商品,但是与制造首个单位所需的开发努力相比,这些具体化身是如此廉价,使得这些产品主要是非竞争的"信息产品"。随着涉及信息产品的经济活动总量的比例上升,该版本的公共产品市场失灵的重要性也随之上升。

如果边际生产成本为零或可忽略不计,那么任何正价格都会造成市场扭曲。但是,零或接近零的价格将不允许生产者收回开发成本。因此,市场结果将不是帕累托最优。

想象出某个非竞争消费品的潜在消费者组成合作企业,来开发生产这种商品是有可能的(如果我们假设能提前识别潜在消费者),但却无法再次实现帕累托最优。如果只为那些按比例分摊开发成本的人提供商品,那些从消费良好,但却没有足够的利益来弥补其开发成本份额中获益的人,将会失去消费者的某些盈余。如果所有人都可以获得好处,那么任何自利的个体都不会自愿支付他的部分费用,而更愿意在别人的贡献下"搭便车"。

非竞争消费品具有经济学家称之为"纯粹公共产品"的一些特征。当出于技术或制度原因,无法阻止那些不支付某些商品的人消费时,市场将无法实现帕累托最优:用经济术语表示,这时的商品是"非排他性的"。

环境空气质量是一种典型的公共产品。特定区域的每个人都必须呼吸相同的室外空气。如果它被污染,所有人都会受到影响。在市场中相互作用的理性利己者通常不会有最佳的净化空气行为,因为任何发起这种行为的人,都不能从他人那里收集自己努力为他人所创造的价值。如果一些潜在的清理行动会产生比成本更多的好处——如果所有呼吸空气的人,其改善意愿的总和超过了清理成本——那么这些费用中必须有一些分配用于使该地区的每个人都变得更好。但是,如果没有强制,任何个人的利益都不

---

① 正如威廉·鲍莫尔(William Baumol,2002)所论证的那样,只要市场保持"可竞争性",可能就没有必要进行实际竞争,也就是说,要维持新产品所具有的可能性。

会贡献于清理费用。"搭便车"的诱惑试图打败自主行为的计划,同样地,为每个人支付其份额达成普遍协议的计划也是以一视同仁为条件的。

公共财产资源造成了类似的问题。公共财产资源在某种程度上是非竞争性的——任何消费者使用干扰其他人可用的数量或质量——但是出于技术或体制原因而不是排他性的。因此,公共财产资源可以被认为是稀缺的——或者是服务于大众的,但却无人拥有其产权。一项分析表明,由此导致的市场失灵反映了未能在稀缺资源中分配产权。【629】哈丁的例子中,"平民百姓"问题源于其熟悉的标签,村民有权在普通牧场牧羊,其中另一种方法是在开阔的荒地上养羊(Hardin,1968)。共享地的绵羊越多,牧场状况就越差。但是,只要牧场在共享地比在荒地略微好一点,一个自私且理性的村民将继续将他的羊从荒地转移到公共牧场。因此,在平衡状态下,公共牧场将不会提供比荒地更好的牧场,并且其总值为零。只有当资源被私人占用时,所有者才有动力将其使用量限制在总收益最大化的水平上。过度捕捞与交通拥堵为当代平民百姓问题提供了重要的例子。

外部成本是在文献中发现的首个市场失灵。回到庇古(Pigou)最初的原则,即每当一个项目的生产或消费给第三方带来成本(或创造利益)时,市场就不会产生最佳结果:会产生生产过剩及过度消费现象(Pigou,1912)。对于外部利益来说,情况正好相反,因为蜜蜂通过授粉果树产生的利益会累积到果园所有者,而不是蜂箱所有者。在每种情况下,都假设市场参与者只会根据自己的直接利益行事,而忽略了交易"外部"的利益。

庇古提出的解决方案是进行一系列税收并给予补贴,旨在通过向每个外部成本影响者或外部福利提供者收取相当于该成本或收益的金额,从而来收取或支付外部成本。庇古税在当代"污染者付费"原则的政策制定中最为突出。

科斯关于"社会成本问题"的论文(Coase,1960)使这一分析变得复杂化,即通过指出,如果间接对交易感兴趣的人向直接参与(停止)有益(有害)行为的人提供诱导,那么外部性可以得到内化,因为富有经验的果园学家会雇用经验丰富的养蜂人来提供授粉服务。

根据科斯的说法,外部成本及效益市场是否能够找到帕累托最优完全取决于其所涉及的交易成本。如果它们很小,那么外部性就没有问题,无论谁拥有原财产权。但是,如果它们很大,那么当非排他性受益人的数量足以造成搭便车问题,或者外部伤害的潜在因素(每个人都可能需要付费才能避免这样做)时,足以创造出"支付丹麦金"①

———————————

① 丹麦金:在中世纪时期,英国为避免丹麦侵略,筹措向丹麦人员纳赎金而征收的一种土地税。——译者注。

的问题,则市场就不太可靠。在这种情况下,成果效率将取决于找到权利的最佳初始分配——其本身不是市场可以依赖的东西——或者是监管或庇古税收等干预措施。因此,外部成本或收益造成市场失灵,证明强制干预只有在搭便车或其他交易复杂性的情况下才是合理的。

因此,"搭便车"问题对几乎任何形式的市场失灵的政策分析都至关重要;如果没有它,那些从治愈此类失灵过程中受益的各方,将只是围绕任何制度问题签订合约,以防止市场产生帕累托最优结果。

【630】

另一组潜在的市场失灵源于不确定性及不完善的信息(尤其是不对称的信息,即一些参与者被其他人知道拥有一般无法获得的知识)。边际效用递减(如果没有重要的"隐患",本身就暗含着理性预算的能力)意味着风险厌恶。反过来,风险厌恶意味着存在风险分担带来的潜在效用收益。因此,虽然它看似是保险合同,但如果事后进行分析,则似乎是一套对那些索赔额超过其保费的被保险人有利的转移,而对其他人则是昂贵的,可以提高每个参与者的预期效用(事前分析),甚至允许承保、营销及索赔管理产生的间接费用。在效果方面,保险允许参与者将自愿从他们没有遭受损失的未来世界(并且其财富边际效用较低),转移到他们可能拥有的未来世界(并且其收入边际效用相应更高)。

但是,或有索赔市场受到两种特殊的市场失灵影响,在专业的承保词汇中称为"逆向选择"与"道德风险"。因此,当或有索赔市场不能完美运作时,事实上,那些改善帕累托的机会并不是完全通过自愿合作获得的。①

逆向选择是信息不对称的结果。如果通常情况下那些可能购买保险的人,比承保人知道更多地了解自己的风险,那么在任何一个以特定税率提供保险的群组中,更糟糕的风险将倾向于购买保险,而赢利时机则将倾向于自保行为。结果可能是那些面临相对较低风险的人或许无法以类似于精算公平溢价的任何标准去购买保险,并且将放弃分摊风险所带来的好处。他们离开市场后,其他所有人,特别是下一个风险最低的群体,就面临更高的溢价。如果该组的成员开始轮流离开,那些风险稍高的人也可能会离开,这被称作"保险死亡螺旋"。

道德风险——被保险人常常不那么认真,因为他们不会承担损失的全部费用——这可以被认为是外部成本问题的金钱版。但道德风险也依赖于不对称的信息:如果承销商能够完美且零成本地观察风险行为,那么道德风险就不可能存在。道德风险中隐含的低效率——人们承担着自己不会承担的风险,除了其他人会帮助其支付损失的事

---

① 参见泽克豪泽(Zeckhauser,1993)。

实外——总是会降低风险分散机构的利益,并且与风险扩散所带来的效用相比,当损失数额足够大时,保险便完全无法获得。

此外,理性消费者从"无知之幕"背后购买保险的一些风险不能被市场投保,因为其结果显而易见:例如出生在不利的社会环境或天生患有残疾、先天性疾病,或(越来越多)具有可检测的遗传风险因素的治疗费用高昂的疾病。 【631】

在特许权市场之外,信息不对称也存在并造成损失。卖方比买家更了解其商品的品质受到阿克洛夫(Akerlof)所说的"柠檬问题"的影响(Akerlof, 1970)。市场价格反映了质量最低的商品种类,因为没有买家愿意知道是他所获得的商品质量可能最低。因此,实际上只售出了最低质量的商品,因为没有卖家会以低劣的价格售出更高质量的商品。①

另一个信息不对称,即委托人及其代理人之间的信息不对称,造成了"机构松散"(Arrow, 1985)现象。这里的问题是,委托人不能零成本地观察其代理人的行为,因此委托人将为确保尽职调查做出代价高昂的努力(并且代理人可能会付出不菲的代价,使其看起来比实际情况更勤奋),并且不会充分利用将不良结果的风险从(可能更具风险厌恶性)代理人转移到(可能具有较少的风险厌恶性)委托人的潜在好处。双方都可以从更高的透明度中受益,但委托人无法进行确保,而代理人也无法可靠地做出承诺。

信息不对称还会造成另一市场失灵:代价高昂的信号行为,例如获取凭证。大学文凭在统计学上与智力及勤奋这类雇主重视的品质相关。因此,在其他条件相同的情况下,雇主更愿意雇用大学应届毕业生。这使得每个求职者都有动力去寻求这样的证书,即使获得证书所需的教育活动(非信令)收益低于其成本。②

因此,产生市场价值信号的活动,其私人利益往往高于社会利益。这可能被认为是外部性的一个例子;我的教育成就给我所有竞争对手带来了成本,就像他们对我一样。原则上,如果我们能够同意限制军备竞赛的资格,我们就可以变得更好,但是搭便车问

---

① 当然,在许多市场中,卖家保持良好声誉的好处将导致至少其中一些人诚实地揭露他们的私人信息。但 E-bay 的市场估值主要归功于其声誉评级系统,证明了信息不对称带来的巨大潜在损失,正如克服它带来的收益所反映的那样。

② 政府不完全地加剧而不是减轻这一内在问题,特别是大多数民主政府倾向于增加高等教育中的个体数量。在某些情况下,政府可能会有效地为高等教育创造负激励(例如,通过将整个补贴附加到个体而不是高等教育机构,并允许这些个体将其补贴转换为其他投资品,如房屋预付款或小型企业的初创投资)。政府也可以通过直接限制数量来处理至少一部分问题,尽管这只能在几乎完全集中的系统(例如英国的系统)中实现。教育带来的外部收益(例如更好的公民身份)是否抵消了由于信令造成的损失,这是一项单独的调查;其他市场或个人选择失败(例如资本市场不完善使得教育难以融资或低估增加的"消费资本"价值)可能会导致教育消费不足。一般来说,没有先验理由期望私人选择能够在高等教育或其他具有信号价值的商品及服务中产生最佳投资水平。

【632】题使任何有关帕累托改进结果的自愿合作进行的尝试都变得复杂化了。

由于财富所展示出的象征价值,使得凡勃伦(Veblen)理论上认为"金钱竞赛"中出现的"铺张浪费"现象(Veblen,1899)可以被认为是市场失灵。如果是这样,那么(正如罗伯特·弗兰克建议的那样)可以通过引导每个人选择来提高福利,例如,较短的通勤时长及较小的房屋面积,但没有人会通过做出这类选择来改善自己的福祉(Frank,1999)。

原则上,这些市场失灵中的任何一个都可以为公众干预创造一个案例。另一方面,当公共供应灾害保险的道德风险事件引发洪泛平原或侵蚀海滩前的住宅建筑时,或者当食品短缺中的价格控制或公共食品分配威胁阻碍私人库存的持有时,公共干预本身甚至其所带来的威胁也可能造成市场失灵。因此,通过与一些假想的最优性比较来证明市场失灵的存在是不够的;只有在干预行动的时候,公共干预才是公正的——其隐含性是决定将正在讨论的情况作为未来公共决策的问题。总的来说,其利大于弊。以使市场未来运作欠佳为代价来解决市场失灵的干预措施,其所带来的好处比麻烦还多。

4. 超越市场失灵

古典主义市场失灵,即使被未定权益及信息议题所扩大化,但也不存在这种情形:个体志愿行为不能带来替代结果。还有其他自发性合作的失效——如果没有得到更广泛的认可,那么则说明梳理欠佳。此外,比从基本经济学教科书中发现的更为现实的个人决策及认知的模式,暗含了不完美的个体预见或自我控制造成损失的可能性,这种模式因而从家长式干预中获益。

毕竟,完全理性的消费者——他们自利、自控,因此,能够在约束条件下最大化主观期望效用——在现实生活中并不比几何学家的直线更容易遇到。实际人类报告称,他们有坏习惯,屈服于诱惑、拖延、憧憬未来,在压力下表现糟糕,对食欲、性欲以及改变情绪的化学品的欲望,对痛苦、经济损失或尴尬情绪的厌恶情绪所驱的行为表示后悔(Ainslie,2001)。他们认为自我控制不是一种公理,而是一种持续的斗争。预见了那些他们知道会让自己后悔的行为,有时会试图通过对自己的选择制造外部约束来避免陷【633】入这种情况,如奥德修斯(Odysseus)把自己绑在桅杆上。[1] 实验经济学家及相关心理学家已经建立起一个专门研究领域,对造成经济人与智人之间行为差异的启发及偏见进行编目(Kahneman,Slovic 和 Tversky,1990)。

---

① 有关这种洞察力的重要推断,请参见谢林(Schelling,1984)及埃尔斯特(Elster,1979)。

我们从微观经济学入门教科书中了解到,消费者通常从他购买的每样东西中获得一些消费者盈余;在最坏的情况下,对于边际消费者或其所消费的边际单位,这种盈余值减少到零。但真正的消费者有时会做出令人遗憾的购买行为:购买可能被认为会造成消费者的赤字。(由此造成的损失被称为"内在性"。)在这种情况下,即使没有外部性或战略互动,对选择上的限制也可能会增加福利。

在有儿童,精神疾病及精神缺陷者的情况下,人们会欣然赞同可能存在的有益的家长式干预。由于既不是成年人,心智也不健全,亦不具有天生的界限明确的正常智力水平,如果正常健康的成年人没有表现出次优行动的倾向,即使从纯粹自私的角度进行评估,这也会令人感到惊讶。然而,与如何应对市场失灵所精心设计的描述相比,很少有关于如何处理个人理性故障的理论探讨。这种约束可能会增加福利,这并不意味着约束总是会增加福利,即使存在内部因素。高额的香烟税很可能会提高停止吸烟或不打算吸烟的人的福利,但它会使那些保持这一习惯的人感到痛心,尽管香烟价格更高。正如乔纳森·卡尔金斯(Jonathan Caulkins)所说,让吸烟者通过鼻子付出代价并不能治愈吸烟对肺部造成的伤害。① 毒品禁令给那些瘾君子带来的额外伤害,仅仅是同一问题更加戏剧性的案例。

毒瘾位于连续统一体的终端,而不是作为一个特殊的问题(Kleiman,1992,ch.2)。一些商品与活动生成的内在性相对较少;其他商品和活动则在不同时间、年龄、地点或不同种族,在随机的个体之间因人而异地都会产生更多的内在性。特定的做法是无害的,甚至对大多数习惯都有益,但这并不能确保它不会给别人带来巨大的痛苦。在主要的药物滥用情况中,只有卷烟形式的尼古丁会产生更多的依赖性而非随意使用者。对一些真正或潜在成瘾君子受益的限制将会对非瘾君子们无伤大雅的乐趣产生冲击;对抗肥胖或嗜赌成瘾必然会给那些对 食物或机会博弈产生控制欲的人带来不便与烦恼。老年人的强制性储蓄将有助于大多数人努力遏制其支出,但却使更自律的少数群体的财务规划变得复杂化。

正如任何一位家长所知的那样,成功的家长式行为比看起来更加困难。今天限制选择以解决某一领域中的自我控制问题,可能会对将来或其他领域造成损害自我控制行为的不良作用。这是非强制性政府信息战略所具有的一个优势,也是对诸如禁令、规章及税收等更直接的强制措施的说服(O'Hare,1989)。缉毒战充分证明了家长式干预的风险所在,包括将抵抗这种干预的人变成社会公敌的风险。【634】

---

① 该论点虽然不是引用的短语,但却出现在克莱曼与考尔金斯(Kleiman 和 Caulkins,2001)的论文中。

但是,通过公共政策解决个体选择失灵的困难并不能使失灵现象本身消失。更健全的政策可能源于在理论上及实践中对这一事实的认识。承认存在家长式干预是合理的情况,甚至可能有助于制定公共行为规范项目,以遏制家长式干预的过度行为。①

市场的背后及两旁是公民社会机构:既有可观测的机构,也包括家庭、社区、专业组织及自愿的公民协会,也有不太能观测到的机构,例如合作与公平交易规范。与市场一样,它们涉及许多人的互动,即使不是在每种情况下都是为了自身利益行动,至少从它们自己的观点来看。与市场不同,甚至没有一种表面上的理由可以期望它们能够发挥最佳效用,因为公民社会缺乏任何类似于价格机制的东西作为相互作用的润滑剂,作为一种约束力,使每个人都能够考虑到他人的愿望,以及有关这些愿望的客观、量化信息的现成来源。良知与声望可以激发亲社会行为,并激励私人认可及非难行为、奖惩行为,这还激发了他人的亲社会行为。② 但是人们对于创建并维持良好行为的自我强化期望型机制了解很少(Fehr 和 Gachter,2000)。

可能结果就会是:没人会对非市场自愿合作机制的失灵做出分类,并且没有一套现成的方案可以解决这些问题,类似于庇古税收作为外部成本问题的补救措施或将拨款作为过度使用公共财产资源的补救措施。说人际信任水平较低的社会将从其增加的社会资本(Banfield,1965;Putnam,2002)中获益,并不是要对如何实现这种增长进行描述。毕竟,社会资本是一种公共产品,那些做出贡献的人与未作贡献的人一样受益;建立起其成员反对搭便车现象的社会,其本身必须克服搭便车问题。

与治愈市场失灵的干预措施一样,补救自愿合作失灵的干预措施也存在副作用。症状治疗可能会加剧潜在疾病。在缓解自愿合作失灵造成的痛苦与刺激未来自愿合作之间可能存在紧张关系。③

【635】 如考虑一下无人看管儿童的情况。试图陈述在市场失灵方面的问题是荒谬的:通过观察资本市场的不完善性,使得儿童无法借其未来收入来雇用适当的监护服务,或者中介在此类服务合同中的损失可能很大,这种情况很难阐明。但因此断言未能得到纠正同样也是荒谬的。将子女的监护权分配给其父母的规定,涉及父母将按其利益行事的假设。如果这种假设被证明是错误的,那么允许父母在其成长过程中拥有广泛自由裁量权的自由主义格言需要加以改进。④ 法院及社会福利机构可能会尝试施压并帮助父母更加胜任工作;或者他们可能会终止父母监护权(有利于其他亲属、养父母,或代

① 有关基于此原理的分析尝试,请参阅克莱曼(Kleiman,1992)。
② 正如亚当·斯密(Adam Smith,2002)提出的经典论点。
③ 关于这一点的最明确的陈述是内森·格雷泽(Nathan Glazer,1988)。
④ 甚至约翰·洛克(John Locke,1988)也接受了这一观点。

表国家临时监护并获得补贴的养父母）；又或者——完全绝望——他们可能会将孩子送到孤儿院甚至青少年劳改所。

在市场失灵情形中，处理"家庭失灵"需要仔细分析"待补救"失灵情况，还要仔细分析补救机制的性能及破坏特征。如果削弱父母在未来履行其职责的能力或倾向，或减少其他亲属或邻居支持父母生产性能或充当替代养育者的倾向，那么改善儿童眼前状况的干预可能要比没有干预更加糟糕。替补人员越糟，国家对父母表现欠佳的容忍度就越高。即使替补人员比这些父母要好，暂停或终止父母权利的决定是最具侵入性的国家行为之一，这引发了亲生父母在丧失监护权之前应该接受多少"正当程序"这一问题。

邻里也可能会出现失灵现象。在一个运作良好的社区，邻居履行着消极与积极的责任：不吵闹、不乱扔垃圾、不参与殴打或盗窃、以普通程度的礼貌行事、提供睦邻服务与协助。但是"睦邻友好"并不是自发的、个人行为的必然结果。一些社区发展规范虽然在个人层面上起作用，但却具有集体破坏性。根据利亚·安德森（Elijah Anderson）的描述，在一些贫困社区，先发制人和侵略性暴力的规范一旦确立，甚至那些不情愿的居住者也难以反抗（Anderson, 2000）。从少数派开始，他们才能快速普及一系列自我防卫行为的正当性。虽然近邻街区的大多数人可能希望远离暴力行为，规范和低级社交能力，转向更大规模的社交与合作，但对于任何个体来说，迈出第一步都是不理性的（可能是自取灭亡）。因此，在没有某些外源冲击（或某些极为勇敢的个体）的情况下，邻里社区可能会无限期地持续处于较低水平的集体功能障碍平衡（Platt, 1973），或者他们可能只是人口有所减少，因为能搬走的人都走了。

邻里社区功能越是失调，其对于国家机关干预的需求就越大（哪怕只是为了重建其自发行为的能力）。但国家的干预能力部分取决于邻里社区通过正式或非正式政治互动表达其需求的能力。通常情况下，社交能力规范已经失效的邻里社区也将受到与国家进行沟通的受损渠道的阻碍。确切地说，在克服失灵的干预措施最为需要的地方，【636】其成功的可能性或许最小。这就是困扰"社区治安"工作的悖论：在最需要警察的地方，该"社区"可能最难被找到；执法严厉，对情况的微妙了解毫不知情，可能会使事情变得更糟而不是更好。①

除了家庭与邻里社区之外，规范及期望还会影响其他行为：纳税时诚信与否；在高速公路上礼貌与否；对学习及艺术钟爱与否；对暴力有欲望与否；对所接受的道德准则

---

① 普莱斯（Price, 1992）提供一个令人信服的虚构描述。然而，在某些情况下，政策变化与修复贫困社区与国家之间关系作出的努力密切相关。参见冯与温希普（Fung, 2004；Winship, 1999）。

及宗教教义尊重与否;对种族异质性接受与否;关于妇女应有的作用及地位所持的态度;性行为与生育行为;为公共物品提供私人自愿性支持及向个人不幸提供救济的意愿等;几乎没有限制。

任何明智的人都不能否认,我们对于这些规范如何自发或刻意改变认知上所存在的局限。但是,否认组成社会人们的幸福指数可能随着物质财富的变化而升降,或者说,否认物质财富本身部分取决于规范结构及其支承机构,同样是愚蠢的。是否有人认为有小孩的夫妻离婚率纯属私人问题,或者公共政策无权影响这一比率?

如果这是正确的,那么对于政府行动,一条说得通的理由就是,它将把支持公民社会与经济活动的规范及制度推向有利的方向,或者减缓其在不利方向上的进程。并非所有人都赞同,有利的方向可能会给美德政治带来许多轮廓鲜明的边线。但这打着自由不可知论的烙印去否认存在更好的幸福规范,或者说国家干预可以改变规范,只要对那些值得选择的规范做出权威性陈述就可以。

5. 次优的治理

上述分析对于雄心勃勃的公共议程提供支持。但是,把对私人故障描述作为该项分析的开端与结尾是不完备的。对于毫无问题的自愿行为,没有任何形式的无懈可击的政府可以处理每次失灵,也没有任何可以悬挂它的机制。就像对市场失灵进行的认真分析一样,通常会以令人惊讶的方式扩大管理议程,对政府失灵的分析使其缩小规模。然而,这种扩张及收缩并没有把我们带回到起点处,而是对于政府应该做什么,在【637】哪里以及如何做,得出了截然不同的结论。

政府失灵现象无处不在(Wolf,1988),但并非一成不变:虽然其中许多原因是政府固有的,但有些则因制度结构、政治文化、政治及经济发展水平而异。即使是下面列出的造成政府失灵现象的七大成因的例示清单,也足以表明政府失灵现象比大多数分析所假设的更为广泛:无处不在的这一现象足以使我们想要把对政府能力极限的分析移动到政策分析的核心,而不是将其留在外围。

5.1 原因一:渗透能力不足

政府机构必须了解他们想要影响的社会。最基本地,他们需要知道自己公民的身份、住处,以及关于这些公民的一些基本情况,如收入与职业。对于更具野心的努力,政府可能需要更多有关社会与经济互动模式的信息。为规制公司环境的影响,政府需要了解公司的生产流程及决策结构。为遏制犯罪,他们需要有关犯罪集团的特征,不稳定群落的社会结构,以及公民与正式及非正式秩序来源之间的相互作用信息。为使养老政策有效,他们必须了解如何做出退休决定,公民如何应对储蓄上的激励措施或使他们为未来收益纳税的政策,以及公司、工会及未来退休人员对私人养老金制度的管理将如何应对公共干预。在每种情况下,有效的干预都需要有关个体的广泛信息,及对不同社会机构如何运作且如何对政府行为做出反应的深入理解。"渗透能力"可被定义为政府能够进入社会并了解其动态的程度。

渗透能力是塑造政府"现代化"最重要的特征之一。抵制政府信息收集是抵制现代化最古老的形式之一(Scott,1985)。在欠发达地区,渗透能力的不足最有可能导致政府的失败。然而,尽管较发达国家具有一定的渗透能力,例如完善的人口及收入统计数据库,但他们可能极为缺乏不太正式的认知方式。例如,将警察从人行道上带走并让他们坐在汽车中——在渐进式影响下进行的"现代化"运动可能会使他们对邻里人格和动态有详细了解——他们可能会失去自己关于邻里人格及机制上的详细知识(Kelling 和 Moore,1988)。

尽管数据很丰富,但是现代化政府可能缺乏细微差别,特别适用于边缘化亚群体:例如,近期的移民常常不愿与外人共享信息,并且他们的反应模式可能难以让外人准确模仿。简而言之,发达国家及发展中国家政府都面临着渗透能力下所存在的各种问题,【638】但在这两种情况下,他们都可能由于自身设法治理的社会信息不足而犯错误。

为了渗透及重塑社会,政府必须具有获取信息及调动赞成意见的合法性及效率,同时抵制私人利益的俘获。这一目标不易达到:成功创造的东西如彼得·埃文斯所说的"嵌入式自主性"可能是例外而非规则,(Evans,1995)。如果这一目标不存在或不能实现,则国家议程必须相应缩小。渗透能力的重要性,是在制定政策建议时认真对待政治与制度环境的一个原因。因此,同时具有嵌入性及自主性的发展中国家可以成功管理市场导向政策,如果缺乏这些治理质量,则会导致比自由放任情况更为糟糕的结果(Wade,1990)。

5.2 原因二:自愿合作不足

正如许多征服者所发现的那样,要有效地治理一个非自愿与政府合作的社会是非常困难的。渗透能力取决于公民共享信息的意愿。一旦其缺席,则政府必须通过强制或提供昂贵的激励措施,来了解他们需要知道的内容。至少,政府需要公民填写人口普查表,公司需要提供销售信息,而政府则需要分享有关绩效的信息。在更复杂的层面上,警察机关需要公民举报罪案并提供线索,法院需要依靠宣誓证词的真实性,监管机构需要举报人举报其雇主违反证券及环境法的行为。没有自愿合作,则渗透所需成本可能令人望而却步。

政府还需要其他形式的自愿合作。任何所得税制度都要求公民准确地报告其收入,并且主要是在未受到直接惩罚威胁的情况下支付所欠税款。刑事司法体系有赖于大多数公民遵纪守法,其大部分时间都不需要考虑计算被捕的风险。福利制度需要其大多数接受者诚实地报告其收入及家庭构成。如果雇主不把非歧视规范内在化,检测违规者的困难将使平等机会法几乎无法执行。在对政府信任度及对不合作的道德限制较低的社会中,政府失灵的情况将更加普遍,政府可有效纠正的市场及非市场失灵的范围将会缩小。

很少有政府在其公民中拥有足够的合法性,能够产生与官员所希望的一样多的渗透能力及自愿合作。非正式权力的公民及持有者经常抵制使社会从中心"清晰化"的尝试(Scott,1998)。这种抵制对公民来说并不总是件坏事:较高的政府渗透能力与自【639】愿合作可以扩大国家可纠正的市场失灵范围,但它们也可用于纯粹的提取目的。如果政府从根本上是提取而不是发展性的,那么将政府机构置于黑暗中,通过防止资源从生产活动分配到非生产性活动,实际上可以增加整体社会财富。因此,这些领域政府能力的改善是否会导致整体社会的改善,在很大程度上取决于那些掌舵国家机器的人的诚信。

5.3 原因三:制度性开销

即使在社会合作及社会信息充足的地方,政府也会找到其他失灵的途径。替代或选择私营机构的失败,官员可以选择牺牲公共宗旨追求自身的议程服务自己而不动员共识(我们称之为"破坏"),不肯努力工作("推卸"),或使用政府权力使自己或其亲信富足起来("贪污")。精心设计的政府可以减少其中的一些问题,但不能完全消除这些问题,并且设法对它们进行限制可能会导致其他病症。

通常,经济学家从委托—代理关系方面考虑组织的上下级的关系,比如政府。信息不对称使得委托人(公民对于选举产生的领导人,或者选举产生的官僚领导者,或者与下级官员相关的高级官员)难以确保其代理人会遵守指示:代理人倾向于颠覆,推卸或沉溺于贪污。因此,委托人需要建立执法或激励机制,这要求他们拥有观察其代理人行为或衡量其结果的手段。

但这些机制肯定会有自行承担的费用。制造并执行详细的规则会增加费用并削弱代理人的精力与士气。"繁文缛节"是"腐败"的另一面。公务员人事政策,低投标人采购规则及过度的审计要求都使公共管理人员的工作变得更加困难,而且花费的开支往往比他们所节省的费用要高得多(Anechiarico 和 Jacobs,1996)。基于激励的系统鼓励欺诈与性能模拟,符合达肯福尔德(Dukenfield)的定律:"任何值得赢取的东西都值得作弊。"

　　检查代理人不当行为的这些机制费用越高,委托人损失就越大。政府机构损失越大,其能有效纠正的自主行为失灵的范围就越小。那些逃避,颠覆与贪污在道德上可接受,或者至少不是高度污名化的,政府的成本会很高,政府活动的理想范围也会相应地受到限制。

　　效率低下现象也出现在决策层面。不同的政府系统有不同数量的"否决点",可以阻挡行动的位置。每个否决点都为某些选区提供了一次机会,以要求考虑不使用其否决权。在没有任何要求的情况下,通过适当的支付将潜在的帕累托改进转化为实际的帕累托改进,将改变的一些收益重新分配给那些反之会受到伤害的人——正如熟悉的 【640】建造公路房屋的补偿案例一样——这个过程没有问题;它甚至可以帮助预防其成本实际上超过其收益的项目。当那些不会失去,甚至可能从拟议政策中获益的人使用其否决权仅作为讨价还价的工具时,问题就出现了。在某些时候,支付否决权持有人或其代理人的费用可能会使一个项目本身变得不可行,因此私人失灵就是要修复未经修复的问题。阿维纳什·迪克西特(Avinash Dixit)将此类支付称为"政治交易成本"(Dixit,1998)。因此,在其他条件相同的情况下,复杂的制度应该有更大的政治交易成本,特别是那些在政府中分权或多层次谈判的制度。

　　另一方面,具有大量否决点的制度也可通过更广泛的协商来表征。任何可能停止变革或需要补偿的点也即"协商点",可以考虑其他事实、听取论据、预测后果。试图降低通过集中化来补偿否决权费用的系统,或许更有可能因为轻率、受限的一套选择及远见不足,而犯下重大、代价高昂的错误(Butler,Adonis 和 Travers,1994)。因此,拥有较少否决权的集中式系统也可能会产生相当大的决策费用,但这些系统规模很大且相对较少,而在分散式系统中,费用相对较小,但在大多数决策中都是成功的。无论哪种方式,决策过程都会增加政府干预的费用,以纠正私人选择失灵情况。

5.4　原因四:选民注意力集中与不集中

　　投票及相关的竞选活动可以被视为信息收集过程及决策过程。但是没有令人信服的理由期望选民会为了公共利益行事,甚至是为了其所认同的小团体的利益。选举结果属于公共利益,因此,我们可以从搭便车的问题中吸取教训。

一个纯粹理性的公民甚至不会自愿投票——更不用说参与更为昂贵的政治活动——除非在良心或声誉的支配下,因为其候选人赢得选举而获得的私人收益,乘以其投票证明具有决定性的(很小的)概率,小于其私人投票费用。公共选择文献认为人们的投票行为完全是种悖论(Fiorina,1990)。

即使有人决定投票,研究候选人及议题所获得的个人收益是微薄,以至于理性自私的选民仍将保持"理性无知",因此无法进行知情投票(Downs,1957)。如果选民通常不知情,那么选举产生的选民就没有强烈的动机来为选民利益服务。

【641】 奥尔森认为,在政治动员相对成功的团体通过为参与者提供私人奖励——即使是规模较大的竞争对手,也能够克服行动不便(Olson,1971)。这种情况可能不适用于投票活动,但它是对包括财政捐助在内的其他形式选举活动的有力洞察。奥尔森意义上的"私人奖励"不一定是金钱:参加政治筹款活动的人,部分是为了与其他与会者见面,并被他们看到,从出勤中获得个人利益,这种利益将非出资者排除在外。威尔逊称之为"固有利益"的个人利益可以帮助克服搭便车问题(Wilson,1995)。同样,所追求的集体利益也可以是韦伯所谓的"理想利益"及物质利益;鲸鱼爱好者组织拯救鲸鱼的问题,在分析性上类似于退伍军人组织增加退伍军人养老金的问题。

实际的选举投票结果驳斥了预测投票率接近于零的理论,因此同质经济学里的同质政治方程似乎不是一种正确的投票行为模式。但这并不能证明以理性无知的形式搭便车并不是民主制度中的实质性问题。对政治捐献提供的私人福利性质的关注,是关于竞选财务改革的持续辩论的核心。因此,有理由怀疑任何在其基地进行大规模投票的决策过程都会产生一致的最佳决策,或为选举产生的或任命的官员提供强有力的激励措施以服务于公共利益。

但是,这一论点对具体政策的影响可能不像看起来那么彻底。注意力失衡经常导致政策偏向于注意力这一事实并不意味着政策变化从来不是为了大型、分散的群体以及集中的利益而做出的,正如一篇相当可观的政治科学文献所证明的那样。① 这些分析表明,那些集中的兴趣从他们的注意力——通常是从他们的财务贡献中——得到的是减少对政策制定者的审查(Hall 和 Wayman,1990)。然而,当一些聚焦事件或因素导致更为严格的审查时,他们的许多优势便消失了。

这表明,加强公众监督可以改善特定问题的决策。然而,公众(在着迷于理性无知的情况下)不会长期关注所有事情,也不会长期关注某一件事(一些常年问题除外)

---

① 最重要的贡献包括 Arnold,1992,Landy 和 Levin,1995,以及 Baumgartner 和 Jones,1993。

（Baumgartner 和 Jones，2005）。那么改革发生后还会发生什么？

在其他条件相同的情况下，答案是随着注意力的转移，潜在、固有的权力失衡重新出现，而改革正在慢慢受到破坏。埃里克·帕塔什尼克（Eric Patashnik）在 1986 年的"税收改革法案"及 1996 年的"农场自由法案"（Freedom to Farm Act）中证明了这种"公共利益突破"的信号（Patashnik，2003）。只有在制定使逆转变得困难的机构或规则，或者建立具有特殊创造性的官僚机构作为政策监护者的情况下，政策才能持久。如果没有这些因素，那么由于系统化的注意力不等，"向均值回归"政策的制定应该被纳入分析师的建议中。

5.5　原因五：政治决策中的路径依赖

考虑到其相对缺陷，与比较分析留有余地的纯粹私人选择相比，有关政府对某一问【642】题的决策计算会产生更好的结果。如果原始计算证明不正确，或者市场及政府的相对效率发生变化，那么在当前优先选择政府决策的决定可能会使未来的自愿决策变得困难。如果政府回应的再调整比民间应援更为迟缓，且如果问题的特征或强度随着时间的推移而变化，那么在当前看似合理的政策选择可能在长期内证明是不理想的。一般来说，政治决策往往比基于市场的决策更依赖于路径，因为在政治——特别是民主制度中调动一致性所需费用较高。

政治决策在大多程度上依赖于路径（Pierson，2000，2004）很大程度上取决于制度的设计。具有大量否决点的系统通常会使重新评估现有承诺变得相对困难，尽管它们可能更容易建立起新的承诺，并且在某些情况下可以与政府做出相应的反应。[1] 拥有较少否决点的系统通常可以更容易地重新评估现有承诺，但政治议程的承载能力有限使得替代方案难以获得持续性的政策关注。

"公司制"系统的决策主要发生在具有相对较少组织的顶层，可能会更容易对现有承诺进行增量调整，但鉴于组织单位的规模，很难为重大的重新评估提供支持，因为这种评估会带来巨大的成本。[2] 相比之下，利益集团系统可能会发现其难以逐步调整问题，但由于其有组织的单位规模相对较小，当根深蒂固的利益失去对议程的控制时，更容易施加大量成本。[3]

---

[1]　关于多个入口点系统的决策特征，见 Baumgartner 和 Jones，1993。

[2]　这是日本在 1987 年亚洲货币危机期间取得的巨大成功及高度政府主导的经济成就，以及日本在应对由此产生的银行业危机方面遇到的极大困难。

[3]　关于社团主义及利益集团制度的相对特征，见 Scheingate，2001。

包含大量多样性且地理位置集中的系统,很可能难以调动一致性,以重新评估现有承诺。但是在这样做了的地方,其可以大规模地实施这种选择。地理位置分散的系统需要调动较少的一致性,在某些地区引入替代解决方案,在某些情况下,政策市场竞争(Wittman,1989)可以带来最佳解决方案,但是,单一国家管辖范围内的多项政策也可能导致裁员或破坏性竞争。① 此外,权力下放制度下的广泛改革需要在若干场所进行政【643】治斗争,因此很难充分集中公众注意力以战胜集中利益。与那些严格限制官僚自治的制度相比,将大量决策权下放给官僚的制度往往具有更大的灵活性,可以根据不断变化的情况调整政策,但这种优势有可能是官僚们从其政治领导人及选择他们的选民那里夺取有效的议程控制权。

因此,虽然一些制度设计可以提高灵活性,并减少政府应对私人选择失灵中的路径依赖,但所有这些都给其自身带来了风险。虽然制度形式很重要,并且在某些情况下很重要,但几乎任何形式的政治决策都涉及从一组答复转向另一组的相当大的交易成本。但这些宏观制度因素并不是解释政府解决方案相对黏性的唯一考虑因素。政策本身创造了规则、制度及激励机制,使其或多或少容易发生改变,并可能使改革或多或少变得有效且及时(Pierson,1994)。在某种程度上,这些因素是由做出关于是否选择政府或私人控制的原始决定的人们所控制。当然,随着时间的推移,它们的演变是不可完全预测的(Volokh,2003)。一些提高适应性的决定可能会产生其他成本,包括首先组建必需的联盟制定新政策的困难。

5.6 原因六:技术专长的竞争

虽然一些公共目标可以只需要公职人员通过有限的复杂程度来实现,但其他目标本质上则很复杂,需要专业知情的判断。在任何社会的任何时候都有一组固定的技术人员,分布在政府及私营部门之间。政府可以有效弥补的市场失灵范围首先取决于吸引有能力执行手头任务的个人。在其他情况下,政府必须吸引那些不仅仅能胜任还能与私营部门同行竞争的劳动者(监管机构的技能水平不应低于其所监管人员或调查人员试图抓住的骗子)。

随着现代化规模的扩大,吸引技术人员参与公共服务成为一个更重要的挑战。随着社会变得越来越复杂,对它们的管理变得越来越困难,这增加了对训练有素的公务员

---

① 迈克尔·格雷夫(Michael Greve,1999)提出了分散系统优越决策的论据。关于权力下放限制的争论,参见 Teles 及 Landy,2001。

的需求。然而,社会及经济复杂性的增加也伴随着私营部门技能的增加(Frank 和 Cook,1995)。如果平等主义推动,或者将大量高薪工作置于选任官员手中而导致的腐败问题,使公共部门难以有竞争力地进行支付,那么技术人员往往会退出公共部门,从而使政府只能选择能力最低或最厌恶风险的人员。结果可能是螺旋式下降,低工资导致公共机构表现不佳,公众蔑视这种表现不佳,以及公众对低工资的蔑视现象。规范使【644】政治家及"官僚"成为耻辱的承担者与笑柄,使问题变得更加严重,并可能成为螺旋式下降的机制之一。

政府可以通过解除对专业工资管制的决定来应对这种竞争:它可以授权管理人员雇用数量更少但薪酬更高的个体,或者将更多的钱花在支付薪水上,而不是花在其他事情上。虽然这种放松管制几乎总会对公共部门求职带来毁灭性形式的风险,但这些风险需要与整体公务员质量低下的不太明显的影响进行判断(DiIulio,1994)。

政府能够在多大程度上组织起来,让这些训练有素且得到补偿的个人有竞争性,这将在很大程度上决定其纠正这些领域私人选择失灵的能力。对于政府来说,这种改革几乎总是难以实现的,而且随着发展水平的提高,与私营部门的竞争往往会变得更加困难,私人补偿的顶端会更高。

这表明,鉴于对技术人员的竞争,政府可能不得不考虑某些形式的监管,潜在地纠正重大私人选择失灵的可能性。更重要的是,如果监管机构的人才水平显著低于其所监管的人才,那么任何政府干预的存在都可能比完全不受监管的环境更加糟糕。政府可能会采取清楚、明确的自由放任政策,而不是笨拙地试图对其公务员无法理解的程序进行规范。

5.7 原因七:行政文化薄弱

对于技术人员来说,行政机构的质量不仅仅起着与私营部门竞争这一种作用,因为代理机构不仅仅是个体代理人的集合。机构通过历史继承过程以特定方式构建,产生相对稳定的行政文化。此外,各机构还融入了一种更大的政治文化,这种文化确立了人们对这些机构应如何运作的期望,确定了这些机构在分权制度下的企业家精神和领导能力,确定了这些机构在多大程度上侧重于解决问题而不是分配政治或赞助,以及确定了公共服务在多大程度上被认为是一种光荣甚至受人尊敬的职业。

一个行政机构的文化质量以及其所嵌入及利用的更大的政治文化方向,限制了政治制度可考虑的干预措施。劳伦斯·米德(Lawrence Mead,2004)观察到,威斯康星州在高度指导性的福利改革方面取得了成功,这在很大程度上是因为其可以利用进步的

【645】 政治文化：对不文明行为的低容忍度，对社会问题的公正审查的定位，高效及企业家精神型行政机构的遗产，以及与之联系的旨在培养具有分析技能的管理人员的高质量教育制度。这套继承的态度及制度使国家能够为福利改革制定雄心勃勃的目标，努力解决这些目标的行政性后果，并使其在街头官僚层面上成为现实。

米德（Mead）表明，行政质量文化是使复杂政策变革发挥作用的先决条件。积极激励福利客户寻求工作及组织其生活的其他部分，需要福利管理者自己接受培训、装备及激励。它要求对结果进行密切跟踪，并将这些结果反馈到正在进行的政策及行政改革过程中。最后，它要求整个政治体系将重大政策改革视为一个长期过程，这取决于愿意利用坏消息进行渐进式变革，而不是利用它来获取政治或党派得分。

这些要求超出了大多数州能够利用的行政及文化遗产。因此，大多数州都以较低的价格结算，依靠较大经济体的变化来完成大部分人数不断减少的福利救济人员的工作，或者在没有密切监督的情况下实施福利停止。一些州已经认识到其行政文化没有实现复制威斯康星式福利改革的抱负，并试图建立这样的舶来文化。它们虽然取得了一些成功，也一直在推动自身的行政继承，要求在制定新政策的同时参与"国家建设"，但没有威斯康星州可以依赖的支撑性文化背景。其后果也相对温和。

这表明政策制定者需要认识到行政质量及其所依赖的文化背景不能被假设，并且只能在有限的程度上临时创建。在继承的行政文化薄弱的地方，政策诉求必须相应缩小。

既然如此，从长远来看，拟议的政策变化对行政文化的影响可能比其直接成本及收益更为重要。一个好的公共管理者不仅仅是现有政策的熟练管理者，而且是其机构在未来产生公共利益的能力的良好管家。

6. 整合起来：在一个不完美选择的世界中制定政策

【646】 人类及其所形成的社会群体的自我调节能力是惊人的，能够在没有外部指导的情况下实现卓越的优化，特别是如果允许市场发挥其使每个参与者想要的动力，让他人满足这些需求的动机这种洞察力仍然是过去三个世纪以来，取得如此巨大成功的社会及政治组织的根本自由形式的关键。

但个人及社会自律都不是完美的。经济学家聚集了越来越多的市场失灵分类；当市场失灵（即未达到帕累托最优结果）时，政府的强制力可能会有余地改善问题。对于个人自我指挥失败或非市场形式的自愿合作失败，没有可比较的分类，但它们的存在却难以否认。一旦认识到这种失灵，保护个人的家长式干预与旨在纠正民间社会制度失败的干预措施,似乎都是政府行为与经典市场失灵相提并论的理由。

尽管如此,没有任何情况是如此地糟糕,以至于它无法变得更糟。说一条件不是最理想的情形,并不是说国家的强制干预会改善问题。国家行为受制于其自身的次优列表,在公共选择文献中称为"政府失灵"。此外,强制干预如果不能周密设计,就会使个人及机构的失灵情况恶化,这些失灵的后果有待纠正。因此,全面的政策分析需要对两组失灵情况进行分析,不仅要考虑当前争议的最佳解决方案,还要关注决定采取行动或听任的"宪法"后果。

如果上述论点是正确的,那么它对我们分析范围之外的政策领域,特别是对于分配问题具有重要影响。

一方面,提高公平程度方面有强有力的论据:收入的边际效用递减,对相对(相对于绝对)收入或财富较低的个人身理健康的衡量性影响,当孩子长大,家庭优势水平差异很大时,难以维持机会均等,民主作为政治理想与极端经济分层造成的政治权力差异不相容时,极端的社会分层可能会造成破坏性的社会张力,而减少分层的愿景可能会导致财富魅力的降低,从而财富观从物质获取向良好生活进行转变。

但是,通过更广泛地认识到,私人选择结果可能不是最理想领域所带来的分析杠杆作用,需要同时评估政府可能对更广泛的再分配需求做出的反应。例如,执行减少工作时间的集体决定,取决于政府的监督及强制力量,也可能取决于政府雇用富有经验的工作人员来检测作弊行为的能力。这些政策也可能受到上述注意力失衡的影响——而公众可能会被高度鼓励来制定此类政策,那些立刻感受到其代价的人(如雇主)可能会维持其利益,从而削弱其在实践中的影响力。除非发现一种维持公众热情的手段,首先为 【647】给收入——闲暇互换带来创造压力,其影响可能会随着时间的推移而严重减退,同时施加行政成本,总的来说,这可能使政策在实践中比根本没有政策更糟糕。

这种分析涉及政治理论的核心。罗尔斯政治哲学的继承者们很少考虑将要创造的政治制度的形式及特征,以实现从无知之幕背后推导出的分配性偏好。但那些以与现实世界联系的方式推理正义的人需要了解实际政治制度运作的可预测效果(没有关于政治理论及制度设计的复杂分析的例外,见 Rothstein,1998)。理想的再分配形式,不仅可以通过承认实际的政治机构将如何处理广泛的再分配需求而改变,而且可以改变那些如此授权的机构在其范围增加时(或可能对于公民)可以做的事情。

公共政策、制度分析及政治哲学并不涉及三个不同的主题;相反,他们有三种不同的企图来处理人类应如何管理自己的问题。只有政治家们学会注意慎思的结果,思想家们认真对待政治家的问题,世界才能得到善治。

参考文献

Ainslie, G. 2001. *Breakdown of Will*. Cambridge: Cambridge University Press.

Akerlof, G. 1970. The market for lemons: quality uncertaintyand the market mechanism.*Quarterly Journal of Economics*, 84(3): 488-500.

Anderson, E. 2000. *The Code of the Streets*. New York: Norton.

Anechiarico, F., and Jacobs, J. 1996. *The Pursuit of Absolute Integrity: How Corruption Control Makes Government Ineffective*. Chicago: University of Chicago Press.

Arnold, D. 1992. *The Logic of Congressional Action*. New Haven, Conn.: Yale University Press.

Arrow, K. J. 1985. The economics of agency. Pp. 37-51 in *Principals and Agents: The Structure of Business*, ed. J. Pratt and R. Zeckhauser. Cambridge, Mass.: Harvard Business School.

Banfield, E. 1965. The Moral Basis of a Backward Society.*Glencoe*, Ill.: Free Press.

Bator, F. M. 1958. The anatomy of market failure.*Quarterly Journal of Economics*, Aug.: 351-79.

——1959. The simple analytics of welfare maximization.*American Economic Review*, 47: 22-59.

Baumgartner, F., and Jones, B. 1993. *Agendas and Instability in American Politics*. Chicago: University of Chicago Press.

——2005. *The Politics of Attention: How Government Prioritizes Problems*. Chicago: University of Chicago Press.

Baumol, W. J. 2002. *The Free Market Innovation Machine*. Princeton, NJ: Princeton University Press.

Blackorby, C., and Donaldson, D. 1988. Cash versus kind, self-selection, and efficient transfers.*American Economic Review*, 78: 691-700.

Buchanan, J. M. 1999/1968. *The Demand and Supply of Public Goods*. Indianapolis: Liberty Fund.

Burke, E. 1974. Speech on the conciliation of America. Pp. 66-134 in*Burke's Speeches: On American Taxation, On Conciliation with America, & Letter to the Sheriffs of Bristol*, ed. F. G. Selby. Westport, Conn.: Greenwood Press; first pub. 1780.

Butler, D., Adonis, A., and Travers, T. 1994. *Failure in British Government: The Politics of the Poll Tax*. Oxford: Oxford University Press.

Coase, R. H. 1960. The problem of social cost.*Journal of Law and Economics*, 3: 144.

Crozier, M., Hunnington, S., and Watanuki, J. 1975. *The Crises of Democracy*. New York: New York University Press.

Delong, B. J. 2004. On the maximization of social welfare. In *Brad DeLong's Semi-Daily Journal*; www.j-bradford-delong.net/movable_type/2004_archives/001113. html.

DiIulio, J. ed. 1994. *Deregulating the Public Service: Can Government Be Improved?* Washington, DC: Brookings Institution Press.

Dixit, A. 1998. *The Making of Economic Policy: A Transaction Cost Approach to Politics*. Cambridge,

Mass.：MIT Press.

Douglas，J.1976. The overloaded crown.*British Journal of Political Science*,6(4)：483-505.

Downs，A.1957. *An Economic Theory of Democracy.*Boston：Addison-Wesley.

Easterlin，R.ed.2002. *Happiness in Economics.*Cheltenham：Edward Elgar.

Elster，J.1979. *Ulysses and the Sirens.*Cambridge：Cambridge University Press.

Evans，P.1995. *Embedded Autonomy：States and Industrial Autonomy.* Princeton，NJ：Princeton University Press.

Fehr，E.，and Gachter，S.2000. Fairness and retaliation：the economics of reciprocity.*Journal of Economic Perspectives*,14：159-81.

Fiorina，M. 1990. Informationand rationality in elections. Pp. 329 – 42 in *Information and Democratic Processes*,ed.J.Ferejohn and J.Kuklinski.Urbana：University of Illinois Press.

Frank，R.H.1999. *Luxury Fever.*New York：Free Press.

——and Cook，P.1995. *The Winner-Take-All Society.*New York：Free Press.

Fung, A. 2004. *Empowered Participation： Reinventing Urban Democracy.* Princeton, NJ： Princeton University Press.

Glazer，N.1988. *The Limits of Social Policy.* Cambridge，Mass.：Harvard University Press.

Greve，M.1999. *Real Federalism：Why It Matters,How It Could Happen.*Washington,DC：AEI.

Hall，R.，and Wayman，F.1990. Buying time? The mobilization of bias in congressional committees. *American Political Science Review*,84(3)：797-820.

Hardin，G.1968. The tragedy of the commons.*Science*,162：1243-8.

Jefferson，T.1813. The natural aristocracy. *Letter to John Adams*,28 Oct.

Kahneman，D.，Slovic，P.，and Tversky，A.1990. The causes of preference reversal.*American Economic Review*,80(1)：204-17.

Kelling，G.，and Moore，M.H. 1988. The evolving strategy of policing.Pp. 36 – 55 in *Perspectives on Policing.*Washington,DC：National Institute of Justice.

Kelman，S.1986. A case for in-kind transfers.*Economics and Philosophy*,2：53-74.

Kleiman，M.1992. *Against Excess：Drug Policy for Results.*New York：Basic Books.

——and Caulkins，J.2001. Noticing the micro-distributional consequences of cigarette taxation and its equivalents.*Journal of Policy Analysis and Management*,20(2)：337-48.

Landy，M.，and Levin，M. eds. 1995. *The New Politics of Public Policy.* Baltimore：Johns Hopkins University Press.

Layard，R.2005. *Happiness.*London：Penguin.

Locke，J.1988. Of paternal power.Pp.52-3 in*The Second Treatise of Government*,ed.P.Laslett.Cambridge：Cambridge University Press；first pub.1690.

Loewenstein，G.1996. Out of control：visceral influences on behavior.*Organizational Behavior and Human Decision Processes*,65：272-92.

Mead，L. 1997. The rise of paternalism. Pp. 1 – 37 in*The New Paternalism： Supervisory Approaches to*

Poverty, ed. L. M. Mead. Washington, DC: Brookings Institution Press.

——2004. *Government Matters*. Princeton, NJ: Princeton University Press.

O'Hare, M. 1989. A typology of governmental action. *Journal of Policy Analysis and Management*, 8(4): 670-2.

Olson, M. 1971. *The Logic of Collective Action: Public Goods and the Theory of Groups*. Cambridge, Mass.: Harvard University Press.

Patashnik, E. 2003. After the public interest prevails: the political sustainability of policy reform. *Governance*, 16(2): 203-15.

Pierson, P. 1994. *Dismantling the Welfare State?*. Cambridge: Cambridge University Press.

——2000. Increasing returns, path dependencyand the study of politics. *American Political Science Review*, 94(2): 251-68.

——2004. *Politics in Time: History, Institutions, and Social Analysis*. Princeton, NJ: Princeton University Press.

Pigou, A. C. 1912. *Wealth and Welfare*. London: Macmillan.

Platt, J. 1973. Social traps. *American Psychologist*, 28: 641-51.

Price, R. 1992. *Clockers*. Boston: Houghton-Mifflin.

Putnam, R. 2002. *Bowling Alone*. New York: Simon and Schuster.

Rawls, J. 1971. *A Theory of Justice*. Cambridge, Mass.: Harvard University Press.

Rose, R., and Peters, B. G. 1975. *Can Government Go Bankrupt?*. London: Macmillan.

Rothstein, B. 1998. *Just Institutions Matter: The Moral and Political Logic of the Universal Welfare State*. Cambridge: Cambridge University Press.

Scheingate, A. 2001. *The Rise of the Agricultural Welfare State*. Princeton, NJ: Princeton University Press.

Schelling, T. 1984. *Choice and Consequence*. Cambridge, Mass.: Harvard University Press.

Scott, J. 1985. *Weapons of the Weak: Everyday Forms of Peasant Resistance*. New Haven, Conn.: Yale University Press.

——1998. *Seeing Like a State*. New Haven, Conn.: Yale University Press.

Smith, A. 2002. *The Theory of Moral Sentiments*, ed. K. Haakonssen. Cambridge: Cambridge University Press; first pub. 1759.

Teles, S., and Landy, M. 2001. Beyond devolution: from subsidiarity to mutuality. Pp. 413-27 in *The Federal Vision: Legitimacy and Levels of Government in the US and EU.*, ed. R. Howse and K. Nikolaidis. Oxford: Oxford University Press.

Thurow, L. 1977. Cash vs. in-kind redistribution. Pp. 85-106 in *Markets and Morals*, ed. G. Dworkin, G. Bermant, and P. Brown. Washington, DC: Hemisphere.

Veblen, T. 1899. *The Theory of the Leisure Class: An Economic Study of Institutions*. New York: Macmillan.

Volokh, E. 2003. The mechanisms of the slippery slope. *Harvard Law Review*, 116: 1026.

Wade, R. 1990. *Governing the Market: Economic Theory and the Role of Government in East Asian Industrialization*. Princeton, NJ: Princeton University Press.

Wilson,J.Q.1995. *Political Organizations.*Princeton,NJ:Princeton University Press.

Winship,C.1999. New approaches to urban crime:Boston copsand black churches. *Public Interest*,136: 52–68.

Wittman,D.1989. Why democracies produce efficient results. *Journal of Political Economy*,97(6): 1395–424.

Wolf,C.Jr.1988. *Markets or Governments:Choosing between Imperfect Alternatives.* Cambridge,Mass.:MIT Press.

Zeckhauser,R.1974. Risk spreadingand distribution.Pp.206–28 in *Redistribution through Public Choice*, ed.H.M.Hochman and G.E.Peterson.New York:Columbia University Press.

——1993. Insurance.Pp.22–6 in*The Fortune Encyclopedia of Economics*,ed.D.R.Henderson New York: Warner.

第 32 章　私有化和监管制度

科林·斯科特(Colin Scott)

1. 引言

　　监管是隶属于调查领域的一种公共政策工具,显然是 20 世纪最后 25 年迅猛发展的领域。人们对经济合作与发展组织(OECD,以下简称"经合组织")国家中诸多领域提供公共服务的传统公有制机制已经丧失信心,或许这正是致使监管政策繁荣的部分原因。人们感到失望的同时,也出现了一种观点,即公共所有制对于财政上非常拮据的经济体来说是一种累赘,但是出售资产则可为这些经济体带来正向的财政收益。私有化政策(本章将其狭义地定义为国有资产的所有权转移——参见费根鲍姆、赫尼格和哈姆内特(Feigenbaum,Henig 和 Hamnett,1999,8 - 11)对私有化更广泛概念的分析讨论)的发展,与官僚机构内部的公共管理改革进程相伴相随。许多国家在公共管理改革的过程中放宽了对中央公共管理某些方面的限制,同时也针对公共部门活动建立了专门的新型监管层级,而且这些新型监管层级在新创立或重建的独立机构中早已屡见不鲜(Hood 等,2004)。

　　在某些部门中,所有权早已从公共部门转移到了私营部门。如何监管这些部门是人们在管理过程中所遇到的难题,而且已引起了人们的极大关注。这促使我们识别(例如,金融服务和医疗保健部门以及在诸如职业健康和安全、消费者保护和环境等整个经济领域问题中)其他建立许久的政策程序,而且也属于一套监管活动体系。因此,监管领域是一个相对比较新的研究领域,在这一领域中还有许多现象待学者研究,即使许多现象已不再新奇。①

---

　　① 感谢马丁·罗吉(Martin Lodge)对本章早期版本的评论。

公共政策文献在研究治理转型的过程中,将关注的焦点聚集于监管型国家(Braith- 【652】
waite,2000;Majone,1994b;Moran,2002、2003;Sunstein,1990),以及监管机构的监管质量
和问题(Macey,1992;Thatcher,2002;Thatcher 和 Sweet,2002)。政治科学文献将上述内
容作为研究重点的部分原因可能是正规国家机构对该学科的兴趣,这引起了人们对权
力转移的关注,人们注意到权力已明显从政府部门转移到自治机构,而致使权力转移的
原因与自 20 世纪 80 年代初以来席卷经合组织的私有化政策有关。

这一学科在关注监管的两个相互关联的监管维度——监管型国家和机构时面临的
风险是,这种作为一种治理工具的监管模型可能会遮蔽与照亮并重。更具体地说,这种
监管模型容易招致批评。批评人士认为,这种监管模型运作的前提条件过于绝对化,因
为它预先假设公共政策制度和程序的转移和采用(可能)是美国所特有的,而不太可能
为其他国家所复制。具有讽刺意味的是,监管政策的繁荣时期正值美国试图废除监管
遗产的时期。当时美国制定议程,旨在试图通过解除管制计划废除大部分的监管传统
制度。而且更有甚者,在其他国家和地方获得成熟之前,经合组织就已经要求进行广泛
的监管改革(OECD,1997b)。

本章笔者提出一种重构监管概念的方法,即以宽泛的方式来构想监管的制度、规范
和程序,而且这种方式比美国监管机构在构建公共商业监管模式时所采用的方法更加
宽泛。根据本章中重构后的监管概念,监管适用于“体制”范围内,“体制”内充斥着大
量分散的行动者以及各式各样的控制规范和机制。监管具有国家制度和法规传统意义
上的狭隘概念,制度的概念有助于我们把监管所具有的这种传统概念与现代治理分析
联系起来。某些治理方法强调分散当代政策程序中的监管权力。至于这种治理方法是
否会将监管权力大规模地下放给各机构,对此我们深表怀疑;至于采用这种治理方法后
是否能使各机构共享监管权力并使监管权力分散,对此我们持更开放的态度。关于国
家组织和权力,有批评指出:在美国驻各机构代表团之外的代理机构中,常常存在部长
级部门大量保留权力的现象(Hall,Scott 和 Hood,2000)。其次,这一批评还注意到经合
组织中当前普遍存在的一种风气,即倾向于通过法院以及能提升监管效率的中央机构
对其他各机构进行全方位监督。

许多超国家治理组织(Braithwaite 和 Drahos,2000)和非国家行为者(Grabosky,
1994)的核心监管能力被进一步打破分散,使得“国家内部监管权力扩散”(Daintith,
1997)的范围进一步扩大,而且扩散程度也进一步增强。监管权力在组织上的扩散还
与各种各样的控制机制相结合,这些控制机制既包括传统的等级方法和官方的非法律
替代方法(如软法),还包括根植于社区程序和竞争程序中用于施加控制的模式。从这
个角度来看,有关公共监管机构控制机制的研究似乎并不完善,而且可能还会严重误导 【653】

那些试图了解监管制度的人们，因为这些研究目前只将关注焦点聚集于公共监管机构的其中一种控制机制——公共监管机构通过法律权威向他者施加控制。

2. 监管制度和相互依赖

政策界和学术界对于"监管"一词的确切含义目前还没有达成共识。塞尔兹尼克（Selznick）给出的经典定义是"监管"是"公共机构对具有社会价值的活动进行持续性和集中性控制"（Selznick，1985，363－367），而且他的监管定义经常被引用（Majone，1994b；Ogus，1994）。美国的监管研究将全部焦点都聚集于公共机构方面，尽管这种研究现象在美国的监管研究中早已司空见惯，但是当如此多的监管活动"离心"时，就会致使这些研究面临诸多研究难题（Black，2001a）。许多监管制度并不关注某些作为监管机构的公共机构（无论是政府部门还是独立机构），而且即使监管制度开始重视这些作为监管机构的公共机构，这些公共机构也不可能垄断监管权力（Francis，1993，43－48）。

塞尔兹尼克"监管"定义的优势在于：他的监管定义中不仅囊括了依据规则（与牛津英语词典中"规则"的定义一致）进行的监督，还包括其他的控制形式。针对特定领域内监管活动的实证分析确实指出，在许多情况下，许多国家、非国家和超国家行为者的监管能力很涣散。法律权威、财富、组织能力、信息以及赋予合法性的能力等，都是他们在监管体制范围内行使权力时所需要的资源（Daintith，1997；Hood，1984）。

在实证研究中我们会经常发现，监管机构很少会动用正式的执法权力，而是更有可能会采用基于教育、建议和说服的策略，来确保实现某种合规形式（Grabosky 和 Braithwaite，1986）。实证研究中的这些发现已被用来构建了一种规范性理论。该理论建议：在监管执法的金字塔式体系中，监管机构通常应该先试图依赖于低级别战略；只有当较低级别战略不再适用时，才可逐步升级采用更正式和更具强制性的措施（Ayres 和 Braithwaite，1992）。即使在法律权威的威慑下，权力也会极易被分散——这在监管机构对监管金字塔体系的理性化和重要部署过程中引发了许多问题（Scott，2004）。例如，某个监管机构可能同时拥有监控市场各部门、收集情报以及采取执法行动等多项权力。但是我们不难发现，立法机关或政府部门较其他监管机构享有更广泛的权力，它们可以制定或改变整个体制；除此之外，它们还会保留自己制定或改变监管规则的权力。此外，我们还常常发现，正式制裁只能在法庭或法院的同意或决定下适用。在大多数监管体系中，受监管者可能会掌握正式的法律权力，例如可以拥有准许改变规则、做出具有法律效力的许诺或借助于诉讼来挑战监管决定等权力。实际上，监管制度中规范的正式化是向监管型国家过渡的一个标志性特征(Loughlin 和 Scott,1997),但规范的正式化也会带来法治化风险并置换有效的社会规范,因为它所依赖的法律规则无法对这些风险实行有效的控制(Teubner,1998/1987)。服务于监管目的的法律在使用过程中会遇到质疑,这种质疑引发了人们对于法律使用过程中内在的"模糊合法性"(Cohn,2001)以及"自我监管"方案(Teubner,1984)和程序化方案的批判,人们认为它们是用于逃避法制化负面影响的机制(Black,2000/2001b)。

　　在许多体制中,国家和超国家政府组织之间共享某些正式的法定权力,特别是在标准制定方面。国家是超国家监管体系出现和发展的"影响力网"中的关键参与者(Braithwaite 和 Drahos,2000)。但是,这并不代表任何一个国家都有能力决定一种制度的发展方向;相反,这意味着政府可以采取一系列战略来应对他们几乎无法控制的力量。

　　在某些制度中,法定权力的行使主体不是通过立法而是通过合约来任命的。这赋予监管关系更多契约精神,而不会使它们带有自上而下的层级制特征。某些"契约规制"事例具有各自与众不同的个性化特征——会在契约双方权力主体制定契约形式的过程中呈现出来。举个例子,若契约双方权力主体的一方是主要的公共或私人采购者,那么相比较于另一方,他就很可能会在制定博弈契约规则的过程中发挥出更大的影响力(Scott,2002)。在其他情况下,契约权力主体同样都要遵守契约的基本原则。因此,尽管某些自我监管(例如,当适用于法律和医疗行业时)可能会获得法规授权,但是许多自我监管制度的运行基于贸易协会成员之间的合约,这些合约授权贸易协会制定并执行规则来约束协会成员。

　　独立组织中的自我监管协会通常掌握着全部的监管权力——规则制定、监督、执法等,并且不受监管权力分散的困扰;相比于独立组织,监管权力分散的现象在公共监管制度中更为常见。垄断特权并非是所有自我监管的特点,这是一个很明显的悖论,且从未完全被自我监管的怀疑论者充分认识到;而且奥格斯(Ogus,1995)认为,自我监管组织之间存在着潜在的竞争,这种潜在的竞争可被视为控制他们活动的手段。这种潜在的竞争极易在国际层面上被放大,因为国家或区域自律监管组织发现自己要与其他类似机构竞争荣誉和竞争成员。

　　法律权威是行为者在监管体制范围内行使权力时所需要的资源之一,而行为者所需的其他资源通常比法律权威的分配范围广。经济学家长期以来一直认为,企业可能容易比消费者和监管机构掌握更多信息(这被定义为"信息不对称"(Arrow,1963)),这正是监管机构的监管能力中的某种特定缺陷。在以少数大公司把持为特征的行业中,受监管机构也可能比监管机构拥有更多的财富和更强的组织能力,使得这些受监管机

【655】构更有能力来有效地参与监管程序或参与解释监管规则。至于哪些行动者很可能具有赋予体制合法性的能力,对此要想提出一种先验性建议并非易事。因为在不同的条件下,这些行动者的身份也不同——他们可以是政府、机构、受监管者、超国家组织或非政府组织中的任何一员。

总的来说,在监管体制范围内行使权力所需要的资源通常分配范围很广,而且许多监管控制并不是通过正式法律权威的运用来。这些研究发现表明,"监管制度"可能是比监管机构更加合适作为监管研究的分析单位。制度是我们从国际关系研究中借鉴的一个概念(Krasner,1983),后者强调"历史上某些特定的政策和制度结构,这些政策和制度结构构建起了社会利益、国家和多种经济部门中经济行动者之间的关系"(Eisner,2000,1)。

艾斯纳(Eisner)的制度分析根植于20世纪美国的监管政策并深受它的影响,他的制度分析确实侧重于监管机构,将监管机构作为基本的分析单位(Eisner,2000,15)。但他指出,美国在进步时代构建起"市场制度"之后又出现了更多的监管浪潮(例如,洲际贸易和竞争监管制度),这使得利益集团在罗斯福新政时期的"联合制度"以及战后时期的"社会制度"中的影响力进一步加强。艾斯纳将监管的控制机制和自20世纪70年代发展起来的解除管制运动誉为"效率制度"(Eisner,2000,8-9)。

变化中的环境、利益、观念和制度发展史之间的相互作用十分复杂,这促使美国政治组织产生了许多各不相同的监管结构和理论(Hood,1994)。某些偏颇的研究认为,促使监管制度发展的因素是人们对利益的追求;20世纪70年代,乔治·斯蒂格勒(George Stigler,1971)和塞缪尔·佩尔兹曼(Samuel Peltzman,1976)著作中所阐述的经济监管理论(以下简称ETR)就曾对这种研究的发展起过很大的作用。ETR将监管构想为政府提供的服务,这种服务的供求关系类似于市场。某种标准的经济假设认为个体正在理性地追求自己的效用,公司、官僚主义者、政客以及其他行动者的行为均可以利用这种假设来进行解释。行动者都寻求"租金",将租金作为他们行动的回报。尽管几乎没有经过实证检验(或者可以说,能够得到检验):政府可能会提供监管服务,以支持那些愿意付出最多租金(向竞选基金捐款,抑或是贿赂)的利益集团;因此,政府提供的监管服务几乎总是偏向于大公司,而不会掺杂任何服务于公众利益的信念。

战后时期兴起的社会监管似乎有利于较不富裕群体以及诸如雇员和消费者此类分布范围更为分散的利益群体,而ETR理论却很难对此种现象做出合理解释。ETR理论是建立于利益之上的理论,政治学家威尔逊(James Q.Wilson)在他的联盟理论中进一步阐释了这种理论。威尔逊(1980)认为:政治偏好比简单的社会效用函数集合更为复杂,而且极易通过政治进程来进行塑造,因为政治进程可能会在特定问题上形成联盟。

因此,促使监管制度产生和发展的因素绝不仅仅是行动者们勉强集中的利益。

　　ETR 的支持者面临着另一个挑战:在 20 世纪 70 年代,美国联邦政府开始取消对【656】卡车运输、航空和电信等行业的监管,这与 ETR 支持者的假设中的预期结果完全相反。美国联邦政府这样做的其中一个原因可能是:美国的政治体系通过某些方法成功地取得了一系列成果,这些成果英勇地挑战了公共政策将支持富有群体利益的表面必然性。第二种原因可能是:在解除管制政策的发展过程中,ETR 支持者和其他监管理论支持者所信奉的理念本身就已经成为影响行动者行为的因素,这种可能性或许与第一种可能性有关(Derthick 和 Quirk,1985)。然而,佩尔茨曼(Peltzman,1989)却试图大胆应用 ETR 来解释美国解除管制运动中显而易见的悖论。他指出,美国解除了对某些行业的管制,致使这些行业中的服务提供者可获得的租金均有所减少。因此,尽管政客和官僚主义者解除了对某些行业的管制,但是这些行业的主要服务提供者却没有能力给予他们太多利益来答谢他们;相应地,在某种程度上,原本倾向于支持这些主要服务提供者的体制忽然转向偏袒于这些行业的其他服务提供者。简而言之,"支撑政治均衡的租金逐渐不发挥作用了"(Peltzman,1989)。佩尔茨曼承认,这种修正后的理论似乎并不能用来解释目前出现的所有情况。特别是在电信领域,他认为监管机构本可以在更长的时间内保护垄断租金;而且监管官员为履行公共职能所制定的监管政策不断发展变化,这正是对政府为什么采用解除管制政策最好的解释(Peltzman,1989)。ETR 的优势在于它的影响力:有假设认为监管为公共利益服务,但 ETR 却能在政策界和学术界引起人们对这一假设的广泛质疑,这似乎就是 ETR 的厉害之处。ETR 或许可以被用于解释监管政策的动态变化过程,但这目前还没有得到证实。

　　在美国的监管政策和监管程序之下,涌现出了许多与此相关的文献,欧洲有关监管制度动态的学术研究不能忽视这些文献所迸发出的强大影响力。其中一些欧洲监管制度动态学术研究人员拥护美国的监管模式和学说,例如主张大规模采用美国的独立监管机构模式,而且他们声称监管模式和学说的趋同过程已经正在发生,詹多梅尼科·马约内(Giandomenico Majone)就是这些人中的一员(Majone 和 Everson,2001)。另一些研究人员则对美国的监管模式和学说持怀疑态度。利·汉彻和迈克尔·莫兰(Hancher 和 Moran,1989)对监管俘获风险的相关假设提出了质疑,他们指出在欧洲政治体系内存在着两种监管俘获观——ETR 理论变体的事前俘获观和伯恩斯坦(Bernstein)在监管生命周期理论中提出的 ETR 理论的事后俘获观,"监管空间"中权力的分散降低了这两种监管俘获观的适用性(Bernstein,1951)。"监管空间"这一概念为我们提供了一个十分形象生动的暗喻,目的是鼓励人们更为密切地去关注监管制度中各种行动者的属性、观念、兴趣和能力(Hancher 和 Moran,1989;Lange,2003;Scott,2001;Shearing,1993)。这种观点也激励我们不要只关注国家机构的监管者身份,还要考虑其他行动者的身份。

因此,我们可以在监管模式中加入职业自我监管、行业自我监管和合同监管(还有
国家监管和非国家机构监管);也可以在监管模式中加入私立标准制定组织的监管模
【657】 式,这些私立标准制定组织包括德国(德国标准化学会,简称"DIN")、法国(法国标准
化协会,简称"AFNOR")、英国(英国标准协会,简称"BSI")和美国(美国国家标准学
会,简称"ANSI")在 20 世纪第一个 25 年建立的国家标准组织,以及这些国家都参与其
中的超国家标准制定组织——国际标准化组织(简称"ISO",成立于 1946 年)等。人们
倾向于将国际监管组织(无论是全球性的政府组织还是非政府组织)排除在监管制度
的"外部",我们也可以将与监管空间理念相类似的监管制度联系起来,以此来缓和这
种倾向。

3. 控制模式

有关监管的政治科学文献中普遍存在的不足之处在于:这些文献过度注重于研究
新兴的监管制度以及围绕这些监管制度构建的决策程序,从而忽视了对日常监管执行
过程的探讨,致使大部分日常监管执行过程成为了社会法律学术研究的专属研究领域。
为进一步探讨监管制度的执行方法,我们可以引入控制论中控制的相关理念,使我们对
监管空间概念的分析更加清晰明确。控制系统拥有三种可识别的控制模式,任何切实
可行的监管制度都应该配备这三种控制模式(Hood,Rothstein 和 Baldwin,2001)。有些
监管分析认为,任何控制系统都必须制定自身特定的控制机制,这些控制机制可以是某
种规则、目标、标准或规范(控制论中的指南),它们不仅被用于控制系统的监控或反馈
过程中——监控或反馈控制系统参与者对于规则、目标、标准或规范的依从性信息(探
测器),还被用于控制系统的调整过程中——调整某些背离规范的行为(效应器)。传
统的监管分析认为,这三种控制模式的运行离不开规则、监控和强制执行。这种传统的
监管分析有两个独特的优势。首先,这种传统的监管分析促进了另一种监管分析的诞
生,这种监管分析可精确地定位监管制度配备的这三种控制模式在监管空间中围绕各
类行动者的监控分布。其次,这种传统的监管分析激励我们认可控制模式,这些控制模
式要么是对等级控制的补充(以混合形式),要么会完全替代它。因此,以社区为基础
的控制是通过在社会环境中出现规范来运作的,通过对社区内行为者的相互观察进行
监测,并通过对越轨行为的重新调整进行社会制裁,如不赞成和排斥。社区化控制模式
实施监控的目的是:使同一社区内的行动者共同遵守规范,并通过应用反对和排斥等社
会制裁方式来调整某些背离规范的行为。在基于竞争的控制模式下,为了能在市场或

在其他环境中占据最有利地位,行动者相互之间会展开激烈的争夺,从而促使监控标准产生;通过隐式服从性监控,就可将行动者的标准服从性信息反馈给控制系统——例如,在市场中对于行动者标准服从性信息的反馈工作是由买方负责;而偏离行为则通过使用者各自所掌握的标准服从性信息的分散参与者的聚合决策进行重新调整(例如,买方选择在其他地方购买商品,或者父母选择将孩子送到不同的学校)。

　　基于等级、竞争和社区的控制是控制系统的前三种控制模式,尽管对这三种控制模式的研究已经形成了成熟的理论体系——纵使不同的监管文献对他们的称呼各不相同,但是对于是否存在第四种控制模式目前研究人员还尚未达成共识。克里斯托弗·【658】胡德(Christopher Hood,1998;Hood 等,1999)在他的监管研究中将第四种控制模式标注为"人为的随机性",而劳伦斯·莱斯格(Lawrence Lessig,1999)在他的监管研究中将第四种控制模式标注为"架构"。前一种概念可解释为:人为蓄意地建立带有某种不确定性的监管体系,利用这种不确定性使得监管体系无法确定受监管者的行为会产生何种性质的结果,例如随机将监管人员轮换到不同的岗位,或利用突击检查来探查违规行为。莱格斯的"架构"控制模式可追溯到边沁的惩罚理论。边沁建议建立全景式圆形监狱,这样的设计可使位于中央塔楼的狱警从一个位置对监狱四周的所有地方进行监视,从而提高监管人员的监管效率并降低监禁成本。近来,越来越多的研究试图应用莱格斯的"架构"控制模式思想开发出针对于犯罪控制问题的架构解决方案(Newman,1972);而且在莱格斯自己的监管研究(1999)中,制造商会利用他们自己设计的软件代码来防止用户表现出某些行为。在任何情况下,在任何的监管模式设计中,随机性和架构都是根植于第四种监管控制模式中的自我强化机制。随机性是通过行动者对不确定性做出的行为反应来进行自我强化,而架构则是通过物理抑制来进行自我强化——在一经典案例中,研究人员就对混凝土停车柱的效力和关于"停车服务员是否会出现并对非法停车的车辆开出罚单"的不确定性进行了对比。混凝土停车柱的缺点在于它在一天中的任何时间段内都限制车辆停车;而根据政策要求,或许只在一天中的特定时间段才有停车限制(过度包容性问题)。

　　在实践中,某些特定的监管制度通常采用混合式的"控制模式"。因此,竞争监管制度会将等级控制模式和基于竞争的控制模式相结合,以此来控制市场参与者的行为。强制性自我监管制度将等级控制模式与企业的自我监管能力结合了起来。强制性产品规则要求对用户行为实施基于设计的控制——例如自动切断装置,故将等级控制模式和架构结合了起来。某些控制机制将除等级控制模式以外的其他所有控制模式结合了起来,以这种方式摆脱了以国家为中心的监管治理方法中存在的等级控制。因此,监管学者所面临的挑战就是:识别出这些控制机制,并将这些控制机制纳入到他们的监管模式分析当中（Scott,2004）。

4. 各类监管组织和监管方式

监管属于公共政策和学术调查的国际研究领域,监管的出现带来了一定的风险,即人们或许会将监管打造成某种由同种监管机制或由全部相同的监管机制构成的政策工具,这种政策工具有特定的监管组织形式和组织风格。在建立具有开创意义的监管学术研究方面,还有大量工作有待完成。监管的风格具有多样性,监管学术研究都将十分注重于研究这种多样性的本质和变化范围。戴维·沃格尔（David Vogel）曾对美国的环境监管做过比较研究。在他的经典比较研究中,他将英美两国的环境监管制度进行了对比。他认为英国的环境监管具有"保密性强、非正规、自愿遵从"等特点,相比之下,美国的环境监管风格"更开放、更符合法律程序,同时也更具有对抗性"（Vogel,1986,146）。尽管两国的环境监管制度在风格上存在着显著性差异,但沃格尔未能发现这两种制度的有效性有多大差异,尽管观察到美国的标准似乎要严格得多。（Vogel,1986,161-162）。

【659】

尽管美国在19世纪80年代建立了第一个联邦独立委员会——州际商务委员会,但在罗斯福新政时期,是由于监管机构的激增才使得监管在美国公共管理中占据着核心地位,并催生了与监管有关的早期经典研究（Bernstein,1951;Cushman,1941;Landis,1938）。20世纪30年代或许可被视为是监管型治理趋于成熟的时期。到20世纪50年代,欧洲大多数国家已将许多由民营企业经营的经济部门分配给了各类国有企业,在美国这些经济部门则是由受管制的民营企业经营。例如,电话、电报、能源、铁路、航空等这些经济部门都已全部被收归国有。这一发现表明美国是监管型国家,而欧洲国家总的来说是福利国家或供给国家,这两种国家类型的特征截然不同（Majone,1994b）。

但是,治理模式之间的区别过于简单。美国州际商务委员会是仿效英国组织——铁路委员会建立的,铁路委员会成立于1873年,它的成立是一项具有里程碑意义的制度改革。因为铁路委员会的成立代表着监管的转变——从由政府部门和委员会监管转变为由其他机构监管,同时也意味着监管机构独立学说自此兴起,这种学说与司法独立学说有几分相似（Dimock,1933）。从本质上说,铁路委员会是一个特别法庭,通过裁决程序应用立法规则。但是,英国早在19世纪就制定了不同于他国的其他监管机制。英国将检查机制引入到经济生活的诸多领域,检查机制的性质就像工厂检查团一样,目的都是促进行动者遵守法定规范。一些欧洲国家过去就存在政府检查团传统,这种传统的历史可追溯到18世纪——众所周知的普鲁士警察（Prussian Polizei）就是这种传统体现（Raeff，1983）。欧洲的公有制实验曾试图将公有制设定为一种独特的供应形式，适用于国家—产业关系中。从 21 世纪的视角来看，这可能是国家—产业关系史上一段存在了相对较长时间的插曲，因为在国家—产业关系中，受监管的私人规定就是规范。例如，法国、英国和美国在 19 世纪为奉行铁路政策而制定了各自不同的政策和结构，这些政策和结构就都是依据受监管的公有制制定的（Dobbin，1994）。我们发现，欧洲国家都有着悠久的国家监管传统以及独特的"监管资本主义类型"（Levi-Faur，2005）。这一发现表明，任何治理形式在向监管型治理形式转变的过程中都很可能趋于采用独特的欧洲的监管形式，而不会全盘采用美国的监管形式。这一发现同样也可能适用于其他国家的治理形式，例如北亚。卡根（Kagan）用"对抗性法条主义"来形容美国的监管风格；他还指出，在污染控制、职业健康和安全以及金融服务等领域，日本的监管制度在实施过程中所表现出的非正式性和灵活性值得被称道（Kagan，2000；参见Schaede，2000）。【660】

　　我们很容易误解私有化的含义。例如，在监管改革中，我们很容易认为私有化就是通过将公共服务供给的所有权转让给私人，收回国家对公共服务供给领域中关键问题的决定权。但在许多情况下，中央政府对公营企业几乎没有控制权，后者往往可以自由地制定和执行自己的政策。私有化政策服务于政府所要达成的各种目的。英国政府曾偶然发现了某项政策，该政策最初具有"务实性"（而且主要关注于如何减少债务），但是后来却具有了"系统性"，因为该政策后来被用于促进从政府到私营部门的长期性权力平衡转变（Feigenbaum 等，1999，54）。私有化的中心悖论是：政府在实行私有化政策的同时还会建立新型监管机构——这些新型监管机构的性质与大多数国家的公用事业部门一样，在这种情况下，相比于政府对公共企业的信息掌握度和实际控制力，政府可能会掌握更多关于私有化企业的信息、对私有化企业有着更强的实际控制力（Majone，1994a）。因此，沃格尔在对监管改革的比较研究中发现：在日本和法国的私有化和自由化进程中，两国的中央政府都表现出了这种倾向性，即试图加强对经历过私有化和自由化改革的部门的控制力（Vogel，1996，257）。沃格尔的这一发现，以及它与美国和英国的脱离战略（这一战略在英国颇具争议）之间的巨大差异表明，"现有的证据确实与普遍说法相矛盾，后者认为国际市场的力量势不可挡，这种力量迫使各国的监管机构朝着共同的方向发展"（Vogel，1996，261-262）。

　　至于选择何种组织形式对私有化产业进行监管，这已成为监管机构所面临的重大公共政策问题。支持独立监管机构（IRAs）来监管的理由一般包括以下方面：行业中的主导企业会利用他们实际具备的监管能力来抑制或减少行业内的竞争，独立监管机构削弱主导企业从事这种行为的能力，因为竞争是欧盟在制定私有化产业的立法政策时需要考虑的一个重要因素,这种立法政策要求将监管与电信、邮政和能源部门的服务运行分离开来;独立监管机构在某种程度上倾向于,将监管决策和当选政客的(政治)议题隔离开来。新兴的"非多数主义"监管机构已成为当代公共政策手段中监管手段的中心议题,它为某些监管机构提供了一种更高层次的经济型治理形式,使这些监管机构能解决公用事业监管、金融服务和生物技术等领域中高度复杂的问题(Majone 和Everson,2001;Thatcher 和 Sweet,2002)。人们很少探究监管机构的其他替代性监管组织形式,例如将政府部门或法院作为监管机构的组织形式。当前关于自我监管特别是公共监管的研究表明,人们现在更加关注的问题是如何利用行业的自我监管能力来实现公共监管(Steinberg,2001)。

5. 监管的合法性

【661】　　某些监管研究人员侧重于对监管机构的研究,而且将监管机构视为监管政策的主要制定者和发布者,由此涌现出了大量关于如何促进这种组织形式(即监管机构)合法化的文献。这些文献所研究的核心问题是,立法机构和(或)行政部门对监管机构的授权问题。在某些制度——尤其是在美国的制度中,上述授权者对监管机构所授职权的范围可能很广泛,包括制定监管规则的权力以及对违规行为实施处罚的权力。经合组织中更常见的情况是机构被授予的职权中带有更多限制,例如行使更有限的监控权和调查权;这些监管机构适用的正式制裁保留给法院和法庭,制定规则的权力保留给部长和(或)立法机构,这些现象在经合组织中尤为普遍。鉴于授权者对不同的监管机构所授职权的范围存在很大的差别,所以美国监管文献中对授权问题的特别关注就不足为奇了。

　　新制度经济学文献的研究重点是:设法构建适用于监管机构的授权系统,通过这些方法降低"官僚偏移"的可能性,新制度经济学文献的这些研究成果会被应用到监管政策中(Horn 1995)。在其他系统——例如英国和牙买加的威斯敏斯特体制中,存在着明显的"立法偏移"风险,因为治理政策的变化可能会致使监管制度规则发生变化(Levy 和 Spiller,1996)。在新制度经济学文献中,研究人员认为监管型授权的核心问题不是民主性问题——如何使监管机构服从于当选政客的意志,而更像是技术统治论问题——做出"可信承诺"以维持监管制度的稳定性,使得公司在计划投资时可以信赖这些监管制度。重要的是:政府不能依靠强制性手段来确保目标的实现,而是需要创造一个能使投资者不惧风险、甘于投资的环境(Gilardi,2002,875)。

　　发展中国家正在为他们的新近私有化公用事业部门寻求外来投资,鉴于"制度投资"(法院和法治、政权交易所、市场)似乎缺乏稳定性和可靠性,所以可信承诺就成为了他们在寻求外来投资过程中所依赖的一个特殊策略(Levy 和 Spiller,1996)。撒切尔(Thatcher)分别对英国、德国、法国和意大利的监管机构受权(授予机构职权)进行了研究,他在研究中指出授予监管机构职权的功能性原因——允许政治家转移在政治上不受欢迎的决定的责任,提高决策的可信度,并提高决策者在复杂领域的技术能力(Thatcher,2002,130)。但他认为,每个国家都会为接受授权的这类监管机构选择最合适的监管组织形式,国家这样做的目的是降低"机构成本"——即防止机构"逃避"或背离自身使命。标准的监管型授权模式的塑造离不开监管制度之间的相互借鉴,也受每个国家特有的国家传统的影响。鉴于欧盟委员会正变得越来越政治化,可信承诺也已成为欧盟监管中的难题,它极易受到欧盟委员会监督力度的影响(Majone,2000)。马约内(Majone)认为,解决这一威胁的办法是消除在欧洲联盟一级设立独立机构的重大政治和法律障碍。

合法性概念强调程序性的规定和民主、公平的监管决策结构,而监管的新近运动是【662】通过具有实效性和效率性的实质措施来衡量监管的合法性,二者之间存在着潜在的矛盾。美国在 20 世纪 90 年代中期引入的澳大利亚国家竞争政策(以下简称"NCP")就有力地阐明了二者之间的矛盾(Morgan,1999)。NCP 要求州政府、地区政府和联邦政府对所有现行企业具有监管作用;而且,NCP 与新政策文书的监管影响评估政策(RIA)互为补充,后者是大多数经合组织国家共同使用的政策。NCP 强制规定:只有当市场监管失灵时,政府才能维持它对企业的监管。州政府和地方政府出于社会目的和其他各种目的会努力维系监管制度的效力,NCP 的上述规定大大削减了他们维系监管制度效力的能力。

监管制度所依赖的程序性问责机制正向高效化方向发展,这无疑意味着这些程序性问责机制正在逐步升级。大多数经合组织国家都设立了某种中央监管机构,负责监督新监管文书发起人的审查工作;我们发现,经合组织国家制定的这种程序性问责机制与某些监管机构的政治和法律问责制互为补充,但是监管机构的政治和法律问责制更为传统,这些监管机构向立法机关和法院负责并为自己的行为承担责任(OECD,1997a)。许多监管研究发现,这些传统的责任问责机制还不够健全,还无法适用于授予监管机构的广泛权力(Graham,2000,85)。

有人认为,正式的问责机制很可能是软弱的,或者认为应该加强问责机制,与其相比,另一种可以识别出至少与正式问责过程等效的替代机制,这些机制嵌入在监管制度内部相互依赖的关系之中。(Scott,2000;参见 Stirton 和 Lodge,2001;Wilks,1998,140)。从更广泛的角度考虑问责机制的优点,以便将日常监管制度的决策和行动限制纳入到监管制度的问责机制中,这些日常决策和行动限制是在监管制度之间相互依存的过程中诞生的;好处在于这为我们创造了某种更为现成的方法,通过这种方法我们就可以探究某些掌握着监督权的非国家和超国家行动者的合法性。因此,尽管公司不受议会和司法监督的制约——这些议会和司法监督的形式与公共机构的监督形式相同,但是公司可能会受到来自于公司治理制度或市场定位的同等制约。监管机构可能"在财务报告和其他报告的框架内被准许拥有一定的自治权,他们的自治形式要切合他们特定的监管任务"。奥诺拉·奥尼尔(Onora O'Neill)引用了"智能问责机制"的概念来概述上述观点(O'Neill,2002,58)。上述观点与某种假设截然相反,后者认为我们可以借助监管手段来对组织(无论是公共组织还是私人组织)进行"全面控制"。

公共政策中的监管概念在很大程度上是依据监管的工具主义特性来定义的,监管制度、监管组织和监管规范的目的都是取得特定的监管成果。监管的工具主义特性常常与传统的法律规范形成鲜明的对比,后者虽具有普遍适用性,但却缺乏针对性(Parker等,2004)。某些宣扬监管工具论的监管研究遭受到来自各种不同学科的持续性攻击。如上所述,经济监管理论中保留了一种假设,这种假设认为运用监管手段可以

【663】取得预期的监管成果;但是,经济监管理论中持有的这种假设却表明监管有助于实现私人目的而非公共目的。在法律社会学领域,创生系统的法律理论的支持者认为:政治体系、法律体系和经济体系各自分化出子系统之间的交流存在着很多问题,以至于要是我们经常在政客制定的政治、法律和经济规则之间找到足够强的关联性(或"结构耦合"),我们就会为此感到非常震惊。但我们大可不必为此感到震惊:为使监管能始终保持连贯性,政客制定的这些规则不仅在法律体系中得到了贯彻,而且也已在经济体系中达成共识,所以这些规则之间的耦合度才会如此之高(Teubner,1984)。目前,由控制的中心问题已衍生出了许多不同的控制问题。一些控制研究的关注重点是:监管政策的某些方面所招致的不可避免的监管惨败和监管灾难(Moran,2001/2003,ch.7)。一些经典控制研究在探讨监管所带来的非预期影响时,使用了"致命性补救措施"(Sieber,1981)和"反生产性监管"(Grabosky,1995)这两个术语。

为避免监管的工具主义特性所带来的影响,我们可以考虑放弃或减少监管承诺,就像20世纪70年代和80年代的放松管制运动那样。若这种方法不起作用,我们还可采用另一种方法。另一种方法一直认为监管本身未必有内在的问题,它提议我们还是应该更多地关注行动者在获取控制权过程中遇到的阻碍,为监管的工具主义特性所带来的问题寻求更多新颖的解决方法。艾尔斯和布雷斯维特(Ayres和Braithwaite)在他们的回应性监管理论(Ayres和Braithwaite,1992)中提出了"超越放松管制辩论"的议程,他们援引了博弈论来说明监管者如何能更好地针对受监管者的行为做出监管回应。我

们可运用其他的控制方法来使国家机构更高效、更迅速积极地执行他们的任务,我们运用的这些控制方法援引了通俗的再造公共管理语言(Pildes 和 Sunstein,1995;Sparrow,2000)。促进"新工具主义"发展的方法的研究范围超越了国家层面,他们既研究公司和同业公会在制定和实施"智能监管"(Gunningham 和 Grabosky,1998)过程中所发挥的作用,也探讨增建监管的合规部门的可能性——例如,使公司成为监管实施的主要负责人,并在监管实施过程中重点强调"元监管"(Parker,2002)。

6. 结论

今后,有关监管制度的公共政策文献应该确定怎样的研究方向和研究内容呢? 有些研究人员认为,下一步的研究重点应该是开展更多的监管实证研究工作,从而开发出更完善的数据来检验和指导理论的建立。监管实证研究的开展,一方面将会使我们更容易掌握监管制度产生预期效果的条件,另一方面也可使我们更深入地了解监管的类型以及在何种条件下能使某些监管形式从一种监管环境(某个领域或国家)被有效地移植(或没有移植)到另一种监管环境中。在探究新型监管制度的过程中,有关监管制度的研究不仅应该重点关注(但或许也不能主要关注)国家监管机构,还要将关注焦点积聚于政府部门、非国家监管组织以及政府性质和非政府性质的超国家监管机构身上,【664】这些超国家监管机构的影响力正在日益凸显。

在本章中,笔者提出了一种重构监管概念的方法,即以宽泛的方式来构想监管的制度、规范和程序。尽管学者和政策分析人士之间就此达成了一些共识,一致认为本章将广义上重构的监管概念作为研究领域是可取的,但我们还是很难想象监管机构和决策者会如何应对新的监管议程。一方面,有充分证据显示许多经合组织国家开展了监管治理方面的实验和创新——例如,配置新的监管方法、鼓励建立用以实施制裁和奖励的共同监管机制和创新机制,其中一些经合组织国家似乎认识到了国家组织之外的其他监管者所拥有的监管治理能力。另一方面,当某些问题的严重性上升到政治高度时——通常是由于危机或丑闻(例如国际重大疯牛病危机和安然丑闻)等原因,政府的反应通常是(或者可能总是?)彰显或重申它所拥有的传统国家监管权力,并同时释放出某种含蓄的声明——如果手头的问题非常严重的话,那么只能通过某种传统的公共监管形式来解决这些问题。上述内容例证了某种说法,即英国的监管型国家就是当代公共政策"盛期现代性"(high modernism)的反映(Moran,2003)。政府在做出这些监管反应时,却并没有关注这样一个问题,即目标问题的解决途径究竟在哪里。

在本章中,笔者所塑造的监管类型行之有效且公正合法。究竟何种类型的监管理论才真正具有这种效力,能使公共政策中只存留于理论上的监管更符合本章中所讨论的监管形象?"元监管"理论的发展为我们提供了一种可行的办法。元监管是规范监管制度的过程;当政府试图刺激或引导自我监管制度服务于公共性目的(如公共监管)时,抑或,当政府试图制定能控制公共监管的常规手段(如监管影响分析和其他监管审查程序)时,政府就是在进行元监管。许多经合组织国家经历了从公有制向监管的转变。如果这种转变代表着国家已从监管的执行者变成了监管的指挥者,那么他们在进行监管改革时下一步或许将会采取这样的计划——像划船一样,部分或大部分掌舵工作应留给中央政府以外的其他行动者,包括重大问题和上升到政治高度问题的掌控工作,而不仅仅是让他们掌控某些微不足道的问题。这将使得国家行动者获得引领监管或从事元监管的新模式。

宣传"无控制力国家的神话"(Weiss,1998)是不可取的也是不可信的,我们还是要认识到其他主要监管行动者的影响力。我们是否应该将国家视为所有监管制度的智慧核心和目的性核心,允许它通过服务于公共性目的的元监管流程来(间接地或明确地)下放权力并继续引领其他行动者——无论是非国家行动者、超国家行动者还是兼具这两种身份的行动者,这是一个非常关键的问题。或者说,本章中所论证的重构后的监管概念能将国家从它所处的特殊监管位置上移除,使得它不得不在监管领域与其他行动者竞争地位和影响力?要想解决这一悬而未决的问题,我们还需要进一步的思考和研究。

参考文献

Arrow, K. 1963. Uncertaintyand the welfare economics of medical care. *American Economic Review*, 53 (5):941-71.

Ayres, I., and Braithwaite, J. 1992. *Responsive Regulation: Transcending the Deregulation Debate*. Oxford: Oxford University Press.

Bernstein, M. H. 1951. *Regulating Business by Independent Commission*. Princeton, NJ: Princeton University Press.

Black, J. 2000. Proceduralizing regulation: part I. *Oxford Journal of Legal Studies*, 20(4):597-614.

——2001a. Decentring regulation: the role of regulation and self-regulation in a "post-regulatory" world. *Current Legal Problems*, 54:103-46.

——2001b. Proceduralizing regulation: part II. *Oxford Journal of Legal Studies*, 21 (1): 33 - 58. Braithwaite, J. 2000. The new regulatory state and the transformation of criminology. British Journal of Criminology, 40:222-38.

——and Drahos, P. 2000. *Global Business Regulation*. Cambridge: Cambridge University Press.

Cohn, M. 2001. Fuzzy legality in regulation: the legislative mandate revisited. *Law and Policy*, 23: 469–97.

Cushman, R. 1941. *The Independent Regulatory Commissions*. New York: Oxford University Press.

Daintith, T. 1997. Regulation. Tübingen: Mohr Siebeck.

Derthick, M., and Quirk, P. 1985. *The Politics of Deregulation*. Washington, DC: Brookings Institution.

Dimock, M. E. 1933. *British Public Utilities and National Development*. London: Allen and Unwin.

Dobbin, F. 1994. *Forging Industrial Policy: The United States, Britain and France in the Railway Age*. New York: Cambridge University Press.

Eisner, M. A. 2000. *Regulatory Politics in Transition*, 2nd edn. Baltimore: Johns Hopkins University Press.

Feigenbaum, H., Henig, J., and Hamnett, C. 1999. *Shrinking the State: The Political Underpinnings of Privatization*. Cambridge: Cambridge University Press.

Francis, J. 1993. *The Politics of Regulation*. Oxford: Blackwell.

Gilardi, F. 2002. Policy credibility and delegation to independent regulatory agencies: a comparative empirical analysis. *Journal of European Public Policy*, 9(6): 873–93.

Grabosky, P. 1994. Beyond the regulatory state. *Australian and New Zealand Journal of Criminology*, 27: 192–7.

——1995. Counterproductive regulation. *International Journal of the Sociology of Law*, 23: 347–69.

——and Braithwaite, J. 1986. *Of Manners Gentle: Enforcement Strategies of Australian Business Regulatory Agencies*. Melbourne: Oxford University Press.

Graham, C. 2000. *Regulating Public Utilities: A Constitutional Approach*. Oxford: Hart.

Gunningham, N., and Grabosky, P. 1998. *Smart Regulation: Designing Environmental Policy*. Oxford: Oxford University Press.

Hall, C., Scott, C., and Hood, C. 2000. *Telecommunications Regulation: Culture, Chaos and Interdependence Inside the Regulatory Process*. London: Routledge.

Hancher, L., and Moran, M. eds. 1989. *Capitalism, Culture and Regulation*. Oxford: Oxford University Press.

Hood, C. 1984. *The Tools of Government*. London: Macmillan.

——1994. *Explaining Economic Policy Reversals*. Buckingham: Open University Press.

——1998. *The Art of the State*. Oxford: Oxford University Press.

——Rothstein, H., and Baldwin, R. 2001. *The Government of Risk*. Oxford: Oxford University Press.

——Scott, C. et al. 1999. *Regulation inside Government: Waste-Watchers, Quality Police, and Sleaze-Busters*. Oxford: Oxford University Press.

——James, O., Peters, G., and Scott, C. 2004. *Controlling Modern Government*. Cheltenham: Edward Elgar.

Horn, M. 1995. *The Political Economy of Public Administration*. Cambridge: Cambridge University Press.

Kagan, R. A. 2000. Introduction: comparing national styles of regulation in Japan and the United States. *Law and Policy*, 22: 225–44.

Krasner, S.D.1983. *International Regimes*.Ithaca, NY: Cornell University Press.

Landis, J.1938. *The Administrative Process*.New Haven, Conn.: Yale University Press.

Lange, B.2003. Regulatory spacesand interactions: an introduction.*Social and Legal Studies*, 12:411-24.

Lessig, L.1999. *Code: and Other Laws of Cyberspace*.New York: Basic Books.

Levi-Faur, D.2005. The global diffusion of regulatory capitalism.*Annals of the American Academy of Political and Social Science*, 598:12-32.

Levy, B., and Spiller, P.eds.1996. *Regulation, Institutions and Commitment*.Cambridge: Cambridge University Press.

Loughlin, M., and Scott, C.1997. The regulatory state.Pp.205-19 in *Developments in British Politics* 5, ed.P.Dunleavy, I.Holliday, A.Gamble, and G.Peele.Basingstoke: Macmillan.

Macey, J.R.1992. Separated powersand positive political theory: the tug of war over administrative agencies.*Georgetown Law Journal*, 80:671-703.

Majone, G.1994a.Paradoxes of privatizationand deregulation.*Journal of European Public Policy*, 1(1): 53-69.

——1994b.The rise of the regulatory state in Europe.*West European Politics*, 17:77-101.

——2000. The credibility crisis of Community regulation. *Journal of Common Market Studies*, 38: 273-302.

——and Everson, M.2001. Institutional reform: independent agencies, oversight, coordination and procedural control.Pp.139-83 in *Governance in the European Union*, ed.O.D.Schutter, N.Lebessis, and J. Paterson.Brussels: European Commission.

Moran, M. 2001. Not steering but drowning: policy catastrophesand the regulatory state. *Political Quarterly*, 72:414-27.

——2002. Review article: understanding the regulatory state. *British Journal of Political Science*, 32: 391-413.

——2003. *The British Regulatory State and Hyper-Innovation*.Oxford: Oxford University Press.

Morgan, B.1999. Regulating the regulators: meta-regulation as a strategy for reinventing government in Australia.*Public Management*, 1:49-65.

Newman, O.1972. *Defensible Space: Crime Prevention through Urban Design*.New York: Macmillan.

OECD.1997a.*Regulatory Impact Analysis: Best Practices in OECD Countries*.Paris: OECD.

——1997b.*Regulatory Reform, i: Sectoral Studies*.Paris: OECD.

Ogus, A.1994. *Regulation: Legal Form and Economic Theory*.Oxford: Oxford University Press.

——1995. Rethinking self-regulation.*Oxford Journal of Legal Studies*, 15:97-108.

O'Neill, O.2002. *A Question of Trust*.Cambridge: Cambridge University Press.

Parker, C.2002. *The Open Corporation: Self-Regulation and Democracy*.Melbourne: Cambridge University Press.

——Scott, C., Lacey, N., and Braithwaite, J.eds.2004. *Regulating Law*.Oxford: Oxford University Press.

Peltzman, S. 1976. Toward a more general theory of regulation. *Journal of Law and Economics*, 19:

211–40.

——1989. The economic theory of regulation after a decade of deregulation. Pp. 1–59 in *Brookings Papers on Economic Activity: Microeconomics*, ed. M. N. Baily and C. Winston. Washington, DC: Brookings Institution.

Pildes, R. H., and Sunstein, C. R. 1995. Reinventing the regulatory state. *University of Chicago Law Review*, 62: 1–129.

Raeff, M. 1983. *The Well-Ordered Police State: Social and Institutional Changes through Law in the Germanies and Russia 1600–1800.* New Haven, Conn.: Yale University Press.

Schaede, U. 2000. *Cooperative Capitalism: Self-Regulation, Trade Associations and the Anti-monopoly Law in Japan.* Oxford: Oxford University Press.

Scott, C. 2000. Accountability in the regulatory state. *Journal of Law and Society*, 27: 38–60.

——2001. Analysing regulatory space: fragmented resources and institutional design. *Public Law*, 329–53.

——2002. Private regulation of the public sector: a neglected facet of contemporary governance. *Journal of Law and Society*, 29: 56–76.

——2004. Regulation in the age of governance: the rise of the post-regulatory state. Pp. 145–74 in *The Politics of Regulation*, ed. J. Jordana and D. Levi-Faur. Cheltenham: Edward Elgar.

Selznick, P. 1985. Focusing organizational research on regulation. Pp. 363–7 in *Regulatory Policy and the Social Sciences*, ed. R. G. Noll. Berkeley: University of California Press.

Shearing, C. 1993. A constitutive conception of regulation. Pp. 67–79 in *Business Regulation in Australia's Future*, ed. J. Braithwaite and P. Grabosky. Canberra: Australian Institute of Criminology.

Sieber, S. D. 1981. *Fatal Remedies: The Ironies of Social Intervention.* New York: Plenum.

Sparrow, M. 2000. *The Regulatory Craft: Controlling Risks, Solving Problems and Managing Compliance.* Washington, DC: Brookings Institution.

Steinberg, P. 2001. Agencies, co-regulation and comitology—and what about politics? A critical appraisal of the Commission's white paper on governance. *In Mountain or Molehill: A Critical Appraisal of the Commission White Paper on Governance*, ed. C. Joerges, Y. Meny, and J. Weiler. Florence: European University Institute; available at: www.jean-monnetprogram.org/papers/01/012901.html (accessed 12 Aug. 2004).

Stigler, G. J. 1971. The theory of economic regulation. *Bell Journal of Economics*, 2: 3–21.

Stirton, L., and Lodge, M. 2001. Transparency mechanisms: building transparency into public services. *Journal of Law and Society*, 28(4): 471–89.

Sunstein, C. R. 1990. Paradoxes of the regulatory state. *University of Chicago Law Review*, 57: 407–41.

Teubner, G. 1984. After legal instrumentalism? Strategic models of post-regulatory law. *International Journal of the Sociology of Law*, 12: 375–400.

——1998/1987. Juridification: concepts, aspects, limits, solutions. Pp. 389–440 in *Socio-Legal Reader on Regulation*, ed. R. Baldwin, C. Scott, and C. Hood. Oxford: Oxford University Press.

Thatcher, M.2002. Delegation to independent regulatory agencies: pressures, functionsand contextual mediation.*West European Politics*, 25: 125–47.

Thatcher, M., and Stone Sweet, A. 2002. Theory and practice of delegation to non-majoritarian institutions.*West European Politics*, 25: 1–22.

Vogel, D. 1986. *National Styles of Regulation: Environmental Policy in Great Britain and the United States*.Ithaca, NY: Cornell University Press.

Vogel, S. 1996. *Freer Markets, More Rules: Regulatory Reform in Advanced Industrial Countries*.Ithaca, NY: Cornell University Press.

Weiss, L.1998. *The Myth of the Powerless State*.Cambridge: Polity Press.

Wilks, S.1998. Utility regulation, corporate governance, and the amoral corporation.Pp.133–61 in *Changing Regulatory Institutions in Britain and North America*, ed. G. B. Doern and S. Wilks.Toronto: University of Toronto Press.

Wilson, J.Q.1980. *The Politics of Regulation*.New York: Basic Books.

第 33 章　政策过程的民主化[①]

冯雅康(Archon Fung)

> 现代自由的危险在于,我们专注于享受个体独立性和追求特定利益,过于轻易地放弃了分享政治权力。
>
> 当权者急于鼓励我们这么做。公民要么服从要么付出代价,否则就会遇到各种各样的麻烦。当权者会对我们说:你努力的目标、工作的动机、人生希冀最终是什么?难道不是幸福吗?那么,将幸福留给我们,我们会再赐予你。不,先生们,我们绝不将它留给你们。
>
> 本杰明·康斯坦特(Benjamin Constant,1861)

公民参与和协商在现代治理与决策制定中的作用是什么?在当代政治中,政治、政策和行政专业的研究者仍未缓解专业意见和大众呼声之间的紧张关系。直接民主在许多人看来既不可取也不可行。因为在美好生活的现代价值观和概念中,政治参与的公共美德并不具有特殊地位。[②] 即使直接民主有可取性,它也仍然不可行,因其复杂性和【670】规模所带来的挑战,将人们熟悉的参与式民主排除在外,(Bryan, 2004;Mansbridge, 1980)如新英格兰城镇会议和古代雅典市民议会(Sinclair,1988;Ober,1991)。

---

① 本文内容来自由南希·罗森布拉姆(Nancy Rosenblum)组织的代表制研讨会,该研讨会形式新颖,于 2004 年 5 月 21 日在拉德克利夫高级研究学院举办。感谢约书亚·科恩(Joshua Cohen)、简·曼斯布里奇(Jane Mansbridge)、玛莎·米诺(Martha Minow)、南希·罗森布拉姆,理查德·塔克(Richard Tuck)、西德尼·维巴(Sidney Verba)以及其他与会者,感谢他们在讨论会期间以及之后的深刻见解。还要感谢埃琳娜·福高特(Elena Fagotto)、约瑟夫·戈德曼(Joseph Goldman)、阿比盖尔·威廉姆森(Abigail Williamson)对初稿提出的评论意见。他们勤勉的研究总是能激发新的想法,他们的热忱和投入激励着我。感谢罗伯特·戈定和迈克尔·莫兰对早期草稿做出很有帮助的回复。
② 参见 Constant,1995/1816;Kateb,1981;Hibbing,Theiss-Morse,2002;Posner,2003。

我们有理由认为第一种观点有些夸张,因为在许多情况下,现代公民希望在对他们有影响的决策上能拥有更大的话语权,或以他们的名义进行决策,因为这种影响力正是民主的本质(Pitkin 和 Shumer,1982)。然而,在下文中作者承认这一观点存在争议。下面所有论述假定在现代工业民主政体中,大部分公民并不重视政治参与本身。但是以下讨论的案例说明,在有动机和机会的情况下公民确实进行了大量政治参与。然而,将政治参与所需的时间和精力投入到个人兴趣和休闲中可能会更有利。如果公共事务可以委托给一群专业的代表和管理者,这些可靠的人能促公民利益,公民则不必为参与式管理中潜在的过度需求而消耗精力。但是,由精英为公民利益而运作的响应式公正政府这一愿景,就像完全成熟的参与式民主(Cohen 和 Fung,2004)一样是乌托邦式的空想。很多情况下,由政治代表和专家管理的决策机制展现出了某些严重不足,这种机制正是在过去两个世纪中发展起来的,且无需太多的公民参与就能有效管理。这些不足之处可通过公民参与和协商机制加以弥补。与第二种对参与式民主可行性的怀疑论相反,地方治理的经验表明,结合了代表和参与机制的混合结构比单一形式政府更具有响应性和公平性。

这些经验表明,代议制民主和参与式民主支持者之间的历史对抗,比其表现得要更为复杂。民主理论与实践在当代的一个实际挑战是,确定在何种情况下管理机制会出现严重和系统性民主赤字,然后设计恰当的补救措施。本章通过说明传统代议制和专业化决策过程中的典型赤字,探索该挑战的一部分内容,然后说明代表和管理、参与和协商的新颖组合,如何在某些情况下可以解决这些赤字问题。这一探究调查了参与和协商制解决最小代表政策过程缺陷的几种方式。当然,其他不涉及公共参与的方式同样可以解决那些缺陷,我们在此集中探讨能深化民主参与的解决方式。此外,认为参与和协商制进程将特定的观点和利益排除在外,或加强了统治和不平等的模式,诸如此类的主要批评论不在讨论范围之内(Fraser,1992;Sanders,1997;Young,2000)。

1. 政策过程中的民主赤字

【671】 以下讨论的基础建立在一个高度程式化的观点之上,即资本主义民主中的政策进程连接了公民利益和政府行为结果。这种体制可称为"最小代表政策进程",它没有给公民直接参与和协商的空间。虽然其抽象性回避了许多重要的问题,但许多政治和政策学的最初论题都以概要描述的一些变化为特征。图 33.1 是根据普热泽沃斯基(Przeworki)、斯托克斯(Stokes)和曼宁(Manin)的著作中代表制和问责制的变化修改而来的(1999)。简单地说,该体制中公民对于能促进其利益的政策选择有着(1)不同利

益和(2)偏好。公民通过在定期选举中,为那些纲领与自身偏好最接近的政党政客投票,来(3)向政府发出这些偏好的信号。这些选举信号授权给(4)代表性政客制定出能推进这些利益的(5)政策。在立法权和执法权分离的情况下,由专业管理人员组成的(6)机构负责执行政策,从而产生一些结果,这些(7)结果推进了起始进程的(1)利益。

选举准则被认为创造了代表和问责两个动力,这确保了公民利益和政策结果之间联系的完整性。展望性看,公民投票选出他们认为可以代表自己的政客,这些政客通过推行适当的政策来了解和支持他们的偏好(2)。回溯性看,政客定期参加选举这一要求使公民可以惩罚那些未能取得满意的结果(7)的政客,将他们逐出政府机构(3)以支持更能胜任的人选。只有当普通公民在有利环境下参与到许多法律和政策领域,这种代表和问责的双重机制才可能产生响应型的公平政府。例如有竞争力的选举、有明确纲领的强大政党、对有争议的政策选择进行有力的公开审查、知情的选民、足够独立于经济的政务以及有能力的管理人员。然而由于许多公共问题和不利条件,这种最低限【672】度的定期选举并不能确保响应型政府的政治代表和问责水平。

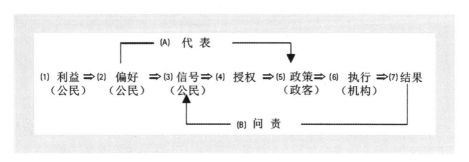

图 33.1　最简化代议政策进程

考虑到四个典型的困难,或者说是阻碍选举机制进行政府响应的民主赤字,在许多公共问题中,公民对最利于自身利益的公共政策的偏好并不明确。或者说他们的偏好不稳定,因为他们很容易根据新了解到的信息、辩论和观点而改变偏好(D1)。当大众偏好在这些方面不够成熟时,政治和政策选择的后续结果就建立在高度不稳定的基础之上。即使选举和行政机器的剩余部分具有高度完整性,也依然是"无用输入,无用产出"。如果公民有着稳定偏好,选举机制只向政客和政党提供有关偏好的内容的"直接信号"(D2)。① 政治精英和他的选民们之间没有比定期选举更紧密、持续的关系,政客们常常误解他们的选民。这种误解尤其可能发生在一系列问题上,而这些问题在投票前的竞选活动中并不显著突出。对选民缺乏了解的政客无法很好地代表选民。第三,

① 参见 Przeworski,Stokes 和 Manin,1999;Goodin,2000。

选举机制可能过于薄弱,以至于当公民偏好明确时政府的政治和行政机制无法对他们负责(D3)。在许多国家决策中,政客和行政官员的利益可能有悖于大多数公民。当选举缺乏竞争力,当狭隘利益与广泛利益相悖,或难以监督评价选举结果时,公民很难利用选举来促使政客们采取行动,去推进大众利益而不是精英阶层的利益。现代国家普遍将权力权威委托给行政机构,这使问责问题变得复杂。即使公民能要求政客负起责任,政客也可能无法控制和监督进行决策制定并实施的行政机构。最后,即使代表和问责的选举机制允许公民委托人控制政治和行政机构,国家本身也可能缺乏有效促进公民利益的能力(D4)。例如在经济发展等领域,结果成功与否不仅取决于法律和公共政策,还取决于经济领域中参与者的行为。在环境、教育和公共安全等领域,结果则取决于公民的个人参与和贡献程度以及公共政策的制定实施。图 33.2 显示了这些民主赤字及其在政策进程中所处的位置。

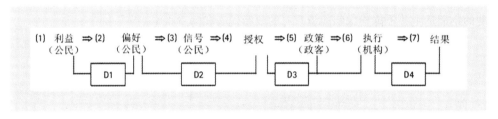

图 33.2　政策过程中的民主赤字

当代民主中,委托人(公民)、代理人(政客和管理者)与结果之间的关系链的确很长。上述四个环节在许多情况下尤为薄弱。以下四部分内容论述了参与和协商式民主机制如何弥补这些民主赤字。有些方式是通过直接参与和协商来辅助选举,改善偏好形成以及提高代表和问责的动力。另一些方式则是通过使机构和政府行为更直接地响应于公民,来削弱政治代表的作用。下述的参与和协商案例是一种温和且贴切实际的情况。作者并不认为直接民主策略是解决这些民主赤字的唯一或最好方法。相反,作者只是阐述使政府更积极响应公民利益的方式,同时这些方式也能展示它们在实际情况中的应用实践。这一分析表明,决策机构的优化配置会随政策领域的不同而变化,但在许多情况中应与代表和参与机制相结合。

【673】

2. 协商偏好表达

对于在公共讨论中观点较为突出、多样和成熟的政策问题上,公民可能有明确而稳定的政策偏好,例如堕胎合法化或财富分配。而对于其他政策问题,大众偏好则可能不那么清晰稳定,例如一种或几种观点占主导地位的、充斥错误信息的、与感知利益相距较远的以及观点明智且需要大量认知和信息投入的问题,或仅仅是无法吸引大量公民注意力的问题(见上图 33.2 中 D1)。当政策基础如此变化无常时,很难说是人民在统治。对于这些问题,机制通过使偏好更加清晰明了、理性合理来促进偏好的发展和稳定,以此深化民主并使政府更加积极地响应公民利益。

民主政体中,公民偏好的质量很大程度上取决于公共领域机构的质量,例如媒体和【674】次级协会,公民由此得以接触到政治观点与辩论。① 除了本章范围内提到的对公共领域的普遍改善外,还有一些创新尝试,通过召集小组,使公民与代表、其他公务人员,以及公民相互之间进行协商,以提高公民偏好的质量。

协商民意调查是其中最为突出的一种,其创始人詹姆斯·费什(James Fishkin)这样描述这种活动:

选取符合投票年龄的公民群体作为国家概率样本,询问他们(一些)关于政策领域的问题。提供给他们均衡且易于理解的材料简介,帮助他们了解并更认真地思考同样的问题。然后将他们转移到一处,他们可以在那里花几天时间来处理这些问题,与随机分配的其他人员以及合适的小组进行讨论,并将小组讨论所产生的问题提交给精心分配的政策专家和政治领袖的专门小组。最后用与开始时一样的方法再次询问参与者(Luskin,Fishkin 和 Jowell,2002)。

费什认为这些协商往往会对参与者的观点产生深远的影响。例如英国在 1994 年对犯罪问题进行的一次协商民意调查,参与者认为严厉的惩罚可以阻止犯罪的可能性大大降低,并且对刑事被告产生了更多同情心理(Luskin,Fishkin 和 Jowell,2002)。他还指出,类似的观点转变还出现在了针对能源效用政策、丹麦采用欧元以及大城市治理等问题的协商民意调查中。这些变化可能是参与者在相互讨论中采取更加知情、一致和合理的立场的结果。

需要注意的是,"协商民意调查"被认为是社会选择的一种方法,其本身并不是协商民主的形式。协商民主通常被定义为一种制度,即公民通过提供其他人可以接受的理由,抑或是阐明冲突来进行集体决策,而不是简单地投票赞成最有利于他们利益的提案。在协商民意调查中,参与者讨论不同立场观点的优缺点,但并不需要努力达成共识或集体决策。其设计者担心个体偏好的形成会因共识要求带来的顺从压力而扭曲。协商民意调查中集体决策的缺失,可能使其最适合解决政策进程中不稳定的偏好赤字问题。

---

① 公共领域的处理一般不在本文讨论范围之内。

协商民意调查是公民和政策干预体系中的一员,它通过召集公民相互协商来改善公众舆论和公共行动。它的同类活动都承担着参与和协商的义务,但在过程的设计上各有不同。例如,公民陪审团制度虽然也是随机选择的,通常来说,其召集的小组规模比协商民意调查要小,会议会持续几天而不仅仅是一个周末。公民陪审团还会发布集体调查结果和建议(Smith 和 Wales,2000;Gastil,2000;Leib,2004)。21 世纪城镇会议是由一个名为美国话语权的组织创立的,它创造性地通过使用技术和设备召集大量公民来组织协商。① 他们不采用随机选择,倾向于开放会议,并从那些可能被忽视的小团体中大量招募人员。由托普斯菲尔德基金(Topsfield Foundation)赞助的学习圈则会针对过去几个月发生的具体问题进行社区范围的协商。② 这些活动中,协商前和协商后调查都只存在于协商民意调查之中,而对在其他过程中参与者的偏好和观点的变化程度知之甚少。甚至对协商民意调查的细致研究也都集中在了观点的变化程度上,而不是在对偏好稳定性、一致性、合理性或公道性的影响上。③ 虽然这些偏好表达中的项目规划有望对选举机制予以补充,但政治协商中微观动力的许多方面仍然是未知的。

诸如协商民意调查和公民陪审团等这一类活动,通常旨在提高公众对传统决策机制里存在的问题的舆论质量。通过这种方式,政策制定者考虑的问题议程通常源于他们自身。但是那些关于公民是否有明确偏好的问题议程,其本身就是民主关切的来源。公民特别可能在他们认为自己拥有真实选择的领域有着明确偏好,但在他们认为不受自己影响的领域偏好则较少。例如,许多美国城市和郊区的社区居民们对于他们的居住条件、送孩子去的学校以及食杂店的选择等问题有着十分明确的偏好。而在其他领域结果虽然也很重要,但取决于远程机构的选择或者是开发者及其他人员的市场决策。例如,社区里是否有公园以及公园的格局、周围企业的特点、社区与城市城镇的关系等。在这些问题上居民的观点可能并不明确,而其他公共或私有的参与者则有充分发展的偏好。当这些外部力量的行为成为威胁时,通常会出现保守的偏好排斥,例如对当地不良用地(LULUs)进行旧区改造或建设,将其建成无家可归者的庇护所或有毒废物处理厂。

但是公民控制的生活领域是由前期的制度选择决定的,公民偏好的深度也是如此。1990 年,明尼苏达州的明尼阿波利斯市发起了一项社区振兴计划(NRP),该计划向约60 个社区协会拨款 4 亿美元。如要使用这些资金,社区团体必须制定优先事项、计划和项目,还有许多社区采取了大量居民参与的协商方式。在一些社区中,规划需求和与

---

① 参见 www.americaspeaks.org。

② 参见 www.studycircles.org。

③ 有关协商对偏好形成的影响更加怀疑论的观点参见 Cass Sunstein,2002。

成功规划相关的资源促使居民社区特点形成更明确的,有时是共同的偏好。例如,明尼阿波利斯社区协会制定了一项全面、专业、长期的社区规划,涵盖了社区发展的所有主要方面。关于社区振兴计划资金使用的协商激起了居民想要更清晰地表达社区偏好的意愿:

> 这一地区正在进行大规模的重建。人们不仅想要对即将出现的(重建)提案做出反应,他们还想有一套表达社区居民诉求的专业指导方针。这样当开发商出现时,乃至在开发商深入进行之前的早期阶段,我们就可以将这个总体规划交给他们并说:"这就是我们在建筑和土地使用方面的诉求,我们想要绿色空间,想要单元住宅。"这能营造良好的愿景。①

协商和参与活动应让尽可能多的公民参与其中以促进大众偏好的表达。协商民意调查和社区协会这些活动的本质缺陷在于,相关选民中只有一小部分能直接参与其中。所有这些活动都旨在通过一些间接方式让他人参与进来,如媒体报道,但在所有案例中直接参与协商、偏好发展十分成熟的公民,与其他公民及更为广阔的公共领域之间联系甚微。

3. 沟通性再授权

参与式民主主义者批评代议制政府,认为它在大多数时候将大部分公民归为了旁观者和被动角色上。② 但其他民主理论家认为,应将代表制概念化为选民和专业政客双方都积极参与其中的一种关系。有人认为被代表方处于被动或被支配地位的想法是错误的。普罗特克(Plotke)以市场代表类比政治代表。"在市场中我的代表被授予达成一些协议的权利,反过来,我受他或她的行为约束。我与我的代表交流,并且可以取代他/她。如果 x 代表 y,y 就是在引导、约束 x,并授权给他"(Plotke 1997,28)。同样地,艾利斯·马瑞恩·杨(Iris Marion Young)认为"代表进程糟糕,则会出现一定程度的分离倾向。而代表程序良好,则会在一定程度上建立和重建选民和代表间以及选民之间的联系"(Young,2000,130)。简·曼斯布里奇(Jane Mansbridge)认为政治代表通常致力于预测他们的选民在下届选举中的反应,而不受上一届选举的指导。她认为选举与教育互动相结合时,公民得以发展能衡量自身的偏好和代表,这种"预测性代表"能更好地运作(Mansbridge,2003)。【677】

---

① 2004 年 4 月 7 日对明尼阿波利斯社区协会工作人员的采访。
② 提供一个类似的思路,卢梭曾写过名句:"英格兰人民认为自己是自由的,这是大错特错。(《社会契约》第三卷,第 15 章)"

这些关于代表的观点给直接参与和协商提供了一种可能的论证。竞选和选举活动所提供的有关公民偏好和利益的信号十分薄弱且稀少(见上图33.2 中 D1)。对于竞选季期间出现的新问题、缺乏公众关注度的问题,或主要决策权被委托给独立管理者而非政客的问题,选举并不能在这些问题上给予人民话语权。当选举不能表达公民的声音时,选举前和选举中的参与和协商可以加强选民和代表之间的交流沟通。

在美国,衡量公众想法的公共机制包括公众听证会、通知与评论要求、焦点小组以及调查问卷。这些方式引起的探讨与争论通常无法引起公众的强烈情绪,对公民和官员都无法起到教育作用。例如公众听证会和会议,其典型组织形式是使有序组织的对立双方在决策者前作证,而并不促进交流(Kemmis,1990)。公民社会组织中的协商者对协商和参与方式的缺点做出了回应,通过应用如替代性争端解决、组织设计、简化小组过程的方式来使选民和代表之间重新建立连接。一些情况中,政客和管理者采用他们创建的非选举的参与和协商机制,来公布并重新授权他们的政治选择。

例如,爱达荷州的一个名叫库纳(Kuna)的小社区已经采用了一种双轨制的政策过程。① 在最低限度参与选举轨道上,代表和管理人员处理日常事务时无需与公民进行详尽交流,也无需再次授权。对于公众情绪不明确且可能存在争议的问题,政府官员和社区组织经常召集为期几天的学习圈并邀请公民加入,在这个过程中公民学习了解该问题的更多细节,与其他公民和官员协商不同选项的优缺点及其成本。按照国家学习圈模式,提供给参与者这些事件的资料简介,将他们组织成小型和便于讨论的小组。在这些小组以及由全体成员组成的大组讨论中,成员们针对利害攸关的问题和选择提出他们的观点,并向决策者提出准备好的问题和建议。这些公众协商有时会证实决策者的观点,并促使社区成员支持某一政策主张。然而,协商有时会暴露出反对意见和潜在偏好,致使代表和官员修改提案。公民在与官员协商时,通常能理解领会不同提案和主张的支持理由。这些学习圈一般有约一百到几百名居民参与。在过去 5 年中,库纳召集的学习圈协商的问题包括数百万美元的学校公债、学生药物检测、当地税收政策以及城市规划等。

重建 2001 年在"9·11"袭击中被摧毁的纽约曼哈顿下城区这一截然不同的挑战中,也采用了一种公众协商轨道(肯尼迪政府学院,2003)。港务局和曼哈顿下城发展公司(LMDC)两家地区机构负责领导重建世贸中心的工作。然而,由于存在着多重且相互冲突的目标和愿景,例如商业与住宅利益、快速重建与谨慎协商,以及受害者家属和朋友希望受害者得到适当尊重的心愿,使这些机构无法仅仅依靠技术专家来应对这

【678】

---

① 这一段资料来自于约瑟夫·戈德曼的实地研究,未发表。

些挑战。地方当局同意与几个民间组织合作,针对该地命运展开一系列大规模的公众讨论。这些公众参与活动在一场名为"聆听城市"的大型会议中达到顶峰,该会议于 2002 年 7 月在 Jacob Javitz 会议中心举办,吸引超过四千名与会者。该活动由美国话语权组织按照 21 世纪城镇会议的模式进行组织。与传统的会谈会或公共听证会形式不同,这次会议开展了上百个更紧密、更聚焦的会话。会议中心的主楼层容纳了 500 张桌子,每桌有 10 个座位。每张桌子上的电脑与中央电脑相连。每张桌上一整天的讨论内容被转发给一个中央"主题小组",该小组为大团队挑选出整体中反复出现的观点和主题。除了记录桌上的谈话,每个与会者都有自己的"投票按键",以记录一整天的投票和非正式民意测验。使用这些技术的目的是创造一种公共协商形式,可以结合小组讨论的优点与集体协商的力量。这个特别小组达成共识,他们拒绝了港务局和曼哈顿下城发展公司准备方案中的关键要素,反而支持前卫的建筑、优先建立逝者纪念碑以削弱对商业的重视程度,并且更加注重居民生活的经济适用性和质量。这次会议获得了媒体大量关注,并得到了广泛支持,东北地区报纸上刊登了 49 篇相关文章,其中有 18 篇登在了《纽约时报》上。① 在公众反馈、自媒体和民间组织的交际压力的共同驱使下,两家机构开始重新计划流程,并采纳了许多"聆听城市"会议上表达的价值观和偏好。【679】

4. 公众问责制

当专业代表的利益与他的选民产生系统性背离,或者当选举机制过于薄弱无法促使代表反映公民利益时,这时民主政策进程会受到严重威胁,而无法利用政治权力达到自己的目的(见上图 33.2 中 D3)。将政治精英的能力应用于公众利益,可能是民主制度设计的核心挑战。在许多社会政治环境下,鉴于选举问责制的两个常见的系统性障碍:行政代表和政治庇护关系,定期选举机制在应对这一挑战中只取得了部分成功。

公共官僚机构管理着现代政府的大部分事务。这些机构的规模性、复杂性、独立性的增长"造成了民主中的重要问题,因为它创造了一种可能性,即非选举官员可能在忽视公众偏好的情况下,对政策做出决定性影响"(Dunn,1999)。与选举产生的官员和民间组织相比,职业行政人员可能在信息、能力和精力方面有着巨大优势(见 Friedrich,1940;Stewart,1975;Lowi,1979)。另外,这些机构的议程可能根植于组织需求以及专业的习惯和论述,背离了公众利益和偏好(见 Fischer,2003;Hajer 和 Wagenaar,2003)。行

① 作者于 2004 年 6 月 25 日在 Lexis-Nexis 上搜索了美国东北地区新闻资源中于 2002 年发表且包含"聆听城市"的文章。

政法改革,尤其是《行政程序法》对联邦条例的调整,为受影响的各方创造了绕过政治代表结构直接与联邦机构接触的机会(Stewart,1975;Sunstein,1990)。

公民相互之间以及公民与官员之间的参与和协商论坛可以强化公众问责,从而解决行政委托的困境。上文讨论的重建曼哈顿下城区"聆听城市"会议案例,阐明了这种可能性。在重建规划过程中,授权的公共机构发展了特殊的政治偏好,似乎与他们组织的优先项目有关。例如,港务局能从该地区的经济活动中获得收益,并对规划人员的指示中强调了重建商业用地。如果 2002 年夏天公众参与活动的协商结果反映了更广泛的公众情绪,那么港务局的议程和最初计划并没有满足民众愿望。许多公共会议虽然【680】无法约束政府官员,但"聆听城市"会议似乎确实加强了对机构的问责。这两家机构随后改变了重建准则,他们发起了一场概念设计的公开竞赛以迎合会议中表达的公众偏好。参与协商活动改善了官方问责,因为它引入了有关曼哈顿下城区更大规模的、受高度重视的讨论,并将其呈现在大众媒体中。"聆听城市"是一场对所有公民开放的大规模讨论会,其议程未经严格把控,并对所有关心此事报告的人保持信息透明。这并不是一个特别机构的报告,也不是特殊利益集团发出的新闻。该过程中参与式民主的特点赋予其结论独特的合法性,引起了记者和读者的高度关注。因而机构官员和政治领袖也无法忽视它们。但是,政治精英们可能为了避免再次犯同样的错误,在规划和重建的后期阶段,他们明显地拒绝再发起类似的活动,随后的决策也缺失实质的参与性。

"聆听城市"会议的举行说明,在公众问责受到严重威胁时期,临时公众协商可以弥补选举与行政问责制的现有框架。然而,在更具挑战性的环境下,选举机制再造和强化而不是制衡了精英统治。因此只有对腐败的政策进程进行彻底改革,公众问责才能得以实现。巴西阿雷格里港的民众参与公共预算决策的案例可以说明这一趋势(Baiocchi,2003;Abers,2000;Avritzer,2002a)。1989 年,左翼工人党(Partido dos Trabalhadores 或 PT)以授权城市社区和社会活动为纲领当选市长职位。接下来的两年里,该承诺在一个名为"参与式预算(Orcamento Participativou 或 OP)"的高度创新机制的帮助下,转变为一项政策。该政策从根本上对城市预算中资本部分的决策权进行了转移,从城市委员会转移到由社区和城市公众集会组成的一套系统。市民与公民协会通过复杂的年度公开会议来确定地方投资优先事项。这些优先事项汇总成一个整体的城市预算。预算必须经过选举出的城市委员会批准,但是由于每年的公众进程给预算带来了极高的合法性,因此批准在很大程度上只是一种形式。OP 行动自启动以来参与率大幅度提高。据估计,约有 10% 的成年人口参加了组成该进程的正式以及非正式集会。另外,参与者不成比例地来自人口中的较贫困群体。

OP 活动的主要成就是用大众决策制度取代了政治赞助和庇护主义制度,使公共投资更符合公民利益。据调查,接受委托人的利益庇护以换取政治支持的公民领袖比例,较 OP 活动之前的 18% 有所下降(Baiocchi,2005,45-46)。莱昂纳多·艾夫里泽(Leonardo Avritzer)的另一项研究发现,OP 启动前有 41% 的协会直接与政客联系获利,OP 建立后就没有协会再采用这种无中介渠道(Avritzer,2002b)。减少庇护主义、加强政治 【681】问责的实际结果十分显著。作为 OP 的成果,阿雷格里港的贫困居民享受着更好的公共服务和商品。自 OP 成立以后,自来水社区覆盖率由 75% 增加到 98%,下水道覆盖率由 45% 增加到 98%,家庭住房援助数量增加了 16 倍(Baiocchi,2003)。

发展绕过代议制进程的参与制度似乎是解决选举问责问题的一种极端方式。对于发达国家中的绝大多数城市来说,腐败和庇护主义是特例而非常态,这种过度的参与式改革与它对政治问责问题的解决程度可能不相符。然而,当庇护交易根深蒂固,并固化了决策进程动力时,彻底的参与式改革可能是一种有效的矫正方式。

5. 替代治理与公共问题解决能力

代议性政策过程中第四个特点的缺陷在于国家机制无法解决某些公共问题(见上图 33.2 中 D4)。以国家为中心的解决方案限制了一些需要进行合作,甚至是与非国家的参与者合作的问题。一些评论人士创造了"治理(governance)"一词与"政府(government)"形成对比,以标志公共决策和行动背离正式国家机构的界限。例如,要解决诸如暴力社区的公共安全、儿童教育以及许多社会服务问题,不仅需要得到积极的许可,有时还需要受益人及其他受影响公民的积极贡献(共同制作),甚至是共同决策(共同治理)。更概括些说,一些问题涉及的参与者有着不同的利益、价值观和经验,且这些参与者相互依赖,例如许多自然资源管理和经济发展问题,这些问题通常对传统的自上而下的、以国家为中心的机制和方案具有抵抗性(Booher 和 Innes,2002)。另外,一些社会问题的复杂性来自于跨越传统专业划分的案件的多样性,它们表现为时间上的波动性和空间上的多样性,让传统的国家政府机构难以处理。这些机构以独立的政策准则进行组织,并假定其问题环境具有一定的稳定性(Cohen 和 Sabel,1997)。

直接参与和协商有助于克服这些国家能力上的限制。开放参与公众决策的渠道可以带来活力、资源和公民及利益相关者的观点,以解决复杂的公共问题。适当的协商可 【682】以促进创新策略和解决方案的探索(Booher 和 Innes,1999),并创造规范压力以做出公平合理的集体决策。在别处作者将此类改革描述为赋权参与式治理。此类改革是公民之间以及公民与官员之间进行协商,来解决具体的紧急问题(Fung 和 Wright,2003)。鉴于 20 世纪 90 年代芝加哥警局的改变(Fung,2004;Skogan 等,1999;Skogan 和

Hartnett,1997),可解释赋权参与式治理如何扩大集体能力以解决公共问题。1994 年,芝加哥警察局采用了一种深入的社区警务形式。每个月警察都在城市中的 280 个社区里巡逻,居民会与警察开会协商如何使社区更加安全。他们决定应集中注意当地存在的哪一种问题,并规划问题的解决策略。这些社区协商制定的计划不仅涉及警方的行动,还包括其他城市部门、私人组织以及公民自身的贡献。这种参与式、跨机构的问题解决方式,标志着传统等级体系的警务方式发生了重大改变,经证明这种传统方式对长期的犯罪和混乱问题无效。类似的参与和协商式治理还出现在了不同的政策领域,如中小学教育、环境监管、地方经济发展、社区规划和自然资源管理(Weber,2003;Sabel,Fung 和 karkainen,2000)。在所有这些政策领域中,以传统形式组织监管或提供服务的国家机构面临严重的执行危机。一些情况下,这些危机通过参与和协商式改革得以解决,这些改革将公民和利益攸关方的独特能力与国家权威结合起来。

　　然而,对于解决国家能力局限性的公共参与和协商,其特征中存在的几个重要区别应予以注意。第四类参与可能要求更集中的参与,因此与阐明偏好、与官员沟通或定期加强问责机制这些公众参与相比,其参与更不广泛。在像芝加哥社区警务这样的案件中,居民与官员一起进行详细的讨论和规划,往往是长时间的。深入参与的公民获得了专业水平的知识,使他们能够与专业人员平等地互动,但期待很大一部分公民会如此深入地投资于此类事务是不现实的。此外,这里讨论的具体的民主赤字是公共能力而不是代表权。在这种情况下,一小部分公民或利益相关者的参与——他们的参与为其他人带来了公共产品——在解决问题的能力方面往往会有很大的不同。同样,在这种情况下,审议往往更多地侧重于确定和制定有效的行动方针,而不是解决根深蒂固的价值冲突,这些价值冲突在民主理论的推理中占主要分析部分。

6. 结论

【683】　　现代民主政治中的公共决策应以参与和协商形式组织起来,还是应通过由定期选举选出的政治代表? 这篇文章没有最终答案:要视情况而定。首先,取决于民主进程解决的特定公共问题的性质。对于该问题,公民是否足够了解且有稳定的偏好? 代表与选民之间的交流是否促进彼此的了解? 代表的行为是否符合公民偏好? 公共机构是否有足够的能力应对该问题? 如果以上所有问题的答案是肯定的,那么通过选举选出代表的最低限度的民主机制就足以确保国家响应公众利益。然而,还有许多其他问题,其中一个或多个问题并不能被解决。公民协商和参与机制有助于弥补最小代表政策过程的中断环节。与将协商和参与制视为代表制的替代品相比,探索制度与程序怎样结合

才能最好地推进民主价值观可能更为有效,例如探索国家对不同问题和政治环境的响应能力。本文列举的一些经验说明了这种协同作用是迈向更全面探索的第一步。

参考文献

Abers,R.N.2000. Reinventing Local Democracy:Grassroots Politics in Brazil.Boulder,Colo.:Lynne Rienner.

Avritzer,L.2002a.*Democracy and the Public Space in Latin America*.Princeton University Press.

Avritzer,L.2002b.New public spheres in Brazil:local democracyand deliberative politics.Unpublished manuscript,Fall.

Baiocchi,G.2003. Participation,activism,and politics:the Porto Alegre experiment.45-76 in *Deepening Democracy:Institutional Innovations in Empowered Participatory Governance*, ed. A. Fung and E.O. Wright.London:Verso.

——2005. *Militants and Citizens:The Politics of Participatory Democracy in Porto Alegre.* Stanford, Calif.:Stanford University Press.

Booher,D.E.,& Innes,J.E.1999. Consensus building as role playingand bricolage:toward a theory of collaborative planning.*Journal of the American Planning Association*,65(1),9-26.

Booher,D.E.,& Innes,J.E.2002. Network power in collaborative planning.*Journal of Planning Education & Research*,21(3),221-236.

Bryan,F. M. 2004. *Real Democracy:The New England town meeting and how it works.* University of Chicago Press.

Cohen,J.,& Fung,A.2004. Radical democracy.*Swiss Journal of Political Science*,10:23-34.

Cohen,J.,& Sabel,C.1997. Directly-deliberative polyarchy.*European Law Journal*,3 (4),313-342.

Constant,B.1995. The liberty of ancients compared with that of moderns,309-28 in *Constant:Political Writings*,ed.B.Fontana.Cambridge University Press.

Dunn,D.1999. Mixing Electedand Nonelected Officials in Democratic Policy Making:Fundamentals of Accountability and Responsibility,297-325 in *Democracy,Accountability,and Representation*,ed.A. Przeworski,S.Stokes,and B.Manin.Cambridge University Press.

Fischer,F.2003. *Reframing public policy:Discursive Politics and Deliberative Practices*.Oxford University Press.

Fishkin,J.1995. *The Voice of the People*.New Haven,Yale University Press.

Fraser,N.1992. Rethinking the public sphere:a contribution to the critique of actually existing democracy,109-142 in*Habermas and the Public Sphere*,ed.C.Calhoun.Cambridge,MIT Press.

Friedrich,C.1940. Public policyand the nature of administrative responsibility.*Public Policy*,1:1-24.

Fung,A.2004. *Empowered Deliberation:Reinventing Urban Democracy*.Princeton,Princeton University Press.

Fung, A. and Wright, E. O. 2003. *Deepening Democracy*: *Institutional Innovations in Empowered Participatory Governance.London*:*Verso*.

Gastil, J.2000. *By Popular Demand*:*Revitalizing Representative Democracy through Deliberative Elections.* University of California Press.

Goodin, R.2000. Accountability—elections as one form, 2–4 in*International Encyclopedia of Elections*, ed.R.Rose.Congressional Quarterly Press.

Hajer, M. ,& Wagenaar, H.2003. *Deliberative Policy Analysis*:*Understanding Governance in the Network Society.*Cambridge University Press.

Hibbing, J. R. , & Theiss-Morse, E. 2002. *Stealth Democracy*:*Americans' Beliefs about How Government Should Work.*Cambridge Univesity Press.

Kateb, G.1981. The moral distinctiveness of representative democracy.Ethics,91(3),357–374.

Kemmis, D.1990. *Community and the politics of place.*University of Oklahoma Press.

Kennedy School of Government.2003. Listening to the city:rebuilding at New York's World Trade Center site.Case 1687. 0and 1687. 1.

Leib, E.2004. *Deliberative Democracy in America*:*A Proposal for a Popular Branch of Government.*Pennsylvania State University Press.

Lowi, T.1979. *The End of Liberalism*:*The Second Republic of the United States.*New York:Norton.

Luskin, R.C. , Fishkin, J.S. , &Jowell, R.2002. Considered opinions:Deliberative Polling in Britain.*British Journal of Political Science*,32(3),455–487.

Mansbridge, J.1980. Beyond Adversary Democracy.New York:Basic Books.

Mansbridge, J.2003. Rethinking representation.*American Political Science Review*,97(4),515–528.

Ober, J.1991. *Mass and Elite in Democratic Athens.*Princeton University Press.

Pitkin, H.F. ,& Shumer, S.1982. On participation.*Democracy*,2(4)43–54.

Plotke, D.1997. Representation is democracy.*Constellations*,4(1),19–34.

Posner, R.2003. *Law*,*pragmatism*,*and democracy.*Harvard University Press.

Przeworski, A. , Stokes, S. , & Manin, B. eds. 1999. D*emocracy*, *Accountability*, *and Representation.* Cambridge University Press.

Sabel, C. , Fung, A. , Karkkainen, B.2000. *Beyond Backyard Environmentalism.*Beacon Press.

Sabel, C.& Liebman, J.2003. A public laboratory Dewey barely imagined:the emerging model of school governanceand legal reform.*NYU Review of Law and Social Change*,23(2):183–304.

Sanders, L.M.1997. Against deliberation.*Political Theory*,25(3),347–376.

Santos, B.S.1998. Participatory budgeting in Porto Alegre:toward a redistributive democracy.*Politics & Society*,26(4),461–510.

Sinclair, R.K.1988. *Democracy and Participation in Athens.*Cambridge University Press.

Skogan, W.G.& Hartnett, S.M.1997. *Community Policing*:*Chicago Style.*Oxford University Press.

Skogan, W.G. , Hartnett, S.M. , Dubois, J. , Comey, J.T. , & Kaiser, M.1999. *On the Beat*:*Police and Community Problem Solving.*Westview Press.

Smith, G., & Wales, C. 2000. Citizens' juriesand deliberative democracy.*Political Studies*, 48(1), 51-65.

Stewart, R.B. 1975. The reformation of administrative law.*Harvard Law Review*, 88(8), 1667-1813.

Sunstein, C. 1990. *After the Rights Revolution: Reconceiving the Regulatory state*.Harvard University Press.

Sunstein, C.R. 2002. The law of group polarization.*Journal of Political Philosophy*, 10(2), 175-195.

Weber, E.P. 2003. *Bringing Society Back in: Grassroots Ecosystem Management, Accountability, and Sustainable Communities*.Massachusetts Institute of Technology Press.

Young, I.M. 2000. *Inclusion and democracy*.Oxford University Press.

第八部分

公共政策举荐和评估

第 34 章　适当性逻辑①

詹姆斯·马奇(James G.March)、约翰·奥尔森(Johan P.Olsen)

适当性逻辑(logic of appropriateness)是诠释人类行为(action)的一个视角。包括政 【689】策制定在内的行动,被制度内组织的适当性规则或模范性行为驱动。规则的适当性包括认知成分及规范成分(March 和 Olsen,1995,30-31)。人们之所以遵守规则是因为它们自然生成、正当、符合预期并具有合法性。人类力图履行包含在角色、身份、政治团体或团体成员身上的义务,以及满足其制度的精神,进行实践及达到期望。嵌入在社会集体性当中,人们在特定的情况下做他们认为适合适当的事情。

本章重点关注正式组织政治制度以及民主政治秩序的规则适当性。我们探索了如何理解规则驱动的行为在生活中的角色可能反映出对政治生活的思考,如何将经验编纂为规则、制度记忆及信息处理,并形成民主政治体系。第一,我们概述了基于规则行为的基本思想。第二,我们描述了当代民主环境的一些特征。第三,我们着重分析了规则与行为之间的关系,以及执行规则的行为要素。第四,我们研究了规则与适用标准的动态。第五,我们讨论了不同行动逻辑某种可能的折衷,将这作为民主政治及政策制定学习者未来研究议程中的一部分。

1. 基本思想

无论是否存在结果及预期效用的计算,追随我们社会所界定常态的、真实的、准确 【690】的或优良的等内在惯例的行为者愿景是古已有之。例如,这个想法于 2000 多年前由索

---

① 我们感谢如下学者的建设性意见:Jeffrey T.Checkel, Robert E.Goodin, Anne-Mette Magnussen, Michael Moran 和 Ulf I.Sverdrup。

福克勒斯(Sophocles)在安提戈涅(Antigone)与克瑞翁国王(King Creon)的冲突及马丁·路德(Martin Luther)在1521年面对沃尔姆斯议会中戏剧化了:"这就是我的立场,我无能为力。"制定规则、准则和行为原则的趋势似乎相当普遍,其旨在根据超出预期的后果来证明和规定行动(Elias,1982/1939),并且在许多关于规则及特性对于指导人类生活重要性的现代讨论中,也能发现古代视角的回响。

这些观点的确切表达方式从一个学科领域到另一个学科领域有所不同,但核心直觉则是人类保持角色与身份的全部内容,每个角色与身份都提供其相关环境下的行为规则。遵循角色或身份的规则是一个涉及思考、推理行为的相对复杂的认知过程;但推理过程并不主要与未来后果的预期联系在一起,因为它们大多数存在于理性概念中。行为者用相似性以及一致性标准,而非或然性以及价值性标准。适当行为是要根据集体的制度化实践进行,基于对真实、合理、自然、正确以及优良的事物有着共同的默契。"适当性逻辑"一词具有道德色彩,但适当性规则是暴行的基础,如种族清洗与族仇,以及道德英雄主义。个人或集体将行为规则定义为是适当的,这可能反映了从历史中吸取的某种经验教训,但它不能保证技术的高效性或道德的可接受性。

身份、情景及行为规则的匹配可以基于经验、专业知识或直觉,在这种情况下,强调解决问题的行动与问题情境正确配对的认知过程通常被称为识别。(March 和 Simon,1993,10-13)。匹配可能基于角色期望(Sarbin 和 Allen,1968,550)。匹配也可能带有本质内涵,因此对于公民、官员或专家来说,适当的态度、行为、感受或偏好对于成为公民、官员或专家是至关重要的,这并不是执行任务或社会期望所必需的感觉,也不是任意的定义性惯例,而是在没有这种意义的情况下,人们不能称自己是公民、官员或专家(MacIntyre,1988)。

简单的行为研究命题是,大多数时候人们通过试图回答三个基本问题来采取合理的行为:这是一种什么样的情况? 我是什么样的人? 像我这样的人在这种情况下会做什么(March 和 Olsen,1989;March,1994)?

2. 背景:民主治理制度

【691】 民主政治生活是由制度规定的,政体是正式组织的机构的一种配置,它界定了治理及政策制定发生的背景。制度是相对稳定的规则与实践的集合,融入在使行为成为可能的资源结构中——组织、财务及工作人员的能力,以及解释与证明行为的正当性——角色、身份和财产、共同目的及因果关系和规范性信念(March 和 Olsen,1989/1995)。

制度是一种将角色或身份、情况说明、资源及规定性规则与实践联系起来的组织性安排,它们创建出行为者及聚会场所,并组织行为者之间产生关系,进行互动。它们引导行为并使期望值保持稳定。特定的制度环境也提供了构建思想与理解的词汇表,并且确定了在不同情况下合理论证及合理批评的标准(Mills,1940)。此外,制度分配资源并对行为者进行不同的授权及约束,使其或多或少能够按照既定规则行事。它们影响着谁之正义,哪些理性优先(MacIntyre,1988),谁成为赢家与输家。政治制度化意味着一定程度独立于其他制度与社会群体的独特政治规则、实践及程序的发展(Huntington,1965)。然而,政治秩序或多或少是制度化的,它们根据不同的原则构成(Eisenstad,1965)。

这种制度观点与目前对政治的解释形成对比,后者主张自我利益以及合理计算行为者,工具主义以及结果主义。在后一种观点中,规则仅仅反映了利益及权力,或者它们是无关紧要的。① 遵循一个需要采取行为的规则再好不过,而不是那些在特定情况下最理想的规则(Rowe,1989,vii);而人们认为社会受成文宪法及适当规则支配的观点可能是对 18 世纪幼稚乐观的反映(Loewenstein,1951)。相反,适当性逻辑则回到了一个更古老的概念,即将政治视为规则驱动,并将私人用途的公共机构及权力视为政治的腐败与堕落(Viroli,1992,71)。

适当性规则也体现在当代民主国家的基本准则中。将人类行为纳入构成性规则已 【692】被描绘成民主化及文明进程的一部分;合法性取决于事情如何完成,而不仅仅取决于实质性表现(Merton,1938;Elias,1982/1939)。例如,现代民主主义信条的一个重要组成部分是非个人化的、相当稳定的、公众已知的、可以理解的、既不矛盾也不具有追溯性的规则,其被认为是保护公民免受当局的专断权力,以及拥有可交换资源的且无需作出解释的权力。人们认为自给自足的法律对公民具有约束力。人们认为公民精神意味着愿意作为整个社区成员进行思考及行动,而不仅仅是作为自利的个人或特定利益集团的成员(Arblaster,1987,77)。人们希望法官、官僚、部长及立法者遵守民主精神中的规则,并以诚信而有能力行事。职业道德本意应意味着对官方机构及制度固有的价值观及规范的管理和肯定(Heclo,2002)。

总之,行为者们应该根据不同的民主规范及规则行事,而民主政体的质量取决于其公民及官员的属性。如果他们不守法、不开明、不积极、无公民意识、不自我克制、远离

_____

① 遵循相关性的逻辑意味着将可能的规则和解释视为理性选择问题中的替代方案,并且通常认为"人的自然倾向是追求自己的利益"(Brennan 和 Buchanan,1985,ix)。根据后果性或预期性行为的逻辑采取行为包括以下步骤:(a)我的替代方案是什么?(b)我的价值观是什么?(c)我的选择对我的价值有什么影响?(d)选择具有最佳预期后果的替代方案。按照约束行为的规则行事的基础是合理的计算和契约,并且受到动机和个人优势的激励。

个人利益,缺乏激情与动力,真正的民主政府便不可能存在(Mill 1962/1861,30)。然而,正如亚里士多德(Aristotle)所观察到的,人类不是天生就具有这种倾向,他们必须通过学习获得(Aristotle,1980,299)。

那么,民主治理不仅仅是实现预定偏好及权利的工具。身份也被认为是反思性与政治性的,而非继承性与前政治性的(Habermas,1998),并且制度被设想为通过发展及传播民主信仰来为塑造民主人士提供一个框架。民主身份还包括接受提供一个持续的政治对话和变革可以发生的制度环境,并且可以制定构建政治生活的角色、身份、账户、规则、实践及能力(March 和 Olsen,1995)。

3. 行为中的适当性规则

常规情况下规则及标准操作程序的影响是众所周知的(March 和 Simon,1958;Cyert 和 March,1963)。然而,适当性逻辑的相关性并不限于重复的日常世界,规则指示也不一定是保守性的。内部动荡、全面重新分配政治权力及福利的要求,以及政治革命及重大改革,往往源于身份驱动的适当性概念,而不是有意识地计算成本及收益(Scott,1976;Lefort,1988;Elster,1989)。

【693】

规则或多或少地精确规定了什么是适当性行为。它们也或多或少精确地告诉了行为者在哪里寻找先例,哪些是不同类型规则的权威解释者,以及什么是关键性的解释传统。即便如此,规则的明确权威也不能被视为是给定的——它不能假设规则总是规定或指导行为。相反,人们有必要了解将规则转化为实际行为的过程,以及可能加强或削弱规则与行为之间关系的因素。行为者如何通过经验吸取过去的教训,以及他们如何存储、检索及按照这些教训行动?行为者如何应对学习障碍,并解决当前情况下及相关经验的歧义与冲突;相关的角色、身份及规则是什么,以及它们的含义是什么;以及适当的匹配与行为是什么?

有时,行为直接反映了融入规则中的惯例、思想习惯、"最佳实践",以及社区、机构、组织、专业或团体的标准操作程序。对社会有效的规则会创建一个适用于许多具体情况的抽象概念。大多数行为者,大部分时间都把这个规则看作是一个"事实"。没有必要"进一步斟酌"、解释或证明行为并讨论其可能产生的后果(Stinchcombe,2001,2)。

规则与行为之间的直接以及必然的关系很可能出现在一个有合法、稳定、明确界定及整合性制度的政权之中。然后,行为受到一个占主导地位的制度的支配,该制度提供明确的指示及充足的资源,即以明确的方式规定可行的行为。该系统由多个制度组成,每个制度都基于不同的原则。然而,每个制度都有一定程度的自主权并控制着一个特定的行为领域。(现存的)宪法规定何时、如何以及为什么规则要采取行为。它给出了明确的分工原则,保持规则之间的内在一致性,防止不同制度规定之间发生冲突,并规定政治秩序成为结果可预期的连贯整体。总之,各种规则在特定情况下给予政治家或爱国者等英雄身份以及会计师、警察或公民等日常身份的特定内容(Kaufman,1960;Van Maanen,1973)。

在其他情况下,行为者在解决自我的替代概念、情况的描述和适当性的规定之间的模糊性和一致性方面存在问题。他们在如何对自己以及他人分类——他们是谁,他们是什么——以及这些分类在特定情况下的含义中纠结。身份的规定性、明确性与一致性是变量,情境的熟悉性及匹配规则的显而易见性也是变量。通过遵循适当性规则来履行身份,常常涉及将变化及模糊的偶然规则集合,与不断变化且模糊的情况集合相匹配。

因此,关注规则及身份既不确保简洁性也不确保一致性(Biddle,1986;Berscheid,1994)。根据关于角色、身份、规则、情况及制度的适当性知识的逻辑来预测行为不是一项平凡的任务,并且将行为描述为规则遵循,这只是理解规则如何影响行为的第一 【694】步。因此,在正式组织(Scott,1992,304;March,Schulz和Zhou,2000,23)、制度(Apter,1991)及法律(Tyler,1990)研究的特定情况下,规则与其行为实现之间存在区别。角色、身份、规则及情境可能存在的不确定性,需要详细观察各个过程,在这些过程中,建设性解释与可用资源将规则转化为实际行动(March和Olsen,1995)。我们需要关注规则与有目的行为之间的相互作用,以及增强或抵制规则所遵循的因素,并调节规则对行为的影响(Checkel,2001)。

确定角色或身份并实现它需要时间、精力、思想及能力。为了解规则对行为的影响,我们需要研究这些(不完美的)过程如注意力指导、规则解释、证据有效性,将经验融入规则、记忆建立与检索以及通过制度分配资源的机制,使参与者能够遵循各种设置及各种情况下的规则。

例如,个人具有多种角色与身份,而备择规则的数量及种类确保了只有一小部分相关规则会在特定时间、特定地点被人们想起。因此,影响行为的主要因素之一是其中某些规则而非其他规则在特定情况下的处理过程,以及如何解释身份与情况(March和Olsen,1989,22)。将规则拟合到情境中是建立起适当性的一种实践,其中规则与情境通过类比或差异的标准与类比和比喻的推理相联。这个过程是以语言为中介,参与者能够谈论某种情况与另一种情况有哪些情况相似或不同,以及将情景分配给规则来实现的。该过程主要通过创建类似的类型来保持行为的一致性,而不是通过从稳定的利益或者愿望中推导出行为。①

　　个人也可能很难解释哪些历史经验及描述与当前情况相关,并且可以通过不同方式来定义各种情境提出不同的合法规则、行为者及论据(Ugland,2002)。在引发多个潜在相关规则或描述的情况下,问题是应用相似性标准以便使用最合适的规则或描述。在某些情况下,高阶规则被用来区分低阶规则,但民主制度及秩序并不总是单一、协调且一致的。一些行为领域的制度化被削弱了。在其他制度化规则集中竞争。规则与身份的经常冲突(Orren 和 Skowronek,1994),使得指示不太明显。行为者们之所以有时违反并挑战一些规则,是因为他们遵守其他规则。然而,规则之间潜在的冲突,在一定程度上是由于不完全关注造成的。例如,越为熟悉的规则越有可能被诱发冲突,因此最近使用或最近修改的规则会受到关注。

【695】

　　一般来说,行为者可能会发现他们遇到的规则及情况是比较复杂的。对于他们而言,什么是真实的、正确的,或者他们应该做什么可能是模棱两可的。有时他们可能知道该做什么,但却无法去做,因为法定规则与能力是不相容的。行为者受到对他们的要求的复杂性以及对资源、能力与组织能力的分配及管理的限制,即适当性行为的制度化能力。例如,实质性决策及预算之间的分离,可能会在规定的政策规则及目标与实施规则及实现目标的能力之间产生差距。

　　因此,规则可能会产生几种类型的后果,但是很难准确地说明规则是如何表现的,在不同情况下分离它们的影响,并指定何时了解规则对于理解政治行为具有决定性作用。虽然规则指导行为,并使某些行为比其他行为更具可能,但他们通常不会精确确定政治行为或政策结果。规则、法律、身份以及制度为行为提供了参数,而不是去规定特定的行为,有时行动者通过改变行为而不改变核心规则和结构,表现出相当大的能力以适应不断变化的环境(Olsen,2003)。

　　在过去的几十年中,这一规则的反常及负面影响的焦点已经(再次)出现在许多国家的文献以及公开辩论中。无处不在的规则、先例及惯例往往会使政治制度显得官僚主义、愚蠢、麻木、教条主义或是僵化。规则提供的简化显然是不完善的,而且这种不完善往往是显而易见的,尤其是在事实发生之后。尽管如此,现代制度的一些主要能力,来自于他们对个体自主行为的替代规则约束行为的有效性。

　　例如,规则提高了行为能力及效率——解决政策问题与提供服务的能力。然而,规则的结果不仅仅是通过提供激励结构及影响交易成本来规范战略行为。规则提供了有

---

　　① 法律知识传统比经济学更为熟悉建设性解释、批评、理由和规则与身份应用的过程。律师们就规则是什么、事实是什么以及什么时候做什么而辩论(Dworkin,1986,vii)。行为中的法律——法律的实现——涉及法律制度及程序、法律价值、法律概念及思维方式以及法律规则(Berman,1983,4)。

助于解释模糊世界的意义代码。它们体现了集体及个人的角色、身份、权利、义务、利益、价值观、世界观以及记忆,因此限制了注意力的分配,评估标准、优先事项、观念以及资源。规则使得协调许多同时进行的活动成为可能,从而使它们相互一致并减少不确定性,例如通过选举及预算周期来创造可预测的时间节律(Sverdrup,2000)。他们将谈判限制在综合性的条款范围内,并执行协议并帮助避免破坏性的冲突。不过,规则的好处可能是多种多样的。在某些条件下,细则与严规可能会使政策制定及适当实施的逻辑更为有效,但一个运作良好的系统也可能需要判断力与灵活性。因此,规则的当下后果与长远后果可能会有所不同。此外,规则可能会进行强制性的公开辩论,但遵守规则也可能会妨碍理性的表达和讨论。 【696】

单方面关注政策后果可能会进一步隐藏更为广泛的影响。行为逻辑被用来描述、解释、论证及批评行为。有时规则的主要动机是弘扬美德而不是直接控制行为,从而使规则的执行不那么重要(Meyer 和 Rowan,1977;Brunsson,1989;March,1994,76)。另外,政府的规则及制度也可能具有变革性。他们或多或少成功地通过塑造他们的身份和思想使个人成为公民和官员并使人们遵守规则的规范权力(Mill,1962/1861;Fuller,1971;Joerges,1996)。

那么,规则的一个重要方面就是基于共同的身份及归属感,对规则共同体的发展可能产生的后果。政治组织的一个关键问题是如何将团结性与多样性结合起来,从冲突的一方制定合作体系;民主的愿望是在不消除多样性的情况下把社会团结起来——也就是说,要发展与维持一套规则、制度及身份制度,以便有可能在没有过度暴力的情况下,统治分裂的社会(Wheeler,1975,4;Crick,1983,25)。

因此,制度、角色以及身份的发展及衰落,以及他们不同的行为逻辑,都是政治变革的关键指标(Eisenstadt,1965;Huntington,1965)。规则还有助于实现灵活性与适应性以及秩序与稳定性。这是因为民主承诺的一部分是自我反思及程序的制度化,通过这种制度化,可以合法地审查、批评及改变现有规则。

4. 适当性规则的动态性

为什么适当性规则会得此称谓? 为什么特定的行为惯例被认为是自然的或模范的,为什么不同政体与制度的规则会有所不同? 通过哪些流程以及为什么适当性规则会改变? 以规则及身份为基础的人类行为概念引起规则及身份进化并被合法化、复制、修改及替换的机制。关键行为机制是历史依赖型的适应过程,如学习或选择。适当性规则被视为是经验教训的载体,因为这些教训是由个人及集体根据自己及他人的经验

【697】 推断出的,或者是根据特定规则对机构、作用及身份的差异化生存及繁殖进行编码。与成功或生存相关的规则驱动行为很可能会重演。与失败相关的规则不是这样。

对规则、制度、角色及身份的一种普遍解释是,它们的存在是因为其运作良好并提供比其替代方案更好的解决方案(Goodin,1996;Hechter,Opp 和 Wippler,1990;Stinch-combe,1997/2001)。至少在某些情况下,它们是功能性的,并且符合人们的价值观以及道德承诺。在当代民主国家,这种解释反映了对学习的高度渴望。在技术及规范方面,人们认为适当性规则随着时间的推移而演变,因为新的经验被解释及编码成规则,或者通过竞争来消除不太有吸引力的替代品。人们认为经验教训将提高政体的智慧、有效性及适应性,并成为智慧及进步的源泉。确保合理规则适用的关键民主制度是自由辩论,行为者必须通过基于理性的论证,在公共场合解释及证明自己的行为,并在一系列规定适当辩论及论点的规则之内。

然而,实际上,民主国家根据经验学习,修改规则以及提高业绩的意愿及能力是有限的(Neustadt 和 May,1986;March,1999)。规则通过育儿、教育、培训、社会化及习惯化,从一代传递到另一代,或者从一组身份持有者传播。规则是通过与他人的接触和接触经验与信息来维护和改变的。规则通过社交网络传播,它们的传播受到边界和距离的限制,而且不同规则会争夺注意力。它们与其他规则协调一致、互相干扰或支持,并在转移时进行转化(Czarniawska 和 Joerges,1995;March,Schulz 和 Zhou,2000)。公共话语及故意干预也会导致变化。这些动态既反映了环境引起的变化影响,也反映了规则体系本身运行产生的内生变化。

然而,从现代研究中可知,这样的过程并不完美。例如,历史的编码,无论是通过经验学习还是通过进化选择,都不一定意味着智能、改进或增加的适应性价值。不能保证会做出相关的观察,得出正确的推论与经验教训,采取适当性行为,或者消除不完善之处。规则对历史进行编码,但编码过程以及编码解释自身解码的过程则充满了意外行为。①

我们认为新的经历可能会导致规则、制度、角色及身份的变化,但我们并没有致力于相信历史性效率,即快速及无成本的规则适应了功能与规范性环境,以及蓄意的政治改革尝试,因此影响了所观察到的规则功能或道德必要性(March 和 Olsen,1989/

【698】 1995/1998)。例如,民主制度的安排既能加速也能减缓从经验和适应中学习的速度。民主国家重视连续性与可预测性以及灵活性与变化性,通常有人试图平衡保持治理基

---

① March 和 Olsen,1975、1989、1995、1998;Levitt 和 March,1988;March,1994、1999;March,Schulz 和 Zhou,2000;Olsen 和 Peters,1996。

本规则稳定的愿望,以及由于新经验而适应规则的愿望。不同的规则、角色及身份是在不同情况下引发的,当情况快速变化时,基于制度化交换规则的现有行为规则库可能会发生快速变化。但是,规则及标准操作程序的基本库则变化缓慢。

构成性规则的改变通常需要耗时的过程和多数人的支持,这可能会减缓变化速度。当基本规则表达一个社区的集体历史身份,并体现对真理、正确及优良的共同理解时,情况也是如此。审慎的改革必须从价值理性的角度加以解释并使其正当化。也就是说,就其适当性而言,并不仅仅是效率方面(Olsen,1997);改变根深蒂固的解释传统,被定义为不同类型规则的权威解释者,也可能变化相对较慢。

核心政治认同不是原始的、不变的。尽管如此,除了严重的危机之外,身份形成及重新解释的过程可能会很缓慢。所有政治统治者都试图将赤裸裸的政权转化为权威。公民美德与共同内化的原则权利、义务①以及身份,在某种程度上可以通过政治经验、推理及行为获得。例如,他们可以通过国家建设、大众教育及大众媒体的政策来实现,即使因果链是漫长而间接的。在法律权威已确立的民主国家,身份也可以通过政治及法律辩论及决定来形成(Habermas,1996)。合法化在某些情况下可能是适当性规则内化的序幕,即使在其他情况下它们可能取代内部化的规则。

然而,关于支配政治认同目标及适当行为准则的因素,以及不同类型的行为者何时、何地以及如何获得其认同及规则,存在着些许的认识——例如特定政治意识形态、制度、专业及教育的相对重要性,并且归属于较大的社会范畴,如国家、性别、阶级、种族、宗教以及种族(Herrmann,Risse 和 Brewer,2004)。在如今,不同的体制如何体现、鼓励民主身份,使公民及官员更有可能按照内化性民主原则及理想行事,这也并不明显。此外,对规则动态的更好理解可能需要更好地了解变化性动态,如何与不同制度环境下的规范、新的和特殊经验相关联。

考虑常规经验与日常学习。在许多生活领域,经验都常常被编入规则,规则被编【699】入原则,原则被编入思想体系之中。可以想象规则的日常细化会提高其对环境的适应性,并且有项研究表明,规则的稳定性与上次修订时其年限呈正相关。然而,规则的变化也会产生破坏规则稳定性的问题,规则的当前稳定性则与其过去修订次数(March,Schulz 和 Zhou,2000)呈负相关。

在一些领域,即韦伯(Weber)的官僚机构及法院系统,这些过程是系统的、制度化

---

① 正如卢梭(Rousseau)所说:"最强者从未能坚强到永远是胜者,除非他将力量转化为正义,然后依责任来遵循。"(Rousseau,1967/1762/1755,第 10 页)。韦伯(Weber)认为,在现代社会中,合法性的信念——接受法律权威、法律行为者、推理、先例及制度——是合法性最常见的形式(Weber,1978,37)。

的(Weber,1978;Berman,1983);在其他领域则不然。在当代民主国家中,相互竞争的情况说明,真相与正义概念,以及对适当行为的解释之间的冲突也是常规的。民主国家最多只是部分共享经验交流、解释传统及记忆的群体,它们为公民提供了方向及意义。它们通过共同的辩论、争议及争论,以及就应对冲突的一些基本规则,达成了相当广泛的一致意见。

在分散或松散耦合的系统中,由于其独立性,相互竞争的适当性规则可能会在很长一段时间内保持不变。只要规则遵循目标及期望水平,规则就不会受到挑战,即使其在任何意义上都不是"最优"的。然而,减少闲置资源可能会引起人们对规则不一致性的关注,并要求各机构领域及社会团体之间拥有更多的协调性与一致性(Cyert 和 March,1963)。比较先前分割的制度领域或团体,它们有着不同的传统、适当性规则,以及理所当然的信仰,而后可能会触发搜索与和解或支配与胁迫的过程。

考虑新的经验与环境。当现有秩序、制度、适当性规则以及集体性自我理解,受到现有概念难以解释的新体验的挑战时,也可能会触发搜寻及变更流程(Berger 和 Luckmann,1967,103)。根深蒂固的解释与叙述则毫无意义。它们不再提供真与假、对与错、好与坏,以及适当性行为的恰当答案;并寻找新的概念以及合法性,从而产生更为连贯一致的解释(Eder,1999,208—209)。

由于新的机构及会议场所的发展,解释及概念可能会受到挑战。新制度环境产生更多的接触和挑战民族传统,一个例子便是主权民族国家融入欧洲联盟。挑战也可能来自先前分离或分割的传统之间的体制冲突,例如,适当的市场规则侵入传统上基于不【700】同概念(如民主政治、科学及体育)的制度领域。跨越庞大地理与文化距离流动性的迅猛增长或大规模移民,同样可能会产生碰撞,对已建立的参考框架及制度化惯例构成挑战。虽然这些碰撞可能会产生破坏性冲突,但是其也可能通过改变参与者的参照群体、愿望水平及因果关系理解来引发反思、搜索、学习以及适应。

考虑过去与制度解放的不可接受性。行为者可能从灾难、危机及系统崩溃中学习——转型时期既有的秩序不再具有正当性,或被挑战,或陷入崩溃。然后,制度及其组成规则被认为是不可行的以及不可容忍的,并且变革倡议则被表达为从一个功能失调、不公平或不可接受的过去的残暴秩序中解放出来,例如,共产主义政权在中欧及东欧崩溃(Offe,1996;Wollmann,2006)。

在迷失方向或遇到危机及寻找意义的情况下,行为者尤其可能会重新考虑他们和其他人的身份,他们可能成为什么样的群体,他们属于哪个群体,并且想属于哪个群体;以及如何重新分配权力。通常对合法模式及解释的搜索可以追溯到其历史上可能的辉煌时期,或者它们是从可被接受为范例的政治系统复制而来。在缺少革命或内战的情况下,认知及规范框架、谁被定义为合理的合法解释者、解释传统以及收集、交流与组织知识的系统以及资源分配与权力关系,这些都有可能发生变化(Eder,1999)。

总而言之,对规则、制度、角色及身份动态的理论理解得到改进,需要关注一些"不完美"的变化过程,而不是关注单一机制。变化不太可能由单一连贯统治的过程支配。除特殊情况外,适用规则在各种不同地点及情况下,通过各种不相关的过程及经验发展与变化,即使结果通过理性解释进行行事后规范合理化(Eder,1999,203)。例如,法令、命令及强制在制订及维护合法规则、角色及身份方面的作用有限。规则及身份的内化通常不是故意签订明确合同的情况。在实践中,诸如学习、社会化、扩散、再生、故意设计及竞争性选择等过程都有其不完善之处,并且对这些不完善之处的理解有所提高,可能会为更好地理解规则动态提供关键(March,1981)。

因此,要求探索范围条件及相互作用的过程,如有目的的改革,自发适应不断变化的环境的制度能力以及消除次优规则、制度及认同的环境有效性(Olsen,2001)。在最后一部分,我们探讨了:如何充分理解政治也可能需要关注不同逻辑行为的范围条件及相互作用。

5. 协调行为的逻辑

行为是基于规则的,但是只有部分行为如此。人类动机与行为模式差异较大。行 【701】为由习惯、情绪、强制以及计算的预期效用所驱动,也是对内在规则及原则的解释。这里的重点则是潜在的紧张关系,第一种情况是基于角色或身份的适当性逻辑,与基于偏好的结果性逻辑之间的关系;第二种情况是公民权及职权主张,与特殊角色或身份的主张之间的关系。

民主治理包括平衡不同逻辑行为之间的持久紧张关系,例如办公室及人物的需求,同义务与个人计算的利益之间的持久紧张关系(Tussman,1960,18)。政治行为者也可能对其行为的适当性及后果负责。一个让人进退两难的问题是,正确的行为有时会与不良后果联系在一起,而不正确的行为有时却与好的后果联系在一起。有时,民主行为者会变得"双手肮脏"。也就是说,他们用自己认为不适当的方法取得了理想的结果(Merton,1938;Thompson,1987,11)。

部分原因是由于它们之间的紧张关系,行为逻辑之间具有周期性。与"法治国家"(Rechtsstaat)相比,其传统及修辞与适当性逻辑联系在一起,20 世纪的民主国家(特别是欧洲的福利国家)接受了更多与结果性逻辑联系在一起的做法与修辞。以结果为导向的职业取代以过程为导向的职业,有效性及实质性成果比被遵循的原则与程序更加突出。治理开始假设形成一个拥有共同目标的群体,而不是拥有共同规则、原则及程序的共同体(March 和 Olsen,1995)。

最近的改革延续了这一趋势。20 世纪 80 年代的政府通常试图改变问责的概念,他们甚至更加强调结果,而不是强调规则及程序(Olsen 和 Peters,1996)。虽然有几项改革是流程性的,但规则往往被视为是工具性的,而不是其自身具有合法性。特别是它们的目的在于约束及控制当选的政治家及专家。改革的一个原因是确信个人需要更好的保护,以防止政治干预。第二个原因是相信福利国家的医生及教师等以结果为导向的职业不能有效地承担公共责任,并且报告及接受审计的义务必须扩大(Power,1994)。

【702】 然而,没有统一的线性趋势使得适当性规则过时。私人及公共部门的丑闻,引发了对法律与道德规则以及责任感的要求。欧盟在很大程度上是基于规则及法律一体化的政体;在世界政治中,有一种倾向法律规则及制度的趋势,包括对于人权的强调,即使趋势可能既不均匀也不可逆转(Goldstein 等,2000)。

政治体系以各种方式处理大量的行为动机,其中一种是通过将它们分布在不同的机构中来区分不同的逻辑与角色(Weber,1978)。单一机构内也会观察到不同的行为逻辑。各个机构一方面通过为不同角色规定不同的逻辑来区分逻辑。例如,在法庭上,法官、检察官、律师、证人及被告合法地要遵循不同的行为逻辑。他们的论据、数据及结论的可信度估计也会有所不同。另一方面,逻辑也在单一机构内竞争。例如,在公共行政中,通过操纵激励结构和个人成本效益计算,在行为控制方面存在着信任周期,并相信内在规范的责任与意愿按照适当性规则行事的社会思潮。从历史上看,两者是相互作用的。它们的相对重要性以及对适当性的定义随着时间的推移而变化,在不同的制度环境中也各不相同(DeLeon,2003)。

理论上的挑战是将不同的行为动机与逻辑融合到一个框架中。具体的逻辑,比如遵循适当性以及计算个人期望效用的规则,在特定条件下会成为优良的近似值。很难否认它们中的每一个(以及其他那些)的重要性,并且不能完全依赖它们中的一个。因此,有目的的人类行为理论必须考虑到人类动机及行为模式的多样性,并解释不同制度环境下不同逻辑之间的关系以及相互作用。一开始是探索互补的行为逻辑,而不是假设单一的主导行为逻辑(March 和 Olsen,1998;Olsen,2001)。

如果假设在所有条件下,没有一个单一的模型和它所基于的假设比其他所有模型更有成效,并且不同模型不一定是相互排斥的,我们可以调查它们的变化、转变意义、范围条件、先决条件及相互作用,并探讨可以协调及综合不同模型的想法。我们可能会询问如何以及在何处开发、丢失以及重新定义不同的操作逻辑。我们可以检测每个逻辑被调用的条件。我们可能会问逻辑如何相互作用,它们如何相互支持或相互抵消,以及哪些逻辑可以调和。我们也可以通过某些流程,详细说明不同的行为逻辑可能占主导地位。

在不同的情况下,我们可以特别探讨不同的行动逻辑是如何在不同的体制环境中被正式规定、授权和允许的,或者对于不同的行为者在不同环境下是如何被视为非法和禁止的。我们可以询问制度环境在实践中如何可能促使个人唤起不同的逻辑。我们也可以研究在实践中,哪种设置可以使一种逻辑优于所有其他行动逻辑,例如在适当性规则可能压制或重新定义自身利益的条件下,或者结果性逻辑可能会压倒规则以及对适【703】当性的根深蒂固的定义(March 和 Olsen,1998;Olsen,2001)。①

在下文中,重点在于适当性逻辑及结果逻辑之间的一些可能的关系。将一种逻辑纳入为另一种逻辑特例的方法是欠妥的方法。在适当性逻辑的视角内,结果性选择被看作是许多可能的规则之一,行为者可能认为这些规则是特定环境与情境中特定角色的典范。从结果性逻辑的角度来看,适当性规则可能被看作是更高层次或先前效用计算、选择及显性契约的结果。我们认为这种方法并不令人满意,因为它否认了不同逻辑的独特性。

另一种方法是假设逻辑之间存在某种层次结构。适当性逻辑可能会受到极端后果的限制,或者适当性规则被视为后果性逻辑运作的几个约束之一。层级概念的一个版本是,一种逻辑被用于重大决策,另一种逻辑被用于处理这些决策的改进,或者一种逻辑支配政治上重要行为者的行为,另一种逻辑支配次要的行为者的行为。例如,人们经常认为政治遵循结果性逻辑,而公共行政人员及法官则遵循适当性逻辑。然而,关于逻辑之间以及决策与行为者类型之间稳定层次的建议,并没有得到实证研究结果的支持。

更有希望的途径可能是根据其规定的清晰度来区分行为逻辑,并假设明确的逻辑将主导不太明确的逻辑。在不同的环境和情况下,恰当性的规则被赋予了不同的精确度,并提供了或多或少的明确规定。例如,规则在不同程度上是精确的、一致的、强制性的并具有法律约束力。规则中存在或多或少的特殊例外情况,并且关于规则的权威解释者是谁意见不一。同样,(自我)利益、偏好、选择方案及其后果的清晰度也都不尽相同。例如,官僚主义者受其行为规则及结构环境的影响,但他们可能面临不明确的规则以及不直接涉及个人利益的情况(Egeberg 1995、2003)。简而言之,规则及利益给予行为者或多或少明确的行为指导,并使适当性逻辑或结果性逻辑或多或少地成为主宰。

即使行为者能够弄清楚要做什么,只有当可用的资源能够服从其规定时,才能遵循

---

①　这些问题是在几个学科及分支学科中提出的,例如 Fehr 及 Gachter,1998,848;Finnemore 及 Sikkink,1998,912;Clayton 及 Gillman,1999;van den Bergh 及 Stagl,2003,26;Jupille,Caporaso 及 Checkel,2003。

明确的逻辑。遵循适当性规则,与预测未来相比,阐明备选方案及其预期效用,在一定程度上需要不同的能力及资源。因此,两种逻辑的相对重要性的变化,可能会随着可用于根据适当规则及计算(自己)利益行事的资源的变化而变化。

【704】　　例如公共及私人资源的混合,对传统上推动不同逻辑机构的预算分配,以及将职业招聘从一种逻辑推动到促进其他逻辑的职业的转变。严格的期限也可能促进规则遵循,而不是促进更多时间及更多资源要求的期望效用计算(March 和 Simon,1993,11)。然而,社会冲突水平与行为逻辑之间的关系并不明显。在民主环境中,对抗及矛盾通常会挑战现有的规则及可能的适用性逻辑。但旷日持久的冲突也倾向于产生妥协及构成性规则的要求,这些规则会抑制冲突的程度。

　　对于不同行为逻辑被用于不同目的,例如制定政策及合理化政策,缺乏资源与理解也可能是其原因之一。在规定政策制定遵循适当性逻辑、法治、传统及先例,以及指示难以实施的制度领域及社会中,当适当性逻辑没有用来制定决策时,也很可能用来证明决策的正当性。同样,在政策制定被规定遵循结果性逻辑、理性计算及未来导向的制度领域及社会中,以及在遵循指示困难的情况下,结果性逻辑可能被用来为决策辩护,无论是用哪种潜在逻辑制定的决策。然而,我们假设了合理性及结果性逻辑更容易用来为决策辩护。这是因为后果在行为上的含义比规则的遵循更不确定,即使是在适度的模糊和复杂的情况下,适当性的逻辑也更不确定。仅仅因为适当性规则是集体的、公开的并且相当稳定,所以根据某种利益来理解行为,比简单地解释行为要更容易。

　　时间维度也很重要。政治体制可以将行为逻辑的顺序排序制度化,以便不同的阶段遵循不同的逻辑,行为基础以可预测的方式随着时间的推移而变化。在民主国家,一个例子是对专家信息及建议的制度化需求作为知情政治决策的先决条件,其次是技术逻辑的实施、监督及判决裁决。另一个例子是哈贝马斯式的制度化公共领域的愿景,提供了一个理想的言语情境,即使是自利的、效用计算的行为者也可以用普遍而不是特殊的术语来论证。随着时间的推移,审慎及理性的论辩将会惯例化以及规范上被接受,从而将利己主义者变为公民(Habermas,1989)。一般而言,米尔斯(Mills,1940,908)假设长期出于某种角色或适当规则的行为常常"会诱使一个人变成他最初想要成为的那种人"。

　　最后,行动逻辑之间的变化可能是特定经验的结果。适当性规则可能会伴随长时间的特定情况积累的经验而发生演变。因此,当行为者拥有较长任期时,频繁互动时以【705】及共享经验及信息时;当他们分享解释及制度化的记忆时;当环境相当稳定时,规则及标准操作程序最有可能占主导地位。当规则遵循在既定目标及愿望水平方面不尽人意时,结果被反馈到规则,规则可能会被抛弃,并且可能会被结果性逻辑取代。

尤其是,当规则遵循造成灾难性后果时,以及在环境发生剧烈变化、过去的安排和规则被认为无关紧要或不可接受的时期,规则很可能会被抛弃。同样,当相应的计算被视为造成了灾难时,可能会依靠规则及标准操作程序。尤其是,当问题复杂程度适中且时间观较短时,合理的计算结果是最容易的。当被应用于更复杂的问题以及更久的时间观点时,它们则更有可能酿成大错,然后被视为恐怖故事(Neustadt 和 May,1986)。

正如这些推测所表明的那样,不同的行动逻辑和理性类型的范围、条件和相互作用未被很好地理解。许多未能回答的问题使得成就相形见绌。尽管如此,这一差距也可能为民主政治及决策的学习者提供了未来的研究议程。

参考文献

Apter,D.A.1991. Institutionalism reconsidered.*International Social Science Journal*,43:463-81.

Arblaster,A.1987. *Democracy.* Milton Keynes:Open University Press.

Aristotle.1980. *Politics.* Harmondsworth:Penguin.

Berger,P.L.,and Luckmann,T.1967. *The Social Construction of Reality.* New York:Doubleday,Anchor.

Berman, H. J. 1983. *Law and Revolution: The Formation of the Western Legal Tradition.* Cambridge, Mass.:Harvard University Press.

Berscheid,E.1994. Interpersonal relationships.*Annual Review of Psychology*,45:79-129.

Biddle,B.J.1986. Recent developments in role theory.*Annual Review of Sociology*,12:67-92.

Brennan, G., and Buchanan, J. M. 1985. *The Reason of Rules: Constitutional Political Economy.* Cambridge:Cambridge University Press.

Brunsson,N.1989. *The Organization of Hypocrisy.*Chichester:Wiley.

Checkel,J.T.2001. Why comply? Social learning and European identity change.*International Organization*,55:553-88.

Clayton,C.W.,and Gillman,H.1999. *Supreme Court Decision-Making: New Institutionalist Approaches.* Chicago:University of Chicago Press.

Crick,B.1983. *In Defense of Politics*,2nd edn.Harmondsworth:Penguin.

Cyert,R.M.,and March,J.G.1963. *A Behavioral Theory of the Firm.*Englewood Cliffs,NJ:Prentice Hall. 2nd edn.,1992.

Czarniawska,B.,and Joerges, B. 1995. Winds of organizational change:how ideas translate into objects and action.*Research in the Sociology of Organizations*,13:171-209.

DeLeon,P.2003. On acting responsibly in a disorderly world:individual ethicsand administrative responsibility.Pp.569-80 in *The Handbook of Public Administration*,ed.B.G.Peters and J.Pierre.London:Sage.

Dworkin,R.1986. *Law's Empire.* Cambridge,Mass.:Belknap,Harvard University Press.

Eder, K. 1999. Societies learnand yet the world is hard to change. *European Journal of Social Theory*, 2: 195–215.

Egeberg, M. 1995. Bureaucrats as public policy-makersand their self-interest. *Journal of Theoretical Politics*, 7: 157–67.

——2003. How bureaucratic structure matters: an organizational perspective. Pp. 116 – 26 in *The Handbook of Public Administration*, ed. B.G.Peters and J.Pierre. London: Sage.

Eisenstadt, S. 1965. *Essays on Comparative Institutions*. New York: Wiley.

Elias, N. 1982/1939. *The Civilizing Process: State Formation and Civilization*, 2nd edn. Oxford: Basil Blackwell.

Elster, J. 1989. Demokratiets verdigrunnlag og verdikonflikter. Pp. 77 – 93 in *Vitenskap og politikk*. Oslo: Universitetsforlaget.

Fehr, E., and Gachter, S. 1998. Reciprocity and economics: the economic implications of homo reciprocans. *European Economic Review*, 42: 845–59.

Finnemore, M., and Sikkink, K. 1998. International norm dynamics and political change. *International Organization*, 52(4): 887–917.

Fuller, L.L. 1971. *The Morality of Law*. New Haven, Conn.: Yale University Press.

Goldstein, J. L., Kahler, M., Keohane, R. O., and Slaughter, A.-M. eds. 2000. *Legalization and world politics*. *International Organization*(*Special Issue*). Reprinted Cambridge, Mass.: MIT Press, 2001.

Goodin, R.E. ed. 1996. *The Theory of Institutional Design*. Cambridge: Cambridge University Press.

Habermas, J. 1989. *The Structural Transformation of the Public Sphere*. Cambridge, Mass.: MIT Press.

——1996. *Between Facts and Norms*. Cambridge, Mass.: MIT Press.

——1998. *The Inclusion of the Other: Studies in Political Theory*, ed. C. Cronin and P. de Greiff. Cambridge, Mass.: MIT Press.

Hechter, M., Opp, K. D., and Wippler, R. 1990. *Social Institutions: Their Emergence, Maintenance and Effects*. New York: de Gruyter.

Heclo, H. 2002. *The spirit of public administration*. PS: Political Science & Politics, 35: 689–94.

Herrmann, R.K., Risse, T., and Brewer, M. B. eds. 2004. *Transnational Identities: Becoming European in the EU*. Lanham, Md.: Rowman and Littlefield.

Huntington, S.P. 1965. Political developmentand political decay. *World Politics*, 17: 386–430.

Joerges, C. 1996. Taking the law seriously: on political scienceand the role of law in integration. *European Law Journal*, 2: 105–35.

Jupille, J., Caporaso, J. A., and Checkel, J. T. 2003. Integrating institutions: rationalism, constructivism, and the study of the European Union. *Comparative Political Studies*, 36: 7–41.

Kaufman, H. 1960. *The Forest Ranger*. Baltimore: Johns Hopkins University Press.

Lefort, C. 1988. *Democracy and Political Theory*. Minneapolis: University of Minnesota Press.

Levitt, B., and March, J.G. 1988. Organizational learning. *Annual Review of Sociology*, 14: 319–40.

Loewenstein, K. 1951. Reflections on the value of constitutions in our revolutionary age. Pp. 191–224 in-

Constitutions and Constitutional Trends since World War II, ed.A.Z.Zurcher.New York：New York University Press.

Macintyre, A. 1988. *Whose Justice? Which Rationality?* 2nd edn.Notre Dame, Ind.：University of Notre Dame Press.

March, J.G.1981. Footnotes to organizational change.*Administrative Science Quarterly*, 16：563−77.

——1994. *A Primer on Decision Making：How Decisions Happen.* New York：Free Press.

——1999. *The Pursuit of Organizational Intelligence.* Oxford：Blackwell.

——and Olsen, J.P.1975. The uncertainty of the past：organizational learning under ambiguity.*European Journal of Political Research*, 3：147−71.

——1989. *Rediscovering Institutions.*New York：Free Press.

——1995. *Democratic Governance.* New York：Free Press.

——1998. The institutional dynamics of international political orders. *International Organization*, 52：943−69.

——Schulz, M., and Zhou, X. 2000. *The Dynamics of Rules：Change in Written Organizational Codes.* Stanford, Calif.：Stanford University Press.

——and Simon, H.A.1958. *Organizations.* New York：Wiley.

——1993. *Organizations*, 2nd edn.New York：Wiley.

Merton, R.K.1938. Social structure and anomie. *American Sociological Review*, 3：672−82.

Meyer, J., and Rowan, B.1977. Institutionalized organizations：formal structure as myth and ceremony.*American Journal of Sociology*, 83：340−63.

Mill, J.S.1962/1861. *Considerations on Representative Government.* South Bend, Ind.：Gateway Editions.

Mills, C. W. 1940. Situated actionsand vocabularies of motive. *American Sociological Review*, 5 (6)：904−13.

Neustadt, R.E., and May, E. R. 1986. *Thinking in Time：The Uses of History for Decision-Makers.* New York：Free Press.

Offe, C. 1996. Designing institutions in East European transitions. Pp. 199 − 226 in*The Theory of Institutional Design*, ed.R.E.Goodin.Cambridge：Cambridge University Press.

Olsen, J.P.1997. Institutional design in democratic contexts.*Journal of Political Philosophy*, 5：203−29.

——2001. Garbage cans, New Institutionalism, and the study of politics. *American Political Science Review*, 95：191−8.

——2003. Towards a European administrative space? *Journal of European Public Policy*, 10：506−31.

——and Peters, B.G.eds.1996. *Lessons from Experience：Experiential Learning in Administrative Reforms in Eight Countries.* Oslo：Scandinavian University Press.

Orren, K., and Skowronek, S.1994. Beyond the iconography of order：notes for a"new"institutionalism. Pp.311−30 in *The Dynamics of American Politics：Approaches and Interpretations*, ed.L.Dodd and C.Jillson.Boulder, Colo.：Westview.

Power, M. 1994. *The Audit Explosion*. London: Demos.

Rousseau, J.-J. 1967/1762/1755. *The Social Contract and Discourses on the Origin of Inequality*, ed. and introd. L. G. Crocker. New York: Washington Square Press.

Rowe, N. 1989. *Rules and Institutions*. New York: Philip Allan.

Sarbin, T. R., and Allen, V. L. 1968. Role theory. Pp. 488–567 in *The Handbook of Social Psychology*, ed. G. Lindzey and E. Aronson, 2nd edn. Reading, Mass.: Addison-Wesley.

Scott, J. C. 1976. *The Moral Economy of the Peasant: Rebellion and Subsistence in Southeast Asia*. New Haven, Conn.: Yale University Press.

Scott, W. R. 1992. *Organizations: Rational, Natural, and Open Systems*, 3rd edn. Englewood Cliffs, NJ: Prentice Hall.

Stinchcombe, A. L. 1997. On the virtues of the old institutionalism. *Annual Review of Sociology*, 23: 1–18.

——2001. *When Formality Works: Authority and Abstraction in Law and Organizations*. Chicago: University of Chicago Press.

Sverdrup, U. I. 2000. Precedentsand present events in the European Union: an institutional perspective on Treaty reform. Pp. 241–65 in *European Integration after Amsterdam*, ed. K. Neunreither and A. Wiener. Oxford: Oxford University Press.

Thompson, D. F. 1987. *Political Ethics and Public Office*. Cambridge, Mass.: Harvard University Press.

Tussman, J. 1960. *Obligation and the Body Politic*. London: Oxford University Press.

Tyler, T. R. 1990. *Why People Obey the Law*. New Haven, Conn.: Yale University Press.

Ugland, T. 2002. *Policy Recategorization and Integration: Europeanization of Nordic Alcohol Policies*. Oslo: Arena Report 02/3.

van den Bergh, J. C. J. M., and Stagl, S. 2003. Co-evolution of economic behavior and institutions: towards a theory of institutional change. *Journal of Evolutionary Economics*, 13(3): 289–317.

Van Maanen, J. 1973. Observations on the making of policemen. *Human Organization*, 32: 407–18.

Viroli, M. 1992. *From Politics to Reason of State: The Acquisition and Transformation of the Language of Politics 1250–1600*. Cambridge: Cambridge University Press.

Weber, M. 1978. *Economy and Society*, ed. G. Roth and C. Wittich. Berkeley: University of California Press.

Wheeler, H. 1975. Constitutionalism. Pp. 1–91 in*The Handbook of Political Science: Governmental Institutions and Processes*, vol. v, ed. F. I. Greenstein and N. W. Polsby. Reading, Mass.: Addison-Wesley.

Wollmann, H. 2006. Executive trajectories compared. In*Governing after Communism: Institutions and Policies*, ed. V. Dimitrov, K. H. Goetz, and H. Wollmann. Lanham, Md.: Rowman and Littlefield.

第 35 章　公共政策的伦理维度

亨利·舒尔(Henry Shue)

如果有人详细考察了最杰出的公共政策学院中教师们的专业背景,认为自己看的 【709】是经济学领域的教师名单也情有可原,尽管这些教师在某种程度上受其他社会科学家的影响,但这些社会科学家的方法论又深受不同形式的经济分析影响。研究伦理学及规范性问题的专家普遍被边缘化,就像就餐时无论你要求与否都会提供的放在桌旁的干瘪沙拉,或撒在上面可有可无的胡椒粉。我认为这可以解释许多公共政策分析的浅薄之处。当然,(这浅薄)并不是因为经济学家个人的思想浅薄而伦理学家思想深刻,而是因为在经济分析产生价值之前,最基本的决策必须先行做出。而那些难以进行的决策所涉及的顾虑,必须在经过伦理评估后才能被给予系统性地权衡。

首先,最重要的是一个看似简单的问题:哪些人重要,什么事重要(Sneed,1977;Barnett,2002;N.Crawford,2002;Finnemore,2003)? 在对成本、收益和风险进行有效计算之前,必须先确定这个问题。我们应考虑谁的成本? 而忽略谁的? 对谁的成本进行全面考虑? 又对谁的加以忽略? 只是有决策者的支持者受影响,还是其他人也受其影响甚至影响更深(Scheffler,2001)? 只影响当代人,还是一个世纪后的人也要受其影响(Barry,1991)? 只影响人类社会还是同样影响自然世界的其他领域? 例如在温带地区,曾经指引农民耕种、激发诗人灵感的季节交替模式,现在正被由人类经济活动加速所引起的气候变化所破坏(McKibben,1990)。

这些问题是“混乱”的,无法对它们进行精确计算。然而任何精确计算都会误导公 【710】共政策的制定者,使他们忽略掉本该加以考虑的事项。“无用的输入,无用的输出”规则盛行,“随意的考量,随意的决策”也是如此。很显然,对偏倚随意分析的替代并非全面的分析,分析无法做到面面俱到,它既可能随意包容,也可能随意排斥。这就使伦理分析变得很困难。必须作出选择性的判断,这尤其是因为想要在政策选择上进行有效分析,就必须将注意力集中在该领域最受此政策影响的事项上。那么什么事项最重要? 什么根本不重要? 这些选择性判断即是伦理判断。

　　此处的明智开端是意识到最基本的判断是有关相对重要性的判断,即价值判断,尤其是关于决策中,应将何人和何事放在首要地位。但是,争议性或不确定性的伦理辩论,它们都需要在依据充分的政策分析之初进行,而显而易见的是,这种辩论会比经济学家间的争论更加模糊不清。有关包含与排斥问题的几个基础选择的经典案例值得一看。此处的目的并不是提供解决方案,而仅旨在说明为什么进行这些选择时需要面对基本的伦理关系,以及它们为何要被当作伦理问题来处理。

1. 考虑谁? 忽略谁? 跨时间分析

　　大部分经济学家的确已经认识到,关于未来计算的决定会产生巨大的后果;据悉,关于考虑多少代人以及在多大程度上进行远期考虑的不同选择,会导致完全扭曲分析。然而经济学家令人吃惊地快速进行了决策,解决方案是对未来整体福利大规模地贴现。因为最有可能的是,还活着人以及自身社区后代,从对人类自身惯常的任意排斥到对陌生人的排斥,而不必有任何忧虑。考虑到因此,某些选择性问题是不可避免的。但是对后代福利的主要和次要、必要和可选的所有方面都进行无差别贴现,只是一种熟悉、舒适的政策处理方式(Cowen 和 Parfi,1991;Broome,1994)。

【711】　　作为一种通用政策工具,贴现的任意性与所选贴现率的任意性是两个不同的问题。在实践中3%的贴现率似乎极受欢迎,并确实拥有良好的全方位吸引力。通常会使用一些参照点来证明所选数字的正当合理,例如当前的汇率。但如果我们的计算中包含了一些对未来人们福利的贴现率,那么这个特定的比率还应是如此吗?

　　更少有人讨论的是,为什么我们应该减轻对后代全部事宜的重视程度? 还有为什么减轻的程度与我们经济的一些方面,例如现行利率,有着合理联系? 人们倾向于认为唯一的问题仅仅是后代需要花费多少来替代那些我们没有为他们提供的东西。当然,这要假设我们总是关注可替代的、有市场的商品,比如医疗成本对健康的负面影响。例如有时会有如下争论:假如我们计划留下一些只是暂时安全的危险核废料,可能会导致遥远的未来一代中的一些人患上致命的恶性肿瘤。如果当代的一项公共政策导致一些人患上致命疾病,我们会想要为了逝去的生命而补偿他们的家庭。我们并不是认为人的生命只值这些钱,或是这些补偿就已足够。但是承认生命与金钱间不充分性和不可比性,远胜于不做其他补偿,即使是不合适的手势也能象征性地表达我们的敬意。因此在危险废料案例中我们假设疾病不会出现在几代人之内,因而有争论认为合理的方式不是提供全部赔偿,而是适当地加以折扣。

然而,在当代,我们会对不可避免的死亡进行赔偿。相比之下,我们不接受已知可能会造成多人死亡的公共政策,然后同时又因为他们是当代人而进行全额赔偿。选择造成死亡同时给逝去的生命以赔偿,看起来非常像在购买杀人的权利,或是在用赔偿金购买人们生存的权利。我们采取一切合理措施来避免不必要的死亡,然而在实际情况中可能由于预防死亡的费用过高(例如零事故高速公路的需求),因而当一些人的去世不可避免时,我们会给他的家人赔偿损失。

在对于后代的传统计算中,明确盲点是什么十分重要;不幸的是我们对当代人的全部计算已经相当复杂。正如一个众所周知的案例:为了减少死亡事故,将高速公路上的弯道矫直。在所有高速公路都到达理想的弯道量之前,我们都能通过减少一条弯道或缓和弯度来挽救一个生命。然而有些时候再挽救一条人命的成本极其高昂,于是我们终止了在这上面的开销。某种意义上可以将其描述为,让那些本可以活下来的人死亡。但是如果挽救额外生命的成本变成天文数字,特别是如果将同样的金额投入到其他安全领域可以挽救更多的生命时(例如加固煤矿顶棚,甚至是为那些在不完善公路上行驶的人提供更好的急诊室护理),概括来说,我们认为在弯道调整上投入更多支出是"不合理的"(Sunstein,1996)。它不合理的一个影响是,我们不认为自己有义务去赔偿那些由于缩减了公路安全支出而丧命的人们。所以,当然要将成本问题考虑进来,而问题是成本如何出现以及在何处考虑成本。【712】

我们这一代人没有做的只是简单决定了有人会被杀死,而给他们的家人赔偿要比拯救他们的生命更加廉价。因此,当高昂但合理的成本可以避免他们的死亡时,我们仍选择牺牲他们。只要死亡和追加赔偿的总成本不会减少,我们也不会停止在高速公路上的支出。总之,我们通常认为用死亡赔偿去换取生命不仅仅是不足够的,而且还无法让人接受。挽救生命的成本虽然极其高昂,也仍然是"合理的"。

对于后代,传统经济方式的问题在于无法像考虑当代人的政策那样去考虑未来的政策。在政策领域,不再为投入额外资金来拯救生命,仅仅为所有不可避免的死亡提供赔偿,这样成本会低许多。但我们不能这么做,因为这是超越了经济价值的人命,我们不能草率地用补偿金购买杀死他们的权利。对于后代的类似政策则如下文:如果我们使用了核能源,并且因为没有安全的处理技术来处理所有产生的废料,而留下了只是暂时安全的危险核废料。即使我们对适当水平的补偿金加以极低比率的贴现,我们仍可以在能源方面省下足够的钱,来赔偿由于暴露在废料中而患上致命癌症的后代。然而我们不会选择这种死亡补偿(贴现)的政策,因为这是超越了经济价值的人命,我们不能草率的用补偿金购买用放射性废料杀死他们的权利。如果我们通过燃烧煤炭来避免使用核能,我们也不能简单地购买因增加碳排放量引起更严重的气候变化而导致的死亡。如果我们的政策要遵守避免造成死亡及严重身体伤害的最低约束,其挑战不是找到一个正确的贴现率来赔偿所有本可避免但人为选择造成的死亡。而是找到一个不造成死亡的方式,例如不产生致命的废料。只要我们不知道如何去处理,排放量也不要增加。因此传统分析中的失败根源是一种未加讨论的伦理假设,即与现在不同,未来的一切都是可以被赔偿的,而不是源自对赔偿率随意的具体假设(Shue,1999)。

【713】 这表明我们需要考虑除了贴现以外的方式。也许至少要对人类的行为加一些限制,适用于现在以及未来的人类,无论他们的身份如何。例如如果我们现在不允许对囚犯施以酷刑,毫无疑问的,以后也不允许这样做。那么,我们也不应在政治选择上支持那些可能会对囚犯施以酷刑的继任政权。至少如果这种选择的代价不高的话,我们就不会去支持。更普遍些说,如果所有人都拥有一些基本权利,那么未来的后代也拥有和现在的人完全相等的权利。由于我们并不认为避免死亡的适当政策是违背加赔偿,因此也没有明显理由表明这会是适合尚未出生的人类的适当政策。这意味着将会产生一些致命的结果,作出错误选择然后又为其补偿。反对意见不在于赔偿金不足,如今的保险政策往往只支付部分的金额来赔偿死亡。许多人的死亡赔偿金都是不足的。反对意见在于人们不能以她的家人作为受益人购买保险,然后为了一己私欲杀死她。问题不在于补偿是否足够,而在于做了本可避免的特定选择去结束人的生命。为什么我们如此看重生命以及我们当今的政策可能在未来带来的过早死亡? 重要到即使是最低标准的处理方式也不可实施。但是我们必须继续往下讨论其他案例,毕竟我们只旨在说明基本的伦理评估,通常不作辩护。

2. 考虑谁? 忽略谁? 跨空间分析:伤害的平等

上述问题可称之为跨代际最小化,即减少(通常达到消失点)长期深受当下政策选择的人的重要性。一种类似的但通常更为极端的传统论证方式叫做跨国最小化,即有效忽略远方的人,即使他们的命运也会深受影响。在许多关于公共政策的计算中,除相关选民之外一切人民的福利不是被打了折扣,而是被完全忽视了。但这种不公平并不总是错误的,有时确实是不得不为之,这使得政策选择更加错综复杂。在跨代际最小化的案例中,我仅认为我们应该批判性地审视这种极端简单但完全标准的假设,即后代人福利的所有方面都可能被折扣。我甚至没有讨论是否在某些方面我们不仅可以,而且是应该支持我们当代人。在跨国最小化案例中,我们必须认真对待有益于我们自己的

【714】 空间描述(Goodin,1985;Miller,1995;J.Crawford,2002;Buchanan,2004)。

　　基本张力包括以下几点:一方面,存在这样一种很少有反对意见的全球共识,即在基本方面上所有人都是平等的。尽管对于是否应把这个方面理解为尊严、自我价值、经济价值、基本权利,或是以上方面的某种组合,仍存在不同的看法。就我们的目的而言,我们可以将这种共识称之为人类平等。另一方面,就像许多理论家毫无道理的惊人言论一样,即如果存在普遍权利,那么同样存在普遍义务,而普遍义务是属于每一个人的义务,并且不仅仅是一种不侵犯权利的消极义务。如果每个人都有一些基本的权利,那么一定有其他人承担了保护,必要时甚至是履行这些权利的积极义务。但是这些"其他人"当然不必是其他所有人。在实际操作中,每个人都对另一个人履行义务意味着什么还尚不清楚,这在世界上 60 亿人口中甚至是不可能实现的。例如,如果出于尊严每个孩子都要求饱暖,那么必须有一个甚至更多的人有义务去介入帮助每一个无助的孩子。但是对于父母在世的孩子,与其相关的其他人首先应是他们的父母。这是道德领域的一个简单劳动分工,即道德劳动分工。每一个孩子都值得拥有食物住所,所有孩子都有平等的诉求。但并不是所有孩子的食宿问题都应该是你们的责任。所以虽然权利具有普遍性,但也一定存在某种责任分工。自然,一个关键的问题是那些无法被履行的基本责任要落在什么人身上? 但无论正确答案是什么,都不会是其他每一个人,这个重要问题我们在这里不做深入探讨。一些特定分配也必须由默认或辅助的责任组成。

　　既然道德劳动分工不可避免,那么分工通常以"各人自扫门前雪"的形式出现也不足为奇。例如,我需要满足自己孩子的温饱需求而不是他人孩子的需求,因为其他人应该为自己的孩子做同样的事。无论如何我都不会认为自己的孩子比你的孩子更有价值或有更多权利。一般来说,责任分工不以价值等级为前提(Miller,2001;Scheffler,2001;Green,2002;Caney,2005)。

　　聚焦到细节时事情再次变得极其复杂。人们可能会认为在战争中,最终依靠主权国家的利益这一终极诉求,安全政策中的全体人类平等的承诺可能微不足道。然而另一方面,人们将许多方面都考虑在内,有时甚至是全部方面。最少也有四方面内容,根据《世界人权宣言》的规定,只有犯错才会被攻击的明确要求、军事力量必须防止伤害比其造成伤害更多的要求、非战斗人员的严格平等以及战斗人员的严格平等。

【715】

　　首先,尽管通常只在有利于国家利益的情况下才会做出发动战争的决策,但是出于国家利益而使用武力发动战争并不是充分的理由。被打击的敌方必须先做出了错误行为,这既是法律上的也是道德上的要求。更确切些说,他必须做出侵略行为,或其他由联合国安理会判决对国际和平产生切实威胁的行为(Roberts 和 Guelff,2000)。一个简单的事实是,如果一个人攻击并打败了敌人,会比不进攻获得更多收益,这并不是发动战争的充分理由。这显然要基于这样一种前提,即敌对国家人民或其他受战争影响的人民的利益至少能得到一些重视。否则如果战争非常符合一国人民的利益,在只考虑自身利益的情况下,该国便可毫不犹豫地发动战争。

其次,这种均衡性在法律上和道德上都必须作为国际合理诉诸武力的一部分加以考虑,同样需要考虑包括每个受其影响的人的利益或福利(Henckaerts 和 Doswald-Beck,2005)。关于战争“均衡性”的应用规范是含糊的(Shue,2003)。所谓的“微观均衡”,也同样被称为“战争内均衡”,适用于战争行为(中世纪术语 jusinbello)。既然这种“均衡性”应用在战争进行中,且在敌对双方你死我活的情况下,那么要求双方要重视对方的利益就十分荒谬了。相比之下“宏观均衡”,也可称之为战前均衡,是衡量是否要诉诸战争的决策准则(jusadbellum)。这种均衡规范具有高度普遍性,考虑了受影响的各方面利益,包括中立国人民的利益、潜在敌方中非战斗人员(甚至可能包括潜在战斗人员)的利益、盟国的利益、受诉诸战争的合理理由先例所影响的人民的利益,以及国际体系中受战争结果影响的人民的利益(例如鼓励绥靖主义或进攻性威慑)。只有考虑了所有这些事情,诉诸战争才是正当合理的均衡行为(由双方允许且符合战争内均衡性的军事行动,在利益考虑上是合理但不具有普遍性的)。我认为虽然此处已经没有探讨空间,但是这两点是紧密相关的。只有敌人做出错误行为,通常是侵略行为时,才可以使用武力对抗的原因之一是:只有当战争除了促进国家利益以外,还能实现阻止进攻和/或对侵略进行规范防卫的时候,才能满足战争前均衡。这些考虑为预防性战争的不可接受性集中性地提供了依据(Crawford,2003;Luban,2004)。

【716】   以上两点都表明,局外人的利益获得足够重视,但局内人的利益却并未得到必要的平等重视。更令人惊讶的是,战争伦理中还有对本国和敌国人民给予平等对待的另外两点。这其中的第一点,也是关于总体战争的第三点,即平等考虑非战斗人员。非战斗人员保留所有战前的权利,即一般人权。因此,他们像所有人一样免受暴力攻击,而非战斗人员的豁免权即是战争行为的基本原则。虽然有些考虑不周的评论员有时会使用类似“敌方非战斗人员”这种不当措辞,但非战斗人员就只是非战斗人员,至少在原则上反映出对平等的令人惊奇的承诺。

平等的补充形式,也就是关于战争的第四点,是战斗人员奇怪但真实的平等形式。一方面,双方战斗人员地位明显地极为不平等,一方战斗人员可以杀死另一方战斗人员。当然另一方战斗人员也可以予以反击。从易受攻击的角度上看双方战斗人员是平等的。在战争行为中这种平等是不寻常的,因为只有一方出现严重错误且另一方使用武力对抗是正确时,诉诸战争才合理。双方战斗人员为何在正当性上如此不平等(一方错误一方正确),而在冲突中享有如此平等的权利。一些伦理学家认为这令人十分不安,当然他们认为那些为非正义事业战斗的人不应杀害为正义事业而战的人(McMahan,2004)。虽然我认为这很像在问"为什么有罪的被告和无罪的被告享有同样的诉讼权利"。在相关时间内,没人有能做出道德排序的权威。当下的重要目标是在国际法律和对战争伦理的公认理解中,双方人民的利益在某种程度上从以上四个方面得以考虑,并至少在后两个方面得到平等的考虑(Walzer,2000)。

现在有人可能理所当然地认为,既然不伤害义务高于一切普遍消极的义务,且战争是施加伤害的终极制度,那么战争受到一些强烈的消极义务限制也就不足为奇,最明显的可能是禁止(故意)伤害非战斗人员。同样理所当然地是,给予外部人员利益重视的积极程度在诉诸战争之前应该是不平等的。一般认为,由于经济政策旨在积极造福于内部人员或选民的利益,因此国家经济政策只能可以考虑局内人的利益。现在,让我们按照惯例更详细地分析具体的说明性政策领域。

3. 考虑谁? 忽略谁? 跨空间分析:利益不平等

施加伤害的假定与抑制利益的假设区别尤其显著,二者由完全不同的原则支配。【717】换句话说就是以平等对待所有人的方式普遍禁止伤害,而提供利益时则选择性地集中于"某个人自身"的利益。这种预设具有重要影响力的伦理假设,它被广泛接受并鲜有反对的声音,甚至无需加以说明。未能提供利益与施加伤害可能有着完全一样的后果。然而,政策分析师的计算仅简单估测了结果,而不论结果在何种过程如何达成,并在进程中通过伤害与不帮助的差别,来阐明在考虑局外人员(仅伤害)和局内人员(净收益)时的基本差别。考虑外部和内部人员的这种严格区分是否随意,则是一个更为基础的伦理问题,并在下文中进行了简单假设。我们除了注意它的重要性外,在此不深入讨论。

因此,人们通常认为国内经济政策可能专门侧重于促进国内选民的福利。极大促进本国人民福利的政策 A 可能会比政策 B 更受欢迎,政策 B 同样促进本国人民福利但并不比 A 多,却同时有益于国外人民福利。政策 A 可能比政策 B 更受青睐,尽管政策 B 的整体人类利益会大得多。政策 B 会因为益于外部人员的可能性而遭到完全折扣,也就是忽视。在某些情况下,这也是一种无可非议的关于责任对象的劳动分工。如果普遍认同的政治惯例是各国政府只会促进本国人民的经济利益,那么当一国政府随意采取了有利于另一国选民的政策时,后者政府的工作就可能陷入混乱。当然,并不是某国政府意外地试图促进其他国家选民的利益。相比不合作而言,合作政策会分别更有利于各国的共同利益时,政府间会对合作政策作出明确协议。这可能是类似世界贸易组织(WTO)的这种体系的基本理念,即在大范围区域内达成广泛协议,比无协调无约束的方式更有助于各国满足本国选民的利益。一些共同约束被普遍认可,并从长期来看有益于所有人。

然而,各国的基本伦理承诺仍被认为是针对本国选民的。无论是 WTO 还是其他经济组织,都不代表各个国家承诺促进全人类的利益。它们只是简单反映出一种判断,即【718】 对各方来说,受共同约束的合作协调政策比自给自足的政策更好,尤其是在其他国家提供了普遍合作的情况下。一国若认为独立于 WTO 之外更有利于自身发展,则可以(在适当通知后)自由离开。关键在于我们不应混淆这一信念,即普遍合作将通过各方促进整体利益的承诺(我认为这并不存在),来分别促进各自的利益。当然,可以想象各方出于谋求自身利益而与其他国家的合作,实际上也会促进整体利益,这实质上是在全球范围内"看不见的手"在起作用。但是可能也有人会认为,如果目标恰当,对各方来说最大利益可能来自于自觉努力地设计制度从而促成结果。然而,如果独立国家仅有促进本国选民利益的义务,那么他们就没有义务去设计,更不用说去施行这种普遍有益的制度。

每个人都隶属于一个诸如国家之类的政治单位,每个国家只负责促进本国人民的利益,同时遵守有益于多个(不一定是所有)国家人民利益的限制,这种安排对很多人来说都是熟悉的,似乎也是合乎常理的。一个有力的证明是,当代国家通常被认为实现了基本道德目的,并因此具有主权合理性,其目的是促进选民的个人福利,尤其是经济利益(Reus-Smit,1999)。然而,这种主权国家的利己主义制度体系只是国际舞台上能想象到的,或是可行的选择之一。因为我们确实积累了一些关于社会制度运作的知识。

我们知道的一个事实是,国际层面上任何既定总量效应的提升,都与大范围的分配效应相符。宣扬"水涨船高"式明确可靠关系的陈词滥调通常是错误的,在总体贫困人口愈加贫困时,国内生产总值往往可能依旧上升。如果有理由实现或避免分配效应,相关社会制度则需要像对待总体目标一样坚定明确地对待分配目标。如果我们从抽象理论角度转向考虑全球现实,很明显许多人生活在混乱肮脏的环境中,且寿命很短,尤其是儿童。每年有数以百万的人死于饥饿以及低廉和可预防的疾病。国际体系许多成员国的婴儿死亡率通常是采取最佳做法时婴儿死亡率的数倍(Pogge,2002)。

正如之前提到的,劳动分工和责任分配往往是明智之举。所以可以想象当下对于人类普遍福利、预防可避免的儿童死亡,以及其他反复出现的人类悲剧等大部分国家责任的国际分配体系,是一种合理的乃至最可行的安排。然而你即使只是大致看一下那些曾自夸所谓的"人类生存状况",尤其是体系中最贫困的国家患有慢性疾病乃至死亡【719】 的无辜孩子,都让人很难相信我们的社会制度是最切实可行的。很难想象每一次可行制度的变革都可能使事情变得更糟。但如果试图认真对待这种可能性,便可以把轻信和盲从降到最低。有理由相信如果我们更加切实努力,就可以在制度上做得更好。

然而,我们绝不能丧失对之前提到的事实的理解能力:事实上对人类平等的普遍承诺都伴随着道德劳动分工。如果我拒绝承担你的孩子的基本监护责任,并认为这种责任应归你所有,哪怕你可能无法承担该责任并使孩子受苦,但这并不代表我在暗示否定你孩子的平等价值。类似地,实际上人们通常宣称的悲剧性的长期饥饿以及绝对贫困的其他因素是不幸的,然而解决这种不幸的责任并不涉及我或其他人。我能意识到巨大的不幸降临在了人类同胞身上,也不否认他们的生命和福利与我的等值,但仍然认为我对他们不负有责任。尽管我们在价值和尊严上平等,我的责任也止步于他人的不幸。人类的所有问题不可能都由我解决。

在个体情况和国际情况之间有一个相似之处,就是选择并不局限于存在的两个极端。对个人来说,你做的一切是为了你的孩子,而我做的事情也是为了你孩子的一切;对国际来说,各国为其境内的儿童提供一切,或是运营一个覆盖全球人类福利系统的"世界政府"。人们可以运用一点想象力来为国际情况规划出不那么极端的替代方案,特别是如果留意到个人情况中家长的能力和愿望,以及在国际情况中"孤儿"数量的假设。

第一,对于个人情况的通常观点默认了才能或能力。如果一个人的邻居破了产,或发了疯,或完全迷失了人生方向,那么他就不会简单地认为"照顾孩子仍是她自己的事"。在国际层面上,无法否认存在着一些"失败国家"的情况,失败的原因可能来自内部或外部,而原因及改善前景因情况而异。但是一些国家显然无法控制本国经济,也无法为本国公民提供福利。宣称让他们承担他们显然无法履行的责任,这是纯粹的自欺欺人(Goodin,1985)。

第二,对于个人情况的观点普遍也默认了意愿或期望。谋杀了第一个孩子的家长不能简单地承担起第二个孩子的监护责任。在国际层面上,除失败国家外,还常见掠夺国家,例如这些对本国部分公民进行种族屠杀或民族清洗的国家。在掠夺国家的情况中,除非自欺欺人,否则我们不会认为将事情留给他们自己处理是明智的。因此,国际制度需要对失败国家和掠夺国家做出一些绝对底线的规定,就像为没有能力或意愿抚养自己孩子的家长提供帮助的国内制度一样。

第三,如果将难民大致比作孤儿,即缺乏国家为他们负责的人。那么人们就会发 【720】现还有数百万的儿童应得到一些保障,事实上已经有人承担了其中一些责任,但目前的实际保障仍然是不足的。另外,除失败国家外,还有一些因内战及分裂而破碎的国家,可能只有一些中立的第三方为其提供福利支持。如果不承认人们对国家之外的同胞负有一些责任,那么所有这些规定就都是毫无根据的。

不管不顾上百万名无法养活自己的儿童的意愿,是与人类平等承诺不相符的。认为一个人无需对绝望的人承担责任是一回事,因为通过劳动分工的可靠运作,这些人将被重点提供帮助,当然我们不能要求社会机构尽善尽美。但充分认识现有制度的严重不足以至于影响数以千万的儿童,每年可以预见地从(巨大的)制度打击中跌落,人们对此无动于衷,就好像有证据有力证明了现有国际制度是所有可能的制度中最好的一样。这种看法似乎是在否认当下被忽略的百万人与其他人同样重要。我们有理由说:"我尊重你作为一个人的价值,但是我将责任留给其他人,提供给你无法自给自足的必需品,因为我意识到他们可能会失败"。但我们不能合理地主张:"我尊重你作为一个人的价值,但是我将责任转嫁给其他人,提供给你无法自给自足的必需品,因为从过去的经验可知他们注定失败"。后者的冷漠透露出一种蔑视。

这一点可以更抽象地表述如下。人类平等的承诺与对社会制度的现有接纳是不相符的,即在过去数十年里每年周期性的失败下,现有社会制度已被证明,不足以为数千万无法养活自己的人提供生活必需品。事实上人们能设计适当的替代机构并不给任何人施加过度的负担。因此,道德劳动分工是可行的,但继承国家界限的结构分工则不可行。这已被证明是失败的。

4. 考虑谁? 忽略谁? 跨空间分析:再谈平等和伤害

前面有关经济低迷的讨论默认了绝对贫困是毫无过错的,好像人类的不幸是与生俱来的,而不是由于政策失误造成的。尽管诸如自然资源的稀缺性和多样性等自然因素确实会对世界上的贫困人口造成影响,但是认为政策和制度无法决定全球最贫困人口的命运是没有根据的。最好还是参考一下具体案例。

【721】

如上所述,通常认为国内的经济政策可能专门合理地注重促进国内选民的福利。但是几乎所有的经济活动都像环境破坏一样会产生经济学家所谓的"负外部性",许多未从经济活动中获利的人也会遭受损失。在实践中也许可以从源头来预防环境破坏,但是如果破坏未成功预防,否则那些受害者是无法保护自己的。如果 A 国允许企业向 B 国上风向的空气中排放有毒物质,那么 B 国该怎么做呢? 过滤所有过境的空气吗? 人们普遍无法接受跨界污染,各种类型的污染入侵都受到不同程度的管控(Franck,1995;Sands,1995)。然而,正在加剧气候变化的温室气体(GHGs)带来了特殊且棘手的政策问题,其中核心问题正是关于谁来负责,为谁负责的伦理问题(Drumbl,2002;Eck-ersley,2004;Gardiner,2004)。

气候变化是一种极为复杂的现象,其中人类活动的影响交织着不同时间尺度的多种自然过程,这给预测带来了难度。然而气候正在明显地变化,全球气温正以人类历史上前所未有的趋势上升,但这在地球历史上并非史无前例(Alley,2000;美国,美国科学院,2002;Parmesan 和 Galbraith,2004)。其中水蒸气这种主要的温室气体几乎完全不受人类控制。在人类可控的温室气体中,燃烧化石燃料(煤、天然气、石油)所产生的二氧化碳极为重要,它可以以无与伦比的速度排放进入大气层(Houghton 等,2001)。现代工业经济是由化石燃料驱动的,而化石燃料的燃烧导致了气候变化,发电和内燃机驱动的交通运输是二氧化碳的主要来源。这意味着能源政策就是气候政策,减缓气候变化速度的选择就是能源选择,消耗多少能源以及如何产生能源(McCarthy 等,2001)。

当然,能源政策通常也是经济政策的基础。过去我们倾向于认为制定经济政策可以只考虑制定单位的利益,而对给其他单位内人民造成破坏性污染的限制相对较小。然而,现在我们认识到指导决策的原则对地球上最基本的进程进行了一个极具误导性的假设。工业进程和农业生产活动都并不仅仅是偶然在某处产生几种跨境污染。所谓的"外部性"是推动现代经济的能源消耗的核心。化石燃料低廉的价格确实是过去一 【722】个半世纪中经济增长的一个关键因素,也是当代富足生活的一个主要原因。今天,我们意识到这种丰富又廉价的化石燃料能源虽使我们(中的一些人)变得富有,但同时也正在破坏自然环境的稳定性,而稳定的自然环境也是我们经济生活的必要条件,尤其是对丰富且相对廉价的食物而言。

因此,当我们假定旨在惠及本国选民的经济活动并无过错时,只要留意一下最严重的外部性,就能发现这一事实——能源政策作为经济战略的基础确实对这件原本被认为人类无法做到的事产生了严重影响,即改变天气。某种意义上来说,"天气"就是当地的气候,其当下基本变化速度现在已远超了天气范畴。也许除生活在黑暗的深海热液喷口附近的蠕虫外,地球上的每一个人以及几乎所有物种,都将受到影响,且许多影响十分深远。

对于气候变化,一些更偏激的评论员认为需要一场伦理革命,这简直是胡说八道。长期以来,最广泛深刻的伦理原则之一是,只要一方不给弱势群体造成严重伤害,正如人们所理解的,他就有自由为自身谋求利益。通常称之为"无伤害原则",这是很好的。在应对人为的气候快速变化的威胁时,并不需要新的伦理准则,事实上也很难想象真实的社会个体之间会与放弃了基本"无伤害原则"的人一样具有掠夺性。

我们只需要简单地明白,在全球范围,准确的说是地球上实行无伤害原则。我们只是再次发现,这种没有明确依据且可能凭着乐观而假设的安全进程实际上是危险的。无论革命与否,处于原始状态且需要更新的不是伦理原则,而仅仅是公共政策。

谁曾想到偶尔吸几支烟会给某些人的孩子造成严重的健康问题呢?现在我们知道

了,吸烟的政策也随之改变。谁曾想到处理二战期间造船需要的石棉以及战后建筑热潮会导致致命的恶性肿瘤?现在我们知道了,石棉虽还未消失但正被逐渐取缔。谁能想到,使内燃机高效运作的铅添加剂会阻碍儿童大脑的充分发育?诸如此类惊人的技术创新伴随着许多令人不愉快的意外,有时是致命的意外。通过研究气候变化我们认识到,让我们能够如此有益地适应环境的惊人廉价燃料,正使环境变成我们无法适应的环境,这是最不愉快的意外之一。

　　许多关于气候变化的讨论至今都未抓住重点。有些人认为气候变化是环境政策下属的子分类之一,而环境政策的紧急程度则与建筑政策等一样。其他认为环境政策和能源政策一样重要的人会问,如果现在采取某些减缓气候变化的措施,会给国家带来整体经济收益吗?例如除了减少浪费外,减少能源浪费还能增加总体效率吗?这种问题漏掉了不止一个要点。其中一点在第一部分已经做了介绍。除了消除纯粹的能源浪费,以及对温室气体排放许可进行的足够营销,即碳排放最大地减少往往成本也最低,任何更严肃的化石燃料消耗削减政策,都将给这一代人以及随后的几代人带来净成本。但是,与限制化石燃料消耗的政策相比,继续依赖不断增长的化石燃料的能源政策可能会带来更多的人为破坏,乃至导致更多人死于更严重的气候变化(Mahlman,2001)。如果应对政策晚一些施行,对于较远后代的最终伤害就会严重加剧;如果同样的政策实行晚了而非更早,就会有更多的人因庄稼歉收而饿死。人们会选择导致额外死亡的政策,即使该政策最有利于当代吗?这一点已经简单讨论过了。

[723]

　　人们经常漏掉的另一点仍未被注意到。影响着最糟情况会有多糟,最严重的气候破坏会有多严重的关键因素是绝对碳总量,以煤炭、天然气和石油形式藏于地球表面下的碳以二氧化碳的形式转移到了大气层。特别是如果地下所有碳都通过化石燃料燃烧转移到大气中,那么大气中的二氧化碳浓度将会是工业革命前的几倍。实际上,可以肯定的是大气中二氧化碳浓度将会翻倍。如果它再翻一倍,也就是1850年时的四倍,那么对地面的影响可能会比"仅仅"两倍时严重得多(Kasting,1998)。

　　气候变化在每个重要方面都是真正的全球现象,这是总体的关键特征。最关键的是,化石燃料消耗主宰着地球大气中温室气体的程度,即由全球各地排放综合出的浓度结果,而从中获益的人与遭受气候变化的人之间并没有自然关联。例如,毫无疑问气候变化的结果之一就是海平面上升(McCarthy 等,2001;McElroy,2002)。其他条件不变情况下,受海平面上升影响最严重的是在海拔最低地区生活或耕种的人们,例如孟加拉国人民。孟加拉人民怎么可能从全球化石燃料消耗总量的增加中获得最多的,哪怕是平等的利益呢?但是对孟加拉人民来说,大气中温室气体的总浓度是"仅仅"翻了一倍还是四倍则至关重要。

更抽象些说,最可能受国家能源政策(如美国政策)影响的人们,大多不是那些能源政策占主导影响地位国家的居民。最弱势的群体几乎没有话语权,因此这也可以理解为是关于话语权、代表、民主的问题,以及该讨论重点关注的伤害造成问题。话语权【724】的缺失是必须将该进程描述为造成伤害的一个主要原因。伤害并不是自然发生的,就像 2004 年年底的亚洲海啸。而伤害并不是由那些选择追逐利益的人承担,或作为利益的一部分代价承担。最大份额的利益并没有流向那些遭受了最严重影响的弱势群体。

此外,那些最容易受到气候变化不良影响的国家也最无力去减轻这些影响。如果海平面上升影响到美国东海岸的港口,美国的资金将会投入到必要措施中。但是人们无法相信孟加拉国会拥有能减缓自己所受影响的启动资源。毕竟美国和孟加拉国的化石燃料人均消耗量无法相提并论。

在这一关键方面,尤其是能源政策不可再视为国内政策。美国在制定能源政策时,他们是在制定全球的气候政策。他们应该考虑谁的利益?根据非常普通、保守传统的伦理原则常识,他们应考虑那些受到严重伤害的人。无视远方陌生人的利益,这意味着忽视自己的公共政策给他们带来的伤害,这与基本的人类平等承诺不相符。更糟的是这是一种复合不公正,即利用现有不公正优势的权力来强加额外的不公正损害,包括致命的伤害(Shue,1992)。

5. 考虑谁? 忽略谁? 有影响力的物种?

至今为止最不引人注目也最难以反驳的假设是,只有人类的利益才是重要的。我们已经简单地考虑当代人类和未来人类、国内的公民同胞和国外的陌生人,但都总是只考虑了人类。那花园中榛子树顶的那只红腹灰雀呢? 它确实点亮了我的这一天,但那仍是关于我的,这是一种以人类为中心的价值观,即只考虑事物对人类的价值(Norton,1986)。当然我并不熟识这只特别的灰雀,我甚至不知道它与昨天差不多时间来的是不是同一只灰雀。所以红腹灰雀这个物种是快乐的源泉,而不是这一只灰雀;是物种具有以人类为中心的价值,而不是某个个体。其中一个问题是,以人类为中心来看,什么单位才是重要的? 当然在此无法继续讨论。我当然不反对花园里有蜂鸟、猎鹰、乌龟和瞪羚。所以这可能并不是关于鸟,而是关于动物、树木植物,——或是更为普遍的自然【725】物种。自然进程并不受人类操控,而是我们面对可以探索但不能主宰的独立世界(Scarry,1999)。对人类来说,认识到宇宙中大部分事物都与我们没有共同利益并对我们没有兴趣,是很有价值的。

自然的某些方面在本质上,除了以人类为中心的价值外是否对我们还有价值? 如果我不存在,那么世界上是否还存在红腹灰雀? 我们有没有理由认为红腹灰雀存在的宇宙在价值上高于红腹灰雀不存在的宇宙? 对谁来讲是优越的? 首先,对于红腹灰雀来说,包括植物在内所有从灰雀活动中获益的其他物种,以及对灰雀的竞争者来说,很不幸这是真的。伦理理论家们有时会争论,如果最后一个人想要在死前炸掉维多利亚瀑布或科罗拉多大峡谷,除了如果不进行这样无意义的破坏会显得他更善良外,是否还存在他不应该这样做的其他理由。显然,在欧洲人民有"女王"这一概念之前,那里并不是维多利亚瀑布。如果完全没有人类,那可能只是随意的一群被打湿的岩石。如果河里没有鱼,天上没有鸟,悬崖上没有人,那么这水是继续流过岩石还是止步于此又有什么关系呢? 也许价值取决于有意识的、有知觉的,或至少是有生命的个体在某种意义上的价值。但这必须完全取决于人类的意识吗?

对公共政策来说有两件事很重要。当然在人类估价(所有价值都以人类为中心,包括经济学家所说的自然的舒适价值)与万物估价(每一个自然单位都有内在价值)之间存在巨大的跨度。关于公共政策的第一个问题是,事物除了人类赋予的价值外是否还有其他价值? 如果有,那我们的政策会如何影响其他有自身价值的事物呢? 对于这个问题此处无法作答,但是作者认为这是一种高度以自我为中心的傲慢心理,理所应当的认为除了有利于人类的事物外,一切都没有价值。

关于公共政策的第二个问题是,我们的政策如何影响着自然系统、物种和/或人类作为事实价值的个体。除了内在价值问题外,人类确实很重视壮观的瀑布、峡谷、荒野、珊瑚礁、城市公园、花园、鲸鱼、老虎和红腹灰雀。除了一些特殊物体外,即使像荒野这样的辽阔的事物,人类也会从自然模式中受到启发,比如温带地区的季节更替与极地和热带地区不那么明显的变化模式。许多被认为是最非自然的人类活动,如艺术、诗歌、宗教,实际上都取材于自然世界的诸多方面。许多受人赞誉的手工艺品的重要参考来源都是自然。

"可持续发展"的概念是在试图将狭隘的经济利益集中于人类消费和某种程度上尊重自然世界的过程中提出的(世界环境与发展委员会,1987;Daly 和 Cobb,1994)。人类的经济发展往往会破坏其他物种的栖息地。但"可持续发展"在抽象意义上仅仅是说,经济发展和环境保护要以某种方式达到平衡,而至关重要的是平衡点落于何处。人们可以优先保护环境,并尽可能多地发展与之相符的充分保护政策。也可以把经济发展放在首位,然后在与发展优先相符的情况下尽可能多地保护环境。"可持续发展"的截然对立的诠释之间跨度是巨大的,公共政策在这一范畴上的位置选择部分取决于自然环境本身导致的工具价值抑或内在价值。

【726】

目前最明显不可持续的政策是能源政策,包括导致了气候变化的化石燃料消耗激增,而纯粹的人类方面在上文已经提过。但是气候的急剧变化可能会成为现有栖息地的最大破坏者,并因此成为物种灭绝的最大根源。如果人类对非人类物种的破坏涉及价值的损失,那么这是得出当下能源政策走入了歧途这个结论的另一理由。在极端情况下,气候变化可能破坏季节本身的完整性,改变其长度和深度,比如将春天从一个自发的自然现象转变为部分人为的现象(McKibben1990)。

6. 结论

以上讨论的一些要点说明了公共政策会不可避免地做出伦理判断。这些判断可能基于流行媒体、公众舆论、传统智慧、个人偏见、宗教传统或系统的伦理分析。但这种判断不可避免,因为所有政策选择都假设一些事重要,而另一些则不重要,一些事极为重要,另一些则不那么重要。伦理学旨在系统地反映出相对重要性,并达成公开和合理的判断(Gutmann 和 Thompson, 2005; Mills, 1992)。伦理学可以为公共政策提供合理的依据。

参考文献

Alley, R.B.2000. *The Two-Mile Time Machine: Ice Cores, Abrupt Climate Change, and Our Future*.Princeton University Press.

Barnett, M.N.2002. *Eyewitness to a Genocide: The United Nations and Rwanda*.Cornell University Press.

Barry, B.1991. *The ethics of resource depletion*.259-273 in *Libertyand Justice: Essays in Political Theory* 2.Clarendon Press.

Broome, J.1994. *Discounting the future.Philosophy & Public Affairs*,23(2),128-156.

Buchanan, A.2004. *Justice, Legitimacy, and Self-Determination: Moral Foundations for International Law*. Oxford University Press.

Caney, S.2005. *Justice beyond Borders: A Global Political Theory*.Oxford University Press.

Cowen, T., & Parfit, D.1991. Against the social discountrate.144-161 in *Justice between Age Groupsand Generations*, ed.P.Laslettand J.S.Fishkin.Yale University Press.

Crawford, J.2002. *The International Law Commission's Articles on State Responsibility: Introduction, Text and Commentaries*.Cambridge University Press.

Crawford, N.C.2002. *Argument and Change in World Politics: Ethics, Decolonization, and Humanitarian Intervention*.Cambridge University Press.

Crawford, N.C.2003. *The best defense: the problem with Bush's "Preemptive" war doctrine*.Boston Review, 28; availableat: http://bostonreview.net/BR28. 1/crawford.html.

Daly, H., & Cobb, J.B., Jr. 1994. *For the Common Good: Redirecting the Economy toward Community, the Environment, and a Sustainable Future*. Beacon Press.

Drumbl, M. A. 2002. Poverty, wealth, and obligation in international environmental law. *Tulane Law Review*, 76: 843–960.

Eckersley, R. 2004. *The Green State: Rethinking Democracy and Sovereignty*. MIT Press.

Finnemore, M. 2003. How purpose changes. 141–161 *in The Purpose of Intervention: Changing Beliefs about the Use of Force*. Cornell University Press.

Franck, T. 1995. *Fairness in International Law and Institutions*. Clarendon Press.

Gardiner, S.M. 2004. Ethics and climate change. *Ethics*, 114: 555–600.

Goodin, R.E. 1985. *Protecting the Vulnerable: A Reanalysis of Our SocialResponsibilities*. University of Chicago Press.

Green, M. 2002. Institutional responsibility for global problems. *Philosophical Topics*, 30(2), 1–28.

Gutmann, A., &Thompson, D. 2005. *Ethics and Politics: Cases and Comments*, 4thedn. Nelson Hall/Thomson.

Henckaerts, J.-M., & Doswald-Beck, L. 2005. *Customary International Humanitarian Law*, i: Rules. Cambridge University Press.

Houghton, J.T., &Ding, Y., etal. 2001. *Climate Change 2001: The ScientificBasis*. Cambridge University Press.

Kasting, J.F. 1998. Thecarboncycle, climate, andthelong-term effects of fossil fuel burning. *Consequences: The Nature & Implications of Climate Change*, 4: 15–27; availableat: www. gcrio. org/CONSEQUENCES/vol4no1/carboncycle.html.

Luban, D. 2004. Preventive war. *Philosophy & Public Affairs*, 32: 207–248.

McCarthy, J. J., & Canziani, O. F., etal. 2001. *Climate Change 2001: Impacts, Adaptation, and Vulnerability*. Cambridge University Press.

McElroy, M.B. 2002. *The Atmospheric Environment: Effects of Human Activity*. Princeton University Press.

McKibben, B. 1990. *The End of Nature*. Penguin.

McMahan, J. 2004. The ethics of killing in war. *Ethics*, 114: 693–733.

Mahlman, J.D. 2001. *The Timing of Climate Change Policies: The Long Time Scales of Human-Caused Climate Warming—Further Challenges for the Global Policy Process*. Pew Centeron Global Climate Change.

Miller, D. 1995. *On Nationality*. Clarendon Press.

Miller, D. 2001. Distributing responsibilities. *Journal of Political Philosophy*, 9(4), 453–471.

Mills, C.ed. 1992. *Values & Public Policy*. Fort Worth, Tex.: Harcourt Brace Jovanovich.

Norton, B. 1986. The Preservation of Species: The Value of BiologicalDiversity. Princeton University Press.

Parmesan, C., & Galbraith, H. 2004. *Observed Impacts of Global Climate Change in The U.S.* Pew Center on Global Climate Change.

Pogge, T.2002. *World Poverty and Human Rights*.Polity Press.

Reus-Smit, C.1999. *The Moral Purpose of the State*.Princeton University Press.

Roberts, A., &Guelff, R.2000. *Documents on the Laws of War*, 3rd edn.Oxford University Press.

Sands, P.1995. *Principles of International Environmental Law*, i : *Frameworks*, *Standards and Implementation*.Manchester UniversityPress.

Scarry, E.1999. On Beauty and Being Just.Princeton University Press.

Scheffler, S.2001. Four essays.32−47, 82−130 in*Boundaries and Allegiances* : *Problems of Justice and Responsibility in Liberal Thought*.Oxford University Press.

Shue, H.1992. The unavoidability of justice.373−397 in *The International Politics of the Environment* : *Actors*, *Interests*, *and Institutions*, ed.A.Hurrell&B.Kingsbury.Oxford University Press.

Shue, H.1999. Bequeathing hazards : security rights and property rights of future humans.38−53 in Limits to Markets : Equity and the Global Environment, ed.M.Dore &T.Mount.Blackwell.

Shue, H.2003. War.734−761 in*The Oxford Handbook of Practical Ethics*, ed.H.La Follette.Oxford University Press.

Sneed, J.D.1977. Autilitarian framework for policy analysis in food-related foreign aid.103−128 In *Food Policy* : *The Responsibility of theUnited States in the Life and Death Choices*, ed.P.G.Brown & H.Shue. Free Press.

Sunstein, C.R.1996. Health-healthtrade offs.*University of Chicago Law Review*, 63(4 : Fall), 1533−72.

United States, National Academy of Sciences, National Research Council.2002. *Abrupt Climate Change* : *Inevitable Surprises*.National Academy Press.

Walzer, M.2000. Just and Unjust Wars, 3rd edn.Basic Books.

World Commission onEnvironment and Development (G. H. Brundtland, Chair) 1987. *Our Common Future*.Oxford University Press.

第36章　经济学分析工具

凯文·史密斯（Kevin B.Smith）

　　即使是通过粗略翻阅政策学者们的研究工具包,也应该足以揭示一个主导研究技术标签:"经济学制造"。无论好还是坏,大多数的定量政策分析都是完全基于从经济学直接导入的一系列概念和技术。

　　政策分析人员有充分的理由如此大量地借鉴经济学的概念和分析工具。公共政策可以被认为是公共部门采取有目的的行动,特别是一些旨在解决某些问题或产生一些理想状态的行动,这些行动在没有政府干预的情况下不会发生（Anderson,1994,5-6;对政策分析的假设更广泛的介绍,参见 Haveman 和 Margolis,1970;Knetsch,1995）。这些行动总是涉及稀缺资源分配,这是经济学学科所关注的核心问题。大多数经济学家使用概念性和分析性工具包用于理解和解释市场如何分配资源——即分析效率问题,解读理性行为者的概念和边际分析的重要性——这些都可以很容易地移植到公共政策研究领域。

　　这些工具广泛地应用于各类政策分析和政策细节研究中,而其用法也需要研究进行阐释。因此,本章的目标更为聚焦,将对从经济学借鉴的一些概念和分析工具进行基本介绍,以了解和评估社会选择问题。

　　选择这一重点的原因很简单。大多数公共政策制定的核心是一个根本性问题:我们应该怎么做?换句话说,如果政府掌握稀缺资源,那他们应该如何针对性地采取行动?所有事先政策分析的工作都是为这些问题提供答案。经济学则提供了一套非常适合这项工作的工具。

　　这些工具既是概念性的,也是分析性的。它们为判断竞争性政策选择的相对价值提供了理论基础,并为计算和分析这种价值提供了一套方法论技术。接下来是介绍这些经济工具以及如何将这些工具有效应用于研究以社会问题为中心的政策问题。

1. 概念性工具

经济学对公共政策研究做出了根本性贡献,它是一套随时从市场转移到社会选择问题的概念工具。这些工具大多源自福利经济学,福利经济学是与市场规范性质相关的经济学分支(Zeckhauser 和 Schaefer,1968;Just,Hueth 和 Schmitz,2004)。福利经济学的主要目标是评估经济活动(或经济政策)对社会福祉的影响。

这种关注社会福利的做法与研究公共政策有很大的相似之处。政府制定公共政策的目标很可能是为公共利益服务,促进社会福利。政府以及政策分析人员面临的困难之一就是哪些行动能够最好地实现这一目标。社会选择的典型冲突也正基于此:政府应该如何利用其有限的资源? 或者说,哪些有目的的行为最符合公众利益?

福利经济学通过提供一套概念工具来定义和衡量政策选择对社会福利的影响,从而帮助分析人员系统地回答这些问题。总的来说,这些工具代表了被称为政策分析的"福利经济学范式",它们为广泛的政策学术研究提供了理论和方法论基础(Munger,2000,24)。

这一基础取决于两个核心规范假设。首先,个人的福利最好由个人来定义,并且只能由个人来定义。假设是,个人可以最好地决定自己的欲望、需要和满意度(Campen,1986,28),相反,社会福利就是这些个人层面满意度的集合。其次,"社会的基本目标被认为是社会福利的最大化"(Halvorsen 和 Ruby,1981,13)。这些假设为评估替代性行动方案提供了基于价值的基准:在给定选择的情况下,首选行动方案是最能够保证社会福利最大化的方案。这将是最大化个人效用或满意度水平的选择。

福利经济学运用效率概念将这种社会福利概念付诸实践。后者是一个备受误解和诽谤的术语,并且常被视为具有反民主倾向。然而,从福利经济学的角度来看,效率并【731】未带来规范性负担:它仅仅是资源分配的一个特征。对于福利经济学而言,最有效的资源分配是最大限度地满足消费者(或公民)的偏好。

长期以来,经济学家一直认为市场是将这些偏好最大化,从而使社会福利最大化的最有效的手段。市场可以看作是能够促进交易的任何社会安排(正式机构和/或一组社会规范)。市场至少在某些条件下,以最大限度地发挥社会福利的方式来分配资源,而无需太多的集体协调行动。除此之外,在政府和公共政策没有意图和干预的领域,市场也会发挥分配稀缺资源和促进社会福利的功能。

早在亚当·斯密(Adam Smith)时期,经济学家已经认识到,允许人们随意进行物物交换和贸易往来,只追求自我利益的个人能够产生积极的集体结果。例如,超市连锁店的业务相当残酷。如果有选择,顾客将光顾价格最低、质量最好和最便利的商店。超市为了提供这些因素的最佳组合而展开激烈竞争。这种交易过程的共同结果是以合理的价格广泛提供高质量的食材——社会产品惠及全民,并不需要过多的集中协调或是中心目标设定。

福利经济学用于判断市场交易的集体结果的技术定义是帕累托标准。帕累托的结果是一种资源分配,其中"任何重新调整都不可能在不使其他任何人境况变坏的情况下,而使任何一人的境况更好"(Boardman 等,2001,26)。换句话说,帕累托最优代表了一个普遍理想的均衡,其中每个人或多或少都对资源的分配情况感到满意(Weintraub,1983)。经济学理论的核心原则是,市场在某些条件存在的情况下会产生帕累托效应(这些条件包括信息完善、自由进出市场以及无负外部性——参见 Nas,1996,19)。

这些条件通常被认为是理论上的理想而非事实上的描述。完美信息的假设,自由进出等在交易系统中几乎从未完全实现。换句话说,尽管理论上市场会产生帕累托结果,但实际上它们很少这样出现。然而,许多商品的市场接近这些条件足以合理有效地分配资源(比如超市)。即使帕累托最优在实践中很难完全实现,帕累托标准仍然很有价值,因为它可以作为衡量市场最大化社会福利程度的基准。帕累托标准可以用于判断公共政策结果的相同服务,即为衡量社会福利的相对变化提供一个概念基础。

当然,政府与市场是截然不同的,甚至在理论上,我们不能仅仅假设有效的结果是【732】民主决策或官僚执行的自然产物。在制定公共政策时,政府通过由国家强制力量支持的集中协调过程来分配资源。与市场不同,理论上,市场没有集体决策,集体结果是个人行为累积的产物。另一方面,公共政策代表了政府强加于个人集体决策,不管是否适合其利益。

市场和政府实际生产和分销的商品类型加剧了这些差异。政府主要处理洁净空气和执法等公共产品,即非竞争性商品(不影响他人使用商品的前提下,自己可以使用)和非排他性商品(排斥人们消费要么成本高昂,要么不切实际)。对于私人商品,个人可以决定他们想要消费多少,市场将根据供求情况设定价格。对于公共物品,政府决定他们将支付多少钱以供所有人消费(Nas,1996,32-33)。

尽管存在这些差异,但这里有一个基本的相似点:市场(通过自由交换过程)和政府(通过决策制定和实施过程)都可以分配稀缺资源。尽管分配方式不同,帕累托标准可以用来判断两种情况下的结果。无论是市场产品还是公共政策,帕累托效率概念提供了评估集体结果的概念手段,以判断它对社会最终目标的服务程度。

市场方法和政府方法之间的所有这些差异在实践中不像理论上那么明确。政府和市场都在提供一大类准公共物品。例如,公立和私立学校提供教育服务。这些准公共产品的存在为将经济理论发展为民主理论提供了肥沃的土壤。例如,公共选择基本上是新古典经济理论转化为民主政治的规范理论(Ostrom,1973;Buchanan 和 Tullock,1962;Friedman)。在政策领域,公共选择强调通过外包、择校、污染信贷等方案为公共产品和服务提供类似市场的条件。这些论点的基础是这样一种观念,即当个人被允许有更大的自由来做出他们认为会增加自己效用的选择时,社会福利是最大化的——换句话说,效率已经成为广泛的公共政策和计划的驱动理由(概述参见 Frederickson 和 Smith,2004,185-206)。

总之,在理论和实践中,市场和政府之间已经存在相当大的重叠。至少在理论上,也许在实践中,将效率的概念从私人产品的市场生产和分配转移到政府生产和分配公共产品是一件直截了当的事情。根据帕累托标准,有效的公共政策是改变现状的政策,即至少有一个人的状况更好,没有人的状况更糟。当然,在现实生活中,这个任务要复杂得多。

将效率的经济概念作为评估政策替代方案的核心障碍是公共政策很少能够保持真 【733】正的帕累托结果的理论可能性。大量的公共政策本质上是有意再分配性的,这意味着通过设计将成本强加给另一个群体,以便为另一方提供利益。换句话说,政府的行为可能会牺牲其他人的福利来改善某些人的福利。这些情况显然与帕累托标准不一致。

这种情况也是政界中非常普遍的因素,许多政治冲突都集中在谁承担成本以及谁从政策决策中获益的问题上。由于几乎所有的政策选择都会产生输家和赢家,帕累托标准在评估哪种政策选择最符合社会福利最大化的总体目标方面几乎没有实际的帮助。

由于这些困难,效率通常转化为使用一种称为卡尔多-希克斯(Kaldor-Hicks)补偿原则的修正概念的社会选择问题,该原则由两位英国经济学家独立制定(Kaldor,1939;Hicks,1939)。这一原则使用净效益的概念来界定效率;它通过查看是否创造更多收益而不是更多损失来判断政策的社会价值。从技术上讲,卡尔多-希克斯指出,如果受益于政策的人可以使用他们的政策以抵消那些承担政策成本的人所承受的损失,那么该政策可能是帕累托式的成果。正如博德曼(Boardman)等人(2001,27)扼要指出得那样:"如果一项政策的净收益为正,那么有可能找到一套转移支付或者单边支付方式,这样至少可以让一个人过上更好的生活,而不会让其他人更糟糕"。

重要的是要认识到这种单边支付是纯粹理论上的——对于被判定为有效的政策,赢家实际上不必赔偿给输家。通俗地说,卡尔多-希克斯效率是指一种政策,其收益大于其成本时被认为有效,从而有助于社会福利最大化。

很明显,这种效率概念具有争议性。政策可能带来正面的净效益,但会给那些承担成本的人带来痛苦。例如,那些受高速公路项目影响而使社区一分为二的居民不会感到安慰,他们认为自己的损失超过了过往驾车者的好处。虽然从卡尔多-希克斯的角度来看判断社会福利的概念有一种不可否认的逻辑,但这种情况会给许多通情达理的人感到不公平。

鉴于此,卡尔多-希克斯效率概念被认为是一个高度主观的社会福利概念也就不足为奇了。它代表了对上述社会福利概念(尤其是社会福利是个人福利的集合)的规范性假设的一个重要的修改,并且有合理的评价称,这一重新计算的社会福利概念与其他价值观会受到诸如公平和少数人权利等民主制度的高度重视(讨论这些问题参见Williams,1972;Kelman,1981;Goodin 和 Wilenski,1984)。

针对这些评论,福利经济学家捍卫了卡尔多-希克斯与功利主义哲学的紧密联系。【734】功利主义基本上主张追求增加公民平均效用的公共政策,并假设这样做是为了促进社会的最大利益。但是,平均增长率大致相当,从健康收益到破坏性损失,个人效用可能会有很大差异。功利主义经常受到批评,理由是它不能保证个人资源的最低限度分配,这种批评同样适用于卡尔多-希克斯补偿原则。作为判断公共政策的基础,卡尔多-希克斯和功利主义都认为总收益先于任何特定个体的损失(Weimer 和 Vining,2005,135;Posner,1983)。[①]

抛开哲学上的利弊不谈,使用卡尔多-希克斯作为政策分析基础的巨大优势是纯粹的实用性。效率概念为判断公共政策提供了一个直接的基准:给定一套政策选择,选择产生最大净收益的选项。尽管用潜在帕累托结果的概念代替了实际的帕累托结果,但这种方法将测量社会福利变化的挑战降低到分析上可管理的程度。为了弄清楚哪种政策最大限度地提高了社会福利,分析师只需要一些手段来计算替代方案的净收益。

在卡尔多-希克斯的观点下,衡量社会福利的相对变化归结为衡量净收益。然而,为了计算给定政策替代方案的相对成本和收益,首先有必要了解成本和收益是什么,以及(经济)价值应该如何与它们挂钩。实现这些目标和衡量社会福利变化的基本概念工具是支付意愿(WTP)。

WTP 是将价值附加到成本和收益的直观方式。支付意愿仅仅是个人愿意为了某种好处而支付的最高金额,或者他们愿意放弃从该商品或收益中获得的效用而得到的回报(假定这些是同一件事)。因此,WTP 将经济价值附加于被消费的商品或服务的效用(Campen,1986,29)。

---

① 本章旨在阐述政策分析从经济学借鉴的基本概念和分析工具。它的目的不是为了对实施这些工具的规范性影响提供全面的评论。——译者注

WTP 同样用于评估成本。经济学将成本视为机会成本,它定义为通过将资源投入下一个最佳用途而获得的收益(Stokey 和 Zeckhauser,1978,151-152;Fuguitt 和 Wilcox,1999,46)。例如,假设我有足够的钱购买一品脱啤酒或一袋花生。我选择了啤酒。啤酒的机会成本就是收益,或者说因为放弃花生消费而产生的满足感。这一花费,也就是我从花生中得到的好处,由我购买花生的 WTP 所决定。因此,支付意愿提供了衡量个人福利变化的手段,通过提供概念基础来将价值附加到成本和收益上。

综合这些概念到集体层面,WTP 提供了一种衡量社会福利的方法。假设公共机构面临两种选择,A 和 B。如果至少一个人对替代品 A 的支付意愿较高,且没有人对 B 的支付意愿的价值高于 A,那么替代方案 A 会更加高效并使社会福利最大化(这种情况代表帕累托结果)。如果我们为每个备选方案的每个人添加 WTP,无论是积极还是消极的意义——我们衡量每个人对两种替代方案的成本和收益,并从收益中减去成本——根据卡尔多-希克斯(Kaldor-Hicks)补偿原则(Campen,1986,29-30),净收入总额最高的替代方案是有效的。【735】

这种评估社会福利的基本思想可以通过消费者剩余的概念来表达。消费者剩余仅仅是一种商品或服务的支付意愿与他们为该商品或服务实际支付的价值之间的差异(Mishan,1975,24;另见 Willig,197;Harberger,1971)。因此,如果我愿意为啤酒支付 5 美元,而啤酒实际上需要 2 美元,则此次交易中的消费者剩余为 3 美元。理论上,汇总支付意愿并将其用于公共政策并不存在障碍。在政策选择的比较中,最大化消费者剩余的选择更具吸引力,对社会福利的贡献也更大。

尽管其理论简单,但消费者剩余在实践中因多种因素而变得复杂。其中一个因素是,支付大多数商品和服务的意愿是可变的。经过一天的艰苦教学,我愿意为一杯啤酒支付的最高金额与我愿意为第二杯啤酒支付的最高金额不同。从技术上讲,这就是所谓的边际效用递减,这仅仅意味着我从消费啤酒时获得的个人满意度随着每一品脱而减少。同样的原则适用于总体层面。例如,考虑建造停车场以减轻中心城市停车位短缺的计划。随着越来越多的停车位可用,每个额外停车位的社会效用减少,因此支付意愿也越来越小。换句话说,停车库的价值不仅仅是一个从停车费的估计收入中获得建设和运营成本的减法问题。停车场的社会价值取决于驾车者愿意为停车场付费,他们愿意支付的费用将取决于有多少停车位。

至少在理论上,所有这些可变性通过边际分析相对容易处理。设想一个图表,其中 x 轴表示一个商品的单位,而 y 轴表示该个体愿意为该商品支付的最大金额。可以绘制一条基本需求曲线,将第一个单位的商品的 WTP 连接到另一个单位,然后消耗一个单位根本没有实用性,并愿意支付额外单位一直降到零。

假设一条线性需求曲线,最终的图片应该看起来像一个直角三角形,需求曲线从 y 轴向下倾斜并向右连接到 x 轴。现在,将 y 轴与实际商品的价格相比较,并将水平线绘制到需求曲线上。这将较大的三角形分割成两个较小的形状,上面是一个三角形,水平线代表支付的价格作为其基础。这个三角形所代表的区域代表消费者剩余,即将个体消费者的净价值与消费者的价格和支付意愿的相交点相结合,消费停止。

【736】　　　通过简单地汇总与公共产品或计划相关的需求曲线,可以将相同的基本原则应用于公共政策或计划。想象一下代表停车费的 y 轴和代表停车位的 x 轴。只要对总需求有一些合理的估计(每个额外停车位的集体支付意愿),消费者剩余的计算方式也是完全相同的,即收取的停车费以上的区域和低于支付的意愿由需求曲线表示。

　　　将福利经济学的社会福利概念纳入分析实践的实际挑战和真正复杂的因素在于 WTP 通常不可观察。观察对一件物品收取的费用则很容易。对个人(更不用说是一个城市(县)或一个国家)的支付意愿很少会立即显示。许多福利经济学范式的方法被用来进行 WTP 的估计,以便为公共产品和服务的消费产生可靠的需求曲线(关于这些技术的详细调查,参见 Boardman 等,2001)。

　　　尽管存在方法论上的挑战,但不应该忽视的是,福利经济学用于定义和衡量社会福利的概念工具有潜在的直觉简明性。当然,本节中所表达的所有想法都可以非常简洁地概括为:效率只不过是资源分配的一个特征。使社会福利最大化的资源最优分配是帕累托最优,可以粗略地认为是使所有公民的偏好最大化的分配方式。由于很少有机会使所有公民的偏好最大化(尤其是在公共政策方面),因此采用了更实际的修改——卡尔多-希克斯补偿原则。卡尔多-希克斯认识到改变资源分配往往会导致有赢家和输家。卡尔多-希克斯采用了功利主义的观点,即如果赢家的收益超过输家的损失,那么总体上的社会收益以及这种分配可以被视为高效。这些概念工具可以用来形成一套实用的分析工具来研究公共政策。

2. 基本分析工具:成本分析

　　　上一节讨论的概念工具可以使用多种不同的方法分析性应用。成本分析是应用卡尔多-希克斯效率概念最常用的方法之一。实际上,成本分析通常可以被看作是计算政策替代效率的方法。

　　　成本分析不是一种技术,而是对包括成本效益分析(CBA)、成本效率分析(CEA)、成本效用分析(CUA)和成本可行性分析(CFA)等多种方法的统称。这些技术(尤其是【737】CBA)是政策学者用来分析社会选择问题的主要经济工具(Levin 和 McEwan,2001,

27-28,对各种成本分析方法进行了极好地总结)。虽然很容易适应事后政策研究,但最常用的成本分析技术——特别是 CBA 和 CEA——几乎完全作为事前技术使用(Boardman 等,2001)。

从本质上讲,成本分析的巨大吸引力在于它系统地(和其最激烈的支持者会客观地争论)判断替代性政策选择的社会价值。例如,如果政策制定者关注中学辍学率高的问题,毫无疑问针对该问题的广泛回应,会有不同的支持者:小班教学、教育券、更合格的教师、课后辅导项目、复习基础课程计划;潜在的替代政策实际上是无止境的。鉴于资源有限,政策制定者应采取哪些选择?

社会选择的这些问题在公共政策决策中很常见,并且两个因素对政策分析人员构成重大挑战。首先,事前分析存在高度不确定性。在实施和分析其结果之前,项目或政策的具体目标是未知的。比如说,教育券的支持者可能会认为他们喜欢的政策会减轻辍学现象,并且会降低教育成本,不会产生不利后果。然而,在真正执行教育券制度并充分发挥作用之前,这种提议的经验价值是未知的。

其次,最符合公众利益或对社会福利做出最大贡献的概念在旁观者眼中是非常重要的。党派或意识形态的偏好——甚至是纯粹的自身利益——都会严重影响人们对哪种政策被认为是对公共资源的最佳使用的认知。鉴于此,政策分析人员可以凭什么样的客观基础,宣称一种政策选择优于另一种政策选择?

成本分析旨在为这个问题提供一个可能的答案。归根结底,大多数成本分析形式的核心目标是估计竞争性政策替代方案的相对效率(卡尔多—希克斯效率)。这实际上是通过计算政策投入与某些衡量指标的比率来实现的。投入代表项目或政策消耗的资源,理论上(尽管并非总是在实践中)被视为机会成本。结果表示计划或政策的预期现实影响或绩效。后者实际上是在 CBA 中使用 WTP 方法转化为经济价值的,尽管在其他形式的成本分析中,理论层面的纯粹性通常会服从于一个更加粗糙和现成的效率概念(尽管其中一个仍明显源于卡尔多-希克斯原则)。逻辑很简单:无论如何计算,这些比率可以比较判断哪种政策选择将以最低的成本提供更多的预期结果。从经济角度来看,这些被视为衡量替代政策相对效率的指标。

除了为计算政策选择的效率提供实际基础之外,成本分析还可以解决(尽管不能完全解决)不确定性问题。任何良好成本分析的部分内容都伴随着敏感性分析。后者【738】涉及各种合理可能性范围内的输入和结果估计。这有助于评估任何效率估计相对于投入和结果计算基础的假设的稳健程度。这并不能消除政策分析中的不确定性,但它确实为评估未来未知因素如何影响任何政策选择的效率奠定了基础。简而言之,敏感性分析使我们能够通过对投入和结果的最佳和最差估计来捕捉不确定性的潜在后果

（Manning，Fryback 和 Weinstein，1996；Drummond 等，1997）。

　　所有形式的成本分析都共享这种基本的概念方法，并且通常都使用市场（货币）价值来量化比率的输入方面。成本分析技术主要区别在于他们如何试图量化政策成果的成本。最简单的（也是最有限的）是成本可行性分析，它只是一个政策选项的估计成本相对于可用资源的比率。如果可用资源与估算成本的比率大于 1.0，则鉴于可用资源，认为该项目是可行的。CFA 的主要目标仅仅是评估在现有资源条件下某个特定的政策选择是否可行（对 CFA 的介绍参见 Levin 和 McEwan，2001，22-26；例如参见 Brewer等，1999）。

　　成本效益分析根据相对于某种政策或计划收益指标的成本（即反映所需政策目标相对实现情况的量化结果衡量标准）对政策进行评估。将成本除以成果测量得出的比率可以解释为单位效率成本（CEA 上的优秀成果包括 Fuguitt 和 Willcox，1999，276-295；Weinstein 和 Stason，1977；例子包括 Quinn，Van Mondfrans 和 Worthen，1984；Levin，1988；Weinstein，1996）。例如，在上述辍学情景中，明显的有效性度量将是给定时间框架中每个政策选项预估的辍学数量。将每个政策选项的成本除以预计的辍学人数是一种直观简单的方法，它可以借助"丰厚回报"对选项进行排序（对 CEA 的介绍参见Levin，1991/1995）。

　　对于共享单一目标的计划或政策，成本效益分析提供了一种直观的方式，根据其成本效益对替代方案进行排序。CEA 的明显缺点是很多政策都有不止一个目标，或者至少有一个以上的预期结果，并且 CEA 根据单一结果评估替代方案。成本效用分析为问题提供了部分解决方案。CUA 评估政策替代方案相对于其成本的效用。

　　成本效用分析的"效用"通常被认为是"满意"或"偏好"，并且通常通过将一系列结果或绩效衡量标准组合成加权效用评分来进行操作。有一个已经在许多健康研究中使用的很好的例子，它便是质量调整生命年（QALY）。QALY 是一种效用衡量标准，通过查看治疗延长生命的时间以及在此期间与健康相关的生活质量来评估医疗。QALY的概念使得健康研究人员能够以比单一结果更为全面的水平来评估医学治疗（Drummond 等，1997；Nord，1999）。

　　然而，迄今为止最灵活和最常用的成本分析形式是成本效益分析（Haveman 和 Weimer，2001）。CBA 最初是在 20 世纪 30 年代发展起来的，目的是为美国联邦水资源项目的决策提供帮助。1936 年国会通过的《防洪法》（The Flood Control Act）开始将经济原则应用于政策分析，要求联邦机构计算水资源项目的成本和收益（McKean，1958）。

　　从那时开始，CBA 传播到其他政策领域和其他国家。例如，20 世纪 60 年代，英国政府当时使用基本的 CBA 方法来帮助做出有关交通投资和国有化产业的决策（Fuguitt

和 Wilcox,1999,8-9)。CBA 方法的这种普遍推广一直延续到 20 世纪 70 年代、80 年代和 90 年代,其主要吸引力在于其能够填补实际的决策需求:"如何评估和优先考虑产生未在市场定价的收益或成本的政策选择"(Fuguitt 和 Wilcox,1999,13)。CBA 是目前应用最广泛的事前政策分析形式之一,在各级政府的各种政策领域都有应用。

CBA 代表了将上述概念工具纳入方法论实践的最直接尝试。它通过使用支付意愿和机会成本的概念将货币价值同时用于政策选择的投入和结果。一旦完成,CBA 就给定的政策替代方案的经济效率提供了一个非常直接的衡量标准。效益成本比率(BCR)可以解释为每个货币单位成本产生的效益的货币单位。假设货币单位是美元,那么 1.0 的比率表示一个项目为每一美元的投入收益等于投入一美元的成本。高于 1.0 的比率表示更高效的选项,即为每一美元成本返回更多益处的选项。低于 1.0 的比率表示效率低下的替代方案,其成本高于收益(对 CBA 方法的基本介绍包括 Boardman 等,2001;Layard,1974)。

在 CBA 中,更常见的是直接衡量卡尔多-希克斯的效率概念:净收益。净收益仅仅是货币方面的替代方法的总收益减去总成本。正数表示符合卡尔多-希克斯设定的效率阈值的项目,即该项目是社会整体获益的项目。

与其他形式的成本分析相比,CBA 的巨大优势之一在于,它可以在一个通用的经济效率指标上衡量任何政策选择。因此,CBA 可以用来判断完全不同的项目的相对优点,比如说,一条新道路、一个课外辅导计划和减税。考虑到这样的选择,哪种选择能最大限度地提高社会福利? 只要分析师能够计算出哪些利益和成本应该被计算在内,CBA 便能轻松回答这一问题(这个问题不可小视——参见 Whittington 和 MacRae,1986),并且能够将这些计划的成本和收益转化为货币价值。一旦完成,每个选项的经济效率便能很容易计算出来,而在福利经济学范式下,最有效的会对社会福利贡献最大。

只要政策的投入和结果能够合理地转化为货币单位,CBA 就可以为评估各种政策 【740】选择的效率提供无与伦比的工具。当然,这个问题正在将诸如更少的交通堵塞和更低的辍学率等问题的价值准确地转化为货币价值。并不缺乏将美元数据放在清洁的空气、日益减少的犯罪行为甚至生活本身的价值的 CBA 评论家。CBA 分析中使用的大部分分析效能都用于估算未在有效市场进行交易的物品的支付意愿,例如清洁空气和职业风险。

在方法论上,有很多有创意的方法来获得这样的估计。例如,享乐定价建立在这样一种观念之上,虽然我们无法观察 WTP 的价值,例如绿地的价值,但我们可以观察到人们愿意为那些价值部分受这些不可观察因素驱动的东西付出什么。众所周知,房子的价格是由位置驱动的。靠近美景或公园将有助于推动房地产价格。鉴于此,可以使用基本回归分析将特定地理区域的房屋价格分解为其组成部分,房屋的市场价格是因变量,房屋的特征(如卧室的大小和数量)和附近社区(如收入中位数、犯罪率)则为自变量。

在等式的右边还可以包括像公园附近、当地学校的考试成绩和附近空气质量。由此产生的系数可用于估算绿地价值、良好教育和清洁空气的支付意愿。从本质上讲,享乐价格是指分解没有在市场流通,但在合理的有效市场上流通的商品的价值(参见1974 年 Rosen 关于享乐定价的理论分析;技术上的引用参见 Boardman 等,2001,340-344;Lancaster,1966;例子包括 Uyeno,Hamilton 和 Biggs,1993;Smith 和 Huang,1995)。

其他方法包括"条件估值",其实质上是对人们的商品和服务支付意愿进行调查,以及市场类比或中间优质方法。后一种方法依赖于通过寻找一些类似于公共物品或实际上由公共计划生产的私人物品来评估 WTP。市场类比方法的一个例子是利用私人住房市场的租金来评估公共住房项目的收益(有关这些和类似方法的概述和实例,请参阅 Mitchell 和 Carson,1989;Bishop 和 Heberlein,1990;Nelson,1981;Brown 和 Mendelsohn,1984;Arrow 等,1992)。虽然这些方法和其他方法可以产生 CBA 为获得其分析吸引力所需的货币估计值,但总会有关于它们的可靠性和有效性的问题(Self,1975)。

例如,你真的可以给人的生命定价吗(Zeckhauser,1974)?向受害者实施强奸的"成本"是否相当于 81,200 美元(Miller,Cohen 和 Rossman,1993)?捕捞当天的"收益"真的是 45 美元(Walsh,Johnson 和 McKean,1992)要从字面上看成为暴力犯罪的受害者的代价,一天花费在垂钓之乐上,甚至生命本身在很多方面都是要求一种可疑的哲学信仰飞跃。毫不夸张地说,万物皆有价?如果你对这个问题的回答是否定的,那么不管你【741】的方法论的创造性或复杂程度如何,都不可能用货币估计来说服你。

尽管承认批评家们可能有一定道理,但 CBA 由于理由充分,已成为事前政策分析的瑞士军刀。政策分析的许多目标所涉及的事情是合理地适合于经济估值的。例如,就业培训计划的好处可以通过合理的货币化观测那些接受培训的人和没有接受培训人之间的收入差异来实现。差额假定为 WTP,即参与者为了放弃他们从计划中收到的利益而想要的金额。一旦成本和收益转化为货币单位,CBA 就可以提供评估任何特定替代方案对社会福利影响的最直接的方法,正如福利经济学范式所设想的那样。

也许 CBA 的最终辩护是,当成本和收益可以以货币形式合理量化时,它提供了一个强有力和系统的社会福利评估。这不一定是最终的结果及所有的政策分析,并且不会自动排除被考虑在内的其他意见。CBA 仅仅代表了在经济效率的基础上评估公共政策的有效手段。后者是面对社会选择问题时的重要信息,而 CBA 与其他形式的成本分析一样,都是非常适合于生成这些信息的分析工具。

3. 结论

　　毫无疑问,经济学,尤其是福利经济学,是政策分析中使用的概念和分析工具的主要来源。原因很简单:福利经济学提供了一套强大的理论和方法框架,这些理论和方法框架可以很好地适应社会选择问题。我们该怎么办? 政策分析面临的一个关键挑战是对这个问题提出一些系统的答案。鉴于稀缺资源和解决问题或关注问题的一系列备选方案,如何将这些资源最大化地服务于公共利益?

　　从概念上讲,福利经济学范式通过一个构成公共利益的明确概念来回答这些问题。公共利益被认为是社会福利,它不过是将个人对自己的效用或满意度的看法进行汇总而已。规范的基准福利经济学提供了判断公众利益的方法:在给出各种政策选择的情况下,最优先的选择是最大限度地提高社会福利。

　　为了衡量社会福利的变化,采用了效率的概念,它定义了资源分配的一个特殊特征。效率的概念性修改,更不用说方法论上的计算,对于那些没有进入福利经济学范式 【742】的人来说似乎很复杂。然而,实际上效率如何被用作社会福利基准的基本思想是直观的,可以从根本上有效地捕捉到:如果政策或计划引起了这样一种情况,有些人从政策中获益。在理论上,至少可以补偿没有从政策中获益的人并仍然向好的方向发展,那么社会福利将得到改善。这代表了社会的净收益,从而推动了社会福利。

　　在方法上,支持福利经济学范式的概念很容易通过成本分析等方法转化为应用分析工具。在成本分析技术体系中,成本效益分析代表了衡量政策替代方案经济效率的最直接的尝试。

　　无论是对福利经济学政策分析范式的概念,还是方法都存在着批评,这些批评指出了福利经济学政策分析范式的合法局限性。和福利经济学相比,其他关于社会福利已表达的概念,更关注少数人的权利或更平均的资源分配,而非福利经济学的效率基准。将货币数据放在无形资产上,例如人类生命的价值或清洁空气的价值,不考虑产生这种努力的计量经济学复杂性,可能会使一些人认为这是规范的纸上谈兵。

　　然而,这些批评不应掩盖这样一个事实,即如果把这些概念和分析方法移除,政策分析人员的工具包将会很少。经济学提供了产生系统分析的手段,为政策制定决策提供信息。最终,这些工具的价值是切实可行的:它们提供了"一个投资、项目或活动净值的净价值"(Munger,2000,376)。只要政策制定者和政策学者认识到了净价值的这种硬性数字价值,福利经济学范式将继续提供完成这项特定工作的工具。

参考文献

Anderson,J.E.1994. *Public Policymaking:An Introduction*,2nd edn.Princeton,NJ:Houghton Mifflin.

Arrow,K.,Solow,R.,Learner,E.,Portney,P.,Radner,R.,Schuman,H.1992. *Report of the NOAA Panel on Contingent Valuation.*Washington,DC:National Oceanic and Atmospheric Administration.

Bishop,R.C.,and Heberlein,T.A.1990. The contingent valuation method.Pp.81-104 in *Economic Valuation of Natural Resources:Issues,Theory and Application*,ed.R.Johnson and G.Johnson.Boulder,Colo.: Westview.

Boardman,A.E.,Greenberg,D.H.,Vining,A.R.,and Weimer,D.L.2001. *Cost-Benefit Analysis:Concepts and Practice.*Upper Saddle River,NJ:Prentice Hall.

Brewer,D.J.,Krop,C.,Gill,B.P.,& Reichardt,R.1999. Estimating the cost of national class size reductions under different policy alternatives.*Educational Evaluation & Policy Analysis*, 21(2),179-192.

Brown,G.J.,& Mendelsohn,R.1984. The hedonic travel cost method.*Review of Economics & Statistics*, 66(3),427-433.

Buchanan,J.M.,& Tullock,G.2004. The calculus of consent(vol.2).

Campen,J.T.1986. *Benefit,Cost and Beyond.the Political Economy of Benefit-Cost Analysis.*Cambridge, Mass.:Ballinger.

Frederickson,H.G.,& Smith,K.B.2012. *The public administration theory primer.*Westview Press.

Hicks,J.R.,& Friedman,M.1963. Capitalism and Freedom.*Ethics*, 30(119),16-28.

Fuguitt,D.,& Wilcox,S.J.1999. Cost-benefit analysis for public sector decision makers.Westport,Conn.: Quorum.

Goodin, R., & Wilenski, P. 1984. Beyond efficiency: the logical underpinnings of administrative principles.*Public Administration Review*, 44(6),512.

Halvorsen,R.,and Ruby,M.G.1981. Benefit-Cost Analysis of Air Pollution Control.Lexington,Mass.: Heath,Lexington Books.

Harberger,A.C.1971. Three basic postulates for applied welfare economics:an interpretive essay.*Journal of Economic Literature*, 9(3),785-97.

Haveman,R.H.,& Margolis,J.1970. *Public expenditures and policy analysis.*Markham Publishing.

——and Weimer, D.L.2001. Cost-benefit analysis.Pp.2845-51 in International Encyclopedia of the Social and Behavioral Sciences,ed.N.Smelser and P.Baltes,Oxford:Elsevier Science.

Hicks,J.R.1939. The foundations of welfare economics.*Economic Journal*, 49(196),696-712.

Just,R.E.,Hueth,D.L.,& Schmitz,A.1982. *Applied welfare economics and public policy.*Prentice-Hall.

Kaldor, N. 1939. Welfare propositions of economicsand interpersonal comparisons of utility. *Economic Journal*, 49(195),549-552.

Knetsch,J.L..*Assumptions,Behavioral Findings,and Policy Analysis.Cost-Benefit Analysis and Public Pol-

icy.Blackwell Publishing Ltd.

Layard,P.R.G.1974. *Cost-benefit analysis:selected readings*.Penguin.

Lancaster,K.L.1966. A new approach to consumer theory.*Journal of Political Economy*,74:132-157.

Levin,H.M.1988. Cost-effectivenessand educational policy.*Educational Evaluation & Policy Analysis*, 10 (1),51-69.

——1991. Cost-effectiveness at quarter century.Pp.188-209 in *Evaluation and Education at Quarter Century*,ed.M.W.McLaughlin and D.C.Phillips.Chicago:University of Chicago Press.

——1995. Cost-effectiveness analysis.Pp.381-386 in *International Encyclopedia of Economics of Education*,ed.M.Carnoy.Oxford:Pergamon.

——and McEwan,P.J.2001. *Cost Effectiveness Analysis*,2nd edn.Thousand Oaks,Calif.:Sage.

Manning,W.G.,Fryback,D.G.and Weinstein,M.C.1996. Reflecting uncertainty in cost-effectiveness analysis.Pp.247-275 in Cost-Effectiveness in Health and Medicine,ed.M.R.Gold,L.B.Russell,J.E. Siegel,and M.C.Wienstein.New York:Oxford University Press.

McKean,R.N.1958. Efficiency in Government through Systems Analysis with Emphasis on Water Resources Development.New York:John Wiley and Sons.

Miller,T.R.,Cohen,M.A.,& Rossman,S.B.1993. Victim costs of violent crimeand resulting injuries. Health Affairs, 12 (4),186-97.

Mishan,E.J.1975. Cost-Benefit Analysis:An Informal Introduction.London:George Allenand Unwin.

Mitchell,R.C.,and Carson,R.T.1989. Using Surveys to Value Public Goods:The Contingent Valuation Method.Washington,DC:Resources for the Future.

Munger,M.C.2000. *Analyzing policy:choices,conflicts,and practices*.W.W.Norton.

Nas,T.F.1996. *Cost-benefit analysis:theory and application*.Sage Publications.

Nelson, J. P. 1981. Airports and property values: a survey of recent evidence. Journalof Transport Economics and Policy,14:37-51.

Nord,E.1999. *Cost-Value Analysis in Health Care*.Cambridge University Press.

Ostrom,V.1974. *The intellectual crisis in American public administration.The intellectual crisis in American public administration*.University of Alabama Press.

Posner,R.1983. The Economics of Justice.Cambridge,Mass.:Harvard University Press.

Quinn,B.1984. Cost-effectiveness of two math programs as moderated by pupil SES.*Educational Evaluation & Policy Analysis*, 6(1),39-52.

Rosen,S.1974. Hedonic pricesand implicit markets:product differentiation in pure competition.*Journal of Political Economy*, 82(1),34-55.

Self,P.1977. Econocratsand the policy process:the politics and philosophy of cost-benefit analysis.*Urban Studies*, 14(1),122-123.

Smith,V.K.,and Huang,J.C.1995. Can markets value air quality? A meta-analysis of hedonic property value models.*Journal of Political Economy*, 103:209-227.

Stokey,E.,and Zeckhauser,R.1978. *A Primer for Policy Analysis.A Primer for Policy Analysis*.New York:

Norton.

Uyeno,D.,Hamilton,S.W.,& Biggs,A.J.G.1993. Density of residential land use and the impact of airport noise.*Journal of Transport Economics & Policy*, 27(1),3-18.

Walsh,R.G.,Johnson,D.M.,& Mckean,J.R.2010. Benefit transfer of outdoor recreation demand studies, 1968-1988. *Water Resources Research*, 28(3),707-713.

Weimer,D.L., and Vining, A.R. 2005. *Policy Analysis: Concepts and Practice*, 4th edn. Upper Saddle River,NJ:Prentice Hall.

Weinstein,M.C.1996. From cost-effectiveness ratios to resource allocation:where to draw the line? Pp. 77-98 in *Valuing Health Care: Costs, Benefits and Effectiveness of Pharmaceuticals and Other Medical Technologies*,ed.F.A.Sloan.New York:Cambridge University Press.

——and Stason,W.B.1977. Foundations of cost-effectiveness analysis for health and medical practices. New England Journal of Medicine,296:716-22.

Weintraub,E.R.1983. On the existence of a competitive equilibrium: 1930-1954. *Journal of Economic Literature*, 21(1),1-39.

Whittington,D., and MacRae,D.,Jr.1986. The issue of standing in cost-benefit analysis. *Journal of Policy Analysis and Management*,5:662-82

Williams,A.1972. Cost-benefit analysis:bastard science? and/or insidious poison in the body politick? *Journal of Public Economics*,1:199-226.

Willig,R.D.1976. Consumer surplus without apology.American Economic Review,66:589-597.

——and Schaefer,E.1968. Public policy and normative economic theory.Pp.27-101 in The Study of Policy Formation,ed.R.Bauer and K.J.Gergen.Glencoe,Ill.:Free Press.

Zeckhauser,R.1975. Procedures for valuing lives.*Public Policy*, 23(4),419-464.

第 37 章　经济主义及其局限性

乔纳森·沃夫(Jonathan Wolff)、德克·赫布里奇(Dirk Haubrich)①

1. 引言

　　从最宽泛意义来说,"经济主义"意味着政策制定者和理论家高估了经济因素对政 【746】
策制定产生的贡献。鉴于一个社会的资源是有限的,公共政策通常会要求在相互矛盾
的欲望和目标中做出选择。如何能够做出最佳选择呢——"在竞争目标之间分配稀缺
资源"困扰了分析家们很长时间,而且在为那种努力提供指导时,经济学一直都是一门
受欢迎的学科。当实施的政策无效且经常发现资金限制条件受到"弱化"时(参见 Kor-
nai,1986),政府机构不会面临破产的危机,这和私企有很大不同。当外界市场存在压
力时,私企不得不减少它们的开支,而政府机构往往不需要面对这样的压力。因此,政
府机构中效率低下的情况要比私人部门更加严重且根深蒂固(参见 Leibenstein,1966)。
鉴于在一些福利国家当中,分配部门可能占据国内生产总值的一半,而且它的管理需要
诸多官方机构的配合,其中包括大量的法律法规,而关于如何最有效地组织无疑是迫在
眉睫的问题。

　　私有化,即私有部门参与公共服务和私有部门管理方法的应用,本卷第 24、32 和 【747】
36 章对其进行了讨论,并将这些概念赋予了正确的指向。公共服务的合并、私有化、市
场化和放松管制,以及官僚管理者的政策责任,以"临时合同"的方式重新分配给最具
成本效益的私人竞标者,这些都被视为用来达到预想效率的方法。它们基于经济评估

———————————
　　①　作者特别鸣谢唐纳德·富兰克林(Donald Franklin)、鲍勃·戈定、迈克尔·莫兰(Michael Mo-
ran)、卡米拉·尼达姆(Camilla Needham)、杰西·诺曼(Jesse Norman)、马丁·瑞德(Martin Reid)和格兰
夫·维纳(Grant Venner)对前期稿件提出的意见。该研究受到了人文学科研究委员会(AHRB)创新基
金第 AR15635 号的支持。

手段,使政策制定者能够识别、衡量、评估并对比可供选择的政策项目所带来的结果。

可以将这些经济评估看作是通过若干个阶段进行的。首先,对于纳入考虑的任一提案(包括无所作为的选择),都应该提供其预期成本和效益的定性陈述。第二,每种成本和效益都应该以定量的形式呈现出来。第三,每种数量都应转换为通用(通常是货币价值)。第四,应该计算总的预期成本或收益。最后,应根据可产生最大收益的提案来做出决定。第一阶段似乎对任何理性的决策过程都至关重要,但是接下来的每一阶段都受到了高度争议。

本章将讨论这些阶段在理论和实践过程中遇到的困难。我们将以成本效益分析(CBA)为基础,它是目前政策制定中最受欢迎的经济评估方法。确立背景之后,第二部分将简要概述经济主义作为一个术语和概念的含义,第三部分将探讨与经济评估中有关计量和货币估值的问题(我们称之为估值问题)。可以肯定的是,如果经济评估的方法既不是任意而为,也不是盲目跟风的,那么就必须建立评估货币与人类福祉之间的某种联系。毕竟,商品的货币价值反映了个人对商品的喜爱程度,而这反过来又会衡量其提供的福利。然而,落实这一依据则会暴露出严重的缺陷。我们一定不能忽视这些缺陷,并且需要对其进行全面的探索。第四部分将会讨论生活中成本和收益的问题(我们称之为可比性问题),而第五部分讲述了经济评估如何超越人类内在价值的问题(内在价值问题)。尽管这些问题或多或少地可以针对任何政策领域提出,但我们会将其置于医疗保健和环境监管的特定背景下,使得讨论更为实际。在第六部分,我们将简要地提出一些备选方案以及一系列建议,如果要避免经济陷阱,我们就要采取经济方法来遵循公共政策。

2. 经济主义作为一个术语和概念

【748】　　经济主义的主张有两种表现形式。第一种是关于驱动人类行为动机的心理学解释,主要由经济动机刺激,进而改善自己的物质福利。在 20 世纪初,共产主义的知识分子首先引入了这个意义。经济主义作为一个术语和概念,它被视为阶级意识、意识形态和政治活动的对立面。例如,在列宁(Lenin, 1964, 29)和后来的葛兰西(Gramcsi, 1971, 165)指责社会主义运动的部分派别背叛了他们的共同事业,因为他们非常愿意出售自己的劳动力以换取更好的经济条款,他们与资本主义工业家发现了更为舒适的安排,并拒绝参与更具挑战性的革命斗争以获得政治权力。在今天也仍然可以听到有关这类情况的消息:据说工会会根据雇主的意愿为其员工提高工资,进而管理他们的行为;政党也受到了指控,因为它们从压力团体获得资金,以赞助其候选人的投票活动——作为交

换,他们也会支持这些存在经济利益的政策,并且以牺牲满足选民偏好作为代价。

第二种情况指的是公共政策应该建立理论基础,我们在本章中也会有所讨论。从这种政治理论上理解的经济主义将责任归咎于公共政策,因其将经济效率描述为主要的政策目标;使用精心制定的经济工具来确定最适合达到目标的政策选择;它还依靠市场或一些代理作为最适合设置所需框架的机构。因此,政策选择和声明都完成后,至少能够减少指导人类行为的重要价值观,当然,社会也可能会支持这些价值观,如团结、整体、平等或友情(Henderson,1996)。

在 20 世纪 80 年代,当美国、英国和德国上台的中右翼政府开始对公共支出进行更为严格的审查时,国家开始特别重视经济效率。他们意识到在过去的几十年中,福利国家的扩张对经济效益和国际竞争力产生了不利影响,因而成为了主要经济问题的来源,这些问题包括生产率增长值下降和高失业率(Okun,1975)。因此,政府决定削减公共支出和税收,并将个人福祉的责任重新从国家转移到个人身上。对健康、交通和教育等公共服务的投资急剧下降,并在未来许多年都会保持在较低水平。

20 年后,许多工业国家实施的经济政策得到了回报,产品和服务产量大幅增加,国际竞争力也有所提高。然而,就国内收入分配而言,这些成功所付出的代价也必须考虑 【749】在内。尽管高水平的平等和低水平效率之间的关系是"难以捉摸"的(LeGrand,1991,ch.3),但最关注效益和自由市场的两个国家在穷人到富人的收入分配方面经历了高于平均水平的转变:在英国,所谓的"基尼系数"是社会科学衡量特定社会内收入和财富多样性和不平等性的一个常见统计指数,从 1979 年的 0.25 上升至 2000 年的 0.35,而美国在同期由 0.36 上升至 0.43(Coudouel 和 Hentschel,2000)。[1]

不仅穷人和弱势群体能够感受到极大的不平等和竞争压力,公民普遍都感到不满,因为至少从长远来看,他们在生活中不断付出的牺牲和艰辛没有获得本应属于他们的回报。这种不满情绪逐渐蔓延,将情况不同的个体与国内和国际经济政策的影响联系起来。世人见证了布拉格、西雅图、热那亚和华盛顿在千禧年结束时发生的前所未有的示威活动。其中包括最不可能联合在一起的同伴:农民抱怨农村社区的衰落,他们发现自己与"深层生态学家"并肩而立,后者要求理智地管理大自然提供的资源和价值。女权主义者谴责了在经济计算中缺失家庭劳动的价值,而宗教领袖却不赞同人类受到享乐主义内在驱动的形象。那时候,经济主义的主张不再像马克思和列宁时期那样从政治左翼内部产生,而是跨越了政治左右两派。

---

① 基尼系数在 0(完全相等)和 1(完全不等)的极限之间变化,它被理解为图表中的几何分散。一方面是 45 度线,代表完全平等;另一方面是洛伦茨曲线,衡量跨越人口百分比(如 x 轴所示)收入分布百分比(如 y 轴所示)。

我们在本章讨论的方法论和哲学上的困难,将会在某种程度上阐明公众对经济政策方法不满的原因。适合这样做的初始步骤是检验过程中最常用的评估方法,以此确保实现成本效益分析(CBA)所需的效益水平。① 成本效益分析使分析人员能够利用经济学和计量经济学中的一套分析方法,进而对项目投资和政策选择进行评估,而且,它已成为大多数国家的法律先决条件。例如在美国,自罗斯福政府以来,就开始建议对成本和收益进行比较。1981 年由里根总统签署的 12991 号行政命令,后来将成本效益分析作为机构在进行卫生、安全和环境监管风险评估时的一项要求(Smith,1984;PCCRA,1997;for the UK:HM Treasury,1997)。

有很多文献可以解决成本效益分析的问题,其中一些可以追溯到 20 世纪 20 年代,当时美国的大型工程项目需要某种类型的项目评估。虽然该分析并非一个独立的经济学领域,但仍存在于一些学术术语中(包括哲学、心理学和政治学)(Adler 和 Posner,2001;Layard 和 Glaister,2001)。此中分析的核心程序主要由经济学家界定。标准的入门教科书是由一位经济学家(Mishan,1972)撰写的,现在已经有了第八版。虽然成本效益分析的范围通常仅限于单一企业产生的成本和收益,但米香(Mishan)很快要求其执行方式应包括所有已知的外部或内部成本,并且在整体上与经济和特定的社会福利有所关联,而不是更小的部分(1972,11)。

【750】 然而,鉴于对整个社会福祉的影响,政策制定者应具有更高水平的分析能力,以便能够捕捉社会范围内福祉的其他维度——例如环境、健康和安全。随着经济方法论的范围变得越来越广泛,在实施和概念层面上也出现了更多的问题。第三至五节将分别概述。

3. 估值问题

我们已经指出,经济主义意味着理论家或政策制定者过高估计了经济领域的重要性。那么,如果要指责成本效益分析的经济主义拥护者,就要假设他们在应用经济理论时犯了某种错误;最有可能的错误之一就是还原论,其中一些对社会福祉很重要的价值要么被错误地缩减为货币指标,要么被完全忽略。这就是我们所谓的估值问题,而经常提出这一问题领域就是环境监管的政策领域。

当公共政策涉及生态系统的决策时,实施政策选择所需的自然服务和商品的价格则需要反映其创建过程中产生的实际成本,而不仅仅是那些反映在市场价格中的成本。

---

① 在一些(主要是美国的)文献中,该方法也被称为"效益成本分析"。

通过分析包含这些外部因素的成本和效益,政策制定者试图确保维持一定数量的自然资源,包括土壤、地下水和地表水的质量、土地生物量,还有可能包括废物吸收能力(Hanley 和 Spash,1993)。作为成本效益分析的一部分,替代政策选择的成本和收益都需要得到衡量。为此,需要量化各个方面的关系,例如,量化污染暴露与一些人类或生态反应,以估计政策可能带来的边际变化。

这可能需要付出很多努力,因为与公司执行的成本效益分析相反,公共政策决策不 【751】仅要包括对公司实体的影响,还要包括对社会的更广泛影响。一些需估价商品的关键特征就是我们非常关心的——清洁的空气、水、乡村等——但它们不在商场上交易,因此没有市场价格。自然界的许多服务都属于这类公共产品(Hardin,1982):虽然它们是共同消费的,但不能排斥任何人使用之外("非排他性"),一个人的使用并不限制另一个人的使用("非竞争"或"不可分割"),至少会达到某些临界点。在市场上交易的有形自然资源仅代表大自然提供服务的一小部分。我们的生态系统包括非生物和生物成分:如气候、土壤、细菌、植物和动物,这就提供了额外的服务,人类可以直接或间接从中获益。它们当然也包括原材料和废物吸收,但也包括通常不存在成本效益分析中的功能,例如水文流量、全球温度调节、生物控制和养分循环等。

它们之所以会缺失,是因为经济学家和政策制定者不能准确估计这些服务价值。在过去的几十年中,他们已经多次尝试解决这个问题,并提出了许多评估方法来检查市场中的行为。目的就是将货币价值分配到自然资产的存量及其废物残余物中。这些方法仅适用于有限的环境,因此具有其特定的优点和缺点。"旅行成本法"就是这种情况,它建立了个人为访问具有娱乐功能的资源而愿意付出成本之间的关系;商品"享乐定价"的价值可以从市场上的代理商品中推断出来——例如表示特定社区中噪音水平的房产价值;以及使用一种资源就会排除另一种资源的"机会成本"(详见 Turner,Pearce 和 Bateman,1994,114-127)。

从 20 世纪 60 年代开始,更具普遍适用性的方法取得了重大进展,"条件价值评估法"(CV)作为另一种估值方法被引入,该方法并非基于个人的显示性偏好,而是基于他们的陈述偏好。通过该方法,经济学家试图为所有市场体系之外交易的商品创建虚拟市场,询问人们"如果有一个市场,而他们必须交易,他们愿意付出多少"(Arrow 等,1992)。条件价值评估法是一个涵盖多种方法论的总称,但通常会以调查的形式来引出受访者对商品价值的看法以及他们为接受补偿(WTA)而放弃满意度的支付意愿(WTP)。在这种方法的帮助下,可以通过成本效益分析等经济评估来了解这些价值如何得到平衡,从而考虑政策选择可能对整个社会产生的利益。

这些替代的评估方法很快就在学术和政策制定中得以立足。它们构成了经济理论

【752】的范式转换,从而转向了对参与者在市场中显示性偏好(Robbins,1932)的研究,以及对实验环境中陈述偏好和人类行为的研究。条件价值评估法在整个20世纪80年代和90年代经历了不断的改进,达到了更复杂的程度和所谓的客观性。英国的皮尔斯(Pearce,1993)和美国的克尼斯(Kneese,1984)等主要的环境经济学家都赞同将这种方法适用于公共政策。

在20世纪90年代中期,罗伯特·科斯坦萨的一个研究小组整合了100多项条件价值评估法分析,从而得到了迄今为止关于自然价值最全面的研究(Costanza等,1997)。他们估计17种不同生态系统服务的年度价值高达33万亿美元,养分循环(17075亿)和废物处理(2227亿)位于价格表的顶端。然而,条件价值评估法的成功不仅限于科斯坦萨(Costanza)等人做的学术研究。在美国,它也是一种具有法律约束力的程序,例如,1989年埃克森·瓦尔迪兹油轮(Exxon Valdez)灾难造成环境破坏的赔偿金就是基于这一程序的。但随着其复杂程度的提高,有关该方法的争议和辩论也在不断扩大,其中一些主题也值得在此做个总结。

首先,有人提出批评,例如戴尔曼德和豪斯曼(Diamond和Hausman,1993)认为,由于条件价值评估法中的陈述偏好存在模糊性和有限可靠性,支付意愿是市场价格的不充分代表,与市场中的显示性偏好相反。价格是经济价值,一旦超过这个价值,人们就会不再需要商品,并将钱花在其他使其满意的来源上。在实际市场中,消费者的意愿和经济限制设定了以这种方式来交换商品的价格。在条件价值评估法中,情况却不一定如此。科斯坦萨(Costanza)等人的价值33万亿美元的价格标签在本质上就不符合这个要求。如果在实际上支付了这些生态系统服务,那么全球价格体系将与今天的价格体系大相径庭。科斯坦萨的分析意味着:在试图取代这些服务时,全球国内生产总值(目前达到18万亿美元)在不会立即增加物质财产的情况下,需要再增多33万亿美元,这些物质财产使得个体在支付更高的价格之后能够享有质量或数量上的体验。

这种反对意见具有一定的道理,因为从定义上看:条件价值评估法是一种假设存在的方法,具有假设的市场、商品供应和支付。正如哈耶克(Hayek,1975)针对集体主义经济计划相关案例所做的解释一样,个人无法在没有市场提供的行为背景之下表达自己的偏好。我们永远都无法知道假设的价值陈述与必须做出实际经济承诺时获得的价值陈述之间存在的差异。

然而,各种假设存在的偏差并不是条件价值评估法唯一的缺陷。其次,针对调查方法存在假设的还有一些批评,即:政策问题的偏好易于评估,并且可以通过访谈或问卷调查得出。然而,调查情况的不确定性、新颖性、问题构建以及表述方法通常会使得政策问题发表公共意见,如果没有误导的话。一旦根据个人偏好做出社会选择的特殊机

制得以建立,那么个人的战略利益可能就无法体现其真正的偏好(von Neumann 和 Mor- 【753】
genstern,1947)。借用政治学其他领域的一个著名例子,一旦建立了简单多数制选举制
度,那么公民可能就会投票选出不是特别令人满意的主要党派候选人,而非他们真正偏
好的候选人。因此,低估编码的环境载荷表现的方法论也会带来很多麻烦,而条件价值
评估法也不可能对旨在清洗的政策提案做出公正处理。

第三,将条件价值评估法应用于经济决策存在的不足指向了更为根本的问题,即公
共政策是否应该在根本上对偏好满意度敏感——无论是假设陈述偏好还是实际在市场
中的显示性偏好(Sagoff,1988)。成本效益分析功能的基础是:如能更好地满足人们的
偏好,则分配资源是可取的。这种观点基于消费者选择理论中固有的经济假设,首先,
个体始终知道自己需要什么(通常称为“理性”理想),其次,她的幸福取决于她的主观
满意度——通过让她的偏好决定社会资源的使用(“消费者主权”理想)。然后可以为
该个体定义一个经济函数,使得替代品的利益大于其偏好的其他替代品。这些假设不
仅支撑了经济学的分支(通常被称为“规范性福利经济学”,我们在本章会提及);一般
的经济理论也依赖这些假设来解释为什么相比于自由市场中中央计划者来说,自主消
费者能做出更好的判断。这些假设使得该领域的从业者和理论家能够得出需求曲线的
形状并解释市场的有效运作模式(Samuelson,1948;Lipsey 和 Chrystal,1999)。

批评这一理论的道德证据的学者也批评了理论中固有的主观形式,它掩盖了众所
周知的关于人性的事实:社会原因会转化为信仰和偏好的心理机制使得个人调整了他
们的期待值,从而引起了“适应性偏好形成”的现象(Elster,1983);他们可能是畸形的,
他们的满足感会对自己(海洛因成瘾者、赌徒)或其他人(杀人犯)造成伤害,因此不应
被视为经济评估的合法输入(Sen,1987);偏好满足感不能给予生物适当的道德地
位——包括人类(例如儿童)和非人类(例如动物)——他们都能够表达自己的偏好;人
们错误地预测了自己的选择对未来福祉的影响(Kahneman,2003);最后,偏好满足来源
于基于误差、无知或错误信息的个人选择,因为它无法将它们与基于知识的选择区分
开来。

因此,消费者并不总是最优先考虑他们的偏好,而支付意愿也不能很好地代表市场
价格:政策不应总是满足受访者在最初就体现的偏好。理查德森(Richardson,2001)认
为,这些现象是可以理解的,并且可以归因于消费者的“不全面思考”:随着消费者经验 【754】
的增长,“实际知识”使他们能够不断思考政策选择的利与弊。然后他们会根据新颖且
更好的信息推翻自己的偏好,这是一个关于人性的事实,成本效益分析等经济方法无法
将其纳入考虑范围。

可以肯定的是,一些经济学家担心在他们的模型中,平等对待不知情或恶意偏好会

产生道德受到质疑的结果。然而,他们的想法也未能在该学科中获得广泛的认可。例如,米香的标准教科书似乎不确定是否应该或者如何对待受到质疑的偏好(Mishan,1972,386-388)。从方法论上来说,这些偏好太难以处理。他准备从经济评估中排除诸如"嫉妒"或仅仅是"不喜欢"等心态。然而,正如罗兹(Rhoads,1999,ch.9)所示,即使是这种让步也无法获得大多数经济学家的认可,他们坚持认为没有任何原则或法律可以限制消费者的意愿和主权。

第四,对自然的估价是一个更基本的问题,因此要将如何理解价值这一问题置于首要位置。将价值赋予自然,这需要评估关于经济价值和人类福祉的基本哲学问题。作为估算成本和效益的基础,经济学和市场体系,基于估算成本和收益,只是认识世界的一种文化现象,而这种认识并不一定是所有人共享的。自然也可归因于克鲁赛拉(Krutilla,1967)所称的"存在价值",即物种本身的生存被认为是值得保护的。通常,这个价值不能在实际或假设市场中定价,因为那些可能会显示或陈述自己支付意愿的人可能不会得到预期的收益。受访者必须进行较为困难的概念设计,以确定他们从未使用过且永远不会使用商品的剩余价值。因此,支付意愿、条件价值评估法或市场无法清晰地评估存在价值。

第五,即使我们把有关存在价值的辩论搁置在一边,假设人类福祉可作为估值的决定目标,也仍然无法获知市场价格是否表明或显示它们对这一目标的实质性贡献。正如18世纪经济学家亚当·斯密(Adam Smith,1979)在其"水—钻石悖论"(water-diamond paradox)中所表述的那样,"价值"这个词有两个不同的含义:有时它可表达某个特定对象的功能,有时它可表达购买其他物品的权力。他称前者为"使用价值",后者为"交换价值",并观察到使用价值最高的东西(水)往往具有很小的交换价值或根本没有交换价值;相反,那些交换价值很高的东西(钻石)经常具有很小的使用价值或根本没有使用价值。交换价值与使用价值没有必然联系。然而,虽然后者对个人产生了益处,也能因此增强社会福祉,但是前者可以用于向经济评估中输入数值,例如将成本效益分析或最汇总的水平输入到国内生产总值中。

【755】　没过多久经济学家就发展出"边际主义",尝试解决这种悖论:因为水的获取成本并不高,因此会受到大量消费(至少在经济发达的地区是这样的),我们获得的边际使用价值相当低;交换价值和价格也是如此,我们愿意为此付出代价。反过来,由于商品的稀缺性和相对较高的边际成本导致其供应增加,所以钻石的交换价值很高。因此,我们以低产量消耗钻石,并为我们消耗的每个额外单位提供高边际使用价值。这样一来,如果我们在边际而不是总体上评估,交换价值和使用价值是相同的。论证也得出了结论:当消耗量非常大的时候,对于水的总价值也是相当高的,然而当钻石的消耗量非常

低时,它的价值也就相当低了。

然而,这种说法是经不起推敲的,因为边际主义似乎是一个奇怪的概念,适用于我们在日常生活中使用的许多商品。例如,玩具熊对孩子的价值是提供快乐和满足感,又例如结婚戒指的价值不能通过这些物品在零售中的交换价值得以充分表达。它们的使用价值不是通过参考泰迪熊的稀缺性以及第二个或第三个戒指可能提供的边际价值而做的有意义的评估。对于环境商品的特殊案例,另外的问题表明如前所述:它们在大多数情况下根本不在市场上交易。我们呼吸的空气或使用的太阳能没有交换价值,尽管两者都是我们生存的必需品,且具有很高的使用价值。事实上,它们是所谓的"必需品":即使价格极高,人类对空气、水和太阳的需求也永远不会为零。从本质上来说,这些商品一个附加单位的最大使用价值等于总收入,这对于生产过程中使用的大多数其他商品而言并非如此。因此,采用与其他商品相同的方式对待它们具有误导性。所以,虽然对于某些商品来说,边际交换价值和使用价值可能是同义词,但对于包括自然提供的其他商品而言则并非如此。

作为本部分的总结,我们应该承认某些商品的经济价值是无法确定的;对于那些可能进行估价的货物,经济价值可能不能正确地反映偏好满足感或相关福祉;偏好也并不总是适合公共政策产生的基础。推翻了这些假设也使人质疑经济学家用来研究效率的方法。传统的经济评估存在不足,需要改进,或者应该采用能够更好地反映经济与物理和生物世界之间相互作用的模型来取代。一些重要的研究还有待完成。此时,政策制定者需要了解成本和收益估值的限制。我们在第 6 节指出摆脱这种僵局的方法之前,第二个问题领域也值得一提。

4. 可控性问题

一旦采用上述讨论的方法评估福祉的性质,政策制定者就必须将这些性质整合到【756】一个单独的汇总标准中,以便决定社会中谁应该获得稀缺资源。为此,个人福祉的各种性质都需要在生活中相称,以便个体 A 幸福感的增加可以与个体 B 幸福感的缺失进行权衡。然而,公共决策的下一阶段引发了各种问题,我们将医疗保健背景作为政府倾向于经济评估的第二个政策领域。

提供医疗保健与许多层面上的政策有所不同,它对经济评估的适用性具有重要影响。个体不愿像接受政府提供的其他服务那样进入医疗保健市场。他们也不知道何时需要医疗保健或需要何种类型的医疗保健(Arrow,1963)。由于患者很少有购买医疗保健的经验,因此这些决定通常不是由消费者做出的,而是由医生做出的。很多人都认为医生能够更好地推算出替代治疗健康前景所涉及的许多概率项。按照经济学的说法，她作为代理人为患者服务，这种特殊关系造成了两种重要的分离情况。

首先，消费者与市场脱节。卫生保健服务不仅仅依赖于消费者的偏好，正如无差异绘制了经济学中假设的需求理论，它们要么互不相干，要么仅仅基于代理人（Mooney，1992,67-82）。价格形成理论也受到了否定，因为消费者很少能够在市场上做出理性且明智的选择。他们几乎不了解关于医疗保健服务及其可能提供的医疗保障。这些信息可能是医生有意要隐瞒患者的，反之亦然，患者隐瞒其真实的患病情况——或仅仅是由于了解病因及其影响所需的高度专业知识。因此，消费者寻求医疗保健的说法也具有误导性：个人不寻求医疗保健。相反，他们的目标是获得健康。这是一个重要的区别：虽然医疗人员消耗了医疗保健资源，但体验到资源消耗所带来的健康和福利方面的预期改善是患者。

其次，政府作为财政供应者也变得与市场脱节。作为基层供应者的医生对政府必须支付的医疗保健资源拥有很大的自行判断权力。因此，政策制定者在控制这些服务的支出时，也存在着有限的权力。为了重新获得控制权，一些政府试图通过创建内部市场以及新公共管理方法的其他措施，从不同程度挑战医生的临床自主权。

【757】　　尽管经济假设存在缺陷，但医疗保健提供的经济评估比以往任何时候都更必不可少，这主要由于国家人口老龄化吸收了国内生产总值的不断增长。在这样的政策背景下进行成本效益分析，可以为决策者提供关于医疗人力、研发资金、报销实践、资本控制和安全法规最佳分配的建议。成本和收益来自三个不同的方面或提供医疗保健的渠道：治愈（改善健康）、护理（维护患者的尊严）和预防（减少患病或过早死亡的可能性）。以上三者所带来的益处是通过评估政策对个人健康状况的影响来确定的。开展这项活动的方法也引起了他们自己的一系列批评行为。它们类似于在第三部分所讨论的，因此这里不会再重复。

相反，我们将注意力集中在一个相关问题上，即福祉性质的集合，一旦健康改善受到重视，这个问题就会体现出来。这是一项不仅限于医疗保健的任务，而要在所有政策领域以及政府提供的所有商品和服务中完成。需要对各种干预措施针对不同问题所取得的不同结果进行汇总。医疗保健也可作为一个政策领域，危及生命的疾病，如冠状动脉搭桥手术或破伤风，其主要结果显然为死亡或痊愈。死亡率和存活率在这种情况下可能会标志着是否达到健康护理水平。每个痊愈的个体都可以用1代表，每个死亡的个体用0代表。对其他大多数疾病的处理——或者就此而言，其他政策决定对福祉的影响——不会导致这种二元结果，然而这种测量方式意味着：无论某一个体是被限制在床上还是能够积极地参加体育运动，所有幸存于医疗干预的人都被赋予相同的价值。

这些案例需要更准确的衡量标准,能够通过两个临界点之间福利等级的形式来获取利益。

　　为了获得一种适合制定这种指数的方法论,学者们从 20 世纪 70 年代开始,用"生命效用"来定义健康(Torrance,Thomas 和 Sackett,1972;Zeckhauser 和 Shephard,1976)。经过三十年的研究和后来诸多方面的改进,生命效用已经需要从两个方面计算:(a)测量生命持续时间;(b)通过个人的身体、社会、生活质量和情绪功能判断生活条件。后者是通过患者问卷调查和访谈得到的,其中评分量表、时间交换或标准博弈方法被应用于多个领域——包括移动性、情感、认知和疼痛——以达到每个领域要求的偏好(Drummond 等,1997,150-183)。对特定健康状态的偏好越大,与其相关的"效用"就越大。健康状态通常以 0 到 1 的数值范围表示,其中 0 表示"死",1 表示"完美健康"的状态。最后,乘以每个个体寿命的剩余年份,以计算所谓的"质量调整生命年"(QALYs)。【758】质量调整生命年的利益是由受到干预与不受到干预的质量调整生命年计算而来的。然后,结果可用于为不同的干预措施创建"每一质量调整生命年的成本"排名,这有助于决定"最佳购买"策略,并制定跨国间的"伤残调整生命年(DALYs)"的统计数据(WHO,2000,176-183;Murray,1996)。

　　计算质量调整生命年方法是通常所说的"多标准映射"实践,类似于为解决其他政策领域中的聚合问题而开发的方法。因此它很快就成为了最复杂的、人们默认的方法,用于衡量和汇总个人福利水平,特别是医疗保健体系下的生活质量。其他任何的政策部门都没有制定出类似的改进方法。作为一种非货币标准,它具有一种附加的好处,不会像我们前文提到的因货币估值行为而受到批判。

　　尽管使用单一指标衡量医疗保健干预措施的有效性这一方法有其自身的优点,但是质量调整生命年在道德、概念和操作方面都受到了广泛批评,人们对基础方法是否能真正解决这些问题产生了怀疑。将生命长度和质量结合在一个指数中的可能性依靠于称之为功利主义的政治哲学学派。它是个人行为经济分析的基础,分别出现在 18 世纪的杰里米·边沁(Jeremy Bentham)和 19 世纪的约翰·斯图亚特·穆勒(John Stuart Mill)的作品中。现在被称为"个人之间的幸福对比"问题,一直让哲学家们保持警惕(Elster 和 Roemer,1991)。① 边沁的目的是为英国议会提供一个可用于建立健全合理政策的政治理论,而不是让他们依赖模棱两可和存有偏见的直觉。当它以同样的方式增加群体效用(或者像边沁所称的"幸福")的倾向大于任何它必须减少的效用时,该理

──────────

　　① 我们在这里使用"效用"与"福利"和"幸福"这两个词交替使用,作为个人从消费商品或服务中获得的满足感。

论的主要特点就是制定由效用原则决定的法则(Bentham,1970)。在后来被称为古典功利主义的理论中,这一原则指导决策者在最大限度上发挥社会成员的效用。

功利主义理论因其简单性,一直吸引着数代政策制定者和政治理论家;它的科学魅力在于它是一种可以写成数学公式的理论;它将人类福利的关切置于道德哲学的核心位置。然而,它也引起了一系列批评的声音,导致许多作者提出修改并重新定义,使得理论更加令人信服。这当然不是重述相关辩论的地方。读者可以参考关于该主题的广泛研究,例如由格拉芙(Glover,1990)所做的总结就提供了一个良好的出发点。森(Sen,1987,39)的研究对我们更有用,因为他已经提出了任何功利主义道德原则都适用的基本要求。这些是:(1)福利主义,要求事态的良好情况仅仅是关于该状态下效用信息的函数;(2)总和排名,要求仅通过查看该州所有公用事业的总和来评估其公用事业情况;(3)结果主义,要求每一个选择,无论是行动、制度、动机和规则等,最终取决于事态发展的好坏。

【759】

需要注意的是,如果个人能够评估其效用、如果第三方(例如一些政策制定者)能够知晓其效用、如果可以通过数量来衡量估算值,那么关于福利主义的第一个要求才能发挥作用。当我们讨论环境商品的案例时,这些假设在第 3 节中已经受到了质疑。这是总和排名的第二个要求,也是我们在公用事业和质量调整生命年效用聚合的背景下所关注的问题。边沁坚持认为总和排名是可能的,因为对他来说,要加总的项目(幸福)只表示一种体验(愉悦感)。因此,在他看来,效用很容易在生活中汇总,因为它只是一种体验,而不是人们会遇到的多种体验。不久之后,有哲学家反对说,根据个人对快乐的重视程度。这些在生活中也并不相同。[①]

鉴于个人经历的健康状况存在多样性,现存的问题仍然是:是否有可能知道一些人与其他人相比,他们的健康程度如何。我们当然能够在顺序意义上做出这样的比较,例如:我可以规定,我感觉自己的身体状况比那些饱受病痛折磨的人好。然而,为了比较生活中的效用,需要能够在绝对意义上进行比较,即:我需要确切地知道我的身体状况有多好。反过来,基数意味着需要满足的两个要求(Bossert,1991):(1)必须在结果上附加一个数字,表示偏好相对于其他人的强度,因此健康状态为 0.6 的人比 0.2 的好三倍;(2)刻度之间必须间隔相等,不同点数之间的间隔相等,它们所代表的含义才能一

---

① 大多数经济学家和哲学家在 19 世纪和 20 世纪使用的效用概念在理论上与质量调整生命年方法中使用的有所不同。前者描述了确定收货地点的决定,而后者则是针对不确定性下的概率结果。不确定性下的决策理论有更加严格的要求,如冯·诺依曼和摩根斯坦效用理论(von Neumann 和 Morgenstern,1947)所规定的那样,而传统的哲学/经济理解只将效用视为对偏好的满足。然而,对于我们的讨论没有相关的区别:他们的公用事业仅涵盖个人层面的决策理论,不能用于比较个体之间的福利(Zeckhauser 和 Schaefer,1975,41;Drummond 等,1997,150)。

致,也就是说 0.1 到 0.2 与 0.8 到 0.9 意义相同。

最近,卫生科学家和决策者开始开发各种偏好诱导方法,以计算所需的质量调整生命年权重。各种心理学研究表明,由于人类的认知存在限制,这些方法并不总能引出满足这两个要求的反应。例如,利用评定量表方法,要求个体将健康结果从最偏好到最【760】不偏好进行排序,并将它们按照一定比例进行排序,使得放置之间的间隔能够对应于个体的偏好差异。然而,心理学家对受访者陈述的意义提出了质疑。正如布莱克罗特和约翰内森(Bleichrodt 和 Johannesson,1997)所论证的那样,主观印象不能进行相同尺度的平等划分。个人会经常尝试平均使用各个尺度,并且会在情况类似时传播他们的答复("间隔"偏差),或者当基本属性实际相距很远选择压缩它们("末尾刻度"偏差)。

标准博弈作为第二种方法,诱使个人在两种选择之间做出抉择:(a)根本不治疗,会导致特定的疾病,(b)治疗,导致死亡或痊愈,每种情况的概率分别为 p 和 1-p。然后改变概率直到受访者对两种选择都感到无关紧要,从而产生偏好分数。然而,特韦斯基、斯洛维奇和卡尼曼(Tversky,Slovic 和 Kahneman,1990)通过各种实验表明:个体倾向于扭转之前的显示性偏好。他们可能会使用不恰当的心理表征以及会误导他们决策的简化式启发方法。心理学家将这种现象归结为个体处理信息的一系列方式:他们使用确定的方法来获取第一条信息,然后通过获得的每一条额外信息逐步调整决策。

最后,时间权衡使个人能够选择在身体健康的特定时间内生活,或者在不太理想的状态下选择不同的时间。时间一直是变化的,直到受访者对两种选择都无动于衷。然而,该方法已经发现患者更喜欢立即死亡,而非在轻度功能障碍状态下生存三个月。这表明个人误解了权衡的性质,在 0 到 1 的刻度之间减少了结果的意义。

因此,患者的反应以及其测量的指标不能在个体之间达到标准化。将消费商品给予个人的主观满意度叠加起来时,认知困难仍然存在(Nord,1999)。与质量调整生命年方法一起使用的偏好诱导方法遇到了许多棘手的问题,这些问题困扰了政策制定者发现稳定且一致的偏好,所以也就无法得到真正相称的估算值。值得注意的是,未能使幸福属性相称并不意味着比较的过程就是徒劳的。当然,不可通约性并不否认比较的可能性。它也不需要与决策理论中的基本假设保持不一致:即使没有可比性,理性引导选择也仍然可能存在,因为质量调整生命年的数据仍然有助于通过序数排名来进行更简单的比较(Sunstein,1997,39)。然而,它们缺乏成本效益分析等经济方法所需的精确度。

心理学家、经济学家和哲学家之间有必要进行更多的交流。例如英国的医疗保健

【761】 案例,国家研究方法中心(NCRM)和国家临床研究所(NICE)最近开展了联合研究项目,旨在确定质量调整生命年的社会价值。① 该项目除了探讨其他问题外,还根据年龄、教育和地理位置等个人特点,讨论了质量调整生命年与个人支付意愿之间的概念联系以及健康收益对不同受益人的相对价值。这些举措可以更好地解决眼前的问题。然而,在从这些(以及其他)发现中得到解决方案之前,森对功利主义理论所规定总和排名的第二个要求仍未得到满足。

可以肯定的是,正如金里卡(Kymlicka,2001,18)恰当地提醒我们的那样:在日常生活中,实践推理不断要求我们通过简单地判断整体的好坏来决定如何平衡不同类型的商品。虽然我们可能会对生活中所做的决定进行评估,但我们认为对公共政策的分析是不明智的。达成政策决定的经济评估方法在其复杂程度不同于体现我们个人选择的相对较少的个人价值之间的平衡行为,这些行为可以体现我们的个人选择。我们可以在任何特定时间重新审视、评估我们在个人选择情况下所做的序数排名。相比之下,经济评估方法可以平衡更多个人拥有的偏好和价值,并最终只产生一个(通常是定量的)建议。从那一刻开始,他们就隐藏了事先估算出的不同基本属性之间复杂的估量过程。

无可否认,为了使评估方法发挥作用,首先需要估算出偏好和价值,这是优于根据决策者隐含的假设和偏好来做出政策选择的一种方法。然而,一旦所有相关商品沿着单一指标对齐,它们就不再可见,或者可能变得不可见(Sunstein,1997,50)。人们不能再根据质的差异做出判断。因此,如果我们希望政策建议既有意义又精准,我们就需要确保在开始时对推算中的数值进行准确的对比和汇总。但是,显然并非总是如此,在一些情况下,政策选择需要通过替代方法来实现。其中一些我们将在下面的第六节中介绍。

5. 内在价值问题

在第三节结束时,我们介绍了"存在价值"、"交换价值"和"使用价值"的概念。我们将存在价值定义为某种商品可以独立于其为人类福祉产生影响的价值,例如物种的
【762】 生存。我们也讨论了:交换价值作为经济评估中的标准,与使用价值没有必然联系,但使用价值却能够为个人带来利益,从而增强人类的福祉。

这三个概念之间存在着一个至关重要的联系,值得进一步探索:经济评估对商品的估价和对比添加了统一标准(通常是货币),从而使得存在价值和使用价值从属于新的

---

① 请登录 www.publichealth.bham.ac.uk/nccrm/publications.htm,以了解进一步的研究成果。

交换价值标准。虽然我们已经为目标(即第3节中的环境商品和第4节中的医疗服务)制定了这种关系,但我们仍将在本节更为详细地阐述这一点。我们将讨论人类的内在价值(相当于物体的存在价值)是如何被经济评估所排挤的。

为了理解其原因,我们假设在遥远的未来,讨论已久的估值和汇总问题将得到解决,因此可以根据政策计划对社会利益的最大化来进行评估。现在考虑从哈里斯(Harris,1975)借鉴来的简化案例:如果没有找到合适的器官捐赠者,医院就会承认四名患者都将死亡。第二天早上,邮递员进入大楼,投递信件和包裹。从以前的谈话中,护士回忆起邮递员将是这四名患者的合适捐赠者。作为一种可能的行动方式,她现在可以杀死他,采集他的器官,从而使四名患者能够生存。如果数字有价值,我们需要进行简单的成本效益分析,从而得出结论:牺牲邮递员是一个更好的选择,因为四条人命比一条人命更有价值,如果邮递员的死亡能够使四个患者得以存活,那么就实现了最高的总体福利水平。

当然,我们大多数人都很反感这个选择。在大多数情况下,如果为了多数人的更多利益而牺牲一些东西,我们就会感到不公平。然而,鉴于利益最大化的经济原因,实行这种方式,即使不是强制性的,也是合理的。我们在这里遇到的问题都是由人类平等的问题造成的:每个人都一样,因此可以加起来或与其他人交易。这种情况类似于卡尔·马克思(Karl Marx,1964,96-105)最初提出的"商品化"现象。在资本主义社会中,马克思认为,生产方式属于私有制,商品生产不断扩散,因此劳动分工变得越来越分散。为了生存,他们被迫卖掉自己的劳动力,工人本身就像商品一样,从个人的身份转变为以劳动的形式交换价值。曾经生产的目标仅仅是满足需求,而交换是通过对他人使用价值的需求来驱动的,因此资本主义就消除了个人交换。它将使用价值变为交换价值,并将交换价值作为一个独立存在的逻辑。例如,在极端却普遍的股票交易中,根本不存在物理参考物:货币赚自金钱,与现实商品世界没有明显联系。

将人类比作一个数字或者表达为器官捐献中的一个简单单位,又或者作为与他们的偏好相关的支付意愿值——表示人类属性之间的等同性,从而将他们性质上的差异归因为单一身份的量化标准。这样的标准一般可以解决聚集的问题(例:如何比较福祉水平),作为交换价值的货币标准尤其可以解决交换问题(如何以相等的数量比率交易特定的商品),但它将主体转变为了抽象实体,并被剥夺了其独特的特征。【763】

其中一个特点是每个人都有内在价值:我们对自己的存在感兴趣,不能仅仅作为帮助其他人的一种工具而存在。内在价值之间是没有联系的:它们不是由其他的人、物种或物体而定义的,也不是由它可能带来的好处而定义的。我的内在价值在于我和我自己的价值,超越了我作为工具可能拥有的任何价值。因此,作为一个享有权利的人,我将受到尊重,这也是我自己的目的。权利是一种原则,它将某些权利要求或权利转让给其他人,通常被解释为"巨大的"以福利为名的相应要求(Dworkin,1977)。这意味着即使个体幸福感的计算表明具有这些影响的行动将是最有益的,我也不应该受到某些方式的待遇。

将个人描述为货币标准可能会改变我们认识货币对个体价值的方式。玛格丽特·简·拉丁(Margaret Jane Radin,1996)阐述了"商品"对贸易的影响,如性、儿童和身体部位,并注意到这些商品不仅存在自愿购买者,而且也有一些极度贫困的人愿意购买。对她而言,这反映了自由社会中一直存在的两难困境:自由选择受到了重视,但与此同时,选择也应该受到限制,以保护其对于个人的完整性。她认为这种紧张局势主要是潜在的社会和经济不平等所造成的,这种不平等不需要在自由民主的前提下反映出不可调解的冲突,只需在分配政策选择中设定正确的优先权。

因此,政治哲学试图将内在价值和个人权利纳入到某种正义概念中,例如(新)康德(Kantian)公平对待他人的要求,洛克(Locke)也认为人民有权受到保护,免受其他人权利的侵犯。即使像密尔(Mill)这样的功利主义者也认为权利和内在价值可以作为一种策略来最大化地体现效用。这种立场被称为规则功利主义,与边沁最初提出的情境功利主义不同。这种观点假设:效用原则可以产生"权利"的概念,如果我们理解一个人的权利是如何由关于人的待遇的规则定义的,而这些规则大体上是效用最大化的。

这里不是探讨这些概念的利弊的地方。重要的是要注意,虽然通过内在价值和个人权利来限制经济评价可以吸引与各种传统相并列的道德理论,但政治哲学中产生的共识不能轻易转移到公共政策的形成方法或经济评估方法之中。这是因为,为了遵循【764】张美露(Ruth Chang,1997,5-23)的相关划分,内在价值引起了序数不可比性的问题。读者可能回忆起我们第四节得出的结论,幸福的属性在整个生命中是不可通约的,即它们不能在心理上进行比较以达到聚集的目的,但至少有序比较可用作理性选择的基础。我们现在遇到了更严重的情况,即分析的相关估算在后一种意义上甚至不具有可比性。

这是因为内在价值观的实际作用既不规定最大化的目的,也不规定对集合的态度。因此,我们可以通过多种方式增进对一个人内在价值的理解,例如通过爱、尊重、荣誉或敬慕。在某些情况下,可以将其理解为特权,而在另一种情况下则不是。这种模糊性不允许通常的三分法比较("更好"、"更糟糕"和"一样好"),这适用于内在价值本身之间的比较,也适用于它们和其他可量化的价值之间进行比较。

虽然对于一些较为明确的案例,例如在前面提到的器官移植情景中做出的生死抉择,不可比性可能不是一个问题,但其他政策决定更明显地会受到这种限制。例如,为了保持相同的政策领域,医疗保健不仅是因为缺乏器官。医院病床、技术设备和医务人员也是稀缺的资源,可以通过不同的方式分配给患者。经济评估建议:对于急性或无法治愈的患者,他们应该用到较少的强化治疗,因为其需要的远远多于康复患者所需要的护理。同样地,将第四节中阐述的质量调整生命年方法应用于老年人或幼儿的可选择治疗将导致优先考虑后者的治疗,因为质量调整生命年评分对于那些还会生存很多年的人来说特别高,因此,他们有更大的"受益能力"。所以,以不受约束的方式进行的经济评估将会导致无法治愈的、慢性病患者或老年人的边缘化。它们会凌驾于个人的内在价值之上,并尊重个人的尊严,可能还有他们的生存权。

可以肯定的是,在某些情况下,绕过内在价值问题的可理解的反应是可能的。例如,分配权重的应用可以在很大程度上帮助确保稀缺资源的公平分配,而不会忽视有需要的群体(Layard 和 Walters,2001)。然而,虽然存在的确定劣势的有形标准允许我们可以识别出一些这类的群体——例如,收入水平可以将贫困的穷人与我们认为的非贫困群体区分开来,但是,我们认为值得特别考虑的其他群体,最好是希望对其适当分配权重的群体,却没有那么清楚地确定。例如,我们应该如何通过我们赋予一个人的爱、尊重、荣誉或敬慕进而衡量他的内在价值? 我们如何衡量潜在的心理过程? 我们在这些感受之间做出选择并不是在进行一些可衡量的比较,而是基于更为无形的义务原则。

因此,内在价值不能以有意义的方式排列。我们没有办法将它们纳入任何类型的评估之中。因此,政策制定者面临的情况是,他可以选择(1)忽略内在价值,或者(2)承认它是一种约束并拒绝审查中的政策建议。前者是允许的,而后者是不允许的。反过 【765】来,认为该政策是不允许的,这意味着必须将与权利不相容的行为所产生的任何利益完全排除在行动决定之外。因为它限制了综合经济评估的含义,并限制了政府的行动。

当然,这并不是一个令人满意的结论,因为我们的后续选项(2)使整个经济评估行为在一开始就遭到了质疑,而在选项(1)下,内在价值被挤占并在其他比较的值中被遗忘掉,因为必须确定识别、收集、测量和汇总其他类似的价值。

以上所述似乎提供了两种可替代且有些类似的解决困境的方法,但是,如果它们要提供有意义的解决方案,则需要进一步改进和规范化。首先,希拉德·弗莱切特(Shrader-Frechette,1991,ch.11)提出的建议是,受拟议政策方案影响的每个群体都应进行自己的经济评估,以此作为更具广泛参与性司法过程的中间阶段。这种方法不仅可以对内在价值进行单独评估,还可以权衡其优点。它也反映了不同的方法论、道德和社会假设,从而描绘了特定情况的各个环节。最终结果可能是具有多方面收益和成本的评估。或者,我们可能想要支持斯坎隆(Scanlon,1991)发起的研究,该研究有关道德观和经济观的兼容性,这种兼容性与个人对人类福祉的影响有关。斯坎隆提出了一个单一的共同指数,即哲学家和经济学家之间关于生活中好坏事情的共同概念,而不是要求各利益相关方进行后来经过民主审议的多重评估。这些不仅包括可交换货物,还可以指其他事物的发展水平和意识状态。如果像科普(Kopp,1993)所建议的那样进一步发展,即:以阐明谁应该确定哪些商品和条件可以使得美好生活进入该指数,这种思路确实可以产生更完整的经济理论。

6. 替代方法

在前三节中的每一节中,我们都概述了决策者在制定基于成本效益分析等经济评估的公共政策时需要注意的问题领域。并非所有政策领域都要求这种意识,因为某些领域的政策决定不像其他领域那样容易受到批评。读者仍然需要评估三个问题领域的相关性,并可能得出结论:成本效益分析可以帮助解决特定的政策问题。但是,如果必须在诸如本章所述的领域做出决策,建议政策制定者考虑其他的方法,当然这些方法需要避免一些陷阱。为此,我们提供以下两种替代方法。究其根本,并非是新的评估方法,而是成本效益分析的简单变体,因此易于理解。

【766】

在第三节,我们发现不是所有进入经济评估的成本和效益都可以用货币来衡量,因为一些估值方法依赖于有关经济价值量化的争议性假设。想要摆脱这种僵局,政策制定者可以用成本效用分析(CUA)的方法取代成本效益分析(CBA)。二者的不同之处在于,成本效益分析将收益作为一个共同单位,转换为了货币度量,而成本效用分析体现了它们为个人提供的效用方面的益处——例如在医疗保健方面的质量调整生命年。这是一种非货币概念,用于评估改善福祉状况对社会的价值,从而避免出现货币转换的相关问题。

虽然它作为一种非货币经济评估方法,也存在自身的优点,但就像成本效益分析一样,成本效用分析仍然容易受到我们在第三节和第四节中提出的批评所带来的影响:通过询问个人对福祉的偏好来计算效用评级是具有争议的,因为这些偏好可能是不真实的、存在缺陷的、存在战略驱动,或者根本就不为人知。个人在生活中和生命的各个阶段——他们如何评价特定的幸福状态——也存在差异。任何将这种不可通约的属性归于单一标准中的尝试都会引发方法论和道德上的问题。

为了满足这些反对意见,又出现了另一种评估方法,即成本效能分析(CEA)。成本效益分析、成本效用分析以及成本效能分析都是用于比较政策计划的收益和成本的正式方法。不同之处在于,成本效益分析和成本效用分析将这些利益作为一个共同单位,分别转化为货币价值和效用,但成本效能分析体现了这样的利益,就自然单位而言作为某种结果标准。例如,在医疗保健的情况下,这样的结果可以体现死亡率的递减或免疫数量的增加,而不是成本效益分析或成本效用分析针对这些效应中每一种计算货币的价值或效用。例如,在环境监管的条件下,结果可以体现由臭氧水平衡量的空气质量水平,而不是它为人类提供的经济价值或效用。因此,成本效能分析回避了成本效益分析中发现的货币转换问题以及成本效用分析中的偏好满意度和效用聚合问题。①

　　然而,绕道而行是有代价的,因为相比于成本效益分析和成本效用分析,成本效能分析远非一种有效方法。它只能评估替代政策,其中成本与自然规模(如死亡率)衡量的单一共同影响有关,在评估政策选择时,这种影响的程度可能会有所不同。然后可以根据其有效性与成本的比率来选择这些选项。相反,如果事先就确定了预算,即成本是"固定的",那么它可以再次用于比较各种政策选择,以及它们实现非量化目标的比率,例如降低死亡率。它不能做到的是明确应该花多少钱来实现政策结果。它也不能指导政策干预是否值得做,因为它事先就默认能够达到目标。因此,它没有具体说明一项计划的效果与成本的比率在不再值得做之前可以下降多少。它也无法确定资源以这样的方式分配,是否会达到社会利益最大化。【767】

　　但是,成本效益分析、成本效用分析和成本效能分析都无法解决的问题是我们在第五节中提到的内在价值问题。内在价值不仅无法估算,而且它们更为基本,也无法与其他收益和成本相比。因此,它们经常在经济评估中被"遗忘",尽管他们应该被允许限制政府可以进行的项目。在政策实践中,通过赋予受拟议政策影响的个人否决权,可以切实执行这些方面的限制条件。当然,这并不意味着这些权利会自动覆盖任何拟议政策可能获得的净收益,但它们在道德上也不是无关紧要的。

7. 结论

　　总之,经济工具是非常普遍的方法,具有非常严格的信息要求,这些要求并非总能得到满足。因此,它们不能作为政策选择中的基本选择标准。这并不是拒绝经济评估本身的理由,因为它们确实向我们提供了具有道德相关性的信息,从而可能揭示了政策制定者迄今为止隐瞒渴望迎合特殊利益的判断。我们认为,一般来说,忽视未决定政策的成本和收益,既不道德也不理性。然而,我们也有理由承认,经济评估应该被理解为一种投入,而不是政治审议和判断的替代品(Sunstein,2002)。并非所有情况都要求我们将价值最大化。有些人只是强迫我们尊重它。经济评估应被视为一种有用的启发式

① 请注意,一些作者和文献将成本效用分析视为成本效能分析的特定情况,或者将成本效能分析和成本效用分析视为成本效益分析的特定情况。因此,这三种方法可能出现在不同的标签下。

方法,可以对政策提案提出警示并确定所涉及的经济因素。事实上,在特定情况下,经济因素是否是一个主要关注点,是一种政策制定者责任范围内的判断。

参考文献

Adler, M. D., and Posner, E. A. eds. 2001. *Cost Benefit Analysis: Legal, Economic, and Philosophical Perspectives*. Chicago: University of Chicago Press.

Arrow, K. J. 1963. Uncertaintyand the welfare economics of medical care. *American Economic Review*, 53 (5):941-73.

——Solow, R., Learner, E., Portney, P., and Schuman, H. 1992. *Report of the NOAA Panel on Contingent Valuation*. Washington, DC: National Oceanic and Atmospheric Administration.

Bentham, J. 1970. *An Introduction to the Principles of Morals and Legislation*, ed. J. Burns and H. L. A. Hart. London: Athlone Press.

Bleichrodt, H., and Johannesson, M. 1997. An experimental test of the theoretical foundation for rating scale valuations. *Medical Decision Making*, 17(2):208-17.

Bossert, W. 1991. On intra-and inter-personal utility comparisons. *Social Choice and Welfare*, 8:207-20.

Chang, R. ed. 1997. *Incommensurability, Incomparability, and Practical Reason*. Cambridge, Mass.: Harvard University Press.

Costanza, R., et al. 1997. The value of the world's ecosystem servicesand natural capital. *Nature*, 387:253-61.

Coudouel, A., and Hentschel, J. 2000. *Poverty Data and Measurement*. Washington, DC: World Bank; available at: www.worldbank.org/poverty/strategies.

Diamond, P. A., and Hausman, J. 1993. On contingent valuation measurement of non-use values. Pp. 170-90 in *Contingent Valuation: A Critical Assessment*, ed. J. Hausman. New York: North Holland.

Drummond, M. F., Brien, B., Stoddart, G. L., and Torrance, G. W. 1997. *Methods for the Economic Evaluation of Health Care Programmes*, 2nd edn. Oxford: Oxford University Press.

Dworkin, R. 1977. *Taking Rights Seriously*. Cambridge, Mass.: Harvard University Press.

Elster, J. 1983. *Sour Grapes*. Cambridge: Cambridge University Press.

——and Roemer, J. eds. 1991. *Interpersonal comparisons of Well-Being*. Cambridge: Cambridge University Press.

Glover, J. ed. 1990. *Utilitarianism and its Critics*. New York: Macmillan.

Gramsci, A. 1971. *Selections from the Prison Notebooks of Antonio Gramsci*, ed. Q. Hoare and G. N. Smith. New York: International.

Hanley, N., and Spash, C. 1993. *Cost-Benefit Analysis and the Environment*. Aldershot: Edward Elgar.

Hardin, R. 1982. *Collective Action*. Baltimore: Johns Hopkins University Press.

Harris, J. 1975. The survival lottery. *Philosophy*, 50:81-7.

Hayek, F. 1975. *Collectivist Economic Planning: Critical Studies on the Possibilities of Socialism.* London: Routledge.

Henderson, H. 1996. Fighting economism. *Futures*, 28: 580–4.

HM Treasury 1997. *Appraisal and Evaluation in Central Government: Treasury Guidance.* London: HMSO.

Holland, A. 1995. Cost-benefit analysis: a philosopher's view. Pp. 21–38 in *Environmental Valuation: New Perspectives*, ed. K. G. Willis and J. T. Corkindale. Wallingford: CAB.

Kahneman, D. 2003. A psychological perspective on economics. *American Economic Review*, 93: 162–8.

Kneese, A. 1984. *Measuring the Benefits of Clean Air and Water.* Washington, DC: Resources for the Future.

Kopp, R. 1993. Environmental economics: not dead but thriving. *Resources*, 111: 7–12.

——Krupnik, A. J., and Toman, M. 1997. *Cost-Benefit Analysis and Regulatory Reform: An Assessment of the Science and the Art.* Discussion Paper 97–19. Washington, DC: Resources for the Future.

Kornai, J. 1986. The soft budget constraint. *Kyklos*, 39: 3–30.

Krutilla, J. 1967. Conservation reconsidered. *American Economic Review*, 57(5): 777–86.

Kymlicka, W. 2001. *Contemporary Political Philosophy: An Introduction.* Oxford: Oxford University Press.

Layard, R., and Glaister, S. eds. 2001. *Cost-Benefit Analysis*, 2nd edn. Cambridge: Cambridge University Press.

——and Walters, A. A. 2001. Income distribution. In Layard and Glaister 2001, 179–98.

Le Grand, J. 1991. *Equity and Choice.* London: Harper Collins.

Leibenstein, H. 1966. Allocative efficiency vs. "X-efficiency". *American Economic Review*, 56: 392–415.

Lenin, V. I. 1964. A caricature of Marxism and imperialist economism. Pp. 28–76 in V. I. Lenin, *Collected Works*, vol. xxiii, 5th edn. Moscow: Progress.

Lipsey, R. G., and Chrystal, K. A. 1999. *Principles of Economics*, 9th edn. Oxford: Oxford University Press.

McLellan, D. 2000. *Karl Marx: Selected Writings.* Oxford: Oxford University Press.

Marx, K. 1964. *Economic and Philosophic Manuscripts.* New York: International.

Mishan, E. J. 1972. *Cost-Benefit Analysis.* New York: Praeger.

Mooney, G. 1992. *Economics, Medicine, and Health Care.* London: Harvester Wheatsheaf.

Murray, C. J. 1996. Rethinking DALYs. Pp. 1–98 in *The Global Burden of Disease*, ed. C. J. Murray and A. D. Lopez. Cambridge, Mass.: Harvard School of Public Health.

von Neumann, J., and Morgenstern, O. 1947. *Theories of Games and Economic Behavior.* Princeton, NJ: Princeton University Press.

Nord, E. 1999. *Cost Value Analysis in Health Care: Making Sense of QALYs.* Cambridge: Cambridge University Press.

Okun, A. 1975. *Equality and Efficiency: The Big Trade Off.* Washington, DC: Brookings Institution.

Pearce, D. 1993. *Economic Values and the Natural World.* London: Earthscan.

Presidential/Congressional Commission on Risk Assessment and Risk Management (PCCRA) 1997. *Framework for Environmental Health Risk Management*, 2 vols. Washington, DC: PCCRA.

Radin, M.J.1996. *Contested Commodities: The Trouble with the Trade in Sex, Children, and Body Parts.* Cambridge, Mass.: Harvard University Press.

Rhoads, S.E.1999. *The Economist's View of the World.* Cambridge: Cambridge University Press.

Richardson, H.S.2001. *The stupidity of the cost-benefit standard.* In Adler and Posner 2001, 135–68.

Robbins, L.1932. *The Nature and Significance of Economic Science.* London: Macmillan.

Sagoff, M.1988. *The Economy of the Earth.* Cambridge: Cambridge University Press.

Samuelson, P.A.1948. *Foundations of Economic Analysis.* Cambridge, Mass.: Harvard University Press.

Scanlon, M.1991. The moral basis of interpersonal comparison. In Elsterand Roemer 1991, 17–44. Sen, A. 1987. *On Ethics and Economics.* Oxford: Basil Blackwell.

Shrader-Frechette, K.1991. *Risk and Rationality: Philosophical Foundations for Populist Reforms.* Berkeley: University of California Press.

Smith, A.1979. *The Wealth of Nations: Books I–III.* London: Penguin.

Smith, V.ed.1984. *Environmental Policy under Reagan's Executive Order: The Role of Benefit-Cost Analysis.* Chapel Hill: University of North Carolina Press.

Sunstein, C.1997. Incommensurabilityand kinds of valuation: some applications in law. Pp.34–54 in *Incommensurability, Incomparability, and Practical Reason*, ed.R.Chang.Cambridge, Mass.: Harvard University Press.

——2002. *Risk and Reason: Safety, Law, and the Environment.* Cambridge: Cambridge University Press.

Torrance, G., Thomas, W.H., and Sackett, D.L.1972. A utility maximization model for evaluation of health care programmes. *Health Services Research*, 7: 118–33.

Turner, R.K., Pearce, D., and Bateman, I.1994. *Environmental Economics.* Hemel Hempstead: Harvester Wheatsheaf.

Tversky, A., Slovic, P., and Kahneman, D.1990. The causes of preference reversals. *American Economic Review*, 80(1): 205–18.

Woods, N.2000. Order, globalization, and inequality in world politics. Pp.8–35 in *Inequality, Globalization, and World Politics*, ed.A.Hurrell and N.Woods.Oxford: Oxford University Press.

World Health Organization(WHO).2000. *The World Health Report 2000: Health Systems: Improving Performance.* Geneva: World Health Organization.

Zeckhauser, R., and Schaefer, E.1968. Public policy and normative economic theory. Pp.27–102 in *The Study of Policy Formation*, ed.R.A.Bauer and K.J.Gergen.New York: Free Press.

——and Shephard, D.1976. *Where now for saving lives? Law and Contemporary Problems*, 40(4): 5–45.

第 38 章　政策模型

内塔·克劳福德（Neta C.Crawford）

"决策"，只是在做出具体决定之前,决策性进程中的一小部分……关于"制定决【771】策"的诸多文献所关注的暂时性决策行为,可能只不过是形式而已(Green,1966,205)。

系统分析研究复杂问题,并对杂乱无章的重要因素进行分类,以便每个问题都能通过最为恰当的方式得到解决。对事实的怀疑是通过实证来检验的;逻辑性问题是通过逻辑性的思维解决的;价值问题和不确定性问题可能会展现出来,因此政策决策者确切地知道他们从哪儿着手做出自己的判断。(Enthoven 和 Smith,1971,61)。

从过去将军们用微型战场和地图来分析、计划和预测战斗结果,到现在使用计算机模拟和战争博弈,建模一直在战争装备、计划和行动中扮演着至关重要的角色。政策模型旨在帮助决策者和观察者在复杂的技术性公共政策问题上作出"理性"判断。它运用了包含场景模拟、运筹学,以及战争理论在内的一系列技术。但是所有的政策建模都依赖类似的输入:硬数据或多或少都来自于经验或实验、关于未知变量的假设以及处理数据的规则或公式。气候建模者采用现实测量方法,结合对温室气体增长和影响的假设,通过计算机模拟预测人类行为会对气候产生的影响。为常规战争做准备的人可以依靠数千年的经验;但核战争模型必然更为抽象晦涩。

美国国防部长拉姆斯菲尔德(Donald Rumsfeld)在回应美国军方对伊拉克战争准备不足的指控时说:"如您所知,您带着军队参战,后来却发现,这支军队也许并不符合您的预期"(Ricks,2004,A1)。另外的几次,美国已经充分准备好要"过度杀戮";1989 年,冷战末期,美国部署了 14,530 个战略核武器,在陆基洲际弹道导弹(ICBMS)①、潜射弹

---

　　① 基于民兵二世、民兵三世以及 MX(和平守卫者)导弹。

道导弹(SLBMS)①和远程轰炸机②上"三合一"作战。美国也有成千上万的中程(战区)和短程(战术)核武器,用于"局部核战争"场景。1940 年至 1995 年,美国花费 4 万多亿美元制作核武器并准备核战(Schwartz,1995)。美国如何才能拥有这些特殊武器,而且使它所拥有的武器数量远可以摧毁冷战另一方即苏联这样一个运转正常的社会呢? 美国冷战核规划者们该如何回答"多少才够"的质询?

冷战期间,美国核武器的具体数量、成分和质量是由多种原因影响的,但也许这几种解释理论过于武断。③ 但是一个常被过度忽视的因素就是核话语的形式逻辑——在核武器规划界中被称为"运筹学"或"系统分析"。④ 尽管它的方法没有广泛地被知晓和理解,但是核系统分析的实践和假设能够帮助确定美国核武器库的规模和威力。五角大楼系统分析办公室成立于 1961 年(1973 年更名为程序分析评价办),它曾是核作战研究和系统分析的场所。运筹学和系统分析被广泛运用,并被纳入组织惯例、政府与非政府政策组织里分析师的个人工作中。⑤ 苏联人对美国武器的发展做出了回应,系统分析也在一定程度上帮助了解苏联武器库的特征。⑥ 尽管运用了博弈论,如果核政策模型不是主要技术,那么运筹学或以博弈论为补充的运筹学就是最为主要的工具之一。⑦

【773】

———————————

① 基于海参洲际 C-3 以及三叉戟 C-4 导弹。

② 基于承载重力炸弹的 B-52 以及 B-1B 轰炸机,一些情况下是空射巡航导弹(ALCM)。

③ 关于核武器的采购与军备竞赛请见 Brown,1994;Evangelista,1988;Greenwood,1975;Sapolsky,1972;Spinardi,1990;Francis,1995。一个国家合理规划可能会导致由安全困境动力驱动的定量和/或定性军备竞赛的"行动—反应"现象。"行动—反应"现象在大多数情况下受到对手的意图和能力不确定性的刺激,是军备竞赛的动态特征(Rathjens,1969,42)。由于每个军种都有核武器配给,也被其他军种确定为目标,所以美军的分支机构的军种间竞争导致了成倍的损耗。服务内部的组织利益也导致批评者称之为"自举",这里"储备的增长与目标列表的扩展有关,并且都被用来证明 SAC [战略空军司令部]"(Rosenberg,1986,42)。国内政治和经济学也帮助确定是否购买核武器:国会的支持有时更依赖于某个地区或国家制造武器的特殊会议代表的影响力,而不是它是否能够有效地履行其使命。例如,20 世纪 80 年代初期,参议员艾伦克·兰斯顿(Alan Cranston)成为总统的可能性与他(D-CA)对 B-1 战略核轰炸机(制造于加利福尼亚州)的支持成正比。核武器趋向更加复杂和先进的技术必要性,也可能促成了武器库的增长(例如:Thee,1986;Zuckerman,1983)。

④ "运筹学使用数学模型来规划真实系统,这些真实系统要么发挥最佳功能,要么满足某些已定义的性能标准……系统分析强调对项目目标的严格声明,以及一系列不同政策及其后果。它可以处理比运筹学更广泛更混乱的问题,并且经常帮助设计和采购武器系统"(O'Neill,1993,2567-2568)

⑤ 其他机构和个人,如空军战略空军司令部(SAC)、国会预算办公室、大学分析师、布鲁金斯学会、兰德公司和其他私人智囊团,都使用核模型。

⑥ 苏联有 12,403 枚战略核弹头,分布在导弹和飞机之间。所有数据都来自 IISS 1989,212,使用 SALT II 计数规则。冷战之后,美国发现它低估了苏联核武器的总数(Broad,1993)。

⑦ 正如奥尼尔所说,关于博弈模型和威慑的一个神话值得被详细驳斥。在二十世纪四五十年代末,正是对核战略是通过博弈论形成的观点的思考时期。直到冷战结束,这种说法被广泛认为不需要证据来支持……实际上,除了一些例外,国际战略的实质性博弈模型在核战略原则已经形成之后,到 20 世纪 60 年代后期才开始(1994,第 1010—1011 页)。

而且,在冷战后期,运筹学和核系统分析仍然为政府内外的分析师所用(Wilkening,1994;Larson 和 Kent,1994;Cimbala,1995;Batcher,2004)。据一位 1969 年在五角大楼办公室的工作人员称,随着冷战的结束,尽管由于世界已经改变,核事务不再那么重要,而且对常规武力与反恐的关注有所增强,但是运筹学、系统分析工具以及他们在政策进程中的重要地位,仍然"没有动摇"(Yengling,1997)。确实,如果布什政府《核态势评估报告》(Nuclear Posture Review)的所有内容都要执行,那么核系统分析的重要性可能会重新显现。① 因此,理解系统分析的运作仍然十分重要。

核系统分析的具体实践取决于手头的问题。这些建模技术可以用来估计核武器对特定目标的影响,估计特定武器系统随时间推移的成本,评估目标战略的成本效益,比较不同武器的有效性,决定建立多少武器系统,确定核战争造成的伤亡人数,评估民防的有效性,并在作战时决定如何使用核力量。分析本身可以用相对简单的公式进行"粗略地估算",也可以使用电子表格,还可以用经分类或未经分类的复杂计算机代码,例如,FAS/CIVIC(辐射评估系统/民用脆弱性指标代码)和 PDCALC(Batcher,2004;Scouras 和 Nissen,1994)。

因此,运筹学和系统分析技术是支撑性的、理性的知识产生过程。而且,令人惊讶的是,它们决定了美国 1961 年后战略核武器的选择。系统分析的方程和程序例证了工【774】具信念(对核武器和核战略运作的因果关系的理解)以及伊顿(Eden,2004)所称的"组织框架"——理解世界的方式。运用系统分析的战略家组成了一个由政府,以及私人核分析家构成的知识界,系统分析是其文化实践的核心要素。成为此知识界成员的标准之一就是能够运用系统分析,或者至少能够理解其正式逻辑,这被认为是"一个专业人士网络,这些专业人士在特定领域具有公认的知识和能力,并在相关政策领域具有权威性"。知识界有如下特点:"(1)一套共同的规范的原则性信条……(2)共同的因果信念……(3)共同的有效性概念……(4)共同事业政策"(Haas,1992,3;也可见 Adler,1992)。最重要的是,此知识界试图合理地处理由发展和部署核武器而产生的科技—技术—政治背景下的不确定性。系统分析形式的政策建模被公认为五角大楼组织文化的一部分。但利特芬(Litfin)认为:"人们不断弱化知识界的重要性……应用科学信息可以使现有政治冲突合理化或尖锐化"(1994,12)。换言之,科学家也有政治立场,他们的分析可能不会为中立旁观者所用。

过去和现在使用运筹学和系统分析都是为了使决策过程更加"理性"。模型和数

① 包括部署反弹道导弹系统;允许有限核打击的能力基础型和适应性规划的介绍;核武器的升级(DOD,2002;Woolf,2002)。

学应从核现实中抽象出来,并对核战争中的未知数加以预测,以便更好地展现和理解核战争。在政治进程中,结论最终可能会被扭曲,但其数量应该客观且确凿。一方面,政策建模者在某些方面没有按照自己的标准做充足的工作。实际上,一些人已经对核武器系统分析技术的应用不足进行了批判,接下来将讨论这些批评意见。① 这些批评的逻辑结论是为了使数学模型的应用和规范更严格。② 但是,此处并不是对低效实践、补救措施或替代措施的批评,而是要弄清楚使用这些模型的一些后果。最正式、最抽象的核话语审查核论述,可以对政策模型无法预料甚至令人害怕的方面和后果做出说明——无论模型是否执行得很好。

【775】 政策建模者会对行动者出于其他原因制定的政策进行分析或描述,甚至有时还将其合理化。像政策建模者一样,系统分析师也会通过分析塑造核世界。他们此举并不是通过关注系统分析界影响政策(政策确实受到影响)的杠杆来实现的,而是通过关注系统分析话语的内容来实现。因此,作者关注工具性信仰、系统分析逻辑,还有这些信仰和模型是如何帮助塑造新兴核世界,以及如何在美国对外政策决策界内部发展战略性核武器库。系统分析原本旨在对核现实进行分类和建模;相反,它使核现实在专家间神秘化,从而导致了技术上理性却不合理的后果。

核作战研究和系统分析过去和现在都是一项创造知识的程序。该程序开始创造自身"现实",而非通过核模型工具隐藏现实。尽管它所有主张都是理性的,但正式话语既不是理性的,也不是非理性的。系统分析是一种"信仰体系"(Little 和 Smith,1988),它依赖更大的外交政策与科学信仰体系,并在其中发挥作用。③ 其他的专家,例如汤普森(E.P.Thompson,1981)、科恩(Carol Cohn,1987)和奇尔顿(Paul Chilton,1985)已经展示了核话语神秘化的过程。此处作者的关注点集中在数学模型的假定中立与客观实践上。确实如科恩所言:"[核战略]语言的学习具有变革性"(1987,716),那么,正式的核战略话语更是如此。武器规划师运用语言学和数学抽象原理将这些从他们的计划与实践的现实中移除,故而使得他们考虑一下"无法想象的事情",也可能去做一下无法想象的事情(Chilton,1985;Thompson,1981)。因此,武器的工具性后果——武器对人体的所作所为、武器如何帮助我们理解与他人的关系,还有如何在经济、政治和军事方面制造和准备使用武器来构造我们组织自身的方式——更是时常被模糊化,系统分析没有

---

① 详细参见,例如:Green,1966,15-93;Brewer 和 Shubik,1979;Postol,1987;Salman,Sullivan 和 Van Evera,1989。

② 戴维斯(Davis,1973)和席林(Schilling,1973)所进行的是系统分析的分析性技术最好的开源讨论,包括公式之一。他们批评系统分析技术的应用,同时接受系统分析实践的逻辑。

③ 关于信念体系,参见利特尔(Little,1988)和史密斯(Smith,1988)。

对其进行披露。①

但是,模型的形式精确度和逻辑抽象化不单单是把规划者从明显可怖的现实中移除。系统分析抽象化导致创造新物质"现实",这对新的概念和语言抽象化提出了相应的要求。形式推理、核理性开始形成自我认知的方式,而现实世界却被分析所掩饰。换言之,当分析家们通过他们的核模型抽象地讨论和推理核武器时,他们并非以一种精确方法对他们所发现的核世界现实进行简单地报告;也并非简单地将抽象和模型作为一种托词,通过非专家的普通角度看待核世界,尽管这可能是他们的论述结果;也并非简单运用心理学上的抽象化、象征、模型和数学方法来将其自身与现实隔离开来,尽管他们可能需要近距离地认清现实,但他们宁愿不这么做;也并非使【776】模型就是单纯地为了决策理性化,尽管这些可能已经发生,这些决策还是由于政治或其他原因被采纳。

抽象化和形式推理体现在创造知识、组织惯例、能力获取、执行计划和判断论证核理性的标准中,它们不只是对世界进行建模。正式、抽象且最终并不完整的系统分析模型变得更加复杂,同时也从政治背景中分离出来,即使在一部分政治背景是由政策模型实践塑造而成的情况下也是这样。事实上,弗里德曼(Freedman)曾说:"一种日渐明确的趋势确实将极其复杂的技术分析置于粗略的政治框架内"(2003,169)。与此同时,基于系统分析的决策开始影响军界和政界。正如阿德勒(Adler,1992,108)所称:"核战略科学在它应该解释和预测的现实中有所投入。"美国核战略家、武器管控分析家及其批评家所采用的系统分析揭示了外交政策决策中的特殊理性和论证过程,以及抽象如何创造世界。② 理解抽象,也就是理解模型,能帮助解释美国如何获得不仅仅是一次,还是不可思议的好几次,彻底摧毁苏联的能力;也解释了尽管冷战结束,核武器仍然以相当大的数量保留的原因。

接下来,首先作者将简要总结美国冷战时期一些主要的战略性核信仰和论据,这些构成理所当然的假设,证实核论点和系统分析是政策模型过程的观点。其次,作者会回顾系统分析的起源并概括总结支撑实践的核心信仰。第三,作者通过"研究"一些

---

① 利特芬和马库森(Lifton 和 Markuson,1990)认为生活在核武器世界和潜在的核浩劫之中会产生严重的心理影响。系统分析可能会无意中帮助规划人员应对大规模死亡计划的心理压力。

② 类似于其他领域技术话语的后果或效果,例如,非医生能够理解和参与他们的医疗护理选择,系统分析话语对非专家的影响是深刻的,但却是可预见的。然后,非专家可能会服从专家,不论是好是坏,都会相信他们的理性以及他们有意识地操纵核武力与计划。或者,非发起人可能声称该系统完全疯狂、不理智、还不符合逻辑,所以此学术界的工作中存在一些潜在的病理学。还有一些美国核政策批评者认为系统与核模型都好。即使是那些使用系统分析来批评核政策,或者指责核模型只对已经做出决策进行合理化的人,似乎也相信这种理性具有合法性。

基本技巧,探索系统分析的抽象与形式化的世界。第四,作者将对运筹学和系统分析的"科学魅力"进行讨论,并指出此分析工具的一些问题,还有它与核武器物质现实的关系。最后,作者会回归到系统分析推论这一问题本身——探索核抽象如何塑造世界。①

1. 背景:核武器与美国战略性核信仰

【777】　　政策过程可以被视为美国总统、国家安全委员会与国防部长大体确定美国核武器政策及力量的过程。总统和国家安全委员会指派政策分析师研究可替换性方案。然后,由国防部和军事部的规划者和分析师补充并执行总统和国家安全委员会的指令。不论在官方还是公众讨论中,核争论的通用语言当然都是威慑理论,但争论的基础是核模型——运筹学和系统分析技术。美国战略性核政策涉及的范围从战争到威慑(Freedman,2003;Glaser,1990;Eden 和 Miller,1989)。威慑理论的主导逻辑基于这样一种思想,即如果某人要采取行动,就以痛苦的惩罚相威胁,以阻止他们采取行动。人们认为,如果苏联知道美国会进行反攻,那么苏联就不会攻击美国来损害它的长远利益。人们也相信,如果决策者认为他们可以在不受到任何惩罚或者惩罚很轻的情况下逃脱,那么他们就不会被恐吓到。威慑攻击的成功取决于一方确保另一方知道,作为对攻击的报复,他们很有可能会受到难以想象的伤害。

　　这种威慑力和可信度的逻辑根植于其他具有哲学、工具性、规范性以及同一性信仰的主体间。核"理性"的核心信念很少受到挑战,即敌人是苏联、对付苏联的最好方式是威胁、威胁的效用取决于实施威胁的能力,等等。尽管在 20 世纪 70 年代中期美国政府辩称,对其他国家数以千计万计人口进行杀戮并不是针对百姓本身,但在冷战初期,这种想法仍然被采纳,并被认为是确保自己国家和人口生存所需的必要条件(Ball,1986a,27)。除了这些核心信念之外,还有更多特定背景下的信念,比如威慑如何起作用以及如何构造核军队才可使威胁可信,并确保战争爆发时完成摧毁对方的任务(Jervis,1984;Kull,1988)。为美国建造核武库的项目在某种程度上包括在核领域中满足威慑的"要求"。冷战期间的威慑要求是具有安全的二次打击能力——也就是说,制造充足的武器使美国可以在苏联的第一次核攻击中幸存下来,并且有能力报复苏联的其他城市,或者使用剩余的武器造成难以想象的破坏。

　　除苏联外,还有其他国家推动美国核战争作战能力的发展。事实上,美国早期的核

① 当然,人们可以对传统的武力模型进行类似的论证。

战略明确侧重于发展先发制人的核作战能力（Rosenberg,1986,40,49;CBO,1978a）。同 【778】
时美国拥有足以摧毁苏联核武器的精准武器。但是,一些战略家认为美国必须谨慎,不
要制造如此多的精准武器,因为这样会使苏联担心美国正准备攻击它的武器,从而削弱
苏联威慑美国进攻的能力。如果苏联人认为美国打算先进攻并摧毁他们的武器(以及
威慑美国的能力),那么苏联人可能会因为担心失去武器而在美国的第一次进攻中就
发射它们。根据这个推论,每一方必须制造足够的武器来抵挡对方的第一次攻打,但不
要有太多极其精准的武器,这样会吓到对方,使其先行发起核战争。如果双方都拥有高
度精准的武器和以攻击对方武器为目标的政策,那么对突然袭击的恐惧会迫使他们将
自己的核武器置于警戒状态,并有可能导致核战争。20 世纪 70 年代末和整个 80 年代,
对美国购买高精准度的陆基 MX 导弹和潜艇基三叉戟 D5 导弹持批判态度的人在"漏
洞之窗"讨论会中指出,建立一支拥有高精度弹头的第二安全打击部队的困境问题可
能最为尖锐。

被指控发展核武器的人以及批评美国战略性核政策的外部人士力求确保核政策的
合理性。他们所认为的合理性指购买划算且最易存活的武器,并且这些武器能够向
美国的对手发出预期信号。但是,在军队和五角大楼内部、民防分析师之间以及美国国
会上,经常发生关于如何最好地实施核战略问题激烈的讨论。1961 年后,战略分析界
达成共识,认为确保态势合理以及限制军事部门采购的最佳方法是使用运筹学和系统
分析。

2. 战略性核系统分析的起源与"哲学"

运筹学研究现在被广泛应用于各种决策问题,这一点在运筹学学会杂志上已经得
到证明。然而,它起源于美国和英国军事分析家在第一次世界大战期间使用的一套数
学方法,该方法在第二次世界大战期间被更广泛地应用于提高战略轰炸和反潜作战的
效率和效力(O'Neill,1993;Quade,1968a;Hitch,1965;Freedman,2003,167)。第二次世
界大战后,美国兰德公司智库和战略空军司令部的分析人员对许多将要成为核系统分
析的技术进行了改进。① 早期的核建模者依赖于对广岛和长崎受核武器的影响的分 【779】

---

① 正如罗森博格(Rosenberg)所指出的那样,"JSCP(1952 年联合战略能力计划)及其指导的作战
计划,包括 SAC 紧急战争计划,都是每年制定一次。他们促进辩论与分析的过程,在没有真正的全球冲
突的情况下,这是一种生成和测试各种力量和概念的'替代战争'"。由此看来,"每一项新的规划努力
都是建立在前一次'战争'经验的基础上,从而产生一种倾向于阻止根本性变革的动力"(Rosenberg,
1986,43)。

析,并需要参考在南太平洋和远东地区进行核武器试验收集到的数据。公众很少参阅这些早期研究,尽管这些研究有时会在诸如赫曼·卡恩(Herman Kahn)所著的《论热核战争》(*On Thermonuclear War*,1960)等畅销书中有所提及。

在肯尼迪的国防部长罗伯特·麦克纳马拉(Robert McNamara)的领导下,系统分析成为五角大楼的一个主要工具。1961 年,他雇佣运筹学研究人员、经济学家以及兰德公司的战略分析师组成隶属国防部的系统分析办公室。麦克纳马拉"一开始就明确表示…他希望以理性和分析的方式处理所有国防问题,并希望在国家利益的基础上解决这些问题"(Enthoven 和 Smith,1971,31)。麦克纳马拉的"神童",即为五角大楼做系统分析的聪明的年轻人,立即着手使不同的部队"合理化",其中包括废止军队最喜欢的一些项目和武器。他们经常取得争论的胜利,或者至少在五角大楼内部就核力量的辩论设定条件,因为他们的分析似乎比其他的论点更客观、更合理。据说,这一事实使想在不受外来干涉的情况下获得他们想要的武器的军人感到恼火。据弗雷德·卡普兰(Fred Kaplan)所说,"1961 年 12 月,一部分最优秀的空军军官在霍姆斯德空军基地会面……想要弄清楚他们做错了什么、如何对付麦克纳马拉并打赢几场官僚主义战争。他们的结论是,他们必须组建自己的分析团队……他们也必须学习'情景'的术语、做成本—效益分析、成为他们自己的'系统分析师'(Kaplan,1983,256-257)。"因此,使用系统分析技术对于分析五角大楼内部的核规划和战争以及评估核战略的智囊团来说,是必不可少的。

美国核武器库的基本标准采用系统分析来进行制定或评估。例如,在 20 世纪 60 年代早期,麦克纳马拉提出一项要求,即在遭受苏联的核攻击之后,美国仍有能力实现对苏联的"彻底摧毁"。美国战略规划者"计算后得出,如果我们能杀死苏联 30% 的人口并摧毁其半数的工业生产能力,苏联就会被完全震慑到,他们也进一步推算 400 兆吨的爆炸威力可以完成这项任务"(Kaplan,1983,317)。1967 年,麦克纳马拉降低了这一"要求",辩称美国即使是在受到第一次打击之后,也有用 200 兆吨造成难以想象的破坏的能力[①]。

【780】 系统分析办公室编写"总统备忘录草案"(DPMs)的初稿,内容涉及战略进攻性和防御性核力量、战术核力量和反潜战等问题。总统备忘录草案作为国防部长和总统做决定的基础,其中包括国防部内所有相关各方在几个月内的投入和审查。麦克纳马拉系统分析小组的两名前成员以这种方式描述总统备忘录草案的编写过程:"总统备忘

---

① 麦克纳马拉的事迹引用于 Salman、Sullivan 和 Van Evera,1989,209;也可参见 Enthoven 和 Smith,1971,207;以及 Kaplan,1983,317-318。

录草案数量的增长反映出麦克纳马拉希望将所有的重要防御计划都作为一个整体加以思考和分析的愿望。这就是当地解释人们常所说的'麦克纳马拉分析第一定律':总是从整体开始"(Enthoven 和 Smith,1971,54)。他们要求分析人员牢记要从更大的背景看待问题:

无论你在研究什么问题,都要向后退并将其放置更大的背景下来研究它。不要从一小部分开始着手工作,要先从整体分析,再将其分解成各个部分。例如,如果成本是问题所在,那么看看系统使用寿命的总成本,而不仅仅是今年的运营或采购成本……如果你是在分析一个特定的进攻性战略武器系统,就要先分析一下整体战略进攻力量。如果你正在考虑核潜艇攻击,看看整个反潜作战力量,包括陆基和海基巡逻机、驱逐舰、声纳等。如果不看总体,我们就无法从成本、导弹或潜艇中得出合理的结论。总统备忘录草案就是这一原则的实践成果(Enthoven 和 Smith,1971,54)。

总统备忘录草案借鉴系统分析的运作模式,以此评估不同行为者相互竞争的主张并制定相关政策,同时将计算结果纳入核武器使用议定书,即单一联合作战计划(SIOP)。恩特芬(Enthoven)和史密斯(Smith)将系统分析描述为一种"思维框架"和一种"哲学":

系统分析是在具有不确定性的背景下对高度复杂的选择问题进行合理分析的方法;它提供一种处理不同价值观和判断的方法;它寻找替代的工作方法;并在可能的情况下通过定量的估计来寻找最有效的替代方案。它既兼容又独特。它不是物理、工程、数学、经济学、政治学、统计学或军事科学,但它涉及所有这些学科的要素。与其说它是一种特定的知识,不如说是一种思维框架……优秀的系统分析人员是一名不屈不挠的查询者,可以就手头的问题提出关键问题。系统分析更多地是一种哲学,而不是一套特定的分析技术(Enthoven 和 Smith,1971,61-2)。

应用于核战争的运筹学和系统分析成为一种核推理或理性的形式,但分析核问题的方法不止一种。参谋长联席会议的"军演和军事模拟目录"提出 8 种模型,可用于评估核武器的具体影响、估计因核战争死亡的百姓人数,或模拟全面性核战争(Arkin 和 Fieldhouse,1985,99)。博弈论、计算机模拟和战争博弈(即实战部队在部分复制战争的条件下进行模拟战斗)也可用来计算对抗潜在对手的特殊力量和战略的效用。因此,本章只是对核武器问题模型的使用进行一个简要描述。

3. 基础的系统分析方法

政策建模者总是对问题做出回应。就核武器和核战争而言,这一问题通常被理解 【781】

为一种情景。战争情景假定所分析的系统在其中运作的政治和军事条件。例如,五角大楼的国防研究工程总监为国防部长麦克纳马拉编写的一份机密研究报告中考虑了损害极限问题:"如果苏联花费 X 美元在美国制造破坏,而美国花费 Y 美元来限制损失,那么美国人口和工业生存的百分比是多少?镜像问题的结果是什么?(注:苏联的'损害极限'问题与美国的'确保毁灭'问题相同)"(Director of Defense Research 和 Engineering,1964b,14)。其他战略性核战争情景考虑使用核武器和威慑的武力态势,或在威慑失败时使用核武器发动核战争。作战场景可能是"第一次攻击"或"第二次攻击",它们也取决于目标是对手的核武器,还是常规军队力量(打击军事力量),还是城市和工业(打击社会财富)。查尔斯·希契(Charles Hitch)举例说明系统分析的一种方法和技巧:"给出一个十分简化的例子:假设目标是实现对 100 项目标中 97% 进行破坏的预期,且使用的导弹只有单次命中'致命'能力"。他继续说道:

> 传统的需求研究得出的数据为需要 500 枚导弹,因为 100 枚导弹预期破坏 50 项目标,200 枚导弹预期破坏 75 项目标,300 枚导弹预期破坏 87 项目标,400 枚导弹预期破坏 94 项目标,500 枚导弹预期破坏 97 项目标。当然,这只反映人们熟悉的收益递减规律的运作。但重要的是,最后 100 枚导弹只会增加 3 项额外目标,从 94 增加到 97。因此,我们不应只提出这样的问题:"我们需要摧毁 100 项目标中 97% 的能力吗?";我们还应该提出这样一个问题:"把预期的目标销毁能力从 94% 提高到 97%,是否值得增加 100 枚导弹的成本?"换言之,我们不应只审查总成本和总产品,而必须审查边际成本和边际产品。(Hitch 1965,50-1)①

用于进行系统分析的特定数值包括核武器影响的量化、武器的能力及其战略"运载工具"(飞机或导弹),以及目标的特性和"价值"。表 38.1 对处理交换核情景的基本系统分析方程中常出现的特征及其单位进行了总结。

[782]

表 38.1　核模型的基本输入

信息类型	特征检测	首字母缩写/符号
核爆炸效应	爆炸波阵面超压	psi:每平方寸压力磅数
	高温/热辐射(提示)	cal/cm^2:每平方厘米热量
	长期辐射	REM 与 RAD[a] 年半衰期

---

① 例如,将 SSPK 导弹的剩余目标数量翻倍,然后再加上每一轮摧毁目标的数量。如果弄不清第一轮成功销毁了哪些导弹,就必须向所有目标继续发射导弹。

续表

信息类型	特征检测	首字母缩写/符号
武器能力	运载工具	DV
	导弹再入飞行器	Rv
	精准性	CEP：以海里或英尺为单位的圆误差；再入飞行器着陆概率为50%的目标半径
	以兆吨TNT当计量的产量	Y 在 MT 和 EMT（缩放为1MT）中其中 EMT = Y2/3 产量 < 1MT 且 EMT = Y1/3，其中 Y >1MT
	综合可靠性	OAR 或 R
目标特性	硬度	
	类型：区域（例如：城市、空军基地、工厂）或指向（导弹）或直线（铁路轨道或公路）	以每平方英寸磅数计量的硬度

注：查阅 Glastone 和 Dolan，1977，参见关于核武器影响更全面的讨论

[a] 雷公（即 Reongen Equivalent Man）是一种生物损伤的度量；拉德（Rad）是对吸收的辐射能量的度量。

  分析人士还想知道，导弹或飞机的弹头一旦发射，将有多大可能摧毁其预定目标。用来估计其中一个事件，甚至是其中一些事件的可能性的公式根据核武器试验数据和常用的统计程序得出。关于确定某一确定大小的核武器摧毁某一特定大小及类型的目标的概率的基本问题，用以下被称之为"单发杀伤概率"的公式来表示，即 SSPK 公式：$SSPK = 1 - 0.5(LR/CEP)^2$，其中 LR 为致死半径，指弹头（以海里为单位）对特定硬度的目标的（爆炸）破坏半径，CEP 则指的是弹头的精准度。[①] 如果某一特定目标的硬度每平方寸磅数大于 1,000，则致死半径公式为：

$$LR = \frac{2.62Y^{1/3}}{H^{.33}}$$

【783】

如果每平方寸磅数的硬度为 5，则致死半径公式为：

$$LR = \frac{6.81Y^{2/3}}{H^{.62}}$$

其中 Y 指以兆吨计量的产量，H 指以每平方英寸磅数计量的硬度。总体杀伤概率（OPK）的计算方程为 $OPK = SSPK(OAR)$，其中 OAR 是导弹运载工具和弹头的总体可靠性。换句话说，要确定核武器摧毁任何特定目标的可能性，必须确定武器对某一特定硬度的目标的破坏力，硬度是指目标承受核武器爆炸影响的能力。例如，每枚美国 MX

---

  ① 一海里要比标准的一英里长：1 海里 = 6,080 英尺；1 英里 = 5,280 英尺。

导弹有 10 枚核弹头,每枚核弹头的产量为 0.45 兆吨,估计精度为 0.06 海里圆误差。MX 导弹运载车辆和弹头的总体可靠性通常被设定为 0.81%。目标的硬度越大,被核武器的爆炸效应摧毁的可能性就越小。然而,弹头的精准性和破坏力越大,一次射击就摧毁目标的可能性就越大。

核战争的建模涉及评估使用一方的核武器攻击另一方的核武器、城市及其他目标的可能结果。这就需要弄清楚一些武器如何应对多重目标,以及是否应该对某一特定目标使用多枚核武器,以增加使目标摧毁的可能性。当然,在各种限制条件下,如弹道导弹防御系统的使用等,可以在双方或多方之间建立动态的武器交换模型。这些计算结果将用于讨论一方的核力量和战略是否足以执行任务(威慑或战争),或者力量或战略上的转变是否可以满足任务的要求(e.g.see CBO 1978a)。术语"损坏期望值"(DE)指的是"实现在期望程度上损坏某个目标或目标组的可能性",等于使系统可靠运转的个体概率(PRE)、预发射生存值(PLS)、穿透防空值(PTP)和摧毁目标概率(PK)的乘积,即 DE = PRE×PLS×PTP×PK(Postol 1987,379-380)。美国国会预算办公室(CBO 1978b,52)使用不同的方程计算损坏期望值,即"在数学上,DE = 1-(1-R×Pk)^n",其中 R 是可靠性,P 是成功穿透目标的概率,n 是分配给目标的同类型核武器的数量。计算核战争活动的其他基本公式和程序取决于特定情况和设立的特定目标。核战争中常见的作战场景有"区域炮火"(针对大片地区)、"线性炮火"(针对铁路等线性目标)、"防 【784】 御性"(武器能够抵御攻击)和"反武力交换"(以对方的核武器为目标)。因此,上面给出的假设、数据和公式都是用于简单地说明更多元、更复杂的计算。

4. 理性表达还是社会实践?

核运筹学和系统分析的目的是帮助核战略家决定获取哪些武器、如何使用这些武器以及预测别人如何使用武器。实践者认为他们的分析代表核武器与战争的现实情况。确实,方程和模型已足够简单,并且将数字或参数放入这些方程同样也很简单,只要做测试或观察现象就可以了。然而,实践者自己也指出,系统分析经常遇到几个问题:不透明、不确定、任意性和不切实际的设想。因此,政策建模者及其批评者警示道,个人分析和专业分析都有局限性。① 如下文所述,实践者关于系统分析的拟定解决方案是通过更好的分析来改进和纠正这些问题——使模型更透明、更明确、更现实、更完

———————

① 奎德(Quade,1968b)总结了其他几种使系统分析无效的"陷阱",如未能指明具体问题、坚持珍贵的信仰、狭隘主义、无视力量的极限性等。

整。然而,纠正这些问题不一定就能产生更好的政策模型。内部人士认为,如果下面讨论的问题能够得到纠正,那么这些模型最终就能准确地模拟核世界。然而,当我们从范式外部考察系统分析的实践时,会出现更重要的问题。任何纠正都不能使系统分析更好地满足政策模型的要求。中立和科学的政策建模过程不是再现和理解核世界的唯一方式。相反,核系统分析本身在一定程度上塑造并改造了核世界。正如以下关于不透明性、确定性、省略性、任意性以及不可靠性问题的讨论所表明的那样,模型和抽象使本就难以捉摸的核世界变得更加不透明、更加不确定、更加任意。

　　不透明性。假设和技术的透明度有助于对政策进程进行知情的评估和批评。对系统分析和其他军事评估技术最常见的批评可能是,实践者没有使他们的假设和程序透明化,以便其他人(包括其他专家)能够充分理解和评价他们的工作。不透明性也可 【785】能被有意识地用来掩盖分析中的极端偏见,这些偏见被用来增加某种特定的利益(Salman,Sullivan 和 Van Evera,1989)。在讨论军事分析技术以及模型、模拟和博弈(MSG)时,加里·布鲁尔(Garry Brewer)和马丁·舒彼克(Martin Shubik,1979,225–226)认为“所有这些分析都由一个程序生成,其工作原理既模糊,通常又难以理解……例如,饶有兴趣的旁观者并不知道什么是 MSG 结构、哪些设定的数据具有相关性、哪些被省略、哪些因素会影响他人或者结果对假定中的变化和不确定性有多敏感。”像大多数认真研究系统分析的学者和消费者一样,布鲁尔和舒彼克要求实践者使他们的假设和操作“透明化”,并基于“武器性能和作战环境的同样合理的假设”进行替代性分析。当然,最后一条建议假定了或多或少存在着一些似是而非的假设和情景。

　　确定性与不确定性。系统分析的具体目的是在不确定的情况下对决策进行建模。系统分析依赖于预先存在的数据作为输入,并对不确定事件的概率进行假设。因此,所有政策模型或多或少对确定性和不确定性都比较敏感。[①] 但是,奎德(1968b,356)指出系统分析人员有时会忽略“考虑实际不确定性”,而侧重于模型或模拟的不确定性上,尽管“实际不确定性可能会对任何统计不确定性产生微不足道的影响。”更重要的是,由于核武器和核战争的性质,核系统分析师有可能无法知晓他们尝试构建的模型的不确定性程度。尽管分析师们尽最大的努力来呈现、明确和划分可能的结果与不确定因素的范围,但他们最终还是在一个虚幻甚至虚假的确定性领域工作。因此,使用数字仿佛是在表示他们很硬,而实际上这些数据具有相当大的不确定性。具体而言,用于描述核武器及其影响的数字——例如硬度、CEP 与可靠性——被假定为“硬的”、基于现实的、可观察且可知晓的数据。然而,几个基本输入在可观察并知晓高度确定性的情景中

------

① 例如,参见 Bunn 和 Tsipis,1983。

一点儿也不难,因为用于输入的数据来自"人工"条件下的测试,并不接近核战争的真实情况。如果分析赋予这些数字"真实性",那么涵盖在系统分析中的假设和数值的数据则是社会结构。

例如,硬度,即物体能够承受特定程度的超压爆炸影响的能力,是核系统分析方程的关键输入;结果通常对硬度参数的变化相当敏感(回想一下:SSPK = 1 - 0.5(LR/CEP)^{2}以及致死半径取决于目标硬度)。物体的硬度,特别是导弹发射筒仓的硬度,取决于工程数据,即超压爆炸对某些建筑物的影响。在进行地面核试验时,可以将不同类型的物体放置在离核爆炸(Glasstone 和 Dolan,1977)不同的位置上来对各种材料和建造方法进行多次试验。因此,虽然有一些真实的"数据",但对敌方工业、导弹发射井和指挥掩体的"硬度"值基本上都是猜测,基本上都要将他们的建筑方法和材料假定为有数据的系统。然后,为了"可靠",规划者似乎认为他们的构型要比那些经过"测试"的最好的构型更牢固,更有弹性(CBO,1978b,46-47)。苏联筒仓的硬度可能就是如此,20 世纪 70 年代末和 20 世纪 80 年代初,苏联筒仓的硬度值很高(1000 和 2000 psi)。这些高数值在"现实"中几乎没有依据,国会预算办公室第一次使用估值时,常常在没有附加条件的情况下重复这些数字(见 CBO,1978a,16)。

【786】

唐纳德·麦肯齐(Donald MacKenzie)在导弹可靠性和准确性方面的工作说明这些所谓硬输入的柔软性。例如,用于美国弹道导弹总体可靠性的数字是一个概率,取决于按顺序进行的多次操作。陆基导弹必须从地底发射,潜艇导弹必须从其潜艇上发射。发射后,助推器火箭必须成功运行,携带核弹头的再入飞行器必须与助推器分离并重新进入大气层,而且核弹头必须引爆。总体可靠性的高估值基本统一地用于核系统分析。然而,尽管导弹的可靠性很重要,但美国从未在射程和重力条件与"真实"战争相同的情况下试验过核弹头弹道导弹。使用"活"核弹头进行的弹道导弹试验也不多:在试验中,拆除弹道导弹核弹头,以便在导弹和再入飞行器中安装跟踪装置。显然,只有一次接近作战条件的核导弹试验(尽管试验的射程和轨迹与核战争期间不同)。1962 年,一枚北极星导弹从潜艇上发射,其核弹头在试验射程范围内引爆。空军参谋长柯蒂斯·勒梅(Curtis LeMay)对国会议员说,即使是这次试验"也不是在完全接近作战条件的情况下进行",但我们在太平洋发射了一枚带有弹头的北极星导弹。它并没有真正运行,为了试验,对它进行了修改(引自 MacKenzie,1990,344)。麦肯齐(1990,343)还指出,由于北极星弹头的融合问题,"利弗莫尔核武器实验室估计,到 1966 年,北极星导弹使用的 W47 弹头有 50% 至 75% 将无法引爆"。因此,如果总体可靠性取决于导弹发射、弹头分离和爆炸的概率,那么在大多数系统分析方程中给出的关于可靠性的高估值本身都过于乐观,都是基于人为的假设,几乎达到了虚构的程度。这种乐观的假设也许可以被接受,因为如果没有它们,威慑恐吓将变得不那么有说服力。

　　同样,关于导弹精准度的数值也忽略了不确定性因素,即可能出现的圆形概率误差。CEP,被认为是"硬"数值,建立在相对少数的人工简化测试的基础上。回想一下【787】CEP 的含义,即一种以海里或英尺为单位的距离,是指目标周围圆圈的半径。如果进行大量试射,预计会有 50% 的弹头掉落,大约 50% 可能会落在这个范围之外。① 精准度取决于导弹飞行路径的重力场和电磁场、武器惯性制导系统的精度校准等。其中,精度校准可以确保再入飞行器重新进入大气层时不会被碎片抛出。用于估算美国导弹精准度的试验在东西飞行路线上进行,即所谓的西部试验场。然而,在冷战期间,用于攻击苏维埃社会主义共和国联盟的美国弹道导弹飞行会越过北极,飞向更遥远的地方——这些导弹会承受不同的引力和电磁力。此外,在这些飞行试验中使用的导弹是专门为试验准备并"改装"的,因此它们的工作状态比实际上位于筒仓或潜艇上的导弹的工作状态更好(MacKenzie,1990,344)。② 导弹弹头落在试验区,某一特定类型导弹的 CEP 数值取决于对一些试验的统计分析。考虑到不确定性,CEP 的系统分析人员显然会使用"安全系数"公式(MacKenzie,1990,419)。但是当输入到系统分析计算中时,CEP 通常被视为已知数据。

　　具有讽刺意味的是,尽管政策建模人员有时会详细讨论不确定性和与 CEP 有关的不确定性的来源,但随后还是会忽略这些因素。例如,在 20 世纪 70 年代和 80 年代,国会预算办公室(CBO)发表了许多被广泛使用的研究美国战略性核力量的论文。CBO 的报告谨慎地指出了数据中的存在的问题和不确定性,并指出即使为了提高分析中所使用的 CEP 数据的可靠性,已经进行大量试验,但"实际"核战争还是与试验大不相同:

　　在攻击规划中,一个非常重要的考虑因素是任何给定制导技术的实际精度都存在很大的不确定性。具有这种不确定性,一部分是因为用于验证导弹系统的潜在精度的试验次数有限。想要获得较可靠的导弹 CEP 估计值,就要对每枚导弹以及其制导系统的每次变化都进行大量试验。然而,成本颇高的核试验所使用的资源有限,此类试验会被限制。此外,在地球引力场中,由于大气条件的变化和微小的扰动,实际的作战性能可能会降低。因此,只有在相当大的不确定性范围内才能估计实际的 CEP 值,任何对攻击可能造成的损害的评估都必须考虑到操作准确性中存在的不确定性。(CBO,1978a,10-11)　　【788】

---

　　① 林恩·伊登(Lynn Eden)曾对我说,这是一种奇怪的说法:圆形误差很可能出现,但是武器不会落在一个圆形里,而是落在一个椭圆形里。

　　② 人们可以这样回应:由于这些领域的不确定性,我们需要做更多的试验。事实上,那些不想停止核试验或试验运载车辆和部件的人认为,定期试验核武器和运载车辆很有必要,这可以确保武器的可靠性以及关于性能假设的准确性。然而,即使试验倡导者有自己的方式,试验仍然会被程式化,因为要获得必要的测量数据,试验必须在"人工"和程式化的条件下进行。

然而,尽管其他分析人员经常使用 CBO 报告的数据作为计算的依据,但包括上文引用的报告在内,很少有人会引述 CBO 报告中明确提出的警告。因此,由于分析人员只使用可靠资源计算或提供的估计值,不确定性输入被用作硬数字的问题变得更加严重(Crawford,1987)。这样看来,不确定性问题先是得到承认,然后就被遗忘或忽略,最后变成特定的硬数字,成为其他计算的基础。在模拟结构是高精度构造的情况下,人们认为模拟具有真实性和准确性,但是他们很有可能并不准确。分析人员知晓这一点,并且还在继续研究。

此外,当保密机关和公众经常依据苏联的未来能力预测而不是已知或假定的现有能力做估计时,不确定性就会被放大并掩盖。当代苏联的军事能力存在着巨大的问题;如果还考虑苏联的未来能力,这些不确定性就会更大。例如,对苏联未来能力的预测从未真正实现,这是使轰炸机和导弹差距受到广泛关注的基础。一般情况下,新兴工业化经济体和运筹学研究中的分类估值也按照预测未来能力的数值来进行。比如,1964 年对美国和苏联关于损害限制的研究估计了 1970 年美国和苏联的能力(DDR&E,1964a),但是没有人能确切地知道苏联的武器库在 6 年内会发展成什么样子,这些预测的依据往往也不会具体说明。在已知数据通常只是猜测苏联未来有能力做什么事情的情况下,即便使用"预测"一词来表达估值,它也是一个系统的、基于经验得来的数字。

忽视和消除。 奎德(1968b,359 认为),"分析师把精力完全地集中在分析内容中纯粹客观和科学的方面,从而忽视了实质性的因素或者无法真正理解他们。这是一个严重的误区。"尽管已经有所警告,但在系统分析过程中,对于理解核武器的能力和影响非常关键的问题和数字往往还是被忽略。4 个例子说明核模型的忽视问题:长期忽视或不重视核武器的热效应、在多数模型中忽略指挥和控制、自相残杀问题以及缺乏人体数据的参考。

正如林恩·伊登在其精辟的叙述中所表达的那样(2004),尽管核武器的热效应十分强大,核规划者还是把注意力集中在爆炸效应上:如果再与核爆炸产生的风相结合,城市就会发生巨大的能量效应。如伊登所说,爆炸效应当然很重要,但当试图模拟核导弹发射井或其他坚硬结构的破坏及武器策划者谈论瞄准城市和工业目标的时候,他们通常只考虑爆炸效应。例如,兰德公司(1978b)的 SNAPPER 核损伤评估模型也侧重于核爆炸效应。即使国会预算办公室曾指出"核爆炸产生的二次效应,如电气系统中的火灾或短路,损坏机器的程度与一次效应不相上下",他们还是使用 SNAPPER 模型进行建模(补充强调;CBO,1978b,47)。然而,取决于主要的建筑材料和其他条件,核爆炸造成一座城市的损害面积要比热效应和大火造成的损害面积小得多,对核武器的攻击可能也是这样。风暴性大火曾在日本广岛市和长崎市造成重大损害,另外还有其他证

【789】

据显示核武器的热效应不可小觑。尽管如此,核建模者还是倾向专注于爆炸,因为他们认为爆炸效应更容易预测和建模。这个偏好模拟爆炸事件的例子摘自一份现已解密的肯尼迪总统备忘录,在兰德公司的专家爱德华·泰勒(Edward Teller)与约翰·福斯特(John Foster)对反弹道导弹攻击一群来袭核弹头及诱饵的杀伤距离的讨论中被提出:

假设防御性核弹头的杀伤距离可以大大增加——可以与来袭核弹头及诱饵的规模相媲美,诱饵就不起作用了。

如果有多枚弹头,他们可以在一次攻击中全部被损坏……

核弹头的杀伤距离怎样才能如此之大? 这样改造核弹头可能么? 答案是:也许没必要。弹头目前的杀伤距离可能已经足够大,只是我们并不知道而已。有一个重要的事实:我们所掌握的关于核爆炸对目标的影响的知识要比关于核武器本身的知识少得多。因为我们对影响效果知之甚少,又不知道苏联洲际导弹弹道(ICBM)的详细结构,所以我们不得不根据最直接、最熟悉以及最可靠的爆炸效应来估计杀伤距离。

难道苏联人不是像我们一样,在反洲际导弹弹道的规划中被迫选择保守吗? (Teller 和 Foster 1961,3,5)

因此,正如泰勒和福斯特暗示的那样,由于分析人员把注意力集中在核武器的爆炸效应上,所以并没有考虑到风暴性大火可能会摧毁大面积区域的事实。将其他效应视为"次要"的结果就是更多的核武器会瞄准城市等地区,造成一定程度的爆炸损害。需要更多武器的想法往往会促使一方制造武器,而另一方为了抵御这些武器也可能会制造自己所需的武器,来瞄准对方的武器,等等。

在预设核力量能完美发挥或至少相当好地发挥作用的条件下,分析人员经常忽视对核力量的指挥和控制问题。在 20 世纪 80 年代中期,美国大约有 36 个核指挥所,苏联大约有 50 个核指挥所(Arkin 和 Fieldhouse,1985,93;Blair,1985)。鲍尔(Ball,1986a,19)曾说,"升级控制要求美国战略性核力量得到持久的 C^3I 系统的支持,以便在一段较长的持续时间内保持控制"。但是鲍尔也表明,美国 C^3I 系统会"受到某些严重的漏洞的影响",这使其通过战争作战方案进行追踪的能力受到质疑。尽管有指挥、通信和其【790】他预防措施,对所有这些指挥所的攻击还是很有可能限制政治领导人的能力,如发射武器的能力、评估自己和对方的损害程度的能力、核战争爆发后终止核战争的能力等。尽管 C^3I 很容易受到干扰,但在对第二次打击报复的大多数系统分析中,C^3I 的平稳和有效运行是所有核战争场景中必不可少的。[1]

---

[1] 尽管 C^3I 的指挥掩体和其他组成部分能够"强硬"地对抗爆炸、瞬变电子效应(TREE)和电磁脉冲(EMP),但他们仍然最容易受到直接打击的影响。

分析人员有时也会认同这一点,并从他们的分析计算中总结出一种自相残杀的可能性,即一件武器的爆炸可能会使另一件武器失效。具体来说,针对某个打击目标,核武器规划者通常会使用两枚及两枚以上的核武器,以提高总杀伤量(OPK)。"为了防止某种类别的武器出现大规模故障,武器将由不同的系统运载,进行交叉攻击。"(Postol,1987,380)交叉攻击会增加自相残杀的可能性,因为第一个武器的爆炸会产生火球和尘埃云。"如果交叉攻击所使用的第二枚导弹成功地飞向攻击目标,那么它的弹头将在第一枚导弹到达目标几分钟后到达……一些弹头如果遇到之前爆炸产生的碎片云,就有可能被损坏或摧毁。但是,从瞄准的角度来看,这并不重要,因为交叉瞄准弹头主要是为了提高击中目标的可能性。"(Postol,1987,389)但是根据国会预算办公室的报告所述,"针对每个目标,有可能不只一枚弹头被成功引爆。其他核效应,如高热量和尘埃云,即使第一轮武器为了避免使碎片溅入空中在地表上方爆炸,也可能对随后的弹头造成致命的伤害(CBO,1978a,12)"。此外,报告也曾指出,"关于自相残杀的不确定性问题也许永远无法解决,因为禁止大气试验阻碍了对现代核材料承受各种核爆炸效应的能力的现实评估(CBO,1978a,13)"。尽管存在这些严峻的问题,但在计算中,战略家通常会忽略或缩小自相残杀问题。其结果是:"模型"越来越偏离核武器效应的"现实"情况,基于这种乐观假设的模型所得到的结论甚至会创造另一种现实。

最后,正如科恩(Cohn,1987)和盖斯特森(Gusterson,1996)所指出的那样,最明显的疏漏之一是缺乏明确提及核武器对人类的影响。当然,使用核武器的主要目的之一就是杀人。关于对人口中心进行"打击敌方高价值目标"的计算确实讨论了与使用核武器有关的伤亡。但是,除了对民防效能的早期研究之外,许多关于打击军事力量的计算还在进行,就好像核武器战争并没有造成任何伤亡。事实上,在核武器试验中有时故意或无意释放高剂量的放射性物质以及冷战前 15 年在美国进行的部分人类辐射实验计划(参见 Hilts,1994/1995/1996;Wald,1997),能够引发人们对一些规划者无视人类生命本身的怀疑。

【791】

任意性。对策略模型的输入应该基于非任意性的考虑。然而,在核系统分析中使用的模型输入看起来似乎没有争议,但通常还是过于任意,例如 ICBM 武器库的规模、以海里或英尺为单位的圆概率误差以及抗二次攻打生存能力的要素等。最初的任意假设可能不具争议性,但初始政策选择的影响会通过随后的分析而产生连锁反应。

例如,没有任何军事或科学的理由能够令人信服地说明美国 ICBM 武器库为什么设置 1,000 枚导弹(Ball,1980,209–210)。1974 年,核科学家赫伯特·约克(Herbert York)要求太空展示处及空军导弹系统组织的主管阿尔弗雷德·洛克菲勒(Alfred Rockefeller)解释将 20 世纪 50 年代中期的美国 ICBM 武器库的规模设定为 1000 枚导弹的过程,他认为这个数字在本质上是"自然形成的,并非由人类有意识地创造"。(York,1974)洛克菲勒回答约克说:"我赞同你对 1000 这个数字的解释。从根本上说,它是一个很好的整数,同样也适用于采购飞行器……1000 是一个自然形成的数字,也是计算成本的一个很好的基数"(Rockefeller,1974)。

同样地,北约国家使用的精准性圆概率误差标准是弹头着陆在半径以英里或英尺表示的圆形区域的概率为 50%。根据这一标准,50% 的弹头落在该半径区域外。此外,这个距离根据武器的几次试验结果计算得来,并且测试的分类结果包括置信区间以及不精准原因的误差预算(Mackenzie,1990,348–349)。① 因此,虽然表示 CEP 的数字是一个距离,但圆概率误差指的是着陆在一定距离范围内的可能性。然而,选择 50% 这个数字从本质上来说也具有任意性。为什么北约使用 50% 作为概率? 显然,如果采用不同的标准,距离就会不同,也会改变人们对导弹精度的认知,从而调整已拥有武器的数量。为什么不采用不同的标准,比如 80% 或 90%,哪种概率更符合导弹和弹头的可靠性系数? 如果是 80%,武器就不那么精准;如果是苏联使用的 21%,武器就会更精准。②

当时被认为合乎情理的其他威慑不是任意的,而是"合理且必要"的,是用来评估何时达到威慑效果的标准。由麦克纳马拉领导的美国国防部声称,要实现威慑,就必须 【792】保证二次攻击的燃料能够达到 400 兆吨(后来修改为 200 兆吨)——也就是说,即便已经承受苏联的第一次进攻,美国也能够使苏联遭受同样程度的核破坏。1965 年,麦克纳马拉向国会表明,"摧毁四分之一到三分之一的人口以及大约三分之二的工业产能的假想似乎是合理的……这对任何工业国来说都是残酷的惩罚,因此应该能够有效地起到威慑作用"(摘录于 Ball,1986b,69)。为了使破坏效果达到该程度,美国制定了许多计划,并且系统分析技术表明,400 EMT 才能够实现对苏联进行这种大规模破坏的工作。然而,麦克纳马拉所在的五角大楼使用的表示"难以接受的"损害的数字基本上都从空中试验提取出来,并且通过参照造成更大损害的边际收益递减来计算完成这项工作需要的 EMT(Kaplan,1983,316–318)。这些标准后来有所改变。1969 年国防部长的年度财政报告(1969,50)估计 400 EMT 足以摧毁苏联的一半工业。1974 年,美国的核武器使用政策(NUWEP-1)要求核武器摧毁苏联实现经济复苏所需的 70% 的经济和工业基础(Ball,1986b,74)。1978 年,美国国防部长哈罗德·布朗(Harold Brown)对国会

① 麦肯齐指出(1990,367–368),当空军想要他们的核武器比海军的核武器更精准时,CEP 置信区间如何被不同地处理以及 CEP 数值如何调整。

② 因为苏联的 CEP 标准是半径区域内的着陆概率为 21%,所以他们预计 79% 的武器会降落在半径区域之外。

说到,"我们必须在任何时候都保持对苏联造成难以接受的损害程度的能力,其中包括摧毁至少 200 个苏联的主要城市"(引自 Ball,1986a,27)。国会预算办公室建议,"摧毁80% 的工业[共有 1400 个工业目标基础]似乎是一个合理的目标"(1978b,52)。

各个行政部门给出的不同数字都是从哪里得来的呢?为什么是这些数字而不是其他数字?这些需求以及为实现这些需求而建立的武器库,似乎都具有任意性。没有人确切地知道——甚至充分地了解——什么能够威慑到苏联的决策者或其他领导人。也许需要更多或更少的破坏。因此,使用"需求"、"合理的"、"必要的"等词语可以掩盖任意性和不确定性。

有时不确定性和任意性会结合在一起。例如,在关于向目标分配武器的讨论中,国会预算办公室给出了一个旨在说明损害期望的例子:"第一个目标值为 1000,武器 PK 值为 0.80,假设可靠性为 100%,那么一枚炸弹将摧毁 800 个单位目标值。向目标分配第二个武器将会摧毁额外 160 个单位值。因此,在 159 个单位目标值被攻击之前,第二个武器应该分配给第一个目标"(CBO,1978b,53)。但是目标值的单位是什么? 1000指什么? 如何估算目标?

这种精确而任意的输入,使核规划者的活动和核战争的准备工作看起来更加精准,但得出分析的结果可能恰巧相反。即使核分析人员承认不确定性,并开发与完善技术来识别和消除模型中的不确定性,这确实能够减弱他们考虑到的不确定性,但并没有减弱其他非常重要方面的不确定性。在某些方程中,通过输入具有很少或根本没有精确性以及"现实"的基础的数字来实现模型的数学"精度"。

【793】 难以置信的"不现实的"情景。许多系统分析情景都是纸上谈兵,但由于它们忽略重要的影响,或者考虑到不太可能发生的事件,所以这些情景都不太真实。三个例子可以解释该论点——人的可靠性问题、以整合及控制的方式进行核战争和常规战争的可能性以及核战争期间"重新规划"的想法。

人的可靠性问题本身都很少被讨论,更不说系统分析中人的可靠性问题了。例如,每 10 枚民兵导弹和 MX 导弹就有一个由空军军官操作的导弹发射控制中心(Blair,1985,87)。因此,对于每枚导弹都有 10 个独立瞄准弹头的 MX 导弹,一个控制中心负责发射 100 枚核武器。指挥官和系统分析人员通常认定人类能够在核战争环境中工作,因为他们受过相关的训练。然而,这具有未知性。因此,系统分析师很少考虑潜在的重大现实问题——人类可能生病或干脆拒绝履行职责(Dougherty,1987,413–415)。忽视对人的可靠性问题的讨论会产生一种不切实际的设想,即人类非常可靠。同样地,如果不讨论苏联人的可靠性,人们就会不切实际地认为他们完全可靠。

美国核战争规划者还认为,控制核战争升级具有可行性,并且他们制定了应用于整个 20 世纪 60 年代、70 年代和 80 年代的灵活核战争计划、限制核战争计划以及战区（地方）核战争计划。例如，哈罗德·布朗在 1980 年提出了第 59 号总统指令，作为一项"整合"使用战略、战区及战术核武器的计划。"我们的规划必须提供一系列的选择方案，从使用少量的战略和/或攻击严格确定的目标使用的战区核武器，到应用我国大部分核力量对付范围广泛的目标。"（Secretary of Defense，1980，55）战争计划包括在战场上"整合"核武器、化学武器和生物武器，并对"有选择地使用核武器对抗核生化武器"有所讨论（Joint Chiefs of Staff，1977，85）。1980 年 3 月发表的美国陆军战地手册 100-50 号，即"核能力单位的作战"，谈及在作战情况下进行"分散"和"发布"战术性核武器子弹的训练。"美国已经审查了兵力水平和系统要求，努力实现 TNF（战区性武器力量）态势，以纠正现有的不平衡，并提供可靠、灵活的应对措施，尤其在较低水平的核战争中。这种态势将为加强北约地区以外的威慑力提供及时、准确的核方案。"（Joint Chiefs of Staff，1982，29-30）显然，通过使用战术性核武器来"纠正"苏联的传统"优势"是不靠谱的假设。然而，很少有人注意到，在"战场"上"使用"战术核武器可能会导致"战术"核战争升级为全面核战争。

核战争期间，在飞行中进行"重新规划"的计划也并不现实。这一想法即将保留的【794】核武器重新规划，用于补充未爆炸的武器或攻击未被第一轮武器销毁的目标。重新规划的目的旨在提高核瞄准及预期爆炸损害的效能，或增加目标被核武器击中和摧毁的可能性。核规划者通常会考虑重新规划，例如，他们会尽一切努力通过考量爆炸高度及后续核爆炸的时间，来降低核武器自相残杀的可能性。无论多么想要提高效率，这种设想都完全不可取，因为它假定在核环境中能够进行有效的损害评估及指挥与控制。另一方面，第 59 号总统指令强调了在这种情景下美国 C³I 系统存在的缺陷，该指令将提高打击军事能力的需求与改进指挥、控制及通信联系在一起（Ball，1986b，78）。

有三种观点：人类完全可靠、核武器的使用可以限制在战场上、在核战争中武器可以重新规划。如果这些观点颇为乐观，那么会有一种倾向来强调最糟糕的情况——在核战争中，对方做得越来越好，你自己的力量就越来越薄弱。这就是所谓的保守或对冲。从对手的军事能力推断他们的意图会助长考虑最糟糕情况的倾向。① 奇怪的是，最糟糕的偏见和对冲往往伴随着一种趋势，即假设事情将根据计划发展（设备也将根据计划运转）。例如，正如前面所提到的，在核战争建模过程中忽视指挥、控制和通信

---

① 很少有人会明确思考自己的行为能够引起对手抵御行为的可能性，尽管研究战略互动行为的博弈理论家已经将这一点纳入考虑范畴。另一个特例是美国关于建造新型战略性核武器的讨论。该讨论提及苏联将资源投入防空系统抵御炸弹的可能性（因此，苏联无法针对其他攻击性武器消耗重要的资源），以便就载人武器的效用进行辩论。

的情况很常见,这也许是因为大多数人都认为 C^3I 完美无缺(例如 Salman,Sullivan 和 Van Evera,1989,191)。"保守的军事规划者倾向于对能够被控制或预测的因素进行计算,并在不可能进行控制或预测的情况下做出悲观的假设。"(OTA,1979,3)正如国防部长卡斯珀·温伯格(Caspar Weinberger)在国会作证时所说:"如果这确实是错误,我也宁愿站在据理力争的一边,而不愿意袖手旁观。袖手旁观才是引火上身(HASC,1983,128)。"

【795】许多意想不到的"对冲"累积效应是对作战需求和威慑需求的加强与扩大。① 后备弹头通常要进行风险对冲。例如,在没有"对冲"证据的情况下,国会预算办公室(1978b,52)对苏联工业的韧性进行保守假设:"对苏联民防措施进行对冲,假设苏联一半的工业基地硬化到每平方英寸 30 磅……"对冲也适用于潜在目标的数量:"为了评估军队效力……将足够的武器贮存在一支后备部队中,以维持强劲的反攻能力,尽管到1990 年,工业目标有如此大幅度的增长,实现同等损害程度所需的武器数量才增加40%"(CBO,1978b,51)。《1994 年核态势评估》的公版中涵盖了对"必要对冲"的讨论,尽管目前还不清楚如何确定"必要的"对冲(DOD,1994,12,14,16,18,19)。一张图表显示,在美国的储备资源中,"上传重组对冲"核弹头要比对冲核弹头多数千枚,以便重组美国核力量,"使其与苏联的政治关系变得更加严峻",抑或导致美苏第一阶段削减战略武器条约和第二阶段削减战略武器条约的执行失败(DOD,1994,14,19)。

5. 系统分析的科学魅力

如上所述,系统分析的批评者和实践者在冷战期间提出一些令人担心的问题。实践者自己也提出警告,尽管这种警告明显在冷战前期比冷战后期更为常见。萨利·朱克曼先生(Sir Solly Zuckerman)是英国一位重要的核战略家,他在 1953 年写道,战略是"基于对人类行为的假设,这些假设似乎一点儿也不真实。它既构不成科学分析,也构不成科学论述,而是一种无法检验假设的非科学。(引自 Freedman,2003,171)"20 世纪50 年代,兰德公司和其他地方的相关学者进行了一些研究,强调他们所谓的系统分析的"陷阱"(如 Kahn 和 Mann,1957)。对于这些陷阱,奎德(1968b,363)总结道,"无论我们如何努力保持科学探究的标准,无论我们如何试图遵循科学方法,我们都无法对军事体制进行精确科学的分析。"恩特芬和史密斯(1971,71)写道,"之所以有人批判系统分

---

① 虽然最糟糕的情况和由于不确定性而进行的对冲可能导致"威胁通胀",但用于证明战略计划和项目具有合理性的蓄意威胁通胀还是会出现。

析,是因为系统分析过于强调可以简化为数字的因素,而不太强调不能简化为数字的因素"。他们承认这是一种"潜在危险","分析师有可能会因为过于关注一个问题的定量因素,而没有给予非定量因素足够的重视"。然而,他们认为,这种情况"发生在系统分析方法下的可能性要小于发生在替代方法下的可能性",因为在使用系统分析时,"个人必须将假设、目标以及计算都设计好"。同样,查尔斯·希契(1965,57)认为,"像其他任何领域的科学家一样,系统分析师必须做好其工作接受严格审查的准备,而不仅仅接受其他系统分析人员的审查。这是科学方法的最大优点之一,即它是一个开放、明【796】确、可检验的以及自我修正的过程"。

但是到了 20 世纪 80 年代,人们形成一种认知,即假设和模型本身不需要被检验。系统分析被认为具有政策中立性,是一种"科学—技术基础"。在关于 MX 导弹的国会听证会上,这种"科学—技术基础"被斯考克罗夫特委员会成员约翰·多伊奇(John Deutsch)称为"技术审查",该审查由"倾向技术方面的"专家执行,能够得到"纯粹技术判断"(HASC,1983,101)。因此,人们将技术分析和建模视为理所当然,以致认为没有必要计算这些数字。人们只需相信更倾向技术方面的专家。委员会主席布兰特·斯考克罗夫特(Brent Scowcroft)在解释他认为 100 MX 是正确的数字时说:"100 这个数字并没有什么神奇的。首先,我们意识到我们想要的数字小于与另一种精准的民兵导弹结合在一起的数字,这种力量能够对苏联及其硬目标、领袖、核储存等进行第一次攻击"(HASC,1983,86)。

综上所述,即使是第一代系统分析人员所提出的警告,到 20 世纪 80 年代,大多似乎都已经被遗忘,因为学者和实践者都在想方设法解决核争论。针对美国—苏联战略平衡问题,萨尔曼(Salman)、苏利文(Sullivan)及范·埃弗拉(Van Evera)在谈及关于美国近 20 年的公众评估的重要概述中说到,"话语在使用正确的调查方法时会具有明确性;关于[核]平衡争论的话语之所以不明确,是因为使用的方法不正确"(1989,177)。萨尔曼、苏利文及范·埃弗拉展示了如何运用有缺陷的分析来操纵政治争论并导致错误结论的方法。他们提出分析人员使用的 4 种常见博弈方法:使用静态指标或豆子计数;基于错误的数字或假设进行有缺陷的动态分析;使用光怪陆离的情景;专家在无证据的情况下作出断言或权威论断。

像之前认识到某些政策模型形式中存在陷阱并对其进行详细描述的人一样,萨尔曼、苏利文及范·埃弗拉认为更严密的分析是该问题的解决方案。他们争辩道:"应该通过衡量部队执行战略的能力以及使用描述双方能力特性的数据来评估军事力量……,分析师通过询问军队是否可以执行分配的任务来衡量其力量,如果可以,就要考虑在什么情况下执行以及有多少信心能够执行。"他们还建议道:"为了使其有意义,美苏核平衡的衡量标准应该说明双方的核力量能做些什么。这就需要动态分析来评估他们执行作战任务的能力"(1989,176)。他们随后就用动态分析来模拟核交换。他们的分析相当透彻。为了提高透明度,他们编写了一个附录来讨论他们在分析中使用的技巧和假设,并提供给读者一个能够自主进行动态分析的计算机程序。他们还警示说,他们的分析应该被理解为"现实的高仿品,而不是复制品……核战争是一个扑朔迷离、前所未有的事件"(1989,213)。但是,他们认为他们的模拟分析"在公开数据允许的范围内也许已经很接近现实了",并且他们在访谈中表明"分类模拟会产生类似的结果"(1989,213)。萨尔曼、苏利文及范·埃弗拉对他们的文章进行了总结,认为严格的动态分析应该"定义严谨的"核话语,并决定出版的内容:

【797】

> 政策关注总是会在某种程度上扭曲平衡评估,但是安全问题的学者可以通过制定和实施更高的专业标准来缓解这一问题。具体而言,他们可能需要这种旨在衡量美国核力量或者处理需要量化的问题的研究,并提供动态分析以测试其进展。此类信息的相关规定应该界定针对战略性核问题展开严谨工作的含义;忽视这一点的规定不应该将其作为权威予以公布或引用。一经选用,学术界就可以强制推行这种标准。同时,这样做能够提高净评估的质量。(1989,244-245)

因此,即使他们记录了政策建模的草率使用,萨尔曼、苏利文及范·埃弗拉也只提倡使用更好的建模形式。显然,他们并不理解模型如何才能更加精准;另一方面,他们也不知道模型本身如何开始塑造核世界。

6. 结论:抽象如何塑造世界

系统分析旨在帮助决策者探索复杂和本质上未知的核世界,并协助他们使政策进程更加合理。系统分析的目的是产生有用的知识,以及量化和模拟核世界。正如恩特芬和史密斯所说的那样,"在任何分析中,假设都会影响结论"。系统分析的优点在于能够利用它来探索"所有的假设",并且"重要的一点是,系统分析是一种适用于针对复杂问题进行审问和争辩的方法……也是建设性争议和分歧性争议的一套基本规则"。但是当恩特芬和史密斯意识到假设会影响结论时,他们和系统分析的其他使用者几乎都没有注意到系统分析所使用的方法并不是简单的分析方法。从我们谈什么、我们不谈论什么以及我们如何谈论政治—军事话语的意义上来说,政治—军事话语是通过或明或暗的系统分析方式来组织。

正如恩特芬和史密斯所说,"这里的问题不是数字与形容词相较量,而是理解和表达的清晰性。数字是语言的重要组成部分。在讨论定量问题时,使用数字可以让思路最为清晰,即使只是表示了一个范围"(1971,69)。然而,一位著名的系统分析师写道,"定量方法确实可取,但容易过度;如果我们完全坚持定量的处理方法,我们也许就不得不简化这个问题,导致其彻底失去现实意义"(Quade,1968b,359)。但是系统分析所做的要远远超过核现实。系统分析是一种"知识"制作过程,存在于政府机关、私人智囊团的组织惯例,有时也是公共辩论的一部分。系统分析开始制造自己的"现实",而不仅仅是通过其技术发现、理解甚至模糊现实。系统分析是如何做到这一点的? 【798】

正如核话语学者所表明的那样,战略性核规划者相互交谈及通信的方式很"干净"、很精准,有时也很幽默,而且核战争使他们远离核使用的现实,并使他们能够在不顾及政治和道德内涵的情况下考虑使用核武器。① 核话语的抽象也有助于使核武器"常规化"——也就是使他们看起来更温和,像无核武器一样。核武器的常规化体现在将传统军事力量中的核武器纳入常规战争规划情景的范畴。常规化也会体现在这样的情况中,即进行系统分析时,将爆炸效应置于"优先"地位,而将热效应和辐射效应置于次要地位(Eden,2004)。② 核武器更像是常规武器,使用起来更熟练,也不会造成太严重的后果。这一点很重要,因为计划使用武器的能力以及实际使用武器的能力要求使用者在制造和应用武器时不要惧怕暴力。对于研究暴力问题的专家来说,这样才能揭秘、规范并通晓核武器。

另一方面,当暴力问题专家将核武器的非正式和正式系统分析话语用于使武器和战略神秘化时,它会产生相反的效果。因此,正式的话语会限制战略性核武器分析界的外部人的理解力,更不用说对技术层面的核论点进行批判了。对普通公民和非专业决策者来说,通过这种方式,政策模型的技术话语能够降低政策建模过程的责任性和透明度。

但是,抽象化的结果超越常规化和神秘化。语言抽象和数学程序不仅仅有麻木作用,它们也让专家们迷惑不解。核武器如何帮助我们理解与他人的关系、武器对我们自己和他人的所作所为,以及如何在经济、政治和军事方面制造和准备使用武器来构造我们组织自身的方式,这些都可以通过实践被掩盖。系统分析的重点放在技术层面上,并且通过系统分析,我们可以同时既远离(通过省略和抽象)又接近核暴力行为(通过关注细节和精准度)。这不仅仅是规划者在应对一个他们从未遇到的世界和条件,这些会影响他们的结论和实践。③ 正式话语将核武器的逻辑和用途抽象化,这就使得专家 【799】

---

① 参见 Cohn,1987;Eden,1991;Green,1966;Gusterson,1996;Nash,1981;Thompson,1981。

② 有个例外:对于中子炸弹,要考虑其在战场上的辐射效应,因为它的辐射效应要比爆炸效应更"强烈"。

③ 伊登(1990)强调核战争的后果尚未"制定成法律"。也可参见 Derrida,1984。阿德勒(Adler)对"核战略的'想象'科学"进行描述。

无法充分认知制造和使用核武器的后果,更不用说提出制造和使用核武器的观点了。模糊、对冲及不精准使省略、消除、假设和虚假的精准度分出层次。因此,逻辑、信仰以及论证的最基本运作不再受到质疑、争辩、重新审查,甚至有可能被记住,更不用说在错综复杂的话语中完全理解他们了。

因此,系统分析就成为它自己的巴洛克式①和自我满足结构。于是,很少有分析研究核"交换"在总体反力交换模型中的影响,这些模型的重点是对武器的影响,很少计算人类死亡总数(例如 CBO 1978a;Salman,Sullivan 和 Van Evera,1989)。相反,"如果威慑失败,军事或政治上的胜利将取决于双方在最初的军事交火之后仍然存在的破坏能力"(Nitze,1976,213)。即使对核战争中受伤或死亡的人数进行建模和讨论,分析人员也经常争论模型使用的假设以及得出的结论数量是否准确(Drell 和 von Hippel,1976)。换句话说,争论促使模型不断完善,以便能更好地代表核现实。

但是建模逻辑及其应用开始塑造自己的世界,包括认知世界和现实世界。分析结果往往"需要"更多的武器,而系统分析的假设和结果也倾向于提高武器及其运载系统的复杂程度。因此,系统分析加剧其他因素的影响,这些因素推动更多核武器的发展、生产和部署——组织利益、分肥政治、技术创新以及行动—反应动态。一方必须对失败进行对冲。规划者认为,城市被爆炸效应摧毁(而不是热效应)所需的核武器比摧毁城市所需的核武器更多,也更精准。为了在核战争情景中降低自身的不确定性,核规划人员会增加核武器的数量并提升它们的威力(精准性和范围),这也使得另一方的不确定性有所增加,然后他们尽最大的努力来提高自己的核能力。此外,这些情景假定一个更大的冲突环境,并且在这些威慑和战争的情景中,没有办法退出冲突的对抗。分析通常

【800】

都很抽象,而且很分散,因此很少有人能注意到核世界并去探索它的形成过程。② 分析通常不考虑政策建模的方式以及后来的用于强化冲突背景的核战争准备工作。自反性也被这个过程所忽略。这些正式抽象使不可知变为已知,也使其在表面上看起来很精准,但"已知"的代价是安全性会反常降低。

核世界中,核武器与核军备竞赛不是系统分析的结果。核武器的凭空出现不仅是为了满足核规划者的需求。在计划使用核武器的具体行动的过程中,人类为核武器的生产、进一步发展、储存、运输和使用创建了一套精密的系统。武器规划者和军队还制

---

① 巴洛克式是 16 世纪晚期欧洲的一种艺术风格。其主要特点是追求怪异和不寻常的效果,如以变形和不协调的方式表现空间,以夸张的细长比例表现人物等。——译者注

② 反对核武器现代化、支持废除核武器的反核活动分子的闪光点在于:他们将整个核"现实"问题提到最前沿,特别是民防的无用性;并且他们无视关于可存活的核武器数量的争论。核分析逻辑有时可能会采用根据核规划者的话语来进行争论的反核活动分子(参见例如:Forsberg,1982)的观点。

定了保护核力量免受其他核武器攻击的方案和手段。

　　总之,实际的和概念的事物在系统分析中汇集在一起——这不应该令人瞠目结舌,因为这是实践的目标。当一方在核"理性"的基础上建造核力量的时候,核世界得以部分重建,从而推动并建立可以发展、生产、储存和部署核武器的核世界。当另一方通过政治或军事手段回应部分由系统分析决定的力量和政策时,整个背景就会进一步变化。当条件发生变化时,优秀的分析师会改变或重做他们的计算,他们分析后的一些论据可能会再次用来改变武器和战略的世界。战略性核信念体系确实存在,并受自身逻辑的推动不断发展。较大政治体系内的重大动荡只能部分终止战略性核信念体系,比如冷战的结束。核军备竞赛的结束并不是系统分析实践发生某些变化的结果。但关于核的运筹学和系统分析有助于使其成为核世界。

　　还有几个问题仍然存在。第一,在试图探索美国巨大的核武器库时,能否将组织偏见等其他力量的影响与系统分析的影响区分开来? 系统分析是否过于依赖其他过程,以致不能被视为一种单独力量? 第二,作者没有说明为什么即使分析人员在运用系统分析时已经对"陷阱"有所认知并提出警告,也还是会忽视他们所提出的最重要的警告。理性行动者和决策控制理论者可能会就决策者能够简化复杂问题的论点进行争辩。但是,为什么某些行为(例如倾向于探索令人难以置信的假设的制定过程,并且无论如何都要这样做)在系统分析中如此常见? 第三,为什么系统分析采用其他分析方法? 系统分析是否有合理的替代方案? 第四,系统分析或类似的东西在多大程度上构成苏联军事计划的一部分? 【801】

　　最后,我们进行反事实分析。如果没有系统分析的实践,美国的核计划会是什么样子? 是否会有更多破坏能力更强的核武器? 系统分析实际上是作为一种工具来约束军事和政治的组织和分肥要素吗? 或者,如果没有系统分析,美国的核武器政策会更加"理性"吗? 换句话说,核力量可能按照其他标准设定,例如克劳塞维茨战争或正义战争对政治目的和军事手段的比例分配的看法。最优秀的战略家觉察到通过政策分析来应对未知事件会陷入困境。正如布伦特·斯考克罗夫特在关于 MX 导弹的国会听证会上所说的那样,他暗示任何类型的分析都有作用和极限性:

　　多年来,我们一直在争辩什么是足够的威慑。其实这并不重要。除非使用这些武器,否则我们永远不会知道什么是足够的威慑。这样的话,我们也会知道什么不是足够的威慑。

　　然而,我们要做的是尽可能地推测苏联的思想。这是一件非常困难的事情。威慑是一种态度、一种心态。我们所能做的最好的事情就是通过观察他们所做的事物类型、他们所部署的系统类型、他们所依据的事物的类型以及他们所开发的防御类型,来确定什么可能是足够的威慑(HASC,1983,95)。

虽然斯考克罗夫特说,"其实这并不重要",但是美国建造的东西、花费的成本以及苏联的反应如何很重要。斯考克罗夫特只是承认核政策建模过程的不足和荒谬。但即便是斯考克罗夫特也没能认识到技术论证,特别是政策建模过程本身,是推动军备竞赛过程的一部分。

参考文献

Adler,E.1992. The emergence of cooperation:national epistemic communitiesand the international evolution of the idea of nuclear arms control.*International Organization*, 46:101-45.

Arkin,W.,and Fieldhouse,R.W.1985. *Nuclear Battlefields:Global Links in the Arms Race.* Cambridge:Ballinger.

Ball,D.1980. *Politics and Force Levels:The Strategic Missile Program of the Kennedy Administration.* Berkeley:University of California Press.

——1986a.Toward a critique of strategic nuclear targeting.In Balland Richelson 1986,15-32.

——1986b.The development of the SIOP,1960-1983. In Balland Richelson 1986,57-83.

——and Richelson,J.eds.1986. *Strategic Nuclear Targeting.* Ithaca,NY:Cornell University Press.

Batcher,R.T.2004. The consequences of an Indo-Pakistani nuclear war.*International Studies Perspectives*, 6(4):135-62.

Blair,B.1985. *Strategic Command and Control:Redefining the Nuclear Threat.*Washington,DC:Brookings Institution.

Brewer,G.,and Shubik,M.1979. *The War Game:A Critique of Military Problem Solving.* Cambridge, Mass.:Harvard University Press.

Broad,W.J.1993. Russian says Soviet atom arsenal was larger than West estimated.*New York Times*, 26 Sept.

Brown,M.1994. *Flying Blind.*Ithaca,NY:Cornell University Press.

Bunn,M.,and Tsipis,K.1983. The uncertainties of a preemptive nuclear attack.*Scientific American*, 249 (Nov.):38-47.

Carter,A.,Steinbruner,J.,and Zraket,C.eds.1987. *Managing Nuclear Operations.* Washington,DC:Brookings Institution.

——1978b.*Retaliatory Issues for the U.S.Strategic Nuclear Forces.* Washington,DC:Government Printing Office.

Chilton,P.ed.1985. *Language and the Nuclear Arms Debate:Nukespeak Today.* London:Frances Pinter.

Cimbala,S.J.1995. Deterrence stability with smaller forces:prospectsand problems.*Journal of Peace Research*, 32(Feb.):65-78.

Cohn, C.1987. Sexand death in the rational world of defense intellectuals.*Signs*, 12: 687-718.

Congressional Budget Office (CBO) 1978a. *Counterforce Issues for the U.S.Strategic Nuclear Forces.*Washington, DC: Government Printing Office.

Crawford, N.C.1987. *Soviet Military Aircraft.* Lexington, Mass.: Lexington Books.

Davis, L.E., and Schilling, W.R.1973. All you ever wanted to know about MIRV and ICBM calculations but were not cleared to ask.*Journal of Conflict Resolution*, 17: 207-41.

Davis, P.ed.1994. *New Challenges for Defense Planning: Rethinking How Much is Enough.*Santa Monica, Calif.: Rand.

Department of Defense (DOD) 1994. *Nuclear Posture Review.* Unclassified version.Washington, DC: Department of Defense.

——2002. *Nuclear Posture Review.* Unclassified excerpts; available at: www. defenselink. mil/news/ Jan2002/d20020109npr.pdf; www.globalsecurity.org/wmd/library/policy/dod/npr.htm.

Director of Defense Researchand Engineering (DDR&E) 1964a.Damage limiting: a rationale for the allocation of resources by the US and USSR.21 Jan.

——1964b.A summary study of strategic offensiveand defensive forces of the U.S.and USSR.8 Sept.

Derrida, J.1984. No apocalypse, not now (full speed ahead, seven missiles, seven missives).*Diacritics*, 14 (Summer): 20-31.

Dougherty, R. 1987. Thepsychological climate of nuclear command. In Carter, Steinbruner, and Zraket 1987, 407-25,

Drell, S.D., and von Hippel, F.1976. Limited nuclear war.*Scientific American* (Nov.) In Russett and Blair 1978, 144-54.

Eden, L.1990. The hypothetical organization: organizational learning and interpretation in U.S.strategic nuclear targeting.Paper presented at the Annual Meeting of the American Political Science Association, Chicago.

——1991. Sterilizing destruction: the imaginary battlefield in contemporary U.S.nuclear targeting.Paper presented at the Annual Meeting of the American Historical Association.

——2004. *Whole World on Fire: Organizations, Knowledge, and Nuclear Weapons Devastation.* Ithaca, NY: Cornell University Press.

——and Miller, S.eds.1989. *Nuclear Arguments.*Ithaca NY: Cornell University Press.

Enthoven, A.C., and Smith, K.W. 1971. *How Much is Enough? Shaping the Defense Program, 1961- 1969.* New York: Harper and Row.

Evangelista, M.1988. *Innovation and the Arms Race: How the United States and the Soviet Union Develop New Military Technologies.* Ithaca, NY: Cornell University Press.

Forsberg, R.1982. A bilateral nuclear-weapon freeze. *Scientific American*, 247 (Nov.): 52-61.

Francis, S.1995. Warhead politics: Livermoreand the competitive system of nuclear weapon design.Ph.D. dissertation, Massachusetts Institute of Technology.

Freedman, L.2003. *The Evolution of Nuclear Strategy*, 3rd edn.New York: Palgrave.

Glaser, C. L. 1990. *Analyzing Strategic Nuclear Policy.* Princeton, NJ: Princeton University Press.

Glasstone, S., and Dolan, P. J. 1977. *The Effects of Nuclear Weapons*, 3rd edn. Washington, DC: Government Printing Office.

Green, P. 1966. Deadly Logic: *The Theory of Nuclear Deterrence.* Columbus: Ohio State University Press.

Greenwood, T. 1975. Making the MIRV: *A Study of Defense Decision Making.* Cambridge: Ballinger.

Gusterson, H. 1996. *Nuclear Rites: A Weapons Laboratory at the End of the Cold War.* Berkeley: University of California Press.

Haas, P. 1992. Introduction: epistemic communitiesand international policy coordination. *International Organization*, 46: 1–35.

Hilts, P. J. 1994. Inquiry links test secrecy to a cover-up. *New York Times*, 15 Dec.

——1995. Healthy people secretly poisoned in 40's test. *New York Times*, 19 Jan.

——1996. Payments to make amends for secret tests of radiation. *New York Times*, 20 Nov.: A1.

Hitch, C. J. 1965. *Decision-Making for Defense.* Berkeley: University of California Press.

House of Representatives, Armed Services Committee (HASC) 1983. Hearings on H. R. 2287 Department of Defense authorization of appropriations for fiscal year 1984: part 2 of 8 parts strategic programs. Washington, DC: Government Printing Office.

International Institute for Strategic Studies (IISS) 1989. *The Military Balance, 1989 – 1990.* London: Brassey's.

Jervis, R. 1984. *The Illogic of American Nuclear Strategy.* Ithaca, NY: Cornell University Press.

Joint Chiefs of Staff 1977. *Military Posture Statement of the Joint Chiefs of Staff, FY 1978.* Washington, DC.

——1982. *Military Posture Statement of the Joint Chiefs of Staff, FY83.* Washington, DC.

Kahn, H. 1960. *On Thermonuclear War.* Princeton, NJ: Princeton University Press.

——and Mann, I. 1957. *Ten Common Pitfalls.* Santa Monica, Calif.: Rand.

Kaplan, F. 1983. *The Wizards of Armageddon.* New York: Simon and Schuster.

Kull, S. 1988. *Minds at War.* New York: Basic Books.

Larson, E. V., and Kent, G. A. 1994. *A New Methodology for Assessing Multilayer Missile Defense Options.* Santa Monica, Calif.: Rand.

Lifton, R. J., and Markusen, E. 1990. *The Genocidal Mentality: Nazi Holocaust and Nuclear Threat.* New York: Basic Books.

Litfin, K. T. 1994. *Ozone Discourses: Science and Politics in Global Environmental Cooperation.* New York: Columbia University Press.

Little, R. and Smith, S. eds. 1988. *Belief Systems and International Relations.* Oxford: Basil Blackwell.

MacKenzie, D. 1990. *Inventing Accuracy: A Historical Sociology of Nuclear Missile Guidance.* Cambridge, Mass.: MIT Press.

Nash, H. T. 1981. The bureaucratization of homicide. Pp. 149–60 in *Protest and Survive*, ed. E. P. Thompson and D. Smith. New York: Monthly Review Press.

Nitze,P.H.1976. Assuring strategic stability in an era of detente.*Foreign Affairs*, 54:217–18.

O'Neill,B. 1993. Operations research in strategic warfare. Pp. 2567 – 73 in*International Military and Defense Encyclopedia*, ed.T.Dupuy.New York:Pergamon.

——1994. Game theory models of peaceand war.Pp.995–1053 in *Handbook of Game Theory*,vol.ii,ed. R.J.Aumann and S.Hart.New York:Elsevier Science.

Office of Technology Assessment(OTA) 1979. *The Effects of Nuclear War.* Washington,DC:Government Printing Office.

Postol,T.A.1987. Targeting.In Carter,Steinbruner,and Zraket 1987,373–406.

Quade,E.S.1968a.Introduction.In Quadeand Boucher 1968,1–19.

——1968b.Pitfallsand limitations.In Quade and Boucher 1968,345–63.

——and Boucher,W.I.1968. *Systems Analysis and Policy Planning:Applications in Defense.*New York: Elsevier.

Rathjens,G.W.1969. The dynamics of the arms race.*Scientific American* (Apr.).In Russett and Blair 1978,33–43.

Ricks,T.E.2004. Rumsfeld gets earful from troops:complaints cite equipment woes,extended toursand pay delays.*Washington Post*(9 Dec.):A01.

Rockefeller,A.1974. Letter of 24 Apr.to Herbert F.York in reply to his letter of 18 Apr.

Rosenberg,D.A.1986. U.S.nuclear war planning,1945–1960. In Balland Richelson 1986,35–56.

Russett,B.,and Blair,B.1978. *Progress in Arms Control.* San Francisco:W.H.Freeman.

Salman,M.,Sullivan,K.J.,and Evera,S.V.1989. Analysis or propaganda? Measuring American strategic nuclear capability,1969–1988. In Eden and Miller 1989,172–263.

Sapolsky,H.M.1972. *The Polaris System Development:Bureaucratic and Programmatic Success in Govern- ment.* Cambridge,Mass.:Harvard University Press.

Schwartz,S.I.1995. Four trillion dollarsand counting.*Bulletin of the Atomic Scientists* (Nov.-Dec.): 32–52.

Scouras,J.,and Nissen,M.J.1994. *FALCON:A Rule-Based Strategic Force Allocation Model User's Guide.* Prepared for the US Arms Control and Disarmament Agency under AC94OD4112.

Secretary of Defense 1969. *Annual Report,FY 1969.* Washington,DC

——1980. *Annual Report of the Secretary of Defense,FY 1981.* Washington,DC

Spinardi,G. 1990. Why the U.S.Navy went for hard-target counterforce in Trident II. *International Security*,15:147–90.

Teller,E., and Foster, J.S. 1961. Some new considerations concerning the nuclear test ban. A Rand Special Report attached to a Memorandum for the President,from Col.(USAF)Godfrey T.McHugh, 7 Apr.

Thee,M.1986. *Military Technology,Military Strategy and the Arms Race.* London:Croom Helm.

Thompson,E.P.1981. A letter to America.*The Nation*,232(24 Jan.):68–93.

Wald,M.L.1997. U.S.atomic tests in 50's exposed millions to risk.*New York Times*, 29 July:A10.

Wilkening, D.1994. Future U.S.and Russian nuclear forces: applying traditional analysis methods in an era of cooperation.In Davis 1994, 301-48.

Woolf, A.2002. The nuclear posture review: overviewand emerging issues.Congressional Research Service.

Yengling, A.1997. Telephone interview with the author, 19 Aug.

York, H.H.F.1974. Letter to Albert Rockefeller, 18 Apr.

Zuckerman, S.1983. *Nuclear Illusion and Reality.* New York: Vintage.

第 39 章　公共政策的社会实验

卡罗尔·赫重·韦斯(Carol Hirschön Weiss)、
约翰娜·布雷克梅耶(Johanna Birckmayer)

1. 政策实验

揭开帷幕,在"国家"中可以看到,英国白厅中有一小群易犯错的人在猜测未来。【806】这些人会受政治偏见和党派偏见的影响,忙于分析经济学家们曾给出的预测(Enoch Powell in Jay,1996,297-298)。

英国保守党政客伊诺克·鲍威尔(Enoch Powell)在其曾发出的声明中,特别强调了一个事实,制定公共政策不仅需要更高的原则、智慧和说服力,还需要权力的谋取和控制、利益的玩弄和对坚决支持者的拉拢。学术媒体和大众媒体都很关注利益中心和偏见。在本章中,我们主要关注鲍威尔(Powell)提及的"对未来的猜测"和"经济学家群体"(所需要的研究方法)。

政策不可避免地要应对不确定的未来。即使有很多关于现在情况的统计数据和政策调查,政策的制定也必定会基于一定程度上的猜测。鲍威尔口中的经济学家们依照过去的趋势预测未来,现在社会学家和政治学家还会做出补充,让政策干预将会带来的影响更易于理解。社会实验是为了更好地了解未来政策可能带来的影响。这个理念很简单:在小范围内推行政策,观察会发生什么。

从 20 世纪 60 年代晚期开始,美国已经投入了数十亿美元,用于开展社会政策提案 【807】的实验(Burtless,1995)。在本章中,我们研究了过去 40 年社会实验的本质。社会学家和经济学家通过社会实验,找到系统化的实验证据,证实政策提案可能带来的优势和不足。我们回顾了这些工作,检验社会实验本身的优势和不足,并试图根据当今的趋势推断尚不明确的未来。

2. 定义

社会实验是通过社会干预进行的随机性田野实验。在这一定义范围内,两种定义占据主要地位(此外还有第三种观点)。某些作者在定义社会实验(SE)时,会强调随机性田野实验中的"实验"二字。在他们看来,社会实验的特点是:在广泛推行政策前,先在小范围内进行预期干预。在试验阶段,既要推行政策,又要研究政策。这是为了发现干预能否实现目标。如果达到了预期效果,政策制定者就应该采纳该政策,将其应用于整个系统。过于重视社会效果的意图会对政策产生影响,这种意图伴随的是开启政策之窗的紧迫感。

其他作者着重强调随机性。正是随机性使得实验者充满信心,认为正向干预促成了所有可观测的改变。在随机研究中,实验者在同一相同总体中选择样本,将其分成两组。一组进行干预,或者称其为"实验"组,而另一组是"控制"组。在试验结束时,对比两组情况。因为在实验开始时,两组的情况基本相同,是否进行干预是唯一的差别,所以实验结果的一切差异都是干预带来的。从方法论的观点来看,随机化给予实验者估计效应的自信。

第三个关注点是社会实验的定义,现在广泛认可的定义是:在"田野"完成的实验,而不是在舒适的实验室中研究成果。社会科学家们在选区推行实验,进行研究。因此,我们进行的是随机性的田野实验。

如果社会实验的指导原则是随机化,那么一切通过随机实验获得目标结果的研究都是社会实验。这一定义囊括了大量对现有计划的评估。许多评估是在颁布计划以后进行的,(虽然不像评估者想做的那样多)将预期参与者随机划分至"实验组"和"控制组"。一段时间后,评估者对比两组预期指标(例如健康状况、收入、毕业学校)的状态。很大程度上,为了将这种事后分析的情况包括在内,社会实验的范畴进一步扩大。

【808】如果我们只根据实验基础上的随机化研究指导未来政策,那么询问的范围就会更加明确。在本篇论文中,我们采用这个定义。当然,二者的区别并非一成不变。某些对现存计划的评估是为了指引未来计划的升级——例如引领未来干预的修改和改进。有时,国家层面的计划是联邦政策(国家作为"民主的实验室")的可行模式,一个层面的评估就是另一个层面的社会实验。诚然,这样区别仍需坚持。考虑做好社会实验的目的及其研究设计是非常重要的。

3. 历史

　　我们稍加努力,可以将社会实验追溯到弗朗西斯·培根(Francis Bacon)时期,但是严格依照历史,可以追溯到西德尼(Sidney)和比阿特丽斯·韦伯(Beatrice Webb)时期。他们在 1932 年《社会研究方法》(Methods of Social Study)一书中,科学地论证了社会政策,与当代产生了强烈的共鸣。他们倡导社会科学家接受实验方法培训、独立进行社会调查,并将实验结果传递给政策制定者。安·奥克利(Ann Oakley,1998a)曾指出,19 世纪末 20 世纪初,美国的教育工作者和心理学家建立起了实际方法。哲学家查尔斯·桑德斯·皮尔士(Charles S.Peirce),"实用主义"之父,于 19 世纪 80 年代在心理学实验中引入了随机性思想。他早期的某些实验研究了记忆能力从一个主体到另一个主体的可转移性(Oakley cites Thorndike 和 Woodworth,1901;Winch,1908)。这些心理学研究者发明了随机抽样的实验方法。罗纳德·艾尔默·费希尔(R.A.Fisher)进行农业研究时,总结了大量处理数据的常用方法,并因支持随机方法闻名于世。

　　在政策实验的"田野"方面,奥克利(Oakley,1998b)让我们想起了两位美国的社会学家——明尼苏达大学的斯图尔特·查宾(Stuart Chapin)和哥伦比亚大学的欧内斯特·格林伍德(Ernest Greenwood)。他们将实验方法应用于研究 20 世纪初期的社会问题。当时,心理学家更倾向于在实验室工作,社会学家的先驱者却将社区作为实验地点。查宾(Chapin,1947)描述了 9 个和同伴们共同完成的实验,例如违法少年的娱乐活动、公众住房的社会影响,以及学生课外活动参与度的影响。有些人强调随机化实验只能在无菌实验室中进行,而他却论证了在社区也能实现随机化实验。格林伍德(Green-wood)提出了将实验方法应用于社会问题的基本原理,这一原理在其《实验社会学》(Experimental Sociology,1945)一书中进行了详细阐述。【809】

　　20 世纪上半叶,大多数社会实验先驱者在评估已有的计划。虽然他们的实验特征相同,但研究的计划都已经开始运行。而且,他们的研究目的大体相同:评估计划是否可行、能否进一步扩大规模、取得成功。其中,佩里学前计划(Perry Preschool Project)获得了很多关注,这很大程度上是因为当时的参与者从不满学龄到 30 岁左右一直参与跟踪实验,并且他们比控制组的参与者更为成功(Schweinhart Barnes 和 Weikart,1993)。该实验数据获得了学龄前儿童启蒙计划以及其他早期儿童计划的认可和授权。另一个值得注意的早期研究计划是先进高中的 8 年研究,该剑桥-萨默维尔青年计划由拉尔夫·泰勒(Ralph Tyler unpublished)实施,其目的是预防青少年的不良行为(Powers 和 Witmer,1951),还有一个计划是霍桑(Hawthorne)对西部电气装置工作情况改革的研究

(Roethlisberger 和 Dickson,1939)。

　　小部分的评估研究随机分配参与者,但有些研究通过其他方式进行控制。坎贝尔和斯坦利(Campbell 和 Stanley,1966)撰写了一部有里程碑意义的专著——《实验与类实验研究设计》(*Experimental and Quasi-Experimental Designs for Research*),对报道过的实验进行了分类。在当时的术语中,“实验性的”意为将参与者随机分配至计划(或计划的变体)和不参与计划的控制组中。“准实验性的”设计通过其他方式,降低实验组和控制组因计划之外的因素产生差异的风险。虽然坎贝尔(Campbell)和斯坦利(Stanley)并非有意为之,但其著作倾向于将用于评估的准实验正当化。坎贝尔和其合作者在之后的书(Cook 和 Campbell,1979;Shadish,Cook 和 Campbell,2002)中,得出了消除刻板印象,将随机性放在优先地位的方法。

　　直到第二次世界大战,社会实验的三大观念才与大型调查相结合——随机化、田野研究以及为政策变化专门做准备。随着 20 世纪 60 年代“向贫困宣战”,社会实验开启了现代历史。当时,首个值得注意的社会实验是一系列的收入保持实验。1968 年,该实验开始于新泽西州的四个地点,随后又在城市和乡村进行了许多平行研究。该计划通过为贫困人口提供保障性的年收入,促进了原有社会福利体系的变化(Cain 和Watts,1973;Kershaw 和 Fair,1976;Danziger,Haveman 和 Plotnick,1981)。该实验的目的是在颁布政策前对政策创新进行测试。

　　在收入维持实验之后,开展了很多实验,内容涉及:住房津贴(Carlson 和 Heinberg,
【810】 1978;Friedman 和 Weinberg,1983;Kennedy,1980)、健康保险(Newhouse,1993)、教育学业合同(Rivlin 和 Timpane,1975)以及工作调查(Wolfhagen,1983)。格林伯格和施罗德(Greenberg 和 Shroder,1997)为 143 项在美国进行的社会实验、1 项在加拿大和 1 项在荷兰进行的社会实验提供了报告。这些都是关于新政策预期效果的随机性田野试验(尽管大多数随后的实验仅代表已有计划中新增的变化)。详细目录中仅包括 1966 年已得出结果的实验,其附录中列出了 75 项正在进行①的社会实验。

　　为了让读者们获得真实的例子,表 39.1 提供了下面所述的四项社会实验的信息。

　　收入维持实验。20 世纪 60 和 70 年代,为了测试不同负所得税对低收入家庭的影响,实验者在 11 个地点开展了四项收入维持实验。这些家庭享有保障性收益,并且可以通过工作获得额外的收入。由于单位美元带来的税收收入减少,计划的收益也随之减少。该发现表明,受试家庭的工作时间有所减少,但其实际收入并未发生明显变化。另一项实验结果喜忧参半,很多方法带来的积极影响微乎其微。然而,

---

　　① 2004 年出版的更新的社会实验详细目录,见本章之后。

报告实验结果时,政策气候已经发生了改变。议会不想为贫困者提供空头支票,这项历时长、耗资高的实验(Greenberg,Shroder,1997,据报道称耗资 1170 万美元)在政策上影响甚微。

兰德公司的*健康保险实验*对医疗服务中不同的成本分担计划和参与者的健康状况进行了测试。该实验为随机选择的家庭提供 1/14 的服务费用或指派健康维护组织。六个地点的 7708 人参与了跟踪实验,以此代表美国 8 年期间的整体情况。该实验是美国历史上规模最大、最为昂贵的实验。实验结果表明,整体而言,成本分担减少了医疗服务的使用,但并未对健康产生实质性的负面影响。实践证明,这是将成本分担作为成本控制策略,纳入到公共计划和个人保险计划的因素之一。

福利工作项目。20 世纪 80 年代,人力资源发展研究中心(MDRC)曾通过随机分配,测试十个具体的国家计划,估算国家福利工作计划的影响和收益成本,并研究该计划的实施情况。国家和地区政府设计、实施并且运营了这些被评估的项目。人力资源发展研究公司还进一步发展评估设计,并将其应用于实际评估之中。调查结果表明,受试计划提高了居民收入,减少了福利救济人员数量,从整个社会来看,该计划的收益高于支出,并且为纳税人带来了净储蓄。然而,该计划的影响相对较小。

疗养院奖励偿还实验。该实验开始于 1980 年,结束于 1983 年,测试了奖金对私人疗养院的影响。其目的是为了鼓励疗养院接收更多难以照顾的医疗救助计划患者,并且当患者的健康状况达到出院要求时,将其送至服务较少的救助机构。该研究在圣地亚哥选取了 36 家疗养院,其中 18 家是控制组。 【812】

表 39.1 四项选定的社会实验 【811】

实验	实验干预	设计	结果	宣传
收入维持实验(1968—1978)	为福利受领人提供收入补贴以及有偿工作的不同税率	随机选择 11 个地点的家庭,为其提供不同的效益还原率	收入补贴使得工作时间稍有下降	在书籍、期刊文章和报告广泛出版
兰德公司的健康保险实验(1974—1982)	在医疗服务中提供不同的成本分担计划	随机选择 6 个地点的家庭,为其提供不同的成本分担计划	成本分担的增加减少了健康服务的使用,但并没有对健康状况产生重大影响	有大量出版物,宣传广泛
人力资源发展研究中心的福利工作实验(1975—1988)	为有子女家庭补助计划的参与者提供职业培训及其他就业服务	随机选择 10 个地点的有子女计划的参与者,为其提供不同的就业计划	对参与者的收入、社会福利救济人员以及纳税人的负担均产生小幅的积极影响	在福利辩论期间被广泛宣传

续表

实验	实验干预	设计	结果	宣传
疗养院奖励偿还实验（1980—1983）	为接收医疗救助计划患者的疗养院提供报销奖励	随机选择 36 家疗养院参与干预计划或将其分配至控制组	对参与医疗救助计划患者的健康状况或出院情况影响不大，需特殊看护的患者接收量小幅上升	没有广泛宣传

实验结果表明，在实验的第一年，实验组和控制组的疗养院在看护密度和患者接收方面，无明显差别。但是在实验的第二年，实验组的疗养院的确接收了更多需要密切关注的患者。从数据角度来看，实现患者的健康目标和将患者转至更便宜的机构并没有明显差距。实验样本较少、时间较短（30 个月）是差异不明显的原因。该实验结果并未广泛宣传，知道实验结果的人寥寥无几。

4. 主题

很明显，社会实验(SEs)促进了政策的研究制定。然而，社会实验结果和政策决策的直接联系需要合理的政策环境以及将实验信息应用于政策决策的可行方法。社会实验和政策环境的关系复杂，不能一言蔽之。一般而言，社会实验的时间较长、结果多变，有时无法在政策期间发挥作用。实验并非针对某个具体的政策问题，而是由多种原因共同促成的。诚然，政策制定者必须在决策时考虑实验结果，但实验也只是他们众多的决策信息来源之一。

在本章中，我们将探究社会实验与政策制定之间的关系。首先，我们会关注这类实验的优势，分析其对政策制定和社会科学做出的贡献。随后，我们会描述社会政策在政策过程和社会科学中的弊端。最后，我们会预测社会政策的前景，根据政策和经济环境的变化，用长远的眼光预计未来的社会实验的用处。

不得不说，我们的观点是以美国为主体的，但并非以偏概全。很大程度上，社会实验的历史是其在美国的历史。第一个大型的实验正是在美国进行的，并且有很多最为重要的工作也是"出自美国"。近些年来，加拿大也加入到社会实验的浪潮之中，荷兰也做了一些社会实验。但是，世界上大多数的政策经验都基于美国的工作。

我们在探讨社会实验优势和不足的同时，还探讨了三大主题：(1)政策领域十分复杂，制定政策涉及意识形态、信念、利益，以及制度规范，同时还涉及相互矛盾的信息。仅凭"科学证据"几乎永远都不能决定制定政策的方向。(2)研究领域同样复杂。研究

【813】

复杂政策因素时,技术问题总会带来困扰,并且影响社会科学家获取决定性证据的广度。(3)政策领域和研究领域之间的对接不明确。有时,社会实验提供的答案与政策制定者询问的问题关联不大。时间上的错位尤其明显。也许引发实验的问题淡出视野很久之后,实验才得以完成。研究者和政策制定者沟通困难也是个问题。虽然社会实验受很多障碍影响,但是,良好的社会实验会为政策领域提供重要的信息和启发,至少对政策有潜在的影响。

5. 社会实验的优势

5.1 政策优势

为政策理念的可能结果提供数据

社会实验是新政策理念的实验性测试。实验为政策制定参与者提供信息,为制定政策增加了合理成分(Rivlin,1971)。很多政策决定是在不了解政策提议带来的实际影响,缺少相关信息的条件下做出的。讨论精心设计的政策实验数据可以得到宝贵信息,这些信息与采纳政策可能带来的实际影响息息相关,其中包括难以预料的可能性或政策的负面影响。在某些案例中,做出采纳政策的决策时,会考虑这类信息。例如,福利工作实验的积极结果会对进一步扩大国家福利计划的工作要求带来一定影响。此外,国家成功设计和实施福利工作计划可能会推动后期的合法化,增加设计具体国家福利计划的灵活性(Greenberg,Linksz 和 Mandell,2003;Baum,1991)。

许多支持者认为,社会实验不受利益的影响,可以提供客观的信息。但是,客观性是相对的。一代社会科学家认为,每项社会科学调查都会不可避免地受到调查者假设、偏见和有色眼镜的影响。然而,相较于其他大多数知识形式而言,实验引发的争论较少。实验会依据社会科学的标准,在人群中系统地收集数据。随机性这一因素也增加了实验的权威性。一旦产生争议,其他社会科学家就会重新分析实验数据,支撑他们的论点。社会实验会依据社会科学家团体的判断化解争议(参见有关择校实验的竞争性【814】诠释 Howell 和 Peterson,2004;Krueger 和 Zhu,2004)。在合理的范围内,实验信息都是可信的。在我们提及的四个试验中,几乎没有针对实验结果解读的反对意见。

明确权衡

有时,社会实验可以为政策决策提供权衡,并且为其提供详细信息(Orr,1998)。例如,对子女家庭补助计划和家庭主妇健康助手演示发现,家庭护理不能减少健康开支,但却可以提高客户的幸福感。该发现为政策制定者提供了信息,以此权衡计划的花销和收益。

维持政策理念的存在

在政策理念得不到足够的支持,无法通过的时候,社会实验可以帮助维持该理念的存在。据报道,实施收入保持实验的原因是国会中大部分议员不支持在穷人中用负所得税代替福利系统。联邦经济机会办公室和支持该思想的学术经济学家们并未取得胜利,但是他们得到了进行实验(和额外实验)的支持,期待获得良好案例。他们可能也在期待政策风向的变化,期待国会议员们可以接受他们的思想,为穷人们维持收入(如果没有这些努力,就不会有负所得税的出现)。

与此相对的假设认为,在完成历时较长的研究之前,社会实验被用于延缓新政策的出台,但是该假设缺少实证支撑。一旦某个政策获得了政治势头,就会不顾证据,得到颁布。家庭津贴实验得出结果之前,国会就颁布了一项还在测试中的法案——也就是第八款,其主要内容是为私有住房市场的穷人提供补贴。

资料库

社会实验可以为未来的政策情况创建信息清单(Feldman,1989)。虽然发起人只关注当时的选择,并非有意为未来积累知识,但这是可能的结果之一。即使实验结果对当时的讨论影响不大,但是该信息确实为未来的政策主体和分析者提供了可利用的资源(Orr,1998)。例如,健康保险实验为后期分析卫生保健需求弹性提供了重要信息。

【815】 ## 帮助建立共识

社会实验的关注点、强度以及研究者对社会实验影响的广泛共识,在试验设计之初就存在。这很有可能为不同行为者和信息来源提供了共同焦点,帮助建立共识。健康保险实验发现,成本分担减少了卫生保健的使用,但是并未伤及健康,这使得试验者和政策制定者之间达成了广泛的共识:将成本分担合法化为抑制支出的策略。同样,福利工作实验扩大了在公共协助计划中工作托管需求的共识。

现有偏好合法化

如果实验结果与政策制定者的偏好一致,就可以将现有政策或偏好选择合法化,重申选择的政策(Greenberg 和 Mandell,1991)。某些社会科学家认为这种事后合法化的行为是对社会科学的滥用,对此表示担忧。但是如果政策主体因其他原因支持该政策,似乎用社会科学对其验证,并通过实验结果进行证明,没有任何不妥之处。

有时,社会实验可能会给难度大或饱受质疑的政策决策提供政策保护,让“科学”承担决策的责任。实验可能会给政策制定者提供数据导向的论据,以此支持或反对某项政策选择。

5.2　实验优势

促进新兴试验方法的发展

为了完成社会实验的挑战,社会科学家们不得不发展新的方法和技巧。同样,为了分析数据,他们必须发展新的统计方法。田野环境、样本规模、特定组别所需数据的稀有性、囊括更大人口状况的需求、分析复杂概念的需求——都促进了实验方法的创新。当前的教科书就见证了数十年来社会实验推动的方法革新。

社会理论的实际测试

社会科学的另一优点就是:社会科学家可以通过实验,在现实条件的严峻考验中检验其理论。他们可以通过在实际测试中检验理论,实现理论与现实的统一。这有助于将抽象的理论转化为现实中的应用。例如,竞争对于提高学校质量的价值相关理论经历了一系列社会实验的测试,这有助于父母为子女选择学校(Howell 和 Peterson,2004)。通过实施负所得税以及城乡地区的长期研究①、非侮辱性保障收入的积极影响相关理论得到了验证。【816】

许多经社会实验研究的实验思想并非出自社会科学理论,而是在政策或现实条件中产生的。例如,人力资源发展研究公司的福利实验并没有测试具体的行为理论。然而,这些实验通常与当前的社会科学家的理论一致。因此,这些研究支持、驳斥或是未能提供关于某项相关理论的令人信服的证据。

为社会科学家提供有趣的工作

社会实验是很有趣味的前沿性研究。社会科学家在其中找到了乐趣,在资源丰富的研究所中工作的科学家更是如此。社会实验需要有能力的人才以及完成这类工作的最新统计知识。长期以来,有能力建立并维系适合该项工作的专家类型的机构很少。《社会实验文摘》列出了 143 项社会实验分析,发现在美国有三大机构占据了社会实验的主流:阿布特协会、人力资源证明研究中心(MDRC)以及数学政策研究中心。这三大机构实施了将近半数的实验(Greenberg 等,1999)。在加拿大,社会研究和示范协会完成了大多数社会实验。

社会实验中,有趣的事情是:大多数的调查者是经济学家。经济学家们并非因其田野工作闻名,而是由于彻底变革了收入维持实验的研究,并根据实验传统发展了抽样和分析方法而广为人知。为什么调查者是经济学家呢? 因为许多主题都是与金钱相关。他们对计划进行测试以减少政府的开支。福利工作计划能够减少接受福利的人群,并

---

①　见 Kershaw 和 Fair,1976;Watts 和 Rees,1976;Palmer 和 Peckman,1978。

降低福利开销吗？疗养院奖励偿还计划能够增加需特殊照顾的患者接收量，以此减少他们入住（昂贵的）医院的次数吗？就业计划能够缩短失业者领取失业救济的时间吗？经济学家们广泛参与的另一个原因就是：与社会学家和心理学家得出的类似于"职业技能"或是"适龄儿童发展"等研究结论相比，金钱更易于衡量。相较于模糊的概念，政策制定者和大众都认为支出和存款更有说服力。所以，经济学家会建立以美元为单位的研究方法和数据模型。

6. 社会实验的局限性

【817】 ### 6.1 政策局限

决策的影响

如果我们回顾社会实验的历史，就会发现实验并没有对随后的决策产生决定性的直接影响。在举出的四个例子中，只有福利工作实验在其后政策中有所体现。无论是健康保险实验还是疗养院奖励偿还实验，或是收入维持实验，都没有引起广泛注意，并且这些实验结果都变成了大量的分析。虽然福利工作实验的结果似乎对后期政策有所影响，但是最多也是间接影响。

格林伯格（Greenberg）、曼德尔（Mandell）和同事们对美国福利研究的负责人进行了电话采访。他们发现，虽然大多数的国家负责人对福利工作实验的结果有所了解（尽管不具体），但是他们并不相信实验结果对国家政策产生了影响。这些人看重的是证明国家可以顺畅地执行计划，以及为接受福利者提供工作优于为其提供培训的共识。在格林伯格（Greenberg）等人 2003 年的书中，有如下总结：

> 讽刺的是，尽管这些实验确实对政策产生了重要的影响，但是实验的作用是很有限的……尤其是，许多政策制定者已经从其他角度认为经过福利工作实验的计划很有吸引力，而实验只是简单地强化该观点。所以，比起经实验决定采用何种计划，实验只是为了在设计计划的时候让人信服。换句话说，实验帮助政策制定者完成他们已经想做的事情。（2003，308，310）

为什么社会实验的结果微不足道？为什么合理性不占主导地位？

社会科学家坚定认为"科学证据"会取代一切其他形式的理解。政策也是根据意识形态、信念、利益和对比信息以及制度规范制定的（Weiss，1983/1995）。社会实验只能将政策向前推进一小步，在很大程度上，其影响依靠于政策领域中各种因素的相互作用。社会科学家很清楚，立法者和行政官员有固守的信念和原则，对其政策方向有很大的指引作用。他们的意识形态倾向对政策提案有强烈的影响,甚至关乎听证会的举办。对流产和同性结婚的态度尤其受到意识形态和原则的影响,但是意识形态并非只存在于这些极端话题。对于很多政策制定者来说,这种坚定的信念会影响草案的制定、学校等级考核的需求、对惯犯的强制条款以及对吸毒者的针头交换计划。

利益始终是影响政策的强有力因素。药品生产者、农民、电台拥有者、国家和城市 【818】的服务人员、出庭辩护的律师、慈善机构、公共事业公司、大学、医院——几乎国家中的所有组织团体都通过公共政策寻求更好的发展。各组织间的利益冲突为政策舞台增添了很多戏剧性。议题发生转变和变化时,暂时性利益联盟的产生和解体正是戏剧性的体现。

社会科学并不是获取合法信息的唯一途径。政策界中充斥着各种团体。说客们兜售着对过去事件和未来的观点,媒体专栏作家和社论作者也加入讨论。许多机构有其内部的信息来源——数据库、研究机构以及新闻服务。海量网络信息的随时获取使得收集信息比从历史和内容的角度解读信息容易得多。

另外,政策系统中的每个机构都有其规范和准则。例如,美国国会根据系统要求,进行委员会任命、委员会少数或多数代表、投票、向全体汇报、结束辩论、调节两院通过的法案差异以及时间表、预算限额、接触压力集团等,这些内容对出台政策的本质有重大影响。在福利政策改革过程中,罗恩·哈斯金斯(Ron Haskins,1991)对多次提及的人力资源发展研究公司进行了跟踪调查,发现在政策制定过程中的听证会、拟写法案、议会考虑以及最后的参议两院协商等过程中,对该公司的具体描述越来越少。在政策体系中,每个机构的内部标准和文化会为其行动带来很大压力,并且这种压力也会影响机构间的行动。这四大影响因素——意识形态和信念、利益、其他信息以及制度规范——为社会科学能做出的贡献和引起的注意设定了界限。社会实验是社会科学研究很小的一部分,也受制于周围环境。

研究结果的滥用

在进行政策决策时,社会实验的结果可能会被滥用(Orr,1998)。如果实验结果与政策制定者的信念和政策议程不一致,他们可能就会像忽视其他的信息来源一样,而忽视实验结果,在国会的福利制度改革辩论中,福利工作实验研究是用于论证教育和培训是有效的,并且使得大量的联邦资金带来效果。事实上,在所研究的计划中,教育和培训几乎没有引起太多注意,实验表明,求职开销较低以及工作经历较少是有效的影响因素(Haskins,1991)。

政策制定者可能会关注公众的反应。如果公众对实验结果不感兴趣或是表示怀疑,政策制定者依照实验结果进一步推进改变的意愿就很小。如果研究的发起人对结 【819】

果不满意,政策制定者甚至听不到试验的结果。发表成果首先会受到出资机构的满意度(或不满意度)会影响向大众传播的内容。缺少对实验结果的宣传也是原因之一。在疗养院奖励偿还研究中,赞助这项研究的联邦工作人员撤出实验,导致缺少对该项研究的宣传。知道这项研究结果的人很少,实验发现也几乎没有得到应用(Greenberg 等,2003)。重新分析实验数据发现,奖励可以带来更多的积极成果(Norton,1992),但这一结果鲜为人知。

对于研究质量和正确分析实验结果的能力,政策制定者的期望可能并不高(并不只是对于他们,对所有人都很困难),这也加剧了实验结果的误解或滥用。政策制定者更加依赖间接质量因素,例如研究者的声望、研究团体对实验结果的回应,以及研究结果是否符合他们的预期(Orr,1998)。

简单化思维

社会实验鼓励政策制定者提出简单的问题:什么是有效的? 这会让他们认为,社会科学家可以得到期望的政策结果。他们因此不再考虑后续的问题:实验对谁起作用? 在何种条件下起作用? 怎样的实施是必要的? 社会实验会带来什么不同? 有没有其他的代替方式,这些代替方式会起怎样的作用呢?

研究者在政策界中工作的能力

社会实验在混乱的世界中进行。有些社会科学家掌握必备的实验设计、取样、评估以及数据分析知识,而有些社会科学家能和政策主体实现良好沟通,他们通常不是一类人。后者必须要倾听、知道可行的政策选择、了解历史上的政策对决的势力范围、熟悉科学文献和设计并进行研究的复杂事项。挖掘这类人才十分困难,取而代之的可能是能力不强的高技能研究者,但是这些人通常对根据政策领域调整实验的兴趣不强。

严格检查

与其他研究结果相比,社会实验的结果很少受到反对者的攻击,所以可能会更为成功。在某种程度上,这是因为研究团体试图通过随机实验支撑他们的结果,所以,社会实验提供了共同点,帮助政策制订者理解调查者的信念。例如,健康保险实验在研究领域建立了广泛的共识,成本分担能够减少医疗保健的使用,同时不会对健康造成危害——仍没有研究充分回答这一问题。然而,即使是最好的社会实验也要面对方法论的批判,事实上,由于这些实验总是出现在研究领域和政策领域,所以可能会面临更严格的批判。学校选择实验就是一个例子(如 Howell 和 Peterson,2004;Krueger 和 Zhu,2004)。因为父母对学校的选择是一个政治性问题,所以会对研究进行仔细的细节检查。

【820】

6.2　研究局限

完成社会实验并非易事。为了增强研究的说服力,社会实验需要投入大量的时间、金钱以及有影响力的研究专家,并且灵活地回应过程中的变化条件和问题。不仅是因为在政策制定过程中,而且受制于研究界的约束,社会实验对政策制定的影响很有限。社会科学方法对描述和分析复杂的政策问题并非总是很理想。

设计挑战

在现实世界中,研究者会被一系列的研究挑战困扰。在试验的全过程都会遇到困难。其中,第一个就是地点的选择。尽管进行实验的政策选择总是试图在全国(或联邦)范围内适用于所有相关人员,但是在全国范围内随机选择样本的实验是无法实施的。只能在几个地点进行实验干预(并对其研究)。即使是最昂贵的社会实验也只能在几个地点进行干预。研究者如何决定哪些地点是足够"典型的"或"有代表性的",能代表整个国家的情况呢? 他们会避免选择特别特殊的地点,但是很大程度上,哪些地点同意合作才是决定性的因素。

招募人员是另一个问题。实验设计需要疗养院或者低收入家庭的参与,而研究者必须确定足够的个体能够签字答应成为受试者。在此期间,必须告知半数的受试者,他们不会得到任何新的服务,但是却要定期地给予信息反馈。选择参与人员,向他们解释试验的条件,让受试者参与其中并不简单。何时告知参与者,他们可能处于控制组,不会得到任何服务是一个难题。库克和沙迪什(Cook 和 Shadish,1994)探讨了在招聘过程中的不同时间告知参与者可能处于控制组的优点和不足。这一问题很重要,如果人们(或机构)了解到不会得到服务,并且因此拒绝参与,实验的随机性就会受到损害。【821】

还有一个问题就是确保项目能够按计划实施。如果联邦福利机构不能按照要求提供它应该覆盖的就业服务,例如,没有提供实验干预,社会实验就会是幻影政策的检验,或是某机构独创的不为人知的干预。社会实验的结果就会毫无价值。从以往经验看,学者已经认识到了监测和实施干预的重要性。

也许最基础的设计问题就是实施并保证随机性。研究者通常不会自己做随机分配,而是由营业机构为其计划选择参加者,在过程中,应根据研究者准备的方案,将参加者分成干预组和控制组。实际的任务通常"由社会服务人员、护士、医师、学校官员完成"(Cook 和 Shadish,1994,558)。有时候这些人会对他们应该做的事情产生误解,有时候会在分配决定的时候带有专业判断。研究者认识到,他们不仅需要培训机构职员,还要坚持监督,以此确保真正实现随机性。

问题还不止这些。随着时间的推移,开始时真正的随机分配可能无法实现。在某些情况中,实验无法吸引到足够的参加者。所以,机构职员就会从控制组中抽调人员加入计划。人们认为"控制组"可能会得到真正的干预。参与者可能会退出计划或者研究,这是不可避免的。如果干预组和控制组的参与者因为相似的原因平均退出,那计划还不错。但是,更普遍的情况是,控制组的参与者总是会退出计划。他们并未接受服务,所以留下来完成计划的理由更少。例如,在收入维持试验中,与慷慨的福利组相比,控制组和补贴较少的实验组的退出率较高,不同的退出率是对各组的公平性做出妥协,选择性偏差再一次显现出来。

在其他情况中,控制组可能会不经意的受到实验组介入的影响。接受过专业实验发展课程的老师们可能会不顾官方"控制组"的状况,在学校中与其他老师分享新的发现。

其他的复杂情况也在不断出现。随着时间推移和经验累积,学者们变得越来越世故,他们已经辨认出一系列影响社会实验有效性的因素。曼斯基和加芬克尔(Manski和 Garfnkel,1992)认为,某些干预可能会改变团体的规范和态度,这可能会影响干预的成功性。赫克曼(Heckman,1992)、赫克曼和史密斯(Heckman和 Smith,1995)写道,支持社会实验的人并不代表全程参与计划的人。墨菲特(Moffitt,1992/2004)也对"进入【822】影响"表示担忧,参与者不参与小型试验的行为也会受到整个计划状态的影响。

时间

研究领域和政策领域并非同步发展。社会实验需要投入大量时间,通常历时多年进行设计、实施、最后分析并报告结果。同时,随着政策不断向前推进,社会实验的结果也会出现于崭新的、发生变化的政策领域中。实验结果可能与发生变化的政治领域关联不大或没有关联。例如,健康保险实验开始的时候,国家医疗保健系统还在火热的讨论中,成本分担的影响与此有紧密的联系。但是当实验结果广为人知的时候,关于医疗保健的辩论已经逐渐消失,而且国家卫生保健已经没有迫在眉睫的可能。结果的关联度大幅减弱(Greenberg 等,2003)。

在过去,通常需要四五年(或者更长)的时间才能得出实验结果。住房津贴实验历时更长。该实验通过为低收入人群提供住房补贴,测试了对家庭和住房供应的影响。该实验必须进行足够长的时间,才能让房东为补贴领取者增加住房数量,该实验(在两个城市)进行了 11 年(Bradbury 和 Downs,1981)。

另一方面,有些试验的时间太短,得不到令人信服的结果。疗养院奖励偿还研究仅进行了 30 个月。很明显,很多疗养院并不想为了获得短期财政补贴做出改变。其中一家主办机构的报告这样陈述:

对于参与者(疗养院)来说……似乎实验时间太过短暂,所以他们不情愿做出人员、政策和组织上的转变,因为这些转变可能会在实验结束之后对他们的环境产生长期的影响(Greenberg 等,2003,107)。

即使在如此短暂的时间内,实验都不能赶上浪潮。该实验完成的时候,政策的关注点已经从奖励转移到了制度上。

预见性不是社会科学的强项。发现何种政策议题能在未来有生命力是预言者的工作。对政策风向的转变速度以及政府的稳定性的理解可以区分出如今的共和党和民主党,随着经济条件变化,政策窗口怎样开启和关闭,我们还能对预见合适的干预充满自信吗?许多人担忧实验中的因果关系。我们对不确定的预测未来的方法充满担忧。无论幸运与否,近些年中,社会实验变得越来越合理。下一段即将提到,社会实验设法利用可获得的数据,逐渐缩短完成实验的时间。但是,社会实验测试的方案越来越合理。

花费

【823】

社会实验对政策制定的价值可能会受到花费的限制。研究设计的复杂性与其花费之间通常有直接的关联。政策选择、背景、实验参与者的类型越多,实验的花费就可能越昂贵。所以,实验花费对社会实验结果与具体的政策问题之间的关联度有直接的影响。随着时间推移,社会实践似乎变得更为简单,所以其花费也更少。格林伯格等人(Greenberg 等,1999)认为,这部分是因为与特殊研究相比,行政数据库的用处越来越多。参与社会实验的机构运行该计划(反对由研究机构运行计划)的可能性越来越大。实验小组越少,实验设计就越简单,对参与者的跟踪时间也越短。

测试的数量局限

在对政策进行测试时,能够涵盖与研究问题相关的所有政策可能性的实验基本不存在。所以,社会实验的发现仅限于所测试的几个选项。社会实验只局限于部分地点的部分参与者,其实验发现可能并不适用于其他地点和参与者。通常而言,社会实验的时间也有所缩短(尽管健康保险实验并非如此)。极少有社会实验能权衡其干预的因素。实验规模足够大,能检验客户群中各小组差别的社会实验基本不存在(收入维持实验是个例外)。实施计划的工作人员行为基本得不到检验,也很少提及取得更好或更差结果的行为。干预的花费通常没有经过精准的计算(例如,在养老院奖励偿还实验中,工作人员无法区分运营项目的花费和用于研究的花费(Greenberg 和 Shroder,1997)。

"黑箱"实验是对一个或几个处理措施进行测试,"响应面"实验是对广泛的处理措施进行测试,二者之间存在差别(Greenberg 等,2003;Burtless,1995)。20 世纪 60 年代和 70 年代的收入保持实验是"响应面"实验的案例,在该实验中,不同测试组的保障收入和税率各不相同。健康保险实验也是"响应面"实验,不同小组的成本分担各不相同。格林伯格等人（Greenberg 等，2003）总结道，如果实验结束时，政策议程中仍然存在有待测试的特定干预内容，黑箱实验就是可行的。但是，这种情况几乎不可能出现。"响应面"实验的优势在于，这类实验能够检查一系列方案的弹性，并且实验结果在随后的仿真模型中，甚至在未来都能得到应用。

【824】 *影响较小*

社会实验几乎从来没有得出过令人瞩目的发现。如果提议的干预特别出众，那就几乎没有进行实验的理由。大多数的政策提议都是不确定的，实验的结果总是微不足道。在一些亚群的特定情况中，实验收效甚微，所以对实验的解释至关重要。

因为实验很复杂，所以结果并不总是有权威性。在试验的整个过程中，需要不断做出决策。实验总是会做出妥协，有时是为了应对环境危机，有时是为了适应预算，有时是为了迎合员工的能力，有时是因为到了截止日期，有时是试图解决实验过程中遇到的新问题。其他的学者会对实验结果进行批判。他们可能会重新分析数据，建立新的模型分析数据模式。研究专家会将实验作为新的素材用以追求主导地位。

组织/社区干预随机分配的可能性

一些创新的政策思想将社区、体系或国家考虑在内。与一次性向个人提供服务不同的是，提议的政策试图改变更大实体的行为和文化。这类例子包括：改变福利官员的态度，在工作中用职员优先取代客户优先；改变社区的行为，使得家庭、饭店以及立法机构能积极工作，防止青年酗酒；改变学校系统的文化，使得教师和行政人员能热情欢迎父母参与到子女的教育之中。在社会实验中检验这些观点，单位转变时——福利官员、社区或是学校系统，无需研究同样的个体数量。我们感兴趣的是集体主义的行为。

最显而易见的解决方式是单位随机化。随机分配一定数量的学校系统或社区到干预组或控制组。然而，随着单位规模的扩大（国家或州），可研究的单位越来越少。想研究大量社区或国家难度很大，而且非常昂贵，很少超过十个或 12 个单位参与研究。可是，如果案例数量有限，可能性规律不一定奏效。干预组和控制组之间任何可观察的差异都可能得出偶然的结论。非偶然得出结论的案例实在是太少了。所以，大量样本的随机化最多只是片面的解决方法。这一问题正是需要实验创新进一步提升的地方。

另一个反对随机分配的原因是：非城市地区成为不了城市，社区、医疗系统或学校也不能互换。每一个地方都有其历史，固定的传统、数十代人发展的文化；每一个地方都吸引特定的公民组织、计划的工作人员以及居民。哈林区不是芝加哥的南部，也不是瓦茨；在布鲁克林的 PS241 和波士顿的康登学校也不一样（Towne 和 Hilton，2004）。即使学者随机分配社区，也不完全有可比性，最后得出的差异可能并非因为介入，而是因

【825】

为受到了复杂的历史和文化的影响。例如,某一关于增加食物营养的计划的评估,随机选择了华盛顿和巴尔的摩的超级市场。在干预组的市场中,将有营养的食物放在了受欢迎的货架上,并且分发营养知识的传单。控制组则什么都不做。关乎实验成功的要素是消费者购买有营养的食物的数量。结果表明,在两座城市中的结果差异比实验组和控制组的差异更大。

伦理学

伦理问题自出现起,就有很多实验跟进。人们更重视坚持对社会有益的事情,却不顾及需求。从业人员总是不愿意放弃职业判断,允许提供偶然性的服务。服务的受益者强烈反对加入没有服务的控制组。大量的伦理问题(为合格的人保留服务、实验过程的完全透明、拒绝的权利、对参与者的伤害)可能会给社会实验能研究的问题带来很大的局限。

对此的反对意见是,在研究之前,没有人能确切地了解什么服务是"有益于"社会的。许多实验发现,干预并不优于标准服务——甚至有害。所以,从偿付方案角度而言,疗养院奖励偿还实验并没有展现出积极的影响。比克曼(Bickman)对集中的心理健康服务的研究包括了许多专业、时尚又华而不实的内容,其结果表明,集中的服务并不比常规服务有更好的效果(Bickman,1996)。

干预的复杂性

也许,反对实验最明显的问题是:在实验或非实验中,干预是很简单的。但是很多干预是高度复杂的社会干预,简单的因果干预又难以察觉。员工总是以不同的方式落实"计划",在社会实验过程中,得出的预期结果不能被简单地度量。例如,研究心理疗法的影响时,因为治疗学家和客户有其固有的工作和回应方式,所以会列出所有的问题。批评家们认为,无论为心理疗法贴上怎样的"标签",无论多努力地培训治疗学家遵从相同的过程,随机量化研究都无法得出合理结果。

【826】

同样,教育家总是认为,在教室内的相互作用无法通过随机量化方法进行研究,介绍一种新的教学方法就是例证。假设所有经过新的教育方法培训的老师们都能按要求将其落实,所有教室中的学生们都能做出相似的反馈,这就是对教书和学习变化性的误解。除了变化性,在检测方面也会出现很多错误。应该用大量的样本表明(社会功能、数学成绩、出席)干预组与非干预组参与者平均分数的差别。用库克(Cook,2001)的话来说:"这不是反对随机分配宣称,某些学校是混乱的。实施改革的可变性很高,完全忠实于基本理论的方法并不存在。"实验主义者强调,人类的行为有很高的一致性,能否通过实验取得有价值的结论与在试验中是否进行创新是相关的。

7. 结论

在本章开头,我们对社会实验的三大典型特征进行描述:田野试验、随机将潜在收益者样本分配至干预组和控制组以及测试政策干预成功可能性的目标。前两个特征可行性和重要性不断增加。现在,田野试验已经成为主流。随机研究得到了研究团体(虽然一些研究者,尤其是教育方面的研究者,正式提出了反对意见)和国会的支持。例如,国会在 2002 年通过了教育法案,为随机评价研究提供了优先权。社会实验的第三个特征确实没有其设立之初那样坚定:对可选择的实验进行预期研究。

在 20 世纪 60 年代,出现了很多剧烈的政策变化,社会实验变得重要。社会实验成为了全国范围内创新思潮和根本性改革的一部分。在 20 世纪 80 年代末和 90 年代,随着对基础性变化的兴趣减退,实验的命运也随之改变。虽然仍然会进行很多实验,但事实上,投入其中的资源在减少。实验重点从主体创新向现存目的边际改进。用布特莱斯(Burtless)的话来说,他们"重点更局限,雄心减弱,对重要学术贡献的追求也更少"(1995,63)。现在,随着美国以及其他地方出现了财政赤字和财政紧缩,在国内提出新

【827】 的提议的可能性更小。这不再是可以大量测试新兴思想的时代了,至少不是用政府资金测试的时代。检测小幅改进是当前的趋势,优先缩减开支以及私营部门行为的转变。如果您想投资大规模的社会实验,我们的建议是:暂缓投资。成果听起来不错,有很大的潜力,但是现在不是投资的时候——至少在美国不是。但是坚持一下,某些社会实验会将来有所发展。

我们再从三大主题开始论述:政治领域的复杂性、研究领域的技术复杂性以及实验发现和政策问题的联合与分解。整体而言,社会实验展现了其通过社会科学研究影响政策的可能性与局限。社会实验贡献了很多新知识。社会实验的某些结果已经渗入政策领域或变成了政策表述(Anderson,2003;Weiss,1999)。国会中有影响力的人、联邦机构、国际组织、利益团体以及媒体都对实验结果了如指掌,以便参与政策对话。

另一方面,没有例证能够表明,社会实验对政策变化有直接影响。健康保险实验得出结果的时间太晚,加之其并没有聚焦于实际的立法提案,所以,在很大程度上,这一结果被忽略了——用该结果建立新提案的经济学家除外。疗养院奖励偿还实验的结果也是在该想法失去活力之后才得出结果。很少有人对疗养院试验的初衷仍然感兴趣,那只是规章之内的行为而已。收入维持实验被大量出版,但是几乎没有为政策变化带来具体影响。福利工作实验似乎产生了政策结果。人力资源发展研究公司研究为强制的工作优先需求提供了支持,还证明国家设计和处理其自身福利项目的能力。这三个项

目的设计都最终结束于 1988 年的《家庭支持条例》。然而,正如我们所见,政策制定者做出计划的不同理由是实验的唯一差别。

因为制定政策是一项很复杂的工作,有如此多的参与者追求如此不同的利益,期望实验信息能够获胜的观点太过乐观了。即使是社会实验中高质量的信息也不能胜过田野其他的因素。如我们所见,社会实验的时间总是落后。虽然政策议程不断向前推进,但是社会实验还在对去年提案进行研究。

然而,综合分析优势与不足,我们得出的结论是支持进一步的实验。世界迫切需要更深入地理解政府行为。社会实验不能完全满足了解政策结果相关信息的需求,这部分是因为社会科学试验的固有特征,部分是因为社会实验条件的限制。但社会实验仍在前进。在混乱的政策领域中,任何合理性的进步都值得支持。不卑躬屈膝,也不唯命是从,而是应该支持合理性进步。

但是,我们也需要对社会实验能取得成绩进行适度的预测。严格地将实验证据作为政策基础是刚愎自用的。社会实验并不能包括即将进行的政策选择的所有事项。政【828】府行动还需要考虑很多事情,例如大众需求、花费、实施政策的能力、竞争需要、相关政策的影响,等等。政治产生决议。尽管有时候世界陷入危难,但政治就是在复杂的社会中化解差异,在各个党派中达成决定的系统(对政治的强烈肯定,Crick,1972)。

政治结果的证据不能也不应该代替作为政策基础的政治作用。当然,我们不想见到基于形势的错误理解和不现实行为预期的政策。但是,认为仅凭实验数据就能解决复杂的政策问题的观点十分冒昧。历史会带来影响,政治文化和组织行为也会带来影响。社会实验能做的是帮助大众和精英增进理解,并且为政策讨论带来更多思考。

科学和政治共存于政策范围内,但联合二者并非易事。社会科学家态度良好,强调社会科学带来的"增值"的特点:为未来提供可利用的知识储备、为当下精英和大众提供启发、减少错误的设想,并证实明智的行动直觉。但是通过所有社会科学得出的理解来说——尤其是通过社会实验得出的——并不能操控局势。科学和政策之间的紧张关系是不可避免的,通常二者的汇聚是偶然发生的,但这却恰到好处。

参考文献

Anderson, L. 2003. *Pursuing Truth, Exercising Power: Social Science and Public Policy in the 21st Century.* New York: Columbia University Press.

Baum, E. B. 1991. When the witch doctors agree: the family support actand social science research. *Journal of Policy Analysis and Management*, 10: 603-15.

Bickman, L. 1996. A continuum of care: more is not always better. *American Psychologist*, 51: 689-701.

Bradbury, K. L., and Downs, A. eds. 1981. *Do Housing Allowances Work?* Washington, DC: Brookings Institution.

Burtless, G. 1995. The case for randomized Weld trials in economic and policy research. *Journal of Economic Perspectives*, 9: 63-84.

——and Orr, L. L. 1986. Are classical experiments needed for manpower policy? *Journal of Human Resources*, 21: 606-39.

Cain, G. G., and Watts, H. W. eds. 1973. *Income Maintenance and Labor Supply.* Chicago: Rand McNally.

Campbell, D. T., and Stanley, J. C. 1966. *Experimental and Quasi-Experimental Designs for Research.* Boston: Houghton-Mifflin.

Carlson, D. B., and Heinberg, J. D. 1978. *How Housing Allowances Work: Integrated Findings from the Experimental Housing Allowance Program.* Washington, DC: Urban Institute.

Chapin, F. S. 1947. *Experimental Designs in Sociological Research.* New York: Harper and Row.

Cook, T. D. 2001. Sciencephobia. *Education Next*, Fall: 62-9; available at www.educationnext.org.

——and Campbell, D. T. 1979. *Quasi-Experimentation: Design and Analysis Issues for Field Settings.* Chicago: Rand McNally.

——and Shadish, W. 1994. Social experiments: some developments over the past fifteen years. *Annual Review of Psychology*, 45: 545-80.

Crick, B. 1972. *In Defense of Politics*, 2nd edn. Chicago: University of Chicago Press.

Danzinger, S., Haveman, R., and Plotnick, R. 1981. How income transfer programs affect work, savings and income distribution. *Journal of Economic Literature*, 19: 975-1028.

Feldman, M. 1989. *Order without Design: Information, Production and Policy Making.* Stanford, Calif.: Stanford University Press.

Friedman, J., and Weinberg, D. H. 1983. History and overview. Pp. 11-22 in *The Great Housing Experiment*, ed. J. Friedman and D. H. Weinberg. Beverly Hills, Calif.: Sage.

Greenberg, D., Linksz, M., and Mandell, M. 2003. *Social Experimentation and Public Policymaking.* Washington, DC: Urban Institute.

——and Mandell, M. 1991. Research utilization in policymaking: a tale of two series (of social experiments). *Journal of Policy Analysis and Management*, 10: 633-56.

——and Shroder, M. 1997. *Digest of Social Experiments.* Washington, DC: Urban Institute Press.

——and Onstott, M. 1999. The social experiment market. *Journal of Economic Perspectives*, 13: 157-72.

Greenwood, E. 1945. *Experimental Sociology: A Study in Method.* New York: King's Crown Press.

Haskins, R. 1991. Congress writes a law: research and welfare reform. *Journal of Policy Analysis and Management*, 10: 616-32.

Heckman, J. J. 1992. Randomized and social policy evaluation. In Manski and Garfinkel 1992, 201-30.

——and Smith, J. A. 1995. Assessing the case for social experiments. *Journal of Economic Perspectives*, 9: 85-110.

Howell, W. G. , and Peterson, P. E. 2004. Use of theory in randomized field trials: lessons from school voucher research on disaggregation, missing data, and the generalization of findings. *American Behavioral Scientist*, 47:634–57.

Jay, A. ed. 1996. *The Oxford Dictionary of Political Questions*. Oxford: Oxford University Press.

Kennedy, S. D. 1980. *Final Report of the Housing Allowance Demand Experiment.* Cambridge, Mass. : Abt Associates.

Kershaw, D. , and Fair, J. 1976. *The New Jersey Income-Maintenance Experiment , i : Operations , Surveys and Administration.* New York: Academic Press.

Krueger, A. B. , and Zhu, P. 2004. Another look at the New York City School Voucher Experiment. *American Behavioral Scientist*, 47:658–98.

Manski, C. F. , and Garfinkel, I. eds. 1992. *Evaluating Welfare and Training Programs.* Cambridge, Mass. : Harvard University Press.

Mayo, S. K. , et al. 1980. *Housing Allowances and Other Rental Housing Assistance Programs.* Cambridge, Mass. : Abt Associates.

Moffitt, R. A. 1992. *Evaluating methods for program entry effects.* In Manski and Garfinkel 1992:231–52.

——2004. The role of randomized field trials in social science research: a perspective from evaluations of social welfare programs. *American Behavioral Scientist*, 47:506–40.

Newhouse, J. P. 1993. *Free for All? Lessons from the Rand Health Insurance Experiment.* Cambridge, Mass. : Harvard University Press.

Norton, E. C. 1992. Incentive regulation of nursing homes. *Journal of Health Economics*, 11:105–28.

Oakley, A. 1998a. Experimentationand social interventions: a forgotten but important history. *British Medical Journal*, 317:1239–42.

——1998b. Public policy experimentation: lessons from America. *Policy Studies*, 19:93–114.

Orr, L. L. 1998. *Social Experimentation: Evaluating Public Programs with Experimental Methods.* Cambridge, Mass. : Abt Associates.

Powers, E. , and Witmer, H. 1951. *An Experiment in the Prevention of Delinquency: The Cambridge-Somerville Youth Study.* New York: Columbia University Press.

Rivlin, A. 1971. *Systematic Thinking for Social Action.* Washington, DC: Brookings Institution.

——and Timpane, P. M. eds. 1975. *Planned Variation in Education: Should We Give up or Try Harder?* Washington, DC: Brookings Institution.

Roethlisberger, F. J. , and Dickson, W. J. 1939. *Management and the Worker: An Account of a Research Program Conducted by the Western Electric Company , Chicago.* Cambridge, Mass. : Harvard University Press.

Schweinhart, L. J. , Barnes, H. V. , and Weikart, D. P. 1993. *Significant Benefits: The High/Scope Perry Preschool Study through Age 27.* Ypsilanti, Mich. : High/Scope Press.

Shadish, W. R. , Cook, T. D. , and Campbell, D. T. 2002. *Experimental and Quasi-Experimental Designs for General Causal Inference.* Boston: Houghton-Mifflin.

Towne, L., and Hilton, M. ed. 2004. *Implementing Randomized Field Trials in Education: Report of a Workshop.* Washington, DC: National Academies Press.

Weiss, C. H. 1983. Ideology, interests, and information: the basis of policy positions. Pp. 213–45 in *Ethics, the Social Sciences, and Policy Analysis*, ed. D. Callahan and B. Jennings. New York: Plenum Press.

——1995. The four I's of school reform: ideology, interests, information, and institutions. *Harvard Education Review*, 65: 571–92.

——1999. The interface between evaluation and public policy. *Evaluation*, 5: 468–86.

Wolfhagen, C. F. 1983. *Job Search Strategies: Lessons from Louisville WIN Laboratory.* New York: MDRC.

第九部分

公共政策：旧与新

第 40 章 政策研究的特定方法

埃米泰·伊兹欧尼（Amitai Etzioni）

政策研究需要一种方法，该方法与基础研究所依赖的方法截然不同。这是因为政 【833】
策研究总是致力于改变世界，而基础研究则试图去理解世界。① 如果一个人能够更好
地理解世界，那么也会知道如何让世界变得更好，但目前此说法尚无确凿证据支持。

典型的政策目标是减少贫困、遏制犯罪、减少污染或改变其他条件（参见 Mitchell
和 Mitchell，1969，393）。即使那些旨在维持现状的政策也在促进变革，例如自然遗迹或
历史文件，他们的目的是减缓甚至逆转恶化的过程。如果没有寻求改变，就像没有人关
心改变月球表面时，那么就不需要在该特定区域进行政策研究。

此外，虽然理解一项成功的基础研究所表现出的现象的原因有助于制定政策，但通
常以不同方式构建的大量其他信息对于政策制定者来说最为有利。② 政策研究人员善
于利用大量的、没有特定分析基础或理论背景的信息（基础研究所提供的那类）。③ 在 【834】
此意义上，涉及身体和思想变化的医学科学是一种典型的政策科学。据估计，医生使用
的信息中约有一半没有生物学、化学或任何其他科学的基础；而是基于经验的积累。④
这些信息从一个医疗队传播到另一个医疗队，因为"这些知识是事情的处理方式"和
"他们的工作方式"。

---

① 第一本涉及政策科学的书，拉斯韦尔和勒纳的《政策科学》（1951）经常被引用。然而，这本书
并没有解决面临的方法问题。关于早期解决这些问题的方法参见 Etzioni，1971b，1968 年。

② 关于如何构建和提供政策研究和分析的例子，参见 Dunn，1981，322。

③ 例如，许多政策制定者赞同乔治·L.凯尔（George L.Kelling）和詹姆斯·Q.威尔逊（James Q.
Wilson）的犯罪学理论，虽然这些理论没有建立在学术研究的基础上，但它们是有意义的。参见 Wilson
和 Kelling（1982）。对这种犯罪学方法的评论，参见 Miller（2001）。

④ 医学中"很多东西"都没有科学依据（参见 Inglefinger，Relman 和 Findland，1966）。"医生在
他的工作中看到问题中大约有 85% 在书中找不到依据和解决方案"（引用一位医生的话，schön，
1983，16）。

其他政策科学也是如此。例如,犯罪学家给当地政府的一份说明中表明,在最低安全监狱中的改造工作比最高安全监狱中实施得更有效(这一事实可以通过基于基础研究的社会学理论概念来证明)。① 从长期经验中得知,犯罪学家利用更好的方式来提醒地方当局,这种安全度下降可能会导致一些囚犯越狱并在周围地区继续犯罪。如果不愿意接受这种变革安全政策的"副作用",那么引入它的政府可能会失去下一次选举权,监狱的安全度将恢复到以前的较高水平。当安全性降低出逃率会上升时,没有专门的社会学理论可以为此开脱。这是一种基于常识和经验的观察;然而,这是决策者以及政策研究人员几乎不应忽视的。(虽然他们可能会探讨如何应对这种"副作用",例如提前告知公众、在囚犯逃跑时开启警报系统,或其他一些措施。)

刚刚给出的例子试图说明基础研究产生的信息与政策研究中起主要作用的信息之间的差异。也就是说,政策研究所依据的重要信息是从实践中得出来的,而非基础研究。

接下来的大部分内容均涉及信息和分析的结构方式在健全政策研究和基础研究中的巨大差异。在开始之前要说明:政策研究不应该与应用研究相混淆。应用研究假设现已做出了一项政策决定,负责人正在寻找最有效的方法去实施。政策研究有助于确定政策决策应当是什么。

1. 可塑性

【835】   基础研究与政策研究的主要区别在于,可塑性是后者的关键变量,而不是前者(Weimer 和 Vining,1989,4)。事实上,对于政策研究人员来说,它可以说是最重要的变量。当前目标的可塑性应该定义为引起给定变量变化的资源量(包括时间、力量和政治资本)。对于政策研究而言,可塑性是一个重要的考虑因素,因为资源量总是达不到实施既定政策目标所需的资源。因此,有效使用资源需要确定不同分配模式产生的相对结果(Dunn,1981,334-402)。相反,基础研究没有原则性理由来支持某些因素(或变量)。对于基础研究而言,如果研究中的条件可以被修改或者可以预估花费多少,那么它几乎不重要。为了证明这一点,许多社会学按性别和年龄对人进行比较研究,虽然这些变量看似相关,但它们对政策研究的价值有限。研究中所使用的其他变量,例如不同人群的收入水平、各民族和族裔群体的教育程度以及城市的平均规模,都有不同程度的可塑性,但仍然不是很高。相比之下,感知更具有可塑性。

---

①   参见 Etzioni,1971a,246-247。

有人称基础研究应该表明对较少研究变量的偏好；然而，这种考虑关注科学中的经济学和政治学而非方法论。因为所有的科学发现都是有条件且有时效的，并且经常需要进行重大修改和重构，对于基础研究人员来说，重新测试旧的发现结果可能与研究新变量一样有价值。简言之，在原则上，虽然对于基础研究而言，所有变量的研究都是正规的，但在给定的时间段内或在给定的一组科学家中，有些人可能认为某些变量更为"有趣"或"有希望"。相反，重申一下，对于政策研究而言，可塑性是最重要的变量，因为它与其核心因素直接相关：推动变革/促进改变。

鉴于基础研究方法在政策研究方法中占主导地位，因此，发现哪些变量比其他变量更具可塑性的问题很少以任何系统的方式进行研究，这一点不足为奇。由于该问题对政策研究十分重要，我们需要进行一些阐述和说明。经济可行性就是一个很好的例子。许多政策研究人员的最终报告不包括他们提议中涉及的任何大致预算。① 甚至对该问题的考虑并不常见，即这些变化是否能够让选举代表和公众接受；即政治可行性（Weimer 和 Vining，1989，292-324）。例如，在过去几十年中，一些党派倾向于通过宪法修正案来实现其政策目标，却忽略了这极难通过的事实。

在其他情况下，政策制定者采纳提议的政策之后，可行性被视为后期研究的次要 【836】"应用型"问题。但是，这个问题比一般可行性评估要深刻得多。政策研究面临的挑战是根据要处理的不同变量来确定相对变化阻力。这个问题绝没必要进行特殊处理，而是视为系统政策研究的主要部分。此外，如果从这个角度研究所涉及的变量，它们本身也可能会发生改变；也就是说，可行性会有所增加而不仅仅视为给定的。

在进行政策研究时，另一个还需考虑可塑性的例子是关于改变公众的态度。政策制定者希望影响人们的信仰和行为时，他们往往倾向于发起"公众教育"。政策制定者往往认为通过被称为"麦迪逊大道"的方式来改变这种倾向十分可行，这种方式需要运行一系列商业广告（或公共服务公告）、安装广告牌以及寻找名人代言等。

例如，美国在 2003 年和 2004 年参与了这样一场运动，通过所谓"公共外交"来改变"阿拉伯平民"的内心和思想。② 这种方式展示了一个生动的例子，即（人们或政府）缺乏对可行性问题的关注。由国务院发起的美国公共外交包括商业、网站和演讲等项目，这些项目试图以麦当劳重视其十亿客户服务的方式"将全球十亿穆斯林与美国重新联系起来"（Satloff，2003，18）。正是基于这样一个前提，即"用布兰妮的视频和阿拉伯语情景喜剧轰炸阿拉伯和穆斯林国家，为华盛顿赢得数百万新的穆斯林同情者"（Satloff，

---

① 例如《自由言论提案》2003；Raver，2002，3-19。
② 例如，参见阿拉伯和穆斯林世界公共外交咨询小组，《改变观念，赢得和平：美国在阿拉伯和穆斯林世界的公共外交新战略方向》，2003 年 10 月。

2003,18）。一项研究发现这种结果是"灾难性的"（Satloff,2003,18）。一些国家拒绝透露这些信息,许多穆斯林将这些材料视为公然的宣传和冒犯,而不是令人信服。

事实上,政策研究人员一心想研究可行性报告,"麦迪逊大道"的方法只有在花费大量资金将人们的购买倾向从一种产品转移到另一种产品时才会起作用,它们之间几乎没有差异（例如两种品牌的牙膏）,人们也倾向于首先使用该产品。然而,当这些方[837]法应用于改变对避孕套使用①、联合国②、选举改革等不同问题的态度时,它们就不那么成功了。而改变人们的行为要困难几百倍,比如说节约能源、放慢车速、戒烟等。这就是极权主义政权虽然开展了大量公共教育活动,但通常都失败的一个主要原因。最可行的问题由政策制定者及其工作人员决定,而不是由政策研究人员向政策制定者报告的研究结果所决定。因此,决策通常基于你的感觉,而不是经验证据。③ 少数例外是国家建设研究,其中几位关键政策研究人员阐述了工作最好缓慢进行的原因,与此同时,许多政策制定者声称可以在短期内以低成本实现这些目标。④

在初步尝试概述各种因素的相对可塑性时,人们可能会注意到,自然法则通常不具有可塑性;社会关系,包括资产分配和权力模式,具有有限的可塑性;象征关系是高度可塑的。因此,任何试图改变重力水平的政策制定机构,例如,不是针对特定情况（比如太空旅行模拟器）而是普遍情况,将发现这项任务极难推进。相反,那些寻求改变旗帜、国家座右铭以及人们互相称道的方式（例如女士而不是女孩或普通广泛的人）,具有相对容易的时机这样做。同自然法则相关的变化相比,阶级或种族之间财富分配的变化更易发生;但同内心和想法的变化相比,则更难发生。

当政策研究人员或政策制定者忽视这些观察并制定寻求权力关系和经济模式迅速变化的法律时,这些法律很快就会被推翻。一个典型的例子就是当政策研究人员将"穷人的最大可行参与"这一短语引入立法时所发生的事态转变。该法案试图通过将联邦资金直接用于自愿团体来规避当地的权力结构,他们顾问委员会中的穷人因此受到"赋予穷人权力"的帮助。不久后,该法律宣布无效。同样,当颁布一项禁止在美国购买烈酒的宪法修正案时,它对美国司法和执法系统产生了一些严重扭曲的影响,并且

---

① 例如,疾病控制中心开展了一项为期十年的广告活动,以教育美国人关于避孕套的知识,并鼓励他们使用避孕套来预防 HIV 传播。在这些广告上花费了数百万美元后,疾病控制中心的一项研究发现,只有 45% 的性活跃高中生上次发生性行为时使用了避孕套:参见 Scott 1994。最近对该项目的评估在回答"美国联邦政府的 HIV/AIDS 电视（公益广告）活动不仅是为了让公众意识到 HIV/AIDS,还要提供合适信息以激励和加强行为改变"这一问题时,明确地给出了"否"的回答。

② 《明星与休斯》1950,引自 Berelson 和 Steiner,1964,第 530 页。

③ 事实上,与科学不同的是,卡罗尔·韦斯认为,在政策领域,不可能将客观知识与意识形态或利益区分开来,参见 Weiss,1983。

④ 参见 Carothers,1999;Etzioni,2004。

几乎没有减少对烈酒的购买。这也是有史以来唯一被废除的宪法修正案。

在社会变革中,减少法律和政治中的不平等现象往往要比类似的社会经济变化容易得多。因此,早在权力席位中非裔美国人和妇女的收入差异和代表差异逐渐接近白人(相对非裔美国人)和男性(相对女性)之前,他们就已经获得了法律和事实的投票权。社会经济差异也没有像法律和政治分歧那样减少,尽管在这两个领域仍存在相当【838】大的不平等。不仅对美国,而且对其他自由社会和最近解放的社会也是如此。

总之,在资源投入、政治资本承诺和公共教育方面实现变革还存在重大差异。合理的政策研究最能确定哪些因素比其他因素更具有可塑性,这是一个重要的研究课题。

2. 分析范围

基础研究和政策研究方法之间另一个非常重要的区别是最佳因素涉及的范围。最好的政策研究涵盖了它试图解决的社会现象的所有主要方面。① 相比之下,基础研究通过将世界分割为抽象的分析切片来逐一进行研究。

一位智者认为,经济学中的一切事情都有价格;而在社会学中的任何东西都没有价格。政策制定者和研究人员在制定最佳政策选择时处于不利地位,他们没有考虑到长期的经济和预算效应,或者说这种政策对社会关系的影响,包括家庭(例如单身人士的税收优惠)和社会经济阶层(例如遗产税)等。

基本上,基础研究人员可能只研究花的价格(以及其他经济因素);生理学家关注花枯萎的过程;社会心理学家寻找花的象征意义;等等。但是,一个计划在公共花园种植鲜花的社区必须要处理大部分,如果不是全部因素以及它们之间的关系。快速枯萎的花不适合在公共花园种植;社区更愿意为生命更长的鲜花或有积极象征意义的鲜花支付更多费用。

医学提供了另一种政策科学模型。它不能仅仅基于生物学、化学、解剖学或任何研究与身体相关的一系列科学。确实,医生利用所有这些科学,并在变量之间增加对相互作用反应的观察。这形成了医学知识库并推动了"政策"提议(即医疗处方)。事实上,当医生不考虑其他变量时,例如心理学家和人类学家研究的变量,他们经常会受到严厉批评。同样,国际关系是最能结合经济学家、政治学家、法学教授及其他一些人研究变量的政策科学。

简言之,基础研究所包含的变量范围非常合法且有效,但也相当狭隘。政策研究人【839】

---

① Roe,1998. 从学术政策研究的角度出发,参见 Nelson,1999。

员必须要有更多折衷,至少包括政策所要改变的现象中造成重大差异的所有变量。

3. 隐私及保密

基础研究是一项公共事业,其结果通常会公布,以便其他人能够对其进行批判性评估,并将其与其他人的研究结果结合在一起,来建立更具包容性和更强大的知识体系。当科学家因雇佣、晋升、奖励或其他原因而受评估时,通常不会考虑未发表的研究著作,特别在因商业或公共安全原因而需要保密的情况下更不予考虑。从历史上看,科学发现发表在专著、书籍以及合适期刊的文章中。这些都是基础研究结果的主要出路,因为只有将科学发现公之于众,才能成为累积科学知识库的一部分,并且因为是出版物,也表明他们已经通过了一些同行评审。只有通过同行评审才能对数据进行严格审查。近年来,研究结果仍然公之于众,但越来越多的研究结果发布在网站上,其中大多数缺乏同行评审基础,这也是它们信任度不高且不被视为成熟出版物的原因之一。发表仍被视为基础研究的基本要素。

相反,政策研究的结果往往不会公布,它们是在私下提供给一个政策制定者或另一个(参见 Radin,1997,204—218)。政策研究的主要目的不是为建立知识的累积过程做贡献,而是为了提供可用的知识。在这种意义上,政策研究通常是面向客户且不公开的。[①] 尽管一些政策研究是在智库和公共政策学校进行的,可能与基础研究类似,但往往是政府机构、白宫、企业协会和工会等的专业部门进行的。政策研究的工具往往是备忘录和简报,而不是出版物。

通常,我们认为政策研究人员的调查结果是机密的,或者受到国家秘密行为的管控(许多国家对公民自由的看法不如美国强烈)。也就是说,调查结果仅针对特定客户或部分客户,与公众分享这些结果被视为违法行为。[②]

4. 交流沟通

[840] 与政策研究者相比,基础研究人员通常不太注重交流,尤其是与范围更大的"世俗"公众交流。这在一开始似乎与之前提出的观点相矛盾,即科学(在基础研究意义上)是公开的,而政策研究通常是"私密的"(即使是对公职人员公开)。一旦人们注意

---

① 参见《专业实践研讨会:教育客户》,《政策分析与管理杂志》,21(1:2002);第115—136页。
② 例如,国防部禁止华盛顿的一个智囊团发表一份关于政府对生物恐怖袭击缺乏准备的完整报告:参见 Miller,2004。

到基础研究人员有义务与他们的同事(通常是一小组人)分享研究结果,并且他们从这个小组中寻求科学和心理验证的反馈,那么矛盾就消失了。然而,基础研究人员对公众几乎没有什么兴趣。事实上,他们往往对那些寻求接触这样受众的人提出了高度批评,比如像杰伊·古尔德(Jay Gould)和卡尔·萨根(Carl Sagan)这样的学者(Etzioni,2003,57-60)。

相反,政策研究人员经常认识到需要动员公众支持他们的研究结果所支持的政策,因此他们倾向于通过帮助政策制定者与公众沟通来获得这种支持。詹姆斯·菲什金(James Fishkin)制定了一个他称之为"协商民主"的政策理念,其中包括将一群人构成人口的生活样本,并在一段时间内接触公众教育和公众人物演说,并且有机会与其进行对话。通过测量这个活体样本的变化,菲什金发现人们可以学习如何改变公众的思想。菲什金不只是提出这个概念并发表他的想法,而且通过广播、电视、报纸、访问公共领导人等方式进行了长时间的大量宣传活动,直到他的活体样本实验在其他好几个地方开展(Fishkin,1997)。事实上,根据尤金·巴达赫(Eugene Bardach)的说法,政策研究人员必须为"可能涉及许多参与者的长期运动做好准备,包括大众"(Bardach,2002,115-117)。

因此,基础研究人员更愿意使用技术术语(对外人来说可能听起来像行话)、数学符号、大量的脚注以及其他类似的学术特征。另一方面,政策研究人员更有可能用白话表达自己,避免使用技术术语。

人们可以很容易地在公共政策学院甚至在智库中看到许多教授的出版物,这些与基础研究人员的出版物十分相似甚至没有区别。① 但这就是事实,因为这些学校的出版物主要是基础性的,而且令人惊讶地很少有涉及政策研究的。例如,2004 年 4 月 28日,谷歌搜索发现只有 210 个条目用于"政策研究方法论",其中很大一部分用这个名称提到了大学课程。但仔细研究后,大多数结果都是基本的名称,而非政策研究方法。【841】例如,澳大利亚格里菲斯大学的一门名为"文化政策研究方法论"的课程,其中包括课程描述,即"基础研究技术,特别是调查方法、定性方法以及更深入的统计方法"②。许多其他搜索结果都是政策或研究方法课程(通常是基础课程)。其主要原因是(a)因为很少有地方培训人们采用政策研究所需的特殊方法,(b)奖惩体系与基础研究密切相

---

① 例如,参见《传统基金会家庭研究部门的报告》,可查阅 www.heritage.org/research/family/issues2004.cfm(2004 年 4 月 29 日访问)。另见"美国药物政策公民委员会的建议"《毒品战争:沉溺失败》,请访问 www.ips-dc.org/projects/drugpolicy.htm(2004 年 4 月 29 日访问)。

② 参见格里菲斯大学课程目录,可访问:www22.gu.edu.au/STIP/servlet/STIP? s=7319AMC(accessed 28 Apr.2004)。

关。通常,公立政策学校的晋升(特别是长聘教职)取决于同一所大学或其他大学基础研究部门的资深同事的评估和投票。因此,哈佛商学院经济学家的未来,可能取决于哈佛大学经济系的同事对其工作的看法。直白地说,受邀成为基础研究部门一员被认为是声望的来源,也是支持一个人去培训和研究的机会。相反,仅仅附属于一所政策学校(就像其他专业学校一样)表明缺乏认可度,这可能转化为客观的不利因素。这种优先考虑基础研究而非政策研究(被认为是"应用")的顺序,对几乎所有大学的研究人员来说都具有相当大的心理学意义。即使在致力于政策研究的智库中,许多人更多地尊重基础研究而不是政策研究,并希望有一天能够进行基础研究,或者遗憾不适合进行这种研究。①

为智库工作的人主要致力于政策研究,他们往往寻求进入大学,在那里,终身制更为常见,并且有更高的声望。因此,许多这样的研究人员都热衷于保留他们的"基本"资格,尽管他们通常不知道政策研究在实施时需要或没有接受教育的特殊方法,因为他们接受了基础研究模式的培训。

在一个学科的年会上通常会提出和评估调查结果,协商工作和共享信息,重新整理声誉评分,政策研究人员通常会参加由他们的基础研究同事主导的会议。参加政策研究协会(如公共政策分析与管理协会)的人数很少。研究人员可获得的大多数奖项和其他奖励都是针对基础研究的人员。

简而言之,尽管政策研究的逻辑能帮助它比基础研究更具沟通性,但往往并非如此,因为政策研究中进行的主要训练模式和制度形式更有利于基础研究。

参考文献

Bardach, E. (2002). Educating the client: an introduction. *Journal of Policy Analysis and Management*, 21(1):115–17.

Berelson, B., & Steiner, G. 1964. *Human Behavior: An Inventory of Scientific Findings*. New York: Harcourt Brace and World.

Carothers, T. 1999. *Aiding Democracy Abroad: The Learning Curve*. Washington, DC: Carnegie Endowment for International Peace.

DeJong, W., Wolf, R. C., & Austin, S. B. 2001. US federally funded television public service announcements (PSAs) to prevent HIV/AIDS: a content analysis. *Journal of Health Communication*, 6: 249–63.

Dunn, W. N. 1981. *Public Policy Analysis: An Introduction*. Englewood Cliffs, NJ: Prentice Hall.

① 本节结论基于我对肯尼迪政府学院、美国企业研究所、兰德公司(Rand)、美国卡托研究所(CATO)以及传统基金会等组织的个人观察得出。

Etzioni, A. 1968. *The Active Society: A Theory of Societal and Political Processes*. New York: Free Press.

——1971a. *A Comparative Analysis of Complex Organizations*, rev. edn. New York: Free Press.

——1971b. *Policy research. American Sociologist*, 6 (supplementary issue: June) : 8–12.

——2003. *My Brother's Keeper: A Memoir and a Message*. Lanham, Md.: Rowman and Littlefield.

——2004. A self-restrained approach to nation-building by foreign powers. *International Affairs*, 80: 1–17.

Fishkin, J. S. 1997. *The Voice of the People: Public Opinion and Democracy*. New Haven, Conn.: Yale University Press.

Free Expression Project. 2003. *The Progress of Science and Useful Arts: Why Copyright Today Threatens Intellectual Freedom*, 2nd edn. New York: Free Expression Project; available at: www. fepproject. org/policyreports/copyright2dconc. html (accessed 27 Apr. 2004).

Inglefinger, F. J., Relman, A. S., & Findland, M. 1966. *Controversy in Internal Medicine*. Philadelphia: W. B. Saunder.

Lasswell, H., & Lerner, D. 1951. *The Policy Sciences. Stanford*, Calif.: Stanford University Press.

Miller, D. W. 2001. Poking holes in the theory of broken windows. *Chronicle of Higher Education* (Feb.): A14.

Miller, J. 2004. *Censored study on bioterror doubts U. S. preparedness*. New York Times(29 Mar.): A15.

Mitchell, J., & Mitchell, W. 1969. *Policy-Making and Human Welfare*. Chicago: Rand McNally.

Nelson, B. 1999. Diversityand public problem solving: ideas and practice in policy education. *Journal of Policy Analysis and Management*, 18: 134–55.

Radin, B. A. 1997. The evolution of the policy analysis field: from conversation to conversations. *Journal of Policy Analysis and Management*, 16: 204–18.

Raver, C. 2002. Emotions matter: making the case for the role of young' emotional development for early school readiness. *Social Policy Report*, 16(3): 3–19.

Roe, E. 1998. *Taking Complexity Seriously: Policy Analysis, Triangulation, and Sustainable Development*. Boston: Kluwer Academic.

Satloff, R. 2003. *How to win friends and influence Arabs*. Weekly Standard, 18 Aug: 18–19.

Schön, D. 1983. *The Reflective Practitioner*. New York: Basic Books.

Scott, J. 1994. *Condom ads get direct: use them and get sex*. Atlanta Journal and Constitution(3 Oct.): B1.

Star, S. A., & Hughes, H. M. 1950. *Report on an educational campaign: the Cincinnati plan for the United Nations*. American Journal of Sociology, 55: 389–400.

Weimer, D. L., & Vining, A. R. 1989. *Policy Analysis: Concepts and Practice*. Englewood Cliffs, NJ: Prentice Hall.

Weiss, C. 1983. *Ideology, interests and information: the basis of policy positions*. Pp. 213–45 in Ethics, the Social Sciences and Policy Analysis, ed. D. Callahan and B. Jennings. New York: Plenum.

Wilson, J. Q., & Kelling, G. 1982. *Broken windows: the police and neighborhood safety*. Atlantic Monthly, 249(3: Mar.): 29–38.

第 41 章　治理体系选择:比较研究的诉求

奥兰・杨(Oran R.Young)

1. 引言

【844】　　　公共政策研究往往关注发生于社会组织中单一层面的过程,而非国家层面,同时,公共政策研究注重一次性决策(例如,美国联邦政府是否应该为石油和天然气的发展而开放部分北极国家野生动物保护区),或关注适用于相对成熟条件下的一般性决定(例如,美国是否应该在任何条件下,阻止或禁止捕获海洋哺乳动物)。针对此类的研究分析还有很多说法。这些观点引发了大量具有影响力的研究,为了扩大和加深对公共政策过程的理解,我们还有许多工作要做。

　　然而,在下面的讨论中,我采用了一项极具说服力的理由来为这一领域的主流研究增加第二项分支工作,这一工作将注意力集中在不同类别的公共选择上,强调社会组织中不同层面政策过程对比的价值。具体而言,笔者重视的是建立治理体系或制度安排的公共选择(例如,根据 1990 年美国的《清洁空气法》修正案建立的硫排放可交易许可

【845】　制度)。笔者所强调的是通过比较研究这些制度在地方和国际层面的形成、实施和适应,来补充完善国家层面规范关注过程中所带来的附加值。

　　在该方面的讨论的过程中,笔者按照以下步骤进行:第一个实质性部分提供了相关概念的景观;接下来探讨的是从这种公共选择方法产生的政策过程见解;最后一部分提出了关于这些见解的实际影响的问题,具体来说,就是关于规模和制度相互作用方面的问题(Young,2002)。为了阐明论点,通篇采用了有关自然资源和环境的例子,不过其主题具有普遍性,它存在于所有问题之中。

2. 勾勒概貌

公众自然而然地倾向于将公共政策视为政府行为,政府行动被解释为有权代表社会作出选择的组织代表,换句话说,公共选择可以或多或少涉及一系列明确界定的问题或主题。该观点易于理解,并通常是有用的。但是,它掩盖了几个重要的问题。政府可行使权力的领域或范围属于可变因素。实际上,各国政府在这些方面存在广泛差异,从最低限度的安排,即政府仅限于保障对内法律法规、提供一般对外防御方面,到最大限度的安排,即政府有权拥有生产工具,并享有对公民个人生活进行深度干预。在大部分地区和时代背景条件下,关于政府权力的界限始终存在争议,一些群体要求扩大政府权力,另一些群体则主张加大对政府权力的限制力度。在这种情况下,将公共政策等同于政府行为,是一项很难界定的问题,其范围不仅因社会而异,而且随着时间的推移也在同一社会内部发生变化。

更为基础的观察是,要履行政府治理的社会功能,就必须要作出相关社会成员认为具有权威性和合法性的公共选择,而不需要一个普遍意义上的政府。例如许多小型社会,特别是传统社会,依赖社会公约的出现和发展来处理治理功能(Ostrom,1990)。正如哈耶克(Hayek)和其他人所观察到的那样,社会公约促进了自发性公共秩序的诞生(Hayek,1973)。类似的言论也适用于国际社会的治理,该社会体系被广泛称为国家性社会(同时,越来越多地属于非国家行为),由于在国际层面上缺乏类似政府的组织,因此其性质是无政府的(Young,1999)。当然,在处理小规模社会以及国际社会不同部门【846】治理职能的方法上存在很大差异。对该领域进行有效概括十分困难。然而,重点是通常条件下缺乏普通意义上的政府的社会,或换言之,无国家社会仍需要通过各种途径来达成公共选择,这一事实使那些试图理解公共政策过程的人感兴趣。作者的出发点是通过将无国家社会的公共政策过程特点,与为人熟知的以国家层面的政府活动为核心的过程进行比较,收获颇丰。

除此之外,该研究有助于识别政策过程中出现的主要公共选择的种类或层级。一方面,政策属于(或应当属于)一般性决策,可以用来确定在处理这类问题时应该采取的适当行动。例如,某项政策要求观察员到所有渔船上进行调查,该政策可以适用于个别船只,但未考虑具体案例的细节。同样地,要求所有油轮都使用隔离压载舱的政策也可适用于个别情况,但未围绕特定情况进行评估。

然而,这并非涉及公共政策过程所处理的各种情况。在许多情况下,问题被视为一次性选择,同时,相关政策过程被期望达成适用于单一或独特情况的决定。例如,与公共土地相关的问题,通常用这些术语来表达。虽然在建立国家公园或建立野生动物保护区等问题上做出一般性决策的可能性很大,但政策制定者经常发现他们需要对一些地方的管理做出抉择——例如北极国家野生动物保护区需要作为特例,而不是作为采用一般决策能够处理的事项来看待。

在公共政策过程中,出现的另一类可能更为重要的问题是,建立管理制度或治理体系,从而解决特定问题领域,并指导在一段时间内与其相关的人类(内部)行动的问题。此类制度可能存在较大差别,从《科罗拉多河契约》(the Colorado River Compact)等空间上的有限安排,到臭氧制度等全球性安排,以及从涉及少数行为者的制度,如根据《大湖水质协定》(the Great Lakes Water Quality Agreements)的规定而建立的制度,到如气候制度等涉及众多行为者的安排。

在议程形成的过程中,有时可能有意识地做出选择,将问题框定为一次性抉择、一般性决定或形成制度的问题。但不可否认的是,目前,许多问题需要涉及建立制度或专门治理体系的决定,此类选择能够或往往会创造产出、结果和影响,其影响的范围广泛
【847】且持续时间长。在本章中,作者希望能够结合各方力量共同检验这种类型的选择,并比较和对比地方、国家和国际层面的政策抉择过程。

在考虑这些区别的含义时,不妨将前面各段概述形象化。表41.1强调了政策分析主流与作者所提倡的补充流之间的区别。具体而言,公共政策过程主流分析的重心在于标记"A"的单元格中。相比之下,作者所提倡的补充流则集中在标记为"B"的单元格中。值得注意的是,可能除了在分配可用来支持研究的稀缺资源方面,它们二者之间没有矛盾。相反,第二个主流的增加为审查公共政策过程提供了新的视角,加强了我们对各个层面过程的理解。

表 41.1　政策领域

决定类型	决策水平		
	小规模、传统型	国家型	国际型
一次性决定		A	
一般决定		A	
社会制度	B	B	B

3. 比较政策过程

现在,我转向对社会组织三个层面中努力建立制度安排的政策过程的比较:小规模的

传统社会、国家社会和国际社会。同时,小规模的传统社会和国际社会显然具有共同的基本特征,也使它们有别于国家社会。因其不具完备的政府体系,因此它们属于无国家的社会,他们没有发达政府占有制定公共选择的权威,并有能力一直坚持他们的抉择(Young,2005)。然而,在这些背景条件下,建立治理体系或制度的需求与在国家社会中一样紧迫。为了解这种差异所造成的影响,我们需要进行系统的调查,并在各个政策问题的建立和实施制度方面进行研究。在讨论这个问题时,作者把社会组织的三个层次作了比较鲜明的区分。毫无疑问的是,一些实际的社会构成了边界案例,或者表现出复杂性,这使作者难以将它们归类于所用到的某个或另一个类别当中。即便如此,对三个不同社会环境中的公共政策过程进行分析,有助于阐明公共选择过程的基本特征,涉及制度安排或社会制度的规定。将在本节中讨论这些见解中最重要之处,并在表 41.2 中对其进行总结。 【848】

3.1 政策产物

制度安排的规定会根据社会组织水平不同,而采取不同形式。我们都熟知立法法规或章程(例如,《1976 年美国渔业养护和管理法案》或《1978 年外大陆架土地法案》),它们规定了制度的主要内容,并提供了在国家层面实施这些制度所需的行政安排。相比之下,许多小规模的传统社会群体并无立法行为或法规;其制度安排自发形成,进而演变成非正式形式,但往往得到充分地理解,并且属于有效的社会习俗。就国际制度而言,它们通常在公约或条约中有所体现(例如,1946 年《国际捕鲸条例公约》,1992 年《联合国生物多样性公约》)。在某些方面,这些产物差别很大。例如,立法颁布后成为国家法律,而国际公约只有在获得某些特定签署国批准后才会生效。例如,《联合国海洋法公约》于 1982 年开放供签署,但直到 1994 年才生效;美国仍需批准该公约。

表 41.2 比较政策过程

政策过程	社会环境		
	小规模社会	国家社会	国际社会
政策产物	社会惯例	法规/议会立法	公约/条约
议程形成	个人领导者	利益群体	民间社会/非国家行为者
相关知识	传统知识	主流科学	全球科学
决策过程	共识建设	立法谈判	国际谈判
实施	利益相关者本身	政府代理部门	两步过程
服从来源	社会压力	制裁	管理
解释	特设法庭	法院/诉讼	自助程序

【849】　　　尽管如此,夸大这些差异也会导致错误的发生。国家和国际社会实行的规则往往与法律条文有所不同(Ostrom,1990);随着时间的推移和先例的增加,社会习俗可能会变得清晰鲜明。虽然它们的构建模块截然不同,但当它们激发了博弈规则或促进社会实践形成时,它们在三个层次的社会组织中都获得了成功,而这些规则和实践是主体经常或出于习惯而遵循的。

3.2　议程形成

　　　最近,对于政策过程的研究已证明议题框定途径的重要性,将其纳入政策议程,充分吸引了有影响力的参与者的关注(Kingdon,1995)。在小规模社会中,个人倾向于支持具体的问题,并在推动其成为政策议程的首要议题方面发挥重要作用。令人惊讶的是,在国家和国际层面的议程形成过程中,利益集团和各个非国家行为者们占有重要的地位。当然,国家层面的首席执行官和国际层面的强大国家,可以对议程形成过程施加巨大影响。然而,在这些情况下,如果没有一个或多个团体提供必要的智力资本,以吸引人的方式对相关问题进行研究,并且投入必要的时间、精力和政治资本,以确保该问题不会被其他群体的利益问题所取代或掩盖,那么将某个问题置于政策议程的首位是不常见的。换句话说,在三个层面上,领导对于形成和促进政策过程中出现的问题至关重要。但是,领导形式在不同社会组织层面上会有所不同。

3.3　相关知识

　　　那些专注于国家层面政策进程的人已经习惯于将重点放在科学/政策方面。但是哪种类型的知识与其他社会组织层面的政策制定最相关呢(Jasanoff 和 Martello,2004)？大多数情况下,小规模传统社会不依赖于西方主流科学意义上的科学知识;他们的决策是基于传统的生态知识(Berkes,1999)和适用于其他问题领域的类似思维模式(Usher,1987;Riordan,1990)。

　　　科学支持者往往认为,科学方法具有国际性或全球性,因此科学应该在国际与国家层面发挥相同作用。然而,很多时候,情况并非如此。虽然国际社会中非国家行为者不
【850】仅有随时准备提供所需证据的稳定的科学家团,但没有任何国际或全球科学院或类似机构来评估和汇总关于国际层面的政策问题的意见。由此产生的问题导致了蓝带小组的产生(例如,政府间气候变化专门委员会,千年生态系统综合评估),该组织旨在为提炼和编纂当前全球科学界的判断提供科学评估(Andresen 等,2000)。但正如例子所表

明的那样,就气候变化或生物多样性减少等全球关注问题达成共识的任务并非易事。因此,发生于国际层面的政策过程格外容易引发争议,特别是关于不同行动计划支持者在这一过程中提出的知识主张的讨论。

3.4　决策过程

关于制度安排或制度产生的实际决策产生于社会组织三个层面的不同过程。人们最熟悉的可能是立法谈判的过程,它推动了国家层面制度(重新)结果的产生。因为在立法谈判过程中参与者是谁很清楚,并且假设主体很可能遵守结果,所以对该过程的分析通常集中在诸如最小获胜联盟的发展以及两个或多个议题的互投赞成票或投票交易机会方面的问题上(Riker,1962)。

无国家社会的决策过程与立法博弈的过程有着本质上的区别。在小规模的传统社会中,一切努力都是为了使制定安排能够在利益相关者间达成共识(与他们当选的代表形成鲜明对比)。在国际社会中,顺从机制的弱点往往会导向制度博弈的过程,其目的是推进最大的获胜联盟,与最小的获胜联盟形成对比(Young,1994)。尽管该过程中的正式参与者通常是国家,而不是利益攸关方本身,但值得强调的是,结果是一个进程,在这个进程中,参与谈判的人做出协调一致的努力以达成协调一致的结果,其方式与利益相关者在设计小规模社会一级的体制安排上的做法大致相同。

3.5　实施

这些制度规定是如何从这些实施过程中产生的呢? 同样,我们最熟悉的是国家层面程序,即立法规定指定公共机构(例如,美国林业局、国家公园管理局、国家海洋渔业局)在实施过程中起带头作用,领头机构准备并颁布法规,机构人员在管理当地制度规定时被称为“街头官僚”,负责管理当地制度的规定。 【851】

同样,在小规模社会和国际社会中发生的过程也是完全不同。在小规模的传统环境下,参与制定规则的利益相关者通常也在执行制度规定方面发挥关键作用。不论该制度是侧重于农业用水的拨款还是划拨渔区和捕鱼线,利益相关者都会实行自我监督,并且最先发现违反以共识为基础的权利和规则条款的情况。相比之下,在国际层面行政安排不发达的情况下,人们通常努力将公约或条约的规定纳入成员国的法律和行政制度之中。这是一个分两步进行的过程,在此过程中,成员国批准公约或条约,(通常)通过实施立法,并将管理任务分配给特定机构。因此,在日常工作中,国际制度的实施往往类似于国家层面制度的实施。然而,正如下文所述,当涉及解决与遵守条款有关的分歧,或产生与特定条款的含义有关的权威解释时,这种相似性可能是虚幻的。

3.6 服从的来源

总而言之,制度安排在社会组织的各个层面都发挥作用,当其转变为社会惯例时,参与者坚持权利和规则,只是出于习惯,或换句话说,不计较利益和成本的具体情况下遵守规定的得失,坚持自身的权利和规则(Hart,1961)。然而除此之外,防止潜在违法者的程序在社会组织的不同层面也有所不同。在小规模传统社会中,基本机制涉及社会压力的应用。在极端情况下,传统群体可能诉诸社会排斥,违规者需要为此付出代价,在某些情况下可能面临死刑。由于缺乏实施严厉制裁的能力,国际社会倾向于使用管理机制,而不是执行机制(Chayes 和 Chayes,1995)。从本质上讲,这意味着在制度成员愿意遵守的情况下,建立遵守规定的能力,并促进适用性逻辑的发展,而不是将后果逻辑作为相关政权成员行为的决定因素(March 和 Olsen,1998)。

【852】　　再次强调,这些程序与国家层面其他并行程序之间有明显差别,在并行程序中,政府机构有能力监督主体行为,而公众当局(例如美国司法部)可以向违反者提起法律诉讼,并最终对其施加严厉惩罚。然而,夸大这些差异是错误的,特别是就日常实践惯例而言,与宪法文件中所设想的程序形成鲜明对比。不仅社会压力和管理方法经常发挥效用,那些违反国家级安排规定的人也可能会侥幸逃脱不被抓住,即使被抓住也经常只会受到象征性的惩罚。

3.7 政策诠释

在三个层面的政策过程中,较为引人注目的一项差异就是,在特定情况下采用制度安排出现分歧时,可采用何种机制来进行权威解释。即使颁布了详细法规,但在具体案件中采用法规时,或多或少会出现尖锐的分歧。在国家层面,这正是法院发挥作用的地方。在大多数(但并非全部)系统中,利益相关者可以起诉政府,声称责任机构未能按照立法机构的意图来执行政权条款。反过来,政府也可以起诉个人,包括被视为法人的公司,指控被告未能遵守相关权利和规则。这种程序运作良好的社会,无论在何种情况下,在实施体制安排规定需要方面都会具有很大的优势。

相比之下,小规模社会在很大程度上依赖于特设法庭、国际社会或是求助于个别成员国的国内制度,以便做出权威性解释,或通常代表自己,接受(或容忍)个别成员国作出的解释意义上的自助程序。过分强调这些差异是错误的。某些国家社会还没有完全独立的司法制度。特设法庭能够产生令人满意的效果，不会使社会为了建立常设司法机构而付出代价，国际社会正在与法庭进行重要试验，旨在处理在特定问题领域需要做出权威性解释的问题（例如，国际海洋法法庭）。然而，关于权威性解释产生的差异形成了国家层面的政策过程与小规模、传统社会和国际社会的政策过程的鲜明对比。

4. 影响探究

上一部分所讨论的公共政策过程差异有何含义呢？分析性差异普遍会在具体情况【853】当中被消除，还是随着我们将注意力从纸面上的制度转移到实践中的制度，这些差异的影响会被放大？那些制度至上的人认为，前一部分所述的对比将对公共政策过程中的产品产生显著影响（Weaver 和 Rockman，1993）。一些分析者认为，诸如人口、消费模式或技术等其他驱动力能够解释人类事务的大部分差异。他们会认为作者所描述的差异不太可能解释性格差异中的重要部分，更不用说公共选择的影响了。作者无法在这些反馈中系统地解决该问题。但作者确实希望能够确定并评论该主题的两个重要方面，将其称为规模问题和相互作用问题（Young 等，1999）。

4.1　规模问题

关于公共政策过程，规模问题是在社会组织的某一层面分析过程中提出的命题，也存在于其他层面之中。例如，从国家层面的政策过程研究中衍生出来的一般化概念，在小规模传统社会或国际社会的并行过程中是否适用？我们是否可以将国际社会政策过程的一般化概念应用于小规模社会的类似过程之中，反之亦然（Ostrom 等，1999；Young，2002）？前文讨论表明，在此方面避免过度乐观和过度悲观十分重要。这三个层面之间存在明显的差异，这导致了人们对于本研究中的规模扩大和缩小的前景持怀疑的态度。在这三个层面政策过程中所涉及的参与者——个体利益相关者、当选代表、政府委派代表——提出的基于三个层面相同行为假设的适用性问题完全不同。同样，在社会组织层面，所采用的决策规则和对特定问题产生影响的知识类型往往有很大的差异。然而，出于这些原因而忽视扩大和缩小的前景的做法是不合适的。在三个层面内发生的政策过程都涉及了相同的基本功能需求：如何在涉及多重利益的若干行动者之间的相互作用的环境中作出公共或集体选择。

有关该问题的一个引人注目的回答是选择一个格外重要的政策过程要素，以便进

【854】 行更彻底的调查。例如,以决策过程为例,作者注意到在协商一致、立法谈判和国际谈判之间存在差异,至少从总体上看是这样的。通过投票交易或在不同问题上达成共识来建立获胜联盟,这似乎从根本上就与单一公约或条约谈判不同。这两个过程似乎都与小规模社会建立共识不同。然而,再三考虑后发现这些差异并非极度尖锐或戏剧化。参与立法谈判的人员经常努力将两党甚至是最大获胜联盟组合起来,而不是寻求最低限度的获胜联盟。参与谈判协定条款的人意识到建立共识的重要性,特别是培养主要选民的主人翁意识的情境,当某个条约生效后,是为确保服从规定的最佳前景。一般来说,在三个层面的政策过程中,有关建立共识的高度关注影响重大——事实上即使在纸面没有体现。由此可见,未来政策过程的研究,很可能通过比较和对比社会组织不同层面,在特定环境下建立共识的策略和风格,从而取得显著效果。

4.2 相互作用问题

相互作用的问题属于一个完全不同的问题。随着在特定社会空间运作的制度安排密度的增加,个别机制彼此显著影响的可能性增加(Young 等,1999)。在许多情况下,这些相互作用可能是无意的和无法预见的,它们在本质上是横向的,因为它们涉及在同一社会组织层面上运作的两种或两种以上的制度安排。然而,随着人类活动相互关联程度的提高,纵向互动——这些卷入的机制在两个或更多层面上的社会组织运作——变得更加普遍。近来的发展呈现出全球化以及中央政府的权力下放加剧了这一趋势。越来越多的国际和全球层面的行动,对于地方层面的公共或集体选择的结果造成影响。除减少垂直互动外,由于功能性互动的持续增长而未考虑到权力分配的司法决策,国家和地方层面政治权利的重新分配通常加强了相互作用。因此,需要在社会组织的不同层面上建构政策过程,以便最大限度地发挥协同作用,将冲突减到最小,这已成为公共政策研究的核心问题。

然而,解决这一需求说起来容易做起来难。在环境或资源制度领域中,一个特别突【855】 出的例子就是建立共同管理系统(Singleton,1998)。共同管理的定义性特征就是,处在社会组织不同层面中的使用者和管理者共同分享自然资源和环境服务的使用决策权(尽管不一定是权力)。在美国,典型案例包括设立委员会,其成员是联邦机构的代表(例如美国鱼类和野生动物服务局)和当地用户社区的代表(例如阿拉斯加西部的候鸟捕获者)(Osherenko,1988)。当取得成功时,这类安排可以产生一种合法感,从而鼓励所有利益相关者以适当的理由遵守其规定,而不是对相关利益和成本进行某些功利主义计算。但这种举措成功的可能性有多大? 前一节中讨论的区别能够清晰表明,在该领域取得成功是一项重大挑战。当地用户群体的成员通常依赖来自于联邦机构代表提供的不同类型的知识（例如，传统生态知识），从而得出收获可再生资源的结论（Berkes, 1999）。更重要的是，传统实施和遵守方法与现代官僚制度的特征几乎没有相似之处。但这并不意味共同管理行不通。近年来已确立了几个似乎具有积极效应的安排。作者在这些反思中提出的论点指出，如果想要共同管理能够克服在社会组织不同层面上的政策过程中产生的分歧，就必须以深思熟虑和敏感的方式解决几个关键问题。

5. 观察总结

在反思中，建议在公共政策过程中采用比较方法进行研究，不仅可以加深我们对于特定环境下公共选择诞生的理解，还有助于从政府研究过渡到当前政治学若干子领域中的治理研究。正如前文讨论清晰地所示，关于公共选择领域的范围仅限于政府产出，并且认为公共政策过程不会发生在无国家的社会的假设是一个严重的错误。毫无疑问，这并不代表以立法机构或政府机构行动为中心的政策过程研究（例如，立法讨论研究）已不再适用。但是，扩大政策过程的分析，完善无国家体系，包括小规模的传统社会以及国际社会，这使我们既可以对照在正常意义上有无政府参与情况下做出公共选 【856】择的过程，也可以对照在国家层面的政策过程的特殊细节来确认基本特征。

举例来说，我们想知道决策规则中特定属性的操作如何影响在不同环境中选择的制度或管理系统的实质特征。解决该问题的一种方法是，比较和对比各国社会在这些属性方面的差异。但是另一种——同样具有吸引力的——方法是在建立共识建构和制度博弈过程中，将小规模社会和国际社会与国家社会的立法谈判特征进行比较和对比。从这种比较中预测结果并不容易。但它们很可能涉及识别某些机制中潜在的相似之处，从而选择不受特定政策过程特定属性影响的公共选择。

参考文献

Andresen, S., Skodvin, T., Underdal, A., and Wettestad, J. 2000. *Science and Politics in International Environmental Regimes: Between Integrity and Involvement.* Manchester: Manchester University Press.

Berkes, F. 1999. *Sacred Ecology: Traditional Ecological Knowledge and Resource Management.* Philadelphia: Taylor and Francis.

Chayes, A., & Chayes, A. H. 1995. *The new sovereignty: compliance with international regulatory agreements.* Harvard University Press.

Hart, H.L.A. 1961. The concept of law. *Clarendon Press.*

Hayek, F. A. 1973. *Law, Legislation and Liberty, Volume 2.* University of Chicago Press.

Jasanoff, S., and Martello, M. L. (eds.) 2004. *Earthly Politics: Local and Global in Environmental Governance.* Cambridge, Mass.: MIT Press.

Kingdon, J. W. 1995. Agendas, alternatives, and public policies (2nd edition).

March, J. G., & Olsen, J. P. 1998. The institutional dynamics of political orders. *International Organization*, 52(4), 943−969.

Osherenko, G. 1988. Canco-management save arctic wildlife?. *Environment Science & Policy for Sustainable Development*, 30(6), 6−34.

Ostrom, E. 1990. *Governing the Commons: The Evolution of Institutions for Collective Action.* Cambridge: Cambridge University Press.

——Burger, J., Field, C. B., Norgaard, R. B., & Policansky, D. 1999. Revisiting the commons: local lessons, global challenges. *Science*, 284(5412), 278−282.

Riker, W. H. 1962. *The Theory of Political Coalitions.* New Haven, Conn.: Yale University Press.

Riordan, A. F. 1999. *Eskimo Essays.* New Brunswick, NJ: Rutgers University Press.

Singleton, S. 1998. *Constructing Cooperation: The Evolution of Institutions of Co-management.* Ann Arbor: University of Michigan Press.

Usher, P. 1987. Indigenous management systems and the conservation of wildlife in the Canadian north. *Alternatives*, 14: 3−9.

Weaver, R. K., & Rockman, B. A. 1993. Do institutions matter? government capabilities in the usand abroad. *Journal of Policy Analysis & Management*, 14(4).

Young, O. R. 1994. *International Governance: Protecting the Environment in a Stateless Society. International governance: protecting the environment in a stateless society.* Cornell University Press.

——1999. *Governance in world affairs. Governance in world affairs.* Cornell University Press.

——2002. *The Institutional Dimensions of Environmental Change: Fit, Interplay, and Scale.* Cambridge, Mass.: MIT Press.

——2005. Why is there no unified theory of environmental governance?. Pp. 70−84 in *The Handbook of Global Environmental Politics*, ed. P. Dauvergne. Cheltenham: Edward Elgar.

——et al. 1999. *Institutional Dimensions of Global Environmental Change (IDGEC) Science Plan.* Bonn: IHDP.

第42章 政策收缩:以美国为例

弗朗西斯·福克斯·皮文(Frances Fox Piven)

本章根据近几十年来,特别是在美国发生的急剧逆转,来重新审视福利国家发展背【858】
后的政治动力理论。笔者认为,主导福利国家阐释的重要理论,强调系统、机构及其组
织、法律、政治及文化伴随,引导我们对连续性与渐进性有所期待,但这并不等同对于过
去实践断裂的解释。这种断裂反映了制度因素的影响。但它们也反映了政治中可能发
生的特殊事件,包括强大的利益集团周期性的改革运动,以及社会运动的爆发。

与强调体系与制度相一致,我们通常认为,福利国家的历史发展是各国政府逐步创
造出的对不受管制的市场的绝对豁免权。通过提供补助及服务,政府为劳动力市场特
定人群的养家糊口提供一种保护屏障。这种保护的建构是针对市场无法合理满足公众
的具体需求。一旦创建,这些豁免就变得制度化,被纳入到法律权利中,纳入到公共官
僚机构及其支持的选区以及更加广泛的公众观点与期望中。

受福利国家项目庇护的一些人都是存在特定生理难题的。老年人得到养老金支
持,从而免于晚年生活的困顿。或者,无法在劳动力市场上谋生的病人、残疾人、孤儿或
丧偶者都可获得收入补助。其他类别反映了市场不稳定或市场缺陷导致的社会公认必【859】
需品市场供应缺口。因此,失业者获得收入,使其能够度过就业低迷时期。或是政府计
划帮助那些无法负担住房市场价格或医疗保健的人获得这些必需品。无论出于何种意
图,所有这些干预措施都可以保护大量人员免于参与市场,或者该计划提供补贴,允许
那些原本无法进入市场的人进入市场。二十年前,埃斯平·安德森创造了"去商品化"
一词来描述福利国家的这个方面(Esping-Andersen,1985a)。二十年前,大多数福利国
家学者认为,具有百年历史的"去商品化"趋势将继续下去。福利国家将会扩大,并且
正如其所做的那样,它将为弱势群体提供新的、更强大的市场屏障。说得更简单些,我
们相信,仅仅在对待我们中的弱势群体方面,社会正逐渐变得更加温和、更加公正。

不复存在的现实。在过去二十年中,福利国家的政治及政策发生了戏剧性的转变。现在,新的福利国家举措之所以是合理的,不是因为其保护那些需要保护的人,使他们免受严苛的劳动力市场条件的影响,也不是因为其提供了市场无法提供的商品或服务,而是因为改革对于促进经济增长及加强劳动力市场的参与十分必要。据说,在资本、商品及劳动力市场国际化加剧了竞争压力的时代,福利国家支出已成为利润和经济增长的累赘。福利国家的保护也是对经济增长的拖累,因为它们提供的保护干扰了所谓的劳动力市场灵活性,即雇主有能力根据国际竞争市场调整自己对员工的待遇的条款。

与此同时,福利国家项目在削减开支方面已成为市场扩张的新前沿。放松管制的新自由主义号召力,被转化为将昔日公共服务提供给私营企业家的措施。这种从保护性福利国家到市场友好型福利国家的思想转变是由美国引领的,而新政策在美国已经产生了重大影响。但是,证明福利削减及执法政策合理化的想法正在全球范围内,特别是在欧洲蔓延,部分是为美国在全球化时代的巨大文化影响的再现,美国的智库有目的地推广人们对福利政策的新常识,作者将其称为从去商品化到商品化的转变(Janiewski,2003)。

事实上,无论是在美国还是在其他地方,福利国家从未简单地“去商品化”。相反,国家干预的形成是对其对劳动力市场潜在影响的敏锐认识。被指定为有资格获得社会保护的人员类别反映了劳动力市场的考量。当人们不被视为积极的劳动力市场参与者时,他们便有资格获得政府收入支持。因此,对老年人及残疾人的收入支出直到最近才变得相对来说无可争议。即便如此,并非所有老年人或残疾人都符合资格。在美国,领取老年及残疾保险的资格取决于有保障职业的稳定工作记录,尽管随着时间的推移,有保险的职业有所扩大,但符合资格的人口也在不断地增加。对失业者提供收入支持,其条件更加严格,在美国,对失业者的收入支持更多是根据过去的工作经验及收入,根据求职证据,并且无论如何,福利通常只在短期内提供。对儿童及单身母亲提供救济金,其条件更为严格。不仅补助金水平维持在较低水平,而且还担心不劳而获的现金会落入到潜在工人的男性手中,以及一些妇女和儿童,特别是南方的黑人妇女和儿童被视为工人的事实,有助于解释美国抚养儿童家庭补助计划精心制定的监管及监督制度。

从另一个意义上说,旧的福利国家也是有利于市场的。它没有提供与市场供应进行竞争的公共利益。在欧洲,住房和卫生的大型计划是在第二次世界大战削弱了这些行业的私营部门后才开始的。在某些国家,对开始建造住房或提供医疗保健的公共或准公共项目,没有显著的且有组织的健康或住房提供者会反对。相比之下,在美国,住房及医疗市场蓬勃发展,行业参与者对公共干预也强烈反对,这种干预会干扰私营市场。最终,反对派成功地将政府干预主要限制在支撑市场的措施上。结果是,在美国,尽管住房及卫生部门严重依赖于公共补贴,但它们都作为私人市场运作,政府监督极少。

综上所述,美国福利国家的发展确实有一些去商品化的影响。在为老年人及残疾人制定养老保险制度之前,大多数老年人及残疾人都被视为工人,无论他们是否能够找到工作,都在以不利的条件与其他工人竞争。一旦获得福利并且福利覆盖范围逐渐扩大,工作人数就会少得多。同样,在失业保险计划开始之前,无论条件如何,失去工作的工人被迫接受他们能找到的任何其他工作,因为没有救济金的缓冲,他们就无法以自己的习惯性工资或习惯性职业等待工作的到来。对于那些没有失业救济所需的就业及收入记录的人来说,有一种"福利",即通过经济状况调查的项目,这是贫困人口的最终求助手段。还有一些是非现金项目,这些项目实际上是实物收入项目,例如食品券、廉租房或为穷人提供的医疗服务。所有这些因素结合在一起,为那些在劳动力市场中处于不稳定状态的人提供了一些安全保障。这便是美国风格的去商品化。

现在这些项目受到攻击,并且发生了重大的反转。如果我们依赖福利国家支出的总数据,这些反转就不那么明显了。更确切地说,受到攻击的是项目计划的去商品化特 【861】性,且在工作执行上的花费(其中一些是新举措)实际上已经大大增加了。因此,对贫穷母亲及儿童的现金援助被削减;对穷人的营养及住房援助费用正在减少;延长失业保险金已经变得更加困难。甚至长期以来被认为是美国政治"第三轨"的老年人社会保障养老金的覆盖范围,随着年龄的增长也在缩小。与此同时,推动人们进入劳动力市场,或增加低工资工作回报的计划支出正在增长。曾经提供"福利"的资金现在用来支付"工作费";更多资金为职业母亲提供育儿援助;用于劳动所得援助计划的开支正在增加,该计划提供可退还的税收抵免,但仅适用于工薪贫困阶层。①

试图说明福利国家发展的主流观点不足以解释这种发展。这些理论反映了其发展历史时期的主导观点,主要集中通过两种假设来解释计划的起源、延续及扩展。一种假设是,福利国家计划在工业社会与资本主义社会中具有广泛的功能,因为它们解决了必须解决的问题以维持社会的稳定性。作者后来提到的第二种假设侧重于政治机构,包括福利国家机构产生的连续性与脆弱性。据推测,发达的福利国家会产生支持它的选民。但国家政治机构的某些特征,在福利国家计划中会被重新审视,也可能产生政治上的反对意见,导致政府削减开支。

最具普遍的功能性视角足以直截了当地证明,与工业化及城市化相联的传统村庄及家庭安排的错位,使得新的公共供给形式的产生成为必要,同时经济增长所产生的财

---

① 监狱的开支也飙升了。按照惯例,监禁不被视为福利国家活动,虽说根据福利国家发展理论,应该对美国少数民族贫困的大规模监禁进行审查。参见如 Western 及 Beckett(1999)关于监狱劳动力市场功能的原始论点,另见 Rusche 和 Kirchheimer,1939。

富,为支持公共供给提供了资金。这种方法的转换确定了福利国家发展的动力不是在特殊的经济增长模式中,而是更具体地体现在资本主义经济体系中,以及资本主义——阶级分裂由此诞生——经济所产生的积累和合法化的必要性。因此,福利国家计划通过补贴资本主义生产所需的一些成本,尤其是"再生产"劳动力在健康、住房及教育方面的成本,来促进资本积累。与此同时,福利国家计划通过缓和工人的不满情绪,使阶级分化的社会合法化,从而缓和阶级矛盾,打造出一种政治体系普遍化的假象。或者在

【862】 女权主义变化中,福利国家发展的推动力并非植根于经济,而是出于维持父权制和/或父权制家庭的需要。或者说福利国家的发展归因于选举代表制度的演变,而这一制度逐渐成为北美及欧洲的特征。每一种理论传统都允许根据独特的民族文化,或国家政治制度发展的特点,或不同的国家能力来获得资格。然而,这些对理论解释的抱负,因为它们不是把福利国家的发展归因于这些国家所具有的特殊性,而是归因于当代西方社会的主导制度。福利国家的理论与安东尼·吉登斯把结构功能主义作为工业社会理论相呼应(Giddens,1976,81)。

然而这也存在很多问题。这些观点中的任何一个都不能说明工业主义大型系统、资本主义或选举代表型机构的历史演变与福利国家计划发展之间有着非常精确的对应关系。如德国和瑞典是福利国家的先驱,但并不是工业化或资本主义或民主主义的先驱。这些系统理论也未对福利国家政权之间出现的重大差异做出解释,例如,北欧国家相对充足的项目与美国相对较为吝啬的项目之间存在差异。埃斯平·安德森(Esping-Andersen,1990)后来将这些差异戏称为独特的"福利制度",将北欧国家归为社会民主福利国家,而欧洲大陆上的国家是"保守的",但包括美国在内的大英帝国后裔都是"自由的"。然而,这些观点都没有预见到福利国家的发展会在当代发生逆转。

对财政紧缩这一理论的潜在解释方案是重新考虑工业化大型体系的外生冲击——资本主义、民主及家庭——这些体系构成了早期福利国家发展的解释框架。也许破裂与逆转反映了这些系统的发展需要一种新型福利国家。例如,考虑与所谓的经济全球化及后工业主义的多方面发展的相关的变化。无论全球化一词是什么意思,国际化的投资、商品及服务生产以及劳动力市场都加剧了对投资、贸易及就业方面的竞争。反过来,竞争加剧会导致越来越多的人反对福利国家福利支出给财政带来的负担。如果要维持其收入并满足大众的投票需求,国家就必然会加入国际投资竞争行列。竞争也意味着对劳动力市场"灵活性"的呼吁声越来越高,这意味着监管措施及收入补助的倒退,这也限制了雇主在工作场所的自由裁量权及提高工资权。与此同时,传统家庭结构发生了巨大变化,妇女进入劳动市场,从事扩大的公私营服务部门所创造的工作。换句话说,有必要通过更多地关注这些系统的变化来重新考虑大型系统理论。"当代福利

制度的'真正'危机",艾斯平-安德森写道,"在于现有制度建构与外生变革之间的脱 【863】
节"(Esping-Andersen,1999)。尽管如此,即使对比较数据进行最随意的评估也可表明,
这条路线不会对福利国家逆转产生完全令人满意的解释。美国远非最开放或最国际化
的经济体,但它是福利国家收缩的先驱,特别是福利国家项目商品化的先驱。实际上,
它不仅是先驱,还已成为全世界收缩及私有化的国际倡导者。作者认为这种异常现象
应该引导我们关注美国的独特政治,不仅仅关注福利国家学者所强调的制度化政治,而
且还应该关注更具破坏性且不可预测的动员利益集团及社会运动的政治。

　　人们现在普遍认为,无论如何满足他们的粗糙的概览,工业社会的结构功能主义理
论都不足以解释福利国家发展的模式。解决历史时期及比较差异问题的首选解决方案
是关注国家政治制度,包括福利国家本身的制度。政治制度将工业主义或资本主义或
家庭再生产的系统性要求,转化为具体且不同的政府政策。一般性的论点是,政治制度
的特殊性和国家的独特性,例如选举代表安排的结构或国家的内部行政能力,考虑了福
利国家倡议的可变时间安排,并对方案的可变组织及范围做出解释(Shefter,1979;
Evans,Reuschemeyer 和 Skocpol,1985;Skocpol,1992;Amenta,1998;Pierson,1994)。

　　而美国的政治制度则与众不同。例如,与沃尔特·科皮(Walter Korpi)有关的权力
资源学派长期以来一直认为,在北欧福利国家的发展过程中,工人阶级影响的重要性是
通过工会及劳工或社会党的制度化政治工具表现出来(Korpi,1983;Shalev,1983,315;
Stephens,1979;Esping-Andersen,1985b)。然而,在美国,不仅工人阶级的影响力减弱,
而且力量薄弱且支离破碎的美国政党使得民众的影响力普遍受到抑制。反过来,脆弱
政党可追溯至美国政府的结构,国家政府中的权力分割,以及政府权力下放给各州和各
地方。沙茨施耐德(Schattschneider)认为,嵌入美国宪法中的这些安排"旨在使政党无
效……[因为他们]会徒劳地试图通过复杂制度架构而失去并耗尽自我"
(Schattschneider,1942,7)。也许是这样,确实,美国政府的奠基人对党派表示反感。反
过来,弱势政党在挫败工人阶级身份及利益的表达的同时,也不可避免地为有组织的利
益集团,特别是商业及农业利益集团提供更大的影响力开辟了道路,这也是美国政治发
展的一个特征,有助于对未充分发展的福利国家做出解释。

　　在 19 世纪晚期,席卷美国各州议会的精英剥夺公民选举权运动,而力量薄弱且支 【864】
离破碎的政党也未抵制这种做法。在南方,执政的民主党领导了该运动,实施了人头
税、识字测验和选民登记要求,剥夺黑人及贫穷白人的选票。在北方,移民工人阶级是
被剥夺权利的主要目标,州共和党领导了剥夺公民权利运动,但国家与地方民主党的抵
抗力量微弱,尽管这些州及地方政党声称移民工人阶级是他们的选民。结果,在欧洲农
民及工人阶级获得选举权的那一刻,美国农民及工人阶级的大部分人正在失去选举权

（Piven 和 Cloward，2000，ch.1-6）。美国进入了工业时代，选民发展迟缓且扭曲。这也是为了限制福利国家的发展。

美国受限的福利国家安排另一个重要原因是南部地区对福利国家政策的影响，这反映了由于体制安排而产生的部分政治优势。宪法将政策权力下放到各州，这是南部殖民地富裕且强大的代表团妄图保护其独特的以奴隶为基础的经济不受国家干预的结果。为此，他们努力限制国家政府的权力，这种方式体现在"各州的权力"这一经久不衰的口号中，这对劳工在美国政坛的崛起产生了普遍的影响。同样重要的是，南方代表通过制定宪法来巩固南方在全国政府的权力，其中包括一系列加强国会及南方总统选举代表权的规则。

南方势力因内战失败，后来在 1896 年的大选中被打败，这场大选变成了局部性竞争，主要是北方共和党人与大部分南部民主—民粹主义联盟的对抗。南方被击败，共和党成为国家政治的主导力量。但支持共和党的权力是一种默契，允许南方精英在其地区的管理中拥有很大程度的自治权。由此产生的南部种姓制度的持续存在，以及其所提供的低工资和基于种姓为基础的劳动力，在限制 20 世纪 30 年代动荡期间可能出现的福利国家倡议方面产生了严重后果（Piven 和 Cloward，1971；Quadagno，1994）。大萧条时期的政治动荡促使国家政客们引入国家福利州项目，但南方国会代表团确保了这些计划受到了严格限制，因此他们不会干涉南方劳工的条款，特别是受契约束缚黑人种植园劳工的条款。

制度连续性有时用"路径依赖"这一短语来描述，这意味着现有的制度安排限制了政治行动者在特定历史时刻的政策选择，并且由此产生的政策往往再现这些限制（Steinmo 和 Watts，1995；Pierson，2000）。因此，以美国为例，一个分离且分散的州使得大众政党仍然力量薄弱且支离破碎，并且不仅可以为地方及部门利益集团的影响做好准备工作，而且还会建立起充满地方性及种族主义情绪的政治文化。

在 20 世纪 30 年代根据《社会保障法》（Social Security Act）制定的福利国家计划中，美国政治的这些特征得到了反映及强化。可以肯定的是，那些在受保障的职业中获得资格的老年人提供的退休金最终覆盖了大部分老年人，并由国家政府管理。但获得失业保险的资格取决于稳定就业与收入的记录，该计划由各州管理，尽管各州都是因为新的联邦工资税的威胁，被迫承担这一责任，但任何一个州都不能有异议。其他有需要的群体被划分进不同的项目组中，每个方案都有自己的资格条件，并且都是分散的。因此，一些经过收入状况调查的项目，包括对于孤儿、未参保的老年人及残疾保险未覆盖的残疾人的援助，将由各州及各郡根据联邦的指导方针进行管理（仅从 1975 年起，联邦政府才开始对贫困的老年人及残疾人负责）。在这些情况下，联邦补助金确保了各州能够创建项目。

这些安排构成了美国福利国家的基本结构,而且其中有些特征值得注意。一是它重现了美国国家结构及政党制度的分权。另一个是它创造了支离破碎的项目,这些项目也造成了选民的分散,制度主义者认为这些选民成为了项目的政治捍卫者,从而确保了计划的连续性甚至扩展性(Mettler,2002;Campbell,2003;Soss,2005)。第三是权力下放赋予各州(及县)很大的自由度,来制定失业保障计划及经过经济情况调查的计划,以便国家收入所支持的潜在去商品化影响不会干扰当地的劳动力市场。换句话说,如果制度主义者强调,福利国家项目一旦存在,就会产生一种支撑他们的政治,那么美国案例就提供了阻碍政治支持增长的项目结构的戏剧性实例,也引发了政治上的反对。

简而言之,对美国政治制度的关注有助于解释美国福利制度未充分发展、支离破碎的原因。而一个发育不良且支离破碎的福利国家,反过来又有助于解释公众对福利国家的矛盾心理以及对收入状况调查和失业计划的彻底反感。而这些计划的负担加重了,因为它们的支持者都是穷人,而且是不成比例的少数种族,并且因为这些计划和选民都受到精心设计的条件和监督的影响,这些条件及监督是制定分散计划的特征,着眼于它们对当地劳动力市场参与的影响。

这些项目中最受贬低的是对"有受抚养子女的家庭的援助"。这些项目最初为孤儿及其看护人设计的援助项目(Aid to Families with Dependent Children)而设计。在 20 世纪 60 年代,该项目被允许为非洲裔美国家庭提供有限的安全港湾,暴露出南部农业地区被迫流离失所和城市经济边缘化的多重痛苦。面对城市的抗议及骚乱,项目规则被拓宽了,该计划也有所扩大(Piven 和 Cloward,1971,1977)。稍后,随着西班牙裔移民 【866】 的增加,他们中的许多人也转向了未成年子女家庭援助计划(AFDC)。难怪这个项目成为美国福利国家反对者的出气筒。虽然未成年子女家庭援助项目在很大程度上反对社会支出的辩论活动,但紧缩运动的目标更为广泛。

20 世纪 70 年代开始的商业政治动员,政策研究所及共和党组成的新基础设施通过智库开始运作,针对一些新政及伟大社会,福利国家提出一系列削减开支的项目,部分是为了证明减税业务的要求是合理的,但更重要的是为了降低劳动力成本。这些改革最初由新的商业支持的智库(如传统基金会及曼哈顿研究所)提倡的,实际上是对贫困救济时代以来存在的模式的复兴,而且更积极地将其应用于面向当代穷人的经济状况调查计划:福利、食品券及医疗补助。福利资格改革人士认为,改革者应该更加严格地规定工作及婚姻行为的制约,应当降低真正的福利,各州应该在福利管理中发挥更大的作用,应该增加给予或保留利益的官僚自由裁量权(并且应尽可能地促进计划的私有化进程)。具有讽刺意味的是,这些程序功能有助于解释对收入情况调查项目的普遍反感现象。低效益及侵入性项目使计划及其受益者蒙羞,然后,这种文化污名被动员起来反对这些计划。

一旦罗纳德·里根(Ronald Reagan)在美国企业几乎毫无分歧的支持下当选总统后,这一议程上的大规模行动便会成为可能。其不仅在一系列福利国家计划上进行了大幅削减,且被保罗·皮尔森(Paul Pierson)所称的"系统性紧缩"的策略也已落成(Pierson,1994)。大规模的减税措施得以实施,同时军费开支不断上升,这种钳形攻势限制了福利国家支出的可用收入。(当乔治·布什在 2000 年选举中恢复该策略时,再次引发一系列巨额减税及军事集结事件,保罗·克鲁格曼(2004a)将其称为"饿兽"策略,当然这意味着政府社会支出匮乏)。

1996 年,通过《个人责任及工作机会协调法案》取消了未成年子女家庭援助计划,该运动取得了一个标志性的成功。该法案取消了未成年子女家庭援助计划,转而支持一项名为"向贫困家庭提供临时援助"的新项目,该项目不仅授予各州更大的行政自由裁量权以限制援助,而且通过用补助金拨款取代助学金,给各州提供了降低津贴的经济动力,因此降低了他们实际用于援助的金额(Diller,2000)。该法还对健康及营养计划的调查资格提出了新的限制条件。这些发展肯定会使制度主义者的观点更加可信。一旦他们被紧缩开支们当作目标,这些计划中的狭隘及边缘化的群体,以及项目程序所带来的文化污点确实会使他们变得极为脆弱。①

【867】 但紧缩开支者一开始就有更广泛的目标。真正的奖励是大型医疗保险及社会保障项目。在制度主义者看来,这些计划得到了很好的辩护,因为它们广受公众欢迎。这些计划的受欢迎程度,在很大程度上归功于它们可以帮助很多人且不用经过经济情况调查,因此,没有涉及任何具有经济状况测试计划特征的证明需求、调查及监视的羞辱性仪式。事实上,人们普遍认为社会保障是一种社会保险制度,在 20 世纪 30 年代早期,该计划的支持者实际上已经精心地培育了对于这一观点的误解。还有一个事实,这两个计划都有庞大的支持群体,即千万名受益的老人或即将步入老年群体的受益人们。根据制度主义者的观点,这些应该会导致计划得以延续及扩展。

这些特点确实引起了反对这些计划的人的警惕,但对于其竞选活动的持续存在以及其创新战略,作者将停下来稍微详细地进行描述。可以肯定的是,没有人建议取消这些计划。相反,改革的论点总是基于这样的理由:这些计划在财务上不健全,需要重组才能得到拯救。并且推出的主要解决方案是私有化。换句话说,对这些计划的保守态度不仅仅来自他们对社会支出的普遍敌意;他们也受到私有化承诺的利润,对于医疗保

---

① 哈克(Hacker,2004)对隐蔽策略进行了深入地讨论,通过这些策略使许多削减得以实现。

险的医疗服务提供者及保险公司，以及在社会保障情况下将处理私人养老金账户的华尔街金融公司的激励。

事实上，医疗保险正面临财务问题，其为 4100 万老年人及一些残疾人提供联邦医疗保险，并通过工资税、一般收入、免赔额及共同支付的组合型支付。未来预期的财务问题不仅仅是人口统计学，婴儿潮一代老龄化及寿命延长的结果，更重要的是预期医疗保健成本持续增加的结果（CBO，2003）。换句话说，医疗保险计划受到所有美国人的医疗保健费用危机的影响。布什的减税政策，通过消耗未来的财政收入，使这个问题更加严重。最近通过的医疗保险处方药法案采取措施，为这种至少部分人为制造的危机提供市场解决方案。但这并不是真正的市场解决方案。相反，这项立法使我们进一步朝着建立一个不受监管的医疗保健市场前进，但那是一个公共资金饱和的市场。该立法包含对医疗保健业务中几乎所有人的补贴，包括医生、医院、保险公司及营利性健康计划。此外，该立法禁止医疗保险与制药公司讨价还价，以降低处方药的成本。

更重要的是，此项立法包含了可能是朝着私有化方向发展的重要试点项目。为了与传统的医疗保险竞争，私营医疗计划提供超过 120 亿美元的补贴，并且还保证，当费用低于供应商在传统按服务收费医疗计划中所获的报酬时，健康服务组织（HMO）不会为一名患者支付医疗费。这被称为是一项实验，将于 2010 年在六大城市启动（Meyerson，2003）。还推出了免税健康储蓄账户，这实际上意味着另一大减税优惠。此外，法案中的一项条款要求，如果超过 45% 的医疗保险资金来自七年预算预测中的一般收入，则立法规定要求宣布发生危机（Skocpol，2004）。对于老年人所需的处方药，该法案提供了明显不完善和有限的解决方案。在政府开始报销费用之前，一名老年人每年 5100 美元的药费自己不得不支付 3600 美元。 【868】

值得注意的是，布什政府与国会中的共和党领导人一反常态，决定通过这项立法。正如伊丽莎白·德鲁报道：

> 共和党人不接纳众议院民主党人，只有两名参议院民主党人，麦克斯·鲍克斯（Max Baucus）与约翰·布鲁（John Breaux），他们都支持联邦医疗保险案，参加了众议院和参议院会议，确立最终条款。在早上 6 点之前，众议院以 220 票对 215 票的微弱优势通过了该法案。此前，共和党领导人做出了非同寻常的努力，说服了一些不情愿的议员。共和党众议院领导人向不情愿的保守派提供竞选资金；他们还威胁一位计划退休的共和党人，要切断他儿子的资金，而他的儿子正在竞选接替他的职位。这种行径在近来没有先例（Drew，2004）。

这一行径是有原因的。同样重要的是，该立法允许政府在 2004 年总统大选之前宣传处方药的新补贴，同时向医疗保险私有化迈出一大步。

社会保障无疑是社会项目中最大和最难掌握的奖励。该计划是在大萧条危机期间启动的,当时大规模失业及其政治不稳定的后果使得公共解决方案势在必行。由于高失业率持续存在,甚至在1934年的经济复苏中也没有好转,新政的政客们开始相信,将老年人从劳动力市场上移除十分重要。弗朗西斯·汤森(Francis Townsend)发起了一场养老金的运动,这场运动索求的养老金数额远超社会保障所需,该运动动员了大量老年人,由此便得出了那个结论。一旦该计划成立并且资格范围逐渐扩大,特别是在动荡的20世纪60年代,福利增加,该计划确实变得很受欢迎。该计划被广泛理解为"保险",因此不像早期支持者所希望的那样是福利,这一点很有帮助。而后时来运转,主要是在20世纪70年代开始的商业动员,尤其是在那些用商业资金创造的智库的影响下。一些反对该计划的争论也出现了,一个是说老年人贪婪,使用应该花在年轻人身上的资金。另一个认为老年人本身已经改变;人们更长寿也更健康,所以他们应该工作更

长时间。最后,有人认为,从长远来看,该计划并不可靠,此论点损害了该计划,原因很简单,它在未来的受益人心中洒下了养老金是否安全的怀疑种子(CBO,2003)。

一些变化被引入进来。人们有资格获得社会保障的年龄正在逐步提高,从65岁增加到67岁。那些在原有立法中被禁止从事工作的受惠者,现在受到减少其收入处罚法规的鼓励去参与工作。这些变化表明,对劳动力市场的关注,既积极努力削减其他社会项目,也影响了社会保障。

但布什的社会保障议程更加雄心勃勃。社会保障最初是一种即付即用的制度,每年收取的工资税为每年支付的养老金福利提供资金。这种情况在1983年发生了变化,社会保障工资税的大幅增加缓解了里根政府减税和国防开支增加所造成的巨额赤字。结果是,至少在书面上,社会保障储备金变得巨大,虽然实际上,这些储备只能作为国库券,即联邦政府对该基金的债务存在。尽管如此,即使在现存巨额公共养老基金的情况下,也会在意识形态上助长右翼势力。更重要的是,如果资金转换为私人养老金,华尔街投资公司将开辟数百万个人股票账户及经纪人费用的新前沿,这一安排自然受到支持布什的金融公司的青睐,包括美林证券、瑞信、瑞银普惠以及高盛集团,他们与其他企业一起组建了一个名为"美国金融保障联盟"(Center for Public Integrity,2004)的游说团体。有关社会保障融资长期危机的尖锐且不懈的言论是对制度私有化提案的提议。几乎在他刚担任总统职位后,布什便任命了一个委员会,就2001年12月结束的社会保障提出建议,该计划的任何改革都应该"包括自愿性个人账户系统"(Center for Public Integrity,2004)。

乔治·布什长期以来一直主张,允许年轻工人将他们缴纳的部分社保税用于私人投资。这将是实现系统私有化这一重大目标的第一步。这一战略必须克服巨大的障

碍。其中一个原因就是,大肆宣传的社会保障融资危机充其量是一个遥不可及且不可预测的事件。从 1983 年开始,工资税急剧增加,该系统在接下来的五十年中是健全的,甚至在此之后,融资缺口相对于经济体来说很小,不到国民收入 0.75%(Krugman,2004b;Weisbrot,2004)。如果在可预见的未来里出现财政危机,那将是整个联邦债务危机,而现在欠社保基金的美国国债有可能无法兑现。另一个障碍是,在尊重现有养老金承诺的同时实行部分私有化的战略,这意味着成本将急剧上升,因为转入私人账户的资金将来自现在用于支付当前退休人员的资金。最大的障碍是该计划继续得到坚定的选民支持,而制度主义者可能在一定程度上被证明是正确的。尽管如此,由于赤字不断膨【870】
胀,没有人能够稳妥地预测这些计划的未来。

显然,从制度的角度可以洞察美国福利国家的收缩情况。分散且分裂的政府结构反映在权力下放及支离破碎的政党中,这些政党易受利益集团及部门的渗透甚至在工业化的关键早期阶段都没有维持大规模特许经营权。这些政治机构反过来又产生了导致福利国家计划分离且分裂的政治,这有助于解释在反对这些计划的人被动员起来时,那些经过经济状况调查的计划就会暴露出来。

但是,究竟为什么这些机构要制定福利国家计划呢?制度主义者的观点有助于解释对美国福利国家的限制,但它无法解释不规范及非制度化的政治力量,正是这些力量使这些计划的启动成为维持国内稳定的必要条件。毕竟,雇主反对社会支出是长期存在的。只有在民众对经济不满达到威胁公民秩序及统治政权稳定的水平时,它在美国才能得到克服。在 20 世纪 30 年代的大萧条时期,失业与困苦导致全国各地爆发示威及骚乱,并致使当时执政的共和党下台。富兰克林·德拉诺·罗斯福(Franklin Delano Roosevelt)迅速启动了紧急救济计划,以及后来的社会保障及失业保险等计划,以应对民众骚乱的直接威胁,并为他的新政民主联盟建立起长期支持。然而,一旦动乱平息,大多数社会计划都会萎缩,直到 20 世纪 60 年代爆发了新的民众抗议活动,这一次是由民权及城市贫困运动带头的。新政计划得到了恢复与扩展,并增加了新的计划,其中最重要的是医疗补助计划与医疗保险计划。值得注意的是,在 20 世纪 30 年代与 60 年代的危机高峰期,甚至连大企业的领导者都支持新的社会支出。

同样,制度主义者的观点解释了收入调查项目的脆弱性。大多数美国人不喜欢他们称之为"福利"的计划。但是在大多数情况下,他们也没有动员起来做太多事情。这需要一场由企业支持的运动,创建新的智库及政策机构,资助民粹主义权利组织的联盟和右翼候选人的运动,并发起了针对这些计划的宣传活动。这也是一种社会运动,尽管采取了资金雄厚的精英们所采用的策略。

有组织的商业利益集团及与他们结盟的右翼民粹主义团体运动也针对更普遍性的

项目。长期且持久的运动取得了一些相当可观的成功，而且没有任何减弱的迹象。此外，反对者成功地改变了长期影响社会保障的可行性条件。他们的宣传破坏了公众对【871】该计划的信心；他们利用税收政策鼓励私人养老金投资账户；并且他们已经实施了大规模的减税措施，以产生可能耗尽社会保障基金的巨额赤字。

在针对美国福利国家计划的攻击中提出的许多论点已经扩散到欧洲，尤其是英国。关于"工作福利而非福利"的争论在欧洲大陆也很普遍，引入新的"工作福利"计划也是如此。与美国的相似之处并非偶然。在美国推行福利国家项目的运动中，发挥重要作用的右翼智囊团及公共知识分子，他们努力将其论点推广到海外。① 但是，虽然福利削减的语言，甚至一些模范工作福利计划，相对容易传播，但整体而言，削减幅度仍然不大。② 在一些国家，特别是在社会民主主义的北欧国家，福利计划实际上一直在扩大。③ 挪威的现金福利计划就是一个很好的例子。正如妮娜·贝文（Nina Berven）所说的那样，关于新计划的辩论，其所使用的言论与美国福利改革辩论中使用的非常相似，为家庭主妇提供福利金，都强调工作、家庭及责任。然而，在挪威，这种言论被用来证明一套完全不同的政策。可以肯定的是，单身妈妈获得福利金的年数减少了。然而，与此同时，新的现金补贴方案落成，允许所有单亲家庭还是双亲家庭的母亲留在家中，或为1岁至3岁的孩子提供抚养费用（Berven，2004）。

制度解释显然是相关的。美国举例说明了"自由主义"的福利制度，埃斯平-安德森认为这种福利制度为高度分层，强调个人的自我责任以及对底层人民的侮辱性救济（Esping-Andersen，1990，65）。这些特征允许但决不能预测近几十年的收缩及重组。欧洲福利制度不仅产生了更高水平的民众支持，至少到目前为止确保了相当大的连续性，但它们并未经历过该事业及其出现在美国的右翼民粹主义盟友对福利国家计划的全面动员。

制度视角显然有助于我们理解福利国家的发展。然而，福利国家的理论需要更直接地面对定期爆发，以及溢出制度政治渠道的深层社会冲突。在美国，正在进行的变革【872】反映的不是相对温和的制度渐进主义政治，而是商业阶级倾向于阶级斗争的冒险政治斗争做好准备的。

---

① Janiewski（2003）详细讨论了这一过程。

② 然而，德国政府目前正在提议削减失业救济金，这比美国的失业救济金要慷慨得多。这些建议将在12个月后终止失业救济金，之后失业者将只获得基本福利。这些提议引发了一些德国城市的小规模抗议（Landler，2004）。另甘格尔（Gangl，2004）的研究表明，与美国体制相比，德国更慷慨的失业救济金减少了失业的"疤痕"。

③ 见纳瓦罗（Navarro）、施密特（Schmitt）及阿斯图迪略（Astudillo，2004）。纳瓦罗等人引用经合组织的数据，经合组织历史统计1960—1994（Paris，1996）及经合组织历史统计1970—1999（Paris，2000）。

参考文献

Amenta, E. 1998. *Bold Relief: Institutional Politics and the Origins of American Social Policy.* Princeton, NJ: Princeton University Press.

Berven, N. 2004. *National politics and global ideas? Welfare, work and legitimacy in Norway and the United States.* Unpublished dissertation, Sociology Department, University of Bergen.

Campbell, A. 2003. *How Policies Make Citizens: Senior Political Activism and the American Welfare State.* Princeton, NJ: Princeton University Press.

Center for Public Integrity 2004. *The Buying of the President.* New York: HarperCollins.

Congressional Budget Office 2003. *The Long-term Budget Outlook: A CBO Study.* Congress of the United States, Congressional Budget Office, Dec.

Diller, M. 2000. The revolution in welfare administration: rules, discretionand entrepreneurial government. *New York University Law Review*, 75: 1121.

Drew, E. 2004. *Hung up in Washington.* New York Review (12 Feb.).

Esping-Andersen, G. 1985a. *Politics against Markets: The Social Democratic Road to Power.* Princeton, NJ: Princeton University Press.

——1985b. Powerand distributional regimes. *Politics and Society*, 14: 223–56.

——1990. *The Three Worlds of Welfare Capitalism.* Princeton, NJ: Princeton University Press.

——1999. *Social Foundations of Postindustrial Economies.* Oxford: Oxford University Press.

Evans, P., Reuschemeyer, D., and Skocpol, T. eds. 1985. *Bringing the State Back in.* Cambridge: Cambridge University Press.

Gangl, M. 2004. Welfare statesand the scar effects of unemployment: a comparative analysis of the United States and West Germany. *American Journal of Sociology*, 109: 1319–64.

Giddens, A. 1976. Classical social theory and the origins of modern social theory. *American Journal of Sociology*, 81: 34–57.

Hacker, J. 1998. The historical logic of national health insurance: structureand sequence in the development of British, Canadian, and U. S. medical policy. *Studies in American Political Development*, 12: 57–130.

——2004. Privatizing risk without privatizing the welfare state: the hidden politics of social policy retrenchment in the United States. *American Political Science Review*, 98: 243–60.

Janiewski, D. 2003. Making the world safe for "global capitalism:" the new right as a transnational enterprise. Unpublished manuscript, Victoria University of Wellington.

Korpi, W. 1983. *The Democratic Class Struggle.* London: Routledge and Kegan Paul.

Krugman, P. 2004a. *Red ink realities.* New York Times, 27 Jan.

——2004b. *Social security scares.* New York Times, 5 Mar.

Landler, M. 2004. *It's Monday in Germany: time for social protest*. New York Times, World Business (25 Aug.).

Mettler, S. 2002. Bringing the state back in to civic engagement: policy feedback effects of the G.I.Bill for World War II veterans. *American Political Science Review*, 96(2).

Meyerson, H. 2003. *Powerlines. LA Weekly* (28 Nov.-4 Dec.).

Navarro, V., John, S., and Astudillo, J. 2004. Is globalization undermining the welfare state? The evolution of the welfare state in developed capitalist countries during the 1990s. *International Journal of Health Services*, 34: 185-228.

Pierson, P. 1994. *Dismantling the Welfare State? Reagan, Thatcher, and the Politics of Retrenchment.* Cambridge: Cambridge University Press.

——2000. Increasing returns, path dependence, and the study of politics. *American Political Science Review*, 94: 251-68.

Piven, F.F. and Cloward, R.A. 1971. *Regulating the Poor: The Functions of Public Welfare.* New York: Pantheon.

——1977. *Poor People's Movements: Why They Succeed, How They Fail.* New York: Pantheon.

——2000. *Why Americans Still Don't Vote.* Boston: Beacon Press.

Quadagno, J. 1994. *The Color of Welfare: How Racism Undermined the War on Poverty.* New York: Oxford University Press.

Rusche, G., and Kirchheimer, O. 1939. *Punishment and Social Structure.* New York: Russell and Russell.

Schattschneider, E.E. 1942. *Party Government.* New York: Rinehart.

Shalev, M. 1983. The social democratic modeland beyond: two generations of comparative research on the welfare state. *Comparative Social Research*, 6: 315-51.

Shefter, M. 1979. Party, bureaucracy, and political change in the United States. In *the Development of Political Parties: Patterns of Evolution and Decay*, ed. L. Maisel and J. Cooper. Beverly Hills, Calif.: Sage.

Skocpol, T. 1992. *Protecting Soldiers and Mothers: The Political Origins of Social Policy in the United States.* Cambridge, Mass.: Harvard University Press.

——2004. *A bad senior moment.* American Prospect, Jan.

Soss, J. 2005. Making clientsand citizens: welfare policy as a source of status, belief, and action. In *Deserving and Entitled: Social Constructions and Public Policy*, ed. A. Schneider and H. Ingram. New York: State University of New York Press.

Steinmo, S. and Watts, J. 1995. It's the institutions stupid! Why comprehensive national health insurance always fails in America. *Journal of Health Politics, Policy and Law*, 20: 329-72.

Stephens, J.D. 1979. *The Transition from Capitalism to Socialism.* London: Macmillan.

Weisbrot, M. 2004. Social security doing just Wne. *Providence Journal* (23 Jan.).

Western, B. and Katherine, B. 1999. How unregulated is the U.S. labor market? The penal system as a labor market institution. *American Journal of Sociology*, 104: 1030-60.

第43章　反思政治学家（和其他学科研究者）看待能源和政策方式

小马修·霍尔登（Matthew Holden, JR.）

1. 三十年的视角：以个人历史为方法

　　本章由于篇幅有限，未对以下三个问题进行深入分析：（1）未来十年或二十年，中【874】国、印度和俄罗斯将对能源政策产生重大影响。中国和印度是全世界最大的能源消费国，且两国的能源消耗量还在不断增长，这将影响国际能源经济和国际政治。（2）如未发生重大的经济或技术变革，最贫穷国家将面临能源难题。（3）各地的能源政策都会受气候事件影响，并且这基于一种假设的政策，即全球变暖的正在发生以及气候的改变是人类可以决定控制的活动的结果。虽然本章的大部分内容与美国的政策相关，但读者应关注文章中的"言外之意"，也就是以上三点的内容。

　　由于幸运而非训练或计划，我从 20 世纪 70 年代到现在一直被引导参与一系列与【875】能源有关的官方和私人的活动。第一步纯粹是智识性。威斯康星大学麦迪逊分校的校长，爱得温·杨（Edwin Young）资助了小型的教师研讨会，主要研究"自然资源决策的方法"。与此同时，石油输出国组织（OPEC）颁布了 1973 年禁令，禁止向美国和其他西方国家出售石油。

　　1973 年是重要的一年，另一个重要的时间节点是 1979 年，当时正值伊朗革命。那时，美国的决策和舆论被恐惧和幻想左右，其他国家也有类似情况。对能源政策的研究也被恐惧和幻想支配着。结果证明，即使在 1973 年和 1979 年危机初步推动后，政治学的研究者对能源漠不关心。显然，这两场危机并非只波及政治学领域。理查德·卡达西法官（Richard D.Cudahy 美国第七巡回上诉法院）对能源律师团的论述如下："尽管能源法在法律研究者的理解中逐渐有了一席之地，但仍是舶来品，且在政府管辖的行业法规、环境法和自然资源法之间游走"(Cudahy,2004)。当现实中的恐惧和幻想逐渐消散的时候,该话题的热度也逐渐降低。在转向研究最新的能源政治学时,我惊奇地发现以能源为研究重点的成果特别少。笔者认为,新的研究成果至关重要。因此,希望政治学和需要理解能源政策的人能阅读本篇论文。

2. 政治学者如何看待能源问题

如果我们用最简单的术语来描述能源问题,也许政治学者会更易于理解能源问题,进而扩展到技术层面。对所有人来说,都理解身体免疫机制的必要性。某种形式的能量是必须的,以免人们死于北极地区的过度寒冷或澳大利亚"内陆"的过度炎热,或亚利桑那州和内华达州的干旱地区。

"新能源政策"为看待 1973 年之前的危机提供了强有力的观点,这推翻了传统政策。在传统政策中,政府管控煤炭、控制露天开采,为稳定油价和民用核能管控国内生产,政府管控天然气,并且采取一系列解除管制的措施。大卫·戴维斯(David H.Davis, 1992)评论道"为决定政府的干预程度……政策竞争主要体现在五大能源领域,分别是【876】煤炭、石油、天然气、电力以及核能"。新能源政策还涉及很多新参与者和新问题。最大的新问题就是尝试保护本国的能源供应免受外国政府行为的破坏。

在未来 25 年,能源的需求量高于供应量的假设使得能源保护十分重要。这一假设贯穿《国家能源法》,该法案由五部分组成,包括对天然气放松管制、将天然气转化为煤炭、征收暴利税、鼓励建设公共事业(国家监管之下)达到提高(或更"有效的")定价的目的。

能源方向的政治学文献已经对此不再抱有幻想。罗伯特·E.基欧汉(Robert E. Keohane)认为,1973 年危机的影响不可避免。"公共权力碎片化、商业影响普遍化,加之政府工作人员寻求短期阻力最小的道路这一致命弱点是美国社会的固有问题,因此 20 世纪 70 年代的美国石油危机难于避免"(Keohane,1982,183)。有人对 1973 年的石油危机解决抱有疑问,彼得·德利翁(Peter DeLeon,1988,72)认为:

为阐明能源资源与能源使用的复杂关系,公共和私人赞助者都组织了规模巨大的研究,大部分在本质上是定量研究,在此基础上介绍并制定能源政策……大约有三分之二的研究没能达成其公开宣布的目标,也就是没能为政策提供直接的方案。

德利翁对此的评论是(很幸运,这一情况被现实检验):"美国很可能会经历另一轮日趋严重的能源短缺问题,唯一悬而未决的问题是规模和时机。"

富兰克林·特格威尔(Franklin Tugwell)在美国国务院技术评估办公室和国会信息

服务部门工作长达十年,开始时,他认为我们做得还不错,但是:

很明显(基于更确切的回溯性研究),尽管我们避免了某些代价高昂的错误,但从总体上看,我们的政策收效甚微。更为严重的是,不废止这些政策,就会造成更大的经济损失、加剧策略的弱点,不成比例的损失还会使弱势群体利益失去保护……这些安排会波及十年后的努力——能源领域的"自由市场"可能会行之有效并且持久存在。(Tugwell,1988,vii)

威尔达弗斯基和特内波姆等人(1981,14)对该事件展开了更为广泛的研究,他们认为"美国的行为总是不够理性(战时除外),长此以往,就会无法长期贯彻政策"。有人可能会引用"政权"这一政治学术语(Greenstein 和 Polsby,1975)。特格威尔也使用了同一术语,这要归功于罗伯特·基欧汉,与其他作者相比,他的论述更有说服力。

政治学界的政策分析人士对美国的能源政策评价不高,对美国其他政策的总体评价有否改进也持怀疑态度。也许这有其道理,但是现在,回想起贝克(19＊＊)的警告:【877】"理想的方案中存在现实困难,政治家的选择也会受到日常工作要求的束缚,而学者们总是忽视这些问题。"

3. "政治"、"制度"、"利益"和"能源"

任何政策和创新无一例外都会受到四项因素的影响,分别是技术、经济与金融、法律以及政策。如果某提议违反了科学知识以及相关技术,该提议就无法实现。如果创新失去经费支持,也必定失败。经费的决定因素是党派的权利和责任(如未付款的情况下,债权人可以根据条款提出诉讼)。但最后,在某种程度上,要想取得成就必须借助于政治,要在无法衡量的价值中进行交易。

"政治"是"政策"组织最典型的架构。"政策"指通过利用和控制能源资源,达到与能源本身无关的结果。"政策"也可能表示新出现的术语"能源地缘政治学"的观点,根据物理位置阻止某事的能力,1973 年就是如此。但是本章研究的重点是:为达成某项与现在和未来能源有关的成果而做出的决策。

关注能源的人士会发现,了解能源政策制定的制度大有用处。虽然制度不是政策结果的充分条件,但是政策产生、存在、发挥作用的过程表明,从利益出发行事的制定者认为它们非常重要。

在大多数国家,行政机构多是制定能源政策的主体——无论是行政机构中的政治部门,还是职业/技术官僚部门——对任何集体代表的影响都很有限。赋予该机构的基调和功能产生的利益和影响以及自身的使命感同等重要。也许人们对 1973 年危机带来的不适的强烈情绪解释了为什么美国是唯一一个有独立能源部门的国家,而1983年和1976年分别有9个和3个国际能源署国家。

截至2005年,能源部长是一个部门的负责人,一些主要的能源产业都在他的管辖之内,这个部门是为了供应目标而设立的,还负责收集全国温室气体排放调查的数据。这个部门也是武器开发的主要部门。

【878】 在美国(和某些其他国家)对政府组织的思考中,有一个观点很有影响力,即将多种功能整合于一个统一的部门。在管理机构中,有一系列特殊的部门。这些部门有全新的职能,或本身就是新成立的部门,对其的研究也逐渐起步。

一般而言,监管是一个过程,可要求私人当事人提前获得批准,同时接受监督和事后审查。在此过程中,赏罚分明。

司法部对美国能源政策制定有重大影响。通过司法裁决,能源市场中的天然气价格会受到监督。① 对一项法规(1938年的《天然气政策法》)的诠释要求设立一个机构(联邦电力委员会)去阐释某项合同(由菲利普斯石油公司),通过司法介入行使法定权力进行定价的手段已经长达24年。德国在有关核电站、通过补贴倡导利用风能和太阳能发电等决策时也是如此,而且在澳大利亚的新兴监管体系中,也出现了相似的现象。自古罗马时期以来,监管体系随历史发展逐渐产生。但是,在过去的20年里,许多国家都建立了类似美国模式的监督体系。

受新古典主义论证影响的经济学家总是谈及“指挥和控制”的管理。事实上,并不存在那么多“指挥”,“控制”也很少。管理机构对公司监管的优势和局限主要体现在:管理机构对公司有多少实际控制权,需要与公司持续协商多少内容。事实上,有以下四个变量影响管理机构作出决策实际能力的强弱,包括:被监管主体的复杂性;不断变化的信仰、神话和社会的价值观;以鼓励社会及其政治领导层不断赋予机构权威和自由,或保留这种权威和自由;被监管的利益集团与对监管机构有一定控制力的其他有影响力的决策点的接触,以及未来的状态或对未来被监管利益参与的期待。

如果政权允许不同国家和地方政府做出关于能源问题的决策,联邦制就至关重要。在美国,这一点尤为重要;在加拿大,至少有时联邦制很重要;澳大利亚和印度也应考虑这一问题。

就立法而言,众所周知,美国的政党纪律或凝聚力无法与英国、加拿大以及澳大利亚等国相提并论。虽然美国总统大权在握,但是却无法控制议会两院的议程;两院之间也无法决出高下。

---

① 其过程参见后文。

通常而言,政治学家会发现处理机构问题行之有效的方法,但进行政治分析的首要原则是"利益"。利益不仅是"公开态度",而且是内在的必要性。

必须认识到政策的用途和适用对象。我们必须权衡利弊,并且明确在所有假想的决策中,哪些利益会受政治波及,哪些会激活,哪些会保持中立。据此,我们可能会对可能性和可行性有更深入的认识。【879】

能源政策必定会受到生产者利益和消费者利益的影响,二者的矛盾一直存在。在不同产业中的消费者利益各不相同,有些消费者购买能源是为了在住宅中使用,有些是为了在其店铺和商店中使用,二者情况不同。政治学可以在对石油制度的传统理解范围内考虑一些能源问题。1990 年,世界总石油产量约为每年一亿五千万桶;而在 2002 年,世界的总石油产量跃升至每年 300 亿桶。根据这组数据,21 世纪初世界对石油的依赖程度是 20 世纪初的 200 倍。

对能源进口国,或某国拥有充足资源的能源进口地区而言,找到能源供应十分必要。21 世纪初期,能源供应通常指石油或天然气。当然,还可能出现其他问题,在当代美国,获取新的物资供给并非主要竞争,节约能源、提升能源的利用率才是竞争(Lovins等,2004)。通过强制手段或运用威慑力保护物资是另一个方法。此外,通过购买合同、存储机制以及储备等作为交易的一部分手段来进行经济保护。

上述问题实则是能源供应分配的问题。能源分配可通过自由市场实现,通过一定程度上受管制的市场分配,或(理论上)彻底的宏观调控分配解决。如果分配的目标是能源供应,那么就必须清楚,另外一个目标是否为获取经济利益。另一方面,对于能源出口国而言,都将获取经济利益视作重要目标,无论是政府还是为政府提供便利,都要使私人能够赚钱。苏联、现在的俄罗斯或其他苏联加盟共和国、沙特阿拉伯、尼日利亚或委内瑞拉对以上问题的态度各不相同。

特别是对于能源出口国来说,存在着为政府行动采用市场条件的问题,例如建立国有企业或多或少像私营企业那样行事(Grayson,1981;Scholes,1989,19-21)。

石油和铀能源的案例都表明,能源政策与美国和英国的军事政策紧密相关。战争/防御的利益之争已经长达一百余年。该案例出自英国,海军的目标是防御军舰,使军舰的发动机从燃煤转向燃油。盎格鲁—波斯石油公司建立于 1907 年,显然是一家私营企业(Caroe,1951,71)。短短几年内,还不到 40 岁的温斯顿·丘吉尔就成功地推动政府获得公司一半的所有权。①

①　布莱克(Black,2004,128-165)在谈判时进行了细节讨论。最终,议会批准将盎格鲁—波斯石油公司 50% 的利益授予英国政府。

【880】　　美国公司对中东地区有浓厚兴趣,与其英国和盎格鲁—荷兰的竞争对手抗衡。美国公司出于商业目的寻求政府帮助,但美国军方并没有特别感兴趣。随着第二次世界大战的爆发,局势发生了变化。美国成为了世界第二大产油国,而且美国国内的石油被认为几乎无懈可击。美国的精英阶层对第二次世界大战展开了激烈的争论,认为储存"美国未来的资源"很有必要,因此,应当保护中东地区的石油资源。

　　在能源资源保护中加入环境保护的目标有历史性意义。现在,保护整体环境免受危害已经成为了更大的政治问题。到 20 世纪 70 年代,保护环境变成了"浮士德式交易",即对极度危险的核废料的永久监督。目前,全球环境变化问题已经被写入《京都议定书》(Kyoto Treaty)。①

　　其社会目标是:将政策用于假想的市场失灵的补充。这可能包括短期的、突发的甚至破坏性的价格波动,即使对富裕的中产阶级消费者也是如此。② 另一个社会目标是向不同阶级的持有者分配财富,例如,得克萨斯州的定量配给制度旨在保护独立的生产者和特许权所有人免受主要的跨国公司的影响。

　　保护环境目标得以通过,这很可能会得到社会的实际保护。当提出环境影响的问题,以防止某些能源设施(如液化天然气)在先前用户为其他目的找到理想区域进行开发时,这一点就可以得到说明。

4. 美国政策制定的经验教训

4.1 大规模立法的问题

自 1973 年危机以来,能源立法存在至少以下两个特征:

(1)冲突激烈且持久,立新法可能性微乎其微。在卡特政府执政期间,发言人托马斯·奥尼尔(Thomas P.O'Neill)采用了一揽子法案策略,而这几乎已经实行了半个世纪,即"'打包'或'捆绑'多项立法建议到一揽子立法措施中的做法"(Patterson,2001,
【881】ix,Glen S.Krutz,2001,122)。他说,"发现综合措施对立法效率有积极且显著的影响",卡特在两院中通过法律时效果显著,但在能源领域却收效甚微。

从 1954 年起,能源产业的目标是推动议会否决菲利普斯的决定,并解除对天然气的管制。此后,发生了卡特政府执政期间激烈的能源斗争,议会为控制阶段性的油价上

---

①　由于《京都议定书》中涵盖的问题得到了广泛支持,持反对意见的人也不得不提倡其中的规定(Michaels 和 Balling,2000,209-213)。

②　参见后文天然气案例。

涨,通过了一部法律,即 1978 年的《天然气政策法案》(the Natural Gas Policy Act)。

在随后情势不明的 14 年中,又通过了另一部主要的能源法律:即乔治·布什担任总统期间,民主党掌控的国会通过了 1992 年《能源政策法案》(the Energy Policy Act),从某种程度上说,这部法律影响深远。该法律内容多达 443 页,粗略估计字数达 250,000 字。

在美国的法律制定术语时,法规的主要部分被称为"法令名称"。《能源政策法案》中的法令名称多达 30 项,且每项都有其原因。有些条款都源自影响力大或是有名望的人的建议,或是在任何情况下准备予以批准的。①

在政治上,有几个重要的问题:"谁对能源效率感兴趣,原因何在? 为提升能源效率,有何举措? 法律得以通过后,会应用于哪些方面?"条款七提及了电力,并且包括了对联邦能源法案的重要修订。这一规定或多或少假定发电不是必须受到管制的自然垄断。

几乎所有其他能源立法努力都被斯兰纳(1989)所谓的"破坏性少数民族联盟"所阻挠。最终的结果是,自那时以来,美国没有全面的能源立法。

据说 2003 年的《能源政策法案》内容多达 900 页,是 1992 年《能源政策法》内容的两倍。2003 年的石油产业地位突出,发展困难。在阿拉斯加野生动物保护区(ANWR)开展石油钻探就是其中一个表现。据估计,该地区的石油储量多达 100 亿桶,是石油产业的重要项目。

另一个问题是技术方面的,与化学物质甲基叔丁基醚(MTBE)相关。MTBE 被用于重配制汽油。《国会法案》(the Act of Congress)规定:为满足某些城市的环境保护署对浓雾的规定,必须使用新配方汽油。② 另一方面,有证据表明 MTBE 渗入了某些地区的地下水,难以去除,且很有可能会诱发癌症。因此,许多公司都面临起诉。我们不会在MTBE 这样晦涩难懂的问题上花费时间,除非它说明了"技术"问题可能会成为阻碍整 【882】个立法进程的关键问题。如果在立法过程中,没有行为人决定保护 MTBE,那么毫无疑问,总统会签署通过 2003 能源法。

(2)大规模立法一旦通过了,就很有可能缺乏思想上的连贯性。为获得能源的长远利益,需要的不是"碎片化的"决定,而是统筹全局。但是由于过于复杂,人们可能难以理解,导致局面不可控。

---

① 大多数学习立法程序的学生都知道工作人员的重要性,但本文作者从未见过一项详细的、知情的、定量的研究,表明立法规定往往是由工作人员的倡议产生的,而这些倡议的成员既不知道,也不批准,也不在工作人员的范围内。

② 本段中对于甲基叔二丁醚的概略阐释源自环保机构:www.epa.gov/mtbe.faq.htm。

大规模立法的两大特点结合在一起,将为监管过程带来特殊负担,很大程度上会影响能源决策。美国的能源政策还包含"研发"的过程,或从联邦财政部支出大量资金。除了传递参考文献,这也是本章忽视的一个问题。

4.2 监管决策

在美国,监管向来都是处理社会保护目标的一种主要手段。多年来在石油方面,鲜少存在政府管控,尽管在国家专利紧急期间其有所上升(Bradley,1996,第1卷)。有段时间,国家会限制石油生产商的抽取量,从理论上来看,这是为了防止石油的浪费和破坏性开采。但是,在此过程中,国家也在保护规模较小的石油生产商免受主要石油生产商的冲击(Bardley,1996)。国家也曾控制石油一段时间,防止低价石油的大量(主要是从中东地区)进口。监管的优势就在于支持本国石油生产商对抗沙特阿拉伯和其他地区的有财力、有技术和有外交靠山的跨国公司(Engler,1961)。

分配问题在天然气市场价格调控方面最为明显。20世纪40年代前,市场中的天然气资源交易并不多。因此,对长距离管道技术的投资也并不多。但是,第二次世界大战随之爆发。联邦政府为了将汽油从生产地得克萨斯州运送到美国东海岸,耗资建设了大型输油管道。战争过后,政府将输油管道卖给得克萨斯州东部传输公司,该公司改用这些管道输送天然气(Goodwin,1980,130-132)。

保护城市消费者。由于石油可以在城市中成为大型商业,所以石油有特殊的经济和政策意义。天然气政策是20世纪40年代之后由技术、经济、金融、政策和法律等领域共同创立的新问题之一。

【883】 这为测试1938年天然气法案提供了新的现实依据。根据法案,石油传输公司给经销商的定价受联邦动力委员会监管。生产商收取他们认为合适的费用,这些费用自动成为输电价格的一部分,并通过分销商自动转嫁给最终使用的客户。

一个随之而来的问题是:天然气合同有何意义、该怎样对其进行解读。生产者(从地下开采天然气的人)和运输者(传输天然气并将其卖给消费者的人)共同签署合同。合同上将会写明:生产者将向Y以Z的价格销售X立方英尺天然气。合同上还会注明"如果发生了这些情况,天然气价格将升至Z的125%"。

始于1948年联邦动力委员会的争论整整延续了30年,1978年的《天然气政策法案》是其结束的标志。如前所述,该法案内容庞杂,是管理天然气燃料的新法案。联邦能源管理委员会必须研究出如何执行这项法律,而且要以一种与国会中大多数势力相适应的方式执行。

在1978年的法案中,议会设立了高于合同规定的价格。这引发了一个问题:这是否意味着,在合同失效前,现有合同中要一直保持原定价格呢? 合同还要有好几年才能失效。在委员会中,有些委员和工作人员想通过撤销管制规定之类的手段尽可能地采取行动。地方长官中的少数派成员(如本篇论文的作者,或者说只有该作者)与官员为维护家庭消费者的利益,想在规定中继续维持原定价格。可以说,在这场争论中,想改变原有价格的官员取得了胜利。

上述讨论旨在说明:在美国天然气政策领域,监管过程十分重要。在石油领域,监管过程比较合理;而在电力领域,监管过程也十分重要。过去20年,从里根政府正式支持解除管制时开始,监管者也开始支持解除管制。但是,现实情况更为复杂。建立具备竞争力的电力能源系统(在某种程度上,解除对电力制度的管制实现合法化)已经开始实施。在美国,联邦能源管理委员会认为,国会要求其实施监管。很少有人能轻易接受联邦能源监管委员会(FERC)作为法律权威的简单专利声明,除非其措辞明确到可以毫无疑问地采纳。

要求强制性的议会指令有时会被视作对某一机构行为的保护。在电力行业监管中,管理委员会可能会采取明智的行动或许也并没有。委员会可能确实在职权范围内行使权力,但是,在这场争论中,联邦能源管理委员会虽然没有必要做上述事情,可是还是那样做了。

委员会为落实天然气监管建立了一套程序,如果不将这套程序应用于电力领域,是说不通的。联邦能源管理委员会很早之前就决定:在可行的条件下,支持开放运营。在天然气领域,委员会已经学会了传输策略,将同样的原则应用于电力领域是合情合理的。另外,有些党派("利益团体")一直想要收取转运费,他们的确成功了。 **【884】**

在历史上,大批运载能源的重型管道归个体公共事业公司所有。那些管道可能有数十英里都是在其他不动产下建设的。虽然这些是私营公司,但是他们享有一定程度上的土地征用权,"即将土地等个人财产转化为公共用途的固有权利,但是要给予相关个人一定程度的合理补偿(Garner,1999,541)"。

关于补偿的辩论冗长无味。在美国,无论如何都找不到关于保护传输路线的令人熟知和系统化的数据。本文作者在这一点上有一定的权威。2003年,他是美国能源部电力咨询委员会的成员。在他看来,如果能获得此类数据,就能为董事会商议工作提供辅助,但是却无法找到这类数据。下面是一些比较著名的个别案例:

几年前,本文作者在预估行动过程时犯了错误。他认为联邦动力委员会反对国家主张,宣称自身司法权的行为会引来电力领域的下一轮争论。但是,该委员会的举措却带来了解决方式,具体可见下列议题:每一个解决方案都引发了新问题。

在本案例中,委员会的解决方案引发了对大型能源系统可靠性的威胁。在美国能源管理委员会的新政策中,大型能源系统的可靠性被低估了。垂直一体化公共设施在占据地理领域的同时,也控制了对运输线的访问。他们随即开始共同规划这些地区,并将其称为"池"。实际的流量规模和方向要比规划的管道承载量大得多。这就为大型能源系统的可靠性带来了威胁。在大型能源传输领域,错误虽然不多,但一旦犯错误,就后果严重。2003 年的伊利湖大停电事件就是证据。

生活不会停滞不前。在这一新政策下,联邦能源管理委员会出资创立了"地区化传输组织",在特定区域内,聚集所有配有传输设备的公司。但是,在美国的联邦体制下,有一个州(弗吉尼亚州)禁止区域内公司依照国家规定建设使用公共设施。

在新政策背景下,根据 1992 年《能源政策法案》的规定,委员会的"地区化传输组织"得以维系。该政策法案可以凌驾于国家法案的权威之上。但是,如何建设电力产业这一问题随即从国家担忧转变为世界的普遍担忧。当时,有一项原则得到了广泛接受,即政府应当停止对公共事业的监管。这种做法得到了外界的广泛认同。

【885】   4.3 科学建议的质量如何

能源政策推动了人们对科学建议质量的关注。显然,过去 30 年,能源政策并非一帆风顺,对"更好"的需求不难发现。如果高层领导者不尽人意,社会科学家(其中包括政治学家)没什么理由进行严肃批判。如果我们不能直面政策制定者面临的问题,对其的批判(Davis,1992;Keohane,1982;DeLeon,1988;Tugwell,1988)就可能盲目狂妄。

哈罗德·D.拉斯韦尔(Harold D.Lasswell)对以上内容进行了复议。大多数关于"政策科学"的评论都丢掉了拉斯韦尔的核心思想。有一些他知道、他相信的事情。拉斯韦尔坚信,只要人们经历了糟糕的事情,并且为其斗争,政治就会变得很虚伪。这一观点来源于一本书,其中介绍了拉斯韦尔青年时期对"世界大战"的思考。如果你有数学计算能力,并且相信新古典主义经济学,那么理性选择很容易理解。在理性选择产生之前,还存在非理性选择。非理性选择易于观察,却很难形成系统,它源于一个试图将心理分析引入政治学的人。

虽然和规定的或是公开的学说不同,但是只要有斗争和对等级制度的期待(不同于对等级制度的偏好),就会产生政策。政策就是:何人何时以何种方式获得什么(Lasswell,1950);政策指运用符号、武力、商品以及行动获得并维持控制权。

以上论述都假定:人们认识到了拉斯维尔并非对政策抱放弃态度。在大多数霍布斯哲学的理解中,世界需要的不是最高领导层造成的混乱,而是更美好的事情。在"政策科学"的表述中,含有维系联邦的含义(Lerner and Lasswell 1951)。

要解决拉斯韦尔的问题,就要制定实质性的政策,在能源领域同样如此。但是,贯彻落实这些政策需要在紧急时刻调动大量知识,需要身处高位的领导者放弃自己的大量权力,所以政策能否得到良好落实还存在不确定性。

另外,随着能源发展,在自然科学和工程领域也存在相同的问题,新闻业不厌其烦地刷新我们对问题的认知。

分析政策科学类型无需考量一切相关因素。但是,如果将政策分析作为专业,而不只是工作、详细说明政府工作流程或是分析数据,那么,对于政策科学来说,政策分析至少有举足轻重的作用。在那些最有影响力或最大胆地宣称自己的意见应该起决定性作用的专家的公共立场之间,强调解决冲突所需的办法。

当政策分析涉及科学/工程学领域时,关于什么是专家和什么不是专家的政治冲突变得非常激烈。这时,专家政策的论战就会很激烈。在这场战争中,方法 X 的持有者 【886】对方法 Y 的拥护者展开几乎没有任何权限的假定(Goodstein,2004)。对此我们可以举例论述。

4.4 关于石油枯竭问题的论证

科学领域政策分析者应注意到,在石油枯竭的定义和政策结果两方面都存在很大争议。关于这一问题的论证特别激烈。在整个工业发展史中,都存在石油枯竭的概念。威尔达弗斯基(Wildavsky)和特内波姆(Tenenbaum,1981)等人很好地证明了这一点。现在,这一问题还牵涉到了个人名誉和个人事业,至少会影响他们处理手头材料的方式(Hughes,2005,12)。我们可以得到的启示是,如果有听众对我们论述的内容感兴趣,很可能是因为恐吓战术奏效了。

某些受过教育的人会谈及石油枯竭,但这样做是因为关心"公共利益",而非投资目的(Dewhurst 等,1947,574-575)。石油商业领域的人也很关注石油枯竭问题。原因在于,如果你想在 X 地投资并且花费精力,就必定会想知道 X 地能开采多少石油,能开采多久。

确保论述清晰,态度坚决很重要。金·哈伯特(M.King Hubbert)是研究地壳的地质学家,他在 1956 年预测美国的石油生产量将在 20 世纪 70 年代到达峰值。很显然,许多观察员都认为他的预测是正确的。尽管如此,哈伯特·科伍(Hubbert Curve)和经济学家在资源枯竭(是否存在"石油枯竭",什么时间会发生"石油枯竭")以及随之而来的政策观点方面仍存在分歧。国家研究委员会—美国工程院(2004)发现,"数十年来,众多分析者都预测了石油资源的极限,都预测美国的石油生产将在20世纪70年代达到峰值,但是从全球角度看,至今为止,石油生产量没有踌躇不前的迹象。"

尚无迹象表明,石油生产量将止步发展。显然,很多人反对这一观点。这是哈伯特论文中的核心问题,同时,人们开始讨论应对全球变暖的政策。

菲耶斯认为,哈伯特的方法论适用于全世界,这告诉我们,石油生产量峰值近在咫尺,在此之后,石油生产量将减少。"峰值"的概念也是保罗·罗伯特(Paul Roberts,2005,47-72)著作的核心内容。菲耶斯(2001,149)强调:"不在里海开采石油、不在中国南海进行石油钻探、没有多功能汽车替代产品、没有新能源项目能够以如此高的速度来避免对现存石油的投标战。"

【887】

菲耶斯在他的论点中没有注意到经济理论,除了一个脚注的引用,而且在该理论下,哈伯特的假定被推翻。① 菲耶斯也没有论述哈伯特的方法究竟比阿德尔曼和兰什(Lynch,1997)的方法好在哪里。但是,菲耶斯论述了经济学家在论证哈伯特观点和其他观点,以及经济理论基础的挑战(Adelman,1997)。

在一定程度上,阿德尔曼和兰什都在质疑经验主义观点。他们在事后论述,哈伯特提供的数字不正确,其他备受尊重、影响巨大的学者提供的数字也不正确。

阿德尔曼和兰什(1997,56)在描述哈伯特的最终可采储量钟形曲线时认为:"哈伯特成功地预测了美国的原油出口量将在1970年到达峰值。"但是他们也提出了一个经济学家关心的问题"这是石油资源枯竭导致的呢?还是低价石油的大量进口导致的呢?"

他们认为,随着石油资源的新发现,石油储量一直在上升。另外,他们认为天然气储量表明,其峰值高于阿德尔曼和兰什的预估峰值,且仍在攀升。他们还阐释了天然气政策条例和对天然气用途的监管是导致峰值出现的原因,这正好符合经济学家的期待。

对哈伯特的关注主要是因为他的观点特别著名,而且是菲耶斯论述观点的媒介。但是,他们对石油行业中一家石油资讯公司进行了尖锐的批评。该公司在1986年做出预测,认为在1990年之前,就会"发生势不可挡"的石油枯竭。但是,他们认为"这非但是错误的,简直与事实截然相反。10年后,非石油输出国组织证明,石油量甚至上升了15%(对当时的预测是石油将减少且不可阻挡);除美国外,石油量上升了35%以上"。

文斯(Lovins)是高效利用石油的倡导者,他认为无需应对石油枯竭问题,所以并没有清晰地回答关于石油末日的问题。他最新著作的摘要中这样写道:"赢得石油末日

---

① 他说道,"M.A.阿德尔曼(M.A.Adelman)和M.C.林奇(M.C.Lynch)的观点是对哈伯特研究方法最好的批判和反驳"(Deffeyes,2001,191 n.9)。

的观点为结束石油依赖提供了一贯的策略,该策略始于美国,却适用于全世界"。文斯(2004)认为:

> 关于石油问题的论述众多,以下是第一个解决方案:石油行业由商业利益引领,且不受政府或意识形态的制约。石油行业独立发展、同业互查,为商业和军事领袖服务、由五角大楼参与出资。石油行业中包括创新技术、新经济模型以及特殊的公共政策:以市场为导向而不征税,以创新为动力而不授权,不依赖主要的(如果有的话)国家立法,旨在支持而不是扭曲商业逻辑。

5. 结论

本章论述了现实和学术两方面的挑战。现实挑战,尤其对于政府而言,正是能源取 【888】决于知识和资金。

必须要做出选择。

虽然任何选择都会带来显著的弊端,但任何选择的支持者都会夸大积极影响,将政策的劣势缩减到最小。如果哈伯特的论述基本上可信,那么可预期能源价格上升的压力。俄罗斯是能源销售国,中国和印度是能源购买国,另一个现实因素涉及与此相关的影响是,在本章开头就已经提及,应当考虑贫困国家的状态。

在这十年里,也存在当前能源政策选择的问题,通过哪些机构制定选择,以及选择带来的利益问题。欧洲和美国面临的问题是煤炭未来将会如何发展?煤炭封存真的会被认真对待吗?可以从两个方面思考该问题。首先,只从纯粹的科学层面,消除二氧化碳排放作用大吗?在另一个层面上,有一个问题是这个想法在政策上得到了多大程度的考虑。英国和欧洲反对二氧化碳排放,几乎肯定会导致"绿色"能源政策偏好或核能政策偏好。"氢经济"概念带来的问题是:该能源举措是否可行、需要多少经济投入以及在 20 年或 30 年内有哪些资本要求和技术发展是可行的。

本章最后提到了"新闻业的狂妄"。同样,关于危机和威胁的叙述言过其实,经不起仔细分析。例如,德菲耶斯(2001)预计可用石油将减少,并且会发生石油的价格战。

就风格而言,"哈伯特的峰值理论表明,石油生产量将在未来四年的某个时刻达到峰值,60 年后的石油生产量仅为现在的 20%",这样的论述似乎并不恰当,但是其作者,弗朗斯·德菲耶斯的确是这样论述的。他曾断言:石油生产量达到峰值后,任何人都将对此无能为力。他以一种非常简单的方式估计了 20% 的日期即当他 2 岁的孙女到达退休年龄的时间,也就是大约 63 年以后。"艾玛,当你退休的时候,世界石油的生产量(钻探的石油量)将下降为当前生产量的五分之一。"

请注意,如下对人们有警醒作用的表述:"至少,我们希望石油战的媒介是现金,而不是核弹头。"事实上,无论出于何种原因,石油短缺会引发国家间的核斗争吗?这符合逻辑吗?虽然可能制造一个理由,但是石油战是否会发生在两个大国之间值得商榷。该怎样应对哈伯特的钟形曲线也最不明朗。

【889】 最后,作者要谈谈与能源政策有关的相关知识问题:

(1)思考"政策"的定义以及政策与法律和公私关系的联系很有必要。《布莱克法律词典》对"公共政策"的定义是"从广义上讲,公共政策是被立法机关或法院视为国家或整个社会基础问题的原则和标准"(Garner,1999)。对于政治学家而言,从经验主义角度看,什么是"国家或整个社会基础问题?"另外,该词典引用了权威来源的论述进一步解释"法律政策或公共政策是广泛使用、用于衡量合同有效性的常用词组"。这个问题在20世纪80年代进入了天然气行业的政治领域。事实证明,当时一些买家发现自己若遵守旧的合同,他们必须支付的价格远远高于他们可以出售的价格。

(2)能源领域大量参考了"能源的地缘政治学"理论。这可能需要给予政治学意义新的关注。这个术语似乎与地缘政治学的概念(由于冲突方或合作方的位置而预测政治结果的系统能力)没有什么关系,因为这曾存在于麦金德(Halford J.Mackinder,1943)的相关著作中,甚至是哈罗德·斯普劳特(Harold Sprout)以及20世纪50年代美国政治学的资深人物——玛格丽特·斯普劳特(Margaret Sprout,1965)的相关作品中,该术语与地缘政治学(根据冲突或合作双方的地理位置预测政策结果的系统化能力)概念联系不大或全无关联。但是,左派也有新的思考,在迈克尔·克莱尔(Michael T.Klare,2001)的著作以莱斯大学的贝克国家政策研究所的"东北亚能源的地缘政治学"等著作和研究项目中,提到了这个新观点。①

(3)从全球角度看,注意到其他的问题也很重要。在本章中,对这一点的分析并不清晰,或者说,仅以作者的知识来看,政治科学的其他论述也未对此进行清晰论述。能源行业可以被视作寡头政治、寡头竞争、寡头买主垄断的结合体。一两个大国政府、少数中等国家政府以及世界上其他地区和国家在此过程中起主导作用。人们可以重复上一句话,用"卖家"或"顾客"代替。

参考文献

Adelman,M.A.1997. My education in mineral(especially oil)economics.*Annual Review of Energy and*

① 详情参见 www.rice.edu/energy/research/asiaenergy/index.html(accessed 5 Apr.2005)。

the Environment, 22(Nov.): 13-46.

——and Lynch, M. 1997. Fixed view of resources creates undue pessimism. *Oil and Gas Journal*, 95 (14): 56-60.

Black, E. 2004. *Banking on Baghdad: Inside Iraq's 7,000 Year Old History of War, Profits, and Conflict.* Hoboken, NJ: Wiley.

Bradley, R.L., Jr. 1996. *Oil, Gas & Government: The U.S. Experience.* Lanham, Md.: Rowman and Little-field.

Caroe, O. 1951. *Wells of Power: The Oil Fields of Southwestern Asia.* London: Macmillan.

Cudahy, R.J. 2004. Energy Law Journal. 25th anniversary celebration, Washington, DC, 28 Apr. *Energy Law Journal*, 25.

Davis, D.H. 1992. *Energy Politics*, 4th edn. New York. St Martin's.

Deffeyes, K.S. 2001. *Hubbert's Peak: The Impending World Oil Shortage*, Princeton, NJ: Princeton University Press.

DeLeon, P. 1988. *Advice and Consent.* New York: Russell Sage Foundation.

Dewhurst, J.F., et al. 1947. *America's Needs and Resources: A Twentieth Century Fund Survey.* New York: Twentieth Century Fund.

Engler, R. 1961. *The Politics of Oil.* Chicago: University of Chicago Press.

Garner, B.A., ed. 1999. *Black's Law Dictionary*, 7th edn. St Paul, Minn.: West.

Goodstein, D. 2004. *Out of Gas: The End of the Age of Oil.* New York: Norton.

Goodwin, C.D. 1980. Truman administration policies toward particular energy sources. Pp. 130 - 2 in *Energy Policy in Perspective*, ed. C.D. Goodwin. Washington, DC: Brookings Institution.

Grayson, L.E. 1981. *National Oil Companies.* New York: Wiley.

Greenstein, F.I., and Polsby, N.W. eds. 1975. *Handbook of Political Science.* Reading, Mass.: Addison-Wesley.

Harrison, C. 2004. Peer review, politics, and pluralism. *Environmental Science and Policy*, 7: 357-68.

Holden, M., Jr. 1966a. "Imperialism" in bureaucracy. *American Political Science Review*, 60: 943-51.

——1966b. *Pollution Control as a Bargaining Process.* Publication No.9. Ithaca, NY: Cornell University Water Resources Center.

Hughes, J.R. 2005. Letter: the real oil problem. *Oil and Gas Journal* (17 Jan.): 12.

Keohane, R.E. 1982. State power and industry influence: American foreign oil policy in the 1940s. *International Organization*, 36: 165-83.

Klare, M.T. 2001. *Resource Wars: The New Landscape of Global Conflict.* New York: Henry Holt.

Krutz, G.S. 2001. *Hitching a Ride: Omnibus Legislation in the US Congress.* Columbus: Ohio State University Press.

Lasswell, H.D. 1950. *Politics: Who Gets What, When, How?* New York: P. Smith.

Lerner, D., and Lasswell, H.D. eds. 1951. *The Policy Sciences.* Stanford, Calif.: Stanford University Press.

Lovins, A., et al. 2004. *Winning the Oil Endgame: Innovation for Profits, Jobs and Security.* Old Snowmass, Colo.: Rocky Mountain Institute.

Mackinder, H.J. 1943. The round worldand the winning of the peace. *Foreign Affairs*, 21:595–605.

Michaels, P.J., and Balling, R.C., Jr. 2000. *The Satanic Gases: Clearing the Air about Global Warming.* Washington, DC: Cato Institute.

National Research Counciland National Academy of Engineering, Committee on Alternatives and Strategies for Future Hydrogen Production and Use 2004. *The Hydrogen Economy: Opportunities, Costs, Barriers and R & D Needs.*

Neff, S. 2005. Review of the Energy Policy Act of 2005. Center for Energy, Marine Transportationand Public Policy, Columbia University, August.

Patterson. S.C. 2001. *Foreword.* In Krutz 2000.

Roberts, P. 2005. *The End of Oil.* New York: Houghton-Mifflin.

Savistski, D. 2002. Review of Pricing in Competitive Electricity Markets, ed. A. Farquiand K. Eakin. *Review of Industrial Organization*, 21:329–33.

Schelling, T.C. 1960. *The Strategy of Conflict.* Cambridge, Mass.: Harvard University Press.

Scholes, W. 1989. Australia's uranium: plenty of it, but not for sale. *Energy Economist*, June: 19–21.

Sprout, H., and Sprout, M. 1965. *The Ecological Perspective on Human Affairs.* Princeton, NJ: Princeton University Press.

Tugwell, F.A. 1988. *The Energy Crisis and the American Political Economy: Politics and Markets in the Management of Natural Resources.* Stanford, Calif.: Stanford University Press.

Uslaner, E.M. 1989. *Shale Barrel Politics: Energy and Legislative Leadership.* Stanford, Calif.: Stanford University Press.

Wildavsky, A.B., Tenenbaum, E., et al. 1981. *The Politics of Mistrust: Estimating American Oil and Gas Resources.* Beverly Hills, Calif.: Sage.

Williams, J.H., and Dubash, N.K. eds. 2004. Special issue: the political economy of electricity reform in Asia. *Pacific Affairs*, 77(3).

第44章　反思政策分析：重新整合

鲁道夫·克莱恩(Rudolf Klein)、西奥多·马莫尔(Theodore R.Marmor)

试图确定像"公共政策"这样的变色龙概念,往往成为一种解剖学而不是生理学的 【892】
实践。骨头的位置就在小指关节的下方,可以像自然历史博物馆中展品一样,放在一
起。但是,生物体怎样控制骨头,并使其做出动作,这却难以解释:在学术驱动下对所有
事物进行分类就会导致这种结果。但是,指明这一点并不是为了批评其他作者。他们
的研究策略清晰地反映出了学术界的情况,并且最终的研究成果也展现了学术界的多
样性。罗伯特·戈定(Robert Goodin)曾在不同环境下,多次提出"理论家是积习难改的
产品区分者"(Goodin,2000,523)。在不同的学科以及同一学科的不同派系中,都存在
关于公共政策主体的争论。每个人都想展示自己独到的定义并获得其分析方法论的专
利权。阐述这些不同且相互竞争的观点,本身是一种有价值的教学实践,但这也有可能
使学科不复存在的风险。

接下来,我们将论证一种理论上不那么雄心勃勃,但(在我们看来)更为实用的战
略。我们为公共政策下的定义非常简单,即政府做什么、不做什么。公共政策关乎政
治,与化解(或至少减少)资源、权利和道德等方面的冲突相关的政治活动。我们回避
这一问题即政策分析是否与理解和对策相关,如果不了解政策制定,对策没有记录价 【893】
值。如果某项规定(或对政策制定者的建议)并非基于这种理解,那么该项规定就会产
生误导或不被理睬。反之,政策制定的过程像剧院中的演出一样——即使政策分析者
坐在正厅第一排的座位,要是他不揣摩戏剧作者的意图、演员的表演方式以及场上机器
的运作状况,就无法理解政策制定的过程。因此,与政策行动者的动机产生共情,理解
其行为的驱动力量,进入其假定世界至关重要。从这个角度看,我们无愧地将自己置于
这一传统,认为政策分析是艺术或方法,而不是科学(Wildavsky,1979)。

假定世界(Vickers,1965)指"既包括对外界环境的解释,又包括如何构建该环境"

的"心智模型"（Denzau 和 North，1994，4）。政策行动者关注关于他们所面临问题的原因和解决方案的理论。例如：贫困可以看作是个人无法控制的社会因素，或者是个人失败的结果。初始的判断不同，政策方案也不同。此外，这类心智模型的构成更为重要。对社会本质和政府角色的假设将决定问题包括哪些内容。建构主义者的最新观点是：问题不是与生俱来的，而是社会观念和政治观念的产物。如果将艾滋病视作上帝对有罪之人行为的惩罚，那么政府会认为这是传教士的过错，而不是政治家的问题。一旦这种心智模型或假定世界被紧密组织并具有内在一致性，那么传统上我们倾向称之为"意识形态"。

要想理解政府行为，我们还应掌握哪些基本的工具呢？简要地说，我们仅介绍两方面内容。第一，我们需要分析维系政府运行的制度。不同于大部分文献中的定义，我们从狭义的角度为"制度"下定义：制度是依据宪法规定，游戏规则以及可支配的官僚机器。很明显，威斯敏斯特式体制的国家与有许多否决权的美国式体制国家的政策制定过程存在很大差异。第二，我们需要对政治领域中的利益问题进行分析：（从自我或他人的角度来看）围绕经济或社会问题构建的利益要求，既可以组织和表达对政府的诉求，也可以抵制不利于自身的政策。

在下文中，我们会提到这些概念。第一个是（民主）政府行为，即政府提出并落实的政策，反映了他们对于获得（和维持）信任和合法行事的更大的关注。毋庸置疑，虽然这部分有可能是陈词滥调，但是政策分析领域的理性概念却经常被忽略。第二部分
【894】论述了个人政策需要在整体政策组合中提出。由于政府机构、财政支持和政治资源总是无法满足政策行为的需求，所以政府经常会进行复杂的平衡。第三部分探索了从历史维度分析公共政策的重要性。第四部分阐述了跨国分析的前景与风险，以及作为过度解释政府行为的国家理论的平衡。在结尾部分，我们简要回顾了公共政策分析中的折衷主义案例。

在本篇论文中，我们运用过去的例子阐述观点。虽然在 2004 年我们撰写本章节时，这些例子还很鲜活，但是当您现在阅读本章的时候，这些例子都变成了历史。因此，脚注部分提供了必要的背景信息。

1. 双重强制

将公共政策定义为政府行为似乎是一个简单的开场白。事实上，这一问题至关重要。在分析具体政策的起源和生命周期之前，大部分公共政策文献表明，我们应该先考虑对政府更为关注的事情：具体政策决定是在怎样的情况下做出的，哪些因素促成了这

些政策决定。我们认为所有政府(至少西方自由民主政府)有两点行动目的:第一,力求当选。已经当选的政府则是要保持其在政治系统中的权威性和合法性。第二,继续执政。我们将在下文详细阐述。

在公共政策文献中,政府权威和政治体系合法性被视作理所当然的事情。政治哲学家们数百年来争论不休,他们对政治本质和行使政治权力理由的观点属于另一个学术范畴。甚至更多最近的政治科学文献对民主政体支持下降以及公民参与减少表示担忧(Putnam,2001)——例如,选举期间投票人数的减少表明这一点——长期慢慢渗入到公共政策的学术分析之中,尤其是经济上的变化,存在显然的例外。

但是,政治哲学家是否会从政策制定者的角度考虑问题呢? 虽然总统和首相偶尔对诸如社会资本之类的概念产生兴趣,但认为他们每天彻夜难眠、明确担心如何维持其政治系统中的权威性与合法性,是一件非常荒谬的观点。当然,总统和首相有可能为谋求个人的短期利益,欺骗公众、隐瞒事实,但这样做会长期损害制度的公信力。然而,要想平衡这些激励,就要在政策制定中处理好合法性和权威性的关系。如果看不到合法性和权威性,准确来讲他们是日常管理的一部分。在政府采取措施之前,必须明确是否"有权"这样做:一个特定的行动方针是否符合政府应做的事情。也许政府的解释会引发争议,但是政府作为政治过滤器的作用无可替代。一旦政府决定采取措施,就必须确保其方法的正确性:即政府创议的政策是否符合当前宪法和法律的要求以及政府实施政策的过程是否符合正确的磋商和立法流程。【895】

简而言之,政策制定需在惯例和规范的框架下进行。政府有时可能会拓展惯例的范围,回避相关规定。但是政府如果任意妄为,侵害公民的个人利益,就会逐渐削弱其权威性——权威性正是以现有的规定和管理为基础建立起来的。这一点已经十分明确了。此处强调这一点只是因为在公共政策文献中,这一点经常被视为"已知"部分。

还有一点需要注意。正如霍布斯(以及其他许多人)很久以前所观察到的那样,任何政治制度的合法性都取决于其确保社会秩序稳定的能力。如果政府要为自己的权威辩护,不仅必须有能力保护国家免受外部敌人的侵害。他们还必须能够保持社会凝聚力,至少在维护法律秩序和保护弱势群体的最低层面上。如何最好地维护法律和秩序是另一个涉及制定和判断政策(稍后我们将讨论)所用标准争议的问题。例如,行之有效的政策和收监量大的监狱是否就足够了呢? 是否只需要控制犯罪、混乱以及令人不满的社会工程呢? 假定世界(意识形态)不同的政府会对这些问题给出不同的答案。但无论怎样解读,社会凝聚力也是所有政府关注的基本问题,它不仅影响个别政策的制定,还影响候选政策的优先等级。从选举方面看,对自由民主制政府而言,回应这些令人忧虑的问题都至关重要。在公众眼中,对政府的评价不仅关乎于他们出台了怎样的政策,这些政策是否具有合法性也至关重要。

对于已经执政的政府来说,怎样维系其执政地位,确保连任也会引发担忧。从这个角度来看,公共政策的产生可被视为最大限度确保赢得选举的手段(Downs,1957),这引发了分析和规范两方面的问题。从规范角度看,政治家为赢得选举而设计政策(更普遍的情况是,展示其政策),这广受诟病,被视作政治的滥用:政治权威/力量的滥用。
【896】
欺骗、玩世不恭以及运用权力误导公众(Goodin,1980)都是可能发生的结果。我们难以相信,政治家没有操控:"导向性陈述"、歪曲证据、政府选择性利用数据的例子不胜枚举。如2003年美国和英国政府入侵伊拉克:事实上,并无证据表明伊拉克有能力使用大规模杀伤性武器(Butler,2004;Woodward,2004),这样的例子还有很多。我们得到的警示是:无论布什和布莱尔出于何种目的,他们的政策绝不是获取最高票数这么简单(如果确实如此,结果就是巨大的误判)。但是,如果改变措辞——不去谈投票欺骗,而是将其看作是民主党政客应关注公众需求并予以回应,我们就会赞同其行为。政治家未必是或全然是获得最多票数的人,他们也有可能是最为正直的人(或名垂青史的人)。

更进一步来说,让我们对政治必要性作一个稍弱但更现实的定义,从中得出一些不同的规范性结论。如果我们假设,涵盖政府公共政策产出的指标包括可接受性,那么政府行为就是合情合理的。如果政府出台的政策难以得到公众的认可,那么他们就难以再次当选。政府会因不被接受的政策被谴责无能、专制。这种政策要么实施困难,要么会因不符政府的合理形象而打破惯例(或两种情况同时发生)。撒切尔政府于20世纪80年代出台的人头税政策就是不被接受的政策,被广泛(合理)谴责并彻底抛弃。① 20世纪80年代,美国废除医疗保险的灾难性覆盖面的案例更为复杂。该政策虽然明智,却引来大量误解和不公平的对待(Oberlander,2003)。②

---

① 经过英国数十年的讨论,在地方政府筹款制度改革中,撒切尔政府执政期间决定自1988年起,中央政府拨款不变,人头税取代财产税。这一决定受到广泛批评,有时甚至有人游行抗议并产生冲突,该政策还引发了大量的偷税漏税事件。财产税改为人头税后,只有800万民众缴纳税款,2700万的民众逃税。这是一条反映撒切尔政府不得人心的评价:"撒切尔政府漏洞百出,出台的政策不得人心,我想,这是战争时期之后,英国历届政府中出台的最不受欢迎的政策了。"(引自本章经典描述:Bulter,Adonis和Travers,1994,1)。人头税政策的惨败大大削弱了撒切尔的地位,也引发了她接下来的垮台。撒切尔的后一任政府迅速地摒弃了人头税。

② 在1987—1988年的老年人医疗保险制度中加入医疗保险和为门诊病人提供处方药的立法是很失败的政策。该法案在一年内就遭到废止。虽然该法案关注了两大问题,但是里根政府和改革支持者都没有在国会中解释新制度中受益者的额外费用增加的问题,也没有证明合法性。关于该法案,有一件令人印象深刻的事情,丹·罗斯滕科斯基(Dan Eostenkowski)是众议院和财政立法委员会的议员,被芝加哥一位愤怒的选民投掷番茄攻击,该选民对其征收社会保险的不正统形式特别不满。真实情况是,该计划的确有可取之处,但是其收款方式的确不合常理,而且没有合理解释。公众没有对该制度展开广泛讨论,尚未完全理解,更没有在其基础上合法化是该制度最大的不足之处。

两者之间有一个很好的界限,运用政治资本投资和修辞手段说服公众,阐述政策出【897】台必要性和期望——换句话说,争取支持,让民众接受——另一方面,他们演讲中操纵人心的讥诮嘲讽。我们称颂前者为政治领导能力——只考虑丘吉尔(Churchill)在1940年的黑暗时期用"华丽辞藻"凝聚英国民心或者罗斯福(Roosevelt)运用说辞之道为租借政策辩护——后者却得到谴责。模范政府是审慎的,因此自我关注的政治行为者没有理解公共政策在现实世界中的复杂性。但这提出了无法解释的问题,例如,政府为何只做出符合接任者利益的行为。这样还创造了一个谜团:政府为什么强调道德和伦理问题,这些问题对投票的最好结果是保持中立,最糟结果是激起愤怒的反对派?

21世纪初的养老保险政策阐述了第一点。经济合作与发展组织成员国政府急迫地强调人口老龄化问题,以及随之而来(有些夸张的)养老金法案的问题。这些政府的做法富有远见,看到了未来二十年甚至更久的问题。为什么这些政府要这样做呢?这种策略并不能为当时的政府带来太多好处。毕竟,2000年执政的政府没有必要回答2030年选民的问题。以未来为托词追求当前的改革目标(如推进养老保险私有化)可能是原因之一,因为如果不这样做,现有的政策就得不到公众支持①。很明显,意识形态服务于经济。布什政府推行的社会养老保障金改革旨在应对人口老龄化引发的问题,这一解释很合理。其中的论述结构和修辞学手段都很常见。虽然政府假设通过保险精算项目来提升养老金的做法并不会带来收益或投入变化,但是从数学角度分析,未来"破产"是具有确定性的。事实上,"信托基金"这一表达本身就缺乏政治承诺。取而代之,私人信托基金也可能会破产,变为当今公众恐惧的重要来源(Marmor,2004)。

然而,即便认可这种解释,对未来的选民而言,该政策的优劣也是可以略知一二的(如虚伪),因为政府有理由认为,人们期望它们着眼长远,但事实上,政策制定者感到有义务依据此种观点为理由,阐释公共政策是如何被这种规范塑造的。毫无疑问,政府始终如一(或经常地)从长远角度检验政策:如观察核废料对子孙后代的核辐射。目光【898】长远的政策和缺乏远见的政策并存。

另外,政策制定者的自我形象包括以下几个理想的行为类型:至少道德和行为问题与个人利益同等重要。您只需回想一下克林顿总统在担任伊始,对同性恋者服兵役政策所作的命运多舛的决定。1993年2月,针对美国国防问题,他的第一项总统决议就是改变长期以来拒绝同性恋者服兵役的规定。总统的建议在军事领域引发了尖锐的批

---

① 毫无疑问,布什政府面对关于社会养老保险制度的直接批评时,曾踌躇不前。他们利用了美国社会老龄化带来的恐惧,阐述该制度是十分必要的。虽然他推动的变革——用缴纳社会保险的方式投资个人风险承担账户——在政治分析领域饱受争议,但媒体并没有嘲笑这一举措,而是进行了夸大报道。

评,却获得了同性恋群体的热情支持以及舆论界对总统建议的时机、内容以及对军事传统迟钝的嘲笑。从追逐私利的政治行为角度看,该政策很明显毫无价值。但是,克林顿总统认为自己是进步的自由主义者(他因此得到了同性恋群体实质性的经济支持,该群体经济实力强、慷慨并热衷政治①),所以他认为这样做是正确且合适的。

在许多其他政府的"政策输出"中也可以得出同样的观点。以英国为例,尽管调查证据表明,让绞刑犯归案会赢得大多数民众和小报的掌声,但历届政府都抵制尝试恢复死刑。然而,这样的举动不仅会招致自由派和报纸的谴责,而且对许多立法者来说,反对死刑是他们准备置于多数主义面前的核心价值。2003 年,有些法国学校不允许学生戴头巾,事实上,这场关于法国学校宗教穿着的争论是非宗教共和主义和伊斯兰教原教旨主义的争论,也是对伊斯兰教偏见的论战。简言之,政策行为者既有正直的支持者,也受物质利益影响,还有道义约束。众所周知,政策行为者会推行自己认为正确而不受欢迎的政策。他们会选择对现在和未来有好处的政策,并加以考虑。他们对假定世界任何具有说服力的思考都值得考虑。

2. 政策组合

【899】　　个别政策的起源、发展和实施会误导以至忽视公共政策制定的一个重要特征。这就是公众对公共行动的需求往往超过任何政府提供政策回应的能力。因此,最终的政策组合是复杂的讨价还价、协商讨论和政策计算的过程。一方面,不同的利益团体和部门之间竞争激烈,迫切需要通过行动来处理他们的担忧。尽管方便起见,在文中我们将政府视作集体,但是,政府并不是唯一的政策行为者(Allison,1971,Allison 和 Zelikow,1999)。观点相左且议程具有差异的阁僚会相互竞争,争夺立法制度的空间。另一方面,对机构能力和政治资本的投资将会带来大量回报——渗入"心智模型"的判断会波及政治行为者的利益。简言之,(无论是维持政府合法性还是政治上的权宜之计)政策的制定反映出"平衡组合"的需求,这是具体政策领域的本质特征。

在附录 44.1 的英国资料和附录 44.2 中美国的相应资料中都体现出了这种政策组合的异质性。第一份资料总结了 2003 年 11 月女王在英国国会的演讲,概述了英国第二年的立法计划。美国的资料总结了 2004 年 1 月布什总统在议会发布的国情咨文。这两个例子都具有说明性而不具有代表性。这两份演讲都含有确切的时间。在不同的

---

①　克林顿总统的建议终结了"不询问,不告知"政策。虽然克林顿总统并非有意提倡,但是,他的政策的确从实质上改变了军事规范。

政府中、管理机构发展的不同时期以及不同的国际环境下，演讲必然存在很大差异。但是，我们不关注政策的诸多细节，这些细节只在读者需要理解的范围内进行讨论。我们会聚焦于特定的历史时期，关注政策组合整体的风格和特点。

即使是 2003 年女王演讲中列出的长清单，也大大低估了任意一年英国公共政策"输出"的范围和多样性，最重要的是，其中甚至不包括财政政策：即英国财政大臣在具体项目上的开销水平以及税收和福利制度设计的决定。从定义上讲，它不能包括由流行病、自然灾害或外部威胁的爆发所引发的政府政策，无论是行政、立法还是司法政策。

在具体的政策组合中，有关社会稳定性的忧虑越来越重要，例如：加强政治避难申诉制度、推广使用国家居民身份证、为保护女性和儿童使法律和制度更为现代化。这三个例子都可以从回应模式、对外部事件的反应以及最重要的公众认知角度被视作公共政策。加强政治避难申诉制度和推广使用国家身份证都在向公众传达：政府致力于阻止英国欺骗性政治避难和非法移民的涌入。这些政策十分突出，引发了英国媒体和一些欧洲媒体的广泛关注。保护儿童的举措也是对大众和媒体普遍关注的回应：一系列令人震惊的虐童事件显示出了现存制度中监督和保护机制的短板。【900】

然而，这三个例子也都强调了区分为什么某一特定问题被列入行动议程以及如何将其转化为具体的公共政策措施的重要性。在以上三个例子中，政府回应公众关心问题的行为既可以被视作（三个值得称赞的做法）回应公众敏感问题的示范，也可以被解读为（引起不满的）防止对立党派深究这些问题的愤世嫉俗的政治策略。但是，这三个例子均有渊源的历史。对于寻求政治庇护的人来说，英国这方面的政策长期以来摇摆不定（真实案例中的困难只是其中一个原因）。另外，为解决该问题做出的努力收效甚微。至少在 20 世纪 60 年代，身份证的引入曾激起热议。虽然 2000 年后，由于技术升级和对非法移民问题关注的增加（无论是否被证实），身份证的引入迎来了新的发展动力。但是，儿童保护问题却一直引人忧虑。虽然政府不断尝试改善这一制度，但是关于该问题的丑闻不断出现。这个例证说明，对公众问题的关注（或政治上的权宜之计）为长期以来致力于解决这些问题，谋求把解决方案写进议程并得以落实的政府机构提供了机会（Kingdon，1995）。最后的具体措施是对官僚谈判、组织惯例、行政自由度和政治选举考虑的反映。影响公共政策时机的因素不一定会决定公共政策的内容。

关于具体的英国政策组合，还有其他几点值得注意。第一，传统的压力集团很少参与提出法案。正如上文提到的三个例子，大多数创议都代表对公众关心问题的回应，而不是特定利益团体的需求（虽然在养老金改革的案例中，政府在制定法案细节时，付出很多努力与雇主、保险公司以及工会协商）。第二，政策的制定大多数是一种政府的增量过程，而不是政策创新：例如，关于提高规划制度的效率，增加交通流量的倡议体现出公共政策的制定像戏剧一样乏味,是不断修改完善的过程。如果政府想要解决市民日常关切的问题以展示自身能力,公共政策中的附属细则也很重要(这里都与交通流量有关)。大多数公共政策和补袜子一样枯燥。第三,公共政策也许代表一种道德承诺,与权宜之计几乎没有关系。允许同性恋者登记民事伴侣关系的立法倡议就是这样的相关事例。这不能代替行动,但是确是政府价值的象征:即自由主义的进步政府。从这个意义来说,布莱尔政府的法律和政策促进了平衡的政策组合的发展,反驳了对其政策独裁主义的指责。

【901】

2004 年的女王演讲中存在另一个引发争论的举措,即上议院改革。工党作为执政党,其内部的分裂与其对立党派保守党之间的分裂状态不相上下。在上议院中,有一个跨党派的共识:即应该废除上议院中的世袭制。但是,各党派对上议院的新构成方式仍然存在分歧,下议院就各种选择进行的一系列投票未能就组成达成共识。这就是政府利用混乱和分歧,追求偏好选项的例子:即上议院成员由独立的委员会任命,党派成员的选择反映出了投票特点。这个例证值得注意,在公共政策中很少出现这种情况。但是,对各种行动都采取分类剖析的方式十分困难。

2004 年 1 月 20 日发表的国情咨文展现了布什总统 2004 年及之后的立法倡议。该倡议中既包括推动立法的宽泛政策即立法政策的范围,又包括与立法有联系的政策,这一点能清晰地体现出美国和议会领袖布莱尔的不同之处。

尽管如此,这两种形式仍然存在诸多共同点。布什总统演讲传达给观众的正是下议院展示的"平衡的政策方案"。换句话说,在各种各样的立法倡议和政策考量中,有各种各样的呼吁。例如,所有的经费提案都是不断增加的,为推动性禁欲、为民主国家创造更安全的国际环境,以及在自由市场和自由言论方面付出更多努力。人们曾担忧社会保障,在这方面做出的努力也很突出。因此利用政策解决医疗膨胀此类难题时,我们应该有雄心壮志,信心满满。这些难题和巨大灾害计划的税收补贴一样,与主要目标联系甚微。同样,虽然我们暂未确定消除恐怖主义问题的途径,但是这一问题已经处于优先地位。最后,目前有两大立法问题存在争议,布什总统在讲话中呼吁解决这些问题,分别是《爱国者法案》(the Patriot Act)的重新制定(以及随之而来的公民自由问题)和临时工计划(这将激起愤怒的工人运动)。在美国的提案中,几乎不存在用简单途径应对传统压力集团的方法。换言之,与吸引组织的关注相比,提案获得响应更为重要。

组织结构和当时的政策背景解释了两个政策方案存在的大多数不同点。在布什总统列出的政策清单中,最主要的特点并不是对未来的精准预测,而是渴望成功。行政机构提出议案、国会处理议案是美国政府系统的基本原则。与议会制不同,国会决策并非

【902】 通常由大选决定。虽然 2004 年国会受单一党派控制,但也无法确保获得政策多数。因

此,2004年1月,布什总统的倡议能否发展为法律还存在很大的不确定性。2004年春季和夏季期间,伊拉克局势恶化,这降低了布什总统在国会中的影响力,使得国会中的民主党人合作意愿更低,在国会多数席位中产生了分裂,使其获得立法多数席位的难度更大。

我们回到本节的一般性结论:对公共政策分类(或仔细剖析)是很困难的。如前所述,议题的重要性或相同"议题"的影响是由政策环境决定的,政策环境又影响政策行为者和受众的心智模型。例如,英国的移民政策改革并不是对布什政府临时工计划的如实反馈。2004年,移民政策在欧盟的政策议程中处于优先地位,这反映出欧盟内部赦免计划、欧盟工作人员流动性政策以及外国人"滥用"国家福利之间的冲突。在美国的文件中,这类问题并不显著,这并非由意识形态导致,主要是制度上的原因。美国的联邦制度塑造了关于福利问题的争论,所以有关医疗服务途径(如医疗补助计划)和后来者的教育经费(地方和国家的资金问题)都引起了国家层面的争论。21世纪初期引发英国激烈争论的问题也同样在美国引起了争论,但近些年来美国并未在其国家议题中围绕这些问题展开辩论。加利福尼亚州颁布了限制外国工人(主要是墨西哥工人)参加社会项目的措施;得克萨斯州在州立法中面临跨境问题。从国家角度看,联邦移民和归化服务部运用直升机阻止工人穿过沙漠和河流到达西南地区的举措越来越频繁。但是,大西洋两岸的移民政策有不同的"特点",这要求我们在分类时要严谨。

3. 历史层面

有许多文献都研究了路径依赖问题,但定义各不相同。从某种程度上看,增量性和适应性是政策制定的本质特征,路径依赖只是用更为简洁的方式描述这一点。(在我们的案例研究中)公共政策是立足和借鉴经验,对其修订补充的过程(Heclo,1974)。另外,政策制定者面对新问题时,习惯于采用过去的处理方式,这一事实加强了公共政策反对激进创新的偏见,同时也加强了对现有组织的执行的依赖。关于艾滋病的政策也说明了这一点(Fox,Day和Klein,1989)。从更狭义和更严格的角度看,路径依赖是政 【903】策利益的结果(Tuohy,1999;Hacker,2002)。在A处的政策决定或创立的政策利益会限制在B处做出的决定。无论公共政策是否成功,都很少彻底改变政策方向,而是会修订原有政策的某些方面,这一点十分有趣,引人深思。

所以,政策的发展历程很重要。但我们认为,其在更深刻的意义更为广泛。过去的政策创造了行政机构的环境和利益,政策制定者不仅遵循宪制安排和管理工作,其思想也是从历史产物中汲取的。这有双重意义。一方面,和我们一样,政策制定者的思想会受到自身经验和当时文化的影响;另一方面,他们也有可能将历史(或是他们自己对政策的解读)看作政策典范或警告的来源。

从这一角度看,现存路径以及政策连续性中的变化和分歧都可以通过历史解释。试想一下,20世纪20年代和30年代,有些政治家经历过(如美国人罗斯福;英国人麦克米伦)衰落时期以及大规模失业时期,他们更愿意采取激进的社会和经济政策,也会运用凯恩斯理论说明其政策的合理性和重要性。简言之,在此过程中既有政策方面的转变,又有行动上的转变。但对于下一代人来说,情况恰恰相反。他们的成长环境中,经济以前所未有的速度增长,就业充分。这些人执政后,对失业率数据不敏感。他们依据新经济发展范式(Hall,1993),质疑凯恩斯的观点:政府在应对自然失业率时,能做的很有限,否则会加剧通货膨胀。

当然,以上论述的内容并不是学术书籍中论述的历史,而是政策制定者对其所作的解读(Neustadt和May,1988)。所以,20世纪90年代,克林顿和布莱尔支持的第三条道路是距今最近的探索中间路线(Macmillan,1938)的做法,但是,上一任党派领袖的错误导致人们无法理解第三条道路。对过去的解读未必正确,某些灾难性的政策决议源自于对历史经验的错误理解,这导致了错误理解今昔状况的错误观点。1938年,西方大国在慕尼黑将权力拱手让给希特勒。类似的认为纳赛尔和希特勒处于同等地位,这是对1956年英国苏伊士冒险事件的辩护,结论是安抚独裁者永远不会得到回报。从某种角度上看,布什总统倡议的2003年伊拉克战争也是对历史的错误解读。无论总统有什【904】么真实目的,其对外宣称的理由是:根据历史,一旦独裁者手中握有大规模杀伤性武器,就会使用。因此要防患于未然,将其"销毁"。在另一个案例中,伊拉克政策是一种早期的信念,一种寻找时机的信念。在布什总统第一次执政时,就有政府官员承诺要摆脱萨达姆政权;在布什总统的第二个任期中,该政策得以落实(Woodward,2002/2004;Dean,2004)。

阅读特定的史料会引发政策制定者做出不同的决定。经济和政治巨变会带来机遇,但这并不是政策转变的原因。将过去不敢想象的事情转变为现在可操作的内容才是政策转变的含义。20世纪80年代,有观点认为,政府应与工会运动合作,共同治理经济,撒切尔夫人拒绝了该设想,并时刻准备面对并对抗工会行为(Young,1989)。但是这不算彻底失败,工党首相托尼·布莱尔依据该观点设计了自己的政策。1997年他执政后,很大程度上将工会排除在政策制定过程之外,并将其独立性作为一种政治美德。

2004年,在布什的第二届任期中,对老龄化和退休政策也承担了相似的风险。布什总统认为,美国的社会保障退休金应当实现一定程度的私有化,他冒着与公共政策"神圣不可侵犯"为敌的风险,一次次地重复自己的观点。"社会保障是美国政策的第三条道路,触碰社会保障的人会付出惨重代价"是美国政治老生常谈的问题。然而,布什总统却在第一个任期中提出所有美国人都有义务"自主"向个人的养老金账户中存款。总统认为,美国社会老龄化导致财政的过度使用,这一政策创举是对该问题所面临的财政压力的正确回应。总统的演讲和提议很大胆却华而不实,姑且不论其优势(其实并不多),该行为并未引起美国公众的谴责。这是很多专家预料之外的,因为该提议以社会保障为基础,触及到了"不可侵犯"的问题。但是,总统的政治空谈却引起了利益团体的关注,一旦美国政府需要征收社会保险税,并将其投资于股票和证券市场中,利益团体就会从中获利。因此,在2004年的总统大选中,维持原有的社会保险制度(大部分民主党人支持的观点)与呼吁实行个人社会保险账户(大部分共和党人支持的观点)的争论是很重要的内容。

政策创新的确存在,但是并不是很普遍(Baumgartner 和 Jones,1993/2002)。然而,不参照历史,就无法理解公共政策,就无法切实评价公共政策。如果评价没有考虑到决策者试图实现的目标,如果用于判断政策成功与否的标准是评价者的标准,而不是发起者的标准,那么就很有可能得出过时或片面的结论。但是,这也不代表历史在公共政策制定的理解和评判过程中决定一切。我们只是强调政策制定者的解释重要性,我们所有的假设都应该参照历史记录或历史文化。

4. 比较层面

目前,本章已经论述了在当代政策制定过程中,对制度、意识形态以及历史等政 【905】
策环境的重要性。下面,我们用另一种重要方式理解和评价政策的制定:即跨国政策研究。近些年来,跨国政策研究广泛兴起,毫无疑问,技术创新促进了国外事件的信息传输。事实上,我们每个人都躲不开关于"他国事件的信息轰炸"(Klein,1995)。此外,在我们理解政府的行为和原因时,大量的信息是帮助还是阻碍,这是不容忽视的问题。

在跨国政治分析中,至少有以下三点值得改进。第一,通过参考其他地方的相似或不同的议案,更清晰地定义政策议题中的问题。政策应对的问题相似度越大,就越能展现国家间的细微政策差别。问题的相似度越小,在制定政策时习以为常的内容就越多。这是客观判断力的天赋,它可能带来,也可能不会带来解释性的见解或教训。第二种方式是通过跨国调查,检查具体国家的信息,我们可以将其称为"抵御解释性地方主义"。在 A 国制定政策前,可以参考许多信息,如过去政策制定的经验以及"看起来"有决定性影响的现实原因等。政策制定者如何判断哪个是决定性因素呢?政策制定者可以考察在相似情况中,考虑没有该因素或该因素没有发挥作用时的影响。另一种是考察之前该因素发挥作用却产生不同结果的案例。第三种不同的方法就是采用跨国的准实验方式进行验证。在此过程中,政策制定者应当认识到为什么有些政策可行性强且前景广阔、有些政策有前景无法实施、还有些政策虽然可行却没有前景。比较文献中会探讨上述情况,随着这类文献的增加,政策制定者对政策的比较学习和完善抱有乐观态度。但是这种乐观态度真的有依据吗?这个问题引发了我们的研究兴趣。

但是,我们的兴趣不在于讨论跨国政策研究的前景和危险这一广泛的话题(Klein,1991;Marmor,Okma 和 Freeman,2005),而是应该阐述比较研究对政策分析的方式有哪些促进作用。这需要收集正反两个方面的案例。选取一个经过思考的关于跨国规律的误导性论述,阐明政策问题产生的原因是很好的研究起点。1995 年的一篇关于欧洲医疗改革的文章认为"所有的国家都在进行医疗制度改革"。该文章认为"在所有国家的医疗体系中,诊断和处方的过程都基本相同,这是全球化进程中一项了不起的成就"(Hunter,1995)。虽然事实证明,这些全球主义者的观点是错误的(Jacobs,1998;Harmor,1999)。但是,在此过程中具体说明哪些问题属于卫生保健问题——成本控制、质量低劣以及服务碎片化等医疗问题充分暴露出来——这是很有帮助的。开始时,比较研究方式批驳了概括的方法,但是比较研究也进一步扩充了分析者描述的国家"问题"。例如,1990 年至 2000 年,美国医疗政策的研究人员来到俄勒冈州调研定量配给,他们很快发现定量配给既不是约束性行为,也不是成本控制的补救方法(Jacobs,Marmor 和 Oberlander,1999)。

为问题提供新的视角,在国家中进行实事求是的调整是比较重要的工作。对于未来政策艺术家而言,这些都是要花大量时间改进的内容。由于大部分的比较研究都是对政策滑稽的描述,而不是描述已经落实的政策。2000 年,世界卫生组织关于如何对全球卫生系统进行排名的报告就很好地说明了这一问题。这个想法听起来像宏图伟业,但在公众看来,落实该想法是很荒谬的(Williams 2001)。世界卫生组织对卫生系统的工作原理提出了 5 个非常好的问题:它们是否公平、反应是否迅速、是否有效等。但他们回答这些问题时,对用普遍主义描述回应性、公平性等没有丝毫的注意。更重要的是,他们利用日内瓦医务人员的远见卓识作为部分证据,来"证实"在澳大利亚、阿曼或加拿大发生的事情。在这种比较中,我们就能轻松地理解研究基金赞助人为什么将比较政策研究视为毫无意义的工作了。但是,错误不应驱逐政策改进完善的动力①。

　　然而，比较研究是克服解释性地方主义的解药，这一优势广受称赞。医疗政策的案例再一次解释了无法继续进行的原因。有些北美人认为普惠的医疗保险制度与美国的价值观念是截然不同的。因为北美人的价值观念截然不同，所以他们相信加拿大会制定健康保险法律，而美国并不会这样做。简言之，这些比较学者认为美国不同的政策文化导致了结果差异。事实上，虽然加拿大和美国的价值观并不完全相同，但是二者还是【907】很相似的。无论是加拿大还是美国，或是其他现代化、富强的民主国家，其价值分布都很相近，就像是亲戚一样，虽然不同，但是有许多相似之处。事实上，德国布伦瑞克与北美东海岸新汉普郡在价值观方面的相似度远不及英属哥伦比亚和华盛顿州之间的价值观相似度。同样的观念也可能导致不同的结果。但是，加拿大和美国在医疗保险政策中也有许多制度和战略上的差异，这些差异也引起了人们的关注（Maioni，1998；White，1995）。有关这类案例还有很多，但有一点值得注意，即这些案例并非全然出自本国的历史记录。

　　第三类工作与我们的问题并无直接关联。值得注意的是，源自其他国家的政策实践也是比较分析的来源之一。国际组织将该观点视作运行基本原理的一部分。上文提到的世界卫生组织总是推销"最佳方案"；经济合作与发展组织会定期收集并统计项目计划，且内容十分多样，包括残疾人、退休金、贸易往来、人才运动、教育水平以及医疗花销等。事实上，虽然以上行为挖掘了大量国家令人气馁的"真实情况"，但这不可避免。对问题的描述需要独到的视角。德国在温泉疗养中心的开销是否能像其在公众监管下的医疗花费那样有意义，在美国，该举措应当被重新组织吗？同样的表述不一定指向同一件事，相似的情况也可能通过不同的表述展现。目前，了解其他国家的举措是向其学习的前提。大部分比较研究在开始时都失败了，随后却有重要作用。另一方面，如果寻求跨国研究的典范做法，很多人会将目光转向日本、中国台湾以及韩国。这些国家或地区都派出了最优秀的公务员出国寻找有前景的模式，他们也都曾担心找到的模式是否适合本国、什么时候才能利用这些模式使得他国的方式适合本国国情、怎样转换以及怎样落实。

---

　　①　当然，对世界卫生组织的行为还有其他的理解方式，但对国家状况的精确估计是不可靠的。《牛津政治科学手册》的一位编辑认为，用似是而非的数据判断国家的地位的做法将促使各国收集并展现有信服力的健康数据。以澳大利亚为例，事实上，联邦卫生部门公务员的做法是在挑战世界卫生组织的报告。在其他国家，这种愤怒会引发谴责和反面证据的提供。可以确定的是，这种结果很有可能发生，并且世界卫生组织的项目负责人默里（Murray）也会考虑这一点。本章的一位作者曾在2001年春季的某次会议上反对默里的观点，认为这种排序方式不正确，很荒谬。默里用国民收入核算的数据进行了反驳。默里说道，开始时，所有人都不相信用国内生产总值可以完美地衡量国民收入。随后，他又补充了一点，"我们都不想落后到用国民生产总值进行衡量，是吧？"用伪科学推动科学进步的这一观点有经验主义支撑，但是以此保护漏洞百出的研究是几乎不可能的。

5. 折衷主义案例分析

在本章中,我们运用各种方法解析政策实践:折衷主义是严谨智识的替代方式。但对此,我们并不愧疚。在现实中,用所有方式分析公共政策的手段并不存在:在早上是采用理性分析方法,下午就会采用传记记者的心理分析方法,在晚上会从历史学家的视角分析,在睡觉前,又会运用政治理论家的分析方法。但是,我们认为综合**[908]** 运用上述学科的知识进行政策分析是很有必要的。我们应当把公共政策视作整体,不局限于特定的选举结果或政策输出,而是理解政府行为及其意义,对其进行综合分析。

考虑到之前讨论过的诸多议题,很容易解释这一点。利己主义是大多数公共政策分析的核心问题(我们的分析也不例外)。对于政治家而言,利己主义是指当选或继续执政。对于游说团体而言,利己主义是指施压获得他们的利益或追求某些意识形态。150 年前,托马斯·麦考利(Thomas Macauly,引自 Wildavsky,1994,155)就在其关于功利主义的批评文章中指出:

有人杀害父亲来继承旧衣服;有人冒着生命危险拯救敌人的生命;有人孤注一掷;有人克服怯懦。毫无疑问,利己主义主导着这些人的行为。但是了解这一点毫无助益,只是在赘述毫无意义的话罢了。

简言之,许多对公共政策的分析都确实是在缺乏背景知识的情况下进行空谈。人们对利己主义(假定世界)的理解由文化和历史决定,而对利己主义的追求则由其效力的组织机构决定。随着智力、社会和经济环境的转变,利己主义的定义和行动也会随之转变提升。因此,如果不考虑英国公共卫生医疗服务(Klein,2001)的背景转变,就无法理解其不断完善的历史过程。

如前所述,我们已经讨论过,如果不从自由民主党政府当选并执政的角度出发,不考虑与其相关的问题,就无法明确政府该做什么、做过什么以及将会做什么。尽管对此的论述已经非常明确了,但人们总会忽略这一点。从更加科学、严谨,更有助于推进政策发展的角度分析公共政策的发展历程虽然很有吸引力(以及争议),但并不是我们关注的重点。我们关注的是:无论发生怎样的技术革新,如精确投票、经济模型、政策选择模拟等方面的革新等,仍然必须强调民主政治中政府决策最基本特征的中心地位。在前文中,我们也提及了这些基础特征,即保持政权合法性、力求当选(维持执政),以及寻求平衡的政策组合。

除此之外,我们强调了理解一切政策行为中思想、组织以及利益的重要性。在此我们论述的重点是：历史证据，以及关于政策发展历程的证据是怎样塑造政策制定者的观点、他们对关键实际(以及其他)利益的看法以及当前公众对他们思想的解读。通过举例，我们阐释了对公共政策的历史性理解。制定政策的过程也是说服他人的过程，这和对公共政策的分析是一致的(Majone,1989)。因此，辨别政策制定者和政策分析者的为说服他人而使用的花言巧语是很重要的。【909】

比较政策的讨论强调政策分析艺术中的要素。通过比较各国政策问题的表述，可以看出行为者的心理世界在一定程度上受到其独特历史理解和特定环境中利益相关者视为理所当然的观念的影响，同时这也是防止解释性地方主义的一种保护。最后，我们注意到，一旦决策者的视角被视为理解其选择和选择的核心，评估公共政策制定是一件复杂的事。换句话说，理解政策制定者相信他们所做之事是必要的——尽管这远远不够——但这是理解和评估他们行为的条件。

附录 44.1　2004 年 11 月女王演讲
英国政府的立法计划

女王在 2004 年第 5 次议会会议演讲中宣布了以下立法计划。法案将：

- 让年轻人从高等教育中获益，取消预付学费的政策。
- 鼓励雇主为员工提供更好的退休金保障，鼓励个人自己存入退休金，设立养老保障基金，使得雇员在公司破产时有保障。
- 允许同性夫妻登记，并形成民事伴侣关系。
- 反对庇护所决议。
- 进一步加强落实国家居民身份证计划。
- 使得关于家庭暴力的法律现代化，提升保护儿童的服务。
- 排除世袭议员，建立独立的任命委员会。
- 在通过政府五项经济测试的前提下，允许公民对单一货币进行公投。
- 扩大社区合作，使规划制度更为高效、合理。
- 提高道路的交通流量和通行效率。
- 促进慈善法现代化，并允许社区权益公司的建立。

来源：改编自 2004 年女王演讲

附录 44.2　2004 年布什总统的国情咨文摘要内容

- 持续支持反恐战争;支持伊拉克国内的和平与稳定;保障国土安全。

- 更新终止于 2005 年的《爱国者法案》。

- 对支持和庇护恐怖主义的政权施压,对谋求获得大规模杀伤性武器的政权施压。

- 对全国民主基金会的预算翻倍,帮助中东地区实现自由选举、市场自由、新闻自由以及自由工会。

- 通过各项举措,培养学生在 21 世纪所需的工作能力,使其获得工作上成功。这些举措包括:为阅读和数学能力较差的同学提供额外的帮助、为高中生提供更多的大学先修课程机会、允许私营部门的数学和科学专家在高中兼职授课、为大学生提供更大规模的佩尔助学金,以及增加对社区大学的支持力度。

- 为保持经济强劲增长,暂时性减税措施变为永久性减税措施。

- 帮助小型企业老板和员工免于过度的联邦监管和无聊的诉讼。

- 落实相关能源举措,使得能源系统现代化,保护环境,减少美国对进口石油的依赖。

- 建立个人退休社会保障账户。

- 五年内实现联邦政府开支减半,控制预算,可自由支配开支的增长不得超过 4%。

- 改革移民法规,为非法移民创造暂时性工作,使其获得暂时性合法身份。

- 控制医疗开销,允许小型企业集体与保险公司商定。为美国低收入群体退税,确保他们可以购买医疗保险,一次扩大医疗服务覆盖率。实现医疗记录电子化,提升医疗质量、减少医疗花销。改革医疗事故法律,全额退还失败的医疗服务。

- 加大资金投入,在教育过程中抗击毒品。在学校展开毒品检测,在学生中树立优良典型。

- 对节制项目的资金投入翻倍,以减少性传播性疾病。

- 如有必要,通过宪法程序阻止同性婚姻。

- 在法律中加入行政命令,允许宗教慈善机构接受社会服务赠款。

- 落实犯罪人员重返社会项目,为其提供更优质的工作培训、就业安排、过渡性住房以及相关指导。

来源:改编自 2004 年布什讲话

参考文献

Allison, G. 1971. *Essence of Decision: Explaining the Cuban Missile Crisis.* Boston: Little, Brown.

——and Zelikow, P. 1999. *Essence of Decision: Explaining the Cuban Missile Crisis*, 2nd edn. New York: Longman.

Baumgartner, F., and Jones, B. 1993. *Agendas and Instability in American Politics.* Chicago: Chicago University Press.

——2002. *Policy Dynamics.* Chicago: Chicago University Press.

Bush, G. W. 2004. *State of the Union Address*, Jan. 20. Available at: www. whitehouse. gov/ news/ releases/2004/01/20040120-7. html.

Butler, D., Adonis, A., and Travers, T. 1994. *Failure in British Government: The Politics of the Poll Tax.* Oxford: Oxford University Press.

Butler, R. 2004. *Review of Intelligence on Weapons of Mass Destruction.* London: HMSO.

Dean, J. 2004. *Worse than Watergate: The Secret Presidency of George W. Bush.* New York: Little, Brown.

Denzau, A.T., and North, D.C. 1994. Shared mental models: ideologies and institutions. *Kyklos*, 47(1): 3-31.

Downs, A. 1957. *An Economic Theory of Democracy.* New York: Harper and Row.

Fox, D., Day, P., and Klein, R. 1989. The power of professionalism: policies for AIDS in Britain, Sweden and the United States. *Daedalus*, 118(2): 93-112.

Goodin, R.E. 1980. *Manipulative Politics.* New Haven, Conn.: Yale University Press.

——2000. Institutional gaming. *Governance*, 13: 523-33.

Hacker, J.S. 2002. *The Divided Welfare State.* New York: Cambridge University Press.

Hall, P.A. 1993. Policy paradigms, social learning and the state. *Comparative Politics*, 25: 275-96.

Heclo, H. 1974. *Modern Social Politics in Britain and Sweden.* New Haven, Conn.: Yale University Press.

Hunter, D. 1995. A new focus for dialogue. *European Health Reform: The Bulletin of the European Network and Database*, 1(Mar.): .

Jacobs, A. 1998. Seeing difference: market health reform in Europe. *Journal of Health Politics*, Policy and Law, 23(1): 1-33.

——Marmor, T., and Oberlander, J. 1999. The Oregon Health Plan and the political paradox of rationing: what advocates and critic have claimed and what Oregon did. *Journal of Health Politics*, *Policy and Law*, 24(1): 161-80.

Jacobs, L.R., and Shapiro, R. Y. 2000. *Politicians Don't Pander: Political Manipulation and the Loss of Democratic Responsiveness.* Chicago: University of Chicago Press.

Kennedy, J. 1964. *Profiles in Courage.* New York: Harper and Row.

Kingdon, J.W. 1995. *Agendas, Alternatives and Public Policies*, 2nd edn. New York: HarperCollins.

Klein, R. 1991. *Risks and benefits of comparative studies.* Milbank Quarterly, 69(2): 275-91.

——1995. Learning from others: shall the last be the first? Pp.95-102 in *Four Country Conference on Health Care Reforms and Health Care Policies in the United States, Canada, Germany and the Netherlands: Report*, ed.K.Okma.The Hague: Ministry of Health.

——2001. *The New Politics of the NHS*, 4th edn.Harlow: Prentice Hall.

Macmillan, H.1938. *The Middle Way.* London: Macmillan.

Maioni, A.1998. *Parting at the Crossroads: The Emergence of Health Insurance in the United States and Canada.* Princeton, NJ: Princeton University Press.

Majone, G.1989. *Evidence, Argument and Persuasion in the Policy Process.* New Haven, Conn: Yale University Press.

Marmor, T.1999. The rage for reform: senseand nonsense in health policy.Pp.260-72 in *Health Reform: Public Success, Private Failure*, ed.D.Drache and T.Sullivan.London: Routledge.

——2000. The Politics of Medicare.2nd edn.New York: Aldine de Gruyter.

——2004. The US Medicare programme in political flux.*British Journal of Health Care Management*, 10: 143-7.

——Okma, K.G., and Freeman, R.2005. *Health Policy, Comparison and Learning.* New Haven, Conn.: Yale University Press.

Neustadt, R.E., and May, E.R.1988. *Thinking in Time: The Uses of History for Decision Makers.* New York: Free Press.

Oberlander, J.2003. *The Political Life of Medicare.* Chicago: University of Chicago Press.

Putnam, R.2001. *Bowling Alone: The Collapse and Revival of American Community.* New York: Simon and Schuster.

The Queen's Speech 2004. *Hansard's Parliamentary Debates* (Lords), 467: cols.1-4. Available at: www.publications.parliament.uk/id19900/dlhansard/pdvn/ldso4/41123-01. htm.

Tuohy, C.H.1999. *Accidental Logics.* New York: Oxford University Press.

Vickers, G.1965. *The Art of Judgment.* London: Chapman and Hall.

White, J.1995. *Competing Solutions: American Health Care Proposals and International Experience.* Washington, DC: Brookings Institution.

Wildavsky, A.1979. *The Art and Craft of Policy Analysis.* London: Macmillan.

——1994. Why self-interest means less outside of a social context. *Journal of Theoretical Politics*, 6: 131-59.

Williams, A.2001. Science or marketing at WHO? A commentary on World Health 2000. *Health Economics*, 10(2): 93-100.

Woodward, B.2002. *Bush at War.* New York: Simon and Schuster.

——2004. *Plan of Attack.* New York: Simon and Schuster.

World Health Organization 2000. *The World Health Report 2000, Health Systems: Improving Performance.* Geneva: World Health Organization.

Young, H.1989. *One of US: A Biography of Margaret Thatcher.* London: Macmillan.

索　引

创新 innovation

创造性 creativity

创造优势/弱势群体 creation of dis/advan-
taged populations

次级政府及政策网络 subgovernments, and
policy networks

刺激反映论 stimulus-response theory

存在价值 existence value

D

搭便车的人 free-riders

达不到的目标 unattainable objectives

达成进一步理解 reaching new understand-
ing

达成协议 coming to terms with

达成协议的最佳选择 Best Alternative to a
Negotiated Agreement(BATNA)

达成新见解 reaching new understanding

大规模立法问题 problem of massive legis-
lation

大学的建立 establishment of university

大学和公共事务计划 universities, and
public affairs programs

大众政治 mass politics

代表团 delegations

基于代理的模型 agent-based models

代议民主政治 representative democracy

担心受怕的受访者 fearful interviewees

单发射击的杀伤率 single shot kill proba-
bility

单发射击杀伤率与核系统分析 single shot
kill probability, and nuclear systems anal-
ysis

单一民族国家 nation state

单一民族国家减少 diminution of nation
state

单一综合作战计划 Single Integrated Oper-
ational Plan(SIOP)

当地政府或地方政府 local government

当前环境 contemporary context for

道德风险 moral hazard

德国 Germany

德利昂的解释 deLeons interpretation of

等级制度 hierarchy

低估 undervaluation of

地方主义 localism

地区一体化 regional integration

地位低下 low status of

第三条道路(介乎两种极端立场之间的
行动方案或政策)Third Way

第四次世界运动 Fourth World Movement

断点 punctuated

电信,及下降的成本 telecommunications,
and declining cost

电信法(美国,1990)Telecommunication
Act(USA,1990)

订购设备 ordering devices

定价 pricing

定理 theorem

定义 definition of

定义不明晰 lack of definitional clarity

定义性困难 definitional difficulties

定罪/责任伦理冲突 conflict of ethics of
conviction/responsibility

Town Meetings
二战 Second World War

F

发现 discovery

发展 developments

发展政策措施 developing policy measures

法兰克福学院 Frankfurt School

立法权 legal power

法律效力 legal authority

法律研究 legal studies

法学界 legal scholarship

翻译与交流 translation, and communication

反复(试错)学习 trial-and-error learning

反馈效应 feedback effects

反馈循环 feedback loops

反贫困大战 War on Poverty

反全球化抗议 anti-globalization protest

反社会行为法令(英国,2003)Anti Social Behavior Act(UK,2003)

反事实比较 counterfactual comparisons

反思潜力 reflective potential of

反政府倾向 anti-political tendencies

放松管制 deregulation

犯罪 crime

犯罪所得法(英国,2002)Proceeds of Crime Act(UK,2002)

犯罪学 criminology

范式 paradigms

范式转换 paradigm shifts

范围与民主 scope, and democracy

方法 measures

方法论 methodology of

方法论赤字 methodological deficit

非竞争消费品 non-rival consumption goods

非决议 non-decisions

非强制策略 non-coercive strategies

非授权原则 non-delegation doctrine

非营利组织 non-profit organizations

非语言信号 non-verbal signals

非正规方法 informal approach to

非政府间组织 non-governmental organizations(NGOs)

分层 creaming

分类困难 classification difficulties

分类 categorization

分离 separation

分离与冲突的政策目标 separation, and conflicting policy ends

分流策略 diversion strategies

分配 allocation of

分配的 distributive

分配问题 assignment problem

分配效应 distributional effects

分配责任 distributive responsibility

分歧 differences over

分权化 decentralization

分散式协调 decentralized coordination

分散性 decentralized nature of

分散性 fragmented nature of

分析 analysis(LTPA)

分析范围 scope of analysis

分析工具,成本分析 analytical tools of, cost-analysis

family structure

家庭失灵 family failure

家庭形成 household formation

家庭支持条例(美国,1998)Family Support Act(USA,1998)

家长式干预 paternalistic intervention

甲板堆积 deck stacking

假定 presumptions

假设 assumptions of

价值 values

价值创造 value creation

价值导向的 value oriented

价值分类 目标确立 value clarification goal setting

价值负载本质 value-laden nature of

价值选择 value choices

价值争议 values disputes

坚持不懈 persistence of

间断平衡 punctuated equilibria

艰难谈判 hard bargaining

截面研究法 cross-sectional method

监测 控制 monitoring control

监视技术 surveillance technology

监视社会 surveillance society

监狱 prisons

监狱,私有的 prisons,private

监狱和精神病 prisons,and mentally ill

减少边际效用 diminishing marginal utility

减少政治参与 declining political participation

减税 tax cuts

简单政策的影响 impact of simple policy

简单政策失灵 failure of simple policy

简化与宏大政策培训 simplification,and training in grand policy

建立 establishment of

建立共识 consensus building

建立共识(双赢方法)consensus building (mutual-gains approach)

建设 construction of

建议 advice

建筑 architecture

健康保险 health insurance

健康保险实验 health insurance experiment

健康政策 health policy

将要使用的语言 language to use

降低成本 declining cost of

交互途径 interaction approach

交换 exchange

交换价值 exchange value

交际重新授权 communicative reauthorization

交流 communication

交易 trade-offs

焦点 focus of

角色凸显 increasing role of

教师招聘 faculty recruitment

教学 teaching of

教育 education

阶段/时期 phases/stages

阶级 class

阶级分层 class divisions

结构/工具因素 structural/instrumental factors

（USA）

批判 critique

批判,政策分析 critique,policy analysis

批判标准来源 sources of critical standards

批判沟通理论 critical communications theory

批判理论 critical theory

批判性聆听 critical listening

批判性政策分析 critical policy analysis

批判与政策分析 critique,and policy analysis

批判政策研究运动 critical policy studies movement

批判主义 criticism of

偏好 Preferences

偏好裁量权 preference discretion

偏好建立 preference establishment

偏好形成 preference formation

偏离 departures from

偏离最优 departures from optimality

拼图困惑 jigsaw puzzles

贫困家庭临时援助（美国）Temporary Assistance Needy Families(USA)

贫穷 poverty

平等 equality

平等机遇 equal opportunity

平等权利 equal rights

平衡 垄断 equilibria:monopolistic

平衡预算 balanced budget

评估 assessment

评估 evaluation of

评估范围 rating scale

评估方法 methods of assessment

评估机构 evaluation bodies

评估体系 appreciative system

评估需求 need for assessment of

评估政策影响 assessing policy impact

评价不对称 evaluation asymmetries

评价的政治维度 political dimension of evaluation

普遍管辖权 universal jurisdiction

普遍规律 general laws

普遍主义与福利政策 universalism,and welfare policy

普及问责制 diffuse accountability

普通法 general laws

普通法律演变 evolution of common law

Q

Q 分类 Q-sort

期限 duration of

齐普夫定律 Zipfs law

企业的经济理论:雇佣关系 economic theory of the firm:employment relationship

企业家 entrepreneur

企业联盟/战略 corporate alliances/strategic

企业区 Enterprise Zones(EZs)

企业文化 as corporate culture

企业型政府 entrepreneurial government

启智计划（美国）Head Start program (USA)

起草的合法性 drafting of legitimacy

起草立法 drafting of legislation

W

瓦格纳法案(美国)Wagner Act(USA)

外包 contracting-out

外部成本 external cost

外部平衡约束 external balance constraint

外大陆架土地法(美国,1978)Outer Conti-
nental Shelf Lands Act(USA,1978)

外国直接投资 foreign direct investment

外源性影响 exogenous influences

完整错觉 illusion of full

网络的现实性 reality of networks

网络分析 network analysis

网络管理 network management

网络化治理 networked governance

网络理论 network theory

网络现实 reality of networks

网络治理 networked governance

网络中 in networks

危机 crisis

危机应对 crisis coping

威慑 deterrence

威胁 coercion

韦伯式方法 Weberian approach to

为谁辩护 arguments in favour of

为他人考虑 regard for the other

委托—代理理论 principal-agent theory

卫生保健 health care

卫生保健体系 health care system

卫生政策的成功 success of health policy

未来 future of

未来定位 future orientation

未来几代 future generations

未来研究 future research in

文化/历史背景 cultural/historical context

文化背景 cultural context

文化差异 cultural differences

文化多样性 cultural variety

文化观点 cultural notions

文化规范 cultural norms

文明社会 civil society

稳定 stability of

稳定性 stability

问题 issues

问题导向 problem orientation of

问题的本质 nature of problems

问题定义 problem definition

问题分配 assignment problem

问题关注周期 issue attention cycle

问题解决办法 solutions looking for prob-
lems

问题解决研究中心 problem-solving re-
search centers

问题类别 classes of issues

问责制 accountability

问责制的问题 accountability problems

沃顿商学院(宾夕法尼亚大学)Wharton
School(University of Pennsylvania)

沃顿商学院 Wharton School

斡旋 mediation

乌托邦信念 utopian belief in

乌托邦愿景 utopian hopes for

污染及道德问题 pollution, and ethical
questions

Y

作为决策约束 as constraint on policy-mak-
　ing
作为联合行动的场所 as site of joint action
作为默认选项 as default option
作为时代错误 as anachronism
作为受益者的高收益群体 high-income
　groups as beneficiaries
作为一个有意义的活动过程 as active
　process of making sense

作为艺术而非科学 as art not science
作为有效代理 as effective agency
作为约束 as constraint on
作为政策手段 as policy instruments
作为政府的工具 as instrument of govern-
　ment
作为主宰 as domination
作为自由主义的政权 as liberal regimes
作用 role

后　　记

　　《牛津公共政策手册》作为《牛津政治学手册》十卷本系列之一,出版之后,因其较高质量的内容和权威的专家编写而备受关注,先后被国际社会中诸多知名大学图书馆(如哈佛大学图书馆、牛津大学图书馆等)、国家图书馆(如美国国会图书馆、英国国家图书馆等)、专业机构或公共图书馆(如布鲁金斯学会)以及在线数据库等广泛收录,成为世界各国高校公共政策领域研究与教学的核心教材和参考资料,以及实务工作者的推荐阅读资源。

　　内容上,该书包含9大部分44章节,涵盖公共政策分析的主要理论流派、公共政策实践中的典型案例和公共政策研究中的方法路径。全书既涉及政策制定、执行、评估等不同环节的特征分析,又涉及教育、健康等不同领域公共政策的现实挑战和前沿趋势;既涉及公共政策研究中经典理论和跨国比较,又涉及数字化、全球化背景下公共政策变革的未来展望,充分展示了公共政策领域的学术精髓。

　　在中国快速发展的背景下,公共政策日益成为促进国家治理体系和国家治理能力现代化的核心工具。研读该书,有助于我们获得理论方法的启迪,助力研究者更好地理解政策制定、执行与分析的经典理论、典型方法,进而为本土化公共政策学科体系、理论体系与话语体系的发展提供启迪和借鉴;有助于研究视野的拓展和跨学科研究的促进,更清楚地了解世界各国公共政策动态,助力研究者、实践者在比较视野下实现对公共政策问题发现和解决的理性分析,制定和实施切实有效的公共政策;有助于带来政策设计的灵感、促进国际合作,书中所提供的实践经验和案例,可为研究者、实践者在改进公共政策设计和实施过程中融入全球灵感,促进公共政策对全球化变迁的有效应对,也可在某种程度上提升我国在全球公共政策领域的参与度和影响力。

　　特别是对广大公共管理硕士(MPA)而言,阅读《牛津公共政策手册》有助于为MPA学生提供一个综合、全面的知识框架,帮助他们在理论与实践之间找到平衡,为学位论文的高质量撰写提供有力工具。同时,在阅读过程中通过批判性思维的培养,亦有助于在实践中强化作为公共管理专业人士的核心竞争力。

得益于人民出版社的信任,我们很荣幸承担了这部著作的翻译工作。翻译不仅是一个语言转换的过程,更是文化的再创造,在翻译的过程中,我们也面临了一些挑战,比如,本书涉及大量复杂的学术术语和概念,为了确保中文译本保持原作的学术性与专业性,我们不仅在翻译过程中反复斟酌每一个词句,还通过查阅相关文献,努力寻找合适的中文表达方式,以尽可能精准地呈现作者们的学术观点,确保读者能够准确理解原文意图。但也难免挂一漏万,一切责任由我们译者承担,也热烈期盼读者能够针对翻译中存在的问题反馈给我们,以便后续进一步校正完善。

《牛津公共政策手册》中文译本顺利出版得到了很多人的支持。在翻译过程中,得到了许多同行和朋友的帮助与建议,这无疑对译本质量的提升起到了积极作用,在此不一一列举。

本书的初稿翻译过程中,早期诸多学生分别参与了第 1 章到第 41 章的初稿审读工作,他(她)们分别是冯潇、孙思宇、孙彤彤、王宁、王钰、张春阳、张婉丽、刘晶、董婷婷、都书慧、杨宁、葛凡溪、郭盼盼、郝祖祎、何佳欢、姜晓艺、李琮、李京京、卢蕾蕾、苏畅、赵鑫、林瑞、张露丹、陈超、辛公成、徐蕊、孙瑞、胡佳钰、孙铭佑、李珂、马碧苗。之后,由冯潇和李舸鸣协助我进行了第一次统稿编辑,我和陈鹏老师、滕白莹老师完成二校和三校工作,编辑排版之后的书稿校对由我和张端、盖建泽完成。

当然,不得不提的是,在人工智能兴起的背景下,自动化的工具为不同语言下的信息获取提供了便利,当我们在 2020 年前先后完成四本出版社委托翻译工作后,彼时自 2022 年 11 月开始推广的人工智能如 ChatGPT 应用尚未在翻译领域带来如此大影响力。完成初稿翻译紧接着的新冠疫情,虽然给我们进一步校对完善提供了时间保障,但人工智能的冲击,进一步使得学术作品的翻译成为一件不是那么好的差事,我们之所以耐心完成后续编辑校对,主要是基于如下考虑:一是虽然如 ChatGPT 等工具的兴起可以实现快速翻译大量内容,但严肃的学术类书籍翻译需要高度的准确性和专业性,还需要根据专业背景和表达习惯,进行文化语境的本土化转换,这一点自动翻译工具依然存在表达的差距。二是公共政策领域包含许多专业术语和概念,在学术作品中,保持术语的一致性至关重要。专业翻译可以确保译文中术语的准确性和连贯性,此外,专业翻译可以通过像我们在图书中所做的这样——添加脚注或译者注等形式,为读者提供更丰富的知识背景,帮助读者的理解,这一点同样是 ChatGPT 类所无法替代的。三是专业权威的出版机构通过对翻译文本的编排设计和公开发行,可以实现为读者提供更好的阅读体验和更完善的销售支持,促进对更广泛受众的覆盖,避免人工智能使用数字鸿沟带来的应用歧视。

　　最后,再次希望本书的中文版为中国公共政策制定者、研究者和实践者提供有益启迪,进一步拓宽我们对全球政策理论和实践的认知视野,也希望大家在批判性阅读中,对世界各国公共政策理论和实践经验扬长避短,促进中国公共政策学科的本土化建构进程。

臧雷振

2024 年 5 月

责任编辑:忽晓萌

图书在版编目(CIP)数据

牛津公共政策手册/(英)迈克尔·莫兰,(美)马丁·雷恩,(美)罗伯特·戈定
　　主编;臧雷振 等译. —北京:人民出版社,2024.5
ISBN 978－7－01－026394－6

Ⅰ.①牛…　Ⅱ.①迈…②马…③罗…④臧…　Ⅲ.①公共政策-英国-手册
　　Ⅳ.①D756.13-62

中国国家版本馆 CIP 数据核字(2024)第 054639 号

书名原文:The Oxford of Public Policy

北京市版权局著作合同登记号:01－2018－8815

牛津公共政策手册

NIUJIN GONGGONG ZHENGCE SHOUCE

[英]迈克尔·莫兰　[美]马丁·雷恩　[美]罗伯特·戈定　主编　臧雷振 等　译
臧雷振　陈 鹏　滕白莹　校

人民出版社 出版发行
(100706　北京市东城区隆福寺街 99 号)

北京中科印刷有限公司印刷　新华书店经销

2024 年 5 月第 1 版　2024 年 5 月北京第 1 次印刷
开本:787 毫米×1092 毫米 1/16　印张:56.25
字数:1066 千字

ISBN 978－7－01－026394－6　定价:299.00 元(上、下册)

邮购地址 100706　北京市东城区隆福寺街 99 号
人民东方图书销售中心　电话 (010)65250042　65289539